諸 子 集 成

（第五册）

管子校正
商 君 書
愼 子
韓非子集解

中 華 書 局

管　子　校　正

戴望著

管子書序

管子舊書。凡三百八十九篇。漢劉向校。除其重複。定著爲八十六篇。今亡十篇。近世所傳往往淆亂至不可讀。余行求古善本。庶幾遇之者。幾二十年。始得之友人秦汝立氏。其大章僅完整。而句字復多紕錯。乃爲正其脱誤者逾三萬言。而闕其疑不可考者尚十之二。然後管子幾爲全書。夫五伯莫盛於桓公。而管仲特爲之佐。自其事筆稱於聖門。而其言悉見絀。以爲權謀功利。學者鮮能道之。及余讀是書。而深惟其故。然後知王者之法。莫備於周公。而善變周公之法者。莫精於管子。何者。方周之興。去隆古沕穆之風未遠。而后稷公劉。其深仁厚澤。又培之於數百年之久。蓋風會既啓。而文明猶鬱。周公起而當制作之任。其法制之綢繆。文章之繁縟。諸所經畫。莫不犂然具舉。而天下且以鴻龎淳固之俗。始嚮利於憲度著明之後。故其法雖密。而其服習者。亦能安之而不悖。周室既衰。諸侯日尋於干戈。謀臣謩士。競出其智力以相勝。苟必兢兢於先王之約束。而執不移等。則勢有所格。而其術必有所窮。非救時之宜矣。管子固天下才也。豈其智不及此乎。是故當其謀之於垂纓下衽之日者。不過審舊法。擇其善者而從之。又其要則在事可以隱令。可以寄政。使諸侯不吾虞。而吾默安國富民。以取盈於天下。故其書如牧民乘馬幼官輕重諸篇。大抵不離周官以制用。而亦不盡局於周官。以通其變。今攷其說。所謂參國爲三軍者。即伍兩卒旅之舊也。因罰備器用者。即兩造兩劑之遺也。選士首以好學慈孝。而且及於拳勇股肱。亦興賢之故典也。鑄幣藉以黃金刀布。而並及於魚鹽鍼鐵。亦圜府之舊章也。它如五勢三准諸說。不過積餘藏羨。待之於國。諸侯不服。吾可以戰。諸侯賓服。吾可以行仁義。蓋周公之法。其樊然結約者。要且率民於善。仲直師其意。不襲其故。一更之爲截然夷易。而作民於戰。故其言曰。精時者少日而功多。又曰。吾欲正卒伍。修甲兵。而大國亦將修之。吾有攻伐之器。而諸侯有守禦之備。是難以速得志。此仲之所以立法意也。夫白刃捍胷。則目不見流矢。拔戟加首。則十指不辭斷。明緩急之有所先也。使仲當諸侯力政之日。必欲舉王制。而井田吾民。象刑吾法。毋招權勇。

毋權鹽鐵。不踰時而國且飽於敵矣。安能以區區之齊。伸威海岱。而成其一匡之績哉。昔者蘇軾氏蓋論仲之變法而曰王者之兵。非以求勝。故其法繁而曲。霸者之兵。求以決勝。故其法簡而直。然則謂仲之用法異於周公之意則可。而謂其法之盡詭於周公。則不可。故曰。古今遞遷。道隨時降。王霸迭興。政由俗革。吾以爲周公經制之大備。蓋所以成王道之終。管子能變其常而通其窮。亦所以基伯道之始。夫亦勢之所趨。有不得不然者乎。雖然。非仲之輕於悖周也。當太公之治齊。五月而報政。曰。吾因其俗。簡其禮。至三年而伯禽之報政。周公且歎之曰。夫政不簡不易。民不有近。魯終北面而事齊矣。意者太公之治。有不盡倣於周官。而史蓋稱其通商賈之策。便魚鹽之利。人民歸齊。齊稱大國。蓋自太公而齊。故以富彊名於列國。仲特因齊之故而修業耳。非一無所昉襲而創爲之者也。世之譚者曰。帝降而王。王降而霸。自仲之說行。一變而入於誇詐之習。其末極於秦鞅。盡去先王之籍。而流毒天下。遂以管商爲功利之首。夫商君慘礉少恩。卒受惡名於秦。而仲之政。飾四維。固六親。其論白心內業。不可謂無窺於聖人之道。而徒以刀鋸繩民如商君者。故雖吾夫子。亦且大其功。而以如其仁歸之。柰何躋鞅於仲也。余愳夫讀是書者。不揆其修政立事之原。而徒辱之以權謀功利。使管子之所且善用周公者。其道不明於天下也。故爲之梓其書而復論著其大略於篇首云。萬歷壬午春三月。前史官吳郡趙用賢撰。

序

護左都水使者光祿大夫臣向言。所校讎中管子書三百八十九篇。太中大夫卜圭書二十七篇。臣富參書四十一篇。射聲校尉立書十一篇。太史書九十六篇。凡中外書五百六十四。以校除復重四百八十四篇。定著八十六篇。殺青而書可繕寫也。管子者。潁上人也。名夷吾。號仲父。少時嘗與鮑叔牙游。鮑叔知其賢。管子貧困。常欺叔牙。叔牙終善之。鮑叔事齊公子小白。管子事公子糾。及小白立爲桓公。子糾死。管仲囚。鮑叔薦管仲。管仲既任政於齊。齊桓公以霸。九合諸侯。一匡天下。管仲之謀也。故管仲曰。吾始困時。與鮑叔分財。多自予。鮑叔不以我爲貪。知吾貧也。嘗爲鮑叔謀事。而更窮困。鮑叔不以我爲愚。知吾有利有不利也。公子糾敗。召忽死之。吾幽囚受辱。鮑叔不以我爲無恥。知吾不羞小節。而恥功名不顯于天下也。生我者父母。知我者鮑叔。鮑叔既進管仲。而己下之。子孫世祿於齊。有封邑者十餘世。常爲名大夫。管子既相。以區區之齊在海濱。通貨積財。富國彊兵。與俗同好醜。故其書稱曰。倉廩實而知禮節。衣食足而知榮辱。上服度則六親固。四維不張。國乃滅亡。下令猶流水之原。令順人心。故論卑而易行。俗所欲。因予之。俗所否。因去之。其爲政也。善因禍爲福。轉敗爲功。貴輕重。慎權衡。桓公怒少姬。南襲蔡。管仲因伐楚。責包茅不入貢於周室。桓公北征山戎。管仲因而令燕修召公之政。柯之會。桓公背曹沫之盟。管仲因而信之。諸侯歸之。管仲聘於周。不敢受上卿之命。以讓高國。是時諸侯爲管仲城穀。以爲之乘邑。春秋書之。褒賢也。管仲富擬公室。有三歸反坫。齊人不以爲侈。管子卒。齊國遵其政。常彊於諸侯。孔子曰。微管仲。吾其被髮左衽矣。太史公曰。余讀管氏牧民山高乘馬輕重九府。詳哉言之也。又曰。將順其美。匡救其惡。故上下能相親愛。豈管仲之謂乎。九府書。民間無有。山高一名形勢。凡管子書務富國安民。道約言要。可以曉合經義。向謹第錄上。

序

戴君子高寄其所箸管子校正。屬序於蔭。蔭何足以序子高之書哉。蔭之慕子高久矣。則於其書何可以無言。自明人刊書而書亾。諸子幸以道藏本得存。管子不列於道藏。故屢經明人刊刻。其書在若泯若沒閒。吾吳黃蕘圃有紹興本。其中足證各本之謬者實多。如形勢篇。虎豹託幽而威可載也。未誤爲得幽。邪氣襲內。未誤作入內。莫知其澤之。未誤作釋之。其功違天者天圍之。未誤作違之。乘馬篇。凡立國都。非於大山之下。必於廣川之上。未誤作太山。藪鎌纆得入焉。未誤作纏得。版法篇。法天合德。象地無親。未誤作象法。幼官篇。必得文威武官習勝。下未衍之字。則其攻不待權與明必勝則慈者勇。未誤作權與。宙合篇。內縱於美好音聲。未誤作美色淫聲。樞言篇。賢大夫不恃宗室。未誤作宗至。入觀篇。故曰入朝廷觀左右本朝之臣。右下未衍求字。法法篇。矜物之人。未誤作務物。內亂從此起矣。未脫矣字。小匡篇。管仲詘纓捷衽。未誤作插袵。維順端愨以待時使注。待時待可用之時也。也上未衍而使之三字。霸言篇。驥之材百馬代之。又彊最一代。未均誤作伐。戒篇。東郭有狗嘊嘊注。枷謂以木連狗。未誤作猥讀。形勢解。臣下墮而不忠。未誤作隨。而弱子慈母之所愛也不以其理下。未衍動者二字。亂生獨用其智。而不任聖人之智。未誤作衆人。使人有理。遇人有禮。理禮二字未互倒。版法解。往事必登。未誤作畢登。海王篇。萬乘之國人數開口千萬。未誤作問口。山國軌篇。不籍而贍國爲之有道乎。未誤作道予。皆與王懷祖先生讀書雜志相合。其他類是者尙多。今歸東昌楊氏矣。子高陳碩甫先生高足弟子。實事求是。深惡空腹高心之學。是書精當。必傳無疑。先是湘鄉師聞蔭欲爲刊其所箸書。併欲重刻管子。且推及荀賈董劉揚老莊列淮南諸子善本。會師歸道山。其議遂罷。而子高亦病矣。古學廢興。間不容髮。可慨也夫。同治十二年癸酉二月。吳縣潘祖蔭。

凡例

一漢志。管子八十六篇。吳兢書目。凡三十卷。今據舊本詮次。其王言。正言。言昭。修身。問霸。牧民。解問。乘馬。輕重丙。輕重庚。共亡十篇。列爲二十四卷。其吳兢所次卷目今不可考。

一管子注出房玄齡。或云出唐國子博士尹知章。其訛謬穿鑿。目抄論之甚詳矣。蘆泉劉氏續。間爲補定。簡明貫穿。多所發明。第宋本俱不載。而近刻舛錯。每每至不可句。今據宋本校定。而劉績所注。其最切當者。列之篇首。皆冠以按字。其間有愚見所標注者。亦雜見篇首。得百一耳。

一管子書多古字。如專作摶。忒作貣。宥作侑。況作兄。釋作澤。此類甚衆。大匡載召忽語曰。百歲之後。吾君下世。犯吾命而廢吾所立。奪吾糾也。雖得天下。吾不生也。兄與我齊國之政也。而注乃謂召忽呼管仲爲兄。曰澤命不渝。而注乃以爲恩澤之命。甚陋不可偏舉。書既雅奧難句。而爲之注者。復繆於訓釋。故益使後人疑惑不能究知。今悉從宋本刊定。不敢輕加更易。其古文字間有不可考者。皆爲標識篇首。以俟有識者共訂正焉。

一管子新本。每遇長篇文字。至更端處。皆別爲一行。其間不能無分析太過之弊。今皆按宋本校正。其文義當隔別者。止爲一其處。以識章目所分。其新本應合而分。應分而合者。悉爲釐正。

一管子書文辭古奧。既不易讀。而近板數家。皆承訛襲謬。雜亂支離。讀者至一二卷後。往往厭弃。幾成廢書。今按宋本更正比次。無下數千百餘處。其間尚有一二闕文誤字。不可解。不可句者。第疏之篇首。不敢強爲附益。俟海內藏書家。或更有善本。重加輯定。實此書之幸也。

一按張巨山紹興己未寫本云。從人借得讀者。累月始頗窺其義訓。然舛脫甚衆。其所未解。尚十二三。則是書之訛謬難讀。其來久矣。今詳定句讀。悉通融上下文義。間有房註誤句。而蘆泉氏所更正者。皆列疏於上。使覽者易以研解也。

管子文評

劉勰曰。管晏屬篇。事覈而言練。

漢志道家管子八十六篇。孝經有弟子職一篇。是管子所作。在管子書。

傅子曰。管子之書。半是後之好事者所加。輕重篇尤鄙俗。

孔穎達曰。輕重篇或是後人所加。

晁氏曰。劉向所定。凡八十六篇。世稱齊管仲撰。杜祐指略云。唐房玄齡註。其書載管子將沒對桓公之語。疑後人續之。而註頗淺陋。恐非玄齡。或曰尹知章也。予讀仲書。見其謹政令。通商賈。均力役。盡地利。既爲富彊。又頗以禮義廉恥化其國俗。如心術白心諸篇。亦嘗側聞正心誠意之道。其能一天下。致君爲五霸之盛。宜矣。

蘇子瞻曰。嘗讀周官司馬法。得軍旅什伍之數。其後讀管夷吾書。又得管子所以變周之制。蓋王者之兵出於不得已。而非以求勝敵也。故其爲法。要以不可敗而已。至於桓文。非決勝無以定霸。故其法在必勝。繁而曲者。所以爲不可敗也。簡而直者。所以爲必勝也。

葉水心曰。管子非一人之筆。亦非一時之書。莫知誰所爲。以其言毛嬙西施吳王好劍推之。當是春秋末年。又持滿定傾。不爲人客等。亦種蠡所遵用也。其時固有師傳。而漢初學者。講習尤著。賈誼晁錯。以爲經本。故司馬遷謂讀管氏書。詳哉其言之也。篇目次第。最爲整比。乃漢世行書。至成哀閒。向歆論定羣籍。古文大盛。學者雖疑信未明。而管氏申韓。由此紛紕。然自昔相承。直云此是齊桓管仲相與謀議唯諾之辭。余每惜晉人集諸葛亮事。而今不存。使管子設施果傳於世。士之淺心。既不能至周孔之津涯。隨其才分。亦足與立。則管仲所嘗親經紀者。豈不足爲之標指哉。惟夫山林處士。妄意窺測。借以自名。王術始變。而後世信之。轉相疏剔。幽蹊曲逕。遂與道絕。而此書方爲申韓之先驅。斯鞅之初覺。民罹其禍。而不蒙其福也。哀哉。

又曰。管氏書。獨鹽筴爲後人所遵。言其利者。無不祖管仲。使之蒙詬萬世。甚可恨也。左傳載晏子言海之鹽蜃。祈望守之。以爲衰微之苛斂。陳氏因爲厚施。謀取齊。而齊卒以此亡。然則管仲所得。齊以之伯。則晏子安得非之。孔子以器小卑管仲。責其大者可也。使其果瑣猥。爲市人不肯爲之術。孔子亦不暇責矣。故管子之尤謬妄者。無甚於輕重諸篇。

周氏涉筆曰。管子一書。雜說所叢。予嘗愛其統理道理名法處過於餘子。然他篇自語道論法。如內業法禁諸篇。又偏駁不相麗。雖然覩物必於其聚。文子淮南徒聚衆辭。雖成一家。無所收采。管子聚其意者也。粹羽錯色。純玉間聲。時有可味者焉。

陳氏曰。按漢志。管子八十六篇列於道家。隋唐志著之法家之首。今篇數與漢志合。而卷視隋唐爲多。管子似非法家。而世稱管商。豈以其標術用心之故同耶。然以爲道家則不類。

黃震日抄曰。管子書。不知誰所集。乃龐雜重複。似不出一人之手。心術內業等篇。皆影附道家以爲高。侈靡宙合等篇。皆刻斲隱語以爲怪。管子責實之政。安有虛浮之語。牧民篇最簡明。其要曰。倉廩實則知禮節。衣食足則知榮辱。禮義廉恥。國之四維。四維不張。國乃滅亡。此管子正經之綱。苟得王者之心以行之。雖歷世可以無弊。秦漢以來。未有能踐其實者也。其說豈不簡明。大匡篇。管子行事之日。聚見此書。其次第皆可按而考。然其說似粉飾之以誇功。若輕重篇。要皆多爲之術以成其私。瑣屑甚矣。未必皆管子之真。其書所載鮑叔薦仲。與求仲於魯。及入國謀政。與戈盧鴻飛四時三弊。臨死戒勿用豎刁等說。皆屢載而不同。或本文列前。而解自爲篇。或併篇。或無解。或云十日齋戒。以召仲。觴三行而仲趨出。又云樂飲數旬而後諫。自相矛盾。若此不一。故曰。似不出一人之手。

又曰。管子註釋。最多牴牾。四傷之篇。誤名百匿。而以四傷名七法之篇。幼官篇首章云。若因夜虛守靜人物則皇。其後方之圖本可覆也。乃衍人物二字。不知參對。而以夜虛爲句。守靜人物自爲句。方以人物則皇爲句。而曲爲之說曰。聽候人物也。守靜豈聽候之義也。幼官五圖。以形生理爲句。而中央之註。獨以形生屬上文。明法篇以比周以相匿爲句。而下又云忘生死交。其後方之明法解可覆也。乃缺一故字。不知參對。而以相爲匿是爲句。而曲爲之說曰。匿公是而不行也。不知比周以相匿者。匿其非爾。比周何是之有乎。形勢篇云。天地之配也。地字誤作下字。亦未正。五法之章曰。天下不患無財。患無人以分之。分如分地之利之分。言有人斯有財耳。乃釋云。可以分與財者。賢人也。殊非章旨。立政之章曰。道途無行禽。指人言之。謂其爲能行之禽耳。乃釋云無禽獸之行。是以行爲去聲。亦覺不倫。版法篇云。悅在施愛。有衆在廢私。今因缺文。而云悅在施有衆在廢私。不成文矣。其他難槩舉。

楊忱序曰。管子論高文奇。雖有作者。不可復加一辭。

張嵲曰。管子。天下奇文也。心術白心上下內業諸篇。是其功業所本。

管子目錄

右二十四卷　凡八十六篇內十篇亡

管子附校正

尹知章注
戴望校正

卷一　經言一

牧民第一　國頌　四維　四順　士經　六親五法

凡有地牧民者。務在四時。（四時所以生成萬物也。）守在倉廩。（食者人之天也。）國多財。則遠者來。地辟舉。則民留處。（舉。盡也。言地盡闢。則人留而安居處也。）倉廩實。則知禮節。衣食足。則知榮辱。上服度。則六親固。（服。行也。上行禮度。則六親各得其所。故能感恩而結固之。）四維張。則君令行。故省刑之要。在禁文巧。（文巧者。刑罰所由生。）守國之度。在飾四維。順民之經。在明鬼神。祇山川。（鬼神山川。皆有尊卑之序。故敬明之。）敬宗廟。恭祖舊。（謂恭承先祖之舊法。）不務天時。則財不生。不務地利。則倉廩不盈。野蕪曠。則民乃菅。（菅當爲姦。）上無量。則民乃妄。文巧不禁。則民乃淫。不璋兩原。則刑乃繁。（璋當爲章。章。明也。兩原。謂妄之原。上無量也。淫之原。不禁文巧也。能明此法者刑簡。）不明鬼神。則陋民不悟。（不悟鬼神尊卑之異也。）不祇山川。則威令不聞。（言能登封降禪。祇祀山川。則威令遠聞。）不敬宗廟。則民乃上校。（校。效也。君無所尊。人亦效之。）不恭祖舊。則孝悌不備。四維不張。國乃滅亡。

右國頌（頌。容也。謂陳爲國之形容。）

國有四維。一維絕則傾。二維絕則危。三維絕則覆。四維絕則滅。傾可正也。危可安也。覆可起也。滅不可復錯也。何謂四維。一曰禮。二曰義。三曰廉。四曰恥。禮不踰節。義不自進。（自進。謂由薦舉也。）廉不蔽惡。（隱蔽其惡。非貞廉也。）恥不從枉。（謂隨邪枉無羞之人。）故不踰節。則上位安。不自進。則民無巧詐。不蔽惡。則行自全。不從枉。則邪事不生。

右四維

政之所興。在順民心。政之所廢。在逆民心。民惡憂勞。我佚樂之。民惡貧賤。我富貴之。民惡危墜。我存安之。民惡滅絕。我生育之。能佚樂之。則民爲之憂勞。君於平康。能佚樂人。及其危。人必爲之憂勞。下三順皆然。能富貴之。則民爲之貧賤。能存安之。則民爲之危墜。能生育之。則民爲之滅絕。故刑罰不足以畏其意。殺戮不足以服其心。畏意服心。在於順其所欲。不在刑罰殺戮。故刑罰繁而意不恐。則令不行矣。殺戮衆而心不服。則上位危矣。故從其四欲。則遠者自親。行其四惡。則近者叛之。故知予之爲取者。政之寶也。謂與之生全。取其死難也。

右四順

錯國於不傾之地。積於不涸之倉。涸。竭也。藏於不竭之府。下令於流水之原。使民於不爭之官。明必死之路。開必得之門。不爲不可成。不求不可得。不處不可久。不行不可復。錯國於不傾之地者。授有德也。積於不涸之倉者。務五穀也。藏於不竭之府者。養桑麻育六畜也。下令於流水之原者。令順民心也。使民於不爭之官者。使各爲其所長也。各長其所長。則順而悅。故不爭也。明必死之路者。嚴刑罰也。開必得之門者。信慶賞也。不爲不可成者。量民力也。不求不可得者。不彊民以其所惡也。不處不可久者。不偷取一世也。謂所處可必。使百代常行。不行不可復者。不欺其民也。復。重也。欺民之事。不可重行也。故授有德。則國安。務五穀。則食足。養桑麻。育六畜。則民富。令順民心。則威令行。使民各爲其所長。則用備。嚴刑罰。則民遠邪。信慶賞。則民輕難。量民力。則事無不成。不彊民以其所惡。則詐僞不生。不偷取一世。則民無怨心。不欺其民。則下親其上。

右士經士。事也。經。常也。謂陳事之可以常行者也。

以家爲鄉。鄉不可爲也。言有家之親。斥以爲鄉之疏。惡生怨。故不可爲也。下三事例此。以鄉爲國。國不可爲也。以國爲天下。天下不可爲也。以家爲家。一親也。以鄉爲鄉。二親也。以國爲國。三親也。以天下爲天下。四親也。毋曰不同生。遠者不聽。謂家也。言有家之親。而謂之日不與我同家而生。用此以相疏。遠者必不聽。下同此。毋曰不同鄉。遠者不行。毋曰不同國。遠者不從。如地如天。何私何親。五親也。如月如日。唯君之節。六親也。天地日月。取其耀臨。言人君親下。當如天地日月之無私也。御民之轡。在上之所貴。言人從上之所貴。若爲之從轡。道民之門。在上之所先。上所先行。人必行之。其從之若由門矣。召民之路。在上之所好惡。故君求之則臣得之。君將求之。臣已先索得之也。君嗜之。則臣食之。君好之。則臣服之。君惡之。則臣匿之。一法也。毋蔽汝惡。毋異汝度。法也。君賢者將不汝助。言室滿室。言堂滿堂。是謂聖王。二法也。言堂室事而令滿。取其露見不隱也。城郭溝渠。不足以固守。兵甲彊力。不足以應敵。博地多財。不足以有衆。言城郭兵甲博地。不足以固守應敵有衆。其固守應敵有衆。更在有道者也。惟有道者。能備患於未形也。故禍不萌。三法也。天下不患無臣。患無君以使之。天下不患無財。患無人以分之。可以分與財者。賢人也。故知時者。可立以爲長。無私者。可置以爲政。審於時而察於用。而能備官者。可奉以爲君也。四法也。緩者後於事。吝於財者失所親。信小人者失士。五法也。

右六親五法

形勢第二

自天地以及萬物。關諸人事。莫不有形勢焉。夫勢必因形而立。故形端者勢必直。狀危者勢必傾。觸類莫不然。可以一隅而反。

經言二

山高而不崩。則祈羊至矣。淵深而不涸。則沈玉極矣。極。至也。山不崩。淵不涸。興雨之祥。故羊玉而祈祭。烹羊以祭。故曰祈羊。天不變其常。地不易其則。春秋冬夏。不更其節。古今一也。今之天地。即古之天地。今之四時。即古之四時。故曰古今一也。蛟龍得水。而神可立也。虎豹得幽。而威可載也。至德處威位。天下可平。載。行也。風雨無鄉。而怨怒不及也。鄉。方也。既無方所。故無從而怨怒也。貴有以行令。賤有以忘卑。貴而行令。令乃行。賤而忘卑。卑可移。壽天貧富。無徒歸也。皆有理在焉。銜命者。君之尊也。受辭者。名之運也。言受君之辭以出命。則名必運。運。行也。上無事。則民自試。試。用也。抱蜀不言。而廟堂既修。抱。持也。蜀。祠器也。君人者。但抱祠器。以身奉道。雖復靜然不言。廟堂之政。既以修理矣。鴻鵠鏘鏘。唯民歌之。感德化也。濟濟多士。殷民化之。紂之失也。戒紂之失。故化文王。飛蓬之問。不在所賓。燕雀之集。道行不顧。飛蓬因風
動搖不定。喻二三之聲問。明主所不賓敬。燕雀翔集。事之常細也。故行道之人。忽而不顧。謂小事非大人所宜知。犧牷圭璧。不足以饗鬼神。鬼神享德。不在圭璧。主功
有素。寶幣奚爲。主能立功。可謂有素。有素。則諸侯不敢犯。寶玉幣帛。何所爲乎。羿之道。非射也。造父之術。非馭也。奚仲之巧。非斲削也。羿之
射。貴其肆武服戎。不在其落鳥中鵠。造父之馭。貴其軍容致遠。在轍迹徧天下也。奚仲之巧。貴其九車以載。不在斲削成光鑑也。不召遠者使無爲焉。親近者言無事
焉。唯夜行者獨有也。遠使無爲。所以優遠方也。親於近者。貴於恩厚。不在於虛言。夜行。謂陰行其德。則人不與之爭。故獨有之也。平原之隰。奚有於高。言平隰之
等。雖有小封。不成於高。喻人有大失。小善不成其美。隰。下隰也。大山之隈。奚有於深。隈。山曲也。言山既大矣。雖有小隈。不成爲深。喻人有高行。雖有小過。非不肖也。
訾讆之人。勿與任大。訾。毀賢。讆。譽惡也。如此之人。則亂大邦也。譕臣者可以遠舉。言行莫先。謂之譕臣。有大言行者。可與圖國之遠也。顧憂者可與
致道。顧憂。謂忠事勤臣道。有如此者。可致於道者也。其計也速而憂在近者。往而勿召也。小人之計。得之雖速。禍敗尋至。則憂及之。此人親近。推之令去。不須召也。
舉長者可遠見也。舉用長利。衆皆見之。故曰遠見。裁大者衆之所比也。裁。斷也。能斷大事。衆必比之。美人之懷。定服而勿厭也。欲令人與
美而懷歸者。須安定服行道德。勿有疲厭。必得之事。不足賴也。必諾之言。不足信也。言人於事莫爲疑動。言必得應諾。如此。虛誕者耳。不足賴信也。小謹者
不大立。訾食者不肥體。言人無弘量。但有小謹。不能大立也。訾。惡也。惡食之人。憂嫌致瘠故不能肥體。有無棄之言者。必參於天地也。言無可棄。動
爲法則。若天地之無不容載。故曰參之天地。墜岸三仞。人之所大難也。而猨猱飲焉。故曰伐矜好專。舉事之禍也。猨猱遇墜岸而能飲喻智者逢禍而
能息也。不行其野。不違其馬。馬有識道之性。不違馬而自得塗。喻未經其事。問其所經。能予而無取者。天地之配也。天地施生。不求其報。與而不取。可以配
天地也。怠倦者不及。倦怠之人。觸塗靡濡。故多不及。無廣者疑神。神者在內。不及者在門。無得以己及不及疑神不神。神所無形。常在於內。故曰在內也。
不及外見。故曰在門也。在內者將假。在門者將待。將假。謂神將借己也。待。謂須自厲以待。曙戒勿怠。後穉逢殃。每曙而戒。所以戒此日之事。以待曙
戒。戒勿爲倦怠也。朝忘其事。夕失其功。邪氣入內。正色乃衰。君不君。則臣不臣。父不父。則子不子。上失其位。則下踰其

節。上下不和。令乃不行。衣冠不正。則賓者不肅。進退無儀。則政令不行。且懷且威。則君道備矣。莫樂之。則莫哀之。常能樂人。及其有難。人必哀之也。莫生之。則莫死之。常能生人。及其有危。人必死之。往者不至。來者不極。此往情不至。彼來意不極也。則道之所言者一也。而用之者異。道之所言。其理不二。用之不同。其事途異也。有聞道而好爲家者。一家之人也。雖聞道。但好理家。一家之人耳。言無廣遠。此但有聞道而好爲鄉者。一鄉之人也。有聞道而好爲國者。一國之人也。有聞道而好爲天下者。天下之人也。此亦仁者見之謂之仁。智者見之謂之智也。有聞道而好定萬物者。天下之配也。此則君子體斯道也。道往者。其人莫來。道來者。其人莫往。道之所設。身之化也。道者。均彼我。忘是非。故無來往之體。然道之所設。身必與之化也。持滿者與天。安危者與人。失天之度。雖滿必涸。上下不和。雖安必危。能持滿者。則與天合。能安危者。則與人合。不合於天。雖滿必涸。不合於人。雖安必危。欲王天下。而失天之道。天下不可得而王也。得天之道。其事若自然。失天之道。雖立不安。其道既得。莫知其爲之。其功既成。莫知其釋之。藏之無形。天之道也。疑今者察之古。不知來者視之往。萬事之生也。異趣而同歸。古今一也。生棟覆屋。怨怒不及。弱子下瓦。慈母操箠。言人以生棟造舍。雖至覆屋。但自咎而已。不敢怨及他人。至弱子下瓦。所損不多。慈母便操箠而怒之。喻人主過由己作。雖大而吞聲。過發他人。雖小而振怒也。天道之極。遠者自親。天道平分。遠近無二。故遠者自親也。人事之起。近親造怨。人事則愛惡相攻。故有近親造怨也。萬物之於人也。無私近也。無私遠也。動物則有識而無知。植物則有生而無識。故於人也。無私遠近。巧者有餘。而拙者不足。萬物既無私於人。故巧者用之有餘。拙者用之不足。其功順天者天助之。其功逆天者天違之。天之所助。雖小必大。天之所違。雖成必敗。順天者有其功。逆天者懷其凶。不可復振也。烏鳥之狡。雖善不親。狡。謂猜也。言烏鳥之性多猜。初雖相善。後終不親。不重之結。雖固必解。道之用也。貴其重也。毋與不可。毋彊不能。毋告不知。與不可。彊不能。告不知。謂之勞而無功。見與之交。幾於不親。見。謂不忘而特之也。與。親與也。見哀之役。幾於不結。役而哀之。雖有惻然。見而不忘。故彼不結也。見施之德。幾於不報。雖有恩施之德。然見而不忘。故彼不報也。四方所歸。心行者也。心行能不見。則四方歸之。獨王之國。勞而多禍。獨王。謂無四鄰之援也。獨國之君。卑而不威。自媒之女。醜而不信。未之見而親焉。可以往矣。未見而親。親必無怨。故可往矣。久而不忘焉。可以來矣。日月不明。天不易也。山高而不見。地不易也。日月無不明。假令不明。是天有雲氣而不易也。山高無不見。假令不見。是地多嶮阻不平易也。言而不可復者。君不言也。行而不可再者。君不行也。謂臣有忠言。不可復言者。則由君不言故也。臣有善行。不可再行者。則由君不行也。凡言而不可復。行而不可再者。有國者之大禁也。

權修第三　經言三

權者。所以知輕重也。君人者。必知事之輕重。然後國可爲。故須修權。

萬乘之國。兵不可以無主。無所主。則無所統一也。土地博大。野不可以無吏。無吏。則不屬於墾闢。百姓殷衆。官不可以無長。無長。則無所稟令也。操民之命。朝不可以無政。地博而國貧者。野不辟也。民衆而兵弱者。民無取也。兵無主。無所取則。故末產不禁。則野不辟。賞罰不信。則民無取。野不辟。民無取。外不可以應敵。內不可以固守。故曰有萬乘之號。而無千乘之用。而求權之無輕。不可得也。國號萬乘。及其兵用。不滿於千。如此者。權必自輕也。地辟而國貧者。舟輿飾。臺榭廣也。賞罰信而兵弱者。輕用衆。使民勞也。舟車飾。臺榭廣。則賦斂厚矣。輕用衆。使民勞。則民力竭矣。賦斂厚。則下怨上矣。民力竭。則令不行矣。下怨上。令不行。而求敵之勿謀己。不可得也。欲爲天下者。必重用其國。欲爲其國者。必重用其民。欲爲其民者。必重盡其民力。重爲矜惜之也。無以畜之。則往而不可止也。往。謂亡去也。無以牧之。則處而不可使也。人雖留處。無畜牧之道。故不可使也。遠人至而不去。則有以畜之也。民衆而可一。則有以牧之也。見其可也。喜之有徵。徵。驗也。必有恩錫以見驗。見喜無空然矣。見其不可也。惡之有刑。賞罰信於其所見。雖其所不見。其敢爲之乎。所見之處。賞罰既信。則所不見。懼而從教。不敢爲非。見其可也。喜之無徵。見其不可也。惡之無刑。賞罰不信於其所見。而求其所不見之爲之化。不可得也。厚愛利足以親之。明智禮足以教之。上身服以先之。服。行也。凡所欲教人。在上必身自行之。所以率先於下也。審度量以閑之。所以防閑其姦僞也。鄉置師以說道之。然役申之以憲令。勸之以慶賞。振之以刑罰。振：整也。故百姓皆說爲善。則暴亂之行無由至矣。地之生財有時。民之用力有倦。而人君之欲無窮。以有時與有倦養無窮之君。而度量不生於其間。度量不生。則賦役無限也。則上下相疾也。上疾下之不供。下疾上之無窮。是以臣有殺其君。子有殺其父者矣。故取於民有度。用之有止。國雖小必安。取於民無度。用之不止。國雖大必危。地之不辟者。非吾地也。民之不牧者。非吾民也。凡牧民者。以其所積者食之。不可不審也。其積多者其食多。其積寡者其食寡。無積者不食。或有積而不食者。則民離上。有積多而食寡者。則民不力。有積寡而食多者。則民多詐。有無積而徒食者。則民偷幸。故離上不力。多詐偷幸。舉事不成。應敵不用。故曰。察能授官。班祿賜予。使民之機也。野與市爭民。民務本業。則野與市爭民。家與府爭貨。下務藏積。則家與府爭貨。金與粟爭貴。所寶惟穀。故金與粟爭貴。鄉與朝爭治。官各務其職。故鄉與朝爭治。故野不積草。農事先也。府不積貨。藏於民也。市不成肆。家用足也。朝不合衆。鄉分治也。故野不積草。府不積貨。市不成肆。朝不合衆。治之至也。人情不二。故民情可得而御也。審其所好惡。則其長短可知也。觀其交游。則其賢不肖可察也。二者不失。則民能可得而官也。二者。謂好惡交游也。地之守在城。城之守在兵。兵之守在人。人之守在粟。故地不辟。則城不固。有身不治。奚待於人。待。謂將治之。言身既不能自治。則無以治人也。有人不治。奚待於家。有家不治。奚待於鄉。有鄉不治。奚待於國。有國不治。奚待於天下。天下者。國之本也。國者。鄉之本也。鄉者。家之本也。家者。人之本也。人者。身之本也。身者。治之本也。故上不好本事。則末產不禁。末產不禁。則民緩於時事而輕地利。輕地利。而求田野之辟。倉廩之實。不可得也。商賈在朝。則貨財上流。若桓靈之賣官也。婦言人事。則賞罰不信。婦者所以職其蠶織。此之不爲。輒言人事。婦人之性險詖。故賞罰不信矣。男女無別。則民無廉恥。貨財上流。賞罰不信。民無廉恥。而求百姓之安難。兵士之死節。不可得也。朝廷不肅。貴賤不明。長幼不分。度量不審。衣服無等。上下凌節。而求百姓之尊主政令。不可得也。

上好詐謀閒欺。閒。隔也。有所隔礙而欺詐也。臣下賦斂競得。使民偷壹。偷取一時之快。則百姓疾怨。而求下之親上。不可得也。有地不務本事。本事謂農。君國不能壹民。而求宗廟社稷之無危。不可得也。上恃龜筮。好用巫醫。則鬼神驟祟。故功之不立。名之不章。爲之患者三。苟功不立。名不章。必爲三患。下獨王。貧賤。日不足。是也。有獨王者。謂無黨也。有貧賤者。有日不足者。有日不足之費也。一年之計。莫如樹穀。十年之計。莫如樹木。終身之計。莫如樹人。樹人。謂育而成立之。一樹一穫者。穀也。一樹十穫者。木也。果木過十年。斷就枯悴。故曰十穫也。一樹百穫者。人也。人有百年之壽。雖使無百年。子孫亦有嗣之而報德者。故曰百穫也。我苟種之。如神用之。一種百穫。近識者莫能測其由。故曰如神用也。舉事如神。唯王之門。王者貴神道設教也。凡牧民者。使士無邪行。女無淫事。士無邪行。教也。女無淫事。訓也。教訓成俗。而刑罰省數也。所角反。凡牧民者。欲民之正也。欲民之正。則微邪不可不禁也。微邪者。大邪之所生也。微邪不禁。而求大邪之無傷國。不可得也。凡牧民者。欲民之有禮也。欲民之有禮。則小禮不可不謹也。小禮不謹於國。而求百姓之行大禮。不可得也。凡牧民者。欲民之有義也。欲民之有義。則小義不可不行。小義不行於國。而求百姓之行大義。不可得也。凡牧民者。欲民之有廉也。欲民之有廉。則小廉不可不修也。小廉不修於國。而求百姓之行大廉。不可得也。凡牧民者。欲民之有恥也。欲民之有恥。則小恥不可不飾也。小恥不飾於國。而求百姓之行大恥。不可得也。凡牧民者。欲民之修小禮。行小義。飾小廉。謹小恥。禁微邪。此厲民之道也。民之修小禮。行小義。飾小廉。謹小恥。禁微邪。治之本也。凡牧民者。欲民之可御也。欲民之可御。則法不可不審。法者。將立朝廷者也。將立朝廷者。則爵服不可不貴也。爵服加于不義。則民賤其爵服。民賤其爵服。則人主不尊。人主不尊。則令不行矣。法者。將用民力者也。將用民力者。則祿賞不可不重也。祿賞加于無功。則民輕其祿賞。民輕其祿賞。則上無以勸民。上無以勸民。則令不行矣。法者。將用民能者也。將用民能者。則授官不可不審也。授官不審。則民閒其治。

民閒其治。則理不上通。理不上通。則下怨其上。下怨其上。則令不行矣。法者。將用民之死命者也。用民之死命者。則刑罰不可不審。刑罰不審。則有辟就。有辟就。則殺不辜而赦有罪。殺不辜而赦有罪。則國不免於賊臣矣。故夫爵服賤。祿賞輕。民閒其治。賊臣首難。此謂敗國之教也。

立政第四

三本　四固　五事　首憲　首事　省官　服制　九敗　七觀　經言四

國之所以治亂者三。殺戮刑罰。不足用也。三。謂三本也。謂治亂法各有三也。國之所以安危者四。城郭險阻。不足守也。四。謂四固。國之所以富貧者五。輕稅租。薄賦斂。不足恃也。五。謂五事。治國有三本。而安國有四固。而富國有五事。五事五經也。

自三本已上總其目。君之所審者三。一曰德不當其位。二曰功不當其祿。三曰能不當其官。此三本者。治亂之原也。故國有德義未明於朝者。則不可加于尊位。功力未見于國者。則不可授以重祿。臨事不信於民者。則不可使任大官。故德厚而位卑者謂之過。德薄而位尊者謂之失。寧過於君子。而毋失於小人。過於君子。其爲怨淺。失於小人。其爲禍深。是故國有德義未明於朝而處尊位者。則良臣不進。有功力未見於國而有重祿者。則勞臣不勸。有臨事不信於民而任大官者。則材臣不用。三本者審。則下不敢求。三本者不審。則邪臣上通。而便辟制威。如此。則明塞於上。而治壅於下。正道捐弃。而邪事日長。三本者審。則便辟無威於國。道塗無行禽。無禽獸之行。疏遠無蔽獄。孤寡無隱治。故曰。刑省治寡。朝不合衆。

右三本

君之所慎者四。一曰。大德不至仁。不可以授國柄。德雖大而仁不至。或包藏禍心。故不可授國柄。二曰。見賢不能讓。不可與尊位。三曰。罰避親貴。不可使主兵。四曰。不好本事。不務地利。而輕賦斂。不可與都邑。此四務者。安危之本也。故曰。卿相不得衆。國之危也。大臣不和同。國之危也。兵主不足畏。國之危也。民不懷其產。國之危也。故大德至仁。則操國得衆見賢能讓。則大臣和同。罰不避親貴。則威行於鄰敵。好本事。務地利。重賦斂。則民懷其產。

右四固

君之所務者五。一曰。山澤不救於火。草木不植成。國之貧也。二曰。溝瀆不遂於隘。鄣水不安其藏。國之貧也。三曰。桑麻不植於野。五穀不宜其地。國之貧也。四曰。六畜不育於家。瓜瓠葷菜百果不備具。國之貧也。五曰。工事競於刻鏤。女事繁於文章。國之貧也。故曰。山澤救於火。草木植成。國之富也。溝瀆遂於隘。障水安其藏。國之富也。桑麻植於野。五穀宜其地。國之富也。六畜育於家。瓜瓠葷菜百果備具。國之富也。工事無刻鏤。女事無文章。國之富也。

右五事

分國以爲五鄉。鄉爲之師。分鄉以爲五州。州爲之長。分州以爲十里。里爲之尉。分里以爲十游。游爲之宗。十家爲什。五家爲伍。什伍皆有長焉。築障塞匿。匿。隱。一道路。博出入。審閭閈。愼筦鍵。筦藏于里尉。置閭有司。以時開閉。閭有司觀出入者。以復于里尉。復。白。凡出入不時。衣服不中。圈屬羊豕之類也。羣徒衆作役也。不順於常者。閭有司見之。復無時。若在長家子弟臣妾屬役賓客。則里尉以譙于游宗。游宗以譙于什伍。什伍以譙于長家。譙敬而勿復。既譙。能敬而從命。無事可白。則是敎令行。一再則宥。三則不赦。凡孝悌忠信。賢良儁材。若在長家子弟臣妾屬役賓客。則什伍以復于游宗。游宗以復于里尉。里尉以復于州長。州長以計于鄉師。鄉師以著于士師。凡過黨。其在家屬。及于長家。其在長家。及于什伍之長。其在什伍之長。及于游宗。其在游宗。及于里尉。其在里尉。及于州長。其在州長。及于鄉師。其在鄉師。及于士師。三月一復。六月一計。十二月一著。凡上賢不過等。謂上賢雖才用絕倫。無得過其勞級。使能不兼官。罰有罪不獨及。罪必有首從及黨與也。賞有功。不專與。孟春之朝。君自聽朝。論爵賞校官。終五日。季冬之夕。君自聽朝。論罰罪刑殺。亦終五日。正月之朔。百吏在朝。君乃出令布憲于國。五鄉之師。五屬大夫。皆受憲于太史。大朝之日。五鄉之師。五屬大夫皆身習憲于君前。太史既布憲。入籍于太府。入籍者。入取籍於太府也。憲籍分于君前。五鄉之師出朝。遂于鄉官致于鄉屬。及于游宗。皆受憲。憲所以察時令。籍所以視功過。憲既布。乃反致令焉。致令于君。然後敢就舍。憲未布令未致。不敢就舍。就舍。謂之留令。罪死不赦。五屬大夫。皆以行車朝。出朝不敢就舍。遂行至都之日。五屬之都。遂於廟致屬吏。皆受憲。憲既布。乃發使者致令以布憲之日蚤晏之時。憲既布。使者以發。然後敢就舍。憲未布。使者未發。不敢就舍。就舍。謂之留令。罪死不赦。憲既布。有不行憲者。謂之不從令。罪死不赦。考憲而有不合于太府之籍者。侈曰專制。不足曰虧令。罪死不赦。首憲歲朝之憲。既布。然後可以布憲。憲。謂月朝之憲。

右首憲

凡將舉事。令必先出。曰事將爲。其賞罰之數。必先明之。立事者謹守令以行賞罰。計事致令。復賞罰之所加。有不合於令之所謂者。雖有功利。則謂之專制。罪死不赦。首事既布。然後可以舉事。

右首事

修火憲。敬山澤林藪積草。夫財之所出。以時禁發焉。使民於宮室之用。薪蒸之所積。虞師之事也。決水潦。通溝瀆。修障防。安水藏。使時水雖過度。無害于五穀。歲雖凶旱。有所秎扶門反。穫。司空之事也。相高下。視肥墝。觀地宜。明詔期。前後農夫。以時均修焉。使五穀桑麻。皆安其處。由田之事也。行鄉里。視宮室。觀樹蓺。簡六畜。以時鈞修焉。勸勉百姓。使力作毋偷。懷樂家室。重去鄉里。鄉師之事也。論百工。審時事。辨功苦。上完利。監壹五鄉。以時鈞修焉。使刻鏤文采。毋敢造于鄉。工師之事也。

右省官

度爵而制服。量祿而用財。飲食有量。衣服有制。宮室有度。六畜人徒有數。舟車陳器有禁。修生則有軒冕服位穀祿田宅之分。死則有棺槨絞衾壙壟之度。雖有賢身貴體。毋其爵。不敢服其服。雖有富家多資。毋其祿。不敢用其財。天子服文有章。而夫人不敢以燕以饗廟。將軍大夫以朝。官吏以命。士止于帶緣。散民不敢服雜采。百工商賈不得服長鬈求圓反貂。刑餘戮民不敢服絻。一本作絲。不敢畜連乘車。

右服制

寢兵之說勝。則險阻不守。言事者競陳寢兵。其說見用而得勝。則武術必偃。雖有險阻。不能守矣。兼愛之說勝。則士卒不戰。兼愛之說勝。則徐偃弱而行仁。宋襄蠢而慕古也。全生之說勝。則廉恥不立。全生之說勝。則王孫自奉千金。何侯日食一萬。私議自貴之說勝。則上令不行。羣徒比周之說勝。則賢不肖不分。金玉貨財之說勝。則爵服下流。觀樂玩好之說勝。則姦民在上位。觀樂玩好之說勝。則費仲以奉奇異而居顯位。董賢以柔曼而處朝謁也。請謁任舉之說勝。則繩墨不正。諂諛飾過之說勝。則巧佞者用。

右九敗

期而致。使而往。百姓舍己以上爲心者。敎之所期也。始於不足見。終於不可及。一人服之。萬人從之。訓之所期也。謂君將行令。始獨發於心。故不足見。終則功成事遂。故不可及也。未之令而爲。未之使而往。上不加勉。而民自盡。竭俗之所期也。君既盡心於俗。所以能期於心也。好惡形於心。百姓化於下。罰未行而民畏恐。賞未加而民勸勉。誠信之所期也。君之好惡。纔形於心。百姓已化於天下。爲而無害。成而不譏。得而莫之能爭。天道之所期也。君能奉順天道。所以能期於此。爲之而成。求之而得。上之所欲。小大必舉。事栝。可以爲車。斤斧得入焉。五而當一。澤網罟得入焉。五而當一。命之曰地均。以實數。方六里命之曰暴。五暴命之曰部。五部命之曰聚。聚者有市。無市則民乏。五聚命之曰某鄉。四鄉命之曰方。官制也。官成而立邑。五家而伍。十家而連。五連而暴。五暴而長。命之曰某鄉。四鄉命之曰都。邑制也。邑成而制事。四聚爲一離。五離爲一制。五制爲一田。二田爲一夫。三夫爲一家。事制也。事成而制器。方六里。爲一乘之地也。一乘者。四馬也。一馬。其甲七。其蔽五。蔽所以捍車馬。四乘。其甲二十有八。其蔽二十。白徒三十人奉車兩。器制也。方六里。一乘之地也。方一里。九夫之田也。黃金一鎰。百乘一宿之盡也。無金則用其絹。季絹三十三三等。者曰季。其下制當一鎰。無絹則用其布。經暴布百兩當一鎰。一鎰之金。食百乘之一宿。則所市之地。六步一斠。一本作一升。命之曰中。歲有市無市。則民不乏矣。方六里。名之曰社。有邑焉。名之曰央。亦關市之賦。命出關市之賦。黃金百鎰爲一篋。其貨一穀籠爲十篋。其商苟在市者三十人。其正月十二月。黃金一鎰。命之曰正。分春曰書比。立夏曰月程。秋曰大稽。與民數得亡。三歲修封。五歲修界。十歲更制。經正也。十仞見水不大潦。大潦。一本作大續。鑑也。預貯水也。五尺見水不大旱。十一仞見水輕征。征。稅也。十分去二三。謂去十仞之二三。二則去三四。謂去十仞之三。四則去四。謂去十仞之四。五則去半。比之於山五尺見水。言平地五仞見水。同於山五尺見水。十分去一。四則去三。八尺曰仞。分九仞。則屈每分有二仞二尺。去其三則餘有一丈八尺。三則去二。二則去一。三尺而見水。比之於澤。續曰。言地高則難滯。故曰十仞見水不大滯。地低則難旱。故曰五尺見水不大旱。當滯之時。若高亢地十一仞見水。則常征十分中免二三分。十二仞見水。則免三四分。十四仞見水則免四分。十五仞見水。則免五分。以其極高難灌溉。可以比於山也。當旱之時。若圩下地五尺見水。則常征十分免四分。四尺見水則免三分。三尺見水。則免二分。二尺見水。則免一分。以其極低易灌溉。可以比於澤也。十分去一。當作十分去四。字之誤。乃距國門以外。窮四竟之內。丈夫二犂。童五尺一犂。以爲三日之功。正月。令農始作。服于公田農耕。及雪釋。耕始焉。芸卒焉。士聞見博學意察。而不爲君臣者。與功而不與分焉。此人學以爲君之臣也。然以高尚其事而不爲。若此者。預食農收之功。而不受力作之分也。賈知賈之貴賤。日至於市。而不爲官賈者。與功而不與分焉。工治容貌功能。日至於市。而不爲官工者。與功而不與分焉。不可使而爲工。則視貸離之實而出夫粟。是故智者知之。愚者不知。不可以教民。教民必以有智者。巧者能之。拙者不能。不可以教民。教人爲工。必以巧者。欲令愚智之人盡曉知之。然後可以教人也。非一令而民服之也。不可以爲大善。非夫人能之也。不可以爲大功。是故非誠賈不得食于賈。非誠工不得食于工。非誠農不得食于農。非信士不得立于朝。是故官虛而莫敢爲之請。君有珍車珍甲而莫之敢有。君舉事。臣不敢誣其所不能。君知臣。臣亦知君知己也。故臣莫敢不竭力俱操其誠以來。道曰均地分力。使民知時也。民乃知時日之蚤晏。日月之不足。飢寒之至于身也。是故夜寢蚤起。父子兄弟不忘其功。爲而不倦。民不憚勞苦。故不均之爲惡也。地利不可竭。民力不可殫。不告之以時。而民不知。不道之以事。而民不爲。與之分貨。則民知得正矣。審其分。則民盡力矣。是故不使而父子兄弟不忘其功。

右士農工商按此篇言均地。立制。定賦之法。率民盡地力。終之以人君出令之事。末又言均地。分力。使民。知時。爲下三節之綱。謂之士農工商。不知何說。

聖人之所以爲聖人者。善分民也。善令人知分。故名爲聖人。聖人不能分民。則猶百姓也。於己不足。安得名聖。不能令人知分。則己尙不足。何名爲聖人。是故有事則用。用謂人也。無事則歸之於民。謂令人退歸而居也。唯聖人爲善託業於民。謂託人以成功業也。民之生也。辟則愚。縱其淫辟。則昏愚也。閉則類。類。善也。閉其淫辟。則自善。上爲一。下爲二。下之效上。必倍之也。

右聖人按此釋上分力。

時之處事精矣。不可藏而舍也。時至則爲之。不可藏而捨息也。故曰。今日不爲。明日忘貨。言不爲則失時。昔之日已往而不來矣。言日既往不還來也。

右失時 按此釋上使民知時。

上地方八十里。萬室之國一。千室之都四。中地方百里。萬室之國一。千室之都四。下地方百二十里。萬室之國一。千室之都四。以上地方八十里。與下地方百二十里。通於中地方百里。

右地里 按此釋上均地。

卷一校正

牧民第一 經言一

△地辟舉則民留處 望案。朱東光本作地舉辟則可留處。據尹注。似亦作地舉辟。舉處爲均上下文皆協均。此不宜獨異。輕重甲篇曰。地辟舉則民留處。事語地數二篇並曰。壤辟舉則民留處。是其明證。朱本可字誤。 △不務地利則倉廩不盈 太平御覽居處部十。資產部十六引此均無廩字。 △野蕪曠則民乃菅 元刻本蕪曠作無櫎。望案。菅疑荒字之誤。荒與曠爲均。或作蕪。誤。 △不璋兩原 丁氏士涵云。璋當爲障。高誘呂覽注曰。障塞也。說文訓隔。隔亦塞也。又土部。墇。擁也。義亦相近。 △不明鬼神則陋民不悟 丁云。悟疑信字之誤。神信爲均。 △誠不可復錯也 藝文類聚五十二引。復錯作得復。御覽六百二十四治道部引。錯作措。 △政之所與在順民心 王氏念孫云。政之所興。唐魏徵羣書治要。及藝文類聚治政部上。御覽治道部五引此。並作政之所行。後人改行爲興。以對下文政之所廢耳。不知此四句本謂政順民心則行。不順民心則廢。下文曰。令順民心。則威令行。是其證。改之則失其旨矣。孫氏星衍說同。 △我存安之 御覽治道部五引作我安存之。 △故刑罰不足以畏其意 治要引畏作恐。孫云下文曰。故刑罰繁而意不恐。則作恐字是。 △積於不涸之倉 治要引涸作凋。 △使民於不爭之官 趙蕤長短經八引。民作士。爭作諍。望案。鄭注周官士師曰。官。官府也。 △不偷取一世也 治要一作壹。 △令順民心則威令行 日本安井衡纂詁引豬飼彥博云。威令之令疑衍。

右士經 顧氏廣圻云。士字當是十一字并寫之誤。

△毋曰不同生 俞氏樾云。生與姓古字通。此同生即同姓也。詩杕杜傳。同姓。同祖也。禁藏篇。如典之同生。典乃

與字之誤。如與之同生。義亦猶此矣。　△毋日不同國遠者不從　王云。國當爲邦。上文生聽爲均。鄉行爲均。此邦從爲均。今作國者。是漢人避諱所改。宋氏翔鳳說同。　△如地如天何私何親　張氏文虎云。私疑疏之誤。韓子揚權篇。若地若天。孰疏孰親。卽本此。　△如月如日唯君之節　望案。朱本作如日如月。誤。日與節均。古日月二字聲不同部。詩齊風東方之日篇可證。　△召民之路　丁云。召。韶之叚字。爾雅釋詁。韶。道也。　△是謂聖王　宋本朱本聖王並作賢王。御覽皇王部一引。與此同。　△兵甲彊力　治要彊作勇。　△惟有道者能備患於未形也　宋本惟作唯。　△天下不患無財患無人以分之　俞氏正燮云。此分字卽乘馬篇聖人善分民之分。言託業用之也。注非。　△無私者可置以爲政　丁云。爲政與上爲長對文。政當讀爲正。爾雅釋詁。正。長也。俞說同。　△丞於財者失所親　丁云。廣韻。丞。俗吝字。當改正。

右大親五法　丁云。大親與五法當分章。宋本及劉氏續補注本子目下分爲二是也。

形勢第二　經言二　丁云。史記集解引劉向別錄曰。山高名形勢。

△山高而不崩　埤雅引崩作阤。　△則祈羊至矣　張云。祈羊費解。羊疑䍧字之譌。國準篇云。立祈䍧以固山澤。是其證。　△則沈玉極矣　宋本玉作王。古玉字。　△虎豹得幽而威可載也　王云。得幽。當依明仿宋本及朱本作託幽。此涉上句得字而誤。後形勢解正作託幽。　△銜命者君之尊也　後解銜命作銜令。　△上無事則民自試　元刻則作而。與後解合。　△抱蜀不言而廟堂既修　宋本修作脩。後凡修字皆同。王云。朱東光說蜀乃器字之誤。是也。後解作蜀。亦誤。(望案。王氏廣雅疏證訓蜀爲一。與此異。)脩當爲循。亦字之誤也。隸續曰。循脩二字。隸書只爭一畫。傳寫往往譌溷。事試爲均。循言爲均。循。順也。(說文。循。順行也。鄭注尙書中候曰。循。順也。)從也。(文選陸雲荅張士然詩注引廣雅曰。循。從也。)言人君抱器不言。而廟堂之中已順從也。形勢解曰。人主立其度量。陳其分職。明其法式。以莅其民。而不以言先之。則民循正。所謂抱蜀者。祠器也。故曰。抱蜀不言。而廟堂既循。(今本循字亦誤作脩。今據上文則民循正改。)是其證矣。宙合篇曰。明墨章畫。(今本畫譌作書。辯見宙合。)道德有常。則後世人人脩理而不迷。脩亦當爲循。言君子道德有常。如工人之明墨章畫。則後世皆循其理而不迷也。君臣篇曰。權度不一。則脩義者惑。又曰。能上盡言於主。下致力於民。而足以脩義從令者。忠臣也。兩脩字皆當爲循。循亦從也。下文曰。下之事上不虛。則循義從令者審也。是其證也。四稱篇曰。不脩天道。不鑒四

方。又曰。不脩先故。變易國常。兩脩字亦當爲循。言不順天道。不遵先故也。修靡篇曰。緣故脩法。以政治道。脩亦當爲循。緣亦循也。（廣雅。緣。循也。）政與正同。言緣順故常。遵循法度。以正治道也。勢篇曰。慕和其衆。以脩天地之從。又曰。脩陰陽之從。而道天地之常。脩亦當爲循。循。順也。從。行也。（廣雅曰。從。行也。夏小正傳曰。不從者弗行。）正篇曰。必脩其理。九守篇曰。因之脩理。故能長久。脩亦當爲循。循理。順理也。九守篇又曰。脩名而督實。案實而定名。脩亦當爲循。循。因也。因名而責實也。韓子定法篇曰。因任而授官。循名而責實。淮南主術篇曰。循名責實。官使自司。後漢書王堂傳曰。循名責實。察言觀效。蜀志諸葛亮傳評曰。循名責實。虛僞不齒。皆本於管子也。地數篇曰。脩河濟之流。南輸梁趙宋衞濮陽。脩亦當爲循。言循河濟而東也。　△鴻鵠鏘鏘唯民歌之　後解鏘鏘作將將。唯作維。案將將古字。鏘鏘今字。　△飛蓬之問　宋本問作閒。丁云。閒乃閗字之誤。後解作問。古閗與問通。玩尹注聲問之訓。所見本不作閒矣。易益象傳。勿問之矣。崔注。問猶言也。觀後解云。蜚蓬之問。明主不聽也。無度之言。明主不許也。語意自明　△燕雀之集　後解雀作爵。　△犧牲圭璧　丁云。當從後解作犧牲珪璧。修靡篇曰。知神次者。操犧牲與其珪璧。以執其舉。輕重己篇曰。犧牲以魚。犧牲以鳧。是作牲爲長。作牷者。後人改之。　△不足以饗鬼神　宋本饗作享。是也。說文。享。獻也。饗。鄉人飲酒也。段氏注。凡獻於上曰享。凡食其獻曰饗。張云。此以儀不及物者比之飛蓬燕雀。所謂不誠未有能動者也。故云不足以享鬼神。　△召遠者使無爲焉　丁云。召讀爲招。廣雅釋言。招。來也。欲來民者先起其利。雖不召而民自至。　△唯夜行者獨有也　王云。當從朱本作獨有之也。尹注云。故獨有之也。後解云。故曰。唯夜行者獨有之也。（今本也誤作乎。據此文改。）皆其證。淮南覽冥篇作惟夜行者爲能有之。亦有之字。　△平原之隰奚有於高　王云。此當作平隰之封奚有於高。後解云。所謂平原者。下澤也。雖有小封。不得爲高。故曰。平原之隰。奚有於高。當作所謂平隰者。下澤也。雖有小封。不得爲高。故曰。平隰之封。奚有於高。尹注亦甚明。下經曰隰。故言下澤。積土曰封。故言雖有小封不得爲高。後人既改此文爲平原之隰。遂幷後解而改之。弗思甚矣。　△訾讆之人勿與任大　丁云。訾當作呰。說文。呰。訶也。（今作苛。此從一切經音義引。）鄭注喪服四制云。曰毀曰呰。說文無讆字。心部。𢖍。讆言不慧也。爾雅釋故。衞。嘉也。後解云。推譽不肖之謂讆。推譽與嘉誼相近。　△譕臣者可以遠舉　宋本以作與。同後解。王氏引之云。譕與謨同。集韻曰。謨。古作謩。爾雅曰。謨。謀也。臣當作巨。字形相似而誤。巨。大也。譕巨者。謀及天下之大而非一家一國之謀也。形勢解曰。明主之慮事也。爲天下計者。謂之譕臣。臣亦當作巨。曰慮曰計。釋譕字也。曰天下。則釋巨字也。若作譕臣。則其義不可通矣。且巨與舉爲均。憂與道爲均。（二字古音同在幽部。）若作臣字。則又失其均矣。尹注非。　△舉長者可遠見也　元刻本見下有者字。後解同。丁云。可下疑脫與字。　△裁大者衆之所比也　孫云。裁。古通作材。故形勢解曰。天之裁大。故能兼覆萬物。地之裁大。故能兼載萬物。人主之裁大。故容物多而衆人能比焉。尹注非。　△美人之懷定服而勿厭也　俞云。此句之義爲不可曉。據形勢解曰。貴富尊顯。民歸樂之。人主莫不欲也。故欲民之懷樂己者。必服道德而勿厭也。而民懷樂之。然則管子原文本作欲人之懷必服而勿厭也。故其解如此。若作美人之懷定服而勿厭。則解何以不及美字定字之義乎。尹注曰。欲令人貴美而懷歸者。須安定服行道德。勿有疲厭。則其所據本已誤。　△訾食者不肥體　宋本朱本訾皆作訾。與後解合。丁云。集韻引亦作訾。玉篇。訾。嫌食貌。　△必參於天地也　安井衡云。古本參下有之字。　△故曰伐矜好專舉事之禍也　劉績補注云。經文不應有故曰二字。疑衍。宋云。周秦傳記多以是故發端。故曰猶是故。故。古也。謂古語也。劉說非。　△無廣者疑神　張云。無。譏之段字。上文云。譏巨者可以遠舉。望寀。據後解云。故事廣于理者。其成若神。則張說是。　△在內者將假　望寀。假。當作徦。說文。徦。至也。方言。徦。狢。至也。邠唐冀兗之閒。或曰徦。或曰狢。　△曙戒勿怠　俞云。既勿怠矣。又何逢殃之有。勿當爲夕字之誤。曙戒夕怠。言朝戒之而夕怠之也。下文云。朝忘其事。夕失其功。此以夕對曙言。猶彼以夕對朝言矣。　△後穉逢殃　宋本穉作稺。　△邪氣入內　王云。入。當依宋本朱本作襲。後解及文選長門賦注。七發注引此。並作襲。襲。卽入也。無須改襲爲入。孫說同。　△衣冠不正則賓者不肅　俞云。賓讀爲擯。論語。君召使擯。釋文本亦作賓。是也。言主君衣冠不正。則爲擯者亦不肅。猶上文所云上失其位則下踰其節也。　△天下之配也　王云。天下。當爲天地。人君能定萬物。則可以配天地。上文云。能與而無取者。天地之配也。卽其證。今本涉上文天下之人句而誤。黃氏日鈔亦云。地誤作下。　△道往者其人莫來道來者其人莫往　宋蔡潛道本作道往者其人莫往。道來者其人莫來。宋云。當從宋本。道往者其人莫往。言人與道俱化而不見其往也。道來者其人莫來。亦與道化而不見來也。故注云。均彼我。忘是非。而無往來之體。劉氏據形勢解改作道往莫來。道來莫往。彼係譌字。　△莫知其釋之　宋本釋作澤。王云。澤。釋。古字假借。後人不知而妄改之。當從宋本。望寀。後解作舍。　△萬物之生也異趣而同歸　陳先生奐云。生。後解作任。任字不誤。趣。後解作起。誤。　△生棟覆屋　俞云。生當讀爲㞟。方言云。㞟。細也。自關而西。秦晉之閒。凡細貌謂之㞟。　△其功逆天者天違之　宋本違作圍。（下文天之所違。及後解並同。）王云。古字違圍相通。後人不識古字而改之。　△烏鳥之狡　王云。當作烏集之佼。佼與交同。後解云與人佼。（宋本如是。今本改佼爲交。）多詐僞無情實。偷取一切。謂之烏集之佼。是其證。△見與之交幾於不親見哀之役幾於不結　王云。見與之交。當從朱本作見與之友。後解亦作友。（隸書交字作友。與友相似而誤。後解云。以此爲友。則不親。以此爲交。則不結。是此文上句作友。下句作佼也。）見哀之役。哀與愛古字通。（呂氏春秋報更篇。人主胡可以不務哀士。淮南說林篇。各哀其所生。高注並云。哀。愛也。樂記。肆直而慈愛者。鄭注。愛或爲哀。）役當爲佼字之誤。（役字古文作伇。與佼相似。）佼與交同。後解作見愛之交。是其證也。尹注非。△獨王之國　劉云。當依解作獨任之國。王云。任字古通作壬。因譌爲王耳。望案。王字義長。不必改字。獨王者。若桀紂爲天子不若一匹夫也。△久而不忘焉可以來矣　宋本來作往。誤。△凡言而不可復行而不可再者　後解兩而字皆作之。張云。不可復不可再。猶云雖悔而不可追。尹注非。

權修第三　經言三

△民衆而兵弱者民無取也　洪氏頤煊云。取當作恥。謂民無愧恥。雖衆而弱。北堂書鈔二十七引下文則民無取。文選射雉賦注引下文民無取。取皆作恥。尹注非。△臺榭廣也　劉本榭作謝。望案。說文有謝無榭。劉本是。△必重盡其民力　治要引此無民字。孫云。民力之民。涉上文而衍。△民衆而可一　治要一作壹。△見其可也喜之有徵見其不可也惡之有刑　丁云。刑當讀爲形。與上文徵字對。下文云。賞罰信於其所見。雖其所不見。其敢爲之乎。是其證。望案。韓子難三篇引此文。作見其可說之有證。見其不可惡之有形。△賞罰不信於其所見而求其所不見之爲之化　俞云。化當作外。字之誤也。爲之二字衍文。此本作賞罰不信於其所見。而求其所不見之外。因外字隸書或作外。（見魯峻碑。）化字隸書或作氺。（見夏承碑。）兩形相似。故外誤爲化。後人又加爲之二字。使成義耳。韓非子引此。正作賞罰不信於所見。而求所不見之外。△然後申之以憲令　宋本後作后。後凡後字皆同。△是以臣有殺其君子有殺其父者矣　宋本殺皆作弒。△用之有止　治要止作正。下文用之不止同。△家與府爭貨　北堂書鈔二十七引。貨作貸。△故野不積草　意林不作無。下文皆作不。△故民情可得而御也　陳先生云。民情之情。蒙上文人情而衍。△故上不好本事　元刻不下有能字。△婦言人事　洪云。當作婦人言事。尹注非。△而求百姓之安難　治要無難字。△朝廷不肅　宋本廷作庭。後朝廷字並同。△上下殘節　宋本殘作殘。治要作下賤侵節。△上好詐謀閒欺臣下賦斂競得

宋云。當作臣下閒欺。欺與謀爲均。俞云。閒讀爲姦。春秋昭公二十二年。大蒐于昌閒。公羊作昌姦是閒姦古字通。△使民偷壹　朱本壹作一。下文壹民同。△好用巫毉　元刻本毉作醫。古字通。△則鬼神驟崇　中立本崇作祟。丁云。當作祟。說文。祟神禍也。从示从出。祟與上筮毉均。△我苟種之　望案。苟當是茍字之誤。說文茍部。茍自急敕也。茍與亟通。爾雅釋詁。亟疾也。釋文云字又作茍。△欲民之可御則法不可不審　鈔本北堂書鈔刑法部一。太平御覽刑法部四引此。竝作不可不重。王云。當作重。此言人主重民而輕法。則民不畏。民不畏。則不可御。故曰。欲民之可御。則法不可不重。法法篇曰。法重於民。不爲愛民枉法律。義與此同。今本涉下文兩不可不審而誤。△則刑罰不可不審　元刻本審下有也字。是。

立政第四　經言四　治要引此篇名作立君

△則不可授以重祿　宋本以作與。治要同。無授字。△則材臣不用　中立本材作財。△道塗無行禽　俞云。此承上文便辟無威於國而言。禽猶囚也。左氏襄二十四年傳曰。收禽挾囚。蓋以拘囚而言。則謂之囚。以禽獲而言。則謂之禽也。便辟左右之人。擅作威福。則赭衣滿路矣。今也不然。是以道塗無行禽也。下文疏遠無蔽獄。孤寡無隱治。皆以獄訟言。可證此文禽字之義。尹注謂無禽獸之行。說非。△孤寡無隱治　俞云。無隱治。與無蔽獄義同。周官小宰。聽其治訟。司市。聽其大治大訟小治小訟。胥師聽其小治小訟而斷之。皆以治訟竝言。治亦訟也。僖二十八年公羊傳。叔武爲踐土之會。治反衞侯。注云。叔武訟治于晉。文公令白王者反衞侯。是古人以訟爲治之證。△故曰刑省治寡　安井衡云。曰字疑衍。△大德不至仁　王云。至仁卽大德。未有大德而不仁者。治要引此。德作位。是也。大位而不至仁。則必失衆心。故下文曰。卿相不得衆。國之危也。尹注非。△山澤不救於火　孫云。救當作敬。下文。脩火憲。敬山澤。其證也。敬與儆通。言山澤無焚萊之禁。則草木不殖成。洪說同。△草木不植成　宋本不下有得字。植作殖。下文桑麻不植於野。亦作殖。△築障塞匿　孫云。築障塞爲句。匿字衍。安井衡云。匿讀如匿空之匿。謂邪徑旁出者。△博出入　王云。博字義不可通。博當爲摶字之誤也。（俗書摶字作搏。因譌而爲博。商子農戰篇。民不偷營則國力摶。衞策。願王摶事秦。無有佗計。韓詩外傳。好一則摶。今本摶字竝譌作博。）摶與專同。一道路。專出入。專與一正同義。審閭閈。愼筦鍵。亦所以專出入也。下文曰。置閭有司。以時開閉。閭有司觀出入者。以復于里尉。卽專出入之謂也。古書多以摶爲專。覇言篇曰。夫令不高不行。不摶不聽。（

摶與專同。尹讀爲摶聚之摶。非是。劉已辯之。）內業篇曰。能摶乎能一乎。（今本摶譌作摶。劉已辯之。心術篇作專。）繫辭傳。其靜也專。陸績本專作摶。昭二十五年左傳。若琴瑟之專一。董遇本作摶。史記秦始皇紀。摶心揖志。宗颺曰。摶古專字。引左傳如琴瑟之摶一。從董本也。商子農戰篇曰。摶民力以待外事。（凡商子專字皆作摶。）呂氏春秋適音篇曰。耳不收則不摶。高注曰。不摶。入不專一也。史記田完世家。韓馮因摶三國之兵。徐廣曰。摶音專。漢書曰。天文志。卒氣摶。如淳曰。摶。專也。此皆借摶爲專之證。又八觀篇。先王之禁山澤之作者。博民於生穀也。博亦當爲摶。卽商子所云摶民力也。又見幼官篇博一純固下。 △圈屬羣徒　洪云。圈讀如圈聚之圈。屬。係也。羣徒。謂朋輩。言環結交游之人。幼官篇。彊國爲圈。弱國爲屬。卽其證。尹注非。 △譙敬而勿復　望案。敬與儆同。戒也。一云。敬乃亟之誤。 △鄉師以著于士師　宋本著作箸。案說文無著字。宋本是。 △五鄉之師　藝文類聚五十四引。之師作五師。 △遂于鄉官致于鄉屬及于游宗皆受憲　王氏引之云。致下不當有于字。此涉上下兩于字而衍。鄉官。謂鄉師治事處也。言五鄉之師出朝。遂于治事之處致其鄉屬。下及于游宗。皆來受憲也。下文云。五屬大夫至都之日。遂於廟致屬吏。皆受憲。是其證。俞云。王說是矣。然此文實非止衍一于字也。遂于鄉官句衍鄉字。及于游宗句亦衍于字。管子原文當云。遂于官致鄉屬及游宗。皆受憲。官古館字。周易隨。初九。官有渝。釋文曰。官。蜀才本作館。蓋官館古今字也。官字从宀从𠂤。宀。交覆深屋也。𠂤。猶衆也。以屋覆衆。是官之本義爲館舍字也。官司者其引申之義。本義爲引申義所奪。乃別製从食之館字。說文𠂤部有官。食部有館。歧而二之。殆非矣。故古書每以官爲館。禮記曲禮篇。在官言官。鄭注云。官。謂版圖文書之處。玉藻篇。在官不俟屨。注曰。官。謂朝廷治事處。皆卽館字也。遂于官致鄉屬及游宗而受憲。言五鄉之師出朝。遂于館舍之中致鄉屬及游宗而受憲焉。下文曰。憲既布。乃致令焉。尹注曰。致令于君。夫受憲之後。卽致令於君。則未反其鄉可知。所謂官者。卽在國中。不得有鄉字明矣。後人不達官字之義。疑遂于官三字未足。妄增鄉字。又疑鄉官鄉屬爲對文。鄉官上有于字。鄉屬上亦不得無于字。兩句既皆有于字。則及游宗三字文不成義。亦不得無于字。展轉相加。遂成此誤。 △死罪不赦　宋本作罪死。是。下文同。 △使者以發　元刻以作已。以已古通。 △考憲而有不合于太府之籍者　陳先生云。考憲乃布憲之誤。 △首憲既布然後可以布憲　丁云。尹注上憲爲歲朝之憲。下憲爲月朝之憲。非也。布憲當爲行憲。上文云。憲既布。有不行憲者。謂之不從令。故此謂首憲既布。然後可以行憲。下文云。首事既布。然後可以舉事。舉亦行也。亦不謂可以布事矣。 △敬山澤林藪積草夫財之所出　丁云。敬與儆同。敬山澤以下七字當作一句讀。荀子王制篇。修火憲。養山林藪澤草木魚鼈百索。以時禁發。句例相同。夫財當作天財。國蓄篇云。天財之所殖。地數篇云。請問天財所出。地利所在。山國軌篇云。桓公曰。何謂天財。管子對曰。泰春。民之功繇。泰夏。民令之所止。令之所發。泰秋。民令之所止。令之所發。泰冬。民令之所止。令之所發。此皆民所以時守也。尹注謂山澤之所禁發。皆其證矣。　△使民於宮室之用薪蒸之所積　望案。民下當脫足字。所字疑衍。　△明詔期前後農夫以時均修焉　望案。當讀前後農夫句。陳先生云。前後猶先後也。毛詩傳曰。相道前後曰先後。均皆荀子皆作順修。　△由田之事也　王云。由即田字之誤。今作由田者。一本作由。一本作田。而後人誤合之也。田。謂農官也。月令。命田舍東郊。鄭注曰。田。謂田畯。主農之官也。法法篇曰。皋陶爲李。后稷爲田。小匡篇曰。弦子旗爲理。甯戚爲田。張云。由疑司字之誤。司田亦見小匡篇。　△勸勉百姓　宋本勉作免。古字通。　△辨功苦　宋本辨作辯。　△六畜人徒有數舟車陳器有禁　春秋繁露服制篇與此文同。六畜作畜產。陳作甲。　△修生則有軒冕服位穀祿田宅之分　繁露作生則有軒冕之服位貴祿田宅之分。無修字。王云。修字不當有。此涉上文飭修而誤。　△雖有賢身貴體　繁露作賢才美體。　△天子服文有章　繁露作服有文章。　△而夫人不敢以燕以饗廟將軍大夫以朝官吏　望案。此文有譌脫。繁露作夫人不得以燕饗公以廟。將軍大夫不得以燕卿以廟。將軍大夫以朝官吏。當據補。宋云。將軍大夫。是大夫爲將軍。乃上大夫也。墨子亦有將軍大夫之名。　△以命士止于帶緣　以字涉上文而衍。　△散民不敢服雜采　宋本雜作襍。凡全書襍字仿此。　△百工商賈不得服長鬈貂　繁露作不敢服狐貉。　△刑餘戮民不敢服絻　絻。一本作絲。王云。刑餘戮民。不得與四民同服。非但不敢服絻而已。作絲者是也。繁露作刑餘戮民不敢服絲玄纁。是其證。古者爵弁服玄衣纁裳。皆以絲爲之。洪說同。（望案。王氏廣雅疏證於絻紬也引管子不敢服絻。謂絻即絻之誤。釋名。紬。抽也。抽引絲端出細緒也。紬用絲。故一本作絲。其說更長。）　△不敢畜連乘車　望案。連讀當爲輦。說文。連。負連。从辵从車。易蹇。往蹇來連。虞注。連讀爲輦。周官鄉師。正治其徒役。與其輂輦。注。故書輦爲連。丁說同。　△終於不可及　元刻本可作足，　△未之令而爲未之使而往上不加勉而民自盡竭俗之所期也　鶡冠子天則篇同此文，作未令而知其爲未使而知其往。上不加務。而民自盡。此化之期也。　△成而不議　鶡冠子作成而不敗。

右七觀　丁云。觀當作期。前子目亦譌觀。當改正，

乘馬第五　經言五

△非於太山之上　宋本太作大。王云。太當爲大。大山與下廣川相對成文。無取於太山也。　△地者政之本也是故地可以正政也　宋本別行不連上。　△地不平均和調　御覽三十六地部引作均平。　△春秋冬夏陰陽之推移也　宋紹興本連上節不別行。楊忱本與趙同。　△大地莫之能損益也　宋本無損字。張云。此地字宜衍。審上下文自見。　△故不可不正也　丁云。也即地字之壞。下文正地者。即承此句言之。朱本作不可正政也。誤。　△長短大小盡正　宋本作小大。上文次序本如是。　△正不正則官不理　王云。正不正。當作地不正。此承上文正地而言。地不正。則官不理。即上文所云。地不平均和調。則政不可正也。今本地作正者。涉上下文正字而誤。尹注非。俞云。正不正。正字涉上文長短小大盡正而誤疊正字耳。　△理不正則不可以治而不可不理也　丁云。不正。謂爵位不正也。對上爵位正言之。理字涉上句義可理而衍。而不可不理也。當作而不可理也。對上義可理言之。望案。以字及而不可不理也六字。皆衍文。

右陰陽　張云。題與上事不合。蓋此等皆後人妄增。

△則百利不得　王云。百利不得。當作百利得。言百貨賤。則民之得貨多。而百利得。上文曰。何以知事之治也。曰貨多。是其證。今本涉下文六不字而誤。太平御覽資產部七引此。正作百利得。尹注非。孫說同。　△故曰市者可以知治亂　望案。此下當有而不能爲治亂句。與下文可以知多寡而不能爲多寡一例。　△是知諸侯之地千乘之國者所以知地之小大也所以知任之輕重也　王云。地之小大。當作器之小大。上文曰。諸侯之地千乘之國者。器之制也。故此文云。是知諸侯之地千乘之國者。所以知器之小大也。所以知任之輕重也。下文不知任不知器。正承此二句言之。今本器作地者。涉上文諸侯之地而誤。　△樊棘襍處　王氏引之云。草木無名樊者。樊當爲楚。字形相似而誤。楚。荆也。楚棘襍處。謂荆棘叢生也。地員篇曰。其草宜楚棘。　△藪鎌纏得入焉　王云。纏當從宋本作纆。說文作纆。云。索也。坎上六。係用徽纆。馬融曰。徽纆。索也。劉表曰。三股曰徽。兩股曰纆。案。鎌者所以刈薪。纆者所以束之。列子曰。擔纆采薪是也。（今本纆譌作纏。據殷敬順釋文改。采薪譌作薪菜。據淮南道應篇改。）鎌與纆皆入藪采薪者之所用。故曰。藪鎌纆得入焉。若纏爲纏繞之義。非繩索之名。不得與鎌並舉矣。　△

九而當一　丁云。此與下蔓山九而當一。兩九字皆當爲十。下文云。汎山九而當一。是其例。上言百而當一者四。下言五而當一者三。或百分之一。或十分之一。或五分之一。三等之地。由下而中而上。皆整齊成數。若如今本則分爲四等。且先九而當一。而後十而當一。尤失序次。卽藪及蔓山之地與汎山亦無區別。　△蔓山其木可以爲材可以爲軸斤釜得入焉九而當一汎山其木可以爲棺可以爲車斤釜得入焉十而當一　張云。蔓山所出。何遜於林。九當作五。汎山不可解。其所出與下林同。何云十而當一。疑此二十一字皆衍文。　△流水網罟得入焉五而當一　張云。山林宜以類相從。流水三句當移林下。與澤乃類。蓋錯簡。　△命之曰地均以實數　丁云。管子書多以命爲名。地均。土均也。卽管子地員。　△五暴而長命之曰某鄉　中立本脫曰字。　△三夫爲一家　安井衡云。古本三夫作二夫。　△一馬其甲七其蔽五四乘其甲二十有八其蔽二十　王云。一馬之所用。不得有七甲五蔽。一馬當爲一乘。四乘有二十八甲二十蔽。則一乘當有七甲五蔽也。今本涉上文四馬而誤。丁云。一乘甲士十人。若七甲則太少。王改一馬爲一乘。非也。下文四乘乃是一乘之譌。上文一乘四馬句。正引起甲蔽之分數合數。古人文法往往如是。若旣知一乘甲蔽之數。又以四計之。則亦可以三計之以五計之矣。甲士十人而有二十八甲者。多爲之備也。日本豬飼彥博云。四乘之乘。當作馬。　△白徒三十人奉車兩　洪云。奉當作輂。周官鄉師。治其徒役。與其輂輦。史記淮南列傳。輂車四十乘。說文。輂。大車駕馬也。謂載物之車。王云。奉車兩。當爲奉車一兩。山至數篇。方六里而一乘。二十七人而奉一乘是也。　△方六里一乘之地也　丁云。六蓋八字之誤。下文云。方一里九夫之田也。又云。正月令農始作服于公田。此古井田遺制。侈靡篇云。乘馬甸之衆制之。此周官丘甸之法。甸方八里。出長轂一乘。與司馬法合。　△黃金一鎰百乘一宿之盡也　丁云。盡讀爲賮。張載注魏都賦引倉頡篇曰。賮。財貨也。賮盡古字通。孟子公孫丑篇作贐。史記高帝紀作進。　△季絹三十三制當一鎰　丁云。趙本制屬下讀。非。季絹以制計。猶暴布以兩計也。周官內宰。出其度量淳制。注。杜子春云。制謂匹長。玄謂純制天子巡狩禮所云制幣丈八尺純四只與。禮旣夕。贈用制幣。注。丈八尺曰制。韓子外儲說右上篇。終歲。布帛取二制焉。餘以衣士。　△經暴布百兩當一鎰　望案。暴字疑衍。說文。經。織也。經布。織布也。陳先生云。暴布。與考工記㬥絲同事。與上文季絹對文。劉云。季絹。細絹。暴布。白布是也。經則公用之字耳。　△六步一㪷　丁云。㪷當爲斗。玉篇云。㪷。俗斗字。漢平帝紀。後漢仲長統傳。皆有㪷字。一本㪷作升。　△其貨一穀籠爲十鐘　朱本籠作竉。并有注云。竉音籠。　△其商苟在市者三十人　丁云。苟字於義難通。疑卽商字之誤而衍也。　△命之曰正分春日書比。　丁云。趙本正字絕句。案疑當分字絕句。春日書比。與秋日大稽一例。或曰。分春與立夏。皆言時序之中。然則秋亦當曰分秋矣。　△與民數得亡　俞云。與與舉字通。舉民數得亡。謂記錄民數之得失也。襄二十七年左傳。仲尼使舉是禮也。釋文引沈注曰。舉。謂記錄之。是其義。　△十仞見水不大潦五尺見水不大旱　俞云十仞當爲一仞。一仞見水。其地較高。故不大潦。五尺見水。其地較卑。故不大旱。若作十仞。則太縣絕矣。　△十一仞見水輕征十分去二三二則去三四四則去四五則去半　王氏引之云。以五則去半推之。則當爲一仞見水。輕征十分去一。二則去二。三則去三。四則去四。五則去半。謂一仞見水。則去當征十分之一。二仞則去十分之二。三仞則去十分之三。四仞則去十分之四。五仞則去十分之五也。今本譌脫而又有衍文。幾不可讀。　△五尺見水十分去一四則去三三則去二二則去一　劉云。此言當旱之時。若汙下地五尺見水。則常征十分免四。四尺見水。則免三。三尺見水。則免二。二尺見水。則免一。十分去一。當作十分去四。乃字之誤也。俞云。劉說未得。此文亦有錯誤。當作五尺見水。十分去一。四則去二。三則去三。二則去四。一尺而見水。比之於澤。上文曰。一仞見水。不大潦。然則一仞見水之地。所患非潦也。其輕征之故。以旱不以潦。故一仞見水。十分去一。至二仞見水。地更高矣。故十分去二。至三仞見水。地更高矣。故十分去三。推而至於五仞見水。則比之於山。地愈高。旱愈甚也。上文曰。五尺見水不大旱。然則五尺見水之地。所患非旱也。其輕征之故。以潦不以旱。故五尺見水。十分去一。至四尺見水。地更卑矣。故十分去二。三尺見水。地更卑矣。故十分去三。推而至於一尺見水。則比之於澤。地愈卑。潦愈甚也。一尺見水之地。當去十分之五。此不言者。以上文五則去半推之可見。蓋比於山與比於澤同也。古書遇數目字往往致誤。董子爵國篇所說諸數。無一不誤。然則此文之誤亦無怪矣。劉氏以潦爲旱。以旱爲潦。兩義傎倒。故不得其解。　△三尺而見水比之於澤　王氏引之云。上文由五尺而四尺。四尺而三尺。三尺而二尺。則此當爲一尺矣。若三尺而見水。則地猶高燥。不得比之於澤。蓋寫者誤耳。　△不可使而爲工　丁云。工與功同。不可使而爲工者。不可使而爲三日之功也。下文云。不使而父子兄弟不忘其功。　△則視貨離之實而出夫粟　陳先生云。貨當從宋本作貸。言視其功有貸離之實。使出夫粟也。貸離猶差貸也。月令曰。宿離不貸。又曰。命婦官染采黼黻文章必以法。故毋或差貸是其義。　△道曰均地分力使民知時也　吳氏志忠（字有堂。吳縣人。）云。道爲故字之誤。時下衍也字。　△民之生也辟則愚閉則類　王云。生讀爲性。（見周官大司徒注。）閉當爲閑。字之誤也。廣雅曰。閑。正也。爾雅曰。類。善也。言民之性入乎邪僻則愚。由乎中正則善也。尹注非。望案。宋楊忱本正文及注皆作閑。與王氏合。△故曰今日不爲明日忘貨 宋本忘作亾。望案。亾當訓爲無。貨疑資字之誤。淮南精神訓。隨其天資。高注云。資時也。此處尹注云。言不爲則失時。蓋唐本尹所見者猶是資字。丁以貨爲貸之誤。云與下文來均。亦通。

卷二

七法第六 謂則。象。法。化。決塞。心術。計數。 經言六

言是而不能立。言非而不能廢。謂之是。不能立其人而用之。謂之非。不能廢其人而退之。有功而不能賞。有罪而不能誅。若是而能治民者。未之有也。是必立。非必廢。有功必賞。有罪必誅。若是安治矣。未也。能此四者。可以安治矣。而猶未者。則以未具下事故。是何也。曰。形勢器械未具。猶之不治也。形勢器械具。四者備。治矣。四者備。謂立是。廢非。賞功。誅罪。不能治其民。而能彊其兵者。未之有也。能治民。然後能彊兵。能治其民矣。而不明於爲兵之數。猶之不可。雖能治民。而欲彊兵。必明於爲兵之數然後可。不能彊其兵。而能必勝敵國者。未之有也。能彊其兵。而不明于勝敵國之理。猶之不勝也。雖能彊兵。其欲勝敵國。必須明審其理。理之不明。猶是不勝也。兵不必勝敵國。而能正天下者。未之有也。兵必勝敵國矣。而不明正天下之分。猶之不可。故曰。治民有器。爲兵有數。勝敵國有理。正天下有分。器。數。理。分。即下之七法也。則。象。法。化。決塞。心術。計數。此七法之目也。根天地之氣。寒暑之和。水土之性。人民鳥獸草木之生物。雖不甚多。皆均有焉。而未嘗變也。謂之則。根。元也。生萬物者。天地之元氣也。義也。名也。時也。似也。類也。比也。狀也。謂之象。義者所以合宜也。名者所以命事也。時者名有所當也。似類比狀。謂立法者必有所做倣。不徒然也。尺寸也。繩墨也。規矩也。衡石也。斗斛也。角量也。謂之法。角亦器量之名。凡此十二事。皆立政者所以爲法也。漸也。順也。靡也。久也。服也。習也。謂之化。漸。謂革物當以漸也。順也。靡也。謂物順敎而風靡也。久也。服也。習也。謂人習服敎命之久。予奪也。險易也。利害也。難易也。開閉也。殺生也。謂之決塞。凡此十二事。皆爲政者所以決斷而窒塞也。實也。誠也。厚也。施也。度也。恕也。謂之心術。凡此六者。皆自心術生也。剛柔也。輕重也。大小也。實虛也。遠近也。多少也。謂之計

數。凡此十二事。必計之以知其數也。不明於則。而欲出號令。明則然後可以出號令。猶立朝夕於運均之上。檐竿而欲定其末。均。陶者之輪也。立朝夕所以正東西也。今鈞既運。則東西不可準也。檐。舉也。夫欲定末者。必先靜其本。今既舉竿之本。其末不定也。不明於象。而欲論材審用。猶絕長以爲短。續短以爲長。鶴脛非所斷。鳧脛非所續也。不明於法。而欲治民一衆。猶左書而右息之。息。止也。左手爲書。右手從而止之。則無時成書矣。不明於化。而欲變俗易教。猶朝揉輪而夕欲乘車。不明於決塞。而欲敺衆移民。猶使水逆流。不明於心術。而欲行令於人。猶倍招而必拘之。物有倍叛。而招之者。必有以慰悅之。令其感服。今反拘留之。則彼逾叛矣。不明於計數。而欲舉大事。猶無舟檝而欲經於水險也。故曰。錯儀畫制。不知則不可。論材審用。不知象不可。和民一衆。不知法不可。變俗易教。不知化不可。敺衆移民。不知決塞不可。布令必行。不知心術不可。舉事必成。不知計數不可。

右七法

百匿傷上威。百。百官也。言百官皆匿情爲私。則上威傷。姦吏傷官法。姦民傷俗教。賊盜傷國衆。盜賊之人。常欲損敗於物也。威傷。則重在下。君威傷。則臣反得尊重。法傷。則貨上流。教傷。則從令者不輯。衆傷。則百姓不安其居。重在下。則令不行。貨上流。則官徒毀。官者既不以德進。但以貨成。故官徒。毀。徒。事也。從令者不輯。則百事無功。百姓不安其居。則輕民處而重民散。輕民。謂爲盜者。用盜致富。故處。重民。謂務農者。爲盜破產。故散。輕民處。重民散。則地不辟。地不辟。則六畜不育。六畜不育。則國貧而用不足。國貧而用不足。則兵弱而士不厲。兵弱而士不厲。厲。奮也。則戰不勝而守不固。戰不勝而守不固。則國不安矣。故曰。常令不審。則百匿勝。官爵不審。則姦吏勝。符籍不審。則姦民勝。刑法不審。則盜賊勝。國之四經敗。人君泄見危。謂常令。官爵。符籍。刑法四者爲政之經。四者既敗。則是君泄其事。君泄其事。則其位危矣。人君泄。則言實之士不進。言實之士不進。則國之情僞不竭于上。下皆隱實言虛。則是國情不竭于上。世主所貴者寶也。所親者戚也。所愛者民也。所重者爵祿也。亡君則不然。致所貴非寶也。致所親非戚也。致所愛。非民也。致所重。非爵祿也。故不爲重寶虧其命。故曰。令貴於寶。重寶而全命。則當弃。是令貴於寶。不爲愛親危其社稷。故曰。社稷戚於親。社稷者。身之存亡。故弃親而存社稷。不爲愛人枉其法。故曰。法愛於人。法者崇替所由。故弃所愛而存其法。故不爲重爵祿分其威。故曰。威重於爵祿。威者。人君所以服海內。必不得已。寧散爵祿。不可分威也。不通此四者。則反於無有。不違於四者。用非其國。故曰反於無有。故曰。治人如治水潦。治水潦者。必浚其隄防也。養人如養六畜。養六畜者。必致其閑阜。堅其羈絆。用人如用草木。用草木者。時入山林。輪轅不失其宜。樵蘇各得其所。居身論道行理。則羣臣服教。百吏嚴斷。莫敢開私焉。君之於民。其猶居身。治之。養之。用之。三者各得其宜。論道而行理。則無私不服也。論功計勞。未嘗失法律也。便辟。左右。大族。尊貴。大臣。不得增其功焉。疏遠。卑賤。隱不知之人。不忘其勞。故有罪者不怨上。罪得其人。故不怨。愛賞者無貪心。賞不踰等。息其貪也。故則列陳之士。皆輕其死而安難。以要上事。賞罰不濫。則立功要功之士知其不誣。故競而爲之。本兵之極也。爲兵之本。其極要者。在於明賞罰也。

右四傷百匿

爲兵之數。存乎聚財。而財無敵。存。謂專立意存之。君無財。士不來。故存意於聚財。則彼國之財不能敵也。存乎論工。而工無敵。工者所以造軍之器用者也。存乎制器。而器無敵。器。謂兵器。存乎選士。而士無敵。存乎政教。而政教無敵。政教。軍中號令。存乎服習。而服習無敵。服。便也。謂便習武藝。存乎偏知天下。而偏知天下無敵。偏知天下。謂偏知其地形險易。主將工拙。士卒勇怯。存乎明於機數。而明於機數無敵。機者發內而動外。爲近而成遠。不疾而速。不行而至。見其爲之。不知其所以爲。有數存焉於其閒。故曰機數也。故兵未出境。而無敵者八。是以欲正天下。財不蓋天下。不能正天下。財。謂貨財。不能蓋天下。則無以正天下也。財蓋天下。而工不蓋天下。不能正天下。工蓋天下。而器不蓋天下。不能正天下。財雖蓋天下。而工與器不能蓋天下。則無以正天下。餘皆倣此。器蓋天下。而士不蓋天下。不能正天下。士蓋天下。而教不蓋天下。不能正天下。教蓋天下。而習不蓋天下。不能正天下。習蓋天下。而不偏知天下。不能正天下。偏知天下。而不明於機數。不能正天下。故明於機數者。用兵之勢也。大者時也。小者計也。王者征伐。能立大功者。在於合天時也。至小者捷勝。亦在人計謀也。王道非廢也。而天下莫敢窺者。王者之正也。大寶之位。神器也。古今所共傳。非有暫廢。而天下莫敢窺窬者。以王者當樂推之運。應天人之正。衡庫者。天子之禮也。衡者所以平輕重。庫者所以藏寶物不令外知者也。言王者用心。常當准平天下。既知輕重審用於心。無令長耳目者所得。此則天子之禮然也。是故器成卒選。則士知勝矣。選。謂簡其精練。偏知天下。審御機數。則獨行而無敵矣。所愛之國。而獨利之。所惡之國。而獨害之。則令行禁止。是以聖王貴之。貴。謂貴兵。勝一而服百。則天下畏之矣。立少而觀多。則天下懷之矣。立少。謂與七國雖少。天上共觀之。故曰觀多。桓公救邢還衛。用此術也。或曰。觀當爲勸。罰有罪。賞有功。則天下從之矣。故聚天下之精財。論百工之銳器。春秋角試。以練精銳爲右。右。上也。成器不課不用。不試不藏。兵器雖成。未經課試。則不用不藏。收天下之豪傑。有天下之駿雄。故舉之如飛鳥。動之如雷電。發之如風雨。莫當其前。莫害其後。獨出獨入。莫敢禁圉。成功立事。必順於禮義。故不禮不勝天下。不義不勝人。故賢知之君。必立於勝地。故正天下而莫之敢御也。

右爲兵之數

若夫曲制時舉。不失天時。制雖委曲。順天而舉。不失天時也。毋壙地利。壙。空也。天之所覆空地。謂山河陂澤所以營作而興利者也。其數多少。其要必出於計數。必計數多少之要。然後度材而用之。故凡攻伐之爲道也。計必先定于內。然後兵出乎境。計未定於內。而兵出乎境。是則戰之自勝。攻之自毀也。自勝。謂自勝於己。其敗可知也。是故張軍而不能戰。圍邑而不能攻。得地而不能實。三者見一焉。則可破毀也。故不明于敵人之政。不能加也。不明敵政。未可加兵。不明于敵人之情。不可約也。不明敵情。未可約士約誓。不明于敵人之將。不先軍也。不明于敵人之士。不先陳也。是故以衆擊寡。以治擊亂。以富擊貧。以能擊不能。以教卒練士擊敺衆白徒。白徒。謂不練之卒無武藝。故十戰十勝。百戰百勝。故事無備。兵無主。則不蚤知。既無備無主。故敵來攻。不能先知之。對不辟。地無吏。則無蓄積。官無常。下怨上。而器械不功。功。謂堅利。朝無政。則賞罰不明。賞罰不明。則民幸生。僥倖以偷生也。故蚤知敵人如獨行。蚤知敵人。則有以備之。敵人望風以退。故曰獨行也。有蓄積。則久而不匱。器械功。則伐而不費。賞罰明。則人不幸。人不幸。則勇士勸之。故兵也者。審於地圖。謀十官。地圖。謂敵國險易之形。軍之部置。十官。必伍什則有長。故曰十官。又須謀得其人也。日量蓄積。齊勇士。徧知天下。審御機數。兵主之事也。故有風雨之行。故能不遠道里矣。行疾如風雨。不以道里爲遠。故有飛鳥之舉。故能不險山河矣。輕捷如飛鳥。故不以山河爲險。有雷電之戰。故能獨行而無敵矣。雷電天之威怒。故莫敢爲敵。有水旱之功。故能攻國救邑。謂其功可以爲彼水旱。有金城之守。故能定宗廟。育男女矣。有一體之治。故能出號令。明憲法矣。謂上下同心。其猶一體。風雨之行者。速也。飛鳥之舉者。輕也。雷電之戰者。士不齊也。懼雷電之威。故彼士不齊。水旱之功者。野不收。耕不穫也。能令彼有水旱。不得使收穫也。故金城之守者。用貨財。設耳目也。貨財所以養敢死之士。耳目所以聽鄰國之動靜。令必知之。一體之治者。去奇說。禁雕俗也。奇說。謂譎詐之言。雕俗。謂浮僞之俗。不遠道里。故能威絕域之民。不險山河。故能服恃固之國。獨行無敵。故令行而禁止。故攻國救邑。不恃權與之國。故所指必聽。雖有權與之國。不顧而恃之權與。謂權爲親與也。定宗廟。育男女。天下莫之能傷。然後可以有國。制儀法。出號令。莫不嚮應。然後可以治民一衆矣。

右選陳

版法第七

選擇政要。載之於版。以爲常法。

經言七

凡將立事。立經國之事。正彼天植。謂順天道以植植。必令得其正。風雨無違。君道不偏。風雨無違也。則遠近高下。各得其嗣。高下。猶多少也。謂君之賦稅。因其遠近之別。以多少之差。輕重合宜。故可嗣之。以常行嗣續也。三經既飭。君乃有國。三經。謂上天植風雨高下也。是三者既以飭整。故君可以有國也。喜無以賞。怒無以殺。喜以賞。怒以殺。怨乃起。令乃廢。驟令不行。民心乃外。有外叛之心也。外之有徒。禍乃始牙。徒。謂黨與也。外叛者有黨與。禍由是生。日始牙。故衆之所忿置不能圖之。衆忿難犯。誰能圖之。故必置舉所美。必觀其所終。凡人之情。靡不有初。鮮克有終。故須觀之。廢所惡。必計其所窮。蜂蠆有毒。故必計其所窮。困獸猶鬬。其所終將何為也。知慶勉敦敬以顯之。人有敦敬。則慶勉以顯之也。富祿有功以勸之。人之有功。富貴以勸之。則爵貴有名以休之。賢者有名。爵貴以休之。則兼愛無遺。是謂君心必先順教。萬民鄉風。上之敦敬。有功名之士。必爵祿順而與之。所以教之急也。如此。則民鄉風而從化。旦暮利之。衆乃勝任。有功名之士。既旦暮得利。衆自厲而勝任。取人以己。成事以質。將欲取人。必先審己才略能用彼不。質。謂準的。將欲成事。必先立其準的。然後為善。事不審用財。慎施報。察稱量。故用財不可以嗇。用力不可以苦。用財嗇則費。嗇於用財。不以賞賜。則立功之士懈怠。敵人來侵。其費更多。嗇。悋。用力苦則勞。民不足。令乃辱。民不足。則令不行。故辱也。民苦殃。令不行。施報不得。禍乃始昌。禍昌不寤。民乃自圖。謀為叛己。正法直度。罪殺不赦。夫正直之法度。罪殺有過。終不免赦。殺僇必信。民畏而懼。武威既明。令不再行。頓卒怠倦以辱之。頓卒。猶困苦。其有怠倦不勤。則困苦以辱之。罰罪宥過以懲之。殺僇犯禁以振之。植固不動。倚邪乃恐。言執法者必當深植而固守。則不可動移。若乃頓倚而邪。則法亂而身危。故可恐也。倚革邪化。令往民移。既能正倚化邪。歸於正直。此化出。令纔往。則民移。法天合德。天之資始。無有私德。象法無親。地之資生。無所親私。參於日月。日月無私耀也。佐於四時。賞以春夏。刑以秋冬。悅在施有。將悅於下。於施無令有。衆在廢私。將欲齊衆。在於廢私。召遠在修近。修近則遠者至。閉禍在除怨。除怨則禍端塞。修長在乎任賢。任賢則國祚長。高安在乎同利。與下同利。則高位安。

卷二校正

七法第六　經言六

△若是安治矣　治要安治作治安。△角量也　丁云。角與斛同。説文。斛。平斗斛量也。平量之器謂之斛。因之平亦謂斛。月令角斗甬。注。角。謂平之也。孫子虛實篇。角之而知有餘不足之處。曹注。角。量也。角即斛之叚借。△不明於則而欲出號令　丁云。案下文云錯儀畫制。不知則不可。即承此文言之。當作不明於則。而欲錯儀畫制。觀連均檐竿之喻。皆是言儀法制度之無得而定。由於則之不明。若作出號令。則與立朝夕定其末之意不相比

附。且與下文不明於心術而欲行令於人句相復矣。　△猶立朝夕於運均之上　丁云。運均。墨子非命中篇作員鈞。音相近。廣雅。運。轉也。運鈞轉移無定。故尹注以爲陶者之輪。集韻。鈞一曰。陶旋輪。是也。今注輪字誤輪。致不可通。　△檐竿而欲定其末　王氏引之云。檐當爲搖。搖古搖字。（考工記。矢人夾而搖之。釋文搖本又作搖。漢書天文志。附耳搖動。）言鈞運則不能定朝夕。竿搖則不能定其末也。故心術篇曰。搖者不定。趮者不靜。搖與檐字相似。世人多見檐。少見搖。故搖誤爲檐。（史記建元以來王子侯表。千鍾侯劉搖。漢表作劉檐。文選上林賦滑搖乎襃斧。注文穎本漢書司馬相如傳作滑檐。皆是搖字之誤。）尹注訓檐爲舉。非是。（望案。王氏廣雅疏證以檐爲儋之叚字。說文。儋。何也。）　△猶倍招而必拘之　王氏引之云。倍與背同。招。射之的也。（呂氏春秋本生篇曰。萬人操弓共射。高注。招。埻的也。別類篇曰。射招者欲其中小也。）拘當爲射字之誤。（草書射拘相似。）射招者必向招而射。若背招。則招不可得而射矣。尹注非。　△論材審用　宋紹興本材作財。　△和民一衆　望案。上文作治民一衆。此作和字誤。下文選陳章亦是治字。

右七法　宋紹興本及別本皆作右四傷。王云。今本是。

△百匿傷上威　王云。尹注言百官皆匿情爲私。則上威傷。其說甚迂。匿與慝同。百匿。衆慝也。言姦慝衆多。共持國柄。則上失其威也。逸周書大戒篇。克禁淫謀。衆匿乃雍。韓子主道篇。處其主之側爲姦匿。（今本匿誤作臣。）匿並與慝同。　△人君泄見危　王云。見當爲則。故尹注曰。君泄其事。則其位危。　△世主所貴者實也　元本朱本實皆作寶。王云。實當從朱本作寶。今本涉上言實而誤。下文令貴於寶。是其證。又修靡篇。萬世之國。必有萬世之寶。必因天地之道。實亦當從朱本作寶。下文棄其國寶。是其證。寶與道爲均。下文聖稱其寶。亦與道爲均。

△亡君則不然　俞云。亡君當作頁君。篆文頁作𦣻。脫其半。則爲亡矣。鄭君所謂壞字也。　△致所貴非實也　元本朱本實皆作寶。實字誤。　△不爲愛親危其社稷　丁云。當作不爲親戚危其社稷。法法篇兩見。皆作親戚。

△故日社稷戚於親　陳先生云。戚疑當作愛。與上文誤易。愛於親。猶言重於親也。尹注云。棄親而存社稷。不誤。　△居身論道行理　丁云。居乃君之誤字。爾雅曰。身。親也。君對下羣臣百吏言之。　△莫敢開私焉　元本作莫敢闔焉。　△愛賞者無貪心　陳先生云。愛當作受。尹注賞不踰等。是受之義。

右四傷百匿　王云。朱本無百匿二字。是也。四傷是篇目。百匿乃四傷之一。不得與四傷並列。

△故兵未出境而無敵者八是以欲正天下　通典百四十八。御覽兵部二引。作此八者皆強。故兵未出竟而無敵。八者悉備。然後能正天下。今本脫誤。　△王道非廢也而天下莫敢窺者王者之正也衡庫者天子之禮也　望案。此數句與上下文義不貫。疑是錯簡。或云。衡庫二字乃行軍之譌。　△立少而觀多則天下懷之矣　俞云。尹注或曰觀當爲勸。然大戴記四代篇。臣願君之立知而以觀聞也。亦以立與觀對。則觀字不誤。立知觀聞者。知聞即見聞也。謂立乎近以觀乎遠也。此云立少觀多。義正與彼相近。　△故聚天下之精財　王云。財當爲材。幼官篇。求天下之精材。論百工之銳器。尹注曰。精材可以爲軍之器用者是也。今本涉上文聚財而誤。　△不試不藏　宋紹興本藏作臧。　△莫害其後　丁云。害當作圉。下文禁圉。即承此二句言之。圉古禦字。幼官篇莫之能圉。趙本亦譌作害。　△必順於禮義故不禮不勝天下　宋紹興本。楊忱本。禮皆作理。丁云。作理是也。形勢解俱是理字。呂覽勸學篇。此生於不知理義。　△故正天下而莫之敢御也　望案。御。古禦字。說文。禦。祀也。段氏注云。今段爲禁禦字。古只用御字。　△若夫曲制時舉　丁云。曲制見孫子。孫子言兵本管子。　△其數多少其要必出於計數　丁云。此言數之多少必出於計。計下不當有數字。下文云。計必先定于內。計未定于內。皆承此計字言之。參患篇云。用日維夢。其要必出於計。亦無數字。　△是則戰之自勝　丁云。參患篇作則戰之自敗。此勝字誤。當作敗。是字衍文。　△兵無主則不蚤知　丁云。知下當脫敵字。下文故蚤知敵句。即承此文言之。兵法篇。兵無主則不蚤知敵。亦有敵字。　△則無蓄積　宋紹興本蓄作畜。　△官無常　丁云。常讀爲長。幼官篇。立常備能。即立長也。權修篇云。百姓殷衆。官不可以無長。　△而器械不功　朱本而作則。同上下文。孫云。功讀爲工。工巧也。周官肆師注。古者功與工同字。　△故蚤知敵人如獨行　張云。獨行即上所謂獨出獨入。丁云。案當作蚤知敵則獨行。與下文一例。今本涉注文而衍人字。又誤則作如。兵法篇。故曰。蚤知敵則獨行。是其證。　△審於地圖　宋本圖作啚。望案。說文以啚爲鄙啬字。　△故有風雨之行　張云。此故字疑衍。　△故能攻國救邑　日本豬飼彥博云。救乃拔字之誤。望案。邑下當脫矣字。上下文句例可證。　△雷電之戰者士不齊也　張云。不字疑當作氣。尹注謬也。　△禁雕俗也　丁云。雕今通段爲彫凋字。物之彫飾者必傷。俗之雕飾者必敝。義本相通。史記酷吏傳。斲雕而爲朴。索隱引晉灼云。凋。弊也。禮書。救其雕敝。索隱。彫謂彫飾也。　△故攻國救邑不恃權與之國　王云。故字涉上下文而衍。恃當爲待。幼官。事語二篇竝云。不待權與之國。是其證。今本涉上文恃固而誤。丁云。王改非也。幼官。事語二篇。均係譌字。樞言篇曰。恃與國。八觀篇曰。然則與國不恃其親。淮南要略。恃連與國。

高注云。恃怙連與之國。連與卽權與。亦作恃。是其明證。

版法第七　經言七

△正彼天植　俞云。植乃悳字之誤。悳古之德字。版法解云。天悳者。天心也。鄭注周官曰。在心爲德。觀天心之解則知作德明矣。　△各得其嗣　俞云。嗣讀爲司。尹注非。　△三經既飭　宋本飭作飾。　△驟令不行　朱本不上有而字。與後解同。　△置不能圖　劉云。當依後解作寘不能圖。注非。　△富祿有功以勸之　丁云。富祿當作祿富。與爵貴對文。謂以祿富有功。以爵貴有名也。尹注侵下貴字固誤。後解亦誤。　△審用財愼施報察稱量　丁云。此三句不平列。財下脫一力字。下文用財用力對舉。此不當專言財。愼施報。是言用財。察稱量。是言用力。上文取人以己。成事以質。亦分指財力言。後解云。成事以質者。用稱量也。取人以己者。度恕而行也。度恕而行。度之於己也。己之所不安。勿施於人。　△用財嗇則費　丁云。費讀爲悖。悖。逆也。後解云。人心逆。則人不用。人不用。則怨。又云。用財嗇。則不當人心。不當人心。則怨起。用財而生怨。故曰悖。　△禍昌不寤　朱本脫禍昌二字。不寤上有而字。後解作禍昌而不寤。此本乃脫去而字也。　△罰罪宥過以懲之　王云。宥過當從朱本作有過。此謂怠倦者頓卒之有過者罰罪之。犯禁者殺僇之也。後解正作有過。　△倚邪乃恐　王云。倚邪卽周官之奇衺。奇與倚古字通。言法立而不動。則奇衺之人皆恐也。尹注非。　△象法無親　宋本朱本皆作象地。王云。當作象地。象地與法天相對爲文。故尹注曰。地之資生。無所私親。後解正作象地無親。　△佐於四時　宋本朱本佐作伍。王云。當作伍。字之誤也。參於日月。與日月而三也。伍於四時。與四時而五也。後解正作於伍四時。　△說在施有衆在廢私　臧氏庸云。後解作說在愛施。有衆在廢私。而宋本作四說在愛施。其上文云。愛施俱行。則說君臣。說朋友。說兄弟。說父子。此四說之明證也。然則此文實五字爲句。本篇脫四字愛字。後解有愛字而脫四字。合之宋本。而四說之旨乃明。　△修長在乎任賢高安在乎同利　宋本修作脩。高安作安高。與後解同。王云。脩長當從後解作備長。言備長久之道在乎任賢也。高安當從後解作安高。言安上之道在乎與民同利也。今本備長作脩長。則義不可通。安高作高安。則與上句不對矣。又八觀篇宮垣關閉。不可以不脩。脩亦當爲備。下文曰。宮垣不備。雖有良貨。不能守也。是其證。

經言八

幼官第八 幼。始也。陳從始輔官齊政之法。

若因夜虛守靜人物。人物則皇。言欲候氣聽聲。以知凶吉。必因夜虛之時。守其安靜。以聽候人物。此時人物則皇暇。故吉凶之驗不妄。五和時節。土生數五。土氣和。則君順時節而布政。君服黃色。味甘味。聽宮聲。此土王之時。土雖均王四季。而正位在六月也。故服黃味甘聽宮也。然治和氣。土主和。治和氣。故用五數。飲於黃后之井。中央井也。以倮獸之火爨。倮獸。謂淺毛之獸。虎豹之屬。藏溫濡。藏。謂包之。在心君之所藏者溫和濡緩。所以助土氣。行毆養。謂禽獸之屬能爲苗害者。時毆逐之。所以養嘉穀也。坦氣修通。坦。平也。平土政。則其氣修通。凡物開靜。形生理。常至命。凡土王之時所生之物。但開通安靜。則其形自生。既循理之常。則無殘盡於所賦之命也。尊賢授德。則帝。帝者之臣。其實師也。尊賢授德。則可爲帝也。故身仁行義。服忠用信。則王。服。行。審謀章禮。選士利械。則霸。章。明。定生處死。謹賢修伍。則衆。生者安定之。死者處置之。斂葬其柩。信賞審罰。爵材祿能。則強。有材者爵之。有能者祿之。計凡付終。務本飭末。則富。凡。謂都數也。付終。謂財。日月既終。付之後人。明法審數。立常備能。則治。常。謂五常也。備能。謂才能之士備有之。同異分官。則安。同異之職。分官而治。通之以道。畜之以惠。親之以仁。養之以義。報之以德。結之以信。接之以禮。和之以樂。期之以事。攻之以官。攻。治。發之以力。威之以誠。一舉而上下得終。謂初會諸侯。上下得終其禮。自此至九舉。說九合諸侯之所致。再舉而民無不從。三舉而地辟散成。成。謂諸侯自盟要。不事於齊。至三會。則諸侯散其成而朝齊。四舉而農佚粟十。四會之後。繇役減省。農人佚樂。而粟得十全。故五舉而務輕金九。五會之後。兵戰既息。事務轉輕而金得九分一以供官也。六舉而絜知事變。絜。圍度也。胡結反。七舉而外內爲用。外謂諸侯。八舉而勝行威立。九舉而帝事成形。九會之後。威行海內。雖居侯伯。帝王之事。既以成形。九本摶大。人主之守也。自九本已下。管氏但舉其目。或有數在於他篇。但此書多從散逸。無得而知。然九本所以摯強大。故人主守之。八分有職。卿相之守也。十官飾勝備威。將軍之守也。六紀審密。賢人之守也。五紀不解。庶人之守也。動而無不從。靜而無不同。強動弱必從。強靜弱必同。治亂之本三。卑尊之交四。富貧之終五。盛衰之紀六。安危之機七。強弱之應八。存亡之數九。練之以散羣傰署。傰。猶曹也。凡上之諸數既已精練。然後散之於衆。使傰曹署著其名以司之。凡數財署。數。謂圖用之數。使財者署。殺僇以聚財。或因亡國。或因滅家。莫不藉沒其財。故曰殺僇以聚財也。勸勉以選衆。使二分具本事。使上之傲署財署。分知其各具其名籍之本。則財署知聚財。傲署知選衆。發善必審於密。執威必明於中。發善。謂行賞。執威。謂行刑。此居圖方中。此立時之政。管氏別五其圖。謂之方圖。而上位居中。春行冬政。肅。寒也。冬氣乘之故也。行秋政。雷。春陽秋陰。陰乘陽。故雷。行夏政。閹。春既陽。夏又陽。陽氣猥幷。故掩閉也。十二地氣發。戒春事。自此以下。陰陽之數。日辰之名。于時國異政。家殊俗。此但齊獨行。不及天下。且經秦焚書。或爲煨燼。無得而詳焉。闕之以待能者。十二小卯。出耕。十二天氣下。賜與。十二義氣至。修門閭。十二清明。發禁。十二始卯。合男女。十二中卯。十二下卯。三卯同事。謂三卯所用事同。他皆倣此。八舉時節。木成數八。木氣舉。君則順時節布政。君服青色。味酸味。聽角聲。此木王之時。故服青味酸聽角。治燥氣。春多風而旱。故治燥氣。用八數。八亦木成數也。飲於青后之井。君東方井。以羽獸之火爨。羽獸。南方朱鳥。用南方之火。故曰羽獸之火。藏不忍。行敺養。坦氣修通。凡物開靜。形生理。合內空周外。春主仁。故所藏者不忍之。聚於內。出空於外。理合強國爲圈。弱國爲屬。強國所以禁禦弱國。弱國圈然也。動而無不從。靜而無不同。強動弱必從。強靜弱必同。舉發以禮。時禮必得。強國舉發。必當以禮。時也禮也。必得其宜。和好不基。貴賤無司。事變日至。鄰國和好不基。貴賤之位無司存。如此。則事變日至。無寧居。基。斷。此居於圖東方方外。夏行春政。風。春箕宿。多風也。行冬政。落。寒氣肅殺。故凋落也。重則雨雹。其災重則雨雹。水寒所致。行秋政。水。秋畢宿。多霖雨。十二小郢。至德。十二絕氣下。下爵賞。十二中郢。賜與。十二中絕。收聚。十二大暑至。盡善。十二中暑。十二小暑終。三暑同事。七舉時節。火成數七。火氣舉。君則順時節而布政。君服赤色。味苦味。此火王之時。故服赤味苦也。聽羽聲。羽北方聲也。火王之時。所以不聽徵而聽羽者。抑盛陽。治陽氣。用七數。七。亦火之成數。飲於赤后之井。南方井也。以毛獸之火爨。毛獸。西方白虎。用西方之火。故曰毛獸之火。藏薄純。盛陽之性。失在奢縱。故所藏者省薄純素也。行篤厚。陽性寬和。故行篤厚。坦氣修通。凡物開靜。形生理。物形既生。自然修理而長育也。定府官。明名分。而審責於羣臣有司。則下不乘上。賤不乘貴。法立數得。而無比周之民。則上尊而下卑。遠近不乖。此居於圖南方方外。秋行夏政。葉。盛陽氣乘之。故卉木生葉。行春政。華。少陽氣乘之。故卉木更生華。行冬政。耗。盛陰肅殺。故虛耗也。十二期風至。戒秋事。十二小卯。薄百爵。十二。白露下。收聚。十二。復理。賜與。十二。始節。賦事。十二。始卯。合男女。十二。中卯。十二。下卯。三卯同事、九和時節。金成數九。金氣和。君則順時節而布政。君服白色。味辛味。聽商聲。此金王之時。故服白味辛聽商。治溼氣。秋多霖用水。故治溼。用九數。九亦金之成數。飲於白后之井。西方井。以介蟲之火爨。介蟲。北方玄武。用北方之火。故曰介蟲之火。藏恭敬。金性廉潔。故所藏者恭敬也。行搏銳。兌金性勁銳。時方肅殺。故曰以勁銳搏擊。所以順殺氣也。坦氣修通。凡物開靜。形生理。閒男女之畜。男女之畜。有內外之異。故須閒之也。修鄉閭之什伍。殺氣方至。可以出師征伐。故修什伍。量委積之多寡。定府官之計數。養老弱而勿通。老少異糧。其養勿通。信利周而無私。申布秋利既徧。無得有私。令周。此居於圖西方方外。冬行秋政霧。秋多陰霧。行夏政雷。盛陽乘盛陰。故雷也。行春政烝泄。少陽乘陰。故烝泄也。十二。始寒。盡刑。十二。小榆。賜予。十二。中寒。收聚。十二。中榆。大收。十二。寒至。靜。十二。大寒之陰。十二。大寒終。三寒同事。六行時節。水成數六。水氣行。君則順時節而布政也。君服黑色。味鹹味。此水王之時。故服黑味鹹。聽徵聲。不聽羽而聽徵者。亦所以抑盛陰也。治陰氣。不治則盛陰太過。太過則治陰氣也。用六數。六亦水之成數。飲於黑后之井。北方井也。以鱗獸之火爨。鱗獸。東方青龍也。用東方之火。故曰鱗獸之火。藏慈厚。君人者。好生惡殺。故於刑殺之時藏於慈厚。所以示其不忍也。行薄純。冬物朴素。行省薄純儉。故坦氣修通。凡物開靜。形生理。器成於僇。冬行刑之時。故成僇器也。教行於鈔。鈔。末也。冬爲四時之末。將終也。歲之動靜不記。行止無量。記動靜則行止可量。戒審四時以別息。息。生也。四時生物。各有不同。故須別之。異出入以兩易。出入既異。又並令無差。曰兩易也。故明養生以解固。固謂護惜也。生既須養。則物不可惜。故曰解固。審取予以總之。又恐所養過時。故審取與之多少以總統之。一會諸侯。令曰。非玄帝之命。毋有一日之師役。玄帝。北方之帝。齊桓初會。命諸侯不使非時出師。故令曰。若非玄帝有命之時。毋得有一日之師役。一日尚不可。況多乎。再會諸侯。令曰。養孤老。食常疾。收孤寡。三會諸侯。令曰。田租百取五。百分取五分。市賦百取二。關賦百取一。毋乏耕織之器。四會諸侯。令曰。修道路。偕度量。一稱數。偕。同也。稱。斤兩。數。多少也。藪澤以時禁發之。草木零落。然後入山林。獺祭魚。然後修澤梁也。五會諸侯。令曰。修春秋冬夏之常祭。食。常所祭。常所食。各有時物也。天壤山川之故祀。必以時。六會諸侯。令曰。以爾壤生物共玄官。玄官。主禮天之官也。請四輔。四輔。即三公四輔也。所以助祭行禮。將以禮上帝。七會諸侯。令曰。官處四體而無禮者。流之為莠命。官處。謂處官也。處官位而四體無禮者。謂之莠命而流放焉。莠命者。謂穢亂教命。若莠之穢苗也。八會諸侯。令曰。立四義而毋議者。尚之于玄官。聽于三公。四義者。謂無障谷。無貯粟。無易樹子。無以妾為妻。諸侯能順命而無異議者。則尚之于天子玄官。聽三公之錫命。尚。上也。九會諸侯。令曰。以爾封內之財物。國之所有為幣。為幣禮。九會大命焉出。常至。謂上九會既出大令。故天下諸侯常至。非此之外。則朝聘之數遠近各有差也。千里之外。二千里之內。諸侯三年而朝習命。因朝而習教命。二年。三卿使四輔。諸侯三卿使天子四輔。以受節制也。一年正月朔日。令大夫來修受命三公。習所受命於三公。二千里之外。三千里之內。諸侯五年而會至習命。因會而至。以習命也。三年。名卿請事。二年。大夫通吉凶。十年。重適入正禮義。重適。謂承重也。適。諸侯之世子也。五年。大夫請受變。請所變更之教令也。三千里之外。諸侯世一至。道路既遠。故世一至。置大夫以為廷安。其遠國大夫。則為置廷館。每來。於此以安之也。入共受命焉。入共國所有。因以受命。此居於圖北方方外。必得文威武官習。勝之。善勝敵者。必得文德之威。武藝之官。之練習士卒。則可以勝之。與務時因。勝之。時。是也。務是因修。不逆於理。可以得勝也。終無方。勝之。從始至終。出無方者勝。計幾行義。勝之。庶幾行義者可以勝。理名實。勝之。整理名實不謬安。可以勝得。急時分。勝之。敗敵所得之物。應受分者急分與之。可以得勝。事察伐。勝之。伐功行賞之事。必察有功。不令無功者安受。可以得勝。行備具。勝之。行師用兵。必備其攻戰之具。可以得勝。原無象。勝之。奇計若神。無象可原者勝。本定獨威。勝。用師之本定能獨威者勝。定計財。勝。計謀財用。先審定者勝。定聞知。勝。聞知敵謀。能審定者勝。定選士。勝。精選士卒。能審定者勝。定制祿。勝。制祿亦與有功。能審定者勝也。定方用。勝。異方所用。各有不同。能審定者勝也。定綸理。勝。經綸之理。能審定者勝也。定死生。勝。定成敗。勝。定依奇。勝。所依奇策。能審定者勝。定實虛。勝。定盛衰。勝。舉機誠要。則敵不量。發舉兵機。誠得其要。則敵不能量也。用利至誠。則敵不校。用兵便利。又能至誠。則敵不敢校也。明名章實。則士死節。明忠義之名。章功勞之實。士則死節。不求苟生。奇舉發不意。則士歡用。奇謀之舉。發彼不意。則士樂為用。交物因方。則械器備。交貿之物。因方之有。則器械備具也。因能利備。則求必得。因彼所能所利而以備之。則所求必得。執務明本。則士不偷。執所營之務。明所為之本。則士不苟且。備具無常。無方應也。其所備具無有常者。所以應敵無方。聽於鈔。故能聞未極。鈔。深遠也。所聽在於深遠。故能聞於極理。視於新。故能見未形。未形者。新事將起。所視者在新。故見
未形也。思於濬。故能知未始。未始者。事之深浚者。所思在深。故知未始。發於驚。故能至無量。發舉可驚。敵不能量。故動於昌。故能得其寶。舉動
昌盛。故敵懼而輸寶也。立於謀。故能實不可故也。其所建立皆用深謀。常堅實。不復衰故。故器成教守。則不遠道里。器用完成。教令堅守。故欲往則至。
不憚道里之遠也。號審教施。則不險山河。號令審悉。教命施行。則赴湯火而不顧。豈險難於山河也。博一純固。則獨行而無敵。德博而一。行純而固。則仰我如
時雨。歡我如椒蘭。誰能敵之。慎號審章。則其攻不待。慎號令。審旗章。則攻者爭先登。豈顧後而相待乎。權與明。必勝。則慈者勇。權謀明略。必能勝敵。則慈仁者
猶致勇奮。況惡少哉。器無方。則愚者智。器用無方。應卒必備。則愚者習而成智。況不愚乎。攻不守。則拙者巧。我攻既妙。彼不能守。則拙者習而成巧。況不拙乎。
數也。動慎十號。兵既數動。必慎十號九章等。此有數。在他篇。明審九章。飾習十器。善習五官。謹修三官。必設常主。計必先定。軍之主將。既
必有常。軍之計謀。亦須先定。求天下之精材。精材可以爲軍之器用者。論百工之銳器。器成。角試否臧。收天下之豪傑。有天下之稱材。
稱材。謂材稱其所用也。說行若風雨。發如雷電。此居於圖方中。此中圖之副也。旗物尚青。木用事。故尚青。兵尚矛。象春物之芒銳。刑則交
寒害釱。其行刑戮。則於初且夜盡之交。其時尚寒主春。人不得已而行刑。故離害而釱禁。釱或爲鈸。器成不守。器用既成。則敵不能圍守也。經不知。經。法也。用兵之法。
敵不能知也。教習不著。我之教習。敵不能著。著猶明著。發不意。其所舉發。出敵不意。經不知。故莫之能圍。發不意。故莫之能應。莫之能應。
故全勝而無害。莫之能圍。故必勝而無敵。四機不明。不過九日。而游兵驚軍。四機。即上不守。不知。不著。不意也。障塞不審。
不過八日。而外賊得閒。障塞者。所以防守要路也。由守不慎。不過七日。而內有讒謀。由守。所由而防守者。詭禁不修。不過六日。而竊
盜者起。詭禁。所以禁詭常也。死亡不食。不過四日。而軍財在敵。死亡者不享食。鬼神必怨怒。故軍財在敵。此居於圖東方方外。此東圖之副也。
旗物尚赤。火用事。故尚赤。兵尚戟。象夏物之森聳。刑則燒交疆郊。其用刑。則於疆郊焚燒而交也。必明其一。一。謂號令不二。必明其將。必明其
政。必明其士。四者備。則以治擊亂。以成擊敗。數戰則士疲。數勝則君驕。驕君使疲民。則國危。至善不戰。用兵之善者。其唯

不戰乎。其次一之。其次善者。戰而號令一。雖大勝者積衆。積衆然後可以大勝。勝無非義者。焉可以爲大勝。所以勝皆大義。故成大勝也。大勝無不勝也。此居於圖南方方外。此南圖之副也。旗物尙白。金用事。故尙白。兵尙劍。象金性之利也。刑則紹昧斷絕。其用刑。則繼晝之昧斷絕而戮之也。始乎無端。卒乎無窮。始乎無端。道也。卒乎無窮。德也。道不可量。德不可數。不可量。則衆強不能圖。不可數。則爲詐不敢鄉。兩者備施。兩者。謂道德也。動靜有功。畜之以道。養之以德。畜之以道。則民和。養之以德。則民合。和合故能習。習故能偕。偕。謂同爲其事。偕習以悉。悉。盡也。莫之能傷也。此居於圖西方方外。此西圖之副也。旗物尙黑。水用事。故尙黑。兵尙脅盾。象時物之閉。盾或署之於脅。故曰脅盾。刑則游仰灌流。其用刑。則游緩之所使仰死。而既乃投之於灌流。察數而知治。審器而識勝。明謀而適勝。通德而天下定。定宗廟。育男女。宗廟存則男女育也。官四分則可以立威行德。制法儀。出號令。擇才授官。四面分設。至善之爲兵也。非地是求也。罰人是君也。至善之兵。不求其地。所以君可罰人。若紂桀之人。比屋可誅也。立義而加之以勝。至威而實之以德。守之而後修。勝心焚海內。既獲敵人之國。順而守之。然後修其法制。如此。則強勝之心。可以焚灼於海內。民之所利立之。所害除之。則民人從。立利除害。則人從也。立爲六千里之侯。則大人從。既九會之後。天子加命。立爲侯伯。面各三千里。四方相距六千里。大人。謂天子三公四輔也。使國君得其治。則人君從會。國君。謂天下同盟諸侯。請命於天地。知氣和。則生物從。謂郊祀天地神祇。使之合德。則四氣和可知。故生物從之。計緩急之事。則危危而無難。緩急之事。皆已計定。則二者之危無所難。緩急之事。皆有可危之理。故曰危危。明於器械之利。則涉難而不變。察於先後之理。則兵出而不困。通於出入之度。則深入而不危。審於動靜之務。則功得而無害。著於取與之分。則得地而不執。謂不悋執。慎於號令之官。則舉事而有功。此居於圖北方方外。此北圖之副也。

幼官圖第九

中方本圖　中方副圖　東方本圖　東方副圖　南方本圖
南方副圖　西方本圖　西方副圖　北方本圖　北方副圖

經言九

若因處虛守靜人物則皇。五和時節。君服黃色。味甘味。聽宮聲。治和氣。用五數。飲於黃后之井。以倮獸之火爨。藏溫濡。行毆養。坦氣修通。凡物開靜。形生理。常至命。尊賢授德。則帝。身仁行義。服忠用信。則王。審謀章禮。選士利械。則霸。定生處死。謹賢修伍。則衆。信賞審罰。爵材祿能。則強。計凡付終。務本飾末。則富。明法審數。立常備能。則治。同異分官。則安。通之以道。畜之以惠。親之以仁。養之以義。報之以德。結之以信。接之以禮。和之以樂。期之以事。攻之以言。發之以力。威之以誠。一舉而上下得終。再舉而民無不從。三舉而地辟散成。四舉而農佚粟十。五舉而務輕金九。六舉而絜知事變。七舉而內外爲用。八舉而勝行威立。九舉而帝事成形。九本搏大。人主之守也。八分有職。卿相之守也。七官飾勝備威。將軍之守也。六紀審密。賢人之守也。五紀不解。庶人之守也。動而無不從。靜而無不同。治亂之本三。卑尊之交四。富貧之終五。盛衰之紀六。安危之機七。強弱之應八。存亡之數九。練之以散羣傰署。凡數財署。殺僇以聚財。勸勉以選衆。使二分具本。發善必審於密。執威必明於中。此居圖方中。

右中方本圖

必得文威武官習。勝之。務時因。勝之。終無方。勝之。幾行義。勝之。理名實。勝之。急時分。勝之。事察伐。勝之。行備具。勝之。原無象。勝之。本定獨威。勝。定計財。勝。定知聞。勝。定選士。勝。定制祿。勝。定方用。勝。定綸理。勝。定死生。勝。定成敗。勝。定依奇。勝。定實虛。勝。定盛衰。勝。舉機誠要。則敵不量。用利至誠。則敵不校。明名章實。則士死節。奇舉發不意。則士歡用。交物因方。則械器備。因能利備。則求必得。執務明本。則士不偷。備具無常。無方應也。聽於鈔。故能聞無極。視於新。故能見未形。思於濬。故能知未始。發於驚。故能至無量。動於昌。故能得其寶。立於謀。故能實不可故也。器成教守。則不遠道里。號審教施。則不險山河。博一純固。則獨行而無敵。慎號審章。則其攻不待。權與明必勝。則慈者勇。器無方。則愚者智。攻不守。則拙者巧。數也動。慎十號。明審九章。飾習十器。善習五官。謹修三官。必設常主。計必先定。求天下之精材。論百工之銳器。器成角試否臧。收天下之豪傑。有天下之稱材。說行若風雨。發如雷電。此居於圖方中。

右中方副圖

春行冬政。肅。行秋政。雷。行夏政。則闇。十二。地氣發。戒春事。十二。小卯。出耕。十二。天氣下。賜與。十二。義氣至。修門閭。十二。清明。發禁。十二。始卯。合男女。十二。中卯。十二。下卯。三卯同事。八舉時節。君服青色。味酸味。聽角聲。治燥氣。用八數。飲於青后之井。以羽獸之火爨。藏不忍。行敺養。坦氣修通。凡物開靜。形生理。合內空周外。強國為圈。弱國為屬。動而無不從。靜而無不同。舉發以禮。時禮必得。和好不基。貴賤無司。事變日至。此居於圖東方方外。

右東方本圖

旗物尚青。兵尚矛。刑則交寒害釱。器成不守。經不知。教習不著。發不意。經不知。故莫之能圉。發不意。故莫之能應。莫之能應。故全勝而無害。莫之能圉。故必勝而無敵。四機不明。不過九日。而游兵驚軍。障塞不審。不過八日。而外賊得閒。由守不慎。不過七日。而內有讒謀。詭禁不修。不過六日。而竊盜者起。死亡不食。不過四日。而軍財在敵。此居於圖東方方外。

右東方副圖

夏行春政。風。行冬政。落。重則雨雹。行秋政。水。十二。小郢。至德。十二。絕氣下。下爵賞。十二。中郢。賜與。十二。中絕。收聚。十二。大暑至。盡善。十二。中暑。十二。小暑終。三暑同事。七舉時節。君服赤色。味苦味。聽羽聲。治陽氣。用七數。飲於赤后之井。以毛獸之火爨。藏薄純。行篤厚。坦氣修通。凡物開靜。形生理。定府官。明名分。而審責於羣臣有司。則下不乘上賤不乘貴。法立數得。而無比周之民。則上尊而下卑。遠近不乖。此居於圖南方方外。

右南方本圖

旗物尙赤。兵尙戟。刑則燒交疆郊。必明其一。必明其將。必明其政。必明其士。四者備。則以治擊亂。以成擊敗。數戰則士疲。數勝則君驕。驕君使疲民。則危國。至善不戰。其次一之。大勝者積衆勝而無非義者。焉可以爲大勝。大勝無不勝也。此居於圖南方方外。

右南方副圖

秋行夏政。葉。行春政。華。行冬政。耗。十二。期風至。戒秋事。十二。小卯。薄百爵，十二。白露下。收聚。十二。復理。賜予。十二始前節。第賦事。十二。始卯。合男女。十二。中卯。十二。下卯。三卯同事。九和時節。君服白色。味辛味。聽商聲。治溼氣。用九數。飲於白后之井。以介蟲之火爨。藏恭敬。行搏銳。坦氣修通。凡物開靜。形生理。閒男女之畜。修鄉里之什伍。量委積之多寡。定府官之計數。養老弱而勿通。信利害而無私。此居於圖西方方外。

右西方本圖

旗物尙白。兵尙劍。刑則紹昧斷絕。始乎無端。卒乎無窮。始乎無端。道也。卒乎無窮。德也。道不可量。德不可數。不可量。則衆強不能圖。不可數。則爲詐不敢鄉。兩者備施。動靜有功。畜之以道。養之以德。畜之以道。則民和。養之以德。則民合。和合故能習。習故能偕。偕習以悉。莫之能傷也。此居於圖西方方外。

右西方副圖

冬行秋政。霧。行夏政。雷。行春政。烝泄。十二。始寒。盡刑。十二。小榆。賜予。十二。中寒。收聚。十二。中榆。大收。十二。寒至。靜。

十二。大寒之陰。十二。大寒終。三寒同事。六行時節。君服黑色。味鹹味。聽徵聲。治陰氣。用六數。飲於黑后之井。以鱗獸之火爨。藏慈厚。行薄純。坦氣修通。凡物開靜。形生理。器成於僇。教行於鈔。動靜不記。行止無量。戒審四時以別息。異出入以兩易。明養生以解固。審取與以總之。一會諸侯。令曰。非玄帝之命。毋有一日之師役。再會諸侯。令曰。養孤老。食常疾。收孤寡。三會諸侯。令曰。田租百取五。市賦百取二。關賦百取一。毋乏耕織之器。四會諸侯。令曰。修道路。偕度量。一稱數。毋征。藪澤以時禁發之。五會諸侯。令曰。修春秋冬夏之常祭。食天壤山川之故祀。必以時。六會諸侯。令曰。以爾壤生物共玄宫。請四輔。將以祀上帝。七會諸侯。令曰。官處四體而無禮者。流之焉莠命。八會諸侯。令曰。立四義而無議者。尙之于玄宫。聽於三公。九會諸侯。令曰。以爾封內之財物。國之所有爲幣。九會。大令焉出。常至。千里之外。二千里之內。諸侯三年而朝習命。二年。三卿使四輔。一年正月朔日。令大夫來修受命三公。二千里之外。三千里之內。諸侯五年而會至習命。三年。名卿請事。二年。大夫通吉凶。七年。重適入正禮義。五年。大夫請變。三千里之外諸侯。世一至。置大夫以爲廷安。入共受命焉。此居於圖北方方外。

右北方本圖

旗物尙黑。兵尙脅盾。刑則游仰灌流。察數而知治。審器而識勝。明謀而適勝。通德而天下定。定宗廟。育男女。官四分。則可以立威行德。制法儀。出號令。至善之爲兵也。非地是求也。罰人是君也。立義而加之以勝。至威而實之以德。守之而後修。勝心焚海內。民之所利立之。所害除之。則民人從。立爲六千里之侯。則大人從。使國君得其治。則人君從。會請命於天地。知氣和。則生物從。計緩急之事。則危危而無難。明於器械之利。則涉難而不變。察於先後之理。則兵出而不困。通於出入之度。則深入而不危。審於動靜之務。則功得而無害也。著於取與之分。則得地而

不執。愼於號令之官。則擧事而有功。此居於圖北方方外

右北方副圖

五輔第十 謂六興。七體。八經。五務。三度。此五者可以輔弼國政也。

外言一

古之聖王。所以取明名廣譽。厚功大業。顯於天下。不忘於後世。非得人者。未之嘗聞。不得於人。而能使名譽顯當時。功業流後世者。則未嘗聞。暴王之所以失國家。危社稷。覆宗廟。滅於天下。非失人者。未之嘗聞。不失於人。而能使失國覆宗者。亦未嘗聞。今有土之君。皆處欲安。動欲威。戰欲勝。守欲固。大者欲王天下。小者欲霸諸侯。言諸侯欲大利則王天下。欲小利則霸諸侯也。而不務得人。是以小者兵挫而地削。大者身死而國亡。既不務得人。故必致禍。小則地削。大則國亡。故曰。人不可不務也。當務得之於人。此天下之極也。曰。然則得人之道。莫如利之。利之之道。莫如敎之以政。故善爲政者。田疇墾而國邑實。朝廷閒而官府治。公法行而私曲止。倉廩實而囹圄空。賢人進而姦民退。其君子上中正而下諂諛。其士民貴武勇而賤得利。賤苟得之利也。其庶人好耕農而惡飲食。惡費用之飲食。於是財用足。好耕農故財用足。而飲食薪菜饒。省費用。薪菜饒。則是故上必寬裕。而有解舍。解放也。舍。免也。下必聽從。而不疾怨。上下和同。而有禮義。故處安而動威。戰勝而守固。是以一戰而正諸侯。不能爲政者。田疇荒而國邑虛。朝廷兇而官府亂。小人競進故兇。公法廢而私曲行。倉廩虛而囹圄實。賢人退而姦民進。其君子上諂諛而下中正。其士民貴得利而賤武勇。其庶人好飲食而惡耕農。於是財用匱而食飲薪菜乏。上彌殘苟居上位者小人。故殘賊苟且也。而無解舍。下愈覆鷙而不聽從。覆。察也。鷙。疑也。上既賊苟而不舍。故下伺察而懷疑。鷙。勅吏反。上下交引而不和同。上引下以供御。下引上以恩覆。一一俱不得。故不和同也。故處不安而動不威。戰不勝而守不固。是以小者兵挫而地削。大者身死而國亡。故以此觀之。則政不可不愼也。德有六興。義有七體。禮有八經。法有五務。權有三度。所謂六興者何。曰。辟

田疇。利壇宅。壇。堂基。修樹蓺。勸士民。勉稼穡。修牆屋。此謂厚其生。上六者。可以厚養其生也。發伏利。利人之事積久隱伏者。發而用之。輸墆積。墆。積也。修道途。便關市。謂所置關市。皆令要便也。慎將宿。將送貨財。必愼止宿。此謂輸之以財。上五者。皆生財之術。曰輸財。所以納財於民。故導水潦。利陂溝。決潘渚。潘。溢也。渚潘溢者。疏決之令通。潘音翻。潰泥滯。泥塗為滯者。潰決之令通也。通鬱閉。鬱閉。亦謂川瀆有壅塞者。慎津梁。此謂遺之以利。上之六者。以遺利於民。薄徵斂。輕征賦。弛刑罰。赦罪戾。宥小過。此謂寬其政。上之五者。以寬裕其政。養長老。慈幼孤。恤鰥寡。問疾病。弔禍喪。此謂匡其急。上之五者。以救民之急。衣凍寒。食飢渴。匡貧窶。振罷露。疾憊羸露者。有以振救之。資乏絕。此謂振其窮。上之五者。振民之窮乏。凡此六者。德之興也。六者既布。則民之所欲。無不得矣。夫民必得其所欲。然後聽上。聽上。然後政可善為也。故曰德不可不興也。曰民知德矣。而未知義。然後明行以導之義。行即七義。義有七體。七體者何。曰。孝悌慈惠。以養親戚。恭敬忠信。以事君上。中正比宜。以行禮節。比。合也。行既中正。而又合宜也。整齊撙詘。以辟刑僇。撙。節也。詘。言自節而卑屈也。纖嗇省用。以備飢饉。纖。細也。嗇。慳也。既細又慳。故財用省也。敦懞純固。以備禍亂。懞。厚也。懞音莫江反。和協輯睦。以備寇戎。凡此七者。義之體也。夫民必知義然後中正。中正然後和調。和調乃能處安。處安然後動威。動威乃可以戰勝而守固。故曰義不可不行也。曰民知義矣。而未知禮。然後飾八經以導之禮。所謂八經者何。曰。上下有義。貴賤有分。長幼有等。貧富有度。凡此八者。禮之經也。故上下無義則亂。貴賤無分則爭。長幼無等則倍。倍。乖戾也。貧富無度則失。失其節制。上下亂。貴賤爭。長幼倍。貧富失。而國不亂者。未之嘗聞也。是故聖王飭此八禮。以導其民。八者各得其義。則為人君者。中正而無私。為人臣者。忠信而不黨。為人父者。慈惠以教。為人子者。孝悌以肅。為人兄者。寬裕以誨。為人弟者。比順以敬。為人夫者。敦懞以固。為人妻者。勸勉以貞。夫然則下不倍上。臣不殺君。賤不踰貴。少不陵長。遠不間親。新不間舊。小不加大。淫不破義。凡此八者。禮之經也。夫人必知禮然後恭敬。恭敬然後尊讓。尊讓然後少長貴賤不相踰越。少長貴賤不相踰越。故亂不生而患不作。故曰禮不可不謹也。曰。民知禮矣。而未知務。
然後布法以任力。任力有五務。五務者何。曰。君擇臣而任官。大夫任官辯事。辯。明也。能明所任之事也。官長任事守職。士修
身功材。材。謂藝能。士既修身。必於藝能有功也。庶人耕農樹藝。君擇臣而任官，則事不煩亂。大夫任官辯事。則舉措時。官長任事
守職。則動作和。士修身功材。則賢良發。庶人耕農樹藝。則財用足。故曰。凡此五者。力之務也。夫民必知務。然後心
一。心一然後意專。心一而意專。然後功足觀也。故曰力不可不務也。曰。民知務矣。而未知權。然後考三度以動之。
所謂三度者何。曰。上度之天祥。下度之地宜。中度之人順。此所謂三度。故曰。天時不祥。則有水旱。地道不宜。則有
饑饉。人道不順。則有禍亂。此三者之來也。政召之。曰。審時以舉事。時則天祥地宜人順之時也。得其時則事可成。以事動民。事成則民可動。
以民動國。民昌則國可動。以國動天下。國強則天下可動也。天下動。然後功名可成也。故民必知權。然後舉錯得。權謂能知舉三度。
錯得則民和輯。民和輯則功名立矣。故曰權不可不度也。故曰五經既布。然後逐姦民。詰詐僞。屏讒慝。而毋聽淫
辭。毋作淫巧。若民有淫行邪性。樹爲淫辭。作爲淫巧。以上謟君上。而下惑百姓。移國動衆。以害民務者。其刑死流。
大罪死。小罪流。故曰。凡人君之所以內失百姓。外失諸侯。兵挫而地削。名卑而國虧。社稷滅覆。身體危殆。非生於諂淫
者。未之嘗聞也。何以知其然也。曰。淫聲諂耳。淫觀諂目。耳目之所好諂心。心之所好傷民。民傷而身不危者。未之
嘗聞也。曰。實壙虛。墾田疇。修牆屋。則國家富。節飲食。撙衣服。則財用足。舉賢良。務功勞。布德惠。則賢人進。逐姦
人。詰詐僞。去讒慝。則姦人止。修饑饉。救災害。振罷露。則國家定。明王之務。在於強本事。去無用。然後民可使富。
本事。謂農桑也。無用。謂末作也。論賢人。用有能。而民可使治。薄稅斂。毋苟於民。謂無苟取於民。待以忠愛。而民可使親。三者。霸王
之事也。事有本而仁義其要也。今工以巧矣。而民不足於備用者。其悅在玩好。君悅玩好。則民務末作。故備用不足。農以勞矣。

而天下飢者。其悅在珍怪。方丈陳於前。方丈陳前。則役用廣。故農勞而不免於飢。女以巧矣。而天下寒者。其悅在文繡。君悅文繡。則女工傷。故天下寒。是故博帶梨。梨博帶以就狹也。梨。割也。大袂列。列大袂以從小。文繡染。染文繡爲純色。刻鏤削。削刻鏤爲純素。雕琢采。采雕琢爲純縵。關幾而不征。幾。察也。但使察非常。而不征賦也。市鄽而不稅。鄽。市中置物處。但籍知其數。不稅斂。古之良工。不勞其知巧以爲玩好。是故無用之物。守法者不失。或爲無用物。守法者必得而誅之。不使漏失也。

卷三校正

幼官第八　經言八

△若因夜虛守靜人物人物則皇　宋云。夜是致字之譌。即老子致虛極守靜篤也。幼官圖作處虛守靜。脫致字。處字涉下虛字而譌。劉云。下人物字疑衍。物事皇大也。言人君能處虛守靜。則發之人事盛大也。望案。後圖本無下人物字。丁云。若因二字當在人物上。若。順也。順因人物虛靜之道也。心術篇。靜因之道也。又曰。無爲之道因也。又曰。因也者。舍己而以物爲法者也。此十字下。當接下文常至命云云。（凡物開靜七字四時同。）常字上又脫一字。則皇與則帝則王則霸則衆則強則富則治則安文法一例。兵法篇亦皇帝王霸四者平列。今本脫譌不可讀。　△用五數　宋本脫此句。　△藏溫濡　宋本濡作儒。後圖同。王云。儒濡皆偄字之誤。凡隸書從耎之字多誤從需。若稬之爲糯。碝之爲礝。蝡之爲蠕皆是也。　△行毆養　丁云。毆讀爲嘔。廣雅。區區。樂也。嘔嘔。喜也。呂覽務大篇。區區焉相樂也。文選聖主得賢臣頌注引應劭云。嘔喩。和說貌。皆與此毆義相近。廣雅云。養。樂也。韓詩外傳云。聞其徵聲。使人樂養而好施。下文藏不忍行毆養。義亦同。　△立常備能則治　望案。常讀爲長。說見七法篇。　△同異分官則安　丁云。同異分官句有脫譌。不可解。以上文句例求之。脫去四字。　△攻之以官　望案。當從後圖作考之以言。堯典曰。詢事考言。尹注譌。　△威之以誠　安井衡云。誠當爲誡字之誤。荀子曰。發誡布令而敵退。是主威也。　△三舉而地辟散成　洪云。散當作政。尹注非。　△九舉而帝事成形　丁云。帝讀爲定。（見周禮瞽矇及小史注。）定與成同義。定事與成形對文。　△九本摶大　王云。摶大當爲博大。尹注非。　△十官飾勝備威　中立本作七官。王云。此句在八分之下。六紀之上。則十官當爲七官。　△勸勉以選衆　宋本朱

本選作選。後圖亦作還。丁云。作還是也。度地篇云。還有司之吏而第之。望案。選之言具也。不必從還。△春行冬
政肅行秋政雷行夏政閹　丁云。雷乃霜字誤。四時篇作春行冬政則雕。行秋政則霜。行夏政則欲。△十二義
氣至修門閭　丁云。案義氣不可解。義當爲和。聲之誤也。素問五常政大論。其候溫和。注。和春之氣也。修門閭以
宣通春氣。月令所謂乃修闔扉也。△十二始卯合男女　宋本始卯作始毋。陳先生云。毋當作丱。音貫。古丱卵
聲同。卵亦作丱。詩齊風總角丱兮。毛傳曰。丱。幼稚也。禮記。濡魚卵醬。鄭注曰。卵讀爲鯤。鯤魚子也。或作攔。卵之讀
爲鯤。猶卵之讀爲丱矣。此篇名義若夏之小郢中郢。冬之小榆中榆。皆不用干支。則春與秋不當獨取干支可知。
蓋其字或作丱。或作卵。又誤卵作卯。後靡篇曰。彫卵然後瀹之。五行篇曰。羽卵者不段。禁藏篇曰。如鳥之覆卵。又
曰。毋殺畜生。毋拊卵。俗本卵作卯。卯之爲卵。與卵之爲卯。其誤正同。今從宋本作丱字。尋文推義。此篇及後圖古
本卯皆當作卵。或用同聲叚借字作丱。學者承其誤久矣。△合内空周外　望案。空即内字之誤而衍者。後圖
亦誤。△強國爲圈　宋本強作彊。△和好不基　陳先生云。基與期同。尹注非。△夏行春政風行冬政落
重則雨雹行秋政水　四時篇作夏行春政則風。行秋政則水。行冬政則落。△十二絕氣下下爵賞　丁云。惠
周惕云。下下當作上下。古文作二二。案此當衍一下字。應讀絕氣下句。爵賞句。與上文十二天氣下賜予。下文十
二白露下收聚。句法一例。△十二大暑至盡善十二中暑十二小暑終　臭云。大暑小暑。以下文十二大寒終
例之。則大小二字當互易。△治陽氣　宋本皆脫此句。△藏薄純　丁云。薄當爲樸。聲之誤。淮南要略篇。不
剖判純樸。注。純樸。大素也。漢孔耽碑曰。蹈仁義兮履樸純。△秋行夏政葉行春政華行冬政耗　丁云。葉當爲
水。月令紀時變無及葉者。四時篇作春行秋政則榮。行夏政則水。行冬政則耗。兪云。淮南子時則篇作秋行夏令
華。行春令榮。疑此葉字是榮字之誤。△十二期風至　丁云。期乃朗字誤。朗風。涼風也。後圖亦誤。△十二始
卯合男女十二中卯十二下卯三卯同事　宋云。上四卯字。莊葆琛先生以爲皆酉字之譌。古酉爲丣。與卯相近。
且涉上文諸卯字而誤。安井衡說同。△以介蟲之火爨　王氏引之云。上文言倮獸羽獸毛獸。下文言鱗獸。則
此亦當言介獸。後人多聞介蟲。寡聞介獸。故改獸爲蟲也。不知羽毛鱗介倮皆可謂之蟲。亦皆可謂之獸。月令曰。
其蟲羽。其蟲倮。其蟲毛。是羽者倮者毛者亦謂之蟲也。其羽者介者鱗者亦皆可謂之獸。故此言羽獸介獸鱗獸。
曲禮曰。前朱鳥而後玄武。左青龍而右白虎。注曰。以此四獸爲軍陳。正義曰。玄武。龜也。龜爲四獸之一。即此所謂
介獸也。淮南天文篇亦曰。北方其獸玄武。△閲男女之畜　丁云。閲與簡通。廣雅。簡。閲也。周禮大司馬云。簡稽

鄉民。△修鄉閭之什伍　元本無之字。　△養老弱而勿通　吳云。通疑遺字之誤。遺與私爲均。　△信利周而無私　劉云。周當依後圖作害。王云。隸書害字或作周。與周相似而誤。尹注非。△冬行秋政霧行夏政雷行春政烝泄　四時篇作冬行春政則泄。行夏政則雷。行秋政則旱。△十二寒至靜　丁云。當作十二大寒至靜。以上言始寒中寒故也。△器成於僇　丁云。僇當爲穆。穆。靜也。月令曰。仲冬之月。事欲靜。以待陰陽之所定。△敎行於鈔　陳先生云。鈔讀爲杪。方言云。杪。少也。望謂鈔當爲眇之借字。眇本訓目小。引申之爲微眇之義。易王肅本眇萬物而爲言。今字作妙。下文聽於鈔。亦當讀眇。尹注訓爲深遠。得其義。△戒審四時以別息　丁云。審字涉下文審取予而衍。戒。愼也。△審取予以總之　宋本予作與。望案。上文以別息。以兩易。以解固。句末一字。皆非語詞。此云以總之。文義不倫矣。之疑乏字之誤。言審取予以總會其匱乏也。△收孤寡　望案。孤寡當爲鰥寡。上文言養孤老。此不得更言孤矣。△藪澤以時禁發之　後圖藪澤上有毋征二字。此脫去耳。△修春秋冬夏之常祭食天壤山川之故祀必以時　俞云。食當讀作飭。屬下句。修春秋冬夏之常祭。飭天壤山川之故祀。二句相對成文。尹注非。△旒之焉蒡命　孫云。案呂氏春秋季春紀。天子焉始乘舟。高誘注。焉猶於也。公羊隱二年傳。託始焉爾。何氏解詁。焉爾猶於是也。焉於古字通用。謂官處四體而無禮者。以蒡命旒之。與下文向之于玄官句文義相對。尹注非。△立四義而無議者　俞云。議爲俄之聲誤。說文曰。俄。行頃也。廣雅釋詁曰。俄。衺也。是俄有傾邪之意。管子書或以義爲之。明法解曰。雖有大義。主無從知之。大義即大衺也。或以議爲之。此文立四義而無議。即立四義而無俄。謂不傾邪也。尹注以無異議說之。未達叚借之旨。△九會大命焉出常至　丁云。常至句下屬爲義。謂常歲所至。即下文五年而朝云云。王國定制習爲常也。△令大夫來修受命三公　丁云。令大夫即命大夫也。管子它處兩見。位在列大夫之上。來修。謂諸侯使命大夫來修好也。△二千里之外三千里之內諸侯五年而會至習命三年名卿請事二年大夫通吉凶十年重適入正禮義五年大夫請受變　丁云。至字疑衍。與上文諸侯三年而朝習命句例同。上文言常至。即指會朝言。周禮時見曰會。是諸侯至王所見天子。非諸侯相會別來見天子也。變讀爲辯。說文曰。辯。治言也。諸侯大夫請命於天子。受教於象胥瞽史。若言語書名之屬。皆當身習之。周官大行人注可證。俞云。三年二年之下。又云十年五年。於義難曉。諸侯既五年而會習命矣。安得又使大夫請受變。再及五年。即爲十年。亦是五年而會之期。安得又使重適入。今以上下文求之。蓋傳寫誤也。蓋三千里內之諸侯二年而使大夫通吉凶。三年而使名卿請事。至五年則自來會矣。計五年之中。止空閒二年。適當未會前一年。及既會後一年。不容更有五年十年之事。此二句當在下文三千里之外諸侯世一至之下。蓋世一至。則太疏闊。故五年必使大夫請受變。十年必使重適入。正禮義也。　△置大夫以爲廷安入共受命焉　王云。案此當以置大夫以爲廷爲句。安入爲句。共受命焉爲句。廷。官名。言以大夫爲此官也。安。語詞。猶乃也。言諸侯乃入而共受命也。又大匡篇曰。必足三年之食。安以其餘修兵革。言必足三年之食。乃以其餘修兵革也。內業篇曰。精存自生。其外安榮。言精生於中。其外乃榮也。山國軌篇曰。民衣食而繇。下安無怨咎。言下乃無怨咎也。內業篇又曰。凡道無所。善心安愛。愛當爲處字之誤也。（隸書處字或作処。與愛相似。）安。猶是也。處。居也。言道無常所。唯善心是居也。下文曰。心靜氣理。道乃可止。是其明證也。此二句以所處爲均。下文以理止爲均。遠產爲均。攤知爲均。又地員篇曰。其陰則生之楂藜。其陽安樹之五麻。安與則相對爲文。安亦則也。言其陽則樹之五麻也。今本安上有則字。乃後人不知文義而妄加之。地員篇又曰。其山之淺。有蘢與斥。羣木安逐。安於是也。爾雅曰。逐。彊也。言羣木於是彊盛也。又曰。羣藥安生。又曰。羣藥安聚。又曰。羣木安逐。鳥獸安施。（施當爲族，白虎通曰。族。湊也。聚也。言鳥獸于是聚也。上文羣藥安聚。即其證。族字上與滮轂逐爲均。下與[illegible]爲均。族與施字相近而誤。尹注云。施謂有以爲生。謬矣。）義竝同也。語詞之安。或爲乃。或爲則。或爲是。或爲於是。其義竝相近。字或作案。又作焉。荀子勸學篇。上不能好其人。下不能隆禮。安特將學雜識順詩書而已耳。楊倞曰。安。語助。或作安。或作案。荀子多用此字。禮記三年問作焉。國策。謂趙王曰。秦與韓爲上交。秦禍案移於梁矣。秦與梁爲上交。秦禍案攘於趙矣。蓋當時人通以安爲語助。尹氏不知。而解以實義。固宜其說之多謬也。　△必得文威武官習勝之　王云。習勝者。習勝敵之術也。勝下不當有之字。此涉下文勝之而衍。宋本朱本皆無之字。望謂後圖有之字。據尹注亦似有之字。安井衡以此下九勝之句皆連下務終幾理急事行原本九字爲句。又以得爲德借字。　△幾行義勝之　陳先生云。幾讀爲期。言期於行義則勝之也。毛詩楚茨傳曰。幾。期也。是幾與期通之證。　△本定獨威勝　丁云。案下文十一句皆定字居首。此本字疑衍。　△定聞知勝　後圖作知聞。　△定綸理勝定死生勝定成敗勝定依奇勝定實虛勝定盛衰勝　王云。綸理即倫理。依奇即依倚也。綸理。死生。成敗。依奇。實虛。盛衰。皆兩字平列。尹注非。　△奇舉發不意　王云。舉發不意。即下文所云發不意也。舉發上不當有奇字。此涉上文依奇而衍。尹注非。　△交物因方　俞云。交讀爲校。謂考校其物。必因其方也。尹注非。　△故能聞未極　後圖作無極。

△視於新　陳先生云。新當爲親。字之誤也。親。近也。聽於至小。故能聞未極。視於至近。故能見未形也。鈔親二義

相同。△發於驚　望案、驚疑警字之譌。釋名曰。敬。警也。行事肅警也。發於警正得臨事而懼之意。古字警驚往往致譌。詩小雅。徒御不警。今亦譌爲驚矣。△動於昌故能得其實　望案。昌當爲冒。寶當爲實。皆字之譌也。說文曰。冒蒙而前也。段氏注。蒙者。覆也。引伸之。有所干犯而不顧亦曰冒。此冒字當同此意。實者。軍實也。左氏隱五年傳。以數軍實。杜注曰。數車徒器械。宣十二年傳。楚國無日不討身實而申儆之。襄二十四年傳。齊社蒐軍實。杜注並云。軍實。軍器。此蓋言動於冒。故能得敵人之軍器。所謂先人有奪人之心是也。尹注大非。△故能實不可故也　望案。故當爲攻字之譌。立於譏。故能兵甲堅實。使敵不可攻也。或云。故敵字之譌。△博一純固則獨行而無敵　王云。博字與一純固三字義不相屬。尹云德博而一。則曲爲之說也。博當爲摶。摶即專字。專一與獨行義正相承。唯其專一純固。故能獨行而無敵。兵法篇曰。一氣專定。則旁通而不疑。是其證也。古書多以摶爲專。△愼號審章則其攻不待權與明必勝則慈者勇　王云。尹注讀待字絕句。甚謬。當讀至權與爲句。權與。謂與國也。言能愼號審章。則攻人之國不待與國之相助也。（望案。待當爲持。說見七法篇。）七法篇曰。攻國救邑。不待權與之國。事語篇曰。獨出獨入。莫之能禁止。不待權與。輕重甲篇曰。數取諸侯者無權與。是其證也。下文。明必勝。則慈者勇。器無方。則愚者智。攻不守。則拙者巧。六句文同一例。則明必勝三字不與權與連文亦明矣。△數也動愼十號　孫云。數也爲句。讀如計數之數。動愼十號爲句。與下文明審九章云云句法一例。尹注以數也動三字爲句。謬矣。王云。孫說是也。數也云者。猶言道固然也。乃總結上文之詞。荀子仲尼篇曰。桓公兼是數節者而盡有之。其霸也宜哉。非幸也。數也。呂氏春秋壅塞篇曰。寡不勝衆。數也。高注曰。數。道數也。本書權修篇曰。教訓成俗而刑罰省。數也。法法篇曰。上無固植。下有疑心。國無常經。民力必竭。數也。皆其證。△善習五官　洪云。兵法篇曰。三官不謬。五教不亂。九章著明。此五官當作五教。△必設常主　丁云。當作主必常設。與下討必先定。兩必字相對成文。設定皆立也。權修篇曰。萬乘之國。兵不可以無主。是其證。△有天下之稱材　王云。稱材當爲精材。即上文所云求天下之精材也。七法篇云。聚天下之精材。論百工之銳器。小問篇云。選天下之豪傑。致天下之精材。意並同也。隸書稱字或作稱。與精相似而譌。△說行若風雨　丁云。說讀爲銳。文選五等論注。銳猶疾也。廣雅曰。銳。利也。△刑則交寒害鈦　望案。寒當爲蹇字之譌。說文曰。蹇。尳也。允。（烏光切。）尳也。曲脛人也。交。交脛也。謂以兩繩系交其膝下。若曲脛然也。害當從劉說讀爲轄。說文曰。轄。鍵也。轄與舝同字。舝下曰。車軸耑鍵也。段注曰。以鐵豎貫軸頭而制轂如鍵閉然。依段說。則轄以鐵爲之。轄爲繫車軸之物。引申之。因謂以鐵索拘罪人者亦謂之韇。其狀蓋如鍜鑐矣。說文又曰。釱。鐵鉗也。段注曰。平準書。釱左趾。三蒼。釱。踏脚鉗也。張斐漢晉律序說。狀如跟衣。箸足下。重六斤。以代刖。蓋韇與械音近。釱與桎音近。周禮掌囚注。在手曰梏。在足曰桎。梏亦械類。以是推之。則此亦當云在手曰韇。在足曰釱矣。釱或爲鈦。丁說略同。 △經不知 王云。經。過也。謂兵過敵竟而敵不知也。與發不意相對爲文。經之言徑也。兵法篇曰。徑乎不知。發乎不意。是其證。尹注非。 △莫之能害 元本作莫之能圉。後圖亦作圉。此涉上文無害而誤。 △由守不愼 兪云。由。申字之誤。哀二十六年左傳曰。申開守陴。 △死亡不食 王氏引之云。死亡不食。義不可通。尹曲爲之說。非也。亡蓋士之譌。死士。敢死之士也。（見定十四年左傳杜注。）食猶饗也。饗死士。若田單之盡散飲食饗士。李牧之日擊數牛饗士是也。秦策曰。廢文任武。厚養死士。綴甲厲兵。效勝於戰場。是死士所以克敵效勝。今吝惜資財。不肯饗之。則死士不爲之用。將無以勝敵。而爲敵所勝。故軍財在敵也。後幼官圖篇同。 △刑則燒交疆郊 丁云。燒。䠶繞之誤。說文。繞。纏也。繞交者。謂纏繞相交錯也。刑人旣施韇釱。猶用纍紲。上文言交蹇韇釱。不於疆郊。此言繞交疆郊。不言韇釱。互文也。 △大勝者積衆勝無非義者焉可以爲大勝 望案。大勝者三字衍文。當讀積衆勝無非義者爲句。焉猶乃也。焉字屬下爲句。尹注非。丁說同。 △刑則紹昧斷絕 宋本紹作詔。古字通用。丁云。說文。紹。緊糾也。昧與末通。內業篇。氣不通于四末。注。四末。四支。左昭元年傳。末。四支也。紹末斷絕。謂以繩纏係其支體斷絕之也。望案。公羊襄二十七年傳注曰。昧。割也。 △則爲詐不敢鄉 孫云。爲讀作僞。僞與爲古同字。丁云。兵法篇正作僞。 △和合故能習習故能偕偕習以悉莫之能傷也 宋本。無之字。劉云。兵法篇作和合故能諧。諧故能輯。諧輯以悉。莫之或傷。習或輯之誤。丁云。習爲輯之叚借。輯。合也。諧。和也。尹注非。 △明謀而適勝 王云。適勝當爲勝適。適卽敵字。兵法篇曰。察數而知治。審器而識勝。明理而勝敵。是其證。今本涉上文識勝而誤。 △至威而實之以德 丁云。至當爲立。字之誤。立威與上立義對文。 △勝心焚海內 望案。焚字義不可通。尹注訓爲焚灼。甚非也。焚當爲樊。字形相近而誤。詩齊風毛傳曰。樊。藩也。字本作棥。叚借作樊。勝心樊海內者。言勝心足以牢籠海內。若藩籬之也。孟子益烈山澤而焚之。莊氏葆琛謂烈當作列。焚作樊。言表列山澤而藩籬之也。左傳象有齒以焚其身。宋本北堂書鈔引焚作樊。可證今本之誤。 △則人君從會請命於天地 尹讀會字絕句。王云。當以則人君從絕句。與上下之民人從。大人從。生物從。文同一例。會字下屬爲句。會。合也。合請命於天地也。尹讀非。 △知氣和 丁云。知當爲志。聲之誤。 △則危危而無難 洪云。上危字當爲居字之誤。望案。兵法篇曰。三官不繆。五教不亂。九章著明。

則危危而無害。窮窮而無難。亦以危危連文。洪改似非。　△著於取與之分則得地而不執　王云。執字義不可通。尹曲爲之說。非也。執當爲報。報。復也。反也。言明乎取與之分。則得敵之地。而敵不能復取吾地也。越語曰。戰勝而不報。取地而不反。是其證。俞云。執。慹之借字。說文。慹。悑也。悑即今怖字。不慹與上無害義相近。

幼官圖第九　經言九　宋本此篇。先西方本圖。次西方副圖。次南方本圖。次中方本圖。次北方本圖。次南方副圖。次中方副圖。次北方副圖。次東方本圖。次東方副圖。與今本大異。恐宋本爲是。此必有意義存乎其中。今本特以其不同前篇。而移其先後耳。安井衡云。此篇名圖。則當陳列幼官所不及以爲十圖。今不惟無圖。其言又與前篇無異。蓋原圖既佚。後人因再鈔幼官以充數也。

△攻之以言　望案。攻當從一本作攷。攻字誤。　△十二始前節第賦事　望案。前第二字。疑皆節字之誤而衍者。上篇亦無此二字。　△七年重適入正禮義　望案。當從前篇作十年。此七字誤。　△五年大夫請變　元本作請受變。案前篇本有受字。　△則功得而無害也　王云。也字衍。前篇無也字。以上下文例之。亦不當有也字。

五輔第十　外言一　安井衡云。古本分經言爲三卷。此篇以下爲第四卷。

△莫如教之以政　治要引。無以政二字。　△賢人進而姧民退　元刻姧作姦。　△其君子上中正　治要引中作忠。下文同。　△而飲食薪菜饒　陳先生云。飲食當作食飲。與下文食飲薪菜之同。　△上彌殘苟而無解舍下愈覆鷙而不聽從　尹注解苟爲苟且。劉云。苟乃苛字之誤。王云。尹注甚誤。劉說是也。凡隸書从可从句之字。往往譌溷。故苛誤作苟。下文薄稅斂毋苛於民。苛字亦誤作苟。（尹注謂毋苟取於民。非是。）說文抲字解。引酒誥盡執抲。今本抲作拘。考工記。妢胡之笴。注。故書笴爲笱。杜子春云。笱當爲笴。莊子天下篇。君子不爲苛察。釋文。苛一本作苟。楚策。以苛廉聞於世。史記甘茂傳作以苟賤不廉聞於世。說文敍曰。廷尉說律。至以字斷法。苛人受錢。苛之字止句也。（隸書苛字或作苛。上從艸。下與句相似。而此云苛之字止句者。蓋隸書從止之字或作止。與從艸者相亂故也。）皆其證矣。覆讀爲愎。愎鷙皆很也。言上殘苛而不已。則下很戾而不從也。愎字从心复聲。故與覆通。字又作復。趙策云。知伯之爲人。好利而鷙復。是也。又作蝮。史記酷吏傳贊云。京兆無忌馮翊殷周蝮鷙。是也。　△上下交引而不和同　丁云。交。狡之借字。引當爲弗。古文弗與引相似而誤。狡弗猶撟拂也。　△德有

大與　望寀。與當爲典。典者。法也。當也。此與下文所謂六與者何。凡此六者。德之與也。皆當作典。今本涉下德不可不與也句而誤。　△利壇宅　　王云。尹說壇爲堂基。非也。利當爲制。字之誤（隸書制字或作刺。形與利相似）壇讀爲廛。謂制爲廛宅也。荀子王制篇曰。順州里。定廛宅。鹽鐵論相刺篇曰。經井田。制廛里。皆是也。魏風伐檀傳曰。一夫之居曰廛。古聲廛壇同。周官廛人。載師注竝曰。壇讀爲廛。是其證。　△輪墆積　　丁云。墆即滯字。周官泉府作滯。史記作蹛。　△愼將宿　　俞云。毛詩傳曰。將。行也。廣雅曰。宿。止也。將宿。猶言行止。此與上文道涂關市皆二字平列。尹注非。　△泱潘渚　　丁云。案列子黃帝篇曰。鯢旋之潘爲淵。止水之潘爲淵。流水之潘爲淵。濫水之潘爲淵。沃水之潘爲淵。氿水之潘爲淵。雍水之潘爲淵。汧水之潘爲淵。肥水之潘爲淵。是爲九淵。釋文。潘。洄流也。莊子潘皆作審。崔本莊子作潘。云回流所鍾之域也。　△振罷露　　王云。尹注解罷露爲疾憊裸露。非也。罷露。謂室家疲敝也。匡貧窶。振罷露。資乏絕。三者義相近。露之言羸也。方言曰。露。敗也。昭元年左傳。勿使有所壅閉湫底。以露其體。杜注曰。露。羸也。（案廣雅。疲。羸。極也。疲羸猶罷露。故云。露。羸也。正義曰。羸義與倮相近。倮。露形也。羸。露骨也。誤與尹注同。）列子湯問篇。氣甚猛。形甚露。張湛注云。有膽氣而體羸虛。逸周書皇門篇曰。自露厥家。莊子漁父篇曰。田荒室露。荀子富國篇曰。田晴穢。都邑露。（楊倞注。露謂無城郭牆垣。此亦未解露字之義。）義竝同也。字或作路。又作潞。孟子滕文公篇。是率天下而路也。趙注曰。是率導天下之人以羸路也。（今本羸路作羸困之路。此後人不曉路字之義而妄改之也。案音義曰。丁張竝云。路與露同。又所列注文內無困之二字。今據刪。）秦策。士民潞病於內。高注曰。潞。羸也。韓子初見秦篇潞病作疲病。是罷與路同義。故齊策曰。其百姓罷而城郭露。合言之。則曰罷露矣。韓子亡徵篇曰。好罷露百姓。（外儲說左篇。罷露作罷苦。）秦策曰。諸侯見齊之罷露。呂氏春秋不屈篇曰。士民罷潞。高注曰。潞。羸也。皆其證矣。又四時篇。不知五穀之故。國家乃路。路亦與露同。露。敗也。尹注云。路謂失其常居。亦失之。又七臣七主篇。故設用無度。國家路。舉事不時。必受其菑。度路爲均。時菑爲均。今本路作踣。乃後人不知古義而妄改之爾。（下文亡國路家。今本路作踣。亦是後人所改。）　△貧富無度則失

王云。失讀爲佚。謂放佚也。尹注非。　△是故聖王飭此八禮　　中立本王誤作正。　△臣不殺君　　宋本殺作弑。　△民知禮矣而未知務　　丁云。務當爲法。此涉下文五務而誤。　△大夫任官辯事　　王云。辯。治也。昭元年左傳曰。主齊盟者。誰能辯焉。　△士修身功材　　王云。功。成也。謂修身成材也。爾雅曰。功。成也。大戴禮盛德篇曰。能成德法者爲有功。尹注非。　△力不可不務也　　丁云。力當作法。此涉上文力之務句而誤。　△民知務矣而

未知權　丁云。民知務之務。亦當爲法。庶與上下文一例。　△故曰五經既布　孫云。故曰二字。因上文而衍。
△以上謟君上　宋云。謟音滔。過也。望案。爾雅曰。謟。疑也。晏子春秋內篇諫上曰。隱情奄惡。蔽謟其上。與此義同。
△修飢饉　兪云。修乃備字誤。備俗作偹。偹誤作脩。又誤作修耳。　△賜罷露　宋本賜作賑。賜字誤。△毋
苟於民　望案。苟乃苛之誤。說見前。　△而民不足於備用者　中立本於作以誤。　△其悅在玩好　兪云。悅
乃說字之誤。其說在玩好。言求其所以然之說則在玩好也。墨子經下篇。韓子內儲說。外儲說篇。竝有其說在某
某之文。蓋古人自有此文法。下文其悅在珍怪。其悅在文繡。義竝同此。望案。悅當讀爲敓。說文曰。敓。彊取也。今字
作奪。言工巧而民不足於備用者。其見奪之故在玩好也。似亦可備一說。　△方丈陳於前　丁云。此五字衍文。
尹注方丈陳前四字。似解上文珍怪二字。校者遂以之誤入正文耳。　△是故博帶梨大袂列　丁云。梨即𨻰字
之叚借。列。古裂字。說文。列。分解也。　△雕琢采　王氏引之云。采字義不可通。采疑當爲平。說文曰。平古文平。形
與采相似。故誤爲采也。雕琢平者。金曰雕。玉曰琢。皆篆刻爲文章。今則𥗒之使平也。與上文刻鏤削正同義。尹注
非。　△守法者不失　王云。失當爲先。字之誤也。呂氏春秋先己篇注曰。先。猶尙也。言守法之人不尙此無用之
物也。尹注非。

卷四

宙合第十一　古往今來曰宙也。所陳之道。旣通往古。又合來今。無不苞羅也。　外言二

左操五音。右執五味。第一舉目。　懷繩與准鉤。多備規軸。減溜大成。是唯時德之節。第二舉目。　春采生。秋采蓏。夏處陰。冬
處陽。第三舉目。　大賢之德長。明乃哲。哲乃明。奮乃苓。明哲乃大行。第四舉目。　毒而無怒。怨而無言。欲而無謀。第五舉目。　大
揆度儀。若覺臥。若晦明。若敖之在堯也。第六舉目。　毋訪于佞。毋蓄于諂。毋育于凶。毋監于讒。不正廣其荒。第七舉目。　不
用其區區。烏飛准繩。第八舉目。　讒火縣反。　充末衡。易政利民。第九舉目。　毋犯其凶。毋邇其求。而遠其憂。高爲其居。危顚莫
之救。第十舉目。　可淺可深。可浮可沈。可曲可直。可言可默。第十一舉目。　天不一時。地不一利。人不一事。可正而視。定而履。

深而迹。第十二舉目。夫天地一險一易。若鼓之有椁。宅耕反。擿丁歷反。擋丁用反。則擊。天地萬物之橐。宙合有橐天地。第十三舉目。左操五音。右執五味。此言君臣之分也。左陽。君道。右陰。臣道。故曰君臣之分也。君出令佚。故立于左。君但出令。故曰佚。凡右爲用事。故左佚而右勞。臣任力勞。故立于右。臣則任力。故曰勞。夫五音不同聲而能調。此言君之所出令無妄也。五音雖有不同。樂師盡能調之。喻百度雖各有別。君則盡能裁之。故所出無妄。而無所不順。順而令行政成。君出令。皆順奉之。則政成。五味不同物而能和。此言臣之所任力無妄也。五味宰夫能和之。百職臣守任之而無妄也。而無所不得。得而力務財多。臣能任職。得宜務而財必多也。故君出令正其國而無齊其欲。民欲既異。常隨其欲而敎之也。一其愛而無獨與是。王臣其愛。宜一率土周之。無所獨與。則是愛不一毋獨與是也。王施而無私。則海內來賓矣。臣任力。同其忠而無爭其利。不失其事而無有其名。分敬而無妒。則夫婦和勉矣。君失音則風律必流。流。謂蕩散。流則亂敗。臣離味。則百姓不養。臣離味。百職曠。故百姓不養也。百姓不養。則衆散亡。君臣各能其分。則國寧矣。故名之曰不德。懷繩與准鉤。多備規軸。減溜大成。是唯時德之節。夫繩扶撥以爲正。准壞險以爲平。准必壞舊高峻而後以爲平也。鉤入枉而出直。工人用鉤。則就枉取直也。此言聖君賢佐之制舉也。言制以舉賢之法用鉤也。博而不失。因以備能而無遺。所舉既博。則枉直咸盡。故無所失。雖雞鳴狗盜。無所不取。皆有所長。故能備之。國猶是國也。民猶是民也。桀紂以亂亡。湯武以治昌。湯之國人。亦桀之國人。武之國人。亦紂之國人。桀紂以之亡。亂之故也。湯武以之昌。治之故也。章道以教。明法以期。民之興善也。如此。湯武之功是也。湯武之昌。敎化明也。人之興善。亦章明也。多備規軸者。成軸也。規者正圓器。軸者轉規。大小悉須備。故多備。方主嚴剛。圓主柔和。今用規者。欲施恩引物也。夫成軸之多也。其處大也不究。其入小也不塞。究。窮也。大軸用大處。小用小處。因物施宜。故有大小也。猶迹求履之憲也。迹者履之所出。善者恩之所生。憲。法也。擬迹而求履法。履法可得。施恩而求善心。善心可生也。夫焉有不適善。以恩驅善。故無不適也。適善備也僊也。是以無乏。僊。輕順貌。既皆適善能備。以恩爲善者輕順。人君善既備順。何所乏哉。則求者無不善也。故諭教者取辟焉。辟法也。取爲規矩也。天淯陽。無計量。地化生。無法厓。淯。古育字。天以陽氣育生萬物。物生不可計量。地以陰氣化萬物。物之生化。無有崖畔。君之恩。法天地之厚廣也。

所謂是而無非。非而無是。亦既行恩。又須順物。當順而是之。不得有非。當順而非之。不得有是也。是非有。必交來。苟信是。以有不可先規之。是非既有。必使二者俱來。得以驗之。是既信之有矣。非則不可掩。故先以恩義令息改也。必有不可識慮之。然將卒而不戒。不可識。謂其非謀隱伏。意在不測。或苞藏禍心。故必有以防慮之。如其事將終。即必當陰備待之。不可戒告於彼也。故聖人博聞多見。畜道以待物。以道待物。物無不容也。物至而對形。曲均存矣。對。配也。物至矣。以多少之恩。配大小之形。如此。則均平皆在於恩而無遺失也。減。盡也。溜。發也。言徧環畢。莫不備得。故曰減溜大成。減溜。盡發。君既均施以恩。故物盡發於善。亦既盡善。君敎不偏減。順圖圓之周。無不備得也。成功之術。必有巨獲。巨。大也。功。大成大獲。必周於德。審於時。時德之遇。事之會也。若合符然。故曰是唯時德之節。德既周。時又審。二者遇會。若合符契。則何功而不成也。春采生。秋采蓏。夏處陰。冬處陽。此言聖人之動靜開闔。詘信浧弋井反。儒。取與之必因於時也。時則動。不時則靜。是以古之士有意而未可陽也。故愁其治言含愁而藏之也。有意濟世。時亂方殷。未可明論。故曰理代之言陰愁而藏之。賢人之處亂世也。知道之不可行。則沈抑以辟罰。靜默以侔免。侔取也。辟之也猶夏之就清。七性反。冬之就溫焉。可以無及於寒暑之菑矣。夏不就清。冬不就溫。更以寒暑致災。終無益也。喻賢者不避亂世。更招刑戮。何榮之可得哉。非爲畏死而不忠也。賢人之避亂世。豈畏死而不忠哉。但以無益而徒死也。夫強言以爲僇而功澤不加。時非所言。必致刑僇。既刑僇矣。何功澤之加哉。進傷爲人君嚴之義。臣進而遇傷。人君因此益加其嚴酷也。退害爲人臣者之生。退而不遇害。而人臣因此轉更偸生也。其爲不利彌甚。不避亂世而遇害。則君益其嚴酷。臣亦偸生。不利彌甚也。故退身不舍端。修業不息版。版。牘也。以待清明。賢者雖復退身。終不捨其端操不息。修業亦不息其版牘。所以俟亂世清明。候風雲以舉翼也。故微子不與於紂之難。而封於宋。以爲殷主。先祖不滅。後世不絕。故曰大賢之德長。可久可大。則賢人之德業。明乃哲。哲乃明。奮乃苓。明哲乃大行。此言擅美主盛自奮也。以琅湯琅音浪。湯音蕩。凌轢人。人之敗也常自此。是故聖人著之簡筴。傳以告後進。曰。奮盛苓落也。盛而不落者。未之有也。故有道者。不平其稱。不滿其量。不依其樂。不致其度。有道者。則湯武也。所以不平稱。滿量。依樂。致度者。所以晦其明。爵尊則肅士。祿豐則務施。功大而不伐。業明而不矜。夫名實之相怨久矣。是故絕而無交。有名有實。必爲人怨。其來久。所以絕四鄰之好。杜賓客之交。惡其名實之聞也。惠者知其不可兩守。乃取一焉。故安而無憂。名實不可兩守。故但存其一。從此而息。所以安然而無憂也。怨毒而無怒。此言止忿速濟沒法也。毒者陰爲賊害。從而怒之。彼知其所以行毒。怨恨續赴。其行毒之法沒而不用。今不爲怒者。所以止此忿速濟斷沒法也。怨而無言。言不可不慎也。言不周密。反傷其身。言怨怒但可藏之在心。不言之口。以泄其恨。陰懷他計。反被傷身也。故曰欲而無謀。言謀不可以泄。謀泄菑極。既欲其事。方始圖之。無使謀泄。泄謀。災必至。故曰災極。夫行忿速遂沒法。賊發言輕謀泄。菑必及於身。故曰毒而無怒。怨而無言。欲而無謀。大揆度儀。若覺臥。若晦明。言人君才質雖不慧。但大揆度儀法。有疑則問之賢。若覺而臥。若從晦而視明。可以成大也。言淵色以自詰也。靜默以審慮。依賢可用也。君有所未晤。當淵寂其色。以自詰。靜默其神。以審思慮。有所不晤。依賢以問之。故其爲可用也。仁良既明。通於可不利害之理。循發蒙也。問於仁良。其事既明見。利害之理則遍晤。循而用之。其蒙自發明也。故曰。若覺臥。若晦明。若敖之在堯也。敖。堯子丹朱。慢而不恭。故曰敖。敖在堯時。雖凡下材。但以聖人在上。賢人無在下位。動而履規矩。常自禮法。竟以改邪爲明。故賓虞朝。讓德羣后。書曰。無若丹朱敖。毋訪于佞言。毋用佞人也。用佞人則私多行。毋蓄于謟言。毋聽謟。聽謟則欺上。毋育于凶言。毋使暴。使暴則傷民。毋監于讒言。毋聽讒。聽讒則失士。夫行私。欺上。傷民。失士。此四者用。所以害君義失正也。夫爲君上者。既失其義正。而倚以爲名譽。爲臣者不忠而邪。以趨爵祿。亂俗敗世。以偷安懷樂。雖廣其威。可損也。故曰不正廣其荒。是以古之人。阻其路。塞其遂。守而物修。故著之簡筴。傳以告後世人曰。其爲怨也深。是以威盡焉。不用其區區者。虛也。人而無良焉。故曰虛也。凡堅解而不動。陼隄而不行。其於時必失。失則廢而不濟。失植之正而不謬。不可賢也。植而無能。不可善也。所賢美於聖人者。以其與變隨化也。淵泉而不盡。微約而流施。是以德之流潤澤均加于萬物。故曰聖人參于天地。鳥飛准繩。此言大人之義也。鳥飛準繩。曲以爲直。大人之義。權而合道。夫鳥之飛也。必還山集谷。不還山則困。不集谷則死。山與谷之處也。不必正直。而還山集谷。曲則曲矣。而名繩焉。以爲鳥起于北。意南而至于南起于南。意北而至于北。苟大意得。不以小缺爲傷。鳥意將集南北。亦隨山谷而曲飛。苟逾南北之大意。不以曲飛小缺爲傷。聖人行權。亦猶是也。苟得合義之大致。不以反經小過而爲傷也。故聖人美而著之。美鳥飛之事。著之簡策也。曰。千里之路。不可扶以繩。繩直千里。路必窮也。萬家之都。不可平以準。平準萬家。居必塞也。言大人之行。不必以先帝常義立之謂賢。守常違變。道必躓也。故爲上者之論其下也。論欲理也。不可以失此術也。此術。權道。譞。火縣反。遠也。充。言心也。心欲忠。末衡。言耳目也。耳目欲端。中正者。治之本也。耳司聽。聽必順聞。聞審謂之聰。耳之所聞。既順且審。故謂之聰。目司視。視必順見。見察謂之明。目之順視日明。心司慮。慮必順言。言得謂之知。心之所慮。既順且得。故謂之智。聰明以知。則博。博而不惛。所以易政也。聰也。明也。智也。三者既博。故事無過。舉乃得中。可制禮作樂。易先古政。政易民利。利乃勸。勸則告。民既勸勉。以禮樂告之。故可聽不順不審不聰。不審不聰則繆。視不察不明。不察不明則過。慮不得不知。不得不知則昏。繆過以昏則憂。憂則所以伎苛。伎苛所以險政。政險民害。害乃怨。怨則凶。故曰。譞充末衡。言易政利民也。毋犯其凶言中正以蓄慎也。毋邇其求。言上之敗常。貪於金玉馬女而吝愛於粟米貨財也。厚藉斂于百姓。則萬民懟怨。遠其憂。言上之亡其國也。常邇其樂立優美而外淫于馳騁田獵。內縱于美色淫聲。下乃解怠惰失。百吏皆失其端。則煩亂以亡其國家矣。高爲其居。危顚莫之救。此言尊高滿大而好矜人以麗。主盛處賢而自予雄也。言君主豪盛。處己以賢。許以爲英雄。予。許也。自故盛必失而雄必敗。夫上既主盛處賢。以操士民。國家煩亂。萬民心怨。此其必亡也。猶自萬仞之山播而入深淵。其死而不振也必。故曰。毋邇其求。而遠其憂。高爲其居。危顚莫之救也。可淺可深。可沈可浮。可曲可直。可言可默。此言指意要功之謂也。凡此淺深曲直諸事皆可許之。言之指意。要必得此。然可以成功。天不一時。春夏秋冬。各有其時。地不一利。五土十地。各有其利。人不一事。士農工商。各有其事。是以著業不得不多。人之名位不得不殊。天時地利。猶有不一。況於人之所著事業及其名位。豈得不多而殊乎。方明者察于事。故不官官。主也。于物而旁通于道。方謂法術。言法術通明之士。察於天地。知不可專一。故云不主一物。功用無方。

旁通於道也。道也者。通乎無上。詳乎無窮。運乎諸生。諸物由道而生。是故辯于一言。察于一治。攻于一事者。可以曲說。而不可以廣舉。言寡能之人。但辯一言。察一理。攻一事。知此者。唯可以示一曲之說。未足以廣苞也。聖人由此知言之不可兼也。故博爲之治。而計其意。知一言不可兼羣言。故博爲理衆言。而復計度所言之意以告喻之也。知事之不可兼也。故名爲之說。而況其功。又知一事不足以兼衆事。故每事皆立名而爲之說。又恐未明其功。比況而曉告之。故歲有春秋冬夏。月有上下中旬。日有朝暮。夜有昏晨。半星星半隱半見也。辰序。各有其司。故曰天不一時。此以上略舉天時不一。半星辰序。言其星辰晝隱夜出。常見半。至於次序有司以爲法也。山陵岑巖。淵泉閎流。泉踰瀷而不盡。瀷。湊漏之流也。薄承瀷而不滿。泉踰而前。瀷隨而後。欲其流不盡。至谿谷小既停。薄隨至而泄。雖承瀷而常不滿之流也。高下肥磽。物有所宜。故曰地不一利。此以上略言地利不一也。鄉有俗。國有法。食飲不同味。衣服異采。世用器械。規矩繩準。稱量數度。品有所成。故曰人不一事。此以上舉人之事不一也。此各事之儀。其詳不可盡也。此天地人三者之儀。但略舉之。故其詳不盡也。可正而視。言察美惡。審別良苦。不可以不審。操分不雜。故政治不悔。定而履。言處其位。行其路。爲其事。則民守其職而不亂。故葆統而好終。深而迹。言明墨章書。道德有常。則後世人人修理而不迷。故名聲不息。夫天地一險一易。若鼓之有楟。楟當爲響。擿擋則擊。險易猶否泰。夫天地否泰應德而至。猶鼓之含響。擊而鳴者也。應言苟有唱之。必有和之。和之不差。因以盡天地之道。唱則擊也。小則小和。大則大和。故日。和擊而不差。應擊爲響。象天地應德爲否泰也。景不爲曲物直。響不爲惡聲美。物曲則影曲。聲惡則響惡。亦況天道福善禍淫隨事而至也。是以聖人明乎物之性者。必以其類來也。惡聲往。則惡響來。猶積善餘慶。積惡餘殃。故君子繩繩乎慎其所先。君子知善惡必報。繩繩。戒愼。先天地以類善。天地萬物。從而應之。則善在先。應在後。如橐之成物也。故曰天地萬物之橐。宙合有橐天地。宙合之道。敎以先天地行善。故橐天地也。天地苴子餘反。萬物。故曰萬物之橐。苴裹萬物。在天地之中。故爲橐也。宙合之意。上通於天之上。下泉於地之下。外出於四海之外。合絡天地以爲一裹。宙合。廣積善以通天上。入地下。包絡天地爲一裹也。散之至于無閒。不可名而山。宙合之裹故散。其終上能無倫閒。猶不可得其名。若山然也。是大之無外。小之無內。故曰有櫜天地。其義不傳。苟非其人。道不虛行。故其義不可妄傳也。一典品之不極。一薄然而典品無治也。典。常也。宙合之道。專一而能常行。則不有窮。若乃輕薄不能崇重。則此道或幾乎息矣。常品之人。不能重理也。多內則富。時出則當。而聖人之道。貴富以當。奚謂當。本乎無妄之治。運乎無方之事。應變不失之謂當。變無不至。無有應當。本錯不敢忿。當。謂行賞以當功。當功所以鉶而不用者。則以變不至也。故雖不用物。不敢忿怒也。

故言而名之曰宙合。尋古遺言之立名。名曰宙合也。

樞言第十二　外言三

樞者居中以運外。動而不窮者也。言則慮心而發口。變而無主者也。其用若樞。故曰樞言。

管子曰。道之在天者日也。日者萬物由之以照。萬象由之以顯。功莫大焉。故謂之道也。其在人者心也。心者萬物由之以慮。萬理由之以斷。云爲莫大焉。故謂之道。故曰。有氣則生。無氣則死。生者以其氣。日與心以生成爲功。而生成以氣爲主。此言氣者道之用也。尤宜重也。有名則治。無名則亂。治者以其名。物既生成。須立法以治之。在於名實相副。故實稱其名則治。名重其實則亂。樞言曰。愛之利之。益之安之。四者道之出。四者從道而生。故曰道之出也。帝王者用之。而天下治矣。帝王者。審所先所後。先民與地。則得矣。民者君之地。君者民之天。先此二者。則無所不得也。先貴與驕。則失矣。貴而不已則驕。驕而不已則亡。先此二者。則無所不失矣。是故先王慎貴在所先所後。人主不可以不慎貴。不可以不慎民。不可以不慎富。慎貴在舉賢。慎民在置官。慎富在務地。故人主之卑尊輕重。在此三者。不可不慎。慎三則尊以重。忽三則卑以輕。國有寶有器有用。城郭險阻蓄藏。寶也。城郭完。險阻修。則寇盜息。蓄藏積。民無飢。故爲寶也。聖智。器也。聖無不通。智無遺策。二者可操以成事。故曰器。珠玉。末用也。珠玉者。飢不可食。寒不可衣。多而益少。故爲末用也。先王重其寶器而輕其末用。故能爲天下生而不死者二。謂寶與器。立而不立者四。人君雖欲自立而重珠玉。則不令得立者四。謂喜怒惡欲。喜也者。怒也者。惡也者。欲也者。天下之敗也。而賢者寶之。爲善者非善也。非善此珠玉也。故善無以爲也。故先王貴善。貴善蓄藏。王主積于民。無不足。霸主積于將戰士。卒勇奮。衰主積于貴人。益其驕。亡主積于婦女珠玉。遂其亡也。故先王慎其所積。疾之疾之。萬物之師也。爲之爲之。萬物之時也。強之強之。萬物之指也。凡國有三制。有制人者。有爲人之所制者。有不能制人。人亦不能制者。何以知其然。德盛義尊而不好加名於人。加名于人者。
人亦加人衆兵強而不以其國造難生患。患難于人者。人亦患難之。天下有大事而好以其國後。謙受益也。如此者制人者也。
下人者。在人上。德不盛義不尊而好加名于人。人不衆兵不強而好以其國造難生患恃與國幸名利。言恃黨與之國。又不爲推讓。每
飄幸其名利也。如此者人之所制也。陵人者人反陵之。息侯伐鄭之比。人進亦進。人退亦退。人勞亦勞。人佚亦佚。進退勞佚。與人相
胥。胥。視也。常視人與之俱進退勞佚也。如此者。不能制人。人亦不能制也。愛人甚而不能利也。愛甚不利。生其怨心。憎人甚而不能害
也。憎甚不害。生其賊心。故先王貴當。愛必利。憎必害。貴周。深密不測則周也。周者不出于口。不見于色。一龍一蛇。一則爲龍。一則爲蛇。喻人行藏。
一日五化之謂周。行藏五變。故曰五化。故先王不以一過二。以少喻多。衆所驚也。先王不獨舉。不擅功。獨舉擅功。人之所疾。先王不約束。
不結紐。約束則解。有束。故可得而解。結紐則絕。有紐。故可得而絕。故親不在約束結紐。相親從心生也。先王不貨交。貨交則人心有親疏。
不列地。列地則人心有向背。以爲天下。天下不可改也。親疏向背。改爲分別。是其改而可以鞭箠使也。若乃不改。而以鞭箠威之。則無思不服。時
也利也。出爲之也。先王有所出爲。必上得天時。下盡地利。餘目不明。餘耳不聰。苟非時利。雖目視有餘。不用其明。耳聽有餘。不用其聰也。是以能繼天
子之容。天子之容。時利而已。官職亦然。亦時利也。時者得天。義者得人。義即利也。既時且義。故能得天與人。先王不以勇猛爲
邊竟。則邊竟安。邊竟安則鄰國親。鄰國親則舉當矣。人故相憎也。人之心悍。故爲之法。法出于禮。禮出于治。治禮
道也。萬物待治禮而後定。凡萬物陰陽兩生而參視。先王因其參而慎所入所出。以卑爲卑。卑不可得。以尊爲尊。
尊不可得。桀舜是也。先王之所以最重也。得之必生。失之必死者何也。唯無得之。堯舜禹湯文武孝己斯待以成
天下。必待以生。故先王重之。一日不食比歲歉。三日不食比歲饑。五日不食比歲荒。七日不食無國土。十日不食。
無疇類盡死矣。先王貴誠信。誠信者天下之結也。信誠者所以結固天下之心也。賢大夫不恃宗至。士不恃外權。坦坦之利不

以功。坦坦之備不爲用。坦坦。（坦坦。謂平平。非有超而舉者。故不能立功而成用也。）故存國家定社稷。在卒謀之間耳。聖人用其心。沌沌乎博而圜。豚豚乎莫得其門。（一本作沌乎博而圜。豚豚乎莫得而聞也。）紛紛乎若亂絲。遺遺乎若有從治。故曰。欲知者知之。欲利者利之。欲勇者勇之。欲貴者貴之。彼欲貴。我貴之。人謂我有禮。彼欲勇。我勇之。人謂我恭。彼欲利。我利之。人謂我仁。彼欲知。我知之。人謂我慜。戒之戒之。微而異之。（人心不同。其猶面焉。令既順欲獲。失時無所收。）動作必思之。無令人識之。卒來者必備之。信之者仁也。不可欺者智也。既智且仁。是謂成人。賤固事貴。不肖固事賢。貴之所以能成其貴者。以其貴而事賤也。賢之所以能成其賢者。以其賢而事不肖也。惡者美之充也。卑者尊之充也。賤者貴之充也。故先王貴之。天以時使。地以材使。人以德使。鬼神以祥使。禽獸以力使。所謂德者。先之之謂也。故德莫如先。應適莫如後。先王用一陰二陽者霸。盡以陽者王。以一陽二陰者削。盡以陰者亡。量之不以少多。稱之不以輕重。度之不以短長。不審此三者。不可舉大事。能戒乎。能敕乎。能隱而伏乎。能而稷乎。能而麥乎。春不生而夏無得乎。衆人之用其心也。愛者憎之始也。德者怨之本也。唯賢者不然。先王事以合交。德以合人。二者不合。則無成矣。無親矣。凡國之亡也。以其長者也。人之自失也。以其所長者也。故善游者死于梁池。善射者死于中野。命屬于食。治屬于事。無善事而有善治者。自古及今。未嘗之有也。衆勝寡。疾勝徐。勇勝怯。智勝愚。善勝惡。有義勝無義。有天道勝無天道。凡此七勝者貴衆。用之終身者衆矣。人主好佚欲。亡其身失其國者殆。其德不足以懷其民者殆。明其刑而賤其士者殆。諸侯假之威。久而不知極已者殆。身彌老不知敬其適子者殆。蓄藏積陳朽腐不以與人者殆。凡人之名三。有治也者。有恥也者。有事也者。事之名二。正之察之。五者而天下治矣。名正則治。名倚則亂。無名則死。故先王貴名。先王取天下。遠者以禮。近者以體。體禮者。所以取天下。遠近者。所以殊天下之際。日益之而患少者惟忠。日損之而患多者惟欲。多忠少欲。智也。爲人臣者之廣道也。爲人臣者。非有功勞于國也。家富而國貧。爲人臣者之大罪也。爲人臣者。非有功勞于國也。爵尊而主卑。爲人臣者之大罪也。無功勞于國而貴富者。其唯尙賢乎。衆人之用其心也。愛者憎之始也。（愛盡而憎。）德者怨之本也。（德竭而怨。）生其事親也。妻子具。則孝衰矣。其事君也。有好業。家室富足。則行衰矣。爵祿滿。則忠衰矣。唯賢者不然。（賢者有始有卒。）故先王不滿也。人主操逆。人臣操順。先王重榮辱。榮辱在爲。天下無私愛也。無私憎也。爲善者有福。爲不善者有禍。禍福在爲。故先王重爲。明賞不費。明刑不暴。賞罰明。則德之至者也。故先王貴明天道。大而帝王者用愛惡。愛惡天下可秘。愛惡重。閉必固。釜鼓滿。則人概之。人滿。則天概之。故先王不滿也。先王之書。心之敬執也。而衆人不知也。故有事事也。毋事亦事也。吾畏事不欲爲事。吾畏言不欲爲言。故行年六十而老吃也。

卷四校正

宙合第十一　外言二

△懷繩與准鉤　望案。准。俗準字。說文曰。準。平也。从水。隼聲。段先生注云。準。五經文字云。字林作准。案古書多用准。蓋魏晉時恐與淮字亂而別之耳。△奮乃苓　望案。苓。零之借字。△毋蓄于諂　宋本諂作謟。是。△毋監于讒　俞云。監。昭之叚字。監本从衉省。聲與昭聲同。故得通用也。字又作鑑。淮南子齊俗訓。荆吳芬馨。以鑑其口。鑑即昭字。△不用其區區烏飛准繩　陳先生云。疑衍一區字。不用其區。區者虛也。人而無良焉。故曰虛也。當以不用其區爲句。下乃正釋區字之義。學者誤以區區連讀。而又于舉目下增一區字矣。△若鼓之有桴擿擋則擊　洪云。桴當作桴。左氏成十二年傳。右援桴而鼓。韓子功名篇。至治之國。君若桴。臣若鼓。字林云。桴。鼓椎也。擿擋則擊。當作擿擊則擋。擋與鐺通。言若鼓之有提。投擊之。則鐺然而有聲也。下文同。△王施而無私　王云。王當爲正。施之無私。故曰正施。△分敬而無妒　丁云。分敬當作合敬。呂覽

注。合。和也。合敬即下文之和勉也。無妒又合敬之義。　△故名之曰不德　丁云。古字多以丕爲不。此不字讀當爲丕。丕。大也。　△夫繩扶撥以爲正　俞云。說文𣥠部。𣥠。足剌𣥠也。讀若撥。此文撥即𣥠之借字。剌撥則有不正之意。故與正爲對文也。荀子正論篇。不能以撥弓曲矢中。亦是以撥爲𣥠。亦或以發爲之。攷工記弓人云。菑栗不迆。則弓不發。　△民之興善也如此　王云。如此。當从宋本作如化。呂氏春秋懷寵篇曰。兵不接刃而民服若化。

△其處大也不究其入小也不塞　王云。究當爲窕。字之誤也。窕。不滿也。塞。不容也。以小處大。則窕。以大入小。則塞。唯因物施宜。則處大而不窕。入小而不塞矣。廣雅曰。窕。寬也。昭二十一年左傳。鍾小者不窕。大者不摦。窕則不咸。摦則不容。杜注曰。窕。細不滿也。摦。橫大不入也。不咸。不充滿人心也。不容。心不堪容也。呂氏春秋適音篇。音太鉅則志蕩。以蕩聽鉅。則耳不容。不容則橫塞。橫塞則振。太小則志嫌。以嫌聽小。則耳不充。不充則不詹。不詹則窕。高注曰。窕。不滿密也。淮南本經篇曰。小而行大。則滔窕而不親。大而行小。則陿隘而不容。高注曰。滔窕。不滿密也。大戴禮王言篇曰。布諸天下而不窕。內諸尋常之室而不塞。墨子尚賢篇曰。大用之天下。則不窕。小用之。則不困。荀子賦篇曰。充盈大宇而不窕。入郤穴而不偪。淮南原道篇曰。處小而不逼。處大而不窕。俶眞篇曰。處小隘而不塞。橫扃天地之閒而不窕。皆其證也。艸書窕字或作宨。究字或作宄。二形相似。尹氏不察。而訓究爲窮。失之矣。

△猶迹求履之憲也　丁云。說文。㨝。履法也。憲即㨝字。　△適善備也僊也　丁云。僊與還同。鄭注大傳曰。還猶變易也。　△天淯陽　丁云。陽當爲養。叚借字。　△無法匩　王氏引之云。法當爲泮。詩氓篇。隰則有泮。箋曰。泮讀爲畔。畔。匩也。故曰。地化生無泮匩。尹注曰。物之生化。無有匩畔。是其證。今本泮作法者。涉注文法天地而誤。

△是非有必交來苟信是以有不可先規之必有不可識慮之然將卒而不戒　丁云。玩尹注。是非既有。必使二者俱來。則當讀是非有句。必交來句。又云。是既信之有矣。則當讀苟信是句。以乃必字之誤。必有不可先。與必有不可識。互文見義。規。古窺字。慮。圖也。謂非謀隱伏不可先知者。蚤窺伺而圖慮之也。斯倉卒之閒出於不備。皆由是非混淆。徧信爲是。而不能蚤辯其非也。今讀皆非。　△曲均存矣　丁云。玩尹注。曲疑則字之誤。　△言徧環畢　宋本徧作偏。　△成功之術必有巨獲　王云。巨獲讀爲榘矱。說文曰。巨。規巨也。或作榘。蒦。度也。或作彠。楚詞曰。求榘矱之所同。今楚詞作榘矱。王注云。榘。法也。矱。度也。下文曰。必周於德。審於時。時德之遇。事之會也。若合符然。正所謂成功之術必有榘矱也。尹注非。　△此言聖人之動靜開闔詘信浧儒取與之必因於時也　王云。浧當爲逞。儒當爲偄。皆字之誤也。逞與盈同。（左氏春秋昭二十三年。沈子逞。穀梁作沈子盈。又欒盈史記作

欒逞。又昭四年傳。逞其心以厚其毒。新序善謀篇。逞作盈。）偄與緛同。盈緛猶盈縮也。廣雅。緛，縮也。素問生氣通天論。大筋緛短。小筋弛長。王冰曰。緛，縮也。漢書天文志。已出三日而復微入。三日迺復盛出。是爲耎而伏。晉灼曰。耎，退也。太玄耎曰。陽氣能剛能柔能作能休。見難而縮。范望曰。耎而自縮。故謂之耎。是緛與縮同義。緛偄耎古字通。盈縮與詘伸義相因也。淮南人閒篇曰。得道之士。內有一定之操。而外能詘伸嬴縮卷舒。與物推移。詘伸嬴縮。即詘信盈緛。　△是以古之士有意而未可陽也　丁云。釋名曰。陽，揚也。氣在外發揚也。大戴禮文王官人篇。攷其陰陽。盧辯注曰。陰陽猶隱顯也。陽主顯揚爲義。與下文侌字相對。宋本士作時。恐誤。　△故愁其治言含愁而藏之也　王云。尹注言陰愁而藏之。則正文含字當是侌字之誤。侌，古陰字也。愁與揫同。鄉飲酒義曰。秋之爲言愁也。鄭注曰。愁讀爲揫。揫，斂也。陰與陽正相反。故曰有意而未可陽也。故揫其治言陰揫而藏之也。謂陰斂其治世之言而藏之也。下文沈抑以辟罰。靜默以侔免。正申陰揫而藏之之義。　△辟之也猶夏之就凊冬之就溫焉

王云。辟之之辟讀曰譬。下屬爲句。後人誤讀爲賢者辟世之辟。而以爲承上之詞。故于辟之下加也字。　△可以無及於寒暑之菑矣　宋本及作反。丁云。反於寒暑之菑。猶言反時之菑耳。夏就凊。冬就溫。則反時之菑可以無之。左宣十六年傳。天反時爲災。張云。及如及難之及。不必徇宋本。　△進傷爲人君嚴之義　丁云。嚴字疑誤。當云進傷爲人君者之義。退害爲人臣者之生。文義甚明。尹注非是。　△故退身不舍端　望案。端當讀爲專。段借字也。說文曰。專，六寸簿也。段氏注云。六寸簿。蓋笏也。曰部曰。曶，佩也。無笏字。釋名曰。笏，忽也。君有命。則書其上。備忽忘也。徐廣車服儀制曰。古者貴賤皆執笏。即今手版也。杜注左傳。珽，玉笏也。若今吏之持簿。蜀志秦宓見廣漢太守。以簿擊頰。裴松之注。簿，手板也。六寸未聞。疑上奪二尺字。玉藻曰。笏度二尺有六寸。此法度也。故其字從寸。（以上皆段注。）望謂古耑聲叀聲同部。故可段端爲專。下文修業不息版。版與專正同物。若讀端如字。則不可通矣。　△修業不息版　宋云。案曲禮。請業則起。鄭注曰。業，謂篇卷也。此言修業不息版。古人寫書用方版。爾雅曰。大版謂之業。故書版亦謂之業。鄭訓業爲篇卷。以今證古也。　△以琅湯淩轢人　丁云。琅讀爲浪。浪猶放也。湯讀爲蕩。蕩說文作愓云。放也。浪蕩淩轢四字同義。　△不依其樂　丁云。樂當爲槩。與稱量度三者同義。

△醫尊則肅士　宋本則作即。　△業明而不矜　俞云。淮南說林篇。長而愈明。高誘注曰。明猶盛也。　△夫名實之相怨久矣　吳云。怨當爲苑。言名實相因而至。亦交相爲病。高誘注淮南曰。苑，病也。禮運曰。故行而不苑。今名實並行則苑矣。故下文曰。知其不可兩守。乃取一焉。一者。去名取實。　△惠者知其不可兩守　孫云。惠與慧

通。△故曰欲而無謀　王云。此故曰二字。涉下文而衍。△夫行忿速遂没法賊發　丁云。夫行忿速遂没法句。即承上文正忿速濟没法句言之。賊發句申言速遂没法之意。没法者賊也。方言曰。濟滅也。止忿所以滅賊不使發。遂有成義。行忿所以成賊使發也。△言偏色以自詰也　吳云。也字衍。△循發蒙也　王云。循字義不可通。當爲猶。上言若覺臥。若晦明。此言猶發蒙。猶亦若也。仲尼燕居曰。昭然若發矇矣。隸書猶字或作猶。與循相似而譌。△所以害君義失正也　王云。當爲失義正。下文曰。爲君上者既失其義正。是其證。△雖廣其威可損也故曰不正廣其荒　丁云。廣。大也。損。宋本作須。乃頃之譌。頃與傾同。傾者。覆滅之義。言雖大其威可以覆滅之也。下文曰。是以威盡焉。傾與盡皆釋舉目荒字。逸周書大明武篇。靡敵不荒。孔晁注云。荒。敗也。荒即亡之借字。△凡堅解而不動　丁云。解與堅義相反。解疑觡字譌。本作垎。說文。垎。堅也。學記注。格讀爲凍垎之垎。扞格。堅不可入之貌。地員篇。五粟之土。乾而不格。又曰。五鳧之狀。堅而不骼。觡格骼皆垎之叚借。淮南原道篇注。觡讀曰格。堅觡與下睹隄皆二字平列。△失植之正而不謬　俞云。失當作夫。涉上文兩失字而譌。△以其與變隨化也　望案。當作以其與變化隨也。化隨二字譌倒。△是以德之流潤澤均加于萬物　丁云。流字涉上文流施而衍。△不必以先帝常　王云。先常猶言故常。不必以先常句絕。言大人之行不必遵守故常。唯義立之爲賢也。帝字衍。△義立之謂賢　丁云。義立當爲義正。言大人之行不必以先常而仍不失其正者。所謂義者宜也。猶鳥之飛不必正直而名繩焉。大意得也。△斷則告　劉云。告當作吉。與下怨則凶對文。△聽不順不審不聽　丁云。不順宋本作不愼。案二字衍。聽不審不聽。與下視不察不明。慮不得不知。句例相同。上文云。聞審謂之聽。故聽不審則不聽也。下文不審不聽則繆。即承上言之。玩尹注亦無不順二字。△不得不知則昏　宋本昏作惛。下同。△變則所以伎苛　陳先生云。伎者。枝之叚借。馬融注論語子罕篇曰。枝。害也。△言易政利民也　王云。言字涉下文言中正以著愼也而衍。此復述上文之語。不當有言字。△內縱于美色淫聲　王云。美色淫聲。當從宋本朱本作美好音聲。此後人以意改之也。美好音聲。即美色淫聲。且與馳騁田獵對文。後人之改謬矣。△萬民心怨　王氏引之云。心怨當爲懟怨。上文曰。萬民懟怨。又曰。煩亂以亡其國家。此文即承上言之。△其死而不振也必　朱本必下有矣字。△可沈可浮　王氏引之云。當從上文作可浮可沈。沈與傑爲均。△是以箸業不得不多人之名位不得不殊　丁云。箸當爲緖。據尹注。人之二字在箸業上。淮南泰族篇曰。是以緒業不得不多端。趨行不得不殊方。則幷無人之二字矣。△詳乎無窮　丁云。詳。鈤之叚字。漢書西域傳。上翔實。注。翔與詳同。吳仲山碑。出入敎詳。詳亦翔之借。文選東京賦。聲與風翔。澤從雲游。注。翔游皆行也。△攻于一事者　宋本攻作政。注文同。△故名爲之說而況其功　王云。名當爲各。事不可兼。故必各爲之說而後備。下文曰。此各事之儀。其詳不可盡也。是其證。丁云。名當爲多。淮南要略訓。懼爲人之惽惽然弗能知也。故多爲之辭。博爲之說。陳先生云。況當作兄。毛傳。兄。茲也。茲。益也。益其功與計其意文對。尹注謂比況之況。失之矣。△半星辰序各有其司　王云。半星辰序二句。即承夜有昏晨言之。半星者。中星也。說文。半。物分中也。玉篇。中。半也。是半與中同義。中星居天之半。故曰半星。辰序。十二辰之序也。司。主也。十二辰之昏中旦中。各有其序。以主十二月。故曰。半星辰序。各有其司。尹注非。孫說同。△淵泉閎流　丁云。閎當爲泓。說文。泓。下深貌。廣雅。泓。深也。△泉踰瀷而不盡　望案。段先生說文注云。瀷乃潩字之異體。後人收入。如湏汨之實一字也。淮南書曰。澤受瀷而無源。許愼云。瀷。湊漏之流也。見文選注。但造說文不收瀷字。△薄承瀷而不滿　孫云。廣雅。草叢生曰薄。謂水草叢生之處。尹注非。兪云。薄洦之叚字。說文。洦。淺水也。字亦作泊。△言察美惡審別良苦　王云。審字涉下文不可以不審而衍。察美惡別良苦。相對爲文。△深而迹言明墨章書道德有常則後世人人修理而不迷　王云。書當爲畫。修當爲循。字之誤也。此言君子之道德有常。如工之明其繩墨。章其規畫。則後人皆循其理而不迷也。屈子九章。章畫志墨兮。前圖未改。王注曰。言工明于所畫。念其繩墨。循前人之法。不易其道。以言人遵先王之法度。循其仁義。不易其行。語意略與此同。此釋上文深而迹之意。而涉也。墨與畫。所謂迹也。明墨章畫。所謂深而迹也。今本章畫作章書。則義不可通矣。△是以聖人明乎物之性者必以其類來也　安井衡云。據尹注言往來。則性乃往之誤字。△天地萬物之槖也　王云。也字衍。此復舉上文而釋之。不當有也字。△下泉於地之下　王氏引之云。泉字義不可通。當爲臮。臮。古曁字也。曁。及也。至也。言宙合之意上通於天之上。下至於地之下。臮與泉字相似。後人多見泉。少見臮。故臮譌爲泉矣。△不可名而山　劉云。山乃止字誤。△一薄然而典品無治也　望案。呂氏春秋知士篇高注曰。一猶乃也。典品二字涉上文而衍。△貴富以當　陳先生云。富讀爲福。福者。備也。以猶與也。富以當。猶言備與當耳。此承上文多內則富（內與納同。）時出則當二句言之。

樞言第十二　外言三

△是故先王愼貴在所先所後　王云。貴在二字。涉下文愼貴在舉賢而衍。△立而不立者四　丁云。下立字

當爲亾字之譌。△霸主積于將戰士　陳先生云。宋本作將士。將士。將軍之士也。趙本衍戰字。後漢書光武帝紀。於是大饗將士。班勞策勳。△萬物之指也　宋本指作脂。△與人相胥　王云。胥。待也。君臣篇。胥令而動者也。尹皆訓爲視。非也。△出爲之也　丁云。出當爲士。字之誤。士。事也。管子書多叚士爲事。△人故相憎也　中立本憎作贈。△陰陽兩生而參視　丁云。視疑死字誤。參死對兩生言。下文云。得之必生。失之必死。亦生死對文。易之爲道。不外一陰一陽。乾爲化。坤爲成。所謂兩生也。若天地不正之氣變亂其中。則二氣沮喪。不能化成。是以參死。△先王之所以最重也　元本作最。誤。△唯無得之堯舜禹湯文武孝己斯待以成天下必待以生　丁云。案上文言萬物待治禮而後定。初不言孝。此承上得之必生言之。得者。得治禮也。無。語詞。孝乃者字之譌。己。指先王言。天下。卽上文所謂萬物也。己斯待以成。天下必待以生。所謂成己而成物也。趙本承襲譌字。故句讀亦舛矣。安井衡云。唯無得之下。應言不得穀粟而死亡之事。而今脫之。△十日不食無疇類盡死矣　俞云。無字涉上文無國士而衍。旣言盡死。則不必更言無矣。△賢大夫不恃宗至　宋本至作室。至字誤。△純純乎博而圜　丁云。博當爲摶。摶亦圜也。攷工記梓人廬人弓人注竝云。摶。圜也。輪人注。摶。圜厚也。矢人注。摶讀如摶黍之摶。謂圜也。楚辭橘頌。圜果摶兮。注。摶。圜也。楚人名圜曰摶也。純純亦圜轉之意。孫子兵法篇曰。渾渾純純。形圜而不可敗。說文。笔。篅也。篅。判竹圜以盛穀也。△豚豚乎莫得其門　丁云。豚。遯之叚字。廣雅。遯。隱也。遯遯。猶隱隱也。遯遯與純純義亦相近。凡圜轉之物。皆渾含包裹。隱隱不辨分際。莊子齊物論釋文引司馬注。芚。渾沌不分察也。白心篇。韡乎其圜也。韡韡乎莫得其門。兩句實一義。△遺遺乎若有從治　安井衡云。古本有下有所字。△應適莫如後　望案。適古敵字。△先王用一陰二陽者霸　望案。先王二字當衍。△能而稷乎能而麥乎　宋云。能而音義竝同。後人讀此而字爲能。遂改定爲能。而仍存而字。舊文管子。此例甚多。俞云。兩而字竝當作爲。古爲字作𤔔。與而字相似而誤。△衆人之用其心也愛者憎之始也德者怨之本也唯賢者不然　王云。衆人之用其心也六句。皆涉下文而衍。尹注于後而不注于前。然則尹所見本無此六句。△故善游者死於梁池　王云。梁非池類。且與善游意不相屬。梁當爲渠。字之誤。渠。溝也。言善游者死于溝池。△未嘗之有也　王氏引之云。當作未之嘗有也。後人誤倒其文耳。△明其刑而賤其士者殆　宋蔡潛道本賤作殘。△唯賢者不然故先王不滿也　王云。故先王不滿也。與上句文義不相屬。亦涉下文而衍。△故先王貴明天道　丁云。當讀明字句。承上明刑明賞言之。此與上文故先王重爲句例相同。天道以下二十二字。譌奪不可句讀。

△釜鼓滿則人概之人滿則天概之　意林引此二句。在上文爵祿滿則忠衰矣句下。△吾畏事不欲爲事吾畏言不欲爲言故行年六十而老吃也　白帖三十。御覽疾病部三引此文。兩欲字俱作敢。而老吃也作如老吃耳。無兩爲字。

卷五

八觀第十二　外言四

大城不可以不完。郭周不可以外通。里域不可以橫通。橫通。謂從旁而通也。閭閈不可以毋闔。闔，扉也。宮垣關閉。不可以不修。故大城不完。則亂賊之人謀。郭周外通。則姦遁踰越者作。里域橫通。則攘奪竊盜者不止。閭閈無闔。外內交通。則男女無別。宮垣不備。關閉不固。雖有良貨。不能守也。故形勢不得爲非。則姦邪之人愨愿。禁禦周固。形勢不得爲非。則姦邪之人無從生心。而變爲愨愿。禁罰威嚴。則簡慢之人整齊。憲令著明。則蠻夷之人不敢犯。賞慶信必。則有功者勸。教訓習俗者衆。則君民化變而不自知也。習俗而善。不知善之爲善。猶入芝蘭之室。不知芳之爲芳也。是故明君在上位。刑省罰寡。非可刑而不刑。非可罪而不罪也。明君者。閉其門。塞其塗。弇其迹。使民毋由接於淫非之地。既閉出非之門。又塞生過之塗。成罪之迹。莫不掩匿。如此。則自然端直。欲接淫非之地。其路無由也。是以民之道正行善也若性然。故罪罰寡而民以治矣。

行其田野。視其耕芸。計其農事。而飢飽之國。可以知也。其耕之不深。芸之不謹。地宜不任。草田多穢。耕者不必肥。荒者不必墝。以人猥計其野。猥。衆也。以人衆之多少計其野之廣狹也。草田多而辟田少者。雖不水旱。飢國之野也。若是而民寡。則不足以守其地。若是而民衆。則國貧民飢。以此遇水旱。則衆散而不收。彼民不足以守者。其城不固。民飢者不可以使戰。衆散而不收。則國爲丘墟。故曰。有地君國。而不務耕芸。寄生之君也。故曰。行其田野。視其耕芸。計其農事。而飢飽之國可知也。

行其山澤。觀其桑麻。計其六畜之產。而貧富之國可知也。夫山澤廣大。則草木易多也。壤地肥饒。則桑麻易植也。藨子見反。草多衍。則六畜易繁也。藨。茂草也。莊周曰。麋鹿食藨。山澤雖廣。草木毋禁。壤地雖肥。桑麻毋數。藨草雖多。六畜有征。征。賦。閉貨之門也。無貨可出。若閉門然。故曰。時貨不遂。時貨。謂穀帛畜產也。金玉雖多。謂之貧國也。故曰。行其山澤。觀其桑麻。計其六畜之產。而貧富之國可知也。

入國邑。視宮室。觀車馬衣服。而侈儉之國可知也。夫國城大而田野淺狹者。其野不足以養其民。城域大而人民寡者。其民不足以守其城。宮營大而室屋寡者。其室不足以實其宮。室屋衆而人徒寡者。其人不足以處其室。囷倉寡而臺榭繁者。其藏不足以共其費。囷倉所藏。不足以供臺榭之費。故曰。主上無積而宮室美。氓家無積而衣服脩。氓家。謂民家也。乘車者飾觀望。步行者雜文采。本資少而末用多者。本資。謂穀帛。侈國之俗也。國侈則用費。用費則民貧。民貧則姦智生。姦智生則邪巧作。故姦邪之所生。生於匱不足。匱不足之所生。生於侈。侈之所生。生於毋度。故曰。審度量。節衣服。儉財用。禁侈泰。爲國之急也。不通於若計者。若計。謂審度量以下。不可使用國。故曰。入國邑。視宮室。觀車馬衣服。而侈儉之國可知也。

課凶饑。計師役。觀臺榭。量國費。而實虛之國可知也。凡田野萬家之衆。可食之地。方五十里。可以爲足矣。萬家以下。則就山澤可矣。萬家以下。其人少。可以就山澤逐便利。萬家以上。則去山澤可矣。萬家以上其人多。則去山澤就原陸。而山澤有禁也。彼野悉辟而民無積者。國地小而食地淺也。田半墾而民有餘食而粟米多者。國地大而食地博也。國地大而野不辟者。君好貨而臣好利者也。君臣好貨利。則妨農功。故其野不辟。辟地廣而民不足者。上賦重。流其藏者也。上賦重。則人藏流散也。故曰。粟行於三百里。賦重則粟賤。故人遠行而糴之。或遠人來糴也。則國毋一年之積。粟行於四百里。則國毋二年之積。粟行於五百里。則衆有飢色。其稼亡三之一者。命曰小凶。三分常稼。而亡其一。時有凶災故也。故謂小凶。小凶三年而大凶。此三年不熟。故曰大凶也。大凶。則衆有大遺苞矣。時既大凶。無復畜積。雖相振濟。但苞裹升斗以相遺也。什一之師。什三毋事。則稼亡三之一。師。法也。十一而稅、周禮之通法。今乃十三而稅。無事於舊稼亡三之一也。稼亡三之一。而非有故蓋積也。則道有損瘠矣。既已亡三之一。又無故積。道行之人有毀損羸瘠者也。則什一之師。三年不解。非有餘食也。則民有鬻子矣。既師十一。三年而不解。此當有餘食。而不餘。則以遇歲凶故也。所以人有鬻子者。故曰。山林雖近。草木雖美。宮室必有度。禁發必有時。是何也。曰。大木不可獨伐也。大木不可獨舉也。大木不可獨運也。大木不可加之薄牆之上。凡此必資衆力。則妨農事。故宮室須有度。禁發須有時也。故曰。山林雖廣。草木雖美。禁發必有時。國雖充盈。金玉雖多。宮室必有度。江海雖廣。池澤雖博。魚鼈雖多。罔罟必有正。多少小大之正。船網不可一財而成也。必多財然後成。非私草木愛魚鼈也。惡廢民於生穀也。故曰。先王之禁山澤之作者。博民於生穀也。彼民非穀不食。穀非地不生。地非民不動。動。謂發生穀物。民非作力毋以致財。天下之所生。生於用力。天下所以存其生。各由用力也。用力之所生。生於勞身。是故主上用財毋已。是民用力毋休也。財從力生。故用財不已。則用力不休也。故曰。臺榭相望者。其上下相怨也。上怨下不供。下怨上多稅。民毋餘積者。其禁不必止。民飢貧則爲盜賊。故禁不止也。衆有遺苞者。其戰不必勝。戰士飢則力屈。故戰不勝。道有損瘠者。其守不必固。損瘠則死期將至。故守不固也。故令不必行。禁不必止。戰不必勝。守不必固。則危亡隨其後矣。故曰。課凶飢。計師役。觀臺榭。量國費。實虛之國可知也。

入州里。觀習俗。聽民之所以化其上。君斯作矣。人胥效矣。故人莫不化上。而治亂之國可知也。州里不鬲。無限鬲也。閭閈不設。出入毋時。早晏不禁。則攘奪竊盜。攻擊殘賊之民。毋自勝矣。自。從也。既不設備。則盜賊無從而勝。食谷水。巷鑿井。谷水巷井。則出汲者生其婬放。場圃接。鄰家子女。易得交通。樹木茂。婬非者易爲。宮牆毀壞。門戶不閉。外內交通。則男女之別毋自正矣。鄉毋長游。什長游宗也。里毋士舍。士謂里尉。每里當置舍使尉居焉。時無會同。鄉里每時當有會同。所以結恩好也。喪烝不聚。烝。冬祭名。禁罰不嚴。則齒長輯睦。毋自生矣。鄉里長弟當以齒也。故昏禮不謹。則民不修廉。論賢不鄉舉。則士不及行。貨財行於國。則法令毀於官。請謁得於上。則黨與成於下。鄉官毋法制。百姓羣徒不從。此亡國弒君之所自生也。故曰。入州里。觀習俗。聽民之所以化其上者。而治亂之國可知也。

入朝廷。觀左右。本求朝之臣。謂原本尋求朝之得失。論上下之所貴賤者。而彊弱之國可知也。功多為上。祿賞為下。則積勞之臣。不務盡力。戰功日多謂積勞之臣。論其功多。則居於衆上。及行祿賞。翻在衆下。故不務盡力也。治行為上。爵列為下。則豪桀材臣。不務竭能。便辟左右。不論功能。而有爵祿。則百姓疾怨。非上賤爵輕祿。左右不論能而有爵祿。則百姓非但疾怨。又非上輕賤爵祿也。金玉貨財商賈之人。不論志行。而有爵祿也。不論志行。使之在爵祿之位也。則上令輕。法制毀。權重之人。不論才能。而得尊位。則民倍本行而求外勢。彼積勞之人。不務盡力。則兵士不戰矣。豪桀材人。不務竭能。則內治不別矣。百姓疾怨。非上賤爵輕祿。則上毋以勸衆矣。上令輕。法制毀。則君毋以使臣。臣毋以事君矣。民倍本行而求外勢。則國之情僞竭在敵國矣。人既倍本求外。則國之情僞盡在於敵矣。竭。盡也。故曰。入朝廷。觀左右。本求朝之臣。論上下之所貴賤者。而彊弱之國可知也。

置法出令。臨衆用民。計其威嚴寬惠。行於其民。與不行於其民可知也。法虛立而害疏遠。謂其立法但能害疏遠而不行親近。故曰虛立也。令一布而不聽者存。不聽者存。是令不行。賤爵祿而毋功者富。無功者富。有功者貧也。然則衆必輕令。而上位危。輕令則有無君之心。故上位危。故曰。良田不在戰士。三年而兵弱。良田所以賞戰士。不賞。則士無戰志。故兵弱也。賞罰不信。五年而破。上賣官爵。十年而亡。倍人倫而禽獸行。十年而滅。戰不勝。弱也。地四削。入諸侯。破也。離本國。徙都邑。亡也。有者異姓。滅也。有其國者異姓之人。則宗廟滅也。故曰。置法出令。臨衆用民。計威嚴寬惠。而行於其民不行於其民可知也。

計敵與。量上意。察國本。觀民產之所有餘不足。而存亡之國可知也。敵國彊而與國弱。諫臣死而諛臣尊。私情行而公法毀。然則與國不恃其親。謂黨與之國不恃己以爲親也。而敵國不畏其彊。寇敵之國不畏己以爲彊也。豪傑不安其位。而積勞之人不懷其祿。悅商販而不務本貨。則民偷處而不事積聚。豪傑不安其位。則良臣出。積勞之人。不懷其祿。則兵士不用。民偷處而不事積聚。則囷倉空虛。如是而君不爲變。不改常而更化。然則攘奪竊盜。殘賊進取之人起矣。內者廷無良臣。豪傑不安其位。兵士不用。積勞之人不懷其祿故也。囷倉空虛。民偷處而不事積聚故也。而外有彊敵之憂。則國居而自毀矣。居然自致滅毀。故曰。計敵與。量上意。察國本。觀民產之所有餘不足。而存亡之國可知也。故以此八者觀人主之國。而人主毋所匿其情矣。

法禁第十四　外言五

法制不議。則民不相私。君出法制。下不敢議。人奉公。不相與爲私。則刑殺毋赦。則民不偷於爲善。有過必誅。則善惡明。故不爲苟且之善。爵祿毋假。則下不亂其上。爵必有德。祿必有功。不妄假人。則人知君我者必賢德。故不亂於上。三者於藏官則爲法。施於國則成俗。其餘不彊而治矣。三者。謂法刑爵也。藏於官。謂下不得擅其用。如此則法施俗成。自斯之外。雖不勉彊。莫不從理矣。君壹置則儀。則百官守其法。上明陳其制。則下皆會其度矣。君之置其儀也不一。則下之倍法而立私理者必多矣。是以人用其私。廢上之制。而道其所聞。既廢上之制。故競道其所聞。冀逐其私欲。故下與官列法。而上與君分威。國家之危。必自此始矣。下。謂庶人。上。謂權臣。列。亦分也。昔者聖王之治其民也不然。廢上之法制者。必負以恥。負。獨被也。廢法制者必被之以恥辱也。財厚博惠。以私親於民者。正經而自正矣。臣厚財而作福。則正禮經以示之。其人自正矣。亂國之道。易國之常。賜賞恣於己者。聖王之禁也。賜賞者。人君所獨用也。臣爲君事。故須禁之也。聖王既歿。受之者衰。嗣君不德。君人而不能知立君之道。以爲國本。則大臣之贅下而射人心者必多矣。越職行恩曰贅。稸下者。君之事也。今臣爲之。

故曰讚。臣之作福。所徵射人心。必使歸己也。君不能審立其法。以爲下制。則百姓之立私理而徑於利者必衆矣。徑。謂邪行以趨疾也。昔者聖王之治人也。不貴其人博學也。欲其人之和同以聽令也。博學而不聽令。姦人之雄也。泰誓曰。紂有臣億萬人。亦有億萬之心。武王有臣三千而一心。故紂以億萬之心亡。武王以一心存。故有國之君。苟不能同人心。一國威。齊士義。通上之治。以爲下法。則雖有廣地衆民。猶不能以爲安也。君失其道。則大臣比權重。與權重者相比。以相舉於國。小臣必循利以相就也。故舉國之士。以爲亡黨。爲叛亡之黨也。行公道以爲私惠。費公以樹私也。進則相推於君。退則相譽於民。各便其身而忘社稷。以廣其居。容受博也。聚徒威羣。蓄黨以威衆。上以蔽君。下以索民。求人附己。此皆弱君亂國之道也。故國之危也。擅國權以深索於民者。聖王之禁也。其身毋任於上者。聖王之禁也。進則受祿於君。退則藏祿於室。毋事治職。但力事屬。私其所勉力事務者。但屬意於私。王官。私君事。去王之官私事則營之。君事則去之也。非其人。而人私行者。聖王之禁也。臣既非其人。故其人但爲私行。所以禁之也。修行則不以親爲本。脩孝敬也。治事則不以官爲主。徵虛譽也。舉毋能。進毋功者。聖王之禁也。交人則以爲己賜。臣或下交於人。特之以爲己之恩賜。舉人則以爲己勞。爲國舉賢。特之以爲己之功勞。仕人則與分其祿者。薦人令仕。得祿與其分者。聖王之禁也。交於利通而獲於貧窮。臣所與交通者。皆貨利末業。則農桑廢。故獲於貧窮。輕取於其民而重致於其君。下取於人。輕然不難。上致於君。僞飾成重。削上以附下。枉法以求於民者。削上威用。附下成恩。枉君公法。求人私悅也。聖王之禁也。用不稱其人。家富於其列。其祿甚寡而資財甚多者。列。業也。臣有用少勞家業富。祿寡而資財多。則以枉法取於人故也。聖王之禁也。拂世以爲行。非上以爲名。常反上之法制以成羣於國者。拂世非上。反違法制。以結連朋黨。亦所謂姦人之雄也。聖王之禁也。飾於貧窮而發於勤勞。權於貧賤。內富而外飾於貧窮。內逸而外發於勤勞。可以致勢而權於貧窮也。身無職事。家無常姓。列上下之閒。議言爲民者。聖王之禁也。姓。生也。身既無職事。家又無常生。自列於上下之閒。其有言議。每輒爲人以求名譽。非純粹之道。故聖王禁之也。壹士以爲亡資。修田以爲亡本。每以壹殘濟士。以爲亡去之資。以趙孟之爲。又修營田業。以爲亡去之本也。則生之養私不死。既有所備預。則私養其生。雖亡而不死也。然後失矯以深。與上爲市者。自恃其備。然後君失必矯。其有不從。則示以去就之形而要之。日與上爲市。故聖王之禁也。審飾小節以示民。釣虛譽也。時言大事以動上。示君以不測也。遠交以踰羣。假爵以臨朝者。遠交四鄰。以越羣黨。虛假高爵。威臨本朝也。聖王之禁也。卑身雜處。不脩儔類。隱行辟倚。倚。依也。自隱其行。以避所依也。側入迎遠。側身而入國。挺出而迎遠。遁上而遁民者。卑身雜處。所以遁上。隱行避倚。所以遁民。聖王之禁也。詭俗異禮。大言法行。大爲言譽以爲法。使人遵行也。難其所爲而高自錯者。錯。置也。聖王之禁也。守委閒居。博分以致衆。守其委積以閒居。博分其財以致衆。勤身遂行。說人以貨財。勤勞其身。以遂其行。施其貨財。以悅於人。濟人以買譽。以濟施人貨財所以買其聲譽。其身甚靜。而使人求者。靜而多財。故人求之。聖王之禁也。行辟而堅。言詭而辯。術非而博。順惡而澤者。所順習者惡事。善潤飾之令有光澤。聖王之禁也。以朋黨爲友。以蔽惡爲仁。朋黨有惡。相爲隱蔽。用此爲仁。以數變爲智。以重斂爲忠。以遂忿爲勇者。聖王之禁也。固國之本。其身務往於上。深附於諸侯者。每國自有其本。臣無境外之交。今雖身登歸於上。而心有異。託外深附於諸侯。聖王之禁也。聖王之身。治世之時。德行必有所是。道義必有所明。故士莫敢詭俗異禮。以自見於國。莫敢布惠緩行。修上下之交。以和親於民。從容養民。謂之緩行。故莫取超等踰官。漁利蘇功。以取順其君。飾詐以釣君利。謂之漁利。因少構多。謂之蘇功。蘇。生息也。聖王之治民也。進則使無由得其所利。退則使無由避其所害。必使反乎安其位。樂其羣。務其職。榮其名。而後止矣。能如上事。則止而循常也。故踰其官而離其羣者。必使有害。不能其事而失其職者。必使有恥。是故聖王之教民也。以仁錯之。以恥使之。修其能。致其所。成而止。故曰。絕而定。絕邪僻。靜而治。安而尊。舉錯而不變者。聖王之道也。

重令第十五　　外言六

凡君國之重器莫重於令。令重則君尊。君尊則國安。令輕則君卑。君卑則國危。故安國在乎尊君。尊君在乎行令。

行令在乎嚴罰。罰嚴令行。則百吏皆恐。罰不嚴。令不行。則百吏皆喜。故明君察於治民之本。本莫要於令。故曰。虧令者死。益令者死。增益令者殺無赦。不行令者死。留令者死。令當行而故留之。不從令者死。五者死而無赦。惟令是視。設令者必死。不赦此五也。故曰。令重而下恐。爲上者不明。令出雖自上。而論可與不可者在下。不明之君。雖日出令。至於可否。必與下論而後定。如此者。臣反制君。何令之爲。夫倍上令以爲威。則行恣於己以爲私。百吏奚不喜之有。倍公則得成私。而喜。不亦宜乎。虧令且夫令出雖自上。而論可與不可者在下。是威下繫於民也。可否定於下。是威下繫也。則威下繫於民。而求上之毋危。不可得也。下彊則上危也。令出而留者無罪。則是教民不敬也。王言如絲。其出如綸。所謂敬也。留者不誅。是敎不敬。令出而不行者毋罪。行之者有罪。是皆教民不聽也。不行無罪。行之反誅。人之不聽。上敎之然也。令出而論可與不可者在官。是威下分也。官。謂百官。可否定於百官。則是威下分也。益損者毋罪。則是教民邪途也。益謂增令者。損謂虧令者。二者不罪。人爲邪途。上敎之然也。如此。則巧佞之人。將以此成私爲交。比周之人。將以此阿黨。取與貪利之人。將以此收貨聚財。懦弱之人。將以此阿貴事富。便辟伐矜之人。將以此買譽成名。凡此皆上開其隙。則下得鉏隙而成姦也。故令一出示民邪途五衢。五衢。謂上之五死也。死之則五衢塞。生之則五衢開。而求上之毋危。下之毋亂。不可得也。五衢開故也。

菽粟不足。末生不禁。民必有飢餓之色。末生。謂以末業爲生者也。而工以雕文刻鏤相稺也。謂之逆。稺。驕也。人有飢色。不息末以殺之。反以雕文相驕。故謂之逆。布帛不足。衣服毋度。民必有凍寒之傷。而女以美衣錦繡綦組相稺也。謂之逆。萬乘藏兵之國。卒不能野戰應敵。社稷必有危亡之患。而士以毋分役相稺也。謂之逆。社稷有危。人人皆當效死。今反以無分役相驕。故謂之逆。爵人不論能。祿人不論功。則士無爲行制死節。爵不論能。故不爲行制。祿不論功。故不爲死節也。而羣臣必通外請謁。取權道。行事便辟。以貴富諂事便辟。以得富貴。爲榮華以相稺也。謂之逆。不義富貴。志士所以恥。反以爲榮華而相驕。故以爲逆。朝有經臣。國有經俗。民有經產。經常也。何謂朝之經臣。察身能而受官。不誣於上。無能受官。謂之誣上。謹於法令以治。不阿黨。撓法從私。謂之阿黨。竭能盡力。而不尙得。不貴苟得。犯難離患。而不辭死。致身授命。受祿不過其功。不以少求多也。服位不侈其能。不以小居大也。不以毋實虛受者。有功勞而後受祿。朝之經臣也。何謂國之經俗。所好惡不違於上。從君欲也。所貴賤。不逆於令。遵法制也。毋上拂之事。拂違也。毋下比之說。毋侈泰之養。節而適也。毋踰等之服。禮而度也。謹於鄉里之行。信而悌也。而不逆於本朝之事者。行君令也。國之經俗也。何謂民之經產。畜長樹藝。畜長謂畜產也。務時殖穀。力農墾草。禁止末事者。民之經產也。故曰。朝不貴經臣。則便辟得進。毋功虛取。奸邪得行。毋能上通。賤經臣則邪臣進。國不服經俗。則臣下不順。而上令難行。俗無常故也。民不務經產。則倉廩空虛。財用不足。輕本務故也。便辟得進。毋功虛取。姦邪得行。毋能上通。則大臣不和。小人好事。臣下不順。上令難行。則應難不捷。人心不一。倉廩空虛。財用不足。則國毋以固守。人飢則逃散也。三者見一焉。則敵國制之矣。見一而制。況兼有乎。故國不虛重。兵不虛勝。民不虛用。令不虛行。凡國之重也。必待兵之勝也。而國乃重。凡兵之勝也。必待民之用也。而兵乃勝。凡民之用也。必待令之行也。而民乃用。凡令之行也。必待近者之勝也。而令乃行。先勝服近習。令乃得行。故禁不勝於親貴。罰不行於便辟。法禁不誅於嚴重。而害於疏遠。慶賞不施於卑賤二三。而求令之必行。不可得也。能不通於官。受祿賞不當於功。號令逆於民心。動靜詭於時變。有功不必賞。有罪不必誅。令焉不必行。禁焉不必止。在上位無以使下。而求民之必用。不可得也。將帥不嚴威。民心不專一。陳士不死制。卒士不輕敵。而求兵之必勝。不可得也。內守不能完。外攻不能服。野戰不能制敵。侵伐不能威四鄰。而求國之重。不可得也。德不加於弱小。威不信於彊大。征伐不能服天下。而求霸諸侯。不可得也。威有與兩立。下亦有立威者。兵有與分爭。征伐有自諸侯出。德不能懷遠國。令不能一諸侯。而求王天下。不可得也。地大國富。人衆兵彊。此霸王之本也。然而與危亡為鄰矣。天道之數。人心之變。所以與危亡為鄰。則以天道數終。人心變易故也。天道之數。至則反。終於下者。則反於上。盛則衰。日中則昃。月盈則蝕。人心之變。有餘則驕。不足者必謙。

驕則緩怠。夫驕者驕諸侯。驕諸侯者。諸侯失於外。天子驕。諸侯叛。　則緩怠者。民亂於內。緩怠必輕於治。故民亂。諸侯失於外。民亂於內。天道也。驕怠者必失外亂內。此天之道。此危亡之時也。若夫地雖大。而不並兼。不攘奪。人雖衆。不緩怠。不傲下。國雖富。不侈泰。不縱欲。兵雖彊。不輕侮諸侯。動衆用兵。必爲天下政理。此正天下之本。而霸王之主也。凡先王治國之器三。攻而毀之者六。明王能勝其攻。故不益於三者。而自有國正天下。明王雖勝攻。卽勝能自有其國。兼正天下。於三器亦不加益。　亂王不能勝其攻。故亦不損於三者。而自有天下而亡。亂王旣不能勝攻。三者。雖有天下之大。三器自毀。更不滅此　而遂滅亡也。三器者何也。曰。號令也。斧鉞也。祿賞也。六攻者何也。曰。親也。貴也。貨也。色也。巧佞也。玩好也。三器之用何也。曰。非號令毋以使下。非斧鉞毋以威衆。非祿賞毋以勸民。六攻之敗何也。言六攻能敗三器者謂何也。曰。雖不聽而可以得存者。謂親貴也。雖犯禁而可以得免者。謂貨色也。雖毋功而可以得富者。謂巧佞玩好也。　凡國有不聽而可以得存者。則號令不足以使下。有犯禁而可以得免者。則斧鉞不足以威衆。有毋功而可以得富者。則祿賞不足以勸民。號令不足以使下。斧鉞不足以威衆。祿賞不足以勸民。若此。則民毋爲自用。旣有罪不誅。有功不賞。故人不自用其力也。　民毋爲自用。則戰不勝。戰不勝。而守不固。守不固。則敵國制之矣。然則先王將若之何。曰。不爲六者變更於號令。不爲六者疑錯於斧鉞。不爲六者益損於祿賞。若此。則遠近一心。遠近一心。則衆寡同力。衆寡同力。則戰可以必勝。而守可以必固。非以并兼攘奪也。以爲天下政治也。此正天下之道也。

卷五校正

八觀第十三　外言四

△宮垣關閉不可以不修　望案。修當爲備字之誤。說見版法篇。

△則君民化變而不自知也　俞云。化變當

以民言。不當以君言。此君字涉下文明君在上位而衍。　△而飢飽之國可以知也　宋本飢作饑。後皆放此。御覽地部三十引。無以字。丁云。下文七句皆無以字。節末復舉。亦無以字。此誤衍。　△芸之不謹　御覽地部三十引此。作不勤。勤謹古通。　△以人猥計其野　孫云。猥猶總也。謂以人總計其野。漢書董仲舒傳云科別其條。勿猥勿并。與此猥字同意。尹以人猥二字連讀則非也。　△夫國城大而田野淺狹者　王云。城當爲域。下文云。城域大而人民寡。宮營大而室屋寡。營亦域也。城在國中。宮在城中。若作國城大。則卽是下文之城域大矣。域與城字相似。又涉下文城字而誤。丁云。城當作地。下文言國地者凡三見。狹字衍文。乃校者以之訓淺而誤加之耳。

△觀臺榭　中立本觀作視。　△凡田野萬家之衆可食之地方五十里可以爲足矣　方。一本作百。丁云。當以作方爲是。乘馬篇曰。方一里九夫之田也。此周官井牧之法。又曰。農服於公田。此都鄙用助法。孟子所謂方里而井。井九百畝。其中爲公田也。又曰。二田爲一夫。此卽大司徒造都鄙之制。通率不易一易再易三等之地。每家授田二百畝也。此篇曰。凡田野。萬家之衆。可食之地。方五十里。可以爲足。以二田一夫計之。方里之井。私田八百畝。可食四家。方五十里。得積二千五百里。一里食四家。則二千五百里。適合萬家所食之數。乘馬篇以夫計。大司徒以室計。夫謂家也。室亦家也。此據可食之地言。故萬家以上去山澤。（以上非餘於萬家之外。）其萬家以下就山澤者。人少則可食之地亦少。此方五十里中可就山澤之地以足其數。制地必方五十里者。大司徒所謂制其地域而封溝之也。管子言山澤。周官言地域。義實相承。　△粟行於三百里則國毋一年之積粟行於四百里則國毋二年之積　望案。一二字當互易。　△大凶則衆有大遺苞矣　洪云。下文作衆有遺苞。無大字。則此大字涉上文而衍。苞讀爲涂有餓莩之莩。遺。棄也。謂年大凶則衆棄餓死之人於道旁。王云。洪說是也。凡從包從孚之字古聲相近。故字亦相通。　△什一之師什三毋事則稼亾三之一　劉云。案前作計師役。則此師乃師役也。謂與師役一分。則相違者衆而爲三分。是十分中有三分不事農之人。而亾稅三之一矣。尹注訓師爲法。非也。　△則道有損瘠矣　王云。損當爲捐。字之誤也。瘠讀爲掩骼埋胔之胔。露骨曰骼。有肉曰胔。（出蔡氏月令章句。）作瘠者。借字耳。荀子榮辱篇曰。不免於凍餓爲溝壑中瘠。（楊倞注以瘠爲羸瘠。誤與尹注同。）字亦作脊。度地篇曰。春不收枯骨朽脊。周官蜡氏掌除骴。（與胔同。）鄭注曰。故書骴作脊。漢書食貨志。堯禹有九年之水。湯有七年之旱。而國無捐瘠。蘇林曰。瘠音漬。（顏師古以瘠爲瘦病。誤與尹注同。日知錄已辯之。）猶有捐瘠。與上文衆有遺苞同意。捐。棄也。謂棄胔於道也。尹注曰。道行之人。有毀損羸瘠者。非是。又任法篇。倍其公法。損其正心。損

亦當依宋本作揖。（尹注同。）　△什一之師三年不解非有餘食也則民有鬻子矣　劉云。案別本作十三之稅。三年不解弛。若非蓄積有餘。又遇凶歲。則民必鬻子矣。　△博民於生穀也　望案。博當爲摶。說見立政篇。　△天下之所生生於用力　劉云。天下當作夭財。字之誤。丁云。天下下疑脫財字。　△用力之所生生於勞身　望案。此用字當衍。　△賓虛之國可知也　安井衡云。古本賓上有而字。　△鄉毋長游　宋云。長游。謂田畯之屬。郊特牲。饗農及郵表畷。注。農田畯也。郵表畷。謂田畯所以督約百姓於井閒之處。詩云。爲下國畷郵。今毛詩作綴旒。旒通作斿。亦作游。詩正義云。冕之所垂。及旌旗之飾。皆謂之旒。說文。勿。州里所建旗。象其柄。有三斿。雜帛。幅半異。所以趣民。故遽稱勿勿。大司徒以旗致萬民。遂師亦以遂之大旗致之。則鄉遂州里其長竝以其旗致民。取其垂。故謂之游。其長稱長游。（漢有游徼官當是。）以此故也。田畯亦農民之長。於井閒設旗。以趣民耕耨。故云郵表畷。郵游字通正義云。郵謂民之郵舍。非也。　△里毋士舍時毋會同　宋云。士舍。鄉學也。會同。鄉飲酒鄉射也。　△喪蒸不聚　王云。喪蒸二字文不相類。蒸蓋葬字之誤。周官大司徒。四閭爲族。使人相葬。所以教民睦也。故喪葬不聚。則民不輯睦。蒸字本作薧。葬俗書作薧。二形相似而誤。　△論賢不鄉舉則士不及行　俞云。及當爲服。服从𠬝聲。古或止作𠬝。與及相似而誤。左氏僖二十四年傳。子臧之服。不稱也夫。釋文作子臧之及。云。一本作之服。是其證也。尙書呂刑篇。何敬非刑。何度非及。及當爲服。刑謂五刑。服謂五服。卽堯典之五刑五服也。大戴記王言篇。及其明德也。及亦當爲服。謂天下皆服其明德也。此文士不服行。謂士不服行道藝也。字誤作及。失其義矣。　△入朝廷觀左右本求朝之臣　王云。觀左右本朝之臣作一句讀。求卽本字之誤。今作本求朝者。一本作本。一本作求。而寫者誤合之也。下文故曰。入朝廷。觀左右本求朝之臣。宋本無求字。卽其證。本朝卽朝廷也。重令篇曰。謹於鄉里之行。而不逆於本朝之事。大戴禮記保傅篇曰。賢者立於本朝。晏子春秋諫篇曰。本朝之臣。慙守其職。孟子萬章篇曰。立乎人之本朝。而道不行。荀子仲尼篇曰。本朝之臣。莫之敢惡。呂氏春秋應言篇曰。諸侯之士。在大王之本朝。　△不論志行而有爵祿也　宋本作不論而在爵祿。無也字。望案。志行二字當有。宋本脫也。　△民倍本行而求外勢　宋本無行字。望案。下文尹注云。人既倍本求外。則國之情僞盡在於敵。知尹所見本無行字。勢字疑後人所加。本謂國也。　△豪桀材人　安井衡云。古本作材臣。　△行於其民與不行於其民可知也　望案。行上脫而字。當從下文補。　△故曰良田不在戰士三年而兵弱　俞云。兵字衍。三年而弱。與下五年而破。十年而亾。十年而滅。句法一律。故申說之曰。戰不勝。弱也。地四削。入諸侯。破也。離本國。徙都邑。亾也。有者異姓。誠也。可證此文無兵字。 △私情行而公法毀 望案。公法一本作公道。 △則國居而自毀矣 俞云。古讀坐爲居。居而自毀。猶云坐而自毀耳。尹注非。

法禁第十四 外言五

△法制不議 俞云。議當爲俄字之誤。說文。俄行頃也。法制不俄。言法制平正不頃側也。 △故下與官列法 望案。列古裂字。列法與下分威對文。 △財厚博惠以私親於民者正經而自正矣 王云。財厚當依注作厚財。此言廢上之法制及厚財博惠以私親於民者。皆聖王之所禁也。厚財博惠以私親於民者。與正經而自正矣文義不相連屬。兩句之閒。當有脫文。尹強爲之解。而終不可通也。 △亂國之道易國之常賜賞恣於己者聖王之禁也 丁云。亂國之道至聖王之禁也十九字錯簡。疑當在下文擅國權之上。 △則大臣之贅下而射人心者必多矣 孫云。以注文福下者君之事也繹之。似贅下脫福字。 △不貴其人博學也 張云。博學二字。與上下文不相比附。疑舉字誤爲學。下云君失其道。則大臣比權重以相舉於國。小臣必循利以相就也。即此所謂博舉。 △故舉國之士以爲亾黨 王云。亾黨二字。義不可通。亾當爲人己之己。字之誤也。上言己黨。下言私惠。義正相同。下文曰。進則相推於君。退則相譽於民。各便其身。而忘社稷。以廣其居。即所謂舉國之士以爲己黨也。 △聚徒威羣 洪云。威羣當爲成羣。下文云。常反上之法制。以成羣於國。法法篇云。人臣黨而成羣。尹注非。 △毋事治職但力事屬私王官私君事去非其人而人私行者 俞云。案但力事屬四字爲句。事讀爲傳。釋名釋言語曰。傳。立也。青徐人言立曰傳是也。毋事治職。但力事屬。言但竭力傳立其私屬也。私王官爲句。私君事爲句。言以王官爲私。以君事爲私也。去乃法字之誤。言法本非其人所宜行。而人私行之也。尹失其讀。故所解皆非。 △交於利通而獲於貧窮 俞云。利通猶利達也。言以賄賂結交利達之人。而所從得者皆出於貧窮之民也。尹注非。 △飾於貧窮而發於勤勞權於貧賤 孫云。發讀爲廢。古字通用。謂以貧窮自飾。而廢其勤勞之事。復不自安其居。以爭權於貧賤。故爲聖王之所禁。 △家無常姓 丁云。姓當爲生。假借字也。孟子滕文公篇注。產。生也。詩谷風箋。生謂財業也。家無常生。猶言家無恆產耳。 △議言爲民者 望案。議言當爲詭言。假借字也。謂以詭言疑惑民心。王制所云假於鬼神時日卜筮以疑衆也。故爲聖王之禁。 △壺士以爲亾資修田以爲亾本 宋本壺作壹。修作脩。王云。兩亾字亦當爲己。壺當爲壹。(晉灼注漢書薛宣傳曰。書篆形壹矢字象壺矢。)脩當爲備。

（俗書備字作偹。與脩相似而誤）皆字之誤也。玉篇。壹食之人一人徹。鄭注曰。壹猶聚也。爲赴事聚食也。是壹
可訓爲聚。資用也。言收聚衆士以爲己用。（卽所謂舉國之士以爲己黨。）備置田疇以爲己業也。上文曰。交人
則以爲己賜。舉人則以爲己勞。是其明證矣。尹注皆謬。　△隱行辟倚　劉云。隱。索隱行怪之隱。辟倚皆邪也。王
云。劉說辟倚是也。版法篇曰。植固不動。倚邪乃恐。（倚邪卽周官之奇袤。）樞言篇曰。名正則治。名倚則亂。荀子
榮辱篇曰。飾邪說文姦言。爲倚事。是倚爲邪也。隱行辟倚。謂隱行其辟邪之事也。劉以隱爲索隱行怪之隱則非。
△側入迎遠　張云。據尹注。似本作側入挺迎。　△遁上而遁民者　王云。遁。欺也。言上欺君而下欺民也。廣
雅曰。遁。欺也。賈子過秦篇曰。姦僞並起。而上下相遁。史記酷吏傳序曰。姦僞萌起。其極也。上下相遁。皆謂上下相
欺也。遁字亦作遯。淮南脩務篇。審於形者不可遯以狀。高注曰。遯。欺也。　△莫敢布惠緩行脩上下之交以和親
於民　王云。和親當爲私親。字之誤也。上文曰。厚財博惠。以私親於民。是其證。　△故莫敢超等踰官漁利蘇功
以取順其君　王云。故字涉上文故士莫敢而衍。蘇。取也。言漁利取功也。離騷。蘇糞壤以充幃兮。王注曰。蘇。取也。
淮南脩務篇。蘇援世事。高注曰。蘇猶索也。索亦取也。說文。穌。把取禾若也。廣雅曰。穌。取也。穌與蘇。字異而義同。
△榮其名　宋本朱本榮皆作營。丁云。名當爲分。營。治也。治其分。猶上言務其職也。管子多以職分對言。下文云。
不能其事而失其職者。必使有恥。文義蓋以不能其事四字承上營其分句言之。　△故曰絕而定　望案。絕。截
之借字。毛詩長發箋云。截。整齊也。　△靜而治　中立本治誤作安。

重令第十五　外言六

△凡君國之重器莫重於令　宋蔡潛道本。君作右。丁云。右有古通用。謂有國者重器莫如令也。朱本作布。則誤
字耳。望案。作君字爲長。宋本作右者。蓋字脫其半耳。舊鈔本御覽刑法部四引此。正作君。（今鮑刊本誤軍。）　△
故安國在乎尊君尊君在乎行令行令在乎嚴罰　御覽刑法部四。三在字皆引作存。　△便辟伐矜之人將以
此買譽成名　丁云。管子言便辟。多指君側小臣言之。（荀子楊注同。）他書言便辟。則與巧佞同義。此與伐矜並
舉。義不相類。且與下文買譽成名不相貫通。疑是衍文。伐矜之人。與上四句一例。　△而女以美衣錦繡綦組相
稱也　王云。綦當爲纂。字之誤也。（隸書纂或作纂。與綦相似而誤。爾雅釋天注。用纂組飾旒之邊。今本纂誤作
綦。）說文曰。纂似組而赤。七臣七主篇曰。文采纂組者。燔功之窰也。楚辭招魂曰。纂組綺縞。結琦璜些。淮南齊俗

篇。漢書景帝紀。竝曰。錦繡纂組。害女工者也。是其證。　△取權道行事便辟以貴富爲榮華以相稱也　丁云。尹讀以取權道行爲句。事便辟以貴富爲句。解之曰。諂事便辟。以得貴富。案當讀取權道爲句。行事便辟爲句。行事者奉事也。以貴富屬下句。　△故禁不勝於親貴　中立本勝作行。　△二三而求令之必行　宋本無二三兩字。　△能不通於官受祿賞不當於功　丁云。能上當脫二字。上文云受祿不過其功。則此當以受祿賞不當於功爲句。不當於功。與不通於官對文。趙讀至受字絕句。非也。　△此霸王之本也　宋本作伯王。　△天道之數　望案。爾雅釋詁曰。數。疾也。　△明王能勝其攻故不益於三者而自有國正天下亂王不能勝其攻故亦不損於三者而自有天下而亾　王云。兩王字皆當爲主。其攻皆當爲六攻。字之誤也。（其字古作亓。與六相似。故六譌爲其。史記周本紀。三百六十夫。索隱曰。劉氏音破六爲古其字。淮南地形篇。通谷六。易林。蠱之臨。周旋六虛。今本六字竝譌作其。）勝六攻。卽承上文攻而毀之者六而言。下文六攻者何也。又承此文勝六攻而言。版法解亦曰。明君能勝六攻。不肖之君不能勝六攻。　△雖不聽而可以得存者　王云。此與下兩句共三者字。皆因下文而衍。版法解無。　△若此則民毋爲自用民毋爲自用則戰不勝戰不勝而守不固守不固則敵國制之矣　王云。案則戰不勝以下。當作則戰不勝而守不固。戰不勝而守不固。則敵國制之矣。此文之兩民毋爲自用。兩戰不勝而守不固。義皆上下相承。今則下三句顚倒而失其指矣。七法篇曰。國貧而用不足。則兵弱而士不厲。兵弱而士不厲。則戰不勝而守不固。戰不勝而守不固。則國不安矣。文義正與此同。　△不爲六者益損於祿賞　元本作損益。　△此正天下之道也　元本正作王。

卷六

法法第十六　　外言七

不法法。則事毋常。不設法以法下。故事無常。法不法。則令不行。雖復設法。不得法之宜。故令不行。令而不行。則令不法也。法而不行。則修令者不審也。法既得宜。而猶不行。以修令者未審之故也。審而不行。則賞罰輕也。修令者既審。而猶不行。則以上輕於賞罰也。重而不行。則賞罰不信也。賞罰既重。而猶不行。則以雖賞罰而不信也。信而不行。則不以身先之也。賞罰既信。而猶不行。以身不先自行其法也。故曰。禁勝於身。身從禁則令行於民矣。聞賢而不舉。殆。聞賢不舉。所以有殆。不若不聞善而不索。殆。見能而不使。殆。親人而不固。殆。同謀而離。殆。危人而不能。殆。危人不能。不若不危。廢人而復起。殆。既廢更起。發其宿熾。或可而不爲。殆。可爲而不爲。多生後悔。足而不施。殆。足而不施。怨疾必生。幾而不密。殆。幾事不密。則害成。人主不周密。則正言直行之士危。所謂君不密則失臣。正言直行之士危。則人主孤而毋內。策謀毋自入也。人主孤而毋內。則人臣黨而成羣。君子道消。小人道長也。則使人主孤而毋內。人臣黨而成羣者。此非人臣之罪也。人主之過也。君不密之過。民毋重罪。過不大也。有大過然後有重罪。民毋大過。上毋赦也。不赦。而修德。則懼上赦小過。則民多重罪。積之所生也。所謂積小以成高大。故曰。赦出則民不敬。有罪不誅。則安用敬。惠行則過日益。特恩不恭。非過而何。惠赦加於民。而囹圄雖實。殺戮雖繁。姦不勝矣。造姦以待赦也。故曰。邪莫如蚤禁之。無使滋蔓。蔓難圖也。赦過遺善。則民不勵。善卽惠也。有過不赦。有善不遺。勵民之道。於此乎用之矣。故曰明君者事斷者也。君有三欲於民。三欲不節。則上位危。三欲者何也。一曰求。二曰禁。三曰令。求必欲得。禁必欲止。令必欲行。求多者。其得寡。無厭則難供。故其得寡。禁多者。其止寡。法令滋章。盜賊多有。令多者。其行寡。再三則瀆。故其行寡。求而不得。則威日損。獨唱莫和。非損而何。禁而不止。則刑罰侮。愈禁愈犯。非侮而何。令而不行。則下凌上。不稟其命。非凌而何。故未有能多求而多得者也。未有能多禁而多止者也。未有能多令而多行者也。故曰。上苛則下不聽。下不聽而彊以刑罰。則爲人上者衆謀矣。爲人上而衆謀之。雖欲毋危。不可得也。號令已出。又易之。禮義已行。又止之。度量已制。又遷之。刑法已錯。又移之。如是。則慶賞雖重。民不勸也。殺戮雖繁。民不畏也。故曰。上無固植。植。志。下有疑心。國無常經。民力必竭。數也。數。理也。國無常經。人力必竭。而日不竭者。此非理之言也。明君在上位。民毋敢立私議自貴者。立私議者。必自特爲貴也。國毋怪。嚴毋雜。俗毋異禮。士毋私議。國不作奇怪。則嚴肅而無雜。俗有常禮。士皆公議。倨傲易令。錯儀畫制作議者。盡誅。易令。謂變令。錯儀。謂別置儀。畫制。謂更畫制。凡此。盡以法誅之。故彊者折。銳者挫。堅者破。引之以繩墨。繩之以誅僇。故萬民之心皆服而從上。推之而往。引之而來。彼下有立其私議自貴。分爭而退者。則令自此不行矣。立議分爭。退而不誅。從此之後。令不復行。故曰。私議立則主道卑矣。況主倨傲易令。錯儀畫制。變易風俗。詭服殊說猶立。立私說。尙能卑主。況其倨傲易風俗而猶有立者乎。上不行君令。下不合於鄉里。變更自爲。易國之成俗者。命之曰不牧之民。於上不行君令。於下不合鄉里。自爲。易國之俗。故曰不牧之民。但率意言其不可養也。不牧之民。繩之外也。繩之外誅。使賢者食於能。鬬士食於功。賢者食於能。則上尊而民從。鬬士食於功。則卒輕患而傲敵。上尊而民從。卒輕患而傲敵。二者設於國。則天下治而主安矣。

凡赦者。小利而大害者也。苟悅衆心。故曰小利。人則習而易犯法。故曰大害也。故久而不勝其禍。犯法漸廣。轉欲危君。故曰不勝其禍。毋赦者。小害而大利者也。人初不悅。故曰小害。創而修德。故曰大利也。故久而不勝其福。家正而天下定。則太平可致。故曰不勝其福也。故赦者。犇馬之委轡。必致覆佚也。毋赦者。痤徂禾切。癤也。雎之礦石也。疾可廖也。爵不尊。祿不重者。不與圖難犯危。以其道爲未可以求之也。以其道未可求。故不與尊爵重祿。既與之尊爵重祿。則可與之圖難犯危也。是故先王制軒冕。所以著貴賤。不求其美。設爵祿。所以守其服。不求其觀也。使君子食於道。小人食於力。君子食於道。則上尊而民順。小人食於力。則財厚而養足。上尊而民順。財厚而養足。四者備體。則胥足上尊時而王。不難矣。胥。相也。文有三侑。侑。寬也。武毋一赦。惠者多赦者也。先易而後難。久而不勝其禍。法者先難而後易。久而不勝其福。故惠者民之仇讎也。惠者生其禍。故爲仇讎也。法者民之父母也。法者生其福。故爲父母也。太上以制制度。其次失而能追之。能追悔也。雖有過。亦不甚矣。明君制宗廟。足以設賓祀。不求其美。爲宮室臺榭。足以避燥溼寒暑。不求其大。爲雕文刻鏤。足以辨貴賤。不求其觀。故農夫不失其時。百工不失其功。商無廢利。民無游日。無閒遊之日。財無砥墆。墆。久積也。故曰。儉其道乎。令未布而民或爲之。而賞從之。則是上妄予也。未布而爲。所謂先時者也。當刑而賞。故曰妄與也。上妄予。則功臣怨。功臣怨。而愚民操事於妄作。懸民操事於妄作。則大亂之本也令未布而罰及之。所謂不令而罰。則是上妄誅也。上妄誅則民輕生。民輕生則暴人興。輕主故爲暴亂。曹黨起而亂賊作矣。令已布而賞不從。則是使民不勸勉。不行制。不死節。民不勸勉。不行制。不死節。則戰不勝而守不固。戰不勝而守不固。則國不安矣。令已布而罰不及。則是教民不聽。民不聽。則彊者立。彊者立。則主位危矣。故曰。憲律制度必法道。號令必著明。賞罰必信密。此正民之經也。凡大國之君尊。小國之君卑。大國之君所以尊者。何也。曰。爲之用者衆也。小國之君所以卑者。何也。曰。爲之用者寡也。然則爲之用者衆則尊。爲之用者寡。則卑。則人主安能不欲民之衆爲己用也。使民衆爲己用奈何。曰。法立令行。則民之用者衆矣。法不立。令不行。則民之用者寡矣。故法之所立。令之所行者多。而所廢者寡。則民不誹議。民不誹議。則聽從矣。法之所立。令之所行。與其所廢者鈞。則國毋常經。國毋常經。則民妄行矣。法之所立。令之所行者寡。而所廢者多。則民不聽。民不聽。則暴人起而姦邪作矣。計上之所以愛民者。爲用之愛之也。爲愛民之故。不難毀法虧令。則是失所謂愛民矣。夫以愛民用民。則民之不用明矣。夫用人者。當以法令以愛人。廢法而用之。則人不可用也。夫至用民者。殺之危之。勞之苦之。飢之渴之。用民者將致之此極也。而民毋可與慮害己者。至。善也。夫善用人者必以法。其不從法。甚者危殺之。其次勞苦飢渴之。將欲用之。必致此極。則姦者不敢爲非。善者悅而從命。欲求可與謀害己者。其可得哉。明王在上。道法行於國。民皆舍所好而行所惡。所好者私欲也。所惡者公義也。故善用民者。軒冕不下儗。而斧鉞不上因。不以下有私寵。妄以軒冕。有所許儗。不因上有私憾。妄以斧鉞。有所誅戮也。如是。則賢者勸而暴人止。賢者勸而暴人止。則功名立其後矣。蹈白刃。受矢石。入水火。以聽上令。上令盡行。禁盡止。引而使之。民不敢轉其力。轉。猶避也。推而戰之。民不敢愛其死。不敢轉其力。然後有功。不敢愛其死。然後無敵。進無敵。退有功。是以三軍之衆。皆得保其首領。父母妻子。完安於內。故民未嘗可與慮始。而可與樂成功。是故仁者知者有道者不與大慮始。

大。猶梁也。國無以小與不幸而削亡者。必主與大臣之德行失於身也官職法制政教失於國也諸侯之謀慮失於外也。故地削而國危矣。言國無以小與不幸而削亡者。削亡也。則以臣主有失故也。其國無以大與幸而有功名者。必主與大臣之德行得於身也。官職法制政教得於國也。諸侯之謀慮得於外也。然後功立而名成。言國無以大與幸而有功名者。有功名也。則以臣主有得故也。其君獨甚傷也。必先令之失。先身無害而有利。然後可以及物。今君獨立無與。則是有害。故甚可傷。所以然者。則由先令之失也。人主失令而蔽。失令則爲下所蔽塞也。然則國何可無道。人何可無求。得道而導之。得賢而使之。將有所大期於興利除害。期於興利除害。莫急於身而已蔽而劫。已劫而弑。凡人君之所以爲君者。勢也。故人君失勢。則臣制之矣。勢在下。則君制於臣矣。勢在上。則臣制於君矣。故君臣之易位。勢在下也。在臣期年。臣雖不忠。君不能奪也。臣得勢期年。君雖知其不忠。而不能奪。無如之何也。在子期年。子雖不孝。父不能服也。亦無如之何。故春秋之記。春秋即周公之凡例。而諸侯之國史也。臣有弑其君。子有弑其父者矣。故曰。堂上遠於百里。堂下遠於千里。門廷遠於萬里。今步者一日。百里之情通矣。堂上有事。十日而君不聞。其事適在堂上。而君逾十日不聞。此所謂遠於百里也。步者十日。千里之情通矣。堂下有事。一月而君不聞。此所謂遠於千里也。步者百日。萬里之情通矣。門廷有事。期年而君不聞。此所謂遠於萬里也。故請入而不出。謂之滅。臣有請告。既入而不出。此則左右不爲通於下。其事遂滑滅也。出而不入。謂之絕。其事既出。而不入。此則左右不爲通於上。其事遂斷絕也。入而不至。謂之侵。其事既入。不得至於君。此則左右侵君事故也。出而道止。謂之壅。其事既出。中道而止。此則左右壅君事故也。滅絕侵壅之君者。非杜其門而守其戶也。爲政之有所不行也。政之不行。自致侵壅。非由杜門守戶也。故曰。令重於寶。社稷先於親戚。法重於民。威權貴於爵祿。故不爲重寶輕號令。不爲親戚後社稷。不爲愛民枉法律。不爲爵祿分威權。故曰。勢非所以予人也。凡此上事其勢。不當與人。故君專之。政者。正也。正也者。所以正定萬物之命也。萬物之命。由正而定。是故聖人精德立中以生正。德精而不過。其正自生也。明正以治國。故正者所以止過而逮不及也。正者中立。故過者令止之。不及者令逮之。過與不及也皆非正也。正在於中立。非正。則傷國一也。過猶不及。故傷國一也。勇而不義。傷兵。不及於勇。故傷兵也。
仁而不法。傷正。不及於仁，故傷正。故軍之敗也。生於不義。不義則失宜。故軍敗。法之侵也。生於不正。不正則入邪。故法侵也。故言有辯
而非務者。言辯而浮誕。則非要務也。行有難而非善者。行難而詭怪。故非正善也。故言必中務。不苟爲辯。行必思善。不苟爲難。規矩者。
方圓之正也。雖有巧目利手。不如拙規矩之正方圓也。故巧者能生規矩。不能廢規矩而正方圓。雖聖人能生法。
不能廢法而治國。故雖有明智高行。倍法而治。是廢規矩而正方圓也。一曰。管氏稱古言。故曰一曰。凡人君之德行威嚴。
非獨能盡賢於人也。人君之德行。雖當威嚴。既不能事事盡賢。亦須納賢而自輔。故曰能自得師者王。曰人君也。故從而貴之。不敢論其德行之
高卑。人曰，此人君也。謂其道備德成。不察其是非。即從而貴之。豈敢更論其高卑乎。有故爲其殺生。急於司命也。乘人君之勢。怒則伏尸流血。喜則軒冕塞路。故急於司命也。
富人貧人使人相畜也。人君富人亦可。貧人亦可。使以富畜貧亦可。貴人賤人使人相臣也。貴人亦可。賤人亦可。使人以貴臣賤亦可。人主操此六
者以畜其臣。六者。謂生殺富貴貧賤。人臣亦望此六者以事其君。人臣事君。亦望操此六者以臨下。君臣之會。六者謂之謀。君臣所以相合。皆
欲操此六者。六者在臣期年。臣不忠。君不能奪。在子期年。子不孝。父不能奪。故春秋之記。臣有弑其君。子有弑其父者。
得此六者而君父不智也。今臣子得此六者。是君父之不智也。六者在臣。則主蔽矣。主蔽者。失其令也。故曰。令入而不出。謂之蔽。
令出而不入。謂之壅。令出而不行。謂之牽。牽於左右。令入而不至。謂之瑕。君臣相闕。故曰瑕。牽瑕蔽壅之事君者。非敢杜
其門而守其戶也。爲令之有所不行也。此其所以然者。由賢人不至而忠臣不用也。故人主不可以不慎其令。令
者。人主之大寶也。一曰。賢人不至。謂之蔽。忠臣不用。謂之塞。令而不行。謂之障。禁而不止。謂之逆。蔽塞障逆之君
者。不敢杜其門而守其戶也。爲賢者之不至。令之不行也。凡民從上也。不從口之所言。從情之所好者也。上好勇。
則民輕死，上好仁。則民輕財。故上之所好。民必甚焉。是故明君知民之必以上爲心也。故置法以自治。立儀以自

正也。故上不行。則民不從彼。民不服法死制。則國必亂矣。是以有道之君。行法修制。先民服也。服。行也。先自行法以率人。凡論人有要。論人才行。各有綱要。矜物之人。無大士焉。大士不矜。謙而接物。彼矜者。滿也。滿者。虛也。所謂滿招損者也。滿虛在物。在物爲制也。既滿而虛。制之在物。則矜者。細之屬也。自矜者。小人之類。凡論人而遠古者。無高士焉。高士必順考古道也。既不知古而易其功者。無智士焉。智士必知古而謹功也。德行成於身而遠古。卑人也。事無資。遇時而簡其業者。愚士也。德行雖日成。而乃遠古卑人。則是事無資窠。若遇有道之時。其業必見簡棄。如此者。可謂愚士。釣名之人。無賢士焉。賢士必修實而成名。釣利之君。無王主焉。王主必度義而取利。賢人之行其身也。忘其有名也。王主之行其道也。忘其成功也。賢人之行。王主之道。其所不能已也。不能已而後動。明君公國一民以聽於世。賢明之君。必公誠於國。以一其民人之心。忠臣直進以論其能。忠臣必直道而求進。明君不以祿爵私所愛。唯賢是與。忠臣不誣能以干爵祿。量能而受祿也。君不私國。臣不誣能。行此道者。雖未大治。正民之經也。治雖未大。足成正民之經。今以誣能之臣。事私國之君。而能濟功名者。古今無之。誣能之人易知也。誣能之人。功名所以不濟。易可知。起下文也。臣度之先王者。臣。管氏自稱。舜之有天下也。禹爲司空。契爲司徒。皋陶爲李。古治獄之官。作此李官。后稷爲田。此四士者。天下之賢人也。猶尙精一德。謂各精一事也。以事其君。今誣能之人。服事任官。皆兼四賢之能。自此觀之。功名之不立。亦易知也。結上文也。故列尊祿重。無以不受也。德不足以與其位也。勢利官大。無以不從也。直以勢利官。故每舉必從之。大以此事君。此所謂誣能篡利之臣者也。世無公國之君。則無直進之士。無論能之主。則無成功之臣。昔者三代之相授也。安得二天下而殺之。三代無能授於有能。桀紂失之。湯武得之。今之天下。即古之天下。豈有二天下而行其刑殺哉。貧民傷財。莫大於兵。危國憂主。莫速於兵。此四患者明矣。古今莫之能廢也。兵當廢而不廢。則古今惑也。兵有四患。則當廢也。五材並用。不當廢。廢與之理難明。故惑也。則此二者不廢。而欲廢之。則亦惑也。二者謂廢與不廢。既不廢矣。又欲廢之。則亦惑也。此二者傷國一也。廢之。則寇來無以禦。固傷國。不廢。則費財憂主。亦傷國也。故曰一也。黃帝唐虞。帝之隆也。資有天下。制在一人。資。用也。率土之濱。莫非王臣。故曰制在一人。當此之時也兵不廢。今德不及三帝。天下不順。三帝之時。天下皆服。不須用兵。而求廢兵。不亦難乎。故明君知所擅。知所患。國治而民務積。此所謂擅也。擅。專也。君之所專爲。在於國家治民務積聚也。動與靜。此所患也。動靜失宜。則患生也。是故明君審其所擅。以備其所患也。猛毅之君。不免於外難。懦弱之君。不免於內亂。猛毅之君者輕誅。輕誅之流。道正者不安。輕誅則乖正。道正之士不安。故道正者不安。則材能之臣去亡矣。彼智者知吾情僞。爲敵謀我。則外難自是至矣。智者。即道正之士。從此亡之。敵國既知我情。必爲敵謀我。所以外難至也。故曰。猛毅之君。不免於外難。懦弱之君者重誅。難爲誅罰。重誅之過。行邪者不革。行邪者久而不革。則羣臣比周。羣臣比周。則蔽美揚惡。蔽君美。揚君惡。蔽美揚惡。則內亂自是起。故曰。懦弱之君。不免於內亂。明君不爲親戚危其社稷。社稷戚於親。不爲君欲變其令。令尊於君。不爲重寶分其威。威貴於寶。不爲愛民虧其法。法愛於民。

兵法第十七　外言八

明一者皇。察道者帝。通德者王。一者。氣質未分。至一者也。德者。道由以成者也。夫皇帝王道。隨世立名者也。其實則一也。謀得兵勝者霸。所謀必得。用兵必勝。故霸。故夫兵雖非備道至德也。然而所以輔王成霸。兵者不祥之器。不得已而用之。故於道則未備。於德則未至。然用之上可以輔王。下可以成霸。今代之用兵者不然。不知兵權者也。權者所以知輕重。既不知兵權。則失輕重之節。故舉兵之日而境內貧。行師十萬。日費千金。戰不必勝。勝則多死。雖令得勝。死者已多。得地而國敗。雖復得地。既貧且死。所以國敗。此四者。用兵之禍者也。四者。謂內貧。不勝。多死。國敗也。四禍其國。而無不危矣。一舉兵而國四禍。則何爲而不危矣。大度之書曰。謂大陳法度之書。舉兵之日。而境內不貧。戰而必勝。勝而不死。得地而國不敗。爲此四者若何。四者。謂不貧。勝。不死。不敗也。舉兵之日而境內不貧者。計數得也。戰而必勝者。法度審也。勝而不死者。教器備利而敵不敢校也。得地而國不敗者。因其民也。因其民。則號制有發也。號令制度。因彼而發。教器備利。則有制也。有制則能備利。法度審。則有守也。有所守。法度審也。則計數得。則有明也。有明則計數得。治衆有數。自治其軍。有數存焉。勝敵有理。勝於敵國。有理存焉。察數而知理。審器而識勝。器備利。敵可勝也。則明理而勝敵。勝敵者在於明理也。定宗廟。寇寧則宗廟定。遂男女。人安則男女遂。官四分。既定且寧。則四分官以守之。則可以定威德。制法儀。出號令。然後可以一衆治民。兵無主。則不蚤知敵。兵無主。則人懷苟且。故不能知敵。野無吏。則無蓄積。野無田吏。則人惰本業。故無蓄積。官無常。則下怨上。官無常。則徵賦不節。故下怨上。器械不巧。則朝無定。器械不巧。則寇敵見凌。故朝無定。賞罰不明。則民輕其産。賞罰不明。則人無聊生。故輕其産。故曰。蚤知敵。則獨行。有蓄積。則久而不匱。器械巧。則伐而不費。賞罰明。則勇士勸也。三官不繆。五教不亂。九章著明。則危危而無害。窮窮而無難。危危窮窮。皆重有其事。故能致遠以數。縱彊以制。有數則遠可致。有制則彊可縱。三官。一曰鼓。鼓所以任也。任。猶載也。謂今之儆裝也。所以起也。所以進也。二曰金。金所以坐也。所以退也。所以免也。三曰旗。旗所以立兵也。所以利兵也。所以偃兵也。此之謂三官。有三令而兵法治也。五教。一曰教其目以形色之旗。五色之旗。各有所當。若春尙青夏尙赤之類。二曰教其身以號令之數。謂坐起之數。三曰教其足以進退之度。四曰教其手以長短之利。長兵短兵。各有所利。遠用長。近用短也。五曰教其心以賞罰之誠。貪賞畏罰。乃自厲。士王教各習。而士負以勇矣。負。恃也。恃其便習而勇也。九章。一曰舉日章。則晝行。二曰舉月章。則夜行。三曰舉龍章。則行水。四曰舉虎章。則行林。五曰舉鳥章。則行陂。六曰舉蛇章。則行澤。七曰舉鵲章。則行陸。八曰舉狼章。則行山。九曰舉韟章。則載食而駕。韟韟也。謂韟其章而舉之。則載其所食而駕行矣。九章既定。而動靜不過。三官五教九章。始乎無端。卒乎無窮。無端無窮。皆出敵不意。彼不能測知也。始乎無端者。道也。卒乎無窮者。德也。道不可量。德不可數也。故不可量。則衆彊不能圖。不可數。則僞詐不敢嚮。兩者備施。則動靜有功。徑乎不知。徑謂卒然直指。故敵不知。發乎不意。徑乎不知。故莫之能禦也。發乎不意。故莫之能應也。故全勝而無害。因便而教。准利而行。教無常。教既因便。故無常也。行無常。行既準利。亦無常也。兩者備施。動乃有功。兩者。謂教與行。器成教施。追亡逐遁若飄風。擊刺若雷電。絕地不守。謂孤絕之地無險固可恃。故不守。恃固不拔。拔恃固之守。多費而無功也。必中處而無敵。令行而不留。用兵之道。常能處可否之中。則彼遠避而不能敵。有令必行而不留也。器成教施。散之無方。聚之不可計。教器備利。進退若雷電。而無所疑匱。匱。揭也。一氣專定。則傍通而不疑。精一其氣。專而且定。故不疑。厲士利械。則涉難而不匱。士既厲械又利。故不匱。進無所疑。退無所匱。敵乃為用。既無疑匱。敵乃服從而為己用。凌山阬。不待鉤梯。習山故也。歷水谷。不須舟檝。習水故也。歷。謂遠歷而渡。徑於絕地。攻於恃固。獨出獨入。而莫之能止。見其隙故。寶不獨入。故莫之能止。停厥寶玉。必選精勇與俱。故曰不獨入也。寶不獨見。與精勇俱見之。故莫之能斂。寶玉所以禮神。使無水旱之災。故取之不嫌也。無名之至盡。其取寶玉也。潛伏不名。至能盡獲而不匱也。盡而不意。故不能疑神。既盡寶玉。皆非彼所意。故不能疑度謂之為神。畜之以道。則民和。養之以德。則民合。和合故能諧。諧故能輯。諧輯以悉。莫之能傷。我之軍士。悉以諧輯。故敵不能傷也。定一至。行二要。縱三權。施四教。發五機。設六行。論七數。守八應。審九器。章十號。自一至已下。管氏不言其數。無得而知也。故能全勝大勝。全勝。謂全我而勝彼。大勝。謂遍服諸國。無守也。故能守勝。無守。謂不守一數。故能常守其勝也。數戰則士罷。數勝則君驕。夫以驕君使罷民。則國安得無危。故至善不戰。服之以德。其次一之。雖勝不勝。破大勝彊。一之至也。不以勝為勝。故能破大勝強也。亂之不以變。亂敵不設計變也。乘之不以詭。乘敵不以詭計。勝之不以詐。勝敵不以詐謀。一之實也。凡此皆至一之實也。近則用實。遠則施號。謂十號。力不可量。彊不可度。氣不可極。德不可測。一之原也。原。本也。凡此。皆我守其一。彼不能知。眾若時雨。寡若飄風。一之終也。用眾貴詳審。故若時雨之斷。用寡貴機速。故若飄風之卒至。皆以一為本。故能終致此道。故利適。器之至也。兵刃利而適者。其器得宜之至。用敵。教之盡也。士卒用命而適者。則教練之盡。不能致器者不能利適。不能盡教者不能用敵。器既不利。教又不盡。敵則不服。豈能用之哉。不能用敵者窮。既不能用敵。敵則反侵。故窮也。不能致器者困。既不能致器。則無以應敵。故困也。遠用兵。則可以必勝。兵遠用。所以絕其反顧之心。故必勝。出入異塗。則傷其敵。出入異塗。或有所傷也。有迷而失道。故為敵所傷也。深入危之。則士自修。深入敵國。其處又危。所謂置之死地。故士自修以求生也。士自修。則同心同力。善者之爲兵也。使敵若據虛。居常畏懼。若搏景。擊無所獲。無設無形焉。無不可以成也。無策可以設。無形可以尋。向皆無。故不可以成功也。所無形無爲焉。無不可以化也。無形可以觀。無計可以爲。在皆無。故不可以變化也。所此之謂道矣。無形迹可尋詰者道之謂。若亡而存。若後而先。威不足以命之。善用兵者。體道以爲變化者也。故若亡者而乃存若後者而乃先。今以威武命之。去之遠矣。

卷六校正

法法第十六　外言七

△親人而不固殆　羣書治要引。人作仁。　△則人主孤而無內　丁云。內猶親也。（漢書劉向傳注。）孤而無內。與下黨而成羣對文。　△赦出則民不敬　望案。敬與儆同。　△有善不遺　宋本遺作積。　△民力必竭　王氏引之云。必字因注而誤。當作不竭。此承上文言之。號令禮義。度量刑法者。國之經也。今皆變易無常。則民無所勸懲。莫肎竭力以事其上矣。（君臣篇曰。羣臣盡智竭力以役其上。）故曰。國無常經。民力不竭也。上云民不勸民不畏。此云民力不竭。義相因也。上無固植。則下有疑心。國無常經。則民力不竭。乃事之必然者。故曰數也。尹注曰。數。理也。國無常經。民力必竭。而曰不竭者。此非理之言也。蓋誤解民力不竭爲民力不窮。然據其說。則正文之作不竭可知。蓋注民力必竭。乃反言以起下之詞。而曰不竭者云云。則依正文作解也。其所見本之爲民力不竭明甚。若如今本。則注但言必竭可矣。何必迂回其詞而論不竭之非理乎。　△國毋怪嚴　丁云。嚴當爲服字之誤。怪服與雜俗異禮對文。下文云。變易風俗。詭服殊說。詭服與怪服同。　△彼下有立其私議自貴分爭而退者　尹讀以自貴分爭而退者爲一句。丁云。自貴二字。當屬上讀。上文云。民毋敢立私議自貴者。乘馬篇云。私議自貴之說勝。則上令不行。　△況主倨傲易令　俞云。主乃其字之誤。尹注云。況其倨傲易風俗。是其所據本未誤。　△詭服殊說猶立　望案。猶疑獨字之誤。　△則上尊而民從　長短經引作則上尊崇。　△則卒輕患而傲敵　長短經引作則卒輕死。　△故赦者奔馬之委轡　御覽兵部八十九。刑法部十八引此句。轡下並有也字。今本脫。　△毋赦者痤雎（與疽同。）之礦石也　王云。初學記政理部。太平御覽兵部引此。亦作礦石。說文繫傳引作礛石。案礦字本作磺。說文。磺。銅鐵樸也。礛。厲石也。皆非治痤疽者所用。羣書治要及御覽刑法部引此。

竝作砭石。是也。說文。砭。以石刺病也。素問異法方宜論曰。東方之民。其病皆爲癰瘍。其治宜砭石。故曰。痤雎之砭石。

△是故先王制軒冕所以著貴賤不求其美設爵祿所以守其服不求其觀也　王云。宋本上所以作足以。案兩所以皆當作足以。足與不求文義正相承。下文曰。明君制宗廟。足以設賓祀。不求其美。爲宮室臺榭。足以避燥溼寒暑。不求其大。爲雕文刻鏤。足以辨貴賤。不求其觀。是其明證也。後人改足以爲所以。則非其指矣。羣書治要及藝文類聚封爵部。御覽封建部一引此。竝作足以著貴賤。足以守其服。文選羽獵賦注引作足以章貴賤。

△則胥足上尊時而王　王云。足上尊三字。因上文而衍。胥。待也。言待時而王也。又君臣篇。上尊而民順。財厚而備足。四者備體。頃時而王不難矣。頃當爲須。須亦胥也。　△文有三侑　洪云。侑與宥通。聘禮注。古文侑皆作宥。周禮三宥之法。壹宥曰不識。再宥曰過失。三宥曰遺忘。尹注。侑。寬也。義亦作宥。　△法者先難而後易　丁云。法者下脫無赦者也四字。此與上文惠者多赦者也對文。意林引作惠者多赦。法者無赦。　△曹黨起而亂賊作矣　陳先生引大雅毛傳云。曹。羣也。　△賞罰必信密　王云。密。本作必。後人罕聞信必之語。故以意改之。不知信必者信賞必罰也。八觀篇曰。賞慶信必。則有功者勸。九守篇曰。刑賞信必於耳目之所見。版法解曰。無遺善。無隱姦。則刑賞信必。皆其證。　△則民不誹議　宋本議作謗。下文同。　△勞之苦之　宋本無苦之二字。　△軒冕不下儗而斧鉞不上因　俞云。軒冕不下儗。謂其人有善。即從而軒冕之。不以其人在下位而有所儗議也。斧鉞不上因。謂其人有罪。即從而斧鉞之。不以其人在上位而有所依違也。心術篇曰。因也者。舍己而以物爲法者也。此因字之義。　△不與大慮始　王云。大當爲人。民不可與慮始。而可與樂成功。故有道者不與人慮始。人亦民也。尹注大猶衆也。大亦當爲人。　△故地削而國危矣　丁云。以上文及尹注校之。此危字當是亾字之誤。　△而君獨甚傷也　丁云。傷疑惕之誤。說文。惕。放也。今通作蕩。蕩者緩縱之意。與急義相反。漢書揚雄傳注引晉灼曰。佚蕩。緩也。　△故請入而不出謂之滅　丁云。請與情古字通。此承上文情通言之。明法篇曰。下情求不上通。謂之塞。下情上而道止。謂之侵。　△勇而不義傷兵　安井衡云。古本勇上有故字。　△生而不正　宋本而作於是。　△雖聖人能生法　王云。雖字涉上下文兩雖有而衍。治要引此無雖字。　△君臣之會六者謂之謀　俞云。謀讀爲媒。謂猶爲也。　△得此六者而君父不智也　王云。尹讀智爲智慧之智。非也。智與知同。（小問篇特不信之人而求以外知。九變篇作特不信之人而求以智。）言權已下移。而上不知。故有弒父弒君之禍也。君臣篇曰。四者一作。而上不知也。則國之危可坐而待也。語意正與此同。智字古有二音二義。一爲智慧之智。一爲

知識之知。說文。智。識詞也。是智即知識之知。廣雅曰。覺。𢣷。聞。曉。哲，智也。𢣷。哲。爲智慧之智。覺。聞。曉。爲知識之知。是智有二音二義也。墨子節葬篇曰。力不足。財不贍。智不智。（上智字去聲。下智字平聲。）經說篇曰。逃臣不智其處。狗犬不智其名。（此篇內智字甚多。皆與知字同義。）耕柱篇曰。豈能智數百歲之後哉。（此篇內知字亦多作智。）呂氏春秋忠廉篇曰。若此人者。固難得其患。雖得之有不智。（有與又同。）韓子孤憤篇曰。智不類越。而不智不類其國。不察其類者也。秦策曰。楚智橫門君之善用兵。（姚本知是。鮑本智作知。）淮南詮言篇曰。有智若無智。有能若無能。以上諸智字皆與知字同義。後人但知智慧之智或作知。而不知知識之知又作智。故凡古書中知識之知作智字者。皆改爲知字。此智字若非尹氏誤解。則後人亦必改爲知矣。又案勢篇。智靜之修。居而自利。智作之從。每動有功。智亦知字也。尹氏作注時。下智字已改爲知。而上智字尙未改。故解之曰。旣多智。而又安靜。蓋不識智爲古知字。故誤分智靜爲二也。今本則幷上智字亦改爲知。而古字淪亾矣。　△令入而不至謂之瑕　兪云。瑕當讀爲格。謂有扞格而不得達也。瑕格古字通。儀禮少牢饋食禮。以嘏于主人。鄭注曰。古文嘏爲格。瑕之爲格。猶嘏之爲格矣。　△牽瑕蔽壅之事君者非敢杜其門而守其戶也爲令之有所不行也　宋本壅作擁。王云。之下衍事字。非下衍敢字。爲猶謂也。（古者爲與謂同義。說見釋詞。）言所謂牽瑕蔽壅之君者。非杜其門而守其戶也。謂其令之有所不行也。此三句皆指君言之。非指臣言之。則首句內不當有事字。次句內亦不當有敢字。皆後人妄加之耳。下文曰。蔽塞障逆之君者。不敢杜其門而守其戶也。爲賢者之不至。令之不行也。首句無事字是也。次句敢字。亦後人所加。羣書治要引作不杜其門而守其戶也。不下無敢字。是其證。上文曰。滅絕侵壅之君者。非杜其門而守其戶也。爲政之有所不行也。首句無事字。次句亦無敢字。此尤其明證矣。（明法解曰。夫蔽主者。非塞其門守其戶也。然而令不行。禁不止。所欲不得者。失其威勢也。文義亦與此同。）　△賢人不至謂之蔽　安井衡云。古本至作臣。　△忠臣不用謂之塞　治要引用作至。　△凡民從上也　安井衡云。古本自凡民下另行。　△彼民不伏法死制　中立本制誤節。　△務物之人　王云。務當從宋本作矜。下文兩矜字皆承此矜字而言。　△德行成於身而遠古卑人也　望案。古字句絕。尹注屬下讀。兪云。古下當脫者字。卑人也與上文無高人焉義正相應。　△明君公國一民　治要引一作壹。　△正民之經也　治要引經作徑。　△世無公國之君則無直進之士無論能之主則無成功之臣　兪云。主當爲士。上文云。忠臣直進。以論其能。然則直進論能皆以人臣言。不以人主言。論能之士。即直進之士。雖分二句。其實一耳。後人不察。疑下言臣。上當言君。

故安改爲主也。　△兵當廢而不廢則古今惑也此二者不廢而欲廢之則亦惑也　王云。案此文本作兵當廢而不廢則惑也。不當廢而欲廢之則亦惑也。今本古今二字涉上文古今而衍。此二者三字。涉下文此二者而衍。不廢而欲廢之。不下又脫當字。尹注非。　△此所謂擅也　王云。謂字後人所加。所擅所患。皆承上文而言。則擅上不當有謂字。據尹注亦無謂字。　△則內亂自是起　宋本起下有矣字。今本脫。

兵法第十七　外言八

△勝則多死　丁云。疑當作勝而多死。與上文舉兵之日而竟內貧。下文得地而國敗一例。下文大度之書曰。勝而不死。亦作而。此言兵禍之足以危國。謂有勝而多死者是用兵之禍。非謂勝則必多死也。　△用兵之禍者也　元刻無者字。　△四禍其國而無不危矣　俞云。疑當作四禍具而國無不危矣。具其形誤。國而文倒耳。　△因其利則號制有發也　王云。當從朱本作因其民。此復舉上文而申其義也。今本涉上下文利字而誤。（望案。宋本亦作民。）　△官無常則下怨上器械不巧則朝無定　丁云。當讀爲長。則下怨上。則字當在下句首。誤脫于此。巧爲功字之誤。則朝無定。則字衍。定爲正字之誤。正政通。下又脫則賞罰不明五字。當據七法篇補正。下文曰。器械功。（功今亦誤巧。七法篇不誤。）則伐而不費。賞罰明。則勇士勸也。即承此文言之。　△蚤知敵則獨行　宋本則作而。俞云。而獨行者。如獨行也。七法篇曰。故蚤知敵人如獨行。　△續強以制　俞云。續當讀爲從。左氏襄十年傳。從之將退。杜注曰。從。猶服也。從強以制。謂有制則強可服也。　△二曰教其身以號令之數　洪云。身當爲耳。號令之數。耳所聽也。因字形相似而誤。　△舉韟章則載食而駕　王云。韟本作皐。即櫜字也。詩彤弓時邁傳並曰。櫜。韜也。莊十年左傳正義曰。樂記云。倒載干戈。包之以虎皮。名之曰建櫜。鄭玄以爲兵甲之衣曰櫜。櫜。韜也。其字或作建皐。是櫜皐古字通。故尹注云。皐。韜也。今本作韟者。因韜字而誤加韋耳。白帖五十八引此已誤。攷說文。玉篇。廣韻。皆無韟字。唯集韻云。櫜或作韟。則爲俗本管子所惑也。　△故全勝而無害　丁云。據幼官篇。則故上當有脫文。　△進利而行　宋本進作準。　△進退若雷電而無所疑匱　望案。疑當爲礙之省字。說文。礙。止也。丁云。匱皆潰字之叚借。左氏文三年傳。凡民逃其上曰潰。　△一氣專定　丁云。定當爲意。一氣專意。猶君臣篇云。專意一心也。專一同義。說文。壹。專壹也。儀禮鄭注。古文壹皆爲一。內業篇云。摶氣如神。謂一氣也。一氣專心與下厲士利械對文。　△進無所疑退無所匱　元刻作進而無疑。退而無所匱。　△淩山阬　元刻阬

作險。△實不獨入　劉云。實疑寶字誤。謂雖曰獨入。實與衆俱入。非獨也。下放此。△實不獨見　丁云。見乃出字誤。望案。古字見作𠑷。出作𡳾。脫爛致誤。△盡而不意故不能疑神　俞云。當作故能疑神。疑神猶言如神也。形勢篇曰。無廣者疑神。是其證。後人不達其義。因妄加不字。△無守也故能守勝　丁云。無語詞。言惟守故能以守取勝。承上全勝大勝言。下文言數戰數勝之足以危國。明戰勝之不如守勝也。△衆若時用寡若飄風　丁云。時用可言衆。飄風不可言寡。寡疑寁之誤。爾雅釋詁。寁。速也。說文。寁。凥速之也。疌。速也。疌寁同聲。寡寁形近。後人誤以衆寡對文改之。△利適器之至也　陳先生云。適。古敵字。至。古緻字。下文不能致器者困。致器二字當作利適。不能用適者窮。承不能用敵句。不能利適者困。承不能利適句。利適猶勝敵耳。言勝敵由於器之緻。用敵由於致之盡。器不緻。不能勝敵。致不盡。不能用敵。不能用敵者終窮。不能勝敵者必困也。尹注讀適如字誤。△用敵致之盡也　宋本敵作適。△遠用兵則可以必勝　張云。遠疑速之誤。孟子舜禹益相之久遠。遠亦誤爲遠。此言兵貴神速。即上風用雷電之喻。△出入異塗則傷其敵　俞云。出入異塗。即所謂多方以誤之也。尹注非。△深入危之則士自修　丁云。修疑當爲備。備與敵力爲均。△無設無形焉無不可以成也無形無爲焉無不可以化也　王氏經傳釋詞云。焉。發語詞。當屬下讀。呂覽君守篇。天無形而萬物以成。至精無象而萬物以化。象亦當作爲。老子曰。道常無爲而無不爲。侯王若能守。萬物將自化。又曰。我無爲而民自化。莊子天地篇曰。無爲而萬物化。形成爲均。爲化爲均。△戚不足以命之　丁云。戚疑我字誤。古我作𢦏。又作戚。（見集韻。）與戚字形近。命與名同。管子名命多通用。言道之若亾而存。若後而先。吾不足以名之也。老子曰。吾不知其名。字之曰道。吾強而名之曰大。老子言強而名之。即此所謂我不足以命之也。

卷七

大匡第十八　謂以大事匡君。　內言一

齊僖公生公子諸兒。公子糾。公子小白。使鮑叔傅小白。鮑叔辭。稱疾不出。管仲與召忽往見之曰。何故不出。鮑叔曰。先人有言曰。知子莫若父。知臣莫若君。今君知臣不肖也。是以使賤臣傅小白也。鮑叔以小白年幼。又不肖而賤。故難爲之傅也。

賤臣知弃矣。召忽曰。子固辭無出。吾權任子以死亡。必免子。任。保也。君若有變。我當保子以疾困。至於死亡。此可以免子之身。鮑叔曰。子如是。何不免之有乎。言必免也。管仲曰。不可。以召忽言非。持社稷宗廟者。不讓事。不廣閒。社稷宗廟至重。故不可讓難事而廣求閒安。將有國者未可知也。於三公子未可的知其人。子其出乎。召忽曰。不可。吾三人者之於齊國也。譬之猶鼎之有足也。去一焉。則必不立矣。言三人不可異其出處。吾觀小白。必不爲後矣。管仲曰。不然也。夫國人憎惡糾之母。以及糾之身。而憐小白之無母也。諸兒長而賤。事未可知也。夫所以定齊國者。非此二公子者。將無巳也。二公子。謂諸兒子糾。言二子既不能定齊國。而又不立小白。即是將更無所用。謂小白必得立矣。小白之爲人。無小智惕而有大慮。言雖無小智。惕懼而有大慮。非夷吾莫容小白。小白既無小智。必乖迕於俗人。故非夷吾莫能容。天不幸降禍加殃於齊。糾雖得立。事將不濟。非子定社稷。其將誰也。糾既不濟。次在小白。輔小白而定社稷者。非子而誰。子謂召忽。召忽曰。百歲之後。吾君卜世。犯吾君命。而廢吾所立。奪吾糾也。雖得天下。吾不生也。吾君卜世。謂僖公之子小白等也。君命。謂僖公之命使立子糾。今而奪焉。我當致死。兄與我齊國之政也。受君令而不改。奉所立而不濟。是吾義也。召忽稱管仲爲兄。與我齊國之政。謂使知政也。今受君令而立子糾不改其所奉。更有所立不濟而死。是爲臣之義也。管仲曰。夷吾之爲君臣也。言已立君臣之義。與召忽異。將承君命。奉社稷。以持宗廟。豈死一糾哉。言當爲宗廟社稷致死。不死於一糾。夷吾之所死者。社稷破。宗廟滅。祭祀絕。則夷吾死之。非此三者。則夷吾生。夷吾生。則齊國利。夷吾死。則齊國不利。鮑叔曰。然則柰何。管子曰。子出奉令則可。子出奉令。則小白有所依。故曰可。鮑叔許諾。乃出奉令。遂傅小白。鮑叔謂管仲曰。何行。問其事君當何所行。管仲曰。爲人臣者。不盡力於君。則不親信。不爲君親信。不親信。則言不聽。言不聽。則社稷不定。夫事君者無二心。此事君之所行。鮑叔許諾。僖公之母弟夷仲年生公孫無知。有寵於僖公。衣服禮秩如適。言無知之寵與適子同。僖公卒。以諸兒長得爲君。是爲襄公。襄公立後。絀無知。無知怒。公令連稱管至父戍葵丘。曰。瓜時而往。及瓜時而來。期戍。公問不至。請代。不許。故二人因公孫無知以作亂。魯桓公夫人文姜。齊女也。公將如齊。與夫人皆行。公謂桓公。申俞諫曰。不可。申俞。魯大夫也。女有家。男有室。女有夫之家。男有妻之室。無相瀆也。謂之有禮。公不聽。遂以文姜會齊侯於濼。文姜通於齊侯。桓公聞。責文姜。文姜告齊侯。齊侯怒。饗公。使公子彭生乘魯侯脅之。乘。謂扶公升車。拉其脅而殺之。公薨於車。豎曼曰。豎曼。齊大夫也。賢者死忠以振疑。百姓寓焉。振。救也。賢者死於忠義。以救當時之疑。故百姓有所託焉。寓。寄託也。智者究理而長慮。身得免焉。智者既盡理。而謀慮又長。故免於危亡。今彭生二於君。不以正道輔君。而從之於昏。故曰二。無盡言。而諛行以戲我君。使我君失親戚之禮命。無盡言。謂不忠諫。襄公通其妹。故曰失親戚之禮命。又力成吾君之禍。以搆二國之怨。恃其多力。拉殺魯君。故曰力成吾君之禍。彭生其得免乎。禍理屬焉。禍敗之理。屬於彭生。夫君以怒遂禍。君怒魯桓。則遂成其禍。彭生不畏惡親聞容。昏生無醜也。君而通妹。是謂惡親。不畏此事遠聞。而容忍之。然此昏愚之生於不識其類。故曰昏生無醜。醜。類也。豈及彭生而能止之哉。及。如也。禍由彭生。則彭生力能之。今而成禍。故當誅之。魯若有誅。必以彭生爲說。二月。魯人告齊曰。寡君畏君之威。不敢寧居。來修舊好。禮成而不反。無所歸死。請以彭生除之。齊人爲殺彭生。以謝於魯。五月。襄公田於貝丘。見豕彘。從者曰。公子彭生也。公怒曰。公子彭生安敢見。射之。豕人立而啼。公懼。隧於車下。傷足亡屨。反。誅屨於徒人費。不得也。誅。責。鞭之見血。費走而出。遇賊於門。脅而束之。費袒而示之背。賊信之。使費先入。伏公而出。鬬死于門中。石之紛如死于階下。孟陽代君寢於牀。賊殺之。曰。非君也。不類。見公之足於戶下。遂殺公。而立公孫無知也。鮑叔牙奉公子小白奔莒。管夷吾召忽奉公子糾奔魯。九年。公孫無知虐於雍廩。雍廩殺無知也。桓公自莒先入。魯人伐齊。納公子糾。戰於乾時。管仲射桓公中鉤。魯師敗績。桓公踐位。於是劫魯。使魯殺公子糾。劫。謂與兵脅之。桓公問於鮑叔曰。將何以定社稷。鮑叔曰。得管仲與召忽。則社稷定矣。公曰。夷吾與召忽。吾賊也。鮑叔乃告公其故圖。故圖。謂管仲本使鮑叔傅小白。將立之。公曰。然則可得乎。鮑叔曰。若亟召。則可得也。不亟。不可得也。夫魯施伯知夷吾爲人之有慧也。其謀必將令魯致政於夷吾。夷吾受之。則彼知能弱齊矣。夷吾不受。彼知其將反於齊也。必將殺之。既不受魯政而反於齊。恐其將爲魯害。故殺之。公曰。然則夷吾將受魯之政乎其否也。鮑叔對曰。不受。夫夷吾之不死糾也。爲欲定齊國之社稷也。今受魯之政。是弱齊也。夷吾之事君無二心。雖知死必不受也。君謂桓公。公曰。其於我也。曾若是乎。曾。則也。則能無二心如是乎。鮑叔對曰。非爲君也。爲先君也。其於君不如親糾也。言管仲親糾多於小白也。糾之不死。而況君乎。親尙不死。疏則可知。君若欲定齊之社稷。則亟迎之。管仲既志在定齊社稷。故須急迎之。公曰。恐不及。奈何。鮑叔曰。夫施伯之爲人也。敏而多畏。多畏則念慮深。公若先反。恐注怨焉。必不殺也。若先反管仲。而施伯殺之。齊必注怨。故不敢殺。公曰。諾。從鮑叔之言也。施伯進對魯君曰。管仲有急。其事不濟。今在魯。君其致魯之政焉。有急難之事。與小白爭國。其事既不濟。故來在魯。可因此事而致政。若受之。則齊可弱也。若不受。則殺之。殺之。以說於齊也。與同怒。尙賢於已。施伯恐管仲反齊爲害。欲殺之。有若與齊同怒。如此猶賢於不殺也。君曰。諾。魯未及致政。而齊之使至。曰。夷吾與召忽也。寡人之賊也。今在魯。寡人願生得之。若不得也。是君與寡人賊比也。魯君問施伯。施伯曰。君與之。臣聞齊君惕而亟驕。雖得賢。庸必能用之乎。庸。猶何也。及齊君之能用之也。管子之事濟也。及。猶就也。就令能用之。管子之事必濟矣。夫管仲天下之大聖也。今彼反齊。天下皆鄉之。豈獨魯乎。今若殺之。此鮑叔之友也。鮑叔因此以作難。君必不能待也。齊國強。鮑叔賢。故不能待。待猶擬也。不如與之。魯君乃遂束縛管仲與召忽。管仲謂召忽曰。子懼乎。召忽曰。何懼乎。吾不蚤死。將胥有所定也。胥。待。今既定矣。謂小白已定齊。令子相齊之左。必令忽相齊之右。雖然。殺君而用吾身。是再辱我也。君謂子糾。子爲生臣。忽爲死臣。生則定社稷。死則顯忠義。忽也知得萬乘之政而死。公子糾可謂有死臣矣。子生而霸諸侯。公子糾可謂有生臣矣。死者成行。死成忠義之行。生者成名。生定社稷之名。名不兩立。既成生名。可又成死名。行不虛至。必致身受命。乃謂之行也。子其勉之。死生有分矣。乃行入齊境。自刎而死。管仲遂入。君子聞之曰。召忽之死也。賢其生也。召忽之生。能霸諸侯。不管仲之生也。賢其死也。管仲之死。成九合之功。不或曰。明年。集書者更聞異說。故言或曰。明年。襄公立之明年也。襄公逐小白。小白走莒。三年。襄公薨。公子糾踐位。國人召小白。鮑叔曰。胡不行矣。小白曰。不可。夫管仲知。召忽強武。雖國人召我。我猶不得入也。鮑叔曰。管仲得行其知於國。國可謂亂乎。管仲得行其智於國。國則不亂。今亂。是不得行其智。召忽強武。豈能獨圖我哉。國人既召小白。則不與召忽圖我。小白曰。夫雖不得行其知。豈且不有焉乎。直是智不行。不得言無智。召忽雖不得衆。其及豈不足以圖我哉。召忽雖不得衆。若及獨能圖我。鮑叔對曰。夫國之亂也。智人不得作內事。智人作內事。則其國理。朋友不能相合摎。而國乃可圖也。摎。交入也。朋友不能相交合。則黨與弱。故乃可圖。乃命車駕。鮑叔御小白乘而出於莒。小白曰。夫二人者。奉君令。吾不可以試也。二人。謂管仲召忽，奉君令。則致死拒我。故不可試也。乃將下。鮑叔履其足曰。事之濟也。在此時。事若不濟。老臣死之。公子猶之免也。鮑叔言事若不濟。則己致死。公子猶可得免脫。乃行。至於邑郊。鮑叔令車二十乘先。十乘後。二十乘先。鮑叔欲與之入國。十乘後。令衛公子，鮑叔乃告小白曰。夫國之疑二三子。莫忍老臣。二三子。謂從小白者。不忍違老臣。故相從。中心實疑。事之未濟也。老臣是以塞道。以事未濟。故以二十乘先行塞道。鮑叔乃誓曰。事之濟也。聽我令。事之不濟也。免公子者為上。死者為下。吾以五乘之實距路。鮑叔於前二十乘。更將五乘先行距路。不令子糾之黨得及小白。鮑叔乃為前驅。遂入國。逐公子糾。管仲射小白。中鉤。管仲與公子糾召忽遂走魯。桓公踐位。魯伐齊。納公子糾而不能。桓公二年踐位。入國二年。方得踐位。召管仲。管仲至。公問曰。社稷可定乎。管仲對曰。君霸王。社稷定。君不霸王。社稷不定。公曰。吾不敢至於此其大也。定社稷而已。管仲又請。君曰不能。管仲辭於君曰。君免臣於死。臣之幸也。然臣之不死糾也。為欲定社稷也。社稷不定。臣祿齊國之政。而不死糾也。臣不敢。既不死糾。空食齊政之祿。而不定社稷。臣則不敢。言將致死。乃走出。至門。公召管仲。管仲反。公汗出曰。勿已。其勉霸乎。必欲令霸王而不已。我將勉力而求霸也。管仲再拜稽首而起曰。今日君成霸。臣貪承命。趨立於相位。君既許霸。臣貪於承命。故趨立相位。乃令五官行事。異日。公告管仲曰。欲以諸侯之間無事也。小修兵革。管仲曰。不可。百姓病。公先與百姓。

而藏其兵。百姓困病。當先賦與之。而兵事且可藏。與其厚於兵。不如厚於人。人厚兵自強。齊國之社稷未定。公未始於人。而始於兵。外不親於諸侯。內不親於民。公曰諾。政未能有行也。二年。桓公彌亂。不盡行夷吾之言。故彌亂。又告管仲曰。欲繕兵。管仲又曰。不可。公不聽。果爲兵。桓公與宋夫人飲船中。夫人蕩船而懼公。公怒。出之。宋受而嫁之蔡侯。明年。公怒告管仲曰。欲伐宋。管仲曰。不可。臣聞內政不修。外擧事不濟。公不聽。果伐宋。諸侯興兵而救宋。大敗齊師。公怒。歸告管仲曰。請修兵革。吾士不練。吾兵不實。諸侯故敢救吾讎。內修兵革。管仲曰。不可。齊國危矣。內奪民用。士勸於勇。外亂之本也。修兵則用廢。故曰奪人用。士所勸者唯勇。則輕敵。故爲外亂之本也。外犯諸侯。民多怨也。外犯必多殘害。故爲人所怨。爲義之士。不入齊國。君爲不義。故義士不歸也。安得無危。鮑叔曰。公必用夷吾之言。公不聽。乃令四封之內修兵。關市之政侈之。修謂過常也。謂重其稅賦。公乃遂用以勇授祿。士勇則與之祿。鮑叔謂管仲曰。異日者。公許子霸。今國彌亂。子將何如。管仲曰。吾君惕。其智多誨。智多則可試誨之也。姑少胥其自及也。胥。待也。待其自能及道。鮑叔曰。比其自及也。國無闕亡乎。管仲曰。未也。國中之政。夷吾尚微爲焉。亂乎尚可以待。國政微爲。則未至亂。可待君自及。外諸侯之佐。既無有吾二人者。未有敢犯我者。諸侯之佐。既無有如我二人。故不敢犯我。明年。朝之爭祿相刺。裚領而刎頸者不絕。裚。謂割斷之也。鮑叔謂管仲曰。國死者衆矣。毋乃害乎。管仲曰。安得已然。此皆其貪民也。貪人爭祿自殘。未能自爲害也。亦夷吾之所患者。諸侯之爲義者莫肯入齊。齊之爲義者莫肯仕。此夷吾之所患也。有義之士。內外不歸。亂亡立至。故可患也。若夫死者。吾安用而愛之。貪人自相殺傷。吾何能惜之。公又內修兵。三年。桓公將伐魯。曰。魯與寡人近。謂國相鄰。於是其救宋也疾。疾。謂先諸侯至。寡人且誅焉。管仲曰。不可。臣聞有土之君。不勤於兵。不忌於辱。不輔其過。則社稷安。勤於兵。忌於辱。輔其過。則社稷危。公不聽。興師伐魯。造於長勺。魯莊公興師逆之。大敗之。桓公曰。吾兵猶尚少。吾參圍之。安能圍我。吾以三倍之兵圍之。則何能圍我。四年。修兵同甲十萬。同甲謂完堅齊等。車五千乘。謂管仲曰。吾士既練。

吾兵既多。寡人欲服魯。管仲喟然嘆曰。齊國危矣。君不競於德而競於兵。人君當以德義服遠。不當競於兵也。天下之國。帶甲十萬者不鮮矣。吾欲發小兵以服大兵。欲以齊國服諸侯而致霸王。故曰以小兵而服大兵也。內失吾衆。謂數搖動之。則衆疲而散。諸侯設備。數見侵伐。故設備。吾人設詐。力不足。詐以繼之。則國欲無危。得已乎。公不聽。果伐魯。魯不敢戰。去國五十里而爲之關。更立國界。而爲之關。魯請比於關內。以從於齊。齊亦毋復侵魯。魯請從服於齊。比於齊之關內。供其徵求。桓公許諾。魯人請盟曰。魯。小國也。固不帶劍。今而帶劍。是交兵聞於諸侯。君不如已。若以交兵聞於諸侯。不如止而不盟也。請去兵。桓公曰諾。乃令從者毋以兵。管仲曰。不可。諸侯加忌於君。君如是以退可。忌。怨也。諸侯欲以結盟致怨於君。今請不盟。從此即退可也。君果弱魯君。諸侯又加貪於君。若果弱魯。諸侯又以貪名加君。後有事。小國彌堅。大國設備。既有貪忌之名。故皆設備。非齊國之利也。桓公不聽。管仲又諫曰。君必不去魯。胡不用兵。曹劌之爲人也。堅強以忌。不可以約取也。不可以盟取信也。桓公不聽。果與之遇。莊公自懷劍。曹劌亦懷劍踐壇。莊公抽劍其懷。曰。魯之境去國五十里。亦無不死而已。左揕桓公。右自承。曰。均之死也。戮死於君前。左手舉劍將揕桓公。且以右手自承而言曰。齊迫魯境亦死。今殺君亦死。同是死也。將殺君。次自殺。故曰均之死也。戮死於君前。管仲走君。曹劌抽劍當兩階之間曰。二君將改圖。無有進者。拔劍當階。所以拒管仲。言魯齊二君將欲改先者之所圖。今不當有進者也。管仲曰。君與地。以汶爲竟。桓公許諾。以汶爲竟而歸。桓公歸而修於政。不修於兵革。自圉辟人。以過弭師。既不修其兵革。故出入自圉辟其人。以先者之過。故弭息其師。五年。宋伐杞。桓公謂管仲與鮑叔曰。夫宋。寡人固欲伐之。無若諸侯何。無若諸侯救宋何。夫杞。明王之後也。杞。夏之後。今宋伐之。予欲救之。其可乎。管仲對曰。不可。臣聞內政之不修。外舉義不信。君將外舉義。以行先之。以內行先之。則諸侯可令附。桓公曰。於此不救。後無以伐宋。今不救杞。後無辭以伐宋。管仲曰。諸侯之君。不貪於土。貪於土。必勤於兵。勤於兵。必病於民。民病則多詐。夫詐密而後動者勝。密。靜。詐則不信於民。夫不信於民則亂。內動則危於身。是以古之人聞先王之道者。不競於兵。兵者凶器。競之則危。桓公曰。然則奚若。管仲對曰。以臣則不。以臣之意。不與君同。則而令人以重幣使之。以重幣使宋。令罷杞兵。使之而不可。謂宋不從令。君受而封之。受杞告命而建封之。桓公問鮑叔曰。奚若。鮑叔曰。公行夷吾之言。公乃命曹孫宿使於宋。宋不聽。果伐杞。宋果伐杞。桓公築緣陵以封之。緣陵。杞城。予車百乘。甲一千。謂與杞也。明年。狄人伐邢。邢君出。致於齊。致命於齊以告急。桓公築夷儀以封之。夷儀。邢城。予車百乘。卒千人。明年。狄人伐衛。衛君出。致於虛。虛。地名。詩所謂升彼虛矣。以望楚矣。桓公且封之。隰朋賓胥無諫曰。不可。三國所以亡者絕以小矣。小國之亡。理則然不當封也。今君繼封亡國。國盡若何。國之車盡於封亡國。其若之何。桓公問管仲曰。奚若。管仲曰。君有行之名。安得有其實。既有行封之名。則當虛國而爲之。安得有其富實乎。君其行也。公又問鮑叔。鮑叔曰。君行夷吾之言。桓公築楚丘以封之。與車三百乘。甲五千。既以封衛。明年桓公問管仲將何行。更問以所行之政也。管仲對曰。公內修政而勸民。可以信於諸侯矣。君許諾。乃輕稅。弛關市之征。爲賦祿之制。既已。謂已行上事。管仲又請曰。問病臣。有臣病者。君當慰問之。願賞而無罰。五年。諸侯可令傳。行此五年。可令諸侯親附。公曰諾。既行之。管仲又請曰。諸侯之禮。請諸侯交聘之禮。令齊以豹皮往。小侯以鹿皮報。齊以馬往。小侯以犬報。往重報輕。所謂大國善下小國則取小國。桓公許諾行之。管仲又請賞於國。以及諸侯。君曰諾。行之。管仲賞於國中。君賞於諸侯。諸侯之君有行事善者。以重幣賀之。從列士以下有善者。衣裳賀之。列士。謂齊之列士。管仲自以衣裳賀之。凡諸侯之臣有諫其君而善者。以璽問之。以信其言。謂桓公以璽問之。以信驗其所諫之言爲善。公既行之。又問管仲曰。何行。管仲曰。隰朋聰明捷給。可令爲東國。東國。謂自齊東之國。令隰朋理之。賓胥無堅強以良。可以爲西土。西土。齊西之土。令胥無之國。與土交兵。衛國之教。危傳以利。謂其教既高危且相傳以利。謂以利成俗。公子開方之爲人也。慧以給。不能久而樂始。可游於衛。其人性輕率不能持久。所謂靡不有初鮮克有終。故曰樂始。使此人游於衛。誘動之。令歸於齊也。魯邑之教。好邇而訓於禮。既訓學於禮。禮者所以飾貌。故曰好邇。邇。近也。季友之爲人也。恭以精。博於糧。多小信。可游於魯。博於糧。謂多委積。楚國之教。巧文以利。不好立大義而好立小信。蒙孫博於教而文巧於辭。不好立大義而好結小信。可游於楚。小侯既服。大侯既附。厚往輕報。所以服小侯。游三人於三國。所以附大侯。夫如是。則始可以施政矣。君曰諾。乃游公子開方於衛。游季友於魯。游蒙孫於楚。五年諸侯附。狄人伐。謂入伐齊。桓公告諸侯曰。請救伐。諸侯許諾。大侯車二百乘。卒二千人。小侯車百乘。卒千人。諸侯皆許諾。齊車千乘。卒先致緣陵。先者使卒戍緣陵。有狄難。故致之。今戰於後故。敗狄。後故。地名。其車甲與貨。小侯受之。謂敗狄。所得車甲及貨。盡與小侯。大侯近者。以其縣分之。不踐其國。近齊之大侯。則以齊縣分之。終不踐其國以侵之。北州侯莫來。謂不來救齊北州。謂北之州。即幽州營州等。桓公遇南州侯於召陵。謂伐楚盟於召陵也。曰。狄爲無道。犯天子令。以伐小國。小國。齊自謂。以天子之故。敬天之命令。以救伐。言諸侯以敬順天命。救齊伐狄。北州侯莫至。上不聽天子令。下無禮諸侯。寡人請誅於北州之侯。諸侯許諾。桓公乃北伐令支。令支。國名。下鳧之山。斬孤竹。孤竹。國名。斬其君。遇山戎。顧問管仲曰。將何行。管仲對曰。君教諸侯爲民聚食。諸侯之兵不足者。君助之發。如此。則始可以加政矣。既使諸侯足食足兵。然後可以加之政也。桓公乃告諸侯必足三年之食安。有三年食。然後可安。以其餘修兵革。兵革不足。以引其事告齊。齊助之發。諸侯兵之不足。當引其事之闕者以告齊。齊當發卒以助之也。既行之。公又問管仲曰。何行。管仲對曰。君會其君臣父子。會。謂考合其君臣父子之宜。則可以加政矣。公曰。會之道奈何。曰。諸侯毋專立妾以爲妻。毋專殺大臣。無國勞。毋專予祿。於國無勞者。不得專予祿。士庶人毋專弃妻。毋曲隄。所謂無障谷也。毋貯粟。毋禁材。山澤之材。與人共之也。當行此卒歲。則始可以罰矣。行之終歲。而有不從者。可以加刑罰。君乃布之於諸侯。諸侯許諾。受而行之。卒歲。吳人伐穀。穀。齊之下都。後以封管仲。桓公告諸侯未徧。諸侯之師竭至。以待桓公。竭至。言其盡來。桓公以車千乘會諸侯於竟都。師未至。吳人逃。齊都之師尙未至。而吳人逃也。諸侯皆罷。桓公歸。問管仲曰。將何行。管仲曰。可以加政矣。諸侯服從如此。故可以加之政。曰。從今以往二年。適子不聞孝。不聞愛其弟。不聞敬老國良。其老者國之賢良也。三者無一焉。可誅也。無一尙可誅。況無三乎。諸侯之臣及國事。三年不聞善。可罰也。

及國事。預知國政。三年不聞善。則不賢也。故可罰。君有過。大夫不諫。士庶人有善。而大夫不進。可罰也。士庶人聞之吏賢孝悌。可賞也。士庶人有賢孝悌聞之於吏。則可賞也。桓公受而行之。近侯莫不請事。近齊之諸侯。皆請齊徵賦之事。兵車之會六。兵車之會。謂與兵有所伐。乘車之會三。乘車之會。謂結好息民之會也。饗國四十有二年。桓公踐位十九年。弛關市之征。征。賦也。五十而取一。取其貨賄五十之一。賦祿以粟。案田而稅。案知其壞塉而稅之。二歲而稅一。率二歲而一稅之。上年什取三。中年什取二。下年什取一。歲飢不稅。歲飢。謂時歲總飢。故不稅、歲飢弛而稅。此歲飢謂有飢者有不飢者。故弛飢而稅不飢。桓公使鮑叔識音志。君臣之有善者。晏子識不仕與耕者之有善者。不仕。謂餘子未仕者。高子識工賈之有善者。國子爲李。李。獄官也。隰朋爲東國。賓胥無爲西土。弗鄭爲宅。爲宅。掌修除宮室。凡仕者近宮。仕者有公事。職務故近宮。不仕與耕者近門。不仕與耕者當出入田野。故近於外門。工賈近市。三十里置遽委焉。有司職之。遽。今之郵驛也。委謂當有儲擬。以供過者。立官以主之。從諸侯欲通。謂從諸侯欲通於齊。吏從行者。令一人爲負以車。其吏從行而來者。遽之有司。當令一人以車爲負載其行裝。若宿者。令人養其馬。食其委。其客若宿。即以所委食之。客與有司別契。別契。謂分別其契。以知眞僞也。至國八契。自郊至國八契。則二百五十里之郊地相距爲五百里。此周之大國也。費義數而不當。有罪。義。謂供客之禮。徒費義數。而於事不當者。罪之。凡庶人欲通。鄉吏不通七日。囚。庶人有所陳訴通於君。鄉吏抑而不通。事經七日者。則囚其吏。鞠劾其所以也。出欲通。吏不通五日。囚。出。謂欲適他國。貴人子欲通。吏不通二日。囚。凡縣吏進諸侯士而有善。觀其能之大小以爲之賞。有過無罪。賞雖過能。亦不罪也。令鮑叔進大夫勸國家。得之成而不悔。爲上舉。得此大夫。故有成功。終然允當。無有可悔。如此者舉。善之上。從政治爲次。所進大夫從政而能理者。次上成功也。野爲原。又多不發起。訟不驕。次之。所進大夫。有能勸勉農人。開闢荒野。皆爲原田。又教之和通。不相告發。雖有起而訟者。莫不恭恪。不爲驕傲。此又其次也。勸國家。得之成而悔。從政雖治而不能。野原。又多發起。訟驕。行此三者爲下。令晏子進貴人之子。晏子。平仲之先。出不仕。不仕。則樂道深。處不華。不華。則無過失。而友有少長。友有少長。則遵禮經。爲上舉。全此三者。故爲上。得二爲次。得二。三之二也。得一爲下。士處靖。靖。卑敬貌。敬老與貴。敬老近於親。

親貴近於君。交不失禮。行此三者為上舉。得二為次。得一為下。耕者農農用力。勤而不惰。應於父兄。孝且義。事賢多。擇善而從。故能多。行此三者。為上舉。得二為次。得一為下。令高子進工賈。應於父兄。事長養老。承事敬。承奉君敬而從之也。行此三者。為上舉。得二者為次。得一者為下。令國子以情斷獄。定罪罰者。貴得其罪。三大夫既已選舉。使縣行之。三大夫。謂鮑叔。晏子。高子。管仲進而舉言上而見之於君。見三大夫所選舉者。此言選舉者。國子主斷獄。故不在三大夫之數。以卒年君舉。卒年。謂終年如此。管仲所進者。君舉用之也。管仲告鮑叔曰。勸國家不得成而悔。從政不治不能野原。又多而發。言相告發。訟驕。既訟而驕。凡三者。有罪無赦。告晏子曰。貴人子。處華。下。處華屋之下。則淫佚。交好飲食。重交好。則挾朋黨。嗜飲食。則道情薄。行此三者。有罪無赦。士出入無常。不敬老而營富。行此三者。有罪無赦。耕者出入不應於父兄。用力不農。不事賢。行此三者。有罪無赦。告國子曰。工賈出入不應父兄。承事不敬。而違老治危。危。傾險也。行此三者。有罪無赦。凡於父兄無過。州里稱之。吏進之。君用之。無過於父兄。見稱於州里。吏進此。人君必用之。有善無賞。有過無罰。吏不進廉意。有善不能賞。則苟免而已。有過不能罰。故不進廉意也。吏於父兄無過。於州里莫稱。吏進之。君用之。善為上賞。不善。吏有罰。雖無過於父兄。而州里不稱。吏進此人。君承用之。其人善。則吏受上賞。不善。則吏當罰。君謂國子凡貴賤之義。入與父俱。父貴而子賤也。出與師俱。師貴而資賤也。上與君俱。君貴而臣賤。凡三者遇賊。不死。不知賊。則無赦。言人於此三者所在當致死。所謂在三如一。今賊將害此三者。遇之而不能死。有賊而又不知。則不臣不子也。故無赦也。斷獄。情與義易。義與祿易。凡斷獄者所以止罪邪。止罪邪所以與禮義。今犯罪者非以乖僻易義。則以姦僞易祿也。易祿可無斂。有可無赦。姦僞易祿者。既當罰其罪。可無斂其祿。然今所有罪必無赦之也。

卷七校正

大匡第十八　內言一

△今君知臣不肯也　宋本朱本臣下有之字。今本脫。　△惕而有大慮　王云。尹訓惕為惕懼。與有大慮義不

相慮。非也。惕當爲愓字之譌。說文。愓。放也。今通作蕩。言小白之爲人跌蕩而有大慮也。跌蕩則爲人所不容。故下即云非夷吾莫容小白也。下文曰。臣聞齊君愓而亟驕。惕亦當爲愓。荀子榮辱篇曰。愓悍憍暴。是也。憍與驕同。又下文。吾君惕。惕亦當爲愓。安井衡云。古本惕作愓。　△吾君卜世　俞云。卜世疑下世之譌。丁說同。　△兄與我齊國之政也　因學紀聞諸子類引張嵲讀管子曰。兄。古貺字。而注乃謂召忽謂管仲爲兄。陋矣。　△受君令而不改奉所立而不濟是吾義也　俞云。奉所立而不濟。安得云是吾義也。濟疑當作廢。承上文廢吾所立而言。今作濟者。涉上事將不濟句而譌。　△夷吾之爲君臣也　元刻無臣字。陳先生云。爲君臣當作爲人臣。此涉上文君命而譌。下文管仲曰。爲人臣者。不盡力於君。則不親信。義正同。俞云。君謂僖公。尹注謂已立君臣之義。大非。　△與夫人皆行　元刻皆作偕。　△使公子彭生乘魯侯脅之公薨于車　王氏引之云。彭生之殺魯侯。固由斷其脅骨。然脅之之脅。則非謂脅骨也。脅即搚字之叚借。說文。搚。摺也。一曰。拉也。摺。敗也。拉。摧也。摧。折也。玉篇。搚音呂闔虛業二切。虛業切之音。正與脅同。故借脅爲搚。莊元年公羊傳說此事曰。搚幹而殺之。何注曰。搚。折聲也。以手搚折其幹。釋文。搚本又作拹。亦作拉。然則脅之者。以手摧折之也。若以爲劫脅之脅。則當云折其脅。不得云脅之矣。　△今彭生二於君　俞云。二當爲貳。禮記坊記篇。唯卜之日稱二君。鄭注曰。二當爲貳。唯卜之時。辭得曰君之貳某爾。然則彭生貳於君。謂彭生爲君之貳也。彭生爲公子。故云然。尹注曰。不以正道輔君。而從之於昏。故曰二。夫從君於昏。非有二心之故。安得云二於君乎。　△夫君以怒遂禍不畏惡親聞容昏生無醜也　望案。惡親指魯言。聞容當爲閔咎。字之譌。廣雅釋詁。閔。加也。昏讀爲泯。生讀爲姓。毛傳曰。泯。滅也。廣雅曰。醜。恥也。言君以怒成二國之禍。不畏魯之加咎。（下文曰。禮成而不反。無所歸咎。即加咎也。）由其滅姓無恥之甚。謂公與文姜淫。播其惡于萬民。丁說略同。　△二月魯人告齊曰　安井衡云。古本無齊字。　△無所歸死　望案。死當依左氏作咎。　△見豕彘　丁云。豕下不當有彘字。蓋後人旁注以豕爲彘。因而譌衍。　△豕人立而啼　丁云。荀子禮論篇注引啼作諦。當是古本。陳先生曰。啼俗嗁字。尤可證古本管子必不作啼。　△誅屨於徒人費　王氏引之云。徒人費。本作侍人費。此後人據譌本左傳改之。辯見經義述聞。　△使魯殺公子糾　安井衡云。古本魯下有人字。　△則彼知能弱齊矣　王云。彼知能弱齊。本作彼能弱齊。彼謂魯也。小匡篇作則魯能弱齊矣。是其證。彼下知字。涉下文彼知而衍。　△公若先反　張云。反疑及字之譌。對上文恐不及而言。　△及齊君之能用之也　王云。尹氏訓及爲就。未曉及字之義。及猶若也。言若齊君能用之。則管子之事必濟也。樂記曰。樂極則憂。禮粗則偏矣。及夫斅樂而無憂。禮備而不偏者。其唯大聖乎。及夫。若夫也。中庸曰。今夫天斯昭昭之多。及其無窮也。日月星辰繫焉。萬物覆焉。（言自其一處言之。則惟此昭昭之多。若自其無窮言之。則日月星辰萬物皆在其中。下文及其廣厚。及其廣大。及其不測。竝同此意。非謂天地山川之大由於積累也。）老子曰。吾所以有大患者。爲吾有身。及吾無身。吾有何患。言若吾無身也。又曰。取天下常以無事。及其有事。不足以取天下。言若其有事也。

△君必不能待也　王氏引之云。尹訓待爲禦。於義無取。今案。待者禦也。言魏故作難。君必不能禦之也。魯語曰。帥大讎以憚小國。其誰云待之。楚語曰。其獨何力以待之。韋注竝曰。待。禦也。昭七年左傳曰。晉師必至。吾無以待之。墨子七患篇曰。桀無待湯之備。故放。紂無待武之備。故殺。孟子梁惠王篇曰。諸侯多謀伐寡人者。何以待之。是待爲禦也。禦亦謂之待。故爲宮室以禦風雨。亦謂之待。重門擊柝。以待暴客。上棟下宇。以待風雨。其義一也。墨子辭過篇。宮室足以待雪霜雨露。節用篇待作圉。圉與禦同。又制分篇曰。故莫知其將至也。至而不可圉。莫知其將去也。去而不可止。敵人雖衆。不能止待。止待即止禦也。止字承上不可止而言。待字承上不可圉而言。尹以待字下屬爲句。大謬。劉已辯之。

△將胥有所定也　宋本將胥二字作咠咠。

△豈且不有焉乎　俞云。且乃語詞。豈且不有焉乎。猶云豈不有焉乎。莊子齊物論篇。誰獨且無師乎。又曰。果且有彼是乎哉。果且無彼是乎哉。呂氏春秋無義篇。豈且恐相與戰哉。竝用且字爲句中語助。說見王氏經傳釋詞。

△其及豈不足以圖我哉　宋本及作反。宋云反必友字之誤。下文朋友不能相合摎。正釋此意。

△老臣是以塞道　劉本是作足。

△桓公二年踐位召管仲　王云。桓公踐位。已見上文。此自謂桓公二年召管仲耳。踐位二字。乃涉上文而衍。陳先生云。二年當是一年之誤。桓公入國之一年召管仲也。小匡篇及春秋內外傳皆桓公入國之年召管仲。下文曰。二年。桓公彌亂。桓公入國之二年也。下文言二年。則知此爲一年矣。尹注誤。

△君曰不能　丁云。上下文皆作公曰。此君字亦當作公。蓋涉上下有君字而誤。

△臣祿齊國之政　俞云。祿讀曰錄。謂領錄齊國之政也。尚書堯典篇納于大麓。今文家讀麓爲錄。故劉昭注續漢書百官志引新論曰。昔堯試于大麓者。領錄天子事。如今尚書官矣。鄭君注大傳亦云。堯聚諸侯。命舜陟位居攝。致天下之事。使大錄之。與史記堯使舜入山林川澤之說不合。然管子已云祿齊國之政。則其義古矣。

△臣貪承命　陳先生云。貪讀爲欽。叚借字也。貪承命。言欽承君命也。大雅皇矣篇。無然歆羨。毛傳曰。無是貪羨。謂歆爲貪之叚借字。古歆欽貪聲同。欽之爲貪。猶貪之爲歆矣。尹注非。

△二年桓公彌亂又告管仲曰　丁云。晏當作桓公又告管仲曰。傳者誤移置上文耳。

△內修兵革　俞云。內修

兵革。亦宜作請修兵革。蓋即上語而申言之也。涉下文內奪民用而誤。又因下文云。乃令四封之內修兵。適與相合。故讀者莫知訂正耳。　△關市之征侈之　元刻侈作爹。　△吾君惕　望案。惕當爲愓。愓。放也。說見前惕而有大慮下。　△其智多誨姑少胥其自及也　王氏引之曰。智與知同。（說見法法篇不智下。）誨與悔同。（繫辭傳。慢藏誨盜。冶容誨淫。釋文。誨。虞作悔。謂悔恨。論語述而篇。吾未嘗無誨焉。釋文。魯讀爲悔字。）及當爲反。字之誤也。（下同。）管仲言吾君之爲人愓。及自知其過則必多悔。悔則必能自反。故曰。姑少胥其自反也。而總敍則曰。比其自反也。國無闕亡乎。尹注非。　△裝領而刎頸者不絕　丁云。裝。折之俗字。說文。折。斷也。　△同甲十萬車五千乘　王氏引之云。下文桓公築緣陵以封杞。予車百乘。甲一千。築夷儀以封邢。予車百乘。卒千人。又曰。大侯車二百乘。卒二千人。小侯車百乘。卒千人。皆車一乘。甲十人。此文車五千乘。則當云甲五萬。今作十萬者。因下文帶甲十萬而誤也。下文天下之國。帶甲十萬者不鮮矣。其數多於桓公之甲。故曰。吾欲發小兵以服大兵。國欲無危得已乎。　△魯請比於關內以從于齊　俞氏正燮云。呂氏春秋貴信篇云。魯請比關內侯以聽。國皆有關。如言封內食采耳。非如漢人說關內侯爲嵴亩也。　△君果弱魯君　安井衡云。古本作魯弱於君。　△堅強以忌　丁云。忌與惎同。說文。惎。毒也。　△諸侯之君不貪於土貪於土必勤於兵　張云。此言諸侯之君不貪於土則已。若貪於土。則必勤於兵也。檀弓。伯氏不出而圖吾君。伯氏苟出而圖吾君。申生受賜而死。句法正同。或欲改不字作必。非也。　△民病則多詐夫詐密而後動者勝詐則不信於民夫不信於民則亂內動則危於身　望案。當讀民病則多詐。詐則不信於民。夫不信於民則亂。內動則危於身。夫詐密而後動者勝句當在下。此詐字當爲計字之誤也。計密而後動者勝。即老氏不敢爲天下先之意。故下文遂云。是以古之人聞先王之道者。不競於兵。今本倒亂其文。又誤計爲詐。而遂不可讀矣。　△不競於兵　宋本競作竸。　△以臣則不而令人以重幣使之　俞云。此十二字當作一句讀。古而如通用。不而即不如也。言以臣之意則不如令人以重幣使之也。　△今君繇封亡國國盡若何　孫云。繇當作蘄。求也。言三國所以亡。以土地小不足自存。今君求封亡國。是自盡其國也。尹注非。　△安得有其實　張云。有疑當作無。　△與車三百乘甲五千　王氏引之云。三乃五之誤。每車一乘。甲十人。甲五千。則車五百乘。不得云三百也。霸形篇云。車五百乘。卒五千人。以楚丘封衛。是其證。　△管仲又請曰問病臣願賞而無罰　俞云。問乃國字之誤。山權數篇。君不高仁。則國不相被。宋本國誤作問。是其例也。國病爲句。臣願賞而無罰爲句。　△諸侯之禮　元刻諸上有請字。　△可以爲西土　宋本以作令。丁云。案上文云可令爲東國。則作令字是也。尹注云。西土謂自齊西之土。令胥無理之國與土交互言也。趙本注文脫誤不可讀。今參朱本正之。△衞國之教危傳以利　丁云。危。恑之叚字。說文。恑。變也。傳乃轉之誤。中匡篇作巧轉而覓利。恑與巧皆兼變詐之義。變轉即巧轉也。△魯邑之教好邇而訓於禮　丁云。邇乃學之誤。漢書地理志。魯民好學上禮義。又云。好學猶愈於它俗。是其證。望案。魯邑當作魯國。邇乃遜之誤。小匡篇曰。公子舉爲人博聞而知禮。好學而辭遜。請使遊於魯。遜邇形相近。此當作好遜明矣。△季友之爲人也恭以精博於糧　劉云。案小匡作公子舉博聞而知禮。好學而辭遜。請使游於魯。疑即一人。糧乃禮字誤也。△多小信　丁云。上文言季友恭以精博於禮。承上好學訓禮言之。乃云多小信。恐非文義。小匡篇亦不言季友多小信。此必涉下文兩言小信而衍無疑。△楚國之教巧文以利不好立大義而好立小信　張云。下二句涉下文而衍。上衞魯二國皆只一句。此當一例。△蒙孫博於教而文巧於辭　劉云。蒙孫。小匡作曹孫宿。王云。隸書蒙字或作蒙。其上半與曹相似。故曹譌作蒙。博於教當作博於斆。斆與學同。（見說文及漢外黃令高彪碑。）斆教字相似。又涉上文楚國之教而誤。張云。當由曹與蒈相似。初誤作蒈。又聲誤爲蒙耳。△狄人伐　張云。據尹注入伐齊。則人乃入字之誤。△諸侯許諾　王氏引之云。此四字因下文諸侯皆許諾而衍。請救伐以下五句。皆桓公告諸侯之詞。此四字不得闌入。△齊車千乘卒先致緣陵戰於後　俞云。卒下有闕文。據上文大侯車二百乘。卒二千人。小侯車百乘。卒千人。則齊車千乘當言卒萬人矣。先致者。先至也。戰上當闕諸侯二字。上文齊請救於諸侯。而齊車卒先致緣陵。故諸侯之師戰於後也。後字正對上先字而言。△靳孤竹　俞云。靳。撕之借字。文選長楊賦注引倉頡篇曰。撕。拍取也。△遇山戎　安井衡云。古本遇作過。△必足三年之食安以其餘脩兵革　望案。尹讀必足三年之食安爲句。非是。安語詞。猶乃也。說詳幼官篇。△無國勞　洪云。無與毋通。謂國事毋勞於一人。即孟子四命官事毋攝。下句毋專予祿。即士無世官。尹注非。△不聞徵老國良　望案。國疑圖之誤字。爾雅釋詁曰。圖。謀也。良。善也。尹注非。△二歲而稅一上年什取三中年什取二下年什取一　俞云。此即什一之法而變通之。仍是什而取一也。蓋雖有取三取二取一之不同。然二歲一稅。假令六年之中。上年二。中年二。下年二。則通三二一之數而適得六。是即歲取其一也。△桓公使鮑叔識君臣之有善者　王氏引之云。君當爲羣。羣臣大夫也。下文云令鮑叔進大夫是也。晏子識不仕者之善。鮑叔則識已仕者之善。下文曰。凡仕者近宮。不仕與耕者近門。工賈近市。仕者即羣臣矣。又案問篇。君臣有位而未有田者幾何人。君亦當爲羣。下文羣臣有位事官大夫者幾何人。

是也。　△凡仕者近宮　宋本宮作公。　△令一人爲負以車　俞云。車乃連字之誤。海王篇行服連注曰。輦名。所以載作器。人挽者。然則此云負連。猶彼云服連。負服古通用。淮南子人閒篇。負輂載粟而至。御覽治道部。負輂作服輂。是其證也。連本人挽者。故可以一人負之。下文云若宿者令人養其馬。然則彼從諸侯來者。固自有車馬。必令一人負以連者。當是分載其囊橐耳。　△食其委　宋本其作以。是。　△客與有司別契至國入契費義數而不當有罪　丁云。別讀如小宰傳別之別。司農注。傳別。謂券書也。別別爲兩。兩家各得一也。康成注。傳別。謂爲大手書於一札。中字別之。又士師注。傳別。中別手書也。問篇云。問人之貸粟米有別券者幾何家。尹注。別券。謂分契也。八契當爲入契。字之誤。客與有司別契書。遝委所供之數。有司入於國。得以徵驗開除供客之用。義儀古今字。費讀爲悖。悖儀數而不當者則有罪也。禮有大賓客小賓客之儀數。或薄或厚。皆謂之不當。非徒費儀數如尹注所云也。供云。義當作犧。謂費犧牲之數。尹注非。　△出欲通　劉云。出疑士字譌。王氏引之云。劉說是也。士在貴人子與庶人之閒。猶下文選舉之事士在貴人子與農工賈之閒也。隸書出字或省作士。（若敳省作敱。賣省作賣。敳省作款之類。）故諸書中士出二字多相亂。（荀子大略篇。以其教士畢行。今本士譌作出。又晉容而後出。今本出譌作士。史記呂后紀。齊內史士。徐廣曰。一作出。）　△從政治爲次野爲原又多不發起訟不驕次之

王云爲次二字。涉下文得二爲次而衍。次之二字。總承上文從政治以下四句而言。則不當更有爲次二字。且從政治野爲原。又多不發起。訟不驕。正對下文之從政雖治。而不能野原。又多發起訟驕而言。若有爲次二字。則既於本文不協。又與下文不對矣。俞云。多字衍文。涉下文又多發起句而衍。七臣七主篇曰。然強敵發而起。雖善者不能存。即可證此文發起之義。上云野爲原謂能辟草萊也。此云又不發起。謂能治盜賊也。又云訟不驕。謂能聽獄訟也。驕讀爲矯。周語曰。其刑矯誣。韋解云。以詐用法曰矯。是其義也。下文曰。又多發起訟驕。亦當以起字絕句。其下又曰。又多而發訟驕。則誤衍而字。脫起字。　△行此三者爲下　王氏引之云。行此三者四字。因下文而衍。勸國家得之以下。優劣相閒。凡五事。不得云行此三者也。　△耕者農農用力　王云。此文多一農字。後人所加也。耕者農用力。此農字非謂農夫。廣雅曰。農。勉也。言耕者勉用力也。下文云耕者用力不農。亦謂用力不勉也。呂刑曰。稷降播種。農殖嘉穀。言勉殖嘉穀也。（說見經義述聞。）襄十三年左傳曰。君子上能而讓其下。小人農力以事其上。言勉力以事其上也。（農力猶努力。語之轉耳。）後人不知農訓爲勉。而誤以爲農夫之農。故又加一農字。不知耕者即是農夫。無煩更言農也。　△得二者爲次得一者爲下　王云。兩者字因上文行此三者句

而衍。得二爲次。得一爲下。上文凡三見。皆無者字。△管仲進而舉言上而見之於君　宋本無之字。△貴人子處華下交好飲食　劉云。處華爲句。對上處不華。下交爲句。謂以貴陵人。使友居下也。對上文有少長好飲食爲句。尹注非。△用力不農不事賢　望案。詩北山傳曰。賢。勞也。此賢字當訓爲勞。上文事賢多。亦謂服勞多也。御覽資產部二引作農不事賢行。誤連下文行此三者行字爲句。又衍一農字。△工賈出入不應父兄　安井衡云。古本應下有於字。△斷獄情與義易義與祿易易祿可無敝有可無赦　王云。當依上文作有罪無赦。今本涉上句可無敝而誤。尹注可譏。丁云。獄情謂兩造之實也。義如蹣義姦宄之義。（廣雅曰。餓。衰也。義與餓同。）祿。善也。（爾雅文。）斷獄情爲句。與義易義。與祿易祿。二句對文。衍一易字耳。謂獄之情實一邪一善。斷者與邪。則民易爲邪。與善。則民易爲善。

卷八

中匡第十九　內言二

管仲會國用。三分二在賓客。二以供賓客。其一在國。管仲懼而復之。復。白也。以賓客之費大半。故白之。公曰。吾子猶如是乎。以吾子爲賢。當以供賓之義爲急務。倘懼而白之乎。四鄰賓客。入者說。出者譽。入見禮而悅者。出必爲延譽也。光名滿天下。入者不說。出者不譽。汚名滿天下。壞可以爲粟。播壞則生粟。木可以爲貨。破木成器則貨。粟盡則有生。貨散則有聚。君人者。名之爲貴。財安可有。有財則失名。故不可。管仲曰。此君之明也。公曰。民辦軍事矣。則可乎。對曰。不可。甲兵未足也。請薄刑罰以厚甲兵。於是死罪不殺。刑罪不罰。使以甲兵贖。有罪使出甲兵以贖之也。死罪以犀甲一戟。刑罰以脅盾一戟。脅盾也。既出盾又令出一戟也。過罰以金。過誤致罰。出金以贖之。軍無所計而訟者。成以束矢。不計於軍事。而以私訟者。令出束矢。以平其罪。成。平也。公曰。甲兵既足矣。吾欲誅大國之不道者可乎。對曰。愛四封之內。而後可以惡竟外之不善者。先施愛於四封之內。則士致死。故可以惡竟外之不善。安卿大夫之家。而後可以危救敵之國。卿大夫家安。則大臣盡力。故以危救敵之國。賜小國地。而後可以誅大國之不道者。舉賢良而後可以廢慢法鄙賤之民。

是故先王必有置也。而後必有廢也。必有利也。而後必有害也。桓公曰。昔三王者。旣弒其君。今言仁義。則必以三王爲法度。不識其故何也。對曰。昔者禹平治天下。及桀而亂之。湯放桀。以定禹功也。湯平治天下。及紂而亂之。武王伐紂。以定湯功也。且善之伐不善也。自古至今。未有改之。君何疑焉。公又問曰。古之亡國。其何失。對曰。計得地與寶而不計失諸侯。計得財委而不計失百姓。計見親而不計見弃。三者之屬。一足以削。遍而有者亡矣。古之隳國家隕社稷者。非故且爲之也。必少有樂焉。不知其陷於惡也。桓公謂管仲曰。請致仲父。仲父者。尊老有德之稱。桓公欲尊事管仲。故以仲父之號致之。公與管仲父而將飲之。行飲酒禮以尊顯之。掘新井而柴焉。新井而又柴蓋之。欲以潔清。示敬之。十日齋戒。召管仲。管仲至。公執爵。夫人執尊。觴三行。管仲趨出。公怒曰。寡人齋戒十日而飲仲父。寡人自以爲修矣。仲父不告寡人而出。其故何也。謂不辭而出。所以怒。鮑叔隰朋趨而出。及管仲於途。曰。公怒。管仲反。入倍屏而立。公不與言。少進中庭。公不與言。少進傳堂。公曰。寡人齋戒十日而飲仲父。自以爲脫於罪矣。仲父不告寡人而出。未知其故也。對曰。臣聞之。沈於樂者洽於憂。樂過則憂博。厚於味者薄於行。慢於朝者緩於政。害於國家者危於社稷。臣是以敢出也。公遽下堂曰。寡人非敢自爲修也。仲父年長。雖寡人亦衰矣。吾願一朝安仲父也。言俱至於衰老。故欲一朝樂飲而爲安。對曰。臣聞壯者無怠。老者無偷。順天之道。必以善終者也。三王失之也。非一朝之萃。萃所由來者漸矣。非一朝萃集也。君奈何其偷乎。管仲走出。君以賓客之禮再拜送之。明日管仲朝。公曰。寡人願聞國君之信。對曰。民愛之。鄰國親之。天下信之。此國君之信。公曰。善。請問信安始而可。對曰。始於爲身。中於爲國。成於爲天下。公曰。請問爲身。對曰。道血氣以求長年長心長德。長心。謂謀慮遠也。長德謂恩施廣也。此爲身也。公曰。請問爲國。對曰。遠舉賢人。慈愛百姓。外存亡國。繼絕世。起諸孤。孤謂死王事者子孫。薄稅斂。輕刑罰。此爲國之大禮也。法行而不苛。刑廉而不赦。有司寬而不㥄。不虐惸獨。菀濁困滯。皆法度不亡。菀濁。謂蘊塞不潔清者也。困瘠。謂疲羸微隱者也。如此者。皆以法度加之。不令有所失亡也。有往行不來而民游世矣，其行法度者。但往行而進，不卻來而退。而人以此自得行於世也。此爲天下也。

小匡第二十　內言三

桓公自莒反於齊。使鮑叔牙爲宰。鮑叔辭曰。臣。君之庸臣也。君有加惠於其臣。使臣不凍飢。則是君之賜也。若必治國家。則非臣之所能也。其唯管夷吾乎。臣之所不如管夷吾者五。寬惠愛民。臣不如也。治國不失秉。臣不如也。秉。柄也。柄所操以作事。國柄者。賞罰之紀要也。忠信可結於諸侯。臣不如也。制禮義可法於四方。臣不如也。介冑執枹立於軍門。使百姓皆加勇。臣不如也。枹。鼓槌。夫管仲。民之父母也。將欲治其子。不可弃其父母。公曰。管夷吾親射寡人中鉤。殆於死。今乃用之可乎。鮑叔曰。彼爲其君動也。君若宥而反之。其爲君亦猶是也。公曰。然則爲之柰何。鮑叔曰。君使人請之魯。公曰。施伯。魯之謀臣也。彼知吾將用之。必不吾予也。鮑叔曰。君詔使者曰。寡君有不令之臣在君之國。願請之以戮羣臣。戮以徇羣臣。魯君必諾。且施伯之知夷吾之才。必將致魯之政。既知其材。授以國政。夷吾受之。則魯能弱齊矣。夷吾不受。彼知其將反於齊。必殺之。公曰。然則夷吾受乎。鮑叔曰。不受也。夷吾事君無二心。公曰。其於寡人猶如是乎。對曰。非爲君也。爲先君與社稷之故。君若欲定宗廟。則亟請之。不然。無及也。公乃使鮑叔行成。成。平也。與魯平。曰。公子糾親也。請君討之。魯人爲殺公子糾。又曰。管仲讎也。請受而甘心焉。魯君許諾。施伯謂魯侯曰。勿予非戮之也。將用其政也。用之使知政。管仲者。天下之賢人也。大器也。在楚則楚得意於天下。在晉則晉得意於天下。在狄則狄得意於天下。今齊求而得之。則必長爲魯國憂。君何不殺而受之其屍。魯君曰。諾。將殺管仲。鮑叔進曰。殺之齊。是戮齊也。言戮以徇齊也。殺之魯。是戮魯也。弊邑寡君願生得之。以徇於國。爲羣臣僇。戮之以誡羣臣。若不生得。是君與寡君賊比也。言親吾賊。非弊邑之君所謂也。使臣不能受命。於是魯君乃不殺。遂生束縛而柙以予齊。柙。檻。鮑叔受而哭之。三舉。三舉其聲。僞哀其將死也。施伯從而笑之。笑其僞也。謂大夫曰。管仲必不死。夫鮑叔之忍。不僇賢人。言多所容忍。必不僇賢人。其智稱賢以自成也。稱。舉也。鮑叔相公子小白先入得國。得國人心。管仲召忽奉公子糾後入。與魯以戰。能使魯敗。謂魯師與齊戰。能使魯敗而齊克也。功足以得天與失天。其人事一也。管仲本圖將立小白。今能敗魯而勝齊。是其功也。故於齊爲得天。於魯爲失天。至於能成人事則一。今魯懼。殺公子糾召忽。囚管仲以予齊。鮑叔知無後事。旣得管仲。則知後無禍難之事也。必將勸管仲以勞其君。必探管仲本敗魯勝齊之意。以成其功勤而慰勞其君也。願以顯其功。衆必予之。願君試用管仲。以顯其定齊之功。如此。衆必與之與許也。有得。力死之功。猶尙可加也。顯生之功。將何如是。假令管仲力死成功。但一時之事耳。猶尙可加。況不恥垢辱。忍而生全。齊將得之而霸。以顯其本謀之功。何審如之乎。言不可加也。昭德以貳君也。言昭管仲之德。以爲君之副貳。鮑叔之知。不是失也。以鮑叔之智。能及此圖。必不失也。至於堂阜之上。堂阜。地名。鮑叔祓而浴之三。祓。謂除其凶邪之氣。桓公親迎之郊。管仲詘纓插衽。示將就戮。使人操斧而立其後。操斧者。將受斧鉞之誅也。公辭斧三。然後退之。退操斧者。公曰。垂纓下衽。寡人將見。管仲再拜稽首曰。應公之賜。殺之黃泉。死且不朽。言君賜之死。尙感恩不朽。況生之乎。公遂與歸。禮之於廟。三酌而問爲政焉。曰。昔先君襄公。高臺廣池。湛樂飮酒。田獵罼弋。不聽國政。卑聖侮士。唯女是崇。九妃六嬪。九妃。謂諸侯所娶九女。天子九嬪。諸侯六也。陳妾數千。食必粱肉。衣必文繡。而戎士凍飢。戎馬待游車之弊。游車弊然後以爲戎車。戎士待陳妾之餘。陳妾食餘。然後以食戎士。倡優侏儒在前。而賢大夫在後。是以國家不日益。不月長。吾恐宗廟之不掃除。社稷之不血食。敢問爲之奈何。管子對曰。昔吾先王周昭王穆王。世法文武之遠迹。以成其名。合羣國。比校民之有道者。設象以爲民紀。校試其人有道者。與之設法象而爲人紀。式美以相應。比綴以書。原本窮末。其所用美事。必令始終相應。然後次比緝綴。書之簡策。故能原其本窮其末。無不錯綜也。勸之以慶賞。糾之以刑罰。糞除其顚旄。顚謂高之頂。人或不墾闢。旄者。所以誓勸兵士。言能務農息兵。故糞其顚而除其旄。賜予以鎭撫之。以爲民終始。公曰。爲之奈何。管子對曰。昔者聖王之治其民也。參其國而伍其鄙。定民之居。成民之事。以爲民紀。謹用其六柄。如是而民情可得。而百姓可御。桓公曰。六柄者何也。管子曰。殺生貴賤貧富。此六柄也。桓公曰。參國奈何。管子對曰。制國以爲二十一鄉。商工之鄉六。士農之鄉十五。公帥十一鄉。高子帥五鄉。國子帥五鄉。參國故爲三軍。公立三官之臣。謂三軍之官也。市立三鄉。工立三族。澤立三虞。山立三衡。自三鄉已下。每皆置其官。制五家爲軌。軌有長。十軌爲里。里有司。四里爲連。連有長。十連爲鄉。鄉有良人。三鄉一帥。桓公曰。五鄙奈何。管子對曰。制五家爲軌。軌有長。六軌爲邑。邑有司。十邑爲率。率有長。十率爲鄉。鄉有良人。三鄉爲屬。屬有帥。五屬一大夫。武政聽屬。以武爲政者聽於屬。文政聽鄉。各保而聽。鄉屬之聽。各自保之。毋有淫佚者。桓公曰。定民之居。成民之事。奈何。管子對曰。士農工商四民者。國之石民也。四者國之本。猶柱之石也。故曰石也。不可使雜處。雜處則其言哤。其事亂。哤亂也。是故聖王之處士必於閒燕。處士閒燕。則謀議審。處農必就田墅。處工必就官府。處商必就市井。立市必四方。若造井之制。故曰市井。今夫士羣萃而州處閒燕。每州之士。羣萃共處。閒燕。謂學校之處。則父與父言義。子與子言孝。其事君者言敬。長者言愛。幼者言弟。旦昔從事於此。旦昔猶朝夕也。以敎其子弟。少而習焉。其心安焉。不見異物而遷焉。異物。謂異事非其所當習者。是故其父兄之敎不肅而成。其子弟之學不勞而能。夫是故士之子常爲士。今夫農羣萃而州處。審其四時。權節於四時中又權量其節之早晚。具備其械器用。械器皆爲田器。比耒耜穀芨。比偶其耒耜及穀芨。穀芨小於耒耜。一人執之以隨耒耜之後。重治其關遺。芨音撥。及寒。擊槀除田。以待時。乃耕。冬寒之月。即擊去其草之槀者。修除其田。以待春之耕也。深耕均種疾耰。耰。謂覆種。既巳均種。當疾耰之。先雨芸耨。以待時雨。時雨既至。挾其槍刈耨鎛。在挾日挾。槍。椿也。刈。鐮也。耨。鐵鎒也。鎛。鉏也。以旦暮從事於田墅。稅衣就功。脫其常服。以就功役。便事而省費。别苗莠。列疏遬。遬。密也。謂苗之疏密當均列之。首戴苧蒲。苧。蔣也。編苧與蒲以爲笠。身服襏襫。襏襫。謂麤堅之衣可以任苦著者也。沾體塗足。暴其髮膚。盡其四支之力。以疾從事於田野。少而習焉。其心安焉。不見異物而遷焉。是故其父兄之教不肅而成。其子弟之學不勞而能。是故農之子常爲農。樸野而不慝。農人之子。朴質而野。不爲姦慝。其秀才之能爲士者。則足賴也。農人之子。有秀異之材可爲士者。即所謂生而知之不習而成者也。故其賢足可賴也。故以耕則多粟。以仕則多賢。是以聖王敬畏戚農。以農民能致粟。又秀材生焉。故聖王敬畏農而戚近之。今夫工羣萃而州處。相良材。審其四時。辨其功苦。功。謂堅美。苦。謂濫惡。權節其用。論比計。制斷器。尚完利。裁斷爲器。貴於完利。相語以事。相示以功。相陳以巧。相高以知事。以其能知器用之事相高。旦昔從事於此。以教其子弟。少而習焉。其心安焉。不見異物而遷焉。是故其父兄之教不肅而成。其子弟之學不勞而能。夫是故工之子常爲工。今夫商羣萃而州處。觀凶飢。審國變。察其四時。而監其鄉之貨。監。視也。以知其市之賈。負任擔荷。服牛輅馬。以周四方。料多少。計貴賤。以其所有。易其所無。買賤鬻貴。是以羽旄不求而至。竹箭有餘於國。奇怪時來。珍異物聚。旦昔從事於此。以教其子弟。相語以利。相示以時。相陳以知賈。賈知物價。相與陳說。少而習焉。其心安焉。不見異物而遷焉。是故其父兄之教不肅而成。其子弟之學不勞而能。夫是故商之子常爲商。相地而衰其政。則民不移矣。相地沃堉。以差其政。則人安其沃堉而不移。衰。差也。音楚危反。正旅舊。則民不惰。國之軍旅。正之以從舊貫。則稟令而不惰。山澤各以其時至。則民不苟。苟謂非時入山澤也。陵陸丘井田疇均。則民不惑。無奪民時。則百姓富。犧牲不勞。則牛馬育。過用謂之勞。桓公又問曰。寡人欲修政以干時於天下。其可乎。干。求也。時時見日會。欲求天下諸侯修時見之會。管子對曰。可。公曰。安始而可。管子對曰。始於愛民。公曰。愛民之道柰何。管子對曰。公修公族。家修家族。使相連以事。相及以祿。則民相親矣。相連以事。則人慣狎。相及以祿。則恩情生。故有親也。放舊罪。修舊宗。立無後。則民殖矣。放舊罪。則全人命。修舊宗。則收散親。立無後。則繼絕世。故人殖。殖。生也。則省刑罰。薄賦斂。則民富矣。鄉建賢士。使教於國。則民有禮矣。出令不改。則民正矣。此愛民之道也。公曰。民富而以親。則可以使之乎。管子對曰。舉財長工。以止民用。工能積財。舉而長之。民則慕而不費用矣。陳力尙賢以勸民知。賢能陳力而崇上之。民則勸而學知矣。 加刑無苛。以濟百姓。行之無私。則足以容衆矣。出言必信。則令不窮矣。此使民之道也。桓公曰。民居定矣。事已成矣。吾欲從事於天下諸侯。其可乎。欲從會事。 管子對曰。未可。民心未吾安。公曰。安之柰何。管子對曰。修舊法。擇其善者。舉而嚴用之。慈於民。予無財。貧無財者。當施與之。 寬政役。敬百姓。則國富而民安矣。公曰。民安矣。其可乎。管仲對曰。未可。君若欲正卒伍。修甲兵。則大國亦將正卒伍。修甲兵。君有征戰之事。則小國諸侯之臣有守圉之備矣。然則難以速得意於天下。公欲速得意於天下諸侯。則事有所隱。而政有所寓。不顯習其兵事。故曰事有所隱。 軍政寓之田獵。故曰政有所寓。 公曰。爲之柰何。管子對曰。作內政而寓軍令焉。爲高子之里。爲國子之里。爲公里。三分齊國。以爲三軍。擇其賢民。使爲里君。每里皆使賢者爲君。 鄉有行伍卒長。則其制令。且以田獵因以賞罰。因田獵之功過。行賞罰。 則百姓通於軍事矣。桓公曰。善。於是乎管子乃制五家以爲軌。軌爲之長。十軌爲里。里有司。四里爲連。連爲之長。十連爲鄉。鄉有良人。以爲軍令。是故五家爲軌。五人爲伍。軌長率之。十軌爲里。故五十人爲小戎。里有司率之。四里爲連。故二百人爲卒。連長率之。十連爲鄉。故二千人爲旅。鄉良人率之。五鄉一師。故萬人一軍。五鄉之師率之。三軍故有中軍之鼓。中軍則公之里卒也。 有高子之鼓。有國子之鼓。春以田。曰蒐振旅。因寓軍政。而且整旅。 秋以田。曰獮治兵。順殺氣。因治兵。 是故卒伍政定於里。軍旅政定於郊。內教旣成。令不得遷徙。故卒伍之人。人與人相保。家與家相愛。少相居。長相游。祭祀相福。死喪相恤。禍福相憂。居處相樂。行作相和。哭泣相哀。是故夜戰其聲相聞。足以無亂。晝戰其目相見。足以相識。驩欣足以相死。是故以守則固。以戰則勝。君有此教士三萬人。以橫行於天下。教士謂先教習之士。 誅無道。以定周室。天下大國之君。莫之能圉也。正月之朝。鄉長復事。復。白也。 公親問焉。曰。於子之鄉。有居處爲義好學。聰明質仁。慈孝於父母。長弟聞於鄉里者。有則以告。有而不以告。謂之蔽賢。其罪五。謂其罪當入於五刑而定其罰。

有司已於事而竣。既畢於上事而竣退。公又問焉。曰。於子之鄉。有拳勇股肱之力筋骨秀出於衆者。有則以告。有而不以告。謂之蔽才。其罪五。有司已於事而竣。公又問焉。曰。於子之鄉。有不慈孝於父母。不長弟於鄉里。驕躁淫暴不用上令者。有則以告。有而不以告。謂之下比。下與有罪者比而掩蓋之。其罪五。有司已於事而竣。於是乎鄉長退而修德進賢。桓公親見之。遂使役之官。謂授之官而役之。所以歷試其材能。公令官長期而書伐以告。伐。功也。且令選官之賢者而復之。曰。有人居我官。有功休德。維順端愨。以待時使。以愨善待時。待可用之時而使之也。使民恭敬以勸。其稱秉言。則足以補官之不善政。謂此人所稱柄之言。可以補不善之政。公宣問其鄉里。而有考驗。宣。徧也。徧問其鄉里之人。以考其所行皆有事驗。乃召而與之坐。省相其質。以參其成功成事。既有考驗。召而與坐。更省視其質體。以參驗其所成功之事也。可立而時。設問國家之患而不肉。其人既可。將立之。又時設問國家之患。以知智謀之深淺。不直相其骨肉而已。肉者。所謂皮肉也。退而察問其鄉里。以觀其所能。而無大過。登以爲上卿之佐。爲卿大夫之佐。名之曰三選。名此人曰三大夫之選。高子國子退而修鄉。朝事既畢。二大夫又如前退修於鄉。總敘在朝。故不言。鄉退而修連。連退而修里。里退而修軌。軌退而修家。是故匹夫有善。故可得而舉也。匹夫有不善。故可得而誅也。政既成。鄉不越長。朝不越爵。罷士無伍。罷。謂之於德義者。周禮所謂罷人不義之衆。恥以爲伍也。罷女無家。罷女猶罷士。衆恥娶之。故無家。士三出妻。逐於境外。三出妻。所謂士也罔極。二三其德。爲政者之所忌。故逐於境外也。女三嫁。入於舂穀。三見出而嫁。是不貞順者也。故入於舂穀。是故民皆勉爲善。士與其爲善於鄉。不如爲善於里。與其爲善於里。不如爲善於家。家善則鄉善矣。所謂居家治理。可移於官。是故士莫敢言一朝之便。皆有終歲之計。莫敢以終歲爲議。皆有終身之功。修政則人無苟且。正月之朝。五屬大夫復事於公。擇其寡功者而譙之曰。列地分民者若一。何故獨寡功。何以不及人。教訓不善。政事其不治。一再則宥。三則不赦。公又問焉。曰。於子之屬。有居處爲義好學。聰明質仁。慈孝於父母。長弟聞於鄉里者。有則以告。有而不以告。謂之蔽賢。其罪五。有司已事而竣。公又問焉。曰。於子之屬。有拳勇股肱之力秀出於衆者。有則以告。有而不以告。謂之蔽才。其罪五。有司已事而竣。公又問焉。曰。於子之屬。有不慈孝於父母。不長弟於鄉里。驕躁淫暴。不用上令者。有則以告。有而不以告者。謂之下比。其罪五。有司已事而竣。於是乎五屬大夫退而修屬。屬退而修連。連退而修鄉。鄉退而修卒。卒退而修邑。邑退而修家。是故匹夫有善。可得而舉。匹夫有不善。可得而誅。政成國安。以守則固。以戰則彊。封內治。百姓親。可以出征四方。立一霸王矣。可謂一霸王之功也。桓公曰。卒伍定矣。事已成矣。吾欲從事於諸侯。其可乎。管子對曰。未可。若軍令。則吾既寄諸內政矣。夫齊國寡甲兵。吾欲輕重罪而移之於甲兵。公曰。爲之柰何。管子對曰。制重罪入以兵甲犀脅二戟。輕罪入蘭盾鞈革二戟。蘭即所謂蘭錡。兵架也。鞈革。重革。當心著之。可以禦矢。小罪入以金鈞。三十金日鈞。分宥薄罪入以半鈞。分宥。謂從坐者分其首犯而寬宥之。無坐抑而訟獄者。正三禁之而不直。則入一束矢以罰之。謂其人自無所坐。而被抑屈爲訟者。正當禁之三日。得其不直者。則令入束矢也。美金以鑄戈劍矛戟。試諸狗馬。惡金以鑄斤斧鉏夷鋸欘。試諸木土。夷。鋤類也。鋸欘。钁類也。桓公曰。甲兵大足矣。吾欲從事於諸侯。可乎。管仲對曰。未可。治內者未具也。爲外者未備也。故使鮑叔牙爲大諫。所以諫正君。王子城父爲將。弦子旗爲理。理獄官。甯戚爲田。敎以農事。自此已上理內。已下理外。隰朋爲行。行。謂行人也。所以通使諸侯。曹孫宿處楚。商容處宋。季勞處魯。徐開封處衞。匽尙處燕。審友處晉。令此諸賢。各處諸侯之國者。所以諷動之令歸齊也。又游士八千人。奉之以車馬衣裘。多其資糧。財幣足之。使出周游於四方。以號召收求天下之賢士。飾玩好。使出周游於四方。鬻之諸侯。以觀其上下之所貴好。擇其沈亂者而先政之。以政正也。公曰。外內定矣。可乎。管子對曰。未可。鄰國未吾親也。公曰。親之柰何。管子對曰。審吾疆場。反其侵地。正其封界。毋受其貨財。而美爲皮幣。以極聘覜於諸侯。覜。見也。以安四鄰。則鄰國親我矣。桓公曰。甲兵大足矣。吾欲南伐何主。謂以何國爲征伐之主也。管子對曰。以魯爲主。反其侵地常潛。常潛。地名。使海於有蔽。或遇水災。敎令雍於渠海。使有蔽盡也。

彌於河諸。後敎之穿渠彌亙於河諸。綱山於有牢。敎之立國城必依山以爲綱紀。而有牢固。桓公曰。吾欲西伐何主。管子對曰。以衞爲主。反其侵地吉臺原姑與柒里。皆地名。使海於有弊。渠彌於有陼。綱山於有牢。桓公曰。吾欲北伐何主。管子對曰。以燕爲主。反其侵地柴夫吠狗。亦地名也。使海於有弊。渠彌於有陼。綱山於有牢。四鄰大親。既反其侵地。正其封疆。地南至於岱陰。謂岱山之北。西至於濟。北至於海。東至於紀隨。紀隨。地名。地方三百六十里。三歲治定。四歲敎成。五歲兵出。有敎士三萬人。革車八百乘。諸侯多沈亂不服於天子。於是乎桓公東救徐州。分吳半。分吳地之半。存魯蔡陵。蔡陵。地名。割越地。南據宋鄭。既割越地。又據宋鄭之國。以爲親援也。征伐楚。濟汝水。伐楚時渡汝水。踰方地。謂方城之地。望文山。楚山也。使貢絲於周室。使貢楚即所謂檿絲者也。堪爲琴瑟絃。成周反胙於隆嶽。周室有事。歸胙于齊。齊太嶽之後。故言隆嶽。荊州諸侯莫不來服。中救晉公。禽狄王。敗胡貉。破屠何。屠何東胡之先也。而騎寇始服。北狄以騎爲寇。北伐山戎。制冷支。斬孤竹。而九夷始聽。海濱諸侯莫不來服。西征。攘白狄之地。遂至于西河。謂龍門之西河。方舟投柎。乘桴濟河。至于石沈。石沈。地名。縣車束馬。踰大行。與卑耳之貉拘秦夏。與卑耳之貉共拘秦夏之不服者。西服流沙西虞。西虞。國名。而秦戎始從。故兵一出而大功十二。自救徐州已下有十二也。故東夷西戎南蠻北狄中諸侯國莫不賓服。與諸侯飾牲爲載書。書。謂要盟之辭。載之於策。以誓要於上下薦神。謂以上下之神祗爲盟誓。又以其牲薦之於神。然後率天下定周室。大朝諸侯於陽穀。故兵車之會六。乘車之會三。九合諸侯。一匡天下。甲不解壘。兵不解翳。翳所以蔽兵。謂櫓盾之屬。不解甲於壘。不解兵於翳。言不用也。弢無弓。服無矢。弢。弓衣也。無弓無矢。亦言不用也。寢武事。行文道。以朝天子。葵丘之會。天子使大夫宰孔致胙於桓公曰。余一人之命有事於文武。有祭事於文王武王之廟也。使宰孔致胙。且有後命。曰。以爾自卑勞。以爾自卑而勞矣。實謂爾伯舅毋下拜。桓公召管仲而謀。管仲對曰。爲君不君。君命臣無下拜。是不君也。爲臣不臣。臣承命而不讓。是不臣也。亂之本也。桓公曰。余乘車之會三。兵車之會六。九合諸侯。一匡天下。北至於孤竹。山戎。穢貉。拘秦夏。西至流沙。西虞。

南至吳越。巴。牂牁。䍧不庾。雕題。黑齒。皆南夷之國號也。荆夷之國。莫違寡人之命。而中國卑我。中國之人、不尊崇樂推。使居臣位。是卑我也。昔三代之受命者。其異於此乎。管子對曰。夫鳳皇鸞鳥不降。而鷹隼鴟梟豐。庶神不格。庶神不至。未歆其祭享。則守龜不兆。守龜。國之守龜。不兆。謂不以信誠告之。握粟而筮者屢中。長者不告而短者告。是德之不至。傳龜長筮短。詩曰。握粟出卜。時雨甘露不降。飄風暴雨數臻。五穀不蕃。六畜不育。而蓬蒿藜藋徒弔反。並興。夫鳳皇之文。前德義。後日昌。前包德義。後有日昌。明先德義乃可以日昌也。昔人之受命者。龍龜假。假。至也。河出圖。雒出書。地出乘黃。乘黃。神馬也。坤利牝馬之貞。故從地出。若漢之渥洼神馬之比。今三祥未見有者。三祥。謂龜龍圖書乘黃也。雖曰受命。無乃失諸乎。桓公懼。出見客曰。天威不違顏咫尺。小白承天子之命。而毋下拜。恐顛蹶於下。以為天子羞。遂下拜登受。賞服大路。龍旗九游。渠門赤旂。渠門。旗名。天子致胙於桓公而不受。天下諸侯稱順焉。桓公憂天下諸侯。魯有夫人慶父之亂。而二君弒死。慶父通莊公夫人姜氏。弒子般。又弒閔公。國絕無後。桓公聞之。使高子存之。男女不淫。淫。亂雜也。馬牛選具。選。擇其善者以成具。凡欲以貢齊也。執玉以見。請為關內之侯。請為齊關內之侯。而桓公不使也。狄人攻邢。桓公築夷儀以封之。男女不淫。馬牛選具。執玉以見。請為關內之侯。而桓公不使也。狄人攻衛。衛人出旅於曹。旅。客也。客居曹也。桓公城楚丘封之。其畜以散亡。故桓公予之繫馬三百匹。謂馬在閑廄繫養之。言其良也。天下諸侯稱仁焉。於是天下之諸侯知桓公之為己勤也。是以諸侯之歸之也譬若市人。桓公知諸侯之歸己也。故使輕其幣而重其禮。故使天下諸侯以疲馬犬羊為幣。疲。謂瘦也。齊以良馬報。諸侯以縷帛布鹿皮四分以為幣。謂四分其鹿皮。齊以文錦虎豹皮報。諸侯之使垂櫜而入。稇丘粉反。載而歸。垂櫜。言其空也。稇。收拾也。故鈞之以愛。致之以利。結之以信。示之以武。是故天下小國諸侯。既服桓公。莫之敢倍而歸之。喜其愛而貪其利。信其仁而畏其武。桓公知天下小國諸侯之多與己也。於是又大施忠焉。可為憂者為之憂。可為謀者為之謀。可為動者為之動。伐譚萊而不有也。諸侯稱仁焉。通齊國之魚鹽東萊。自東萊通魚鹽於諸侯。使關市幾而不正。壥而不稅。幾察也。察其姦非。而不征稅。以爲諸侯之利。諸侯稱寬焉。築蔡鄢陵培夏靈父丘。皆邑名。以衞戎狄之地。所以禁暴於諸侯也。築五鹿中牟鄴蓋與社丘。以衞諸夏之地。所以示勸於中國也。敎大成。是故天下之於桓公。遠國之民望如父母。近國之民從如流水。故行地滋遠。得人彌衆。是何也。懷其文而畏其武。故殺無道。定周室。天下莫之能圉。武事立也。定三革。車馬人皆有革甲。日三革。偃五兵。朝服以濟河而無怵惕焉。謂乘車之會。朝服濟河。以與西諸侯盟也。文事勝也。是故大國之君慙媿。小國諸侯附比。是故大國之君事如臣僕。小國諸侯驩如父母。夫然故大國之君不尊。不以國大加其尊禮。小國諸侯不卑。不以國小而卑其敬。是故大國之君不驕。小國諸侯不懾。於是列廣地以益狹地。損有財以益無財。周其君子。不失成功。周給君子。得其力用。故不失成功也。周其小人。不失成命。周給小人。懷德而歸。故不失成命也。夫如是。居處則順。出則有成功。不稱動甲兵之事。以遂文武之迹於天下。既以朝服濟河。故不稱甲兵。文德成也。大國畏威。事如臣僕。武功立也。桓公能假其羣臣之謀以益其智也。其相曰夷吾。大夫曰甯戚隰朋賓胥無鮑叔牙。用此五子者何功。言何功而不成。度義光德。繼法紹終。以遺後嗣。貽孝昭穆。大霸天下。名聲廣裕。不可掩也。則唯有明君在上。察相在下也。

初。桓公郊迎管子而問焉。管仲辭讓。然後對以參國伍鄙。立五鄉以崇化。建五屬以厲武。寄兵於政。因罰備器械。加兵無道諸侯。以事周室。桓公大說。於是齋戒十日。將相管仲。管仲曰。斧鉞之人也。幸以獲生。以屬其腰領。屬。綴連也。臣之祿也。若知國政。非臣之任也。公曰。子大夫受政。寡人勝任。言子受政而輔我。我則勝君之任也。子大夫不受政。寡人恐崩。管仲許諾。再拜而受相。三日。公曰。寡人有大邪三。其猶尚可以爲國乎。對曰。臣未得聞。公曰。寡人不幸而好田。晦夜而至禽側。言夙興晦夜之時。已至禽之側畔也。田莫不見禽而後反。其田必見禽。多獲而後反。諸侯使者無所致。百官有司無所復。

（戲事於田。故使者不得致命。有司不得自事。）對曰。惡則惡矣。然非其急者也。公曰。寡人不幸而好酒。日夜相繼。諸侯使者無所致。百官有司無所復。對曰。惡則惡矣。然非其急者也。公曰。寡人有汚行。不幸而好色。而姑姊有不嫁者。對曰。惡則惡矣。然非其急者也。公作色曰。此三者且可。則惡有不可者矣。（此三者尚以爲可。豈更有不可於此者。）對曰。人君唯優與不敏爲不可。優。（謂逶隨不斷。）優則亡衆。不敏不及事。公曰。善。吾子就舍。異日請與吾子圖之。對曰。時可。將與夷吾。何待異日乎。（言可之時。正與夷吾。不可待他日。）公曰。奈何。對曰。公子舉爲人博聞而知禮。好學而辭遜。請使游於魯。以結交焉。公子開方爲人巧轉而兌利。請使游於衛。以結交焉。曹孫宿其爲人也小廉而苛忕。（音逝。苛密。忕習也。言多所慣習也。）足恭而辭結。（其辭能與人定交結。）正荆之則也。（言此人立行正與荆俗同。使之游荆。必得其歡心。上二人亦然。）請使往游。以結交焉。遂立行三使者而後退。（使三使行出然後退。）相三月。請論百官。公曰。諾。管仲曰。升降揖讓。進退閑習。辨辭之剛柔。臣不如隰朋。請立爲大行。（大行。大使之官。）墾草入邑。辟土聚粟。多衆盡地之利。臣不如甯戚。請立爲大司田。平原廣牧。（廣遠可牧之地。）車不結轍。士不旋踵。鼓之而三軍之士視死如歸。臣不如王子城父。請立爲大司馬。決獄折中。不殺不辜。不誣無罪。臣不如賓胥無。請立爲大司理。犯君顏色。進諫必忠。不辟死亡。不撓富貴。臣不如東郭牙。請立以爲大諫之官。此五子者。夷吾一不如。（於五子各不如其一。）然而以易夷吾。夷吾不爲也。（以五子之能易夷吾之德。則夷吾所不能。）君若欲治國彊兵。則五子者存矣。若欲霸王。夷吾在此。

桓公曰善。

王言第二十一 闕 內言四

卷八校正

中匡第十九 內言二

△民辦軍事矣　元刻辦作辨。　△死罪以犀甲一戟刑罰以脅盾一戟　王氏引之云。刑罰當爲刑罪。死罪以犀甲一戟。是承上死罪不殺而言。刑罪以脅盾一戟。是承上刑罪不罰而言。齊語作重罪贖以犀甲一戟。輕罪贖以鞼盾一戟。重罪卽死罪。輕罪卽刑罪也。今作刑罰者。涉上文薄刑罰而誤。　△過罰以金軍無所計而訟者成以束矢　王氏引之云。軍當爲鈞。鈞軍聲相亂。又涉上文軍事而誤。過罰以金鈞者。謂過失之罰令出金一鈞也。小匡篇作小罪入以金鈞。是其證。若無鈞字。則所罰之金無定數矣。下文無所計而訟者。別是一事。小匡篇作無坐抑而訟獄者。句法亦相同。尹以軍字屬下讀。謂不計於軍事而以私訟者。非也。此是獄訟之事。與軍事無涉。

△而後可以危救敵之國　王氏引之云。救敵與仇敵同。集韻。仇。讎也。一曰。匹也。或作救。方言。救。仇也。（今本救譌作执。據集韻引改。）郭璞曰。謂怨仇也。太玄內初一。謹于嬰救。范望曰。救。匹也。釋文曰。嬰與妃同。救音仇。一作救。嬰救即妃仇。（桓二年左傳。嘉耦曰配。怨耦曰仇。）而执又作救。是仇执救古字通也。小問篇作先定卿大夫之家。然後可以危鄰之敵國。是其證。　△是故先王必有置也而後必有廢也必有利也而後必有害也　王云。兩而後下。皆不當有必字。此涉上文而衍。小問篇云。是故先王必有置也。然後有廢也。必有利也。然後有害也。是其證。望案。宋紹興本廢作發。作廢者。後人不知古字通叚妄改也。　△昔三王者既弒其君　御覽皇王部一引。弒作殺。　△請致仲父公與管仲父而將飲之　俞云。請致仲父。言欲與仲父飲酒也。與讀曰預。言預爲之期也。（一切經音義六。預。古作與。）　△掘新井而柴焉　望案。柴字於義無取。柴當爲宊。古宊字隸變作突。因誤爲柴耳。輕重甲篇。請以令高杠柴池。柴亦宊字之誤。　△寡人自以爲修矣　白帖十五引作以爲脫於罪矣。　△非一朝之萃　丁云。萃讀爲卒。史記索隱引廣雅曰。卒。暴也。宋本萃作莘。字之誤。　△刑廉而不赦　丁云。赦當爲忮。忮。很也。不忮與上文不苛同意。說文玉下曰。廉而不忮。絜之方也。水地篇曰。廉而不劌。　△有司寬而不淩　王云。淩者。嚴急之意。字或作陵。荀子致士篇曰。凡節奏欲陵。而生民欲寬。富國篇曰。其於貨財取與計數也。寬饒簡易。其於禮義節奏也。陵謹盡察。是淩與寬正相反也。尹注非。　△菀濁困滯皆法度不亡　張云。皆下當脫一字。　△往行不來　張云。來疑爽字之誤。與上句亡字爲均。　△而民游世矣　俞云。世讀爲泄。游泄皆和樂之意。望案。當作游於世。游下脫於字。

△君有加惠於其臣使臣不凍飢　文選陸厥答内兄詩。注引加作嘉。左氏莊九年。正義引無其字。飢作餒。治要作餒。△治國不失秉　治要引秉作柄。齊語同。△使百姓皆加勇　左氏正義引加作知。是。△彼爲其君動也　左氏正義引動作勤。齊語作動。洪云。勤字是。僖二十八年左傳注曰。盡心盡力。無所愛惜。曰勤。△顧請之以戮羣臣　朱本作戮於羣臣。左氏正義亦有於字。與齊語同。今本脫。△請受而甘心焉　左氏正義引作請受而戮之。王云。下文施伯曰。非戮之也。正對此句而言。今本乃後人依左傳改之。△今齊求而得之則必長爲魯國憂　丁云。今當作令。齊語曰。令彼在齊。則必長爲魯國憂矣。語意正同。△君何不殺而受之其屍　左氏正義引。受作授。無之字。齊語作殺而以其屍授之。△是君與寡君賊比也　左氏正義引。君下有之字。元刻同。△非弊邑之君所謂也使臣不能受命　左氏正義引。無君字。謂作請。能作敢。齊語曰。若不生得以戮於羣臣。猶未得請也。△於是魯君乃不殺　宋本是下有乎字。左氏正義同。今本脫。△管仲必不死夫鮑叔之忍不僇賢人其智稱賢以自成也　左氏正義引作管仲必不死矣。鮑叔之不忍戮賢人。其知知稱賢以自成也。王云。當作夫鮑叔之仁不忍僇賢人。其智知稱賢以自成也。仁與智正相對。左氏正義脫仁字。俞云。釋名釋言語曰。仁。忍也。好生惡殺。善含忍也。然則鮑叔之忍。猶言鮑叔之仁耳。左氏正義引作不忍。乃後人不達忍字之義而妄加不字也。△與魯以戰能使魯敗功足以得天與失天其人事一也　俞云。與以二字當互易。能字義不可通。當讀爲乃。管仲爲子糾之故。以魯師與齊戰。乃使魯敗。明是天意。非人力所爲。足當爲定。言功之成不成。定以得天與失天。若以人事論。則一而已矣。得天。謂公子小白。失天。謂子糾也。定與足。字形相似而誤。君臣上篇。朝有足度衡儀。足亦定字之誤。宋本正作定。是其證。△願以顯其功　宋本願作顧。△衆必予之有得力死之功猶尙可加也　丁云。當讀衆必予之有得爲句。力死之功。與下顯生之功對文。加與嘉通。望案。朱本得作德。予讀曰與。衆必予之有德者。謂衆以有德之名與之也。尹注非。△顯生之功將何如是昭德以貳君也　王云。將何如爲句。是昭德以貳君也爲句。尹以是字上屬。非是。張云。當作將何加。是承上尙可加而言。△鮑叔祓而浴之三　望案。浴者謂以香熏草藥沐浴之。國語曰。三釁三浴之。△管仲詘纓插衽　王云。插當從宋本作捷。捷。古插字也。（小雅鴛央篇。戢其左翼。韓詩曰。戢。捷也。捷其噣於左也。士冠禮注。扱柶於醴中。鄉射禮注。搢。插也。大射儀注。搢。扱也。內則注。搢猶扱也。釋文插扱二字竝作捷。淮南泰族篇。捷呦而朝天下。捷呦即插笏。）今作插者。後人所改耳。御覽服章部三引此。正作捷。（鈔本如是。刻本捷譌作揵。）孫說同。△應公之賜　王云。廣雅曰。應。受

也。桓公郊迎管仲而禮之。故仲稱受公之賜。死且不朽。尹以賜爲賜死。大謬。△戎馬待游車之褩　王云。戎馬當依齊語作戎車。據尹注亦作戎車。△而賢大夫在後　宋本朱本賢下有士字。今本脫。△世法文武之遠迹　陳先生云。齊語迹作績。韋注。績。功也。據管子則齊語當是蹟字。說文。迹。蹟也。蹟迹之或字。下文亦云以遂文武之迹於天下。△合羣國比校民之有道者　齊語國作叟。△式美以相應比綴以書原本窮末　齊語美作權。書作度。原作尋。窮作擘。△糞除其顛旄　宋本。察國語作班序顛毛。班。列也。謂以頂髮色列序之。使有長幼。班與糞。除與序。皆聲之轉。糞除當讀爲班序。旄與毛通。俞云。糞字疑叢字之誤。篆文糞作𦺇。與叢字相似。故誤也。叢即今所用頒賜字。後人因叢誤糞。遂臆改敍爲除矣。△而百姓可御　安井衡云。古本御下有矣字。△三鄉一帥　宋本劉本三作五。丁云。五鄉萬家。家出一人。爲萬人也。下文曰。五鄉一帥。故萬人一軍。五鄉之帥率之。△制五家爲軌軌有長六軌爲邑邑有司十邑爲率率有長十率爲鄉鄉有良人三鄉爲屬屬有帥五屬一大夫　劉云。齊語作制鄙。三十家爲邑。邑有司。十邑爲卒。卒有卒帥。十卒爲鄉。鄉有鄉帥。三鄉爲縣。縣有縣帥。十縣爲屬。屬有大夫。五屬。故立五大夫。各使治一屬焉。案後屬退而脩連。連退而脩鄉。則此當作三鄉爲連。連有帥。十連爲屬。今三鄉下缺爲連連有帥十連七字。但齊語以連爲縣耳。王云。十邑爲率。率當依齊語作卒。（下同。）下文鄉退而脩卒。亦與齊語同也。隸書卒字或作𠦃。（見漢韓勑造孔廟禮器碑。）形與卒相似。故卒誤爲率。屬有帥。當作屬有大夫。此涉上文連有帥而誤。五屬一大夫。一當爲五。下文云。正月之朝。五屬大夫復事於公。擇其寡功者而讙之曰。列地分民若一。何故獨寡功。是每屬有一大夫。故齊語云。五大夫各治一屬。不得言五屬一大夫也。△毋有淫佚者　宋本佚作泆。△士農工商四民者國之石民也　文選陸士衡挽歌詩注。揚子雲劇秦美新注引。作國之正民。嵇叔夜絕交詩注。陳孔璋檄吳將校文注。白帖八十三引。俱作石民。孫云。正民對閒民而言。作石民非。△今夫士羣萃而州處閒燕　丁云。今當依齊語作令。閒燕亦當如齊語屬下讀。△審其四時權節具備其械器用　劉云。下二句當作權節其用。備其械器。乃字誤亂耳。齊語作權節其用。是也。注皆非。△比耒耜穀芨　宋本耜作耟。穀作殻。孫云。穀芨當依齊語作耞芟。（宋明道本如是。韋注。耞。拂也。所以擊草也。芟。大鎌。所以芟草也。宋庠本耞作枷。）宋本作殻芨。殻即耞字之壞。今又譌而爲穀矣。尹注非。△以待時乃耕深耕均種疾耰　齊語作以待時耕。及耕。深耕而疾耰之。此乃字蓋及字之誤。△以且暮從事於田野　王氏引之云。且暮本作旦昔。此後人據齊語改之也。不知齊語作旦莫。管子自作旦昔。上文言士。下文言工與商。皆云且昔從事於此。不應此處獨作旦暮也。昔與夕通。△首戴苧蒲 齊語苧作茅。段先生云。作苧是也。今俗云馬苧。可以為蓑笠。△以疾從事於田野 丁云。疾字涉上文疾耰而衍。△其心安焉 宋本脫此句。△其秀才之能為士者 劉本才作材。△是以聖王敬畏戚農 王云。敬畏戚農。當作敬農戚農。言農民耕則多粟。仕則多賢。是以聖王敬之親之也。農與畏字。形相似而譌。△辨其功苦 望案。苦讀為盬。詩傳曰。盬。不堅固也。字亦作沽。周官司兵辨其物。注謂功沽。亦作楛。見荀子。△論比計 王氏引之云。計當作什。字形相似而譌。什與協通。（周禮大行人。協辭命。故書協作什。大戴禮朝事篇譌作計。史記曆書。祝犂協洽。單行索隱本協作什。譌作計。）什下當有材字。齊語正作論比協材。韋注曰。協。和也。和其剛柔也。△相示以功相陳以巧 元刻作相示以巧。相陳以功。與齊語同。△相高以知事 丁云。事字衍。相高以知。與上文三句平列。△旦昔從事於此白帖八十三引作旦暮。△察其四時而權其鄉之貨 望案。貨當是資字之誤。韋注齊語亦作資。云。資。財也。王氏煦國語釋文曰。資讀如宋人資章甫適越之資。越語云。夏則資皮。冬則資絺。旱則資舟。水則資車。△服牛軺馬 劉云。軺一作輅。望案。古無軺字。軺必輅字之誤。齊語正作輅。△珍異物聚 俞云。物當為總。言珍異總聚也。若作物聚。則不詞矣。俗書總字作捴。其上半與物相似而誤。△相示以時 齊語時作賴。△相陳以知賈 丁云。齊語及此文並衍知字。賈讀如平市賈之賈。相陳以賈。與上文二句對文。△則民不移矣 望案。矣字衍。△正旅舊 洪云。正。依齊語作政。旅。陳也。謂陳其舊政。尹注非。△陵陸丘井田疇均則民不惑 丁云。井與陵陸丘三者不類。井當為阜。地圖篇曰。陵陸丘阜之所在。說苑辨物篇曰。山川汙澤。陵陸丘阜。五土之宜。聖王就其勢。因其便。不失其性。高者黍。中者稷。下者秔。蒲葦菅蒯之用不乏。麻麥黍粱亦不盡。即此所謂陵陸丘阜田疇均。齊語作陵阜陸墐井田疇均。井字衍。不惑。齊語作不憾。誤。△犧牲不勞則牛馬育 王云。勞讀為撈。方言曰。撈。取也。（廣雅同。）古無撈字。借勞為之。齊語作犧牲不略。則牛羊遂。韋注曰。略。奪也。略與勞一聲之轉。皆謂奪取也。無奪民時。不輕用民也。犧牲不勞。不妄取於民也。今俗語猶謂略取人物曰撈矣。△舉財長工以止民用 王云。止當為足。尹注非。△民心未吾安 安井衡云。古本無吾字。△舉而嚴用之 齊語嚴作業。△慈於民予無財 齊語作遂滋民與無財。韋注。遂。育也。滋。長也。貧無財者振業之。王氏經義述聞曰。遂。語詞。猶言因也。滋即慈之借。慈者。愛也。卹也。與無財。則所以卹之也。大戴禮記少閒篇。制典慈民。墨子非儒篇。不可使慈民。皆謂惠卹其民也。△君若欲正卒伍 洪云。正當作定。漢書刑法志引此作定。下文卒伍正定於里。軍旅政定於郊。桓公曰。卒伍定矣。皆作定字。　△則其制令　孫云。其字譌。通典百四十八引此作有。　△是故五家爲軌五人爲伍　齊語無是故二字。此文衍。五人爲伍上當依下句例補一故字。　△五鄉一師　通典引師作帥。下文同。齊語亦作帥。　△故萬人一軍　望案。人下脫爲字。當據上文四爲字及齊語通典補。　△是故卒伍政定於里軍旅政定於郊　通典引作卒伍定於里軍政定於郊。（王云。政當爲旅。）齊語作卒伍整於里。軍旅整於郊。王云。政卽正字。正與定。古字亦通。今政定竝出者。一本作政。一本作定。而後人誤合之也。齊語作整。整與正定。聲亦相近。　△令不得遷徙　宋本令誤合。徙誤徒。　△家與家相愛　丁云。愛當爲受。周禮大司徒職曰。令五家爲比。使之相保。五比爲閭。使之相受。注曰。受者。宅舍有故相受寄託也。五家爲比。故五人爲伍。五比爲閭。故五伍爲兩。大司徒會萬民之卒伍而用之。管子因之作內政。而寓軍令。是卒伍之人卽比閭之人也。鶡冠子王鈇篇。五家與家相受。人與人相付。與管子同。　△禍福相憂　望案。福字涉上文祭祀相福而衍。元刻無福字。　△驩欣足以相死　望案。死疑助字譌。鶡冠子正作相助。　△以橫行於天下　望案。橫讀曰旁。旁猶普也。徧也。齊語作方。　△聰明質仁　宋蔡潛道本質作賢。下文同。　△慈孝於父母長弟聞於鄉里者　王云。上言慈孝於父母。則下當言長弟於鄉里。於上不當有聞字。（下文長弟聞於鄉里同。）此後人據齊語加之也。（齊語作有居處好學。慈孝於父母。聰惠質仁。發聞於鄉里者。文與此異。不得據彼以改此。）下文云。不慈孝於父母。不長弟於鄉里。是其明證。　△謂之蔽賢　齊語賢作明。　△謂之蔽才　齊語才作賢。　△維順端慤以待時使使民恭敬以勸　王云。上使字因下使字而衍。尹注曰。待時。待可用之時也。則無使字明矣。（今本注文可用之時下有而使之三字。乃後人所加。宋本無。）齊語作惟愼端慤以待時。韋注曰。待時。動不違時也。是其證。　△其稱秉言　齊語作綏謗言。望案。稱。綏字之誤。秉與謗古同部字。音相近。　△則足以補官之不善政　宋本官作管。古字通。　△乃召而與之坐　宋本乃作迺。齊語坐作語。　△可立而時　齊語作誠可立而授之。韋注曰。言可立以爲大官而授之事也。王云。此作可立而時者。之時古字通。（古時字作旹。以㞢爲聲。故二字可以通用。呂氏春秋胥時篇。事在當時。作事在當之。漢書張蒼傳。草立土德時歷制度。史記作草土德之歷制度。）又脫去授字耳。尹注非。　△設問國家之患而不肉　齊語作設之以國家之患而不疚。劉云。此肉字當是疚字之誤。王云。尹解肉字甚謬。劉依齊語以肉爲疚之誤。是矣。而未盡也。肉與疚。形不相近。若本作疚字。無緣誤爲肉。蓋其字本作㝌。隸書或從篆作肉。形與肉相似。因誤爲肉。說文。㝌。貧病也。從宀。久聲。詩曰。煢煢在㝌。今詩㝌作疚。未必非後人所改。此

宍字若不誤爲肉。則後人亦必改爲疚矣。　△是故匹夫有善故可得而擧也匹夫有不善故可得而誅也。　王
云。下兩故字皆涉上故字而衍。（望案。宋本無第三故字。）齊語無下文匹夫有善可得而擧。匹夫有不善可得
而誅。亦無兩故字。　△五屬大夫復事於公　冊府元龜二百三十九列國君部引此文。無於字。公下屬讀。　△
政事其不治。　望案。其字衍。冊府元龜引無。　△聰明質仁　冊府元龜引質作賢。　△桓公曰卒伍定矣事巳
成矣　宋本桓公曰別行。成作定。　△吾欲輕重罪而移之於甲兵　丁云。重字涉下文重罪而衍。元本無重字
齊語作輕過。亦無重字。下文重罪輕罪對擧。皆得贖以甲兵。則所輕者非獨在重罪也。　△犀脅　冊府元龜犀
作遲。　△無坐抑而訟獄者正　俞云。坐。挫之借字。言人有挫抑。則宜訟。無挫抑而訟。是好訟也。故宜有以正之。
△桓公曰甲兵大足矣　宋本別行。　△管仲對曰　宋本作管子。　△故使鮑叔牙爲大諫　王云。鮑叔牙
本作東郭牙。下文管仲曰。犯君顏色。進諫必忠。不辟死亡。不撓富貴。臣不如東郭牙。請立以爲大諫。是其證。晏子
春秋問篇。呂氏春秋勿躬篇。韓子外儲說左篇、新序雜事篇竝同。世人多聞鮑叔牙。寡聞東郭牙。故以意改之耳。
△曹宿孫處楚　劉本朱本皆作曹孫宿。此誤倒。　△季勞處魯　宋云。季勞卽下文季友。說文古文友字作
𦫳。故誤爲勞。　△徐開封處衞　王云。徐當爲衞。字之誤也。開封當爲開方。聲之誤也。開方。衞人也。故曰衞開方。
大匡篇曰。游公子開方於衞。故曰衞開方處衞。孫說同。　△匽尙處燕　孫云。匽尙蓋卽大匡篇晏子。　△審友
處晉　冊府元龜友作支。　△又游士八千人　王氏引之云。八千人爲數太多。當從齊語作八十人。韋昭注曰。
州十人。齊居一州。爾釋曰。齊曰營州。是也。又讀曰宥。古字又與宥通。（周語。是三子也。吾又過於四之無不及。又
與有同。）齊語作爲。爲亦有也。（說見釋詞。）　△擇其沈亂者而先政之　齊語沈作淫。政作征。　△審吾疆
埸。　宋本作疆埸。此本誤。　△反其侵地常潛　齊語常作棠。　△以安四鄰　冊府元龜作鄰國。　△渠彌於
河陼　宋本作有陼。與齊語同。冊府元龜亦作有。王云。當依齊語作有。陼與上下兩有字文同一例。且下文亦作
有陼。不作河陼也。　△綱山於有牢　冊府元龜綱作纔。下文同。王云。綱山齊語作環山。韋注曰。環。繞也。後漢書
馬融傳注。引齊語繯山於有牢。賈注曰。繯。還也。是賈本作繯山。與韋異也。今管子作綱山者。蓋俗書綱字作綗。與
繯字相似。繯譌爲綗。又譌爲綱耳。尹注非。　△反其侵地吉臺原姑與柒里　王云。吉字卽臺字上半誤衍者。齊
語作臺原姑與漆里。韋注曰。衞之四邑無吉字。望案。冊府元龜引無。　△地南至於岱陰　冊府元龜引。無地字。
△北至於海東至於紀隨　齊語海作河。隨作酅。　△有敎士三萬人革車八百乘　王氏引之云。八當爲六。

上文云。五十人爲小戎。積而至於三萬人。則六百乘矣。齊語作八百乘。亦誤。說見韋注。△存魯蔡陵　冊府元龜作有魯茶陵。兪云。地無名蔡陵者。據下文云築蔡鄢陵。疑此文蔡上脫築字。陵上脫鄢字。存魯爲一事。築蔡鄢陵又爲一事。△南據宋鄭征伐楚　齊語南字在征伐楚上。此誤移在據宋鄭上耳。△踰方地　劉云。地乃城字誤。後亦作方城。王云。齊語及御覽治道部七引。並作方城。尹注非。△望文山　朱本作汶山。覇形篇同。齊語亦作汶山。黃丕烈云。戰國策言三苗之居文山在其南者卽此。△使貢絲于周室成周反胙於隆嶽　宋云。案國語作使貢絲于周而反。荆州諸侯。莫敢不來服。後於西服流沙西吳下。作南城於周。反胙于絳嶽。濱海諸侯。莫敢不來服。國語當采自管子。而文多異。管子傳本脫誤。惟小匡一篇首尾完善。似勝國語。濱水厓。嶽不得言濱。此漢人整齊國語之文。遂效上文海濱作嶽濱。今定嶽字當連上讀。反胙於隆嶽。反歸也。猶言歸胙於齊侯。卽後文宰孔致胙事。舊注訓太嶽是也。國語反胙于絳。賈唐紛紛之說並非也。四嶽於古爲方伯。於成周言隆嶽者。言天子以桓公爲方伯矣。△而騎寇始服　宋云。據此言騎寇。則知騎戰春秋時已有。然非中土制。故經傳罕言。後趙武靈王云變服騎射以備燕三胡秦韓之民。此騎射亦習北俗。非叛爲也。△制泠支　兪云。制乃剬字之誤。齊語作剬令支。韋注曰。剬。擊也。△方舟投柎　王云。投柎。當依朱本及齊語作設柎。△乘桴濟河　宋本桴作泭。△至于石沈　齊語作石枕。補音作抗。△縣車束馬　北堂書鈔百十四引作乘馬。△與卑耳之貉　王云。貉當爲谿字之誤。齊語作辟耳之谿。辟卑古字通。鈔本北堂書鈔武功部二引此。正作卑耳之溪。（明陳禹謨本依今本管子。改溪爲貉。）小問篇亦云。未至卑耳之谿十里。尹注非。△拘秦夏　丁云。秦夏。疑泰夏之誤。泰與大同。望案。封禪篇。西伐大夏。涉流沙。則大夏蓋國名。拘者。謂係累其君而歸也。△中諸侯國　宋本元本作中國諸侯。此誤倒。△以誓要于上下薦神　劉云。薦當依齊語作庶。王云。劉說是也。下文庶神不格。卽其證。誓要當爲要誓。齊語作約誓。約亦要也。謂以盟載之詞要誓于上下衆神也。尹不知薦爲庶之誤。而以薦神二字別爲句。謬矣。△甲不解壘兵不解翳　王云。壘當依宋本朱本及齊語作纍。韋注曰。纍所以盛甲也。補音。纍。力追反。望案。說文。纍。大索也。医。臧弓弩矢器也。翳爲医之叚字。△余一人之命有事於文武　丁云。之命二字蓋因下文天子之命而衍。齊語同。僖九年左傳云。天子有事於文武。無之命二字。△賓謂爾伯舅無下拜　中立本脫賓字。洪云。穆天子傳郭璞注引。作伯咎無下拜。士昏禮注。古文舅皆爲咎。此舅字後人所改。△亂之本也　丁云。案亂之本也下當依齊語接桓公懼云云。中閒九合一匡諸語。皆是桓公侈大之辭。考左傳史記之言勤遠略乃在復會葵丘時。鳳皇鸞鳥一節。是管子諫止封禪之意。以史記所載封禪篇文參觀之。疑其篇未嘗亡佚。特錯簡於斯。以致前後文多脫落耳。△握粟而筮者屢中　宋本朱本皆作筮。此本誤。俞云。筮卽筮字。古書從巠從巫之字往往相亂。呂氏春秋察傳篇。沈尹筮。贊能篇作沈尹莖。顏氏家訓書證篇曰。巫混經旁。正謂此類。△蔾蘺　望案。蘺乃灌字之誤。△後日昌　丁云。日昌與德義文不相對。日者。明之壞字。明昌。猶昌明也。大戴禮虞戴德篇曰。天事日明。地事日昌。語志篇曰。天日作明。地日作昌。天地之事日明昌。天地之文亦日明昌。鳳皇之文。法天地也。楚語。天明昌作。注。昌盛也。廣雅。昌。光也。△龍旗九游　宋本旗作旂。△渠門赤旂　宋云。案齊語韋昭注。渠門。兩旂所建。以爲軍門。若今牙門也。案牙古音如吾。與渠音近。亦爲一物。考工記車人鄭司農注。渠謂車轑。所謂牙渠門卽轅門。穀梁昭八年傳。置旃以爲轅門。范甯注。轅門。卬車以其轅表門也。有轅必有渠。故轅門亦爲渠門。桓公受天子賞。不以旂。而置交龍之旂也。△天子致胙於桓公而不受　陳先生云。不乃下之誤。下受承下拜登受而言。△請爲關內之侯　册府元龜之下有諸字。下文同。△故使天下諸侯以疲馬犬羊爲幣　册府元龜疲作罷。丁云。上文云故使輕其幣而重其禮。此承上言之。當作故天下諸侯。不當有使字。齊語無。△諸侯以縵帛布鹿皮四分以爲幣　王云。縵帛布本作縵帛。說文。縵。繒無文也。韓子十過篇曰。縵帛爲茵。縵帛與下文錦正相對。霸形篇曰。以虎豹皮文錦使諸侯。諸侯以縵帛鹿皮報。文義正與此同。則本作縵帛明矣。今本作縵帛者。後人以齊語改之也。（齊語作縵纂以爲奉。韋注曰。縵纂。以縵織纂。不用絲。則非謂帛明矣。不得據彼以改此。）其布字則因帛字而誤衍耳。引之曰。鹿皮四分。分當爲介。介卽今个字也。（古字有介無个。說見經義述聞通說个字下。）齊語作鹿皮四个。韋注曰。个。枚也。（宋庠本如是。明道本个譌作分。注內枚字又譌作散。辯見經義述聞通說。）鹿皮四个。卽聘禮所謂乘皮。个字古書作介。廣韻云。介俗作夰。形與分相似。因譌作分。尹讀四分其鹿皮。失之矣。△攟載而歸　册府元龜攟作攈。俞云。攟字當從禾。卽稛字也。說文禾部。稛。絭束也。从禾。囷聲。此作攟者。又變从麏聲。麏字亦从囷得聲者。故其聲同也。傳寫誤从木。非是。△於是又大施忠焉　劉本忠作惠。△逾齊國之魚鹽東萊　劉本及齊語魚鹽下有于字。△壥而不稅　宋本壥作墠。詩伐檀釋文。廛本亦作墠。集韻。廛亦作墠。△築蔡鄢陵培夏靈父丘　齊語作築葵茲晏負夏領釜丘。△築五鹿中牟鄴蓋與社丘　齊語無鄴字。宋本朱本社丘皆作牡丘。齊語同。王云。社字誤。牡丘。見春秋僖公十五年。△所以示勸於中國也　齊語勸作權。△教大成　宋本教下有之字。△行地滋遠　宋本滋作茲。△定

三革　望案。王煦國語釋文云。革。甲也。考工記函人。犀甲七屬。兕甲六屬。合甲五屬。是謂三革。△偃五兵　朱本作隱五刃。△於是列廣地　中立本於誤施。△用此五子者何功　孫云。何。讀如擔荷之荷。易。何校滅耳。毛詩。百祿是何。廣雅釋詁曰。何。擔也。言用此五子者擔何而成其功也。尹注非。△度義光德　劉本義作儀。△管仲曰斧鉞之人也　丁云。日下疑脫臣字。△寡人不幸而好田晦夜而至禽側　馬總意林引作不幸好畋。晦夜從禽不反。△田莫不見禽而後反　俞云。田乃日字之誤。莫。古暮字。言日暮不見禽而後反也。尹注非。△而姑姊有不嫁者　孫云。意林白帖九十三引。姊下有妹字。荀子曰。齊桓內行。則姑姊妹之不嫁者七人。△人君唯優與不敏爲不可優則亡衆不敏不及事　意林兩優字俱作不愛。不及事。作則不及事。宋云。宋本優皆作優。優訓隱。言人君自隱其情。使不可知。則人不附之。故曰優則亡衆也。△巧轉而兌利　惠氏周惕云。兌同說。顧千里云。兌卽銳。見荀子韓詩外傳。丁案。大匡篇曰。詭轉以利。顧說近之。△小廉而苛忕　宋本苛作荷。古字通。△足恭而辭結　劉云。大匡作博於教而文巧於辭。（王云。教當作斆。斆與學同。說見大匡。）則辭結當作辭給。注非。△墾草入邑　丁云。入邑。韓子外儲說作仞邑。新序雜事篇作叛邑。呂氏春秋勿躬篇作大邑。△請立爲大司田　王云。大司田本作司田。此因大司馬之文而誤衍也。羣書治要作請立以爲司田。無大字。（治要立下皆有以字。呂氏春秋韓子新序同。）丁云。呂氏春秋勿躬篇韓子外儲說皆作大田。晏子春秋問篇。桓公聞甯戚歌。舉以爲大田。淮南繆稱篇。甯戚擊牛角而歌。桓公舉以爲大田。高注。大田。田官也。大田爲田官之長。與大行大司馬大理大諫之官皆一例。司字蓋衍。不得據治要反改爲司田也。△臣不如賓胥無　孫云。賓胥無。韓子外儲說作弦商。晏子春秋問上篇。呂氏春秋勿躬篇。作弦章。新序雜事篇作弦甯。上文弦子旗。卽其字也。王云。賓胥無本作弦章。後人以上文云其相曰夷吾。大夫曰甯戚。隰朋。賓胥無。鮑叔牙。用此五子者何功。遂改弦章爲賓胥無。不知上文自謂用此五人而成霸功。不謂以賓胥無爲大理也。大匡篇曰。賓胥無堅強以良。可以爲西土。則不使爲大理明矣。又上文曰。使東郭牙爲大諫。（今本作鮑叔牙。亦後人所改。辯見上。）王子城父爲將。弦子旗爲理。甯戚爲田。隰朋爲行。此文云隰朋爲大行。甯戚爲司田。王子城父爲大司馬。東郭牙爲大諫。皆與上文同。而弦子旗卽弦章之字。則爲大理者乃弦章。而非賓胥無矣。呂氏春秋韓子新序竝云以弦章爲大理。卽本於管子也。（韓子作弦商。商與章。古字通。粃誓。我商賚女。商。徐邈音章。荀子王制篇。審詩章作審詩商。皆是也。新序作弦甯。卽弦章之譌。）而困學紀聞乃謂弦章在景公時。當以管子作賓胥無者爲正。不知桓公時亦有弦章。

不韙與後人同名，且上文弦子旗卽弦章之字，則此文當作弦章明矣。（上文是記事之詞，故稱弦子旗；此文是管仲告君之詞，故稱弦章）而羣書治要所載亦作賓胥無，則唐初本已誤。△請立爲大司理　王云：當從治要作請立以爲大理。司字亦涉上文大司馬而衍。△則五子者存矣　存一本作在。兪云：當依呂氏春秋勿躬篇作則五子者足矣。

王言第二十一　內言四闕

卷九

霸形第二十二 陳霸言之形容。　內言五

桓公在位，管仲、隰朋見。立有間，有貳鴻飛而過之。桓公歎曰：仲父，今彼鴻鵠有時而南，有時而北，有時而往，有時而來，四方無遠，所欲至而至焉，非唯有羽翼之故，是以能通其意於天下乎？管仲、隰朋不對。桓公曰：二子何故不對？管子對曰：君有霸王之心，而夷吾非霸王之臣也，是以不敢對。桓公曰：仲父胡爲然？盍不當言，寡人其有鄕乎？何不陳當言。寡人有所歸向。令寡人之有仲父也，猶飛鴻之有羽翼也，若濟大水有舟楫也。仲父不一言教寡人，寡人之有耳，將安聞道而得度哉？言何以自度得至於霸王哉。管子對曰：君若將欲霸王舉大事乎，則必從其本事矣。桓公變躬遷席，拱手而問曰：敢問何謂其本？管子對曰：齊國百姓，公之本也。人甚憂飢，而稅斂重；人甚懼死，而刑政險；人甚傷勞，而上舉事不時。公輕其稅斂，則人不憂飢；緩其刑政，則人不懼死；舉事以時，則人不傷勞。桓公曰：寡人聞仲父之言此三者，聞命矣。不敢擅也，將薦之先君。不敢專擅自發此命。將進之宗廟。告先君而後行。所謂以神道設教者也。於是令百官有司削方墨筆。方。謂版牘也。凡此欲書其所定令也。明日，皆朝於太廟之門，朝定令於百吏。因朝廟而定百吏之令也。使稅者百一鍾，假令百石而取一鍾。孤幼不刑，澤梁時縱，放人入不設禁。關譏而不征，市書而不賦。書。謂錄其名籍。近者示之以忠信，遠者示之以禮義。行此數年，而民歸

之如流水。此其後宋伐杞。狄伐邢衛。桓公不救。裸體紉胷稱疾。紉。猶摩也。自摩其胷。若有所痛患也。召管仲曰。寡人有千歲之
食。而無百歲之壽。今有疾病。姑樂乎。管仲曰。諾。於是令之懸鍾磬之榬。榬。于元反。榬所以嚴飾之。陳歌舞竽瑟之樂。日殺數
十牛者數旬。羣臣進諫曰。宋伐杞。狄伐邢衛。君不可不救。桓公曰。寡人有千歲之食。而無百歲之壽。今又疾病。姑
樂乎。且彼非伐寡人之國也。伐鄰國也。子無事焉。宋已取杞。狄已拔邢衛矣。桓公起。行筍虡之閒。管子從。至大鍾
之西。桓公南面而立。管仲北鄉對之。大鍾鳴。桓公視管仲曰。樂夫仲父。管子對曰。此臣之所謂哀。非樂也。臣聞之。
古者之言樂於鍾磬之間者不如此。言脫於口。而令行乎天下。脫。出也。游鍾磬之間。而無四面兵革之憂。今君之
事。言脫於口。令不得行於天下。在鍾磬之間。而有四面兵革之憂。此臣之所謂哀。非樂也。桓公曰善。於是伐鍾磬
之縣。伐。謂斫斷也。併歌舞之樂。併。除也。宮中虛無人。不令人掌守之。桓公曰。寡人以伐鍾磬之縣。併歌舞之樂矣。請問所
始於國將爲何行。管子對曰。宋伐杞。狄伐邢衛。而君之不救也。臣請以慶。以不救爲是。故慶之。臣聞之。諸侯爭於彊者。勿
與分於彊。若救三國。是分於彊。今君何不定三君之處哉。三君旣失國。當定其居處也。於是桓公曰諾。因命以車百乘。卒千人。以緣
陵封杞。車百乘。卒千人。以夷儀封邢。車五百乘。卒五千人。以楚丘封衛。桓公曰。寡人以定三君之居處矣。今又將
何行。管子對曰。臣聞諸侯貪於利。勿與分於利。君何不發虎豹之皮文錦以使諸侯。令諸侯以縵帛鹿皮報。桓公
曰諾。於是以虎豹皮文錦使諸侯。諸侯以縵帛鹿皮報。則令固始行於天下矣。此其後楚人攻宋鄭。燒焫熯焚鄭
地。使城壞者不得復築也。屋之燒者不得復葺也。令其人有喪雌雄。失男女之偶。居室如爲鼠處穴。要宋田。夾塞兩川。
使水不得東流。楚人又遏取宋田。夾兩川築堤而壅塞之。故水不得東流。兩川。蓋睢汴也。東山之西。水深滅垝。垝。敗牆也。四百里而後可田也。楚欲
吞宋鄭而畏齊。曰。思人衆兵彊能害己者。必齊也。於是乎楚王號令於國中曰。寡人之所明於人君者。莫如桓公。

所賢於人臣者。莫如管仲。明其君而賢其臣。寡人願事之。既以其君臣為明賢。故願事之。誰能為我交齊者。寡人不愛封侯之君焉。於是楚國之賢士皆抱其重寶幣帛以事齊桓公之左右。無不受重寶幣帛者。於是桓公召管仲曰。寡人聞之善人者。人亦善之。今楚王之善寡人一甚矣。寡人不善。將拂於道。拂，違也。若不報善之。是違於道也。仲父何不遂交楚哉。管子對曰。不可。楚人攻宋鄭。燒焫熯焚鄭地。使城壞者不得復築也。屋之燒者不得復葺也。令人有喪雌雄。居室如鳥鼠處穴。要宋田。夾塞兩川。使水不得東流。東山之西。水深滅垝。四百里而後可田也。楚欲吞宋鄭。思人衆兵彊而能害己者。必齊也。是欲以文克齊。以寶幣賂齊。而齊自服。故曰以文克齊。而以武取宋鄭也。楚取宋鄭而不知禁。是失宋鄭也。禁之。則是又不信於楚也。知失於內。兵困於外。非善舉也。桓公曰。善。然則若何。管子對曰。請興兵而南存宋鄭。而令曰無攻楚。言與楚王遇。冬會曰遇。至於遇上。而以鄭城與宋水為請。楚若許。則是我以文令也。楚若不許。則遂以武令焉。桓公曰。善。於是遂興兵而南存宋鄭。與楚王遇於召陵之上。而令於遇上曰。毋貯粟。毋曲隄。無擅廢適子。無置妾以為妻。因以鄭城與宋水為請於楚。楚人不許。遂退七十里而舍。使軍人城鄭南之地。立百代城焉。取其雖百代而無敢毀者也。曰。自此而北。至於河者。鄭自城之。而楚不敢隳也。東發宋田。夾兩川。使水復東流。而楚不敢塞也。遂南伐。及踰方城。濟於汝水。望汶山。汶音岷。岷山。江水所從出。南致楚越之君。而西伐秦。北伐狄。東存晉公於南。自伐秦而途存晉。於晉之南。故曰東存。北伐孤竹。還存燕公。兵車之會六。乘車之會三。九合諸侯。反位已霸。修鍾磬而復樂。管子曰。此臣之所謂樂也。

霸言第二十三 謂此言足以成霸道。　　內言六

霸王之形。象天則地。謂象天明。則地義。化人易代。謂美教化移風俗。創制天下。與之更始。等列諸侯。列爵惟五。各得其宜。賓屬四海。賓禮四夷。

以恩屬之。時匡天下。時一會而正之。大國小之。曲國正之。彊國弱之。重國輕之。亂國并之。并亂所以總其威權。暴王殘之。僇其罪。卑其列。維其民。然後王之。其王之凶暴者。則殘滅之於國。戮其首罪。卑其爵列。維持其人衆。夫豐國之謂霸。但自豐其國者霸也。兼正之國之謂王。兼能正他國者王。夫王者有所獨明。德共者不取也。道同者不王也。夫能王天下者。必有獨見之明。羣物之所不違。若彼德與我共。彼道與我同。則不取而且不王。夫爭天下者。以威易危。暴王之常也。若以兵威易彼危亂。此固暴王之常也。非霸王之道也。君人者有道。有常道也。霸王者有時。必遇其時然後霸王、國修而鄰國無道。霸王之資也。我修而彼暴。可以取亂侮亡。故曰資也。夫國之存也。鄰國有焉。雖存而國小弱。必事鄰國以爲安。故曰鄰國有焉。國之亡也。鄰國有焉。因其亡而取之。鄰國有事。鄰國得焉。鄰國有征伐之事。因而敗績。故鄰國得焉。鄰國有事。鄰國亡焉。或有征伐之事。大勝而多獲。遂亡鄰國。天下有事。則聖王利也。必有非常之事。然後有非常之人。國危。則聖人知矣。懷獨見之明。故先知。夫先王所以王者。資鄰國之舉不當也。舉事皆當。則我無因爲功。舉而不當。此鄰敵之所以得意也。不當所以資我。故得意也。夫欲用天下之權者。必先布德諸侯。諸侯懷德而歸。欲求無權。其可得乎。是故先王有所取有所與。所謂將欲取之。必姑與之。有所詘有所信。所謂尺蠖之屈以求伸也。然後能用天下之權。妙於前四事。故能用天下之權。夫兵幸於權。權幸於地。兵幸在於有權。權從在於得地。幸猶勝也。故諸侯之得地利者。權從之。失地利者。權去之。夫爭天下者。必先爭人。人惟邦本。明大數者得人。審小計者失人。得天下之衆者王。得其半者霸。是故聖王卑禮以下天下之賢而王之。均分以釣天下之衆而臣之。既王有地、均分其祿。用此以引天下之衆。故可得而臣之也。故貴爲天子。富有天下。而伐不謂貪者。其大計存也。得地均分。可以臣彼。地自利彼。於我何貪。此其大計也。以天下之財。利天下之人。以明威之振。利天下之人。還用天下之財。於我無所減削。更可以明威權之振。所謂惠而不費者也。合天下之權。以遂德之行。結諸侯之親。合天下之權皆令在己。權總則德遂。德遂則親成也。以姦佞之罪刑天下之心。所謂懲一而勸百。因天下之威以廣明王之伐。因天下所欲亡而亡之。則明王之伐自廣。攻逆亂之國。賞有功之勞。封賢聖之德。明一人之行。而百姓定矣。賞加一人。而天下勸。罰加一人。而天下畏。故曰明一人之行而百姓定矣。夫先王取天下也術。非術則無以取天下也。術乎大德哉。物利之謂也。術可以取天下。故曰大德。術之所歸。在於令物得利也。然夫使國常無患。而名利並至者。神聖也。神聖則多所感致。國在危亡。而能壽者。明聖也。明聖則不失時機。是故先王之所師者。神聖也。其所賞者。明聖也。賞。謂樂歆也。夫一言而壽國。用其言。故壽也。不聽而國亡。若此者。大聖之言也。夫明王之所輕者馬與玉。其所重者政與軍。若失主不然。輕與人政。而重予人馬。輕予人軍。而重與人玉。重宮門之營。而輕四境之守。所以削也。夫權者。神聖之所資也。獨明者。天下之利器也。獨斷者。微密之營壘也。謂獨斷可以自營而即定。故曰營壘。此三者。聖人之所則也。聖人畏微。而愚人畏明。聖人能知吉凶之先見。故曰畏微。愚人近火方知熱。履冰乃知寒。故曰畏明也。聖人之憎惡也內。愚人之憎惡也外。聖人知心胸之姦謀。故憎惡內。愚人兵在頸方懼。故憎惡外也。聖人將動。必知愚人至危易辭。聖人之動。必闇知愚者至危不知禍之將至。尚有慢易之辭。然後湯武之師起也。聖人能輔時。不能違時。聖人能因時來。輔成其事。不能違時而立功。不有桀紂之暴。則無湯武之功。知者善謀。不如當時。精時者日少而功多。夫謀無主則困。事無備則廢。是以聖王務具其備。而慎守其時。以備待時。以時興事。時至而舉兵。絕堅而攻國。其兵超絕而又堅利。故能攻國。破大而制地。大本而小標。標。末也。本大而末小。則難崩。埊近而攻遠。所全之地近。故能攻遠而有歸。若高光之有關中河內也。以大牽小。以彊使弱。以衆致寡。德利百姓。威振天下。令行諸侯而不拂。近無不服。遠無不聽。夫明王為天下正理也。修正理而動。成天下之功也。故能按彊助弱。按。抑也。圉暴止貪。存亡定危。繼絕世。此天下之所載也。德義如此。為天下所載。故諸侯之所與也。與。親也。百姓之所利也。是故天下王之。天下樂推以為王。知蓋天下。繼最一世。其繼敗續亡。能成天下之功也。材振四海。王之佐也。千乘之國得其守。諸侯可得而臣。天下可得而有也。萬乘之國失其守。國非其國也。天下皆理己獨亂。國非其國也。諸侯皆令己獨孤。皆從霸者之令。國非其國也。鄰國皆險己獨易。易。平易不牢固。謂無守禦之備也。國非其國也。此三者。亡國之徵也。夫國大而政小者。國從其政。小政賤國。故國從其政。國小而政大者。國益大。大政開國。故國益大。大而不為者復小。大而不為則日損。故復小。彊而不理者復弱。彊而不理。則綱紀亂。故復弱也。衆而不理者復寡。衆而不理。散。故復寡。則人貴而無禮者復賤。貴而無禮則位奪。故復賤也。重而凌節者復輕。重而凌節。則威喪。故復輕。富而驕肆者復貧。富而驕肆。則財竭。故復貧也。故觀國者觀君。君爲化主。觀軍者觀將。將爲兵本。觀備者觀野。野有障塞。則國不侵。其君如明。而非明也。外明而內暗。其將如賢而非賢也。外賢而內愚。其人如耕者。而非耕也。雖耕而鹵莽。三守既失。國非其國也。三守。謂明賢耕。既失。謂是而非。地大而不爲。命曰土滿。謂土廣而功狹也。人衆而不理。命曰人滿。謂人多而政少。兵威而不止。命曰武滿。謂人亢之爲言也。知進而不知退也。三滿而不止。國非其國也。三滿不止。敗亡立至。地大而不耕。非其地也。地大不耕。則無所獲。卿貴而不臣。非其卿也。卿貴不臣。化爲敵也。謂卿大夫。人衆而不親。非其人也。人衆不親。欲亡者也。夫無土而欲富者憂。無土欲富。猶緣木而求魚。故憂也。無德而欲王者危。無德而王。猶欲進而卻行。故危。施薄而求厚者孤。施薄求厚。人必不應。故孤。夫上夾而下苴。苴。包。裹也。上既狹。故爲下所苞。國小而都大者弑。此二者常有篡弑之禍。主尊臣卑。上威下敬。令行人服。理之至也。使天下兩天子。天下不可理也。一國而兩君。一國不可理也。一家而兩父。一家不可理也。凡此所謂兩權必爭。亂之本也。夫令不高不行。不摶不聽。摶。聚也。君令不高不聚而聽之。堯舜之人。非生而理也。化之而理。桀紂之人。非生而亂也。效之而亂。故理亂在上也。夫霸王之所始也。以人爲本。本理則國固。本亂則國危。故上明則下敬。政平則人安。士教和則兵勝敵。使能則百事理。親仁則上不危。任賢則諸侯服。霸王之形。說霸王之形容。德義勝之。智謀勝之。兵戰勝之。地形勝之。動作勝之。故王之。有此五勝。故可以王。夫善用國者。因其大國之重。以其勢小之。因彊國之權。以其勢弱之。因重國之形。以其勢輕之。凡大彊重。皆國之盈盛者也。然盛者有時而衰。盈者有時而息。故因其衰息之勢。大者小之。彊者弱之。重者輕之。彊國衆。合彊以攻弱。以圖霸。謂時彊國衆多。吾國雖彊。亦可圖霸。彊國少。合小以攻大。以圖王。謂時彊國既少。我則合衆聚小。以攻彊大之國。如此者。可以圖王。彊國衆而言王勢者。愚人之智也。非言王之時。彊國少而施霸道者。敗事之謀也。非施霸之時。夫神聖視天下之形。知動靜之時。視先後之稱。知禍福之門。彊國衆。先舉者危。後舉者利。彊國衆。先舉必爲彊者所圖故危。彊國少，先舉者王；後舉者亡。戰國衆，後舉可以霸；戰國少，先舉可以王。夫王者之心，方而不最。心雖方直，未爲其最。
列不讓賢。雖列爵位，不讓賢俊。賢不齒弟擇衆。雖稱爲賢，無優劣齒弟。又非選衆而舉也。是貪大物也。大物，謂大寶之位。有此數者，是定貪大位之利，而無得位之實也。
是以王之形大也。不可以小數得。夫先王之爭天下也以方心。心方而最，故可以爭天下也。其立之也以整齊。整而齊之，故可立也。其理
之也以平易。平而易之，故可理。立政出令用人道。政令須合人心。施爵祿用地道。地道平而無私。舉大事用天道。心應天時，然後可以舉大事。
是故先王之伐也，伐逆不伐順，伐險不伐易，伐過不伐及。伐其太過者。四封之內，以正使之。以正使之，則人無怨。諸侯之會，以
權致之。以權致之，不敢不來。則近而不服者，以地患之。侵削其地，則自服。遠而不聽者，以刑危之。興師以征之。一而伐之，武也。守一不移，與師伐之，其武也。此服而舍之，文也。既服舍之，綏之以德，此其文也。文武具滿，德也。唯文武諸功可以滿其德。夫輕重彊弱之形，諸侯合則彊，
孤則弱。驥之材，而百馬伐之，驥必罷矣。彊最一伐，而天下共之，國必弱矣。彊國得之也以收小，其失之也以恃彊。
小國得之也以制節。制度合節，故得。其失之也以離彊。離彊則乖節者也，故失。夫國小大有謀，彊弱有形。服近而彊遠，謂用彊兵威遠國，彊遠。故曰王國之形也。合小以攻大，敵國之形也。以負海攻負海，謂以蠻夷攻蠻夷。蠻夷負海以爲固，故曰負海。中國之形也。折節
事彊以避罪，小國之形也。自古以至今，未嘗有先能作難，違時易形，以立功名者。無有，言無有此事。常先作難，違時易
形，無不敗者也。夫欲臣伐君，以臣伐君，若湯武之於桀紂也。正四海者，不可以兵獨攻而取也。謂當兼下事。必先定謀慮，便地形，利
權稱，親與國，視時而動，王者之術也。夫先王之伐也，舉之必義，用之必暴。其用師必加於暴亂。相形而知可，謂相其亂亡之形。量
力而知攻，攻得而知時。是故先王之伐也，必先戰而後攻，先攻而後取地。故善攻者，料衆以攻衆，量我衆寡可敵彼衆，然後攻。
敵倣此。料食以攻食，料備以攻備。以衆攻衆，衆存不攻。彼衆存則我不能亡之，故不攻。以食攻食，食存不攻。以備攻備，備存不攻。
釋實而攻虛，知其實而避之。釋堅而攻膬，釋難而攻易。夫摶國不在敦古，在於合今時之宜。摶，聚也。理世不在善攻，在於權宜。霸王

不在成曲。在於全大體。夫舉失而國危。刑過而權倒。刑罰過理。權柄倒錯。則謀易而禍反。謀事數易。禍必反來。計得而彊信。音申。功得而名從。權重而令行。固其數也。數。猶理也。夫爭彊之國。必先爭謀爭刑爭權。先此三爭。然後爭彊。令人主一喜一怒者。謀也。謀得則喜、謀失則怒。令國一輕一重者。刑也。怒刑則重。喜刑則輕。令兵一進一退者。權也。權重則進。權輕則退。故精於謀。則人主之願可得而令可行也。精於刑。則大國之地可奪。彊國之兵可圍也。精於權。則天下之兵可齊。諸侯之君可朝也。夫神聖視天下之刑。知世之所謀。知兵之所攻。知地之所歸。知令之所加矣。夫兵攻所憎而利之。此鄰國之所不親也。兵攻所憎之國。而以攻得爲利。德義不施。鄰國必怨而不親。權動所惡而實寡歸者彊。其威權既動移所惡。而德義之實少爲人所歸。如此但彊而已。不能至霸王也。擅破一國。彊在後世者王。今能專破一國。常守其彊。傳之後世。如此者王也。擅破一國。彊在鄰國者亡。既破一國。不能守彊。令鄰國得之。如此者亡也。

問第二十四　謂爲國所當察問者。　內言七

凡立朝廷。問有本紀。所問之事。必有根本綱紀。爵授有德。則大臣興義。祿予有功。則士輕死節。上帥士以人之所戴。則上下和。上帥其士所爲者。皆人之所戴仰。故上下和。授事以能。則人上功。有能然後得事。故人上功。審刑當罪。則人不易訟。易。猶交也。所刑皆當其罪。故人不交相訟。無亂社稷宗廟。則人有所宗。社稷宗廟。各得其正。則人知所宗。毋遺老忘親。則大臣不怨。大臣非國老。則君親令不遺忘。故不怨。舉知人急。則衆不亂。行此道也。急。謂困難也。舉困難之事以示人。則人不復行此道。國有常經。人知終始。此霸王之術也。國有常經。則人知終始之所歸。如此者霸王之術也。然後問事。事先大功。先問大功。則勞臣悅。政自小始。爲政先小。從微而至著。問死事之孤其未有田宅者有乎。未有則給與之。死事孤。謂死王事之子孫。問少壯而未勝甲兵者幾何人。知其數。則預有所舉。問死事之寡其餼廩何如。寡。謂其妻。餼廩。言給其餼廩。餼。生食。廩。米粟之屬。問國之有功大者何官之吏也。問何官之吏。欲知其材之所當。問州之大夫也何里之士也。問何州里。欲知其風俗所好尙。今吏亦何以明之矣。問吏所明。欲知其優賞厚薄。問刑論有常以行不可改也。今其事之久留也何若。罪既論決。國有常科。當奉而行之。此不可改易者也。

今乃久留其事。將如之何。問五官有度制官都其有常斷今事之稽也何待。官都。謂總攝諸司者也。五官既各有制度。官都復自有常斷。今乃稽其事而不行。將何待乎。問獨夫寡婦孤寡疾病者幾何人也。知其人數。當有所廩餼。問國之棄人何族之子弟也。棄人。謂有過不齒。投之四裔者也。問知其族。欲有所收也。問鄉之良家其所牧養者幾何人矣。良家。謂善營生以致富者。牧養。謂其人不能自存。良家全活之。知其所養之數。欲有所復除也。問邑之貧人債而食者幾何家。債而食。謂從富者出息以供食。知其家數。欲有所矜免也。問理園圃而食者幾何家。人之開田而耕者幾何家。士之身耕者幾何家。問鄉之貧人何族之別也。知從何族而別。或從公族。當有所收恤也。問宗子之收昆弟者以貧從昆弟者幾何家。以貧故從昆弟以求養者。之從者各有幾家也。與餘子仕而有田邑。今入者幾何人。謂收入其稅者。子弟以孝聞於鄉里者幾何人。餘子父母存不養而出離者幾何人。出離。謂父母在分居者。士之有田而不使者幾何人。吏惡何事。不使。謂不用。其吏不惡此等。當惡何事。士之有田而不耕者幾何人。身何事。既不耕。此人身爲何事。君臣有位而未有田者幾何人。外人之來從而未有田宅者幾何家。國子弟之游於外者幾何人。貧士之受責於大夫者幾何人。貧士無資而被大夫責者有幾人。官賤行書。身士以家臣自代者幾何人。其人居官。乃賤自行文書。身任士職。輒以家臣自代。亦須知其數也。官承吏之無田餼而徒理事者幾何人。承吏。謂攝官無餼而空理事。羣臣有位事官大夫者幾何人。羣臣自有位事。乃左官於大夫。外人來游在大夫之家者幾何人。外人。謂外國人。鄉子弟力田爲人率者幾何人。既自力田。又能率人。國子弟之無上事衣食不節率子弟不田弋獵者幾何人。既無上事。乃率子弟不田農。但弋獵。男女不整齊亂鄉子弟者有乎。謂不以禮交者。問人之貸粟米有別券者幾何家。別券。謂分契也。問國之伏利其可應人之急者幾何所也。伏利。謂貨利隱蔽不見。若銅銀山。及溝瀆可決而溉灌者。人之所害於鄉里者何物也。人之爲害者害何物。問士之有田宅身在陳列者幾何人。餘子之勝甲兵有行伍者幾何人。問男女有巧伎能利備用者幾何人。能利備器之用。處女操工事者幾何人。能操女工之事。謂綺繡之屬也。冗國所開口而食者幾何人。言其不農作。直開口仰食。問一民有幾年之食也。問兵車之計幾何乘也。牽家馬輗家車者幾何乘。牽家馬。言直有馬。輗家車。言直有車相配以成乘。處士修行。足以教人。可使帥衆莅百姓者幾何人。士之急難可使者幾何人。謂士之可以急難使者。工之巧。出足以利軍伍。處可以修城郭補守備者幾何人。其人既有技巧。出用則能利軍。居處則可以修城補備也。城粟軍糧其可以行幾何年也。行。由經也。城粟。謂守城之粟。軍糧。謂出軍之糧。二者可經幾年。吏之急難可使者幾何人。大夫疏器。疏。謂飾畫也。甲兵兵車旌旗鼓鐃帷幕帥車之載幾何乘。載。謂其車蓋。疏藏器。疏畫而可以藏者。弓弩之張。弓弩之可以張者。衣夾鋏。鋏。兩刃鈹也。衣夾。謂其衣也。鉤弦之造。鉤弦所以挽弦。戈戟之緊。緊。謂其堅彊者。其厲何若。其淬厲可用何如。其宜修而不修者故何視。視。比也。其器物宜修者。於故物何比。而造修之官。出器處器之具。宜起而未起者何待。出器。謂可出用之器。處器。謂貯庫而爲備者。起。謂其材所經日月可起用者也。鄉師車輜造修之具。其繕何若。輜。謂車之有防蔽可以重載者。工尹伐材用。毋於三時。羣材乃植。而造器定冬。完良備用必足。工尹。工官之長。三時。謂春夏秋。此時木方生植。不堅故不可伐材。其伐材必以冬也。人有餘兵。詭陳之行。以慎國常。方戰。有餘兵不用。且詭而陳之以爲行伍。當慎而聽命遵國之常令也。時簡稽帥馬牛之肥瘠。其老而死者皆舉之。軍之統帥。常時簡選稽考之。以知其能不。而有肥瘠。至於馬牛肥瘠及老而死者。皆舉之。以知其數也。其就山藪林澤食薦者幾何。薦。草之美者。出入死生之會幾何。會。謂合其數。若夫城郭之厚薄。溝壑之淺深。門閭之尊卑。宜修而不修者。上必幾之。幾。察也。君必察知之。守備之伍。器物不失其具。淫雨而各有處藏。器物遇雨不藏。必致腐敗。故當有藏處。問兵官之吏。國之豪士。其急難足以先後者幾何人。官吏國豪。有急難可令之先後者。當知其數。相導前後曰先後。詩曰。予曰有先後。夫兵事者危物也。不時而勝。不義而得。未爲福也。必合於時義然後爲福。失謀而敗。國之危也。慎謀乃保國。問所以教選人者何事。其教人及選人者。問以何事。欲知其勸。且觀其材用也。問執官都者其位事幾何年矣。執官都之職者。問其官位及執事。并建立之年數。所辟草萊有益於家邑者幾何矣。所封表以益人之生利者何物也。謂其事業最可以益人者。遂封表以示之。問知是何物也。所築城郭修牆閉絕通道阸闕深防溝以益人之地守者何所也。牆閉。謂築牆有所遮閉。雖通路而爲防礙者。絕塞之。阸闕空之處。亦當絕之。凡此。守地者所以省其功費。故曰益地守。所捕盜賊除人害者幾何矣。

制地。君曰。理國之道。地德爲首。當制地之時。君爲此言。故言曰。法地以爲政。故曰地德爲首。君臣之禮。地有高下。君臣之禮也。父子之親。高地下覆。下地上承。父子之親也。覆育萬人。百貨出於地。人得以生爲。故曰覆育萬人。官府之藏。彊兵保國。城郭之險。外應四極。四極。謂國之四鄙也。自官府已下。非地則無所容居。具取之地。凡此皆因地而成。故曰具取之地。而市者天地之財具也。求天地之財。不登山。不入海。於市求而得之。故曰天地之財具。而萬人之所和而利也。和。謂交易也。萬人因市交易而得利。正是道也。言市正合道之理。民荒無苛。人盡地之職。一保其國。欲理荒人。無得苛虐。但使盡地之職。自然齊一而保國也。各主異位。毋使讒人亂普而德營九軍之親。自君以下。其位既異。當各主之。無使讒人關交亂。普廢其德如此。則九軍之親自營也。者。諸侯之陬隧也。謂陬隅之道也。而外財之門戶也。他國之財。因之而入。萬人之道行也。謂因此出入。明道以重告之。當明道路之令再重而告之。征於關者。勿征於市。征於關。謂行商。征於市者。勿征於關。征於市。謂坐賈。虛車勿索。索虛車。益其煩擾。徒負勿入。徒負貨既寡。勿令入其征。故以來遠人。關征如此。可以來遠人。十六道同。齊國凡有十六道。皆置關。並同此令。身外事謹。則聽其名。謂出入於關者。身之外事既謹。而從令皆當聽其名之虛僞也。視其名。視其色。既知其名。又須視其色之是非。是其事。稽其德。既知其色。又須是正其事。以考合其德也。以觀其外。既知其德。又觀其外。以校量之。則無敦於權人以困貌德。敦。猶厚也。校察如此。則權詐之人無以成其厚。校察行。則困厚蕤非因而不生。故曰以困貌德。國則不惑。行之職也。國無姦人。所以不惑。凡此掌行者之職。問於邊吏曰。小利害信。小怒傷義。邊信傷德。邊人失信。故傷德也。厚和構四國。以順貌德。敦厚而和。可以構結四國。四國之來。皆以誠信。故曰以順貌德。后鄉四極。既結四國。然後向四極而撫安之。令守法之官日行又令守法之官日行邊鄙。無關塞。度必明。無失經常。其巡行之時。必明其制度。無得失於經常。

謀失第二十五 闕

內言八

卷九校正

霸形第二十二　內言五

△管仲隰朋見立有閒　御覽人事部百十五引。作管仲隰朋侍立有閒。　△有貳鴻飛而過之　元刻貳作二。

△今彼鴻鵠有時而南　藝文類聚引無鵠字。御覽有。　△非唯有羽翼之故　御覽引無非字。　△盍不當言　王云。當言。讜言也。讜言。直言也。蔡邕注典引曰。讜。直言也。臯陶謨禹拜昌言。孟子公孫丑篇注引作禹拜讜言。字亦作黨。逸周書祭公篇曰。王拜手稽首黨言。爾雅。昌。當也。郭注曰。書曰禹拜昌言。昌。讜。黨。當。並聲近而義同。

△則必從其本事矣　丁云。本事之事。涉上文大事而衍。舉大事必從其本。不必加一事字。下文何謂其本公之本。卽承此本字言之。元本作從其事。亦非。　△皆朝於太廟之門朝　丁云。趙本朝字別爲句。案門朝卽門廷。朝廷一也。霸言篇。門廷遠於萬里。　△市書而不賦　劉云。書乃廛字譌。注非。　△裸體紉胸稱疾　洪云。楚詞離世篇。情素絜於紉帛。王逸注云。紉。結束也。謂以帛結束其胸而稱疾。左氏僖二十八年傳。魏犫束胸見使者。卽其證。尹注非。　△於是令之縣鍾磬之榱　俞云。玉篇木部。榱。禹煩切。絡絲籆也。或作簑。說文無榱簑二字。蓋卽繯字。糸部。繯。落也。落與絡通。廣雅釋器云。繯。絡也。又下文兩言鍾磬之縣。疑此文本作於是令之榱鍾磬之縣。鍾磬本在縣。更從而絷絡之使牢固也。　△桓公視管仲曰　宋本視作親。仲作子。陳先生云。宋本是也。親。近也。言桓公就近管子而爲言也。望案。元刻亦作視。宋本蓋譌。　△將爲何行　丁云。爲字衍。下文曰。今又將何行。是其證。　△令其人有喪雌雄　望案。有與又同。　△寡人不愛封侯之君焉　望案。君疑賞字譌。　△楚取宋鄭而不知禁　丁云。知疑之字譌。宋本作止。止㞢形近故也。

霸言第二十三　內言六

△化人易代　安井衡云。代當作世。唐人避諱。改爲代耳。　△暴王殘之　丁云。寨當作暴國殘之。與上文五國字一例。　△兼正之國之謂王　丁云。當作兼正他國之謂王。尹注可證。　△均分以釣天下之衆而臣之　中立本釣作鈞。是也。宋本今本皆譌。　△故貴爲天子富有天下而伐不謂貪者　王云。據尹注得地均分。可以臣彼。地自利彼。於我何貪。則伐字當爲我字之譌。我不謂貪。我不爲貪也。（古者謂與爲同義。說見釋詞。）安井衡云。伐乃代字之譌。代本作世。唐人避諱改代。因又譌作伐耳。　△夫先王取天下也術術乎大德哉　尹以上術字屬上讀。下術字屬下讀。洪云。術術乎大德哉作一句讀。術古通作遂。爾雅。烝烝。遂遂。作也。郭注。皆物盛興作之

貌。尹注非。王云。上文云以遂德之行結諸侯之親。遂德即此所云術術乎大德也。△國在危亡而能壽者　望案。說文及廣雅釋詁竝云。壽。久也。△是故先王之所師者神聖也其所賞者明聖也　丁云。賞當讀尙。尙與師義同。荀子王霸篇賞賢。楊倞注。賞當爲尙。△重宮門之營　王云。羣書治要宮門作宮闕。於義爲長。陳先生云。王氏從治要作宮闕。案王宮方三里。四面各距城三里。諸侯城闕南方。此就明王說宮制。故曰宮門之營。治要似不可從。張云。說文。營。市居也。字通作環。厶部首引韓非曰。倉頡作字，自營爲厶。今韓子作環。宮門之營。蓋所謂環列之。尹王說恐非。△聖人能輔時　丁云。輔時當作輔事。尹注曰。聖人能因時來輔成其事。是其證。下文謀無主則困。事無備則廢。謀字承知者善謀言。事字承聖人能輔事言。△是以聖王務具其備　中立本具誤懼。△大本而小標　宋本標作摽。△埊近而攻遠　宋云。案埊字古文籀文皆無。乃唐武后所造。册府元龜云。文宗太和二年詔。天后所撰十二字。竝卻書其本字。則太和以前人寫書皆用天后字矣。如管子戰國策所有埊字。是卻書本字而未盡者爾。（山權數篇。故天毀埊。俗本有注云古地字。此妄人所加。）地數篇云。皆以雙武之皮，又云。武豹之皮。此唐人寫管子避諱所改。則無疑其用天后字也。△此天下之所載也　望案。載與戴古通用。詩絲衣箋云。載猶戴也。△繼最一世　王氏引之云。繼字義不可通。蓋計之譌。言計謀爲一世之最也。知計材相對爲文。計與繼同聲。又涉上文繼絕世而誤。尹注非。兪云。繼乃彊字之誤。草書糸旁與弓旁相似。下文云。彊最一代。代即世也。△千乘之國得其守　宋本得上有可字衍文。△諸侯皆令　王云。令當爲合。下文云。諸侯合則彊。孤則弱。是其證。尹注非。△重而凌節者復輕　宋紹興本凌作陵。△兵威而不止　丁云。上下文婁言兵。此言止兵。非文義。止當爲正，此涉下文三滿而不止而衍。下文曰。夫先王之爭天下也以方正。又曰。正四海者不可以兵。獨攻而取也。△卿貴而不臣　丁云。當從意林臣作仁。立政篇曰。大位不至仁。不可以授國柄。又曰。卿相不得衆。國之危也。又曰。故大位至仁。則操國得衆。大位即卿相。故言貴也。△夫上夾而下苴　王云。夾當依尹注作狹。苴與粗同。（莊子讓王篇。苴布之衣。）上狹而下苴。謂上小而下大也。與下句文同一例。尹注非。△堯舜之人非生而理也　御覽治道部五引。人作民。理作治。是也。今本係唐人避諱所改。下文同。△政平則人安士數和則兵勝敵　望案。士當爲土。屬上讀。人安土與兵勝敵對文。△動作勝之　元本劉本皆無此一句。△因其大國之重　元本劉本無其字。當爲衍文。△彊國衆合彊以攻弱以圖霸　宋本作弱國衆是也。今本涉下文多言彊國衆而誤。△彊國衆而言王勢者愚人之智也彊國少而施霸道者敗事之謀也　元本劉本無道字。丁云。案上文勢字亦衍。據尹注云言非王之時。則無勢字。又云。非施霸之時。則無道字。望案。彊國少當作弱國少。此涉下文彊國少而誤。唯其弱國少而欲施霸。則衆彊之國必不我與。故曰。敗事之謀也。若作彊國少。則此句何解乎。下文彊國衆。先舉者危。後舉者利。彊國少。先舉者王。後舉者亾。不必承此文言也。△夫王者之心方而不最列不讓賢賢不齒弟擇衆是貪大物也　陳先生云。尹注不得其句讀。當以王者之心方爲句。此言夫王者居心執方而不知通變之權也。而不最列爲句。隱元年公羊傳曰。會猶最也。不最列。不會聚賢人於列位也。不讓賢。不敬讓賢人也。下賢字涉上文而衍。齒弟猶次弟。謂不能於衆人中次弟以擇之也。此皆不顧爭人以爵祿。故曰貪大物也。尹注失之。△夫先王之爭天下也以方心　王云。方心當爲方正。隸書正心二字相似。又涉上文王者之心方而不最而誤方正。整齊。平易。三者相對爲文。尹注非。△立政出令用人道　丁云。人道當作人心。尹注云。政令合人心。尹所見本是心字。△舉大事用天道　宋本元本劉本皆作天心。丁云。據尹注云心隨天時然後可以舉大事。則當作天時。即上文所謂時至而舉兵也。人心。地道。天時。三者竝列。今本皆譌而爲道矣。△伐過不伐及　宋本元本及上有不字。丁云。宋本是也。說苑指武篇。太公望曰。臣聞之。先王伐枉不伐順。伐險不伐易。伐過不伐不及。正與此同。△一而伐之武也　王云。一當爲二。二與貳同。僖十五年左傳。貳而執之。服而舍之。文義正與此同。△文武具滿德也　王氏引之云。滿當爲備。字之誤也。（俗書滿字作𣾰。備字作備。右邊相似。）尹注非。△驥之材而百馬伐之驥必罷矣彊最一伐而天下共之國必弱矣　王云。伐皆當依宋本作代。百馬代之。代。迭也。言以驥之材而百馬迭與之逐。則驥必罷也。彊最一代。言彊爲一代之最而天下共伐之。則國必弱也。代伐字相似。又涉上文諸伐字而誤。丁云。共當作攻。聲相近而誤也。書甘誓兩攻字。墨子引作共。顏氏家訓云。河北切攻字爲古琮。與工功公三字不同。古琮切正與共聲近也。△小國得之也以制節其失之也以離彊　王氏引之云。制讀爲折。廣雅曰。制。折也。折之爲言卑詘相下也。廣雅曰。折。下也。又曰。折。詘曲也。詘。曲折也。折節者。卑詘其節。以事彊大之國。下文曰。折節事彊。以避罪小國之形也。是也。古字制與折通。離彊者。謂不肯附於彊大之國也。尹注非。△未嘗有先能作難　宋本作未嘗有能先作難。今本誤倒。△無有常先作難　陳先生云。無有連下讀。無有常先作難。違時易形。即承上意而申言其義。尹注以無有連上讀。非。△無不敗者也　張云。無。而字之誤。當連上讀作無有常先作難。違時易形。而不敗者也。宋本亦誤作無。△釋堅而攻膬　通典一百五十引膬作毳。△理世不在善攻　王云。理本作治。此避高宗諱改。治世與善攻兩不相涉。通典兵三引作治世不在善政。是也。治世不在善政。所謂有治人無治法也。故尹注云。在於權宜。今本政作攻者。涉上文諸攻字而誤。△霸王不在成曲　俞云。成曲之義。迂回難通。曲疑典字之誤。望案。明道本國語。瞽獻曲。今本曲譌作典。此其例也。△刑過而權倒　丁云。王氏於下文爭刑讀爲形。此刑亦當讀形。上文云。相形而知可形。過者形失其可也。過猶失也。△夫爭彊之國必先爭謀爭刑爭權　王云。刑與形同。上文云。夫國小大有謀。彊弱有形。又云。必先定謀慮。便地形。利權稱。故此文亦云。必先爭謀。爭刑。爭權。自此以下。刑字凡四見。皆形之借字也。尹注非。△夫神聖視天下之刑　劉本刑作形。

問第二十四　內言七

△祿予有功則士輕死節　丁云。節者士所最重。不可言輕。節字衍。士輕死。謂不惜死也。△上帥上以人之所戴　陳先生云。上字疑涉下文兩上字衍。帥當爲率。據尹注。上帥其士。所爲者皆人之所戴。則正文以下脫爲字。未能臆定也。△則人不易訟　陳先生云。易讀爲傷。傷。輕也。△毋遺老忘親則大臣不怨　張云。此即論語所謂不弛其親。不使大臣怨乎不以也。尹注不明晰。△行此道也　王云。此總承上文以起下文。尹連上文則衆不能作一句讀。大謬。△問少壯而未勝甲兵者幾何人　宋本壯作仕。誤。△問州之大夫也何里之士也　望案。上也字衍。△今其事之久留也何若　丁云。事之久留。乃有司之罪。不必問其何若。當問其所以久留之故。若當爲居字之誤。禮記檀弓注。何居。怪之之詞。猶言何故也。△問鄉之良家其所牧養者幾何人矣　豬飼彥博云。牧乃收字誤。△問宗子之收昆弟者　陳先生云。宋本收作牧。非。禮記曰。敬宗故收族。△餘子父母存不養而出離者幾何人　俞云。離讀爲儷。禮記月令。宿離不貸。注。離讀如儷偶之儷。是也。不養而出離。謂出而儷偶於他族。若後世贅壻矣。△士之有田而不使者幾何人吏惡何事　丁云。尹注曰。不使。謂不用其吏。疑本作不吏。謂不治吏事也。士有田。則己身爲官吏。故問其不治吏事者幾何人。幷問其所治者何事也。惡即何也。疑一本作惡。一本作何。寫者誤幷入之。使何事。與下文身何事。句法一例。△君臣有位而未有田者　望案。君讀當爲羣。說見大匡篇。△外人之來從而未有田宅者幾何家　王氏引之云。外人。他國之人也。從當爲徙。字形相似而誤。（隸書徙字作徙。從字作従。二形相似。）他國之人。來徙於齊。不可無田宅以安之也。王制曰。自諸侯來徙家。期不從政。此來徙二字之證。△貧士之受責於大夫者幾何人　陳先生云。責。古債字。上文曰。問邑

之貧人債而食者幾何家。上言貧人之債食。此言貧士之受債於大夫也。山權數篇。某月某日苟從責者。注。責讀曰債。△身士以家臣自代者幾何人　俞云。身士二字難明。士當作出。言身出而以家臣自代也。△率子弟不田　俞云。尹解率子弟未得其義。小匡篇十邑爲率。十率爲鄉。然則率子弟者。率之子弟也。下文云。男女不整齊亂鄉子弟者有乎。鄉子弟。率子弟。蓋當時有此稱。△冗國所開口而食者幾何人　丁云。冗當作問。丱書問字作𠆢。與冗形近而誤。俞說同。△戈戟之緊　丁云。緊當作綮。戟衣也。△其宜修而不修者故何視　丁云。故何當作何故。視字屬下讀。△時簡稽帥馬牛之肥瘠　陳先生云。帥當爲師。字之誤。師下疑脫田字。周官冢宰。聽師田以簡稽。△問執官都者其位事幾何年矣　丁云。位當作涖。周禮肆師注。故書位爲涖。是其例也。

△所築城郭修牆閉絕通道阨闕深防澥以益人之地守者何所也　陳先生云。牆閉不屬。疑牆下脫一垣字。闕上脫門字。誤移于牆之下。而又改作閉也。防澥當作澥防。築城郭。修牆垣。絕通道。阨門闕。深澥防。皆三字句。月令。完隄防。謹壅塞。修宮室。坏垣牆。補城郭。又築城郭。建都邑。穿竇窖。修囷倉。文義略同。四時篇。修牆垣。周門閭。輕重甲篇。立臺榭。築牆垣。文句相同。△君曰理國之道　安井衡云。君下當脫子字。△毋使讒人亂普而德營九軍之親　王云。普當爲暜。（普本作㬪。形與暜相似。）尹注普廢其德。普亦當爲暜。與替同。故注言暜廢。丁云。當讀毋使讒人句。使。用也。言無用讒人也。亂。治也。普。徧也。而。猶乃也。出治天下。徧周乃德。足以營衞九軍之親。九軍。尹無注。說文。軍。圜圍也。一切經音義引字林。軍。圍也。廣雅釋言同。九軍猶九圍。（詩長發傳。九圍。九州也。）指諸侯言之。此古義之僅存者。霸言篇曰。以遂德之行結諸侯之親。文義正與此同。△身外事謹　望案。此句疑有脫誤。△視其名　王氏引之云。視其名三字。因上下文而衍。尹不解此三字。則本無可知。△以觀其外則無執於權人以困貌德　丁云。則字當屬上讀。爾雅曰。則。事也。則與色德惑職爲均。望案。宋本貌作皃。皃乃完字之誤。如上文定冬完良。宋本作皃良之例。完德。全德也。下文以順貌德。宋本亦作皃。皆完字誤。丁說同。△邊信傷德厚和構四國　俞云。尹解邊信爲邊人失信。殊不可通。邊當讀爲簚。簚即今篾字。玉篇竹部。簚。篾也。然說文無篾字。簚即篾也。簚信者。小信也。小信正與上文小利小怨一例。尚書君奭篇。文王蔑德。正義引鄭注曰。蔑。小也。小信謂之簚信。猶小德謂之簚德矣。顧命篇。敷重篾席。孫氏星衍疏曰。篾俗從竹。當爲蔑。即簚段音。據此。知爲簚正字。蔑爲段字。篾爲俗字。王云。德厚二字連讀。厚字上屬爲句。不與和構相連。德厚猶言仁厚。形勢解篇曰。無德厚以安之。無度數以治之。樂記曰。廣其節奏。省其文采。以繩德厚。鄉飲酒義曰。主人者。接人以仁以德厚者也。荀子君

道篇曰。德厚者進而佞說者止。韓子外儲說右篇曰。德厚以與天下齊行，齊策曰。德厚之道得，貴、士之力也。史記秦本紀曰。施德厚骨肉而布惠於民。漢景帝詔曰。德厚侔天地。利澤施四海。鼂錯對策曰。今以陛下神明德厚。鄒陽獄中上梁王書曰。墮肝膽。施德厚。司馬相如子虛賦曰。今足下不稱楚王之德厚。而盛推雲夢以爲高。皆以德厚連文。尹以厚字下屬爲句。非是。　△令守法之官日行度必明失經常　王云。據尹注。失上脫無字。日當爲曰。字之誤。令守法之官曰爲句。（上文問於邊吏曰云云。卽其證。）行度必明爲句。（行度。行法度也。）無失經常爲句。

謀失第二十五　內言八闕

卷十

戒第二十六　內言九

桓公將東游。問於管仲曰。我游猶軸轉斛。言我之游必有所濟。猶軸之轉載斛石。南至琅邪。司馬曰。亦先王之游已。何謂也。春游而南行。故司馬正令之爲先王之游。公未達其意。故問管仲。管仲對曰。先王之游也。春出原農事之不本者。謂之游。原。察也。農事不依本務。當原察之。秋出補人之不足者。謂之夕。秋謂酉。成角有不足者當補之。夫師行而糧食其民者。謂之亡。師行無成功。空費糧食。如此者必亡。從樂而不反者。謂之荒。先王有游夕之業於人。無荒亡之行於身。桓公退再拜命曰。寶法也。謂其法可寶也。管仲復於桓公曰。無翼而飛者聲也。出言門庭。千里必應。故曰無翼而飛。無根而固者情也。同舟而濟。胡越不患異心。知其情也。故曰無根而固。無方而富者生也。生全則萬方輻湊。生盡則鴻毛不振。故曰無方而富也。莫知生所在。故曰無方也。公亦固情謹聲。以嚴尊生。言當固物情。謹聲教。嚴爲防禦。以尊其生。此謂道之榮。謂此三者順道而光榮。桓公退再拜。請若此言。若。順也。管仲復於桓公曰。任之重者莫如身。萬事萬行。非身不舉。故曰重任。塗之畏者莫如口。樞機之發。榮辱之主。故可畏也。期而遠者莫如年。殤夭日聞。期頤實寡。故曰遠期也。以重任行畏塗至遠期。唯君子乃能矣。桓公退。再拜之曰。夫子數以此言者教寡人。管仲對曰。滋味動靜。生之養也。好惡喜怒哀樂。生之變也。聰明當物。生之德也。非禮勿視聽。故曰當物。是故聖人齊滋味而時動靜。所以養其生。御正六氣之變。所以循其變也。六氣。即好惡喜怒哀樂。禁止聲色之淫。所以成其德。邪行亡乎體。違言不存口。體無邪行。口言必順。靜無定生。聖也。欲靜則生定。如此者聖也。仁從中出。義從外作。仁自心生。故曰中出。義因事斷。故曰外作。仁故不以天下爲利。義故不以天下爲名。若以天下爲名利。則非仁義也。仁故不代王。不以道輔君而代之王者。非仁也。義故七十而致政。老而不致政。貪冒者耳。非義也。是故聖人上德而下功。尊道而賤物。物。謂名利之事。道德當身故不以物惑。身苟有道德。豈名利之物能惑哉。是故。身在草茅之中。而無懾意。道德爲量。何懼之有。南面聽天下。而無驕色。神器儻來。何驕之有。如此。而後可以爲天下王。所以謂德者。不動而疾。德必冥通。不動而疾。故不相告而知。不出戶牖。以知天下。不爲而成。無爲而無不爲。不召而至。是德也。同聲相應。同氣相求。如此者。可謂至德也。故天不動。四時云下。而萬物化。天常無爲。故曰不動。然四時云下。故萬物化。云。運動貌也。君不動。政令陳下。而萬功成。君亦常無爲。故曰不動。然政令陳列而下。故萬物成也。心不動。使四肢耳目。而萬物情。心亦當無爲。故曰不動。然四肢耳目。自心使萬物。莫不得其情也。寡交多親。謂之知人。以其知人。交寡而親多。故能寡事成功。謂之知用。以其知用。事寡而功成。故能聞一言以貫萬物。謂之知道。以其知道。故能聞一言而得物貫也。多言而不當。不如其寡也。故曰狗不以善吠爲良。人不以多言爲賢。博學而不自反。必有邪。博學而不反修於其身。心曼衍者故必有邪行。孝弟者。仁之祖也。仁從孝弟生。故爲仁祖。忠信者。交之慶也。有忠信之心。故能慶交友之善。內不考孝弟。言不仁。外不正忠信。言不友。澤其四經而誦學者。是亡其身者也。四書。謂詩書禮樂。既無孝弟忠信。空使四經流澤徒爲誦學者。即四經可以亡身也。桓公明日弋在廩。廩所以盛米粟。禽鳥或多集焉。故於此弋也。管仲隰朋朝。公望二子。弛弓脫釬。釬。所以扞弦。而迎之曰。今夫鴻鵠春北而秋南。而不失其時。夫唯有羽翼以通其意於天下乎。今孤之不得意於天下。非皆二子之憂也。二子不能爲羽翼。所以當憂。桓公再言。二子不對。桓公曰。孤既言矣。二子何不對乎。管仲對曰。今夫人患勞。而上使不時。人患飢。而上重斂焉。人患死。而上急刑焉。如此。而又近有色。親治容。而遠有德。疏賢俊。雖鴻鵠之有翼。濟大水之有舟楫也。其將若君何。不飛。雖羽翼無益。不濟。雖舟楫徒施。不聽。雖盡言空設。故曰其將若君何。桓公躄然逡遁。管仲曰。昔先王之理人也。蓋人有患勞。而上使之以時。則人不患勞也。人患飢。而上薄斂焉。則人不患飢矣。人患死。而上寬刑焉。則人不患死矣。如此。而近有德而遠有色。則四封之內。視君其猶父母邪。四方之外。歸君其猶流水乎。公輟射援綏而乘。自御。管仲爲左。隰朋參乘。朔月三日。進二子於里官。里官。謂里尉也。齊國之法。擧賢必自里尉始。故令里官進二子。將旌別而用之。再拜頓首曰。孤之聞二子之言也。耳加聰而視加明。於孤不敢獨聽之。薦之先祖。謂陳其所言以薦祖廟。管仲隰朋再拜頓首曰。如君之王也。君能如此。可以王也。此非臣之言也。君之教也。此雖臣言。君用之。然後必成教。故曰君之教。於是管仲與桓公盟誓爲令曰。老弱勿刑。參宥而後弊。老弱犯罪者。無即刑之。必三寬宥而後斷罪。三宥即周禮三宥。一曰不識。二曰過誤。三曰悼耄也。關幾而不正。市正而不布。布。謂錢也。即其物而正之。不必分錢。山林梁澤。以時禁發。而不正也。謂獺祭魚。然後入澤梁。豺祭獸。然後入山林。草封澤鹽者之歸之也。譬若市人。草封澤。謂澤多草。刈積成封。可用煮鹽者也。其處既多鹽。故歸者譬若市人。言不設禁也。三年教人。四年選賢以爲長。五年始興車踐乘。遂南伐楚。門傅施城。施城。楚城名。謂附至其下。北伐山戎。出冬蔥與戎叔。布之天下。山戎有冬蔥戎菽。今伐之。故其物布天下。戎叔。胡豆。果三匡天子而九合諸侯。

桓公外舍而不鼎饋。外舍。謂出宿於外。不以鼎饋食。言其饌不盛也。中婦諸子謂宮人盍不出從乎。君將有行。中婦諸子。內官之號。君將有行。何不出乎。盍。何不也。宮人皆出從。公怒曰。孰謂我有行者。宮人曰。賤妾聞之中婦諸子。公召中婦諸子曰。女焉聞吾有行也。對曰。妾人聞之。君外舍而不鼎饋。非有內憂。必有外患。今君外舍而不鼎饋。君非有內憂也。妾是以知君之將有行也。公曰。善。此非吾所與女及也。而言乃至焉。言我本不與汝及此謀。今汝言乃能至於此。謂能知我謀也。吾是以語女。吾欲致諸侯而不至。爲之奈何。我欲諸侯之至。而乃不至。今欲令其至如何乎。中婦諸子曰。自妾之身之不爲人持接也。爲。猶與也。言妾身在深宮之中。未嘗得出與人相持而接對。未嘗得人之布織也。意者更容不審耶。宮中既少織紝之事。又不得外人之布織。言此者既昧於人事。不當諮以軍謀。蓋託不知以止君之行也。故言更當容我恩其審之事。不明日。管仲朝。公告之管仲曰。此聖人之言也。君必行也。謂中婦諸子止君不行。此合聖人之言也。令君行之。

管仲寢疾。桓公往問之曰。仲父之疾甚矣。若不可諱也。不幸而不起此疾。彼政我將安移之。管仲未對。桓公曰。鮑叔之爲人何如。管子對曰。鮑叔君子也。千乘之國。不以其道。予之不受也。雖與千乘之國。不以其道。彼必不受。雖然。不可以爲政。其爲人也。好善而惡惡已甚。已。猶太也。言憎惡惡人太甚。見一惡終身不忘。桓公曰。然則孰可。管仲對曰。隰朋可。朋之爲人。好上識而下問。好上識。謂好知遠大之事。臣聞之。以德予人者。謂之仁。以財予人者。謂之良。以善勝人者。未有能服人者也。以善勝人。人亦生勝己之心。故不服。以善養人者。未有不服人者也。於國有所不知政。於家有所不知事。必則朋乎。若皆知之。則事鍾於己。將不勝任而敗。朋能有所不知。故可以移政。且朋之爲人也。居其家不忘公門。居公門不忘其家。事君不二其心。亦不忘其身。舉齊國之幣。握路家五十室。其人不知也。大仁也哉。其朋乎。握。持也。或有舉齊國之幣持與路旁之家五十室。言其事大而且易顯。此皆自有主司。朋能不干預。而強知此、所謂於國有所不知政。合於天地之無不容載。故曰大仁哉其朋乎已。公又問曰。不幸而失仲父也。二三大夫者。其猶能以國寧乎。管仲對曰。君請矍已乎。矍已。謂有所驚矍而問未止也。鮑叔牙之爲人也好直。賓胥無之爲人也好善。寧戚之爲人也能事。孫在之爲人也善言。公曰。此四子者。其孰能一人之上也。寡人幷而臣之。則其不以國寧何也。言四子皆有超絕之材。無人能過其上。今吾幷得臣之。國尚不寧何也。對曰。鮑叔之爲人好直。而不能以國詘。不能爲國以屈其直也。賓胥無之爲人也好善。而不能以國詘。寧戚之爲人能事。而不能以足息。寧戚善於農植。貪於積聚。不能知足而息也。孫在之爲人善言。而不能以信默。其所陳言。既見信用。尚不能默。凡此四子。皆矜能太過。不能與時屈伸。故國不寧也。臣聞之。消息盈虛。與百姓詘信。然後能以國寧勿已者。朋其可乎。朋之爲人也。動必量力。舉必量技。言終。喟然而歎曰。天之生朋。以爲夷吾舌也。其身死。舌焉得生哉。言朋亦將隨己早亡。不得久理齊政。故哀歎也。以先知未然。夷吾所以稱聖也。管仲曰。夫江黃之國近於楚。爲臣死乎。二國既近於楚。必臣於楚。豈爲齊臣而死乎。君必歸之楚而寄之。以二國歸楚。

若寄託然。則楚不得爲私。而齊猶有望。君不歸楚。必私之。私之而不救也。則不可。救之。則亂自此始矣。楚既私二國。二國有難。齊必不救。一爲不救。則不可救。此救彼不臣。則構怨矣。故曰亂自此始。桓公曰。諾。管仲又言曰。東郭有狗嘊嘊。旦暮欲齧我。猳而不使也。今夫易牙。子之不能愛。將安能愛君。君必去之。公曰。諾。東郭之狗。喻易牙。言其人殘忍同於狗矣。猳。謂以木連狗。取聲爲義。即國家也。言易牙終能亡國滅家。此不當使。必須去之也。管子又言曰。北郭有狗嘊嘊。旦暮欲齧我。猳而不使也。今夫豎刁。其身之不愛。焉能愛君。君必去之。公曰。諾。管子又言曰。西郭有狗嘊嘊。旦暮欲齧我。猳而不使也。今夫衞公子開方。去其千乘之太子。而臣事君。是所願也得於君者。是將欲過其千乘也。開方在衞。當嗣君之位。今棄而事齊。則所望不只千乘也。其意必得齊國。然後稱所望也。君必去之。桓公曰。諾。管子遂卒。卒十月。隰朋亦卒。桓公去易牙豎刁衞公子開方。五味不至。於是乎復反易牙。宮中亂。復反豎刁。利言卑辭不在側。復反衞公子開方。桓公內不量力。外不量交。而力伐四鄰。公薨。六子皆求立。易牙與衞公子內與豎刁因共殺羣吏而立公子無虧。故公死七日不斂。九月不葬。孝公犇宋。宋襄公率諸侯以伐齊。戰於甗。大敗齊師。殺公子無虧。立孝公而還。襄公立十三年。桓公立四十二年。

地圖第二十七　短語一

凡兵主者。必先審知地圖。轘轅之險。謂路形若轘。而又轘曲。緱氏東南有轘轅道是也。濫車之水。其水深妙能泛車。名山通谷經川。謂嘗川也。陵陸丘阜之所在。苴草林木蒲葦之所茂。苴草。謂其草深茂能有所覆藏。道里之遠近。城郭之大小。名邑廢邑困殖之地。困。謂其地境埆不可種藝。殖。謂墾田可播殖者也。必盡知之。凡此皆兵主所當知。地形之出入相錯者。盡藏之。藏。謂苞藴在心。然後可以行軍襲邑。舉錯知先後。不失地利。此地圖之常也。人之衆寡。士之精麤。器之功苦。盡知之。此乃知形者也。形。謂兵之形。知形不如知能。知能不如知意。故主兵必參具者也。主明。相知。將能之謂參具。明知能三者合。故謂之參具。故將出令發士。期有日數矣。

宿定所征伐之國。宿。猶先也。使羣臣大吏父兄便辟左右不能議成敗。人主之任也。事之成敗。明主獨斷於心。故其臣不能議。論功勞。行賞罰。不敢蔽賢。不敢蔽隱賢能。有私行用貨財供給軍之求索。言相室或用私財供軍所求。若竇嬰李牧之爲也。使百吏肅敬。不敢解怠行邪。以待君之令。相室之任也。繕器械。選練士。爲教服。設教令使士服習。連什伍。使其什伍各相鉤連。有所統屬。徧知天下。審御機數。此兵主之事也。

參患第二十八　太彊亦有患。太弱亦有患。必參詳彊弱之中。自致於無患也。　短語二

凡人主者。猛殺則伐。懦弱則殺。猛殺者何也。輕誅殺人之謂猛殺。懦弱者何也。重誅殺人之謂懦弱。此皆有失彼此。凡輕誅者殺不辜。而重誅者失有辠。故上殺不辜。則道正者不安。上失有辠。則行邪者不變。道正者不安。則才能之人去亡。行邪者不變。則羣臣朋黨。才能之人去亡。則宜有外難。能士去亡。必構鄰來伐。故有外難也。羣臣朋黨。則宜有內亂。羣臣朋黨。則殉變爲虎。篡殺常因是生。故有內亂也。故曰猛殺者伐。懦弱者殺也。君之所以卑尊國之所以安危者。莫要於兵。故誅暴國必以兵。禁辟民必以刑。然則兵者外以誅暴。內以禁邪。故兵者尊主安國之經也。不可廢也。若夫世主則不然。外不以兵。而欲誅暴。則地必虧矣。無兵誅暴。暴必內侵。故地虧。內不以刑。而欲禁邪。則國必亂矣。無刑禁邪。邪必上侵。故國亂。故凡用兵之計。三驚當一至。驚。謂耀威示武。能驚敵使懼。如此者三。可當師之一至敵國。三至當一軍。師之三至。可當一軍之用。三軍當一戰。軍之三用。可成一戰。故一期之師。十年之蓄積殫。師行一期。能盡十年之蓄積。一戰之費。累代之功盡。傾國一戰。能盡累代之功。今交刃接兵而後利之。則戰之自勝者也。交刃接兵。必卒喪刃折。貨財空耗。雖未被敵勝。先已自勝。攻城圍邑。主人易子而食之。析骸而爨之。則攻之自拔者也。主人食子爨骸。攻者必智窮力竭。財殫士喪。城雖未攻。先已自拔。凡此皆庸主之師。非審計者。是以聖人小征而大匡。不失天時。不空地利。用日維夢。其數不出於計。小征。謂誅暴國。大匡。謂正天下。既合天時。又得地利。用吉日。夢吉夢。其數從何而生。皆出於計謀也。故計必先定而兵出於竟。

計未定而兵出於竟則戰之自敗攻之自毀者也。得衆而不得其心。則與獨行者同實。不得其心。則叛亡至。故與獨行同實也。兵不完利。與無操者同實。甲不堅密。與俴者同實。俴。謂無甲單衣者。弩不可以及遠。與短兵同實。射而不能中。與無矢者同實。中而不能入。與無鏃者同實。將徒人。與俴者同實。徒人。謂無兵甲者。俴。單也。人雖衆無兵甲。則與單人同也。短兵待遠矢。與坐而待死者同實。遠矢至。短兵不能應。則坐而受死也。故凡兵有大論。必先論其器。論其士。論其將。論其主。故曰。器濫惡不利者。以其士予人也。士不可用者。以其將予人也。將不知兵者。以其主予人也。主不積務於兵者。以其國予人也。故一器成。往夫具。而天下無戰心。一器。謂師之器。其器既成。敢往之夫又具。則天下不敢生心與戰也。二器成。驚夫具。而天下無守城。二器。謂軍之器。其器既成。驚敵之夫又具。則天下不敢守城而禦也。三器成。游夫具。而天下無聚衆。三器。謂一國之器。其器既成。游務之夫又具。則天下之衆懼而自散也。所謂無戰心者。知戰必不勝。故曰無戰心。所謂無守城者。知城必拔。故曰無守城。所謂無聚衆者。知衆必散。故曰無聚衆。

制分第二十九　短語三

凡兵之所以先爭。謂欲用兵所當先而爭爲者。謂下事。聖人賢士。不爲愛尊爵。有聖人賢士。則以尊爵加之。而不愛惜也。道術知能。不爲愛官職。有道術智能。則以官職加之。巧伎勇力。不爲愛重祿。聰耳明目。不爲愛金財。故伯夷叔齊非於死之日而後有名也。其前行多修矣。由前行多修。故死後有名。武王非於甲子之朝而後勝也。其前政多善矣。由前政多善。故甲子之朝。一戰大勝。故小征千里徧知之。小征。謂以諸侯之衆有所征。古者諸侯大國有五百里者。今既舉衆而征。己國與敵國。皆當知之。故徧知千里。築堵之牆。十人之聚。日五閒之。閒。謂私候之。假令築一堵之牆。或十人聚作。主者猶日五候之。況我事之大可以不徧知哉。大征徧知天下。大征。謂以天下之衆有所征伐。天子以天下爲家。故徧知天下也。日一閒之。散金財。用聰明也。夫動衆。當令主者日一閒候之。其閒候之也。或散金財。有所慕賞。或用聰明。度其不虞也。故善用兵者。無溝壘而有耳目。溝壘。防禦小。耳目。視聽遠。兵不呼儆。不苟聚。不妄行。不強進。呼儆則敵人戒。苟聚則衆不用。無事徒聚。衆必不用。若周幽之燧烽也。妄行則羣卒困。強進則銳士挫。故凡用兵者。攻堅則軔。軔牢固之名也。所攻既堅。則軔而難入。乘瑕則神。瑕。謂虛脆也。所乘既脆。續然瓦解。故若神。攻堅則瑕者堅。所攻雖堅。能令脆者。則以士卒堅強故也。乘瑕則堅者瑕。所乘雖脆。卻爲堅者。則以士卒脆弱故者。故堅其堅者瑕其瑕者。謂強卒攻堅。弱卒攻脆。屠牛坦朝解九牛。而刀可以莫鐵。莫。猶削也。則刃游閒也。刃游理間。故刀不斷。故天道不行屈。不足用兵者必順天道。若及天道之不行。必屈竭而不足。從。人事荒亂。以十破百。敵國人事。既荒且亂。故十可破百。器備不行。以半擊倍。敵國器備。不可施行。此雖半。可以擊彼之倍。故軍爭者不行於完城池。行。謂先覘之也。欲以軍爭而行其城池。彼則知而備之也。有道者不行於無君。覘彼無君。亦恐知而有備。故莫知其將至也。既不先覘以擊襲。所以不知其將至。至而不可圉。莫知其將去也。不可圉者。必潛而近。故不知其將去。楚幕有烏之比。去而不可止。敵人雖衆。不能止。去既不可止。雖衆何能止。待。治者所道富也。治而未必富也。有所待而治其道。當富而未必能富。必知富之事。然後能富。富者所道強也。而富未必強也。富者其道當強。而未必能強也。必知強之數。然後能強。強者所道勝也。而強未必勝也。必知勝之理。然後能勝。勝者所道制也。而勝未必制也。必知制之分。然後能制。是故治國有器。富國有事。強國有數。勝國有理。制天下有分。

君臣上第二十　短語四

爲人君者。修官上之道。而不言其中。君在衆官之上。但修此官上之道而已。至於官中之事。則有司存。非所言也。爲人臣者。比官中之事。而不言其外。比。謂校次之也。若言官外。則爲越職。君道不明。則受令者疑。權度不一。則修義者惑。民有疑惑貳豫之心。而上不能匡。則百姓之與間。間。謂隔礙不通也。人心有疑。君不能正。故其所與爲多礙而不通也。猶揭表而令之止也。揭。舉也。表。謂以木爲標。有所告示也。既使舉於表。又令止之。是亦不一也。故以況人心之疑也。是故能象其道於國家。加之於百姓。而足以飾官化下者。明君也。象。法也。謂能本道而立法。能上盡言於主。下致力於民。而足以修義從令者。忠臣也。上惠其道。下敦其業。上下相希。言相希准以爲法也。若望參表。則邪者可知也。參表。謂立表所以參驗曲直。吏嗇夫任事。吏嗇夫。謂檢束羣吏之官也。若督郵之比也。人嗇夫任教。人嗇夫。亦謂檢束百姓之官。教在百姓。論在不撓。謂百姓有不從教。論其罪罰。不撓法以行私。賞在信誠。體之以君臣。其誠也以守戰。既賞信罰。必君臣合體。莫不至誠。故入可以守城。出可以野戰也。如此。則人嗇夫之事究矣。吏嗇夫盡有訾程事律。訾。限也。程。準也。事律。謂每事據律而行也。論法辟衡權斗斛文劾不以私論。而以事爲正。辟。刑也。文劾。言據文而舉劾。謂論法刑已下。皆據事以爲正。不曲從其私也。如此。則吏嗇夫之事究矣。人嗇夫成教。吏嗇夫成律之後。則雖有敦愨忠信者。不得善也。人嗇夫之教既成。則人皆忠信。故無有獨得善者也。而戲豫怠傲者。不得敗也。吏嗇夫之律既成。人皆懼法。不敢爲非。雖有豫怠。不得爲敗也。如此。則人君之事究矣。是故爲人君者。因其業。謂因人嗇夫之業也。乘其事。謂乘吏嗇夫之事。而稽之以度。又以國之法度考此二者。有善者。賞之以列爵之尊。田地之厚。而民不慕也。善自應賞。故不善者不敢橫慕。有過者。罰之以廢亡之辱。僇死之刑。而民不疾也。過自應罰。故人不敢疾怨。殺生不違。而民莫遺其親者。或罰而殺之。或賞而生之。皆不違其理。則人知主德之有常。不輕爲去就。故人不遺其親也。此唯上有明法。而下有常事也。

天有常象。懸象著明。不改其貞。地有常形。山澤通氣。不改其靜。人有常禮。尊君父。卑臣子。其儀不易。一設而不更。此謂三常。兼而一之。人君之道也。人君無官。兼統衆官。故曰兼而一之。分而職之。各有司存。人臣之事也。君失其道。無以有其國。臣失其事。無以有其位。然則上之畜下不妄。而下之事上不虛矣。上之畜下不妄。則所出法制度者明也。下之事上不虛。則循義從令者審也。上明下審。上下同德。代相序也。代。更也。謂上明下審更相序。君不失其威。下不曠其產。而莫相德也。君以威覆下。下以產供上。各有所恃。故不相德。是以上之人務德。而下之人守節義。禮成形於上。而善下通於民。則百姓上歸親於主。而下盡力於農矣。故曰。君明。相信。五官肅。士廉。農愚。商工愿。則上下體。上下各得其體也。而外內別也。民性因而三族制也。三族，謂農商工也。言因上下有體。內外有別。三族各得其制也。故此夫爲人君者。廕德於人者也。君者以德廕人。爲人臣者。仰生於上者也。臣者。仰君而生。爲人上者。量功而食之以足。量其功之多少。制祿以食之。各得足也。爲人臣者。受任而處之以教。受任者必設教。布政有均。民足於產。則國家豐矣。

以勞受祿。則民不幸生。有勞者必得祿。人則致死以立功。不徼倖而偷生也。刑罰不頗。則下無怨心。名正分明。則民不惑於道。刑名職分明。則人於道不惑也。道也者。上之所以導民也。是故。道德出於君。德從君出。制令傳於相。令因相傳。事業程於官。官各以其事業程於君也。百姓之力也胥令而動者也。胥。視也。視令而動。則所舉不安。是故。君人也者。無貴如其言。君以言制下。無言。則下無所稟令。故言最貴也。人臣也者。無愛如其力。臣則宣力事君。其力最可愛也。故言下力上。君言下於臣。力上於君也。而臣主之道畢矣。是故。主畫之。相守之。畫。謂分別其所授事。君既畫其事。相則守而行之也。相畫之。官守之。官畫之。民役之。官既畫之。人則役力以行其事。則又有符節印璽典法筴籍以相揆也。符節印璽。所以示其信也。典法筴籍。所以示之制也。凡此。可以考其眞僞。定其是非。以相揆也。故曰此明公道而滅姦僞之術也。論材量能。謀德而舉之。謀知其德。然後舉用之。上之道也專意一心守職而不勞。不以職事爲勞苦。下之事也。爲人君者。下及官中之事。則有司不任。下及官中之事。則君奪臣職。故有司不任也。爲人臣者。上共專於上。則人主失威。臣當上供。從君之命。今乃專上之權。故主失威。是故。有道之君。正其德以涖民。而不言智能聰明。智能聰明者。下之職也。所以用智能聰明者。上之道也。謂用下之智能聰明。上之人明其道。下之人守其職。上下之分不同任。而復合爲一體。君爲元首。臣爲股肱。故曰一體。是故。知善。人君也。知善則謀慮深遠。故可以爲人君也。身善。人役也。身善則財能可任。故爲人役也。君身善則不公矣。君身善。則智淺。故不公人也。人君不公。常惠於賞而不忍於刑。不公。則不識理之正。故惠賞而不忍刑也。是國無法也。治國無法。則民朋黨而下比。飾巧以成其私。法制有常。則民不散而上合。竭情以納其忠。是以不言智能。而順事治國患解。大臣之任也。不言於聰明。而善人舉。姦僞誅。視聽者衆也。是以爲人君者。坐萬物之原。而官諸生之職者也。謂授諸生之官而任之以職也。生。謂知舉之士也。選賢論材。而待之以法。舉而得其人。坐而收其福。不可勝收也。得人則福多。故不可勝收。官不勝任。奔走而奉其敗事。不可勝救也。不勝任。則敗廣。故不可勝救。而國未嘗乏於勝任之士。上之明適不足以知之。是以明君審知勝任之臣者也。故曰。主道得。賢材遂。百姓治。治亂在主而已矣。故曰。主身者。正德之本也。官治者。耳目之制也。官稟君命而後行。若耳目待心制而後用。日官者耳目之制。故身立而民化。德正而官治。治官化民。其要在上。是故君子不求於民。立身正德而已。是以上及下之事。謂之矯。及。猶預也。矯。僞也。上預下事。則僞有餘而實不足也。下及上之事。謂之勝。下預上事。則威權勝君故也。爲上而矯。悖也。爲下而勝。逆也。國家有悖逆反迕之行。迕。背。有土主民者失其紀也。

是故。別交正分之謂理。別上下之交。正君臣之分。順理而不失之謂道。道德定而民有軌矣。有道之君者。善明設法。而不以私防者也。而無道之君。既已設法。則舍法而行私者也。爲人上者。釋法而行私。則爲人臣者援私以爲公。公道不違。則是私道不違者也。臣之所以爲公者。乃是私也。名日不違公道。便是不違私道也。行公道而託其私焉。寖久而不知。姦心得無積乎。既久行私而不知。則是姦心之積也。故言姦心豈復無積乎。姦心之積也。其大者有侵偪殺上之禍。其小者有比周內爭之亂。此其所以然者。由主德不立。而國無常法也。主德不立。則婦人能食其意。君意委曲。隨於女謁。若食之充口。故日婦人能食其意。國無常法。則大臣敢侵其勢。大臣假於女之能。以規主情。假。因也。因女之能食主意。以規度主之情也。婦人嬖寵假於男之知。以援外權。婦人既得君之嬖寵。又因大臣之智以引其外權。則何爲而不成也。於是乎外夫人而危太子。女寵既隆。又挾大臣之助。故夫人被外。太子見危。兵亂內作。以召外寇。此危君之徵也。

是故。有道之君。上有五官。以牧其民。則衆不敢踰軌而行矣。下有五橫以揆其官。則有司不敢離法而使矣。橫。謂糺察之官得入人罪者也。五官各有其橫日五橫。朝有定度衡儀。以尊主位。衡。正。衣服緷絻。盡有法度。緷絻。古袞冕字。則君體法而立矣。體。猶依也。君據法而出令。有司奉命而行事。百姓順上而成俗。著久而爲常。著明而且久。積習而爲常也。犯俗離教者。衆共姦之。衆以離教爲姦而罪之也。則爲上者佚矣。天子出令於天下。諸侯受令於天子。大夫受令於君。子受令於父母。下聽其上。弟聽其兄。此至順矣。衡石一稱。斗斛一量。丈尺一綧制。所謂同律度量衡也。綧。古准字。准節律度量也。謂丈尺各有准限也。戈兵一度。書同名。
車同軌。此至正也。從順獨逆。從正獨辟。此猶夜有求而得火也。衆皆從順。而有獨逆者。衆皆從正。而有獨辟者。必爲順正者所伏也。姦僞之
人。無所伏矣。此先王之所以一民心也。是故天子有善。讓德於天。諸侯有善。慶之於天子。諸侯有善。讓於天子而慶也。大夫
有善。納之於君。民有善。本於父。慶之於長老。此道法之所從來。是治本也。道法以讓爲主。是故歲一言者君也。謂正歲之朝。
布之縣象。時省者相也。月稽者官也。務四支之力。修耕農之業以待令者。庶人也。是故百姓量其力於父兄之間。聽
其言於君臣之義。而官論其德能而待之。謂百吏之官各論其德能以待君命。大夫比官中之事。不言其外。而相爲常具以給之。
具論衆官之法制也。相總要者。相無常官。所以總統百吏之要。官謀士。量實義美。匡請所疑。士。事也。官各謀其職事也。又當量實宜其有美善者。用匡於所疑。必陳而
請之也。而君發其明府之法。瑞以稽之。府。謂百吏所居之官曹也。立府必有明法。故曰明府之法。瑞。君所與臣爲信者。珪璧之屬也。又必合其瑞以考之也。立三階
之上。南面而受要。君之路寢前有三階。要。謂百吏之目也。是以上有餘日。上唯受要。故有餘日。而官勝其任。各理其職。故能勝任。時令不淫。而百
姓肅給。言其敬而供上。唯此上有法制。下有分職也。
道者誠人之姓也。非在人也。姓。生也。言道立人之生。人之所從出。故非在人。而聖王明君。善知而道之者也。道。猶言也。聖王善知道理。故言而
相告也。是故治民有常道。而生財有常法。道也者。萬物之要也。爲人君者。執要而待之。則下雖有姦僞之心。不敢殺
也。不敢殺君。夫道者虛設。道無形而善應。故曰虛設。其人在則通。其人亡則塞者也。非茲是無以理人。非茲是無以生財。前茲是。
謂其道。民治財育。其福歸於上。是以知明君之重道法而輕其國也。得道之眞以理身。緒餘以理國家。故重道而輕國。故君一國者。其道
君之也。道可爲君。故君一國。王天下者。其道王之也。道可王。王天下。故大王天下。小君一國。其道臨之也。其道足以臨國與天下也。是以
其所欲者。能得諸民。君之所欲。則順之令得。人其所惡者。能除諸民。君之所惡。順之而除。亦所欲者能得諸民。故賢材遂。所惡者能

除諸民。故姦僞省。如冶之於金。陶之於埴。制在工也。廢置之由君。金埴之由工也。若是故將與之。惠厚不能供。謂欲與人。雖有惠厚之意。財不能供。將殺之。嚴威不能振。謂欲殺人以致其理。嚴威鎗縮不能振起也。然而嚴威不能振。惠厚不能供。聲實有間也。或有聲無實。或有實無聲。聲實間礙。故不供不振也。有善者不留其賞。故民不私其利。善必得賞。私利何爲。有過者不宿其罰。故民不疾其威。宿猶停也。罰得其過。則人不疾其威。疾。怨也。威罰之制。無踰於民。因人所欲罰而罰之。故不踰於人也。則人歸親於上矣。如天雨然。澤下尺。生上尺。澤從上降。潤有一尺。則苗從下生。上引一尺。澤下降苗上引。猶君恩下流。人心上就也。是以官人不官。事人不事。獨立而無稽者。人主之位也。君者與人之官而不自官。授人之事而不自事。獨立於無過之地。臣下莫得而稽之。如此者。人主之位也。先王之在天下也。民比之神明之德。先王善牧之於民者也。夫民別而聽之則愚。別而聽之。則各信其一方。暗莫之發。故愚。合而聽之則聖。合而聽之。則得失相轉。可否相濟。芻蕘之言。賢聖不能易。故聖也。雖有湯武之德。復合於市人之言。是以明君順人心。安情性。而發於衆心之所聚。聚。謂同所歸湊。是以令出而不稽。稽。留也。刑設而不用。人不犯法。無所用刑。故先王善與民爲一體。以百姓心爲心。故曰一體。與民爲一體。則是以國守國。以民守民也。一國同一意。萬人同一心。然則民不便爲非矣。爲非則失利。故不便。雖有明君。百步之外。聽而不聞。耳聽有所極。閒之堵牆。窺而不見也。目視有所窮。而名爲明君者。君善用其臣。臣善納其忠也。君能善用。臣能善納。則何聽而不聞。何視而不見。耳目不壅。明而何也。非信以繼信。善以傳善。君信而臣繼之。君善而臣傳之。是以四海之內。可得而治。是以明君之舉其下也。盡知其短長。知其所不能益。若任之以事。夫任人以事者。必擇其可否。君之舉臣。亦猶是也。賢人之臣其主也。盡知短長與身力之所不至。謂知君之短長及其身力所不至也。若量能而授官。夫授人官者。亦擇其可否。臣之擇事。亦猶是也。上以此畜下。擇其可畜而畜之。下以此事上。擇其可事而事之。上下交期於正。君有賢臣。臣有令主。欲求不正。其可得乎。則百姓男女皆與治焉。君臣正。則百姓無自爲姦僻也。

戒第二十六　內言九

△我游猶軸轉斛南至琅邪　王氏引之云。猶讀爲欲。古字猶與欲通。（大雅文王之聲篇。匪棘其欲。禮器引作匪革其猶。周官小行人。其悖逆暴亂作慝猶犯令者。爲一書。大戴禮朝事篇猶作欲。）軸當爲由。由轉二字相連。寫者遂誤加車旁矣。轉斛當爲轉鮒。丁氏升衢曰。（望謹案。升衢先生名杰。歸安人。嘗師事東原先生。此伯申尙書述其說。）孟子轉附。寰宇記引齊都賦晏子春秋並作轉鮒。魚與角。付與斗。均形近而譌。案丁說是也。鮒字右畔之付。與隸書斗字作升者相似。故誤爲斗。我游猶由轉鮒南至琅邪。言我之游也欲由轉鮒之山南至於琅邪。與孟子吾欲觀於轉附朝儛。遵海而南。放于琅邪。文義正同。尹注不能釐正。而曲爲之說。非也。（張云。嘗疑孟子朝儛亦卽轉附之譌衍。朝字左旁似轉。儛與附亦聲相近。而其地卽始皇本紀之之罘。之罘轉附。亦聲之變。別有說。）　△秋出補人之不足者謂之夕　孫云。晏子內篇。春省耕而補不足者。謂之游。秋省實而助不給者。謂之豫。孟子亦作一游一豫。夕豫聲相近。白帖三十六引夕作豫。下同。　△公亦固情謹聲以嚴尊生　丁云。尹注云。嚴爲防禦。以尊其生。疑本作嚴以尊生。生與聲榮爲均。　△期而遠者莫如年　王云。而當作之。與上文句法相同。治要及北齊書魏收傳。文選陸士衡長歌行注引。俱作之。孫說同。　△唯君子乃能矣　王云。案此本作唯君子爲能及矣。今本脫爲字。及誤爲乃。又誤在能字上。治要及北齊書所引不誤。　△桓公退再拜之曰　丁云。之當作命。上文桓公退再拜命曰。是其證。　△靜然定生聖也　張云。然猶乃也。（見王氏釋詞。）靜乃定生。與下仁從中出。義從外作。句意相同。大學所謂定而后能靜也。尹注非。　△不相告而知　王云。相字衍。　△故天不動四時云下而萬物化　王氏引之云。下字因下文政令隊下而衍。尹注同。云卽運字。言四時運而萬物化也。望案。詩正月傳云。旋也。　△君不動政令隊下而萬功成　丁云。據尹注。萬功成。亦當作萬物成。草書物作[illegible]。與功字形近而誤。　△使四肢耳目而萬物情　宋本肢作枝。　△澤其四經而誦學者　王云。澤讀爲舍。其路而弗由之舍。古同聲而通用。經。常也。四經卽孝弟忠信。內不忠信。外不孝弟。故曰舍其四經。又小問篇語曰。澤命不渝。信也。卽鄭風羔裘之舍命不渝。困學紀聞諸子類引張嵲讀管子曰。澤命不渝。澤古釋字。而注乃以爲恩澤之澤陋矣。　△弛弓脫釬而迎之　孫云。御覽兵部八十一引。釬作捍。禮記內則右佩決捍。注。捍。謂拾也。言可以捍弦也。說文。釬。臂鎧也。字從金旁作。望案。御覽資產部十二又引作靬。北堂書鈔一百六十引釬作秆。　△非皆二

子之憂也　御覽非皆作皆非。似互倒。也當是邪字。古也邪本通。△雖鴻鵠之有翼濟大水之有舟楫也其將若君何　王云。濟大水之有舟楫七字。後人所加也。後人以霸形篇云。寡人之有仲父也。猶飛鴻之有羽翼也。若濟大水有舟楫也。故增入此句。不知此文雖鴻鵠之有翼也。其將若君何。是管仲對桓公語。而上文桓公但云鴻鵠有羽翼。不云濟大水有舟楫。若闌入此句。則所答非所問矣。尹不審文義而爲之作注。失之。御覽治道部八所引。無此七字。△蓋人有患勞而上使之以時　張云。有字疑衍。下患飢患死上皆無有字。△朔月三日　洪云。當作三月朔日。△進二子於里官　日本豬飼彥博云。里官爲釐宮二字之誤。釐僖同。桓公父釐宮之廟也。呂氏春秋曰。桓公命有司除廟筵几而薦之曰。自孤之聞夷吾之言也。目益明。耳益聰。孤弗敢專。敢以告于先君。可儆也。△參宥而後弊　陳先生云。弊。治也。言三宥而後治其罪也。立政中匡篇皆曰。一再則宥。三則不赦。今令三宥者。寬緩其刑也。後劉本作友。云反字之誤。弊即蔽。失之。（張云。疑後字本作后。故譌爲友耳。）△五年始與車踐乘　安井衡云。車乃軍字誤。△門傳施城　丁云。門字衍。洪云。施城當作方城。尹注非。△北伐山戎出冬蔥與戎叔布之天下　御覽百穀部五引作桓公伐山戎。得戎菽以布天下。△中婦諸子　張云。諸子蓋八子七子之類。史記秦本紀。尊唐八子爲唐太后。徐廣云。八子。妾媵之號。詳見漢書外戚傳。蓋春秋時已有之。△對曰妾人聞之　張云。妾人猶臣人。人猶身也。長門賦。妾人竊自悲兮。注引管子此文。△必則朋乎　劉本則朋作隰朋。陳先生云。作則是也。爾雅曰。是。則也。則與是同義。必則。必是也。必則朋乎下文曰。其朋乎。又曰。朋其可乎。句法相同。劉不明則之訓爲是。因改作隰。誤矣。△握路家五十室　洪云。握。古通幄。（爾雅釋言。握。具也。釋文云。李本作幄。）路家。謂露處之家。逸周書皇門篇。自露厥家。路露古字通用。言幄覆露處者五十家。而不使其人知之。故爲大仁。尹注非。王氏引之云。握當爲振。辰與屋字形相近。又因下文室字而誤。說文曰。振。舉救也。路讀爲露。露家。窮困之家也。（義詳見五輔篇振罷露下。）五輔篇。衣凍寒。食饑渴。匡貧窶。振罷露。資乏絕。此謂振其窮。振罷露。即此所謂振露家也。尹注非。△君請矍已乎　俞云。矍乃獲之誤。隸書獲字或作獲。（見祝睦碑。）又或作獲。（見靈臺碑。）其左旁皆與矍相似。儀禮士昏禮聘禮注竝曰。請猶問也。君請獲已乎。言君有所問。不獲已而爲此對也。下文將歷言鮑叔諸人之短。故以此發之。△公曰此四子者其孰能一人之上也寡人幷而臣之則其不以國寧何也　王氏引之云。其孰能一人之上也若作一句讀。則文不成義。當以其孰能絕句。言此四子者其孰能以國寧也。其孰能下當有管仲謂其不能以國寧之語。一人之上也三句。則桓公不解其所以不能又從而問之也。今本有脫文耳。不然。則不以國寧之問何自而來邪。一。皆也。（大戴禮衞將軍文子篇。則一諸侯之相也。盧注曰。一。皆也。）一人之上。言四子之材皆在人之上也。而尹注曰。言四子皆有超絕之材。無人能過其上。則所見已是脫誤之本。故連其孰能三字解之。然如其說。則是孰能在四子之上。豈所謂一人之上乎。失之矣。　△鮑叔之爲人　安井衡云。古本人下有也字。　△孫在之爲人　宋本人下有也字。今本脫。　△爲臣死乎　王云。爲猶如也。言如臣死則君必歸缸黃於楚也。古或謂如曰爲。列子說符篇。孫叔敖戒其子曰。爲我死。王則封女。女必無受利地。言如我死也。秦策。秦宣太后出令曰。爲我葬。必以魏子爲殉。言如我葬也。（餘見經傳釋詞。）尹說大謬。　△東郭有狗嘊嘊　王云。嘊當作啀。玉篇。啀。魚佳切。狗欲齧。廣韻。啀。犬鬭。字皆作啀。無作嘊者。集韻。啀或作嘊。則所見管子本已誤。　△旦暮欲齧我猳而不使也　王氏引之云。猳當作枷。注內猳字宋本朱本皆作枷。考注云以木連狗。則其爲枷字明甚。若如今本作猳。則注當訓爲牡豕。安得云以木連狗乎。（白帖九十八引此作豭。乃後人以誤本改之。）但注讀旦暮欲齧我枷爲句。則非。尋繹文義。當以旦暮欲齧我爲句。枷字則屬下讀。枷者。趨字之叚借。說文。趨趨。互令不得行也。玉篇作迦。牙令不得進也。枷而不使者。謂趨互之不使進而齧人也。今世齧人之狗。繫木於其頸。使任重難進。是也。下文同。　△今夫豎刁　宋本刁作刀。下文同。刁俗字作刀是也。　△是所願也得於君者　洪云。也字衍。當讀是所願得於君者爲句。　△是將欲過其千乘也　王云。此是字涉上句是字而衍。　△易牙與衞公子內與豎刁　丁云。當作易牙外與衞公子開方。內與豎刁。外對內言。上文並言衞公子開方。此不宜單言衞公子也。

地圖第二十七　短語一

△濫車之水　陳先生云。濫當讀爲漸。詩衞風。淇水湯湯。漸車帷裳。漸。漬也。漸車與濡軌同義。濡亦漸也。上云轘轅之險。言地之高遠。此云漸車之水。言地之淺近。　△苴草林木蒲葦之所茂　王云。苴（采古反。）亦草也。語之轉耳。字或作蘆。廣雅曰。蘆。草也。呂氏春秋貴生篇。其土苴以治天下。高注曰。苴。草薊也。（草薊即草芥。今本薊譌作蒯。辨見呂氏春秋。）逸周書大聚篇曰。陂溝道路。藂苴丘墳。靈樞經癰疽篇曰。草蘆不成。五穀不殖。草謂之苴。故枯草亦謂之苴。楚辭九章。草苴比而不芳。王注曰。生曰草。枯曰苴。是也。草苴。林木。蒲葦。皆兩字平列。尹注非。

△困殖之地　孫云。杜牧孫子注引。困作圈。謂圈地可種殖者。或古圈字之省。尹注非。　△地形之出入相錯

者盡藏之　張云。藏疑當作識

參患第二十八　短語二

△懦弱則殺　張云。此殺字當音所界反。尹注失音。則與諸殺字混。望案。此殺字當讀爲弒。言懦弱則見弒也。△則戰之自勝者也　丁云。勝當作敗。下文戰之自敗。七法篇亦譌作勝。戰之自敗。與攻之自拔同義。△是以聖人小征而大匡　孫云。案禮記禮器。衆不匡懼。注。匡猶恐也。尹注非。△用日維夢　孫云。夢讀爲召誥女乃是不薆之薆。馬注云。薆。勉也。洪云。說文。夢。不明也。毛詩視天夢夢。古者師行早。常在天未明時。牧誓。時甲子昧爽。史記高祖本紀。黎明圍宛城三帀。皆其證也。尹注非。△其數不出於計　丁云。不當作必。尹注云。其數從何而生。皆出於計謀也。是尹所見本非作不出於計。七法篇曰。其數多少。其要必出於計。是其證。

制分第二十九　短語三

△武王非於甲子之朝而後勝也　中立本後下衍有字。△故小征千里徧知之築堵之牆十人之聚日五閒之大征徧知天下日一閒之　安井衡云。古本閒作問。丁云。當作一堵之牆。與十人之聚對文。尹注云。假令築一堵之牆。蓋探下文十人之聚。故加一築字。足成文義。是後人誤會尹注。遂改正文一字爲築矣。閒。瞯字之借。尹注謂私候之。即瞯義也。張云。此文疑有錯簡。日一閒之。當在一堵之牆下。故小征句當在日五閒之下。△攻堅則韌　孫云。韌當作韌。說文云。韌。柔而固也。△乘瑕則神　宋本瑕作瑕。下文同。△屠牛坦朝解九牛而刀可以莫鐵則刃游閒也　孫云。莊子養生主篇釋文云。管子有屠牛坦。朝解九牛。而刀可剃毛。與此文異。望案。御覽八百九十九獸部引。屠牛長朝解九牛而刀可以割髮。則刃遊于其閒也。淮南齊俗訓。屠牛吐一朝解九牛。而刀以剃毛。庖丁用刀十九年。而刀如新剖。何則。游乎衆虛之閒。注。屠牛吐。齊之大屠。衆虛之閒。刲中理也。△不行於完城池　丁云。池字衍。城與君爲均。△敵人雖衆不能止待　望案。尹以待字誤屬下句。辯見大臣篇。△治者所道富也治而未必富也　王云。治而未必富也。當依朱本作而治未必富也。方與下文一例。道者。由也。（見禮器中庸注。）尹注誤解道字。

君臣上第三十　短語四

△權度不一則修義者惑　望案。修當爲循。下文修義從令同。說見形勢篇。　△猶揭表而令之止也　張云。止當作正。與七法篇猶立朝夕於運鈞之上。擔竿而欲定其末。義同。蓋測景者當立表平地。若以手舉。何能定景。此文揭。彼文擔。尹注皆訓舉。似不誤。　△然則上之畜下不安　陳先生云。畜與好同義。孟子曰。畜君者。好君也。此畜亦當訓好。下竝同。　△則所出法制度者明也　丁云。所字卽則之譌而衍者。則出法制度者明也。與下文則循義從令者審也對文。宋本作所出法則制度者明也。恐非。　△則上下體　丁云。則上下體當連下而外內別也爲句。尹讀非。　△民足於產　朱本無此四字。　△以勞受祿　安井衡云。古本受作授。　△上之所以導民也　朱本導作道。　△制令傳於相　宋本傳作傅。望案。當從宋本。爾雅曰。傅。相也。相。助也。言制令助於相也。下文曰。信以繼信。善以傳善。傳亦傅字之誤。傅。輔也。助也。君善臣亦善。是輔助之也。今本皆因字形相近而誤。　△人臣也者　中立本作臣人。與上君人對文。　△正其德以蒞民　宋本蒞作莅。　△是故知善人君也身善人役也君身善則不公矣　張云。公疑當作法。下文云。是國無法也。無法卽不法。蓋身善者人臣之事。君身善。則所謂代馬走代鳥飛矣。故云無法。　△坐萬物之原　朱本坐作生。張云。坐疑主字之譌。下文云。主身者。正德之本也。官治者。耳目之制也。亦主與官對舉。　△而官諸生之職者也　宋云。諸生猶言羣生。書中屢見。此注云。生謂知學之士。非。　△犇走而奉其敗事　丁云。奉當爲救。事字衍。尹注曰。不勝任則敗廣。所見本無事字。救其敗不可勝救。與上文收其禍不可勝收相對。　△故曰主身者正德之本也　俞云。主當作立。涉上文兩主字而誤。下文曰。身立而民化。德正而官治。身立德正。卽承此文立身正德而言。　△官治者耳目之制也　王氏引之云。治字因下文官治而衍。尹注曰。官稟君命而後行。若耳目待上制而後用。(上字誤。當爲心。)故曰官者耳目之制。則無治字明矣。此但言官。下文乃言官治也。　△是以上及下之事謂之矯下及上之事謂之勝　王云。淮南俶眞篇注曰。矯。拂也。上而及下之事。則拂乎爲上之道。故下文云。爲上而矯。悖也。勝者。陵也。下而及上之事。是陵其上也。故下文云。爲下而勝。逆也。修靡篇曰。得天者高而不崩。得人者卑而不可勝。謂卑而不可陵也。易漸六四。終莫之勝。虞注曰。勝。陵也。尹注皆失之。　△寢久而不知　宋本寢作寑。　△有侵偪殺上之禍　宋本殺作弒。△則婦人能食其意　俞云。食讀爲蝕。說文虫部。蝕。敗創也。言婦人能敗君之意也。正與下句大臣敢侵其勢一律。君臣下篇。便辟不能食其意。義亦同此。　△大臣假於女之能以規主情　丁云。規。古窺字。說文。窺。小視也。荀子非十二子篇。瞡瞡然。楊注。規規。小見之貌。　△丈尺一綧制　王云。綧讀若準。字或作淳。敦純竝同耳。周官內宰。

出其度量𥫗制。鄭注曰。故書𥫗爲𢿱。杜子春讀𢿱爲純。純。謂幅廣也。制。謂匹長。玄謂純制。天子巡守禮所云制幣丈八尺純四扨與䞓人同其度量。壹其𥫗制。杜注與內宰同。聘禮釋幣制玄纁束。注曰。朝貢禮云。純四只。（只。扨。只竝同。）制丈八尺。士喪禮下篇。贈用制幣玄纁束。注曰。丈八尺曰制。內宰疏引鄭答趙商問曰。巡守禮。制丈八尺。純四咫。咫八寸。四咫三尺二寸。太廣。四當爲三。三八二十四。二尺四寸幅廣也。古三四積畫。是以三誤爲四也。韓子外儲說右篇曰。終歲布帛取二制焉。淮南天文篇曰。四丈而爲匹。一匹而爲制。地形篇曰。門閒四里。里閒九純。純丈五尺。此所言純制之度。與鄭所引逸禮不合。所傳者異也。尹注皆未考。

△是故天子有善讓德於天諸侯有善慶之於天子大夫有善納之於君民有善本於父慶之於長老　王云。兩慶字皆當作薦。薦。進也。言下有善則進之於上也。祭義曰。天子有善。讓德於天。諸侯有善。歸諸天子。卿大夫有善。薦於諸侯。士庶人有善。本諸父母。荐諸長老。（今本荐譌作存。辯見經義述聞。）是其證。隸書薦字或作慶。（見漢魯相史晨饗孔廟後碑。）形與慶相似而誤。（大戴禮四代篇。臣聞之。弗薦非事君也。晏子春秋問篇。薦善而不有其名。今本薦字竝譌作慶。史記司馬相如傳。封禪文。將以薦成。漢書薦作慶。）尹注非。

△是故歲一言者君也　陳先生云。一言當是省之譌。歲省者君也。與時省者相也。月稽者官也。句法相同。

△是故百姓量其力於父兄之閒　宋云。案堯典平章百姓。鄭注。百姓。羣臣之父兄子弟。與此義合。楚語觀射父曰。民之徹官百。王公之子弟之質能言能聽徹其官者。而物賜之姓。以監其官。是謂百姓。

△相總要者官謀士　安井衡云。者乃考字之誤。考官謀士爲句。

△量實義美臣請所疑　宋本朱本請作謀。丁云。實。功實也。義當作儀。謂量其功實。儀其美善也。張云。義。儀之借字。儀。度也。

△唯此上有法制下有分職也　丁云。唯此當作此唯。上文云。此唯上有明法而下有常事也。

△道者誠人之姓也　望案。誠當爲成。姓當爲生。皆聲相近而誤。

△則下雖有姦僞之心不敢殺也　王云。殺當爲試。言不敢試其姦僞也。下文云。然則躁作姦邪僞詐之人不敢試也。語意正與此同。今作不敢殺者。試譌爲弑。又譌爲殺耳。尹注非。

△非茲是無以理人非茲是無以生財　王云。人當作民。唐人避諱改之。引之云。茲。此也。謂道也。是字屬下讀。爾雅曰。是。則也。蓋理民者道也。非道則無以理民。生財者道也。非道則無以生財。上文所謂治民有常道。生財有常法也。尹不知是之爲則。而以茲是連讀。失之。

△惠厚不能供　丁云。惠厚當作厚惠。與嚴威對文。下同。

△威罰之制　劉云。威罰之威當爲賞。注非。

△是以官人不官　中立本下官字作家。誤。

△善以傳善　望案。傳當爲傳。字之譌。說見前制令傳於相下。

△若任之以事　俞云。若任之以事。與下若量能而

授官兩若字竝當訓乃。小爾雅曰。若。乃也。周語引書曰。必有忍也。若能有濟也。韋注曰。若猶乃也。言君必知其臣。乃任之以事。臣必知己。乃量能而授官。授當作受。字之誤也。（周禮典婦功及司儀注竝云授當爲受。）陳力就列。是謂量能授官也。下篇若稽之以衆風。若任之以社稷之臣。義竝同。

卷十一

君臣下第三十一　短語五

古者未有君臣上下之别。未有夫婦妃匹之合。獸處羣居。以力相征。若野獸之處。以羣而居。力強者征於弱也。於是智者詐愚。彊者凌弱。老幼孤獨。不得其所。故智者假衆力以禁強虐。而暴人止。智者卽聖王也。爲民興利除害。正民之德。正人之邪德。而民師之。師智者也。是故道術德行。出於賢人。賢人知道術德行者也。其從義理。兆形於民心。則民反道矣。道術既出。故莫不從義而順理。理之極。則無姦僻之事。始見於人心。則人無不道矣。名物處違是非之分。則賞罰行矣。人既反道。故以正其善惡之物。處其背理之違。則爲是非者自分矣。是非既分。故行賞罰以當其功過也。上下設。民生體而國都立矣。上下既設。人則生其貴賤之禮。故國都立也。是故國之所以爲國者。民體以爲國。貴賤成禮。方乃爲國。君之所以爲君者。賞罰以爲君。無賞罰。則君不足貴。致賞則匱。致罰則虐。罰而無節則虐。財匱而令虐。所以失其民也。是故明君審居處之教。而民可使人從教。故可使。居治戰勝守固者也。居處既治。戰則勝。守則固。夫賞重則上不給也。賞重則費用多。故不給也。罰虐則下不信也。令虐則人無所措手足。故不信也。是故明君飾食飲弔傷之禮。飲食。謂享燕。傷。謂喪祭也。而物屬之者也。禮行則物親也。是故屬之以八政。八政。謂洪範之八政。旌之以衣服。衣服所以表貴賤也。富之以國裹。裹。謂財貨所苞裹而藏也。貴之以王禁。禁令行。然後知當者之可貴也。則民親君可用也。民用。則天下可致也。天下道其道。則至。君得名道。則天下至。不道其道。則不至也。夫水波而上。盡其搖而復下。其勢固然者也。言水波溢而上。既盡其勢。還復搖動歸下而止。此自然之勢。喻人懷德而來。畏威不去者也。故德之以懷也。威之以畏也。

則天下歸之矣。有道之國。發號出令。而夫婦盡歸親於上矣。布法出憲。而賢人列士盡功能於上矣。千里之內。束布之罰。束。謂帛也。布。謂錢也。古者罰刑或令出錢帛也。一畝之賦。盡可知也。賢人爲之視聽。故無不知。治斧鉞者不敢讓刑。讓。猶拒也。不敢當其罪。讓刑也。治軒冕者不敢讓賞。賞其當功。故不讓也。墳然若一父之子。若一家之實。義禮明也。墳。順貌。或刑賞之。莫敢違逆。若子之從父。家之從長。如此者。禮義明故也。夫下不戴其上。臣不戴其君。則賢人不來。上下不交。則賢人隱。賢人不來。則百姓不用。百姓無賢人。則不知所歸。故百姓不用也。百姓不用。則天下不至。百姓不用。則天下無邦。將何至哉。故曰。德侵則君危。君德見侵。不危何待。論侵則有功者危。論議侵理。則功過不明。有功者危。故令侵則官危。令侵則法不行。故官危也。刑侵則百姓危。刑侵則無辜受戮。故百姓危也。而明君者。審禁淫侵者也。上無淫侵之論。則下無異幸之心矣。爲人君者。倍道棄法。而好行私。謂之亂。爲人臣者。變故易常。而巧官以諂上。謂之騰。騰。謂凌駕於君。亂至則虐。騰至則北。騰至則擢降。故敗北。四者有一至敗。敵人謀之。四者。則上之四危也。則故施舍優猶以濟亂。則百姓悅。言施恩厚。舍罪罰。一一其優厚。雖非用法。猶能濟亂。故百姓悅之也。選賢遂材。而禮孝弟。則姦僞止。遂。達。要淫佚。別男女。則通亂隔。要。謂遮止之也。言能止淫佚。別男女。則雖先通亂令能隔阨也。貴賤有義。倫等不踰。則有功者勸。國有常式。故法不隱。則下無怨心。隱。謂伏而不行。此五者。興德匡過。存國定民之道也。夫君人者有大過。臣人者有大罪。國所有也。國之所有也。民所君也。民者己之所君。有國君民。而使民所惡制之。此一過也。言民惡君之制己。此亦君之過。民有三務。不布。其民非其民也。三務。謂春夏秋務農。人不務三。則饑餓成變。故民非其民也。民非其民。則不可以守戰。此君人者二過也。夫臣人者。受君高爵重祿。治大官。倍其官。遺其事。穆君之色。穆。猶悅也。從其欲。阿而勝之。阿。曲也。巧言令色。委曲從君。至於動也。剛斷以勝之。其終或至於篡殺。故曰阿而勝之也。此臣人之大罪也。君有過而不改。謂之倒。臣當罪而不誅。謂之亂。君爲倒君。臣爲亂臣。國家之衰也。可坐而待之。是故有道之君者執本。相執要。大夫執法。以牧其羣臣。羣臣盡智竭力。以役其上。謂給上之役也。四守者得則治。易則亂。故不可不明設而守固。明設上四法。固而守之。昔者聖王本厚民生。審知禍福之所生。是故慎小事微。違非索辯以根之。謂有違非。必尋索分辯得其根而止之也。然則躁作姦邪僞詐之人不敢試也。不敢爲非以嘗君。此禮正民之道也。制禮者用此道以正入也。古者有二言。牆有耳。伏寇在側。牆有耳者。微謀外泄之謂也。伏寇在側者。沈疑得民之道也。微謀之泄也。狡婦襲主之請而資游慝也。襲。入也。謂狡婦妖蠱人主。遂行請謁所請。既從外資游說爲姦慝者也。沈疑之得民也者。前貴而後賤者爲之驅也。所驅役之人。前得貴寵。今忽淪賤。然賤者必思貴。常伺君以與禍。故謂之伏寇也。明君在上。便僻不能食其意。便僻者不能諂君以得意。故曰不能食其意也。刑罰亟近也。既不能得君意。故刑罰數也。大臣不能侵其勢。不能侵君之勢。比黨者誅。明也。君明。黨者誅之。故比爲人君者。能遠讒諂。廢比黨。淫悖行食之徒。行食。游食。無爵列於朝者。此止詐拘姦厚國存身之道也。爲人上者。制羣臣百姓。通中央之人和。中央之人。謂君之左右也。左右與君和之也。是以中央之人臣主之參。左右之人。在臣主之間參會其事者也。制令之布於民也。必由中央之人。中央之人。以緩爲急。急可以取威。君雖日緩。左右行之乃爲急。故能取威也。以急爲緩。緩可以惠民。君雖日急。左右行之爲緩。故能惠人。威惠遷於下。則爲人上者危矣。賢不肖之知於上。必由中央之人。財力之貢於上。必由中央之人。能易賢不肖而可威。實賢謂之不肖。實不肖謂之賢。故曰易賢不肖也。黨於下。有能以民之財力上陷其主。而可以爲勞於下。用人財力上以陷主。卽於下以爲勞。兼上下以環其私。上則擅君之柄。下則用人財力。上下之利皆用遶身。故曰環其私也。爵制而不可加。則爲人上者危矣。勢既淩君。故爵制不能加也。先其君以善者侵其賞而奪之實者也。先君行善。則是侵君之賞。奪君之富實也。先其君以惡者侵其刑而奪之威者也。訛言於外者。脅其君者也。假說妖妄之言以惑衆。如此者。欲脅君也。鬱令而不出者。幽其君者也。鬱。塞也。君之令而不出行者。將欲幽君也。四者一作而上下不知也。則國之危可坐而待也。神聖者王。仁智者君。武勇者長。此天之道。人之情也。天道人情。通者質。寵者從。此數之因也。質。主也。能通於天道人情者。可以爲主。其不能通。但寵貴之者。可以爲從。謂臣也。言臣主數因此通而立也。是故始於患者。不與其事。親其事者。不規其道。言初始謀慮而憂患者。乃行其事。令人爲之。而不自預。此謂君也。是以爲人上者患而不勞也。百姓勞而不患也。君臣上下之分素。則禮制立矣。是故以人役上。人謂百姓。百姓勞其身供上之役也。以力役明。謂臣勤力役。用其明而理職位。以刑役心。刑。法也。君則役心以出法制也。此物之理也。心道進退。心則度量可不。故進退也。而刑道滔赶。滔。謂充也。赶。謂逡巡曲也。設法有當不。故有合成也。進退者主制。君心進退。所以主爲制令。滔赶者主勞。主勞者方。主制者圓。君臣之道主得制者。其事必有方有圓也。圓者運。運者通。通則和。圓。謂君道也。圓而不滯。必運而無礙。通者必暢。故和之也。方者執。執者固。固則信。方。謂臣道也。方而有常。故執而不舍則固。固而不妄則信也。君以利和。君道和則利也。臣以節信。臣則守節。則上下無邪矣。故曰。君人者制仁。臣人者守信。此言上下之禮也。

君之在國都也。若心之在身體也。道德定於上。則百姓化於下矣。戒心形於內。戒愼之心。成形於內。則容貌動於外矣。正也者。所以明其德。心正然後德明。知得諸己。知得諸民。從其理也。於己既不失。於人必不妄。如此者。從理故也。知失諸民。退而修諸己。反其本也。有失於人。必修己自責。如此者。反其本也。所求於己者多。故德行立。求己多者。必進德修業。故德行立也。所求於人者少。故民輕給之。求人者少。必薄賦斂。故人輕於給也。故君人者上注。臣人者下注。上注者。紀天時。務民力。上注。謂注意於上天。紀要天時。務全人力也。故下注者。發地利。足財用也。下注。謂注意於下地。故發與地利。足於財用也。故能飾大義。審時節。上以禮神明。下以義輔佐者。所用輔佐。皆得其宜。明君之道。能據法而不阿。上以匡主之過。下以振民之病者。忠臣之所行也。明君在上。忠臣佐之。則齊民以政刑牽於衣食之利。君明臣忠。則國理。國理則人重生。故人皆以養其形而牽繫於衣食之利也。故愿而易使。愚而易塞。塞。止也。易用法止也。君子食於道。小人食於力分民。食道力不同。故曰分民也。威無勢也。無所立。必有勢然後有所立。事無爲也。無所生。必有爲然後有所生。若此。則國平而姦省矣。君子小人。既食於道力。邪惡之人。復無所立生。故國平而姦省。君子食於道。則義審而禮明。義不審。則無所食也。義審而禮明。則倫等不踰。雖有偏卒之大夫。不敢有幸心。則上無危矣。國既明禮義。倫等不踰。雖有大夫偏濁出。伏罪而怨。不敢有幸亂心。齊民食於力。則作本。作本者衆。農以聽命。是以明君立世民之制於上。猶草木之制於時也。草木必得時然後生。故民迂則流之。人太迂曲不行。則流通之。民流通則迋之。人太流蕩。則迋屈之。決之則行。塞之則止。雖有明君。能決之。又能塞之。決之則君子行於禮。塞之則小人篤於農。君子行於禮。則上尊而民順。小民篤於農。則財厚而備足。上尊而民順。財厚而備足。四者備體。謂備具而成體。頃時而王不難矣。四肢六道。身之體也。四肢。謂手足也。六道。謂上有四竅。下有二竅也。四正五官。國之體也。四正。謂君臣父子。五官。謂五行之官也。四肢不通。六道不達。曰失。四正不正。五官不官。曰亂。是故國君聘妻於異姓。設爲姪娣命婦宮女。盡有法制。所以治其內也。明男女之別。昭嫌疑之節。所以防其姦也。是以中外不通。讒慝不生。婦言不及官中之事。而諸臣子弟無宮中之交。此先王所以明德圉姦。昭公威私也。明立寵設。不以逐子傷義。明立正嫡。設其貴寵子。不令逐而廢之。故不傷義也。禮私愛驩。勢不並論。嫡子者。所以傳重也。故禮許私愛。雖驩之超異可也。餘子之勢。終不得與之並論也。爵位雖尊。禮無不行。言嫡子爵位雖復尊異。必須行之以禮也。選爲都佼。冒之以衣服。旌之以章旗。所以重其威也。所立之嫡。必選其都雅佼好者。又以美衣麗服覆冒之。章表旗幟旌異之。凡此皆所以重嫡子之威也。然則兄弟無間郄。讒人不敢作矣。嫡威重則兄弟和。故讒人無所作其讒矣。故其立相也。陳功而加之以德。論勞而昭之以法。參伍相德而周舉之。尊勢而明信之。其謂國相則功德兩兼。勞法獲美。於此四者。參驗伍偶。相與俱得。其事既周。然後舉用之。既用之。尊勢而明信之也。是以下之人無諫死之誋。君明相賢。必從說如流。故無諫死之忌也。而聚立者無鬱怨之心。聚立。謂天下會同也。若得其所。故無怨望也。如此。則國平而民無慝矣。慝。姦惡者也。其選賢遂材也。舉德以就列。不類無德。舉有德者以就列位。不以無德之人爲類。舉能以就官。不類無能。以德弇勞。不以傷年。有德者超於上列。使在有功勞者之前。故曰有德掩勞。苟有德。雖年未至。而亦將用之。不以年少爲之傷也。如此。則上無困而民不幸生矣。有功能必賞用之。故人不以苟生爲幸也。國之所以亂者四。其所以亡者二。內有疑妻之妾。此宮亂也。庶有疑適之子。此家亂也。朝有疑相之臣。此國亂也。任官無能。此衆亂也。四者無別。無別。謂妻妾嫡庶等不分別也。主失其體。羣官朋黨以懷其私。則失族矣。國亡則宗族隨之。故曰失族也。國之幾。臣陰約閉謀以相待也。則失援矣。爲國之機。臣下陰爲要結。其所謀者。閉而不泄。以此相待。人必懷疑。而不相親矣。故失其援也。失族於內。失援於外。此二亡也。故妻必定。子必正。相必直立以聽。官必中信以敬。故曰。有宮中之亂。有兄弟之亂。有大臣之亂。有中民之亂。中民。謂百吏之屬也。有小人之亂。五者一作。則為人上者危矣。宮中亂曰妬紛。言積妬紛然所以亂。兄弟亂曰黨偏。黨偏則強弱相凌。故亂也。大臣亂曰稱述。各稱述其己德之長而不相讓。則亂也。中民亂曰讋諄。謂以智詐讋恐諄質則亂。小民亂曰財匱。賦稅重。則財匱。故亂。財匱生薄。財不供則禮義息。故薄也。讋諄生慢。不重諄質。而智詐恐讋之。此其慢也。稱述黨偏妬紛生變。此三者或生。篡君弒主。能為大變也。故正名稽疑。刑殺亟近。則內定矣。正嫡庶之名。稽妻妾之疑。不正者之黨數取其偪近者而刑殺之。如此。則黨偏妬紛之變息。故內定。順大臣以功。順中民以行。順小民以務。順用其務農也。則國豐矣。三者各稱其所順。故國豐也。審天時。天時各有宜也。物地生。以輯民力。禁淫務。繡文刻鏤淫務。勸農功以職其無事。無事者皆令得職也。則小民治矣。上稽之以數。謂上欲有所徵發。必考其定數以命之也。下十伍以徵。既得其定數。下其什伍名以徵之也。

近其罪伏。以固其意。日期既近。尚有不供者。則加之罪。以權伏之。所以固供者之意。鄉樹之師。以遂其學。每鄉必立之師以遂之也。官之以其能。及年而舉。則士反行矣。舉而有材能者。則授之以官。既有年矣。則舉其功過而考察之。如此。則皆反其行矣。稱德度功。勸其所能。若稽之以眾風。若任以社稷之任。既稱其德。又度其功。則其材能不可不知矣。既知其能。順而考之。或使之莅眾。以立風化。其材能尤高者。或授之以社稷之任者也。若此。則士反於情矣。有能必任之以職。故士反於情也。

小稱第三十二

稱。舉也。小舉其過。則當權而改之。

短語六

管子曰。身不善之患。毋患人莫己知。言但患身之不善耳。無患人不知己也。丹青在山。民知而取之。美珠在淵。民知而取之。丹青與珠。各有可用之性。故雖在山泉而藏。人猶知而取之。況在於人懷善而不知乎。是以我有過為。而民毋過命。我身有過為。人必知而名之。毋有過而妄命者也。民之觀也察矣。不可遁逃。有過必知。不可以遁逃。故以為不善。故我有善。則立譽我。我有過。則立毀我。當民之毀譽也。則莫歸問於家矣。人既毀譽。則己之善惡審矣。故不復問家。問家。則左右佞媚者善掩其過而飾其非也。故先王畏民。民之毀譽。必當其過善。故畏之。操名從人。無不強也。謂君自行善持名延譽。故強也。使之操名去人。無不弱也。君既行惡。即是持名去人。無善可稱。故弱。雖有天子諸侯。民皆操名而去之。則捐其地而走矣。皆持其名而去於人。則遍惡日聞。人共畏之。故棄其地而走也。故先王畏民。無善名。則棄之走。故畏人。在於身者孰爲利。氣與目爲利。氣也者。所以生全其形。目也者。所以獨見其運爲。功用莫大焉。故最爲利也。聖人得利而託焉。故民重而名遂。聖人之聖。精而又神。託而行善。則譽滿天下。故人重而名遂也。我亦託焉。聖人託可好。我託可惡。以來美名。又可得乎。我託可惡。我雖託氣。濁而不神。所行皆可惡。用此招來美名。其可得乎。愛且不能爲我能也。託氣既濁。雖令人愛。不得美名。況於惡之乎。猶毛嬙西施。天下之美人也。盛怨氣於面。不能以爲可好。嬙施雖美。而面有怨氣。亦不能爲可好。喻聖人外見其惡亦不得美名。我且惡面。而盛怨氣焉。怨氣見於面。惡言出於口。去惡充所往去於人者皆以惡事充。以求美名。又可得乎。喻人君既內無聖德。外皆行惡。必無美之名也。甚矣百姓之惡人之有餘忌也。惡人不善。更有餘忌。是以長者斷之。短者續之。滿者洫之。虛者實之。洫。虛也。長滿者。人所忌。故或斷之。或虛之。短虛者。人之所好。故或續之。或實之也。管子曰。善罪身者。民不得罪也。成湯罪己。故人不罪之也。不能罪身者民罪之。桀紂罪人。故人罪之。故稱身之過者強也。稱身之過。是謙受益也。即治身之節者惠也。懷智之人。然後理身節。故日惠。不以不善歸人者。仁也。不以不善之事歸之於人。如此者。仁也。故明王有過。則反之於身。有善。則歸之於民。有過而反之身。則身懼。過反於身。懼而修德也。則有善而歸之民。則民喜。民得善。故喜也。往喜民。善往則人喜也。來懼身。過來則懼身也。此明王之所以治民也。今夫桀紂不然。有善則反之於身。有過則歸之於民。歸之於民。則民怒。反之於身。則身驕。往怒民。來驕身。此其所以失身也。故明王懼聲以感耳。人以惡聲懼己。耳聞而感。則心不敢念非。懼氣以感目。人以惡氣懼己。目見而感。則身不敢造惡。以此二者。有天下矣。可毋慎乎。匠人有以感斤欘。故繩可得斷也。羿有以感弓矢。故彀可得中也。造父有以感轡筴。故遬獸可及。遠道可致。彀。謂射質棲皮者也。感。謂深得其妙。有應於心者也。天下者無常亂。無常治。不善人在則亂。善人在則治。在於既善所以感之也。既。盡也。天下所以理。在於君人內外盡善感之於人也。管子曰。修恭遜。敬愛。辭讓。除怨。無爭以相逆也。逆。迎也。謂用此恭則遜等以相迎接也。

不失於人矣。遜以接人。有何失乎。嘗試多怨爭利。相爲不遜。則不得其身。苟爲不遜。身尙不得。況於人乎。大哉恭遜敬愛之道。吉事可以入祭。凶事可以居喪。大以理天下而不益也。直用恭遜敬愛。理天下。更不須益。小以治一人而不損也。雖復一身用恭遜敬愛理之。纔可足耳。不須損也。亦嘗試往之中國諸夏蠻夷之國。以及禽獸昆蟲。皆待此而爲治亂。有恭遜敬愛則理。無之則亂也。澤之身則榮。去之身則辱。恭遜敬愛。身之粉澤也。故在身則榮。去身則辱也。審行之身毋怠。雖夷貉之民。可化而使之愛。夷貉之人。殘戾凶暴。苟以恭遜敬愛化之。可使生愛。審去之身。雖兄弟父母。可化而使之惡。父母兄弟。恩情結固。苟無恭遜敬愛化之。可令生惡。故之身者使之愛惡。之。是也。同是此身。有恭遜敬愛則愛。無之則惡。名者使之榮辱。同是此身之名。有恭遜敬愛則榮。無之則辱也。此其變名物也。如天如地。言恭遜敬愛可以變化愛惡榮辱。名物之善惡如天地之生殺也。故先王曰道。道者貴作變化也。管仲有病。桓公往問之曰。仲父之病病矣。若不可諱而不起此病也。仲父亦將何以詔寡人。管仲對曰。微君之命臣也。故臣且謁之。謁。謂有所告之也。雖然。君猶不能行也。恐其不從。故以此言抑之。公曰。仲父命寡人東。寡人東。令寡人西。寡人西。仲父之命於寡人。寡人敢不從乎。管仲攝衣冠起對曰。臣願君之遠易牙豎刁堂巫公子開方。夫易牙以調和事公。公曰惟烝嬰兒之未嘗。於是烝其首子而獻之公。人情非不愛其子也。於子之不愛。將何有於公。公喜宮而妬。豎刁自刑而爲公治內。人情非不愛其身也。於身之不愛。將何有於公。公子開方事公十五年。不歸視其親。齊衛之間。不容數日之行。臣聞之。務爲不久。務時爲事。久必發揚之也。蓋虛不長。覆蓋虛妄。不得長掩。謂上三士皆務爲蓋虛者。其蠢情終當彰露也。其生不長者。其死必不終。其所行之行。所長之性。其至於死。必將改復本情。未有能終爲意也。言三士之忠皆僞忠耳。必將復其不忠。桓公曰。善。管仲死。已葬。公憎四子者。廢之官。逐堂巫。而苛病起兵。苛。煩躁也。巫善令。既逐之。而公有煩苛之病。起兵妄征伐。無使療之也。逐易牙。而味不至。逐豎刁。而宮中亂。逐公子開方。而朝不治。桓公曰。嗟。聖人固有悖乎。四子既逐。而有四闕。故以管仲爲悖。乃復四子者。處朞年。四子作難。圍公一室不得出。圍公一室之中而圍之。故不得出也。有一婦人。遂從竇入。得至公所。公曰。吾飢而欲食。渴而欲飲。不可得。其故何也。婦人對曰。易牙豎刁堂巫公子開方四人分齊國。塗十日不通矣。既有兵難。故國之道塗行旅十日不得通也。公子開方以書社七百下衛矣。古者羣居二十五家則共置社。謂以社數書於策。謂用此七百之書社降下于衛也。食將不得矣。作亂欲公之死。故不給之食。公曰。嗟茲乎。聖人之言長乎哉。言其所見者遠。死者無知則已。若有知。吾何面目以見仲父於地下。乃援素幭以裹首而絕。幭所以覆軫也。死十一日。蟲出於戶。乃知桓公之死也。葬以楊門之扇。謂用門扇以掩屍也。桓公之所以身死十一日。蟲出戶而不收者。以不終用賢也。桓公管仲鮑叔牙甯戚四人飲。飲酣。桓公謂鮑叔牙曰。闔不起為寡人壽乎。奉尊者酒祝令增壽。鮑叔牙奉杯而起曰。使公毋忘出如莒時也。使管子毋忘束縛在魯也。使甯戚毋忘飯牛車下也。桓公辟席再拜曰。寡人與二大夫能無忘夫子之言。則國之社稷必不危矣。

四稱第三十三

謂稱有道之君。無道之君。有道之臣。無道之臣。以戒桓公。

短語七

桓公問於管子曰。寡人幼弱惛愚。不通諸侯四鄰之義。仲父不當盡語我昔者有道之君乎。吾亦鑒焉。管子對曰。夷吾之所能與所不能。盡在君所矣。君胡有辱令。言己能不皆盡之於君。無所隱藏。今何勞辱君令而使己言之乎。桓公又問曰。仲父。寡人幼弱惛愚。不通四鄰諸侯之義。仲父不當盡告我昔者有道之君乎。吾亦鑒焉。管子對曰。夷吾聞之於徐伯曰。昔者有道之君。敬其山川宗廟社稷。及至先故之大臣。收聚以忠而大富之。先故之臣。謂祖考時舊臣也。忠誠收聚而賙恤之令其大富也。今以固其武臣。宣用其力。聖人在前。貞廉在側。競稱於義。上下皆飾。形正明察。四時不貸。民亦不憂。五穀蕃殖。外內均和。諸侯臣伏。國家安寧。不用兵革。受其幣帛。以懷其德。昭受其令。以為法式。鄰國以幣帛來聘。當取之以懷來有德。其或以制令來告者。則君受之以為法式乎。此亦可謂昔者有道之君也。桓公曰。善哉。桓公曰。仲父既已語我昔者有道之君矣。不當盡語我昔者無道之君乎。吾亦鑒焉。管子對曰。今若君之美好而宣通也。既官職美道。又何以聞惡為。言君既美好宣通。官又合於美道。修而行之。

自可爲理。何須聞於惡事乎。以此抑桓公欲觀其意也。桓公曰。是何言邪。以繡緣繒。吾何以知其美也。以素緣素。吾何以知其善也。仲父已語我其善。而不語我其惡。吾豈知善之爲善也。管子對曰。夷吾聞之於徐伯曰。昔者無道之君。大其宮室。高其臺榭。良臣不使。讒賊是舍。舍。止也。謂止讒賊於其旁與之近也。有家不治。借人爲圖。言自不能理其家。借他人圖也。政令不善。墨墨若夜。言其昏闇之甚也。辟若野獸。無所朝處。野獸各恣意爲生。不相統屬。故無朝處也。不修天道。不鑒四方。有家不治。辟若生狂。狂惑者失其性。不分善惡也。衆所怨詛。詛。祝之也。希不滅亡。進其諛優。繁其鐘鼓。流於博塞。戲其工瞽。誅其良臣。敖其婦女。唯與婦女爲敖從也。獠獵畢弋。暴遇諸父。其所接遇諸父。惟以凶暴。馳騁無度。戲樂笑語。式政既輮。刑罰則烈。言其法式之政既已輮曲。至於刑罰惟益酷烈。內削其民。以爲攻伐。反以削生爲伐功也。辟猶漏釜。豈能無竭。漏釜則江海不能滿。故必有竭也。此亦可謂昔者無道之君矣。桓公曰。善哉。桓公曰。仲父既已語我昔者有道之君與昔者無道之君矣。仲父不當盡語我昔者有道之臣乎。吾以鑒焉。管子對曰。夷吾聞之徐伯曰。昔者有道之臣。委質爲臣。不賓事左右。賓。敬也。君知則仕。不知則已。若有事。必圖國家。徧其發揮。良臣皆私其所有。必能於國家。及其發。又曾徧之也。循其祖德。辯其順逆。推育賢人。讒慝不作。事君有義。使下有禮。貴賤相親。若兄若弟。忠於國家。上下得體。居處則思義。語言則謀謨。動作則事。居國則富。處軍則克。臨難據事。雖死不悔。近君爲拂。遠君爲輔。義以與交。廉以與處。臨官則治。酒食則慈。不謗其君。不毀其辭。君若有過。進諫不疑。君若有憂。則臣服之。服行之。

此亦可謂昔者有道之臣矣。桓公曰。善哉。桓公曰。仲父既已語我昔者有道之臣矣。不當盡語我昔者無道之臣乎。吾亦鑒焉。管子對曰。夷吾聞之於徐伯曰。昔者無道之臣。委質爲臣。賓事左右。執說以進。不蘄亡己。執佞說以進於君。專固寵位。無求去也。遂進不退。所謂知進而不知退。假寵鬻貴。假。因也。因君之寵。必能鬻其貴。尊其貨賄。卑其爵位。未必能貴其爵位。但尊其貨賄而已。進曰輔之。退曰不可。進於君。則言己能爲輔弼。退而私議。則曰君不可輔。以敗其君。皆曰非我。由斯之人不肖。乃更推過於君。故君有敗。云此非我。不仁羣處。以攻賢者。小人所忌者君子。故其羣處。常有陷賢之見。其見賢若貨。其見賢人。無敬恭之心。反欲規利。若求貨然。見賤若過。其見賤人無矜恤之心。蕭然不顧，若行者之過。貪於貨賄。競於酒食。不與善人。唯其所事。人有曲而事己與之交也。倨敖不恭。不友善士。讒賊與鬭。不彌人爭，其人見爭則忿令鬭無彌縫之心。唯趣人詔。人有制命。不問可不。則向而順之。言其佞諛。湛湎於酒。行義不從。從。順也。不修先故。變易國常。擅創爲令。迷或其君。生奪之政。生猶奪政。況於死後乎。保貴寵矜。懼寵而矜夸者。則保依而貴重。遷損善士。善士則遷改而損棄之。捕援貨人。其所捕追而援引者。唯財貨之人。入則乘等。出則黨駢。其貨賄之人。與之入國則同乘而等。至其出也。又朋黨而駢竝。貨賄相入。酒食相親。俱亂其君。君若有過。各奉其身。奉身自潔。過於君也。推此亦謂昔者無道之臣。桓公曰。善哉。

正言第三十四闕　短語八

卷十一校正

君臣下第三十一　短語五

△未有夫婦妃匹之合　丁云。廣韻去聲十二霽。媲。配也。匹詣切。又作𨇤。見管子。疑此文妃匹古本當作𨇤匹。陳先生謂𨇤是俗字。當本是媲字。而譌作𨇤者。　△其從義理兆形於民心　丁云。案理上脫順字。尹注云。道術既出。則莫不從義而順理。可證也。　△名物處違是非之分　劉云。處名物爲是。違名物爲非。望謂名物謂正名其物也。　△是故明君審居處之教而民可使居治戰勝守固者也　尹以可使絕句。注云。民從教則可使。又注下文云。居處既治。戰則勝。守則固。劉云。而民可使以下十二字連讀。謂使民居則治。戰則勝。守則固也。注非。　△夫賞重則上不給也　丁云。賞重當作賞匱。承上致賞則匱言。下文罰虐。承上致罰則虐言。兩句一例。　△而物屬之者也　宋本屬作厲。涉下厲之而誤。　△富之以國裹　尹注云。裹謂財貨所包裹而藏也。王氏引之云。書傳無謂財貨爲裹者。裹當爲稟。字形相似而誤。稟古廩字。富之以國稟。謂食以國之廩粟。所謂祿以馭其富也。周官廩人。掌九穀之數。以待國之匪頒賙賜稍食。鄭注曰。稍食。祿廩。　△貴之以王禁　俞云。貴讀爲會。言以王禁會集之也。尹注非。　△則民親君可用也　望案。趙本以親字斷句。非也。則民親君四字當連讀。　△夫水波而上

盪其搖而復下　望察。波爲播之叚字。言水播蕩而上。盪其動搖而復下也。波與播古字通。詳見王氏經義述聞發波既豬條下。　△而賢人列士盡功能於上矣　俞云。功當作貢。貢能於上。與歸親於上文法一例。易繫辭。六爻之義易以貢。釋文曰。貢荀作功。是功貢相通之證。　△一敵之賦　中立本賦誤富。　△治斧鉞者不敢讓刑治軒冕者不敢讓賞　俞云。讓讀爲攘。竊之攘。言不敢攘竊刑賞之權也。　△墳然若一父之子　陳先生云。尹訓墳順貌。墳於順義不可通。墳當爲隤字之誤。易繫辭。夫坤隤然。示人簡矣。馬融韓伯注竝云。隤。柔貌。柔順義同。尹所見本蓋不誤。丁云。玉篇墳與隤同。蓋本是墳字。　△若一家之實　丁云。實當爲長。字之誤。長與是形相似。一誤爲是。再誤爲寔。因又作實耳。尹注云。若家之從長。所見本不誤。　△則下無異幸之心矣　宋本朱本作冀幸。異冀古字通。　△爲人臣者變故易常而巧官以謟上謂之騰　宋本謟作諂。王氏引之云。官當爲言。字形相似而誤。幼官篇攻之以言。今本誤作攻之以官。是其證。張云。巧官猶巧宦。騰疑當作勝。上篇。下及上之事謂之勝。王云。勝者陵也。本篇下文云。倍其官。遺其事。穆君之色。從其欲阿而勝之。即申此文言之。　△騰至則北　王云。北與背同。言不忠之臣必背其君也。說文曰。北。乖也。從二人相背。韋注吳語曰。北。古之背字。齊策曰。食人炊骨。士無反北之心。反北。即反背。尹注非。孫說同。　△四者有一至敗敵人謀之　王云。至字因上文兩至字而衍。敗當作則。字之誤也。言四者若有一於此。則敵人謀之矣。四者謂亂也騰也虐也北也。尹注非。　△則故施舍優猶以濟亂　王云。則字涉下則百姓悅句而衍。尹讀故施舍優爲句。猶以濟亂爲句。非也。故施舍優猶以濟亂當作一句讀。優猶即優游。荀子正論篇曰。優猶知足。是也。濟。止也。（鄘風載馳篇。不能旋濟。毛傳曰。濟。止也。莊子齊物論篇曰。厲風濟則衆竅爲虛。）施舍以厚之。優游以畜之。則可以止亂矣。　△民有三務不布其民非其民也　王氏引之云。布當爲務。蓋務字脫左畔之矛。其右畔之务。與隸書布字作𢁉者相似。（𢁉見校官碑。）因譌爲布矣。尹注曰。農人不務之。則饑餓成變。故民非其民也。是所據本正作務字。其民非其民也。上其字因下其字而衍。下文民非其民則不可以守戰。即承此句言之。不當有上其字。注曰。故民非其民也。則無上其字可知。望察。疑當作不務其務。其下脫務字。　△此君人者二過也　丁云。疑衍君人者三字。上文曰。此一過也。　△倍其官　丁云。官當作言。此涉上文治大官而誤。尹注云。巧言令色。委曲從君。疑所見本作言字不誤。　△故不可不明設而守固　丁云。尹注云。明設上四法固而守之。疑當作明設而固守。　△違非索辯以根之　丁云。違字疑韙之誤。說文。韙。是也。上文曰。名物處違是非之分。則賞罰行矣。即此所謂韙非索辯以根之也。　△此禮正民之道也　丁云。禮上疑脫一字。尹注云，制禮者用此道以正人。豈本作制禮邪。　△伏寇在側者沈疑得民之道也　丁云。沈疑解上伏寇二字。沈猶伏也。（周語注。）疑姦慝也。（太玄玄衡。格好也是而疑慝也。非。）得民當作得君。（下文狡婦襲主之情，是言君，非言民。）下文曰，沈疑之得民也，當作沈疑之得君也。言伏寇奪君之威惠耳。望案。丁解沈疑二字是也。其改得民爲得君，則非也。下文曰，沈疑之得民也，前貴而後賤者爲之驅也。蓋前貴後賤者，乃上所黜退之人。姦臣欲得民心，必先加恩於黜退之人，使其宣君之惡而揚己之善，因驅民來歸於己。若如丁說，則下句難解矣。　△狡婦襲主之請而資游慝也　丁云。襲者，竊取之意。狡婦竊取主之情，謀之所由泄也。請與情通。宋本尹注作狡人。　△沈疑之得民也者　宋本作沈疑者得民者也。丁云。當作沈疑之得民也。與上文徵謀之泄也句法一例。者字涉下文而衍。　△便僻不能食其意　張云。食字與上篇婦人能食其意同。俞氏讀爲蝕。是也。下文行食之徒。食字同此義。或訓食爲僞。非。　△比黨者誅明也　劉云。明字衍。　△爲人上者制羣臣百姓通中央之人和　孫云。制羣臣爲句。百姓通爲句。中央之人和爲句。言爲人上者所以宰制羣臣而百姓得通於上者。由於中央之人和也。故下文云。制令之布於民也。必由中央之人。丁云。通疑道字之誤。道，由也。管子書皆以道爲由。尹注不爲通字作解。則所見本尙是道字。言上之制羣臣百姓。必由中央之人。是以中央之人臣主之參。以文義論之。蓋和字衍。　△能易賢不肖而可威黨於下　王云。威當作成。謂成朋黨於下也。淮南氾論篇曰。私門成黨。而公道不行。　△有能以民之財力上陷其主而可以爲勞於下　劉云。有能有字當作又。王氏引之云。陷字義不可通。疑當作啗。字形相似而誤。上啗其主。謂啗之以利也。史記樂毅傳。令趙嚪說秦以伐齊之利。（今本脫說字。辯見史記。）嚪與啗同。高祖紀曰。使酈生陸賈往說秦將。啗以利。是也。尹注非。　△兼上下以環其私　王云。尹注未曉環字之義。環之言營也。謂兼上下以營其私也。營與環古同聲而通用。韓子五蠹篇曰。古者蒼頡之作書也。自環者謂之私。（私本作厶。見下。）說文厶字解引作自營爲厶。韓子人主篇曰。當塗之臣。得勢擅事。以環其私。謂自營其私也。環字亦作還。管子山至數篇曰。大夫自還而不盡忠。謂自營也。秦策曰。公孫鞅盡公不還私。謂不營私也。（荀子臣道篇。朋黨比周。以環主圖私爲務。環主。謂營惑其主也。成相篇。比周還主。黨與施。還與環同。春秋文十四年。有星孛入于北斗。穀梁傳曰。其曰入北斗。斗有環域也。環域即營域。環與營同義。故環繞即營繞。環衞即營衞。又齊風還篇。子之還兮。漢書地理志還作營。亦以聲同而借用也。）　△侵其賞而奪之實者也　丁云。實當作惠。惠對下文威字。上文亦威惠對文。　△四者一作而上下不知也　王云。上下不知。當從朱本作上不知。一者。皆也。（大傳。五者一得於天下。民無不足。無不贍者。言五者皆得於天下也。莊十六年穀梁傳。外內寮一疑之。言皆疑之也。大戴禮衞將軍文子篇。若吾子之語審茂。則一諸侯之相也。盧辯曰。一。皆也。家語弟子行篇。一作壹。又三年問。壹使足以成文理。王肅注竝云。壹。皆也。）言四姦皆作而君不知則國必危也。此本作上下不知。下即不字之誤而衍者。

△遁者質寵者從　丁云。尹注。質。主也。案寵當爲竊。遁竊猶尊卑也。呂覽貴信篇。可與尊遁。可與卑竊者。其唯信乎。

△是故以人役上以力役明以刑役心　劉云。以人役上。自君臣言。以力役明。自等類言。以刑役心。自一身言。刑乃形字譌。下同。注皆非。洪云。劉說是也。形對心言。故下文云。心道進退。而形道滔赶。進退者主制。滔赶者主勞。滔與蹈通。楚辭謬諫篇。年滔滔而日遠兮。王逸注。滔滔。行貌。廣雅釋訓。滔滔。行也。說文曰。赶。舉尾走也。皆與勞義相近。尹注非。

△戒心形於內則容貌動於外矣　王云。戒當爲成。字之誤也。成與誠通。誠心形於內。容貌動於外。所謂誠於中形於外也。此以身之從心喻民之從君。不當專以戒心言之。尹注非。

△故民輕給之　丁云。之字衍。給與立爲均。

△明君之道　元本道下有也字。

△忠臣之所行也　丁云。所字衍。忠臣之行也。與上明君之道也對文。

△則齊民以政刑牽於衣食之利　丁云。據尹注。則政刑當作正形。齊民。猶言平民也。

△君子食於道小人食於力分民　陳先生云。分民疑當作齊民。譏移食於力之下。而又上衍小人也。下文齊民食於力。即承此句而申言之。吳云。分民之民。當爲也字之譌。

△君子食於道則義審而禮明　朱本作禮審而義明。下文同。

△雖有偏卒之大夫　丁云。偏卒皆副佐之義。左襄三十年傳。令尹之偏。注。偏。佐也。卒與倅同。說文。倅。副也。周官車僕注。萃猶副也。萃倅亦同義。偏卒之大夫。不敢有幸心。謂職居副佐者。不敢冀幸踰倫等。僭居正位也。尹注大謬。

△民流通則迂之　王氏引之云。民流下通字因注而衍。注於上流字訓爲流通。下流字訓爲流蕩。則無通字明甚。若有通字。不得訓爲流蕩矣。

△雖有明君能決之　雖與唯同。

△頃時而王不難矣　望案。頃當爲須。說見法法篇。

△此先王所以明德圉姦昭公威私也　劉云。威乃戒字誤。丁云。威乃威字誤。詩正月傳。威。滅也。君臣上篇。此明公道而滅姦僞之術也。是其證。

△明立寵設　宋本明立作明妾。丁云。尹注云。明立正嫡。設其貴寵子。是所據本作明立設寵。與下禮私愛驩對文。惟立字當依宋本作妾。明猶尊也。（牧民篇。明鬼神祗山川。與此明字同義。）寵亦妾也。此句指妾寵言。下文禮私愛驩。指妾寵所生子言。

△內有疑妻之妾　宋云。疑讀爲擬。僭也。比也。下兩疑字同。漢書食貨志。遠方之能疑者。顏注。疑讀曰擬。僭也。

△此宮亂也　長短經十二引此。宮亂作家亂。下家亂作宗亂。

△羣官朋黨以

擾其私　丁云。擾當是環字之誤。上文云。兼上下以環其私。環讀爲營。　△則失族矣　治要族作彊。　△相必直立以聽官必中信以敬　丁云。趙本於直字官字絕句。非也。此皆六字爲句。相必直立以聽。官必中信以敬。二句對文。上文妻必定。子必正。二句亦對文。定正聽敬皆均。中卽忠字。　△有小人之亂　丁云。下文三言小民。當據改。　△宮中亂曰妬紛　朱本紛作分。下同。　△大臣亂曰稱述　丁云。爾雅曰。稱。好也。述遂古字通。　△中民亂曰讆諄　張云。諄疑當作誖。誖。亦亂也。下云。讆諄生慢。則諄義亦與誖近。尹解爲諄實謬。　△禁淫務勸農功以職其無事・王云。無當爲典。典。常也。常事卽指農功而言。禁淫務。勸農功。則民皆職其常事矣。隸書無字作無。典字或作典。（漢益州太守高頤碑。游心典籍。典字作典。）二形相似。故典誤爲無。尹注非。　△近其罪伏　張云。據尹注。則其當爲期字之誤。　△則士反行矣　俞云。反當爲𠬝字之誤。𠬝。古服字。　△若稽之以衆風　丁云。風與諷同。衆諷猶衆議。卽國人皆曰賢之意。風與任均。

小稱第三十二　短語六

△不可遁逃以爲不善　張云。此八字作一句讀。尹注隔斷。非。　△當民之毀譽也則莫歸問於家矣　張云。莫歸問於家。言善與過。視民之譽毀。不必問之家人。或欲改家爲我。非也。　△我託可惡以來美名又可得乎　王云。來當爲求。下文云。以求美名。又可得乎。卽其證。又修靡篇。不出百里而來足。來亦當爲求。言不出百里而所求者足也。又任法篇。富人用金玉事主而來焉。來亦當爲求。下文云。近者以偪近親愛有求其主。卽其證。　又九守篇。君因其所以來因而予之。來亦當爲求。鬼谷子符言篇正作求。隸書來字作來。求字或作求。（漢三公山碑。乃求道要。本强其原。求字作求。蕩陰令張遷碑。紀行求本。蘭生有芬。求字作求。皆與來字相似。唯首畫作曲形。自右而左。與來字不同。）二形相似。故求譌爲來。（求來二字。書傳多互譌。呂刑。惟貨惟求。馬注云。求。有求請賕也。案漢律有受賕之條。卽經所云惟貨也。又有聽請之條。卽經所云惟求也。二者相因。故馬注云。以兼釋惟貨惟求之義。求字傳寫作來。故與來字相似。而某氏傳遂訓爲往來之來。失之矣。孟子離婁篇。舍館定。然後來見長者乎。史記李斯傳。來丕豹公孫支於晉。今本來字又皆譌作求。）尹注皆非。望案。朱本作我託可惡。我託可惡。以來美名。其可得乎。愛且不能爲我能也。今本倒亂我託可惡四字在下。當從朱本。　△愛且不能爲我能也　張云。下能字讀如不相能之能。義與得同。　△毛嬙西施天下之美人也　望案。後人據此謂管子是周末書。考莊子齊

物論釋文引司馬彪云。毛嬙。古美人。西施。夏姬也。謂夏時人。則非吳之西施明矣。　△不能以爲可好　宋本無可字。　△去惡充以求美名　兪云。呂氏春秋正名篇。淮南子主術篇。高注皆曰。充。實也。求乃來字誤。謂自我而去者爲惡實。自人而來者爲美名。此必不可得之數也。上文怨氣云云。皆惡之實。惡充與美名。去與來。皆相對成文。　△滿者洫之　洪云。洫當作溢。（莊子齊物論。以其老洫也。釋文云洫本作溢。古字通用。）形勢解。天之道滿而不溢。與上下句文義相對。望案。洫疑是泄字之誤。　△治身之節者惠也　丁云。惠與慧通。尹注云慢智之人。亦作慧解。　△有善而歸之民　元刻之下有於字。望案。元刻是也。上文有過而反之身之下亦當有於字。　△今夫桀紂不然　治要作則不然。今本脫則字。　△歸之於民則民怒反之於身則身驕　治要作有過而歸之於民。則民怒。有善而反之於身。則身驕。王云。治要是也。上文云。有過而反之身。則身懼。有善而歸之民。則民喜。是其證。今本無有過而有善而六字者。後人以意刪之耳。　△匠人有以感斤欘故繩可得料也　王云。料當爲斷。斤欘。所以斷繩。故曰繩可得斷。隸書料字作㪷。其右邊與斷相似。俗書斷字作斷。其左邊與料相似。故斷譌作料。（亦有料譌作斷者。史記淮陰侯傳。大王自料。新序善謀篇料作斷是也。）御覽資產部三引此。正作斷。　△嘗試多怨爭利相爲不遜則不得其身　丁云。嘗試二字。涉下嘗試往之中國而衍。多怨爭利。承上除怨無爭言之。相爲不遜。承上修恭遜敬愛辭讓言之。古音之眞對轉。遜與利身爲均也。張云。則不得其身。與上則不失於人矣一例。身與人爲均。句末疑脫矣字。　△吉事可以入察　王云。察當爲祭。宋說同。　△嘗試往之中國諸夏蠻夷之國　望案。中國二字衍。諸夏即中國。不得於諸夏之上更言中國也。　△故之身者使之愛惡　兪云。上之字衍。　△仲父之病病矣　望案。當依呂覽知接篇作仲父之疾病矣。鄭君注論語子罕篇曰。疾甚曰病。　△故臣且謁之　王氏引之云。當作臣故且謁之。故與固同。言臣固將謁之也。韓子難一作臣故將謁之。是其證。　△堂巫　史記齊世家索隱引作棠巫。呂覽知務篇。漢書古今人表。作常之巫。　△夫易牙以調和事公　治要和作味。是。　△於是蒸其首子而獻之公　治要首子作子首。韓子難篇同。今本誤倒。　△公喜宮而妬　王氏引之云。喜宮當依朱本作喜內。故下句云。豎刁自刑而爲公治內。左傳史記皆言桓公好內。韓子作君妬而好內。是其證。　△公子開方事公十五年不歸視其親齊衛之閒不容數日之行　王云。此下脫於親之不愛焉能有於公十字。羣書治要有。呂氏春秋知接篇作其父之忍。又將何有於君。韓子作其母不愛。安能愛君。皆其證。上文云。於子之不愛。將何有於公。於身之不愛。將何有於公。文義正與此相對。　△務爲不久蓋虛不長　王氏引之云。爲即僞字也。（兵法篇。僞詐不敢嚮。幼官篇作爲詐。成九年左傳。爲將改立君者。爲卽僞字。與僖二十五年傳。僞與子儀子邊盟者。文義正同。定十二年傳。子僞不知。釋文僞作爲。史記封禪書。果是僞書。漢書郊祀志作果爲書。淮南衡山傳。使人僞得罪而西。漢書亦作爲。）僞與虛正相對。韓子及說苑說叢篇竝作務僞不長。是其證。（今本韓子務誤作矜。）尹注非。洪說同。 △其生不長者　望案。長當作㠯。聲之誤。 △公增四子者廢之官　治要作公召四子者廢之。王云。治要是也。今本召作增。廢之下有官字。皆後人所增改。桓公非增四子。特因管仲之言而廢之耳。 △逐堂巫而苛病起兵　王云。苛病起下不當有兵字。尹曲爲之說。非也。治要及呂氏春秋皆無兵字。 △吾何面目見仲父於地下　宋本無於字。 △乃援素幭以裹首而絕　尹注云。幭所以覆軨也。王云。尹以幭爲鞹鞃淺幭之幭。非也。幭謂帊幞也。（廣韻。帊。帊幞。通俗文曰。帛三幅曰帊。普駕切。今人言手帊是也。）方言曰。襎裷謂之幭。郭璞曰。卽帊幞也。廣雅曰。幭。帊。襎。裷。幞也。說文曰。幭。蓋幭也。呂氏春秋知化篇。夫差乃爲幎以冒面而死。事與此相類。幎卽幭字也。帊幞可以覆面。故云援素幭以裹首。非車上之覆軨也。 △死十一日蟲出於戶　洪云。十一當爲七。因字形而誤。（周禮職方氏。方三百里則七伯。鄭注云。以方三百里之積以九約之。得十一有奇。云七伯者。字之誤也。）戒篇。公死七日不斂。其證也。據史記齊世家。桓公尸在牀上六十七日。尸蟲出于戶。說苑權謀篇。桓公死六十日。蟲出於戶。俱與此不同。 △葬以楊門之扇　丁云。呂覽作蓋以楊門之扇。三月不葬。尹注云。謂用門扇以掩葬也。疑所見本亦是蓋字。故以掩釋蓋也。 △闔不起爲寡人壽乎　治要御覽禮儀部十八引。闔俱作盍。古字通。 △使公毋忘出如莒時也使管子毋忘束縛在魯也使甯戚毋忘飯牛車下也　王云。上二句當依治要作使公毋忘出而在於莒也。使管仲毋忘束縛在於魯也。在於魯。與在於莒對文。莒與魯下爲均。今本出而在於莒作出如莒時。則失其均矣。藝文類聚人部七。御覽人部一百引此。竝作在莒。呂氏春秋直諫篇作出奔在於莒。新序雜事篇作出而在莒。皆無時字。張云。案此節文義當在管仲有病節前。

四稱第三十三　短語七

△吾亦鑒焉　冊府元龜二百四十二列國君部引鑒作監。下文同。張云。亦疑以字之誤。下文有道之臣節。吾以鑒焉。朱本誤作亦。卽其證。 △君胡有辱令　冊府元龜令作命。 △收聚以忠而大富之　冊府元龜收聚作牧最。 △固其武臣　冊府元龜固作因。安井衡云。古本其作大。 △形正明察　朱本形正作刑政。 △四時

不貸　丁云。貸當爲貣。即忒之借字也。他得切。　△今若君之美好而宣遍也　朱本君上有吾字。　△以緇綠
緇　冊府元龜引緇作纘。王云。緇當爲緇。下文云。以素綠素。吾何以知其善也。素與緇正相對。是緇爲緇之譌也。
緇從甾聲。緇從畱聲。隸書畱字作𤱶。甾字或作𠙹。（玉篇。甾或作𤲅。集韻。淄俗作淄。是𠙹爲甾之變體也。）二形
相似。故甾譌爲畱矣。又輕重甲篇曰。越人果至。隱曲菑以水齊。畱亦當爲菑。曲菑。菑水之曲處也。菑水東流過臨
菑城南。又折而北過其東。（見水經注。）故有曲菑之名。若後人之言曲紅矣。隱。塞也。（上文云。請以令隱三川。
謂塞三川也。小雅魚麗傳。士不隱塞。正義曰。爲梁止可爲防於兩邊。不得當中皆隱塞。是隱與塞同義。）塞曲菑
以灌齊都也。輕重甲篇又曰。楚之有黃金。中齊有蔷石也。蔷亦當爲菑。中。當也。言楚之有黃金。當齊之有菑石也。
輕重丙篇曰。使玉人刻石而爲璧。尹注曰。刻石。刻其畱石。蔷石畱石。皆菑石之譌也。又輕重丁篇曰。今彗星見於
齊之分。請以令朝功臣世家號令於國中曰。彗星出。寡人恐服天下之仇。請有五穀菽粟布帛文采者。（舊本菽
譌作收。辯見輕重丁。）皆勿敢左右。國且有大事。請以平賈取之功臣之家。人民百姓皆獻其穀菽粟帛布。（舊
本帛布譌作泉金。辯見輕重丁。）歸其財物以佐君之大事。此謂乘天畱而求民鄰財之道也。畱亦當爲甾。甾即
災字。（史記秦始皇紀。甾害絕息。今本甾作菑。後人所改也。宋毛晃增脩禮部韻略。婁機班馬字類引此。竝作甾。
漢冀州從事郭君碑。降此㶣甾。字亦作甾。）彗星天災也。因彗星出而斂財物。故曰此謂乘天災而求民鄰財之
道。　△仲父已語我其善而不語我其惡吾豈知善之爲善也　陳先生云。宋本作巳語我其惡。今本多增六字。
已語我涉上文既已語我而譌。已當作以。以與無同。無猶不也。言不以惡語我。吾豈知其爲善也。望案。冊府元龜
引與今本同。　△譏賊是舍　冊府元龜舍作用。　△無所朝處　冊府元龜作就處。　△不修天道　望案。修
當爲循。下文不修先故同。說見形勢篇。　△進其諛優　朱本諛作俳。冊府元龜引同。　△敖其婦女　爾雅釋
天疏引敖作㛤。　△內削其民以爲攻伐　陳先生云。攻伐二字同義。言削民以自削也。尹注作伐功解。非。　△
吾以鑒焉　朱本以作亦。同上文。　△君知則仕　冊府元龜仕作事。　△循其祖德　冊府元龜循作脩。　△
居處則思義語言則謀謨　冊府元龜無謨字。張云。義謨皆後人妄增字。思謀爲均。　△處軍則克　冊府元龜
克作哀。望案。作哀是也。今本係後人妄改。老子曰。戰勝以喪禮處之。故曰處軍則哀。　△酒食則慈　俞云。謂有
酒食必分以予人。以見慈惠之意。或疑當作辭。非。　△不毀其辭　宋本作不諱。丁云。不毀與上文不謗義復。宋
本是。廣雅曰。諱。避也。望案冊府元龜作不諱。　△君若有憂則臣服之　王氏引之云。憂。謂國有大患也。服當爲

死。范睢言。主憂臣辱。主辱臣死。義與此相近。死本作𣦸。服或作𦨈。下半相似而誤。（淮南主術篇。焉服於衡下。今本服譌作死。）尹注非。丁云。宋本憂作愛。愛猶好也。牧民篇。君好之。則臣服之。王氏改服爲死。案上文云。臨難據事。雖死不悔。意似複。　△不蘄込己　孫云。蘄。求也。言不至於干求則不已也。尹注非。王云。込當爲正。字之誤也。（賈子過秦篇。天下莫不引領而觀其正。今本正譌作込。）言但賓事左右。執邪說以進於君。而不求正己也。尹注非。　△見賢若貨　丁云。賢當爲貴。見貴與見賤對文。見貴若貨。謂阿附貴者若奇貨可居。正與見賤若過義相反。貨過爲均。　△讒賊與鬬　劉云。鬬。一本作匾。丁云。當作匾。與上文恭下文訟從爲均。　△不彌人爭　冊府元龜彌作殄。張云。彌字或作弥。與俗書殄作弥相似而誤。彌與弭古通。說文曰。弭弓無緣。可以解轡紛者。彌人爭即爲人解紛爭也。　△唯趣人詔　王云。趣讀爲促。詔當爲訟。字之誤也。（訟詔草書相似。望案。劉本注云。詔一本作訟。）不彌人爭。唯趣人訟。意正相承。且訟與從爲均。若作詔。則失其均矣。尹注非。　△迷或其君　宋本或作惑。　△保貴寵矜　張云。疑當作保寵矜貴。　△捕援貨人　丁云。捕疑搏字誤。搏與專同。　△還損善人　望案。損當爲捐字之誤。還猶去也。　△入則乘等出則黨駢　王云。乘者。匹耦之名。廣雅曰。雙。耦。匹。乘。二也。方言曰。飛鳥曰雙。鴈曰乘。淮南泰族篇曰。關雎興於鳥。而君子美之。爲其雌雄之不乘居也。（今本乘譌作乖。辯見淮南。）乘爲匹耦之名。故二謂之乘。四亦謂之乘。周官校人乘馬鄭注曰。二耦爲乘。凡經言乘禽乘矢乘壺乘韋之屬。義與此同也。等亦乘也。廣雅曰。等。輩也。入則乘等。出則黨駢。乘等與黨駢。其義一也。（望案。王氏廣雅疏證云。駢與併通。列也。）　△此亦謂昔者無道之臣　朱本作此亦可謂昔者無道之臣乎。丁云。乎當作矣。今本脫可字矣字。

正言第三十四　短語八　闕

卷十二

侈靡第三十五　短語九

問曰。古之時與今之時同乎。曰同。天地四時。既無所易。故曰同。其人同乎。不同乎。曰不同。古淳而今澆。古質而今浮。故不同也。可與政其誅。言今雖不同古。可爲政。誅其不法以復古。佶堯之時。混吾之美在下。其道非獨出人也。佶帝佶也。美俱在下。言二帝之時。出屋可封。其能若此。亦言非有出人
之道。修古而已。混。同也。山不童而用贍。澤不弊而養足。山無草木曰童。弊。竭也。耕以自養以其餘應良天子故平。以其自養之餘。應天子
之食。故天下平。有時而賦曰良。牛馬之牧不相及。各自足。不相及也。人民之俗不相知。人至老死不相往來。故不相知。不出百里而來足。行者不出
百里。而來者所求足故也。故卿而不理。靜也。雖立公卿不理其事。以人靜故。其獄一踦腓一踦屨而當死。諸侯犯罪者。令著一隻屨以恥之。可以當死刑。今
周公斷指滿稽。斷首滿稽。斷足滿稽。而死民不服。非人性也。敝也。今周公。謂時所用法也。稽。考也。罪滿而斷。則從而考之。首滿其罪者。亦從而
考之。應斷足所罪滿者。又從而考之。凡此欲以爲愼審也。罪定者死之。然人尙不服其罪。豈人性之然乎。時衰故也。地重人載。毀敝而養不足。事末作而民興之。
載。生也。今地利既重。人之生植穀物。若則從而毀奪與盡之。所以養有不足。人既惰於本業。故競起而事末作。是以下名而上實也。謂下但有農作之名。不得自用。而實皆歸于上
也。聖人者。省諸本而游諸樂。聖人察人之本。游之於富壽之域。則佶堯以前爲然也。大昏也。博夜也。夜。謂暗昧之行也。令人主至於大昏者。則以博爲夜事故也。
問曰。興時化若何。謂度時興化。其理若何也。莫善於侈靡。侈靡。謂珠玉之用也。管氏以爲珠玉者飢不可食。寒不可衣。然時共貴之。君若不重。不重則強者守之以招人。故
度時興化。珠玉以爲侈靡。賤有實敬無用。則人可刑也。有實。謂穀帛可貴而賤之。無用。謂珠玉可賤而敬之。若此。則人之賢不肖可刑也。故賤粟米而如
敬珠玉。好禮樂而如賤事業。本之始也。言粟常人賤之。賢者貴之。如常人之敬珠玉。末業常人貴之。賢人賤之。今則賢者之好禮樂如常人貴末業。若此者。可謂務本之
始。珠者陰之陽也。故勝火。珠生於水。而有光鑒。故爲陰之陽。以向日則火烽。故勝火。玉者陰之陰也。故勝水。玉生於山。而藏於山。故爲陰之陰。以向月則
水流。勝水。其化如神。言珠玉能致水火。故曰如神也。故天子臧珠玉。諸侯臧金石。大夫畜狗馬。百姓臧布帛。不然。則強者能守
之。智者能牧之。賤所貴而貴所賤。粟米可貴而賤之。珠玉可賤而貴之。不然。鰥寡獨老不與得焉。均之始也。君不貴而藏之。則利積於強智。雖矜
鰥寡獨老。無所與之。今藏之者。所以恤貧乏。故爲均之始。政與教孰急。政者立法以齊物。教者訓誘以感心。用二者何先也。管子曰。夫政教相似而殊方。若夫
教者。標然若秋雲之遠。動人心之悲。標。高舉貌。秋雲悽慘。有愁悴之容。高置且遠。悲心。喻教者憂人之不令。見其感容。人亦爲之傷悼之。能生人之藹然若

夏之靜雲。乃及人之體。朖然若譪之靜。譪。油潤貌。朖然。和順貌。夏雲之起。油然含潤。將降其澤。及人之體。去除熱氣而和順。雖有譪譔之人亦皆恬靜。喻教者灑之溫辭。而彊梁者亦能感服之。動人意以怨。蕩蕩若流水。教者若秋雲之動人意。人意既動則自怨而蕩搖。自怨而蕩搖。則從教若流水也。使人思之。人所生往。教之始也。身必備之。教者若夏雲之順適。故其人使人思之。人既思之。則生其善心。教人之始。必備此二者。然後可也。辟之若秋雲之始見。賢者不肖者化焉。教者既若秋雲始見而哀憐之。又若夏雲之起而潤悅之。則天下之賢與不肖無不化焉。敬而待之。愛而使之。若樊神山祭之。既從聖化。人則敬而來待。愛而後使。尊衞其君。若樊落神山。設祭而祈福者也。賢者少。不肖者多。使其賢不肖惡得不化。賢與不肖皆教而使之。則不得不化也。今夫政則少則。即皆從教。則人無所犯。故於爲政少用爲則也。若夫成形之徵者也。去則少可使人乎。欲成太平之形。以知其徵驗者。全能去則而使人。斯太平之先兆也。用貧與富。何如而可。問貧富之中適。曰。甚富不可使。甚富則驕。故不可使。甚貧不知恥。甚貧則濫竊。故不知恥也。水平而不流。無源則邀竭。平而不流。謂水也。停水無源。必速竭。雲平而雨不甚。無委雲雨則邀已。平雲少雨。又無委雲以助之。其用必邀。已上二事爲下有比例。政平而無威則不行。此則爲政者。威以爲本也。愛而無親則流。但行汎愛無所偏親則其愛流漫。賢智不盡力。親左有用。無用則辟之若相爲有兆怨。雖日當有所親而用。親之理僻左。則有爲用者。不爲用者。辟猶言有中不中。此但爲怨兆而已。親之無益也。上短下長。無度而用。則危本不稱。或復上得短而下持長。其役用之不以度。如此者。或能懷怨以敗國。故曰危本不稱也。而祀譚次祖。犯詛渝盟傷言。譚。延也。國敗絕祀之事延及次祖。更有犯詛渝盟傷言之罪。敬祖禰。尊始也。祖禰人之始也。齊約之信。論行也。詛盟欲爲整齊要束之信。所以論行也。尊天地之理。所以論威也。天地以秋冬肅殺雷震電耀爲威。爲政者所取則。故威不可弛之也。薄德之君之府囊也。凡尊始論行論威。爲政者所當行。德薄之君。皆囊而藏之。故有敗亡之禍。必因成形而論於人。此政行也。可以王乎。必因王事之成形論考於人事。此爲政所行也。遵而勿失。故可以王也。請問用之若何。問用政何如也。必辨於天地之道。然後功名可以殖。天地有尊卑恩威之序。故明之然後可以立功名也。辯於地利。而民可富。通於侈靡。而士可戚。戚。親也。貴珠玉以賞士。故士可親也。君親自好事。謂好爲政之事。強以立斷。強立其志。以斷是非。仁以好任。所謂悅以使用。人君壽以政年。君所以壽考。由爲政以順年之四時令也。百姓不夭厲。厲疫疾也。六畜遮育。五穀遮熟。遮。猶衆也。然後民力可得用。人俱富而力全可用也。鄰國之君俱不賢。然後得王。若俱賢。則不可得而制難以王矣。俱賢若何。問之。曰。忽然易卿而移。辭不會。立仁賢。忽然易事而化。去故而取新。變而足以成名。革變舊弊。故成名。承弊而民勸之。承先代之弊而成能名。故民勸勉之也。慈種而民富。流慈以勉種。故人富。應言待感。與物俱長。應物而後言。待感而後動。所謂應天順人者也。故與物俱長也。故日月之明。所謂與日月齊其明。應風雨而種。風時用若。則以君禮不失故也。天之所覆。地之所載。斯民之良也。君子者。德苞天地。首出庶物。有生莫能踰。故曰人之良。不有而醜天地。非天子之事也。不有上事。而又醜惡天地之化。此非天子之事。民變而不能變。是棁之之稅反。之傳革。棁。柱也。革。皮也。棁之傳革。則外革而內不革也。今人變而君不能變。亦外革而內不革之類。故取喻焉。有革而不能革。不可服。可革則不革。而人有輕君之心。故不服也。民死信。人無信不立。故死在信也。諸侯死化。變通之以盡利。不化。則利竭故死。請問諸侯之化弊。弊。謂久行而無益者。弊也者。家也。言國之弊則以家習不革。家也者。以因人之所重而行之。非人所重。則當革也。吾君長來獵君長虎豹之皮。君好虎豹皮。故來獵。用功力之君上金玉幣。君上用金玉爲幣。故用功力。好戰之君上甲兵。甲兵之本必先於田宅。有田宅。然後可以充甲兵之賦。今吾君戰則請行民之所重。飲食者也。侈樂者也。民之所願也。足其所欲。贍其所願。則能用之耳。君之於人。必足欲贍願。然後可用也。今使衣皮而冠角。食野草。飲野水。孰能用之。言士既乏於衣食。則君之不能用也。傷心者不可以致功。謂富者奢靡而有餘。貧者窘悴而不足。則傷心矣。傷心則無聊而苟且。故不能致功。故嘗至味而罷至樂。謂富者先奏至樂。及食至味而罷之。而雕卵然後瀹以灼反。之。雕橑力道反。然後爨之。皆富者所爲也。橑。薪也。丹沙之穴不塞。則商賈不處。趨丹穴而求利。故不處也。富者靡之。貧者爲之。富者所以得成此侈靡。則重弁貧者而爲之也。此百姓之怠生百振而食。非獨自爲也。百姓既爲富者所兼。則怠於作業。故能生此富者之靡。富成此侈靡。亦以百姓振起之故也。豈富者能自爲乎。爲之畜化用。今欲爲此畜貧富之法。當變化富者之用也。其臣者。予而奪之。謂臣富者。今欲化之使貧。或先少與而後多奪之也。使而輟之。既使之多所費。徒以而富之。或空言其利。而今得富。且取其物終之也。父繫而伏之。或加父罪而繫之。子必伏而破產以贖父也。予虛爵而驕之。或空與爵名。而無其位以驕此人。令有所貴用也。收其春秋之時而消之。富者先貯物以射春秋之利。今則官自收而消也。有雜禮我而居之。或有費用財物雜禮於我。若此者。顯其意而居之。時舉其強者以譽之。富而又強。則爲之作譽譽。或令其有所統率。強而可使服事。服。行也。強者服事。事必成。辯以辯辭。其有辯明者。則令辯繁辭。智以招請。富而多智。則使招來而請謁也。廉以摽人。富而清廉。則使爲人摽式。堅強以乘六。廣其德以輕上位。君能堅意強力。以乘上之六者。可以廣其德。又可以分其上之任。故位輕者也。不能使之而流徙。此謂國亡之郄。若不能使任上之六者。乃流移而徙之。斯亡國之郄也。故法而守常。謬古法。得其法者則守常。故而不董也。尊禮而變俗。流遁之俗。則當變之。上信而賤文。文虛而寡用。欲賤之。好緣而好駔。子朗反。緣即捐也。駔。馬之壯健者。性惡者必亂。故棄之。喻飾人之雄。亦亂國當絕。此謂成國之法也。爲國者。反民性。然後可以與民戚。戚。親也。反者。冥也。順其性欲•必敗亡。若能反之。然後有成。可與之親也。民欲佚而教以勞。勞致於耕墾。則有功。民欲生而教以死。死致於寇難。則有功也。勞教定而國富。積財故也。死教定而威行。致亦則莫敢當其鋒。故威行也。聖人者。陰陽理。言法陰陽之理。故平外而險中。此則含陰於內。發陽於外。故信其情者傷其神。美其質者傷其文。情感則神滅也。化之美者應其名。實應其名。故化美也。變其美者應其時。事應其時。故變美也。不能兆其端者菑及之。來事之端。不知其兆者。當失於幾。故災及之也。故緣地之利。緣。順也。承從天之指。指。意也。當順天之意也。辱舉其死。辱。猶逆也。逆地天以舉事則死也。開國閉辱。若能開國以納善言。則辱可閉也。知其緣地之利者。所以參天地之吉綱也。知能順地之利。則能參天地之吉綱。承從天之指者。動必明。辱舉其死者。與其失人同。逆天舉事。與失人同也。故公事則道必行。公事則無擁。其道必行也。故闓其國門者。玩之以善言。有善言可玩。故開國以納之也。

奈其斝辱。亦既有辱。當奈之何。唯有執斝爵祭神以謝過耳。知神次者。操犧牲。與其珪璧。以執其斝。當令巫祝知神之次秩者。操牲及珪璧。執斝爵以禱神。而謝逆舉之罪也。家小害。以小勝大。祭祀之費。家雖有小損。因此小損。以勝大災。員其中。辰其外。既以謝過。又當員中。心無所專。固有善則從。無失外事之時也。辰。時也。而復畏強長其虛。其有強大於己者。則當長其謙虛之心而敬畏之也。而物正以視其中情。其於物也。雖見外正猶未可信。又當視其中情以驗之。公曰。國門則塞。百姓誰敢敖。胡以備之。謂寇有至。國門以塞。百姓警衛而誰敢敖者。事至於此。如何救而可。擇天下之所宥。謂不爲天下之所疾者。擇鬼之所當。謂爲神所福助者也。擇人天之所戴。謂爲人所戴仰者也。而亟付其身。此所以安之也。得此三德之人。付其身而任之•雖有寇賊。無若我何。故安。

強與短而立。齊國之若何。謂寇賊既持強弓。又執短兵。列陣而立。以攻齊國。若之何禦之。此亦公問之辭。高予之名而舉之。高舉其名。則歡悅也。重予之官而危之。與之重官。不避危亡也。則因責其能以隨之。責知其能。無所顧望。隨而任之。則自謀厲。猶傶則疏之。毋使人圖之。啓寵納侮。使人圖之也。而猶疏則數之。毋使人曲之。因不寵任而疏己者則數加恩義以悅之。無使人見怨陰謀。曲求己隙者也。此所以爲之也。撫人若此。可以禦上強與短兵之寇也。大有臣甚大。將反爲害。謂大臣富有。甚大則逼君。既臣且甚大。故將反爲害。吾欲優患除害。將小能察大。爲之奈何。言我且欲寬優此患。漸除其害。每見其小能。則察知其大欲。爲此事如何。亦公之問辭也。潭根之毋伐。潭。深也。此以大樹喻惡也。譬若大樹。深根不可伐。大臣根黨盤。亦未可卒誅。固事之毋入。既未能誅。且固事之。無得入同其惡也。深黨之毋涸。黨。謂探其深情常令見之。無使涸竭也。不儀之毋助。儀。善也。彼爲不善。無得佐助之也。章明之毋滅。當發明不善。令人皆知之。無使昧滅也。生榮之毋失。謂生篡殺之心。若草木之生榮。此其可誅之時。必不得失之。十言者不勝此一。謂令他事有十言之善。不如此一言也。雖凶必吉。恐而容之。屈而事之。凶也。惡稔易誅。吉也。故平以滿無事。而總以待有事。而爲之若何。總。謂收積也。故使國家從故平安之時滿積其財。以無事之時收積。至時散其積而用也。積者立餘日而侈。美車馬而馳。多酒醴而靡。積。謂富而積財者。富而侈食美車多醞財有所散因其散而收之。千歲毋出食。此謂本事。雖復千歲。常令自食其財。無使他外。則富者之財可得而收之。此積之本。縣人有主。縣。謂繫屬也。言欲繫屬於人。必有所主主於財。人此治用。官既積財。則於官取之。以理其器用也。然而不治積之市。謂不取官財以理其用。翻乃積之於市。使高價得其利也。一人積之下。一人積之上。此謂利無常。財既入市。則公私其積之。上雖積一分。下亦積一分。可謂利無常也。百姓無寶。以利爲首。百姓無他寶。唯以利爲寶之首。一上一下。唯利所處。利積多者。百姓則從而歸之也。利然後能通。通然後成國。無利而不通。則國亡也。利靜而不化。觀其所出。從而移之。利而不化者。則由所出不變故也。觀而移變之。視其不可使。因以爲民等。等。謂率而齊之。不可使。謂其人非有文武之材。又不任作役。若此者使之率與利之人而齊之也。擇其好名。因使長民。其有好虛譽之名者則擇之使爲與利者之長。好而不已。是以爲國紀。好名不已。財乃彌積。故爲國紀。功未成者。不可以獨名。積財之功未成。則無獨與之名。事未道者。不可以言名。成功然後可以獨名。衆共言此人有名。事道然後可以言名。然後可以承致酢。既有獨名。又有言名。可以至於承君之酢報也。然後先其士者之爲自犯。人有士行。當推以爲先。今反後自先之。是爲自犯其疆也。其民者之爲自贍。人能與利。亦當先之充國。今乃後之。是自爲其其贍。不憂國也。輕國位者國必敗。輕國位。則有散居之心。故國敗也。疏貴戚者謀將泄。疏貴戚。則有外顧之意。故謀泄。毋仕異國之人。是爲失經。異國之人。所謂非我族類者也。今而仕之。其心異。此謂失國之經也。毋數變易。是爲敗成。數變易。則事繁而無功。故曰敗成。大臣得罪。勿出封外。是爲漏情。毋數據大臣之家而飲酒。是爲使國大消。飲酒於臣家。則威權移焉。不兩威。故臣強則國消也。物三堯在臧於縣返於連比。若是者。必從是嚚亡乎。雖使三堯在臧。但懸其物而不散施之。終亦不能守。其物亡必不返於連比之臣。臣既得之。自用樹福。則國從是嚚敗而亡乎。嚚即臭字也。辟之若尊譚未勝其本。亡流而下。譚延也。雖堯守藏不施必亡。猶如尊位將反。而未能勝其本。此位既不可得。自然流而下者也。不平令苟下不治。凡始理下者。必先能平令。令既不平。令雖下而不理者也。

高下者不足以相待。自處其高欲下待上必不待之也。此謂殺事立而壞。何也。兵遠而畏。何也。此謂弒君之事。其事既立而後壞。如此者何也。卽以德不素積故也。民已聚而散。何也。人不歸無道故。輟安而危。何也。神不祐故也。皆謂篡弒。功成而不信者。殆。兵強而無義者。殘。不謹於附近而欲求遠者。兵不信。欲來遠者。必謹於附近。然後遠者來信也。略近臣合於其遠者。立。略禮謂不繁也。言於近則略之。於遠則合之。若此者。則可以立功。

亡國之起。毀國之族。則兵遠而不畏。先自疏國之宗族。斷以至三者若此。兵皆逃遠。無兵則威息。故不畏也。則國小而修大。仁而不利。猶有爭名者。累哉是也。不量國之小。好修遠大。雖復行仁。不遇其利。而猶與他國爭名。是必自累者也。樂聚之力。以兼人之強。以待其害。雖聚必散。好自勉以聚力。欲兼他人之強用此以禦危害。如是者先雖聚後必散。大王不恃衆而自恃。百姓自聚。供而後利之。成而無害。大王亶父。爲狄所攻。乃去幽之岐。杖策而往。百姓曰。仁君也。不可失。扶老攜幼而從之。一年成邑。二年成都。三年五倍其初。言大王雖有衆不恃。但自恃其德。故百姓隨而聚之。供其所須而利之。遂至於成功而無危害者也。疏戚而好外。企以仁而謀泄。賤寡而好大。此所以危。言自疏己親。好交外人。雖企慕於仁。而所謀多世衆漏。既賤且寡。好爲迂大。凡此皆危敗之道也。而約。謂與衆爲約束也。實取而言讓。謂實取彼物於言。更爲遜讓。行陰而言陽。於行實爲陰。密在言。更爲顯陽。利人之有禍。謂因禍而生利。言人之無患。人雖實禍。言乃爲無患。於吾欲獨有是。若何。凡此獨君之事也。問獨有之何如。自衆而約已下。公問之辭。是故之時。陳財之道可以行。今也利散而民察。必放之身然後行。管氏言此乃古之陳設致財之道。亦可行求於今。然利散於下。人則察而知之。置之於身。勿令下知。然後可以行放置之言也。公曰：謂何。問所以行之。長喪以毀其時。毀。虧也。居喪者毀瘠之息。謂增長服居喪之禮。使人皆毀瘠之敗也。重送葬以起身財。重送葬。則費用廣。惰慢則不及事。由人習爲精厲。庶事不怠。能起身之財。故一親往。一親來。所以合親也。謂一親往死。一親來生。親無絕時。故曰合親。此謂衆約。人皆親教之。重葬可以起財。故曰衆要之也。問用之若何。問用衆要。巨瘞培所以使貧民也。瘞培。謂壙中埋藏處深暗也。貧人雖無財而有力。故教之巨瘞培以役其力也。美壟墓所以文明也。壟墓高美。文明而不滅也。巨棺槨所以起木工也。人習爲棺槨。則增長木之工也。多衣衾所以起女工也。習爲衣衾。則增長女工也。猶不盡。故有次浮也。謂上之理猶有不盡也。次浮。謂棺槨壟墓之外遊飾也。有差樊。樊。著也。謂壟墓之外樹以著其飾尊卑之外。此壟之次浮也。有瘞藏。謂古之樊者或藏以金玉。或以器物。此棺槨之次浮也。

作此相食。然後民相利。守戰之備合矣。方喪之時。孝子荒迷。或不舉火。鄰里爲食以相餉。如此。則遞相銜親。恩情結固。致於守戰之時。必誠力齊敵而不能當之矣。鄉殊俗。國異禮。則民不流矣。流。移也。俗禮殊異。則人各得其所安。故不流移也。不同法。則民不困。鄉丘老不通。覲誅流散。則人不眺。丘。大也。大老者各足於其所。不相交通。流散於其鄉則誅之。今其覲見如此。則人安其本不眺望他所而歸之。安鄉樂宅享祭。而謳吟稱號者皆誅。所以留民俗也。皆令安樂鄉宅。享祭先祖。其有謳吟思於他所者。則誅之。或有稱舉號詠於他鄉者。皆誅之。凡此皆欲留止人俗。不令轉移。斷方井田之數。謂分人之地。每斷定其方。而立之田數。屋三爲井也。乘馬甸之衆。每一甸之衆。數賦長轂。一乘馬四匹。謂之乘馬。十六井曰丘。四丘爲甸。制之陵谿。立鬼神而謹祭。每大陵深谿皆有靈焉。立鬼神之祠。使人祭之。皆以能別以爲食數示重本也。人之大小。皆各有材。能多者食衆。能少者食寡。故曰以能別爲食數。凡此皆重人本之事也。故地廣千里者。祿重而祭尊。其君無餘。言不修祭以餘地與餉也。地與他若一者。從而艾之。從。謂次當受封者。艾。謂滅削也。言修祭之君。受地與他同。故曰若一者。則削減其地與次受封之君也。君始者。謂始爲君者也。艾若一者。從乎殺與于殺若一者。言始受封之君。本既無地。故取先受君者。彼或不與。從而殺之。彼或自取。與受而殺之。彼自取與于始封者。今與先受封者地均若一也。從者艾。艾若一者。從于殺與于殺若一者。從無封始王事者上。言從者先無封。令始王事。故艾取他國之地。與先者均齊若一則止也。上事。霸者生功。言重本。言諸侯既受地分。則上事霸主。命以生立其功。凡此皆爲重本也。隨政是爲十禺。

分免而不爭言先人而自後也。禺。猶區也。十禺。謂十里之地。每里爲一禺。故曰十禺。若他國來分。明勸勉而與之。不敢交爭。如此者。所以先他人自取其後。官禮之司。言國官禮各有私。昭穆之離。離。謂次位之別也。先後功器事之治。功有大小。器有精麤。各定其先後之差也。尊鬼而守尊鬼。謂謹其享祭之禮也。故。戰事之任。高功而下死。本事。戰士雖有高下之際。各令死其本事也。食功而省利勸臣。飼其有功。省其無功。則臣勸也。上義而不能與小利。上當操大義而主斷。不可顧小利而移也。五官者。人爭其職。然後君聞。官爭理職則國治。故君名聞於天下。祭之時。上賢者也。謂助祭之時。賢者居上爲儀而已。非能有所益。故君臣掌。祭者掌禮以行事。所用其智謀。或君有故。使臣攝之。事亦無曠。故曰君臣掌也。君臣掌。則上下均。臣能行君事。曰上下均也。故此以知上賢無益也。其亡茲適。祭祀之時。非不上賢。但庸臣亦能行君之事。無損於令主。人雖云上賢。不用其智謀。與祭時適。故曰無益。既不賢。則動皆違理。故茲適於危。而上賢者亡。謂空上之而已。不能用之也。而役賢者昌。役賢則功成。故國昌。上義以禁暴。義者所以除去不宜。故禁暴也。尊祖以敬祖。祖。始也。尊立祖廟。所以敬始封之君也。聚宗以朝殺。示不輕爲主也。謂聚會也。小之封宗以朝於君。有親疏之殺。凡此爲主之重者也。而載祭明置。載。行也。言公將爲行祭。至明而置之。欲人不知也。高子聞之。以告中寢諸子。高子齊大夫。聞君之將行。故告中寢諸子。諸侯諸子之居中寢者。中寢諸子告寡人。舍朝不鼎饋。常禮。退朝常鼎饋而食。今不然。致怪之。故中寢諸子告宮中女子曰。公將有行。故不送公。言何故不送公也。公言無行。女安聞之。曰。聞之中寢諸子。索中寢諸子而問之。寡人無行。女安聞之。吾聞之先人。諸侯舍於朝不鼎饋者。非有外事。必有內憂。公曰。吾不欲與汝及若。若不欲與汝論此言也。女言至焉。不得毋與女及若言。至謂盡理。吾欲致諸侯。諸侯不至若何哉。女子不辯於致諸侯。婦人無豫於外政。明於致諸侯之理。故不自吾不爲汙殺之事人。布織不可得而衣。汙殺言然。人必有所汙殺染戮者。所以伏遠而來近。今既爲人。雖識不爲己用。故有布不得而衣。言此者。欲桓公立威以服諸侯也。故雖有聖人惡用之。服者寡也。后不用威。聖人亦何能用之。堯爲匹夫。不能服三家。即其事也。能摩故道新道。定國家然後化時乎。摩。謂新其事也。故道。謂先王之典刑。新道。謂度時而制法。言能摩故道以成新道。定國安家。然後可以化時也。國貧而鄙富。苴美於朝市國。言國朝貧而邊鄙富饒。若此者。邊鄙之邑必苴其財貨。好遺朝以市權利也。國富而鄙貧莫盡如市。國富財故富。鄙輸貨。故貧。其取半反也。其物莫知盡入於市。以市人不虛取。故鄙人不虛與故也。市也者。勸也。勸者所以起本。善農者能多致市刺。則自勸而不怠。故能起本也。善而末事起。不侈。本事不得立。侈。謂饒多也。末事不饒多。農事不給。故本事不得立。選賢舉能不可得。惡得伐不服用。欲伐不損用。必待賢能。百夫無長。不可臨也。若無賢。雖百夫之長無人爲之。千乘有道。不可修也。雖千乘之國。有道以用之。則不可修營而伐之也。夫紂在上。惡得伐不得。紂在上位。萬人雖之。鬼神怒之。雖其旅若林。莫不倒干自伐。故無有伐而不得者也。鈞則戰。守則攻。言伐紂者力鈞則與之野戰。城守則固而攻之。百蓋無築。千聚無社。謂之陋。一舉而取天下。有一事之時也。言紂人苟且。雖有千聚之夫。不立一社以統之。如此者。爲政之陋也。故武王一舉取天下而有之。此萬代一時之事也。萬諸侯鈞。萬民無聽。雖使萬諸侯鈞引於人。必不聽。此言王者貴。人上位不能爲功更制。其能王乎。居上位。不獨立其功。不更共制之。若此者。必不能王也。緣故修法。以政治道。則約殺子。吾君故取夷吾謂替。子。君之子也。其能緣順。故常修理法制。爲政不違於道。若此者。可共謀要殺君子之不當立者。吾君所以取夷吾爲替者爲有此道也。公曰。何若。問何以獨取夷吾也。對曰。以同。以其德智同。故取也。其日久臨。可立而待。鬼神不明。謂君子不當立者。雖久臨其位。危亡可立而待。其享祭鬼神之禮。又不能明也。囊橐之食無報。明厚德也。此論桓公之隱。雖以囊橐之食遺人。不求其報。所以明厚德也。沈浮。示輕財也。其散施於人。不顧其沈。所以示輕財也。不得其報曰沈。得報曰浮。或曰祭川曰沈浮也。先立象而定期。則民從之。先立法象。與人定期。人則率服皆順從也。故爲禱。謂先人禱神祈福祥。朝縷綿。明輕財而重名。縷。帛也。言每於朝置綿以賞賜。所明者輕財而重名者也。公曰同臨。所謂同者。其以先後智渝者也。所謂臣德同君者。能先後於君。其遇危難。則智謀變而通之。詩所謂予曰有先後者也。鈞同財。爭依則說。假令財與人鈞同。則悅而爭依於己。人十則從服。若財十倍多彼。則服而從之。萬則化成功而不能識。若財萬倍多彼。則變化而無不如意。故可以成功。而觀者莫能識之。而民期然後成形而更名則臨矣。言人心期以爲主。相與樂推。然後成形於以名前所服之人。則臨之以爲君矣。請問爲邊若何。問所以防禦邊境。對曰。夫邊日變。不可以常知觀也。邊者兩國交爭。寇敵伺郄。日有變。當應機而動。故不可以常智觀。民未始變而是變。是爲自亂。未變者。應機未發。且當循常而伺之。今人未當變而輒爲變。此謂先時也。更益其亂。故曰是爲自亂也。請問諸邊而參其亂。任之以事。因其謀。諸變則四變也。謂參驗知其委變之亂。然後以事任之。因其所謀而用之。此已上公問之辭也。方百里之地。樹表相望者。丈夫走禍。婦人備食。謂百里之國。自國都至邊境。每於高險之處。

內外相備。外拒寇以防內。內備食以給外。故曰相備也。春秋一日敗曰千金。稱本而樹立其表。使遞相望。其有寇賊之禍。丈夫則走而奔命。婦人則備食以給之也。
動。春秋種稼。尤爲農要。此二時而有戰。日。敗費千金。故爲國者必當稱本而動也。但經一候人不可重也。唯交於上。能必於邊之辭。候人。謂諜候之來入國者。
候人入國。或伺我虛實。覘我動靜。不可使重之。唯有能與上交。必定邊境之辭至國不易者。其可重也。行人可不有私。不有私。所以爲內因也。行人。使人也。若何而
可。唯不有私耳。無私則意成。故能爲國內成事者也。使能者有主矣。而內事。使人出境。必有所主。所主者。欲成內國之事。其萬世之國。必有萬世之實。無萬
世之實。不能成萬世之國也。必因天地之道。天地之道。順以動者也。無使其內。使其外。應內而外。失外情也。使其小。毋使其大。棄其國寶。應小
而失大事之宜。大臣國之寶也。今非理使之。故曰弃國寶也。使其大。貴一與而聖稱其寶。使其小。可以爲道。謂使其大臣當尊之。一與其事。必無轉移。知此則
舉輒有成。能立聖人之功。謂稱其寶矣。能則專。專則佚。使得其能。於事必專。專則功成。故佚樂也。椽能踰。則椽於踰。椽。猶梯也。謂鑿椽以爲梯。凡欲蹈越高遠。必因
梯而後能。若不因梯。直欲踰之。則不能踰矣。然則踰因梯而踰矣。此喻成功必有良臣賢佐。然後事遂而名立也。能宮。則不守而不散。宮。謂防禦之國。四國也。能有四國之宮。則
不有寇難。若無宮直欲守之。其衆必散也。衆能伯。不然將見對。伯。長也。謂材能之士。衆必能爲之長。若不能長之。豪傑之人將來對己以兩雄角兩雄之道也。君子者。勉
於糺人者也。君子者。德民之稱。故但糺察人。不爲人所糺。非見糺者也。故輕者輕。重者重。前後不慈。輕謂臣人。重謂君也。凡君臣所以能相慈者。輕能
事重。重能制輕。然後慈惠之心油然生矣。今輕自在輕。重自在重。或前或後。不相交接。否之謂也。何慈之有乎。凡輕者。操實也。臣須君食。必操君實也。以輕則可使。
輕而操實。則可使也。重不可起輕。重無實。輕不可起。輕重有齊。重以爲國。重者不限。則以爲國。輕以爲死。以道使輕。可以致死。毋全祿貧國。而
用不足。欲全其祿。不以與下。則賢去而人散。故國逾貧而用逾不足也。毋全賞好德。惡亡使常。雖曰好德。全賞而不與。雖曰惡亡。所使者乃常人。若此者敗亡之道。請
問先合於天下而無私怨。謂與天下合同。人皆樂推。故無私怨也。犯強而無私害。雖犯於強。乃以公義。故無私害。謂責楚苞茅之比也。爲之若何。對曰。
國雖強。令必忠以義。令忠以義。雖強必德之也。國雖弱。令必敬以哀。令敬以哀。雖弱必免也。強弱不犯。則人欲聽矣。犯雖輕弱。則人違之。先
人而自後。而無以爲仁也。先人自後。大國禮之。何仁之爲也。加功於人而勿得。施功而不求於報也。所橐者遠矣。橐貨而匱民。所爭者。當遠之也。

者外矣。交爭無禮者。當遣之外也。明無私交。則無內怨。私交則不公而偏。故內怨起之。與大則勝。能親與大國。故得勝。私交衆則怨殺夷吾也。使君私交者。夷吾之由。故恐衆怨而殺之。如以予人財者。不如無奪時。如以予人食者。不如毋奪其事。不奪其事。則名安其業。食無不足也。此謂無外內之患事故也。財食足。則外內之患亡也。君臣之際也。君臣非有骨肉之親。但以禮義相接也。禮義者。人君之神也。禮義在。則君尊臣卑。萬人以寧。故曰神。且君臣之屬也。以義相屬。親戚之愛。性也。相親相愛。性也。使君親之察同索屬故也。索。求也。君親之於臣子同求其愛敬矣。故。事也。臣雖屬君。當以事親之故事君。使人君不安者。屬際也。使君不安其位者。則臣但以義際君。無愛敬故也。不可不謹也。臣無愛敬。或化爲仇敵。故不可不謹之也。賢不可威。威賢則邦國殄瘁。能不可留。材能當引用之。可留之於彼身。不杜事之於前易也。水鼎之汨也。姦凶之事。先其未然而杜塞之。則甚易。猶水之在鼎以烹之。亦不擾也。食事人聚之壤地之美也。由是地美。人聚之也。故人死之若江湖之大也。人所以爲君致死者。則君量若湖水之大無不容納故也。求珠貝者不令也。君之於人。有所簡擇。若求珠貝之爲也。人必去而不令之。逐神而遠熱。交觶者不處。兄遺利。君之於人也。使敬之若逐神。畏之若遠熱。其逐神者。交觶祭祀。不敢留處。其遠熱也。雖有兄弟之親。遺利而去。君之尊嚴莫與大。誰敢窺覦之哉。亦夫事左。謂人君行事不得正。中國之人觀危國過君而弋其能者。豈不幾於危社主哉。中國。謂得禮義之中國也。弋。取也。中國之人。見危國過君。不能用賢道爲己用。如此。則過君之社主近於危也。利不可法。故民流。神不可法。故事之。神亦不得其法。不知神之所在。畏敬事之。所謂陰陽不測之者也。故天地不可留。故動。化故從新。天施地化。日夜不息。故能生成不已。以天地變不可留停。故動。化其故以就其新。然亦循故之四時。周而復始。無所易之也。是故得天者高而不崩。謂得天變化日新之理。常保其尊高而不崩壞者也。故能得人者。卑而不可勝。得人則衆歸之。故雖卑不可勝。是故聖人重之。謂重天也。人君重之。謂重君也。故至貞生。至信至。貞。正也。謂正心生則至信生而應之也。言往至絞生。絞。謂急言私已。今空以言往。而無其實。則至絞已言生而應。至自有道。正生則信至。言往則絞來。有因而然。故曰至自有道。不務以文勝情。以文勝情。情彌虛也。不務以多勝少。少是能正。衆非故多不能勝之。不動則望有廧。君子儼然不動。則望者如牆焉。旬身行。旬。均也。君子身行。必令均平正直。法制度量。王者典器也。理國之常器也。執故義道。畏變也。君人執守故義以尊於道者。畏輕躁之人妄有所變也。天地若夫神之動化變者也。天地之極也。若能祀神而動化變流鏻。地之極理。善莫大焉。天能與化起而王用。則不可以道山也。若能隨神化而起。王有天下。其所運用。則不可以常道格之。其富饒取類於山也。仁者善用智者善用。非其人。則與神往矣。非其人尚能用之。則明無不用。者。可謂通靈合契。與神往來也。如此衣食之於人也。不可以一日違也。一日違衣食。生理或幾乎不全也。親戚可以時大也。謂時大聚會之。以結其恩意。是故聖人萬民艱處而立焉。人者雖靜而易擾。故聖人處立其上。當有戰兢之心。畏難之也。人死則易云。死者無所為。不憂其為亂。故易云也。生則難合也。生者有利欲之心。合而無防。或生姦謀。故難合。故一為賞。再為常。三為固然。謂一時行其賜。人則欣賴以為賞。類再為之。則人以為常。謂至此時必當有賞。類三為之。則以為理固當然。無懷愧之心。其小行之。則俗也。若小行其賞。則人習之以為俗。無遺厚之恩也。久之。則禮義。久而一行厚賞。則人荷德而懷恩。此禮義之正者也。故無使下當上必行之。無使下人每至時承當君上必行之賞也。然後移商人於國。非用人也。下既不希上賞。則專意於市。故商人皆移來入國也。不擇鄉而處。不擇君而使。商人常隨利往來。不擇鄉。又不擇君。故出則從利。入則不守。商人出國。唯從利焉。其入國遇寇難。則恇怯而苟免。不為君城守也。國之山林也。則而利之。商人雖不為國用。亦有利於國。猶山林也。隨取而得其利。則當容受而取其利也。市塵之所及。二依其本。市則衆聚喧囂。尤多塵埃。今使工商二族依之以為本。此亦處物之宜也。故上侈而下靡。得商賈之利。故上侈下靡。而君臣相上下得商工之用。故依之章著上下之儀。相親。則君臣之財不私藏。相親則情公。故不私藏財。然則貪動枳而得食矣。枳棘者所為擁塞也。農人貪商賈而動者。則多枳塞。其幸者但得貪食而已。無餘利也。徙邑移市。亦為數一。其有田邑之人。今移於市。此亦為費數而得一耳也。問曰。多賢可云。問多賢之理可言不。對曰。魚鼈之不食咡者。不出其淵。樹木之勝霜雪者。不聽於天。霜雪不能殺。不聽於天也。是士能自治者。不從聖人。能自理者則有餘。不從聖人而求之也。豈云哉。能自理。則雖聖人。不能致。自斯之外。何可云者。夷吾之聞之也。不欲強能。材能之士。心不慕己。勿強引之也。不服智而不牧。士之材智。服。則勿養之。上不若旬虛期於月。津若出於一明。然則可以虛矣。匝一月日期。律。明潤貌。君人之道。當若每旬之虛而任數。自期以來日既至。當律然後出一明矣。如此虛而任數。理足自明。人但虛懷接物。賢才自至。亦猶是也。故阨其道而薄其所予。則士云矣。士之道藝。則能阨而服之。至人所與。則薄而少之。如此。則必自來。其理可言也。不擇人而予之。謂之好人。不擇人而取之。謂之好利。遇人則與。無所簡擇。可謂多所愛。所愛多不當。審此兩者。以爲處行。則云矣。兩者。謂不擇取與不擇而取。寧不擇而與。用此以爲處身之行。則其理可云矣。不方之政。不可以爲國。不方之政。謂邪也。曲靜之言。不可
以爲道。靜。謀也。節時於政。與時往矣。凡爲節度。當合於時。所施政敎。與時俱往。不動以爲道。齊以爲行。守正不動以爲道。齊整肅然。以此爲行也。
避世之道。不可以進取。苟避世。則晦明藏用。無所能。故不可進取。若陽者進謀。幾者應感。顯明其事者。欲進而爲謀。幾理之動。唯應所感也。再殺則
齊。一殺倘有參差。必再殺然後可齊。文王再駕伐崇。武王再伐紂也。然後運可請也。既齊則天下服。故請問歷數之運。將陟帝位也。陽者進謀已下。公問之辭也。對曰。夫運
謀者天地之虛滿也。合離也。言歷運之謀。崇替相因。若天地之有滿虛合離。乃理之不可已者也。春夏爲合。秋冬爲虛。春秋冬夏之勝也。若無春秋冬夏之變。則
不能相勝而成歲。有道之伐無道。亦猶是也。然有知強弱之所尤。然後應諸侯取交。尤。殊絕也。謂應運而王者。必有智而強。殊絕於衆。然後應諸侯可以取天下之交。
故知安危國之所存。以時事天。以天事神。謂以神禮事也。以神事鬼。謂依時而享鬼也。故國無罪而君壽。而民不殺。智運謀而
雜橐刃焉。雖用智運謀。亦須威以成之。故曰雜。橐。韜也。其滿爲感。感則物應。故滿也。其虛爲亡。亡則物散。故虛也。滿虛之合。有時而爲實。滿時爲實
也。時而爲動。虛時爲動散也。地陽時貸。地在陽。時假貸萬物精氣以長養也。其冬厚則夏熱。其陽厚則陰寒。厚。謂過於寒熱。冬有極寒。夏有極熱。冬
夏有極熱。冬有極寒。是故王者謹於日至。謂冬夏至也。當知二至之寒熱也。故知虛滿之所在以爲政令。知其寒熱之虛。爲時令以順之。已殺生。其
合而未散。可以決事。時冬時。既有肅殺。其萌芽內發欲生也。然其時方寒合而未散。時可以決斷罰罪之事也。將合可以禺。其隨行以爲兵。禺。謂事端初見也。謂
夏末初秋之時。寒涼方至。將凝合初見其禺。隨此時而行。可以爲兵威也。分其多少以爲曲政。兵之所由。各有多少。隨其多少。委曲爲政。請問形有時而變乎。
謂歲年多吉凶之變可知。對曰。陰陽之分定。則甘苦之草生也。陰陽之分定於吉。則有甘草生薺是也。定於凶。則苦草生葶藶是也。從其宜。則酸鹹和焉。
謂從四時之宜。以酸鹹之味和而食焉。若春多酸冬多鹹是也。而形色定焉。以爲聲樂。酸色青。鹹色黑。青聲角。黑聲羽。言定色而生聲。夫陰陽進退。滿虛亡
時。其散合可以視歲。唯聖人不爲歲。言陰陽滿虛散合。視知歲之豐荒也。可能知滿虛。奪餘滿。補不足。聖人善識滿虛之所在。故奪有餘者補於不足。
以通政事。以贍民常。或滿與虛。萬人均平。故能通達政事。贍足於人。使修常道。地之變氣。應其所出。謂地見災變之氣。應其所出之處。設法以禳之。水之

變氣。應之以精。受之以豫。水見災變之氣。則當應之以精誠。不弭。當受之者。須預有所防備之也。其猝天之變氣。應之以正。天見災變之氣。守正以應之也。唯且夫天地精氣有五。不必為沮。謂五行之時也。其時之氣不能必。則為沮敗也。其亟而反。其重陔動毀之進退。即此數之難得者也其為沮敗也。或纔有形而違反者。或遲重滯凝久而不去者。或發動而有所毀傷者。或乍進乍退者。凡此皆災敗之數難得而知之者。此形之時變也。謂歲年之形有變也。沮平氣之陽。若如辭靜。言欲沮敗平和之陽氣。默至而無形聲。如辭言之靜者。餘氣之潛然而動。愛氣之潛然而衰。胡得而治動。災之餘氣。潛然發動。愛怜之氣。已潛然而哀。則氣候之動難知者也。故曰胡得而治動。自沮平已下。公問之辭。對曰。得之衰時。位而觀之。得其沮氣衰敗之時。立分位而觀察之。佁美然後有煇。佁。深思貌。謂深得其美理。然後情魂悅而貌煇然也。修之心。其殺以相待。既知災氣之所召。則修德於心以禳之。其凶殺之至。必有以待之。故有滿虛哀樂之氣也。當審災而德禳。或滿而樂。或虛而哀也。故書之帝八。神農不與存。為其無位。不能相用。問運之合滿安臧。易之所序五帝。謂伏羲神農黃帝堯舜。書之所記三王夏殷周。然於八帝之中。神農所存事迹獨少。則以不為位。以觀災虛氣又不用。公問。自今之後。運之合滿。何所藏隱。可得知之乎。二十歲而可廣。十二歲而聶廣。百歲傷神。管氏對曰。從今之後二十歲。天下安寧。德義可廣。又十二歲。代將亂而聶其廣。又百歲之後。天下分崩。鬼神之祀絕矣。周鄭之禮移矣。禮移則俗變也。則周律之廢矣。周之法則壞矣。則中國之草木有移於不通之野者。時既戰爭廢於農事。稼穡之地。荆棘生焉。故草之屬移變於不通之野。然則人君聲服變矣。聲。謂樂聲。衆亂則聲服俱變。則臣有依駟之祿。依。稱也。代衰則臣富。故臣多養駟馬。及其受祿。又以稱之。婦人為政。鐵之重反旅金。君幼則母后為政。鐵者所以為兵器。當重之謂下流卑識。不重鐵反旅陳於金而玩之者也。而聲好下曲。食好鹹苦。謂聲之下而悲者。食多鹹苦之味者。婦人之所好。則人君日退。亟既使婦人為政。則百度昏人君之退衰也。豈不亟急哉。則谿陵山谷之神之祭更。應國之稱號亦更矣。更。改也。國衰則神之祀改。其所應祭國之稱號亦更矣。市朝既變。後聖既作。故改其國號。視之亦變。旄麾之屬。目視而取節。今變矣。觀之風氣。古之祭。有時而星。或祭星以祈風氣之和者也。有時而星熺。熺。星之明。或有祭明星者。有時而熰。熰。熱甚也。謂旱熱甚而祭。有時而胸。胸。遠也。或遠而為來歲祈福而祭之也。鼠應廣之實。陰陽之數也。鼠。憂也。凡此皆君之憂。人故廣為祈福祥而祭之。謂陰陽為物也。華若落之。名祭之號也。言祭時為物作美號。若花落之茁物。益其光輝。是故天子之為國圖

卷十二校正

侈靡第三十五　短語九　洪云。案藝文類聚八十引周容子夏以侈靡見桓公。桓公曰。侈靡可以爲天下平。子夏曰。可。夫雕撩然後炊之。雕卵然後瀹之。所發積藏。散萬物也。又初學記二十六。白帖九十七。御覽八百九十二引。武王爲侈靡。（輕重乙篇有武王問于癸度。）令人豹襜豹裘方得入廟。故豹皮百金。功臣之家。糶千鍾。未得一豹皮。皆今本所無。此篇一問一答。以侈靡名篇。又雕撩二句見下文。二條疑皆此篇之缺文。

△可與政其誅　宋本朱本無其字。望案。尹注云。可爲政。誅其不法。則尹所見本無其字。可。何字之省。與猶以也。政征同。△山不童而用贍　宋本童作同。贍作掞。陳先生云。同讀爲童。掞。古贍字。同字或譌作用。劉績本作山不用而童贍。童用互易。其所據爲流俗之本。△耕以自養以其餘應良天子故平　丁云。良疑食字譌。尹注云。以其自養之餘應天子之食。故天下平。是其證。△不出百里而來足　望案。來乃求字之譌。說見小稱篇。△故卿而不理靜也　中立本卿作鄉。據尹注則是鄉字。丁云。卿乃鄉字譌。天子南鄉。卽恭己正南面之意。下文忽然易鄉而移。今本亦譌爲卿。△其獄一踦腓一踦屨而當死　王氏引之云。腓讀爲屝。乃草屨之名。非謂足腨也。方言。屝。麤屨也。釋名。齊人謂草屨曰屝。字亦作菲。喪服傳曰。菅屨者。菅菲也。繩屨者。繩菲也。疏屨者。藨蒯之菲也。是屝爲屨之粗者。荀子正論篇。治古無肉刑而有象刑。墨黥。慅嬰。共艾畢。（劉氏端臨曰。共當爲宮。）菲對屨殺赭衣而不純。楊倞注曰。菲。草屨也。引尚書大傳曰。唐虞之象刑。上刑赭衣不純。中刑雜屨。下刑墨幪。白虎通義曰。五帝畫象者。其衣服象五刑也。犯宮者履雜屝。漢書刑法志亦曰。墨黥之屬。菲屨赭衣而不純。是象刑有屝履也。一踦屝一踦屨。謂足著一隻麤屨一隻草屨。明罪人之屨異於常人也。屨與屝對文。蓋以絲作之者。方言。絲作之者謂之履。履卽屨也。△今周公斷指滿稽斷首滿稽斷足滿稽而死民不服　俞云。今周公當作今用法。字之譌也。尹氏作注時未譌。故云今用法。謂時所用法也。因法字奪水旁。但存去字。與公相似。而譌爲公。後人疑用公

二字無義。妄於用下加口作周耳。王氏引之云。稽者。計罪人名之簿書。言斷指斷首斷足之罪人名籍於計簿也。
周官小宰。聽師田以簡稽。先鄭司農云。簡稽士卒兵器簿書。簡猶閱也。稽猶計也。合也。合計其士之卒伍。閱其兵
器。爲之要簿也。引吳語黃池之會。吳陳其兵。皆官師擁鐸拱稽。是其證。尹訓稽爲考。失之。丁云。民不服當連上而
死爲句。尹讀非。張云。當作而民死不服。字誤倒耳。　△非人性也傲也　張云。此謂法玩則傲。尹注時爽。非。　△
地重人載毀傲而養不足事末作而民與之是以下名而上實也聖人者省諸本而游諸樂大昏也博夜也　張
云。此文錯簡。大昏也二句。當承養不足之下。事末作二句。當承游諸樂之下。樂乃末字之誤。民與之。當爲民與化。
蓋言庶而不富。民生困傲。故如在大昏博夜中。聖人省諸本而游諸末。卽下文所謂侈靡也。事末作而民與化。卽
下文所謂與時化也。上名下實。卽下文所謂賤有實。敬無用也。　△賤有實敬無用　陳先生云。敬乃茍字誤。茍
與亟同。後人不識茍字。因改茍爲敬。下敬珠玉亦當作茍。　△則人可刑也　張云。刑疑剈字之誤。　△故賤粟
米而如敬珠玉好禮樂而如賤事業　王氏引之云。兩而字後人所加。如卽而也。賤粟米而敬珠玉。好禮樂而賤
事業。正所謂賤有實敬無用也。尹注非。　△玉者陰之陰也故勝水　王云。陰之陰當作陽之陰。珠生於水。爲陰。
而其形圓。故曰陰之陽。玉生於山。爲陽。而其形方。故曰陽之陰。大戴禮勸學篇作玉者陽之陰。淮南地形篇。水圓
折者有珠。方折者有玉。高注曰。圓折者陽也。珠陰中之陽。方折者陰也。玉陽中之陰。皆其證。太平御覽珍寶部三
引此。正作陽中之陰。尹注非。　△則強者能守之智者能牧之　王云。牧字於義無取。牧當爲收。謂強者能以力
守之。智者能以術收之也。俗書收字作収。與牧相似而誤。（丁云。大戴禮勸學篇。強者能守之。知者能秉之。賤其
所貴。而貴其所賤。不然。矜寡孤獨不得焉。秉者。以手持禾。有收取之義。王改牧爲收是也。）又輕重甲篇。以振孤
寡牧貧病。牧亦當依朱本作收。謂收恤之也。又明法解篇。牧漁其民。以富其家。牧亦當爲收。謂收民財以自富也。
△若夫教者摽然若秋雲之遠動人心之悲藹然若夏之靜雲乃及人之體䳺然若謞之靜動人意以怨蕩蕩
若流水使人思之　俞云。動人心之悲。之字當作以。與下文動人意以怨一律。涉上句有之字而誤耳。藹然若夏
之靜雲。當作藹然若夏雲之靜。與上秋雲句一律。動人意以怨。當承夏雲句下。與上動人心以悲相對成文。乃及
人之體。當在䳺然若謞之靜下。䳺然句不可解。疑當作窵然若高山。與下蕩蕩若流水相對成文。山字與篆文之
字相似而誤。又涉上文夏雲之靜句而衍靜字。後人因若高之靜義不可通。乃加言旁作謞耳。䳺乃窵字之誤。篆
文穴字與隸書肉字相似。因改爲䳺矣。乃卽及字之誤而衍者。及讀爲岌。文選羽獵賦。天動地岋。注引韋昭曰。岋。

動貌。寫然若高山吸人之體。言如登高山動人之體也。 △人所生往 丁云。疑當作則人生奄。今本人所二字。所乃則字誤又誤乙二字。往卽生字之誤衍。又脫奄字耳。尹注云。人旣思之。則生其奄心。可證今本之誤。張云。當作人心所往。猶云衆所歸往也。 △身必備之 丁云。備乃犕之誤。犕與服同。權修篇。上身服以先之。法法篇。先民服也。荀子宥坐篇。上先服之。 △辟之若秋雲之始見賢者不肖者化焉 張云。賢者二字疑當在句首。謂賢者在上。如秋雲之始見。不肖者仰而化焉也。今本誤倒。 △使其賢不肖惡得不化 張云。使猶用也。使其賢當句。謂用賢以化不肖。如云舉直錯諸枉。能使枉者直也。尹注失其句讀。因失其義。 △今夫政則少則若夫成形之徵者也去則少可使人乎 丁云。少則之則當作行。也字衍。去則當作正行。正與政通。少字衍。(尹注亦無。)當讀今夫政則少行。若夫成形之徵者。正行可使人乎。下文云。必因成形而論於人。此政行也。又云。政平而無威。則不行。是其證。 △親左有用無用則辟之若相爲有兆怨 丁云。此承上文愛而無親言之。左字卽有之譌。親有用者。親近賢者也。無用則辟之者。遠去不肖也。若相爲兆怨句屬下讀。(有字衍。)尹注下文危本不稱句云。如此者。或能懷怨以敗國。管子文義本如此也。張云。有疑當作右。親左右。(句)用無用。(句)則辟之若相爲有兆怨。兆疑仇字之譌。言親用小人。則賢者避之而去。若避仇怨也。 △而祀譚次祖 丁云。譚與覃通。祖疑神字誤。次神當爲神次。下文云。知神次者操犧牲與珪璧以執其斝。此涉下祖字而誤。 △齊約之信論行也尊天地之理所以論威也 張云。兩論字疑皆當作諭。諭通作喩。不必因成形而論於人。論字亦然。 △薄德之君之府囊也 丁云。尊始論行論威不可言薄德。疑當作博德。猶大德也。史記張儀傳。欲王者務博其德。下文言政行可王。皆指大德之君言。俞云。尹注但云德薄之君。皆囊而藏之。不釋府字之義。疑府當作所。隸書所字作㪽。與府相似而誤。 △必因成形而論於人此政行也 丁云。論與掄同。擇也。擇而使之。此政行也。望案。宋本形作刑。行誤作衍。 △必辯於天地之道 安井衡云。下句言地。此地字當衍。 △仁以好任 王氏引之云。任當作仕。字之誤也。仕與士同。此承上士可威而言。且仕與事爲均。尹注非。 △人君壽以政年 丁云。政當爲致。 △六畜遮育五穀遮熟 洪云。遮讀爲庶。古字通用。易晉卦。用錫馬蕃庶。釋文云。鄭止奢反。謂蕃遮禽也。爾雅釋詁。庶。衆也。尹注非。 △忽然易卿而移忽然易事而化變而足以成名 丁云。卿當爲鄉。俞云。管子意謂鄰國之君俱賢。則不得王。故必待其有變。忽然而易鄉。忽然而易事。皆就鄰國言之。易鄉而移二句。皆謂變而不善。使我有可乘之機也。 △承獘而民勸之 宋本民作名。丁云。承當爲拯。言拯救其獘。 △慈種而民富 丁云。慈讀曰滋。說文。

茲。草木多益滋。滋益也。種殖蕃茂。故民富一日滋。亦種也。楚詞。余既滋蘭之九畹兮。注。滋蒔也。一切經音義三。滋古
文孖𢆶二形同。玉篇。𢆶益也。與滋同。一日。蒔也。 △應言待感 張云。言疑訔字之譌。訔古時字。下文云。變之美
者應其時。 △故日月之明 俞云。故。放字之誤。唐石經桓九年穀梁傳。則是放命也。今本放誤作故。放日月之
明。正尹注所謂與日月齊其明者。若作故字。則文義未足矣。 △應風雨而種 張云。種疑動字。誤。 △不有而
醜天地非天子之事也 丁云。形勢篇曰。有聞道而好定萬物者。天地之配也。此醜字或配之誤。 △民變而不
能變是梲之傳革有革而不能革不可服 丁云。梲當爲毤。輕重甲篇。請文皮毤服而以爲幣乎。尹注云。它臥切。
落毛也。廣雅。毤。毻解也。毻。鳥易毛也。方言。毻。易也。郭璞注云。謂解毻也。江賦。產毻積羽。李善注曰。字書曰。毤。落毛
也。毤與毻同。說文。蛻。蛇蟬所解皮也。莊子寓言篇云。予蜩甲也。蛇蛻也。毻。毤。蛻。竝同義。毻之言隋也。毤之言脫也。
蛇蟬所解皮曰蛻。鳥獸所脫毛亦曰毤矣。傳與附同。革猶皮也。（說文。革。獸皮。治去其毛。革更之象。又云。鞹。去毛
皮也。詩羔羊傳。革猶皮也。疏。獸皮治去其毛曰革。對文言之異。散文言之則皮革通云。）民之變化。辟若鳥獸之
脫毛。變而不能變。辟若鳥獸所脫之毛仍附於其皮。其皮不能去舊更新。所謂有革而不能革也。上革字指皮革
言。下革字指革更言。尹注誤。 △民死信諸侯死化 張云。死疑服字之誤。承上不可服而言。篆文服與死形近。
化疑當讀爲貨。下化獘同。 △請問諸侯之化獘獘也者家也 張云。獘與幣古通。家疑帛字之誤。古文四聲韻
引古文家作⿱宀帛。與帛形近。說文云。幣帛也。 △家也者以因人之所重而行之 張云。此家字疑當作獘。 △吾
君長來獵君長虎豹之皮用 王云。下君長二字。因上君長而衍。尹注可證。丁云。來疑求字之誤。獵。取也。虎豹之
皮用。猶周官言邦國之財用耳。尹讀用字下屬。非。 △功力之君上金玉幣好戰之君上甲兵 朱本無力字。丁
云。幣字衍。上金玉與上甲兵對文。 △今吾君戰則請行民之所重 丁云。尹注行字句。案十一字當一句讀。上
文云。以因人之所重而行之。 △飲食者也侈樂者也 張云。二者字疑衍。 △傷心者不可以致功 宋本朱
本功作力。 △故嘗至味 宋本至作致。 △而雕卵然後瀹之雕橑然後爨之 洪云。案藝文類聚八十引作
夫雕橑然後炊之。雕卵然後瀹之。與此不同。淮南本經訓。橑檐榱題。高誘注。橑。綠橑也。大戴記保傅篇二十八。以
象列星。注。橑。蓋弓也。一切經音義。爒。古文橑同。段先生云。橑當爲爒。庭爒。大燭也。爨。然也。 △丹沙之穴不塞則
商賈不處 張云。不字疑衍。丹沙之穴塞。則商賈不處者。言利原塞則求利者皆將他往也。 △富者靡之貧者
爲之 張云。言富者能不恤其財。則貧者不憚其勞也。尹注非。 △此百姓之怠生百振而食非獨自爲也 丁

云百當爲不此涉上文百姓而誤。振與賑同。給也。張云。怠疑當作治。言此百姓之所以爲生。不待上之振而自以得食。蓋富以財。貧以力。相交易而各得其所也。尹注非。△爲之畜化　張云。此化字當亦讀爲貨。△用其臣者　王云。用其臣者。統下八句而言。尹以用字上屬爲句。非也。△父繫而伏之　王云。父字義不可通。當是又字之誤。又者。承上之詞。望案。宋本繫作擊。△收其春秋之時而消之　丁云。時當爲利。尹注亦作利。春秋之利。若春收以斂縮帛。夏貸以收秋實。以及泰春泰秋斂穀之說皆是也。張云。時當作財。古同部。字形相近。消疑捎之叚字。說文云。捎。自關以西。凡取物之上者爲撟捎。說詳叚注。△有雜禮我而后居之　王氏引之云。有讀爲又。亦承上之詞。禮我當爲禮義。脫其上半耳。俞云。有當爲脊之壞字。脊雜二字連文。輕重乙篇。有雜之以輕重。與此同誤。△强而可使服事辯以辯辭智以招請廉以摽人堅强以乘六廣其德以輕上位不能使之而流徙此謂國亡之郄　俞云。國亡之郄。當依注作亡國之郄。與下文成國之法正相對成文。强而可使服事者。言下不順從上令。强之而後可使服事也。辯以辯辭者。下辯字當讀爲變。謂以辯給變亂人之辭也。智以招請者。請讀爲情。招如周語招人過之招。言恃其智以招人之情實也。廉以摽人者。摽讀爲剽。說文曰。剽。砭刺也。言恃其廉而傷人也。荀子法行篇云。廉而不劌。注云。劌。傷也。是廉以不傷人爲貴也。堅强以乘六。六乃下字之誤。周語韋注曰。乘。陵也。言堅强以陵下也。廣其德以輕上者。言廣樹其德以分上之權。若齊之陳氏也。位不能使之而流徙者。據尹注。位乃任字之誤。此文當作任不能而使之流徙。言不能之人。任之以事。而使之得罪流徙。所謂賊夫人之子也。今而字在使之下。乃傳寫誤倒耳。△故法而守常　王云。故法當作法故。法故與守常對文。法故而守常。與下文尊禮而變俗。上信而賤文。文亦相對。尹注非。△好緣而好駔　洪云。古者禮服皆有緣。玉藻云。緣廣寸半。謂衣邊飾也。晏子春秋諫篇云。聖人之服中倪而不駔。今君之服駔華。不可以導衆。周禮典瑞。駔圭璋璧琮之渠眉。注。駔讀爲組。以組穿聯六玉。好緣好駔。皆謂衣服華飾。尹注非。丁云。緣。順也。駔猶麤也。下好當爲棄。尹所見本不誤。注文可證。△變其美者應其時　王云。當作變之美者應其時。與上句化之美者應其名相對爲文。尹注云。事應其時。故變美也。是其證。今本涉上下諸其字而誤。△承從天之指　望案。從字衍。蓋一本作承。一本作從。校者誤合之耳。下文同。△辱舉其死　丁云。辱與蓐古字通用。方言廣雅並云。蓐。厚也。金神曰蓐收。亦以厚收爲訓。左昭廿九年傳。祭法蓐收。釋文本作辱。△開國閉辱知其緣地之利者　俞云。以下文證之。其字當在閉字之下。閉字乃門字之誤。辱知下有神次二字。而今奪之。管子原文本作開其國門。辱知神次。下云。開其國門者。玩之以善言。辱知神次者。操犧牲與其珪璧以執其擧。皆擧此文而釋之。因傳寫脫誤。遂不可讀。尹注以知其二字屬下緣地之利者爲句。不知緣地之利者亦是擧上文而釋之。不當有知其二字也。 △所以參天地之吉綱也 丁云。吉疑吪字誤。太玄陰陽啟吪注。吪音化。 △辱擧其死者與其失人同公事則道必行 丁云辱擧其死。總上文而解其義。與其人同公事。則道必行。失字衍。言重擧死士。與同事功。則道必行也。 △桼其擧辱 俞云。桼其擧三字。卽下文執其擧三字之誤而衍者。執字缺壞。止存左旁之㚔。因誤爲桼矣。辱字當連下知神次者爲句。△家小害以小勝大 張云。家疑當作冢。冢古蒙字。 △員其中辰其外 陳先生云。員與辰對文。辰有廉隅之義。說文。唇。口耑也。毛詩傳。漘。水隒也。竝與此辰字義近。作辰者。叚字耳。尹注失之。 △而復畏強長其虛 張云。七字作一句讀。畏強者示之以弱。因以長彼虛憍之氣也。此篇故多陰符家言。 △而物正以視其中情 張云。物如射禮物長如笴之物。射者所立處也。窺彼盈虛。以爲進退。所謂陰謀者也。 △百姓誰敢敖 宋本無敢字。丁云。宋本是也。誰乃讙之誤。寫者脫去雚字上半耳。荀子彊國篇亦云。百姓讙敖。楊注。讙。喧譁也。敖。喧噪也。敖亦讀爲嗷。謂叫呼之聲嗷嗷然也。 △擇天下之所宥擇鬼之所當擇人天之所戴 王云。天下之所宥。當作天之所宥。天與人鬼對文。不當有下字。宥讀爲自天祐之之祐。（漢書禮樂志郊祀歌神若宥之師古曰。宥祐也。）尹注非。鬼之所當。當宜爲富字之誤也。郊特牲曰。富也者。福也。故尹注云。爲神所福。助富與宥戴爲均。（富古讀若背。宥古讀若異。竝見唐韻正。）擇人天之所戴。天字涉上文天下而衍。當據尹注刪。 △強與短而立齊國之若何 張云。短字疑亦當作強。齊下絕句。強與強而立齊。謂強臣相結而竝立。若魯三桓晉六卿。故下文言御之之術。尹注齊國連文。又以強爲寇賊。與下文不相應。安井衡云。據下文有爲之若何句。則此國下當脫爲字。 △猶傶則疏之 丁云。傶當作戚。上文逼於侈靡而士可戚。然後可以與民戚。皆作戚。 △大有臣甚大 王云。上大字涉下大字而衍。尹注非。張云。上大字疑作夫。下大字與將反爲害均。又疑上大字不誤而衍有字。 △吾欲優患除害 丁云。患當作惠。表記。節以壹惠。注。惠猶善也。優善。卽下文潭根毋伐云云。 △潭根之毋伐固事之毋入深黯之毋涸 丁云。潭與覃通。淮南原道注。潭讀葛覃之覃。毛詩傳。覃。延也。入當作乂。毋乂與毋伐同義。（爾雅。乂。治也。）乂與伐爲均。深當作堔。多見也。（楚詞沈江注。）黯乃黨之譌。涸當爲錮之譌字。 △十言者不勝此一 丁云。十乃六字誤。指上文六句。 △故平以滿無事而總以待有事 丁云。當讀兩事字絕句。水地篇云。量之不可使漑至滿而止。又云。唯無不流至平而止。無事之時。積之使滿。平則滿。故云平以滿無事也。 △積者立餘

日而侈　宋本朱本日作食。丁云。據尹注亦作食字。下文千歲毋出食。卽承餘食言之。　△利靜而不化　望案。尹注無靜字。疑正文靜字衍。　△是以爲國紀　丁云。以字衍。　△成功然後可以獨名　丁云。成功當作功成。與下事道對文。下文云。成而不信者殆。　△然後可以承致酢　宋本朱本酢皆作詐。朱本無承字。　△毋仕異國之人　王氏引之云。仕當爲任。字之誤也。上文疏貴戚者謀將泄。言不可疏其所親也。此言毋任異國之人。言不可親其所疏也。今本任作仕。則非其旨矣。　△若是者必從是噩亡乎　洪云。噩疑喪之譌。俗作丧。蘇浪反。宋云。說文。儡相敗也。從人畾聲。讀若雷。說文無噩字。而多用畾聲。畾卽古噩字之省。音近故亦叚噩爲儡。管子之噩卽儡字。猶言敗亡也。書仲虺古文作中噩。當亦是噩字之省。　△未勝其本亡流而下　丁云。未當爲末。亡當爲上。末勝其本。與上流而下對文成義。　△兵遠而畏何也　安井衡云。下文兵遠而不畏。答此問也。則此當脫不字。　△略近臣合於其遠者立　丁云。立卽亡字之誤。下文亡國之起四字義不可通。蓋涉上下文而衍。　△欒聚之力以兼人之強　張云。上之字疑己字誤。尹注云。好自勉。卽釋此己字。己與人對言。　△供而後利之　丁云。供而後利。與下成而無害句例同。之字衍。　△賤寡而好大　俞云。法法篇曰。故仁者知者有道者不與大慮始。尹注曰。大猶衆也。然則賤寡而好大。猶賤寡而好衆。謂不問是非曲直但以衆寡爲斷也。尹此注非。　△衆而約實　張云。實乃寡字誤。與衆對。此下三句一例。尹注以實字下屬。非。　△利人之有禍言人之無患　王云。言當爲害。字之誤也。（隸書害字或作害。言字或作言。二形相似。）謂所利在人之有禍。所害在人之無患也。（昭十五年左傳。楚費無極害朝吳之在蔡也。哀十五年傳。莊公害故政欲盡去之。）利與害。有禍與無患。相對爲文。尹注非。　△是故之時陳財之道可以行今也利散而民察必放之身然後行　王氏引之云。故讀爲古。（尹注曰。此乃古之陳設致財之道。是尹亦讀故作古。）可以行爲句。今也二字屬下讀。言古之時陳財之道如是。則可以行矣。今也則利散而民察。必放之身然後行。是今不同於古也。　△長喪以𨑙其時重送葬以起身財　丁云。尹注長喪句與今本不同。身疑其字誤。與上文對。　△巨瘞堷　丁云。堷疑埋字誤。　△所以文明也　丁云。文明上當脫一字。　△故有次浮也　丁云。次浮當作沈浮。下文云。沈浮示輕財也。是其證。　△鄉丘老不通覩誅流散則人不眺　宋本眺作䠷。洪云。丘讀爲區。古者丘區同聲。老不通。老子所謂老死不相往來。眺卽逃之借字。廣雅曰。逃。眺避也。義本此。尹注非。丁云。覩。𥈥字之誤。不通都。禁民流散也。　△乘馬甸之衆制之　宋本甸作田。丁云。謂乘馬爲一甸之衆制之也。甸田古字通。尹注正如此讀。今本誤以制之二字屬下陵谿爲句。　△皆以能別

以爲食數　朱本無下以字。與尹注合。　△王者上事霸者生功　丁云。生乃上字誤。王者上事。霸者上功。二句對文。以上多不可讀。可正者此耳。　△分免而不爭　丁云。免疑堍字誤。　△官禮之司昭穆之離先後功器事之治尊鬼而守故戰事之任高功而下死本事食功而省利勸臣上義而不能與小利　梅氏士亨云。先後功器爲句。功當作工。臣工也。宗祝之類器。祭器也。事當作祀。乃祭祀之治也。(望案。據注文似無事字。)戰事至下死句。言成功爲上。死事爲下也。本事至省利句。大小臣工莫不有事。原本其事以爲之祿。是食功也。省察其利。不以虛利冒功也。勸臣至小利句。言不以小利害大義也。如此方合上官禮之司爲下五官。丁云。當讀尊鬼而守故爲句。本篇云。法故而守常。故與古同。高功而下死。高當作尙。下文上義。上亦與尙同。本事食功而省勸臣。利字衍。朱本無利字。原本其事之有功者而食之。所以省試而激勸之。即周官以功詔祿之意。　△祭之時上賢者也故君臣掌君臣掌則上下均此以知上賢無益也其亾茲適　丁云。君當作羣。下當作不。方與上下文義融貫。惠氏禮說云。掌猶攝也。言臣行君事。惟祭則然。其它不攝也。苟非祭而亦攝焉。名爲上賢。適足以亾而已。姑存備攷。俞云。掌疑黨字誤。祭禮有賓黨主黨。疑天子諸侯之祭亦然。故曰君臣黨。　△尊祖以敬祖聚宗以朝殺　丁云。敬祖疑當作敬宗。禮記大傳曰。尊祖故敬宗。朝乃明字誤。謂收聚宗族以明親疏之殺也。　△故不送公　王云。故當爲胡。尹注非。　△吾不欲與汝及若　望案。汝字當依上下文作女。　△自吾不爲汚殺之事人　丁云。汚殺事人。即降身相從之意。檀弓曰。道隆則從而隆。道汚則從而汚。注。有隆有殺。進退如禮。　△布織不可得而衣　宋本織作職。古字通。　△故雖有聖人惡用之　宋本無有字。　△能摩故道新道　宋本朱本摩作靡。古字通。張云。靡讀如揣摩之摩。謂揣摩於新故閒而用之。　△國貧而鄙富苴美於朝市國國富而鄙貧莫盡如市　洪云。苴當爲莫。字之誤也。與下文莫盡如市文相對。言國中貧而邊鄙富。莫善趨於朝以爲市於國中。國中富而邊鄙貧。莫若盡趨於都鄙之市以益其貧。尹注非。丁云。宋本朱本鄙富上衍貪字。尹注云。言朝國貧而邊鄙富。是所據本無貪字。尹注苴美於朝市國句云。邊鄙之邑必苞苴財物好遺朝以市權利。是國字又涉下文國富而衍。以下文莫盡如市句例之。恐市字亦衍文。　△勸者所以起本善而末事起不侈本事不得立　張云。此文疑有錯誤。當云勸者所以起末而善本。末事不侈本事不得立。此即上文所謂省諸本而游諸末也。　△惡得伐不服用　丁云。用乃國字誤。國與得均。尹注云。欲伐不服國必待賢能。今本尹注。服國二字譌作損用矣。　△百夫無長不可治也　宋本無不字。今本衍。　△千乘有道不可修也　望案。修疑備字之誤。備與上國得爲均。　△夫紂在上

惡得伐不得　丁云。當作惡得不伐。與上惡得伐句相對。下得字涉上惡得而衍。　△百蓋無築千聚無社謂之陋　丁云。禮記王制注。今時喪葬築蓋嫁娶卜數文書。疏云。蓋謂舍宇。然則百蓋猶百室與。千聚疑當爲十聚。乘馬篇。方六里曰暴。有社。五暴曰部。五部曰聚。一聚積二十五暴。當有二十五社。無社爲得不謂之陋。若作千聚。恐無此大也。　△有一事之時也　宋本朱本有下無一字。　△綠故修法以正治道　望寀。修當爲循。說見形勢篇。　△任之以事因其謀　元刻因上有而字。　△春秋一日敗曰千金　宋本朱本敗下有事字。丁云。事曰二字乃費字之壞。尹注云。但經一日。敗費千金。是其證。　△行人不可有私　丁云。疑當作行人不可私。與上文使人不可重句例相同。有字及下文不可私句皆衍。　△萬世之國必有萬世之實　望寀。實當從朱本作寶。說見七法篇。　△無使其內使其外　俞云。當作使其內無使其外。與下句使其小毋使其大一例。　△使其大　張云。大當作外。此與下使其小分承上文言之。　△椽能踰則椽於踰　張云。椽當爲掾。史記貨殖傳。陳掾其閒。讀如緣。　△能宮則不守而不散　丁云。上文云交於上能。又云使能。能卽賢能之能。宮乃官字誤。言賢能皆官。則守而不散。（尹注守上無不字。）權修篇云。則民能可得而官也。　△前後不慈　丁云。慈讀爲甞。君臣上篇。吏嗇夫盡有甞程事律。七臣七主篇。貧富之不甞。淮南原道。息耗減盈。逼於不甞。吳云。當作不愆。愆古字作㥶。與慈字形近致誤。說文。愆過也。左傳云。失所爲愆。　△重不可起輕　宋本起下無輕字。望寀。此涉下文輕重而衍。　△毋全賞好德惡亾使常　丁云。亾同無。使字涉上衍。好德惡無常。言全賞必窮。不能久也。　△國雖弱令必敬以哀　丁云。哀當是愛字之誤。　△加功於人而勿得　丁云。得與德同。正篇云。利民不德。　△使君親之察同索屬故也　丁云。據尹注無察字。張云。察疑際之誤。下文曰。使人君不安者屬際也。正承此文言之。　△水鼎之汨也人聚之壞地之美也人死之　張云。鼎當作泉。隸書鼎字或作鼑。與泉字形近而誤。水泉與下壞地對文。　△求珠貝者不令也　洪云。令當作舍。謂舍而去之。文選蜀都賦劉淵林注引此作舍。尹注非。　△兄遺利　朱長春云。兄。古況字。　△天地不可留故動化故從新　張云。六字句。謂動而化。故從新也。　△故至貞生至信至言往至絞生至自有道　安井衡云。當以至貞生至信爲句。至信生至絞爲句。今本信誤言。生誤往。今訂正。　△天地若夫神之動化變者也　丁云。天地二字涉下文天地之極而衍。尹注亦無。　△能與化起而王用　安井衡云。王當爲善。上下壞殘。特存其中。下文善用。乃述此句也。　△則不可以道山也　丁云。山乃止字誤。尹注云。則不可以常道格之。格卽止字之訓。小爾雅曰。格。止也。下有其富饒取類於山也八字。乃淺人妄增。非注文所本有。△是故聖人萬民艱處而立焉　望案。萬民二字當衍。△人死則易云　俞云。廣雅釋詁曰。云。有也。古者謂相親曰有。昭二十年左傳。是不有寡君也。杜注曰。有。相親有也。云訓有。卽相親有也。襄二十九年傳。晉不鄰矣。其誰云之。猶言其誰親之也。此以易云雜合相對爲文。易云者。易親也。古者族葬。故有死則易云之說。下文多賢可云。亦言可親也。故下曰則士云矣。亦言親之也。尹注以爲可言。非是。△然後移商人於國　安井衡云。古本人作入。△不擇君而使　張云。君疑羣字壞文。△國之山林也則而利之　丁云。則當爲取。尹注不誤。△市廛之所及二依其本　孫云。廛當作廛。尹注非。丁云。依乃倍字誤。△而君臣相上下相親則君臣之財不私藏　丁云。而君臣相四字涉上下文而衍。上下相親。則君臣之財不私藏。承上文上侈而下靡言之。尹讀大謬。△魚鼈之不食咡者　孫云。咡當作餌。△士之自治者不從聖人　張云。從疑待字誤。△不欲強能不服智而不牧　王氏引之云。能亦而也。強能不服。言強而不服於上也。上文曰。強而可使服事。正與此相反。牧。治也。治人謂之牧。治於人亦謂之牧。智而不牧。言智而不受治於上也。法法篇曰。上不行君令。下不合於鄉里。變更自爲。易國之成俗者。命之曰不牧之民。是也。古書多以能而互用。（詳見經傳釋詞。）且牧與服爲均。尹以能字絕句。不服二字屬下讀。則既失其義而又失其均矣。△然後運可請也　元刻無可字。可字衍文。丁云。請當爲謀字之誤。下文夫運謀者知運謀皆承此文言之。△以天事神以神事鬼　張云。疑當云以事天神。以事神鬼。△故國無罪　張云。罪疑罰字之誤。△智運謀而雜橐刃焉　雜。一本作襍。△地陽時貸　丁云。當作陰陽時貸。貸與代通。下文云。其陽厚則陰塞。△已殺生其合而未散可以決事　丁云。尹注。時。冬時。又云。其時方塞合而未有時。疑今本其下脫時字。△將合可以禺　洪云。禺。古偶字。心術篇。其應物也若偶之。此言將合可以如物之有偶。尹注非。△分其多少以爲曲政　張云。曲疑典之誤。△夫陰陽進退滿虛亾時　宋本作時亾。△惟聖人不爲歲能知滿虛　張云。不歲二字疑衍。△且夫天地精氣有五　朱本精氣作之氣。尹注同。△其亟而反其重陔動毀之進退　俞云。據尹注三者並列。進退上不當有之字。之字衍也。△周鄭之禮移矣安井衡云。古本無此句。△則周律之廢矣　望案。當作則周之律廢矣。此誤倒耳。△鐵之重反旅金　丁云。旅疑於字誤。△則人君日退亟則谿陵山谷之神之祭更應國之稱號亦更矣　王云。亟字下屬爲句。亟與極同。（上文其亟而反。亦以亟爲極。）言世之亂也。婦人爲政。而人君日退。其亂之極。則谿陵山谷之神之祭更應。國之稱號亦更也。尹以亟字上屬爲句。非是。△視之亦變　俞云。亦乃天字之誤。篆文作夾。與天字相似而誤。

視之天變。與下觀之風氣。兩句一律。　△古之祭有時而星有時而星嬉有時而熩有時而朐　俞云。古之祭四句。皆以天象言。謂方祭之時。天象不同如此。即上文所云視之天變觀之風氣也。詩定之方中釋文引韓詩曰。星。晴也。次句星字涉上句而衍。當作有時而嬉。（丁說同。）嬉卽熹字。鄭注樂記曰。熹猶蒸也。朐當作昫。說文曰。昫。日出溫也。　△鼠應廣之實陰陽之數也華若落之名祭之號也　望案。據尹注。則正文鼠下無應字。華下無若字。當於實字名字絕句。然其義不可解。

心術上第三十六

心之在體。君之位也。心之在體。當身之中。凡身之運。爲皆心之所使。故象君位。九竅之有職。官之分也。九竅則各有職司。不能以此代彼。若百官之有其分也。心處其道。九竅循理。心之君處常能順道。則九竅所司各循理而應也。嗜欲充益。目不見色。耳不聞聲。君嗜欲充益。動違道。則九竅失其司。故目有所不見。耳有所不聞也。故曰。上離其道。下失其事。上順道。下事得。則毋代馬走。使盡其力。毋代鳥飛。使獘其羽翼。毋先物動。以觀其則。動則失位。靜乃自得。道不遠而難極也。能走者馬也。能飛者鳥也。今不任鳥馬之飛走。而欲以人代之。雖盡力獘翼。而終竟不能盡。以喻君代臣亦然。故曰不遠。而不得。故曰難極也。與人並處而難得也。虛其欲。神將入舍。但能空虛心之嗜欲。神則入而舍之。掃除不潔。神乃留處。不潔亦喻情欲。人皆欲智。而莫索其所以智乎。所以智者。心以循理也。智乎智乎。投之海外無自奪。但能虛心循理。其智雖復遠投海外。虛心用之。他毋從而奪之也、求之者不得處之者。將欲求之智。終不知其處而得之也。夫正人無求之也。智既不可得。故人亦無從而求之。故能虛無。虛無無形謂之道。化育萬物謂之德。君臣父子人間之事謂之義。人事各有宜也。登降揖讓。貴賤有等。親疏之體。謂之禮。簡物小未一道。殺僇禁誅謂之法。謂簡擇於物。未有能與道爲一者。乃殺戮禁防之。此法之用也。大道可安而不可說。夫道無形無聲者也。體神而安之。有理存焉。如欲說之。無緒可言。直人之言。不義不顧。不出於口。不見於色。四海之人。又孰知其則。謂安道之君子。雖人言其不義。讜然不顧。言既不出於口。理又不見於色。言理既絕。四海之人。誰有能知其則義哉。天曰虛。地曰靜。乃不伐。言能體天而虛。順地而靜。則道德全備。故不可伐也。潔其宮。宮者心之宅。猶靈臺也。開其門。門。謂口也。開口使順理而言。下解中門。謂耳目也。去私毋言。謂無私言。神明若存。宮潔無私則神存。紛乎其若亂。靜之而自治。雖紛然而亂。但靜而順之。則自理也。強不能偏立。智不能盡謀。忘強與智。然後所謀立能偏而盡。物固有形。形固有名。名當謂之聖人。立名當物。所以稱聖。故必知不言無爲之事。然後知道之紀。道以不言無事爲紀。殊形異埶。不與萬物異理。故可以爲天下始。君人者。必殊形異埶與物同理。故可以爲天下主。人之可殺。

以其惡死也。若不惡死。雖殺無益。其可不利。以其好利也。若不好利。雖不利之。亦無懲也。是以君子不休乎好。休。止也。不止人好利之情。下解中作惔。不迫乎惡。不迫移人惡死之意。恬愉無爲。去智與故。其應也非所設也。其動也非所取也。故。事也。既忘智。則事自去。過在自用。自用不順理。則生過。罪在變化。小聰明。變舊章。則成罪也。是故。有道之君。其處也若無知。寂泊之至。其應物也若偶之。若符契自然而合也。靜因之道也。凡此皆虛靜循理之道也。心之在體。君之位也。九竅之有職。官之分也。此已下。上章之解也。然非管氏之辭。豈有故作難書。而復從而解之。前修之制。皆不然矣。凡此書之解乃有數篇。版法勢之屬。皆間錯不倫。處非其第。據此。則劉向編授之由曰。謂爲管氏之辭。故使然也。今究尋文理。觀其體勢。一韓非之論。而韓有解老之篇。疑此解老之類也。耳目者。視聽之官也。心而無與於視聽之事則官得守其分矣。夫心有欲者。物過而目不見。聲至而耳不聞也。故曰。上離其道。下失其事。故曰。心術者。無爲而制竅者也。心無嗜欲之爲。故能制於九竅。故曰君。無代馬走。無代爲飛。此言不奪能能不與下誠也。君之能不預於下之誠。此爲其所能無不誠。毋先物動者。搖者不定。趮者不靜。言動之不可以觀也。位者。謂其所立也。人主者立於陰。陰者靜。靜爲躁君。故人主立於陰也。故曰動則失位。失君位也。陰則能制陽矣。靜則能制動矣。君亦能制臣矣。故曰靜乃自得。道在天地之間也。其大無外。其小無內。所謂大無不包。細無不入也。故曰不遠而難極也。虛之與人也無間。虛能貫穿人形。故曰無間。唯聖人得虛道。故曰並處而難得。世人之所職者精也。職。主也。言所稟而生者精也。去欲則宣。宣則靜矣。宣。徧也。去欲則虛自行。故徧而靜。靜則精。精則獨立矣。獨則明。明則神矣。神者至貴也。故館不辟除。則貴人不舍焉。故曰不潔則神不處。人皆欲知而莫索之。其所以知彼也。其所以知此也。有此然後知彼也。不修之此。焉能知彼。無此其具則不得知彼。修之此。莫能虛矣。虛者無藏也。此既修。則彼不能虛。誰者無能藏隱故也。故曰。去知則奚率求矣。率。循也。循理而自求也。無知則無藏則奚設矣。既不能隱藏。則無懷謀可以施設也。無求無設則無慮。無慮則反覆虛矣。天之道。虛其無形。虛則不屈。屈。竭也。無形則無所位趏。趏。逆也。無所位趏。故偏流萬物而不變。無物與之同。故不變。德者道之舍。物得以生。謂道因德以生物。故德爲道舍。生知得以職道之精。得其生者。生由稟道之精也。故德者得也。得也者。其謂所得以然也。得道之精而然。以無爲之謂道。無爲自然者道也。舍之之謂德。道之所舍之謂德也。故道之與德無閒。道德同體。而無外內先後之異。故日無閒。故言之者不別也。同體故能不別。閒之理者。謂其所以舍也。道德之理可閒者。則所舍。所以舍之異也。則有義者。謂各處其宜也。禮者。因人之情。緣義之理。而爲之節文者也。故禮者謂有理也。理也者。明分以諭義之意也。故禮出乎義。義出乎理。理因乎宜者也。法者所以同出不得不然者也。有禮則有法。故日同出也。故殺僇禁誅以一之也。故事督乎法。督。察也。以法察事。謂法出乎權。權出乎道。權道者。從之而出。事道也者。動不見其形。施不見其德。萬物皆以得。然莫知其極。故曰可以安而不可說也。莫人。言至也。人無能言者。理之至也。不宜。言應也。有時宜言。應物故。則應也者。非吾所設。故能無宜也。不顧。言因也。無所顧思者。因舊故。因也者。非吾所顧。故無顧也。因。舊也。非吾所爲。故無顧。不出於口。不見於色。言無形也。四海之人。孰知其則。言深囿也。不知深淺之囿城也。天之道虛。地之道靜。虛則不屈。靜則不變。不變則無過。故曰不伐。潔其宮。闕其門。宮者。謂心也。心也者。智之舍也。故曰宮。潔之者。去好過也。去欲好之過也。門者。謂耳目也。耳目者。所以聞見也。物固有形。形固有名。此言不得過實。實不得延名。不得無實虛延其名。姑形以形。以形務名。督言正名。姑。且也。且言形者以其形也。故曰聖人。不言之言。應也。言則言彼耳。於我無言。應也者。以其爲之人者也。人有所爲。故聖人得不應。執其名。務其應。所以成之應之道也。物既有名。守其名而命合之。則所務自成。斯應物之道。無爲之道因也。因也者。無益無損也。損益者生有爲。以其形因爲之名。此因之術也。見形而後名。非因而可。名者聖人之所以紀萬物也。萬物雖多。名以紀之也。立人者立於強。必強然後有所立也。務於善。必善然後成人也。未於能。能未成者。習而成之。動於故者也。凡所運動必循於故致也。聖人無之。謂無宰物之心也。無之。則與物異矣。物有我無。故異也。異則虛。異於有故虛也。虛者萬物之始也。有形生於無形也。故曰可以爲天下始。聖人體虛。故爲天下始也。人迫於惡。則失其所好。迫入於惡。故失所好。怵於好。則忘其所惡。爲好所怵。故忘其惡。非道也。二者皆非。故曰。不怵乎好。不迫平惡。惡不失其理。欲不過其情。故曰君子。恬愉無爲。去智與故。言虛素也。凡知與言習從虛素生。則無邪欲也。其應非所設也。其動非所取也。此言因也。因也者。舍己而以物舍己而隨物。故曰因。爲法者也。感而後應。非所設也。緣理而動。非所取也。過在自用。罪在變化。自用則不虛。不虛則仵於物矣。變化則爲生。謂有爲於營生。爲生則亂矣。故道貴因。因者。因其能者。言所用也。就能而用。故曰因也。君子之處也若無知。言至虛也。其應物也若偶之。言時適也。若影之象形。響之應聲也。故物至則應。過則舍矣。舍矣者。言復所於虛也。

心術下第三十七　短語十一

形不正者德不來。有諸內必形於外。故德來居中。外形自正。詩云。抑抑威儀。惟德之隅。中不精者心不治。精誠至之謂也。中誠至。心事自理。正形飾德。萬物畢得。翼然自來。神莫知其極。正外形。飾內德。則下觀而化矣。故萬物盡得其理也。昭知天下。通於四極。因物之義可以逆順。故能昭知天下。自近以及遠。通達於四極。是故曰。無以物亂官。貪賄則官亂也。毋以官亂心。健羨太甚。則心亂也。此之謂內德。官貨兩忘。則內德也。是故意氣定然後反正。無欲則意氣定。故能反正也。氣者身之充也。氣以實身。故曰身之充也。故行者正之義也。行不違中正之宜者也。充不美。則心不得。充不美則氣邪。故心亂而不自得也。行不正。則民不服。行不正。則邪枉。故人不服。是故。聖人若天然。無私覆也。若地然。無私載也。私者。亂天下者也。凡物載名而來。聖人因而財之。而天下治。實不傷。因名而財。則物宜之不爽。故天下之理不傷也。不亂於天下而天下治。天地以及萬物皆有理存焉。直莫之亂。則是理矣。專於意。一於心。耳目端。知遠之證。但專意一心。則耳目自端。證知遠事也。能專乎。能一乎。能毋卜筮而知凶吉乎。惠迪吉。從逆凶。豈勞卜筮而後知乎。能止乎。能已乎。謂能止於己分。能毋問於人而自得之於己乎。誠己自通。問人致惑。故不問而自得也。故曰。思之思之。思之不得。鬼神教之。誠己思而不得。必有鬼神來教。非鬼神之力也。其精氣之極也。鬼神雖能教不精極者令其精極。唯思之極。則鬼神不得不教。豈鬼神能致其力也。一氣能變曰精。謂專一其氣。能變鬼神來教。謂之精。一事能變曰智。能專一其事。能變而動之。謂智也。慕選者。所以等事也。人之來助。或占慕之。或選擇之。欲令其事齊等也。極變者所以應物也。物窮則變。變而通之我之所由。令極於變通之理應物者也。慕選而不亂。慕選則齊潔。故不亂。極變而不煩。極變以順物宜。故不煩也。執一之君子執一而不失能君萬物。一。謂精專也。既精且專。故能君萬物也。日月之與同光天地之與同理。所謂與天地合其德。與日月合其明。聖人裁物不爲物使。聖人者裁斷於物。物不爲裁而使已也。心安是國安也。聖心安。是國安。心治是國治也。聖心治。是國治。治也者心也安也者心也。理與安一在於心。然後國從也。治心在於中。理心在於適中也。治言出於口。則無口過。治事加於民。則無枉事。故功作而民從。則百姓治矣。功成人服。非理而何。所以操者非刑也所以危者非怒也。刑雖能操。怒雖能危。比之於道。猶爲末功。物不能離。道無不操。違道必危。是無不危也。民人操百姓治道其本至也。必每人皆操道。然後百姓理。如此。則道爲人本。豈不至哉。至不至無。無。虛也。所謂至者虛之道也。非所人而亂。非至虛而爲天下主。必亂。凡在有司執制者之利非道也。有司執制。常棄本逐末。滯於刑政。非道也。聖人之道若存若亡。迎之不見其首。隨之不見其後。故曰若存若亡也。援而用之歿世不亡。道無形也。無形則無盡時。故歿世不亡也。與時變而不化應物而不移。日用之而不化。無形則無變移之時。人能正靜者。筋肕而骨強。能靜則和氣全。故筋骨肕強也。能戴大圜者體乎大方。必體大方。然後能戴大圓。鏡大清者視乎大明。必視大明。然後能鏡大清。正靜不失日新其德。正靜者則理順而功立。故其德日新。昭知天下通於四極。既知天下。則遠通四極。金心在中不可匿。金之爲物彌精。心之爲用彌明。故比心於金中。苟有如金之心。則徵見於外。不可隱匿之也。外見於形容可知於顏色。其見於外。或在形容。或在顏色。善氣迎人。親如弟兄。惡氣迎人。害於戈兵。不言之言。聞於雷鼓。至道之君。常言之言。人無不聞。故同於雷鼓。則金心之形。明於日月。察於父每。金心無不耀。無不知。故明於日月。察於父母。知子無若於父母。故以言焉。昔者明王之愛天下。故天下可附。暴王之惡天下。故天下可離。故貨之不足以爲愛。刑之不足以爲惡。貨者愛之末也。刑者惡之末也。愛惡以爲心本也。故貨刑爲末也。凡民之生也。必以正平。正平則能保全其生。所以失之者。必以喜樂哀怒。喜樂哀怒過常。則失其主。節怒莫若樂。節樂莫若禮。樂主和。故能節怒。守禮莫若敬。禮者敬而已矣。故敬能守禮也。外敬而內靜者。必反其性。外敬則合禮。內靜則循察。故能反其性。豈無利事哉。我無利心。豈無安處哉。我無安心。亦既反性。則忘其利安。有利事安處。蓋不足賚也。心之中又有心。雖動亂之心中又有靜正之心也。意以先言。意感而得言。意然後形。意感其事。然後呈形。形然後思。有形則理可尋。故思之也。思然後知。思然後得理。故能知也。凡心之形過知失生。是故內聚以爲原泉之不竭。內聚思慮。則用之不窮。猶泉之有源。其可竭哉。表裏遂通。泉之不涸。四支堅固。內和則外道。表裏無擁。若泉之不涸而四支堅固也。故能令用之。被服四固。但能用此道者。則四支堅固。被及其身也。是故聖人一言解之。上察於天。下察於地。解則無不遍物。故能窮於上下。

白心第三十八　短語十二

建當立。凡所建必建其當立者也。有以靖爲宗。靜則思慮審。爲建事之宗。以時爲寶。建事非時。雖盡善不成。時爲事寶也。以政爲儀。政者所以節制其事。故爲儀。和則能久。又必當和同。然後能久也。非吾儀。雖利不爲。非吾當。雖利不行。非吾道。雖利不取。凡此雖日有利。非吾儀也。當也。道也。故皆不爲之也。上之隨天。其次隨人。所謂應天順人也。人不倡不和。人倡而和。無不成也。天不始不隨。事後天而奉天時。則舉無不隨也。故其言也不廢。其事也不隨。原始計實。本其所生。知其象。則索其形。謂君之出言。人乃順而不廢。其行事則有不隨。若此者。當原其初始。計其理實。尋本其所生。則其象可知。象既可知。則其形可索也。緣其理。則知其情。順理則情自見。索其端。則知其名。索端則名自形。故苞物衆者莫大於天地。萬物共在天地之中。化物多者莫多於日月。日陽也。月陰也。物皆稟陰陽之氣然後化之也。民之所急。莫急於水火。一日無水火。則生理或有不全。然而天不爲一物枉其時。冬不爲松柏不凋輟其霜雪。夏不爲薺麥枯死止其雨露也。明君聖人。亦不爲一人枉其法。周公不以管蔡之親休其誅放也。天行其所行。而萬物被其利。冬行霜雪。夏行雨露。故萬物利也。聖人亦行其所行。而百姓被其利。行賞於善人。行罰於凶人。故天下清而百姓蒙利也。是故萬物均既誇衆矣。誇。大也。天與聖人無私。故萬物均蒙其利。既大而且衆也。是以聖人之治也。靜身以待之。物至而名自治之。循名責實。則下無隱情。故理。正名自治之。奇身名廢。奇。謂邪不正。音飢。名正法備。則聖人無事。名正法備。則事無闕爲。故聖人無事也。不可常居也。居必有時而遷。不可廢舍也。廢舍則百度弛紊也。隨變斷事也。居變則不壅塞也。知時以爲度。事非其時。則不成也。大者寬。小者局。寬則有餘。局則不足。物有所餘。有所不足。以有餘補不足。則事平理均也。兵之出，出於人。人爲兵本。其人入，入於身。兵而有功。入其賞賜。必反於身。兵之勝，從於適。適，和也。所謂師克在和也。德之來，從於身。修身則德立也。故曰祥於鬼者義於人。義於人者。則鬼祐之。以福祥也。兵不義不可。兵不義而還自害。故不可。強而驕者損其強。弱而驕者亟死亡。違禮而驕。無施而可。弱而驕者。則又其戾焉。死之速不亦宜乎。強而卑義信其強。信音申。弱而卑義免於罪。是故驕之餘卑。於驕有餘則弱。弱則卑也。卑之餘驕。於卑有餘則強。強則又驕。道者一人用之不聞有餘。理纔用於一人。天下行之不聞不足。無不足於其人。此謂道矣。多少皆足者道也。小取焉則小得福，大取焉則大得福，盡行之而天下服。殊無取焉則民反其身不免於賊。殊無取焉。則動皆違道。故人反背之而賊害也。左者出者也。左爲陽。陽主生。故爲出也。右者入者也。右爲陰。陰主死。故爲入也。出者而不傷人，入者自傷也。出者既主生。則不當傷人。違而傷人。是還自傷。不日不月而事以從。但循道而往。不計日月。事已從而成也。不卜不筮而謹知吉凶。順道則吉。違道則凶。豈須卜筮而知乎。是謂寬乎形，徒居而致名。守道者靜默而已。故其身寬閑。徒然而居。能致令名。去善之言，爲善之事，事成而顧反無名。若能去言善。直能爲善事。其事之成。顧反之者默然無名也。能者無名，從事無事。傑能其事者。必不求名。然其從事安然閑暇。若無事然也。審量出入而觀物所載。謂凡出命令。當觀物載之所堪。然後當量而出之也。孰能法無法乎？始無始乎？終無終乎？弱無弱乎？凡此皆謂爲而忘之者也。故曰美哉弗弗。弗弗。興起貌。謂能爲而不爲。有契於道。如此。則功美日興。故曰美哉弗弗。故曰有中有中。舉事雖得其中而不爲中。乃是有中也。孰能得夫中之衷乎。得於中之損折中者。其唯忘中乎。故曰功成者隳，名成者虧。故曰孰能棄名與功而還與衆人同。君棄功名。則與衆不異。同於物者。誰能害之也。孰能棄功與名而還反無成。棄功名。則無所成名。無成有貴其成也。能貴無成。乃是成也。有成貴其無成也。若其貴成。乃是無成。日極則仄，月滿則虧。極之徒仄，滿之徒虧。謂日月。巨之徒滅。謂能立大功也。孰能己無己乎。效夫天地之紀。天地忘形者也。能效天地者。其唯忘己乎。人言善亦勿聽，人言惡亦勿聽。譽之不勸。非之不沮。持而待之，空然勿兩之，淑然自清。但無心而待。則淑然和美。善惡自清也。無以旁言爲事成。察而徵之，無聽辯。無以旁譽之言以爲事成功。無聽其利口之辯言悅之也。萬物歸之，美惡乃自見。萬物之歸。當順而容之。美之與惡。終自顯見也。其天或維之。地或載之。天莫之維。則天以墜矣。地莫之載。則地以沈矣。夫天不墜。地不沈。夫或維而載之也夫。天張於上。地設於下。自古及今而不沈墜者。必有神靈維載之故。又況於人。人有治之。辟之若夫靁鼓之動也。必有以而動也。夫不能自搖者。夫或搖之。無識之物。皆不能自搖。有時而動。則物搖之也。夫或者何。若然者也。風有時搖動。誰使然也。視則不見。聽則不聞。謂風。灑乎天下滿。風之洒散滿天下也。不見其塞。風無壅塞時也。集於顏色。寒者遇風則色慘。熱者遇之則痏也。知於肌膚。惟肌膚能覺風。責其往來。莫知其時。責問其往來。則不得正時。薄乎其方也。謂遇方則為方。韓乎其圜也。韓。復貌。謂遇圜則為圜也。韓韓乎莫得其門。雖復圜轉。終不見其門也。故口為聲也。耳為聽也。目有視也。手有指也。足有履也。事物有所比也。今夫口手目足各有其在。非徒然也。必精神之比。夫事物之動搖。則風使之然。然求風則不得。語神亦不見之也。當生者生。當死者死。或死或生。神為之主。亦言有西有東。各死其鄉。雖其所居有東西之異。至於各死其鄉則無不均也。置常立儀。能守貞乎。人人理。則置之常法。立之儀則。而勿失者。可謂正乎。常事通道。能官人乎。有能守其常事。隨時變通。不違於道。如此者。可以官於人。故書其惡者。言其薄者。上聖之人。聖。通也。既設法以教之。立官以主之。猶有惡薄而不化者。則書而陳之居上者。然後化而通之也。口無虛習也。手無虛指也。物至而命之耳。口之習也。手之指也。終不徒然。必以事物之至。或以手指之。或以口命之。發於名聲。凝於體色。此其可諭者也。名聲之至。耳聽之。內疏於心。外凝結於體色。如此者。性之敏惠。可以德義告諭也。故不發於名聲。不凝於體色。此其不可諭者也。不發不凝。所謂頑鄙者也。故不可告諭也。及至於至者。教存可也。教亡可也。謂人可誘令至於所欲至。如此者存亡教。故教存亦可。教亡亦可也。故曰。濟於舟者和於水矣。水和靜無有波浪。則能濟舟。義於人者祥其神矣。與人理相宜。則神與之福祥也。事有適。而無適。事雖有所適。可常者若無適然。若有適。觿解。不可解而後解。雖時有適。婚默周密。人莫知其由然。結必待觿而後解。觿所以解結也。故善舉事者。國人莫知其解。周密若結。不能知其解。故為善乎。毋提提。為不善乎。將陷於刑。提提。揚舉也。謂有所欲為善乎。則人以我謙退無所舉。欲為不善。又恐陷於刑罰也。善不善。取信而止矣。善與不善。足以為物所信。則止矣。此言可以為善不善之取也。若左若右。正中而已矣。縣乎日月無已也。左陽。謂善也。右陰。謂不善也。言處陰陽之中。得其正而止。若能常得中。則名與日月俱懸而無已時也。愕愕者不以天下為憂。愕愕守正者忘天下。不憂也。故刺刺者不以萬物爲筴。刺刺操求自謂智謀之士。能忘智。當操求物理而經營。功爲策也。孰能弃刺刺而爲愕愕乎。智者勞。而失惠忘德者佚而歸之也。難言憲術。須同而出。凡爲法術必重難。須同衆心。然後出之矣。無益言。無損言。近可以免。損益之事。當審而爲之。又曰何謀。此愼密之至。故曰。知何知乎。謀何謀乎。雖知之。常日何知。雖謀之。常日何謀。此愼密之至。審而出者。彼自來。審而出者。必同於彼。故自來自知曰稽。自知則能考彼矣。知人曰濟。知人則能。可以濟同。不以和濟同也。知苟適可爲天下周。自知能稽。知人能濟。所謂道也。若此可爲天下之周愼也。內固之一。可爲長久。適可以知。內自固之。則長久。論而用之。可以爲天下王。既固於心。度時論用。如此可以爲天下王。天之視而精。既可王天下。則於天道。故視天能精之也。四璧而知請。四璧。周禮所謂四珪有邸者也。祭天所奠也。同邸於璧。故曰四璧。既能卯天。則祭以四璧而祈請其福祥也。壤土而與生。天既降福。故壤土爲之生百穀也。能若夫風與波乎。唯其所欲適。風動波應。大小唯所欲。適天地之應。聖人亦猶是也。故子而代其父曰義也。臣而代其君曰篡也。臣代於君。必是篡奪而取也。篡何能歌。武王是也。武王以臣代君。則非篡也。謂之篡之。豈能使紂之衆前歌後舞乎。則武王以臣代君。於理是也。故曰孰能去辯與巧。而還與衆人同道。武王伐紂。所以不爲篡者。則以紂恃其辯巧。自異於物。逆天絕理。毒流四海故也。向能去其辯巧。與衆同道。何武王之敢窺哉。雖欲代之。故得篡名。故曰思索精者明益衰。德行修者王道狹。思索太精。則矜名。故王道狹也。臥名利者寫生危。臥猶息也。寫猶除也。能息名利。則除身之危。知周於六合之內者。吾知生之有爲阻也。周其智於六合。則神傷竭。故於其生有阻難也。持而滿之。乃其殆也。持滿者[illegible]覆。故危也。名滿於天下。不若其已也。名滿於天下。則華揚而實喪。名進而身退。天之道也。未有能名身俱進者。滿盛之國。不可以仕任。滿盛則殷亡。不可任其仕也。故滿盛之家。不可以嫁子。嫁子於滿盛之家。則與之俱亡。驕倨傲暴之人。不可與交。交於驕暴。則危亡及己也。道之大如天。無不覆也。其廣如地。無不載也。其重如石。萬人之力不能舉也。其輕如羽。一人載之不爲重。民之所以知者寡。故曰何道之近。而莫之與能服也。服。行也。弃近而就遠。何以費力也。道近在身。不能求之於己。而望之於人。總無得時。故曰費力也。故曰。欲愛吾身。先知吾情。知己情。則能自保其身。君親六合。以考內身。遍六合之種。一一考之於身。身皆備之。則何須弃身而遠之也。以此知象。乃知行情。於身知象。乃知可行之情。既知行情。乃知養生。知行情。則不違理。不違理。則生全。故曰乃知養生也。左右前後周而復所。行身之道。或從左右。或從前後。行之既周。還復本所也。執儀服象。敬迎來者。執常儀。行常象。將來可行之理。敬而迎之。今夫來者必道其道。上道從也。將來之理。必從道而來也。無還無衍。命乃長久。理既從道而來。但遵而行之。無還移。無寬衍。動而爲之。則命久長也。和以反中。形性相葆。事既安和。反歸中理。如此則形全性順。故能相保也。一以無貳。是謂知道。將欲服之。必一其端而固其所守。固守則道自行。責其往來。莫知其時。若責生之往來。則期不定。索之於天。與之爲期。求性命之理於天。則期時可知也。不失其期。乃能得之。既不失期。則性命之理得也。故曰吾語若大明之極。若。女也。大明之極。謂天也。大明之明。非愛人不予也。愛。惜也。非有所隱惜於人而不與之也。同則相從。反則相距也。與天同則從。反則距也。吾察反相距。吾以故知古從之同也。察今反則有距。故知古之從者以其同也。

卷十三校正

心術上第三十六　短語十

△嗜欲充益　王云。充益當爲充盈。字之誤也。上以道理爲均。（道字合均讀若時。下文上離其道。與事爲均。白心篇。天之道也。與殆已爲均。正篇。臣德咸道。與紀理止子爲均。恆象傳久于其道也。與已始爲均。月令毋變天之道。與起始理紀爲均。凡周秦用均之文多如此讀。不可枚舉。）此以盈聲爲均。此篇中多用均之文。　△故曰上離其道。　望案。此故曰二字乃涉後文而衍。　△毋代馬走　後文毋上有君字。　△使獘其羽翼　陳先生云。羽字衍。使獘其翼。與使盡其力。皆四字爲句。力翼爲均。尹注云。盡力獘翼。其所見本無羽字。　△掃除不潔　宋本潔作絜。下潔其宮同。說文無潔字。作絜爲正。　△神乃留處　宋本乃作不。丁云。當從宋本。下文云。不絜則神不處。　△人皆欲智而莫索其所以智乎　王云。智下不當有乎字。此涉下文兩智乎而衍。　△求之者不得處之者　兪云。下之者二字衍文也。求之者不得處。謂不得其處也。尹注所據本未衍。張云。處上疑脫其字。　△夫正人無求之也故能虛無虛無無形謂之道　王云。上二句本作夫聖人無求也。故能虛。今本聖人作正人。聲之誤也。無求下有之字。乃涉上文求之而衍。故能虛下有無字。則後人所加也。下解云。唯聖人得虛道。又曰。虛者無藏也。故去知則奚求矣。（今本故下衍曰字。奚下衍率字。辯見後。）無藏則奚設矣。無求無設則無慮。無慮則反

覆虛矣。皆是釋此文。夫聖人無求也故能虛九字。且但言虛而不言虛無。今據以訂正。虛無無形。本作虛而無形。洪云。文選遊天台山賦注。嘯賦注。左太沖詠史詩注。引此。竝作虛而無形。（案今本文選嘯賦及詠史詩注皆作虛無無形。蓋後人以誤本管子改之。唯遊天台山賦注未改。）念孫案下解云。天之道。虛其無形。則此文本作虛而無形謂之道明矣。今本虛而作虛無。亦後人所改。 △親踈之體 丁云。當作親踈有體。周禮天官序官注云。體猶分也。 △簡物小末一道 丁云。末疑大字之誤。六字作一句讀。 △殺僇禁誅謂之法 中立本僇作戮。

△直人之言 王云。直人當爲眞人。說見下解。 △四海之人又孰知其則 丁云。又卽上文人字之譌衍。下解無。 △天曰虛地曰靜乃不伐 俞云。伐乃貸字之誤。貸字缺其下半作代。又誤爲伐耳。據下解云。天之道虛。地之道靜。虛則不屈。靜則不變。不變則無過。故曰不伐。以無過釋不伐。則不伐乃不貸之誤明矣。月令。宿離不貸。注云。不得過差也。是貸之義爲過差。周易豫彖傳曰。天地以順動。故日月不過而四時不忒。忒與貸同。日月曰不過。四時曰不忒。文異而義不殊。然則此文言不貸而後解言無過。正合古義。貸字與上文色則爲均。 △開其門 張云。下解開作闢。疑闢字之譌。此言收視返聽也。 △故必知不言無爲之事 王云。不言下脫之言二字。下解有。 △不與萬物異理 王云。不字涉上文不言而衍。下解無。 △是以君子不怵乎好不迫乎惡 王云。尹所見本本作不休乎好。故云。休。止也。不止人好利之情。且云下解中作怵。則此不作怵明矣。今作怵者。後人據下解改之也。但改注文休止也爲怵止也。則於義不可通。又案下解作怵是也。怵與訹通。說文曰。訹。誘也。漢書賈誼傳。服賦怵迫之徒。或趨西東。孟康曰。怵。爲利所誘怵也。迫。迫貧賤也。此云怵乎好。迫乎惡。卽承上好利惡死而言。故下解云。人迫於惡。則失其所好。怵於好。則忘其所惡。尹注非。 △故曰心術者無爲而制竅者也故曰君 王云。凡言故曰者。皆覆舉上文之詞。此文心術者二句。是釋無代馬走。無代鳥飛之意。不當有故曰二字。蓋涉上下文而衍。張云。王氏衍首故曰二字是也。下故曰君當絕句。此正解上心之在體君之位也。下文位者謂其所立。是解位字。尹注以君字屬下句。非。 △此言不奪能能不與下誠也 張云。此文語不可解。疑上能字當作人。誠乃試字誤。能字古讀若耐。與試爲均。 △言動之不可以觀也 丁云。案觀下疑脫其則二字。上文毋先物動以觀其則。 △世人之所職者精也 俞云。此精當爲情。蓋世人唯以情爲主。故必去欲而後宣。宣而後靜。靜而後精。精而後獨立。若作所職者精。失其恉矣。 △人皆欲知而莫索之其所以知彼也其所以知此也 王云。此當作人皆欲知而莫索其所以知。其所知。彼也。其所以知。此也。人皆欲知云云。覆舉上文也。其所知云云。乃釋上文之

詞。今本莫索下衍之字。彼也上又脫其所知三字。遂致文不成義。　△修之此莫能虛矣　張云。能讀爲而。而如古通。　△故曰去知則奚率求矣　王云。故下衍曰字。奚下不當有率字。此卽奚字之誤而衍者。去知則奚求。無藏則奚設。相對爲文。則無率字明矣。尹注非。　△無處則反覆虛矣　張云。覆當爲復。篇末云。復所於虛。　△無形則無所位迕　王氏引之云。位迕二字。義不相屬。位當爲低。（下同。）低迕卽抵牾也。（說文。牾。逆也。漢書司馬遷傳。或有抵梧。如淳曰。梧讀曰迕。相觸迕也。牾梧迕迕。竝字異而義同。）凡物之所以抵牾者。以其有形也。道無形。則無所抵牾。故下文云無所低迕。故徧流萬物而不變也。史記天官書。其前抵者戰勝。漢書天文志。抵作低。漢書食貨志。封君皆氐首仰給焉。晉灼曰。氐音抵距之抵。史記平準書作低。是抵低古字通。隸書低字作伍。（干祿字書曰。互氐上通下正。諸從氐者竝準此。）形與位相似。因譌而爲位矣。　△生知得以職道之精　張云。職識古通叚字。知字似衍。　△得也者其謂所得以然也　丁云。其謂當作謂其。下文謂其所以舍。謂各處其宜。謂有理。皆謂字在上。以與己同。　△以無爲之謂道　望案。據尹注。則以字衍文。　△閒之理者謂其所以舍也　王氏引之云。之理二字。因注而衍。閒者上又脫無字。無閒者。謂其所以舍也。言道之與德所以謂之無閒者。謂德卽道之所舍。（上文曰。德者道之舍。）故無閒也。尹所見本已脫無字。故以爲可閒。豈有上言無閒而下又言可閒者乎。失之矣。　△義者謂各處其宜也　各。一本作名。　△禮出乎義義出乎理理因乎宜者也　王氏引之云。禮出乎義。當作禮出乎理。禮者。謂有理也。故曰。禮出乎理。義出乎理。當作理出乎義。理也者。明分以論義之意也。故曰。理出乎義。理因乎宜。當作義因乎宜。義者各處其宜也。故曰。義因乎宜。寫者錯亂耳。不然。則義者宜也。上言禮出乎義。而下又別言理因乎宜。是分義與宜爲二也。殆不可通。　△法者所以同出　兪云。出疑世字之誤。所以同世。謂所以齊同一世之人。若作出字。則義不可通矣。　△莫人言至也不宜言應也　王云。此釋上文眞人之言。不義不顧也。（上文眞人譌作直人。）莫人當爲眞人。隸書眞字作真。莫字作莫。二形相似。（史記高祖功臣侯者表。甘泉戴侯莫搖。漢表莫搖作眞粘。朝鮮傳。嘗略屬眞番。徐廣曰。眞一作莫。新序雜事篇。黃帝學乎大眞。路史疏仡紀曰。大眞或作大莫。非。）上文作直人。此文作莫人。故知其皆眞人之譌也。言至也三字。語意未明。疑有脫誤。宜與義古字通。不宜卽上文之不義也。義者度也。（說見經義述聞左傳嬀義事也及國語比義下。）言事至而後應之。不先爲量度也。故曰。不宜言應也。應也者。非吾所設。故能無宜也。尹不知莫爲眞之譌。又不知不宜卽上文之不義。遂讀莫人言爲句。不宜言爲句。而強爲之說矣。　△因也者非吾所顧故無顧也　兪云。上顧字當爲取。取有爲義。故尹注云。非吾所爲。此與上文應也者三句相對成文。下文其應非所設也。其動非所取也。正申此義言之。是其證。　△闕其門　孫云。闕當依上文作開。　△去好過也　丁云。好過當作好惡。好惡謂私也。上文云。去私無言。又云。是以君子不怵乎好。不迫乎惡。韓子揚權篇。喜之則多事。惡之則生怨。故去喜去惡。虛心以爲道舍。　△此言不得過實實不得延名　王云。不得過實上當有名字。　△執其名務其應所以成之應之道也　王氏引之云。務其下應字。所以成下之字。皆衍文也。尹注曰。物旣有名。守其名而命合之。（合蓋令之譌。）則所務自成。則正文作務其所以成明矣。此以名與成爲均。下文曰。以其形因爲之名。此因之術也。亦以形與名爲均。　△未於能　丁云。未乃本之誤。本。始也。　△故曰不怵乎好　丁云。不上當有君子二字。今誤脫在恬愉無爲句上。　△因也者舍己而以物爲法者也　丁云。物字當連下爲句。尹注非。　△變化則爲生爲生則亂矣　俞云。爲當讀爲僞。尹讀如字。非。

心術下第三十七　短語十一

△萬物畢得　元本畢作必。　△是故曰　元本無是字。　△無以物亂官　宋本無作毋。張云。此官字謂耳目口鼻之官。尹注非。　△此之謂內德　朱本德作得。內業篇同。　△凡物載名而來聖人因而財之而天下治實不傷不亂於天下而天下治　王云。此以兩治字絕句。實不傷不亂於天下八字連讀。實與名正相對也。尹以天下治實不傷連讀大謬。　△故曰思之思之不得鬼神教之　丁云。當以思之思之句。不得上又脫思之二字。內業篇曰。思之思之。又重思之。思之而不通。鬼神將通之。以彼證此。可知其有脫字矣。　△執一之君子　望案。內業篇作唯執一之君子能爲此乎。此文當有脫字。　△至不至無　張云。上至字疑當作本。無字衍。　△歿世不亡　望案。亡當作忘。古字通。　△與時變而不化應物而不移日用之而不化　安井衡云。不化不當重出。下不化疑當作不傷。與亡強方明爲均。　△金心在中不可匿　劉云。當依內業篇作全心在中不可蔽匿。下文金心之形。當依內業篇作心氣之形。此作金字誤。尹曲爲之說。非也。俞云。內業篇文曰。正心在中。萬物得度。疑全字金字皆正字之誤。正心者。誠心也。正誠古通用。下文金心之形。明於日月。察於父母。義亦同此。　△外見於形容可知於顏色　王云。可知於顏色。本作知於顏色。知亦見也。謂外見於顏色也。呂氏春秋報更篇。齊王知顏色。（知下當有於字。）高注曰。知猶發也。自知篇。文侯不說。知於顏色。注曰。知猶見也。淮南脩務篇曰。奉爵酒不知於

色。聲石之聲則白弁交流。趙策曰。趙王不說。形於顏色。或言形或言知。皆發見之謂也。見於形容。知於顏色。互文耳。今本知上有可字者。後人不曉知字之義而加之也。又內業篇。全心在中。不可蔽匿。和於形容。見於顏色。劉曰。和乃知字誤。案劉說得之。知與見亦互文耳。今本作和者。亦後人不曉知字之義而改之也。（齊策齊王知於顏色。今本作和其顏色。亦後人所改。）　△害於戈兵　內業篇戈作我。　△不言之言　內業篇下言字作聲。

△昔者明王之愛天下故天下可附暴王之惡天下故天下可離　俞云。兩之字皆心字之誤。承上文正心之形三句而言。　△故貨之不足以爲愛刑之不足以爲惡貨者愛之末也刑者惡之末也　俞云。貨當作賞。與刑相對爲文。內業篇云。賞不足以勸善。刑不足以懲過。彼篇文義多與此同。可據以訂正。　△守禮莫若敬　丁云。守禮莫若敬。下脫守敬莫若靜句。當據內業篇補。下文外敬內靜。卽承此二者言之。　△是故內聚以爲原泉之不竭表裏遂通泉之不涸四支堅固能令用之被服四固是故聖人一言解之上察於天下察於地　王云。以爲原。當依內業篇作以爲泉原。下文泉之不竭。卽承此句言之。劉以爲缺泉字是也。表裏遂通。通當爲達。達與竭爲均。（內業篇亦誤作通。）被服四固。當作被及四圄。據尹注但言被及。而不言被服。則正文本作被及明矣。服字右半與及相似。故及誤爲服。（僖二十四年左傳。子臧之及不稱也夫。今本及誤作服。）圄與固亦相似。又涉上文堅固而誤耳。圄卽圉字也。（說文。囹圉所以拘罪人。今經傳皆作囹圄。左氏春秋定四年。衞孔圉。公羊作孔圄。淮南人閒篇。使馬圉往說之。論衡逢遇篇圉作圄。）孫炎注爾雅曰。圉。國之四垂也。此言被及四圄。察於天地。內業篇言窮天地。被四海。其義一也。不言四海。而言四圄者。變文協均耳。一言解之。當依內業篇作一言之解。解與地爲均。尹注皆非。

白心第三十八　短語十二

△建當立有以靖爲宗以時爲寶以政爲儀　尹讀建當立爲句。有以靖爲宗爲句。注云。凡所建必建其當立者也。王云。尹說甚謬。當當爲常。有當爲首。皆字之誤也。建常立首爲句。以靖爲宗爲句。首卽道字也。道字古讀若首。故與寶久爲均。（凡九經中用均之文。道字皆讀若首。楚詞及老莊諸子竝同。說文。道從辵。首聲。今本無聲字者。二徐不曉古音而刪之也。道字古讀若首。故與首通。秦會稽刻石文。追道高明。史記秦始皇紀道作首。是其證也。寶字古讀若缶。故說文寶從缶聲。大雅崧高篇。以作爾寶。與舅保爲均。保亦讀若缶。管子侈靡篇。百姓無寶。與首

爲均。呂氏春秋侈樂篇。不知其所以知之謂棄寶。與道咎爲均。韓子主道篇。靜退以爲寶。與道巧咎爲均。巧讀若糗。）建常立道者。建亦立也。立之而可行。謂之道。立之而可久。謂之常。其實一也。靜以守之。時以成之。正以準之。則常可建而道可立矣。故曰。建常立道。以靖爲宗。（靖與靜同。）以時爲寶。以政爲儀也。（政與正同。儀。法也。言以正爲法也。尹以政爲政事之政。亦非。）下文非吾當。當字亦當爲常。非吾儀。非吾常。非吾道。卽承此文建常立道以政爲儀而言。下文又云。置常立儀。能守貞乎。常事通道。能官人乎。亦承此文而言。又正篇。當故不改曰法。當亦當爲常。（尹注同。）法一成而不改。故曰常故不改曰法。　△故其言也不廢其事也不隨　王云。隨當爲墮。字本作隓。方言曰。隓。壞也。呂氏春秋必己篇注曰。墮。廢也。不廢不墮。義正相承。今作不隨者。涉上文不始不隨而誤。尹注非。　△明君聖人亦不爲一人枉其法　丁云。明君二字衍。下文但言聖人。卽蒙此文言之。不當有明君二字。　△物至而名自治之　王氏引之云。名自二字因下文正名自治而衍。物至而治之。謂事來而後理之也。尹注以循名責實解之。則所見本已衍名自二字。　△正名自治之奇身名廢　王云。案此皆以四字爲句。治下之字。涉上文物至而治之而衍。奇身名廢。當作奇名自廢。自與身相似。又涉下文兩身字而誤爲身。又誤倒於名字之上耳。尹注曰。奇。謂邪不正也。正名自治。奇名自廢。相對爲文。謂名正則物自治。名不正則物自廢也。樞言篇曰。名正則治。名倚則亂。是其證矣。倚與奇通。　△兵之出出於人其人入入於身　王云。其人之人涉上句人字而衍。尋尹注亦無人字。　△兵之勝從於適德之來從於身　洪云。適。古敵字。敵與身對言之。上二句亦以人與身對。尹注非。　△強而卑義信其強弱而卑義免於罪　丁云。兩義字當作者。與上文兩者字一例。信古伸字。

△則民反其身　望案。民當讀爲泯。詩桑柔傳曰。泯。滅也。反。及字之誤。泯及其身者。言滅亡之禍必及其身也。左氏昭十八年傳。里析曰。吾身泯焉。　△出者而不傷人入者自傷也　朱本入者下有而字。俞云。此本作出者而不傷人。傷人者自傷也。今本脫傷字。入卽人字之誤。尹注曰。出者既主生。則不當傷人。違而傷人。是還自傷也。注中有兩傷人字。知正文必有兩傷人字。注中無入字。知正文亦無入字矣。　△去善之言爲善之事事成而顧反無名　劉云。去乃云字誤。云善言爲善事。反無名。卽下文能者無名也。注非。王云。郭璞注穆天子傳曰。顧。還也。下文曰。孰能弃名與功而還反無成。　△有中有中　王云。當作中有有中。上有字讀爲又。（經傳通以有爲又。）中又有中者。中之中又有中也。下句云。孰能得夫中之衷乎。是其明證矣。內業篇云。心以藏心。心之中又有心焉。義與此同。望案。據注當作不中有中。　△無成有貴其成也　王云。有貴其成。當作貴其有成。與下文貴其無成

相對。無成貴其有成者。功未成則貴其有成也。有成貴其無成者。功成而不有其功。卽上文所云弃功與名而還反無成也。尹注皆非。　△巨之徒滅　丁云。巨當爲成。承上有成無成言之。　△孰能己無己乎效夫天地之紀　王云。己與己當作亾己。亾與忘同。（韓子難二晉文公慕於齊而忘歸。趙策。秦之欲伐韓梁。東闚於周室。甚唯寐亡之。竝與忘同。荀子勸學篇。怠慢忘身。禍災乃作。大戴禮忘作亡。呂氏春秋權勳篇。是忘荆國之社稷而不恤吾衆也。韓子十過篇。忘作亡。史記主父傳。天下忘干戈之事。漢書忘作亡。）言唯忘己之人能效天地之紀也。尹注云。天地忘形者也。能效天地者。其唯忘己乎。是其證。莊子天地篇云。有治在人。忘乎物。忘乎天。其名爲忘己。忘己之人。是之謂入於天。意與此同也。今本作己。無已者俗書。亾字作亡。與己相似。下文又有己字。故亾譌爲己。兩己之閒。又衍無字。（無字涉上文無成而衍。）遂致文不成義。兪云。己無己。猶云我喪我也。尹注云云。乃說其義如此。王謂當作忘己。似非。　△空然勿兩之　元本無勿字。　△夫不能自搖者夫或擔之　元本擔作搖。中立本下夫字譌作人。王云。擔當爲搖。搖古搖字也。（見七法篇擔竿下。）隸書搖字或作擔。（漢書司馬相如傳。消擔乎襄羊。）因譌而爲擔。淮南兵略篇。推其擔擔。擠其揭揭。擔亦搖字之譌。本書七法篇。擔竿而欲定其末。擔字又譌作擔。蓋世人多見搖。少見擔。故傳寫多差也。朱本徑改擔爲搖。則非其本字矣。　△夫或者何若然者也　劉云。或者。指上或搖之之或。上言天地尙有所以維載之者。豈人而無治之者乎。故此問治之者之狀。下遂詳其無聲無臭之妙。而口耳目手足等莫不本之。注皆指爲風。殊不可解。　△灑乎天下滿　宋本灑作洒。丁云。滿字衍。上下文皆四字爲句。　△集於顏色知於肌膚　王氏引之云。當作集於肌膚。知於顏色。色與上文塞字爲均。（知訓見。義見心術篇。）　△鞹乎其圜也　丁云。鞹本作鞟。乃廓字之叚借。說文有郭無廓。度地篇云。城外爲之郭。釋名釋宮室。郭。廓也。廓落在城外也。廣雅。廓。空也。華嚴經音義引通俗文。廓。寬也。釋名釋弓弩。牙外曰郭。爲牙之規廓也。卽所謂鞹乎其圜也。太玄玄錯云。廓無方。則所謂鞟鞟乎莫得其門。　△能守貞乎　張云。貞當爲眞。眞與人爲均。　△上聖之人　王云。上聖之人四字意屬上。不屬下。尹注非。　△物至而命之耳　劉云。耳語辭。注以爲耳目之耳。屬下爲句。非。　△及至於至者教存可也教以可也　丁云。下至字當作正。上文云。名正法備。則聖人無事。此承物至而命之句。故言至於正也。名至於正。教亦可存可以。所謂聖人無事也。　△故曰祥於舟者和於水矣義於人者祥其神矣　王氏引之云。其當爲於。正文及注神字皆當爲鬼。上文曰。祥於鬼者義於人是也。鬼與水爲均。後人改於爲其。改鬼爲神。則既失其義。而又失其均矣。鬼神對文則異。散文則通。故神亦謂之鬼。定元年左傳。宋仲幾曰。縱子忘之。山川鬼神。其忘諸乎。士伯怒謂韓簡子曰。薛徵於人。宋徵於鬼。宋罪大矣。且己無辭。而抑我以神。誣我也。或曰鬼神。或曰鬼。或曰神。其義一也。　△事有適而無適若有適。觽解不可解而后解　王氏引之云。此當作事有適。（句）無適而后適。（句）觽有解。（句）不可解而后解。（句）言事之有適也。必無適而后適。觽之有解也。必不可解而后解。下文云。善舉事者國人莫知其解。正所謂不可解而后解也。事之無適而后適，亦猶是也。今本無適而誤作而無適。后誤作若。觽有解之有。又誤入上句內。遂致文不成義。尹注及句讀皆非。丁云。當作觽可解不解而后解。此句原本尙不誤。惟可字移在不字下耳。說苑雜言篇。百人操觽。不可爲固結。蓋觽可結故可解。若云觽有解。則不詞矣。　△爲善乎毋提提　孫云。毛詩葛屨傳曰。提提。安諦也。淮南說林訓。提提者射高。注云。提提。安也。爾雅釋訓作媞媞。言爲善者毋提提而安緩。尹注非。　△刺刺者不以萬物爲筴　俞云。筴字義不可通。當讀爲愜。說文曰。愜。快也。言萬物不足以快其心也。正與上文不以天下爲憂相對。　△知人曰濟　張云。濟疑當作齊。齊。速也。卽徇通之義。齊與稽爲均。　△可爲天下周　俞云。周字無義。疑古文君字之誤。可爲天下君。猶下文言可以爲天下王也。　△內固之一可爲長久　丁云。一字衍。言固之於內可以長久也。尹注云。適可以知。內自固之則長久。亦無一字。張云。長久當爲久長。長與下王字爲均。　△天之視而精四壁而知請　丁云。精者明也。壁當作辟。辟。開也。通也。堯典闢四門。史記作辟。請者情之借字。　△臥名利者寫生危　馬氏瑞辰云。寫當訓憂。謂寢息於名利。必多危險。故憂生危。尹注非。（此說引見郝氏爾雅義疏。）　△滿盛之國不可以仕任　王云。任卽仕字之誤。今作仕任者。一本作仕。一本作任。而後人誤合之也。尹注云不可任其仕。則所見本已衍任字矣。　△驕倨傲暴之人不可與交　王云。交當爲友。亦字之誤也。（隸書交字或作㚖。與友相似。）仕子友爲均。（友古讀若以。說見唐韻正。）　△而莫之與能服也　安井衡云。古本無與字。　△君親六合以考內身　俞云。此君字乃周字之誤。與上文可互證。尹注以徧釋周。是其所見本未誤也。唯親字無義。尹亦無注。或視字之誤。　△無還無衍　丁云。衍與延同。文選西京賦。還延邪睨。薛綜注。還延。退旋也。　△吾以故知古從之同也　丁云。當作古之從同。今本誤倒。尹注云。知古之從者。以其同也。可證。

卷十四

水地第三十九　短語十三

地者。萬物之本原。諸生之根菀也。菀。城也。美惡賢不肖愚俊之所生也。謂生於地。水者。地之血氣。如筋脈之通流者也。言水材美具備。其潤澤若氣。以支持於地若筋。分流地上若脈也。故曰水具材也。言水材美具備。何以知其然也。曰。夫水淖弱以清。而好灑人之惡。仁也。淖。和也。惡。垢穢也。視之黑而白。精也。視其色雖黑。及揮揚之則白。如此者。精也。量之不可使概。至滿而止。正也。以意量之。則多少不可以概。注於器。滿則止。不可加損。如此者。正也。唯無不流。至平而止。義也。方圓邪曲。無所不流。平則止。不可增高。如此者。義也。人皆赴高。己獨赴下。卑也。卑也者。道之室。王者之器也。道以卑爲室。以卑爲器也。而水以爲都居。都。聚也。水聚居於下。卑也。準也者。五量之宗也。水可爲平準。五量取則焉。故爲五量之宗也。素也者。五色之質也。無色謂之素。水雖無色。五色不得不成。故爲五色質也。淡也者。五味之中也。無味謂之淡。水雖無味。五味不得不平也。故爲五味中也。故是以水者萬物之準也。萬物取平焉。故曰準也。諸生之淡也。能濟諸生以適中。故曰淡也。違非得失之質也。得亦自水生焉。失亦自水生焉。故爲得失之質。是以無不滿無不居也。集於天地。用從天降。而亦有河漢。故水集於天地。而藏於萬物。動植之物。皆含液也。產於金石。揀金於水。山石之穴。或有溜泉焉。集於諸生。諸合生類。皆得水而長之。故曰水神。莫不有水焉。不知其所。故謂之神也。集於草木。根得其度。得其生之度。華得其數。得其榮落之數。實得其量。得其生熟之量。鳥獸得之。形體肥大。羽毛豐茂。文理明著。萬物莫不盡其幾。幾。謂從無以適有也。反其常者。常。謂長育之常數也。水之內度適也。內度。謂熅潤之度也。夫玉之所貴者。九德出焉。夫玉溫潤以澤。仁也。鄰以理者。知也。鄰。近也。玉文相適近理。各自逼。如此知也。堅而不蹙。義也。蹙。屈聚也。如此義也。廉而不劌。行也。鮮而不垢。潔也。折而不撓。勇也。瑕適皆見。精也。瑕適。玉病也。以其精神。故不掩瑕適。茂華光澤。並通而不相陵。容也。叩之。其音清摶徹遠。純而不殺。辭也。象古君子之辭也。是以人主貴之。藏以爲寶。剖以爲符瑞。九德出焉。人主所以寶而藏之。爲符瑞九德之故。人。水也。男女精氣合。而水流形。陰陽交感。流布成形也。三月如咀。咀者何。曰五味。五味者何。咀咀。口和嚼之。謂三月之胚渾初凝。類口所嚼食也。曰五藏。五味出於五藏後也。酸主脾。鹹主肺。辛主腎。苦主肝。甘主心。五藏已具。而後生肉。脾生隔。隔在脾上也。肺生骨。腎生腦。肝生革。革。皮膚也。心生肉。五肉已具。而後發爲九竅。脾發爲鼻。肝發爲目。腎發爲耳。肺發爲竅。五月而成。十月而生。生而目視耳聽心慮。目之所以視。非特山陵之見也。察於荒忽。耳之所聽。非特雷鼓之聞也。察於淑湫。心之所慮。非特知於麤麤也。察於微眇。故修要之精。言精思是理修要妙之精也。是以水集於玉而九德出焉。凝蹇而爲人。蹇。停也。言精液凝停則爲人也。而九竅五慮出焉。五慮。謂耳目鼻口心也。此乃其精也。九竅五慮是身之精。精麤濁蹇。能存而不能亡者也。謂人之稟氣麤濁而蹇。但能存而不能亡也。伏闇能存而能亡者。蓍龜與龍是也。言龜龍稟氣微眇。悠遠而暗冥。故能存亡而爲變化也。龜生於水。發之於火。謂卜者以火鑽灼之。於是爲萬物先爲禍福正。謂龜得水火之靈。故先知於萬物。識禍福之正也。龍生於水。被五色而游。故神。得水不測之靈故神。欲小則化如蠶蠋。蠋。蠶中蟲。欲大則藏於天下。言能隱覆天下。欲尙則凌於雲氣。尙。上也。欲下則入於深泉。變化無日。隨時而變。不期於日。上下無時。謂之神。龜與龍。伏闇能存而能亡者也。或世見。謂下谷不徙水不絕之地。或世不見者。謂涸川水有時而絕。生蝸與慶忌。世見生慶忌。世不見生蝸也。故涸澤數百歲。谷之不徙。水之不絕者生慶忌。謂涸澤之中。有谷有水。谷不徙而水不絕也。慶忌者。其狀若人。其長四寸。衣黃衣。冠黃冠。戴黃蓋。乘小馬。好疾馳。以其名呼之。可使千里外一日反報。此涸澤之精也。涸川之精者。生於蝸。蝸者一頭而兩身。其形若蛇。其長八尺。以其名呼之。可以取魚鼈。此涸川水之精也。是以水之精麤濁蹇能存而不能亡者。生人與玉。伏闇能存而亡者。蓍龜與龍。或世見。或不見者。蝸與慶忌。故人皆服之。謂服用水。而管子則之。言管子獨能知水法則也。人皆有之。莫不有水。而管子以之。以。用也。言管子獨能用水也。是故具者何也。水是也。言水無理不具也。萬物莫不以生。得水以生。唯知其託者能爲之正。具者。水是也。託。依也。能知水理之所依者。能正於萬物。故理之具者水也。故曰。水者何也。萬物之本原也。諸生之宗室也。美惡賢不肖愚俊之所產也。何以知其然也。夫齊之水道躁而復。故其民貪麤而好勇。以水道迴復。故令人貪。以其躁速。故令人麤勇也。楚之水。淖弱而清。故其民輕果而賊。以其淖弱故輕佚。淸則明察。故人果賊也。越之水。濁重而洎。故其民愚疾而垢。洎。侵也。濁重故愚。侵則多所斷入疾垢也。故秦之水泔冣而稽。淤滯而雜。冣。絕也。稽。停留也。謂秦水絕甘而味停留。又泥淤沈滯。與水相雜也。故其民貪戾罔而好事。以其泔而稽。故貪戾。以其滯雜。故誣而好事。齊晉之水。枯旱而運。淤滯而雜。齊晉。謂齊之西而晉之東。枯旱。謂其水慘溼而無光也。故其民諂諛葆詐。巧佞而好利。以其運。故諂諛。以其枯旱。故葆詐。以其淤雜。故巧佞而好利。燕之水。萃下而弱。沈滯而雜。故其民愚戇而好貞。輕疾而易死。沈故愚戇而好貞。萃雜故輕疾而易死也。宋之水。輕勁而清。故其民閑易而好正。輕故易脩。勁故好正也。是以聖人之化世也。其解在水。言解人之邪正。嘗水而知。故水一則人心正。一。謂不雜。水清則民心易。一則欲不污。人心既一。欲不污穢。故民心易則行無邪。易直則無邪也。是以聖人之治於世也。不人告也。不戶說也。其樞在水。樞主運轉者也。言欲轉化於人。但則水之理。故曰其樞在水也。

四時第四十　短語十四

管子曰。令有時。王者命令必有其時。無時則必視順天之所以來。視謂觀而察之。若不得時。則必觀察其所致改革以順天道之來也。五漫漫。六惽惽。孰知之哉。漫漫。曠遠貌。惽惽。微暗貌。五。謂每時之政。其理曠遠。六。謂陰陽四時。其理微暗。既漫且惽。故知之者少也。唯聖人知四時。不知四時。乃失國之基。不知五穀之故。國家乃路。路謂失其常居。故天曰信明。地曰信聖。言能信順天地之道則而行之者曰明曰聖也。四時曰正。順行四時之令曰正也。其王信明聖。其臣乃正。君明聖。則能用賢材。故正也。何以知其王之信明信聖也。曰慎使能而善聽信之。謂能聽信賢材之人。使能之謂明。使任賢能。則為明也。聽信之謂聖。既聽其言。又信其事。所以為聖。信明聖者。皆受天賞。信明者。天福也。使不能為惽。既使不能。所以為惽。惽而忘也者。皆受天禍。惽忘則動皆違理。故受天殃也。是故上見成事而貴功。則民事接勞而不謀。謂君見下有成。則能貴賞其功。是上能以恩接人事。故雖下勞。不謀上報其事也。上見功而賤。則為人下者直。特其功勞。故肆直也。為人上者驕。不恤下功。則以驕悖故也。是故陰陽者。天地之大理也。天地用陰陽為生成。四時者。陰陽之大經也。陰陽更用於四時之間為緯也。刑德者。四時之合也。德合於春夏。刑合於秋冬。刑德合於時。則生福。詭則生禍。然則春夏秋冬將何行。東方曰星。東方陰陽之氣。和雜之時。故為星。星亦不定於陰陽也。其時曰春。春。蠢也。時物蠢而生也。其氣曰風。陽動而陰寒爲風也。風生木與骨。木爲風而發暢。骨亦木之類也。其德喜嬴而發出節出。生也。言春德喜悅長嬴爲發生之節也。時。其
事號令。修除神位。謹禱獘梗。梗。塞也。時方開通而有獘敗梗塞者。則禱神以通道之。宗正陽。春陽事。故以正陽爲宗。治隄防。夏多水潦。故於春預修隄防。
耕芸樹藝。正津梁。謂正橋梁也。修溝瀆。甃屋行水。甃者使之行水也。修屋壞。時方溉灌。依次行而用。解怨赦罪。通四方。凡此皆助發生之氣。然則
柔風甘雨乃至。柔。和也。百姓乃壽。百蟲乃蕃。此謂星德。星以和爲德也。星者掌發爲風。掌。主也。主以風發生。是故春行冬政
則雕。肅殺之氣乘之。故雕落也。行秋政則霜。秋霜降時也。行夏政則欲。是故春三月以甲乙之日發五政。甲乙統春之三時也。一政曰。論
幼孤。舍有罪。二政曰。賦爵列。授祿位。列。次也。三政曰。凍解修溝瀆。復亡人。人之逃亡者還復之。四政曰。端險阻。路有險阻。理
之使端平也。修封疆。正千伯。千伯。卽阡陌也。五政曰。無殺麑夭。毋蹇華絕芋。蹇。拔也。芋之屬。其根經冬不死。不絕之也。五政苟時。春雨乃
來。南方曰日。南方太陽。故爲日也。其時曰夏。夏。假也。謂時物皆假大也。其氣曰陽。夏之氣也。陽生火與氣。陽爲鬱熱歊蒸。故爲火氣也。其德施
舍修樂。施舍。謂施爵祿舍遺罪。修樂。謂作樂以修輔也。其事號令。賞賜賦爵。受祿順鄉。順鄉。謂不違土俗之宜也。謹修神祀。量功賞賢。以動陽
氣。陽氣主仁。故行恩賞以助之也。九暑乃至。九暑。謂九夏之暑也。時雨乃降。五穀百果乃登。此謂日德。日以照育爲德也。中央曰土。土位在中央。而寄
王於六月。承火之後。以土火之子故也。而統於夏。所以與火同章也。土德實輔四時入出。王在四時之季與之入出。以風雨節土益力。土德用遍。益其生植之力。
土生皮肌膚。土所生木。實成皮與肌膚。其德和平用均。土無不載。無不生。故和而用均也。中正無私。位居中正無偏私。實輔四時。春嬴育。夏養長。
秋聚收。冬閉藏。言上之四時皆土之所輔成也。大寒乃極。國家乃昌。四方乃服。言土輔四時使均成。然後寒極而成歲。國昌民服。此謂歲德。言土能成歲之
德也。日掌賞。賞爲暑。得賞則熱。熱故爲暑。歲掌和。和爲雨。和則陰陽交。故爲雨。夏行春政則風。風主春故。行秋政則水。行冬政則落。
霜氣肅殺。故凋落也。是故夏三月以丙丁之日發五政。一政曰。求有功。發勞力者而舉之。二政曰。開久墳。久墳瘞之處開通之也。發
故屋。辟故窌。以假貸也。辟。開也。三政曰。令禁扇去笠。禁扇去笠者。不欲令人禦盛陽之氣。毋扱免。禁扱衽免袒者。亦不欲人惡盛陽之氣也。除急漏田

廬。田中之廬欲漏之。不欲人惡盛陽之氣也。四政曰。求有德賜布施於民者而賞之。五政曰。令禁罝設禽獸。謂設罝以取禽獸也。毋殺飛鳥。五政苟時。夏雨乃至也。西方曰辰。辰星日交會也。陽適中。故為辰。秋陰其時曰秋。秋。揫也。時物成熟揫斂之。其氣曰陰。秋之氣也。陰生金與甲。陰氣凝結堅實。生金為爪甲也。故其德憂哀靜正嚴順。秋氣悽惻。故以憂恤哀憐為德。靜正。陰之性也。嚴順。謂德雖嚴。然順時而為之也。居不敢淫佚。順秋氣而靜居。不敢為淫逸過失也。其事號令。毋使民淫暴。順旅聚收。謂順時理軍旅。聚而收之也。量民資以畜聚。賞彼羣幹。衆有武幹人當賞之。聚彼羣材。材。謂可以充兵器之材。當收聚之。百物乃收。使民毋怠。時云收斂。出師故聚裝。人無懈怠。所惡其察。所欲必得。察所惡之方而伐之。則得其所欲也。我信則克。我既誠信。故能克敵。此謂辰德。辰以收斂殺姦邪為德也。辰掌收。收為陰。收聚冬閉藏。故為陰。秋行春政則榮。春發榮也。行夏政則水。夏多行水潦也。行冬政則耗。冬肅殺損耗也。是故秋三月以庚辛之日發五政。一政曰。禁博塞。博塞長姦邪。故禁之。圉小辯。鬬譯跽。小辯則利口覆國。及譯傳言語相疾忌為鬬訟者。皆當禁圉之也。二政曰。毋見五兵之刃。時或出師掩襲。藏五兵之刃也。故三政曰。慎旅農。趣聚收。四政曰。補缺塞坼。師旅營農。當慎收之。秋方閉藏。故令補缺塞坼也。五政曰。修牆垣。周門閭。亦所以助閉藏之氣。五政苟時。五穀皆入。北方曰月。北方太陰。故為月也。其時曰冬。冬。中也。言藏收萬物於中也。其氣曰寒。冬之氣也。寒生水與血。寒釋則水流。血亦水之類。其德淳越溫怒周密。冬時花葉凋落。唯根幹存焉。故以涫質為德。越。散也。冬既閉藏。時則入於慘嗇。故令散施為德。雖復陰怒。當節之以溫。周密者。衆陰之閉藏也。其事號令。修禁徙民。令靜止。時方休息。故禁人私徙。令為靜止也。地乃不泄。冬令行。地不泄也。故斷刑致罰。無赦有罪。以符陰氣。陰氣主殺。故斷刑致罰以符之。大寒乃至。甲兵乃強。五穀乃熟。國家乃昌。四方乃備。此謂月德。月以閉藏罰罪為德也。月掌罰。罰為寒。罰則殺物。故為寒也。冬行春政則泄。春陽氣發泄也。行夏政則雷。夏雷霆行。行秋政則旱。謂冬氣旱旱也。是故冬三月以壬癸之日發五政。一政曰。論孤獨。恤長老。二政曰。善順陰。修神祀。賦爵祿。授備位。三政曰。效會計。毋發山川之藏。山藏。謂銅鐵之屬藏在山者。川藏。謂珠玉之屬。藏在川者也。四政曰。捕姦遁。得盜賊者有賞。五政曰。禁遷徙止。流民圉分異。分異。謂離居者。五政苟時。冬事不過。所求必得。所惡必伏。是故春凋秋榮。冬雷夏有霜雪。此皆氣之賊也。氣反時則為賊害也。刑德易節失次。則賊氣遬至。賊氣遬至。則國多菑殃。是故聖王務時而寄政焉。謂順時而立政。作教而寄武。因教而習武也。作祀而寄德焉。謂設祭以顯德。則神歆也。此三者聖王所以合於天地之行也。天地之行。此三者而已。唯日掌陽。月掌陰。星掌和。陽為德。陰為刑。和為事。是故日食。則失德之國惡之。月食。則失刑之國惡之。彗星見。則失和之國惡之。失則當受罰。各以其所類而興惡也。故其所失風與日爭明。則失生之國惡之。日惡風且熱。旱災成矣。方生之物。皆枯悴矣。此失生德也。故失生之國惡也。是故聖王日食則修德。月食則修刑。彗星見則修和。風與日爭明則修生。此四者聖王所以免於天地之誅也。信能行之。五穀蕃息。六畜殖。而甲兵強。治積則昌。暴虐積則亡。道生天地。道者自然。能生天地也。德出賢人。德者賢人所修為。故能生賢也。道生德。法道則成德也。德生正。德修則理自正。正生事。正直則事幹。是以聖王治天下。窮則反。終則始。德始於春。長於夏。刑始於秋。流於冬。謂刑於冬而休息也。刑德不失。四時如一。皆順時而成。故如一。刑德離鄉。時乃逆行。鄉。方也。作事不成。必有大殃。月有三政。月三旬政異。故曰三政也。王事必理。以為久長。王者行事。必順三政之理。然後可以長久。不中者死。失理者亡。中猶合也。不合三政者則死。違失其理必敗亡。國有四時。固執王事。固執四時之政以輔行王事。四守有所。謂守四時令得其所。三政執輔。月執之三政輔行己德也。

五行第四十一　　短語十五

一者本也。本。農桑也。二者器也。器所以理農桑之具也。三者充也。充。謂人力能稱本與器也。治者四也。人既務本。設治以理之也。教者五也。人既奉法。則以禮義教之。守者六也。人既奉法從教。則設官以守之。立者七也。既設官以守之。則能立事。前者八也。既能立功立事。可與前王比隆。終者九也。既能與前王比隆。可謂王道之終也。十者然後具五官於六府也。立五行之官分掌六府也。五聲於六律也。謂播五聲於六律也。六月日至。陽生至六。為夏至。陰生至六。為冬至。是故人有六多。陽至六為純陽之多也。陰至六為純陰之多也。稟陰陽之純以生。故曰人有六多。六多所以街天地也。街。猶陰陽多也。天道以九制。

九。老陽之數。以老陽制天。所以君長之也。地理以八制。八。少陰之數。以少陰制地。欲以生息也。人道以六制。六者。兼三才之數。人稟天地陰陽之氣以生。故以制人。以天爲父。以地爲母。以開乎萬物。父母開通。以生萬物。以總一統。總持其本。統萬物也。以通乎九制六府三充。而爲明天子。言能總一統九制已下可謂明天子。修概水上。以待乎天堇。堇。誠也。言天子能以中正自修。以概自平。上待天誠也。反五藏。以視不親。又親反察於五藏。以視知何者不親也。治祀之下。以觀地位。理於祭祀之時。於其所祭之下。觀知地位之尊卑也。貨曋神廬。合於精氣。神廬謂廟祠也。日所次隔曰曋。言祭神廬之時。或薦珍貨。雖已奠於地。復以日次隔之。所以爲精祥也。如此者。所以招合鬼神精氣之道也。已合而有常。神既合聚而饗祐。則風雨得其常也。有常而有經。風雨有常。而常經不失也。審合其聲。修十二鍾。以律人情。不失其經。則庶績咸通。故可審合理世之聲。以成安樂之音。然後十二鍾以播其音。音之高下。皆法人情。律。法也。人情已得。萬物有極。然後有德。得人情則物理極。極於物理。可謂有德也。故通乎陽氣。所以事天也。經緯日月。用之於民。天氣以積陽成德。故通陽氣然後能事天。又經緯日月之時候使人用之也。通乎陰氣。所以事地也。經緯星曆。以視其離。地以積陰成體。故通陰氣然後能事地。又經緯星曆之節氣。視知其離絕也。通若道然後有行。言能通上陰陽天地之道。然後所行不失也。然則神筮不靈。神龜不卜。既通天地之道。則所行無不當。故龜筮不能爲卜兆。黃帝澤參。治之至也。黃帝雖通天地之道。不使參問曰澤以得萬靈之精。可謂理之至也。昔者黃帝得蚩尤而明於天道。得大常而察於地利。得奢龍而辯於東方。得祝融而辯於南方。得大封而辯於西方。得后土而辯於北方。黃帝得六相而天地治神明至。蚩尤明乎天道。故使爲當時。謂知天時之所當也。大常察乎地利。故使爲廩者。廩。給也。謂開廩以給人也。奢龍辯乎東方。故使爲土師。士師即司空也。祝融辨乎南方。故使爲司徒。謂主徒衆使務農也。大封辨於西方。故使爲司馬。主兵馬以出征。后土辨乎北方。故使爲李。李。獄官也。取使象水之平也。是故春者土師也。夏者司徒也。秋者司馬也。冬者李也。昔黃帝以其緩急作五聲。謂政理之緩急作五聲也。以政五鍾。令其五鍾。一曰青鍾大音。大音東方鍾名。二曰赤鍾重心。三曰黃鍾灑光。四曰景鍾昧其明。五曰黑鍾隱其常。自大音重心已下。皆鍾名。其義則未聞。五聲既調。然後作立五行。以正天時。五官以正人位。人與天調。然後天地之美生。美。謂甘露醴梟之類也。日至。睹甲子木行御。謂春日既至。睹甲子用木行御時也。天子出令。命左右士師內御。謂內侍之官也。總別列爵。謂總別等列之爵也。論賢不肖士吏。論士吏之賢與不肖。當有所黜陟也。賦祕。賜祕藏之物。賦賜之也。賞於四境之內。發故粟以田數。故粟陳也。以田數多少用陳粟給人。使得務農。出國衡。順山林。禁民斬木。所以愛草木也。然則冰解而凍釋。草木區萌。萌芽區別而生也。贖蟄蟲卵菱。贖。猶去也。卵。鳧。菱。芡也。皆早春而生也。春辟勿時。春當耕闢。無得不及時也。苗足本。足。猶擁也。春生之苗。當以土擁其本。不癘雛鷇。癘。殺也。雛隨母食者。不夭麑麌毋傳速。麑。鹿子也。言夭傷之。亡傷繈褓。繈褓之嬰孩無得傷損也。時則不凋。若能行上事春。繁茂而不凋枯也。則七十二日而畢。春當九十日。而今七十二日而畢者。則季月十八日屬土位故也。睹丙子火行御。天子出令。命行人內御。行人。行使之官也。令掘溝澮津舊塗。舊塗。謂先時濟水處。當設其津梁也。發臧任君賜賞。任。委也。臧中委積物當發用之。即以充君之賞賜也。君子修游馳以發地氣。游馳。謂游戲馳馬也。出皮幣。命行人修春秋之禮於天下諸侯。通天下遇者兼和。春秋二時聘問之禮。然則天無疾風。草木發奮。鬱氣息。謂鬱蒸之氣止息也。民不疾而榮華蕃。七十二日而畢。睹戊子土行御。天子出令。命左右司徒內御。命司徒御理夏政也。不誅不貞。貞。正也。太陽用事。時方長育。故無所誅戮。無責正。以助養氣也。農事為敬。夏時農事尤盛。順而敬之也。大揚惠言。言大舉仁惠之事也。寬刑死。緩罪人。皆所以助養氣也。出國司徒令。命順民之功力以養五穀。君子之靜居。陰氣方生。靜居以導也。故而農夫修其功力極。然則天為粵宛。粵。厚也。宛。順也。天為厚順。不逆時氣也。草木養長。五穀蕃實秀大。六畜犧牲具。民足財。國富。上下親。諸侯和。七十二日而畢。睹庚子金行御。天子出令。命祝宗選禽獸之禁。禁。謂牢。圈圍所養。擬供祭祀也。五穀之先熟者。先熟則黍稷也。而薦之祖廟與五祀。五祀。謂門。行。戶。竈。中霤。鬼神饗其氣焉。君子食其味焉。然則涼風至。白露下。天子出令。命左右司馬衍組甲厲兵。組甲。謂以組貫甲也。合什為伍。謂立什人之長為伍。以修於四境之內。諛然告民有事。所以待天地之殺斂也。諛。悅順貌。有事。謂出師以伐不服。象天地殺斂也。然則晝炙陽。夕下露。地競環。環。炙實貌。方秋之時。晝則暴炙。夕則下寒露而潤之。陰陽更生。故地氣交競而炙實。五穀鄰熟。鄰。緊也。陰陽氣足。故緊熟。草木茂實。歲農豐。年大茂。七十二日而畢。睹壬子水行御。天子出令。命左右使人內御御其氣。足則發而止。使人御理冬政。其閉藏之氣足則發令休止也。其氣不足。則發撊瀆盜賊。撊。謂遮禁也。瀆。羣聚之。謂其閉藏之氣不足。則撊防盜賊以助其閉藏之氣也。數剽竹箭。言數剽削竹箭以為矢也。伐檀柘。伐檀柘所以為弓也。令民出獵禽獸。不釋巨少而殺之。所以貴天地之所閉藏也。貴天地閉藏。獵取禽以助藏也。故收　然則羽卵者不段。段。謂離散不成。毛胎者不贕。贕。謂胎敗債也。𦢊婦不銷弃。𦢊。古孕字。銷弃。謂散壞也。草木根本美。閉藏實堅。則根本美。皆順冬閉藏之政所致也。凡此　七十二日而畢。睹甲子木行御。天子不賦不賜賞而大斬伐傷。此已下言逆時政所致災禍也。君危。不殺。太子危。家人夫人死。若君雖危而不見殺。則又太子危而家人夫人有死禍也。不然。則長子死。如無家人夫人死。則長子死。七十二日而畢。逆氣亦畢於七十二日也。睹丙子火行御。天子敬行急政。旱札苗死民厲。札。夭死也。厲。疫死。時當寬緩而乃急。故有旱札疫之災也。七十二日而畢。睹戊子土行御。天子修宮室。築臺榭。君危。土方用事。而修宮室以動亂之。故君有危亡之禍。外築城郭。臣死。築城郭。動土。危。故其臣死。七十二日而畢。土王在六月。而得七十二日者。則每季得十八故也。睹庚子金行御。天子攻山擊石。有兵作戰而敗。士死喪執政。時方收斂。而乃攻山擊石。故致兵器之禍也。七十二日而畢。睹壬子水行御。天子決塞動大水。王后夫人薨。不然。則羽卵者段。毛胎者贕。𦢊婦銷弃。草木根本不美。七十二日而畢也。

卷十四校正

水地第三十九　短語十三

△地者萬物之本原諸生之根菀也　王氏引之云。菀與根義不相屬。根菀當為根荄。下文曰。水者何也。萬物之本原。諸生之宗室也。本原根荄宗室。皆謂根本也。隸書亥字或作夬。宛字或作宛。二形相似。故荄誤為菀。　△水者地之血氣如筋脈之通流者也　御覽地部二十三引作地之血氣筋脈之流者。無如字。中立本通流二字誤倒。　△故曰水具材也　水經河水注。作其具材也。而水最為大。　△夫水淖弱以清而好灑人之惡　文選運命論注引。弱作溺。御覽地部同宋本。灑作洒。　△己濁赴下　文選海賦注引己作水。御覽引赴作趍。　△違非得失之質也　丁云。違當為韙。釋文引倉頡篇曰。韙。是也。質當為素。此三句承上準也者素也者淡也者言之。

△文理明著　中立本著誤者。　△反其常者　中立本反誤及。　△夫玉之所貴者　御覽所下有以字。　△鄰以理者知也　洪云。鄰讀如白石鄰鄰之鄰。謂玉堅而有文理者。聘義作縝密以栗知也。鄭注。縝。緻也。荀子法行篇作縝栗而理縝。鄰聲相近。皆謂玉文。事類賦注九引鄰作鄰。尹注非。　△瑕適皆見精也　王云。精與情同。（逸周書官人篇。復徵其言。以觀其精。精即情字。荀子修身篇。術順墨而精雜汙。楊倞曰。精當爲情。）情之言誠也。不匿其瑕。故曰情。春秋繁露仁義法篇曰。自稱其惡。謂之情。義與此情字同。荀子法行篇作瑕適並見情也。聘義曰。瑕不揜瑜。瑜不揜瑕。忠也。忠亦情也。尹注非。孫說同。　△茂華光澤　王氏引之云。茂字蓋因上文羽毛豐茂而誤。（太平御覽珍寶部三引此已誤。）茂華當作英華。說文曰。瑛。玉英華相帶如瑟弦。璪。玉英華羅列秩秩。　△叩之其音清搏徹遠純而不殺辭也　御覽珍寶部二事類賦注引搏作尃。孫云。說文曰。其聲舒揚。尃以遠聞。尃古敷字。　△三月如咀　俞云。如當作而。與下文五月而成。十月而生。句法一例。三月而咀者。以其五藏已具也。御覽亦引作而。丁說同。　△酸主脾　御覽人事部一引。主作生。下四主字同。　△五藏已具而後生肉　丁云。生肉之肉當作內。內上當有五字。五內。謂隔骨腦革肉。肉亦五內之一。不得專舉肉以包五內。御覽人事部引作五肉。肉字雖誤。而五字未經刪去。下文五肉已具。肉亦內字之誤。　△脾生隔肺生骨腎生腦肝生革心生肉　宋本隔作膈。五行大義三引作脾生骨。腎生筋。肺生革。心生肉。肝生爪髮。御覽人事部引作脾生髓。肝生骨。腎生筋。肺生革。心生肉。與今本管子異。　△五肉已具　王云。此承上文心生肉而言。則肉上不當有五字。蓋涉上文五藏已具而衍。御覽人事部一引此。無五字。望案。五肉當從丁說作五內。御覽脫此字耳。　△肺發爲竅　宋本此下有心發爲舌一句。朱本同。惟肺發爲竅作肺發爲口。與宋本異。五行大義御覽引俱作肺發爲口。心發爲下竅。劉氏補注引文子。亦有心發爲舌句。與宋本合。　△目之所以視　元刻及中立本無以字。與下文一例。　△察於淑湫　俞云。淑當爲⿰口叔。湫當爲啾。說文。⿰口叔。歎也。啾。小兒聲也。　△非特知於麤麤也　王云。麤麤當依朱本作麤粗。（望案元本同。）麤粗與微眇對文。凡書傳中麤粗二字連文者。皆上倉胡反。下才戶反。麤字亦作䴥。粗字亦作觕。（俗作⿰牛角。）又作苴。說文。觕。角長貌。從角。爿聲。讀若麤。觕。晏子春秋問篇曰。縵密不能麤苴學者詘。淮南氾論篇曰。風氣者。陰陽麤觕者也。春秋繁露俞序篇曰。始於麤粗。終於精微。漢書藝文志曰。庶得麤觕。論衡量知篇曰。夫竹木麤苴之物也。隱元年公羊傳注曰。用心尚麤觕。並上倉胡反。下才戶反。二字義同而音異。學者不能分別。故傳寫多誤。　△此乃其精也精麤獨塞能存而不能亡者也　王氏引之云。上也字及下精字皆

後人所加。此乃其精蟲獨蹇能存而不能亡者也。十五字當作一句讀。謂生人與玉乃水之精蟲獨蹇能存而不能亡者也。下文曰。是以水之精蟲獨蹇能存而不能亡者。生人與玉是也。尹誤讀此乃其精爲句。注云。九竅五慮。是身之精。又誤讀蟲獨蹇能存而不能亡者也爲句。注云。謂人之稟氣蟲獨而蹇。但能存而不能亡也。遂使一句之中文義上下隔絕。後人不知其誤。又增也字於此乃其精之下。增精字於蟲獨蹇之上。而文義愈隔絕矣。朱本無上也字及下精字。仍是管子原文。可合而讀之。以正尹注之誤。　△伏闇能存而能亡者蓍龜與龍是也　王云。蓍龜本作神龜。下文神龜與龍是其證。此言龜與龍能存而能亡。無取於蓍也。今作蓍龜者。後人不曉文義而妄改之耳。據尹注亦無蓍字。　△欲大則藏於天下　御覽鱗介部一。事類賦注二十八引作欲大則函天地。陳先生云。疑古本作函於天地。　△欲上則淩於雲氣　望案。尹注曰。尙。上也。是正文上當作尙。中立本作尙。　△欲下則入於深泉　御覽及事類賦注引作欲沈則伏泉。　△生蟡與慶忌　俞云。生字衍。據下文云。或世見。或不世見者。蟡與慶忌。正無生字。　△戴黃蓋　宋本戴作載。　△乘小馬　御覽地部三十七引作乘水鳥。　△涸川之精者生於蟡　山海經北山經注引作涸水之精名蟡。法苑珠林六道篇。御覽妖異部二引此。川下並有水字。法苑珠林蟡作蚳。王云於字衍文。上文生蟡與慶忌。生下無於字。據下文云此涸川水之精也。則有水字者是。（上文尹注亦云。涸川水有時而絕。）俞云。上文涸澤數百歲。谷之不徙。水之不絕者。生慶忌。此則當有生字。若涸川水之精者卽是蟡矣。何得更言生乎。疑管子原文本作涸川之水生蟡。因涉上文此涸澤之精也而誤水爲精耳。　△其形若蛇　北山經注。法苑珠林。御覽引此。形並作狀。王云。據上文云慶忌者其狀如人。則作狀者是。　△可以取魚鼈　北山經注。法苑珠林引此。可以並作可使。王云據上文云可使千里外一日反報。則作可使者是。（御覽作可以。則所見本已誤。）　△伏闇能存而亡者蓍龜與龍或世見或不見者蟡與慶忌　王云。能存而亡。當依朱本及上文作能存而能亡。或不見。亦當依上文作或世不見。蓍龜當爲神龜。辨見上。　△是故具者何也水是也　丁云。具下當有材字。上文云。水具材也。　△夫齊之水道躁而復　王云道當爲遒。字之誤也。（隸書酋字或作首。與首相似。故遒字譌而爲道。荀子議兵篇。鰌之以刑罰。漢書刑法志鰌作道。卽鰌字之譌。）遒。急也。字本作逎。說文曰。逎。迫也。廣雅曰。逎。急也。楚詞招魂曰。分曹並進。遒相迫些。是遒爲急也。遒躁二字連讀。猶言急躁耳。下文之淖弱而清數語。並與此相對爲文。尹不知道爲遒之譌。而以水道二字連讀。失之矣。　△楚之水淖弱而清故其民輕果而賊　丁云。果訓果毅。與淖弱義相反。果疑票之誤。說文曰。㶾。火飛也。僄。輕也。輕僄本楚人語。方言曰。僄。輕也。楚凡相輕薄謂之相侃。或謂之僄。意林引賦上有好字。蹋作䌁。△越之水濁重而洎故其民愚疾而垢　意林引垢作妬。丁云。當作愚疾而好妒。疾。惡也。左傳曰。山藪藏疾。△秦之水泔冣而稽𣳾滯而雜　意林引泔作洎。俞云。說文曰。潘。淅米汁也。周謂潘曰泔。尹注謂即甘字。非。冣字。說文曰。積也。徐鍇曰。古以聚物之聚爲冣。冣與最本二字。尹注訓絕。是誤以冣爲最也。（望案。宋本冣正作最。尹注固未嘗誤以冣爲最。特以文義言之。冣字爲長。）泔冣而稽。𣳾滯而雜。言泔汁會聚而稽留。𣳾泥沈滯而相雜也。△齊晉之水　王云。此齊字涉上文而衍。尹曲爲之說。非也。意林引無齊字。△枯旱而運　俞云。運。渾之借字。△故其民諂諛葆詐　朱本諛下有而字。此本脫。△故其民閑易而好正　意林引閑作簡。元刻同。△一則欲不污民心易則心無邪　王云。一則欲不污。本作民心正則欲不污。與下句對文。民心正。民心易。皆承上文言之。今本正誤作一。（涉上文水一而誤。）又脫民心二字。尹注非。

四時第四十　短語十四

△無時則必視順天之所以來　丁云。視字衍。視順形近而譌。一作視。一作順。校書者旁注視字。遂入正文耳。尹讀視字句。非。時與來爲均。△不知五穀之故國家乃路　望案。路與露同。說見五輔篇。△故天曰信明地曰信聖四時曰正其王信明聖其臣乃正何以知其王之信明信聖也曰愼使能而善聽信之使能之謂明聽信之謂聖信明聖者皆受天賞使不能爲惛惛而忘也者皆受天禍　兩王字皆當作主。王氏引之云。天曰信明。地曰信聖。當作天曰明。地曰聖。其主信明聖。（主與臣相對爲文。各本作王。非。）當作其主明聖。何以知其主之信明信聖也。當作何以知其主之明聖也。信明聖者。當作明聖者。信字皆衍文也。（蓋因兩言聽信而衍。）尹注故天曰明二句云。言能信順天地之道則而行之者曰明曰聖也。則曰下無信字明甚。注其主明聖二句云。君明聖則能用賢材。故正也。則其主下無信字明甚。（信明聖者皆受天賞。注云。信明者天福也。當作明聖者天福也。蓋正文旣衍信字。後人又據之以改注文耳。）皆受天禍。當作皆受天殃。殃與賞爲均也。（襄二十八年左傳。善人富。謂之賞。淫人富。謂之殃。亦以賞殃爲均。）尹注云。惛忘則動皆違理。故受天殃也。則正文本作天殃明甚。後人改殃爲禍。遂失其均矣。丁云。愼使能而善聽信之之字衍。愼使能者。善聽信者。能與信皆指臣下言。惛而忘也者上有闕文。以意補之。當云聽不信爲忘。元本惛而上有爲忘二字。忘與芒同。芒訓昧。與惛同義。俞說同。△是故上

見成事而貴功則民事接勞而不謀　丁云。民事之事。因上文而衍。爾雅曰。接。捷也。詩丞民傳曰。捷捷。言樂事也。

△則爲人下者直　俞曰。直當爲德。古字作㥁。脫去心耳。言爲下者自以爲德也。尹注非。　△其德喜嬴而發出節時其事號令　王云。時字絕句。發出節時。謂以時節發出萬物也。其事號令別爲句。乃總領下文之詞。春夏秋冬皆有之。尹以節字絕句。時字下屬爲句。大謬。　△修除神位謹禱弊梗　王氏引之云。弊與幣同。（幣古通作弊。說見史記貨殖傳。）梗。禱祭也。幣梗者。梗用幣也。周官女祝。掌以時招梗禬禳之事以除疾殃。鄭注曰。梗。禦未至也。淮南時則篇曰。脩除祠位。幣禱鬼神。文義正與此同。尹以弊梗爲弊敗梗塞。非是。洪說同。　△星者掌發爲風　朱本重發字。望案。下文日掌賞。賞爲暑。歲掌和。和爲雨。辰掌收。收爲陰。月掌罰。罰爲寒。當與之一例。删者字。補發字。丁說同。　△春行冬政則雕　宋本雕作彫。案彫雕皆凋借字。　△行夏政則欲　宋云。欲疑是歊字。

△修封疆　藝文類聚二引作治封疆。御覽天部十引作治封壃。　△毋蹇華絕芋　洪云。藝文類聚二。御覽天部十。事類賦注三引。俱作無絕華萼。（俗作蕚。）蹇是衍字。華絕二字誤乙。芋即萼字之譌。尹注非。王云。蹇華絕萼。類書引作絕華萼。所見本異耳。說文。攓。拔取也。引離騷朝攓阰之木蘭。今本作搴。爾雅。芼。搴也。樊光曰。搴猶拔也。釋文。搴。九輦反。漢書季布傳。贊身履軍搴旗者數矣。李奇注與樊光同。莊子至樂篇。攓蓬而指之。司馬彪曰。攓。拔也。攓搴蹇皆攓之或字。尹訓蹇爲拔。是也。但未知芋爲萼之譌耳。又禁藏篇。毋夭英。毋拊竿。尹注曰。竿。箏之初生也。案拊當爲折。（俗書折字或作折。因譌而爲拊。）竿亦當爲萼。（隸書從艸從竹之字多相亂。故萼又譌爲竿。）小雅常棣箋曰。承華者曰萼。夭英即蹇華。（蹇與搴同。廣雅。搴。夭。拔也。）折萼即絕萼也。尹注非。　△五政苟時　孫云。御覽十。事類賦三引。作五政徇時。是也。左傳文十一年注云。徇。順也。謂順其時序。白帖二引作順時。

△其德施舍修樂　丁云。施與弛同。八觀篇云。上必寬裕而有解舍。解舍猶弛舍也。　△以動陽氣　王云。動當爲助。字之誤也。據尹注云。陽氣主仁。故行恩賞以助之也。則本作助明矣。　△九暑乃至時雨乃降　王氏引之云。九當爲大。字之誤也。大暑乃至。與下大寒乃至對文。大暑乃至。時雨乃降。猶月令言土潤溽暑。大雨時行耳。尹注非。　△中央曰土　張云。此節當在夏末夏雨乃至下。不當雜出於中閒。蓋錯簡。　△以風雨節土益力

丁云。以字衍。　△中正無私　丁云。中正上脫其事二字。四時皆言其德其事。是其證。　△大寒乃極國家乃昌四方乃服　丁云。大寒乃極十二字。北方一節文。誤衍在此。　△求有功發勞力者而舉之　劉云。發疑伐字誤。望案。發伐古同聲通用。此十字作一句讀。　△開久墳　丁云。墳乃壙字誤。即礦字之借。周官卝人。掌金玉錫

石之地。久壙。謂地久未發者。開之以假貸。與發故屋辟故帑同義。尹注大謬。　△除急漏田廬　俞云。除急二字衍文。尹注曰。田中之廬欲漏之。不欲人惡感陽之氣也。不及除急之義。是尹所據本無此二字。　△求有德賜布施於民者而賞之　丁云。此十二字一句讀。德賜猶德惠也。　△夏雨乃至也　丁云。也字衍。上文云。春雨乃來。　△居不敢淫佚　宋本居下有而字。　△順旅聚收　洪云。順讀爲愼。旅謂旅處在野之農。下文曰。愼旅農。趨聚收。其謟也。尹注非。　△賞彼羣幹聚彼羣材　丁云。賞疑畜字。誤兩句一義。承上量民資以畜聚言之。尹注非。　△所惡其察所欲必得　俞云。當作所惡必察。兩句一律。下文又云。所求必得。所惡必伏。知此文誤也。　△我信則克　吳云。我。義之壞字。　△闕諱睪　宋本睪作諕。俞云。據尹注。則正文當作諱忌闕。諱者。睪之叚字。說文卒部。睪。司視也。从横目从卒。令吏將目捕罪人也。則睪有捕治之義。望案。忌。惎之叚字。說文。惎。毒也。一日。教也。此惎當訓教。民私自教闞。故捕治之也。　△周門閭　孫云。周當爲固。字之誤也。初學記三。御覽時序部九。事類賦注五。俱引作謹門閭。謹與固義相近。　△其德越濇溫怒周密　王氏引之云。溫讀爲慍。慍亦怒也。尹注非。安井衡云。古本怒作忌。　△是故冬三月　宋本自此至所惡必伏。在暴虐積則亾下。而以道生天地接此文。劉云。宋本誤。　△捕姦遁　宋本作攝姦遁。　△作教而寄武　宋本武下有焉字。與上下文一例。　△風與日爭明　望案。明訓爲彊。左氏哀十五年傳云。與不仁人爭明。（句）無不勝。　△則失生之國惡之　望案。文選陸士衡樂府君子有所思行。注引漢書韋昭注曰。生。業也。失生猶言失業。　△德生正　王云。正與政同。尹注非。　△以爲必長　安井衡云。古本作久長。

五行第四十一　短語十五

△治者四也　陳先生云。此與下共六句。皆數目在下。與一者本也二者器也三者充也不一例。恐經寫者致誤。　△是故人有六多　望案。六多疑六府之誤。下文云。通乎九制六府三充而爲明天子。　△六多所以街天地也　陳先生云。街字義不可通。街當爲衍。惠氏周易述曰。衍。演也。俞云。當作衕。說文云。衕。通街也。字亦作迵。見玉篇。　△以開乎萬物　丁云。乎字衍。以開萬物。與下文以總一統對文。　△修概水上　中立本上作土。王云。上當爲土。概。平也。謂修平水土也。尹注非。　△堇反五藏以視不親　丁云。堇當爲謹。親與上文天字爲均。　△治祀之下以觀其位　丁云。治讀爲祠。羊公祠兵。左氏作治兵。　△貨曋神廬合於精氣　丁云。古貨化同聲。貨讀

爲化。暉當作覃。覃猶被也。神廬承上地位言之。在地爲化。（虞氏易注。）化主陰氣。合於天之陽氣。乾精屬陽也。

△萬物有極　丁云。當作萬物已極。與人情已得對文。此涉下文有德而誤。　△然則神筮不靈神龜不卜黃帝澤參治之至也　宋本神龜下有術字。陳先生云。此文及注。錯誤不可讀。筮當爲筴。靈當爲筮。神龜與神筴對文。不筮與不卜對文。術字當在下句內。而下句黃帝二字又涉下文昔者黃帝而誤入於此也。術字當在澤字上。術。推演之也。澤讀爲釋。叚字也。釋猶舍也。凡每卜筮。必會人參立而占之。不筮不卜。故推演舍參言不用設立占人以推術也。小雅杕杜傳曰。卜之筮之會人占之。洪範曰。凡七卜五占之用二衍貣。立時人作卜筮。三人占。皆其義也。卜筮所以決疑明豫。不建立卜筮。而能通天地之道。故曰治之至也。心術下篇。能專乎。能一乎。能毋卜筮而知凶吉乎。白心篇。不卜不筮。而謹知吉凶。　△得奢龍而辯於東方　北堂書鈔帝王部十一。御覽皇王部四引。奢龍竝作蒼龍。奢字誤。　△黃帝得六相而天地治神明至　北堂書鈔。御覽引。竝作天下治神明之至也。　△故使爲土師　朱本土師作工師。俞云。作工是也。此官在唐虞爲共工。在周官爲司空。司空卽司工。空者。工之叚字也。故小宰職曰。冬官掌邦事。不曰掌邦土。漢世說經者有司空主空土之說。僞古文遂曰司空掌邦土矣。此文工師作土師。蓋以形近而誤。　△昔黃帝以其緩急作五聲以政五鍾　北堂書鈔一百八引作作立五聲以正五鍾。（陳禹謨本刪立字。）孫云。以下文作立五行以正天時句證之。書鈔所引本是。王云。今本無立字者。後人不曉文義而刪之也。作立者。始立也。魯頌駉篇傳曰。作。始也。（廣雅同。）皋陶謨。烝民乃粒。萬邦作乂。作與乃相對爲文。謂萬邦始乂也。禹貢。萊夷作牧。謂萊夷水退始放牧也。沱潛既道。雲土夢作乂。作與既相對爲文。謂雲土夢始乂也。（史記夏本紀以爲字代作字。失之。辯見經義述聞。）此言作立五聲。亦謂始立五聲也。後人不知作之訓爲始。而誤以爲造作之作。則作立二字義不可通。故刪去立字耳。據尹注云。調政治之緩急作五聲也。但言作而不言立。則所見本已刪去立字。獨賴有北堂書鈔所引及下文作立五行之語。可以考見原文。而御覽樂部十三所引。並刪去下文立字。總由不知作之訓爲始。故紛紛妄刪耳。　△令其五鍾　丁云。令與命通。命。名也。

△三曰黃鍾灑光　宋本朱本灑作洒。　△四曰景鍾昧其明　御覽樂部十三引明作鳴。　△日至睹甲子木行御　俞云。睹疑當爲都。都。凡也。望謂疑當爲諸。諸。於也。　△命左右士師內御　王云。士師當爲土師。見上文。

△賦祕賜賞於四境之內　王氏引之云。此當以賦祕爲句。賞賜於四境之內爲句。賦。布也。（大雅烝民篇毛傳。）布散其所祕藏之物也。下文曰。發臧（古藏字。）任君賜賞。賦祕猶言發臧也。賜賞於四境之內。猶言任君

賜賞也。尹注非。　△順山林　安井衡云。古本順作愼。△然則水解而凍釋草木區萌　中立本水作冰。王云。
水當爲冰。區萌卽句芒。樂記曰。草木茂區萌達是也。尹注非。　△贖蟄蟲卵菱　丁云。贖字衍。菱乃養字之誤。卵。
生也。養。亦生也。養與萌爲均。說文。養古文作羧。寫者移羊旁置於攴上。羧變爲菱。與菱字相似而誤。望案。宋本卵
作卵。蓋非。　△毋傅速　丁云。顧千里云。速卽鏖字。爾雅。鹿跡爲鏖。　△亡傷繈褓　宋本褓作葆。　△七十二
日而畢　尹注曰。春當九十日而今七十二日而畢者。則季月十八日屬土位故也。劉云。上文甲子木行御。下文
丙子火行御。自甲子起。周一甲子六十日。又十二日得丙子。故曰七十二日而畢。下皆放此。蓋五七三百五十日。
又五二爲十日。适三百六十日。一年之數也。尹注非。　△發臧任君賜賞君子修游馳以發地氣出皮幣　丁云。
當讀發臧任君賜賞以發地氣。四時篇曰。量功賞賢。以助陽氣。又曰。斷刑致罰。無赦有罪。以符陰氣。句法一例。皆
取順時宣化之義。君子修游馳出皮幣一句讀。馳乃駟之誤。駟。四馬一車也。游駟。猶中匡篇之游車。小匡篇曰。又
游士八十人。奉之以車馬衣裘。多其資糧財幣。使出周游於四方。山國軌篇曰。上且修游人出若干幣。游人卽游
士也。彼指人言。此就車駕言。文義相合。　△不誅不貞　丁云。貞當爲責。白虎通。誅猶責也。司救誅讓注。誅。責也。
尹注本作責正也。故其下言無所責正。今正文及注皆譌。　△農事爲敬　王云。敬當作亟。讀如亟其乘屋之亟。
亟。急也。言夏時不行誅罰。唯農事爲急也。又下文云。天子敬行急政旱札。敬亦當作亟。讀如亟稱於水之亟。亟數
也。言天子數行急政。則有旱札之災也。集韻亟或作[艹亟]。因譌而爲敬。大戴禮文王官人篇。亟爯其說。（爯與稱同。）
今本亟爯譌爲敬再。是其證也。　△然則天爲粵宛　洪云。粵。古越字。左氏昭四年傳。風不越而殺。杜注云。越。散
也。淮南俶眞訓。精神已越於外。主術訓。精神勞則越。高誘皆訓越爲散。宛古通作菀。菀皆謂鬱結。言天散其鬱結
之氣。艸木得以養長。五穀得以蕃實。秀大也。尹注非。　△衍組甲厲兵　北堂書鈔五十一引。作合組甲。厲士衆。
藝文類聚四十七。御覽封建部八。又兵部十八引。作全組甲。全卽合字之誤。　△合什爲伍　丁云。爲字衍。幼官
篇曰。修鄉閭之什伍。禁藏篇曰。輔之以什。司之以伍。　△諛然告民有事　望案。諛然無義。諛乃讃之字誤。說文
讃下引司馬法曰。師多則人讃。讃。止也。字亦作讚。廣雅釋詁曰。讃。怒也。　△地競環　宋本環作環。洪云。環讀爲
營。謂可營盡其地利。尹注非。　△五穀鄰熟　望案。釋名釋州國曰。鄰。連也。五穀鄰熟。猶言連熟。卽所謂婁豐也。
△歲農豐　丁云。農字疑卽豐之誤衍。　△命左右使人內御御其氣足則發而止　宋本無下御字。王云。下
御字衍。據尹注云。其閉藏之氣足。則發令休止也。則其氣上無御字。　△則發撊瀆盜賊　俞云。發字涉上文而

衍。據尹注無。△然則羽卵者不段　洪云。段讀作毈。說文。毈。卵不孚也。淮南原道訓。獸胎不贕。鳥卵不毈。高誘注。胎不成獸曰贕。卵不成鳥曰毈。段卽毈字之省。△贕婦不銷弃　丁云。玉篇。贕。或孕字。太玄䦆首曰。䗂其膏。人一月而膏。䗂與贕同。薙氏。掌殺草秋繩而芟之。注曰。含實曰繩。釋文。繩音孕。繩亦當爲贕。字之誤。說見惠氏九經古義。△天子不賦不賜賞而大斬伐傷君危不殺太子危　俞云。殺當爲發。聲之誤。君危自爲句。不發又自爲句。此文遠探上文睹甲子木行御天子出令云云而言。所云不賦不賜賞而大斬伐傷。與上文賦祕賜賞。及禁民斬木相應。所云不發。與上文發故粟相應。蓋當發故粟而不發。故其災禍如此也。不發正與不賦不賜賞一律。因字誤作殺。尹遂以君危不殺四字爲句。而注亦曲說矣。

卷十五

勢第四十二　短語十六

戰而懼水。此謂澹滅。方戰之時。懼致水禍。必爲水所澹而滅亡也。此小事不從。大事不吉。苟懼水禍。則事無小大。未見其福也。戰而懼險。此謂迷中。方戰之時。懼有險礙。進退莫知所從。故曰迷中。言在迷惑之中。分其師衆。人既迷芒。必其將亡之道。人既迷惑不知所從。則無所用其力。是以滅其師衆矣。又況迷惑芒然乎。若是者。必亡其衆。凡此二事。皆滅亡之道也。動靜者比於死。比。近也。用師之道。我動而敵靜者。則靜者勝矣。故我近於死亡也。動作者比於醜。我先動。敵反作應者。我必無功。故近於醜。動信者比於距。我既動。彼能自申以敵我。如此者。近於見距也。動詘者比於避。我既動而彼屈服者。近於見避。夫靜與作。時以爲主人。時以爲客。貴得度。靜作得度。則爲主人。其失度者則爲客也。知靜之修。居而自利。既多智。而又安靜。二者能修。則居然自獲其利也。知作之從。每動有功。知其所作。常能從理。如此者。動必有功也。故曰無爲者帝。其此之謂矣。言無心於爲。任理之自然。如此者。帝王之道也。逆節萌生。天地未形。先爲之政。其事乃不成。繆受其刑。言將爲篡殺凶逆之節。雖萌芽而生。然天地寂泊。不見徵應。無從已之形。此則先天而政。天乃違之。故其事不成。則被誅戮受其刑罪也。天因人。聖人因天。所謂先天而天不違。後天而奉天時。天時不作。勿爲客。不因天時而動者乃爲客矣。人事不起。勿爲始。不因人事而起。可謂先事爲始。慕和其衆。以修天地之從。人先生之。天地刑之。聖人成之。則與天同極。將建大事。必慕和其衆。天地既已從。但當修天之意。人先生是心。天地又見其修意有從順之形。聖人則發動而成。如此者可謂與天同極也。正靜不爭。動作不貳。素質不留。全其素質。無所留者。與地同極。能行正靜已下可謂與地同極也。未得天極。則隱於德。未得與天同極。則隱而修德也。已得天極。則致其力。已得天極。則當致力而成之。若湯之升陑。武王牧野是也。既成其功。順守其從。人不能代。從。順也。功成矣。則以順理守之。所謂逆取順守者也。則人何能代之乎。成功之道。嬴縮爲寶。嬴縮。猶行藏也。所謂時行則行。時止則止。其道乃著。故以爲寶。毋亡天極。究數而止。但盡天之數。則止而勿爲。事若未成。毋改其形。毋失其始。形。謂常形也。守常修始。事終有成也。靜民觀時。待令而起。言事未成之時。但安靜其人。謹候其時。待天命令。然後起而應也。故曰。修陰陽之從。而道天地之常。道。從也。嬴嬴縮縮。因而爲當。必行藏順時。然後事當。重言之。殷勤其事也。死死生生。因天地之形。死生。猶隱顯也。聖人隱顯必因天地之形。天地之形。聖人成之。因天地之形。則無不成也。小取者小利。大取者大利。但能法則。大小無不利。盡行之者有天下。所謂唯天爲大。唯堯則之。故賢者誠信以仁之。慈惠以愛之。端政象。不敢以先人。常執謙以下物。中靜不留。中心安靜。無所留著。裕德無求。道德饒裕。無求於人。形於女色。女之容色靜而不先求者。其所處者。柔安靜樂。雖復隱處。常能柔安靜樂。行德而不爭。以待天下之濆作也。雖復爲政行德。常能謙讓。不與物爭。濆。動亂也。故賢者安徐正靜。柔節先定。先定謙柔之節。然後有所與爲也。行於不敢。則人不能與我爭勇。而立於不能。則人莫與我爭功。守弱節而堅處之。守柔弱之節。而堅明以自處也。故不犯天時。不亂民功。謙順故無所犯亂也。秉時養人。持四時之政以順養其人。先德後刑。賞以春夏。刑以秋冬。順於天。微度人。既順於天。又微度人之所宜以合之。善周者。明不能見也。善於周。周則極也。萬物無所至。如此者。雖有明察之人不能盡矣。善明者。周不能蔽也。善於明。明則極也。如此者。則雖善周之人不能自隱蔽。必爲善明者所知也。大明勝大周。則民無大周也。明勝大周。則人無能爲大周也。大周勝大明。則民無大明也。周勝大明。則人無能爲大明。此皆欲大周大明獨在君也。凡大周之先。可以奮信。奮信。振起貌。言既有大周之德。在物之先。則可以振起而有事。大明之祖。可以代天下。有大明之德。可以爲物祖。如此。則可代天下無道。取其位而君之也。索而不得。求之招搖之下。招搖之星。隨斗杓順時而建者也。天下者神器。直欲索之。則不得。若求之招搖之下。順時而取。則可也。獸厭走而有伏網罟。獸所以憎厭其走者。恐前有伏網罟。故聖人不敢以直道取天下者。恐有大禍故也。一偃一側。不然不得。

偃側。猶倚伏也。聖人之取天下知云云。文設武伏。如其不然。則天位不可得也。大文三會。而貴義與德。大武三會。而偃武與力。大文三會。則文道行也。故能成其德義。大武三會。則武道行也。故能偃其武力。

正第四十二　　短語十七

制斷五刑。各當其名。罪人不怨。服罪故不怨也。善人不驚曰刑。刑當故不驚。如此者所謂刑也。正之所以勝姦正也。服之。所以服不能也。勝之所以勝姦邪。飾之。修飾身也。必嚴其令。而民則之曰政。令嚴則人作法之。如此者政也。如四時之不貣。如星辰之不變。如宵如晝。如陰如陽。宵晝陰陽。皆有其常。如日月之明曰法。法之用。守常不變。愛之生之。養之成之。利民不德。利雖及人。不以爲德也。天下親之曰德。德用之恩。萬物親之。無德無怨。無好無惡。萬物崇一。陰陽同度曰道。道之用不二者。刑以弊之。政以命之。法以遏之。德以養之。物待德養而成。道以明之。明是非也。刑以弊之毋失民命。刑斷合理。故人命不失也。令之以終其欲。明之毋徑。行令所以終人之欲。使之明識正道。不從邪徑也。遏之以絕其志意。毋使民幸。用法正人之志意。不使人有非分之幸也。養之以化其惡。必自身始。身惡盡則人惡化。明之以察其生。必修其理。恐有不修理。故以明察之。致刑其民。庸心以蔽。庸。用也。不用心以斷。則濫及不辜。致政其民。服信以聽。服。用也。謂用誠信聽理於人。致德其民。和平以靜。君德及人。以致和靜。致道其民。付而不爭。人被道。則相付任而不交爭也。罪人當名曰刑。罪當其名。刑之謂也。出令時當曰政。令當於正時之謂也。當故不改曰法。不改當故。法之謂也。愛民無私曰德。君愛無私。德之謂也。會民所聚曰道。聚。謂衆所宜也。能令衆宜。道之謂也。立常行政。能服信乎。服信則政行常立。中和愼敬。能日新乎。苟能和敬。則其德日新也。正衡一靜。能守愼乎。衡。平也。言但能守愼。故政平而靜一。廢私立公。能舉人乎。但公而無私。則能舉人也。臨政官民。能後其身乎。後其身。則能臨政官人也。能服信政。此謂正紀。能行信正者。正之紀。能服日新。此謂行理。能行日新。可謂行之理也。守愼正名。僞詐自止。能愼則詐息也。舉人無私。臣德咸道。無私則不妄舉。故臣德皆合於道也。能後其身。上佐天子。後身則先公。故能上佐天子也。

九變第四十四 謂人之情變有九。

短語十九

凡民之所以守戰至死而不德其上者。有數以至焉。或守或戰。雖復至死。不敢恃之以德於上。則有數存焉於其間。故能至死也。曰。大者。親戚墳墓之所在也。一變。田宅富厚足居也。二變。不然。則州縣鄉黨與宗族足懷樂也。三變。不然。則上之教訓習俗慈愛之於民也厚。無所往而得之。君之恩厚皆在於人。無所他往。故得人之致死。四變。不然。則山林澤谷之利足生也。五變。不然。則地形險阻。易守而難攻也。六變。不然。則罰嚴而可畏也。不然。則賞明而足勸也。七變。不然。則有深怨於敵人也。八變。不然。則有厚功於上也。功厚則祿多。故亦自爲戰。而不德於君。九變。此民之所以守戰至死而不德其上者也。今恃不信之人。而求以智用。不守之民。而欲以固。將不戰之卒而幸以勝。此兵之三闇也。

任法第四十五

區言一

聖君任法而不任智。任數而不任說。任公而不任私。任大道而不任小物。小物。小事。然後身佚而天下治。失君則不然。舍法而任智。故民舍事而好譽。舍數而任說。故民舍實而好言。舍公而好私。故民離法而妄行。舍大道而任小物。故上勞煩。百姓迷惑。而國家不治。聖君則不然。守道要。處佚樂。馳騁弋獵。鐘鼓竽瑟。宮中之樂。無禁圉也。宮中之樂。所以悅體安性。故不禁禦之也。不思不慮。不憂不圖。但任法數。無所慮圖也。故利身體。便形軀。養壽命。垂拱而天下治。但任法數。則事簡。故身不勞。壽命長而天下自理也。是故人主有能用其道者。道則謂上法數。公正大道。不事心。不勞意。不動力。而土地自辟。囷倉自實。蓄積自多。甲兵自彊。羣臣無詐僞。百官無姦邪。奇術技藝之人。莫敢高言孟行。以過其情。以遇其主矣。孟。大也。遇。待也。不敢以謬妄姦言妄行以待其主也。昔者堯之治天下也。猶埴之在埏也。埏。和也。音羶。唯陶之所以爲。猶金之在罏。恣冶之所以鑄。其民引之而來。推之而往。使之而成。禁之而止。故堯之治也。善明法禁之令而已矣。黃帝之治天下也。其民不引而來。

不推而往。不使而成。不禁而止。比黃帝之於堯。則堯有爲而黃帝無爲。故黃帝之治也。置法而不變。使民安其法者也。所謂仁義禮樂者皆出於法。法行順。仁義生。此先聖之所以一民者也。法所以齊一於民也。周書曰。國法。有國者有法也。法不一。則有國者不祥。法不一。則亂。故不祥。民不道法。則不祥。道。從。國更立法以典民。則祥。更。改也。典。主也。言能觀宜改法以主於人。則國理故祥也。羣臣不用禮義教訓。則不祥。百官服事者離法而治。則不祥。服。行也。故曰。法者不可恆也。法敝則當變。故不恆。存亡治亂之所從出。法順則存治。法違則亂七。聖君所以爲天下大儀也。君爲天下之儀表也。君臣上下貴賤皆發焉。莫不取法於君臣。發。行也。故曰。法古之法也。立法者必師古。世無請謁任舉之人。任。保也。以法取人。則無請謁之保舉。無間識博學辯說之士。間。雜亂也。法行。則博學辯說之人不敢間亂識事也。無偉服。無奇行。偉服奇行。皆過越法制者。今止息者。畏法故也。皆囊於法以事其主。囊者所以斂藏也。謂人皆斂藏過行。以順於法。上事其主。故明王之所恆者二。一曰明法而固守之。二曰禁民私而收使之。謂以法收斂而使之。此二者。主之所恆也。廢此二者。則政亂。夫法者。上之所以一民使下也。私者。下之所以侵法亂主也。故聖君置儀設法而固守之。然故諶杵習士。聞識博學之人不可亂也。杵所以毀碎於物者也。謂姦詐之人。僞託於謀。以毀君法。習士。謂習法之士。聞識。謂多聞廣識。君守法堅。故此等莫能亂也。衆彊富貴私勇者不能侵也。信近親愛者不能離也。離。違也。猶珍怪奇物不能惑也。萬物百事非在法之中者不能動也。珍怪奇物比正法爲怪僻。故法者天下之至道也。道無越於法者。聖君之實用也。用法爲理國之實。今天下則不然。皆有善法而不能守也。然故諶杵習士。聞識博學之士。能以其智亂法惑上。衆彊富貴私勇者。能以其威犯法侵陵。謂侵陵君也。鄰國諸侯能以其權置子立相。鄰國恃權能。廢置君之子。援立國相。大臣能以其私附百姓。謂用私恩誘百姓使附也。翦公財以祿私士。謂翦公財以祿私士。皆以君不守法故也。此凡如是而求法之行。國之治。不可得也。謂從失法之後國不可得理也。聖君則不然。卿相不得翦其私。羣臣不得辟其所親愛。聖君亦明其法而固守之。羣臣修通輻湊。謂各得自通於君如輻之湊也。以事其主。百姓輯睦聽令道法以從其事。道。從也。故曰。有生法。有守法。有法於法。夫生法者君也。（君始制法。故曰生法。）守法者臣也。（臣則守法而行。）法於法者民也。（人則法君之法。）君臣上下貴賤皆從法。此謂爲大治。故主有三術。（謂上主中主危主也。）夫愛人不私賞也。惡人不私罰也。置儀設法以度量斷者。上主也。愛人而私賞之。惡人而私罰之。倍大臣。離左右。專以其心斷者。中主也。臣有所愛而爲私賞之。有所惡而爲私罰之。（爲大臣愛惡之故而私賞罰也。）倍其公法。損其正心。（謂損政教之正。）專聽其大臣者。危主也。故爲人主者。不重愛人。不重惡人。重愛曰失德。重惡曰失威。（君隨臣愛惡。則威德皆在於臣。故曰失也。）威德皆失。則主危也。故明王之所操者六。生之殺之。富之貧之。貴之賤之。此六柄者。主之所操也。主之所處者四。一曰文。二曰武。三曰威。四曰德。此四位者。主之所處也。藉人以其所操。命曰奪柄。藉人以其所處。命曰失位。奪柄失位。而求令之行。不可得也。（既至於奪柄失位之後。欲求令行。不可得。）法不平。令不全。是亦奪柄失位之道也。（法不平。令不全。則柄位不可得而保。故曰奪柄失位之道。）故有爲枉法。有爲毀令。此聖君之所以自禁也。（言有枉法毀令。聖君則能禁止之。）故貴不能威。富不能祿。賤不能事。近不能親。美不能淫也。（此五事解見下文。）植固而不動。奇邪乃恐。（所立堅則不可動。若奇邪則敗亡旋及。故恐。奇音羈。）奇革而邪化。令往而民移。（君之奇邪。能有革化。則令纔往而人已移心而從善也。）故聖君失度量置儀法。（聖君見有失度量。則置儀法以改也。）如天地之堅。（堅。謂尊勝。）如列星之固。（自古至今不見天星有虧敗也。）如日月之明。（無私耀臨。）如四時之信。（寒暑之氣。來必以時。）然故令往而民從之。（君能苞上之四字。故令往人從也。）而失君則不然。法立而還廢之。令出而後反之。枉法而從私。毀令而不全。是貴能威之。富能祿之。賤能事之。近能親之。美能淫之也。此五者。不禁於身。（君身不能自禁止也。）是以羣臣百姓。人挾其私。而幸其主。（妄希非分之恩。）彼幸而得之。則主日侵。（臣得不當得之恩。則主日見侵也。）彼幸而不得。則怨日產。（若不得所幸。則怨毒日生也。）夫日侵而產怨。此失君之所慎也。凡爲主而不得用其法。不適其意。顧臣而行。（凡有所行。不敢自專。顧望其臣而爲之也。）離法而聽貴臣。（貴臣雖有離法。亦聽從之。）此所謂貴而威之也。（言貴臣能威於君也。）富人用金玉事主而來焉。（謂以金玉來事主也。）主離法而聽之。此所謂富而祿之也。言富人能祿於君也。 賤人以服約卑敬悲色告愬其主。服約。謂屈服隱約也。 主因離法而聽之。所謂賤而事之也。言賤人善諂。君聽之。 近者以偪近親愛有求其主。主因離法而聽之。此謂近而親之也。言近者恃親以要君。則君從。 美者以巧言令色請其主。主因離法而聽之。此所謂美而淫之也。言美者能以言色淫動於君。故君亦聽之。 治世則不然。不知親疏遠近貴賤美惡以度量斷之。其殺戮人者不怨也。殺當其罪。故不怨也。 其賞賜人者不德也。以功受賞。不德於君也。 故以法制行之。如天地之無私也。是以官無私論。士無私議。民無私說。皆虛其匈以聽於上。匈。恐懼貌。 上以公正論。以法制斷。故任天下而不重也。法制行則事簡。故不重也。 今亂君則不然。有私視也。故有不見也。有私聽也。故有不聞也。有私慮也。故有不知也。凡私則不周。故有不見聞知也。 夫私者。壅蔽失位之道也。上舍公法而聽私說。故羣臣百姓皆設私立方。以教於國。方。謂異道術也。 羣黨比周。以立其私。請謁任舉。以亂公法。人用其心。以幸於上。上無度量以禁之。是以私說日益。而公法日損。國之不治。從此產矣。夫君臣者。天地之位也。民者。衆物之象也。各立其所職以待君令。羣臣百姓安得各用其心而立私乎。故遵主令而行之。雖有傷敗無罰。遵令而行。敗非己致。故無罰也。 非主令而行之。雖有功利。罪死。失令有功。法所不赦。故罪死。 然故下之事上也。如響之應聲也。臣之事主也。如影之從形也。故上令而下應。主行而臣從。此治之道也。夫非主令而行有功利。因賞之。是教妄舉也。賞不從令。教妄爲舉措。 是遵主令而行之。有傷敗而罰之。是使民慮利害而離法也。羣臣百姓人慮利害。而以其私心舉措。則法制毀而令不行矣。

明法第四十六 區言二

所謂治國者。主道明也。主道明。則公法明。故國治。 所謂亂國者。臣術勝也。臣術勝。則私事立。故國亂。 夫尊君卑臣。非計親也。以埶勝也。令尊君卑臣者。其計非欲使親君也。但令君埶其勝也。 百官識非惠也。刑罰必也。必令百官識非公之惠。而不敢受。又知刑罰必行。無妄求免罪也。 故君臣共道則亂。臣行君事。故曰共道。專授則失。若君有所授與。心而專之。亦爲失也。夫國有四亡。令求不出謂之滅。求不出令。則下無所稟。故滅。出而道留謂之擁。中道而留止。故曰擁。下情求不上通謂之塞。求不上通。則與君隔絕。故曰塞也。下情上而道止謂之侵。下情雖欲上通。中道爲左右所止。此則臣侵上事也。故夫滅侵塞擁之所生。從法之不立也。是故先王之治國也。不淫意於法之外。淫。遊也。不爲惠於法之內也。不屈法以成私惠也。動無非法者。所以禁過而外私也。外。遺也。威不兩錯。臣行君威爲兩置。政不二門。臣出政。爲二門也。是以法治國則舉錯而已。言能以法理國。但舉而置之。無不行。是故有法度之制者。不可巧以詐僞。非法度不聽。則詐僞何施。有權衡之稱者。不可欺以輕重。以權衡稱之。輕重立見。有尋丈之數者。不可差以長短。今主釋法以譽進能。則臣離上而下比周矣。比周於下。所以求譽。以黨舉官。則民務交而不求用矣。交合則自進官。何須求用。是故官之失其治也。是主以譽爲賞。以毀爲罰也。以毀譽爲賞罰。則官自然失理。然則喜賞惡罰之人離公道而行私術矣。行私術。自然得賞。安用就公道而求乎。比周以相爲匿。是比周者。凡有公是之事。皆匿而不行也。忘主死交以進其譽。故交衆者譽多。爲交友致死。其譽自進。外內朋黨。雖有大姦。其蔽主多矣。是以忠臣死於非罪。朋黨共毀之故。忠臣非罪而死。而邪臣起於非功。朋黨共譽之。邪臣非功而起。故所死者非罪。所起者非功也。然則爲人臣者重私而輕公矣。私則得利。公而致禍。故重私而輕公矣。十至私人之門。私人之門。謂所與交私爲朋黨者也。不一至於庭。謂之君庭。百慮其家。不一圖國。重私輕公故也。屬數雖衆。非以尊君也。所屬之數。雖曰衆多。無不黨私。故非尊君也。百官雖具。非以任國也。各務私。故不任國事。此之謂國無人。國無人者。非朝臣之衰也。家與家務於相益。不務尊君也。大臣務相貴而不任國。小臣持祿養交。不以官爲事。故官失其能。官各失能。則與無人同也。是故先王之治國也。使法擇人。不自舉也。使法量功。不自度也。設法者自著擇人量功之條。故不勞自舉度也。故能匿而不可蔽。苟有材能。則法自與之。不可隱蔽也。敗而不可飾也。無功而敗。法自量之。故不可虛飾也。譽者不能進。無材。雖譽之而不能進也。而誹者不能退也。有功。雖誹之而不能退也。然則君臣之間明別。謂賢不肖有功者。各明白而分別也。明別則易治也。明別則無僞濫。故易治也。主雖不身下為。謂不身為其事。而守法為之可也。但守法則法自為之。不勞身也。

正世第四十七

古之欲正世調天下者。必先觀國政。料事務。察民俗。本治亂之所生。知得失之所在。然後從事。從。為。故法可立而治可行。夫萬民不和。國家不安。失非在上。則過在下。今使人君行逆不修道。誅殺不以理。重賦斂。竭民財。急使令。罷民力。使令急。人力疲也。故財竭。則不能毋侵奪。人財竭。則侵奪以共上稅也。力罷。則不能毋墮倪。倪。傲也。謂疲墮而傲從也。民已侵奪墮倪。因以法隨而誅之。則是誅罰重而亂愈起。夫民勞苦困不足。則簡禁而輕罪。如此。則失在上。失在上。而上不變。則萬民無所託其命。今人主輕刑政。寬百姓。薄賦斂。緩使令。然民淫躁行私。而不從制。飾智任詐。負力而爭。則是過在下。過在下。人君不廉而變。廉。察也。則暴人不勝。邪亂不止。暴人不勝。邪亂不止。則君人者勢傷。而威日衰矣。故為人君者。莫貴於勝。所謂勝者。法立令行之謂勝。法立令行。故羣臣奉法守職。百官有常。法不繁匿。萬民敦慤反本而儉力。謂廉嗇而勤力也。故賞必足以使。謂使人從善也。威必足以勝。謂勝人姦邪也。然後下從。故古之所謂明君者。非一君也。五帝三王。俱曰明君。故曰非一。其設賞有薄有厚。其立禁有輕有重。迹行不必同。非故相反也。皆隨時而變。因俗而動。夫民躁而行僻。則賞不可以不厚。禁不可以不重。既躁而僻則難化。須厚賞以誘之。重禁以威之。故聖人設厚賞。非侈也。立重禁。非戾也。賞薄。則民不利。禁輕。則邪人不畏。設人之所不利。欲以使。則民不盡力。立人之所不畏。欲以禁。則邪人不止。是故陳法出令。而民不從。故賞不足勸。則士民不為用。刑罰不足畏。則暴人輕犯禁。民者服於威殺然後從。見利然後用。被治然後正。得所安然後靜者也。夫盜賊不勝。邪亂不止。彊劫弱。衆暴寡。此天下之所憂。萬民之所患也。憂患不除。則民不安其居。民不安其居。則民望絕於上矣。夫利莫大於治。害莫大於亂。夫五帝三王所以成功立名顯於後世者。以爲天下致利除害也。事行不必同。所務一也。莫不務於理也。夫民貪行躁而誅罰輕。罪過不發。有罪過者不發舉也。則是長淫亂而便邪僻也。有愛人之心而實合於傷民。輕刑以愛人。姦多反傷人也。此二者不可不察也。二者。謂愛與傷人。夫盜賊不勝。則良民危。良人爲盜所害。故危。法禁不立。則姦邪繁。故事莫急於當務。每事當其務則理也。治莫貴於得齊。齊。謂無非人也。制民急則民迫。民迫則窘。窘則民失其所葆。葆。謂所恃爲生者也。緩則縱。縱則淫。淫則行私。行私則離公。離公則難用。故治之所以不立者。齊不得也。謂上有非人也。齊不得。則治難行。故治民之齊。不可不察也。聖人者。明於治亂之道。習於人事之終始者也。其治人民也。期於利民而止。至於利人。則止而勿理也。故其位齊也。不慕古。不留今。留。謂守常不變。與時變。與俗化。夫君人之道。莫貴於勝。勝故君道立。勝則無不服。故君道立也。君道立。然後下從。下從。故教可立而化可成也。夫民不心服體從。則不可以禮義之文教也。君人者不可以不察也。

治國第四十八

匡言四

凡治國之道。必先富民。民富則易治也。民貧則難治也。奚以知其然也。民富則安鄉重家。安鄉重家。則敬上畏罪。敬上畏罪。則易治也。民貧則危鄉輕家。危。謂不安其所居也。危鄉輕家。則敢陵上犯禁。陵上犯禁。則難治也。故治國常富。而亂國常貧。是以善爲國者。必先富民。然後治之。昔者七十九代之君。法制不一。號令不同。然俱王天下者何也。必國富而粟多也。夫富國多粟。生於農。故先王貴之。凡爲國之急者。必先禁末作文巧。末作文巧禁。則民無所游食。民無所游食。則必農。謂必務農。民事農。則田墾。田墾則粟多。粟多則國富。國富者兵彊。兵彊者戰勝。戰勝者地廣。是以先王知衆民彊兵。廣地富國之必生於粟也。故禁末作。止奇巧。而利農事。今爲末作奇巧者。一日作而五日食。言取一日之利。可共五日之食也。農夫終歲之作。不足以自食也。然則民舍本事而事末作。舍本事而事末作。則田荒而國貧矣。凡農者月不足而歲有餘者也。而上徵暴急無時。謂徭稅不以時。則民倍貸以給上之徵矣。倍貸。謂貸一還二也。耕耨者有時。而澤不必足。謂用澤不足也。則民倍貸以取庸矣。澤不足則歲凶。富者倍貸於貧不能還其倍價者。則計所倍而取庸矣。秋糴以五。春糶以束。是又倍貸也。謂富者秋時以五糴之。至春出糶。便收其束矣。此亦倍貸之類也。束。十疋也。故以上之徵而倍取於民者四。謂上無時之徵。一也。澤不足。二也。秋糴春糶。三也。下關市府庫之徵。四也。關市之租。府庫之徵粟什一。廝輿之事。此四時亦當一倍貸矣。府庫。謂府之庫新有徵稅。言人供關市府庫之徵亦用粟之什一計。四時當有所用。故亦當一倍貸之。夫以一民養四主。四主。即上四倍貸也。故逃徙者刑。謂有刑罰。而上不能止者。粟少而民無積也。常山之東。河汝之閒。蚤生而晚殺。五穀之所蓄孰也。四種而五穫。四種。謂四時皆種。五穫。謂五穀皆宜而有所穫。中年畝二石。一夫爲粟二百石。今也倉廩虛而民無積。農夫以粥子者。上無術以均之也。故先王使農士商工四民交能易作。交能易作。謂雖士亦審於農工。雖農亦通於士業也。終歲之利。無道相過也。道。從也。四人均能。故其利無從相過之也。是以民作一而得均。四人交能易作。故日也。一民作一。則田墾。姦巧不生。田墾則粟多。粟多則國富。姦巧不生則民治。富而治。此王之道也。不生粟之國亡。粟生而死者霸。霸者或不能廣積粟。人有不生而致死者也。故粟生而不死者王。王者積粟既多。故人保其生。無復致死者也。粟也者。民之所歸也。粟也者。財之所歸也。有粟則人歸之。粟也者。地之所歸也。積粟既多。或有入地歸降者也。粟多則天下之物盡至矣。故舜一徙成邑。二徙成都。參徙成國。舜非嚴刑罰。重禁令。而民歸之矣。去者必害。謂背舜而去者。從者必利也。先王者。善爲民除害興利。故天下之民歸之。所謂興利者。利農事也。所謂除害者。禁害農事也。農事勝則入粟多。入粟多則國富。國富則安鄉重家。安鄉重家則雖變俗易習。謂改易其常習。敺衆移民。至於殺之。而民不惡也。此務粟之功也。上不利農則粟少。粟少則人貧。人貧則輕家。輕家則易去。易去則上令不能必行。上令不能必行則禁不能必止。禁不能必止則戰不必勝。守不必固矣。夫令不必行。禁不必止。戰不必勝。守不必固。命之曰寄生之君。謂暫寄爲生。不能長久。此由不利農少粟之害也。粟者。王之本事也。人主之大務。有人之塗。謂保有其人其塗因粟也。治國之道也。

卷十五校正

勢第四十二　短語十六

△人既迷芒必其將亡之道　王氏引之云。之道二字因注而衍。人既迷芒。必其將亡。（言其將亡可必也。）皆以四字爲句。且芒與亡爲均也。若增之道二字。則亂其文義。而又失其均矣。　△動靜者比於死　俞云。此與下四動字疑皆當作重。與任法篇。重愛曰失德。重惡曰失威。重字同義。　△先爲之政　丁云。政與征同。越語曰。逆節萌生。天地未形。而先爲之征。其事是以不成。雜受其刑。與此文大同。　△慕和其衆以修天地之從　望案。修當爲循。說見形勢篇。　△天地刑之　孫云。依下文刑當作形。注云。天地又見其意有從順之形。字亦作形。　△動作不貳　王云。貳當爲貣。貣音他得反。不貣。不差也。說文。忒。失常也。字或作忒。曹風鳲鳩篇。其儀不忒。是也。又作貸。月令。宿離不貸。是也。又作貣。豫彖傳。四時不忒。京房忒作貣。洪範衍忒。史記宋世家作貣。管子正篇。如四時之不貣。是也。貣與下文極極德極力代爲均。（代讀如特。）貳則非均矣。（貣從弋聲。於古音屬之部。貳從弍聲。於古音屬脂部。）又輕重乙篇。調則澄。（澄當爲橙。說見輕重乙。）澄則常。常則高下不貳。貳亦當爲貣。貣。差也。言衡數有常。則高下不差也。貳與貣字相近。故貣譌作貳。大射儀注引周語平民無忒。今本忒作貳。（月令注引此亦作貳。案正義引周語注云平民使不貸。貸卽貣字。則鄭注本作貣明矣。且此注與大射儀注所引不當有異也。韋注云。成民之志。使無疑貳。則所見本已作貳矣。月令正義引舊注平民使不貸。蓋賈注也。）緇衣引詩其儀不忒。釋文。忒。他得反。本或作貳。音二。貳卽貣字之譌。釋文音二。非也。（家語五帝德篇。其言不忒。大戴禮忒作貳。大戴禮禮三本篇。貸之則喪。荀子禮論篇貸作貳。皆是貣字之譌。）貣雖譌作貳。而貣貸等字不可讀爲貳。乃月令之宿離不貸。毋或差貸。毋有差貸。（三貸字呂氏春秋竝作忒。）釋文皆音二。則幷貸字亦讀爲二。其失甚矣。

△既成其功順守其從　王氏引之云。順字因注逆取順守而誤。順當爲則。既成其功。則守其從。與上文已得天極。則致其力。文義正同。注內則以順理守之。正釋則守其從四字也。從卽是順。若如今本作順守其從。則是順守其順。不復成文義矣。　△人不能代　朱本代作伐。張云。疑作伐是也。據尹注是亦作伐。而今本俱誤作代。　△

修陰陽之從　望案。修亦當爲循。說見形勢篇　△贏贏縮縮因而爲當　丁云。當乃常字誤。越語曰。四封之外。敵國之制。立斷之事因陰陽之恆。順天地之常。柔而不屈。彊而不剛。德虐之行。因以爲常。死生因天地之荆。天因人。聖人因天。人自生之。天地形之。聖人因而成之。此常字與上文常字爲均。尹注失之。　△天地之形　王云。當依上文作天地形之。形與成爲均。尹注非。　△中靜不留　丁云。靜疑情字之借。中情不留。與上文素質不留同意。▽形於女色　俞云。女讀如爾女之女。形於女色。猶言形於其色。　△以待天下之濆作也　宋本朱本之下有大字。　△大周之先可以奮信　丁云。尹注云。奮信。振起貌。案尹見本疑作奮訊。廣雅。奮。訊也。與𢒩同。　△一偃一側　中立本上一字誤入注文。　△大文三會而貴義與德　朱本貴作賁。

正第四十三　短語十七

△刑以弊之毋失民命　吳云。刑以二字。涉上而衍。丁云。弊之下當有脫文。與下令之還之養之明之句例相同。　△令之以終其欲明之毋徑　劉云。明之毋徑。當作毋使民徑。王云。劉說是也。毋使民徑。與下毋使民幸。文同一例。今本毋上衍明之二字。（涉上文道以明之而衍。）毋下又脫使民二字。尹注非。又案終當爲絕。字之誤也。（尹注同。）廣雅曰。徑。邪也。民有欲。則入於邪。故曰。絕其欲。毋使民徑。下文亦云。還之以絕其志意。　△明之以察其生必修其理　望案。修當爲循。說見形勢篇。　△致刑其民庸心以蔽　俞云。致刑與下致政致德致道皆二字爲句。其民屬下讀。蔽與聽靜爭不協均。蔽葢敬字之誤。爾雅釋詁曰。庸。勞也。言上能致其刑。則其民勞心而敬也。　△致政其民服信以聽　劉云。此下缺致法其民二句。　△致道其民付而不爭　俞云。付。附之借字。言民親附而不爭也。尹注非。　△出令時當曰政　丁云。時當宜作當時。與上文句例同。　△當故不改曰法　望案。當讀爲常。說見心術下篇。　△正衡一靜　俞云。據注文。則當作正衡靜一。今本誤倒。　△能服信政此謂正紀能服日新此謂行理　丁云。案政字與下服字皆衍文。能服信。承上能服信乎句。能日新。承上能日新乎句。服信猶信服。上文云服信以聽是也。尹注云能行信正。非。能日新句指德言。此涉上文服信而衍服字。義不可通。尹注云能行日新。亦非。葢由淺人見下文皆四字爲句。遂欲整齊句例。強加一字。以足成之。殊不知於理難通也。

九變第四十四　短語十九

△不然則州縣鄉黨與宗族足懷樂也　通典百四十八、御覽兵部一引、俱無縣鄉二字、△不然則上之教訓習俗慈愛之於民也厚無所往而得之　御覽引此文。也字在得之下。張云。尹注。無所他往。故得人之致死。案九變皆就民情論。無所往而得之。謂不能望之他處。上句也字當如御覽移得之下。句法方與上下一例。△不然則罰嚴而可畏也不然則賞明而足勸也　洪云、賞明上衍不然則三字、通典御覽俱無此三字、必無此三字方合九變之數。墨子備城門篇。不然則賞明可信而罰嚴足畏也。文義與此同。

任法第四十五　區言一

△不恩不慮不憂不圖　安井衡云。古本無此八字。△不動力　望案。動疑勤字誤。△奇術技藝之人莫敢高言孟行以過其情以遇其主矣　張云。孟疑猛之借字。遇如遇主于巷之遇。猶言詭遇也。尹注非。△猶埴之在埏也　宋本作猶埴已埏也。△猶金之在鑪　宋本鑪作鑪。△故堯之治也善明法禁之令而已矣　藝文類聚五十四引作善明法察令而已。之字衍文。△國更立法以典民則祥　丁云。案上下文四言不祥。此亦當言不祥。祥上脫不字。當補。國更立法。即上文所謂法不一也。尹注非。△百官服事者　宋本服作伏。△故曰法者不可恆也　俞云。尹注法敝則當變。故不恆。其說雖若有理。然以上下文求之。殊不可通。疑恆爲愼字之誤。法者不可恆也。本作法者不可不愼也。故其下即云存亡治亂之所從出。聖君所以爲天下大儀也。君臣上下貴賤皆發焉。乃申明不可不愼之意。禁藏篇曰。法者。天下之儀也。所以決疑而明是非也。百姓所縣命也。故明主愼之。正與此文同義。自愼誤爲恆。而又脫不字。遂失其義矣。下文明王之所恆者二。當作明王之所愼者二。此二者主之所恆也。當作此二者主之所愼也。愼字右畔之眞。隸書作真。闕壞而爲亘。故愼誤爲恆矣。△君臣上下貴賤皆發焉　丁云。發乃法字誤。俗音亂之。下文云君臣上下貴賤皆法。是其證。△古之法也　吳云。此句當連下讀。△無閒識博學辯說之士　王云。閒識當爲聞識。下文聞識博學之人。即其證。尹注非。△皆囊於法　張云。囊疑蘉之誤。雒誥釋文引馬注云。蘉。勉也。△然故諶杵習士　俞云。諶杵疑當作諶斟。乃疊均字。後漢書馮衍傳。意斟愖而不憺兮。章懷太子注。斟愖猶遲疑也。此作諶斟者。諶與愖同。斟之誤爲杵。以古書斟或作卄。（見玉篇土部。）又或作㪷。（見漢書地理志應劭注。）皆與杵相似也。習士者。俗士也。說文人部。俗。習也。習俗雙聲。諶斟習士。謂流俗之士意識遲疑者也。此指愚不肖者而言。下云聞識博學之人。則指賢知者而言。此兩等

人皆能出私議以亂國法者也。△蝕相不得蕑其私　兪云。上文曰。蕑公財以祿私士。此乃云蕑其私。義不可通。此蕑字當爲濟聲之誤。爾雅釋言。蕑。齊也。郭注曰。南方人呼蕑刀爲劑刀。是濟與蕑聲相近。又涉上文蕑公財而誤耳。△羣臣修通輻湊　張云。修通疑循道之誤。△百姓輯睦聽令　丁云。當讀百姓輯睦句。聽令連下道法句。道。順也。從也。△此謂爲大治　望案。爲字衍。△損其正心　宋本損作捐。損字誤。丁云。心乃丱書正字之誤。據尹注當作政正。△故聖君失度量　藝文類聚五十二。御覽治道部五引失俱作設。王云。設與失。聲之誤也。置儀設法。上文凡兩見。△然故令往而民從之。　御覽引作然後。△令出而後反之　朱本後作復。王云。復反與還廢相對爲文。後字誤。△是貴能威之富能祿之賤能事之近能親之美能淫之也　望案。五能字皆當讀爲而。古字通用。△此失君之所愼也　兪云。失君當作人君。此涉上文失君則不然句而誤。△不適其意　宋本朱本不下有能字。元刻有能字。脫適字。△富人用金玉事主而來焉　望案。來當爲求。說見小稱篇。△所謂賤而事之也　望案。所謂上脫此字。宋本朱本有。△治世則不然　丁云。治世疑當作治君。對下亂君言。猶上文以失君對聖君也。△其殺戮人者不怨也其賞賜人者不德也　宋本無下者字。張云。兩人字者字疑當各衍其一。蓋是一本作人。一本作者。校者不察而竝存之。△皆虛其匈以聽於上　宋本於作其。△遵主令而行之有傷敗而罰之　丁云。行下之字衍。行有傷敗。與行有功利對文。此涉上文故遵主令而行之而衍。而當爲因。因罰之與因賞之對文。

明法第四十六　區言二

△夫尊君卑臣非計親也　丁云。計字衍。非親也與非惠也句同義同。（爾雅。惠。愛也。）後解云。羣臣之不敢欺主者。非以愛主也。以畏主之威勢也。百姓之爭用。非以愛主也。以畏主之法令也。則本文無計字明甚。△以埶勝也　宋元本埶字正文及注皆作執。劉云。執當作埶。後解作勢同。△百官識　劉云。當依解作百官論職。乃字有缺誤。△令求不出謂之滅出而道留謂之擁下情求不上通謂之塞下情上而道止謂之侵　王云。令求不出。求當爲本。下情求不上通。衍求字。竝見後解。尹注非。丁云。後解本字朱本無。趙本有本字。疑即令字之誤而衍者。此文求字又本字之譌。後解云。令不得出。羣臣弗爲用。百姓弗爲使。竟內之衆不制。則國非其國。而民非其民。亦無本字。△故夫滅侵塞擁之所生　丁云。依上文序次。當作滅擁塞侵。後解作滅塞侵擁。皆寫者倒亂。

△有尋丈之數者不可差以長短　意林尋文作尋尺。長短作短長也三字。　△今主釋法　丁云。今疑令字誤。後解無。　△以譽進能則臣離上而下比周矣　丁云。能字依文義當作黨。能謂有道藝者何必待譽而進。後解云。聽言而不督其實。故羣臣以虛譽進其黨。是本文之作黨明甚。且比周二字正釋黨字。下文以黨舉官。即承上以譽進黨言之。今後解亦譌作以譽進能矣。　△比周以相爲匿是忘主死交以進其譽　王云。尹讀比周以相爲匿是爲句。注云。比周者。凡有公是之事皆匿而不行也。其說甚謬。此當讀比周以相爲匿爲句。匿與慝同。比周以相爲慝。猶言朋比爲姦也。是下當有故字。後明法解作比周以相爲慝。是故忘主死佼以進其譽。是其明證也。又案。忘主死交。韓子有度篇死作外。是也。故明法解云。羣臣皆忘主而趨私佼。外死字相近。故外譌作死。尹注云爲交友致死。非也。劉以死爲私之誤。亦非也。　△所起者非功也　丁云。也字衍。後解無。　△十至私人之門　宋本朱本至下有於字。後解亦有。　△不一圖國　朱本國上有其字。後解亦有。　△大臣務相貴而不任國　後解國下有也字。　△故官失其能　後解能作職。　△故能匿而不可蔽敗而不可失也　王云。能下本無匿字。後解作能不可蔽。敗不可飾。韓子有度篇作能者不可弊。敗者不可飾。則無匿字明矣。據尹注亦無匿字。　△然則君臣之間明別明別則易治也　後解不重明別二字。

正世第四十七　區言三

△失非在上則過在下　王云。失非在上。當作非失在上。非與則對文。失在上與過在下對文。　△今使人君行逆不修道　丁云。修當爲循。循有順義。君臣上篇。順理而不失之爲道。　△力罷則不能毋墮倪　俞云。墮當爲惰。輕重戊篇。歸市亦惰倪。是其證。　△今人主輕刑政　丁云。今疑令字誤。　△百官有常法不繇匿　丁云。當字句絕。有常。即上奉法守職也。匿同慝。姦慝也。　△迹行不必同　元本無行字。　△治莫貴於得齊　王氏引之云。爾雅。齊。中也。言莫貴於得中也。尹注大謬。宋說同。　△則不可以禮義之文教也　丁云。當作文教之也。霸言篇。則是我以文令也。與此文字同義。民不心服體從。則必加之以嚴刑峻罰。不可以禮義文教之也。

治國第四十八　區言四

△民富則安鄉重家安鄉重家則敬上畏罪敬上畏罪則易治也民貧則危鄉輕家危鄉輕家則敢陵上犯禁陵

上犯禁則難治也　藝文類聚五十二引作民富則安鄉。安鄉則重家。重家則敬上畏罪。民貧則危鄉。危鄉則輕家。輕家則陵上犯禁。治要引陵作凌。　△故治國常富而亂國常貧　宋本常作必。治要同。　△法制不一　治要一作壹。　△必先禁末作文巧末作文巧禁　洪云。兩文巧當依下文作奇巧。　△民無所游食則必農　望察。農上當脫事字。下文可證。　△舍本事而事末作　安井衡云。古本舍上有民字。　△凡農者　御覽凡作故。　△秋糴以五春糶以束　宋本春糶作春糶。俞云。束乃六之誤。言富者秋以五糴之。春以六糶之也。篆文六作宍。與束微似而誤。小問篇五而六之。亦以五六言也。　△故以上之徵而倍取以民者四　丁云。上文言倍貸者三。下文關市以下亦當一倍貸。合之故爲四也。以文義言之。此句疑當在夫以一民養四主之上。脫誤在此耳。　△故逃徙者刑而上不能止者　中立本刑上有有字。陳先生云。言雖有刑而上不能止其逃徙。與下文舜非嚴刑罰重禁令而民歸之相應。　△常山之東河汝之閒　王云。河汝當爲河海。字之誤也。（篆文海汝相似。）常山在海西河北。故曰常山之東。河海之閒。若汝水。則去常山遠矣。初學記地部上。御覽地部四引此。竝云。其山北臨代。南俯趙。東接河海之閒。早生而晚殺。五穀之所蕃孰。文多於今本。而皆作河海之閒。　△民作一則田墾姦巧不生　吳云。當作得均則姦巧不生。作一得均。皆復舉上文言之。　△至於殺之而民不惡也　王云。當依治要作至於殺之而不怨也。今作不惡。則非其指矣。上文安鄉重家。卽指民而言。無庸更加民字。　△粟少則人貧人貧則輕家輕家則易去易去則上令不能必行　治要作粟少則民貧。民貧則輕家易去。輕家易去則上令不能必行。　△則戰不必勝守不必固矣　丁云。不下亦當有能字。與上文一例。　△粟者王之本事也人主之大務　治要王下有者字。中立本主作生。望案。主字誤。王者之本事。人生之大務。相對爲文。也字衍。　△有人之塗治國之道也　丁云。有疑富字誤。人當作民。富民治國。結上文治國之道必先富民而言。

卷十六

內業第四十九　區言五

凡物之精。此則爲生。精。謂神之至靈者也。得此則爲生。下生五穀。上爲列星。流於天地之間。謂之鬼神。藏於胸中。謂之聖人。是故民氣。謂上之精者則人氣也。杲乎如登於天。杲。明貌也。杳乎如入於淵。淖女敎反。乎如在於海。淖。潤也。卒乎如在於己。人有氣則存。

故如在於己也。是故此氣也。不可止以力。以力止之。氣愈去。而可安以德。靜心念德。氣自來也。不可呼以聲。而可迎以音。謂其宮商使之克諧。氣自來也。敬守勿失。是謂成德。不失氣。德自成。德成而智出。德成智自生也。萬物果得。以智安物。物皆得宜。凡心之刑。刑。法也。謂得安心之法也。自充自盈。充盈。謂完而無虧也。自生自成。生成。謂每心生必有所成。凡此皆得安心法故也。其所以失之。必以憂樂喜怒欲利。此六者過常以亂於心。則失矣。能去憂樂喜怒欲利。心乃反濟。若能去六者。則心反守其所而能濟成也。彼心之情。利安以寧。安寧者。心之所利也。勿煩勿亂。和乃自成。若無煩亂。心和自成。折折乎如在於側。忽忽乎如將不得。折折。明貌。言心明察。若在其側。及其求之。則忽忽然而不得。渺渺乎如窮無極。渺渺。微遠貌。言心之微遠。如欲窮之。則無其極。此稽不遠。日用其德。常以此考心不遠之。則日有所用也。夫道者所以充形也。自形內而虛者皆道。而人不能固。人不能固守其虛。反以利欲塞也。其往不復。其來不舍。既有利欲之心。則道往而不復。雖其有來。無處可舍。謀乎莫聞其音。今謀欲尋於道。則不聞其音。卒乎乃在於心。冥冥乎不見其形。尋至於極。則近於心。之方寸。虛道之君乎。心淫淫乎與我俱生。淫淫。增進貌。有生則有道。故曰與我俱生也。不見其形。不聞其聲。而序其成。謂之道。雖無形聲。常依序而成。故謂之道也。

凡道無所。善心安愛。言道無他善。唯愛心安也。心靜氣理。道乃可止。若靜心。則氣自調理。故道來止也。彼道不遠。民得以產。人得之以生。則道在人。故不遠也。彼道不離。民因以知。人既因道而知。則道常在而不離。是故卒乎其如可與索。推尋其絡。似可與索。眇眇乎其如窮無所。及欲窮之。則眇眇然無所。彼道之情。惡音與聲。音聲者所以亂道。故惡之也。修心靜音。道乃可得。道也者。口之所不能言也。目之所不能視也。耳之所不能聽也。所以修心而正形也。雖不可以言語視聽。修心。則外形自正也。人之所失以死。所得以生也。事之所失以敗。所得以成也。

凡道。無根無莖。無葉無榮。道非如卉木而有根莖花葉也。萬物以生。萬物以成。命之曰道。無根莖而能生。無花葉而能成。則陰陽不測者也。故命之曰道。

天主正。平分四時。天之正也。地主平。均生萬物。地之平也。人主安靜。無為而無不為。人之安靜也。春秋冬夏。天之時也。山陵川谷。地之枝也。

爲地之枝。喜怒取予人之謀也。四者。謀之用也。是故聖人與時變而不化。時自變耳。聖本不化。從物而不移。物遷而從之。聖本不移。能正能靜。然後能定。必正靜然後定也。定心在中。耳目聰明。四枝堅固。心苟定於中。則耳目自聰明。四枝自堅固者也。可以爲精舍。心者精之所舍。精也者。氣之精者也。氣之尤精者爲之精。氣道乃生。氣得道。能有生。生乃思。生則有心。故思也。思乃知。思則知生也。知乃止矣。成智則理足。故止也。凡心之形。過知失生。安心之法。智過其度。則失其生。一物能化謂之神。一事能變謂之智。一。謂無也。謂無心於物事。而物事自變化。以爲神智也。化不易氣。變不易智。惟執一之君子能爲此乎。苟執一。故能不易其氣智也。執一不失。能君萬物。無心爲有心者主也。君子使物。不爲物使。無心故能使物。而物不能使也。得一之理。治心在於中。苟得中。心自治矣。治言出於口。治事加於人。則無在事。然則天下治矣。一言得而天下服。一言定而天下聽。公之謂也。理謂。心之形不正。德不來。中不靜。心不治。正形攝德。天仁地義。則淫然而自至。言欲正形攝德。但能則天之仁。法地之義。則德淫然自至。淫。進貌也。神明之極照乎知。照智者。明之極理。萬物中義守不忒。若常守中。則無差忒。不以物亂官。貪物則官亂。不以官亂心。貪官則心亂也。是謂中得。能忘官貨。中心自得也。有神自在身。中得則神自在身也。一往一來。莫之能思。神不測者也。往來不能思也。故失之必亂。得之必治。謂神也。敬除其舍。精將自來。精想思之。除謂有則想思之。寧念治之。寧靜思念。則心自治。嚴容畏敬。精將至定。但能嚴敬。精至而定也。得之而勿捨。耳目不淫。心無他圖。既得精。守之而勿捨。耳目不淫。心無他慮也。則正心在中。萬物得度。心在中而正。則無過舉。故萬物得度也。道滿天下。普在民所。民不能知也。言人皆有道。但不能自知耳。一言之解。上察於天。下極於地。蟠滿九州。若能解道之一言。則能察天極地。而中滿於九州。蟠。委地也。何謂解之。在於心安。解道者在於心安。我心治官乃治。我心安官乃安。言官之治安。皆從心生也。治之者心也。安之者心也。治之與安。無不由心。心以藏心。言心亦藏於心也。心之中又有心焉。以心藏心。故心中又有心。彼心之心。謂心中所藏之心。音以先言。言從音生。故音先言。音然後形。有音然後見也。形然後言。有形則是言也。言然後使。有言則出命。故有所使。令。使然後治。不治必亂。使而違理。故亂。亂乃死。亂則凶禍至。故死也。精存自生。其外安榮。精存於中。則自然長生。至於外形靜而榮茂也。內藏以爲泉原。內藏於精。則無窮竭。若水之原。浩然和平。以爲氣淵。言精既浩然和平。能生氣。故爲氣淵。則淵之不涸。四體乃固。生氣之淵不有竭涸。故四體固也。泉之不竭。九竅遂通。藏精之泉不竭。故九竅通也。乃能窮天地。被四海。體固竅通。故能壽畢天地。德被四海。中無惑意。外無邪菑。邪菑生於惑意。故內無惑意則邪菑自銷也。心全於中。形全於外。中全則外完。不逢天菑。不遇人害。天菑人害。能禍不全者也。謂之聖人。人能正靜。皮膚裕寬。耳目聰明。筋信而骨強。但能正靜。則皮膚自裕寬。耳目自聰明。筋骨自申強。乃能戴大圜。天也。而履大方。地也。鑒於大清。道也。視於大明。日月也。敬愼無忒。日新其德。徧知天下。窮於四極。敬發其充。充。謂道也。是謂內得。發行於道。故內得也。然而不反。此生之忒。忒。差也。若不反守於道。則生有差謬也。

凡道必周必密。周密則愼不泄。必寬必舒。寬舒則博而密。必堅必固。堅固則精不解。守善勿舍。勿舍則善自成。逐淫澤薄。謂逐淫邪。律澤浮薄。既知其極。反於道德。知極反德。常道自隆。則全心在中。不可蔽匿。有諸內必形於外也。和於形容。心和者容睟也。見於膚色。內暢者體澤。善氣迎人。親於弟兄。惡氣迎人。害於戎兵。不言之聲。疾於雷鼓。謂全心以德感物者也。德者不疾而速。不崇朝而遍天下。故疾於雷鼓也。心氣之形。明於日月。察於父母。全心之氣。發形於外。則無不耀。不知。若明於日月。察於父母也。賞不足以勸善。慕賞乃善。非本爲善。刑不足以懲過。畏刑懲過。非本無過。氣意得而天下服。若不慕賞。不畏刑。意氣內得。此誠善也。故天下服。心意定而天下聽。心意定則理明。故天下聽也。摶氣如神。萬物備存。摶。謂結聚也。結聚純氣。則無所不變化。故如神而物備存也。能摶乎。能一乎。摶結則自一也。能無卜筮而知吉凶乎。吉凶在於逆順。不須卜筮而知也。能止乎。能已乎。謂正而求諸己也。能勿求諸人而得之己乎。求人者惑。自得者明。思之思之。又重思之。求己者必須再三思之也。思之而不通。鬼神將通之。若再三思之而不通。或致鬼神爲通之也。則非鬼神之力也。精氣之極也。言今能致鬼神者。非鬼神自見其力。蓋由思之不已。精氣之極也。四體既正。血氣既靜。一意摶心。耳目不淫。雖遠若近。言既體正氣靜。意一心摶。耳目之用。不有淫過。事雖遼大。可以近遠而成也。思索生知。近而遇思索。其知自生。慢易生憂。疏慢輕易必致凶禍。故生憂。暴傲生怨。殘暴傲虐、傷害必多。故生怨也。憂鬱生疾。憂恚鬱塞。不通暢。故生疾也。疾困乃死。既疾而困。可謂彌留而死。

思之而不捨。內困外薄。思欲不捨。則五藏困於內。形骸薄於外也。不蚤爲圖。生將巽舍。既已內困外薄。倘不圖之。則生將巽遁其舍而至於死期也。如此。食莫若無飽。飽食者會閉塞。思莫若勿致。致思者多困竭。節適之齊。彼將自至。齊。中也。言能節食適思。常莫過中。則生將自至。凡人之生也。天出其精。言稟精於天也。地出其形。地出衣食。養成其形。以合此以爲人。言合天地精氣以成人。和乃生。二氣和乃成其生也。不和不生。察和之道。其精不見。其徵不醜。醜。類也。言欲察和。則精不可見。至於徵驗。又不知其類也。平正擅匈。論治在心。此以長壽。和之精類。雖不可知。見但能平而正。則和氣獨擅於匈中。論其適理。又不離心。如此。則可以益算而長壽也。忿怒之失度。乃爲之圖。若忿怒過度。當圖而去之。則 節其五欲。去其二凶。喜怒過度。皆能爲害。故曰二凶。不喜不怒。平正擅匈。不喜不怒。既平且正。可謂和也。故能獨擅於胸中也。凡人之生也。必以平正。所以失之。必以喜怒憂患。是故止怒莫若詩。詩有情風之慰。故能止怒。去憂莫若樂。節樂莫若禮。守禮莫若敬。守敬莫若靜。內靜外敬。能反其性。性將大定。凡食之道。大充。傷而形不臧。大充。謂過於飽。大攝。骨枯而血沍。大攝。謂過於飢。血沍。謂血銷減而凝沍。充攝之間。此謂和成。閒。猶中也。充攝得中。則和暢而有所成也。精之所舍。而知之所生。言精智生舍於和成。飢飽之失度。乃爲之圖。圖之令合於度。飽則疾動。飽而疾動。則食氣銷。飢則廣思。飢而廣思。則忘其飢。老則長慮。老而長慮。則遺其老。飽不疾動。氣不通於四末。四末。四支。飢不廣思。飽而不廢。廢。也。止老不長慮。困乃遬竭。令老則益困而速竭。大心而敢。心既浩大。又能勇敢。寬氣而廣。當寬舒其氣。而廣有所容。其形安而不移。形安則志固。不移。故 能守一而弃萬苛。守一則惡煩。能弃萬苛也。故 見利不誘。見害不懼。寬舒而仁。獨樂其身。是謂雲氣。意行似天。能謂其氣。故比於雲意之行氣。似天之布雲也。凡人之生也。必以其歡。歡則志氣和。故生也。憂則失紀。怒則失端。憂怒過常。失其端紀。則 憂悲喜怒。道乃無處。憂怒則害道。故道無所處。愛慾靜之。遇亂正之。謂若愛慾。則當靜之。若遇廢亂。則當正之。勿引勿推。福將自歸。去而勿引。來而勿推。但任平而往。福則自歸也。彼道自來。可藉與謀。藉。因也。因其自來而與之謀。則意動而理盡。靜則得之。躁則失之。靈氣在心。一來一逝。靜則來。躁則逝。其細無內。其大無外。所以失之。以躁爲害。心能執靜。道將自定。得道之人。理丞而屯泄。匈中無敗。謂腠理丞達屯聚泄散。故匈中無敗。節欲之道。萬物不害。能節欲則物無害也。

封禪第五十 元篇亡。今以司馬遷封禪書所載管子言以補之。 雜篇一

桓公既霸。會諸侯於葵丘。而欲封禪。管仲曰。古者封泰山禪梁父者七十二家。而夷吾所記者十有二焉。昔無懷氏。古之王者。在伏羲前。封泰山。禪云云。云云山在梁父東。虙羲封泰山。禪云云。神農封泰山。禪云云。炎帝封泰山。禪云云。黃帝封泰山。禪亭亭。亭亭山在牟陰。顓頊封泰山。禪云云。帝嚳封泰山。禪云云。堯封泰山。禪云云。舜封泰山。禪云云。禹封泰山。禪會稽。湯封泰山。禪云云。周成王封泰山。禪社首。山名。在博縣。或云在鉅平南十三里。皆受命然後得封禪。桓公曰。寡人北伐山戎。過孤竹。西伐大夏。涉流沙。束馬懸車。上卑耳之山。將上山。纏束其馬。懸鉤其車也。卑耳。即齊語所謂辟耳。南伐至召陵。登熊耳山。以望江漢。兵車之會三。而乘車之會六。九合諸侯。一匡天下。諸侯莫違我。昔三代受命。亦何以異乎。於是管仲睹桓公不可窮以辭。因設之以事曰。古之封禪。鄗上之黍。北里之禾。鄗上。山也。鄗音臛。鄗上北里皆地名。所以爲盛。江淮之間。一茅三脊。所謂靈茅。所以爲藉也。東海致比目之魚。各有一目。不比不行。其名曰鰈。西海致比翼之鳥。各有一翼。不比不飛。其名曰鶼鶼。然後物有不召而自至者十有五焉。今鳳凰麒麟不來。嘉穀不生。而蓬蒿藜莠茂。鴟梟數至。而欲封禪。毋乃不可乎。於是桓公乃止。

小問第五十一 雜篇二

桓公問管子曰。治而不亂。明而不蔽。若何。管子對曰。明分任職。則治而不亂。明而不蔽矣。公曰。請問富國奈何。管子對曰。力地而動於時。則國必富矣。謂勤力於地利。其所動作。必合於天時。公又問曰。吾欲行廣仁大義。以利天下。奚爲而可。管子對曰。誅暴禁非。此大義也。存亡繼絕。而赦無罪。此廣仁也。則仁廣而義大矣。公曰。吾聞之也。夫誅暴禁非而赦無罪

者。必有戰勝之器。攻取之數。而後能誅暴禁非而赦無罪。公曰。請問戰勝之器。管子對曰。選天下之豪傑。致天下之精材。來天下之良工。則有戰勝之器矣。公曰。攻取之數何如。管子對曰。毀其備。散其積。奪之食。則無固城矣。毀備奪食。則無以守。故其城不固。此謂攻也。公曰。然則取之若何。謂取其士。管子對曰。假而禮之。假。謂假借之恩。厚而勿欺。厚。謂重之以德。則天下之士至矣。公曰。致天下之精材若何。精材。謂美材可為軍之器用也。管子對曰。五而六之。九而十之。不可為數。欲致精材者。必當貴其價。故他處直五。我酬之六。他處直九。我酬之十。常令貴其一分。不可為定數。如此。則天下精材可致也。公曰。來工若何。管子對曰。三倍不遠千里。酬工匠之庸。直常三倍他處。則工人不以千里為遠。皆至矣。桓公曰。吾已知戰勝之器。攻取之數矣。請問行軍襲邑。舉錯而知先後。不失地利。若何。管子對曰。用貨察圖。用貨為反間。則知其先後。察彼國圖。則不失地利也。公曰。野戰必勝若何。管子對曰。以奇。奇。謂權譎以勝敵也。公曰。吾欲徧知天下若何。管子對曰。小以吾不識。則天下不足識也。若能博聞多見。齊其所不識。則知天下徧矣。吾之所識天下。亦無人能識之也。公曰。守戰遠見有患。為國者必人守出戰。今吾於此二者。預見其患矣。夫民不必死。則不可與出乎守戰之難。守戰之難。必致死。然後可出也。不必信。則不可恃而外知。人必誠信。然後為君視聽。故知外事也。夫恃不死之民。而求以守戰。恃不信之人。而求以外知。此兵之三闇也。苟不死不信。則守闇戰闇外闇。故曰三闇。使民必死必信若何。管子對曰。明三本。公曰。何謂三本。管子對曰。三本者。一曰固。二曰尊。三曰質。公曰。何謂也。管子對曰。故國父母墳墓之所在。固也。人既戀本而哀墳墓。則其心固。田宅爵祿。尊也。妻子。質也。三者備。然後大其威。厲其意。則民必死而不我欺也。不我欺。則信也。桓公問治民於管子。管子對曰。凡牧民者。必知其疾。疾。謂患苦也。而憂之以德。勿懼以罪。勿止以力。煩力役則止而不來。慎此四者。足以治民也。桓公曰。寡人睹其善也。何為其寡也。謂四言雖善。然以之理國。恐其太少。管仲對曰。夫寡非有國者之患也。患在不能行。不在寡少也。昔者天子中立。地方千里。四言者該焉。何為其寡也。該。備也。謂四言足以備千里之化。不為少。夫牧民不知其疾。則民疾。疾。謂憎嫉之也。不憂以德。則民多怨。懼之以罪。

則民多詐。設詐以避罪也。止之以力。則往者不反。創其力役之苦。來者鷙距。鷙。疑也。距。止也。其役煩。則疑而止也。聞故聖王之牧民也不在其多也。桓公曰。善。勿已。如是又何以行之。其事既善。雖然。不但如是而已。更有何事以行此四言也。管仲對曰。質信極忠。質。主也。謂主能得信。又極忠也。嚴以有禮。愼此四者。所以行之也。桓公曰。請聞其說。管仲對曰。信也者。民信之。忠也者。民懷之。嚴也者。民畏之。禮也者。民美之。語曰。澤命不渝。信也。謂恩澤之命不有渝變。如此者信也。非其所欲。勿施於人。仁也。仁者忠於人也。堅中外正。嚴也。質信以讓。禮也。主行於信。又能遜讓。如此者禮也。桓公曰。善哉。牧民何先。管子對曰。有時先事。有時先政。有時先德。有時先恕。飄風暴雨。不爲人害。涸旱不爲民患。百川道。百川之流。皆從故道。年穀熟。糴貸賤。禽獸與人聚食民食。年穀熟則禽獸食人之食。民不疾疫。當此時也。民富且驕。牧民者厚收善歲以充倉廩。善歲。謂有年。禁藪澤。此謂先之以事。隨之以刑。敬之以禮樂以振其淫。振。止也。禮樂者所以止人淫放。此謂先之以政。飄風暴雨爲民害。涸旱爲民患。年穀不熟。歲饑。糴貸貴。民疾疫。當此時也。民貧且罷。牧民者發倉廩山林藪澤以共其財。後之以事。先之以恕。以振其罷。此謂先之以德。其收之也。不奪民財。謂善歲也。其施之也。不失有德。謂凶年也。富上而足下。此聖王之至事也。桓公曰。善。

桓公問管仲曰。寡人欲霸。以二三子之功。既得霸矣。今吾有欲王。其可乎。管仲對曰。公當召叔牙而問焉。管仲知桓公不可王。難以實對。故推令問叔牙。鮑叔至。公又問焉。鮑叔對曰。公當召賓胥無而問焉。賓胥無趨而進。公又問焉。賓胥無對曰。古之王者。其君豐。其臣教。君豐臣教。則君能制臣。故可以王也。今君之臣豐。言德豐於君也。公遵遁繆然遠。二三子遂徐行而進。言公之所遵行者皆流遁繆妄之事。無所比。可謂遠於二三子。但當徐而漸以取進耳。欲王天下。恐未可。公曰。昔者大王賢。王季賢。文王賢。武王賢。武王伐殷克之。七年而崩。周公旦輔成王而治天下。僅能制於四海之內矣。今寡人之子不若寡人。寡人不若二三子。以此觀之。則吾不王必矣。

桓公曰。我欲勝民。言欲勝服於民。為之奈何。管仲對曰。此非人君之言也。人君之言。當仁以化之。不可直用刑勝也。勝民為易。夫勝民之為道。非天下之大道也。君欲勝民。則使有司疏獄。而謁有罪者償。謂疏錄獄囚。謁告有罪者則償之也。數省而嚴誅。數省有過。嚴其誅罪。若此則民勝矣。雖然勝民之為道。非天下之大道也。使民畏公而不見親。嚴刑故也。禍亟及於身。二世嚴刑。身戮望夷。雖能不久。雖能勝人。不可久安。則人持莫之弒也。危哉。持。謂見劫執也。弒。謂殺親也。君之國岌乎。

桓公觀於廄。問廄吏曰。廄何事最難。廄吏未對。管仲對曰。夷吾嘗為圉人矣。圉。養馬者。傳馬棧最難。謂編次之棧馬所立木也。先傅曲木。曲木又求曲木。編棧者先附曲木。其次還須曲木。求其類。曲木已傅。直木無所施矣。既用曲木。又施直木。則失其類而棧敗矣。喻小人用則君子退也。先傅直木。直木又求直木。直木已傅。曲木亦無所施矣。喻君子用則小人退。

桓公謂管仲曰。吾欲伐大國之不服者奈何。管仲對曰。先愛四封之內。然後可以惡竟外之不善者。四封之內見愛。則人致死。可以惡竟外之不善者。先定卿大夫之家。然後可以危鄰之敵國。卿大夫之家既定。則國強。故可以危鄰國。是故先王必有置也。然後有廢也。己國有置。然後廢他國也。必有利也。然後有害也。能利己國。然後可以害他國也。

桓公踐位。令釁社塞禱。殺生以血澆落於社。曰釁社。祝鳧巳疵獻胙。祝。祝史。鳧。疵。其名也。胙。祭肉也。祝曰。除君苛疾。祝令除君煩苛之疾。與若之多虛而少實。若。似也。謂君之材能多似有而非實。如此者亦祝去之也。桓公不說。瞑目而視祝鳧巳疵。祝鳧巳疵授酒而祭之曰。又與君之若賢。謂君似賢。亦當去之。桓公怒。將誅之而未也。以復管仲。復。猶告也。管仲於是知桓公之可以霸也。祝史誣君之惡。君怒而將誅之。是心務善也。故知可與霸也。

桓公乘馬。虎望見之而伏。桓公問管仲曰。今者寡人乘馬。虎望見寡人而不敢行。其故何也。管仲對曰。意者君乘駮馬而洀桓。迎日而馳乎。洀。古盤字。公曰然。管仲對曰。此駮象也。駮食虎豹。故虎疑焉。楚伐莒。莒君使人求救於齊。

桓公將救之。管仲曰。君勿救也。公曰。其故何也。管仲對曰。臣與其使者言。三辱其君。顏色不變。辱其君而色不變。則無羞恥也。臣使官無滿其禮三。三加其禮。皆不滿足。強其使者。爭之以死。不識不滿之意。纔繳強之。則爭之以死。是不智。莒君小人也。君勿救。其使不賢。故知其君小人也。桓公果不救而莒亡。

桓公放春三月觀於野。春物放發。皆曰放春。桓公曰。何物可比於君子之德乎。隰朋對曰。夫粟內甲以處。中有卷城。外有兵刃。種粟者。甲在內而處。葉居外。卷若城。苗之纖芒在外。有兵刃。而未敢自恃。自命曰粟。粟之物用雖如此。然不敢自恃。故自名曰粟。粟則謹促之名也。此其可比於君子之德乎。管仲曰。苗始其少也。眴眴胡絹切。目搖也。乎何其孺子也。眴眴。柔順貌。穀苗始則柔順。故似孺子也。至其壯也。莊莊乎何其士也。壯。謂苗轉長大。莊莊。矜直貌也。至其成也。由由乎茲免。何其君子也。由由。悅也。實貌。茲勉。謂益有謹勵。天下得之則安。人以穀爲命。不得則危。故命之曰禾。以其和調人之性命。此其可比於君子之德矣。桓公曰。善。

桓公北伐孤竹。未至卑耳之谿十里。闟然止。瞠然視。闟。住立貌。瞠。驚視貌。援弓將射。引而未敢發也。謂左右曰。見是前人乎。左右對曰。不見也。公曰。事其不濟乎。寡人大惑。今者寡人見人長尺而人物具焉。冠。右祛衣。走馬前疾。事其不濟乎。寡人大惑。豈有人若此者乎。管仲對曰。臣聞登山之神有俞兒者。長尺而人物具焉。霸王之君興。而登山神見。且走馬前疾。道也。祛衣。示前有水也。右祛衣。示從右方涉也。至卑耳之谿。有贊水者。謂贊引渡水者。曰。從左方涉。其深及冠。從右方涉。其深至膝。若右涉。其大濟。桓公立拜管仲於馬前曰。仲父之聖至若此。寡人之抵罪也久矣。抵。當也。不知仲父之聖。是寡人當有罪久矣。管仲對曰。夷吾聞之。聖人先知無形。今已有形而後知之。臣非聖也。善承教也。善承古人之法。

桓公使管仲求甯戚。甯戚應之曰。浩浩乎。管仲不知。至中食而慮之。婢子曰。公何慮。管仲曰。非婢子之所知也。婢子曰。公其毋少少。毋賤賤。昔者吳干戰。干。江邊地也。未齔不得入軍門。齔。毀齒。國子擿其齒。遂入。爲干國多。戰功曰多。言於干戰國子功多也。百里徯。秦國之飯牛者也。穆公舉而相之。遂霸諸侯。由是觀之。賤豈可賤。少豈可少哉。管仲曰。然。公使我求甯戚。甯戚應我曰浩浩乎。吾不識。婢子曰。詩有之。浩浩者水。育育者魚。水浩浩然盛大。魚育育然相與而遊其中。喻時人皆得配偶以居其室家。未有室家。而安召我居。言誰當召我授之配匹與之爲居乎也。甯子其欲室乎。甯戚有伉儷之思。故陳此詩以見意。

桓公與管仲闔門而謀伐莒。未發也。而已聞於國矣。桓公怒謂管仲曰。寡人與仲父闔門而謀伐莒。未發也。而已聞於國。其故何也。管仲曰。國必有聖人。桓公曰。然。夫日之役者有執席食以視上者。必彼是邪。桓公與管仲謀時。役人於前。乃有執席而食。私目上視。所以察君也。必是人者知吾謀也。於是乃令之復役。毋復相代。時執席而食者代人入役。因得察君。今不令相代。彼亦知君覺已。必當來也。少焉東郭郵至。桓公令儐者延而上。儐。謂贊引賓客者也。與之分級而上。公以客禮待之。故與之分級而上。謂使之就賓階也。問焉曰。子言伐莒者乎。東郭郵曰。然。臣也。桓公曰。寡人不言伐莒。而子言伐莒。其故何也。東郭郵對曰。臣聞之。君子善謀。而小人善意。善以意度之也。臣意之也。桓公曰。子奚以意之。東郭郵曰。夫欣然喜樂者。鐘鼓之色也。夫淵然清靜者。縗絰之色也。漻然豐滿。心在兵武。形氣盛。故其貌豐滿。而手足拇動者。中勇。外形必應。故手足拇動也。兵甲之色也。日者臣視二君之在臺上也。口開而不闔。是言莒也。莒字兩口。故二君開口相對。即知其言莒。舉手而指。勢當莒也。且臣觀小國諸侯之不服者。唯莒於是。唯莒不服。於是知之。臣故曰伐莒。桓公曰。善哉。以微射明。此之謂乎。言以形色之微知伐國之明也。子其坐。寡人與子同之。同伐莒之謀也。

客或欲見於齊桓公。請仕上官。授祿千鍾。公以告管仲。管仲曰。君予之。客聞之曰。臣不仕矣。公曰何故。對曰。臣聞取人以人者。以人之言然後取人。其去人也亦用人。吾不仕矣。

卷十六校正

△凡物之精此則爲生　丁云。此乃化字誤。△是故民氣　丁云。民乃此字誤。氣卽精氣也。下文云是故此氣也。是其證。△淖乎如在於海　丁云。淖讀爲綽。莊子大宗師綽乎其殺也。釋文。綽崔本作淖。荀子宥坐篇。淖約微達似察。楊注。淖讀爲綽。綽寬也。△不可呼以聲而可迎以音　王云。尹解可迎以音句云。調其宮商。使之克諧氣自來也。其說甚謬。音卽意字也。言不可呼之以聲。而但可迎之以意也。音與力德德得爲均。明是意之借字。（意古讀若億。故與力德德得爲均。明夷象傳。獲心意也。與食則得息國則爲均。管子戒篇。身在草茅之中。而無懾意。與惑色爲均。楚詞天問。何所意焉。與極爲均。呂氏春秋重言篇。將以定志意也。與翼則爲均。秦之罘刻石文。承順聖意。與德服極則式爲均。論語先進篇。億則屢中。漢書貨殖傳。億作意。皆其證也。）若讀爲聲音之音。則失其均矣。又下文云。彼道之情。惡音與聲。脩心靜音。道乃可得。尹注曰。音聲者所以亂道。故惡之也。案惡音與聲本作惡心與音。音卽意字也。道體自然。而人心多妄。不脩其心靜其意。則不可以得道。故曰彼道之情。惡心與意。脩心靜意。道乃可得也。意之爲音。借字耳。脩心靜音。音與得爲均。明是志意之意。非聲音之音也。先人誤以音爲聲音之音。遂改惡心與音爲惡音與聲。尹氏不察。而曲爲之說。其失甚矣。（張云。彼道之情。惡音與聲。聲與情均。上云。詠乎莫聞其音。又云。不聞其聲。下云。耳之所不能聽也。義正相承。此音字不當概讀爲意。）又下文云。音以先言。音然後形。形然後言。兩音字亦讀爲意。謂意在言之先。意然後形。形然後言也。（尹注言從音生。故音先言。亦是曲爲之說。）前心術篇云。意以先言。意然後形。形然後思。思然後知。是其明證也。說文。意。從心。音聲。（徐鍇本如此。徐鉉本作从心从音。此鉉不曉古音而妄改之也。）音意聲相近。故意字或通作音。史記淮陰侯傳。項王喑噁叱咤。漢書作意烏猝嗟。喑之通作意。猶意之通作音也。△萬物果得　王云。果當爲畢字之誤也。尹注物皆得宜。皆字正釋畢字。心術篇亦云。正形飾德。萬物畢得。△折折乎如在於側　丁云。折折卽晢晢之借。說文。昭。晢明也。毛詩傳。晢晢猶煌煌也。△謀乎莫聞其音　王云。謀當爲誺。說文。宗。（今作寂。）無人聲也。或作誺。故曰。誺乎莫聞其音。俗書謀字作謀。與誺相似。後人多見謀。少見誺。故誺譌爲謀矣。陳先生云。謀當爲謨。謨與漠通。漢書賈誼傳注。漠。靜也。△不見其形不聞其聲而序其成謂之道　文選辯命論注引作視之不見其形。聽之不聞其聲。而序其成者道也。△凡道無所善心安愛　望案。愛爲處字之誤。說詳幼官篇。△凡道無根無莖

安井衡云。古本凡上有故字。故凡道至下文命之曰道二十二字皆屬上節。天主正以下提行。△山陵川谷地之枝也　王云。枝當爲材。字之誤也。樞言篇曰。天以時使。地以材使。大戴禮五帝德篇曰。養材以任地。履時以象天。周語曰。高山廣川大藪能生之良材。故曰。山陵川谷地之材也。材與時諧爲均。（諧古讀若媒。說見唐韻正。）若作枝。則既失其義而又失其均矣。（時材諧於古音屬之部。枝於古音屬支部。兩部絕不相通。說見段氏六書音均表。）尹注非。　△氣道乃生　望案。左氏襄三十一年傳注。道。通也。氣道乃生。猶言氣通乃生耳。尹注非。△公之謂也　王云。公之謂本作此之謂。此字指上文治心在於中以下四句而言。故尹注云治心之謂。今本作公之謂者。後人不審文義而妄改之。　△神明之極照乎知萬物　洪云。照與昭通。乎字衍。昭知萬物爲句。心術下篇云。神莫知其極。昭知天下。通於四極。其證也。劉說略同。　△中義守不忒　王云。義字涉上文天仁地義而衍。據尹注云。若常守中。則無差忒。則無義字明矣。　△有神自在身　丁云。有字衍。尹注亦無。　△精將至定　王云。至當爲自。上文精將自來。卽其證。尹注非。　△其外安榮　望案。安當訓乃。說見幼官篇。　△九竅遂通　望案。通當爲達。說見心術下篇。　△筋信而骨強　望案。信古伸字。心術篇信作肕。　△逐淫澤薄　陳先生云。澤薄與逐淫對文。澤讀爲釋。釋。舍也。舍薄猶言去其浮薄耳。劉曰。澤乃釋字。是也。尹注非。　△和於形容　望案。和乃知字誤。說見心術下篇。　△摶氣如神萬物備存能摶乎　望案。摶皆摶字之誤。說見立政篇。　△能無卜筮而知吉凶乎　王云。吉凶當依心術篇作凶吉。吉與一爲均。　△能勿求諸人而得之己乎　丁云。當依心術下篇補自字於而字下。尹注云。自得者明。亦有自字。　△生將巽舍　丁云。巽與孫同。巽。讓也。讀如堯典巽朕位之巽。　△其精不見其徵不醜　望案。精疑情字誤。丁云。其徵不醜。依上文地出其形言之。徵卽形也。（權修篇。喜之有徵。惡之有形。是徵形同義之證。）醜當爲覯。形與醜相似而誤。爾雅。覯。見也。說文。覯。遇見也。不覯與不見同義。覯與道壽爲均。　△平正擅匈　丁云。四字重見下文。疑此衍文。　△忿怒之失度乃爲之圖　丁云。忿當是喜字之誤。下文不喜不怒。卽承此文言之。下文又云。必以喜怒憂患。又云。悲憂喜怒。皆喜怒連言。　△凡食之道大充傷而形不臧　丁云。當作形傷而不臧。與下骨枯而血沍對文。　△飢則廣思　望案。此廣字讀如樂記廣則容姦之廣。鄭注曰。廣謂聲緩也。飢則緩思者。亦恐傷其精氣。　△飢不廣思飽而不廢　望案。飽疑食字誤。爾雅釋詁曰。廢。止也。言飢不緩思。雖食不能止飢。　△大心而敢　丁云。敢疑放字誤。與廣爲均。　△是謂雲氣意行似天　丁云。雲乃靈字誤。下文云。靈氣在心。一來一逝。　△愛欲靜之遇亂正之　王云。遇當爲過。字之誤也。過亂與愛欲對文。言當靜其愛欲。正其過亂也。尹注非。　△得道之人理丞而屯泄匈中無敗　王氏引之云。尹以屯爲屯聚。非也。丞讀爲烝。（烝與丞古字通。列子天瑞篇。舜問乎丞。釋文曰。丞一本作烝。漢書翟方進傳。大保後丞丞陽侯甄邯。師古曰。丞陽侯音烝。地理志作承陽。續漢書郡國志作烝陽。）烝。升也。泄。發也。屯當爲毛。字之誤也。（屯隸省作乇。毛隸省作乇。二形相似。故傳寫多譌。史記魯世家。子屯立。是爲康公。漢書律曆志。屯作毛。漢書溝洫志。河北決於館陶。分爲屯氏河。師古曰。屯音大門反。而隋室分析州縣。誤以爲毛氏河。乃置毛州。失之甚矣。又儒林傳。魯伯授太山毛莫如少路。宋祁筆記引蕭該音義曰。案風俗通姓氏篇。混屯氏太昊之良佐。漢有屯莫如爲常山太守。又有毛姓。云毛伯文王子也。漢有毛樗之爲壽張令。案此。莫如姓非毛。乃應作屯字。音徒本反。但毛屯相類。容是傳寫誤耳。）言得道之人。和氣四達。烝泄於毛理之閒。故匈中無敗也。淮南泰族篇曰。今夫道者。靜莫恬淡。訟繆胷中。邪氣無所留滯。四枝節族。毛蒸理泄。（蒸與烝同。小雅小弁篇。不屬于毛。不離于裏。裏與理同。）則機樞調利。百脈九竅。莫不順比。是其證也。淮南言毛烝理泄。此言理烝毛泄。互文耳。泄亦烝也。幼官篇云。冬行春政。烝泄。言冬行春政。則陽氣不收而烝泄也。月令曰。孟冬行春令。則地氣上泄。亦謂陽氣上烝也。泄音私列以制二反。曲禮。蔥渫處末。鄭注云。渫。烝蔥也。釋文。渫。以制反。烝謂之泄。烝蔥謂之渫。其義一也。

封禪第五十　雜篇一　尹注云。元篇亡。今以司馬遷封禪書所載管子言以補之。洪云。封禪篇唐初尚未亡。史記封禪書索隱云。今管子封禪篇是也。尚書序正義。王制正義。文選羽獵賦注。引此篇古者封泰山禪梁父以下。皆作管子。是孔李司馬皆及見之。張云。汲古單刻本索隱云。案今管子書。其封禪篇亡。正與尹注合。今本管子封禪書注皆錄裴駰集解。其由史文移補無疑。而史記三家注合刻本封禪書索隱云。今管子書封禪篇是也。蓋淺人祇見今本管子有移補之封禪書。而不察尹注。反疑小司馬之誤而改之。若無汲古單刻本。則尹注爲孤立矣。然小司馬與孔李世相接。何以獨不見管子完書。豈孔李所見亦即移補之本邪。管子原文當不止此。而史公祇采此一節。其移補之迹顯然。

△炎帝封泰山禪云云　禮記王制正義引炎帝作少皞。　△兵車之會三而乘車之會六　陳先生云。大臣小匡霸形篇皆作兵車之會六。乘車之會三。此三六誤倒。

小問第五十一　雜篇二

△力地而動於時則國必富矣　王云。動當爲勤。治國篇曰。田墾則粟多。粟多則國富。故曰。力地而勤於時。則國必富也。尹注非。　△公曰吾聞之也　王云。公曰吾聞之也。當作夷吾聞之也。此皆管仲對桓公語。下文請問戰勝之器。方是桓公問語。　△然則取之若何　王云。取之當爲取士。下文則天下之士至矣。正對此句而言。今本涉上文攻取之數而誤。尹注非。　△不可爲數　俞云。不可爲數。猶言不可勝數。言天下之精材皆聚於我。不可爲之計數也。尹注非。　△小以吾不識　張云。小字誤。依注似是齊字。　△守戰遠見有患　俞云。遠見卽外知也。下文曰。夫民不必死。則不可與出乎守戰之難。不必信。則不可恃而外知。夫恃不死之民而求以守戰。恃不信之人而求以外知。此兵之三闇也。卽承此文而言。故知遠見卽外知也。儀禮特牲饋食禮。若不吉。則筮遠日。鄭注曰。遠日。旬之外日。呂氏春秋有始覽。冬至日行遠道。高注曰。遠道。外道也。是遠卽外也。呂氏春秋自知篇。文侯不說知於顏色。高注曰。知猶見也。是見卽知也。　△此兵之三闇也　丁云。三當爲二。指上文不死不信言。注非。　△而憂之以德　俞云。說文人部曰。憂行之和也。凡經傳憂字皆惪之借。此則其本字。憂之以德。謂和之以德也。

△夫牧民不知其疾　丁云。牧民下當有者字。上文云。凡牧民者。必知其疾。　△來者鷙距　王云。鷙當爲驇。字之誤也。驇距皆止也。言來者止而不前也。說文曰。樊驇不前也。（今本驇譌作鷙。）驇馬重貌也。史記秦本紀曰。晉君還而馬驇。晉世家曰。惠公馬驇不行。（今本亦譌作鷙。唯秦本紀不誤。）太玄玄錯曰。進欲行。止欲驇。（今本亦譌作鷙。）字或作𨇨。廣雅曰。𨇨止也。距本作歫。說文曰。歫止也。是驇距皆止也。世人多見鷙。少見驇。故驇譌爲鷙。尹氏不能釐正。而訓鷙爲疑。既不合語意。又於古訓無徵。斯爲謬矣。　△質信極忠　宋云。案說文仁字古文作忎。此與忠也者民懷之兩忠字。當是忎字之誤。管子多古字。寫者不識。改爲忠。論語。仲弓問仁。子曰。己所不欲。勿施於人。下文。非其所欲。勿施於人。仁也。正釋此仁字。　△有時先事有時先政有時先德有時先恕　王云。案原文內本無有時先恕四字。後人以下文言先之以恕。故增此四時也。今案下文但言此謂先之以事。此謂先之以政。此謂先之以德。而不言此謂先之以恕。則本無有時先恕句明矣。又下文云。發倉廩山林藪澤以共其財。（舊本倉譌作食。依朱本改。）後之以事。先之以恕。以振其罷。此謂先之以德。則先之以恕卽是先之以德。既言有時先德。則無庸更言有時先恕矣。後人據下文增入此句。而不知正與下文不合也。　△百川道　王云。道猶

順也。楚語曰。違而道。從而逆。是其證。百川道。年穀孰。糴貸賤。三句相對爲文。尹注非。△厚收善歲以充倉廩
望案。歲疑藏字誤。△敬之以禮樂　丁云。敬疑教字誤。△發食廩　宋本朱本食作倉。食字誤。△以共其
財　宋本財作材。△今吾有欲王　宋云。有讀爲又。△其君豐其臣殺　王云。殺當爲殺。（色介反。）殺與
豐正相對。尋尹注。亦是殺字也。殺字或書作𣪠。與教相似而誤。△公遵遁繆然遠二三子遂徐行而進　王云。
公遵遁繆然遠爲句。二三子遂徐行而進爲句。遵遁與逡巡同。戒篇云。桓公蹩然逡遁。尹注大謬。△則使有司
疏獄而謁有罪者償　丁云謁當爲楬。周官秋官明竊注。楬頭書辠法也　△。雖能不久則人持莫之弑也　朱
本無人字。△先傳曲木曲木又求曲木曲木已傳直木無所施矣先傳直木直木又求直木直木已傳曲木曲木亦
無所施矣　丁云。當作又求曲木。又求直木。衍曲木直木四字。尹注云。編棧者先附曲木。其次還須曲木。求其類。
玩其次。二字卽解又字。則又字上無曲木二字可知矣。馬棧傳木。一曲而無不曲。故云。先傳曲木。又求曲木也。
△然後可以危鄰之敵國　丁云。當作鄰敵之國。中匡篇作救敵之國。救與仇同。形勢解云。以事鄰敵。二字連上。
△桓公踐位令釁社塞禱　丁云。塞卽賽字。古無賽字。假塞爲之。漢書郊祀志。冬塞禱祠。史記封禪書作賽。索
隱本出冬塞二字注云。塞音先代反。與賽同。賽。今報神福也。△祝鳧已疵獻胙　望案。尹注云。祝。祝史。鳧。疵。其
名也。則正文當作祝鳧祝疵。故以祝祝史總釋兩祝字也。今作已者。祝之壞字耳。△除君苛疾與若之多虛而
少實　王氏引之云。若當爲君。下文云。又與君之若賢。是其證也。尹注非。△瞑目而視祝鳧已疵　宋本瞑目
作瞋目。王云。當作瞋目。隸書眞字或作真。冥字或作寘。二形相似而誤。（莊子秋水篇。瞋目而不見丘山。瞋本或
作瞑。韓子守道篇。瞋目切齒傾耳。淮南道應篇。佽非勃然瞋目。攘臂拔劍。今本瞋字竝譌作瞑。）△授酒而祭之
安井衡云。古本授作受。△三强其使者　丁云。尹注本三字絕句。屬上讀。誤。當讀三强其使者爲句。與三辱
其君對文。爾雅。彊。當也。相値謂之當。△桓公放春三月觀於野　洪云。放古字通作方。堯典。方命圮族。漢書傅
喜傳。朱博傳。俱作放命。荀子子道篇。不放舟。注讀爲方。尹注非。△昫昫乎何其孺子也　丁云。昫昫疑當作恂
恂。方與尹注柔順貌相合。元刻注文無胡絹切目搖也六字。疑淺人所加。望案。朱本其孺子也上無何字。△至
其成也由由乎茲免何其君子也　程氏瑤田九穀考云。茲免云者。免。俛也。茲。益也。謂其穗益俯而向根也。淮南
繆稱篇注云。禾穗坐而向根。故君子不忘本也。今諸穀惟禾穗向根。可驗也。王云。程說是也。禾成而穗益俯。若君
子之德高而心益下。故曰由由乎茲免。何其君子也。趙策曰。馮忌接手免首。欲言而不敢。（姚本如是。鮑本改免

爲俛。）韓策曰。免於一人之下。而信於萬人之上。漢書陳勝傳贊曰。免起阡陌之中。是俛字古通作免。尹注非。
△桓公北伐孤竹。未至卑耳之谿十里。　水經濡水注引管子桓公二十年征孤竹。今本桓公下脫二十年三字。
丁云。御覽谿六十七引。未至上有迴車二字。案卑耳之谿不在孤竹之地。小匡篇曰。西征攘白狄之地。遂至于西
河。方舟設泭。乘桴濟河。至于石沈。縣車束馬。踰大行與卑耳之谿。拘泰夏。又封禪篇曰。西伐大夏。涉流沙。束馬縣
車。上卑耳之山。此可證卑耳之谿離孤竹甚遠。當有迴車二字。謂自孤竹迴車以至卑耳之谿也。　△見是前人
乎　藝文類聚武部。御覽地部三十二。兵部六十引此文。皆無是字。王云。是字卽見字之誤而衍者。　△左右對
日不見也　水經注及御覽兩引皆無也字。　△公曰事其不濟乎寡人大惑　御覽引無事其不濟乎二句。
△冠右祛衣　說苑辨物篇作有人長尺。冠冕左祛衣。藝文類聚武部。御覽兵部。開元占經人及神鬼占。竝引作
冠冠右祛衣。王云。冠冠者。首戴冠也。（呂氏春秋知士篇。冠其冠。帶其劍。）今本脫一冠字。則文義不明。望案。說
苑辨物篇作有人長尺冠冕左祛衣。　△走馬前疾　御覽引作馬前疾走。下文同。　△事其不濟乎寡人大惑
豈有人若此者乎　御覽引作寡人其不濟乎。豈有人若此者乎。　△臣聞登山之神有俞兒者　水經濡水注
引。登作豋。命作僉。御覽休徵部一引。登作昪。　△有贊水者曰　丁云。水經濡水注引無曰字。而云。今自孤竹南
出。則巨海矣。而滄海之中。山望多矣。然卑耳之川若贊谿者。亦不知所在也。如其說。蓋以贊爲水名。與尹注謂贊
引渡水者不合。　△從左方涉其深及冠從右方涉其深至膝　說苑作從左方渡至踝。從右方渡至膝。　△若右
涉其大濟　水經濡水注。劉逵吳都賦注。藝文類聚武部。御覽兵部。竝引作已涉大濟。說苑作已渡事果濟。　△
仲父之聖至若此　宋本無若字。　△甯戚應之曰浩浩乎　元刻此句下有育育乎三字。丁云。當據元刻補。下文
云。浩浩者水。育育者魚。是其證。又甯戚應我曰浩浩乎下。亦脫育育乎三字。　△婢子曰公何慮　藝文類聚人
部引作婢子問之曰。　△昔者吳干戰未齔不得入軍門國子擿其齒遂入爲干國多　俞云。干當作邗。說文。邗。
國也。從邑干聲。一曰。邗本屬吳。案哀九年左傳。吳城邗。卽此也。邗本國名。後爲吳邑。此文云吳干戰。吳干均國名
也。國子乃干國之人。故曰爲干國多。言此役也。國子在於國中戰功獨多也。尹注不知干卽邗字。誤解爲江邊地。
則吳與戰者何國也。且爲干國多句遂不可解矣。寶應劉氏寶楠同俞說。又云。江邊卽廣陵地也。吳自魯成公時
始見春秋。滅邗甚在其前。故不見於左氏也。　△穆公舉而相之　望案。秦穆後管子卒二十一年。此稱其謚。蓋
後人附益之詞。　△浩浩者水育育者魚未有家室而安召我居　藝文類聚人部引。作浩浩之水。育育之魚。未

有家室。我將安居。御覽人事部引。育育作游游 △甯子其欲室乎 藝文類聚人部。御覽人事部引此句。下竝有仲以其言告桓公七字。今本脫。 △有執席食以視上者 王云。視上當爲上視。故尹注云。私目上視。北堂書鈔武功部二引此。正作上視。呂氏春秋重言篇。說苑權謀篇。亦作上視。 △東郭郵至 北堂書鈔百十四引郵作牙。呂覽同。說苑權謀篇作垂。 △與之分級而上 王云。上當爲立。此涉上句而誤也。呂氏春秋說苑。及論衡知實篇竝作分級而立。 △君子善謀而小人善意臣意之也 王云。意讀爲億。卽度也。尹注謂善以意度之。非。 △夫淵然清靜者 丁云。夫字衍。 △日者臣視二君之在臺上也 二字衍。說苑呂覽皆無二字。 △口開而不闔是言莒也 俞氏正變云。韓詩外傳引此。作口張而不掩。舌舉而不下。呂氏春秋重言作呿而不唫。說苑重謀作吁而不吟。論衡知實篇作君口垂而不噞。梁元帝金樓子志怪則曰口開而合。顏氏家訓音辭則謂李季節引此口開而不閉。證莒音不必同矩。是古有二本。一作口開而不合。一作口開而合。皆象聲知之。而注云。兩口相對。則是言莒。亦怪謬矣。 △唯莒於是 王云。尹注未曉於是二字之義。於是二字與焉字同訓。言臣觀小國諸侯之不服者唯莒焉。臣故曰伐莒也。莊八年公羊傳。吾將以甲午之日然後祠兵於是。於是卽焉也。僖十五年左傳晉於是乎作爰田。晉於是乎作州兵。晉語作焉作轅田。焉作州兵。西周策君何患焉。史記周本紀作君何患於是。此其明證矣。呂氏春秋季春篇注曰。焉猶於此也。於此卽於是。聘禮記曰。及享。發氣焉盈容。言於是盈容也。三年問曰。故先王焉爲之立中制節。言先王於是爲之立中制節也。 △客聞之 宋本聞作間。

卷十七

雜篇三

七臣七主第五十二

或以平虛請論七主之過。謂平意虛心也。七主據下唯有六者。皆過主。能無此六者過。則爲一是主也。過主六。是主一。故曰七主也。得六過一是。以還自鏡。以知得失。得六過則爲一是。以自鑒。得失可知也。以繩七臣。得六過一是。呼嗚美哉。成事疾。疾。美也。繩。謂彈正也。言以六過繩七臣。令臣無六過。是故爲一。君臣咸有一德。故能成美也。申主任勢守數以爲常。申謂陳用法令。周聽近遠以續明。遠近之事。周而聽之。則其明不絕。皆要審。則法令固。賞罰必。則下服度。事皆得要而詳審。則法令固。賞罰必。而下皆服其法度也。不備待而得和。則民反素也。謂以道德理世之君。至仁感物。德和自此而至。故人皆反於朴素。今中主不能然。故以爲過也。惠王豐賞厚賜以竭藏。赦姦縱過以傷法。藏竭則主權衰。法傷則姦門闓。故曰泰則反敗矣。謂爲惠太過。故反成敗也。侵主好惡反法以自傷。越法行事謂之侵。所好所惡。皆反於法。故自傷。喜決難知以塞明。決難知。則理不當。故明塞也。不從狙而好小察。狙。伺也。謂旣任臣有所爲。必從而伺之。事無常而法令申不許。則國失勢。許。古伍字。謂偶合也。言雖申布法令。於事不合。法旣不行。所以失勢也。

芒主目伸五色。耳常五聲。芒。謂芒然不曉識之貌。伸。謂放恣也。四鄰不計。四鄰與己爲隣。不計度而知之也。司聲不聽。司聲之官。隨君所好。不爲聽其理亂之音也。則臣下恣行。而國權大傾。不許。則所惡及身。所爲旣不合理。故惡還及身。勞主不明分職。上下相干。言失任臣之理。勞而無功。故曰勞主。臣主同。則刑振以豐。豐振以刻。臣主同勢。則俱奮威權。故刑罰大振。且豐多。刑豐而又妄振。非刻而何也。而去之而亂。臨之而殆。則後世何得。權臣振主。君欲去之。必爲亂。任而臨之。必危殆。旣亂且危。敗亡必及。故後代無得也。必振主喜怒無度。嚴誅無赦。動發威嚴。謂之振也。臣下振怒。不知所錯。則人反其故。故爲先君之理。不許。則法數日衰而國失固。舉措旣不合理。數衰而國失固。故芒主通人情以質疑。故臣下無信。盡自治其事。則事多。旣不自曉故下通人情。以問所疑則臣下無所取信。皆自任智聰。以理其事。人人生事。故事多也。多則昏。昏則緩急俱植。植。立也。旣昏而不明。故緩急之事俱可立。不許。則見所不善。所爲旣不合理。所見之事皆不善。故其餘力自失而罰。尙有執權餘力。己不自責。乃還怒而罰之。故主虞而安。虞。度也。主能度宜而行故安。但主能度而安。則致下數事。吏肅而嚴。民樸而親。官無邪吏。朝無姦臣。下無侵爭。世無刑民。凡此皆主虞而安故也。

故一人之治亂在其心。在其心之邪正。一國之存亡在其主。在其主之智愚。天下得失。道一人出。道。從也。一人爲主也。明主得。闇主失。主好本則民好墾草萊。本。謂農桑也。主好貨則人買市。主好宮室。則工匠巧。主好文采。則女工靡。夫楚王好小腰。而美人省食。吳王好劍。而國士輕死。死與不食者。天下之所共惡也。然而爲之者何也。從主之所欲也。而況愉樂音聲之化乎。夫男不田。女不緇。緇。謂黑繒。工技力於無用。謂勤力於無用之器物也。而欲土地之毛。毛。謂嘉苗。倉庫滿實。不可得也。土地不毛。則人不足。人不足。則逆氣生。不足則怨怒。逆上之氣生。故逆氣生。則令不行。然彊敵發而起。雖善者不能存。

謂善爲計謀。何以效其然也。曰。昔者桀紂是也。誅賢忠。近讒賊之士。而貴婦人。好殺而不勇。好富而忘貧。馳獵無窮。鼓樂無厭。瑤臺玉餔不足處。玉餔猶玉食。馳車千駟不足乘。材女樂三千人。謂有材能之女樂也。鍾石絲竹之音不絕。百姓罷乏。君子無死。言不爲君致死。卒莫有人。人有反心。遇周武王。遂爲周氏之禽。爲周所禽獲也。此營於物而失其情者也。物。謂臺樹車音所爲修靡者。愉於淫樂而忘後患者也。故設用無度。國家踣。踣。謂散亡。舉事不時。必受其菑。夫倉庫非虛空也。必修費無度。故空。商宦非虛壞也。必棄本逐末。故壞也。法令非虛亂也。必上替下陵。故亂。國家非虛亡也。必倒道背理。故亡也。彼時有春秋。歲有敗凶。政有急緩。政有急緩。故物有輕重。政急物輕。政緩物重。歲有敗凶。故民有義不足。歲既敗凶。雖有義事。不足以行其禮。時有春秋。故穀有貴賤。春穀貴。秋穀賤。而上不調淫。故游商得以什伯其本也。淫。過也。謂穀物過於貴賤。則上當收散以調之。此之不爲。故游商得什伯之贏以棄其本也。百姓之不田。貧富之不訾。皆用此作。訾。限也。皆從不調淫而作也。城郭不守。兵士不用。皆道此始。道。從。夫亡國踣家者。非無壞土也。其所事者非其功也。夫凶歲雷旱。非無雨露也。其燥淫非其時也。亂世煩政。非無法令也。其所誅賞者非其人也。暴主迷君。非無心腹也。其所取舍非其術也。故明主有六務四禁。六務者何也。一曰節用。二曰賢佐。三曰法度。四曰必誅。五曰天時。六曰地宜。四禁者何也。春無殺伐。無割大陵。割。謂掘徙之也。倮大衍。倮。謂焚燒令蕩然俱盡。伐大木。斬大山。行大火。誅大臣。收穀賦。凡此春之禁也。夏無遏水達名川。謂偃塞小水合大水。塞大谷。動土功。射鳥獸。凡此夏之禁。秋毋赦過釋罪緩刑。冬無賦爵賞祿。傷伐五穀。五穀之藏。故春政不禁。則百長不生。夏政不禁。則五穀不成。秋政不禁。則姦邪不勝。冬政不禁。則地氣不藏。四者俱犯。則陰陽不和。風雨不時。大水漂州流邑。漂。流。謂滿溢於堤防。故漂流城邑。大風漂屋折樹。火暴焚地燋草。旱甚則草燋。天冬雷。地冬霆。霆。震。草木夏落而秋榮。蟄蟲不藏。宜死者生。宜蟄者鳴。苴多螣蟇。苴。謂草之騷蓄。山多蟲蟁。蟁卽蚊。六畜不蕃。民多天死。國貧法亂。逆氣下生。故曰。臺樹相望者。亡國之廡也。馳車充國者。追寇之馬也。追猶召也。車所以召寇。言馳羽劍珠飾者。斬生之斧也。文采纂組者。燔功之窑也。明王知其然。故遠而不近也。能去此取彼。則人主道備矣。此謂珠飾等物。彼謂節用愛民。夫法者。所以興功懼暴也。律者。所以定分止爭也。令者。所以令人知事也。法律政令者。吏民規矩繩墨也。夫矩不正。不可以求方。繩不信。音申。不可以求直。法令者。君臣之所共立也。權勢者。人主之所獨守也。故人主失守則危。臣吏失守則亂。罪決於吏則治。有罪者。吏必能決。決之故理。權斷於主則威。民信其法則親。是故明王審法慎權。下上有分。下慎罰。上執權。各有其分也。夫凡私之所起。必生於主。主不好本則私生。夫上好本。則端正之士在前。本。謂道德之政。上好利。則毀譽之士在側。好利則傾巧。毀譽之士在側。故上多喜善。賞不隨其功。則士不爲用。雖日好善。及其有功。則不能賞。故日士不爲用。數出重法。而不克其罪。則姦不爲止。克。謂勝伏。明王知其然。故見必然之政。立必勝之罰。故民知所必就。而知所必去。推則往。召則來。如墜重於高。如瀆水於地。以譬招來之易也。故法不煩而吏不勞。民無犯禁。故有百姓無怨於上。上亦法臣法。言亦爲臣立法。斷名決無誹譽。依名而斷決。則理當而事愜。故無誹譽。故君法則主位安。臣法則貨賂止。而民無姦。嗚呼美哉。名斷言澤。依名而斷。其言順而澤。則飾臣克親貴以爲名。虛名求實之飾。克。勝也。謂不求親貴以自克勝。持此爲名。恬爵祿以爲高。佯弃爵祿以自安恬。以此爲高。好名則無實。美名外揚。內實必喪。爲高則不御。恬爵祿者君不能御也。故記曰。無實則無勢。勢必以實生。失轡則馬焉制。制馬必以轡。制臣必以祿。侵臣事小察以折法令。枉法行事謂之侵。好佼反而行私請。佼。謂很詐也。背理爲反。故私道行則法度侵。不侵法度。則無以成其私。刑法繁則姦不禁。主嚴誅則失民心。亂臣多造鐘鼓。衆飾婦女以惛上。故上惛則隟不計。而司聲直祿。上既惛暗。雖有危亡之隟。不能計度而知之。其司聲之官。直得祿而已。不憂其職務也。是以諂臣貴而法臣賤。此之謂微孤。諂貴法賤。則危亡日至。故其君衰微而孤獨。愚臣深罪厚罰以爲行。深文入罪。厚致其罰。此愚臣之行。重賦斂。多兌道以爲上。兌。悅也。謂多賦斂以悅道於君。使身見憎而主受其謗。厚罰多斂。人必憎之。故記稱之曰愚忠讒賊。此之謂也。愚臣雖有忠於主。乃比之讒賊。姦臣痛言人情以驚主。痛甚極之辭。開罪黨以爲讎。開引罪黨上聞於君。與之爲讎。除讎則罪不辜。彼但讎耳。未必皆有罪。而除之。則罪不辜之人也。今罪不辜。則與讎居。既殺不辜。則人皆讎己。故所與居者莫非讎也。故善言可惡以自信。而主失親。好言可惡之事以告於君。此求君之信己也。君果信之。則失其所親也。亂臣自爲辭功祿。明爲下請厚賞。己有功當得祿。則佯辭之以爲名。其下未必當賞。則明然爲之請。以求衆心也。居爲非母。動爲善棟。其居也。與衆非者爲母。其動也。與佯爲善者爲棟梁也。以非買名。以是傷上。其所以買名者用非道。雖曰爲之必傷於上。而衆人不知。之謂微攻。言爲僞善斷攻於君。

禁藏第五十三　雜篇四

禁藏於胸脅之內。而禍避於萬里之外。能以此制彼者。唯能以己知人者也。言度己以察彼。則無隱情。故姦謀藏於胸脅。姦藏禍息。故遠避於萬里之外。彼不能與姦生禍。我能制之。凡此皆以己知人故也。則夫冬日之不濫。非愛冰也。濫。謂泛冰於水以求寒。所謂濫蘂。夏日之不煬。非愛火也。爲不適於身便於體也。冬之水。夏之火。皆於身體不適便。夫明王不美宮室。非喜小也。不聽鍾鼓。非惡樂也。爲其傷於本事而妨於教也。美宮室。聽鍾鼓。則傷事而妨教。故先慎於己而後彼。官亦慎內而後外。內則本務。外則末業。君慎之則臣効。民亦務本而去末。官慎之則民効也。居民於其所樂。居其所樂。則敦土而不遷。事之於其所利。事其所利。不勸而自勵。則賞之於其所善。賞其所善。皆悅而立功。則罰之於其所惡。罰其所惡。則忌慎而無犯。信之於其所餘財。君人者莫不有餘財。期賞而必。故曰信。功之於其所無誅。必勝殘息誅。然後可以爲成功。於下無誅者。必誅者也。有罪必誅。故能息。所謂以刑止刑。以殺止殺也。有誅者不必誅者也。有罪不必誅。故誅不息也。以有刑至無刑者。其法易而民全。刑茲無赦。人不敢犯。故曰以有刑至無刑。若此者。其法簡易。而民完全。以無刑至有刑者。其刑煩而姦多。緩誅宥死。人則輕而犯之。故曰無刑至有刑。若此者。其刑繁漫而姦人多。夫先易者後難。無刑至有刑。故曰先易而後難。先難而後易。有刑至無刑。故曰先難而後易。萬物盡然。皆同之於用法。明王知其然。故必誅而不赦。必賞而不遷者。非喜予而樂其殺也。所以爲人致利除害也。賞不遷。非喜與。誅不赦。非樂殺。然必其誅賞。則爲人致利除害故也。於以養老長弱。完活萬民。莫明焉。言養老活人無明於必誅賞。夫不法法則治。言不法者必以法正之。故治。法者天下之儀也。儀。謂表也。所以決疑而明是非也。百姓所縣命也。刑罰一差。人無所措手足。故曰懸命。故明王慎之。不為親戚故貴易其法。故。謂恩舊。吏不敢以長官威嚴危其命。危。謂毀敗。民不以珠玉重寶犯其禁。所謂君無欲焉。雖賞之不竊。故主上視法嚴於親戚。不為親戚易法。故法嚴。吏之舉令。敬於師長。不為師長危命。故令敬也。民之承教。重於神寶。不為重寶犯禁。故教重。夫寶有靈。故曰神寶。故法立而不用。刑設而不行也。無犯之人。則無所用其刑法。夫施功而不鈞。位雖高。為用者少。施功。謂施恩於有功者。施恩不均。則有功者怨。故雖有高位。人不為用。赦罪而不一。德雖厚。不譽者多。赦罪不一。則毒流不辜。雖有厚德。人誰譽之。舉事而不時。力雖盡。其功不成。方冬植禾。雖勤似后稷。不能成其嘉苗。刑賞不當。斷斬雖多。其暴不禁。夫公之所加。罪雖重。下無怨氣。私之所加。賞雖多。上不為歡。行法不道。衆民不能順。有道之人必順於道。舉錯不當。衆民不能成。衆尚不成。況無衆乎。不攻不備。夫設備者必防攻也。當今為愚人。故聖人之制事也。能節宮室。適車輿以實藏。不費於宮室車輿。則庫藏自實也。則國必富。位必尊。能適衣服。去玩好以奉本。本謂農桑。而用必贍。身必安矣。能移無益之事。無補之費。通幣行禮。而黨必多。交必親矣。移無益無補之費而行禮。故黨多交親也。夫衆人者多營於物。而苦其力。勞其心。故困而不贍。營物過分。勞而不贍。故大者以失其國。小者以危其身。凡人之情。得所欲則樂。逢所惡則憂。此貴賤之所同有也。近之不能勿欲。謂所好之物。遠之不能勿忘。人情皆然。而好惡不同。各行所欲。各以所欲行之。而安危異焉。適理而欲。則安。背理而欲。則危。然後賢不肖之形見也。夫物有多寡。而情不能等。賢者欲寡。不肖者欲多也。事有成敗。而意不能同。賢者意多成。不肖者意多敗也。行有進退。而力不能兩也。賢者能進。不肖者唯退也。故立身於中。謂多寡成敗進退之中也。養有節。宮室足以避燥溼。食飲足以和血氣。衣服足以適寒溫。禮儀足以別貴賤。游虞足以發歡欣。棺槨足以朽骨。衣衾足以朽肉。墳墓足以道記。道識其處。各有記也。不作無補之功。雖日有功。於身無補。不為無益之事。故意定而不營氣情。氣情不營。則耳目穀。穀。善也。謂聰明不虧。衣食足。耳目穀。衣食足則侵爭不生。怨怒無有。上下相親。兵刃不用矣。故適身行義。儉約恭敬。其唯無福。禍亦不來矣。禍福兩無。乃害至。之驕傲侈泰。離度絕理。其唯無禍。福亦不至矣。禍福兩有。乃禍之至。是故君子上觀絕理者。以自恐也。觀絕理者致禍。故恐。下觀不及者。以自隱也。隱。度也。度己有不及之事當效之也。故曰。譽不虛出。必出於行善。而患不獨生。必生於爲惡。福不擇家。雖賤家行善。福亦來矣。禍不索人。雖貴人行惡。禍亦至矣。此之謂也。凡此欲令修己以致福。無特貴以招禍。能以所聞瞻察。則事必明矣。謂耳所聞。目所瞻。皆能審察其是非。如此。則無事不明矣。故凡治亂之情。皆道上始。道。從也。事明則理。反是則亂也。故善者圉之以害。牽之以利。有害則圉。有利則牽。能利害者。財多而過寡矣。利害由己。則避害而取利。利則財多。避害故過寡矣。夫凡人之情。見利莫能勿就。見害莫能勿避。其商人通賈。倍道兼行。夜以續日。千里而不遠者。利在前也。疾至則得利。速行而不倦也。故漁人之入海。海深萬仞。就彼逆流。謂海潮起則水逆流。乘危百里。宿夜不出者。利在水也。故利之所在。雖千仞之山。無所不上。深源之下。無所不入焉。故善者勢利之在。而民自美安。勢利在身。人美而安之。則不推而往。不引而來。不煩不擾。而民自富。凡此皆勢利之所致。如鳥之覆卵。無形無聲。而唯見其成。夫勢利致人。若鳥之覆卵焉。雖無形聲。俄見其成也。夫爲國之本。得天之時而爲經。經所以本之也。得人之心而爲紀。紀所以總之也。法令爲維綱。維綱所以張也。吏爲網罟。網罟所以苞之。什伍以爲行列。行列所以開具之也。賞誅爲文武。賞則文。誅則武。繕農具當器械。農具既繕。則器械可修也。耕農當攻戰。耕農之不怠。攻戰之不退也。若推引銚耨。以當劍戟。用銚耨者必推引之。若劍戟擊刺。被蓑以當鎧鐳。蓑。用衣。被著之。所以禦雨露。若武備之有鎧鐳。著甲周身若褐炙。故曰鐳。菹笠以當盾櫓。取菹澤草以爲笠。若武備之有盾櫓也。故耕器具則戰器備。具耕器則備戰用也。農事習則功戰巧矣。習農則當功戰。當春三月。萩室熯造。熯。謂以火乾也。三月之時。陽氣盛發。易生溫疫。萩木鬱臭。以辟毒氣。故燒之於新造之室。以禳祓也。鑽燧易火，杼井易水。所以去茲毒也。四時易火。至春則取榆柳之火。春時之井。又當復杼之。以易其水。凡此皆去時滋長之毒。舉春祭。塞久禱。以魚爲牲。以糵爲酒。相召。久禱而未報者。當享塞之。相召。謂因此時召親賓、所以屬親戚也。毋殺畜生。毋拊卵。拊。謂擊剝之也。毋伐木。毋夭英。英。謂草木之初生也。毋拊竿。竿。箏之初生也。所以息百長也。所以生息百物之長。賜鰥寡。振孤獨。貸無種。與無賦。所以勸弱民。謂勸勉貧弱之人也。發五正。

正。謂五官正也。赦薄罪。出拘民。解仇讎。仇讎者和解令反去。所以建時功。施生穀也。謂及時立農功。施力爲生穀。凡此皆春令。夏賞五德。五德。謂五常之德。滿爵祿。遷官位。禮孝弟。復賢力。所以勸功也。賢而有功。賞復除之。此皆夏令。秋行五刑。誅大罪。所以禁淫邪。止盜賊。凡此皆秋令。冬收五藏。五穀之藏。最萬物。最。聚。所以內作民也。凡此皆冬令。四時事備。而民功百倍矣。於四時事皆備。人有百倍之功。故春仁。夏忠。秋急。冬閉。生者。仁也。長者。忠也。收當急也。藏當閉也。順天之時。約地之宜。忠人之和。忠猶稱也。事稱人理則和。故風雨時。五穀實。草木美多。六畜蕃息。國富兵彊。民材而令行。人多材藝而順上命。故令行也。內無煩擾之政。外無彊敵之患也。夫動靜順然後和也。不失其時然後富。不失其法然後治。故國不虛富。必不失財然後富也。民不虛治。必不失法然後治。不治而昌。不亂而亡者。自古至今。未嘗有也。昌必國理。亡必國亂。反是者古今所未有。故國多私勇者。其兵弱。私勇則怯於公戰。故弱。吏多私智者。其法亂。私智則營己而背公。故多亂。民多私利者。其國貧。私利則積於家。故國貧。故德莫若博厚。使民死之。博厚則感人傑。故死之也。賞罰莫若必成。使民信之。夫善牧民者。非以城郭也。輔之以什。司之以伍。謂什長伍長。伍無非其人。雖伍長亦選能者爲之也。人無非其里。謂無客寄。里無非其家。言不離居他人家。故奔亡者無所匿。遷徙者無所容。有什伍司之。不容他寄也。不求而約。不召而來。亡徙無所容匿。不求召而自來。故民無流亡之意。吏無備追之憂。人不流亡。何所備而追之。故主政可往於民。民心可繫於主。謂繫屬於主。夫法之制民也。猶陶之於埴。冶之於金也。人之從法。若埴金之從陶冶也。故審利害之所在。民之去就。如火之於燥溼。水之於高下。火水之就燥下。猶人之就利。夫民之所主。衣與食也。食之所生。水與土也。所以富民有要。食民有率。率三十畝而足於卒歲。歲兼美惡。畝取一石。則人有三十石。果蓏素食當十石。果蓏不以火化而食。故曰素食。糠粃六畜當十石。則人有五十石。布帛麻絲。旁入奇利。未在其中也。奇。餘。言不在五十石之中也。故國有餘藏。民有餘食。每年人有五十石。故藏皆餘也。夫敍鈞者。所以多寡也。敍鈞。謂敍權衡比其均平。者。所以視重輕也。戶籍田結者。所以知貧富之不訾也。謂每戶置籍。每田結其多少。則貧富不依訾限者可知也。故善者必先知其田。乃知其人。田多則人多，田少則人少。田備然後民可足也。凡有天下者，以情伐者帝。謂桀知敵之內情而伐者帝也。以事伐者王。見其於事有失而伐者王。以政伐者霸。見其政有失而伐者霸。而謀有功者五。謂計謀可以成功。一曰，視其所愛，以分其威。令敵國之所愛者各權，則其威分也。一人兩心，其內必衰也。威分則每人各懷二心，心二則力不齊，故內衰也。臣不用，其國可危。臣既不爲君用力，故其國可危。二曰，視其陰所憎，厚其貨賂，得情可深。視敵所憎者多與賂，令以國情告己，故桀得其情。身內情外，其國可知。謂所憎者身在國內，情乃告外，其國可知也。三曰，聽其淫樂，以廣其心。使之戀淫樂，心廣於嗜欲。遺以竽瑟美人，以塞其內。耽於竽瑟美女，則心惑亂，故其內閉塞也。遺以諂臣文馬，以蔽其外。耳惑於諂臣，目惑於文馬，則耳目喪矣，故其外蔽也。外內蔽塞，可以成敗。內外蔽塞，則理擁而見惑，故莫不敗。四曰，必深親之，如典之同生。典，常也。若常與之同生也。陰內辯士，使圖其計。私俠辯士與敵國圖計。令內勇士，使高其氣。彼得勇士，則恃而氣高也。內人他國，使倍其約，絕其使，拂其意。更納人於他國，令背絕，使兩國之意相違也。是必士鬭。兩國相敵，必承其弊。亦既相疑，其士必鬭。兩國敵，則小傷大困。以承其弊，乃有一舉兩獲之功也。五曰，深察其謀，欲知其謀得失也。謹其忠臣。欲知其臣之用不。揆其所使。欲知其所使賢不肖。令內不信，使有離意。內既不信相疑，使其君臣之意絕。則離氣不能令，必內自賊。君臣意離別，不可使令。既不令，則自相殘殺。忠臣已死，故政可奪。人之云亡，邦國殄瘁，故其政可奪。此五者，謀功之道也。

卷十七校正

七臣七主第五十二　雜篇三　張云，據篇中七主在前，七臣在後，則篇題臣主二字當互易。

△或以平虛請論七主之過　陳先生云，過當爲道，涉下文兩過字而誤。六過一是爲七主。若云七主之過，則不可通矣。尹注非。　△呼嗚美哉成事疾　元本呼嗚作嗚呼。丁云，成疑當爲盛。盛成古通用。疾疑矣字誤。人主得六過一是，有國者之盛事，故歎美之曰，嗚呼美哉盛事矣。　△申主任勢守數以爲常　尹注云，申謂陳用法令。劉云，申乃中字之誤，蓋謂得中道之主。王氏引之云，申讀曰信。漢書高惠高后文功臣表注曰，古信申同義。信之通作申，猶申之通作信也。出政而信於民，故曰信主。據下文云，皆要審則法令固，賞罰必則下服度，則申主之即

信主明矣。尹劉二說皆失之。　△皆要審　俞云。皆疑比之誤。周官小司徒曰。及三年則大比。大比則受邦國之
比要。鄭司農云。五家爲比。故以比爲名。今時八月案比是也。要謂其簿。然則比要者。大比之簿籍也。　△喜侠難
知以塞明　吳云。侠疑怨字誤。　△不衔則國失勢　孫云。衔卽銜字。與衒通用。謂不覺衒也。下俱同。尹注非。
△耳常五聲　丁云。常疑章字誤。　△四鄰不計　俞云。此當作四隣不計。據尹注四鄰與己爲隣不計度而知
之。四鄰與己爲隣。正解四隣之義。今本作四鄰不計者。卽涉注文而誤也。下文曰。故上𢡀則隣不計。文與此同。彼
脫四字耳。　△臣主同則　丁云。案此文皆四字爲句。臣主同則謂不分上下之制度。君與臣混而同之。卽是不
明分職之意。則與職刻殆得爲均。尹讀則字下屬。非也。　△臣下振怒　王氏引之云。怒當爲恐。此涉上文喜怒
而誤也。振恐卽震恐。　△芒主通人情以質疑　陳先生曰。芒主已見上文。爲六過主之一矣。此芒主疑當作亡
主。亡主在六過主之末。猶亂臣在六過臣之末也。　△昏則緩急俱植　俟云。植古置字。謂緩急皆置而不行。尹
注非。　△故主虞而安　王云。虞與娛同。樂也。言國有道則主樂而安也。尹訓虞爲度。非是。又案。故主虞而安以
下七句。與上文不相承接。其上當有脫文。張云。篇首大道在前。一是在後。則申主一節當在末。故主虞而安。正承
上則民反素也句。文氣相貫。吏肅而嚴。承任勢四句。民樸而親。承民反素句。官無邪吏云云。則總承上事言之。蓋
是錯簡。非有脫文。　△故一人之治亂在其心　張云。自此以下至名斷言澤。與上下文不相蒙。又是他篇錯簡。
△女不緇　王氏引之云。緇字義不可通。尹訓爲黑繒。非也。緇當爲績。男不田。女不績。猶揆度篇之農不耕女
不織也。隸書甾字或作𠯑。形與責相似。故績譌爲緇。宋云。緇與織聲之轉。當讀織。　△何以劾其然也　丁云。劾
乃知字誤。　△日昔者桀紂是也　王云。桀字後人所加。下文遇周武王云云。專指紂而言。則無桀字明矣。　△
誅賢忠　丁云。忠疑臣字誤。唐武后臣作恴。　△瑤臺玉餔不足處　宋云。餔與處不相蒙。餔當爲館。玉館猶言
璇室也。類要作玉輔。望案。餔輔皆圃之假字。　△材女樂三千人　陳先生云。材疑列字誤。　△故設用無度國
家路　望案。路當作路。下文亡國路家同。路與度爲均。說詳五輔篇。　△商宦非虛壞也　張云。商宦疑當作宮
室。　△歲有敗凶　丁云。敗疑賑字誤。爾雅曰。賑。富也。下文民有羨不足。卽蒙此文言之。謂富歲故民羨。凶歲故
民不足也。望案。凶疑豐字之壞。穀梁莊二十九年傳。豐年補敗。注。敗謂凶年。豐敗二字相對。　△故民有義不足
王云。義當爲羨。字之誤也。後國蓄篇輕重乙篇多言羨不足。尹注非。　△夫亡國路家者　俞云。以下文句例
求之。此者字衍。　△夫凶歲雷旱　丁云。雷乃霖字誤。爾雅。久雨謂之淫。淫謂之霖。左傳。凡雨自三日以往爲霖。

若作雷。則失其誼矣，張云。據下云非無用露。則此句專指旱。雷字疑當之譌。△無割大陵倮大衍伐大木　洪云。倮當爲僇。輕重己篇作毋戮大衍。古通作勠。謂盡其力也。王云。洪謂倮當爲僇。是也。俗書僇字或作倮。與倮字相似而誤。僇卽嘐字也。說文。嘐。燒穜也。漢律曰。嘐田茠艸。玉篇。力周切。田不耕火種也。淮南地形篇注曰。下而汚者爲衍。嘐僇古字通。僇大衍者。謂火焚其草木也。輕重己篇僇作戮。古者戮勠二字竝與嘐同音。（湯誥釋文曰。勠。說文力周反。成十三年左傳。勠力同心。釋文。勠。稽康力幽反。呂靜韻集與飂同。漢書高祖紀臣與將軍勠力攻秦。師古曰。勠音力竹反。又力周反。古今人表廖叔安。師古曰。左氏傳作戮。同音力周反。又力授反。是戮勠二字音與嘐同也。）故嘐通作戮。又通作僇也。呂氏春秋上農篇曰。山不敢伐材下木。卽此所謂無伐大木也。又曰。澤人不敢灰僇。卽此所謂無僇大衍也。△收穀賦　王云。續漢書五行志注引作收穀賦錢。是也。說文。賦。斂也。賦錢與收穀對文。△秋毋赦過　宋本毋作無。與上下文同。△傷伐五穀　宋本朱本皆作五藏。王云。當作五藏。禁藏篇云。冬收五藏。是也。今作五穀者。涉注文而誤。（注云五穀之藏。是釋五藏。非釋五穀。）續漢書五行志注引此。正作五藏。△故春政不禁則百長不生夏政不禁則五穀不成　五行志注引作春政不禁。則五穀不成。夏政不禁。則草木不榮。△大風漂屋折樹　五行志注引此。樹下有木字。△火暴焚地燋草　王云。火暴當爲暴火。與大水大風對文。焚地燋草。亦與上二句對文。燋與焦同。尹注非。△苴多螣蟇　陳先生云。苴古通菹。趙岐孟子注。菹澤生草者也。今青州謂澤有草者爲菹。宋說同。△山多蟲蟁　王云。蟲蟁卽蟲螟。月令曰。蟲螟爲害是也。注內蟁卽蚕三字。蓋後人妄加。△亡國之廡也　續漢書五行志注引廡作廉。△羽劍珠飾者斲生之斧也文采纂組者燔功之窑也　五行志注引。羽劍作翠羽。文采作五采。燔作蕃。窑作室。丁云。生讀爲性。呂覽本生篇。命之曰伐性之斧。說苑敬愼篇。徵幸者伐性之斧也。△則人主道備矣　王云。五行志注引作則王道備矣。於義爲長。△吏民規矩繩墨也　丁云。吏當爲使。望察。說文。吏。治人者也。此吏當訓爲治。不必改使字。△上多喜善賞不隨其功　元刻賞下有而字。是。△數出重法而不克其罪　王氏引之云。克讀爲核。不克其罪。謂不核其罪之虛實也。呂刑曰。其罪惟均。其審克之。漢書刑法志引作其審核之。是其證矣。尹注非。△故有百姓無怨於上　王云。有卽百字之誤而衍者。△上亦法臣法斷名決無誹譽　王云。臣下當有亦字。上亦法。臣亦法。謂君臣皆守法也。下文君法臣法。卽承此文言之。丁云。臣下脫亦法二字。上亦法。（句）臣亦法。（句）法斷名決。（句）無誹譽。（句）知者。以下文君法則主位安。臣法則貨賂止而民無姦。兩句分承。故此當平列也。名讀如刑名之名。凡罪人姓名。以及某罪在大辟。某罪在小辟。皆是法斷則名決。而民亦無誹謗也。 △無實則無勢 張云。據下文失轡則馬焉制。疑此勢字當作執。蓋形近譌勢。傳寫又加力耳。 △好佼反而行私請 劉云。佼與交同。反當作友。注非。王云。明法篇曰。民務交而不求用。又曰。十至私人之門。不一至於庭。明法解交作佼。張云。疑佼字一本作交。譌爲友。後人不察而兩存之。此處文義不合。有友字。 △亂臣多造鍾鼓衆飾婦女以惛上 陳先生云。亂臣爲六臣之一。在下文。此亂臣當作諂臣。下文云。是以諂臣貴而法臣賤。是其明證。劉績以下亂臣爲字誤。恐非。 △多兌道 安井衡云。兌當爲稅之壞字。多稅道。多稅斂之道也。 △故記稱之曰愚忠讒賊 王云。愚忠本作愚臣。卽承上文愚臣而言。故尹注亦作愚臣。此作愚忠者。唐武后改臣爲悪。因脫其上畫而爲忠矣。 △故善言可惡以自信而主失親 丁云。尹讀惡字句。非。當讀信字句。與親均。 △居爲非母動爲善棟 陳先生云。母當爲毋。毋古貫字。爾雅曰。貫。事也。說文曰。棟。極也。居爲非事。而動爲善極。此所謂以非買名也。尹注非。 △以非買名以是傷上 張云。非是二字當互易。又案。七臣有大過而缺一是。蓋有脫文。 △之謂微攻 陳先生云。之上脫此字。此之謂微攻。與上文此之謂微孤同一句例。

禁藏第五十三 雜篇四

△夫冬日之不濫非愛冰也 意林。御覽時序部七。人事部三十六引。濫作盥。冰作水。丁云。水與火體爲均。當作水。望案。內則有濫。以周官六飲校之。濫卽涼也。呂覽節喪篇。鍾鼎壺濫。注云。以冰置水漿於其中爲濫。則濫近小抿。所謂凍飲者。 △爲不適於身便於體也 御覽引便上有不字。據尹注亦有不字。今本脫。 △夫明王不美宮室非喜小也 意林美作治。喜作愛。 △故先愼於己而後彼官亦愼內而後外民亦務本而去末 陳先生云。彼衍字。後與彼形相近而譌。併入之耳。官亦愼內而後外。民亦務本而去末。二句對文。言明王先愼於己。而後官民胥效也。 △居民於其所樂 丁云。民字。依下文五句。亦當作之。 △信之於其所餘財 丁云。信讀爲屈信之信。言上不奪取之也。 △於下無誅者必誅者也 丁云。於下二字疑衍。此承上文功之於其所無誅句。反覆推究無誅之故。無誅者必誅者也。與下文有誅者不必誅者對文。 △夫先易者後難 孫云。依注者當作而。王說同。 △非喜予而樂其殺也 王云。其字涉上文知其然而衍。尹注無。 △於以養老長弱 安井衡云。古本弱作幼。 △夫不法法則治 王云。不字涉上文而衍。法法者。守法也。（周官小宰。五曰廉法。鄭注。法。守法不

失也。）言能守法則國必治也。故下文曰。不失其法然後治。若反是。則謂之不法法。故法法篇曰。不法法。則事毋常也。尹注非。安井衡云。當作不法法則亂。法法則治。方足文義。　△吏不敢以長官威嚴危其命　俞云。危者。詭之叚字。曹大家注幽通賦曰。詭。反也。　△故主上視法嚴於親戚　張云。上疑當作之。與下吏民二句句法一例。　△民之承教重於神寶　俞云。爾雅釋詁曰。神。重也。此言神寶。即上言重寶。因有句重字。故變重言神耳。　△刑賞不當斷斬雖多其暴不禁　王云。賞字與下二句義不相屬。此涉下文賞雖多而衍。　△行法不道　宋本行作刑。刑法與下舉錯對文。　△當今爲愚人　安井衡云。今乃命字誤。　△能節宮室適車輿以實藏　俞云。適。節也。呂覽重己篇。故聖人必先適欲。高注曰。適猶節也。　△則國必富位必尊　丁云。尊下脫矣字。當據下文補。　△近之不能勿欲遠之不能勿忘　丁云。中立本忘作惡。上文云。得所欲則樂。逢所惡則憂。欲惡對文。望案。安井衡所述古本正作惡。　△食飲足以和血氣　中立本作飲食。　△故意定而不營氣情不營則耳目穀　丁云。當作故意氣定而情不營。情不營則耳目穀。心術下篇。故曰毋以物亂官。毋以官亂心。此之謂內德。是故意氣定然後反正。內業篇。氣意得而天下服。心意定而天下聽。七臣七主篇。此營於物而失其情者也。　△其唯無福禍亦不來矣　望案。唯與雖同。　△是故君子上觀絕理者以自恐也下觀不及者以自隱也　陳先生云。隱與恐義相近。隱當讀爲慇。爾雅釋訓曰。慇慇。憂也。字又作殷。毛詩。如有隱憂。韓詩作殷憂。古隱殷慇三字皆同。尹注訓隱爲度。失之。　△能利害者　中立本能下衍以字。　△緜人之入海海深萬仞就彼逆流　意林無之字。萬仞作百仞。就作衡。安井衡云。古本彼作波。　△宿夜不出者　意林宿作日。　△雖千仞之山無所不上深源之下無所不入焉　御覽資產部引作無不上焉。無不入焉。王云。深源當爲深淵。意林淵作泉。避唐高祖諱也。則本作淵明矣。　△法令爲維綱　安井衡云。古本作綱維。　△被蓑以爲鎧鑐　丁云。鑐當作襦。短衣也。（見說文。）方言云。自關而東亦謂之甲襦。鎧即甲也。蓋甲內更襦。襦制略同深衣。方言之甲襦。即深衣所云可以武者也。　△菹笠以當盾櫓　陳先生云。菹與苴同。苴笠與被蓑對文。苴之爲言且也。且者。薦也。漢書賈誼傳。冠雖敝。不以苴履。苴笠猶苴履也。尹注非。　△農事習則功戰巧矣　洪云。功古通作攻字。　△當春三月萩室熯造鑽燧易火杼井易水　尹解萩室熯造云。熯謂以火乾也。三月之時。陽氣盛發。易生瘟疫。椒木鬱臭。以辟毒氣。故燒之於新造之室以禳祓也。王云。尹說甚謬。輕重己篇曰。教民樵室鑽燧。墐竈泄井。所以壽民也。鑽燧泄井。即此所謂鑽燧易火杼井易水也。樵與萩古字通。萩室即樵室也。公羊春秋桓七年焚咸丘。傳曰。焚之者何。樵之也。樵之者何。以火攻也。樵室與熯竈同意。熯。古然字也。（霸形篇。楚人燒焫熯焚鄭地，論衡感虛篇。熯一炬火。爨一鑊水。熯並與然同。淮南天文篇。陽燧見日。則然而爲火。華嚴經十三音義引然作熯。說林篇。一膊炭熯。文子上德篇熯作然。）說文曰。然燒也。墟與熯字相似。故熯譌作墟。造卽竈字也。周官膳夫曰。王日一舉。以樂侑食。卒食以樂徹于造。淮南主術篇曰。伐鼙而食。奏雍而徹。已飯而祭竈。淮南之祭竈。卽周官之徹于造。蓋徹饌而設之於竈。若祭然也。周官大祝。二曰造。故書造作竈。史記秦本紀。客卿竈。秦策竈作造。吳越春秋。夫差內傳。勒馬銜枚。出火於造。卽吳語所謂係馬舌出火竈也。丁云。杼當爲抒。說文。抒。挹也。大雅生民。釋文引倉頡篇云。抒取出也。一切經音義引通俗文。汲出謂之抒。廣雅。抒。渫也。輕重己篇作渫井。　△毋拑竿　望案。拑竿乃折竿之誤。說見四時篇。　△振孤獨　宋本振作賑。　△最萬物　丁云。最當作冣。說文冂部。冣。積也。冣與聚音義皆同。與日部之最。音義皆別。詳段先生說文注。　△約地之宜　王云。約字於義無取。約當爲得。得約草書相似。故得譌爲約也。又下文故奔亡者無所匿。遷徙者無所容。不求而約。不召而來。約亦草書得字之誤。得與來爲均也。（古來字亦讀入聲。小雅出車篇。謂我來矣。與牧載棘爲均。大東篇。職勞不來。與服爲均。大雅靈臺篇。庶民子來。與亟囿伏爲均。常武篇。徐方旣來。與塞爲均。）通典食貨三引此正作不求而得。　△忠人之和　俞云。忠當讀爲中。中人之和。猶言得人之和。周官師氏掌國中失之事。鄭注曰。故書中爲得。呂覽行論篇。以中帝心。高注曰。中。得也。　△夫動靜順然後和也　丁云。也字衍。與下文兩句一例。　△不亂而亡者　元本朱本無者字。　△自古至今未嘗有也　元本無也字。　△故德莫若博厚使民死之賞罰莫若必成使民信之　王云。必成本作成必。成必卽誠字也。（說見君臣下篇戒心下。）九守篇曰。用賞者貴誠。用刑者貴必。故曰。賞罰莫若誠必。使民信之。誠必與博厚相對爲文。作成者。假借字耳。後人不解成必二字之義。遂改爲必成。而不知其謬以千里也。荀子致士篇曰。人主之患。不在乎不言用賢。而在乎不誠必用賢。呂氏春秋論威篇曰。又況乎萬乘之國而有所誠必乎。則何敵之有。賈子道術篇曰。伏義誠必謂之節。枚乘七發曰。誠必不悔。決絕以諾。淮南兵略篇曰。將不誠必。則卒不勇敢。皆以誠必連文。九守篇又曰。刑賞信必於耳目之所見。信必亦誠必也。　△吏無備追之憂　王氏引之云。備追當爲追捕。民不流亡。則吏不追捕。漢書韓延壽傳亦云。吏無追捕之苦。民無箠楚之憂。今本追捕二字誤倒。而捕字又誤爲備。則義不可通。尹注內備字亦當爲捕。（案注云。人不流亡。何所捕而追之。則所見本追捕已誤爲捕追。今則注文捕字又因正文而誤爲備矣。通典引作備追。則所見本已誤。）　△果蓏素食當十石　王氏引之云。素讀爲蔬。

字或作蔬。月令。取蔬食。鄭注曰。草木之實爲蔬食。淮南主術篇曰。夏取果蓏。秋畜疏食。卽此所謂果蓏素食也。墨子辭過篇。古之民未知爲飲食時。素食而分處。亦以素爲疏。尹注非。　△夫敍鈞者所以多寡也　元本劉本敍作錣。丁云。國蓄篇曰。引錣量用。尹訓爲籌。案錣之爲籌。雖無可攷見。然必是較量多寡者所用之物。鈞疑鉤字誤。愼子曰。夫投鉤以分財。又曰。分田者之用鉤。荀子君道篇以探籌投鉤竝舉。是鉤亦籌類。多寡上疑脫一字。下文視輕重。是其句例。　△戶籍田結者　丁云。結者約也。（公羊傳。古者不盟。結言而退。）說文。契。大約也。周禮有約劑。左襄十二年傳。使陰里結之。結卽士師之約劑也。又司約。治地之約次之。注。地約。謂經界所至。田萊之比也。卽此所謂田結也。今用文書要約亦謂之結。　△而謀有功者五　丁云。下文云。此五者謀功之道也。當作而謀功有五。　△一曰視其所愛以分其威　望案。六韜文伐篇。文與此同。視作親。元本威下有權字。　△一人兩心其內必衰也臣不用其國可危　丁云。也乃忠字誤。董子云。持一中者謂之忠。謂事君無二心也。上文言一人兩心。則此必是忠字。反正相對爲義。下文云。謹其忠臣。又云。忠臣已死。故政可奪。是其證。　△視其陰所憎　王云。陰字涉下文陰內辯士而衍。視其所憎。與上文視其所愛相對。據尹注云。視敵所憎者多與之賂。則所憎上無陰字明矣。　△聽其淫樂以廣其心　吳云。聽當爲歸。丁云。廣讀放曠之曠。　△外內蔽塞可以成敗　王氏引之云。此欲其敗。非欲其成也。成字義不可通。成當爲或。字形相似而誤。或與惑通。（四稱篇。迷或其君。卽迷惑字。論語顏淵篇。子張問崇德辯惑。釋文。惑本亦作或。大戴禮曾子制言篇。貧賤吾恐其或失也。盧注曰。或猶惑也。孟子告子篇。無或乎王之不智也。魏策曰。臣甚或之。皆以或爲惑。）可以惑敗。謂可令其以熒惑致禍敗也。注內理擁而見惑。正解或字。　△如典之同生　朱長春云。典疑與字誤。孫說同。　△是必士鬭　朱本作必是士鬭。丁云。當作是士必鬭。是則也。倍約絕使拂意則士必鬭也。尹注所見本不誤。　△謹其忠臣　張云。謹疑譊字之譌。說文。譊。軍中反閒也。　△離氣不能令　丁云。氣字衍。令乃合字誤。離不能合。承不使有離意句。上下文皆四字爲句。令字涉上令內而誤。尹注非。

卷十八

入國第五十四　謂始有國入而行化。　雜篇五

入國四旬五行九惠之教。旬卽巡也。謂四面五方行而施九惠之教。一曰老老。二曰慈幼。三曰恤孤。四曰養疾。五曰合獨。六曰問疾。

七曰通窮。八曰振困。九曰接絕。所謂老老者。凡國都皆有掌老。謂置掌老之官。年七十已上。一子無征。不預國之征役。三月有饋肉。謂官饋之肉。八十已上。二子無征。月有饋肉。九十已上。盡家無征。日有酒肉。死。上共棺槨。勸子弟精膳食。問所欲。求所嗜。問老者何所欲求。其所以嗜欲而供也。此之謂老老。所謂慈幼者。凡國都皆有掌幼。士民有子。子有幼弱不勝養爲累者。勝。堪也。謂不堪自養。故爲累。有三幼者無婦征。四幼者盡家無征。五幼又予之葆。葆。保母。今之受二人之食。官給二人之食。能事而後止。幼者漸長。能自營事。然後止其養。此之謂慈幼。所謂恤孤者。凡國都皆有掌孤。士人死。子孤幼無父母所養。既無父母。又無所養之親也。不能自生者。屬之其鄉黨知識故人。養一孤者。一子無征。養二孤者。二子無征。養三孤者。盡家無征。掌孤數行問之。必知其食飲飢寒身之膌胜而哀憐之。膌。瘦也。胜。肥也。此之謂恤孤。所謂養疾者。凡國都皆有掌養疾。聾盲。喑啞。跛躄。偏枯。握遞。遞。著也。謂兩手相拱著而不申者謂之握遞。不耐自生者。上收而養之疾。既養之又與療疾。官而衣食之。謂官給之衣食。殊身而後止。殊。猶離也。疾離身而後止其養。此之謂養疾。所謂合獨者。凡國都皆有掌媒。丈夫無妻曰鰥。婦人無夫曰寡。取鰥寡而合和之。予田宅而家室之。三年然後事之。事。謂供國之職役也。此之謂合獨。所謂問疾者。凡國都皆有掌病。士人有病者。掌病以上令問之。九十以上。日一問。八十以上。二日一問。七十以上。三日一問。衆庶五日一問。疾甚者以告。上身問之。掌病行於國中。以問病爲事。此之謂問病。所謂通窮者。凡國都皆有通窮。若有窮夫婦無居處。窮賓客絕糧食。居其鄉黨。以聞者有賞。不以聞者有罰。此之謂通窮。所謂振困者。歲凶庸人訾厲。訾。疾也。厲。病也。多死喪。弛刑罰。赦有罪。散倉粟以食之。此之謂振困。所謂接絕者。士民死上事。死戰事。使其知識故人受資於上。資謂財用。而祠之。此之謂接絕也。

九守第五十五

主位　主明　主聽　主賞　主問　主因　主周　主參　督名

安徐而靜。人君居位。當安徐而又靜默。柔節先定。以和柔爲節。先能定己。然後可定人。虛心平意以待須。虛其心。平其意。以待臣之諫說。須亦待也。

右主位人主居位當如此。

目貴明。耳貴聰。心貴智。以天下之目視。則無不見也。以天下之耳聽。則無不聞也。以天下之心慮。則無不知也。輻湊竝進。則明不塞矣。言聖人不自用其聰明思慮。而任之天下。故明者爲之視。聰者爲之聽。智者爲之謀。輻湊竝進。不亦宜乎。故曰明不可塞。

右主明主明在於用天下耳目視聽之。

聽之術曰。勿望而距。勿望而許。聽言之術。必須審察。不可望風。則有所距。有所許也。許之則失守。距之則閉塞。既未審察。輒有距而許之。故或失守。或閉塞。高山仰之。不可極也。深淵度之。不可測也。不審察者。常爲彼所知。故戒之當如高山深淵。不可極而測之。神明之德。正靜其極也。既如山淵。則其德配神明。而正且靜如此者其有窮極矣。

右主聽

用賞者貴誠。用刑者貴必。刑賞信必於耳目之所見。則其所不見莫不闇化矣。誠暢乎天地。通於神明。見姦僞也。既暢天地通神明。故有姦僞必能見之。

右主賞

一曰天之。二曰地之。三曰人之。言三才之道。幽邃深遠。必問於賢者而後行之。四曰上下左右前後。凡此皆有逆順之宜。故須問之。熒惑其處安在。又須知法星所在也。

右主問

心不爲九竅。九竅治。心任九竅。九竅自治。君不爲五官。五官治。君任五官。五官自治。故爲善者。君予之賞。爲非者。君予之罰。君因其所以來因而予之。則不勞矣。自來而又得賞。何勞之有。聖人因之。故能掌之。掌。主也。因來而賞。物皆屬己。故能主之。因之修理。故能長久。

右主因

人主不可不周。周。謂謹密也。人主不周。則羣臣下亂。不周。則泄其機事。故臣下交爭而亂也。寂乎其無端也。慎密者當如是。外內不通。安知所怨。外內不通。則事不泄。故無怨。關閉不開。善否無原。既不開其關閉。故善之與不善不得知其原矣。

右主周

一曰長目。二曰飛耳。三曰樹明。明知千里之外。隱微之中。曰動姦。姦動則變更矣。姦在隱微。其理將動。姦既動矣。自然變更。

右主參

修名而督實。按實而定名。名實相生。反相為情。名實當則治。不當則亂。名生於實。實生於德。德生於理。理生於智。智生於當。

右督名

桓公問第五十六　雜篇七

齊桓公問管子曰。吾念有而勿失。得而勿忘。為之有道乎。對曰。勿創勿作。時至而隨。毋以私好惡害公正。察民所惡。以自為戒。人有所惡己行之非。黃帝立明臺之議者。上觀於賢也。堯有衢室之問者。下聽於人也。舜有告善之旌。而主不蔽也。禹立諫鼓於朝。而備訊唉。訊。問也。唉。驚問也。湯有總街之庭。以觀人誹也。武王有靈臺之復。而賢者進也。復。謂白也。此古聖帝明王所以有而勿失。得而勿忘者也。桓公曰。吾欲效而為之。其名云何。對曰。名曰嘖室之議。謂議論者言語讙嘖。曰法簡而易行。刑審而不犯。事約而易從。求寡而易足。人有非上之所過。謂之正士。見上有過而非之。可謂正士。內於嘖室之議。納正士之言。爲嘖室之議。著有司執事者咸以厥事奉職而不忘。爲此嘖室之事也。請以東郭牙爲之。此人能以正事爭於君前者也。桓公曰善。

度地第五十七　雜篇八

昔者桓公問管仲曰。寡人請問度地形而爲國者。其何如而可。管仲對曰。夷吾之所聞能爲霸王者。蓋天子聖人也。故聖人之處國者。必於不傾之地。言其處傑厚岡原複壯者。謂之不傾。而擇地形之肥饒者。鄉山左右。經水若澤。其國都或在山左。或向山右。及緣水澤然後建。內爲落渠之寫。因大川而注焉。謂於都內更爲落水之渠。以注於大川。乃以其天材。地之所生利。養其人以育六畜。天材。謂五穀之屬。因天時而植者也。天下之人。皆歸其德而惠其義。惠。順。乃別制斷之。乃分別其地制而斷之。州者謂之術。地數充爲州者。謂之術。不滿術者謂之里。不成術而餘者。謂之里。故百家爲里。里十爲術。術十爲州。州十爲都。都十爲霸國。不如霸國者國也。不成於霸國者。諸侯之國也。以奉天子。霸國率諸侯以奉天子也。天子有萬諸侯也。其中有公侯伯子男焉。天子中而處。此謂因天之固。所處之地。自然不傾。故曰因之。歸地之利。內爲之城。城外爲之郭。郭外爲之土閬。閬謂隍。地高則溝之。下則隄之。命之曰金城。樹以荆棘。上相穡著者。所以爲固也。穡。鉤也。謂荆棘刺條相鉤連也。歲修增而毋已。時修增而毋已。福及孫子。此謂人命萬世無窮之利。人君之葆守也。謹置國都。繕修城郭。此人君所保全而守。臣服之以盡忠於君。君體有之以臨天下。故能爲天下之民先也。此宰之任。則臣之義也。宰謂執君之政者也。故善爲國者。必先除其五害。人乃終身無患害而孝慈焉。桓公曰。願聞五害之說。管仲對曰。水一害也。旱一害也。風霧雹霜一害也。厲一害也。蟲一害也。厲疾。病也。此謂五害。五害之屬。水最爲大。五害已除。人乃可治。桓公曰。願聞水害。管仲對曰。水有大小。又有遠近。水之出於山而流入於海者。命曰經水。言爲衆水之經。水別於他水。謂從他水分流。若江別爲沱。入於大水及海者。命曰枝水。言水之枝。山之溝。一有水。一毋水者。命曰谷水。水之出於他水溝流於大水及海者。命曰川水。出地而不流者。命曰淵水。此五水者。因其利而往之可也。謂因地之勢。疏引以溉灌。因而扼之可也。扼。塞也。恐其泛溢而塞之。亦可也。而不久常有危殆矣。謂卒有暴溢。或能漂沒居人。故危殆也。桓公曰。水可扼而使東西南北及高平。管仲對曰。可。夫水之性。以高走下。則疾。至於瀏石。謂能漂浮於石。而下向高。即留而不行。故高其上領瓴之尺有十分之三。里滿四十九者。水可走也。上。謂水從來處。高之者。欲注下取勢也。瓴。謂瓴甋也。言欲令水上高。必大爲瓴甋。私空其中。使前後相受。以尺爲分。每領而有十尺。即長一丈也。分之於三里間之每里。滿此四十九。如此。則水可走上矣。乃迂其道而遠之。以勢行之。迂。曲也。謂迂曲水道。遠張其勢。而以行水。水之性。行至曲。必留退。滿則後推前。謂水至處。必流而卻退。既滿。則後水推前水令去。其處地下則平行。地高即控。控。謂頓也。言水頓挫而卻。杜曲則擣毀。杜。猶衝也。擣。觸也。言水行至曲。則衝。而衝有所毀傷。杜曲激則躍。躍則倚。倚。排也。謂前後相排也。倚則環。環則中。前後相排。則圓流生。若環之中。所謂齊。空中則涵。圓流無所逼。則相涵激也。涵則塞。塞則移。移則控。塞亦控也。控則水妄行。水妄行則傷人。傷人則困。困則輕法。輕法則難治。難治則不孝。不孝則不臣矣。故五害之屬。傷殺之類。禍福同矣。知備此五者。人君天地矣。所謂與天地合其德。桓公曰。請問備五害之道。管子對曰。請除五害之說。以水爲始。請爲置水官。令習水者爲吏。大夫。大夫佐各一人。率部校長官佐各財足。財。謂其祿廩。乃取水左右各一人。使爲都匠水工。爲水工之都匠。令之行水道城郭隄川溝池官府寺舍及洲中當繕治者。給卒財足。卒。謂所當治水者。財。其糧用也。令曰。常以秋歲末之時閱其民。閱。謂省視。

案家人比地。定什伍口數。案人比地。有十口五口之數。當受地若干。別男女大小。其不爲用者。輒免之。謂其幼小不任役者則免之。有錮病不可作者。疾之。著其名於疾者之數。有以賙恤之也。可省作者半事之。謂疾者。雖不任役。可以省視作者。取其半功。並行以定甲士當被兵之數。上其都。因力役之際并行視之。強壯者預定之以爲甲士。而被兵之數。既而上其名籍於國都也。都以臨下。視有餘不足之處。輒下水官。水官亦以甲士當被兵之數。都既臨下。視其兵不足之處。即甲士下之於水官。水官既得甲士。還以備兵數也。與三老里有司伍長行里。因父母案行閱具備水之器。謂水官與三老伍長等行視其里。其家之父母與之閱其備水之器。因以冬無事之時籠臿板築各什六。謂什人共貯六具。下準此。土車什一。雨𦬸什二。車𦬸所以禦雨。故曰雨𦬸。食器兩具。每人兩具。人有之。錮藏里中。以給喪器。謂人既有貯器。當錮藏於里中。兼得給凶喪之用。後常令水官吏與都匠因三老里有司伍長案行之。常以朔日始出具閱之。取完堅。補弊久。去苦惡。其器既補弊。而久有苦惡者除去之。常以冬少事之時令甲士以更次益薪積之水旁。州大夫將之。唯毋後時。謂將領之無得後時。其積薪也。以事之已。已。畢也。農事既畢。然後益薪。其作土也。以事未起。謂春事未起。天地和調。日有長久。以此觀之。其利百倍。故常以毋事具器。有事用之。水常可制。而使毋敗。此謂素有備而豫具者也。桓公曰。當何時作之。管子曰。春三月。天地乾燥。水糾列之時也。山川涸落。天氣下。地氣上。萬物交通。故事已。新事未起。草木荑生可食。寒暑調。日夜分。分之後。夜日益短。晝日益長。利以作土功之事。土乃益剛。令甲士作隄大水之旁。大其下。小其上。隨水而行。地有不生草者。必爲之囊。大者爲之隄。小者爲之防。夾水四道。禾稼不傷。歲埤增之。樹以荆棘。以固其地。雜之以柏楊。以備決水。民得其饒。是謂流膏。令下貧守之。往往而爲界。可以毋敗。當夏三月。天地氣壯。大暑至。萬物榮華。利以疾薅。殺草薉。使令不欲擾。命曰不長。不利作土功之事。放農焉。利皆耗十分之五。土功不成。當秋三月。山川百泉踊。下雨降。山水出。海路距。雨露屬。天地湊汐。利以疾作。收斂毋留。一日把。百日餔。民毋男女皆行於野。不利作土功之事。濡濕日生。土弱難成。利耗什分之六。土工之事亦不立。當冬三月。天地閉藏。暑雨止。大寒起。萬物實熟。利以填塞空郄。繕邊城。塗郭術。平度量。正權衡。虛牢獄。實廥倉。君修樂。與神明相望。凡一年之事畢矣。舉有功。賞賢。罰有罪。遷有司之吏而第之。不利作土工之事。利耗什分之七。土剛不立。晝日益短。而夜日益長。利以作室。不利以作堂。四時以得。四害皆服。桓公曰。寡人悖。不知四害之服。奈何。管仲對曰。冬作土功。發地藏。則夏多暴雨。秋霖不止。春不收枯骨朽脊。伐枯木而去之。則夏旱至矣。夏有大露原煙。噎下百草。人采食之傷人。人多疾病而不止。民乃恐殆。君令五官之吏與三老里有司伍長行里順之。令之家起火爲温。其田及宫中皆蓋井。毋令毒下。及食器將飲傷人。有下蟲傷禾稼。凡天菑害之下也。君子謹避之。故不八九死也。大寒大暑。大風大雨。其至不時者。此謂四刑。或遇以死。或遇以生。君子避之。是亦傷人。故吏者所以教順也。三老里有司伍長者所以爲率也。五者已具。民無願者。願其畢也。故常以冬日順三老里有司伍長。以冬賞罰。使各應其賞而服其罰。五者不可害。則君之法犯矣。此示民而易見。故民不比也。

桓公曰。凡一年之中十二月。作土功有時則爲之。非其時而敗。將何以待之。管仲對曰。常令水官之吏冬時行隄防。可治者章而上之都。都以春少事作之。已作之後。常案行。隄有毀。作大雨。各葆其所可治者趣治。以徒隸給大雨。隄防可衣者衣之。衝水可据者据之。終歲以毋敗爲固。此謂備之常時。禍何從來。所以然者。獨水蒙壞自塞而行者。江河之謂也。歲高其隄。所以不没也。春冬取土於中。秋夏取土於外。濁水入之不能爲敗。桓公曰。善。仲父之語。寡人畢矣。然則寡人何事乎哉。亟爲寡人教側臣。

卷十八校正

入國第五十四　雜篇五

△入國四旬五行九惠之教　洪云。四旬。四十日也。五行。行五次也。史記管仲傳正義引管子云。相齊以九惠之教。是約其義也。尹注非。　△一日老老　北堂書鈔三十九引作一日養老。　△六日問疾　王氏引之云。問疾當爲問病。下文曰。凡國都皆有掌病。士人有病者。(人當作民。)掌病以上令問之。又曰。掌病行於國中。以問病爲事。此之謂問病。與此前後相應。則作問病明矣。若作問疾。則與四日養疾之疾無所區別。蓋傳寫之譌也。北堂

書鈔政術部十三引此已誤。又案下文所謂問疾者疾甚者以告。二疾字皆當作病。所謂問病者。與此之謂問病正相應也。士人有病者。掌病以上令問之。病甚者以告。上身問之。有病與病甚亦相應也。今本作疾者。蓋六日問病。已誤作疾。後人又據已誤之上文改不誤之下文耳。幸其改之不盡。尚可據以更正。 △士人死　丁云。人當作民。上文云。士民有子。下文云。士民死上事。 △必知其食飲飢寒身之膌胜而哀憐之　王云。胜讀如減省之省。胜亦瘦也。字或作眚。又作瘠。又作省。周官大司馬。馮弱犯寡則眚之。鄭注曰。眚。猶人眚瘦也。釋名釋天篇曰。眚。瘠也。如病者瘠瘦也。又釋言語篇曰。省。瘠也。臞瘠約少之言也。呂氏春秋審時篇。失時之稼約。高注曰。約。眚病也。晉灼注漢書外戚傳曰。三輔謂憂愁面省瘦曰嫶冥。後漢書袁閎傳注引謝承書曰。面貌省瘦。並字異而義同。

△所謂養疾者凡國都皆有掌養疾　王氏引之云。皆有掌養疾。養字因上文而衍。上文說老老云。凡國都皆有掌老。說慈幼云。凡國都皆有掌幼。說恤孤云。凡國都皆有掌孤。說問病云。凡國都皆有掌病。則此亦當言掌疾明甚。又案下文曰。所謂通窮者。凡國都皆有通窮。亦當言皆有掌窮。今作皆有通窮者。因上文而誤。 △疾官而衣食之　望案。疾字自爲句。官古館字。尹以疾字屬上讀。非。 △殊身而後止　王云。說文。殊。死也。猶言歿身而後止也。尹注非。 △歲凶庸　王氏引之云。庸字義不可通。庸疑當作康字。形相似而誤。凶康即凶荒也。古聲康與荒通。故襄二十四年穀梁傳。四穀不升謂之康。韓詩外傳康作荒。逸周書謚法篇。凶年無穀曰糠。史記正義糠作荒。淮南天文篇。三歲而一饑。六歲而一衰。十二歲而一康。太平御覽時序部二引作十二歲而一荒。 △人皆屬　洪云。呰通疵。列子黃帝篇。物無疵厲。莊子逍遙遊篇。使物不疵厲。爾雅釋故。呰。病也。古字皆通用。

九守第五十五　雜篇六

△安徐而靜柔節先定虛心平意以待須　勢篇作安徐正靜。丁云。須當爲傾。傾。覆也。危也。言虛心平意以待天下之亂也。勢篇云。其所處者。柔安靜樂。行德而不爭。以待天下之潰作也。尹注云。潰。動亂也。是其證。傾與靜定爲均。鬼谷子符言篇作以待傾損。望案。韋注周語曰。待猶備也。丁謂待天下之亂。說似誤。 △用賞者貴誠　望案。誠當作信。六韜賞罰篇亦作信。 △刑賞信必於耳目之所見則其所不見莫不闇化矣　望案。六韜兩見字下皆有聞字。 △誠暢乎天地通於神明見姦僞也　俞云。見。兒字之誤。管子書每以兒爲貌字。此言精神可以暢天地。通神明。況姦僞乎。言必爲其所化也。古字也與邪通。故陸德明經典釋文曰。也邪弗殊。然則況姦僞也。猶云

況姦僞邪。因叚兄爲況。又誤兄爲見。而其義全失。鬼谷子符言篇作誠暢於天下神明。而況姦者干君。其文雖不同。然況字正不誤。可據以訂正。　△四曰上下左右前後熒惑其處安在　王云。尹以熒惑爲法星。非也。熒惑猶眩惑也。（逸周書史記篇曰。熒惑不治。趙策曰。蘇秦熒惑諸侯。或作營惑。又作營或。史記吳王濞傳御史大夫鼂錯。熒惑天子。漢書作營或。淮南厲王傳。熒惑百姓。漢書作營惑。）鬼谷子符言篇。四曰作四方。其處作之處。於義爲長。（四方作四曰。因上文一曰二曰三曰而誤。）四方上下。承天地而言。左右前後。承人而言。熒惑。謂不明於天地人之道也。問心所眩惑之處在四方上下乎。抑在左右前後乎。故曰。四方上下。左右前後。熒惑之處安在。非謂法星安在也。（尹注鬼谷子曰。熒惑。天之法星所居。災眚吉凶尤著。故曰。雖有明天子。必察熒惑之所在。故亦須知也。念孫案。雖有明天子二句。出史記天官書。非此所謂熒惑也。蓋緣彼文云必視熒惑所在。此亦云熒惑之處安在。因而誤會矣。）　△君因其所以來　望案。來乃求字誤。說見小稱篇。　△因之修理故能長久　望案。修乃循字誤。說見形勢篇。　△閈閉不開　王氏引之云。閈閉當爲關閉。（尹注同。）說文曰。關。以木橫持門戶。又曰。閉。闔門也。從門才。所以距門。蓋關與閉皆距門之木。因謂闔門爲關閉也。八觀篇曰。宮垣關閉。不可以不備。（今本備誤作脩。辯見版法。）是關閉皆距門之木。故曰。關閉不開也。若閈爲里門。而與關竝舉之。則爲不類。八觀篇既云。關閉不可以不備。又云。閭閈不可以毋闔。是閈閭爲一類。關閉爲一類也。閉字本作閇。與閈相似而誤。鬼谷子正作關閉不開。（今本鬼谷子關誤作開。不下又脫開字。而閉字獨不誤。）　△明知千里之外隱微之中曰動姦姦動則變更矣　望案。動當作洞。聲之誤。鬼谷子作是謂洞天下姦。　△修名而督實　望案。修亦循字誤。說見形勢篇。文選晉紀總論注引作循名而案實。　△反相爲情　丁云。反讀還反之反。說文。還。復也。反相爲情。猶禮記言還相爲宮耳。　△智生於當　朱本當作富。非。

桓公問第五十六　雜篇七

△齊桓公問管子曰　宋本作管仲。　△得而勿忘　望案。忘當作亾。　△黃帝立明臺之議者上觀於賢也堯有衢室之問者下聽於人也　初學記十三。藝文類聚十一引。明臺作明堂。三國志魏文帝紀注引。賢作兵。御覽地部三十二引。立作有。無兩者字。人作民。　△禹立諫鼓於朝而備訊唉　北堂書鈔九引作禹置敢諫之鼓。三國志注引備訊唉作備訴訟。於義爲長。　△湯有總街之庭以觀人誹也　類聚。人作民。誹作非。　△武王有靈

臺之復而賢者進也　三國志注引復作囿。類聚引作靈臺之宮。與上總街之庭句相對。初學記引作靈臺之候。即今本復字之譌。△有司執事者咸以厥事奉職而不忘爲此嘖室之事也　陳先生云。厥讀爲蝎蹶之蹶。劉績改厥爲決。於義不安。望案。爲字宋本朱本皆作爲。屬上讀。於義爲長。

度地第五十七　雜篇八

△蓋天子聖人也　吳云。子乃下字誤。△而擇地形之肥饒者　元本形作刑。△經水若澤　王氏引之云。經字義不可通。地在水旁。非經過之謂也。蓋因下文命曰經水而誤。經當作緣。緣者因也。因水及澤而建都也。注內緣水澤三字。即覆舉正文也。△內爲落渠之寫因大川而注焉　安井衡云。落絡通。絡。繞也。國都之內。作繞絡四方之渠。以泄寫穢惡。又因大川而注流之。△乃以其天材地之所生利養其人以育六畜　丁云。疑當作乃以其天材地利之所生。養其人以育六畜。今本利字脫置在下句。下文云因天之固。歸地之利。△州者謂之術不滿術者謂之里　王氏引之云。州者上亦當有不滿二字。下文里十爲術。術十爲州。故曰不滿州者謂之術。不滿術者謂之里。尹注非。△國也以奉天子　丁云。也乃亾字誤。不如願國者。（句）國亾（同無）以奉天子。（句）△上相稽著者　尹注云。稽。鉤也。謂荆棘刺條相鉤連也。張云。稽無鉤義。疑當作稽。稽義爲留止。急就篇。注酒釀醪稽極程。稽極即稽秘。極固譌字。稽與稽疑古通。說文。稽。秘而止也。賈侍中說稽稽稽三字皆木名。疑稽秘或作稽稽。總之皆從禾起義。稽秘。樹枝句曲。荆棘之刺亦似之。故云相稽。著尹訓爲鉤。蓋所見本猶作稽。今則正文與注皆誤矣。△君體有之以臨天下　丁云。有字當在臨字下。法法篇。貧有天下。制在一人。△人乃終身無患害而孝慈焉　望案。害字涉上文五害而衍。△又有遠近　御覽地部三十二引近作邇。△水別於他水入於大水及海者　水經河水注。別作引。言引他水入於大水及海。今本作別。非。△水之出於他水溝流於大水及海者命曰川水　王云。出於他水。本作出於地。下文出地而不流者命曰淵水。正對此出地而流者言之。今作出於他水者。地他字相似。又涉上文別於他水而誤。水經河水注引此。正作出於地。△此五水者因其利而往之可也因而扼之可也　王云。往當爲注。字之誤也。（隸書往字或作徃。與注相似。）注之與扼之意正相反。據尹注云。謂因地之勢疏引以溉灌。則當作注明矣。△故高其上領瓴之尺有十分之三里滿四十九者水可走也乃迂其道而遠之　宋云。案上領領字誤。校者改爲瓴字。而兩存其讀。言使下向高。而以瓴甗引

水。則滿四十九里而水仍走下矣。言其力之不能達也。故必迂其道以遠之。禹釃二渠。以引其河。北載之高地。即迂其道以遠之也。自此以下八十餘言。皆明道水向高之法。注說全非。△杜曲則擣毀杜曲激則躍　丁云。當作地曲則擣激。激則躍。地曲對地下地高言之。杜與地。毀與激。形近而譌。又衍杜曲二字。否則激字無來文矣。△難治則不孝不孝則不臣矣　陳先生云。二孝字皆當爲孳。讀如效。△人君天地矣　安井衡云。古本矣作也。△卒部校長官佐各財足　俞云。財足猶言纔足也。蓋不限以人數。使其纔足以任事而已。下文給卒財足。亦言給之以卒。使纔足任事。不限人數也。尹注皆非。（史記孝文紀。見馬遺財足。索隱曰。財字與纔同。漢書揚雄傳。財足以奉郊廟。注云。讀與纔同。漢書以財爲纔。不可枚舉。）△有錮病不可作者疾之　丁云。疾乃癈字譌。癈之與免之同義。即周官鄉師所謂疾者皆舍也　△可省作者半事之　俞云。省。少也。省與少一聲之轉。故義得相通。喪服小記。多陳之而省納之。荀子仲尼篇。省求多功。並以省與多對文。此言雖有疾病。不能多作。猶可少作。故半事之也。尹注謂可以省視作者取其半功。未得其義。△閱具備水之器　元刻具作其。是也。尹注亦是其字。△籠臿版築各什六　臿。臿字之譌。宋本正作臿。△雨輂什二　尹注云。車輂所以禦雨。故曰雨輂。王云。案說文。輂。大車駕馬也。輂非所以禦雨。輂當爲軬。（扶遠步本二反）字之誤也。軬謂車蓋弓也。方言。車枸簍。隴西謂之㩴。郭注曰。即車弓也。㩴與軬同。釋名曰。軬。藩也。藩蔽雨水也。故注云車軬所以禦雨。故曰雨軬。△食器兩具　安井衡云。兩具當爲雨具。雨具蓑笠之屬。△補弊久去苦惡　陳先生云。久讀爲舊。弊舊。弊壞古舊也。苦讀爲盬。鴇羽傳曰。盬。不攻致也。又四牡傳曰。盬。不堅固也。弊久苦惡。皆謂不完堅者也。完堅者取之。不完堅者補之去之。此以三字爲句。尹注補弊爲句。久去苦惡爲句。失其句讀。△春三月　丁云。春上脫當字。下文夏秋冬皆有。禁藏篇云。當春三月。是其證。△水糾列之時也　安井衡云。列與裂同。△地有不生草者必爲之囊　張云。囊。壞字之誤。△不利作土功之事放農焉　俞云。放讀爲妨。月令曰。毋發令而待以妨神農之事。即其義。與說同。△一日把百日餔　丁云。餔與稱同。廣雅。稱。積也。又云。穧也。聘禮記注云。筥。穧名也。今萊易之間刈稻聚把有名爲筥者。疏云。筥。穧一也。即今人謂之一鋪兩鋪也。鋪亦與稱同。△暑雨止　中立本作暑氣止。△實廥倉　安井衡云。古本廥作廩。△寡人悖不知四害之服奈何　望案。服乃備之聲誤。俞說同。△春不收枯骨朽脊　洪云。周官蜡氏。掌除骴。注。故書骴作脊。鄭司農云。脊讀爲漬。謂死骨也。月令曰。掩骼埋胔。蓺文類聚百。御覽二十二。又三十八引。俱作朽胔。古字通用。△夏有大露原烟噎下百草人采食之傷人　陳先生云。噎當是噎之譌字。釋名。噎。翳也。小爾雅。噎。冥也。豬飼彥博云。露乃霧字誤。原乃厚字誤。△故不八九死也 宋本中立本入作入。△以冬賞罰 陳先生云。冬讀爲終。古以冬爲終。謂終之以賞罰也。△故民不比也 丁云。比疑北字誤。北古背字。△冬時行隄防可治者章而上之都 惠云。章古障字。丁云。褰章訓訓條褰訓程。謂奏上事也。△衡水可据者据之 中立本衡誤衡。△終歲以毋敗爲固 宋本固作故。元本作敂。△濁水蒙壞 王云。濁水當爲濁水。見下文。△亟爲寡人教側臣 陳先生云。臣下當有闕文。

卷十九

地員第五十八

地員者。土地高下。水泉深淺。各有其位。

雜篇九

夫管仲之匡天下也。其施七尺。施者。大尺之名。其長七尺。瀆田悉徙。瀆田。謂穿溝瀆而溉田。悉徙。謂其地每年皆須更易也。五種無不宜。其立后而手實。謂立君以主之。手常握此地之實數也。其木宜蚖菕與杜松。蚖菕。木名也。二其草宜楚棘。見是土也。命之曰五施。五七三十五尺。而至於泉。謂其地深五施。每施七尺。故五七三十五而至於泉也。呼音中角。謂此地號呼之聲其音中角。其水倉。其民彊。赤壚歷彊肥。歷。疏也。彊。堅也。五種無不宜。其麻白。其布黃。其草宜白茅與雚。其木宜赤棠。見是土也。命之曰四施。四七二十八尺。而至於泉。呼音中商。其水白而甘。其民壽。黃唐無宜也。唐。虛脆也。唯宜黍秫也。宜縣澤。常宜縣注而澤。行廧音牆落。土既虛脆。不堪版築。故爲行廧及籬落也。地潤數毀。難以立邑置廧。其地遇潤則數頹毀。故不可立邑置廧也。其草宜黍秫與茅。其木宜櫄擾桑。櫄。木名。擾。柔。又曰柔桑也。見是土也。命之曰三施。三七二十一尺。而至於泉。呼音中宮。其泉黃而糗。流徙。謂水糗糒之氣。地中而流。故曰流徙也。其泉居斥埴宜大菽與麥。其草宜蓋雚。其木宜杞。杞。木名也。見是土也。命之曰再施。二七十四尺。而至於泉。呼音中羽。其泉鹹。水流徙。黑埴宜稻麥。其草宜苹蓨。苹蓨。草名也。其木宜白棠。見是土也。命之曰一施。七尺而至於泉。呼音中徵。其水黑而苦。

凡聽徵如負豬豕。覺而駭。凡聽羽如鳴馬在野。凡聽宮如牛鳴窌中。凡聽商如離群羊。凡聽角如雉登木以鳴。音疾以清。凡將起五音。凡首。凡首。謂音之總先也。先主一而三之。四開以合九九。一而三之。即四也。以是四開合於五音。九也。又九九之爲八十一也。

以是生黃鐘小素之首以成宮。素本宮八十一數。生黃鐘之宮。而爲五音之本。生黃鐘三分而益之以一。爲百有八。爲徵。黃鐘之數本八十一。益以三分之一二十七。通前爲百有八。是爲徵之數。不無有三分而去其乘。適足。以是生商。不無有。即有也。乘亦三分之一也。三分百八而去一。餘七十二。是商之數也。有三分而復於其所。以是成羽。三分七十二。而益其一分二十四。合爲九十六。是羽之數。有三分去其乘。適足。以是成角。三分九十六。去其一分餘六十四。是角之數。墳延者六施。六七四十二尺而至於泉。墳延。地名。下皆此類。陝之芳七施。七七四十九尺而至於泉。祀陝八施。七八五十六尺而至於泉。杜陵九施。七九六十三尺而至於泉。延陵十施。七十尺而至於泉。環陵十一施。七十七尺。而至於泉。蔓山十二施。八十四尺而至於泉。付山十三施。九十一尺而至於泉。付山白徒十四施。九十八尺。而至於泉。中陵十五施。百五尺。而至於泉。青山十六施。百一十二尺。而至於泉。青龍之所居。庚泥。不可得泉。庚。續。其虛既有青龍居。又沙泥相續。故不可得泉也。赤壤勢山十七施。百一十九尺。而至於泉。其下清商。不可得泉。清商。神怪之名。陞山白壤十八施。百二十六尺。而至於泉。其下騂石。不可得泉。言有石騂[illegible]。故不可得泉。徙山十九施。百三十三尺。而至於泉。其下有灰壤。不可得泉。高陵土山二十施。百四十尺。而至於泉。山之上命之曰縣泉。其地不乾。其草如茅與走。如茅走皆草名。其木乃樠。樠木名。鑿之二尺。乃至於泉。山之上命曰復呂。其草魚腸與蕕。其木乃柳。鑿之三尺。而至於泉。山之上命之曰泉英。其草蘄白昌。其木乃楊。鑿之五尺。而至於泉。山之材。材。猶旁也。其草兢與薔。音嗇。草名。其木乃格。鑿之二七十四尺。而至於泉。山之側。其草萯與蔞。其木乃品榆。鑿之三七二十一尺。而至於泉。凡草土之道。各有穀造。謂此地生某草。宜某穀。或高或下。各有草土。葉下於鬰。葉亦草名。唯生葉無莖。在鬰之下。鬰即鬱也。莊周所謂鬱西也。鬰下於莧。莧下於蒲。蒲下於葦。葦下於雚。雚下於蔞。蔞下於荓。荓下於蕭。蕭下於薜。薜下於萑。萑下於茅。凡彼草物。有十二衰。衰。謂草上下相重次也。各有所歸。謂短者生於高者之下。九州之土。爲九十物。每州有常。而物有次。羣土之長。是唯五粟。五粟之物。或赤。或青。或白。

或黑。或黃。五粟五章。五粟之狀。淖而不肕。剛而不觳。觳薄。不濘車輪。濘泥。不汚手足。其種大重細重。白莖白秀。無不宜。也五粟之土。若在陵在山。在墳在衍。其陰其陽。盡宜。桐柞莫不秀長。其榆其柳。其檿其桑。其柘其櫟。其槐其楊。羣木蕃滋數大。條直以長。其澤則多魚。牧則宜牛羊。其地其樊。俱宜竹箭。藻龜楢檀。五臭生之。薜荔白芷。蘪蕪椒連。五臭所校。校。謂馨烈之氣。寡疾難老。士女皆好。其民工巧。其泉黃白。其人夷姤。夷。平也。姤。好也。言均善也。五粟之土。乾而不格。格。謂堅糱也。湛而不澤。無高下葆澤以處。言常潤也。是謂粟土。粟土之次曰五沃。五沃之物。或赤。或青。或黃。或白。或黑。五沃五物。各有異則。五沃之狀。剽怸櫜土。蟲易全處。剽。堅也。怸。密也。櫜土。謂其土多竅穴。若櫜多竅。故蟲處之易全。怸剽不白。下乃以澤。既堅密。故常潤濕而不乾白。此乃葆澤之地也。其種大苗細苗。赨音形。莖黑秀箭長。赨。即赤也。箭長。謂若箭竹之長也。五沃之土。若在丘在山。在陵在岡。若在陬陵之陽。其左其右。宜彼羣木。桐柞枎櫄。其彼白梓。其梅其杏。其桃其李。其秀生莖起。其棘其棠。其槐其楊。其榆其桑。其杞其枋。羣木數大。條直以長。其陰則生之楂棃。其陽則安樹之五麻。若高若下。不擇疇所。其麻大者如箭如葦。大長以美。其細者如雚如蒸。欲有與各。大者不類。欲有施與。則以麻之大而類也。小者則治。揣而藏之。若衆練絲。言細麻既治揣而藏。故若練絲。五臭疇生。疇。隴也。謂爲隴而種也。蓮與蘪蕪。藁本白芷。其澤則多魚。牧則宜牛羊。其泉白青。其人堅勁。寡有疥騷。終無痟酲。痟。首疾也。酲。酒病也。五沃之土。乾而不斥。斥。潟鹵。湛而不澤。無高下葆澤以處。是謂沃土。沃土之次曰五位。五位之物。五色雜英。各有異章。五位之狀。不塥不灰。塥。謂堅不相著。青怸以落音苔。及。謂色青而細密。和落以相及也。其種大葦無。細葦無。赨莖白秀。五位之土。若在岡在陵。在墳在衍。在丘在山。皆宜竹箭。求黽亦竹類也。楢檀。其山之淺。有蘢與斥。蘢斥竝古草名。羣木安逐。條長數大。安。和易。逐。競長。數。謂速長。其桑其松。其杞其茸。茸。木名。種木胥容。榆桃柳楝。音煉。羣藥安生。薑與桔梗。小辛大蒙。大蒙。藥名。其山之梟。梟。佮顛也。多桔符榆。其山之末。有箭與菀。其山之旁。有彼黄蝱。及彼白昌。山藜葦芒。羣藥安聚。以圉民殃。其林其漉。其槐其楝。其柞其穀。羣木安逐。鳥獸安施。施。謂有以爲生。既有麋麃。又且多鹿。其泉青黑。其人輕直。省事少食。言其性廉。省事少食。無高下葆澤以處。是謂位土。位土之次曰五蘟。五蘟之狀。黑土黑落。落。地衣也。青怵以肥。芬然若灰。芬然。壤起貌。其種櫑葛。赨莖黄秀恚目。恚目。謂穀實怒開也。其葉若苑。苑。謂蘊結。以蓄殖果木。不若三土。三土。謂五粟五沃五位。以十分之二。言於三土十分。已不如其二分。餘倣此。是謂蘟土。蘟土之次曰五壤。五壤之狀。芬然若澤若屯土。言其土得澤則墳起爲堆。故曰屯土也。其種大水腸。細水腸。赨莖黄秀。以慈忍水旱。無不宜也。忍。耐。蓄殖果木。不若三土以十分之二。是謂壤土。壤土之次曰五浮。五浮之狀。捍然如米。捍。堅貌。其土屑碎如米。以葆澤。不離不坼。其種忍蘟。忍蘟。草名。忍葉如䕯葉。以長狐茸。草之狀若狐也。黄莖黑莖黑秀。其粟大無不宜也。蓄殖果木。不如三土以十分之二。凡上土三十物。種十二物。中土曰五怷。五怷之狀。廪焉如壏。壏。猶彊也。潤溼以處。其種大稷細稷。赨莖黄秀。慈忍水旱。細粟如麻。其繁美若麻也。蓄殖果木。不若三土以十分之三。怷土之次曰五纑。音盧。五纑之狀。彊力剛堅。其種大邯鄲。細邯鄲。草名。莖葉如扶櫄。扶櫄。亦草名。其粟大。言其粒大。蓄殖果木。不若三土以十分之三。纑土之次曰五壏。五壏之狀。芬焉若糠以肥。謂其地色黄而虛。其種大荔細荔。青莖黄秀。蓄殖果木。不若三土以十分之三。壏土之次曰五剽。五剽之狀。華然如芬以脤。謂其地色青紫若脤然也。其種大秬細秬。秬。黑黍。黑莖青秀。蓄殖果木。不若三土以十分之四。剽土之次曰五沙。五沙之狀。粟焉如屑塵厲。言其地粟碎。故若屑塵之厲。厲。踊起也。其種大萯細萯。萯。草名。白莖青秀以蔓。蓄殖果木。不如三土以十分之四。沙土之次曰五塥。五塥之狀。累然如僕累。僕。附也。言其地附著而重累也。不忍水旱。其種大樛杞。細樛杞。木名。黑莖黑秀。蓄殖果木。不若三土以十分之四。凡中土三十物。種十二物。下土曰五猶。五猶之狀如糞。其種大華細華。草名。白莖黑秀。蓄殖果木。不如三土以十分之五。猶土之次曰五壏五壏之狀如鼠肝。其種青梁。黑莖黑秀。蓄殖果木。不如三土以十分之五。壏土之次曰五殖。五殖之狀。甚澤以疏。離坼以臞塉。其種鴈膳。草名。黑實朱跗黃實。跗。花足也。蓄殖果木。不如三土以十分之六。五殖之次曰五觳。五觳之狀婁婁然。婁婁。疏也。不忍水旱。其種大菽細菽。多白實。蓄殖果木。不如三土以十分之六。觳土之次曰五鳧。五鳧之狀。堅而不骼。雖堅不同骨之骼也。其種陵稻。陵稻。謂陸生稻。黑鵝馬夫。皆草名也。蓄殖果木。不如三土以十分之七。鳧土之次曰五桀。五桀之狀。甚鹹以苦。其物爲下。其種白稻長狹。謂稻之形長而狹也。蓄殖果木。不如三土以十分之七。凡下土三十物。其種十二物。凡土物九十。其種三十六。

弟子職第五十九　雜篇十

先生施教。弟子是則。溫恭自虛。必虛其心。然後有所容也。所受是極。極。謂盡其本原。見善從之。聞義則服。溫柔孝悌。毋驕恃力。驕而恃力。則矜爭鬬藩。赤毋虛邪。虛。謂虛僞。行必正直。游居有常。必就有德。顏色整齊。中心必式。式。法。夙興夜寐。衣帶必飾。朝益暮習。小心翼翼。一此不解。是謂學則。

少者之事。夜寐蚤作。既拚盥漱。播席前日拚。盥。滌手。漱。滌口。執事有恪。攝衣共盥。謂供先生之盥器也。先生乃作。沃盥徹盥。謂既盥而徹盥器也。汎拚正席。汎拚。謂汎水而拚之。先生乃坐。出入恭敬。如見賓客。危坐鄉師。顏色毋怍。怍。謂變其容貌。受業之紀。必由長始。先從長者敎也。一周則然。其餘則否。謂始敎一周。則從長始。一周之外則不然。始誦必作。其次則已。始誦而作。以敬事端也。至於次誦則不然。

凡言與行。思中以爲紀。思合中和以爲綱紀。古之將興者。必由此始。必先中和。然後可與。後至就席。狹坐則起。狹坐之人。見後至者則當起。

若有賓客。弟子駿作。迅起也。對客無讓。應且遂行。趨進受命。受先生命。所求雖不在。必以命反。求雖不得。必當反白。反坐復業。

若有所疑。奉手問之。師出皆起。至於食時。先生將食。弟子饌饋。謂選具其食。攝衽盥漱。跪坐而饋。置醬錯食。陳膳毋悖。凡置彼食，鳥獸魚鼈。必先菜羹。先菜後肉。食之次也。羹胾中別。胾。謂肉而細切。胾在醬前。遠胾近醬。食之便也。其設要方。其陳設食器要令成方也。飯是爲卒。既飯而食則卒也。左酒右醬。左酒右醬。陰陽也。告具而退。奉手而立。三飯二斗。三飯食必二毀斗也。左執虛豆，右執挾匕。匕者所以載鼎實。故曰挾匕也。周還而貳。貳。謂再益。唯嗛之視。食盡曰嗛。同嗛以齒。齒。類也。謂食者則以其所盡之類而進。周則有始。柄尺不跪。是謂貳紀。豆有柄長尺。則立而進之。此是再益之綱紀也。先生已食。弟子乃徹。趨走進漱。拚前斂祭。既食畢播席前。並摟斂所祭也。先生有命，弟子乃食。以齒相要。坐必盡席。所謂食坐盡前。飯必奉擥。羹不以手。當以挾也。亦有據膝。毋有隱肘。隱肘則大伏也。既食乃飽。循咡覆手。咡。口也。覆手而循之。所以拭其不潔也。振衽掃席。謂振其底衽。以拂席之汚。已食者作。摳衣而降。旋而鄉席。各徹其餽。如於賓客。賓客食畢亦自徹也。既徹并器。乃還而立。并。謂藏去也。凡拚之道。實水于盤。次用乏灑。攘臂袂及肘。恐墜其袂。不便於事也。且堂上則播灑。室中握手。堂上寬。故播散而灑。室中隘。故握手爲掬以灑。執箕膺揲。厥中有帚。揲。舌也。既灑水將掃之。故執箕以舌。自當置帚於箕中也。入戶而立。其儀不忒。執帚下箕。倚于戶側。謂倚箕於戶側也。凡拚之紀。必由奧始。西南隅也。俯仰磬折。拚毋有徹。徹。動也。不得觸動他物也。拚前而退。謂從前掃而卻退也。聚於戶內。謂聚其所掃之穢壞於戶內也。坐板排之。板穢時以手排之也。以葉適己。適己。猶向己也。實帚于箕。先生若作。乃興而辭。以拚未畢。辭之令止也。故坐執而立。坐執。謂猶坐執箕也。遂出弃之。既拚反立。是協是稽。協。合也。稽。考也。謂合考書義也。暮食復禮。謂復朝之禮也。昏將舉火。執燭隅坐。錯總之法。橫于坐所。總設燭之束也。櫛之遠近。乃承厥火。櫛。謂燭盡。察其將盡之遠近。乃更以燭承取火也。居句如矩。句。謂著燭處。言居燭於句。如前燭之法。矩。法也。蒸間容蒸。然者處下。蒸細薪者。蒸之間必令容蒸。然燭者必處下以焚也。奉椀以爲緒。緒。然燭燼椀所以貯緒也。右手執燭，左手正櫛。有墮代燭。燒燭者有墮。卽令其次代之也。交坐毋倍尊者。乃取厥櫛，遂出是去。先生將息，弟子皆起。敬奉枕席。問所何趾。俶衽則請。有常有否。俶。始也。變其衽席。則當問其所趾。若有常處。則不請也。先生既息。各就其友。相切相磋。各長其儀。周則復始。是謂弟子之紀。

言昭第六十亡　　雜篇十一
修身第六十一亡　　雜篇十二
問霸第六十二亡　　雜篇十三
牧民解第六十三亡　　管子解一

卷十九校正

地員第五十八　雜篇九　宋云。說文。員。物數也。此篇皆言地生物之數。故以地員名篇。

△瀆田悉徙　吳云。悉。盡也。徙當爲壤字之誤。下文白徙同。　△其立后而手實　陳先生云。立猶樹也。后與厚同。小雅傳曰。手。取也。言五種之穀其樹厚而取實也。尹注失之。　△其木宜蚖菕與杜松　劉云。蚖當作杬。出豫章。煎汁藏果及卵不壞。菕當作棆。杜。木名。　△黃唐無宜也　御覽百穀部三引唐作壙。元本作堂。兪氏正燮云。唐與廣音義相近。莊子田子方篇云。求馬唐肆。釋文引司馬彪本作廣肆。此言黃唐。亦言黃壤之廣闊者。尹注以唐爲虛脆。於義不合。輕重甲篇言唐園。呂覽尊師篇言唐圃。亦謂廣大園圃也。　△行廧落　丁云。落。絡之借字。說文。褫。絡也。廣雅。絡。褫也。　△其草宜黍秫與茅　丁云。上文云黃唐無宜也。唯宜黍秫也。黍秫列在五種中。非草名。此涉上文而誤衍。但與茅二字亦有誤。兪云。管子原文疑當作其。草宜芧。茅。說文。芧。草也。可以爲繩。是芧與茅正同類也。茅字壞作予。校寫者因予字無義。見下文有其草魚腸與蕕。其草蓄與蔞之文。疑予與古人通用。遂改作與。而本文又無他草。不得言與。乃據上文唯宜黍秫妄加黍秫字耳。　△其木宜櫄擾桑　王氏引之云。尹注以擾桑爲柔桑。非也。（豳風七月篇。爰求柔桑。自謂求桑之穉者以養初生之蠶耳。非謂柔桑爲桑名也。）櫄擾桑三者皆木名。擾讀爲唐風隰有杻之杻。爾雅。杻。檍。郭璞曰。似棣細葉。葉新生可飼牛。材中車輞。關西呼杻子。一名土橿。西山經曰。英山其上多杻橿是也。擾字古讀若狃。故與杻通。左傳公山不狃論語作弗擾。是其證也。

△其泉黃而糗流徙　王云。黃而糗。後漢書馮衍傳注引作黃而有臭是也。上文云。其水白而甘。下文云。其水鹹。又云。其水黑而苦。則此文當作其泉黃而有臭。無取於糗也。尹注非。流徙上當有水字。下文云。斥埴其泉。鹹水流徙。是其證。陳先生云。有字衍。黃而臭。與下文白而甘黑而苦同。糗乃臭水二字並寫致誤耳。　△其泉鹹　後漢

書馮衍傳注引作其味鹹。　△其草宜苹蓨　中立本苹誤萍。　△先主一而三之　王氏引之云。主當爲立。字之誤也。史記律書云。置一而九三之以爲法。置一卽立一。　△不無有三分而去其乘　丁云。不無二字衍。有同又。下文又三分。其句例。　△墳延者六施　張云。墳延卽大司徒之墳衍。鄭注。水厓曰墳。下平曰衍。下文亦云。在墳在衍。　△陝之芳　俞云。芳當爲旁字之誤。與下文言山之上山之側義同。望謂管子古本當是方字。方通作旁。虞書方鳩僝功。說文引作旁逑孱功。其證也。　△七八五十六尺而至於泉　宋本作八七五十六尺。與上文六七四十二尺。七七四十九尺一律。下文七九六十三尺亦當作九七。　△付山白徒　丁云。徒當爲壤。下文埶山赤壤。陘山白壤。又乘馬篇。有蔓山汎山。蔓山卽上文云蔓山十二施也。汎山卽付山。疑付乃汎字誤。尹注謂皆地名。非矣。　△青龍之所居庚泥不可得泉　丁云。青龍五字屬上句。以上文言青山。是因青龍得名也。庚泥上脫其下二字。下文云。其下凊商。不可得泉。其下騂石。不可得泉。其下灰壤。不可得泉。皆有其下二字。　△其下凊商不可得泉　宋本朱本凊作青。　△徙山　宋本作徙山元本作陡。　△其草如茅與走　俞云。如茅疑卽爾雅釋草所謂茹藘茅蒐。非必二草也。丁云。走非草名。疑莞字誤。　△山之材　陳先生云。山之材當爲山之側。與下文山之側同。此兩言山之側。猶上文兩言山之上也。俞云。材字無義。疑手字之誤。手者。垂之古文。見說文我部。說文又曰。垂。遠邊也。是垂有邊側之義。尹注訓材爲旁。正得其解。惜未得其字耳。　△其草兢與薔其木乃格　丁云。兢疑藋字誤。格木未聞。或柘字誤。俞云。格。椵之叚字。爾雅釋木。櫬椵。郭注曰。柚屬。說文曰。椵木可作牀几。徐鍇以爲梓屬。　△鑿之二七十四尺而至於泉（又）鑿之三七二十一尺而至於泉　丁云。此兩句與上文鑿之二尺。鑿之三尺。其數縣絕。二七三七以施計。而不言二施三施。與上文墳延以下之例又不同。必有脫文。無從是正。　△其木乃品榆　王氏引之云。品榆當爲區榆。區與榆同類。故竝言之。字本作藲。或作樞。又作櫙。竝讀如謳歌之謳。爾雅釋木藲茎。郭注曰。今之刺榆。唐風山有樞傳曰。樞。茎也。釋文竝烏侯反。云本或作蓲。爾雅疏引陸機詩疏曰。其針刺如柘。其葉如榆。瀹爲茹。美滑於白榆。是也。區字本有謳音。故藲通作區。今則脫其匚（胡禮反。）字而爲品矣。　△各有草土　元本土作木。　△𩐈下於莧莧下於蒲蒲下於葦葦下於雚　王云。莧當爲莞。爾雅釋草。莞苻蘺。某氏曰。本草云。白蒲一名苻蘺。楚謂之莞蒲。小雅斯干篇。下莞上簟。鄭箋曰。莞。小蒲之席也。釋文曰。莞草叢生水中。莖圓。江南以爲席。形似小蒲而實非也。莞似蒲而小。故曰莞下於蒲。若莧則非其類矣。逸周書文傳篇曰。潤溼不穀。樹之竹葦莞蒲。穆天子傳曰。爰有萑葦莞蒲。此文云。莧下於蒲。蒲下於葦。葦下於萑。則莧字明是莞字之譌。隸書完字或作完。形與見相似。故諸書中莞字多譌爲莧。（夬九五。莧陸夬夬。虞注曰。莧。讀夫子莧爾而笑之莧。莧卽莞字之譌。故釋文云。莧一本作莞。論語陽貨篇。夫子莞爾而笑。釋文。莞作莧。楚辭漁父。漁父莞爾而笑。莞一作莧。列子天瑞篇。老韭爲莞。釋文。莞一作莧。文選辨亾論。莞然坐乘其敝。李善本作莧。）△薛下於萑萑下於茅　宋本注。萑音追。莞蔚也。一作萑。中立本同趙本。張云。莞當作茺。釋艸萑蓷郭注。今茺蔚也。釋文。萑音追。蓷。他回反。王風中谷有蓷毛傳。蓷。離也。釋文。蓷。他雷反。引韓詩云。茺。蔚也。竝與尹注合。茺莞形近而譌。　△每州有常而物有次　王云。每州有常。困學紀聞周禮類引作每土有常。是也。下文上土中土下土各有三十物。故曰每土有常而物而次。不當言每州也。此涉上文九州而誤。　△其種大重細重　陳先生云。重。古種字。毛詩七月傳曰。後孰曰重。周禮內宰種稑之種。釋文。種本作重。鄭司農曰。先種後孰謂之重。皆古文以種爲重之證。　△其地其樊俱宜竹箭藻龜楢檀　陳先生云。俱宜竹箭。藻龜楢檀。以四字爲句。下文云。皆宜竹箭。求黽楢檀。句正相同。藻龜求黽。皆誤字也。上一字皆柔字之誤。藻柔形相近。求柔聲相近。因而誤作藻。又作求。下一字乃鼈字之誤。鼈字減去上半之敝。遂誤作黽。黽隸變作黽。龜隸變作龜。故又誤作龜耳。爾雅毛傳皆曰。蕨。鼈也。蕨與鼈一聲之轉。詩疏引舍人曰。蕨一名鼈。齊民要術引陸機疏曰。蕨。山菜也。又曰。周秦曰蕨。齊魯曰鼈。蓋鼈蕨同物。管子齊人。故呼蕨爲鼈也。楢與柔文相對。山海經郭璞注曰。楢。剛木。中車材。詩鄭風傳曰。檀。彊刃（古忍字）之木。彊忍之木卽剛木也。柔鼈。楢檀。鼈可食。故曰柔鼈。檀中材。故曰楢檀。一爲艸。一爲木也。尹注不能釐正。遂解下文之求黽謂亦竹類。連上竹箭爲句。其誤特甚。張云。此文藻字疑掠字之誤。說見後。　△五粟之土乾而不挌　陳先生云。挌讀爲垎。禮記學記篇。發然後禁。則扞格而不勝。注。格讀如凍垎之垎。扞格。堅不可入之貌。此格垎通假之證。說文曰。垎。水乾也。一曰堅也。玉篇廣韻皆曰。垎。土乾也。此不垎與不澤對文。下文曰。五沃之土。乾而不斥。湛而不澤。斥與坼同。不斥。猶不垎也。又下文曰。五臭之狀。堅而不骼。骼亦垎也。　△蟲易全處　王氏引之云。蟲易全處。殊爲不詞。易當爲豸。豸與易篆文相似。故豸譌作易。爾雅曰。有足謂之蟲。無足謂之豸。漢書五行志曰。蟲豸之類謂之孽。　△秫莖黑秀箭長　張云。尹注秫音形。形乃彤字之誤。鉉本說文。秫音徒冬切。廣韻同。△其秀生莖起　丁云。其字疑涉上下文而衍。　△其陰則生之楂藜其陽則安樹之五麻　望案。下則字衍。安卽則也。不當有則字。說見幼官篇。　△其細者如萑如蒸欲有與各　宋本朱本各皆作名。望案。各名疑皆分字之誤。謂細麻之中若萑若蒸。欲有人與之分別也。丁說同。　△大者不類小者則治　劉云。類當作纇。批節也。言大麻䟽美無疵節。小麻條理易治也。注非。（王云。類纇古字通。昭十六年左傳刑之頗類。服虔讀類爲纇。二十八年。
忿纇無期。服本作類。老子。夷道若纇。河上公本作類。）　△寡有𣲽騷　丁云。𣲽騷卽𣲽瘙也。古字叚用。　△終
無痟酲　中立本酲譌醒。　△無高下葆澤以處　張云。下上當脫無字。上文云若高若下。不擇所。此云。無高
無下。葆澤以處。句法正同。　△五位之狀不塥不灰青怵以落及　王氏引之云。落與灰爲均。及字衍文。下文云。
五隱之狀。黑土黑落。青怵以肥。芬然若灰。亦以落灰爲均。望案。塥字字書無見。未知何義。　△某種大葦無細葦
安井衡云。上云三十種十二物。若無細葦。種只有十一。無字當衍。　△皆宜竹箭求黽楢檀　張云。求疑來字
之譌。爾雅釋木棶卽來。郭注中車輞。則亦堅木。與楢檀類。玉篇。棶。椋也。集韻。棶。木名。通作來。　△有龘與斥　俞
云。尹注曰。龘斥竝古草名。此古字殊爲無義。案爾雅釋草紅蘢古。疑此文龘下當脫古字。注文蓋作蘢古斥。竝草
名而傳譌也。丁云。斥。斤字之譌。斤芹省。蘢與芹。一水菜。一水艸。　△條長數大　爾雅翼引大作丈。　△種木胥
容　丁云。種。橦字之譌。胥容卽楈榕之省。橦楈榕凡三種木。　△榆桃柳楝　朱本楝作棟。　△其山之梟陳
先生云。梟當爲縣字之譌。說文曰。縣。到首也。賈侍中說此斷首到縣字。段注曰。廣韻引漢書縣首葙其骨。今刑法
作梟。此縣作梟。其譌正同。到首謂之縣。故山顚亦謂之縣。後人少見縣。多見梟。遂改縣爲梟矣。　△其山之末有
箭與苑　王云。箭當爲蕑。爾雅釋草曰。蕑。王蔧。郭注。王帚也。似藜。其樹可以爲掃蔧。江東呼之曰落帚。說文作蘱。
義同。爾雅又曰。蕑。山莓。郭注。今之木莓也。實似藨莓而大。亦可食。說文作葥。義同。草之名蕑者有二。則未知此所
謂蕑者爲王蔧與。爲山莓與。唯與苑竝言之。則亦是草名。而非竹箭之箭。故知箭爲蕑之譌也。苑與菀通。急就篇
曰。牡蒙甘草苑藜蘆。顏師古注。菀。謂紫菀女菀之屬。　△其林其漉　張云。漉。麓之叚字。鄭注堯典曰。麓。山足也。
△鳥獸安施　望案。施當爲族字之譌。說見幼官篇。　△其葉若苑　王云。苑卽上文有蕑與苑之苑。尹注非。
△以蓄殖果木　丁云。以字衍。下文言蓄殖果木。凡十三句。皆無以字。　△蚰莖黃秀以慈忍水旱無不宜也
丁云。蚰莖黃秀以慈。慈讀爲滋。訓多。下文五怵蚰莖黃秀以慈。脫以字。忍水旱對下五塥五𤀥不忍水旱也。下
文五沙白莖青秀以蔓。正與此句例相同。又證以上文蚰莖黑秀箭長。蚰莖黃秀恚目。句例亦同。　△五𤀥之狀
捍然如米以葆澤不離不坼　丁云。葆字衍。澤讀潤澤之澤。言如米之中堅而外潤。是以不離不坼也。下文芬焉
若糠以脆。華然如芬以脹。是其句例。　△某種忍蘟忍葉如雚葉以長孤茸黃莖黑莖黑秀　張云。秀蘟爾雅作
隱慈。齊民要術同。丁云。案上下文言其種某某。皆先言種。下言莖秀之色。然後釋物種之形狀。此亦當先言黃莖

黑秀。下乃接忍葉以下九字。又案。此忍藤與下文𦮙葛皆不言大小。恐有闕文。如忍藤𦮙葛各分大小。正合上土十二種之數。下土十二種。一大韭。二細華。三青葱。四雁膳。五朱跗。六大菽。七細菽。八陵稻。九黑鵝。十馬夫。十一白稻。倚缺其一。或青粱亦當有六小故邪。望謂上下文皆言其葉若某。此忍葉當爲其葉之誤。△莖葉如枎櫄　宋本枎作扶。　丁云。枎櫄。木名。可如其葉不可如其莖。當作某莖某秀。其葉如枎櫄云云。今本莖上脫一字。莖下脫二字。葉上又脫其字。知者。以上文言物種莖秀色七。下文言莖秀色六。而此大小鄀鄹列在中間。下應不舉莖秀之色。其爲脫文無疑。雖下文五埴五殼五凫五桀之種。皆不言莖秀之色。然不可以彼例此。彼或下土之次之種、故略而不言。或本有脫。亦未可知也。　△芬焉若糠以肥　丁云。肥必是脃字之誤。（艸人注輕爂。輕脃者。）尹注云。謂其地色黃而虛。虛字正釋脃字。上文五蔭青怵以肥。亦當是脃字。　△華然如芬以脤　望案。脤疑振字誤。　△其種大蕡細蕡　王氏引之云。尹說蕡爲草名。非也。此篇凡言其種某某者。皆指五穀而言。若草木則於五穀之外別言之。不得稱種也。蕡讀爲大雅維秬維秠之秠。爾雅曰。秬黑黍。秠一稃二米。郭注曰。秠亦黑黍。但中米異耳。上文云。其種大秬小秬。此云其種大蕡小蕡。是蕡卽秬也。蕡字從艸負聲。負古讀若倍。（說見唐韻正。）聲與秠相近。秠之通作蕡。猶丕之通作負也。（金縢。是有丕子之責于天。史記魯世家丕作負。）月令王瓜生。鄭注曰。今月令云王萯生。呂氏春秋孟夏篇作王菩生。穆天子傳。爰有萑葦莞蒲茅蓺。郭注曰。蓺今菩字。音倍。中山經蓺山。郭注曰。蓺音倍。漢書宣帝紀。行幸萯陽宮。李斐曰。萯音倍。東方朔傳萯陽作倍陽。是萯字古讀若倍。聲與秠相近。故字亦相通也。　△五埴之狀纍然如僕纍　洪云。山海經中山經。畢渚多僕纍。郭璞注云。僕纍。蝸牛也。此上下文若糠以肥。如屑塵厲如糞如鼠肝。皆舉物以喻其土。尹注非。王云。洪說是也。僕纍卽爾雅之蚹蠃。聲相近。　△其種大樛杞細樛杞黑莖黑秀　王云。樛當爲穋。杞當爲𥝠。穋卽黍稷重穋之穋。𥝠卽維糜維芑之芑。（上文云。大重細重。大秬細秬。大蕡細蕡。重卽重穋之重。蕡卽維秬維秠之秠。）大荒南經。維宜芑苣穋楊是食。郭注曰。管子說地所宜云。其種穋𥝠黑秀。皆禾類也。是其證。尹注木名。亦禾名之譌。集韻。𥝠。禾名。引管子其種穋𥝠。義本尹注也。　△猶土之次曰五𡉊　宋本作五弘。元本作壯。宋云。案淮南地形訓云。壯土之氣。御于赤天。許君注。壯土。南方之土也。彼言壯土。與此言𡉊土。是一事。壯𡉊竝弦字之譌。弦讀爲墳。古音同部相段借也。廣韻二十文。蕡古文作𦽳。𦽳從弓從邑。無義。蓋蕡之古文當作䒝。故廣雅釋器云。蕡。弦也。古讀弦如墳。則弦墳實可通用。禹貢兗青徐之土竝言墳。以地卑。故弦土爲下上之次。豫州言厥土惟壤。下土墳壚。蓋北近雍冀。則厥土惟壤。故地員壞土爲上土也。南近揚荆。則下土墳壚。故地員纑土爲中土。弦土爲下土也。淮南以南方爲弦土。即禹貢豫州下土墳壚之義。△五殖之狀甚澤以疏離坼以臞塉　丁云。甚即上文湛而不澤之湛。謂土極解散。又極疏也。疏與臞字爲均。塉字衍。此或注文訓臞爲塉。文有脫落。因而致誤。△五殖之次曰五觳　王云。五殖當爲殖土。例見上下文。△觳土之次曰五鳧　丁云。鳧當爲梟字之誤。梟堯之叚字。說文曰。墝磽也。

弟子職第五十九　雜篇十

△弟子是則　風俗通義引是則作則之。△毋驕恃力　中立本恃誤持。△志毋虛邪　周官考工記輈人注引虛作空。△衣帶必飾　宋本飾作飭。△凡言與行思中以爲紀古之將興者必由此始　莊氏述祖云。凡言與行以下十八字。當在師出皆起之下。今本誤。△所求雖不在　朱本在作得。△置醬錯食　朱本錯作醋。惠氏士奇校改爲醯醬。云。醬之多汁者也。張云。錯猶置也。即下云凡置彼食是也。朱本誤爲醋。惠氏因改爲醯醬。非矣。篇末錯總之法。錯字亦同此訓。△左酒右醬　洪云。醬當爲漿。曲禮。酒漿處右。注曰。兩有之。則左酒右漿。義本此。北堂書鈔百四十四、御覽八百六十一引醬作漿。書鈔引注云。漿右當漱也。不知何人所撰。△三飯二斗　莊云。二當爲貳。斗當爲豆。周禮酒正。大祭三貳。注。鄭司農云。三貳。三益副之也。曲禮雖貳不辭。注。貳謂重殽膳也。貳豆。謂益所設之殽膳也。△右執挾匕　安井衡云。古本挾作梜。△周還而貳唯嗛之視　望案。周官酒正司農注。賈公彥疏。皆引此二句。還作旋。賈疏云。周旋而貳者。欲副益酒尊之時。嗛謂不滿。唯酒尊不滿者。視之更益。△柄尺不跪　禮記少儀正義引此文。柄上有進字。望案。尹注云。豆有柄長尺。則立而進之。則尹本有進字。今脫去耳。△拚前斂祭　宋本斂作板。板爲扱字之誤。說見下。△飯必捧擥　陳先生云。擥者。擥之誤字。說文揚雄曰。擥。握也。捧擥。捧握也。握。持也。△既徹並器乃還而立　安井衡云。古本無此二句。△攘臂袂及肘　中立本袂誤袄。△執箕膺揲　洪云。揲當依下文作葉。曲禮注引作擖。儀禮士冠禮注。古文葉爲擖。毛詩小戎正義引作執箕膺揭。傳寫之誤。△其儀不忒　宋本忒作貸。△坐板排之　尹注云。板穢時以手排之也。張云。說文。板。判也。判穢無義。板蓋扱字之譌。曲禮。以箕自向而扱之。鄭注。扱讀爲吸。謂收糞時也。扱與板形正相近因誤。上文拚前斂祭。宋本斂作板。板亦扱之譌。故注云。既食畢。掃席前。並搜斂所祭也。傳寫誤扱爲板。校者見板字不可通。因取注中斂字易之。不知仍板字之舊。尚可使讀者尋繹爲扱字之譌。改爲斂字。則從此

失眞矣。又疑彼注搜字亦扱之誤。日本豬飼氏說同。　△錯總之法　丁云。總。熜之叚字。說文。熜。然麻烝也。熜者。總也。說文。總。聚束也。廣雅。熜。炬也。　△居句如矩　丁云。居句讀爲攷工記之倨句。謂弇侈之度也。如矩。謂一執薪燭。一執將盡之燭。相交正方如矩也。攷工記于磬氏曰倨句一矩有半。于韗人曰倨句磬折。此卽一矩有半也。于柗氏曰倨句外博。此侈于矩而不及一矩有半也。于匠人曰句於矩。此斂於矩而不及一矩也。此云倨句如矩。則正方也。凡倨句連文猶云大小。析言之則如鉤爪倨牙是也。　△右手執燭左手正櫛　孫云。禮記檀弓注引作右手折堲。正義引作左手秉燭。右手正堲。釋文同。堲。燭頭燼也。此左右誤乙。又作櫛字誤。丁云。廣雅。𤉭。㶳。灺也。說文。灺。燭㶳也。尹注。櫛謂燭盡。盡與㶳通。說文。㶳。火餘木也。堲爲𤉭借字。作櫛者誤。上文楖之遠近乃承厥火。同。　△有墮代燭　宋本墮作隨。古字叚借。　△問所何趾　洪云。案說文引作問疋何止。古文亦以爲足字。或曰胥字。此作所字與胥音相近。

卷二十

形勢解第六十四　管子解二

山者。物之高者也。惠者。主之高行也。慈者。父母之高行也。忠者。臣之高行也。孝者。子婦之高行也。故山高而不崩。則祈羊至。主惠而不解。則民奉養。父母慈而不解。則子婦順。臣下忠而不解。則爵祿至。子婦孝而不解。則美名附。故節高而不解。則所欲得矣。解則不得。故曰。山高而不崩。則祈羊至矣。

淵者。衆物之所生也。能深而不涸。則沈玉至。主者。人之所仰而生也。能寬裕純厚而不苛忮。則民人附。父母者。子婦之所受教也。能慈仁教訓。而不失理。則子婦孝。臣下者。主之所用也。能盡力事上。則當於主。子婦者。親之所以安也。能孝弟順親。則當於親。故淵涸而無水。則沈玉不至。主苛而無厚。則萬民不附。父母暴而無恩。則子婦不親。臣下隨而不忠。則卑辱困窮。子婦不安親。則禍憂至。故淵不涸。則所欲者至。涸。則不至。故曰。淵深而不涸。則沈玉極。

天覆萬物。制寒暑。行日月。次星辰。天之常也。治之以理。終而復始主牧萬民。治天下。莅百官。主之常也。治之以法。終而復始。和子孫。屬親戚。父母之常也。治之以義。終而復始。敦敬忠信。臣下之常也。以事其主。終而復始。愛親善養。思敬奉教。子婦之常也。以事其親。終而復始。故天不失其常。則寒暑得其時。日月星辰得其序。主不失其常。則羣臣得其義。百官守其事。父母不失其常。則子孫和順。親戚相驩。臣下不失其常。則事無過失。而官職政治。子婦不失其常。則長幼理而親疏和。故用常者治。失常者亂。天未嘗變其所以治也。故曰。天不變其常。

地生養萬物。地之則也。治安百姓。主之則也。教護家事。父母之則也。正諫死節。臣下之則也。盡力共養。子婦之則也。地不易其則。故萬物生焉。主不易其則。故百姓安焉。父母不易其則。故家事辦焉。臣下不易其則。故主無過失。子婦不易其則。故親養備具。故用則者安。不用則者危。地未嘗易其所以安也。故曰。地不易其則。

春者。陽氣始上。故萬物生。夏者。陽氣畢上。故萬物長。秋者。陰氣始下。故萬物收。冬者。陰氣畢下。故萬物藏。故春夏生長。秋冬收藏。四時之節也。賞賜刑罰。主之節也。四時未嘗不生殺也。主未嘗不賞罰也。故曰。春秋冬夏。不更其節也。

天覆萬物而制之。地載萬物而養之。四時生長萬物而收藏之。古以至今。不更其道。故曰。古今一也。

蛟龍。水蟲之神者也。乘於水。則神立。失於水。則神廢。人主。天下之有威者也。得民則威立。失民則威廢。蛟龍待得水而後立其神。人主待得民而後成其威。故曰。蛟龍得水。而神可立也。

虎豹。獸之猛者也。居深林廣澤之中。則人畏其威而載之。人主。天下之有勢者也。深居則人畏其勢。故虎豹去其幽而近於人。則人得之。而易其威。人主去其門而迫於民。則民輕之。而傲其勢。故曰。虎豹託幽。而威可載也。

風。漂物者也。風之所漂。不避貴賤美惡。雨。濡物者也。雨之所隨。不避小大強弱。風雨至公而無私。所行無常鄉。人雖遇漂濡。而莫之怨也。故曰。風雨無鄉。而怨怒不及也。

人主之所以令則行。禁則止者。必令於民之所好。而禁於民之所惡也。民之情莫不欲生而惡死。莫不欲利而惡害。故上令於生利人。則令行。禁於殺害人。則禁止。令之所以行者。必民樂其政也。而令乃行。故曰。貴有以行令也。

人主之所以使下盡力而親上者。必為天下致利除害也。故德澤加於天下。惠施厚於萬物。父子得以安。羣生得以育。故萬民驩盡其力而樂為上用。入則務本疾作。以實倉廩。出則盡節死敵。以安社稷。雖勞苦卑辱。而不敢告也。此賤人之所以亡其卑也。故曰。賤有以亡卑。

起居時。飲食節。寒暑適。則身利而壽命益。起居不時。飲食不節。寒暑不適。則形體累而壽命損。人惰而侈則貧。力而儉則富。夫物莫虛至。必有以也。故曰。壽夭貧富。無徒歸也。法立而民樂之。令出而民銜之。法令之合於民心。如符節之相得也。則主尊顯。故曰。銜令者。君之尊也。人主出言。順於理。合於民情。則民受其辭。民受其辭。則名聲章。故曰。受辭者。名之運也。明主之治天下也。靜其民而不擾。佚其民而不勞。不擾則民自循。不勞則民自試。故曰。上無事而民自試。

人主立其度量。陳其分職。明其法式。以莅其民。而不以言。先之則民循正。所謂抱蜀者祠器也。故曰。抱蜀不言。而廟堂既修。

將將鴻鵠。貌之美者也。貌美。故民歌之。德義者。行之美者也。德義美。故民樂之。民之所歌樂者。美行德義也。而明主鴻鵠有之。故曰。鴻鵠將將。維民歌之。

濟濟者。誠莊事斷也。多士者。多長者也。周文王誠莊事斷。故國治。其羣臣明理以佐主。故主明。主明而國治。竟內被其利澤。殷民舉首而望文王。願爲文王臣。故曰。濟濟多士。殷民化之。

紂之爲主也。勞民力。奪民財。危民死。冤暴之令。加於百姓。憯毒之使。施於天下。故大臣不親。小民疾怨。天下叛之。而願爲文王臣者。紂自取之也。故曰。紂之失也。

無儀法程式。蜚搖而無所定。謂之蜚蓬之問。蜚蓬之問。明主不聽也。無度之言。明主不許也。故曰。蜚蓬之問。不在所賓。

道行則君臣親。父子安。諸生育。故明主之務。務在行道。不顧小物。燕爵。物之小者也。故曰。燕爵之集。道行不顧。

明主之動靜得理義。號令順民心。誅殺當其罪。賞賜當其功。故雖不用犧牲珪璧禱於鬼神。鬼神助之。天地與之。舉事而有福。亂主之動作失義理。號令逆民心。誅殺不當其罪。賞賜不當其功。故雖用犧牲珪璧禱於鬼神。鬼神不助。天地不與。舉事而有禍。故曰。犧牲珪璧不足以享鬼神。

主之所以爲功者。富強也。故國富兵強。則諸侯服其政。鄰敵畏其威。雖不明寶幣事諸侯。諸侯不敢犯也。主之所以爲罪者。貧弱也。故國貧兵弱。戰則不勝。守則不固。雖出名器重寶以事鄰敵。不免於死亡之患。故曰。主功有素。

寶幣奚爲。

羿。古之善射者也。調和其弓矢而堅守之。其操弓也。審其高下。有必中之道。故能多發而多中。明主猶羿也。平和其法。審其廢置而堅守之。有必治之道。故能多舉而多當。道者羿之所以必中也。主之所以必治也。射者弓弦發矢也。故曰。羿之道非射也。

造父善馭馬者也。善視其馬。節其飲食。度量馬力。審其足走。故能取遠道而馬不罷。明主猶造父也。善治其民。度量其力。審其技能。故立功而民不困傷。故術者。造父之所以取遠道也。主之所以立功名也。馭者。操轡也。故曰。造父之術非馭也。

奚仲之爲車器也。方圜曲直。皆中規矩鉤繩。故機旋相得。用之牢利。成器堅固。明主猶奚仲也。言辭動作。皆中術數。故衆理相當。上下相親。巧者。奚仲之所以爲器也。主之所以爲治也。斲削者。斤刀也。故曰。奚仲之巧。非斲削也。

民利之則來。害之則去。民之從利也。如水之走下。於四方無擇也。故欲來民者。先起其利。雖不召而民自至。設其所惡。雖召之而民不來也。故曰。召遠者使無爲焉。

莅民如父母。則民親愛之。道之純厚。遇之有實。雖不言曰吾親民。而民親矣。莅民如仇讎。則民疏之。道之不厚。遇之無實。詐僞並起。雖言曰吾親民。民不親也。故曰。親近者言無事焉。

明主之使遠者來而近者親也。爲之在心。所謂夜行者。心行也。能心行德。則天下莫能與之爭矣。故曰。唯夜行者獨有之乎。

爲主而賊。爲父母而暴。爲臣下而不忠。爲子婦而不孝。四者人之大失也。大失在身。雖有小善。不得爲賢。所謂平原者下澤也。雖有小封。不得爲高。故曰。平原之隰。奚有於高。爲主而惠。爲父母而慈。爲臣下而忠。爲子婦而孝。四者人之高行也。高行在身。雖有小過。不爲不肖。所謂大山者。山之高者也。雖有小限。不以爲深。故曰。大山之限。奚有於深。

毀訾賢者之謂訾。推譽不肖之謂讆。(爲闕切。)訾讆之人得用。則人主之明蔽。而毀譽之言起。任之大事。則事不成而禍患至。故曰。訾讆之人。勿與任大。

明主之慮事也。爲天下計者。謂之譕臣。譕臣則海內被其澤。澤布於天下。後世享其功。久遠而利愈多。故曰。譕臣者可與遠舉。

聖人擇可言而後言。擇可行而後行。偷得利而後有害。偷得樂而後有憂者。聖人不爲也。故聖人擇言必顧其累。擇行必顧其憂。故曰。顧憂者可與致道。

小人者。枉道而取容。適主意而偷說。備利而偷得。如此者。其得之雖速。禍患之至亦急。故聖人去而不用也。故曰。其計也速而憂在近者。往而勿召也。舉一而爲天下長利者。謂之舉長。舉長則被其利者衆。而德義之所見遠。故曰。舉長者可遠見也。

天之裁大。故能兼覆萬物。地之裁大。故能兼載萬物。人主之裁大。故容物多而衆人得比焉。故曰。裁大者衆之所比也。

貴富尊顯。民歸樂之。人主莫不欲也。故欲民之懷樂己者。必服道德而勿厭也。而民懷樂之。故曰。美人之懷。定服而勿厭也。

聖人之求事也。先論其理義。計其可否。故義則求之。不義則止。可則求之。不可則止。故其所得事者常爲身寶。小人之求事也。不論其理義。不計其可否。不義亦求之。不可亦求之。故其所得事者未嘗爲賴也。故曰。必得之事。不足賴也。

聖人之諾已也。先論其理義。計其可否。義則諾。不義則已。可則諾。不可則已。故其諾未嘗不信也。小人不義亦諾。不可亦諾。言而必諾。故其諾未必信也。故曰。必諾之言。不足信也。

謹於一家。則立於一家。謹於一鄉。則立於一鄉。謹於一國。則立於一國。謹於天下。則立於天下。是故其所謹者小。則其所立亦小。其所謹者大。則其所立亦大。故曰。小謹者不大立。

海不辭水。故能成其大。山不辭土石。故能成其高。明主不厭人。故能成其衆。士不厭學。故能成其聖。䭣（疾移切。嫌食貌。）者。多所惡也。諫者。所以安主也。食者。所以肥體也。主惡諫則不安。人䭣食則不肥。故曰。䭣食者不肥體也。

言而語道德忠信孝弟者。此言無弃者。天公平而無私。故美惡莫不覆。地公平而無私。故小大莫不載。無弃之言。公平而無私。故賢不肖莫不用。故無弃之言者。參伍於天地之無私也。故曰。有無弃之言者。必參之於天地矣。

明主之官物也。任其所長。不任其所短。故事無不成。而功無不立。亂主不知物之各有所長所短也。而責必備。夫慮事定物。辯明禮義。人之所長。而蝚蝯（上如由切。下于元切。）之所短也。緣高出險。蝚蝯之所長。而人之所短也。以蝚蝯之所長責人。故其令廢而責不塞。故曰。墜岸三仞。人之所大難也。而蝚蝯飲焉。

明主之舉事也。任聖人之慮。用衆人之力。而不自與焉。故事成而福生。亂主自智也。而不因聖人之慮。矜奮自功。而不因衆人之力。專用己。而不聽正諫。故事敗而禍生。故曰。伐矜好專。舉事之禍也。

馬者。所乘以行野也。故雖不行於野。其養食馬也。未嘗解惰也。民者。所以守戰也。故雖不守戰。其治養民也。未嘗解惰也。故曰。不行其野。不違其馬。

天生四時。地生萬財。以養萬物而無取焉。明主配天地者也。教民以時。勸之以耕織。以厚民養。而不伐其功。不私其利。故曰。能予而無取者。天地之配也。

解惰簡慢。以之事主則不忠。以之事父母則不孝。以之起事則不成。故曰。怠倦者不及也。

以規矩爲方圜則成。以尺寸量長短則得。以法數治民則安。故事不廣於理者。其成若神。故曰。無廣者疑神。

事主而不盡力。則有刑。事父母而不盡力。則不親。受業問學而不加務。則不成。故朝不勉力務進。夕無見功。故曰。朝忘其事。夕失其功。

中情信誠。則名譽美矣。修行謹敬。則尊顯附矣。中無情實。則名聲惡矣。修行慢易。則汚辱生矣。故曰。邪氣襲內。正色乃衰也。

爲人君而不明君臣之義以正其臣。則臣不知於爲臣之理以事其主矣。故曰。君不君。則臣不臣。爲人父而不明父子之義以教其子而整齊之。則子不知爲人子之道以事其父矣。故曰。父不父。則子不子。

君臣親。上下和。萬民輯。故主有令則民行之。上有禁則民不犯。君臣不親。上下不和。萬民不輯。故令則不行。禁則不止。故曰。上下不和。令乃不行。

言辭信。動作莊。衣冠正。則臣下肅。言辭慢。動作虧。衣冠惰。則臣下輕之。故曰。衣冠不正。則賓者不肅。儀者。萬物之程式也。法度者。萬民之儀表也。禮義者。尊卑之儀表也。故動有儀則令行。無儀則令不行。故曰。進退無儀。則政令不行。

人主者。溫良寬厚。則民愛之。整齊嚴莊。則民畏之。故民愛之則親。畏之則用。夫民親而爲用。主之所急也。故曰。且懷且威。則君道備矣。

人主能安其民。則事其主如事其父母。故主有憂則憂之。有難則死之。主視民如土。則民不爲用。主有憂則不憂。有難則不死。故曰。莫樂之。則莫哀之。莫生之。則莫死之。

民之所以守戰至死而不衰者。上之所以加施於民者厚也。故上施厚。則民之報上亦厚。上施薄。則民之報上亦薄。故薄施而厚責。君不能得之於臣。父不能得之於子。故曰。往者不至。來者不極。道者。扶持衆物。使得生育。而各終其性命者也。故或以治鄉。或以治國。或以治天下。故曰。道之所言者一也。而用之者異。聞道而以治一鄉。親其父子。順其兄弟。正其習俗。使民樂其上。安其土。爲一鄉主幹者。鄉之人也。故曰。有聞道而好爲鄉者。一鄉之人也。

民之從有道也。如飢之先食也。如寒之先衣也。如暑之先陰也。故有道則民歸之。無道得民去之。故曰。道往者。其人莫來。道來者。其人莫往。

道者。所以變化身而之正理者也。故道在身。則言自順。行自正。事君自忠。事父自孝。遇人自理。故曰。道之所設。身之化也。

天之道。滿而不溢。盛而不衰。明主法象天道。故貴而不驕。富而不奢。行理而不惰。故能長守貴富。久有天下而不失也。故曰。持滿者與天。

明主救天下之禍。安天下之危者也。夫救禍安危者。必待萬民之爲用也。而後能爲之。故曰。安危者與人。

地大國富。民衆兵强。此盛滿之國也。雖已盛滿無德厚以安之。無度數以治之。則國非其國。而民無其民也。故曰。失天之度。雖滿必涸。

臣不親其主。百姓不信其吏。上下離而不和。故雖自安。必且危之。故曰。上下不和。雖安必危。

主有天道。以禦其民。則民一心而奉其上。故能貴富而久王天下。失天之道。則民離叛而不聽從。故主危而不得久王天下。故曰。欲王天下。而失天之道。天下不可得而王也。

人主務學術數。務行正理。則化變日進。至於大功。而愚人不知也。亂主淫佚邪枉。日爲無道。至於滅亡而不自知也。故曰。莫知其爲之。其功既成。莫知其舍之也。藏之而無形。

古者三王五伯。皆人主之利天下者也。故身貴顯。而子孫被其澤。桀紂幽厲。皆人主之害天下者也。故身困傷。而子孫蒙其禍。故曰。疑今者察之古。不知來者視之往。神農教耕生穀。以致民利。禹身決瀆。斬高橋下。以致民利。湯武征伐無道。誅殺暴亂。以致民利。故明王之動作雖異。其利民同也。故曰。萬事之任也。異起而同歸。古今一也。

棟生橈不勝任。則屋覆而人不怨者。其理然也。弱子。慈母之所愛也。不以其理動者。下瓦則慈母笞之。故以其理動者。雖覆屋不爲怨。不以其理動者。下瓦必笞。故曰。生棟覆屋。怨怒不及。弱子下瓦。慈母操箠。

行天道。出公理。則遠者自親。廢天道。行私爲。則子母相怨。故曰。天道之極。遠者自親。人事之起。近親造怨。

古者武王地方不過百里。戰卒之衆不過萬人。然能戰勝攻取。立爲天子。而世謂之聖王者。知爲之之術也。桀紂貴爲天子。富有海內。地方甚大。戰卒甚衆。而身死國亡。爲天下僇者。不知爲之之術也。故能爲之。則小可爲大。賤可爲貴。不能爲之。則雖爲天子。人猶奪之也。故曰。巧者有餘。而拙者不足也。

明主上不逆天。下不壙地。故天予之時。地生之財。亂主上逆天道。下絕地理。故天不予時。地不生財。故曰。其功順天者。天助之。其功逆天者。天違之。

古者武王。天之所助也。故雖地小而民少。猶之爲天子也。桀紂。天之所違也。故雖地大民衆。猶之困辱而死亡也。故曰。天之所助。雖小必大。天之所違。雖大必削。

與人交。多詐僞無情實。偷取一切。謂之烏集之交。烏集之交。初雖相驩。後必相咄。故曰。烏集之交。雖善不親。

聖人之與人約結也。上觀其事君也。內觀其事親也。必有可知之理。然後約結。約結而不襲於理。後必相倍。故曰。不重之結。雖固必解。道之用也。貴其重也。

明主與聖人謀。故其謀得。與之舉事。故其事成。亂主與不肖者謀。故其計失。與之舉事。故其事敗。夫計失而事敗。此與不可之罪。故曰毋與不可。

明主度量人力之所能爲。而後使焉。故令於人之所能爲。則令行。使於人之所能爲。則事成。亂主不量人力。令於人之所不能爲。故其令廢。使於人之所不能爲。故其事敗。夫令出而廢。舉事而敗。此强不能之罪也。故曰毋强不能。

狂惑之人。告之以君臣之義。父子之理。貴賤之分。不信聖人之言也。而反害傷之。故聖人不告也。故曰毋告不知。與不肖者舉事。則事敗。使於人之所不能爲。則令廢。告狂惑之人。則身害。故曰。與不可。强不能。告不知。謂之勞而無功。

常以言翹明其與人也。其愛人也。其有德於人也。以此爲友。則不親。以此爲交。則不結。以此有德於人。則不報。故曰。見與之友。幾於不親。見愛之交。幾於不結。見施之德。幾於不報。四方之所歸心行者也。

明主不用其智。而任聖人之智。不用其力。而任衆人之力。故以聖人之智思慮者。無不知也。以衆人之力起事者。無不成也。能自去而因天下之智力起。則身逸而福多。亂主獨用其智。而不任聖人之智。獨用其力。而不任衆人之力。故其身勞而禍多。故曰。獨任之國。勞而多禍。

明主內行其法度。外行其理義。故鄰國親之。與國信之。有患則鄰國憂之。有難則鄰國救之。亂主內失其百姓。外不信於鄰國。國有患則莫之憂也。有難則莫之救也。外內皆失。孤特而無黨。故國弱而主辱。故曰。獨國之君。卑而不威。

明主之治天下也。必用聖人。而後天下治。婦人之求夫家也。必用媒。而後家事成。故治天下而不用聖人。則天下乖亂而民不親也。求夫家而不用媒。則醜恥而人不信也。故曰。自媒之女。醜而不信。

明主者。人未之見而有親心焉者。有使民親之之道也。故其位安而民往之。故曰。未之見而親焉。可以往矣。

堯舜古之明主也。天下推之而不倦。譽之而不厭。久遠而不忘者。有使民不忘之道也。故其位安而民來之。故曰。久而不忘焉。可以來矣。

日月昭察萬物者也。天多雲氣。蔽蓋者衆。則日月不明。人主猶日月也。羣臣多姦立私。以擁蔽主。則主不得昭察其臣下。臣下之情。不得上通。故姦邪日多。而人主愈蔽。故曰。日月不明。天不易也。

山。物之高者也。地險穢不平易。則山不得見。人主猶山也。左右多黨比周以壅其主。則主不得見。故曰。山高而不見。地不易也。

人主出言不逆於民心。不悖於理義。其所言足以安天下者也。人唯恐其不復言也。出言而離父子之親。疏君臣之道。害天下之衆。此言之不可復者也。故明主不言也。故曰。言而不可復者。君不言也。人主身行方正。使人有禮。遇人有理。行發於身而爲天下法式者。人唯恐其不復行也。身行不正。使人暴虐。遇人不信。行發於身而爲天下笑者。此不可復之行。故明主不行也。故曰。行而不可再者。君不行也。

言之不可復者。其言不信也。行之不可再者。其行賊暴也。故言而不信。則民不附。行而賊暴。則天下怨。民不附。天下怨。此滅亡之所從生也。故明主禁之。故曰。凡言之不可復。行之不可再者。有國者之大禁也。

卷二十校正

形勢解第六十四　管子解二

△山者物之高者也　陳先生云。案下文四言高行。則高者當是高行之誤。　△忠者臣之高行也　王云。臣之高行。當依朱本作臣下之高行。下文臣下字凡七見。初學記人部上。御覽人事部五十九。竝引作臣下之高行。　△臣下隨而不忠　洪云。隨讀爲怠惰之惰。下文云。解惰怠慢。以之事主。則不忠。宋本隨作墮。古字多通用。　△治安百姓主牧萬民治天下莅百官　丁云。天下當作羣臣。下文云。主不失其常。則羣臣得其義。百官守其事。　△治安百姓主之則也　望案。治安百姓上當有主字。此與上生養萬物地之則也對文。　△故家事辦焉　宋本辦作辨。　△則人得之而易其威　陳先生云。易讀爲傷。說文曰。傷。輕也。　△人主去其門而迫於民　張云。門疑闈字壞文。謂宮闈也。說文作壼。宮中道。從口。象宮垣。俞云。門疑明字之誤。鄭注禮運記曰。明猶尊也。去其明。卽去其尊。上云虎豹去其幽。此云人主去其明。兩文正相對。　△則民循正　元本循作脩。　△所謂抱蜀者祠器也　宋云。徐侍郎頲曰。祠卽治字。公羊春秋莊八年甲午祠兵。穀梁及左氏竝作治兵。公羊雖以治爲祠。然傳及注但言習戰。義仍同治。惟陸氏音義云。祠。祭也。是望文附會。案徐說極是。公羊作祠。是齊人語。解管子者亦齊人。故云祠器。說文。辭。訟也。从𤔔辛。𤔔猶理辜也。𤔔。理也。重文䛐。籀文辭。从司。案此知治與𤔔義相近。治可通作䛐。公羊春秋及

管子祠字當爲翾。形聲相近誤爲祠。故鄭駮異義亦謂公㫃祠兵爲誤字也。周官大祝。一曰祠。鄭司農云。祠當爲辭。知祠亦通辭。廣雅。蜀。弌也。方言。蜀。一也。南楚謂之獨。管子之抱蜀。卽老子之抱一。以爲天下式。式亦器義。尹注本篇。襲形勢解之文而删抱字。但云蜀者祠器也。後人遂莫得其解。近見影宋本管子。第一卷後載音釋。蜀音獨。猶字顯係獨字之誤。知音釋出尹注前矣。望案。此文當據尹注形勢篇作所謂蜀者祠器也。衍抱字。蓋尹所見本無抱字也。宋謂尹所删削。似非。　△民之所歌樂者美行德義也而明主鴻鵠有之　王云。美行當爲美貌。美貌謂鴻鵠。德義謂明主。竝見上文。今作美行者。涉上文行之美者而誤。　△天下叛之　宋本叛作畔。　△蜚蓬之問　孫云。蜚。古飛字。後漢書明帝紀注引作飛字。下俱同。形勢篇是飛字。　△明主之動靜得理義　丁云。動靜當依下文作動作。　△舉事而有禍　元本無而字。　△故曰犧牷珪璧不足以享鬼　望案。鬼下脫神字。元本有。　△射者弓弦發矢也　王氏引之云。弓當爲引。此涉上文兩弓字而誤。　△造父善馭馬者也　御覽工藝部三引作善御者也。　△度量馬力　御覽引作量其馬力。俞云。當作度量其力。承上文善視其馬而言。不必言馬也。下文說明主善治其民。亦云度量其力。不言民力。　△奚仲之爲車器也　藝文類聚舟車部。御覽車部二引此。皆無器字。今本涉下文兩器字而衍。　△故衆理相當　宋本作衆極。　△故曰奚仲之巧非斲削也　藝文類聚引作非斤力也。　△於四方無擇也　治要引方作旁。　△道之純厚　治要作導民。　△故曰唯夜行者獨有之乎　元本乎作也。與本篇合。　△故曰平原之隰奚有於高　望案。平原之隰當作平隰之封。說詳本篇。　△爲天下計者爲之諫臣　望案。臣巨字之誤。下同。說詳本篇。　△備利而偷得　王云。備當爲循。隸書循字作循。備字作偹。二形相似而誤。（荀子勸學篇。聖心備焉。備誤作循。）　△故曰舉長者可遠見也　元本見下有者字。　△不論其理義　中立本理誤禮。　△聖人之諾已也　丁云。已乃言字誤。下文云。必諾之言。故云諾言。猶上文必得之事故云求事也。此涉下不義則已而誤。　△山不辭土石故能成其高　元本無石字。丁云。山不辭土。與海不辭水對文。文選三引。亦皆無石字。意林同。　△𩝪者多所惡也　陳先生云。此與下三𩝪字皆當作訾。涉下食字而誤從食耳。形勢篇正作訾。　△而蠉蝝飲焉　安井衡云。古本作蝦蟆。案本篇作蝯蝚。　△亂主自智也　望案。也字衍。　△以尺寸量長短則得　宋本作短長。　△則臣不知於爲臣之理　元本無於字。　△故曰父不父子不子　元本子上有則字。今本脫。　△上有禁　丁云。上有禁亦當作主有禁。與主有令對文。主民二字正釋上下也。　△人主能安其民則事其主如事其父母　王云。事其主上脫民字。當依羣書治要補。下文云。則民不爲用。正與此文相對。 △主視民如土 治要主上有人字。 △則國非其國而民無其民也 元本無作非。 △則民離叛而不聽從 宋本叛作畔。 △故曰莫知其爲之其功既成莫知其舍之也藏之而無形 元本舍作釋。安井衡云。經言作其道既得。莫知其爲之。其功既成。莫知其釋之。藏之無形。天之道也。此脫首尾各一句。而釋之下衍也字。藏之下衍而字。又解莫知其釋之爲桀紂無道之事。謬甚。 △禹身決瀆斬高橋下以致民利 丁云。橋當爲撟。廣雅。撟。取也。方言。撟。捎。選也。自關而西。秦晉之間。凡取物之上謂之撟捎。郭注。此妙擇積聚者也。說文同。淮南要略篇。覽取撟掇。高注。撟。取也。斬高者隨山刊木也。撟下者。從下取之也。俞云。斬讀爲鑿。說文曰。鑿。小鑿也。橋者。喬之叚字。詩山有橋松。釋文引王肅云。橋。高也。斬高橋下。竝以治河言。斬高。謂鑿龍門也。橋下卽太史公所謂北載之高地過降水至于大陸者也。 △故曰萬事之任也異起而同歸 元本起作趣。王云。形勢篇作萬事之生也異趣而同歸。是也。生任。趣起。皆字形相近而誤。 △不以其理動者下瓦 宋本無動者二字。御覽刑法部十五引同。此本衍。 △而身死國亾 治要而身死上有然字。當據補。 △桀紂天之所違也 宋本違作圍。下同。 △雖大必削 元本作雖成必敗。 △與人交 宋本交作佼。 △後必相咄 宋本咄作吐。意林同。 △不信聖人之言也而反害傷之 望案。不信二字句絕。屬上告之以君臣之義三句爲義。 △明主不用其智而任聖人之智 中立本聖作衆。 △能自去而因天下之智力起 元本無起字。此誤衍。 △亂主獨用其智而不任衆人之智 宋本朱本皆作聖人。治要同。王云。當作聖人。此涉下文不任衆人之力而誤。 △則醜恥而人不信也 元本則下有身字。 △羣臣多姦立私以擁蔽主 宋本立誤作也。私作利。 △左右多黨比周以壅其主 王氏引之云。多當爲朋。字之誤也。（古文多字作𡖋。形與朋相似。故朋誤爲多。說見秦策公仲侈下。）立政九敗解曰。人主聽羣徒比周。則羣臣朋黨。蔽美揚惡。荀子臣道篇曰。朋黨比周。以環主圖私爲務。韓子孤憤篇曰。朋黨比周以弊主。飾邪篇曰。羣臣朋黨比周。以隱正道行私曲。齊策曰。夫從人朋黨比周。莫不以從爲可。皆其證也。 △使人有禮遇人有理 宋本作使人有理。遇人有禮。治要同。王云。使人有理。謂使之必以道也。遇人有禮。謂待之必以禮也。賈子曰。遇之有禮。故羣臣自喜。是也。今本理禮二字互易。則非其恉矣。

卷二十一

立政九敗解第六十五

人君唯毋聽寢兵。則羣臣賓客莫敢言兵。然則內之不知國之治亂。外之不知諸侯强弱。如是。則城郭毀壞。莫之築補。甲弊兵彫。莫之修繕。如是。則守圉之備毀矣。遼遠之地謀。邊竟之士修。百姓無圉敵之心。故曰。寢兵之說勝。則險阻不守。

人君唯毋聽兼愛之說。則視天下之民如其民。視國如吾國。如是。則無幷兼攘奪之心。無覆軍敗將之事。然則射御勇力之士不厚祿。覆軍殺將之臣不貴爵。如是。則射御勇力之士出在外矣。我能毋攻人可也。不能令人毋攻我。彼求地而予之。非吾所欲也。不予而與戰。必不勝也。彼以教士。我以敺衆。彼以良將。我以無能。其敗必覆軍殺將。故曰。兼愛之說勝。則士卒不戰。

人君唯無好全生。則羣臣皆全其生。而生又養生。養何也。曰滋味也。聲色也。然後爲養生。然則從欲妄行。男女無別。反於禽獸。然則禮義廉恥不立。人君無以自守也。故曰。全生之說勝。則廉恥不立。

人君唯無聽私議自貴。則民退靜隱伏。窟穴就山。非世閒上。輕爵祿而賤有司。然則令不行。禁不止。故曰。私議自貴之說勝。則上令不行。

人君唯無好金玉貨財。必欲得其所好。然則必有以易之。所以易之者何也。大官尊位。不然。則尊爵重祿也。如是。則不肖者在上位矣。然則賢者不爲下。智者不爲謀。信者不爲約。勇者不爲死。如是。則敺國而捐之也。故曰。金玉貨財之說勝。則爵服下流。

人君唯毋聽羣徒比周。則羣臣朋黨蔽美揚惡。然則國之情僞不見於上。如是。則朋黨者處前。寡黨者處後。夫朋黨者處前。賢不肖不分。則爭奪之亂起。而君在危殆之中矣。故曰。羣徒比周之說勝。則賢不肖不分。

人君唯毋聽觀樂玩好。則敗。凡觀樂者。宮室臺池。珠玉聲樂也。此皆費財盡力傷國之道也。而以此事君者。皆姦人也。而人君聽之。焉則毋敗。然則府倉虛。蓄積竭。且姦人在上。則壅遏賢者而不進也。然則國適有患。則優倡侏儒起而議國事矣。是敺國而捐之也。故曰。觀樂玩好之說勝。則姦人在上位。

人君唯毋聽請謁任譽。則羣臣皆相爲請。然則請謁得於上。黨與成於鄉。如是。則貨財行於國。法制毀於官。羣臣務佼而求用。然則無爵而貴。無祿而富。故曰。請謁任譽之說勝。則繩墨不正。

人君唯無聽諂諛飾過之言。則敗。奚以知其然也。夫諂臣者。常使其主不悔其過。不更其失者也。故主惑而不自知也。如是。則謀臣死而諂臣尊矣。故曰。諂讒飾過之說勝。則巧佞者用。

版法解第六十六

管子解四

版法者。法天地之位。象四時之行。以治天下。四時之行。有寒有暑。聖人法之。故有文有武。天地之位。有前有後。有左有右。聖人法之。以建經紀。春生於左。秋殺於右。夏長於前。冬藏於後。生長之事。文也。收藏之事。武也。是故文事在左。武事在右。聖人法之。以行法令。以治事理。凡法事者。操持不可以不正。操持不正。則聽治不公。聽治不公。則治不盡理。事不盡應。治不盡理。則疏遠微賤者無所告訴。事不盡應。則功利不盡舉。功利不盡舉。則國貧疏遠。微賤者無所告愬。則下饒。故曰。凡將立事。正彼天植。天植者。心也。天植正。則不私近親。不孽疏遠。不私近親。不孽疏遠。則無遺利。無隱治。無遺利。無隱治。則事無不舉。物無遺者。欲見天心。明以風雨。故曰。風雨無違。遠近高下。各得其嗣。萬物尊天。而貴風雨。所以尊天者。爲其莫不受命焉也。所以貴風雨者。爲其莫不待風而動。待雨而濡也。若使萬物釋天而更有所受命。釋風而更有所仰動。釋雨而更有所仰濡。則無爲尊天而貴風雨矣。今人君之所尊安者。爲其威立而令行也。其所以能立威行令者。爲其威利之操莫不在君也。若使威利之操不專在君。而有所分散。則君日益輕。而威利日衰侵暴之道也。故曰。三經既飭。君乃有國。

乘夏方長審治刑賞。必明經紀。陳義設法。斷事以理。虛氣平心。乃去怒喜。若倍法弃令。而行怒喜。禍亂乃生。上位乃殆。故曰。喜無以賞。怒無以殺。喜以賞。怒以殺。怨乃起。令乃廢。驟令而不行。民心乃外。外之有徒。禍乃始牙。衆之所忿。寡不能圖。

冬既閉藏。百事盡止。往事畢登。來事未起。方冬無事。慎觀終始。審察事理。事有先易而後難者。有始不足見而終不可及者。此常利之所以不舉。事之所以困者也。事之先易者。人輕行之。人輕行之。則必困難成之事。始不足見者。人輕弃之。人輕弃之。則必失不可及之功。夫數困難成之事。而時失不可及之功。衰耗之道也。是故。明君審察事理。慎觀終始。爲必知其所成。成必知其所用。用必知其所利害。爲而不知所成。成而不知所用。用而不知所利害。謂之妄舉。妄舉者。其事不成。其功不立。故曰。舉所美。必觀其所終。廢所惡。必計其所窮。

凡人君者欲民之有禮義也。夫民無禮義。則上下亂而貴賤爭。故曰。慶勉敦敬以顯之。富祿有功以勸之。爵貴有名以休之。

凡人君者欲衆之親上鄉意也。欲其從事之勝任也。而衆者不愛。則不親。不親。則不明。不教順。則不鄉意。是故明君兼愛以親之。明教順以道之。便其勢。利其備。愛其力。而勿奪其時以利之。如此。則衆親上鄉意。從事勝任矣。故曰。兼愛無遺。是謂君心。必先順教。萬民鄉風。旦暮利之。衆乃勝任。治之本二。一曰人。二曰事。人欲必用事。人欲必工。人有逆順。事有稱量。人心逆。則人不用。事失稱量。則事不工。事不工則傷。人不用則怨。故曰。取人以己。成事以貧。成事以貧者。用稱量也。取人以己者。度恕而行也。度恕者。度之於己也。己之所不安。勿施於人。故曰。審用財。愼施報。察稱量。故用財不可以嗇。用力不可以苦。用財嗇則費。用力苦則勞矣。奚以知其然也。用力苦則事不工。事不工而數復之。故曰勞矣。用財嗇則不當人心。不當人心則怨起。用財而生怨。故曰。費怨起而不復反。衆勞而不得息。則必有崩阤堵壞之心。故曰。民不足。令乃辱。民苦殃。令不行。施報不得。禍乃始昌。禍昌而不悟。民乃自圖。

凡國無法。則衆不知所爲。無度。則事無機。有法不正。有度不直。則治辟。治辟則國亂。故曰。正法直度。罪殺不赦。殺僇必信。民畏而懼。武威旣明。令不再行。

凡民者莫不惡罰而畏罪。是以人君嚴教以示之。明刑罰以致之。故曰。頓卒怠倦以辱之。罰罪有過以懲之。殺僇犯禁以振之。

治國有三器。亂國有六攻。明君能勝六攻而立三器。則國治。不肖之君不能勝六攻而立三器。故國不治。三器者何也。曰。號令也。斧鉞也。祿賞也。六攻者何也。親也。貴也。貨也。色也。巧佞也。玩好也。三器之用何也。曰。非號令無以使下。非斧鉞無以畏衆。非祿賞無以勸民。六攻之敗何也。曰。雖不聽而可以得存。雖犯禁而可以得免。雖無功而可以得富。夫國有不聽而可以得存者。則號令不足以使下。有犯禁而可以得免者。則斧鉞不足以畏衆。有無功而可以得富者。則祿賞不足以勸民。號令不足以使下。斧鉞不足以畏衆。祿賞不足以勸民。則人君無以自守也。然則明君柰何。明君不爲六者變更號令。不爲六者疑錯斧鉞。不爲六者益損祿賞。故曰。植固而不動。奇邪乃恐。奇革邪化。令往民移。

凡人君者。覆載萬民而兼有之。燭臨萬族而事使之。是故以天地日月四時爲主爲質。以治天下。天覆而無外也。

其德無所不在。地載而無弃也。安固而不動。故莫不生殖。聖人法之。以覆載萬民。故莫不得其職姓。得其職姓。則莫不爲用。故曰。法天合德。象地無親。日月之明無私。故莫不得光。聖人法之。以燭萬民。故能審察。則無遺善。無隱姦。無遺善。無隱姦。則刑賞信必。刑賞信必。則善勸而姦止。故曰。參於日月四時之行。信必而著明。聖人法之。以事萬民。故不失時功。故曰。伍於四時。凡衆者。愛之則親。利之則至。是故明君設利以致之。明愛以親之。徒利而不愛。則衆至而不親。徒愛而不利。則衆親而不至。愛施俱行。則說君臣。說朋友。說兄弟。說父子。愛施所設。四固不能守。故曰。說在愛施。

凡君所以有衆者。愛施之德也。愛有所移。利有所并。則不能盡有。故曰。有衆在廢私。

愛施之德。雖行而無私。內行不修。則不能朝遠方之君。是故正君臣上下之義。飾父子兄弟夫妻之義。飾男女之別。別疏數之差。使君德臣忠。父慈子孝。兄愛弟敬。禮義章明。如此。則近者親之。遠者歸之。故曰。召遠在修近。閉禍在除怨。非有怨乃除之。所事之地常無怨也。凡禍亂之所生。生於怨咎。怨咎所生。生於非理。是以明君之事衆也必經。使之必道。施報必當。出言必得。刑罰必理。如此。則衆無鬱怨之心。無憾恨之意。如此。則禍亂不生。上位不殆。故曰。閉禍在除怨也。

凡人君所以尊安者。賢佐也。佐賢。則君尊國安民治。無佐。則君卑國危民亂。故曰。備長存乎任賢。凡人者莫不欲利而惡害。是故與天下同利者。天下持之。擅天下之利者。天下謀之。天下所謀。雖立必隳。天下所持。雖高不危。故曰。安高在乎同利。

凡所謂能以所不利利人者。舜是也。舜耕歷山。陶河濱。漁雷澤。不取其利。以教百姓。百姓舉利之。此所謂能以所不利利人者也。所謂能以所不有予人者。武王是也。武王伐紂。士卒往者。人有書社。入殷之日。決鉅橋之粟。散鹿臺之錢。殷民大說。此所謂能以所不有予人者也。

桓公謂管子曰。今子教寡人法天合德合德長久合德而兼覆之。則萬物受命。象地無親。無親安固。無親而兼載之。則諸生皆殖。參於日月無私。葆光無私。而兼照之。則美惡不隱。然則君子之爲身無好無惡然已乎。管子對曰。不然。夫學者所以自化。所以自撫。故君子惡稱人之惡。惡不忠而怨妬。惡不公議而名當稱。惡不位下而位上。惡不親外而內放。此五者。君子之所恐行。而小人之所以亡。況人君乎。

明法解第六十七

管子解五

明主者。有術數而不可欺也。審於法禁而不可犯也。察於分職而不可亂也。故羣臣不敢行其私。貴臣不得蔽賤。近者不得塞遠。孤寡老弱不失其所職。竟內明辨。而不相踰越。此之謂治國。故明法曰。所謂治國者。主道明也。

明主者。上之所以一民使下也。私術者。下之所以侵上亂主也。故法廢而私行。則人主孤特而獨立。人臣羣黨而成朋。如此。則主弱而臣强。此之謂亂國。故明法曰。所謂亂國者。臣術勝也。

明主在上位。有必治之勢。則羣臣不敢爲非。是故羣臣之不敢欺主者。非愛主也。以畏主之威勢也。百姓之爭用。非以愛主也。以畏主之法令也。故明主操必勝之數。以治必用之民。處必尊之勢。以制必服之臣。故令行禁止。主尊而臣卑。故明法曰。尊君卑臣。非計親也。以勢勝也。

明主之治也。縣爵祿以勸其民。民有利於上。故主有以使之。立刑罰以威其下。下有畏於上。故主有以牧之。故無爵祿則主無以勸民。無刑罰則主無以威衆。故人臣之行理奉命者。非以愛主也。且以就利而避害也。百官之奉法無姦者。非以愛主也。欲以愛爵祿而避罰也。故明法曰。百官論職。非惠也。刑罰必也。

人主者。擅生殺。處威勢。操令行禁止之柄。以御其羣臣。此主道也。人臣者。處卑賤。奉主令。守本任。治分職。此臣道也。故主行臣道則亂。臣行主道則危。故上下無分。君臣共道。亂之本也。故明法曰。君臣共道則亂。

人臣之所以畏恐而謹事主者。以欲生而惡死也。使人不欲生。不惡死。則不可得而制也。夫生殺之柄專在大臣。而主不危者。未嘗有也。故治亂不以法斷。而決於重臣。生殺之柄不制於主。而在羣下。此寄生之主也。故人主專以其威勢予人。則必有劫殺之患。專以其法制予人。則必有亂亡之禍。如此者。亡主之道也。故明法曰。專授則失。

凡爲主而不得行其令。廢法而恣羣臣。威嚴已廢。權勢已奪。令不得出。羣臣弗爲用。百姓弗爲使。竟內之衆不制。則國非其國。而民非其民。如此者。滅主之道也。故明法曰。令本不出謂之滅。

明主之道。卑賤不待尊貴而見。大臣不因左右而進。百官條通。羣臣顯見。有罰者。主見其罪。有賞者。主知其功。見知不悖。賞罰不差。有不蔽之術。故無壅遏之患。亂主則不然。法令不得至於民。疏遠鬲閉。而不得聞。如此者。壅遏之道也。故明法曰。令出而留。謂之壅。

人臣之所以乘而爲姦者。擅主也。臣有擅主者。則主令不得行。而下情不上通。人臣之力。能鬲君臣之閒而使美惡之情不揚。聞禍福之事不通徹。人主迷惑而無從悟。如此者。塞主之道也。故明法曰。下情不上通。謂之塞。

明主者。兼聽獨斷。多其門戶。羣臣之道。下得明上。賤得言貴。故姦人不敢欺。亂主則不然。聽無術數。斷事不以參伍。故無能之士上通。邪枉之臣專國。主明蔽而聰塞。忠臣之欲謀諫者不得進。如此者。侵主之道也。故明法曰。下情上而道止。謂之侵。

人主之治國也。莫不有法令。賞罰具。故其法令明。而賞罰之所立者當。則主尊顯而姦不生。其法令逆。而賞罰之所立者不當。則羣臣立私而壅塞之。朋黨而劫殺之。故明法曰。滅塞侵壅之所生。從法之不立也。

法度者。主之所以制天下而禁姦邪也。所以牧領海內而奉宗廟也。私意者。所以生亂長姦而害公正也。所以壅蔽失正而危亡也。故法度行則國治。私意行則國亂。明主雖心之所愛。而無功者不賞也。雖心之所憎。而無罪者弗罰也。案法式而驗得失。非法度不留意焉。故明法曰。先王之治國也。不淫意於法之外。

明主之治國也。案其當宜。行其正理。故其當賞者。羣臣不得辭也。其當罰者。羣臣不敢避也。夫賞功誅罪。所以爲天下致利除害也。草茅弗去。則害禾穀。盜賊弗誅。則傷良民。夫舍公法而行私惠。則是利姦邪而長暴亂也。行私惠而賞無功。則是使民偷幸而望於上也。行私惠而赦有罪。則是使民輕上而易爲非也。夫舍公法。用私惠。明主不爲也。故明法曰。不爲惠於法之內。

凡人主莫不欲其民之用也。使民用者。必法立而令行也。故治國使衆莫如法。禁淫止暴莫如刑。故貧者非不欲奪富者財也。然而不敢者。法不使也。强者非不能暴弱也。然而不敢者。畏法誅也。故百官之事。案之以法。則姦不生。暴慢之人。誅之以刑。則禍不起。羣臣竝進。筴之以數。則私無所立。故明法曰。動無非法者。所以禁過而外私也。

人主之所以制臣下者。威勢也。故威勢在下。則主制於臣。威勢在上。則臣制於主。夫蔽主者。非塞其門。守其戶也。然而令不行。禁不止。所欲不得者。失其威勢也。故威勢獨在於主。則羣臣畏敬。法政獨出於主。則天下服德。故威勢分於臣。則令不行。法政出於臣。則民不聽。故明主之治天下也。威勢獨在於主。而不與臣共。法政獨制於主。而不從臣出。故明法曰。威不兩錯。政不二門。

明主者。一度量。立表儀。而堅守之。故令下而民從。法者。天下之程式也。萬事之儀表也。吏者。民之所懸命也。故明主之治也。當於法者賞之。違於法者誅之。故以法誅罪。則民就死而不怨。以法量功。則民受賞而無德也。此以法舉錯之功也。故明法曰。以法治國。則舉錯而已。

明主者。有法度之制。故羣臣皆出於方正之治。而不敢爲姦。百姓知主之從事於法也。故吏之所使者有法。則民從之。無法。則止。民以法與吏相距。下以法與上從事。故詐僞之人不得欺其主。嫉妬之人不得用其賊心。讒諛之人不得施其巧。千里之外。不敢擅爲非。故明法曰。有法度之制者。不可巧以詐僞。

權衡者。所以起輕重之數也。然而人不事者。非心惡利也。權不能爲之多少其數。而衡不能爲之輕重其量也。人知事權衡之無益。故不事也。故明主在上位。則官不得枉法。吏不得爲私。民知事吏之無益。故財貨不行於吏。權衡平正而待物。故姦詐之人不得行其私。故明法曰。有權衡之稱者。不可以欺輕重。

尺寸尋丈者。所以得長短之情也。故以尺寸量短長。則萬舉而萬不失矣。是故尺寸之度。雖富貴衆强。不爲益長。雖貧賤卑辱。不爲損短。公平而無所偏。故姦詐之人不能誤也。故明法曰。有尋丈之數者。不可差以長短。

國之所以亂者。廢事情而任非譽也。故明主之聽也。言者責之以其實。譽人者試之以其官。言而無實者誅。吏而亂官者誅。是故虛言不敢進。不肖者不敢受官。亂主則不然。聽言而不督其實。故羣臣以虛譽進其黨。任官而不責其功。故愚汚之吏在庭。如此。則羣臣相推以美名。相假以功伐。務多其佼。而不爲主用。故明法曰。主釋法以譽進能。則臣離上而下比周矣。以黨舉官。則民務佼而不求用矣。

亂主不察臣之功勞。譽衆者。則賞之。不審其罪過。毀衆者。則罰之。如此者。則邪臣無功而得賞。忠正無罪而有罰。

故功多而無賞。則臣不務盡力。行正而有罰。則賢聖無從竭能。行貨財而得爵祿。則汚辱之人在官。寄託之人不肖而位尊。則民倍公法而趨有勢。如此。則慤愿之人失其職。而廉潔之吏失其治。故明法曰。官之失其治也。是主以譽爲賞。而以毁爲罰也。

平吏之治官也。行法而無私。則姦臣不得其利焉。此姦臣之所務傷也。人主不參驗其罪過。以無實之言誅之。則姦臣不能無事貴重而求推譽。以避刑罰而受祿賞焉。故明法曰。喜賞惡罰之人。離公道而行私術矣。

姦臣之敗其主也。積漸積微。使主迷惑而不自知也。上則相爲候望於主。下則買譽於民。譽其黨而使主尊之。毁不譽者而使主廢之。其所利害者。主聽而行之。如此。則羣臣皆忘主而趨私佼矣。故明法曰。比周以相爲慝。是故忘主私佼。以進其譽。

主無術數。則羣臣易欺之。國無明法。則百姓輕爲非。是故姦邪之人用國事。則羣臣仰利害也。如此。則姦人爲之視聽者多矣。雖有大義。主無從知之。故明法曰。佼衆譽多。外內朋黨。雖有大姦。其蔽主多矣。

凡所謂忠臣者。務明法術。日夜佐主明於度數之理。以治天下者也。姦邪之臣。知法術明之必治也。治則姦臣困而法術之士顯。是故邪之所務事者。使法無明。主無悟。而己得所欲也。故方正之臣得用。則姦邪之臣困傷矣。是方正之與姦邪。不兩進之勢也。姦邪在主之側者。不能勿惡也。惟惡之。則必候主閒而日夜危之。人主不察而用其言。則忠臣無罪而困死。姦臣無功而富貴。故明法曰。忠臣死於非罪。而邪臣起於非功。

富貴尊顯。久有天下。人主莫不欲也。令行禁止。海內無敵。人主莫不欲也。蔽欺侵凌。人主莫不惡也。失天下。滅宗廟。人主莫不惡也。忠臣之欲明法術以致主之所欲而除主之所惡者。姦臣之擅主者。有以私危之。則忠臣無從進其公正之數矣。故明法曰。所死者非罪。所起者非功。然則爲人臣者重私而輕公矣。

亂主之行爵祿也。不以法令案功勞。其行刑罰也。不以法令案罪過。而聽重臣之所言。故臣有所欲賞。主爲賞之。臣欲有所罰。主爲罰之。廢其公法。專聽重臣。如此。故羣臣皆務其黨。重臣而忘其主。趨重臣之門而不庭。故明法曰。十至於私人之門。不一至於庭。

明主之治也。明於分職。而督其成事。勝其任者處官。不勝其任者廢免。故羣臣皆竭能盡力以治其事。亂主則不然。故羣臣處官位。受厚祿。莫務治國者。期於管國之重而擅其利。牧漁其民以富其家。故明法曰。百慮其家。不一圖其國。

明主在上位。則竟內之衆盡力以奉其主。百官分職致治。以安國家。亂主則不然。雖有勇力之士。大臣私之。而非以奉其主也。雖有聖智之士。大臣私之。非以治其國也。故屬數雖衆。不得進也。百官雖具。不得制也。如此者。有人主之名而無其實。故明法曰。屬數雖衆。非以尊君也。百官雖具。非以任國也。此之謂國無人。

明主者。使下盡力而守法分。故羣臣務尊主而不敢顧其家。臣主之分明。上下之位審。故大臣各處其位而不敢相貴。亂主則不然。法制廢而不行。故羣臣得務益其家。君臣無分。上下無別。故羣臣得務相貴。如此者。非朝臣少也。衆不爲用也。故明法曰。國無人者。非朝臣衰也。家與家務相益。不務尊君也。大臣務相貴。而不任國也。

人主之張官置吏也。非徒尊其身厚奉之而已也。使之奉主之法。行主之令。以治百姓。而誅盜賊也。是故其所任官者大。則爵尊而祿厚。其所任官者小。則爵卑而祿薄。爵祿者。人主之所以使吏治官也。亂主之治也。處尊位。受厚祿。養所與佼。而不以官爲務。如此者。則官失其能矣。故明法曰。小臣持祿養佼。不以官爲事。故官失職。

明主之擇賢人也。言勇者試之以軍。言智者試之以官。試於軍而有功者則舉之。試於官而事治者則用之。故以戰功之事定勇怯。以官職之治定愚智。故勇怯愚智之見也。如白黑之分。亂主則不然。聽言而不試。故妄言者得用。任人而不官。故不肖者不困。故明主以法案其言而求其實。以官任其身而課其功。專任法不自舉焉。故明法曰。先王之治國也。使法擇人。不自舉也。

凡所謂功者。安主上利萬民者也。夫破軍殺將。戰勝攻取。使主無危亡之憂。而百姓無死虜之患。此軍士之所以爲功者也。奉主法。治竟內。使強不凌弱。衆不暴寡。萬民驩盡其力而奉養其主。此吏之所以爲功也。匡主之過。救主之失。明理義以道其主。主無邪僻之行。蔽欺之患。此臣之所以爲功也。故明主之治也。明分職而課功勞。有功者賞。亂治者誅。誅賞之所加。各得其宜。而主不自與焉。故明法曰。使法量功。不自度也。

明主之治也。審是非。察事情。以度量案之。合於法則行。不合於法則止。功充其言則賞。不充其言則誅。故言智能者。必有見功而後舉之。言惡敗者。必有見過而後廢之。如此。則士上通而莫之能妬。不肖者困廢而莫之能舉。故明法曰。能不可蔽。而敗不可飾也。

明主之道。立民所欲。以求其功。故爲爵祿以勸之。立民所惡。以禁其邪。故爲刑罰以畏之。故案其功而行賞。案其罪而行罰。如此。則羣臣之舉無功者不敢進也。毀無罪者不能退也。故明法曰。譽者不能進。而誹者不能退也。

制羣臣。擅生殺。主之分也。縣令仰制。臣之分也。威勢尊顯。主之分也。卑賤畏敬。臣之分也。令行禁止。主之分也。奉法聽從。臣之分也。故君臣相與。高下之處也。如天之與地也。其分畫之不同也。如白之與黑也。故君臣之間明別。則主尊臣卑。如此。則下之從上也。如響之應聲。臣之法主也。如景之隨形。故上令而下應。主行而臣從。以令則行。

以禁則止。以求則得。此之謂易治。故明法曰。君臣之閒。明別則易治。

明主操術任臣下。使羣臣效其智能。進其長技。故智者效其計。能者進其功。以前言督後事。所效。當則賞之。不當則誅之。張官任吏治民。案法試課成功。守法而法之。身無煩勞而分職。故明法曰。主雖不身下爲。而守法爲之可也。

管子輕重一

臣乘馬第六十八

桓公問管子曰。請問乘馬。管子對曰。國無儲在令。桓公曰。何謂國無儲在令。管子對曰。一農之量。壤百畝也。春事二十五日之內。桓公曰。何謂春事二十五日之內。管子對曰。日至六十日而陽凍釋。七十日而陰凍釋。陰凍釋而秇稷。百日不秇稷。故春事二十五日之內耳也。今君立扶臺。五衢之衆皆作。君過春而不止。民失其二十五日。則五衢之內阻弃之地也。起一人之繇。百畝不舉。起十人之繇。千畝不舉。起百人之繇。萬畝不舉。起千人之繇。十萬畝不舉。春已失二十五日。而尙有起夏作。是春失其地。夏失其苗。秋起繇而無止。此之謂穀地數亡。穀失於時。君之衡藉而無止。民食什伍之穀。則君已藉九矣。有衡求幣焉。此盜暴之所以起。刑罰之所以衆也。隨之以暴。謂之內戰。桓公曰。善哉。筴乘馬之數求盡也。彼王者不奪民時。故五穀興豐。五穀興豐。則士輕祿。民簡賞。彼善爲國者。使農夫寒耕暑耘。力歸於上。女勤於纖微而織歸於府者。非怨民心傷民意。高下之筴。不得不然之理也。桓公曰。爲之柰何。管子曰。虞國得筴乘馬之數矣。桓公曰。何謂筴乘馬之數。管子曰。百畝之夫予之筴。率二十七日爲子之春事。資子之幣。春秋子穀大登。國穀之重去分。謂農夫曰。幣之在子者。以爲穀而廩之州里。國穀之分在上。國穀之重再十倍。謂遠近之縣里邑百官皆當奉器械備。曰。國無幣。以穀準幣。國穀之櫎。一切什九。還穀而應穀。國器皆資。無藉於民。此有虞之筴乘馬也。

乘馬數第六十九

桓公問管子曰。有虞筴乘馬已行矣。吾欲立筴乘馬。爲之柰何。管子對曰。戰國修其城池之功。故其國常失其地。用王國。則以時行也。桓公曰。何謂以時行。管子對曰。出準之令。守地用人筴。故開闔皆在上。無求於民。霸國守分。上分下游於分之閒。而用足。王國守始。國用一不足。則加一焉。國用二不足。則加二焉。國用三不足。則加三焉。國用四不足。則加四焉。國用五不足。則加五焉。國用六不足。則加六焉。國用七不足。則加七焉。國用八不足。則加八焉。國用九不足。則加九焉。國用十不足。則加十焉。人君之守高下。歲藏三分。十年則必有五年之餘。若歲凶旱水泆。民失本。則修宮室臺榭。以前無狗後無彘者爲庸。故修宮室臺榭。非麗其樂也。以平國筴也。今至於其亡筴乘馬之君。春秋冬夏。不知時終始。作功起衆。立宮室臺榭。民失其本事。君不知其失諸春筴。又失諸夏秋之筴數也。民無糧。賣子數矣。猛毅之人。淫暴。貧病之民。乞請。君行律度焉。則民被刑僇而不從於主上。此筴乘馬之數亡也。乘馬之準。與天下齊準。彼物輕則見泄。重則見射。此鬭國相泄。輕重之家相奪也。至於王國。則持流而止矣。桓公曰。何謂持流。管子對曰。有一人耕而五人食者。有一人耕而四人食者。有一人耕而三人食者。有一人耕而二人食者。此齊力而功地。田筴相圓。此國筴之時守也。君不守以筴。則民且守於上。此國筴流已。桓公曰。乘馬之數。盡於此乎。管子對曰。布織財物。皆立其貲。財物之貲。與幣高下。穀獨貴獨賤。桓公曰。何謂獨貴獨賤。管子對曰。穀重而萬物輕。穀輕而萬物重。公曰。賤筴乘馬之數柰何。管子對曰。郡縣上臾之壤守之若干。閒壤守之若干。下壤守之若干。故相壤定籍。而民不移。振貧補不足。下樂上。故以上壤之滿。補下壤之衆。章四時。守諸開闔。民之不移也。

管子輕重三

如廢方於地。此之謂筴乘馬之數也。

問乘馬第七十以

卷二十一校正

立政九敗解第六十五　管子解三

△人君唯毋聽寢兵　宋云。毋當作毋。讀若習貫之貫。（俗作慣。）下文竝同。有作無字勿字者。毋譌作毋。毋又
譌無勿也。望案。毋爲發聲語助之詞。周秦諸子中不可枚舉。說詳見王氏伯申經傳釋詞。毋聽。聽也。宋說蓋誤。
△甲獘兵彫　中立本作甲兵獘彫。與上文城郭毀壞對。　△無覆軍敗將之事　望案。下文兩言覆軍殺將。則
此敗字當爲殺字之誤。　△必不勝也　宋本作必不能勝也。　△人君唯無好全生　宋本無作毋。下皆同。
△反於禽獸　元本朱本反作及。　△然則賢者不爲下　元本下作力。　△如是則朋黨者處前寡黨者處後
王云。朋當爲多。（下朋黨同。）多與寡正相對。多朋字形相似。又涉上文朋黨而譌。　△夫朋黨者處前賢不
肖不分則爭奪之亂起而君在危殆之中矣　俞云。此數語尚有闕文。當云夫多黨者處前。寡黨者處後。則賢不
肖不分。賢不肖不分。則爭奪之亂起。而君在危殆之中矣。今本脫二句。則文義不備。　△凡觀樂者宮室臺池珠
玉聲樂也　丁云。觀樂下當依上文補玩好二字。宮室臺池。觀樂也。珠玉聲樂。玩好也。　△人君唯毋聽請謁任
譽　朱本譽作舉。孫云。立政篇本作舉。任法篇亦兩言請謁任舉。當從朱本。　△羣臣務佼而求用　王云。求用
上當有不字。明法篇曰。以黨舉官。則民務佼而不求用。解曰。羣臣相推以美名。相假以功伐。務多其佼。而不爲主
用。是其證。　△如是則謀臣死而諂臣尊矣　王云。謀當爲諫。八觀篇云。諫臣死而諛臣尊。是其證。諫臣與諂臣
正相對。無取於謀臣也。此因字形相似而譌。（白虎通義引禮保傅曰。大夫進諫。今賈子保傅篇及漢書賈誼傳。
諫竝作謀。淮南主術篇。耳能聽而執正進諫。高注。諫或爲謀。）　△故曰諂讒飾過之說勝　丁云。上文作諂諛。
立政篇同。疑讒字誤。

版法解第六十六　管子解四

△版法者法天地之位象四時之行　王云。版字涉上版法解而衍。法天地之位云云。乃釋法字非釋版法二字。諸解皆不釋篇名。故知版爲衍文也。鈔本北堂書鈔刑法部上。（陳禹謨本删去。）藝文類聚，刑法部。御覽刑法部四引此。皆無版字。　△遠疏微賤者無所告訴則下饒　洪云。饒當作撓。屈也。　△萬物尊天而貴風雨　宋本自萬物下另行。　△往事畢登　王云。宋本畢作必。古字叚借。今本作畢者。後人不知古字而改之。　△欲衆之親上鄉意也欲其從事之勝任也　王云。從事之勝任之字。涉上句而衍。從事勝任。與親上鄉意對文。下文云。如此。則衆親上鄉意從事勝任矣。是其證。　△不親則不明　陳先生云。此不親則不明五字疑衍。下文但承愛與敎順言。可證也。　△不敎順則不鄉意　俞云。此下句有闕文。據下文當補云不利則不勝任。　△成事以質　中立本質作貨。誤。　△故曰審用財愼施報察稱量　丁云。財下脫力字。愼施報。指用力言。察稱量。指用財言。下文用財用力對舉。此不當專言用財。　△則必有崩阤堵壞之心　中立本阤作弛。壞誤壤。　△無度則事無機　藝文類聚五十四。御覽刑法部四引。機俱作儀。洪云。任法篇云。聖君置儀設法而固守之。又云。置儀設法以度量斷者。上主也。禁藏篇云。法者天下之儀也。形勢解云。法度者。萬民之儀表也。此作機字誤。　△罪殺不赦　北堂書鈔刑法部上引赦作縱。　△故曰頓卒怠倦以辱之　宋本怠作台。古字也。　△則國治　王云。當依治要作故國治。與下故國不治對文。　△六攻者何也親也貴也貨也色也巧佞也玩好也　王云。何也下脫曰字。當依治要補。上下文何也下皆有曰字。　△愛施俱行　丁云。愛施當作愛利。下文同。　△愛施所設　元本作愛施所施設。　△故曰說在愛施　宋本作四說在愛施。　△使君德臣忠　丁云。德乃惠字誤。形勢解惠忠愛孝四字兩見。　△閉禍在除怨　陳先生云。此數語連下節讀。宋本合於上節。誤。　△怨咎所至　藝文類聚三十八引。咎下有之字。　△故曰備長存乎任賢　元本存作在。　△凡所謂能以所不利利人者舜是也　丁云。此節及下節怨入閒對語。與此篇文不類。疑亾篇中之錯簡也。　△夫學者所以自化所以自撫　俞云。撫當作橅。橅卽模字。說文曰。模法也。所以自撫言以學自爲模範。　△惡不忠而怨妬惡不公議而名當稱　安井衡云。古本妬作怒。當作常。

明法解第六十七　管子解五

△明主者有術數而不可欺也　望案。有乃明字誤。明下又脫於字。下文審於法禁。察於分職。是其句例。俞說同。

△貴臣不得蔽賤　中立本蔽下有其字。望案。據文義當有其字。與上文行其私句例相同。下文近者不得塞
遠。塞下亦當補其字。　△孤寡老弱不失其所職　王云。治要無所字。是也。不失其職者。爾雅曰。職。常也。言孤寡
老弱皆有所養而不失其常也。漢書武帝紀。賜年九十以上及鰥寡孤獨帛人二匹。絮三斤。八十以上米人三石。
有冤失職。使者以聞。師古曰。職。常也。失職者。失其常業及常理也。宣帝紀。其加賜鰥寡孤獨高年帛。毋令失職。竝
與此失職同義。加一所字。則義不可通。　△明主者上之所以一民使下也　王云。明主當爲明法。明法與私術
相對成文。下文法廢而私行。卽承此法字而言。今本涉上下文明主而誤。　△私術者　元本作利術。　△非愛
主也　丁云。當作非以愛主也。下文此句凡三見。　△欲以愛爵祿而避罰也　王云。愛字當依朱本作受。二字
形相似。又涉上愛主而誤。罰上當據上下文補刑字。　△故明法曰專授則失　丁云。案上文言亂亡亡主。則此
失字乃亡字之譌。亡對亂言。今明法篇亦誤。　△故明法曰令本不出謂之滅　元本朱本無本字。是。　△百官
條通　洪云。條讀曰脩。漢書周勃傳。乃封爲條侯。地理志條作脩。任法篇。羣臣脩通輻輳以事其主。卽其證。　△
如此者壅遏之道也　丁云。壅遏當爲壅主。下文言塞主之道。侵主之道。是其句例。　△忠臣之欲謀諫者不得
進　丁云。謀字卽諫字之誤而衍者。立政九敗解。諫臣死而諂臣尊。今本諫亦譌謀。　△莫不有法令賞罰具
望案。具上當脫之字。　△案其當宜行其正理　王云。當從治要作案賞罰行其正理。下文當賞當罰。卽承此句
而言。今本涉下文其當賞者而誤。又脫一罰字。衍一宜字。　△夫舍公法行私意　朱本私意作私惠。治要同。王
云。私惠義見上下文。意字誤。　△畏法誅也　丁云。法誅疑當作刑誅。上下文皆刑法對文。畏刑誅與法不使。亦
對文。　△法政獨出於主則天下服德　王云。服德當依朱本作服聽。字之誤也。服聽猶言服從。燕策及史記淮
陰侯傳竝云天下服聽。是也。下文。法政出於臣。則民不聽。正與此文相反。且聽與敬爲均。　△以法量功　元本
作以法賞功。與以法誅罪對文。　△此以法舉錯之功也　望案。功乃方字誤。　△嫉妒之人不得用其賊心
丁云。賊字衍。任法篇曰。人用其心。以幸於上。又曰。羣臣百姓安得各用其心而立私乎。　△故財貨不行於吏
治要財貨作貨財。　△尺寸尋丈者所以得長短之情也　朱本長短作短長。御覽資産部十引。亦作短長。　△
故姦詐之人不能誤也　丁云。誤。試字之譌。　△如此者　丁云者字衍。如此二字連下讀。例見上下文。　△忠
正無罪而有罰　丁云。正當爲臣。涉下行正而譌。忠臣與邪臣對文。　△如此則慤愿之人失其職　宋本愿作
原。　△則姦臣不能無事貴重　俞云。此姦臣當作人臣。蓋人主以無實之言誅人。則人臣皆事貴重以求免。非

必姦臣也。涉上文兩云姦臣而誤。△是故忘主死佼以進其譽　宋本死作私。△雖有大義主無從知之望。案。義。俄之借字。說詳王氏尙書述聞。△是故邪之所務事者　王云。朱本及治要邪上皆有姦字。當據補。上下文皆言姦邪。△主無悟　治要引悟作寤。△姦邪在主之側者不能勿惡也　王云。惡也當依治要作惡之。下文曰。惟惡之。則必候主閒而日夜危之。三之字文義相承。△故臣有所欲賞　丁云。當作臣欲有所賞。與臣欲有所罰對文。△故羣臣皆務其黨重臣而忘其主　王云。上其字涉下其字而衍。務黨重臣。四字連文。△收豫其民以富其家　望。案。收。收字之誤。說見侈靡篇。△家與家務相益　丁云。元本無與家二字。依文義似衍。家務相益。與大臣務相貴對文。△故以戰功之事定勇怯　治要引功作攻。△任人而不官故不肯者不困　王云。不官。當依治要作不課。（望。案。宋本作言。蓋脫課字右半耳。）任人而不課其功。則賢否無由而見。故不肯者不困也。下文曰。以官任其身而課其功。是其證。上文曰。聽言而不試。故妄言者得用。試亦課也。今本涉上下文諸官字而誤。△專任法不自舉焉　中立本法下有而字。△明理義以道其主主無邪僻之行　元本理作禮。僻作辟。△亂治者誅　丁云。治疑法字誤。△其分畫之不同也　丁云。分當作介。說文。介。畫也。△身無煩勞而分職　丁云。分職下有脫文。

臣乘馬第六十八　管子輕重一　宋本臣作巨。元本朱本作匡。丁云。疑當作國。俗書作国。形近而譌。

△春事二十五日之內桓公曰何謂春事二十五日之內管子對曰日至六十日而陽凍釋七十日而陰凍釋　俞云。案七十日陰凍釋而秇稷。至百日而止。則尙有三十日。乃云春事二十五日之內。義不可通。疑管子原文本作七十五日而陰凍釋。後人但取六十日七十日兩文相對。而不顧其數之不合。遂妄删五字耳。易乾鑿度曰。天氣三微而成一箸。故五日成一候。十五日成一氣。然則日至六十日得三微一箸者一。七十五日又得三微一箸者一。以周書時訓篇言之。日至六十日而陽凍釋。是爲驚蟄。七十五日而陰凍釋。是爲雨水。若作七十日。則不相當矣。故知其誤也。△陰凍釋而秇稷　集韻。秇。古藝字。宋本秇作杌。△故春事二十五日之內耳也　丁云。耳乃畢字誤。△君過春而不止　安井衡云。古本君作若。△穀失於時君之衡藉而無止　元本於作其。丁云。衡讀爲橫。下同。△桓公曰善哉筴乘馬之數求盡也　望。案。善哉下當有脫文。筴乘馬之數云云。是管子語。安井衡云。求當爲未字之誤。△故五穀興豐　望。案。興豐二字不詞。與乃與字之誤。與讀爲舉。舉。皆也。後人不

知與字之義。妄改爲與耳。山權數篇。萬物興豐。與此同誤。　△使農夫寒耕暑耘　藝文類聚歲時部下。御覽時序部十九。白帖四引此。暑竝作熱。　△女勤於纖微而織歸於府者　王云。當依事語篇作女勤於緝績徽織功歸於府。（望寒。元本織正作功。）說文曰。緝。績也。績。緝也。連言之則曰緝績。陳風東門之池箋曰。於池中柔麻。使可緝績作衣服。是也。徽織卽徽識。（徽。說文作微。識。今作幟。）周官司常注曰。徽識。旌旗之細也。識或作織。小雅六月篇。織文鳥章。箋曰。織。徽織是也。功歸於府。與力歸於上對文。今本脫緝績功三字。徽誤作微。又衍纖而二字。（織卽織字之誤而衍者。）　△百畝之夫予之策率二十七日爲子之春事　王氏引之云。七當爲五。上文曰。一農之量。壤百畝也。春事二十五日之內是也。古五字作乂。與七相似。故五譌爲七。　△春秋子穀大登　王云。春秋當爲泰秋。此涉上文春事而誤。泰秋卽秋也。見山國軌山至數二篇。其輕重乙輕重丁二篇。竝作大秋。（大與泰同。）　△還穀而應穀　丁云。當作還穀而應幣。山國軌篇曰。然後調立環乘之幣。又曰。上無幣有穀。以穀准幣。環穀而應筴。（以穀准幣。卽是國筴。故應幣謂之應筴。）又曰。貲家假幣。皆以穀准幣。直幣而庚之。穀爲下。幣爲上。百都百縣軌據穀坐長十倍。環穀而應假幣。是其證。還與環同。

乘馬數第六十九　管子輕重二

△吾欲立筴乘馬　安井衡云。古本立作主。　△上分下游於分之閒而用足　丁云。當作上下游於分之閒而用足。分字涉上下文而衍。上下游於分之閒。卽下文所謂乘馬之準與天下齊準也。　△王國守始　俞云。下文國用一不足則加一。二不足則加二云云。是乃無策之甚者。何以謂之王國。疑王國乃亡國之誤。上文曰。出準之令。守地用人筴。故開闔皆在上。無求於民。霸國守分。上下游於分之閒而用足。夫無求於民者上也。游於分之閒而用足者次也。然則此爲最下矣。王國之誤無疑。　△歲藏三分十年則必有五年之餘　王氏引之云。五當爲三。歲藏十分之三。至十年則餘三十分。每十分而當一年。故三十分而爲三年之餘也。　△民無糧賣子數矣　宋本矣作也。俞云。數也二字。涉上文又失諸夏秋之筴數也而衍。　△田筴相圓　宋云。圓當從宋本作員。員。數也。謂以筴貍田之數。今本誤。　△公曰賤筴乘馬之數奈何　王云。賤字涉上文獨貴獨賤而衍。下文云。此之謂筴乘馬之數也。無賤字。　△郡縣上臾之壤守之若干閒壤守之若干　朱本臾作腴。陳先生云。臾古腴字。上腴之壤。猶膏腴之地耳。閒猶中也。　△故相壤定籍而民不移振貧補不足下樂上　王云。下樂上上亦當有而字。

△故以上壤之滿補下壤之衆　俞云。衆疑虚字誤。虚與滿相對。國蓄篇曰。萬物之滿虚。又曰。守歲之滿虚。竝其證也。隸書虚字或作虗。與衆相似。丁說同。△民之不移也如廢方於地　丁云。廢古通置。公羊宣八年傳注。廢。置也。置者不去也。齊人語。

問乘馬第七十　管子輕重三亾

卷二十二

事語第七十一　管子輕重四

桓公問管子曰。事之至數可聞乎。管子對曰。何謂至數。桓公曰。泰奢教我曰。帷蓋不修。衣服不衆。則女事不泰。俎豆之禮不致牲。諸侯太牢。大夫少牢。不若此。則六畜不育。非高其臺榭。美其宮室。則羣材不散。此言何如。管子曰。非數也。桓公曰。何謂非數。管子對曰。此定壤之數也。彼天子之制。壤方千里。齊諸侯。方百里。負海子七十里。男五十里。若胸臂之相使也。故准徐疾贏不足。雖在下也。不爲君憂。彼壤狹而欲舉與大國爭者。農夫寒耕暑耘。力歸於上。女勤於緝績徽織。功歸於府者。非怨民心傷民意也。非有積蓄。不可以用人。非有積財。無以勸下。泰奢之數。不可用於危隘之國。桓公曰。善。

桓公又問管子曰。佚田謂寡人曰。善者用非其有。使非其人。何不因諸侯權以制天下。管子對曰。佚田之言非也。彼善爲國者。壤辟舉則民留處。倉廩實則知禮節。且無委致圍。城脆致衝。夫不定內不可以持天下。佚田之言非也。管子曰。歲藏一。十年而十也。歲藏二。五年而十也。穀十而守五。綈素滿之。五在上。故視歲而藏。縣時積歲。國有十年之蓄。富勝貧。勇勝怯。智勝愚。微勝不微。有義勝無義。練士勝敺衆。凡十勝者盡有之。故發如風雨。動如雷霆。

獨出獨入。莫之能禁止。不待權輿。故佚田之言非也。桓公曰善。

海王第七十二　管子輕重五

桓公問於管子曰。吾欲藉於臺雉何如。管子對曰。此毀成也。吾欲藉於樹木。管子對曰。此伐生也。吾欲藉於六畜。管子對曰。此殺生也。吾欲藉於人何如。管子對曰。此隱情也。桓公曰。然則吾何以爲國。管子對曰。唯官山海爲可耳。桓公曰。何謂官山海。管子對曰。海王之國。謹正鹽筴。海王。言以負海之利而王其業。桓公曰。何謂正鹽筴。正。稅也。管子對曰。十口之家十人食鹽。百口之家百人食鹽。終月大男食鹽五升少半。少半。猶劣薄也。大女食鹽三升少半。吾子食鹽二升少半。吾子。謂小男小女也。此其大曆也。曆。數。鹽百升而釜。鹽十二兩七銖一黍十分之一爲升。當米六合四勺也。百升之鹽。七十六斤十二兩十九銖二絫。爲釜。當米六斗四升。令鹽之重升加分彊。釜五十也。分彊。半彊也。令使鹽官稅其鹽之重。每一升加半合爲彊而取之。則一釜之鹽得五十合而爲之彊。升加一彊。釜百也。升加二彊。釜二百也。鍾二千。十釜之鹽。七百六十八斤。爲鍾。當米六斛四斗是也。十鍾二萬。百鍾二十萬。千鍾二百萬。萬乘之國。人數開口千萬也。舉其大數而言之也。開口。謂大男大女之所食鹽也。禺筴之商日二百萬。禺讀爲偶。偶。對也。商。計也。對其大男大女食鹽者之口數而立筴。以計所稅之鹽。一日計二百萬合。爲二百鍾。十日二千萬。一月六千萬。萬乘之國正九百萬也。萬乘之國。大男大女食鹽者千萬人。而稅之鹽一日二百鍾。十日二千鍾。一月六千鍾也。今又施其稅數以千萬人如九百萬人之數。則所稅之鹽一日百八十鍾。十日千八百鍾。一月五千四百鍾。月人三十錢之籍。爲錢三千萬。又變其五千四百鍾之鹽。而籍其錢。計一月每人籍錢三十。凡千萬人。爲錢三萬萬矣。以籍之數而比其常籍。則當一國而有三千萬人矣。今吾非籍之諸君吾子。而有二國之籍者六千萬。諸君。謂老男老女也。六十巳上爲老男。五十巳上爲老女也。既不籍於老男老女。又不籍於小男小女。乃能以千萬人而當三千萬人者。蓋鹽官之利耳。鹽官之利既然。則鐵官之利可知也。鹽官之利當一國而三萬人。鐵官之利當一國而三萬人焉。故能有二國之籍者六千萬人耳。其常籍人之數猶在此外。使君施令曰。吾將籍於諸君吾子。則必囂號。今夫給之鹽筴。則百倍歸於上。人無以避此者。數也。今鐵官之數曰。一女必有一鍼一刀。若其事立。君。猶然後。耕者必有一耒一耜一銚。若其事立。大鋤謂之銚。羊昭反。行服連。輦名。所以載任器。人挽者。軺。羊昭反。輦。居玉反。者。大車駕馬。必有一斤一鋸一錐一鑿。若其事立。不爾而成事者。天下無有。令鍼之重加一也。三十鍼一人之籍。鍼之重。每十分加一分爲彊而取之。則一女之籍得三十鍼也矣。刀之重加六。五六三十。五刀一人之籍也。刀之重。每十分加六分以爲彊而取之。五六爲三十也。則一女之籍當五刀。耜鐵之重加七。三耜鐵一人之籍也。耜鐵之重。每十分加七分以爲彊而取之。則一農之籍得三耜鐵也。其餘輕重皆准此而行。其器彌重。其加彌多。然則舉臂勝音升。事。無不服籍者。桓公曰。然則國無山海不王乎。管子曰。因人之山海假之名。有海之國。雖無海而假名有海。則亦雖無山而假名有山。讎鹽於吾國。彼國有鹽。而糴於吾國。爲讎耳。釜十五吾受。而官出之以百。受。取也。假令彼鹽平價釜當十錢者。吾又加五錢而取之。所以來之也。既得彼鹽。則令吾國鹽官又出而糴之。釜以百錢也。我未與其本事也。與。用也。本事。本鹽也。受人之事。以重相推。以重推。謂加五錢之類也。推。猶度也。此人用之數也。彼人所有而皆爲我用之。

國蓄第七十三

管子輕重六

國有十年之蓄。而民不足於食。皆以其技能望君之祿也。君有山海之金。而民不足於用。是皆以其事業交接於君上也。故人君挾其食。守其用。據有餘而制不足。故民無不累於上也。五穀食米。民之司命也。黃金刀幣。民之通施也。故善者執其通施。以御其司命。故民力可得而盡也。夫民者親信而死利。海內皆然。民予則喜。奪則怒。民情皆然。先王知其然。故見予之形。不見奪之理。與可使由之。不可使知之。故民愛可洽於上也。洽。通也。租籍者。在工商日租籍。所以彊其兩反。求也。租稅者。所慮而請也。在農日租稅。慮。猶計也。請。求也。王霸之君。去其所以彊求。廢其所慮而請。故天下樂從也。利出於一孔者。凡言利者不必貨利。慶賞威刑皆是。其國無敵。出二孔者。其兵不詘。詘與屈同。屈。窮也。出三孔者。不可以舉兵。出四孔者。其國必亡。先王知其然。故塞民之養。養。利也。羊向反。隘其利塗。故予之在君。奪之在君。貧之在君。富之在君。故民之戴上如日月。親君若父母。凡將爲國。不通於輕重。不可爲籠以守民。不能調通民利。不可以語制爲大治。是故萬乘之國。有萬金之賈。千乘之國。有千金之賈。然者何也。國多失利。則臣不盡其忠。士不盡其死矣。歲有凶穰。故穀有貴賤。令有緩急。故物有輕重。然而人君不能治。故使蓄賈游市。乘民之不給。百倍其本。分地若一。彊者能守。分財若一。智者能收。智者有什倍人之功。以一取什。愚者有不賡本之事。賡。猶償也。音庚。然而人君不能調。故民有相百倍之生也。夫民富則不可以祿使也。貧則不可以罰威也。法令之不行。萬民之不治。貧富之不齊也。且君引錣。錣。籌也。丁劣反。量用。耕田發草。上得其數矣。民人所食。人有若干步畝之數矣。計本量委也。委。積也。則足矣。然而民有飢餓不食者何也。穀有所藏也。言一國之內。耕墾之數。君悉知之。凡人計口授田。家族多少。足以自給。而人乏其食者。謂豪富之家收藏其穀故也。人君鑄錢立幣。民庶之通施也。錢幣無補於飢寒之用。人君所立以均制財物。通交有無。使人之所求。各得其欲。人有若干百千之數矣。然而人事不及。用不足者何也。利有所并藏也。民事。謂常費也。言人之所有。多少各隨其分而自足。君上不能均調其事。則豪富并藏財貨。專擅其利。是故人常費不給。以致匱乏。然則人君非能散積聚。鈞羨。餘也。不足。分并財利。而調民事也。則君雖彊本趣耕。本。謂務農。趣。讀爲促。而自爲鑄幣而無已。乃今使民下相役耳。惡能以爲治乎。言人君若不能權其利門。制其輕重。雖鑄幣無限極而與人。徒使豪富侵奪貧弱。終不能致理也。惡音烏。

歲適美。則市糶無予。而狗彘食人食。歲適凶。則市糴釜十繦。而道有餓民。然則豈壤力固不足。而食固不贍也哉。夫往歲之糶賤。狗彘食人食。故來歲之民不足也。物適賤。則半力而無予。民事不償其本。物適貴。則什倍而不可得。民失其用。然則豈財物固寡。而本委不足也哉。夫民利之時失而物利之不平也。故善者委施於民之所不足。操事於民之所有餘。夫民有餘則輕之。故人君斂之以輕。民不足則重之。故人君散之以重。斂積之以輕。散行之以重。故君必有什倍之利。而財之橫古莫反。可得而平也。

凡輕重之大利。以重射輕。以賤泄平。萬物之滿虛。隨財准平而不變。衡絕則重見。人君知其然。故守之以准平。使萬室之都必有萬鍾之藏。藏繦千萬。使千室之都必有千鍾之藏。藏繦百萬。春以奉耕。夏以奉芸。耒耜械器。鍾鑲糧食。畢取贍於君。故大賈蓄家不得豪奪吾民矣。然則何君養其本謹也。春賦以斂繒帛。夏貸以收秋實。蓋方春蠶家闕乏。而賦與之。約收其繒帛。方夏。農人闕乏。亦賦與之。約取其穀實也。是故民無廢事。而國無失利也。人之所乏。君悉與之。則豪商富人不得擅其利。

凡五穀者。萬物之主也。穀貴則萬物必賤。穀賤則萬物必貴。兩者爲敵。則不俱平。故人君御穀物之秩相勝。而操事於其不平之閒。秩。積也。食爲人天。故五穀之要可與萬物爲敵。其價常不俱平。所以人君視兩事之委積。可彼此相勝。輕重於其閒。則國利不散也。故萬民無籍。而國利歸於君也。夫以室廡籍。謂之毀成。小曰室。大曰廡。音武。是使人毀壞廬室。以六畜籍。謂之止生。畜。許救反。是使人不競牧養也。以田畝籍。謂之禁耕。是止其耕稼也。以正人籍。謂之離情。正數之人。若丁壯也。離情。謂離心也。以正戶籍。謂之養贏。贏。謂大賈畜家也。正數之戶。既避其籍。則至浮浪。爲大賈畜家之所役屬。增其利耳。五者不可畢用。故王者徧行而不盡也。故天子籍於幣。諸侯籍於食。中歲之穀。糶石十錢。大男食四石。月有四十之籍。大女食三石。月有三十之籍。吾子食二石。月有二十之籍。歲凶穀貴。糴石二十錢。則大男有八十之籍。大女有六十之籍。吾子有四十之籍。按古之石准今之三斗三升三合。平歲每石稅十錢。凶歲稅二十者。非必稅其人。謂於操事輕重之閒約收其利也。是人君非發號令收嗇而戶籍也。彼人君守其本委謹。而男女諸君吾子無不服籍者也。嗇。斂也。委。所委積之物也。謹。嚴也。言人君不用下令稅斂於人。但嚴守利途。輕重在我。則無所逃其稅也。一人廩食。十人得餘。十人廩食。百人得餘。百人廩食。千人得餘。

夫物多則賤。寡則貴。散則輕。聚則重。人君知其然。故視國之羨不足而御其財物。穀賤則以幣予食。布帛賤則以幣予衣。視物之輕重而御之以准。故貴賤可調。而君得其利。前有萬乘之國。而後有千乘之國。謂之抵國。前有千乘之國。而後有萬乘之國。謂之距國。壤正方。四面受敵。謂之衢國。以百乘衢處。謂之託食之君。千乘衢處。壤削少半。萬乘衢處。壤削太半。何謂百乘衢處託食之君也。夫以百乘衢處危懾圍阻千乘萬乘之間。夫國之君不相中。舉兵而相攻。必以爲扞挌蔽圉之用。有功利不得鄉。大臣死於外。分壤而功列陳。繫纍獲虜。分賞而祿。是壤地盡於功賞。而稅臧殫於繼孤也。是特名羅於爲君耳。無壤之有。號有百乘之守。而實無尺壤之用。故謂託食之君。然則大國內款。小國用盡。何以及此。曰。百乘之國。官賦軌符。乘四時之朝夕。御之以輕重之准。然後百乘可及也。千乘之國封天財之所殖。械器之所出。財物之所生。視歲之滿虛而輕重其祿。然後千乘可足也。萬乘之國守歲之滿虛。乘民之緩急。正其號令。而御其大准。然後萬乘可資也。玉起於禺音虞。氏。金起於汝漢。珠起於赤野。東西南北。距周七千八百里。水絕壤斷。舟車不能通。先王爲其途之遠。其至之難。故託用於其重。以珠玉爲上幣。以黃金爲中幣。以刀布爲下幣。三幣握之則非有補於煖也。食之則非有補於飽也。先王以守財物。以御民事。而平天下也。

今人君籍求於民。令曰十日而具。則財物之賈什去一。令曰八日而具。則財物之賈什去二。令曰五日而具。則財物之賈什去半。朝令而夕具。則財物之賈什去九。先王知其然。故不求於萬民而籍於號令也。

山國軌第七十四　　管子輕重七

桓公問管子曰。請問官國軌。管子對曰。田有軌。人有軌。用有軌。鄉有軌。人事有軌。幣有軌。縣有軌。國有軌。不通於軌數而欲爲國。不可。桓公曰。行軌數奈何。對曰。某鄉田若干。人事之准若干。穀重若干。曰。某縣之人若干。田若干。幣若干而中用。穀重若干而中幣。終歲度人食其餘若干。曰。某鄉女勝事者。終歲績其功業若干。以功業直時而櫎古莫反。之終歲人已衣被之後。餘衣若干。別羣軌。相壤宜。桓公曰。何謂別羣軌相壤宜。管子對曰。有莞蒲之壤。有竹箭檀柘之壤。有汜下漸澤之壤。有水潦魚鼈之壤。今四壤之數。君皆善官而守之。則籍於財物。不籍於人畝。十畝之壤。君不以軌守。則民且守之。民有過移長力。不以本爲得。此君失也。桓公曰。軌意安出。管子對曰。不陰據其軌。皆下制其上。桓公曰。此若言何謂也。管子對曰。某鄉田若干。食者若干。某鄉之女事若干。餘衣若干。謹行州里曰。田若干。人若干。人衆田不度食若干。曰。田若干。餘食若干。必得軌程。此調之泰軌也。然後調立環乘之幣。田軌之有餘於其人食者。謹置公幣焉。大家衆。小家寡。山田閒田曰。終歲其食不足於其人若干。則置公幣焉。以滿其准。重歲豐年。五穀登。謂高田之萌曰。吾所寄幣於子者若干。鄉穀之櫎若干。請爲子什減三。穀爲上。幣爲下。高田撫閒田。山不被穀十倍。山田以君寄幣振其不贍。未淫失也。高田以時撫於主上。坐長加十也。女貢織帛。苟合于國奉者。皆置而券之。以鄉櫎市准。曰。上無幣有穀。以穀准幣。環穀而應筴。國奉決穀。反准賦軌幣。穀廩重有加十。謂大家委貲家曰。上且修游人出若干幣。謂鄰縣曰。有實者皆勿左右不贍。則且爲人馬假其食民。鄰縣四面皆櫎穀坐長而十倍。上下令曰。貲家假幣。皆以穀准幣。直幣而庚之。穀爲下。幣爲上。百都百縣軌據穀坐長十倍。環穀而應假幣。國幣之九在上。一在下。幣重而萬物輕。斂萬物應之以幣。幣在下。萬物皆在上。萬物重十倍。府官以市櫎出萬物。隆而止。國軌布於未形。據其已成。乘令而進退。無求於民。謂之國軌。

桓公問於管子曰。不籍而贍國。爲之有道乎。管子對曰。軌守其時。有官天財。何求於民。桓公曰。何謂官天財。管子對曰。泰春。民之功繇。與招反。泰夏。民之令之所止。令之所發。謂山澤之所禁發。泰秋。民令之所止。令之所發。泰冬。民令之所止。令之所發。此皆民所以時守也。此物之高下之時也。此民之所以相幷兼之時也。君守諸四務。桓公曰。何謂四務。管子對曰。泰春。民之且所用者。君已廩之矣。泰夏。民之且所用者。君已廩之矣。泰秋。民之且所用者。君已廩之矣。泰冬。民之且所用者。君已廩之矣。廩。藏也。言四時人之所要。皆先備之。所謂耒耜器械種饟糧食。必取要焉。則豪人大賈。不得擅其利。泰春功布日。春縑衣。夏單衣。捍寵纍箕勝籯屑欆。若干日之功。用人若干。無貲之家。皆假之械器勝籯屑欆公衣。功已而歸公衣折券。故力出於民。而用出於上。春十日。不害耕事。夏十日。不害芸事。秋十日。不害斂實。冬二十日。不害除田。此之謂時作。桓公曰。善。吾欲立軌官。爲之奈何。管子對曰。鹽鐵之筴。足以立軌官。桓公曰。奈何。管子對曰。龍夏之地。布黃金九千。以幣貲金。巨家以金。小家以幣。周岐山至於崢丘之西塞丘者。山邑之田也。布幣稱貧富而調之。周壽陵而東至少沙者。中田也。據之以幣。巨家以金。小家以幣。三壤已撫。而國穀再什倍。梁渭陽瑣之牛馬滿齊衍。請歐之顛齒。量其高壯。曰國爲師旅。戰車歐就。斂子之牛馬。上無幣。請以穀視市櫎而庚子牛馬。爲上粟二家。二家散其粟。反准牛馬歸於上。

管子曰。請立貲於民。有田倍之。內毋有其外。外皆爲貲壤。被鞍之馬千乘。齊之戰車之具。具於此。無求於民。此去丘邑之籍也。國穀之朝夕在上。山林廩械器之高下在上。春秋冬夏之輕重在上。行田疇。田中有木者。謂之穀賊。宮中四榮。樹其餘曰害女功。宮室械器。非山無所仰。然後君立三等之租於山。曰握以下者爲柴楂。把以上者爲室奉。三圍以上。爲棺槨之奉。柴楂之租若干。室奉之租若干。棺槨之租若干。

管子曰。鹽鐵撫軌。穀一廩十。君常操九。民衣食而繇下。安無怨咎。去其田賦。以租其山。巨家重葬其親者。服重租。小家菲葬其親者。服小租。巨家美修其宮室者。服重租。小家爲室廬者。服小租。上立軌於國。民之貧富。如加之以繩。謂之國軌。

山權數第七十五

桓公問管子曰。請問權數。管子對曰。天以時為權。地以財為權。人以力為權。君以令為權。失天之權。則人地之權亡。桓公曰。何為失天之權則人地之權亡。管子對曰。湯七年旱。禹五年水。民之無饘賣子者。湯以莊山之金鑄幣。而贖民之無饘賣子者。禹以歷山之金鑄幣。而贖民之無饘賣子者。故天權失。人地之權皆失也。故王者歲守十分之參。三年與少半成歲。三十一年而藏十一年與少半。藏參之一。不足以傷民。而農夫敬事力作。故天毀埊。凶旱水泆。民無入於溝壑乞請者也。此守時以待天權之道也。桓公曰。善。吾欲行三權之數。為之奈何。管子對曰。梁山之陽綪（千見反）絤。夜石之幣。天下無有。管子曰。以守國穀歲守一分以行。五年國穀之重什倍異日。管子曰。請立幣。國銅以二年之粟顧之。立黔落力重與天下調。彼重則見射。輕則見泄。故與天下調。泄者失權也。見射者失筴也。不備天權。下相求備。准下陰相隸。此刑罰之所起。而亂之之本也。故平則不平。民富則不如貧。委積則虛矣。此三權之失也已。桓公曰。守三權之數奈何。管子對曰。大豐則藏分。阨亦藏分。桓公曰。阨者所以益也。何以藏分。管子對曰。隘則易益也。一可以為十。十可以為百。以阨守豐。阨之准數一上十。豐之筴數十去九。則吾九為餘於數。筴豐則三權皆在君。此之謂國權。

桓公問於管子曰。請問國制。管子對曰。國無制。地有量。桓公曰。何謂國無制地有量。管子對曰。高田十石。閒田五石。庸田三石。其餘皆屬諸荒田。地量百畝。一夫之力也。粟賈一。粟賈十。粟賈三十。粟賈百。其在流筴者。百畝從中千畝之筴也。然則百乘從千乘也。千乘從萬乘也。故地有量。國無筴。桓公曰。善。今欲為大國。大國欲為天下。不通權筴。其無能者矣。

桓公曰。今行權奈何。管子對曰。君通於廣狹之數。不以狹畏廣。通於輕重之數。不以少畏多。此國筴之大者也。桓公曰。善。蓋天下視海內長譽而無止爲之。有道乎。管子對曰。有曰。執守其數。准平其流。動於未形。而守事已成。物一也。而十是九爲用。徐疾之數。輕重之筴也。一可以爲十。十可以爲百。引十之半而藏四。以五操事。在君之决塞。桓公曰。何謂决塞。管子曰。君不高仁。則國不相被。君不高慈孝。則民簡其親而輕過。此亂之至也。則君請以國筴十分之一者。樹表置高。鄉之孝子聘之幣。孝子兄弟衆寡不與師旅之事。樹表置高而高仁慈孝。財散而輕乘輕而守之以筴。則十之五有在上。運五如行事。如日月之終復。此長有天下之道。謂之准道。

桓公問於管子曰。請問教數。管子對曰。民之能明於農事者。置之黃金一斤。直食八石。民之能蕃育六畜者。置之黃金一斤。直食八石。民之能樹蓺者。置之黃金一斤。直食八石。民之能樹瓜瓠葷菜百果使蕃袞者。置之黃金一斤。直食八石。民之能已民疾病者。置之黃金一斤。直食八石。民之知時。曰歲且阨。曰某穀不登。曰某穀豐者。置之黃金一斤。直食八石。民之通於蠶桑。使蠶不疾病者。皆置之黃金一斤。直食八石。謹聽其言而藏之官。使師旅之事無所與。此國筴之者也。國用相靡而足。相困揲而澹。然後置四限高下。令之徐疾毆屏。萬物守之以筴。有五官技。桓公曰。何謂五官技。管子曰。詩者所以記物也。時者所以記歲也。春秋者所以記成敗也。行者道民之利害也。易者所以守凶吉成敗也。卜者卜凶吉利害也。民之能此者。皆一馬之田。一金之衣。此使君不迷妄之數也。六家者即見其時使豫先蚤閑之日受之。故君無失時。無失筴。萬物興豐無失利。遠占得失。以爲末教。詩記人無失辭。行殫道無失義。易守禍福凶吉不相亂。此謂君棅。筆永反。說文。與柄同。

桓公問於管子曰。權棅之數。吾已得聞之矣。守國之固奈何。曰。能皆已官。時皆已官。得失之數。萬物之終始。君皆已官之矣。其餘皆以數行。桓公曰。何謂以數行。管子對曰。穀者民之司命也。智者民之輔也。民智而君愚。下富而君貧。下貧而君富。此之謂事名二國。機徐疾而已矣。君道度法而已矣。人心禁繆而已矣。桓公曰。何謂度法。何謂禁繆。管子對曰。度法者。量人力而舉功。禁繆者。非往而戒來。故禍不萌通。而民無患咎。

桓公曰。請聞心禁。管子對曰。晉有臣不忠於其君。慮殺其主。謂之公過。諸公過之家。毋使得事君。此晉之過失也。齊之公過。坐立長差。惡惡乎來刑。善善乎來榮。戒也。此之謂國戒。

桓公問管子曰。輕重准施之矣。筴盡於此乎。管子曰。未也。將御神用寶。桓公曰。何謂御神用寶。管子對曰。北郭有掘闕而得龜者。掘。穿也。求物反。穿地至泉曰闕。求月反。此檢數百里之地也。檢。猶比也。以此龜爲用者。其數可比百里之地。桓公曰。何謂得龜百里之地。管子對曰。北郭之得龜者。令過之平盤之中。令。力呈反。過之。猶置之也。平盤者。大盤也。君請起十乘之使。百金之提。起。發也。提。裝也。使。色吏反。命北郭得龜之家曰。賜若服中大夫。若。汝也。中大夫。齊爵也。曰東海之子類於龜。東海之子。其狀類龜。假言此龜東海子耳。東海之子者。海神之子也。託舍於若。託舍。寄居也。賜若大夫之服。以終而身。而。若也。勞若以百金。勞。賜也。之龜爲無貲。之。是也。是龜至寶而無貲也。無貲。無價也。而藏諸泰臺。泰臺。高臺也。一日而釁之以四牛。立寶曰無貲。立龜爲寶。號曰無貲。還四年。伐孤竹。還四年。後四年。丁氏之家粟。丁氏。齊之富人。所謂丁惠也。可食三軍之師行五月。食音嗣。下以意取。行五月。經五月。召丁氏而命之曰。吾有無貲之寶於此。吾今將有大事。請以寶爲質於子。音致。下皆同。以假子之邑粟。卽家粟也。丁氏北鄉再拜入粟。不敢受寶質。桓公命丁氏曰。寡人老矣。爲子者不知此數。終受吾質。丁氏歸。革築室賦籍藏龜。革。更也。賦。歛也。籍。席也。才夜反。還四年。伐孤竹。謂丁氏之粟中食三軍五月之食。桓公立貢數文行中。七年。龜中四千金。黑白之子當千金。凡貢制中二齊之壤筴也。用貢國危出寶國安。行流。桓公曰。何謂流。管子對曰。物有豫。則君失筴而民失生矣。故善爲天下者。操於二豫之外。桓公曰。何謂二豫之外。管子對曰。萬乘之國。不可以無萬金之蓄飾。千乘之國。不可以無千金之蓄飾。百乘之國。不可以無百金之蓄飾。以此與令進退。此之謂乘時。

山至數第七十六　　管子輕重九

桓公問管子曰。梁聚謂寡人曰。古者輕賦稅而肥籍斂。取下無順於此者矣。梁聚之言何如。管子對曰。梁聚之言非也。彼輕賦稅。則倉廩虛。肥籍斂。則械器不奉。械器不奉而諸侯之皮幣不衣。倉廩虛。則倳賤無祿。外皮幣不衣於天下。內國倳賤。梁聚之言非也。君有山。山有金以立幣。以幣准穀而授祿。故國穀斯在上。穀賈什倍。農夫夜寢蚤起不待見使五穀什倍。士半祿而死君。農夫夜寢蚤起。力作而無止。彼善爲國者。不曰使之使不得不使。不曰貧之使不得不用。故使民無有不得不使者。夫梁聚之言非也。桓公曰善。

桓公又問於管子曰。有人教我謂之請士曰。何不官百能。管子對曰。何謂百能。桓公曰。使智者盡其智。謀士盡其謀。百工盡其巧。若此。則可以爲國乎。管子對曰。請士之言非也。祿肥則士不死。幣輕則士簡賞。萬物輕則士偷幸。三怠在國。何數之有。彼穀十藏於上。三游於下。謀士盡其慮。智士盡其知。勇士輕其死。請士所謂妄言也。不通於輕重。謂之妄言。

桓公問於管子曰。昔者周人有天下。諸侯賓服。名教通於天下。而奪於其下。何數也。管子對曰。君分壤而貢入市朝同流。黃金一筴也。江陽之珠一筴也。秦之明山之曾青一筴也。此謂以寡爲多。以狹爲廣。軌出之屬也。桓公曰。天下之數盡於軌出之屬也。今國穀重什倍而萬物輕。大夫謂賈之子爲吾運穀而斂財。穀之重一也。今九爲餘。穀重而萬物輕。若此。則國財九在大夫矣。國歲反一財物之九者。皆倍重而出矣。財物在下。幣之九在大夫。然則幣穀羨在大夫也。天子以客行令以時出。熟穀之人亡。諸侯受而官之。連朋而聚與。高下萬物。以合民用。內則大夫自還而不盡忠。外則諸侯連朋合與。熟穀之人則去亡。故天子失其權也。桓公曰善。

桓公又問管子曰。終身有天下而勿失。爲之有道乎。管子對曰。請勿施於天下。獨施之於吾國。桓公曰。此若言何謂也。管子對曰。國之廣狹。壤之肥墝有數。終歲食餘有數。彼守國者守穀而已矣。曰某縣之壤廣若干。某縣之壤狹若干。國之廣狹肥墝。人之所食多少。其數君素皆知之。則必積委幣。委。蓄也。各於縣州里蓄積錢幣。所謂萬室之邑。必有萬鍾之藏。藏繦千萬。千室之邑。必有千鍾之藏。藏繦百萬。於是縣州里受公錢。公錢。即積委之幣。泰秋國穀去參之一。去。減也。丘呂反。君下令謂郡縣屬大夫里邑皆籍粟入若干。穀重一也。以藏於上者。一其穀價以收藏之。國穀參分。則二分在上矣。言先貯幣於縣邑。當秋時下令收糴也。則魏李悝行平糴之法。上熟糴三捨一。中熟糴二捨一。下熟中分之。蓋出於此。今言去三之一者。約中熟爲准耳。泰春國穀倍重數也。泰夏賦穀以市櫎。古莫反。民皆受上穀以治田土。泰秋田穀之存予者若干。今上斂穀以幣。民曰無幣以穀。則民之三有歸於上矣。言當春穀貴之時。計其價。以穀賦與人。秋則斂其幣。雖設此令。本意收其穀入。既無幣。請輸穀。故歸於上。重之相因。時之化舉。無不爲國筴。重之相因。若春時穀貴與穀也。時之化舉。若秋時穀賤收穀也。因時之輕重。無不以術權之。君用大夫之委以流歸於上。君用民以時歸於君。藏輕出輕以重數也。則彼安有自還之大夫獨委之。彼諸侯之穀十。使吾國穀二十。則諸侯穀歸吾國矣。諸侯穀二十。吾國穀十。則吾國穀歸於諸侯矣。故善爲天下者。謹守重流。重流。謂嚴守穀價。不使流散。而天下不吾泄矣。泄。散也。穀不散出。吾彼重之相歸。如水之就下。吾國歲非凶也。以幣藏之。故國穀倍重。故諸侯之穀至也。是藏一分以致諸侯之一分。利不奪於天下。大夫不得以富侈。以重藏輕。國常有十國之筴也。故諸侯服而無正。臣橫從而以忠。此以輕重御天下之道也。謂之數應。

桓公問管子曰。請問國會。管子對曰。君失大夫爲無伍。失民爲失下。故守大夫以縣之筴。守一縣以一鄉之筴。守一鄉以一家之筴。守家以一人之筴。桓公曰。其會數奈何。管子對曰。幣准之數。一縣必有一縣中田之筴。一鄉必有一鄉中田之筴。一家必有一家直人之用。故不以時守。郡爲無與。不以時守。鄉爲無伍。桓公曰。行此奈何。管子對曰。王者藏於民。霸者藏於大夫。殘國亡家藏於篋。桓公曰。何謂藏於民。請散棧臺之錢。散諸城陽。鹿臺之布。散諸濟陰。君下令於百姓曰。民富君無與貧。民貧君無與富。故賦無錢布。府無藏財。貲藏於民。歲豐五穀登。五穀大輕。穀賈去上歲之分以幣據之。穀爲君。幣爲下。國幣盡在下。幣輕穀重。上分上歲之二分在下。下歲之二分在上。則二歲者四分在上。則國穀之一分在下。穀三倍重。邦布之籍。終歲十錢。人家受食十畝加十。是一家十戶也。出於國穀筴而藏於幣者也。以國幣之分復布百姓。四減國穀。三在上。一在下。復筴也。大夫聚壤而封。積實而驕。上請奪之以會。桓公曰。何謂奪之以會。管子對曰。粟之三分在上。謂民萌皆受上粟。度君藏焉。五穀相靡而重。去什三爲餘。以國幣穀准反行。大夫無什於重。君以幣賦祿什在上。君出穀什而去七。君斂三。上賦七。散振不資者。仁義也。五穀相靡而輕。數也。以鄉完重而籍國。數也。出實財。散仁義。萬物輕。數也。乘時進退。故曰。王者乘時。聖人乘易。桓公曰。善。

桓公問管子曰。特命我曰。天子三百領泰嗇而散大夫。准此而行。此如何。管子曰。非法家也。大夫高其壟。美其室。此奪農事及市庸。此非便國之道也。民不得以織爲繆綃而貍之於地。彼善爲國者。乘時徐疾而已矣。謂之國會。

桓公問管子曰。請問爭奪之事何如。管子曰。以戚始。桓公曰。何謂用戚始。管子對曰。君人之主。弟兄十人。分國爲十。兄弟五人。分國爲五。三世則昭穆同祖。十世則爲祏。故伏尸滿衍。兵決而無止。輕重之家。復游於其間。故曰。毋予人以壤。毋授人以財。財終則有始。與四時廢起。聖人理之以徐疾。守之以決塞。奪之以輕重。行之以仁義。故與天壤同數。此王者之大轡也。

桓公問管子曰。請問幣乘馬。管子對曰。始取夫三大夫之家方六里而一乘。二十七人而奉一乘。幣乘馬者。方六里。田之美惡若干。穀之多寡若干。穀之貴賤若干。凡方六里用幣若干。穀之重用幣若干。故幣乘馬者。布幣於國幣爲一國陸地之數。謂之幣乘馬。桓公曰。行幣乘馬之數奈何。（卽臣乘馬。所謂筴乘馬者。臣猶實也。筴者。以幣爲筴。而微重射輕。）管子對曰。士受資以幣。大夫受邑以幣。人馬受食以幣。則一國之穀資在上。幣貲在下。國穀什倍。數也。萬物財物去什二。筴也。皮革筋角羽毛竹箭器械財物。苟合于國器君用者。皆有矩券於上。（矩券。常券。）君實鄉州藏焉。（周制萬二千五百家爲鄉。二千五百家爲黨爲州。齊雖覇國。尙用周制。）曰。某月某日。苟從責者。（責讀爲債。）鄉決州決。故曰就庸一日而決。國筴出於穀軌。國之筴。貨幣乘馬者也。（貲。價也。言應合受公家之所給。皆與之幣。則穀之價君上權之。其幣在下。故穀倍重。其有皮革之類堪於所用者。所在鄉州有其數。若今官曹簿帳人有負公家之債若未耜種糧之類者。官司如要器用若皮革之類者。則與其準納。如要功庸者。令就役一日。除其簿書耳。此蓋君上一切權之也。詳輕重之本旨。摧抑富商兼幷之家。隘塞利門。則與奪貧富。悉由號令然。可易爲理也。）今刀布藏於官府。巧幣萬物輕重皆在賈之。彼幣重而萬物輕。幣輕而萬物重。彼穀重而穀輕。人君操穀幣金衡。而天下可定也。此守天下之數也。

桓公問於管子曰。准衡輕重國會。吾得聞之矣。請問縣數。管子對曰。狼牡以至於馮會之日。龍夏以北。至于海莊。禽獸羊牛之地也。何不以此通國筴哉。桓公曰。何謂通國筴。管子對曰。馮市門一吏書贅直事若其事。唐圉牧食之人。養視不失扞殂者。去其都秩。與其縣秩。大夫不鄉贅合游者。謂之無禮義。大夫幽其春秋。列民幽其門山之祠。馮會龍夏牛羊犧牲。月賈十倍異日。此出諸禮義。籍於無用之地。因捫牢筴也。謂之通。

桓公問管子曰。請問國勢。管子對曰。有山處之國。有氾下多水之國。有山地分之國。有水泆之國。有漏壤之國。此國之五勢。人君之所憂也。山處之國。常藏穀三分之一。氾下多水之國。常操國穀三分之一。山地分之國。常操國穀十分之三。水泉之所傷。水泆之國。常操十分之二。漏壤之國。謹下諸侯之五穀。與工雕文梓器以下。天下之五穀。此准時五勢之數也。

桓公問管子曰。今有海內。縣諸侯。則國勢不用巳乎。管子對曰。今以諸侯爲筦公州之飾焉以乘四時行捫牢之筴。以東西南北相彼用。平而准。故曰爲諸侯。則高下萬物以應諸侯。徧有天下。則賦幣以守萬物之朝夕調而巳。利有足則行。不滿則有止。王者鄉州以時察之。故利不相傾縣死其所。君守大奉一。謂之國簿。

卷二十二校正

事語第七十一　管子輕重四

△女事不泰　宋本作士女不泰。　△俎豆之禮不致牲　望案。不字衍。　△齊諸侯方百里　宋云。犨言。齊。中也。犨地。距齊州以南。齊亦訓中。此齊諸侯爲中國諸侯。對下文負海子爲蠻夷之子也。（望案。輕重乙篇作飲諸侯度百里。齊飲一犨之轉。猶鯊魚之鯊或爲鯖也。）　△彼壞狹而欲舉與大國爭者　俞云。舉卽與之誤而衍者。　△泰奢之數　孫云。案上文作秦奢之數。二字必有一誤。　△微勝不微　安井衡云。微乃徼字誤。徼。番也。

△不待權與　丁云。待當爲特。與。宋本作與。是也。不特與國。正與上文桓公曰何不因諸侯權以制天下意相對。因。依也。特亦依也。二字同義。

海王第七十二　管子輕重五

△吾欲藉於臺雉何如　王氏引之云。臺爲宮室之名。雉乃築牆之度。（定十二年公羊傳曰。五板而堵。五堵而雉。坊記鄭注曰。雉。度名也。高一丈長三丈爲雉。）臺雉二字意義不倫。徧考諸書。無以臺雉竝稱者。國蓄篇曰。夫以室廡藉。謂之毀成。輕重甲篇曰。寡人欲藉於室屋。以此例之。臺下之字亦當爲宮室之名。雉蓋䠶字之譌也。䠶與射同。（見說文。）卽榭字之叚借。（楚語。榭不過講軍實。劉逵吳都賦注引作射。邾敦銘。王格于宣射。卽宣十六

年春秋之成周宣榭也。）古字偏旁或左右互易。（如猶或作猷。獨或作獸。鶉或作辭。應或作蚖。鄰或作隣之類是也。）則敳字或可作鸐。形與雉相似。因譌為雉矣。乘馬數。事語。地數。輕重甲諸篇。言臺榭者屢矣。則此亦當然。爾雅曰。闍謂之臺。有木者謂之榭。　△吾子食鹽二升少半　陳先生云。地數篇曰。凡食鹽之數。嬰兒二升少半。則吾子謂嬰兒也。吾讀為蛾。學記曰。蛾子時術之。鄭君注曰。蛾。蚍蜉也。蚍蜉之子。微蟲耳。吾子即蛾子。皆幼稱之稱。下文及國蓄篇吾子凡三見。尹注皆同。　△鹽百升而釜　尹注云。鹽十二兩七銖一黍十分之一為升。張云。以下注百升之鹽七十六斤十二兩十九銖二絫計之。此注當云鹽十二兩六銖九絫一黍十分之二為升。　△萬乘之國人數問口千萬也　宋本問作開。揆度篇亦作開。通典十引同。望案。據尹注舉其大數云云。則正文人數乃大數之誤。　△萬乘之國正九百萬也月人三十錢之籍為錢三千萬今吾非籍之諸君吾子而有二國之籍者六千萬　王氏引之云。正與征同。萬乘之國正絕句。（望案。宋本無國字。）萬乘之國正。常征也。欲言征鹽策之筴。故以常征相比校也。九百萬也者。九當為人。篆文人字作八。與九相似而誤。揆度篇曰。萬乘之國。為戶百萬戶。為開口千萬人。為當分者百萬人。是萬乘之國雖有開口千萬人。其當分之人但有百萬。萬乘之國征。但征其當分之人百萬。故曰。萬乘之國征人百萬也。月人三十錢之籍。為錢三千萬者。當分之人每月籍其錢人各三十。輕重丁篇曰。請以令籍人三十錢是也。一人三十錢。百萬人則當為錢三千萬。故曰。月人三十錢之籍。為錢三千萬也。今吾非籍之諸君吾子而有二國之籍者六千萬者。言一國之常征。每月但有三千萬錢而已。今吾之征鹽策也。不待明發號令籍之諸君吾子。而每月自有六千萬錢。（上文曰一月六千萬。）倍於一國三千萬之籍。是有二國之籍也。故曰。今吾非籍之諸君吾子而有二國之籍者六千萬也。尹不知九百萬也為人百萬也之譌。又不知為錢三千萬乃百萬人一月之籍。故其說皆不確。俞云。隸續載張休涯涘銘。行八過茲。人作八。與九相似。王氏訂九為人字之誤。是也。以正屬上句。則似未得。正人二字連文。國蓄篇曰。以正人籍。謂之離情。以正戶籍。謂之養贏。是正人正戶當時有此名目。尹彼注云。正數之人。若丁壯也。此正人之義亦當與彼同。揆度篇曰。萬乘之國。為戶百萬戶。為開口千萬人。為當分者百萬人。是萬乘之國正人止百萬而已。故曰。正人百萬也。　△今夫給之鹽筴　孫云。今當作令。王云。案通典正作令。又案。下文今鍼之重加一也。今亦令之譌。上文云。令鹽之重升加分彊。文義正與此同。　△則百倍歸於上　俞云。百字衍文。上云。月人三十錢之籍。為錢三千萬。今吾非籍之諸君吾子也。而有二國之籍者六千萬。是國之常征止三十萬。鹽策之利得六十萬。適加一倍。故曰。倍歸於上。若作百倍。則太多矣。蓋後人不察文義而妄加之。　△行服連軺輦者　朱本輦作輂。通典引此亦作輂。望案。尹注云。大車駕馬。則作輂字爲是。　△三十鍼一人之籍　安井衡云。古本籍下有也字。　△耜鐵之重加七三耜鐵一人之籍也　王氏引之云。七當爲十。上文曰。月人三十錢之籍。謂每一人月有三十錢之籍也。今每一耜鐵籍之加十錢。三耜鐵則三十錢。而當每月一人之籍矣。故曰。耜鐵之重加十。三耜鐵一人之籍也。上文令鍼之重加一也。三十鍼一人之籍。刀之重加六。五六三十。五刀一人之籍也。皆以三十錢當一人之籍。是其例也。尹說非。　△因人之山海假之名有海之國　丁云。案當讀之字絕句。名與命同。說文。名自命也。七法篇。名者所以命事也。用語言以信名。注。名。號令也。有乃負字誤。事語篇曰。負海子七十里。負海之國多鹽。令之讎於吾國。即所謂因人之山海假之也。　△釜十五吾受而官出之以百　王氏引之云。十五當爲五十。釜五十者。升加分也。出之以百者。升加一也。上文曰。鹽百升而釜。令鹽之重升加分彊。釜五十也。升加一彊。釜百也。分者半也。有海之國讎鹽於吾國。每升加錢之半。十升而加五錢。百升而加五十錢。故釜五十也。吾國受而使鹽官出之。則倍其數而升加一錢十升而加十錢。百升而加百錢。故以百也。若作釜十五。則與出之以百多寡不相因矣。尹注非。

國蓄第七十三　管子輕重六

△皆以其技能望君之祿也。　朱本皆上有是字。與下文一例。　△故民無不累於上也　通典食貨十二引此。累作繫。又引尹注云。食者民之司命。言人君唯能以食制其事。所以民無不繫於號令。今本繫譌作累。又全脫尹注。　△夫民者親信而死利　宋本夫作故。親信作信親。　△民予則喜　通典十二引。民上有夫字。　△故民愛可洽於上也　通典引愛作憂。　△租籍者所以彊求也　丁云。租籍疑當爲征籍。輕重乙篇曰。故租籍君之所宜得也。正籍者君之所強求也。正與征同。正籍即征籍。租籍即租稅也。今本作租籍者。涉下文租稅而誤。　△廢其所慮而請　丁云。廢讀曰置。置者。不去也。　△不可爲籠以守民　通典十二引。無爲籠二字。民作人。　△則臣不盡其忠　元本臣作民。　△故民有相百倍之生也　丁云。此當作故民利有百倍之失也。上文曰。然而人君不能治。故使蓄賈遊市。乘民之不給。百倍其本。此言智者之多取利。以致愚者之不償本。故民利有百倍之失矣。下文曰。夫民利之時失。而物利之不平也。是其證。今文利誤相。又倒置有字下。失又誤生。遂不可讀矣。　△人有若干步畝之數矣　丁云。矣字衍。　△人君鑄錢立幣民庶之通施也　王云。人君當爲今君。此與上文君

引鏹量用云云。皆指桓公而言。非泛言人君也。今作人君者。涉上下文人君而誤。尹注非。通典食貨八所引亦誤。輕重甲篇正作今君鑄錢立幣。（望案。輕重甲篇通施作通移。移與施古同聲通用。） △人有若干百十之數 王云。若干二字。涉上文人有若干步畝之數而衍。上文步畝之數無定。故言若干。此既云人有百十之數。（舊本十誤作千。據輕重甲篇及通典引改。）則不得更言若干矣。通典所引已誤。輕重甲篇無若干二字。 △利有所幷藏也 王云。藏字涉上文穀有所藏而衍。幷與屏同。（弟子職篇曰。既徹幷器。輕重丁篇曰。大夫多幷其財而不出。史記吳王濞傳曰。顧幷左右。幷皆與屏同。）屏即藏也。上言穀有所藏。此言利有所幷。互文耳。漢書食貨志引此。正作利有所幷也。輕重甲篇曰。有餓餒於衢閭者何也。穀有所藏也。又云民有賣子者何也。財有所幷也。（鹽鐵論錯幣篇亦云。交幣通施。民事不及。物有所幷也。計本量委。民有飢者。穀有所藏也。）則幷下本無藏字明矣。據尹注云。豪富幷藏財貨。則所見本已衍藏字。通典引尹注幷藏財貨。則所見即是尹本。而又於正文內删去幷字。尤非。 △而自爲鑄幣而無已 吳云。自疑曰字誤。 △歲適美則市糶而無予 俞云。方言。予。讎也。此予字當訓讎。讎即售字。說文新附。售。賣去手也。詩抑篇箋云。物善則其售賈貴。釋文云。售本作讎。此言無予即無讎也。猶詩言賈用不售矣。下文云。穀賤則以幣予食。布帛賤則以幣予衣。兩予字義與此同。 △則市糴釜十繈 安井衡云。古本糴作糶。 △物適賤則半力而無予 俞云。半力二字。義不可通。疑半分之誤。半分與下文什倍相對。輕重乙篇。十倍而不足。或五分而有餘。以五分與十倍相對。義與此近。予訓讎。與上義同。 △而財之擳可得而平也 段云。擳即秩字也。古曠切。 △夏以奉芸 宋本芸作耘。 △鍾饟糧食 宋本作種饟。山國軌篇尹注引此文同。 △然則何君養其本謹也 望案。何字即則字之誤而衍者。 △故人君御穀物之秩相勝 王云。秩讀爲迭。迭。更也。穀貴則物賤。穀賤則物貴。是穀與物更相勝也。集韻。迭秩竝徒結切。聲相同。故字相通。尹注非。 △故王者徧行而不盡也 豬飼彥博云。徧讀爲偏。 △中歲之穀糶石十錢 宋云。案管子所言。皆以錢幣御輕重之法。古者錢重。故中歲之穀糶石十錢。言有錢十可糴穀一石。輕重丁篇曰。齊西水潦而民飢。齊東豐庸而糴賤。又言齊西之粟釜百泉。（即錢字。）則鏂二十也。齊東之粟釜十泉。則鏂二錢也。請令籍人三十泉。得以五穀菽粟決其籍。若此。則齊西出三斗而決其籍。齊東出三釜而決其籍。案籍通藉。借也。蓋齊西釜百泉。以三十泉借人。而取其三斗。則泉散下而可糴。齊東釜十泉。以三十泉借人。而取其三釜。則粟收於上而糴平。然後劑其多少。則貴者可賤。賤者可貴。所謂輕重之權也。注謂每石取其利千泉。所說大謬。漢書食貨志。李悝亦言粟石三十錢。時蓋用大泉。而未鑄輕泉。故貴重若此。後秦鑄筴錢。則米至石萬錢矣。趙充國傳。民守保不得田作。今張掖以東粟石百餘。師古注。謂其直錢之數。言其貴。充國傳又云。金城湟中穀斛八錢。此言其賤。可知漢時穀直與春秋大略相等。（漢書成帝紀。鴻嘉三年。令吏民得買爵。賈級千錢。）無過石百錢者也。山至數篇曰。彼諸侯之穀十。使吾國穀二十。則諸侯穀歸吾國矣。諸侯穀二十。吾國穀十。則吾國穀歸於諸侯矣。亦謂穀石則十錢或二十錢也。　△收稽而戶籍也　丁云。收疑畝字誤。　△彼人君守其本委謹　宋本守作收。　△謂之託食之君　宋本託作記。誤。　△夫國之君不相中　王云。夫國當爲大國。此涉上夫字而誤。大國卽千乘萬乘之國。不相中。不相得也。（史記封禪書。康后與王不相中。索隱引三倉云。中。得也。）　△有功利不得鄉　宋云。鄉當讀爲饗。亦通享。言有功利而己不得享受其功利也。　△分壤而功列陳繫彙獲虜　望案。功字絕句。宋本繫作係。　△何以及此　丁云。及乃反字誤。古返字作反。下文然後百乘可及也。亦當作反。元本朱本正作反。是其證。　△千乘之國封　望案。當作千乘之封國。今本誤倒。　△然後萬乘可資也　望案。資乃澹之誤字。說詳下山權數篇相因揲而詧條下。　△先王以守財物以御民事而平天下也　通典食貨八引此。平天下也下有是以命之曰衡。衡者使物一高一下。不得有調也十九字。又引尹注云。若五穀與萬物平。則人無其利。故設上中下之幣而行輕重之術。使一高一下。乃可權制利門。悉歸於上。今本正文注文皆脫去。

山國軌第七十四　管子輕重七

△終歲績其功業若干　宋本無若干二字。　△終歲人已衣被之後　宋本已作若。　△十畝之壤　宋本畝作鼓。　△不陰據其軌皆下制其上　元本皆作者。　△民有過移長力　王云。過當爲逼。地數篇。輕重甲篇作逼移。國蓄篇作逼施。施與移同。　△人衆田不度食若干曰田若干餘食若干　丁云。曰田若干四字。疑涉上文而衍。人衆田不度食若干者。食不足於其人也。餘食若干者田之有餘於其人食也。俞云。不度食。當作不足食。涉上文終歲度人食若干而誤也。下云。終歲其食不足於其人若干。可證。　△田軌之有餘於其人食者　丁云。田疑曰字誤。　△山田閒田曰終歲其食不足於其人若干　丁云。山田上脫謂字。下文謂高田之萌曰。　△高田撫閒田山不被穀十倍山田以君寄幣振其不贍未淫失也　元本失作泆。丁云。當讀高田撫閒田句。不被穀十倍句。衍山字。山田以君寄幣句。撫。抵也。以高田抵閒田。閒田之不被穀者相去十倍也。山田不被穀。更不止十倍、

故寄幣以振之。下文云。周岐山至於崢丘之西塞丘者。山邑之田也。布幣稱貧富而調之。是其證。下文又云。周壽陵而至少沙者。中田也。振之以幣。是中田亦寄公幣。上文云。山田閒田曰終歲其食不足於其人若干。則置公幣以滿其准。是其證。失古佚字。 △環穀而應筴國奉決穀反准賦軌幣穀廩重有加十 丁云。筴字屬上讀。卽下文云。環穀而應假幣也。國奉決穀。言國用發之以穀也。上文云。女貢織帛苟合於國奉者。卽國用也。反。還也。還准賦軌幣。卽所謂以穀准幣也。上文山田閒田置公幣。高田直幣而償。穀坐長加十。此又以穀准幣。國奉決穀以應幣。故穀廩之重又加十也。有與又同。 △上且修游人出若干幣 元本修作循。劉云。一本作上且鄰循。丁云。修當爲備。游人。游士也。具游士出若干幣。計直以假穀也。 △萬物重十倍府官以市欜出萬物隆而止 隆。一本作除。俞云。隆當作降。古字通用。此言物重則出之。及降殺而後止。廣雅釋詁曰。𢊁。減也。降與𢊁同。 △爲之有道予 王云。予當依宋本作于。譽之誤也。于卽乎字也。呂氏春秋審應篇。魏昭王謂田詘曰。然則先生聖于。高注曰。于。乎也。莊子人閒世篇。不爲社者。且幾有翦乎。釋文曰。乎。崔本作于。列子黃帝篇。今女之鄙至此乎。釋文曰。乎本又作于。周穆王篇。王乃歎曰。於乎。釋文乎作于。（論語爲政篇引書孝乎惟孝。釋文乎作于。皇侃本及漢石經竝同。管子九守篇。寂乎其無端也。鬼谷子符言篇乎作于。）是乎字古通作于也。通典食貨十二徑改爲乎。字義則是而文則非矣。（望案。中立本亦作乎。）△捍寵纍箕勝籯屑𥢶 宋本寵作籠。王云。勝當爲𦁈。字之誤。說文。𦁈。囊也。商子賞刑篇曰。贊茅岐周之粟以賞天下之人。不得人一𦁈。（今本亦譌作勝。）趙策曰。贏𦁈負書擔橐。秦策𦁈作縢。義同。屑。碎米也。廣雅作糏。𥢶。糗字之誤。糗。乾飯也。（此本劉說。望案。宋本正作糗。）引之曰。捍蓋桿字之誤。說文。梠。臿也。或作梩。方言曰。臿。東齊謂之梩。周官鄉師注引司馬法曰。輦一斧一斤一鑿一梩一鉏。孟子滕文公篇。虆梩而掩之。趙注曰。虆梩。籠臿之屬。謂虆爲籠屬。梩爲臿屬也。故管子亦以梩籠竝言之。 △夏十日不害芸事 宋本芸作耘。 △以幣貲金 元本貲作貨。 △據之以幣 丁云。據乃振字誤。上文云。山田以君寄幣振其不贍。是其證。上文又云。布黃金九千布幣稱貧富而調之。布與振同義。 △梁渭陽瑣之牛馬滿齊衍 丁云。齊字衍。滿衍是𢿋盛之義。山至數篇云。伏尸滿衍。則滿衍二字連文。 △請以穀視市𢷎而庚子牛馬爲上粟二家二家散其粟反准牛馬歸於上 元本朱本下二家字皆作立貲。丁云。元本是也。爲上粟二家立貲散其粟。作一句讀。三壤之家。以穀准幣歸之君。君復以穀視市擴而庚子牛馬。下文立貲戰於民。戰馬已具。亦同義也。庚。國蓄篇作賡。庚。償也。 △山林廩械器之高下在上 丁云。廩字衍。山林械器之高下在上與國穀之朝夕在

上。春秋冬夏之輕重在上。相對爲文。械器資于山林。故曰。山林械器也。義見下文。 △宮室械器 宋本作宮宮
械器。 △搋以下者爲柴楂 孫云。楂卽櫨之俗字。 △民衣食而繇下安無怨咎 望案。安訓爲乃。說見幼官
篇。

山權數第七十五　管子輕重八

△民之無檟賣子者 通典食貨八引作民之無糧。有賣子者。望案。今本涉下文而脫有字。 △故王者歲守十
分之參三年與少半成歲三十一年而藏十一年與少半藏參之一 王氏引之云。三年二字。因下文而衍。當作
歲守十分之參與少半。言一歲之穀分爲十分。守其三分與一分之少半。是所守者爲十分中三分之一也。成歲
者。順成之歲也。藏十一年。衍一字。當作藏十年。言順成之歲三十一年而藏其十年與一年之少半。是所藏者爲
三十一年中三分之一也。故曰藏參之一。張云。此文三年二字當依王說衍。三十一年當衍十一兩字。下與少半
三字當在藏三之一下。言少半者。算術以十分之五爲中半。十分之七爲太半。十分之三爲少半也。令歲收十而
三分之。則每分得三又三三不盡。是爲十分之三與少半也。成歲三年而藏十者。歷三年而所藏積九分。又三個
三三三不盡爲九九九不盡。以合於九分而成十也。一年藏參之一與少半。卽上文守十分之三與少半。覆舉之。
以明其不傷於民也。曰歲曰年。皆舉時而言。曰十分之三。曰少半。曰參之一。皆舉分而言。語自有倫。不得相混而
稱藏十年與少半也。乘馬數篇云。人君之守。歲藏三分。十年則必有三年之餘。彼約舉整數。要以十年。此牽帶餘
分以三年爲例。辭有詳略。意實相同。 △故天毀埊凶旱水泆 望案。埊下疑有脫文。 △管子對曰梁山之陽
綪綖夜石之幣天下無有 丁云。案綖字句。說文。綪。赤繒也。輕重戊篇。魯梁之民俗爲綈。此綖字疑綈字之誤。（
說文。綈。厚繒也。急就篇注。綈。厚繒之滑澤者也。重三斤五兩。今謂之平紬。）下文管子曰兩見。疑此文均有脫誤。（
張云。綖疑卽綪之異文。說文。茜。茅蒐也。段氏以爲卽蒨字。又云。綪以茜染。故謂之綪。則本一字。 △淮者失權也
見射者失筴也 王云。淮者上亦當有見字。見淮見射。皆承上文而言。 △此刑罰之所起而亂之之本也 王
云。亂之之本也。衍一之字。 △陋者所以益也 俞云。益當作隘。下管子對曰。隘則易益也。正承桓公此語而言。
今本卽涉下文益也二字而誤。 △閒田五石 王云。閒田。中田也。乘馬數曰。郡縣上㬰之壤守之若干。閒壤守
之若干。下壤守之若干。是閒爲中也。 △庸田五石 王氏引之云。庸字義不可通。庸當爲庳。字形相似而誤。庳

田下田也。　△粟賈一粟賈十粟賈三十粟賈百　王氏引之云。粟賈三十。衍三字。粟賈一者。令增其賈而爲十。
粟賈十者。令增其賈而爲百。故百畝可以當千畝。百乘之國可以當千乘。千乘可以當萬乘也。　△故地無量國
無筴　朱本元本作地有量國無筴。望案。下文亦言地有量。　△通於輕重之數不以狹畏廣不以少畏多　丁云。案通於輕
重之數下脱不以輕畏重通於多少之數十一字。上文云。君通於廣狹之數。不以狹畏廣。是其句例。　△則國不
相被　宋本國作問。　△樹表置高鄉之孝子聘之幣　丁云。當讀樹表置高句。鄉之二字下屬。謂一鄉之孝子
聘之以幣也。下文云。樹表置高。而高仁慈孝。是其證。　△民之能樹瓜瓠葷菜百果使蕃袞者　宋本袞作育。洪
云。玉篇裕作衮。袞卽衮字之譌。　△民之知時曰歲且阨　吳云。且乃豐字誤。丁云。案當作歲豐且阨。上文云。大
豐則藏分。阨亦藏分。豐阨對言。歲阨歲豐。與下文某穀不登。某穀豐。義亦相成。　△使蠶不疾病者皆置之黃金
一斤　類要引作使蠶不病者置黃金一斤。丁云。皆字衍。　△此國筴之者也　王云。國筴之下當有大字。上文
云。不以狹畏廣。不以少畏多。此國筴之大者也。是其證。　△國用相靡而足相困揲而𠱾　宋本困作因。王氏引
之云。𠱾當爲澹。字之誤也。（隸書澹字作澹。因譌而爲𠱾。）澹古贍字也。（荀子王制篇。物不能澹。楊倞曰。澹讀
爲贍。漢書食貨志。猶未足以澹其欲也。師古曰。澹。古贍字也。凡漢書贍字多作澹。不可枚舉。又漢巴郡太守張納
功德敍。䘏澹凍餒。隸釋曰。以澹爲贍。）上句言足。下句言贍。贍亦足也。侈靡篇曰。山不童而用贍。澤不弊而養足。
國蓄篇曰。豈壤力固不足而食固不贍也哉。禮記大傳曰。民無不足無不贍者。皆以贍足對文。義與此同也。相困
揲而𠱾。當爲相揲而澹。廣雅曰。揲。積也。言國用相積而贍也。困蓋衍字耳。劉以𠱾爲咨字。則義不可通。朱本逕改
爲咨。則謬益甚矣。又輕重甲篇。飢者得食。寒者得衣。死者得葬。不資者得振。宋本資作𠱾。亦是澹字之譌。民不贍。
故振之。山國軌篇曰。振其不贍。是也。後人不知𠱾爲澹之譌。因改爲資耳。下文不資者振之。及山至數篇。散振不
資者。不資皆當爲不澹。又國蓄篇。千乘可足。萬乘可資。資與足對文。亦當是澹字。　△民智而君愚　丁云。此下
疑脱民愚而君智句。與下富而君貧。下貧而君富對文。　△桓公曰請問心禁　宋本閏作問。是。　△將御神用
寶　丁云。說文曰。禦。祀也。御禦古通。下文云。東海之子類於龜。尹注。東海之子。海神之子也。以龜爲神而祀之。故
藏之泰臺。日釁四牛。　△北郭有掘闕而得龜者　尹注曰。掘。穿也。求物反。穿地至泉曰闕。求月反。王氏引之云。
闕卽掘字之假借。玉篇。廣韻。掘音其勿其月二切。其月與求月同。是掘字本有求月反之音。故闕與掘通。亦音求
月反。掘闕二字。音義無異也。蓋管子本作闕。校書者因其音義與掘同。而旁記掘字。傳寫者遂誤入正文耳。尹不

能蘯正而曲爲分別。失之。張云。掘闕固不當複。然掘下似脫一字。但云掘。文不成義。又案。此莊子及史記龜策傳褚先生所述豫且事所本。△之龜爲無貲　望案。之乃以字誤。△一日而釁之以四牛　宋本釁作亹。△吾今將有大事　宋本無今字。△還四年伐孤竹謂丁氏之粟中食三軍五月之食　丁云。此十九字疑衍。見上文。△物有豫則君失筴而民失生矣　吳云。則君上脫無豫二字。△萬乘之國不可以無萬金之蓄飾千乘之國不可以無千金之蓄飾百乘之國不可以無百金之蓄飾　王氏引之云。飾字義不可通。飾當作餘。飾餘二字篆文右畔相似。故餘誤爲飾。蓄餘者。蓄所餘也。萬金千金百金。所餘之數也。輕重甲篇曰。蓄餘藏羨而不息。

山至數第七十六　管子輕重九

△古者輕賦稅而肥籍斂　丁云。肥。古俷字。集韻曰。俷。薄也。列子黃帝篇曰。所偏肥。晉國黜之。張湛注曰。肥。薄也。△肥籍斂則械器不奉械器不奉　宋本無下械器不奉四字。御覽治道部七引同宋本。△而諸侯之皮幣不衣　御覽衣作至。△外皮幣不衣於天下內國傳賤　御覽無外字。內作則。張云。內當爲而字之誤。而卽則也。說見王氏經傳釋詞。△不日使之使不得不使不日貧之使不得不用　王云。貧字義不可通。揆度篇貧作用是也。兩使字兩用字皆上下相應。△故使民無有不得不使者　丁云。不得不使。疑當作不用不使。承上不得不使不得不用言之。言使民無有不爲我用不爲我使也。△祿肥則士不死　望案。此肥字亦當訓薄。與上肥籍斂義同。△彼穀十藏於上三游於下　望案。十疑七字之誤。△黃金一筴也江陽之珠一筴也秦之明山之曾青一筴也　丁云。黃金上亦當有所出之地名。與下文一例。秦之明山衍之字。揆度篇曰。汝漢水之右衢黃金一筴。江陽之珠一筴也。秦明山之曾青一筴也。是其證。△今國穀重十倍而萬物輕　望案。今國穀上脫管子曰三字。△財物在下幣之九在大夫然則幣穀羨在大夫也　丁云。案當作穀之九在大夫。然則穀羨在大夫也。今本穀誤爲幣。又衍一幣字。遂不可通。上文云。爲吾運穀而斂財。財卽幣也。云國財九在大夫者。卽運穀以斂之也。云國歲反一財物之九皆倍重而出者。卽以幣準穀。幣仍返之民間也。故此云財物在下也。財物在下。則穀在上。故云。穀之九在大夫也。穀在大夫。重一而九爲餘。故云。穀羨在大夫也。管子立環乘之幣。不過重輕輕重。一上一下。斷無幣穀盡斂於國。自壞其法也。△熟穀之人亡　望案。熟俗字。當從宋本作孰。△內則大夫自還而不盡忠　望案。還讀爲環。說見君臣下篇。△泰秋田穀之存予者若干　宋本予作子。通典食貨十二

引同。洪云。予當作子。臣乘馬篇。泰秋子穀大登。又曰。幣之在子者。以爲穀而廩之州里。皆其證。　△今上斂穀以
幣　望案。今。令字之誤。　△無不爲國筴　中立本國誤筴。　△則諸侯穀歸吾國矣　宋本歸下有於字。　△
故諸侯服而無正臣櫝從而以忠　宋本正作止。丁云。櫝字疑衍。　△故守大夫以縣之筴　宋本以下有一字。
△請散棧臺之錢散諸城陽　王云。請散之散。涉下文而衍。御覽資產部十六引無散字。　△穀爲君幣爲下
望案。君疑上字誤。　△大夫聚壤而封　宋本作旅壤。望案。旅列古同聲。如陳旅即陳列。今本作聚。必裂字之
誤。　△散振不資者　望案。不資乃不贍之誤。說見前。　△以鄉完重　元本完作見。　△特命我曰　俞云。特
者。人名也。命猶告也。禮記緇衣注。傅說作書以命高宗。是古者上下不嫌同詞。以君告臣謂之命。以臣告君亦謂
之命也。此下文多脫誤。不可強解。　△君人之主弟兄十人　宋本主作生。　△三世則昭穆同祖十世則爲祏
宋云。三世當爲四世。十世當爲五世。古文四作三。五作乂。形近而誤。禮天子諸侯皆親廟四。故云四世則昭穆
同祖。五世爲祧。祧主藏太祖及二祧廟。若文武二世室。有主而無廟。故云五世則爲祏。祏藏主石函也。（本左傳
杜注。）異義古春秋左氏說。古者先王日祭於祖考。月薦於曾高。時享及二祧。歲祫及壇墠。終禘及郊宗石室。（
本通典御覽。）摯虞決疑要注曰。毀廟主藏廟外戶之外西牖之中。有石函。名曰宗祏。函中有笥。以盛主。親盡則
廟毀。毀廟之主。藏于始祖之廟。（本續漢祭祀志注。）並以毀廟爲祏也。莊十四年傳。鄭原繁稱命我先人典司
宗祏。蓋主宗廟之官云。宗祏言遠者。謙也。昭十八年傳。鄭火。子產使子寬子上巡羣屏攝至於大宮。杜注。大宮。鄭
祖廟。巡行宗廟。不使火及之。又云。使祝史徙主祏于周廟。杜注。周廟。厲王廟也。此所徙正以還廟主在戶外西牖
中。恐火及。故徙之。哀十六年傳。衞孔悝使貳車反祏于西圃。大夫三廟。高會之主即爲祏也。　△財終則有始與
四時廢起　丁云。財字四字當衍。　△始取夫三大夫之家方六里而一乘二十七人而奉一乘　王氏引之云。
大字衍。三夫之家。謂三夫爲一家也。乘馬篇曰。邑成而制事。四聚爲一離。五離爲一制。五制爲一田。二田爲一夫。
三夫爲一家是也。乘馬篇又曰。白徒三十人奉車兩。（兩上脫一字。辯見乘馬篇。）此二十七人亦當作三十人。
三誤爲二。又衍七字也。丁云。六字皆八字之誤。與乘馬篇同。　△狼牡以至於馮會之日　吳云。日乃口字誤。安
井衡云。古本牡作壯。　△唐圉牧食之人　王云。唐圉當爲唐園。字之誤也。食與飤同。謂唐園中牧飤之人也。輕
重甲篇曰。以唐園爲本利。晏子春秋問篇曰。治唐園。考菲履。皆其證。　△因捫牢筴也　丁云。捫疑欄字誤。晏子。
君之牛馬老於欄牢。鹽鐵論。是猶開其欄牢。輕重戊篇。殷人之王。立皁牢服牛馬欄。牢即皁牢也。下文行捫牢之

筴同。△山處之國常藏穀三分之一　安井衡云。古本藏下有國字。△水泆之國常操十分之二　丁云。當操下當脫國穀二字。與上文句例同。△與工雕文梓器以下　望寒與疑興字誤。△以東西南北相彼用　望寒。彼疑被字誤。

卷二十三

地數第七十七　管子輕重十

桓公曰。地數可得聞乎。管子對曰。地之東西二萬八千里。南北二萬六千里。其出水者八千里。受水者八千里。出銅之山四百六十七山。出鐵之山三千六百九山。此之所以分壤樹穀也。戈矛之所發。刀幣之所起也。能者有餘。拙者不足。封於泰山。禪於梁父。封禪之王。七十二家。得失之數。皆在此內。是謂國用。桓公曰。何謂得失之數皆在此。管子對曰。昔者桀霸有天下。而用不足。湯有七十里之薄。而用有餘。天非獨爲湯雨菽粟。而地非獨爲湯出財物也。伊尹善通移輕重開闔決塞。通於高下徐疾之筴。坐起之費時也。黃帝問於伯高曰。吾欲陶天下而以爲一家。爲之有道乎。伯高對曰。請刈其莞而樹之。吾謹逃其蚤牙。則天下可陶而爲一家。黃帝曰。此若言可得聞乎。伯高對曰。上有丹沙者。下有黃金。上有慈石者。下有銅金。上有陵石者。下有鉛錫赤銅。上有赭者。下有鐵。此山之見榮者也。苟山之見其榮者。君謹封而祭之。距封十里而爲一壇。是則使乘者下行。行者趨。若犯令者罪死不赦。然則與折取之遠矣。修教十年。而葛盧之山發而出水。金從之。蚩尤受而制之。以爲劍鎧矛戟。是歲相兼者諸侯九。雍狐之山發而出水。金從之。蚩尤受而制之。以爲雍狐之戟芮戈。是歲相兼者諸侯十二。故天下之君頓戟一怒。伏尸滿野。此見戈之本也。

桓公問於管子曰。請問天財所出。地利所在。管子對曰。山上有赭者。其下有鐵。上有鉛者。其下有銀。一曰。上有鉛者。其下有鉒銀。上有丹沙者。其下有鉒金。上有慈石者。其下有銅金。此山之見榮者也。苟山之見榮者。謹封而爲禁。有動封山者。罪死而不赦。有犯令者。左足入。左足斷。右足入。右足斷。然則其與犯之遠矣。此天財地利之所在也。桓公問於管子曰。以天財地利立功成名於天下者。誰子也。管子對曰。文武是也。桓公曰。此若言何謂也。管子對曰。夫玉起於牛氏邊山。金起於汝漢之右洿。珠起於赤野之末光。此皆距周七千八百里。其涂遠而至難。故先王各用於其重。珠玉爲上幣。黃金爲中幣。刀布爲下幣。令疾則黃金重。令徐則黃金輕。先王權度其號令之徐疾。高下其中幣。而制下上之用。則文武是也。

桓公問於管子曰。吾欲守國財。而毋稅於天下。而外因天下可乎。管子對曰。可。夫水激而流渠。令疾而物重。先王理其號令之徐疾。內守國財。而外因天下矣。桓公問於管子曰。其行事奈何。管子對曰。夫昔者武王有巨橋之粟。貴糴之數。武王既勝殷。得巨橋粟。欲使糴貴。巨橋倉在今廣平郡曲周縣也。桓公曰。爲之奈何。管子對曰。武王立重泉之戍。戍。名也。假設此戍名。欲人憚役而競收粟也。重。丈恭反。令曰。民自有百鼓之粟者不行。鼓。十二斛也。民舉所最粟。舉。盡也。最。聚也。子外反。以避重泉之戍。而國穀二什倍。巨橋之粟亦二什倍。武王以巨橋之粟二什倍而市繒帛。軍五歲毋籍衣於民。以巨橋之粟二什倍而衡黃金百萬。衡。平也。終身無籍於民。准衡之數也。

桓公問於管子曰。今亦可以行此乎。管子對曰。可。夫楚有汝漢之金。齊有渠展之鹽。燕有遼東之煮。此三者亦可以當武王之數。十口之家。十人咶鹽。百口之家。百人咶鹽。凡食鹽之數。一月丈夫五升少半。婦人三升少半。嬰兒二升少半。鹽之重。升加分耗而釜五十。升加一耗而釜百。升加十耗而釜千。君伐菹薪。煮泲水爲鹽。正而積之三萬鍾。至陽春。請籍於時。桓公曰。何謂籍於時。管子曰。陽春農事方作。令民毋得築垣牆。毋得繕冢墓。丈夫毋得治宮室。毋得立臺榭。北海之衆毋得聚庸而煮鹽。然鹽之賈必四什倍。君以四什之賈修河濟之流。南輸梁趙宋衛濮陽。惡食無鹽則腫。守圉之本。其用鹽獨重。君伐菹薪。煮沸水以籍於天下。然則天下不減矣。

桓公問於管子曰。吾欲富本而豐五穀可乎。管子對曰。不可。夫本富而財物衆不能守。則稅於天下。五穀興豐巨錢而天下貴。則稅於天下。然則吾民常爲天下虜矣。夫善用本者。若以身濟於大海。觀風之所起。天下高則高。天下下則下。天下高我下。則財利稅於天下矣。

桓公問於管子曰。事盡於此乎。管子對曰。未也。夫齊衢處之本。通達所出也。游子勝商之所道。人求本者。食吾本粟。因吾本幣。騏驥黃金。然後出令有徐疾。物有輕重。然後天下之寶壹爲我用。善者用非有。使非人。

揆度第七十八　管子輕重十一

齊桓公問於管子曰。自燧人以來。其大會可得而聞乎。管子對曰。燧人以來。未有不以輕重爲天下也。其工之王。帝共工氏繼女媧有天下。水處什之七。陸處什之三。乘天勢以隘制天下。至於黃帝之王。謹逃其爪牙。不利其器。藏秘鋒芒。不以示人行機權之道。使人日用而不知。燒山林。破增藪。焚沛澤。沛。大澤也。水草兼處曰沛。一說逐禽獸。實以益人。然後天下可得而牧也。至於堯舜之王所以化海內者。北用禺氏之玉。禺氏西北戎名。玉之所出。南貴江漢之珠。其勝禽獸之仇以大夫隨之。勝。猶益也。禽獸之仇者。使其逐禽獸如從仇讎也。以大夫隨之者。使其大夫散邑粟財物。隨山澤之人求其禽獸之皮。桓公曰。何謂也。管子對曰。令諸侯之子將委質者。諸國君之子。若衛公子開方。魯公子季友之類。皆以雙武之皮。雙虎之皮以爲裘。卿大夫豹飾。卿大夫。上大夫也。袖謂之飾。列大夫豹幨。列大夫。中大夫也。襟謂之幨。幨音昌詹反。大夫散其邑粟。與其財物。以市虎豹之皮。故山林之人刺其猛獸。刺音七亦反。若從親戚之仇。此君冕服於朝。而猛獸勝於外。大夫已散其財物。萬人得受其流。此堯舜之數也。言堯舜嘗用此數。

桓公曰。事名二正名五。而天下治。何謂事名二。對曰。天筴。陽也。壤筴。陰也。此謂事名二。何謂正名五。對曰。權也。衡也。規也。矩也。准也。此謂正名五。其在色者。青黃白黑赤也。其在聲者。宮商羽徵角也。其在味者。酸辛鹹苦甘也。二五者。童山竭澤。人君以數制之人。味者。所以守民口也。聲者。所以守民耳也。色者。所以守民目也。人君失二五者。亡其國。大夫失二五者。亡其勢。民失二五者。亡其家。此國之至機也。謂之國機。

輕重之法曰。自言能爲司馬不能爲司馬者。殺其身以釁其鼓。自言能治田土不能治田土者。殺其身以釁其社。自言能爲官不能爲官者。劓以爲門父。故無敢姦能誣祿至於君者矣。故相任寅爲官都。重門擊柝不能去。亦隨之以法。

桓公問於管子曰。請問大准。管子對曰。大准者。天下皆制我而無我焉。此謂大准。桓公曰。何謂也。管子對曰。今天下起兵加我。臣之能謀厲國定名者。割壤而封。臣之能以車兵進退成功立名者。割壤而封。然則是天下盡封君之臣也。非君封之也。天下已封君之臣十里矣。天下每動。重封君之民二十里。君之民非富也。鄰國富之。鄰國每動。重富君之民。貧者重貧。富者重富。大准之數也。桓公曰。何謂也。管子對曰。今天下起兵加我。民棄其耒耜。出持戈於外。然則國不得耕。此非天凶也。此人凶也。君朝令而夕求具。民肆其財物與其五穀。爲讎厭而去。賈人受而廩之。然則國財之一分在賈人。師罷。民反其事。萬物反其重。賈人出其財物。國幣之少分廩於賈人。若此。則幣重三分。財物之輕重三分。賈人市於三分之間。國之財物盡在賈人。而君無筴焉。民更相制。君無有事焉。此輕重之大准也。

管子曰。人君操本。民不得操末。人君操始。民不得操卒。其在涂者。籍之於衢塞。其在穀者。守之春秋。其在萬物者。

立貲而行。故物動則應之。故豫奪其涂。則民無遵。君守其流。則民失其高。故守四方之高下。國無游賈。貴賤相當。此謂國衡。以利相守。則數歸於君矣。

管子曰。善正商任者省有肆。省有肆。則市朝閒。市朝閒。則田野充。田野充。則民財足。民財足。則君賦斂焉不窮。今則不然。民重而君重。重而不能輕。民輕而君輕。輕而不能重。天下善者不然。民重則君輕。民輕則君重。此乃財餘以滿不足之數也。故凡不能調民利者。不可以爲大治。不察於終始。不可以爲至矣。動左右以重相因。二十國之筴也。鹽鐵二十國之筴也。錫金二十國之筴也。五官之數。不籍於民。

桓公問於管子曰。輕重之數惡終。管子對曰。若四時之更舉。無所終。國有患憂。輕重五穀以調用。積餘臧羨以備賞。天下賓服。有海內以富誠信仁義之士。故民高辭讓。無爲奇怪者。彼輕重者。諸侯不服。以出戰。諸侯賓服。以行仁義。

管子曰。一歲耕。五歲食。粟賈五倍。一歲耕。六歲食。粟賈六倍。二年耕。而十一年食。夫富能奪。貧能予。乃可以爲天下。且天下者。處茲行茲。若此而天下可壹也。夫天下者。使之不使。用之不用。故善爲天下者。毋曰使之使不得不使。毋曰用之用不得不用也。

管子曰。善爲國者。如金石之相舉。重鈞則金傾。故治權則勢重。治道則勢贏。今穀重於吾國。輕於天下。則諸侯之自泄。如原水之就下。故物重則至。輕則去。有以重至而輕處者。我動而錯之。天下即已於我矣。物臧則重。發則輕。散則多。幣重則民死利。幣輕則決而不用。故輕重調於數而止。

五穀者。民之司命也。刀幣者。溝瀆也。號令者。徐疾也。令重於寶。社稷重於親戚。胡謂也。對曰。夫城郭拔。社稷不血食。無生臣。親沒之後。無死子。此社稷之所重於親戚者也。故有城無人。謂之守平虛。有人而無甲兵而無食。謂之與禍居。

桓公問管子曰。吾聞海內玉幣有七筴。可得而聞乎。管子對曰。陰山之礝碈。一筴也。燕之紫山白金。一筴也。發朝鮮之文皮。一筴也。汝漢水之右衢黃金。一筴也。江陽之珠。一筴也。秦明山之曾青。一筴也。禺氏邊山之玉。一筴也。此謂以寡爲多。以狹爲廣。天下之數。盡於輕重矣。

桓公問於管子曰。陰山之馬。具駕者千乘。馬之平賈萬也。金之平賈萬也。吾有伏金千斤。爲此奈何。管子對曰。君請使與正籍者皆以幣還於金。吾至四萬。此一爲四矣。吾非埏埴搖鑪橐而立黃金也。今黃金之重一爲四者數也。珠起於赤野之末光。黃金起於汝漢水之右衢。玉起於禺氏之邊山。此度去周七千八百里。其涂遠。其至阸。故先王度用其重而因之。珠玉爲上幣。黃金爲中幣。刀布爲下幣。先王高下中幣。利下上之用。百乘之國。中而立市。東西南北度五十里。一日定慮。二日定載。三日出竟。五日而反。百乘之制。輕重毋過五日。百乘爲耕田萬頃。爲戶萬戶。爲開口十萬人。爲分者萬人。爲輕車百乘。爲馬四百匹。千乘之國。中而立市。東西南北度百五十餘里。二日定慮。三日定載。五日出竟。十日而反。千乘之制。輕重毋過一旬。千乘爲耕田十萬頃。爲戶十萬戶。爲開口百萬人。爲當分者十萬人。爲輕車千乘。爲馬四千匹。萬乘之國。中而立市。東西南北度五百里。三日定慮。五日定載。十日出竟。二十日而反。萬乘之制。輕重毋過二旬。萬乘爲耕田百萬頃。爲戶百萬戶。爲開口千萬人。爲當分者百萬人。爲輕車萬乘。爲馬四萬匹。

管子曰。匹夫爲鰥。匹婦爲寡。老而無子者爲獨。君問其若有子弟師役而死者。父母爲獨。上必葬之。衣衾三領。木必三寸。鄉吏視事。葬於公壤。若產而無弟兄。上必賜之匹馬之壤。故親之殺其子以爲上用。不苦也。君終歲行邑里。其人力同而宮室美者。良萌也。力作者也。脯二束。酒一石。以賜之。力足蕩遊不作。老者譙之。當壯者遣之邊戍。民之無本者貸之圃彊。故百事皆舉。無留力失時之民。此皆國筴之數也。

上農挾五。中農挾四。下農挾三。上女衣五。中女衣四。下女衣三。農有常業。女有常事。一農不耕。民有爲之飢者。一女不織。民有爲之寒者。飢寒凍餓。必起於糞土。故先王謹於其始。事再其本。民無饘者賣其子。三其本。若爲食。四其本。則鄉里給。五其本。則遠近通。然後死得葬矣。事不能再其本。而上之求焉無止。然則姦涂不可獨遵。貨財不安於拘。隨之以法。則中內摲民也。輕重不調。無饘之民不可責理。鬻子不可得使。君失其民。父失其子。亡國之數也。管子曰。神農之數曰。一穀不登。減一穀。穀之法什倍。二穀不登。減二穀。穀之法再什倍。夷疏滿之。無食者予之陳。無種者貸之新。故無什倍之賈。無倍稱之民。

國准第七十九　　管子輕重十二

桓公問於管子曰。國准可得聞乎。管子對曰。國准者。視時而立儀。桓公曰。何謂視時而立儀。對曰。黃帝之王。謹逃其爪牙。有虞之王。枯澤童山。夏后之王。燒增藪。焚沛澤。不益民之利。殷人之王。諸侯無牛馬之牢。不利其器。周人之王。官能以備物。五家之數殊而用一也。桓公曰。然則五家之數籍何者爲善也。管子對曰。燒山林。破增藪。焚沛澤。猛獸衆也。童山竭澤者。君智不足也。燒增藪。焚沛澤。不益民利。逃械器。閉智能者。輔己者也。諸侯無牛馬之牢。不利其器者。曰淫器而壹民心者也。以人御人。逃戈刃。高仁義。乘天固以安己者也。五家之數殊而用一也。

桓公曰。今當時之王者。立何而可。管子對曰。請兼用五家而勿盡。桓公曰。何謂。管子對曰。立祈祥以固山澤。立械器以使萬物。天下皆利。而謹操重筴。童山竭澤。益利搏流。出山金立幣。存菹丘。立駢牢。以爲民饒。彼菹菜之壤。非五穀之所生也。麋鹿牛馬之地。春秋賦生殺老。立施以守五穀。此以無用之壤臧民之羸。五家之數皆用而勿盡。桓公曰。五代之王。以盡天下數矣。來世之王者。可得而聞乎。管子對曰。好譏而不亂。亟變而不變。時至則爲。過則去。王數不可豫致。此五家之國准也。

管子輕重十三

輕重甲第八十

桓公曰。輕重有數乎。管子對曰。輕重無數。物發而應之。聞聲而乘之。故爲國不能來天下之財。致天下之民。則國不可成。桓公曰。何謂來天下之財。管子對曰。昔者桀之時。女樂三萬人。端譟晨樂聞於三衢。是無不服文繡衣裳者。伊尹以薄之游女工文繡纂組一純得粟百鍾於桀之國。夫桀之國者。天子之國也。桀無天下憂。飾婦女鍾鼓之樂。故伊尹得其粟而奪之流。此之謂來天下之財。桓公曰。何謂致天下之民。管子對曰。請使州有一掌。里有積五窌。民無以與正籍者。予之長假。死而不葬者。予之長度。飢者得食。寒者得衣。死者得葬。不資者得振。則天下之歸我者若流水。此之謂致天下之民。故聖人善用非其有。使非其人。動言搖辭。萬民可得而親。桓公曰。善。

桓公問管子曰。夫湯以七十里之薄兼桀之天下。其故何也。管子對曰。桀者冬不爲杠。夏不束柎。以觀凍溺。弛牝虎充市。以觀其驚駭。至湯而不然。夷競而積粟。飢者食之。寒者衣之。不資者振之。天下歸湯若流水。此桀之所以失其天下也。桓公曰。桀使湯得爲是。其故何也。管子曰。女華者。桀之所愛也。湯事之以千金。曲逆者。桀之所善也。湯事之以千金。內則有女華之陰。外則有曲逆之陽。陰陽之議合。而得成其天子。此湯之陰謀也。

桓公曰。輕重之數。國准之分。吾已得而聞之矣。請問用兵奈何。管子對曰。五戰而至於兵。桓公曰。此若言何謂也。

管子對曰。請戰衡。戰准。戰流。戰權。戰勢。此所謂五戰而至於兵者也。桓公曰。善。

桓公欲賞死事之後。曰。吾國者。衢處之國。饋食之都。虎狼之所棲也。今每戰。輿死扶傷如孤。荼首之孫。仰倳戟之寳。吾無由與之。爲之奈何。管子對曰。吾國之豪家遷封食邑而居者。君章之以物。則物重。不章以物。則物輕。守之以物。則物重。不守以物。則物輕。故遷封食邑。富商蓄賈。積餘藏羨。跱蓄之家。此吾國之豪也。故君請縞素而就士室。朝功臣世家。遷封食邑。積餘藏羨跱蓄之家曰。城脆致衝。無委攻圍。天下有慮。齊獨不與其謀。子大夫有五穀菽粟者。勿敢左右。請以平賈取之子。與之定其券契之齒。釜鏂之數。不得爲侈弇焉。困窮之民。聞而糴之。釜鏂無止。遠通不推。國粟之粟。坐長而四十倍。君出四十倍之粟。以振孤寡。牧貧病。視獨老。窮而無子者。靡得相鬻而養之。勿使赴於溝澮之中。若此。則士爭前戰爲顏。行不偷而爲用。輿死扶傷。死者過半。此何故也。士非好戰而輕死。輕重之分使然也。

桓公曰。皮幹筋角之徵甚重。重籍於民。而貴市之。皮幹筋角。非爲國之數也。管子對曰。請以令高杠柴池。使東西不相睹。南北不相見。桓公曰。諾。行事期年。而皮幹筋角之徵去分。民之藉去分。桓公召管子而問曰。此何故也。管子對曰。杠池平之時。夫妻服簟。輕至百里。今高杠柴池。東西南北不相睹。天酸然雨。十人之力不能上。廣澤遇雨。十人之力不可得而恃。夫舍牛馬之力所無因。牛馬絕罷而相繼死其所者相望。皮幹筋角。徒予人而莫之取。牛馬之賈。必坐長而百倍。天下聞之。必離其牛馬而歸齊若流。故高杠柴池所以致天下之牛馬。而損民之藉也。道若秘云。物之所生。不若其所聚。

桓公曰。弓弩多匡軫（苦禮切。軫也。）者。而重籍於民。奉繕工而使弓弩多匡軫者。其故何也。管子對曰。鵝鶩之舍近。鵾雞鵠鴇（音保。）之通遠。鵠鵾之所在。君請式璧而聘之。桓公曰。諾。行事期年。而上無闕者。前無趨人。三月解匑。弓弩無匡軫者。召管子而問曰。此何故也。管子對曰。鵠鵾之所在。君式璧而聘之。菹澤之民聞之。越平而射遠。非十鈞之弩不能中鵾雞鵠鴇。彼十鈞之弩。不得棊擏不能自正。故三月解匑。而弓弩無匡軫者。此何故也。以其家習其所也。

桓公曰。寡人欲藉於室屋。管子對曰。不可。是毀成也。欲藉於萬民。管子曰。不可。是隱情也。欲藉於六畜。管子對曰。不可。是殺生也。欲藉於樹木。管子對曰。不可。是伐生也。然則寡人安藉而可。管子對曰。君請藉於鬼神。桓公忽然作色曰。萬民室屋。六畜樹木。且不可得藉。鬼神乃可得而藉夫。管子對曰。厭宜乘勢。事之利得也。計議因權。事之囿大也。王者乘勢。聖人乘幼。與物皆宜。桓公曰。行事奈何。管子對曰。昔堯之五吏五官無所食。君請立五厲之祭。祭堯之五吏。春獻蘭。秋斂落原。魚以為脯。鯢以為殽。若此。則澤魚之正。伯倍異日。則無屋粟邦布之藉。此之謂設之以祈祥推之以禮義也。然則自足何求於民也。

桓公曰。天下之國。莫強於越。今寡人欲北舉事孤竹離枝。恐越人之至。為此有道乎。管子對曰。君請遏原流。大夫立沼池。令以矩游為樂。則越人安敢至。桓公曰。行事奈何。管子對曰。請以令隱三川立員都。立大舟之都。大身之都。有深淵壘十仞。令曰。能游者賜千金。未能用金千。齊民之游水。不避吳越。桓公終北舉事於孤竹離枝。越人果至隱曲蔷以水齊。管子有扶身之士五萬人。以待戰於曲蔷。大敗越人。此之謂水豫。

齊之北澤燒火（獵而行火曰燒，式照反。）光照堂下。管子入賀桓公曰。吾田野辟。農夫必有百倍之利矣。是歲租稅九月而具。粟又美。桓公召管子而問曰。此何故也。管子對曰。萬乘之國。千乘之國。不能無薪而炊。今北澤燒莫之續。則是農夫得居裝而賣其薪蕘。大曰薪。小曰蕘。一束十倍。則春有以倳耜。夏有以決芸。此租稅所以九月而具也。

桓公憂北郭民之貧。召管子而問曰。北郭者。盡屨縷之甿也。以唐園爲本利。爲此有道乎。管子對曰。請以令禁百鍾之家不得事鞽。千鍾之家不得爲唐園。去市三百步者不得樹葵菜。若此。則空閒有以相給資。則北郭之甿。有所雔其手搔之功。唐園之利。故有十倍之利。

管子曰。陰王之國有三。而齊與在焉。桓公曰。此若言可得聞乎。管子對曰。楚有汝漢之黃金。而齊有渠展之鹽。燕有遼東之煮。此陰王之國也。且楚之有黃金。中齊有菑石也。苟有操之不工。用之不善。天下倪而是耳。使夷吾得居楚之黃金。吾能令農毋耕而食。女毋織而衣。今齊有渠展之鹽。渠展。齊地。泲水所流入海之處。可煮鹽之所也。故曰渠展之鹽。請君伐菹薪。草枯曰菹。采居反。煮泲火爲鹽。正音征。而積之。桓公曰。諾。十月始正。至於正月。成鹽三萬六千鍾。召管子而問曰。安用此鹽而可。管子對曰。孟春既至。農事且起。大夫無得繕冢墓。理宮室。立臺榭。築牆垣。北海之衆無得聚庸。庸。功也。而煮鹽。北海之衆。謂北海煮鹽之人。本意禁人煮鹽。託以農事。慮有妨奪。先自大夫起。欲人不知其機。斯爲權術。若此。則鹽必坐長而十倍。桓公曰。善。行事奈何。管子對曰。請以令糶之梁趙宋衛濮陽。彼盡饋食之也。國無鹽則腫。守圉之國。本國自無鹽。遠饋而食。圉與禦同。用鹽獨甚。桓公曰。諾。乃以令使糶之。得成金萬一千餘斤。桓公召管子而問曰。安用金而可。管子對曰。請以令使賀獻出正籍者必以金。金坐長而百倍。運金之重以衡。萬物盡歸於君。故此所謂用若挹於河海。若輸之給馬。此陰王之業。

管子曰。萬乘之國。必有萬金之賈。千乘之國。必有千金之賈。百乘之國。必有百金之賈。非君之所賴也。君之所與。故爲人君而不審其號令。則中一國而二君二王也。桓公曰。何謂一國而二君二王。管子對曰。今君之籍取以正萬物之賈。輕去其分。皆入於商賈。此中一國而二君二王也。故賈人乘其弊以守民之時。貧者失其財。是重貧也。農夫失其五穀。是重竭也。故爲人君而不能謹守其山林菹澤草萊。不可以立爲天下王。桓公曰。此若言何謂也。管子對曰。山林菹澤草萊者。薪蒸之所出。犧牲之所起也。故使民求之。使民藉之。因以給之。私愛之於民。若弟之與兄。子之與父也。然後可以通財交殷也。故請取君之游財而邑里布積之。陽春蠶桑且至。請以給其口食簞曲之彊。若此。則絓絲之籍去分而斂矣。且四方之不至。六時制之。春日倳耜。次日獲麥。次日薄芋。次日樹麻。次日絕菹。次日大雨且至。趣芸壅培。六時制之。臣給至於國都。善者鄉因其輕重。守其委廬。故事至而不妄。然後可以立爲天下王。

管子曰。一農不耕。民或爲之飢。一女不織。民或爲之寒。故事再其本。則無賣其子者。事三其本。則衣食足。事四其本。則正籍給。事五其本。則遠近通。死得藏。今事不能再其本。而上之求焉無止。是使姦涂不可獨行。遺財不可包止。隨之以法。則是下艾民。食三升。則鄉有正食而盜。食二升。則里有正食而盜。食一升。則家有正食而盜。今操不反之事。而食四十倍之粟。而求民之毋失。不可得矣。且君朝令而求夕具。有者出其財。無有者賣其衣屨。農夫糶其五穀。三分賈而去。是君朝令一怒。布帛流越而之天下。君求焉而無止。民無以待之。走亡而棲山阜。持戈之士。顧不見親。家族失而不分。民走於中。而士遁於外。此不待戰而內敗。

管子曰。今爲國有地牧民者。務在四時。守在倉廩。國多財。則遠者來。地辟舉。則民留處。倉廩實。則知禮節。衣食足。則知榮辱。今君躬犂墾田。耕發草土。得其穀矣。民人之食。有人若干步畝之數。然而有餓餒於衢閭者何也。穀有所藏也。今君鑄錢立幣。民通移。人有百十之數。然而民有賣子者何也。財有所并也。故爲人君不能散積聚。調高下。分并財。君雖彊本趣耕。發草立幣而無止。民猶若不足也。

桓公問於管子曰。今欲調高下。分并財。散積聚。不然。則世且并兼而無止。蓄餘藏羨而不息。貧賤鰥寡獨老不與得焉。散之有道。分之有數乎。管子對曰。唯輕重之家爲能散之耳。請以令輕重之家。桓公曰。諾。東車五乘。迎癸乙於周下原。桓公問四因與癸乙管子脩戚相與四坐。桓公曰。請問輕重之數。癸乙曰。重籍其民者失其下。數欺諸侯者無權與。管子差肩而問曰。吾不籍吾民。何以奉車革。不籍吾民。何以待鄰國。癸乙曰。唯好心爲可耳。夫好心則萬物通。萬物通則萬物運。萬物運則萬物賤。萬物賤則萬物可因。知萬物之可因而不因者。奪於天下。奪於天下者。國之大賊也。桓公曰。請問好心萬物之可因。癸乙曰。有餘富無餘乘者。責之卿。諸侯足其所不賂其游者。責之令大夫。若此。則萬物通。萬物通。則萬物運。萬物運。則萬物賤。萬物賤。則萬物可因矣。故知三准同筴者。能爲天下。不知三准之同筴者。不能爲天下。故申之以號令。抗之以徐疾也。民乎其歸我若流水。此輕重之數也。

桓公問於管子曰。今倳戟十萬。薪菜之靡。日虛十里之衍。頓戟一譟。而靡幣之用。日去千金之積。久之且何以待之。管子對曰。粟賈平四十。則金賈四千。粟賈釜四十。則鍾四百也。十鍾四千也。二十鍾者爲八千也。金賈四千。則二金中八千也。然則一農之事。終歲耕百畝。百畝之收。不過二十鍾。一農之事。乃中二金之財耳。故粟重黃金輕。黃金重而粟輕。兩者不衡立。故善者重粟之賈。釜四百。則是鍾四千也。十鍾四萬。二十鍾者八萬。金賈四千。則是十金四萬也。二十金者爲八萬。故發號出令曰。一農之事。有二十金之筴。然則地非有廣狹。國非有貧富也。通於發號出令。審於輕重之數然。

管子曰。湩然擊鼓。士忿怒。鎗然擊金。士帥然筴桐鼓從之。輿死扶傷。爭進而無止。口滿用。手滿錢。非大父母之仇也。重祿重賞之所使也。故軒冕立於朝。爵祿不隨。臣不爲忠。中軍行戰委予之賞不隨。士不死其列陳。然則是大臣執於朝。而列陳之士執於賞也。故使父不得子其子。兄不得弟其弟。妻不得有其夫。唯重祿重賞爲然耳。故不遠道里。而能威絕域之民。不險山川。而能服有恃之國。發若雷霆。動若風雨。獨出獨入。莫之能圉。

桓公曰。四夷不服。恐其逆政。游於天下。而傷寡人。寡人之行爲此有道乎。管子對曰。吳越不朝。珠象而以爲幣乎。發朝鮮不朝。請文皮毤（仙臥切。落毛也。）服而以爲幣乎。禺氏不朝。請以白璧爲幣乎。崑崙之虛不朝。請以璆琳琅玕爲幣乎。故夫握而不見於手。含而不見於口。而辟千金者。珠也。然後八千里之吳越可得而朝也。一豹之皮容金而金也。然後八千里之發朝鮮可得而朝也。懷而不見於抱。挾而不見於掖。而辟千金者。白璧也。然後八千里之禺氏可得而朝也。簪珥而辟千金者。璆琳琅玕也。然後八千里之崑崙之虛可得而朝也。故物無主。事無接。遠近無以相因。則四夷不得而朝矣。

卷二十三校正

地數第七十七　管子輕重十

△出銅之山四百六十七山出鐵之山三千六百九山　史記貨殖傳。御覽地部一引此。出銅之山上。並有凡天下名山五千三百七十一句。中山經亦有之。當據補。又引出銅之山二句。作出銅之山四百六十七。出鐵之山三千六百有九。今本二句末皆衍山字。次句中又脫有字。當據以訂正。（王洪二說如此。）　△此之所以分壤樹穀也　孫云。據中山經。之所以上脫天地二字。　△何謂得失之數皆在此　丁云。此下脫內字。當據上文補。　△請刈其莞而樹之　路史黃帝紀注引刈作乂。莞作莧。樹作時。　△逃其蚤牙　路史引蚤作爪。　△上有丹沙者下有黃金　路史沙作砂。金作銀。　△上有慈石者　望案。慈即磁之假字。　△下有銅金　路史作下有赤銅青金。　△上有陵石者　御覽地部三引作錄石。珍寶部九引作陵石。與今本同。　△下有鉛錫赤銅　御

覽地部三。珠寶部九引。竝無赤銅二字。　△苟山之見榮者　宋本元本見下有其字。　△君謹封而祭之　北堂書鈔百四十四引謹作謚。　△修教十年而葛盧之山發而出水金從之蚩尤受而制之以爲劍鎧矛戟　史記五帝本紀。索隱引作蚩尤受盧山之金而作五兵。盧上無葛字。高祖本紀。集解引作交而出水。藝文類聚六十引作厰而出水。廢發古字通。　△是歲相兼者諸侯九　路史黃帝紀注引。諸侯二字在相兼者之上。　△蚩尤受而制之以爲雍狐之戟芮戈　洪云。荀子榮辱篇。狐父之戟。楊倞注曰。狐父。地名。管子曰。蚩尤爲雍狐之戟。狐父之戈。豈近此邪。路史後紀四引作雍狐之戟，狐父之戈。此作芮戈。誤。　△是歲相兼者諸侯十二　路史注引作諸侯相兼者十有二。　△故天下之君頓戟一怒　路史注引作天下頓戟一怒。　△此見戈之本也　丁云。見戈疑得失之壞字。正文云得失之數。皆在此內。是其證。　△一日上有鉛者其下有鉒銀　宋云。一日以下十一字皆校者語。而作正文。則校語入正文者多矣。故管子難讀也。兪云。玉篇。鉒。送死人具也，然則鉒銀鉒金。義不可通。疑當爲鋌。五音集韻曰。鋌。堅金也。　△夫玉起於牛氏邊山　王云。牛氏當作禺氏。見國蓄。揆度。輕重甲。輕重乙四篇。　△故先王各用於其重　兪云。各當爲託。聲之誤。國蓄篇云。先王爲其途之遠。其至之難。故託用於其重。可證。揆度篇作故先王度用其重。度亦當爲託。　△吾欲守國財而毋稅於天下而外因天下可乎　王壽同云。（伯申先生子。此義丁泳之述。）稅當爲挩。挩者。奪之假字也。輕重甲篇。知萬物之可因而不因者。奪於天下。奪於天下者。國之大賊也。此與欲守國財而毋挩於天下而外因天下。義正相同。故知挩即奪之假字也。下文云。夫本富而財衆不能守。則稅於天下。五穀興豐巨賤而天下貴。則稅於天下。稅亦當爲挩。　△夫水激而流渠　王壽同云。渠讀當爲遽。遽。急也。　△民擧所最粟　陳先生云。最當爲冣。尹注音子外反。則譌最矣。　△十口之家十人咶鹽百口之家百人咶鹽　御覽飮食部三十二引。咶俱作舐。　△煑泲水爲鹽　洪云。泲當爲沸。泲水淸不能爲鹽。且下文修河濟之流。字已作濟。輕重甲篇。乙篇。丁篇。幷此篇。此語凡五見。唯輕重甲篇作沸。字不誤。望案。宋本正作沸。與洪說合。　△丈夫毋得治宮室　洪云。丈夫當爲大夫。輕重甲篇。孟春既至。農事且起。大夫毋得繕冢墓。治宮室。立臺榭。築牆垣。其證也。御覽飮食部二十四引此。正作大夫。　△君以四什之賈　丁云。四什下脫倍字。　△修河濟之流　望案。修當爲循。說見形勢篇。御覽飮食部卅二引此。正作循。　△五穀興豐　望案。興當爲與。說見臣乘馬篇。　△巨錢而天下貴　兪云。此本作吾賤而天下貴。言五穀與豐。則吾國之穀價賤而天下貴。今作巨錢者。吾字缺壞。止存上半之五。而誤爲巨。賤之與錢。則以音近形似而誤也。　△若以身

濟於大海　望案。身疑舟字之譌。篆文身作㐆。舟作㒳。形相近也。　△天高我下　王云。天高當作天下高。義見上文。輕重丁篇作天下高我獨下。　△則財利稅於天下矣　元本無利字。　△夫齊衢處之本通達所出也丁云。本當爲國。國蓄篇曰。壤正方。四面受敵。謂之衢國。輕重甲篇曰。吾國者衢處之國也。（輕重乙篇同。）可證也。望案。達當是道。字之譌。　△游子勝商之所道　丁云。勝當作賸。方言。廣雅並曰。賸。寄也。寄商猶客商也。

揆度第七十八　管子輕重十一

△齊桓公問於管子曰自燧人以來其大會可得而聞乎管子對曰燧人以來未有不以輕重爲天下也　路史前紀五引此文云。齊桓公問于管仲曰。輕重安施。對曰。自理國伏羲以來。未有不以輕重而成其至者。曰。燧人以來。其大會可得而聞乎。對曰。燧人以來。未有不以輕重而爲天下者也。較今本多二十五字。宜据以補入正文。　△其勝禽獸之仇以大夫隨之　王氏引之云。之仇二字。因下文若從親戚之仇而衍。尹注大謬。　△皆以雙武之皮　洪云。武當作虎。此唐人避諱字。通典十二。路史後紀十一引。俱作虎。　△桓公曰事名二正名五而天下治　王云。桓公曰。當作管子曰。下文何謂事名二。何謂正名五。方是桓公問語。張云。桓公曰三字疑當在天下治下。　△二五者童山竭澤　陳先生云。二五者下不應有童山竭澤四字。此四字疑在上文堯舜之王。節中。國准篇。有虞之王。枯澤童山。可證。俞云。童山竭澤四字。當在上文至於黃帝之王句下。輕重戊篇云。黃帝之王。童山竭澤。是其明證。　△人君以數制之人　陳先生云。下人字衍。　△味者所以守民口也聲者所以守民耳也色者所以守民目也　俞云。此三句當在上文其在味者酸辛鹹苦甘也之下。　△殺其身以衅其鼓　宋本衅作釁。下同。　△劓以爲門父　宋本劓作劓。　△故無敢姦能誣祿至於君者矣　路史後紀十一引作故人無有姦能誣祿而至於君者。　△故相任寅爲官都重門擊柝不能去亦隨之以法　俞云。寅字無義。疑更字之誤。相任更爲官都者。言使之相保任而更迭爲官都也。官都者。五官之總司也。問篇曰。問五官有度制官都。其有常斷。尹注云。官都。謂總攝諸司者也。淮南子天文篇曰。何謂五官。東方爲田。南方爲司馬。西方爲理。北方爲司空。中央爲都。都即此所謂官都也。去乃者字之譌。望案。路史後紀十一引此文。去正作者。　△民更相制　元本朱本更作吏。　△此乃財餘以滿不足之數　宋本數下有也字。　△二年耕而十一年食　丁云。十一年疑當作十二年。下文亦當有粟賈十二倍五字。即上文一歲耕。六歲食。粟賈六倍之倍數也。　△有以重至而輕處者我動而錯

之天下即已於我矣　丁云。虞亦去也。左傳廿六年傳。能左右之曰以。穀梁桓十四年傳。以者不以者也。注。不以者。謂本非所得制今得以之也。有以重至而輕去。言物非無端而重至。無端而輕去。必有以之者。則權數是也。我動而錯之天下句。趙本天下屬下讀者非。張云。當作天下即於我矣。已衍字耳。　△有人而無甲兵而無食　安井衡云。甲兵下疑脫有甲兵二字。　△吾非埏埴搖鑪櫜而立黃金也　王云。鑪櫜當爲鑪橐字之誤也。（周官韗氏注。故書橐爲櫜。譌作櫜。韓子八說篇。千城距衝。不若堙穴伏橐。今本亦譌作櫜。）老子。天地之間。其猶橐籥乎。王注曰。橐。排橐也。淮南本經篇。鼓橐吹埵。以銷銅鐵。高注曰。橐。冶鑪排橐也。齊俗篇曰。鑪橐埵坊。設非巧冶。不能以治金。論衡量知篇曰。工師鑿掘鑪橐鑄鑠乃成器。故曰搖鑪橐而立黃金。　△利下上之用　元本利作制。

△百乘之國中而立市東西南北度五十里　俞云。度當作各。聲之誤。此本作東西南北各百五十里。故其下云三日出竟。明每日行五十里也。下文。千乘之國。中而立市。東西南北度百五十餘里。當作度二百五十里。故其下云五日出竟。亦是每日行五十里也。何以明之。據下文曰。萬乘之國。中而立市。東西南北度五百里。其下即云十日出竟。夫五百里而十日出竟。則日行五十里可知。前後必當一例。故知此文有誤脫也。詳管子之意。萬乘之國方千里。是古王畿之制。千乘之國方五百里。是周禮諸公之國之制。百乘之國。方三百里。是周禮諸伯之國之制。蓋管子多與周禮合也。古者諸侯爲一等。伯子男爲一等。故左傳曰。在禮。卿不會公侯。會伯子男可也。此文言公以該侯。言伯以該子男耳。若如今本。則百乘之國方百里。千乘之國方三百餘里。萬乘之國方千里。參差不齊矣。又五十五百。均無餘數。獨于百五十言餘。亦不可通也。　△三日出竟五日而反　俞云。五日當作六日。據下文五日出竟。十日而反。十日出竟。二十日而反。是反之日必倍於出竟之日。此云三日出竟。則必六日而反可知。傳寫誤也。　△爲分者萬人　丁云。下文云。爲當分者十萬人。爲當分者百萬人。皆有當字。宜據補。　△匹夫爲鰥　宋本鰥下有魚字。　△其人力同而宮室美者　元本同作周。　△上農挾五中農挾四下農挾三　俞云。挾猶給也。挾讀爲浹。古無浹字。以挾爲之。浹之言周也。徧也。故有給足之義。此言上農可以給五人。中農可以給四人。下農可以給三人。與下文上女衣五。中女衣四。下女衣三同義。　△必起於糞土　丁云。起疑赴之誤。輕重甲篇曰。勿使赴於溝澮之中。是其明證。　△事再其本民無櫝者賣其子　王云。賣上當有不字。櫝即犢鬻之犢。言事再其本。則民雖無犢而亦不賣其子也。輕重甲篇曰。事再其本。則無賣其子者。是其證。　△三其本若爲食　丁云。輕重甲篇曰。事三其本。則衣食足。疑此文有誤。

國准第七十九　管子輕重十二

△桓公問於管子曰國准可得聞乎　宋本桓公上有齊字。得下有而字。△黃帝之王謹逃其爪牙　丁云。下脫燒山林破增藪焚沛澤九字。下文可證。△燒山林破增藪焚沛澤　丁云。上脫謹逃其爪牙五字。此文卽承上文言之。△猛獸衆也．宋本猛作禽。△五家之數殊而用一也　元本用下有之字。△立祈祥以固山澤　宋本固作周。△益利搏流出山金立幣存菹丘　宋本搏作摶。山金作金山。存作成。△立駢牢　丁云。駢字乃牛馬二字相幷而誤。上文云。諸侯無牛馬之牢。輕重戊篇曰。立皁牢。服牛馬。而天下化之。望案。路史夏禹紀有立駢守以爲民饒句。疑本此文。△彼菹菜之壤非五穀之所生也　王云。菹菜當爲菹萊。字之誤也。（俗書萊字作莱。菜字作菜。二形相似。）菹或作沮。孟子滕文公篇注曰。菹。澤生草者也。王制注曰。沮謂萊沛。周官縣師注曰。萊休不耕者。是菹萊者生草之地也。輕重乙篇。菹萊鹹鹵斥澤。山間堁壘不爲用之壤。萊字亦誤作菜。輕重甲篇。山林菹澤草萊。萊字不誤。△立施以守五穀　朱本施作弛。弛上有殺字。五穀下有之所生也四字。

輕重甲第八十　管子輕重十三

△端譟晨樂聞於三衢　王云。御覽人事部百三十四引作晨譟於端門。樂聞於三衢。是也。今本旣脫且倒。則文不成義。孫說同。△請使州有一掌里有積五窌　王氏引之云。掌字義不可通。當是稟字之譌。（隸書掌或作嘗。與稟字略相似。）稟古廩字也。廩與窌皆所以藏穀。晏子春秋問篇。命吏計公稟之粟。荀子議兵篇。則必發夫稟窌之粟以食之。今本稟字並譌爲掌。（楊注荀子曰。掌窌。主倉廩之官。失之。辯見荀子。）△不資者得振　宋本資作畓。下文同。望案。資畓皆澹字之誤。說見山權數篇。△故聖人善用非其有使非其人　張云。用非其有。卽所謂來天下之財也。使非其人。卽所謂致天下之民也。事語篇。佚田謂寡人曰。善者用其非有。使非其人。與此正同。△夷競而積粟　丁云。夷競二字不可解。揆度篇曰。夷疏滿之無食者。予之陳。無種者。予之新。又事語篇曰。穀十而守五。綈素滿之。五在上。（上下文皆言穀。必非繒綈。）夷疏與綈素同聲。則揆度篇之夷疏滿之。卽事語篇之綈素滿之矣。凡从夷从弟之字。古皆通用。其素疏二字通用者。惟有果蓏之疏古通用素。（禁藏篇。果蓏素食。當十石。墨子辭過篇。古之民。未知爲飲食。時素食而分處。）爾雅曰。穀不孰曰饑。疏不孰曰饉。穀之外。蔬

最爲重。故管子言穀必兼及蔬也。據此以推。則夷蔬之蔬疑本是疏字。（俗書蔬疏形近而誤。）故對粟言之。粟言積。疏言夷者。夷讀如周官薙氏夏日至而夷之之夷。鄭注曰。夷之。以鉤鎌迫地芟之也。若今取茭矣。先鄭注曰。夷氏掌殺草。故春秋傳曰。如農夫之務去草。芟夷蘊崇之。又今俗間謂麥下爲夷。下言芟夷其麥。以其下種禾豆也。又稻人夏以水殄艸而芟夷之。注先鄭說芟夷以春秋傳曰。芟夷蘊崇之。今時謂禾下麥爲夷下麥。言芟刈其禾於下種麥也。案先鄭言夷禾夷麥。管子言夷疏。皆是薙取之意。後鄭又以取茭爲說。蓋艸萊必迫地芟之。疏是艸萊之可食者。惟夷之乃得當耳。事語篇綈字。本是稊字。夷之譌稊。猶黃之譌蕛。淺人因下素字。遂取同聲之綈字改之。而失其解矣。　△故還封倉邑　宋本倉作食。望案。上下文皆言還封食邑。此倉字誤。　△時蓄之家　張云。時當作跱。與庤同。說文作偫。　△天下有慮　望案。高誘注呂氏春秋曰。慮。亂也。　△金鉅之數　宋本金作釜。是。　△遠通不推　望案。通乃道字誤。　△牧貧病　望案。牧當從朱本作收。說見侈靡篇。　△請以令高杠柴池　望案。柴乃梁字之誤。說見中匡篇。　△杠池平之時夫妻服簞輕至百里　宋本朱本簞作簟。王氏引之云。簞字義不可通。蓋輦字之譌。輦字隸或作輦。（見韓勑碑。）字從車從扶。（說文。扶讀若伴侶之伴。）扶字上艸之卝與隸書竹頭作卄者相似。因譌爲竹。下艸之𠬞與卑字相似。因譌爲卑。又脫去車字上一畫。因譌爲簞之簞。後又譌爲莞簞之簞耳。夫妻服輦者。言杠池平之時。民間夫妻服輦而行。不用牛馬。亦不假多人輓之也。海王篇行服連軺輦者。服連即服輦也。（周官鄉師注。故書輦作連。鄭司農云。連讀爲輦。巾車。連車組輓。釋文。連本亦作輦。）字亦作撻。淮南人間篇。負輦載粟而至。（今本脫載字。說見淮南。）御覽治道部八引作服撻。是也。（高注訓服爲駕牛。撻爲擔。皆失之。）服之言負也。任重之名也。（考工記。車人牝服。鄭司農云。服讀爲負。小雅大東篇。睆彼牽牛。不以服箱。謂負箱也。）史記貨殖傳。卓氏見虜略。獨夫妻推輦行。蓋服輦者或推或輓。前後各一人。故夫妻可以服輦也。下文云。今高杠柴池。東西南北不相睹。天酸然雨。十人之力不能上。正謂推輦不能上高梁也。韓子外儲說右篇。茲鄭子引輦上高梁而不能支。是也。蓋杠池平之時。夫妻二人即可以服輦而過。及其高杠柴池也。天雨苟下。則雖十人之力不能服輦而登。地高而輦重也。若作服簞。則盛食之器甚輕。何至十人舁之。而猶不能上乎。輦今人謂之二把手。前後各兩轅。一人兩手持轅輓於前。一人如之推於後。亦有夫婦推轅者。婦以繩輓於前。夫持兩轅推於後。則此所謂夫妻服輦也。　△天酸然雨　洪云。酸通作䤵。說文。䤵。小雨也。　△夫舍牛馬之力所無因　王云。所無因當作無所因。人力不足恃。則必借牛馬之力。故曰夫舍牛馬之力無所因。

望案。中立本作無所因。 △弓弩多匡𢾊者 望案。匡義如國語月盈而匡之匡。言弓不正圓如月之虧缺也。張云。考工記則輪雖敝不匡。注。匡。枉也。 △鵜鶩之舍近鶡鷄鵠䳢之通遠 王云。通當爲道。字之誤也。（韓子外儲說右篇。甘茂之吏道穴聞之。呂氏春秋知化篇。接土鄰境。壤交道屬。今本道字竝誤作通。）鵜鶩去人近。鶡鷄鵠䳢去人遠。故曰鵜鶩之舍近。鶡鷄鵠䳢之道遠。 △鵠鶡之所在君請式璧而聘之 段先生云。式讀當爲飾字之假借。 △三月解匋 王氏引之云。說文。玉篇。廣韻。集韻。皆無匋字。匋當爲匋。篆書缶字作缶。去字作厺。二形相似。隸書缶字作缶。去字作去。亦相似。故隸書匋字多譌作匋。漢冀州從事張表碑。徵彼陶父。司隸校尉魯峻碑陰。濟陰定陶。皆是也。匋讀與韜同。弓衣也。廣雅曰。韜。弓藏也。小雅彤弓篇。受言櫜之。毛傳曰。櫜。韜也。釋文韜本又作弢。說文曰。弢。弓衣也。古者舀匋同聲。小爾雅曰。縚。索也。縚卽齊爾索綯之綯。小雅菀柳篇。上帝甚蹈。一切經音義五引韓詩蹈作陶。楚辭九章。滔滔孟夏兮。史記屈原傳滔滔作陶陶。說文。搯。搯。捾也。一切經音義七引通俗文曰。捾出曰掏。是其證也。韜從舀聲。故通作匋。 △彼十鈞之弩不得棐檠不能自正 王云。案說文。玉篇。廣韻。集韻。皆無棐字。當是棐字之譌。說文曰。棐。輔也。徐鍇曰。輔卽弓檠也。故從木。說文又曰。榜所以輔弓弩。又曰。檠。榜也。棐榜檠三字皆從木。其義一也。此文曰。彼十鈞之弩。不得棐檠。不能自正。荀子性惡篇曰。繁弱鉅黍。古之良弓也。然而不得排檠。則不能自正。說苑建本篇曰。烏號之弓雖良。不得排檠。不能自正。排檠與棐檠同。韓子外儲說右篇曰。榜檠者所以矯不直也。鹽鐵論申韓篇曰。若隱括輔檠之正弧刺也。棐。輔。榜。一聲之轉。或言榜檠。或言輔檠。或言棐檠。其義一也。 △故三月解匋而弓弩無匡𢾊者此何故也 王云。此何故也四字。涉上文而衍。上是桓公問語。此是管仲對桓公語。不當言何故。 △桓公忽然作色 王云。忽然非作色之貌。忽然當爲忿然。隸書忿字或作忿。形與忽相近而誤。晏子春秋諫篇曰。公忿然作色。莊子天地篇曰。爲圃者忿然作色。齊策曰。王忿然作色。皆其證。 △聖人乘幼 丁云。幼讀爲幽。大戴禮誥志篇。史記曆書竝云。幽者幼也。古窈字作幼。爾雅毛傳云。冥。幼也。詩釋文。幼本作窈。幼冥卽窈冥。窈冥卽幽冥矣。淮南道應訓。可以明。可以窈。注。窈讀如幽。禮記玉藻注。幽讀爲黝。周官牧人。守祧。鄭司農竝云。幽讀爲黝。黑也。幽黝古今字。毛傳云。幽。黑色也。黝從幼聲。黝謂之黑。幼亦謂之黑矣。管子有幼官篇。篇內言玄官者三。幼官卽玄官耳。玄猶幽也。水官曰玄冥。正取幽冥爲義。（淮南注。玄冥將始用事。順陰而聚。故曰幽都。）惠半農說。下文五吏爲五官之神。然則幼官篇之玄官。亦卽玄冥。聖人乘幼。故管子以之名篇也。 △昔堯之五吏五官無所食 宋本五吏作五更。下同。 △秋斂落原 望案。斂疑歛字誤。△魚以爲腨鯢以爲鰍　張云。魚字當脫右旁。　△令以矩游爲樂　兪云。矩當作渠。說文水部。渠。水所居。
从水。渠省聲。　△立大舟之都大身之都有深淵壘十仞　王云。大身之都。亦當爲大舟之都。此復擧上文以起
下文也。舟與身字形相近而誤。都卽禹貢大野旣豬之豬。馬注云。水所停止。深者曰豬。史記夏本紀。豬作都。丁云。
大舟之舟當作周。古字通用。大周。謂四周廣大也。輕重乙篇曰。以令至鼓。期於泰周之野期軍士。卽此所謂大周
也。　△越人果至隱曲蓄以水齊　望案。蓄爲菑字之誤。說見四稱篇。　△齊之北澤燒火光照堂下　王氏引
之云。燒字絕句。火字下屬爲句。尹注獵而行火曰燒式照反九字、本在燒字下。今本移入火字下。則誤以齊之北
澤燒火爲句矣。　△百鍾之家不得事𩁹　丁云。上文云。北郭者盡屨縷之甿也。則𩁹卽屩謂屨也。集韻屩或作
𩁹。　△則空閒有以相給資　王云。空閒當依宋本作空閑。謂以空閑之地給貧民。　△中齊有蓄石也　望案。
蓄亦當爲菑。說見四稱篇。　△天下倪而是耳　洪云。倪通作睨。是當作走。言操之不工。用之不善。天下之人皆
斜視而走耳。輕重乙篇同。　△吾能令農毋耕而食　王云。吾字涉上句夷吾而衍。　△請君伐菹薪煮泲火爲
鹽　望案。火字誤。當依朱本作水。安井衡云。古本作煮水爲鹽。地數作煮泲水。古本脫泲字。　△北海之衆無得
聚庸而煮鹽　兪云。庸讀爲傭作之傭。廣雅曰。傭。役也。尹注訓爲功。非是。　△彼盡饋食之也國無鹽則腫　王
云。朱本國字在也字上。是也。尹注曰。本國自無遠饋之食。是其證。無鹽則腫。自爲句。地數篇作惡食無鹽則腫。
△故賈人乘其弊以守民之時　宋本弊作幣。　△然後可以通財交殷也　王云。殷字義不可通。殷當爲叚。（
卽今假字。）交叚謂交借財也。隸書殷字作𣪊。叚字作叚。二形相似。故叚譌爲殷。（史記高祖功臣表。故市侯閻
澤赤。漢表作殷相。殷乃假之譌。又漢書地理志琅邪郡雩叚。王子侯表作虖葭。史記建元以來王子侯
表譌作雩殷。）說文。假。非眞也。叚。借也。是假借之字本作叚。今經傳相承作假。而叚字不復用。此叚字若不誤爲
殷。則後人亦必改爲假矣。　△請以給其口食筥曲之彊　洪云。字書無筥字。月令具曲植籧筐。呂氏春秋籧作篨。
筥卽篨之壞字。　△遺財不可包止　朱本包作拘。洪云。拘留也。揆度篇作貨財不安於拘。作包者誤。　△民食
三升則鄉有正食而盜食二升則里有正食而盜食一升則家有正食而盜　王氏引之云。正字義不可通。正當
爲乏。乏者匱也。絕也。史記高祖紀曰。漢軍乏食是也。乏食則不忍飢餓而爲盜矣。乏字本作𤴓。形與正相似。因譌
而爲正。宣十五年左傳曰。文反正爲乏。（望案。懷祖先生廣雅疏證。謂此正字爲匃之誤。廣雅曰。匃。求也。俗書匃
字作丐。與正相似而誤。襄公三十一年左傳釋文。丐本或作正。昭公六年釋文。士匃或作王正。是其證。）　△今

操不反之事　張云。不反。疑卽上文下艾二字之譌。艾者。刈之假借字。下艾。謂去其本。△是君朝令一怒　俞云。怒讀爲弩。方言。凡人語而過。東齊謂之劍。或謂之弩。是齊人謂語而過者爲弩。朝令一弩。正謂其語之過也。管子齊人。故齊語耳。△民人之食有人若干畝之數　王云。有人若干畝。當依國蓄篇作人有若干畝。△發草立幣而無止　丁云。發草與立幣連言。不詞。疑涉上而衍。△民猶若不足也　望案。若疑苦字誤。△東車五乘　丁云。東乃束字誤。束車。約車也。國策曰。請爲子約車。又曰。王爲約車載百金。△迎癸乙於周下原　宋本下作不。△而靡幣之用　丁云。幣者。敝之借字。說文。敝。帔也。一曰。敗衣也。輕重乙篇曰。器以時靡幣。△粟賈平四十則金賈四千　王氏引之云。當作粟賈平釜四十。金賈四千。言今之粟賈平每粟一釜。其賈四十錢。金賈每一金。（孟子公孫丑趙注曰。古者以一鎰爲一金。鎰二十兩也。）四千錢。二者皆當時之賈也。下文粟賈釜四十。則鍾四百也。十鍾四千也。二十鍾者爲八千也。卽承粟賈平釜四十言之。金賈四千。則二金中八千也。卽承金賈四千言之。今本四十上脫釜字。金賈上衍則字。（因下文粟賈釜四十則鍾四百而衍。）而文義遂不可通。△鐘然擊鼓士忿怒　陳先生云。鐘與鏜。一聲之轉。詩。擊鼓其鏜。毛詩曰。鏜然。擊鼓聲也。說文。鼞。鼓聲也。引詩作鼞。鏜。鐘鼓之聲也。引詩作鏜。依毛訓。則詩之鏜當爲鼞。司馬法曰。鼓聲不過閶。閶爲鼞之段字。又說文。鼘。鼓聲。集韻鼘作鼞。隆冬與重。聲亦相近。△鎗然擊金士帥然筴桐鼓從之　望案。士下當脫二字。帥然筴桐鼓爲句。△吳越不朝珠象而以爲幣乎　王云。珠象上脫請字。下文皆有。當據補。△崑崙之虛不朝　御覽珍寶部八引。無之字。孫云。爾雅有崑崙虛之球琳琅玕焉。又云。河出崑崙虛。此不宜有之字。△容金而金也　陳先生云。上金字疑誤。丁云。而金疑當作千金。

卷二十四

輕重乙第八十一　　管子輕重十四

桓公曰。天下之朝夕可定乎。管子對曰。終身不定。桓公曰。其不定之說可得聞乎。管子對曰。地之東西二萬八千里。南北二萬六千里。天子中而立國之四面。面萬有餘里。民之入正籍者。亦萬有餘里。故有百倍之力而不至者。有十倍之力而不至者。有俔而是者。則遠者疏疾怨上。邊竟諸侯受君之怨。民與之爲善。缺然不朝。是天子塞其涂。熟穀者去。天下之可得而霸。桓公曰。行事奈何。管子對曰。請與之立壤列。天下之旁。天子中立。地方千里。兼霸之壤三百有餘里。佌諸侯度百里。負海子男者度七十里。若此。則如胸之使臂。臂之使指也。然則小不能分於民。准徐疾。羨不足。雖在下不爲君憂。夫海出泲無止。山生金木無息。草木以時生。器以時靡幣。泲水之鹽以日消。終則有始。與天壤爭。是謂立壤列也。

武王問於癸度曰。賀獻不重。身不親於君。左右不足友。不善於羣臣。故不欲收穡戶籍而給左右之用。爲之有道乎。癸度對曰。吾國者衢處之國也。遠秸之所通。游客蓄商之所道。財物之所遵。故苟入吾國之粟。因吾國之幣。然後載黃金而出。故君請重重而衡輕輕。運物而相因。則國筴可成。故謹毋失其度。未與民可治。武王曰。行事奈何。癸度曰。金出於汝漢之右衢。珠出於赤野之末光。玉出於禺氏之旁山。此皆距周七千八百餘里。其涂遠。其至阸。故先王度用於其重。因以珠玉爲上幣。黃金爲中幣。刀布爲下幣。故先王善高下中幣。制下上之用。而天下足矣。

桓公曰。衡謂寡人曰。一農之事。必有一耜一銚一鎌一鎒一椎一銍。然後成爲農。一車必有一斤一鋸一釭一鑽一鑿一銶（奇休切。鑿屬。）一軻。然後成爲車。一女必有一刀一錐一箴一鉥（時橘切。長針也。）然後成爲女。請以令斷山木。鼓山鐵。是可以毋籍而用足。管子對曰。不可。今發徒隸而作之。則逃亡而不守。發民。則下疾怨上。邊竟有兵。則懷宿怨而不戰。未見山鐵之利。而内敗矣。故善者不如與民量其重。計其贏。民得其十。君得其三。有雜之以輕重。守之以高下。若此。則民疾作而爲上虜矣。

桓公曰。請問壤數。管子對曰。河埳諸侯畮鍾之國也。磧（側革切。）山諸侯之國也。河埳諸侯常不勝山諸侯之國者。豫戒者也。桓公曰。此若言何謂也。管子對曰。夫河埳諸侯畮鍾之國也。故穀衆多而不理。固不得有。至於山諸侯之國。則斂蔬藏菜、此之謂豫戒。桓公曰。壤數盡於此乎。管子對曰。未也。昔狄諸侯畝鍾之國也。故粟十鍾而錙金。程諸侯山諸侯之國也。故粟五釜而錙金。故狄諸侯十鍾而不得倳戟。程諸侯五釜而得倳戟。十倍而不足。或五分而有餘者。通於輕重高下之數。國有十歲之蓄。而民食不足者。皆以其事業望君之祿也。君有山海之財。而民用不足者。皆以其事業交接於上者也。故租籍君之所宜得也。正籍者君之所強求也。亡君廢其所宜得。而斂其所強求。故下怨上而令不行。民奪之則怒。予之則喜。民情固然。先王知其然。故見予之所。不見奪之理。故五穀粟米者。民之司命也。黃金刀布者。民之通貨也。先王善制其通貨以御其司命。故民力可盡也。

管子曰。泉雨五尺。其君必辱。食稱之國必亡。待五穀者衆也。故樹木之勝霜露者。不受令於天。家足其所者。不從聖人。故奪然後予。高然後下。喜然後怒。天下可舉。

桓公曰。強本節用。可以爲存乎。管子對曰。可以爲益愈。而未足以爲存也。昔者紀氏之國強本節用者。其五穀豐滿而不能理也。四流而歸於天下。若是。則紀氏其強本節用。適足以使其民穀盡而不能理。爲天下虜。是以其國亡而身無所處。故可以益愈。而不足以爲存。故善爲國者。天下下。我高。天下輕。我重。天下多。我寡。然後可以朝天下。

桓公曰。寡人欲毋殺一士。毋頓一戟。而辟方都二。爲之有道乎。管子對曰。涇水十二空。汶淵洙浩滿三之於。乃請以令使九月種麥。日至日穫。則時雨未下而利農事矣。桓公曰諾。令以九月種麥。日至而穫。量其艾一收之積中方都二。故此所謂善因天時。辯於地利。而辟方都之道也。

管子入復桓公曰。終歲之租金四萬二千金。請以一朝素賞軍士。桓公曰。諾。以令至鼓期於泰舟之野期軍士。桓公乃即壇而立。寧戚鮑叔隰朋易牙賓胥無皆差肩而立。管子執枹而揖軍士曰。誰能陷陳破衆者。賜之百金。三問不對。有一人秉劍而前問曰。幾何人之衆也。管子曰。千人之衆。臣能陷之。賜之百金。管子又曰。兵接弩張。誰能得卒長者。賜之百金。問曰。幾何人卒之長也。管子曰。千人之長。千人之長。臣能得之。賜之百金。管子又曰。誰能聽旌旗之所指。而得執將首者。賜之千金。言能得者壘千人。賜之人千金。其餘言能外斬首者。賜之人十金。一朝素賞四萬二千金。廓然虛。桓公惕然太息曰。吾曷以識此。管子對曰。君勿患。且使外為名於其內。鄉為功於其親。家為德於其妻子。若此。則士必爭名報德。無北之意矣。吾舉兵而攻。破其軍。并其地。則非特四萬二千金之利也。五子曰。善。桓公曰。諾。乃誡大將曰。百人之長。必為之朝禮。千人之長。必拜而送之。降兩級。其有親戚者。必遺之酒四石。肉四鼎。其無親戚者。必遺其妻子酒三石。肉三鼎。行教半歲。父教其子。兄教其弟。妻諫其夫。曰。見其若此其厚。而不死列陳。可以反於鄉乎。桓公終舉兵攻萊。戰於莒。必市里。鼓旗未相望。衆少未相知。而萊人大遁。故遂破其軍。兼其地。而虜其將。故未列地而封。未出金而賞。破萊軍。并其地。禽其君。此素賞之計也。

桓公曰。曲防之戰。民多假貸而給上事者。寡人欲為之出賂。為之柰何。管子對曰。請以令令富商蓄賈百符而一馬。無有者。取於公家。若此。則馬必坐長而百倍其本矣。是公家之馬不離其牧皂。而曲防之戰賂足矣。

桓公問於管子曰。崇弟蔣弟丁惠之功世吾歲罔。寡人不得籍斗升焉。去菹菜鹹鹵斥澤山閒堤壃不為用之壤。寡人不得籍斗升焉。去一列稼緣封十五里之原強耕而自以為落其民。寡人不得籍斗升焉。則是寡人之國五分而不能操其二。是有萬乘之號而無千乘之用也。以是與天子提衡爭秩於諸侯。（提。持也。強者謂之衡。秩。次也。）合衆弱以事一為之有道乎。管子對曰。唯籍於號令為可耳。桓公曰。行事柰何。管子對曰。請以令發師置屯籍農。（屯。戍也。發師置戍。）人有粟者則不行。十鍾之家不行。六斛四斗爲鍾。百鍾之家不行。千鍾之家不行。行者不能百之一。千之十。而囷窌之數囷。丘倫反。窌。力救反。皆見於上矣。君案囷窌之數令之曰。國貧而用不足。請以平價取之子皆案囷窌而不能挹損焉。挹。猶謂減其數。君直幣之輕重。以決其數。直。猶當也。謂決其積粟之數。使無券契之責。分之日券。合之日契。責讀日債。百姓皆稱貸於君。則無契券之債。使則積藏囷窌之粟皆歸於君矣。故九州無敵。竟上無患。令曰。罷師歸農。無所用之。管子曰。天下有兵。則積藏之粟足以備其糧。天下無兵。則以賜貧甿。若此。則菹菜鹹鹵斥澤山間𡍲壏之壤無不發草。此之謂籍於號令。

管子曰。滕魯之粟釜百。則使吾國之粟釜千。滕魯之粟四流而歸我若下深谷者。非歲凶而民飢也。辟之以號令。引之以徐疾施平。其歸我若流水。

桓公曰。吾欲殺正商賈之利。而益農夫之事。爲此有道乎。管子對曰。粟重而萬物輕。粟輕而萬物重。兩者不衡立。故殺正商賈之利。而益農夫之事。則請重粟之價金三百。若是。則田野大辟。而農夫勸其事矣。桓公曰。重之有道乎。管子對曰。請以令與大夫城藏。使卿諸侯藏千鍾。令大夫藏五百鍾。列大夫列大夫。中大夫。藏百鍾。富商蓄賈藏五十鍾。內可以爲國委。外可以益農夫之事。桓公曰。善。下令卿諸侯。令大夫城藏。農夫辟其五穀。三倍其賈。則正商失其事。而農夫有百倍之利矣。

桓公問於管子曰。衡有數乎。管子對曰。衡無數也。衡者使物一高一下。不得常固。桓公曰。然則衡數不可調耶。管子對曰。不可調。調則澄。澄則常。常則高下不貳。高下不貳。則萬物不可得而使固。桓公曰。然則何以守時。管子對曰。夫歲有四秋。而分有四時。故曰。農事且作。請以什伍農夫賦耜鐵。此之謂春之秋。大夏且至。絲纊之所作。此之謂夏之秋。而大秋成。五穀之所會。此之謂秋之秋。大冬營室中。女事紡績緝縷之所作也。此之謂冬之秋。故歲有四秋。而分有四時。已有四者之序。發號出令。物之輕重相什而相伯。故物不得有常固。故曰衡無數。桓公曰。皮幹筋角竹箭羽毛齒革不足。爲此有道乎。管子曰。惟曲衡之數爲可耳。桓公曰。行事柰何。管子對曰。請以令爲諸侯之商賈立客舍。一乘者有食。三乘者有芻菽。五乘者有伍養。天下之商賈歸齊若流水。

輕重丙第八十一 亾

管子輕重十五

輕重丁第八十二

管子輕重十六

桓公曰。寡人欲西朝天子。而賀獻不足。爲此有數乎。管子對曰。請以令城陰里。城者。築城也。陰里。齊地也。使其牆三重而門九襲。襲亦重也。欲其事密而人不知。又先託築城。因使玉人刻石而爲璧。刻石。刻其礛石。尺者萬泉。八寸者八千。七寸者七千。珪中丁仲反。四千。瑗中五百。好倍肉曰瑗。璧之數已具。管子西見天子曰。弊邑之君。欲率諸侯而朝先王之朝。觀於周室。請以令使天下諸侯朝先王之廟觀於周室者。不得不以彤弓石璧。不以彤弓石璧者。彤弓。朱弓也。非齊之所出。蓋不可獨言石璧。兼以彤弓者。猶藏其機。不得入朝。天子許之曰諾。號令於天下。天下諸侯載黃金珠玉五穀文采布泉輸齊。以收石璧。石璧流而之天下。天下財物流而之齊。故國八歲而無籍。陰里之謀也。

右石璧謀

桓公曰。天子之養不足。號令賦於天下。則不信諸侯。爲此有道乎。管子對曰。江淮之閒。有一茅而三脊。毋至其本。名之曰菁茅。請使天子之吏環封而守之。夫天子則封於太山。禪於梁父。號令天下諸侯曰。諸從天子封於太山禪於梁父者。必抱菁茅一束以爲禪籍。不如令者。不得從。天子下諸侯載其黃金爭秩而走。江淮之菁茅。坐長而十倍其賈。一束而百金。故天子三日卽位。天下之金四流而歸周若流水。故周天子七年不求賀獻者。菁茅之謀也。

右菁茅謀

桓公曰。寡人多務。令衡籍吾國之富商蓄賈稱貸家以利吾貧萌。農夫不失其本事。反此有道乎。管子對曰。惟反之以號令爲可耳。桓公曰。行事柰何。管子對曰。請使賓胥無馳而南。隰朋馳而北。甯戚馳而東。鮑叔馳而西。四子之行定。夷吾請號令謂四子曰。子皆爲我君視四方稱貸之閒。其受息之氓幾何千家。以報吾。鮑叔馳而西。反報曰。西方之氓者。帶濟負河。菹澤之萌也。漁獵取薪。蒸而爲食。其稱貸之家。多者千鍾。少者六七百鍾。其出之鍾也一鍾。其受息之萌九百餘家。賓胥無馳而南。反報曰。南方之萌者。山居谷處。登降之萌也。上斲輪軸。下采杼栗。田獵而爲食。其稱貸之家。多者千萬。少者六七百萬。其出之中伯伍也。其受息之萌八百餘家。甯戚馳而東。反報曰。東方之萌。帶山負海。若處上斷福。漁獵之萌也。治葛縷而爲食。其稱貸之家丁惠高國。多者五千鍾。少者三十鍾。其出之中鍾五釜也。其受息之萌八九百家。隰朋馳而北。反報曰。北方之萌者。衍處負海。煑泲爲鹽。梁濟取魚之萌也。薪食。其稱貸之家。多者千萬。少者六七百萬。其出之中伯二十也。受息之氓九百餘家。凡稱貸之家。出泉參千萬。出粟參數千萬鍾。受子息民參萬家。四子已報。管子曰。不棄我君之有萌中一國而五君之正也。然欲國之無貧。兵之無弱。安可得哉。桓公曰。爲此有道乎。管子曰。惟反之以號令爲可。請以令賀獻者皆以鐻枝蘭鼓。則必坐長什倍其本矣。君之棧臺之職。亦坐長什倍。請以令召稱貸之家。君因酌之酒。太宰行觴。桓公舉衣而問曰。寡人多務令衡籍吾國。聞子之假貸吾貧萌。使有以終其上令。寡人有鐻枝蘭鼓。其賈中純萬泉也。願以爲吾貧萌決其子息之數。使無券契之責。稱貸之家皆齊首而稽顙曰。君之憂萌至於此。請再拜以獻堂下。桓公曰。不可。子使吾萌菑有以倳耜。夏有以決芸。寡人之德子無所寵。若此而不受。寡人不得於心。故稱貸之家曰皆再拜受。所出棧臺之職。未能參千純也。而決四方子息之數。使無券契之責。四方之萌聞之。父教其子。兄敎其弟曰。夫墾田發務。上之所急。可以無庶乎。君之憂我至於此。此之謂反準。

管子曰。昔者癸度居人之國。必四面望於天下。天下高亦高。天下高我獨下。必失其國於天下。桓公曰。此若言曷謂也。管子對曰。昔萊人善染練。茈之於萊純錙。緺綬之於萊亦純錙也。其周中十金。萊人知之。聞纂茈空周且斂馬作見於萊人操之。萊有推馬。是自萊失綦茈而反準於馬也。故可因者因之。乘者乘之。此因天下以制天下。此之謂國準。

桓公曰。齊西水潦而民飢。齊東豐庸而糶賤。庸。用也。謂豐稔而足用。欲以東之賤被西之貴。爲之有道乎。管子對曰。今齊西之粟釜五鏂爲釜。百泉。則鏂二十也。斗二升八合曰鏂。烏侯反。泉。錢也。齊東之粟釜十泉。則鏂二錢也。請以令籍人三十泉。得以五穀菽粟決其籍。若此。則齊西出三斗而決其籍。齊東出三釜而決其籍。然則釜十之粟皆實於倉廩。西之民飢者得食。寒者得衣。無本者予之陳。無種者予之新。若此。則東西之相被。遠近之準平矣。君下令稅人三十錢。準以五穀。令齊西之人納三斗。東之人納三釜。以賑西之人。則東西俱平矣。管子曰。智用無窮。以區區之齊。一匡天下。本仁祖義。成其霸業。所行權術。因機而發。非爲常道。故別篇云。偏行而不盡也。

桓公曰。衡數吾已得聞之矣。請問國準。管子對曰。孟春且至。溝瀆阮而不遂。谿谷報上之水不安於藏。內毀室屋壞牆垣。外傷田野。殘禾稼。故君謹守泉金之謝。物且爲之舉。大夏。帷蓋衣幕之奉不給。謹守泉布之謝。物且爲之舉。大秋。甲兵求繕。弓弩求弦。謹絲麻之謝。物且爲之舉。大冬。任甲兵糧食不給。黃金之賞不足。謹守五穀黃金之謝。物且爲之舉。已守其謝。富商蓄賈不得如故。此之謂國準。

龍鬭於馬謂之陽。牛山之陰。管子入復於桓公曰。天使使者臨君之郊。請使大夫初飭左右玄服天之使者乎。天下聞之曰。神哉齊桓公。天使使者臨其郊。不待舉兵而朝者八諸侯。此乘天威而動天下之道也。故智者役使鬼神。而愚者信之。

桓公終神。管子入復桓公曰。地重投之哉兆。國有慟。風重投之哉兆。國有槍星。其君必辱。國有彗星。必有流血浮丘之戰。彗之所出。必服天下之仇。今彗星見於齊之分。請以令朝功臣世家。號令於國中曰。彗星出。寡人恐服天下之仇。請有五穀菽粟布帛文采者。皆勿敢左右。國且有大事。請以平賈取之。功臣之家。人民百姓皆獻其穀菽粟泉金。歸其財物。以佐君之大事。此謂乘天嗇而求民鄰財之道也。

桓公曰。大夫多并其財而不出。腐朽五穀而不散。管子對曰。請以令召城陽大夫而請之。桓公曰。何哉。管子對曰。城陽大夫。嬖寵被絺綌。鵝鶩含餘粖。齊鍾鼓之聲。吹笙篪。同姓不入。伯叔父母遠近兄弟皆寒而不得衣。飢而不得食。子欲盡忠於寡人能乎。故子毋復見寡人。滅其位。杜其門而不出。功臣之家。皆爭發其積藏。出其資財。以予其遠近兄弟。以爲未足。又收國中之貧病孤獨老不能自食之萌。皆與得焉。故桓公推仁立義。功臣之家。兄弟相戚。骨肉相親。國無飢民。此之謂繆數。

桓公曰。峥丘之戰。峥丘。地名。未聞。說即葵丘。民多稱貸。負子息。以給上之急。度上之求。寡人欲復業產。業產者。本業也。此何以洽。洽。通也。言百姓爲戎事失其本業。今欲取之。何以通於此也。管子對曰。惟繆數爲可耳。繆讀曰謬。假此術以陳其事也。桓公曰。諾。令左右州曰。表稱貸之家。旌表也。皆堊白其門而高其閭。亦所以貴重之。州通之師執折篆曰。君且使使者。桓公使八使者式璧而聘之。以給鹽菜之用。令使者賫石璧而與仍存問之。謙言鹽菜之用。稱貸之家皆齊首稽顙而問曰。何以得此也。使者曰。君令曰。寡人聞之詩曰。愷悌君子。民之父母也。寡人有崢丘之戰。吾聞子假貸吾貧萌。使有以給寡人之急。度寡人之求。使吾萌春有以傳耜。夏有以決芸而給上事。子之力也。是以式璧而聘子。以給鹽菜之用。故子中民之父母也。貸稱之家皆折其券而削其書。蓄執之劵。皆折毀之。書之債。皆削除之不用。所發其積藏。出其財物。以賑貧病。分其故貲。故國中大給。崢丘之謀也。此之謂繆數。桓公曰。四郊之民貧。商賈之民富。寡人欲殺商賈之民以益四郊之民。爲之奈何。管子對曰。請以令決瓁洛之水。通之杭莊之間。桓公曰諾。行令未能一歲。而郊之民殷然益富。商賈之民廓然益貧。桓公召管子而問曰。此其故何也。管子對曰。決瓁洛之水。通之杭莊之間。則屠酤之汁肥。流水。則蟁虻巨雄翡燕小鳥皆歸之。宜昬飲。此水上之樂也。賈人蓄物而賣爲讎買爲取。市未央畢而委舍其守列。投蟁虻巨雄。新冠五尺。請挾彈懷丸游水上。彈翡燕小鳥。被於暮。故賤賣而貴買。四郊之民賣賤。何爲不富哉。商賈之人何爲不貧乎。桓公曰善。桓公曰。五衢之民。衰然多衣弊而屨穿。寡人欲使帛布絲纊之賈賤。爲之有道乎。管子曰。請以令沐途旁之樹枝。使無尺寸之陰。桓公曰諾。行令未能一歲。五衢之民皆多衣帛完屨。桓公召管子而問曰。此其何故也。管子對曰。途旁之樹。未沐之時。五衢之民。男女相好。往來之市者。罷市。相睹樹下。談語終日不歸。男女當壯。扶輦推輿。相睹樹下。戲笑超距。終日不歸。父兄相睹樹下。論議玄語。終日不歸。是以田不發。五穀不播。麻桑不種。璽縷不治。內嚴一家而三不歸。則帛布絲纊之賈安得不貴。桓公曰善。

桓公曰。糶賤。寡人恐五穀之歸於諸侯。寡人欲爲百姓。萬民藏之。爲此有道乎。管子曰。今者夷吾過市。有新成囷京者二家。大囷曰京。君請式璧而聘之。式。用也。璧。石璧也。聘。問也。賜之以璧。仍存問之。桓公曰諾。行令半歲。萬民聞之。舍其作業。而爲囷京以藏菽粟五穀者過半。桓公問管子曰。此其何故也。管子曰。成囷京者二家。君式璧而聘之。名顯於國中。國中莫不聞。是民上則無功顯名於百姓也。功立而名成。下則實其囷京。上以給上爲君。一舉而名實俱在也。民何爲也。

桓公問管子曰。請問王數之守終始可得聞乎。管子曰。正月之朝。穀始也。日至百日。黍秫之始也。九月斂實。平麥之始也。

管子問於桓公。敢問齊方于幾何里。桓公曰。方五百里。管子曰。陰雍長城之地。其於齊國三分之一。非穀之所生也。洴龍夏。其於齊國四分之一也。朝夕外之。所墆齊地者五分之一。非穀之所生也。然則吾非託食之主耶。桓公遽然起曰。然則爲之奈何。管子對曰。動之以言。潰之以辭。可以爲國基。且君幣籍而務。則賈人獨操國趣。君穀籍而務。則農人獨操國固。君動言操辭左右之流君獨因之。物之始吾已見之矣。物之終吾已見之矣。物之賈吾已見之矣。管子曰。長城之陽。魯也。長城之陰。齊也。三敗殺君二重臣定社稷者。吾此皆以孤突之地封者也。故山地者山也。水地者澤也。薪芻之所生者斥也。公曰。託食之主。及吾地。亦有道乎。管子對曰。守其三原。公曰。何謂三原。管子對曰。君守布。則籍於麻。十倍其賈。布五十倍其賈。此數也。君以織籍籍於系。未爲系籍。系撫織再十倍其賈。如此則云五穀之籍。是故籍於布則撫之系。籍於穀則撫之山。籍於六畜則撫之術。籍於物之終始而善御以言。公曰善。

管子曰。以國一籍臣。右守布萬兩。而右麻籍四十倍其賈。術布五十倍其賈。公以重布決諸侯賈。如此而有二十齊之故。是故輕軼於賈穀制畜者。則物軼於四時之輔。善爲國者。守其國之財。湯之以高下。注之以徐疾。一可以爲百。未嘗籍求於民。而使用若河海。終則有始。此謂守物而御天下也。公曰。然則無可以爲有乎。貧可以爲富乎。

管子對曰。物之生未有刑。而王霸立其功焉。是故以人求人。則人重矣。以數求物。則物重矣。公曰。此若言何謂也。

管子對曰。舉國而一。則無貲。舉國而十。則有百。然則吾將以徐疾御之。若左之授右。若右之授左。是以外內不蹝。終身無咎。王霸之不求於人。而求之終始。四時之高下。令之徐疾而已矣。源泉有竭。鬼神有歇。守物之終始身不竭。此謂源究。

輕重戊第八十四

管子輕重十七

桓公問於管子曰。輕重安施。管子對曰。自理國虙戲以來。未有不以輕重而能成其王者也。公曰。何謂。管子對曰。虙戲作造六峜。以迎陰陽。作九九之數。以合天道。而天下化之。神農作樹五穀淇山之陽。九州之民。乃知穀食。而天下化之。黃帝作鑽鐩生火。以熟葷臊。民食之。無茲胃之病。而天下化之。黃帝之王。童山竭澤。有虞之王。燒曾藪。斬羣害。以爲民利。封土爲社。置木爲閭。始民知禮也。當是其時。民無慍惡不服。而天下化之。夏人之王。外鑿二十寊。韘十七湛。疏三江。鑿五湖。道四涇之水。以商九州之高。以治九藪。民乃知城郭門閭室屋之築。而天下化之。殷人之王。立皁牢。服牛馬。以爲民利。而天下化之。周人之王。循六峜。合陰陽。而天下化之。公曰。然則當世之王者何行而可。管子對曰。并用而毋俱盡也。公曰。何謂。管子對曰。帝王之道備矣。不可加也。公其行義而已矣。公曰。其行義奈何。管子對曰。天子幼弱。諸侯亢强。聘享不上。公其弱强繼絕。率諸侯以起周室之祀。公曰善。

桓公曰。魯梁之於齊也。千穀也。蠭螫也。齒之有脣也。蠭。古蜂字。螫音尸亦反。言魯梁二國常有齊患也。今吾欲下魯梁。何行而可。管子對曰。魯梁之民俗爲綈。徒奚反。繢之厚者謂之綈。公服綈。令左右服之。民從而服之。公因令齊勿敢爲。必仰於魯梁。則是魯梁釋其農事而作綈矣。桓公曰諾。即爲服於泰山之陽。魯梁二國。在泰山之南。故爲服於此。近其境也。欲魯梁人速知之。十日而服之。管子告魯梁之賈人曰。子爲我致綈千匹。賜子金三百斤。什至而金三千斤。則是魯梁不賦於民。財用足也。魯梁之君聞之。則教其民爲綈。十三月而管子令人之魯梁。魯梁郭中之民。道路揚塵。十步不相見。絏繑而踵相隨。絏繑。謂連續也。絏。息列反。繑。丘喬反。車轂齺騎。連伍而行。齺。齧也。士角反。言其車轂往來如齧。而騎東西連而行。皆趨綈利耳。管子曰。魯梁可下矣。公曰。柰何。管子對曰。公宜服帛。率民去綈閉關。毋與魯梁通使。公曰。諾。後十月。管子令人之魯梁。魯梁之民餓餒相及。相及。猶相繼也。應聲之正。無以給上。應聲之正。謂急速之賦。正音征。魯梁之君。即令其民去綈修農穀。不可以三月而得。魯梁之人。糴十百。穀斗千錢。齊糶十錢。穀斗十錢。二十四月。魯梁之民歸齊者十分之六。三年。魯梁之君請服。

桓公問管子曰。民飢而無食。寒而無衣。應聲之正。無以給上。室屋漏而不居。牆垣壞而不築。爲之柰何。管子對曰。沐涂樹之枝也。桓公曰。諾。令謂左右伯沐涂樹之枝。左右伯受沐涂樹之枝。闊其年。民被白布。清中而濁。應聲之正。有以給上。室屋漏者得居。牆垣壞者得築。公召管子問曰。此何故也。管子對曰。齊者。夷萊之國也。一樹而百乘息其下者。以其不捎也。衆鳥居其上。丁壯者胡丸操彈居其下。終日不歸。父老柎枝而論。終日不歸。歸市亦惰倪。終日不歸。今吾沐涂樹之枝。日中無尺寸之陰。出入者長時。行者疾走。父老歸而治生。丁壯者歸而薄業。彼臣歸其三不歸。此以鄉不資也。

桓公問於管子曰。萊莒與柴田相并。爲之柰何。管子對曰。萊莒之山生柴。君其率白徒之卒。鑄莊山之金以爲幣。重萊之柴賈。萊君聞之。告左右曰。金幣者。人之所重也。柴者。吾國之奇出也。以吾國之奇出。盡齊之重寶。則齊可并也。萊即釋其耕農而治柴。管子即令隰朋反農。二年。桓公止柴。萊莒之糴三百七十。齊糶十錢。萊莒之民降齊者十分之七。二十八月。萊莒之君請服。

桓公問於管子曰。楚者。山東之强國也。其人民習戰鬬之道。舉兵伐之。恐力不能過。兵弊於楚。功不成於周。爲之柰何。管子對曰。卽以戰鬬之道與之矣。公曰。何謂也。管子對曰。公貴買其鹿。桓公卽爲百里之城。使人之楚買生鹿。楚生鹿當一而八萬。管子卽令桓公與民通輕重。藏穀什之六。令左司馬伯公將白徒而鑄錢於莊山。令中大夫王邑載錢二千萬。求生鹿於楚。楚王聞之。告其相曰。彼金錢。人之所重也。國之所以存。明王之所以賞有功。禽獸者。羣害也。明王之所棄逐也。今齊以其重寶貴買吾羣害。則是楚之福也。天且以齊私楚也。子告吾民。急求生鹿。以盡齊之寶。楚民卽釋其耕農而田鹿。管子告楚之賈人曰。子爲我致生鹿二十。賜子金百斤。什至而金千斤也。則是楚不賦於民而財用足也。楚之男子居外。女子居涂。隰朋敎民藏粟五倍。楚以生鹿藏錢五倍。管子曰。楚可下矣。公曰。柰何。管子對曰。楚錢五倍。其君且自得而修穀。錢五倍。是楚强也。桓公曰諾。因令人閉關。不與楚通。使楚王果自得而修穀。穀不可三月而得也。楚糴四百。齊因令人載粟處芊之南。楚人降齊者十分之四。三年而楚服。

桓公問於管子曰。代國之出何有。管子對曰。代之出。狐白之皮。公其貴買之。管子曰。狐白應陰陽之變。六月而壹見。公貴買之。代人忘其難得。喜其貴買。必相率而求之。則是齊金錢不必出。代民必去其本而居山林之中。離枝聞之。必侵其北。離枝侵其北。代必歸於齊。公因令齊載金錢而往。桓公曰諾。卽令中大夫王師北將人徒。載金錢。之代谷之上。求狐白之皮。代王聞之。卽告其相曰。代之所以弱於離枝者。以無金錢也。今齊乃以金錢求狐白之皮。是代之福也。子急令民求狐白之皮。以致齊之幣。寡人將以來離枝之民。代人果去其本。處山林之中。求狐白之皮。二十四月而不得一。離枝聞之。則侵其北。代王聞之大恐。則將其士卒葆於代谷之上。離枝遂侵其北。王卽將其士卒願以下齊。齊未亡一錢幣。修使三年而代服。

桓公問於管子曰。吾欲制衡山之術。爲之柰何。管子對曰。公其令人貴買衡山之械器而賣之。燕代必從公而買之。秦趙聞之。必與公爭之。衡山之械器。必倍其賈。天下爭之。衡山械器。必什倍以上。公曰諾。因令人之衡山求買械器。不敢辯其貴賈。齊修械器於衡山。十月。燕代聞之。果令人之衡山求買械器。燕代修三月。秦國聞之。果令人之衡山求買械器。衡山之君告其相曰。天下爭吾械器。令其買再什以上。衡山之民釋其本修械器之巧。齊即令隰朋漕粟於趙。趙糴十五。隰朋取之石五十。天下聞之。載粟而之齊。齊修械器十七月。修糴五月。即閉關不與衡山通使。燕代秦趙即引其使而歸。衡山械器盡。魯削衡山之南。齊削衡山之北。內自量無械器以應二敵。即奉國而歸齊矣。

輕重己第八十五

管子輕重十八

清神生心。心生規。規生矩。矩生方。方生正。正生曆。曆生四時。四時生萬物。聖人因而理之。道徧矣。以冬日至始。數四十六日。冬盡而春始。天子東出其國四十六里而壇。服青而絻青。搢玉總。帶玉監。朝諸侯卿大夫列士。循於百姓。號曰祭日。犧牲以魚。發出令曰。生而勿殺。賞而勿罰。罪獄勿斷。以待期年。教民樵室鑽鐩。墐竈泄井。所以壽民也。耟耒耨懷。鉊鉐叉橿。權渠繉緤。所以御春夏之事也。必具教民爲酒食。所以爲孝敬也。民生而無父母。謂之孤子。無妻無子。謂之老鰥。無夫無子。謂之老寡。此三人者。皆就官而眾。可事者。不可事者。食如言而勿遺。多者爲功。寡者爲罪。是以路無行乞者也。路有行乞者。則相之罪也。天子之春令也。

以冬日至始。數九十二日。謂之春至。天子東出其國九十二里而壇。朝諸侯卿大夫列士。循於百姓。號曰祭星。十日之內。室無處女。路無行人。苟不樹藝者。謂之賊人。下作之地。上作之天。謂之不服之民。處里爲下陳。處師爲下通。謂之役夫。三不樹而主使之。天子之春令也。

以春日至始。數四十六日。春盡而夏始。天子服黃而靜處。朝諸侯卿大夫列士。循於百姓。發號出令曰。毋聚大衆。毋行大火。毋斷大木。誅大臣。毋斬大山。毋戮大衍。滅三大而國有害也。天子之夏禁也。

以春日至始。數九十二日。謂之夏至。而麥熟。天子祀於太宗。其盛以麥。麥者。穀之始也。宗者。族之始也。同族者人殊族者處。皆齊大材。出祭王母。天子之所以主始而忌諱也。

以夏日至始。數四十六日。夏盡而秋始。而黍熟。天子祀於太祖。其盛以黍。黍者。穀之美者也。祖者。國之重者也。大功者太祖。小功者小祖。無功者無祖。無功者皆稱其位而立沃。有功者觀於外祖者。所以功祭也。非所以戚祭也。天子之所以異貴賤而賞有功也。

以夏日至始。數九十二日。謂之秋至。秋至而禾熟。天子祀於太祕。西出其國。百三十八里而壇。服白而絻白。搢玉總。帶錫監。吹塤篪之風。鑿動金石之音。朝諸侯卿大夫列士。循於百姓。號曰祭月。犧牲以彘。發號出令。罰而勿賞。奪而勿予。罪獄誅而勿生。終歲之罪。毋有所赦。作衍牛馬之實在野者王。天子之秋計也。

以秋日至始。數四十六日。秋盡而冬始。天子服黑絻黑而靜處。朝諸侯卿大夫列士。循於百姓。發號出令曰。毋行大火。毋斬大山。毋塞大水。毋犯天之隆。天子之冬禁也。

以秋日至始。數九十二日。天子北出九十二里而壇。服黑而絻黑。朝諸侯卿大夫列士。號曰發繇。趣山人斷伐。具械器趣菹人薪雚葦。足蓄積。三月之後。皆以其所有易其所無。謂之大通。三月之蓄。凡在趣耕而不耕。民以不令不耕之害也。宜芸而不芸。百草皆存。民以僅存不芸之害也。宜穫而不穫。風雨將作。五穀以削。士民零落。不穫之害也。宜藏而不藏。霧氣陽陽。宜死者生。宜蟄者鳴。不藏之害也。䟒耜當砮。銚耨當劍。戟穫渠當脅䩭。簑笠當𢧵櫓。故耕械具則戰械備矣。

輕重庚第八十六亾　　管子輕重十九

卷二十四校正

輕重乙第八十一　　管子輕重十四

△天下之可得而霸。宋本霸作伯。下同。丁云。之乃不字誤。山至數篇曰。天子以客行令以時出。孰穀之人亡。又曰。內則自還而不盡忠。外則諸侯連朋合與。孰穀之人則去亡。故天子失其權也。此言孰穀者去。天下不可得而霸。與山至數篇文義略同。△請與之立壤列天下之旁　丁云。壤列二字連文。下文云。終則有始。與天壤爭。是謂立壤列也。或讀列字下屬。非。△佌諸侯度百里　陳先生云。佌。小也。其字當作㑯。說文。㑯。小皃。詩曰。㑯㑯彼有屋。今正月詩作佌佌。傳曰。佌佌。小也。△夫海出泲無止　宋本泲作沸。△故不欲收穡戶籍而給左右之用　望案。不欲當作欲不。二字倒。△推徐疾羨不足　王云。推當爲準。準省作准。因譌而爲推。事語篇作准徐疾贏不足。是其證。△左右不足友　宋本友作支。疑誤。△故苟入吾國之粟　丁云。地數篇云。人求本者。食吾本粟。因吾本幣。疑此文入當爲食。△故君請重重而衡輕輕　望案。衡字衍。△故謹毋失其度未與民可治　丁云。案當讀故謹毋失其度與本。則民可治。今本本字譌未。又與本二字倒。則字據上文則國筴可成句補。上文曰。故苟食吾國之粟。因吾國之幣。粟幣皆本也。故地數篇曰。人求本者。食吾本粟。因吾本幣。故謹無失其度與本。則民可治。與上文故君請重重而輕輕。運物而相因。則國筴可成。文法一例。△玉出於禺氏之旁山　孫云。旁。山地數。揆度二篇。皆作邊山。因邊旁字形相近而誤。△一車必有一斤一鋸一釭一鑽一鑿一銶一軻　丁云。軻當爲柯。考工記。車人之事。一欘有半謂之柯。又車人爲車。柯長三尺。博三寸。厚一寸有半。五分其長。以其一爲之首。注。首六寸。謂今剛關頭斧。柯。其柄也。鄭司農云。柯長三尺。謂斧柯。說文。柯。斧柄也。柄。柯也。或作棅。詩。伐

柯伐柯。其則不遠。說文。則。等畫物也。古之人或取法於斧柯。故謂其則不遠。爾雅。柯。法也。尺寸取則於柯。故曰法也。然則柯亦爲車者所不可少之物矣。管子言田器類及木柄。與此同義。　△鼓山鐵　望案。鼓乃數字之誤。說文。數。有所治也。讀若墾。此因聲以得義。鐵在山中。利墾治之也。　△民得其十君得其三　望案。十乃七字誤。

△有雜之以輕重　望案。有乃脊之誤字。說見侈靡篇。　△則民疾作而爲上虜矣　丁云。虜乃庸字誤。　△河淤諸侯畝鍾之國也磧山諸侯之國也　丁云。磧字義不可通。左旁白字。疑百字誤。右旁責字。疑負字誤。百負卽百倍也。言畝鍾之國百倍於山諸侯之國也。寫者誤幷百負二字爲頣。校者又改作磧耳。負倍二字古通用。　△十倍而不足或五分而有餘者　王云。十倍上亦當有或字。與下句對文。　△故見予之所不見奪之理　朱本所作形。國蓄篇正作形。　△故樹木之勝霜露者不受令於天　王云。露當爲雪。木勝霜雪。則經冬而不凋。故曰不受令於天。今本雪作露。則非其旨矣。侈靡篇曰。樹木之勝霜雪者不聽於天。是其證。　△汶淵洙浩滿三之宋本浩作沿。　△日至日穫　元本下日字作而。　△量其艾一收之積中方都二　丁云。艾與刈同。收當爲畝。中方都二之數。雖不止一畝之積。要其所量。可於一畝約知其數也。　△請以一朝素賞軍事　望案。素讀爲索。鄭注禮記檀弓云。索猶散也。　△以令至鼓　治要無此四字。　△期於泰舟之野期軍士　王云。下期字當依治要作朝。言與軍士期於泰舟之野而朝之也。今作期者。卽涉上文期於而誤。　△甯戚鮑叔隰朋易牙賓胥無皆差肩而立　王云。易牙二字。後人所加也。小匡篇云。其相曰夷吾。大夫曰甯戚。隰朋。賓胥無。鮑叔牙。易牙小臣。豈得與四大夫差肩而立乎。藝文類聚居處部四引此。無易牙二字。明是後人所加。下文五子曰善。五子本作四子。因增入易牙。故又改四爲五耳。張云。此牙字當在鮑叔下。誤倒在朋字下。後人遂妄增易字耳。　△誰能陷陳破衆者賜之百金　史記李牧列傳。集解引作能破敵禽將者賞百金。　△而得執將首者　望案。高誘注淮南子曰。執。主也。　△言能得者壘千人　丁云。當作言能得壘千人者。乃與上下文句一例。望案。治要引壘作累。

△吾曷以識此　望案。識。職之借字。　△且使外爲名於其內鄉爲功於其親　吳云。內鄉二字當互易。　△見其若此其厚而不死列陳　王云。見其當依治要作見禮。今本涉上下文諸其字而誤。　△桓公終舉兵攻萊宋本無終字。　△戰於莒必市里　治要。無必市里三字。　△崇弟蔣弟丁惠之功世吾歲罔寡人不得籍斗升焉去菹菜鹹鹵斥澤山間壏壏不爲用之壤寡人不得籍斗升焉去一列稼緣封十五里之原強耕而自以爲落其民寡人不得籍斗升焉則是寡人之國五分而不能操其二　俞云。此文凡三云寡人不得籍斗升焉。句下當

竝有去一兩字言如此則是去其一分也。今第一句下有去字。而脫一字。而二句下去一兩字俱存。而誤屬下讀。第三句下去一兩字俱脫。而句上有其民兩字。甚爲不詞。蓋其民卽去一之誤。古文一作弌。因誤爲民。弌誤爲民。因改去爲其。屬之句上。而義全失矣。所謂五分而不能操其二者。蓋五分其國而去其三分。則僅能操其二。桓公言不能操其二者。甚之之詞也。如今本則所謂五分而不能操其二者。不得其情矣。　△予皆案困窮而不能挺損焉　宋本予作子。是。　△辟之以號令引之以徐疾施平其歸我若流水　宋本平作乎。俞云。施。乃也。字誤。乎上當脫粟字。甲篇曰。故申之以號令。抗之以徐疾。民乎其歸我如流水。甲篇言民。此篇言粟。句法正同。　△則請重粟之賈金三百　丁云。元本作釜三百是也。謂每釜加賈三百。下文所謂三倍其賈也。　△請以令與大夫城藏　王氏引之云。此當作請以令與卿諸侯令大夫城藏。城藏者。藏粟於城中也。下文曰。下令卿諸侯令大夫城藏。正承此句言之。其曰使卿諸侯藏千鍾。令大夫藏五百鍾。列大夫藏百鍾。則分承此句言之也。今本大夫上脫卿諸侯令四字。則與下文不合。　△衡者使物一高一下不得常固　王云。固當爲調。（下文兩固字並同。）調誤爲周。又誤爲固耳。下文衡數不可調。卽承此句而言。國蓄篇曰。衡者使物一高一下。不得有調也。（今本脫此文。說見國蓄篇。）是其證。　△調則澄澄則常　王氏引之云。澄訓爲清。與調字常字義不相承。當是憕字之誤。說文。憕。平也。物之高者有時而下。下者有時而高。其數不能均平。調之則前後相等而高下平矣。故曰。調則憕平。則高者常高。下者常下矣。故曰。憕則常。古書篆作立心與水相近。（鄭氏周易注。見小雅采薇正義。）故心旁誤爲水旁。　△常則高下不貳　望案。貳當作貣。說見勢篇。　△夫歲有四秋而分有四時　王云。案此言以四秋分屬四時也。分下不當有有字。蓋涉上有字而衍。（下文同。）御覽時序部二引此。無下有字。　△農事且作　御覽時序部二引作農事旣成。　△絲纊之所作　御覽絲作蠶。　△而大秋成五穀之所會　王云。大秋上衍而字。上下文皆無此例。御覽引此亦無。　△女事紡績緝縷之所作也　望案。也字衍。御覽引此亦無。

輕重丙第八十二　管子輕重十五亾

輕重丁第八十三　管子輕重十六

△天下諸侯載黃金珠玉五穀文采布泉輸齊以收石璧　王云。泉當爲帛。下文亦云。有五穀菽粟布帛文采者。通典食貨十二引此。正作布帛。又下文大夏帷蓋衣幕之奉不給。謹守泉布之謝。案泉布亦當爲帛布。（布帛或

日帛布。下文帛布絲纊之賈卽其證。）此承上文帷蓋衣幕之奉而言。則當云帛布。不當云泉布。帛泉字相似。又涉上文泉金而誤也。又下文。功臣之家人民百姓皆獻其五穀菽粟泉金。案泉金亦當爲帛布。上文作五穀菽粟布帛文采。是其證。今作泉金者。亦涉上文泉金而誤。△毋至其本　元本毋作每。俞云。毋當爲毌。毌古貫字。△必抱菁茅一束以爲禪籍　王云。禪字涉上文禪於梁父而衍。籍當爲藉。藉薦也。史記封禪書曰。江淮之間。一茅三脊。所以爲藉也。是其證。△不如令者不得從天子下　諸侯載其黃金爭秩而走　王氏引之云。不如令者不得從爲句。天下諸侯連讀。其子字則因上文從天子而衍。△反此有道乎　王云。當依前後文作爲此有道乎。今本爲作反者。涉下反之而誤。△子皆爲我君視四方稱貸之閒　丁云。閒乃閭字誤。下文曰。表稱貸之家。皆堊白其門而高其閭。△其受息之氓幾何千家　王云。幾何千家當作幾何家。其千字則涉下文千鍾而衍。△其出之鍾也一鍾　洪云。上鍾字當作中。下文其出之中伯伍也。其出之中鍾五釜也。其出之中伯二十也。字皆作中。此涉上中字而誤。丁云。案也字亦當在一鍾下。例見下文。△上斲輪軸下采杼栗　宋本斲作斷。栗作粟。△東方之萌帶山負海若處上斷福　宋本若作苦。王云。苦處當爲谷處。上文山居谷處卽其證。隸書谷字作台。苦字作苦。二形相似而誤。上斷福三字。義不可通。案上文云。上斲輪軸。下采杼粟。則此上斷福。當是上斲輻之譌。上言斲輪軸。此言斲輻。若詩之言伐輪伐輻矣。△少者三十鍾　望案。十字誤。當依宋本作千。△受息之氓九百餘家　宋本氓作萌。△出粟參數千萬鍾　朱本無數字。是。△不棄我君之有萌中一國而五君之正也　吳云。棄乃意字誤。丁云。之正二字。當是五王之誤。五王猶五君也。輕重甲篇曰。故爲人君而不審其號令。則中一國而二君五王也。是其證。△君之棧臺之職　吳云。職疑藏字誤。下文同。△桓公舉衣而問曰　元本朱本衣作哀。張云。哀疑衷字之譌。△使有以終其上令　王壽同云。終當爲給。下文民多稱貸負子息以給上之急。度上之求。是其證。△寡人之德子無所寵　丁云。寵疑竊字誤。△故稱貸之家曰皆再拜受　王云。曰字衍。△夫墾田發務上之所急所以無庶乎　王氏引之云。發下蓋脫草字。國蓄篇曰。耕田發草。上得其數矣。輕重甲篇曰。今君躬犂墾田。耕發草土。又曰。彊本趣耕。發草立幣而無止。是也。務字屬下讀。務上之所急者務農也。農者上之所急也。△萊有推馬　王壽同云。推乃犨之誤。下文云云可證。△齊東豐庸而糶賤　俞云。庸。康之誤字。高注淮南子曰。康。盛也。△今齊西之粟釜百泉則鏂二十也齊東之粟釜十泉則鏂二泉也請以令籍人三十泉得以五穀菽粟決其籍若此則齊西出三斗而決其籍齊東出三釜而決其籍　王云。齊西之粟三斗三十錢。則二斗二十錢。則鏂亦二十錢。則是二斗爲一鏂也。尹注云。斗二升八合曰鏂。失之矣。△然則釜十之粟皆實於倉廩　王云。十當爲斗。釜斗之粟。卽承上三斗三釜而言。隸書斗字作𣁬。後人誤以爲什字而改爲十。通典食貨十二引此已誤。俞云。案上言齊西之粟釜百泉。齊東之粟釜十泉。則所謂釜十之粟者。乃一釜十泉之粟。指齊東而言也。蓋齊西粟貴。齊東粟賤。故雖均是籍人三十泉。而齊西止以粟三斗當泉三十。齊東必以粟三釜當泉三十。於是齊西之粟所入無多。而齊東之粟皆實於倉廩矣。其下曰。西之民飢者得食。寒者得衣。以此故也。管子因桓公欲以東之賤被西之貴。故爲此法。則其所注意者本在齊東一釜之粟。故曰然則釜十之粟皆實於倉廩。王氏欲改十爲斗。反失其義。　△溝瀆阬而不遂谿谷報上之水不安於藏　王氏引之云。阬當爲阸。報當爲障。皆字之誤也。立政篇曰。溝瀆不遂於隘。鄣水不安其藏。又曰。通溝瀆。脩障防。安水藏。隘與阸同。鄣與障同。　△謹守泉布之謝　望案。泉乃帛字誤。　△謹絲麻之謝　丁云。謹下當有守字。上文句例可證。　△龍鬬於馬謂之陽　宋本謂作請。　△請使大夫初飭左右玄服天之使者乎　宋本飭作飾。顧千里云。初疑袀字之誤。請使大夫袀飾爲句。服下當脫一字。　△地重投之哉兆　丁云。哉乃𢦏字誤。　△請有五穀收粟布帛文采者皆勿敢左右　王云。收當爲叔。叔卽菽字。見下文。輕重甲篇亦云。子大夫有五穀菽粟者勿敢左右。叔字艸書作収。因譌而爲收。　△請以平賈取之　宋本之作人。　△此謂乘天嗇而求民鄰財之道也　望案。嗇當爲甾。說見四稱篇。　△大夫多幷其財而不出　望案。幷與屛同。　△請以令召城陽大夫而請之　王云。請之當爲譎之。下文滅其位。杜其門。是譎之之事也。今作請之者。涉上請以令而誤。　△鶴鶩含餘粖　朱本粖作秣。　△吹笙篪　吳云。笙篪下奪之風二字。輕重乙篇有。　△此何以洽　王云。洽當爲給。下文云。國中大給。卽其證也。給洽草書相似。故給譌爲洽。尹注非。　△表稱貸之家　王云。表當依宋本作旌。故尹注云。旌。表也。今作表者。涉注文而誤。　△詩曰愷悌君子民之父母也　王云。也字涉下文父母也而衍。通典食貨十二引無也字。　△出其財物以賑貧病　宋本賑作振。　△通之杭莊之閒　王云。杭當爲抗。抗古讀若康。抗莊卽康莊。　△則蟲虻巨雄翡燕小鳥皆歸之　丁云。巨渠叚字。雄當爲庸。上林賦有庸渠。水鳥也。說文。鷛。鷛鳥。　△投蟲虵巨雄　孫云。虵當依上文作虻。　△請挾彈懷丸游水上　吳云。請乃諸字誤。　△四郊之民賣賤何爲不富哉　王云。賣賤當作買賤。言四郊之民多買賤物。所以致富也。今作賣賤者。涉上文賤賣而誤。　△衰然多衣弊而屨穿　宋本衰作哀。是。　△此其何故也　王云。當作此其故何也。下文同。　△崙巇玄語　張云。玄當爲互字之譌。舊嘗往往相亂。△內嚴一家而三不歸　丁云。嚴乃瞰之借字。廣雅曰。瞰。視也。孟子離婁篇注曰。瞰。視也。音義瞯或作瞰。同說文作闞。云望也。集韻有矙字。云與瞰同。視也。△是民上則無功顯名於百姓也　丁云。無疑垂字誤。△一舉而名實俱在也　宋本一作壹。△民何爲也　望案。當作民何不爲也。脫不字。△敢問齊方于幾何里　丁云。于卽方字之誤而衍者。△漭龍夏其於齊國四分之一也　洪云。山至數篇。龍夏以北至於海莊。禽獸牟牛之地也。此漭字本海莊二字誤并作一字。王云。洪說是也。俗書莊字作庄。（隸書莊字作荘。俗又省作庄。）因譌而爲序。加氵則爲漭矣。丁云。也字上亦當有非穀之所生五字。與上下文一例。△朝夕外之　安井衡云。朝夕讀爲潮汐。外之。遠其外也。△然則吾非託食之主耶　望案。吾乃君字誤。△君動言操辭　王氏引之云。操當作搖。搖辭卽動言。古人自有複語耳。輕重甲篇云。動言搖辭。萬民可得而親。是其證。今本搖作操者。涉上文兩操字而誤。△吾此皆以孤突之地封者也　宋本孤作狐。△及吾地亦有道乎　丁云。及乃反字誤。△君以織籍籍於系　元本無下籍字。安井衡云。系當爲糸。五忽爲糸。十糸爲絲。△如此則云五穀之籍　劉云。云疑當作去。△以國一籍臣右守布萬兩而右麻籍四十倍其賈術布五十倍其賈　丁云。當讀以國一籍五句。臣乃五字誤。君守布萬兩句。右乃君字誤。上文云。君守布。是其證。而后籍麻句。麻十倍其賈句。布五十倍其賈句。今上籍麻二字誤乙。又脫麻字。衍四字。術字宋本作衍。衍字係校語羼入。上文云。君守布則籍於麻。麻十倍其賈。布五十倍其賈。是其證。△如此而有二十齊之故　丁云。朱本二十作世。蓋廿字誤。故乃數字誤。△碭之以高下注之以徐疾一可以爲百　王云。碭讀爲蕩。一可以爲百當作一可以爲十。十可以爲百。山權數篇云。徐疾之數。輕重之筴。一可以爲十。十可以爲百。是其證。△物之生未有刑　朱本刑作形。△守物之終始身不竭　王云。身上當有終字。上文終身無咎。卽其證。陳先生云。終始二字互倒。守物之始。終身不竭。四字爲句。

輕重戊第八十四　管子輕重十七

△虙戲作造六崟以迎陰陽　路史後紀一引作大晝。莊氏述祖云。崟當作佱。古法字。亦通政。大戴禮盛德篇有大政。疑卽六佱。△神農作樹五穀淇山之陽九州之民乃知穀食而天下化之　路史炎帝紀注引樹作種。淇上有于字。民作人。無而天下化之五字。△鑽鐩生火　御覽火部二引生作出。△以熟葷臊　路史注引作

腥臊。　△無茲膶之病　御覽皇王部四引茲膶作腸胃。集韻。胃古文作膶。路史注引作無腥臊之疾。　△道四
經之水以商九州之高　朱本商作敵。望案。經當爲瀆。商當作奠。皆字之誤。　△立帛牢服牛馬以爲民利　王
云。帛當爲阜。字之誤也。（史記五宗世家。彭祖衣帛布衣。漢書景十三王傳。阜誤作帛。）阜以養馬。牢以養牛。故
曰立阜牢服牛馬。　△循六惢合陰陽而天下化之　望案。惢。㑹字之誤。　△公曰其行義奈何　王云。其字涉
上文公其行義而衍。　△千穀也　俞云。千穀當從一本作子穀。子穀。穀不成者。猶言童蓈矣。說文。禾粟之采。（
音穗。）生而不成者。謂之童蓈。　△則是魯梁不賦於民財用足也　王云。財用上脫而字。下文云。則是楚不賦
於民而財用足也。卽其證。　△絏繑而踵相隨　王云。繑與屩同。（集韻。屩或作繑。）絏當作曳。曳。引也。言引屩
而踵相隨也。今作絏者。因繑字而誤加糸耳。尹注非。　△應聲之正　宋云正同征。　△二十四月　通典十二
引作周月。　△室屋漏而不居　王云。居當爲治。字之誤也。齊民要術一。御覽木部一引此。竝作治。下文室屋漏
者得居。二書居亦作治。　△沐涂樹之枝也　宋云。檀弓沐椁鄭注。沐。治也。此云沐者。亦謂脩治去其枝也。　△
闕其年　俞云。闕乃閱字誤。其讀爲朞。此當以閱朞年三字爲句。　△民被白布　望案。白。帛叚字。　△以其不
埍也　宋本埍作捎。宋云。說文。捎自關以西。凡取物之上者爲撟捎。則捎謂芟其上枝。不能密陰。不捎則不芟也。
△丁壯者胡丸操彈居其下　望案。胡乃懷字誤。輕重丁篇正作懷。　△歸市亦惰倪　王云。歸市下當有者
字。歸市者對上文丁壯者及父老而言。　△桓公卽爲百里之城使人之楚買生鹿　安井衡云。城非所以置鹿。
城當是囿字誤。　△楚生鹿當一而八萬　俞云。此本作楚生鹿一而當八萬。言一鹿直八萬泉也。又案。下文子
爲我致生鹿二十。賜子金百斤。是一鹿直金五斤也。而當八萬泉。則金一斤直泉一萬六千。蓋金一兩而泉一千
也。漢書食貨志曰。黃金重一斤。直錢萬。是春秋時金價貴於漢也。　△女子居涂　望案。涂上一本有內字。疑管
子本或作內。或作涂。而校者合之耳。　△明王之所以賞有功　宋本王作主。下同。　△齊因令人載粟處芊之
南　元本朱本芊作楚。　△代人忘其難得喜其貴買　王云。貴買當爲貴賈。藝文類聚武部。獸部下。御覽獸部
二十一引此。竝作貴價。是其證。下文亦云。不敢辨其貴買。今作貴買者。涉上文公貴買之而誤。又下文衡山之君
告其相曰。天下爭吾械器。令其買再什以上。案買當依朱本作賈。上文云。衡山之械器必倍其賈。卽其證。此亦涉
上文諸買字而誤。　△伐民必去其本而居山林之中　藝文類聚五十九。御覽獸部二十引本作農。下文同。俞
云。作農者。乃後人不曉古語而改之。本者。根本也。凡有根本之義者。皆可以本言之。禮記大學篇。此謂知本。正義

曰。本謂身也。禮器篇。反本脩古。正義曰。本謂心也。易大過彖傳。本末弱也。侯果曰。本。君也。是印本無定名。對天下國家而言。則身爲本。對四體而言則心爲本。對臣民而言。則君爲本。管子地數篇曰、守圉之本。其用鹽獨重。又云。夫齊衢處之本。通達所出也。游子勝商之所道。人求本者。食吾本粟。因吾本幣。輕重甲篇曰、守圉之國。用鹽獨重。輕重乙篇曰。吾國者。衢處之國也。遠秸之所通。游客蓄商之所道。財物之所遵。故苟入吾國之粟。因吾國之幣。前後文小異大同。或言本。或言國。其義一也。淮南子氾論篇。立之於本朝之上。高注曰。本朝。國朝也。是古人謂國爲本之證。此文代民必去其本而居山林之中。言去其國而居山林之中也。若易本爲農。則失其義矣。　△公因令齊載金錢而往　王云。公因當爲公其。上文曰。君其鑄莊山之金以爲幣。下文曰。公其令人貴買衡山之械器而賣之。皆其證。　△衡山之械器必倍其買　望案。句例買下當有矣字。　△令其買再什以上　安井衡云。古本買作賈。　△修械器之巧　安井衡云。古本巧作功。　△趙糴十五　吳云。此與下文修糴五月。糴糴二字當互易。

輕重己第八十五　管子輕重十八

△淸神生心　丁云。淸。精叚字。　△搢玉總　朱本總作揔。王云。總與揔皆忽之譌。忽卽笏字也。皋陶謨。在治忽。鄭作曶。注云。曶者。笏也。臣見君所秉書思對命者也。君亦有焉。（見史記夏本紀集解。）士喪禮。竹笏。今文笏作忽。墨子公孟篇曰。公孟子戴章甫搢忽。是笏與忽通也。桓二年左傳。衮冕黻珽。杜注曰。珽。玉笏也。此云天子搢玉忽。卽玉藻所謂天子搢珽。考工記玉人所謂大圭長三尺。天子服之者也。周官典瑞云。王晉大圭以朝日。此云天子搢玉忽祭日。正與周官合。左傳正義引管子云。天子執玉笏以朝日。卽此篇之文。　△發出令曰　望案。發下當脫號字。　△敎民樵室鑽鐩墐竈泄井　望案。墐乃熯字之誤。說見禁藏篇。　△耜耒耨懷鉊鉛又檯權渠繉緤　王云。又當爲乂。乂與刈通。齊語云。槍刈耨鎛是也。說文。檯。鉏柄名。鹽鐵論論勇篇云。鉏耰棘檯。以破衝隆。權渠。下文作穫渠。未詳。繉卽繩字之誤。隸書黽字或作黽。又作黽。形與黽相似。黽之爲黽。與鼂之爲晁。其下牛亦相類也。緤亦繩也。丁云。耜。耜字之誤。懷。櫌字之誤。鉛。鉤字之誤。權當依下文作穫。說文作鑊。大鉏也。渠與權同。釋名。齊魯謂四齒杷爲欋。　△此三人者　王氏引之云。人字衍。民之窮者有此三類。非謂僅有三人也。孟子梁惠王篇。老而無妻曰鰥。老而無夫曰寡。老而無子曰獨。幼而無父曰孤。此四者。天下之窮民而無告者。文義正與此同。

△皆就官而衆可事者不可事者食如言而勿遺　丁云。衆疑衣字誤。衣下有食字。疑脫在不可事者下。入國
篇曰。官而衣食之隨其所言。勿遺棄也。俞云。衆疑稟字誤。師古注漢書文帝紀曰。稟。給也。　△下作之地上作之
天　俞云。作讀如詩侯作侯祝之作。此蓋神道設教之意。　△春盡而夏始天子服黃而靜處　王氏引之云。下
文曰。秋盡而冬始。天子服黑絻黑而靜處。則此當云天子服赤絻赤而靜處。寫者脫誤耳。　△毋斷大木誅大臣
毋斬大山毋戮大衍滅三大而國有害也　俞云。誅大臣三字衍文。此蓋以斷大木。斬大山。戮大衍爲滅三大。其
上文聚大衆。行大火。非滅之也。故不數也。若有誅大臣之文。則爲滅四大矣。又案。斬大山之斬。當讀爲壍。與形勢
解斬高同。　△天子祀於大宗　御覽時序部八引作祈天宗。　△同族者人殊族者處　王云。人當爲入。處。止
也。言同族者則入祭。異族者則止也。　△無功者皆稱其位而立沃　吳云。沃乃飫字誤。　△祖者所以功祭也
非所以戚祭也　吳云。兩所字皆涉下文所以字而衍。　△天子祀於太惢　安井衡云。太惢蓋心星。心三星。故
其字作惢。詩曰。七月流火。秋分祀心。餞其納也。說文。惢。心疑也。讀爲瑣。非此義。　△西出其國百三十八里而壇
俞云。以上下文推之。所出之里數皆與所數之日數相符。則此文亦宜云出國九十二里矣。乃出國百三十八
里者。蓋自夏日至始數四十六日。夏盡而秋始。又自夏日至始數九十二日而秋至。合而計之。則爲一百三十八。
故出國百三十八里也。古人於此蓋別有義。　△發號出令　望案。此句下脫日字。當依上下文例補。　△以秋
至日始數九十二日　王云。此下當有謂之冬至四字。上文云。以冬至日始數。九十二日謂之春至。以春至日始
數。九十二日謂之夏至。以夏至日始數。九十二日謂之秋至。是其證。　△張耜當弩　望案。張耜以下數句乃他
篇之佚文。誤綴于此。　△穫渠當脅軥蓑笠當抾櫓　宋本穫作擭。元本軥作輌。丁云。脅軥之爲物。形狀未聞。惠
學士以脅爲甲。軥疑當爲鞫。玉篇曰。鞫。兵器也。抾當爲楯字之誤。楯者。盾之借字。禁藏篇曰。苴笠以當盾櫓。是其
證。

輕重庚第八十六　管子輕重十九亾

商　君　書

嚴萬里校

商君書新校正序

西吳嚴萬里叔卿撰

商君書二十九篇。今二十六篇。又亡其二。實二十四篇。舊刻多舛誤不可讀。余參稽衆本。又旁搜羣籍。勘正其紕繆。而疑其不可攷者。然後焉馬魯魚。十去三四。乃繕寫一編。歸諸插架。序之曰。太史公爲鞅傳。載鞅始見孝公語未合。鞅曰。吾說公以帝道。其志不開悟。又說以王道而未入。似鞅亦明於帝王之道。不得已而重自貶損。出於任法之說者。及覩所爲商君書。而知鞅實帝王之罪人。吾不知其始見而再不用者作何等語也。夫天之生。一治一亂。治之極則生亂。亂之極則思治。帝王者所以撥亂世反之治。豈別有迂闊久遠不近情之道哉。亦惟是救民於水火。與天下更始而已。是故輕刑罰。薄稅斂。使四民各安其業。于是爲之興禮樂。崇詩書。涵育於善化。修其孝弟誠信。養其貞廉。相與宅乎仁而由乎義。蓋拯其所苦。予其所樂。而人心歸之。天命歸之。堯舜之揖讓。湯武之征誅。其事不同。其道一也。由是者治。反是者亂。故曰。學帝不成者王。學王不成者霸。學霸不成者亡。蓋以力服人。力竭而變生。以德服人。德成而化盛。帝王之道。順人之性。而相與安之。故能享國久長。而天下食其福也。今鞅之書曰。王者刑九賞一。又曰。六蝨者。禮樂詩書修善孝弟誠信貞廉仁義非兵羞戰。國有十二者。必貧至削。於虖。是直與帝王之道爲寇讎而已矣。彼不計勢之必窮。而狃於說之易售。其處心積慮。偏怙其法之必行。束縛之。馳驟之。招之以告訐。羅之以連坐。壹之以農戰。以坐收其富彊之實。而不顧元氣盡削。胥秦人已化爲虎狼。而孝公不悟也。數傳至始皇。益不悟也。席其成業。遂能鞭撻九有。橫噬六合。于是山東戍卒揭竿一呼。而秦瓦解矣。向使鞅能堅持其帝王之道。將不見用。用而其效或不如任法之速。而秦久安長治矣。然而鞅安知所謂帝王之道也。僞也。彼不過假迂遠悠謬之說。姑嘗試之。而因以申其任法之說。而詎知亡其身以亡人國乎。夫帝王之道無近功。亦無流弊。故君子斷不舍此而取彼也。或曰。審若是。宜遏絕其說。而顧校正之可乎。曰。是書自漢志以來。著錄久矣。但使後之君若臣讀是書者。談虎色變。則鞅之毒輸於秦。而功及於後世爲不少矣。夫荀卿明王道。一傳至李斯。而焚書坑儒。商鞅語帝王。再不用於孝公。而滅法亂紀。則夫士之抗言高論。或不幸而見用於世。吾焉保其末路之不至斯極也。又誰得盡廢其書哉。

乾隆五十八年歲在癸丑仲冬月吉書

商君書目錄

案隋唐志及唐代註釋家徵引。並作商君書。不曰商子。今復其舊稱。又其篇帙。漢志二十九篇。讀書志今亡者三篇。書錄解題今二十八篇。又亡其一。是宋本實二十六二十七篇。余得元鐫本始更法。止定分爲篇二十六。中間亡篇二。第十六第二十一。實二十四篇。與今所行范欽本正同。後又得秦四麟本。頗能是正謬誤。最爲善本。其篇次亦同。因以知宋無鐫本。或有之而流傳不廣。故元時已有所亡失也。舊本缺總目。范本有今遂錄爲一篇。冠諸卷首云。叔卿書。

商君書

西吳嚴萬里叔卿校本

更法第一

孝公平畫。公孫鞅甘龍杜摯三大夫御於君。慮世事之變。討正法之本。求使民之道。（秦本范本無求字元本有）君曰。代立不忘社稷。君之道也。錯法務民主張。臣之行也。今吾欲變法以治。更禮以教百姓。恐天下之議我也。公孫鞅曰。臣聞之。疑行無成。（史記作無名）疑事無功。君亟定變法之慮。殆無顧天下之議之也。且夫有高人之行者。固見負於世。（史記作固見非元本同秦本范本作必見非司馬貞索隱云案商君書非作負今據改）有獨知之慮者。必見驁於民。（元本驁作敖史記同索隱引作必見驁於人今據改唐避太宗諱故更民作人秦本范本作因見毀訛）語曰。愚者闇於成事。知者見於未萌。民不可與慮始。而可與樂成。（舊本無而字成下有功字今依史記增刪）郭偃之法曰。論至德者。不和於俗。成大功者。不謀於衆。法者。所以愛民也。禮者。所以便事也。是以聖人苟可以彊國。不法其故。苟可以利民。不循其禮。（舊本作於禮與文誼不合今據上文及史記改）孝公曰。善。甘龍曰。不然。臣聞之。聖人不易民而教。知者不變法而治。因民而教者。不勞而功成。據法而治者。吏習而民安。今若變法。不循秦國之故。更禮以教民。臣恐天下之議君。願孰察之。公孫鞅曰。子之所言。世俗之言也。夫常人安於故習。（元本及史記李善註文選東京賦引並作故俗）學者溺於所聞。此兩者。所以居官而守法。（史記作以此兩者居官守法可也當屬以意刪改）非所與論於法之外也。（范本無也字）三代不同禮而王。(舊本作同道史記作同禮案此篇禮法並舉作道誤今改正)五霸不同法而霸。故知者作法。而愚者制焉。賢者更禮。而不肖者拘焉。(史記李善註文選西京賦引無而字)拘禮之人。不足與言事。制法之人。不足與論變。君無疑矣。杜摯曰。臣聞之。利不百。不變法。功不十。不易器。臣聞法古無過。循禮無邪。君其圖之。公孫鞅曰。前世不同教。何古之法。帝王不相復。何禮之循。伏羲神農教而不誅。黃帝堯舜誅而不怒。及至文武。各當時而立法。因事而制禮。禮法以時而定。制令各順其宜。兵甲器備。各便其用。臣故曰。治世不一道。便國不必法古。(元本范本作不必古史記作不法古今據秦本)湯武之王也。不脩古而興。(諸本及史記作循古今據司馬貞索隱改)殷夏之滅也。不易禮而亡。(元本作殷夏史記同秦本范本作商夏又史記無之滅也之王也大字)然則反古者。未必可非。循禮者。未足多是也。(史記作反古者不可非循禮者不足多)君無疑矣。孝公曰。善。吾聞窮巷多怪。曲學多辨。愚者笑之。智者哀焉。狂夫之樂。賢者喪焉。拘世以議。寡人不之疑矣。於是遂出墾草令。

墾令第二

無宿治。則邪官不及為私利於民。而百官之情不相稽。則農有餘日。邪官不及為私利於民。則農不敗。(范本作不敎譌)農不敗而有餘日。則草必墾矣。訾粟而稅。則上壹而民平。(諸本作一元本作壹下同)上壹則信。信則臣不敢為邪。民平則慎。慎則難變。上信而官不敢為邪。民慎而難變。則下不非上。中不苦官。下不非上。中不苦官。則壯民疾農不變。壯民疾農不變。則少民學之不休。少民學之不休。則草必墾矣。無以外權爵任與官。則民不貴學問。又不賤農。民不貴學則愚。愚則無外交。無外交。則國勉農而不偷。（范本闕國字諸本有）民不賤農。則國安不殆。國安不殆。勉農而不偷。則草必墾矣。祿厚而稅多食口衆者。敗農者也。則以其食口之數賤而重使之。則辟淫游惰之民。無所於食。民無所於食。則必農。農則草必墾矣。使商無得糴。農無得糶。農無得糶。則窳惰之農勉疾。商不得糴。則多歲不加樂。多歲不加樂。則饑歲無裕利。無裕利則商怯。商怯則欲農。窳惰之農勉疾。商欲農。則草必墾矣。聲服無通於百縣。則民行作不顧。休居不聽。休居不聽。則氣不淫。行作不顧。則意必壹。意壹而氣不淫。則草必墾矣。無得取庸。則大夫家長不建繕。愛子不惰食。惰民不窳。而庸民無所於食。是必農。大夫家長不建繕。則農事不傷。愛子惰民不窳。則故田不荒。農事不傷。農民益農。則草必墾矣。廢逆旅。則姦僞躁心私交疑農之民不行。逆旅之民無所於食。（秦本范本作無以食此依元本）則必農。農則草必墾矣。壹山澤。則惡農慢惰倍欲之民。無所於食。無所於食則必農。農則草必墾矣。貴酒肉之價。重其租。令十倍其樸。然則商賈少。農不能喜酣奭。大臣不爲荒飽。商賈少則上不費粟。民不能喜酣奭。則農不慢。大臣不荒。則國事不稽。主無過舉。上不費粟。民不慢農。則草必墾矣。重刑而連其罪。則褊急之民不鬬。很剛之民不訟。怠惰之民不游。費資之民不作。巧諛惡心之民無變也。五民者。不生於境內。則草必墾矣。使民無得擅徙。（秦本范本作擅從嚴元本作擅徙）則誅愚亂農農民無所於食而必農。愚心躁欲之民壹意。則農民必靜。農靜誅愚。則草必墾矣。均出餘子之使令以世使之。又高其解舍。令有甬官食槩。不可以辟役。而大官未可必得也。則餘子不游事人。則必農。農則草必墾矣。國之大臣諸大夫。博聞辨慧游居之事。皆無得爲。無得居游於百縣。則農民無所聞變見方。農民無所聞變見方。則知農無從離其故事。而愚農不知。不好學問。愚農不知。不好學問。則務疾農。知農不離其故事。則草必墾矣。令軍市無有女子而命其商。令人自給甲兵。（秦本范本作自拾此依元本）使視軍興。又使軍市無得私輸糧者。則姦謀無所於伏盜。輸糧者不私稽。輕惰之民。不游軍市。盜糧者無所售。送糧者不私。輕惰之民。不游軍市。則農民不淫國粟不勞。則草必墾矣。百縣之治一形。則從迂者不敢更其制。過而廢者。不能匿其舉。（秦本作匿其過舉）過舉不匿。則官無邪人。迂者不飾。代者不更。則官屬少而民不勞。官無邪則民不敖。民不敖則業不敗。官屬少。徵不煩。民不勞。則農多日。農多日。徵不煩。業不敗。則草必墾矣。重關市之賦。則農惡商。商有疑惰之心。農惡商。商疑惰。則草必墾矣。以商之口數使商。令之廝輿徒重者必當名。則農逸而商勞。農逸則良田不荒。商勞則去來賫送之禮。無通於百縣。則農民不饑。行不飾。農民不饑。行不飾。則公作必疾。而私作不荒。則農事必勝。農事必勝。則草必墾矣。令送糧無取僦。無得反庸。車牛輿重設必當名。然則往速徠疾。則業不敗農。業不敗農。則草必墾矣。無得爲罪人。請於吏而饟食之。則姦民無主。姦民無主。則爲姦不勉。農民不傷。姦民無樸。姦民無樸。則農民不敗。農民不敗。則草必墾矣。

農戰第三

凡人主之所以勸民者。官爵也。國之所以興者。農戰也。今民求官爵。皆不以農戰。而以巧言虛道。此謂勞民。勞民者其國必無力。無力者其國必削。善爲國者。其教民也。皆作壹而得官爵。是故不官無爵。國去言則民樸。民樸則不淫。民見上利之從壹空出也。則作壹。作壹則民不偷營。民不偷營則多力。多力則國彊。今境內之民。皆曰農戰可避。而官爵可得也。是故豪傑皆可變業。務學詩書。隨從外權。上可以得顯。下可以求官爵。要靡事商賈。爲技藝。皆以避農戰。具備。國之危也。民以此爲教者。其國必削。善爲國者。倉廩雖滿。不偷於農。國大民衆。不淫於言。則民樸壹。民樸壹。則官爵不可巧而取也。不可巧取則姦不生。姦不生則主不惑。今境內之民。及處官爵者。見朝廷之可以巧言辯說取官爵也。故官爵不可得而常也。是故進則曲主。退則慮私。所以實其私。然則下賣權矣。夫曲主慮私。非國利也。而爲之者。以其爵祿也。下賣權。非忠臣也。而爲之者。以末貨也。然則下官之冀遷者皆曰。多貨則上官可得而欲也。曰。我不以貨事上而求遷者。則如以狸餌鼠爾。必不冀矣。若以情事上而求遷者。則如引諸絕繩而求乘枉木也。（乘秦本作繩疑誤）愈不冀矣。二者不可以得遷。則我焉得無下動衆。取貨以事上。而以求遷乎。百姓曰。我疾農。先實公倉。收餘以食親。爲上忘生而戰。以尊主安國也。倉虛主卑家貧。然則不如索官。親戚交游合。則更慮矣。豪傑務學詩書。隨從外權。要靡事商賈爲技藝。皆以避農戰。民以此爲教。則粟焉得無少而兵焉得無弱也。善爲國者。官法明。故不任知慮。上作壹。故民不儉營。（秦本作不營私） 則國力摶。（案摶古與專通左傳若琴瑟之摶一呂氏春秋不收則不摶註入不專一也史記田齊世家摶三國之兵註握領也秦本范本作搏搏摶形近致訛今從元本下同）國力摶者彊。國好言談者削。故曰。農戰之民千人。而有詩書辯慧者一人焉。千人者。皆怠於農戰矣。農戰之民百人。而有技藝者一人焉。百人者。皆怠於農戰矣。國待農戰而安。主待農戰而尊。夫民之不農戰也。上好言而官失常也。常官則國治。壹務則國富。國富而治。王之道也。故曰。王道作外身作壹而已矣。（案外字疑誤） 今上論材能知慧而任之。則知慧之人。希主好惡使官制物以適主心。是以官無常。國亂而不壹。辯說之人而無法也。（案辯說上當有脫文） 如此。則民務焉得無多。而地焉得無荒。詩書禮樂善修仁廉辯慧。國有十者。上無使守戰。國以十者治。敵至必削。不至必貧。國去此十者。敵不敢至。雖至必卻。興兵而伐。必取。按兵不伐。必富。國好力者以難攻。以難攻者必興。好辯者以易攻。以易攻者必危。故聖人明君者。非能盡其萬物也。（秦本范本作非盡能） 知萬物之要也。故其治國也。察要而已矣。今爲國者多無要。朝廷之言治也。紛紛焉務相易也。是以其君惛於說。其官亂於言。其民惰而不農。故其境內之民。皆化而好辯。樂學。事商賈。爲技藝。避農戰。如此。則不遠矣。國有事。則學民惡法。商民善化。技藝之民不用。故其國易破也。夫農者寡。而遊食者衆。故其國貧危。今夫螟螣蚼蠋。春生秋死。一出而民數年不食。今一人耕而百人食之。此其爲螟螣蚼蠋亦大矣。雖有詩書。鄉一束。家一員。獨無益於治也。非所以反之之術也。（秦本范本少一之字）故先王反之於農戰。故曰。百人農。一人居者王。十人農。一人居者彊。半農半居者危。故治國者。欲民之農也。國不農。則與諸侯爭權。不能自持也。則衆力不足也。故諸侯撓其弱。乘其衰。土地侵削而不振。（范本土作大訛）則無及已。聖人知治國之要。故令民歸心於農。歸心於農。則民樸而可正也。紛紛則易使也。信可以守戰也。壹則少詐而重居。壹則可以賞罰進也。壹則可以外用也。夫民之親上死制也。以其旦暮從事於農。夫民之不可用也。見言談游士事君之可以尊身也。商賈之可以富家也。技藝之足以餬口也。民見此三者之便且利也。則必避農。避農則民輕其居。（范本作避農戰不疊避農字）輕其居。則必不爲上守戰也。凡治國者。患民之散而不可摶也。（秦本范本摶作搏與前作摶並以形近致訛下同）是以聖人作壹。摶之也。國作壹一歲者十歲彊。作壹十歲者百歲彊。作壹百歲者千歲彊。千歲彊者王。君脩賞罰以輔壹教。是以其教有所常。而政有成也。王者得治民之至要。故不待賞賜而民親上。不待爵祿而民從事。不待刑罰而民致死。國危主憂。說者成伍。無益於安危也。夫國危主憂也者。彊敵大國也。人君不能服彊敵破大國也。則修守備。便地形。摶民力以待外事。然後患可以去而王可致也。是以明君修政作壹。去無用。止浮學事淫之民。壹之農。然後國家可富而民力可摶也。今世主皆憂其國之危而兵之弱也。而彊聽說者。說者成伍。煩言飾辭而無實用。（秦本范本作章無用訛今依元本）主好其辯。不求其實。說者得意道路曲辯輩輩成羣。民見其可以取王公大人也。而皆學之。夫人聚黨與說議於國紛紛焉。小民樂之。大人說之。故其民農者寡而游食者衆。衆則農者殆。農者殆則土地荒。學者成俗。則民舍農。從事於談說。高言僞議。舍農游食而以言相高也。故民離上而不臣者成羣。此貧國弱兵之教也。夫國庸民以言則民不畜於農。故惟明君。知好言之不可以彊兵闢土也。惟聖人之治國。作壹摶之於農而已矣。

去彊第四

以彊去彊者弱。以弱去彊者彊。國爲善。姦必多。國富而貧治曰重富。重富者彊。國貧而富治曰重貧。重貧者弱。兵行敵所不敢行。彊。事興敵所羞爲。利。主貴多變。國貴少變。國多物。削。主少物。彊。千乘之國。守千物者削。戰事兵用曰彊。戰亂兵息而國削。農商官三者。國之常官也。三官者。生蝨官者六。曰歲。曰食。曰美。曰好。曰志。曰行。（范本無曰美句好上有玩字行下有闕文三字）六者有樸必削。三官之樸三人。六官之樸一人。以治法者彊。以治政者削。常官治者遷官。（范本治者作法去訛）治大國小。治小國大。彊之重削。弱之重彊。夫以彊攻彊者亡。以弱攻彊者王。（秦本范本作攻弱此依元本）國彊而不戰。毒輸於內。禮樂蝨官生。必削。國遂戰。毒輸於敵國。無禮樂蝨官。必彊。舉榮任功曰彊。（案榮字疑誤）蝨官生必削。農少商多。貴人貧。商貧。農貧。三官貧。必削。國有禮。有樂。有詩。有書。有善。有修。有孝。有弟。有廉。有辯。國有十者。上無使戰必削至亡國無十者上有使戰必興至王國以善民治姦民者必亂至削國以姦民治善民者必治至彊國用詩書禮樂孝弟善修治者敵至必削國不至必貧國不用八者治敵不敢至雖至必卻興兵而伐必取取必能有之按兵而不攻必富國好力日以難攻國好言日以易攻國以難攻者起一得十以易攻者出十亡百重罰輕賞則上愛民民死上重賞輕罰則上不愛民民不死上興國行罰民利且畏行賞民利且愛（舊本此下有行刑重其輕者輕其重者輕者不生重者不來十八字與下靳合篇語同而文誼未全今從秦本刪去）國無力而行知巧者必亡怯民使以刑必勇勇民使以賞則死怯民勇勇民死國無敵者彊彊必王貧者使以刑則富富者使以賞則貧治國能令貧者富富者貧則國多力多力者王王者刑九賞一彊國刑七賞三削國刑五賞五國作壹一歲十歲彊作壹十歲百歲彊作壹百歲千歲彊千歲彊者王威以一取十以聲取實故能爲威者王能生不能殺曰自攻之國必削能生能殺曰攻敵之國必彊故攻官攻力攻敵國用其二舍其一必彊令用三者威必王十里斷者國弱九里斷者國彊（案九當作五下說民篇亦作五）以日治者王以夜治者彊以宿治者削舉民衆口數生者著死者削民不逃粟野無荒草則國富國富者彊（舉民衆以下一切舊本並多淩亂脫誤今從葉校本乙增）以刑去刑國治以刑致刑國亂故曰行刑重輕刑去事成國彊重重而輕輕刑至事生國削刑生力力生彊彊生威威生惠惠生於力舉力以成勇戰戰以成知謀金生而粟死粟死而金生（秦本作粟生而金死金死而粟生）本物賤

事者衆。買者少。農困而姦勸。其兵弱。國必削。至亡。金一兩生於竟內。粟十二石死於竟外。粟十二石生於竟內。金一兩死於竟外。國好生金於竟內。則金粟兩死。倉府兩虛。國弱。（舊本無國弱及下文國彊四字案楊愼丹鉛別錄文集四十六引並有今據增）國好生粟於竟內。則金粟兩生。倉府兩實。（楊愼引作兩盈）國彊。彊國知十三數。竟內倉口之數。壯男壯女之數。老弱之數。官士之數。以言說取食者之數。利民之數。（秦本無此句）馬牛芻藁之數。欲彊國。不知國十三數。地雖利。民雖衆。國愈弱。至削。國無怨民曰彊國。與兵而伐。則武爵武任必勝。按兵而農。粟爵粟任則國富。兵起而勝敵。按兵而國富者王。

說民第五

辯慧。亂之贊也。禮樂。淫佚之徵也。慈仁。過之母也。任舉。姦之鼠也。亂有贊則行。淫佚有徵則用。過有母則生。姦有鼠則不止。八者有羣。民勝其政。國無八者。政勝其民。民勝其政。國弱。政勝其民。兵彊。故國有八者。上無以使守戰。必削。至亡。國無八者。上有以使守戰。必興。至王。用善。則民親其親。任姦。則民親其制。合而復者善也。別而規者姦也。（案字書無規字疑誤）章善則過匿。任姦則罪誅。過匿則民勝法。罪誅則法勝民。民勝法國亂。法勝民兵彊。故曰以良民治。必亂。至削。以姦民治。必治。至彊。國以難攻。起一取十。國以易攻。起一亡百。國好力。日以難攻。國好言。日以易攻。民易爲言。難爲用。國法。作民之所難。兵。用民之所易。而以力攻者。起一得十。國法作民之所易。兵。用民之所難。而以言攻者。出十必百。罰重爵尊。賞輕刑威。爵尊。上愛民。

刑威。民死上。故與國行罰則民利。用賞則上重。法詳則刑繁。法繁則刑省。民治則亂。亂而治之又亂。故治之於其治則治。治之於其亂則亂。民之情也治。其事也亂。故行刑。重其輕者。輕者不生。則重者無從至矣。此謂治之於其治也。行刑。重其重者。輕其輕者。輕者不止。則重者無從止矣。（舊本多作無從至於文義不合至當作止今改正） 此謂治之於其亂也。故重輕則刑去事成。國彊。重重而輕輕。則刑至而事生。國削。民勇。則賞之以其所欲。民怯。則殺之以其所惡。故怯民使之以刑。則勇。勇民使之以賞。則死。怯民勇。勇民死。國無敵者必王。民貧則弱。國富則淫。淫則有蝨。有蝨則弱。故貧者益之以刑則富。富者損之以賞則貧。治國之舉。貴令貧者富。富者貧。貧者富。富者貧。國彊。（諸本國彊字在貧者富下今案文義乙正秦本與諸本同富者貧下又有國弱字於義悖當屬妄增）三官無蝨。國久彊而無蝨者必王。刑生力。力生彊。彊生威。威生惪。惪生於刑。故刑多則賞重。賞少則刑重。民之有欲有惡也。欲有六淫。惡有四難。從六淫國弱。行四難。兵彊。故王者刑於九而賞出一。刑於九則六淫止。賞出一則四難行。六淫止則國無姦。四難行則兵無敵。民之所欲萬。而利之所出一。民非一則無以致欲。（秦本范本則作政誤） 故作一。作一則力摶。力摶則彊。彊而用重彊。故能生力。能殺力。曰。攻敵之國必彊。塞私道以窮其志。啟一門以致其欲。使民必先行其所要。然後致其所欲。故力多。力多而不用則志窮。志窮則有私。有私則有弱。故能生力。不能殺力。曰。自攻之國。必削。故曰。王者國不蓄力。家不積粟。國不蓄力。下用也。家不積粟。上藏也。國治。

斷家王。斷官彊。斷君弱。重輕刑去。常官則治。省刑要保。賞不可倍也。有姦必告之則民斷於心。上令而民知所以應。器成於家而行於官。則事斷於家。故王者刑賞斷於民心。器用斷於家。（范本作決於家）治明則同。治闇則異。同則行。異則止。行則治。止則亂。治則家斷。亂則君斷。治國者貴下斷。故以十里斷者弱。以五里斷者彊。家斷則有餘。故曰日治者王。（范本無日字下同）官斷則不足。故曰夜治者彊。君斷則亂。故曰宿治者削。故有道之國。治不聽君。民不從官。

算地第六

凡世主之患。用兵者不量力。治草萊者不度地。故有地狹而民衆者。民勝其地。地廣而民少者。地勝其民。民勝其地務開。地勝其民者事徠。開則行倍。（案此下當有缺文）民過地則國功寡而兵力少。地過民則山澤財物不爲用。夫棄天物遂民淫者。世主之務過也。而上下事之。故民衆而兵弱。地大而力小。故爲國任地者。山林居什一。藪澤居什一。谿谷流水居什一。都邑蹊道居什四。此先王之正律也。故爲國分田數小畝五百。足待一役。此地不任也。方土百里。出戰卒萬人者。數小也。此其墾田足以食其民。都邑遂路足以處其民。山林藪澤谿谷足以供其利。藪澤隄防足以畜。（案此下當有脫文）故兵出糧給而財有餘。兵休民作而畜長足。此所謂任地待役之律也。今世主有地方數千里。食不足以待役實倉。而兵爲鄰敵。臣故爲世主患之。夫地大而不墾者。與無地同。（秦本范本地下有者字下同）民衆而不用者。

與無民同。故爲國之數。務在墾草。用兵之道。務在壹賞。私利塞於外。則民務屬於農。屬於農則樸。樸則畏令。私賞禁於下。則民力摶於敵。摶於敵則勝。奚以知其然也。夫民之情。樸則生勞而易力。窮則生知而權利。易力則輕死而樂用。權利則畏罰而易苦。易苦則地力盡。樂用則兵力盡。夫治國者。能盡地力而致民死者。名與利交至。（秦本范本作並至） 民之性。饑而求食。勞而求佚。苦則索樂。辱則求榮。此民之情也。（秦本范本作百姓之情人） 民之求利。失禮之法。求名。失性之常。奚以論其然也。今夫盜賊上犯君上之所禁。而下失臣子之禮。（元本范本臣作天大誤此據秦本） 故名辱而身危。猶不止者。利也。其上世之士。衣不煖膚。食不滿腸。苦其志意。勞其四肢。傷其五臟。而益裕廣耳。（案此句有脫誤） 非生之常也。而爲之者。名也。故曰。名利之所湊。則民道之。（案道字疑誤） 主操名利之柄。而能致功名者。數也。聖人審權以操柄。審數以使民。數者。臣主之術。而國之要也。故萬乘失數而不危。臣主失術而不亂者。未之有也。今世主欲辟地治民。而不審數。臣欲盡其事。而不立術。故國有不服之民。主有不令之臣。故聖人之爲國也。入令民以屬農。出令民以計戰。夫農。民之所苦。而戰。民之所危也。犯其所苦。行其所危者。計也。故民生則計利。死則慮名。名利之所出。不可不審也。利出於地。則民盡力。名出於戰。則民致死。入使民盡力。則草不荒。出使民致死。則勝敵。勝敵而草不荒。富彊之功。可坐而致也。今則不然。世主之所以加務者。皆非國之急也。身有堯舜之行。而功不及湯武之略者。此執柄之罪也。臣請語其過。夫治國舍勢而任說。說則身脩而功寡。故事詩書談說之士。則民游而輕其君。事處士則民遠而非其上。事勇士則民競而輕其禁。技藝之士用。則民剽而易徙。商賈之士佚且利。則民緣而議其上。故五民加於國用。（案加字疑衍）則田荒而兵弱。談說之士資在於口。處士資在於意。勇士資在於氣。技藝之士資在於手。商賈之士資在於身。故天下一宅而圜身資。民資重於身。而偏託勢於外。挾重資。歸偏家。堯舜之所難也。故湯武禁之。則功立而名成。聖人非能以世之所易。勝其所難也。必以其所難。勝其所易。故民愚。則知可以勝之。世知。則力可以勝之。臣愚。則易力而難巧。世巧。則易知而難力。故神農教耕而王天下。師其知也。湯武致彊而征諸侯。服其力也。今世巧而民淫。方傚湯武之時。而行神農之事。以隨世禁。故千乘惑亂。（范本惑作式案千乘字疑亦譌）此其所加務者。過也。民之生。度而取長。稱而取重。權而索利。明君愼觀三者。則國治可立而民能可得。國之所以求民者少。而民之所以避求者多。入使民屬於農。出使民壹於戰。故聖人之治也。多禁以止能。任力以窮詐。兩者偏用。則境內之民壹。民壹則農。農則樸。樸則安居而惡出。故聖人之爲國也。民資藏於地。而偏託危於外。資於地則樸。託危於外則惑。民入則樸。出則惑。故其農勉而戰戢也。民之農勉則資重。戰戢則鄰危。資重則不可負而逃。鄰危則不歸於無資。歸危外託。狂夫之所不爲也。故聖人之爲國也。觀俗立法則治。察國事本則宜。不觀時俗。不察國本。則其法立而民亂。事劇而功寡。此臣之所謂過也。夫刑者。所以奪禁邪也。（元本無奪字）而賞者。所以助禁也。羞辱勞苦者。民之所惡也。顯榮佚樂者。民之所務也。故其國刑不可惡。而爵祿不足務也。此亡國之兆也。刑人復漏。則小人辟淫而不苦刑。則徼倖於民上。徼於民上。以利求顯榮之門不一。（案則徼下數語當有脱訛又范本文句無民字諸本有）則君子事勢以成名。小人不避其禁。故刑煩。君子不設其令。則罰行。刑煩而罰行者國多姦。則富者不能守其財。（則元本作故范本缺一字缺上有欲字或此處有脱句也今从秦本作則則上有徼字依文義删去）而貧者不能事其業。田荒而國貧。田荒則民詐生。國貧則上匱賞。故聖人之爲治也。（元本范本故下有天地設而民生當此之時也十一字迺開塞篇文誤入此今依秦本删去）刑人無國位。戮人無官任。刑人有列。則君子下其位。衣錦食肉。則小人冀其利。君子下其位則羞功。小人冀其利則伐姦。故刑戮者。所以止姦也。而官爵者。所以勸功也。今國立爵而民羞之。設刑而民樂之。此蓋法術之患也。故君子操權。一正以立術。（案一正字疑有誤）立官貴爵以稱之。（范本之作臣誤）論榮舉功以任之。（案榮字疑誤范本之下有者字）則是上下之稱平。上下之稱平。則臣得盡其力。而主得專其柄。

開塞第七

天地設而民生之。當此之時也。民知其母而不知其父。其道親親而愛私。親親則別。（范本脱一親字）愛私則險。民衆（范本作陰陽民險衆誤）而以別險爲務則民亂。當此時也。民務勝而力征。務勝則爭。（范本務作負）力征則訟。訟而無正。則莫得其性也。故賢者立中正。（范本無正字誤）設無私而民說仁。（范本說作日訛）當此時也。親親廢。上賢立矣。凡仁者以愛爲務。而賢者以相出爲道。民衆而無制。久而相出爲道則有亂。故聖人承之。作爲土地貨財男女之分。分定而無制不可。故立禁。禁立而莫之司不可。故立官。官設而莫之一不可。故立君。既立君。（秦本范本君上有其字）則上賢廢而貴貴立矣。然則上世親親而愛私。中世上賢而說仁。下世貴貴而尊官。上賢者以道相出也。（范本道作贏訛）而立君者。使賢無用也。親親者。以私爲道也。而中正者。使私無行也。此三者。非事相反也。民道弊而所重易也。世事變而行道異也。故曰。王道有繩。夫王道一端。而臣道亦一端。所道則異。而所繩則一也。故曰民愚則知可以王。世知則力可以王。民愚則力有餘而知不足。世知則巧有餘而力不足。民之生。不知則學。力盡而服。故神農教耕而王天下。師其知也。湯武致彊而征諸侯。服其力也。夫民愚不懷知而問。世知無餘力而服。故以王天下者并刑。力征諸侯者退德。聖人不法古。不脩今。法古則後於時。脩今則塞於勢。周不法商。夏不法虞。三代異勢。而皆可以王。故興王有道。而持之異理。武王逆取而貴順。爭天下而上讓。其取之以力。持之以義。今世彊國事兼并。弱國務力守。上不及虞夏之時。而下不脩湯武。湯武塞。故萬乘莫不戰。千乘莫不守。此道之塞久矣。而世主莫之能廢也。故三代不四。非明主莫有能聽也。今日願啟之以效。古之民樸以厚。今之民巧以僞。故效於古者。先德而治。效於今者。前刑而法。此俗之所惑也。（今之民以下元本范本之作時德作得治作防效作治惑作感並多舛誤今依秦本校正）今世之所謂義者。將立民之所好。而廢其所惡。此其所謂不義者。將立民之所惡。而廢其所樂也。二者名貿實易。（案貿易二字疑誤當作同異又禮檀弓貿貿然來釋文貿一音牟則貿或侔字之假借侔亦訓同作名貿實異亦可然無他證可據五經文字貿經典相承隸省作貿）不可不察也。立民之所樂。則民傷其所惡。立民之所惡。則民安其所樂。何以知其然也。夫民憂則思。思則出度。（案出字疑誤）樂則淫。淫則生佚。故以刑治則民威。民威則無姦。無姦則民安其所樂。以義教則民縱。民縱則亂。亂則民傷其所惡。吾所謂利者。義之本也。而世所謂義者。暴之道也。夫正民者。以其所惡。必終其所好。以其所好。必敗其所惡。治國刑多而賞少。（一切舊本此下並有亂句案文義當補亂國賞多而刑少七字）故王者刑九而賞一。削國賞九而刑一。夫過有厚薄。則刑有輕重。善有大小。則賞有多少。此二者。世之常用也。刑加於罪所終。則姦不去。賞施於民所義。則過不止。刑不能去姦。而賞不能止過者必亂。故王者刑用於將過。則大邪不生。賞施於告姦。則細過不失。治民能使大邪不生。細過不失。則國治。國治必彊。一國行之。境內獨治。二國行之。兵則少寢。天下行之。至德復立。此吾以殺刑之反於德。而義合於暴也。古者。民藂生而羣處亂。（元本范本闕亂字秦本有）故求有上也。然則天下之樂有上也。（元本范本無然則天下句秦本有）將以為治也。今有主而無法。其害與無主同。有法不勝其亂。與不法同。天下不安無君。而樂勝其法。則舉世以為惑也。夫利天下之民者。莫大於治。而治莫康於立君。立君之道。莫廣於勝法。勝法之務。莫急於去姦。去姦之本。莫深於嚴刑。故王者以賞禁。以刑勸。求

過不求善。藉刑以去刑。（范本求過下有闕文五）

壹言第八

凡將立國。制度不可不察也。治法不可不愼也。國務不可不謹也。事本不可不摶也。制度時。則國俗可化。而民從制。治法明。則官無邪。國務壹。則民應用。事本摶。則民喜農而樂戰。夫聖人之立法化俗。而使民朝夕從事於農也。（秦本俗作治誤范本夕作暮）不可不知也。（一切舊本知作變此依秦本）夫民之從事死制也。以上之設榮名。置賞罰之明也。不用辯說私門而功立矣。故民之喜農而樂戰也。見上之尊農戰之士。而下辯說技藝之民。而賤游學之人也。故民壹務。其家必富。而身顯於國。上開公利而塞私門。以致民力。私勞不顯於國。私門不請於君。若此。而功臣勸。則上令行而荒草闢。淫民止而姦無萌。治國能摶民力而壹民務者彊。能事本而禁末者富。夫聖人之治國也。能摶力。能殺力。制度察則民力摶。摶而不化則不行。行而無富則生亂。故治國者。其摶力也。以富國彊兵也。其殺力也。以事敵勸民也。夫開而不塞則短長。長而不攻則有姦。塞而不開則民渾。渾而不用則力多。力多而不攻則有姦蝨。故摶力以壹務也。殺力以攻敵也。治國者貴民壹。民壹則樸。樸則農。農則易勤。勤則富。富者廢之以爵不淫。淫者廢之以刑而務農。故能摶力而不能用者必亂。能殺力而不能摶者必亡。故明君知齊二者。其國彊。不知齊二者。其國削。夫民之不治者。君道卑也。法之不明者。君長亂也。故明君不道卑。不長亂也。秉權而立。垂法而治。以得姦於上而官無不賞罰斷而器用有度若此則國制明而民力竭上爵尊而倫徒舉（案倫徒字當有誤）今世主皆欲治民而助之以亂（以秦本作於范本作闕文）非樂以爲亂也安其故而不闚於時也是上法古而得其塞下修今而不時移而不明世俗之變不察治民之情故多賞以致刑輕刑以去賞夫上設刑而民不服賞匱而姦益多故民之於上也先刑而後賞故聖人之爲國也不法古不修今因世而爲之治度俗而爲之法故法不察民之情而立之則不成治宜於時而行之則不干故聖王之治也愼爲察務歸心於壹而已矣

錯法第九

臣聞古之明君錯法而民無邪舉事而材自練賞行而兵彊此三者治之本也夫錯法而民無邪者法明而民利之也舉事而材自練者功分明功分明則民盡力民盡力則材自練行賞而兵彊者爵祿之謂也爵祿者兵之實也是故人君之出爵祿也道明道明則國日彊道幽則國日削故爵祿之所道存亡之機也夫削國亡主非無爵祿也其所道過也三王五霸其所道不過爵祿而功相萬者其所道明也是以明君之使其臣也用必出於其勞賞必加於其功功賞明則民競於功爲國而能使其民盡力以競於功則兵必彊矣同列而相臣妾者貧富之謂也同實而相并兼者彊弱之謂也有地而君或彊或弱者亂治之謂也苟有道里（范本里作理）地足容身士民可致也苟容市井財貨可聚也有土者不可以言貧有民者

不可以言弱。（周氏涉筆引作有地不憂貧有民不憂弱）地誠任。不患無財。民誠用。不畏彊暴。德明教行。則能以民之有爲己用矣。故明主者用非其有使非其民。明王之所貴惟爵其實。爵其實而榮顯之。（秦本無而榮顯之字范本全作闕文并不疊爵其實字今依元本）不榮則民不急列位。不顯則民不事爵。爵易得也。則民不貴上爵。列爵祿賞不道其門。則民不以死爭位矣。人君而有好惡。故民可治也。人君不可以不審好惡。好惡者。賞罰之本也。夫人情好爵祿而惡刑罰。人君設二者。以御民之志而立所欲焉。夫民力盡而爵隨之。功立而賞隨之。人君能使其民信於此。如明日月。則兵無敵矣。人君有爵行而兵弱者。有祿行而國貧者。有法立而亂者。此三者國之患也。故人君者。先便請謁而後功力。則爵行而兵弱矣。民不死犯難而利祿可致也。則祿行而國貧矣。法無度數而事日煩。則法立而治亂矣。是以明君之使其民也。使必盡力以規其功。功立而富貴隨之。無私德也。故教流成如此。（秦此句當有闕誤）則臣忠君明。治著而兵彊矣。故凡明君之治也。任其力不任其德。是以不憂不勞而功可立也。度數已立而法可修。故人君者。不可不慎己也。夫離朱見秋豪百步之外。而不能以明目易人。烏獲舉千鈞之重。而不能以多力易人。夫聖人之存體性。不可以易人。然而功可得者。法之謂也。

戰法第十

凡戰法必本於政勝。則其民不爭。不爭則無以私意。以上爲意。故王者之政。使民怯於邑鬭。而勇於寇戰。（范本邑作私）民習以力攻難。難故輕死。見敵如潰。潰而不止則免。故兵法大戰勝。逐北無過十里。小戰勝。逐北無過五里。兵起而程敵。政不若者勿與戰。食不若者勿與久。敵衆勿爲客。敵盡不如。擊之勿疑。故曰兵大律在謹。論敵察衆則勝負可先知也。王者之兵。勝而不驕。敗而不怨。勝而不驕者。術明也。敗而不怨者。知所失也。若兵敵彊弱。（案弱字譌或下有缺文）將賢則勝。將不如則敗。若其政出廟算者。將賢亦勝。將不如亦勝。持勝術者。（秦本持上有政久字）必彊至王。若民服而聽上。則國富而兵勝。行是必久王。其過失。無敵深入。偕險絶塞。民倦且饑渴。而復遇疾。此其道也。（其過失以下一切舊本並多舛譌今案文義當作兵之過失在深入敵阻險絶塞民倦且饑渴而復遇疾此敗道也）故將使民者。乘良馬者。不可不齊也。（案使民者下當有缺文）

立本第十一

凡用兵勝有三等。若兵未起則錯法。錯法而俗成。而用具。此三者。必行於境內。而後兵可出也。行三者有二勢。一曰輔法而法。二曰舉必得而法立。故恃其衆者謂之葺。恃其備飾者謂之巧。恃譽目者謂之詐。此三者。恃一因其兵可禽也。故曰彊者必剛。鬭其意。鬭則力盡。力盡則備。是故無敵於海內。治行則貨積。貨積則賞能重矣。賞壹則爵尊。爵尊則賞能利矣。故曰。兵生於治而異。俗生於法而萬轉。過勢本於心而飾於備勢。三者有論。故彊可立也。是以彊者必治。治者必彊。富者必治。治者必富。彊者必富。富者必彊。故曰治彊之道。論其本也。

兵守第十二

四戰之國貴守戰。負海之國貴攻戰。四戰之國。好舉興兵以距四鄰者國危。四鄰之國。一興事而已四興軍。故曰國危。四戰之國。不能以萬室之邑。舍鉅萬之軍者其國危。故曰四戰之國務在守戰。守有城之邑。不如以死人之力。與客生力戰。其城拔者。死人之力也。客不盡夷城。客無從入。此謂以死人之力。與客生力戰。城盡夷。客若有從入。則客必罷。中人必佚矣。以佚力與罷力戰。此謂以生人力與客死力戰。皆曰圍城之患。患無不盡死而邑。此三者。非患不足。將之過也。守城之道。盛力也。故曰客。治簿檄。三軍之多。分以客之候車之數。三軍。壯男爲一軍。壯女爲一軍。男女之老弱者爲一軍。此之謂三軍也。壯男之軍。使盛食厲兵陳而待敵。壯女之軍。使盛食負壘陳而待令。客至而作土。以爲險阻及耕格阱。發梁撤屋。（案及耕格阱不成文疑耕字誤或有逸脫） 給從從之。不洽而熯之。使客無得以助攻備。老弱之軍。使牧牛馬羊彘。草水之可食者。收而食之。以獲其壯男女之食。而慎使三軍無相過。壯男過壯女之軍。則男貴女。而姦民有從謀而國亡。喜與其恐有蚤聞。勇民不戰。壯男壯女過老弱之軍。則老使壯悲。弱使彊憐。悲憐在心。則使勇民更慮。而怯民不戰。故曰。慎使三軍無相過。此盛力之道。

靳令第十三

靳令則治不留。（秦本靳作飭）法平則吏無姦。法已定矣。不以善言害法。任功則民少言。任善則民多言。行治曲斷。以五里斷者王。以十里斷者彊。宿治者削。以刑治。以賞戰。求過不求善。故法立而不革。則顯民變誅計。變誅止責商殊使百都之會爵厚祿以自伐。（案則顯以下一切舊本舛誤相仍今無從是正范本商作齊使作便亦不成文）國無姦民。則都無姦示。物多末衆。農弛姦勝。則國必削。民有餘糧。使民以粟出官爵。官爵必以其力。則農不怠。四寸之管無當。必不滿也。授官予爵出祿不以功。是無當也。國貧而務戰。毒生於敵。無六蝨必彊。國富而不戰。偸生於內。有六蝨必弱。國以功授官予爵。此謂以盛知謀。以盛勇戰。以盛知謀。以盛勇戰。其國必無敵。國以功授官予爵。則治省言寡。此謂以法去法。以言去言。國以六蝨授官予爵。則治煩言生。此謂以治致治。以言致言。則君務於說言。官亂於治邪。邪臣有得志。有功者日退。此謂失。（案此句疑有缺文）守十者亂。守壹者治。法已定矣。而好用六蝨者亡。民澤畢農（案民澤字疑有誤）則國富。六蝨不用。則兵民畢競勸而樂爲主用。其竟內之民。爭以爲榮。莫以爲辱。其次。爲賞勸罰沮。其下。民惡之憂之羞之。修容而以言。恥食以上交。以避農戰。外交以備。（案備字誤或有闕文）國之危也。有饑寒死亡。不爲利祿之故戰。此亡國之俗也。六蝨曰禮樂。曰詩書。曰修善。曰孝弟。曰誠信。曰貞廉。曰仁義。曰非兵。曰羞戰。國有十二者。上無使農戰。必貧至削。十二者成羣。此謂君之治不勝其臣。官之治不勝其民。此謂六蝨勝其政也。十二者成樸必削。是故興國不用十二者。故其國多力。而天下莫能犯也。兵出必取。取必能有之。按兵而不攻必富。朝廷之吏。少者不毀也。多者不損也。效功而取官爵。雖有辯言。（秦本范本雖上有廷字疑當作朝廷闕朝字今依元本删去）不能以相先也。（范本能作得）此謂以數治。以力攻者。出一取十以言攻者出十亡百國好力此謂以難攻國好言此謂以易攻重刑少賞上愛民民死賞重賞輕刑上不愛民民不死賞利出一空者其國無敵利出二空者國半利利出十空者其國不守重刑明大制不明者六蝨也六蝨成羣則民不用是故興國罰行則民親賞行則民利（范本作上利）行罰重其輕者輕其重者（案輕其重者句當在下罪重刑輕上以舊本相承不敢擅乙）輕者不至重者不來此謂以刑去刑刑去事成罪重刑輕刑至事生此謂以刑致刑其國必削聖君知物之要故其治民有至要故執賞罰以壹輔仁者心之續也聖君之治人也必得其心故能用力力生彊彊生威威生德德生於力聖君獨有之故能述仁義於天下

修權第十四

國之所以治者三一曰法二曰信三曰權法者君臣之所共操也信者君臣之所共立也權者君之所獨制也人主失守則危君臣釋法任私必亂故立法明分而不以私害法則治權制獨斷於君則威民信其賞則事功成信其刑則姦無端惟明主愛權重信而不以私害法故多惠言而剋其賞則下不用（舊本多作不多於文義悖今刪去）數如嚴令而不致其刑則民傲死（案如字疑當作加如加形近致譌）凡賞者文也刑者武也文武者法之約也故明主任法（范本任作愼義長）明主不蔽之謂明不欺之謂察故賞厚而利刑重而威必不失疏遠不違親近故臣不蔽主而下不欺上世之爲治者多釋法而任私議此國之所以亂也先王縣權衡立尺寸而至今法之其分明

也。夫釋權衡而斷輕重。廢尺寸而意長短。雖察。商賈不用。爲其不必也。夫倍法度而任私議。皆不類者也。不以法論知能賢不肖者。惟堯。而世不盡爲堯。是故先王知自議譽私之不可任也。故立法明分。中程者賞之。毁公者誅之。賞誅之法。不失其議。故民不爭。授官予爵。不以其勞。則忠臣不進。行賞賦祿。（案賦字誤以形求之或當作賜范本作賤尤誤）不稱其功。則戰士不用。凡人臣之事君也。多以主所好事君。君好法。則臣以法事君。君好言。則臣以言事君。君好法。則端直之士在前。君好言。則毁譽之臣在側。公私之分明。則小人不疾賢。而不肖者不妬功。故堯舜之位天下也。非私天下之利也。爲天下位天下也。論賢舉能而傳焉。非疏父子親越人也。明於治亂之道也。故三王以義親。五霸以法正諸侯。皆非私天下之利也。爲天下治天下。（舊本爲天下上有議字當屬衍文故删去）是故擅其名而有其功。天下樂其政。而莫之能傷也。今亂世之君臣。區區然皆擅一國之利。而管一官之重。以便其私。此國之所以危也。故公私之交。存亡之本也。（秦本范本交作敗誤）夫廢法度而好私議。則姦臣鬻權以約祿。秩官之吏隱下而漁民。諺曰。蠹衆而木折。隙大而牆壞。故大臣爭於私而不顧其民。則下離上。下離上者。國之隙也。秩官之吏隱下以漁百姓。此民之蠹也。故有隙蠹而不亡者。天下鮮矣。是故明王任法去私。而國無隙蠹矣。

徠民第十五

地方百里者。山陵處什一。藪澤處什一。谿谷流水處什一。都邑蹊道處什一。惡田處什二。良田處什四。（秦本作什一）以此食作夫五萬。其山陵藪澤谿谷可以給其材。都邑蹊道。足以處其民。先王制土分民之律也。今秦之地。方千里者五。而穀土不能處二。田數不滿百萬。其藪澤谿谷名山大川之材物貨寶。又不盡爲用。此人不稱土也。秦之所與鄰者三晉也。所欲用兵者韓魏也。彼土狹而民衆。其宅參居而并處。其寡萌賈息（案此句有脫誤葉校連下民字讀亦無誼）民上無通名。下無田宅。而恃姦務末作以處。人之復陰陽澤水者過半。（案復陰陽未詳疑亦有誤）此其土之不足以生其民也。似有過秦民之不足以實其土也。（范本似作以）意民之情。其所欲者田宅也。而晉之無有也。信秦之有餘也。必如此而民不西者。秦士戚而民苦也。臣竊以王吏之明爲過見。此其所以弱。不奪三晉民者。愛爵而重復也。其說曰。三晉之所以弱者。其民務樂而復爵輕也。秦之所以彊者。（舊本秦上有今字據文義刪）其民務苦而復爵重也。今多爵而久復。是釋秦之所以彊。而爲三晉之所以弱也。此王吏重爵愛復之說也。而臣竊以爲不然。夫所以爲苦民而彊兵者。將以攻敵而成所欲也。兵法曰。（范本法作稱）敵弱而兵彊。此言不失吾所以攻。而敵失其所守也。今三晉不勝秦四世矣。自魏襄以來。野戰不勝。守城必拔。小大之戰。三晉之所亡於秦者。不可勝數也。若此而不服。秦能取其地。而不能奪其民也。今王發明惠。諸侯之士來歸義者。今使復之三世。無知軍事。秦四竟之內。陵阪丘隰。不起十年征者。於律也。足以造作夫百萬。曩者臣言曰。意民之情。其所欲者田宅也。晉之無有也。信秦之有餘也。

必若此而民不西者。秦士戚而民苦也。今利其田宅而復之三世。此必與其所欲。而不使行其所惡也。然則山東之民。無不西者矣。且非直虛言之謂也。不然。夫實曠土出天寶。（一切舊本並作且直言之謂也不然夫實壙什虛出天寶今案文誼移虛于言上增非字改曠土字）而百萬事本。其所益多也。豈徒不失其所以攻乎。夫秦之所患者。興兵而伐則國家貧。安居而農則敵得休息。（范本少得休字）此王所不能兩成也。故三世戰勝而天下不服。（舊本服作能今依文誼改）今以故秦事敵。而使新民作本。兵雖百宿於外。竟內不失須臾之時。此富彊兩成之效也。臣之所謂兵者。非謂悉興盡起也。論竟內所能給軍卒車騎。令故秦兵新民給芻食。天下有不服之國。則王以此春圍其農。夏食其食。秋取其刈。冬陳其寶。以大武搖其本。以廣文安其嗣。王行此十年之內。諸侯將無異民。而王何爲愛爵而重復乎。周軍之勝。華軍之勝。秦斬首而東之。東之無益亦明矣。而吏猶以爲大功。爲其損敵也。今以草茅之地。徠三晉之民。而使之事本。此其損敵也。與戰勝同實。而秦得之以爲粟。此反行兩登之計也。且周軍之勝。華軍之勝。長平之勝。秦所亡民者幾何。民客之兵。不得事本者幾何。臣竊以爲不可數矣。假使王之羣臣。有能用之。費此之半。弱晉彊秦。若三戰之勝者。王必加大賞焉。今臣之所言。民無一日之繇。官無數錢之費。其弱晉彊秦。有過三戰之勝。而王猶以爲不可。則臣愚不能知已。齊人有東郭敞者。猶多願。願有萬金。其徒請賙焉。不與。曰。吾將以求封也。其徒怒而去之宋。曰。此愛於無也。故不如以先與之有也。今晉有民而秦愛其復。此愛非其有以失其有也。豈異東郭敞之愛非其有以亡其徒乎。且古有堯舜。當時而見稱。中世有湯武。在位而民服。此三王者。萬世之所稱也。以爲聖王也。然其道猶不能取用於後。今復之三世。而三晉之民可盡也。是非王賢立今時。（案此句當有脫誤范本立作力亦非）而使後世爲王用乎。然則非聖別說而聽聖人難也。

刑約第十六篇亡

賞刑第十七

聖人之爲國也。壹賞。壹刑。壹教。壹賞則兵無敵。壹刑則令行。壹教則下聽上。夫明賞不費。明刑不戮。明教不變。而民知於民務。國無異俗。明賞之猶至於無賞也。明刑之猶至於無刑也。明教之猶至於無教也。所謂壹賞者。利祿官爵摶出於兵。無有異施也。夫固知愚貴賤勇怯賢不肖。皆盡其胷臆之知。竭其股肱之力。出死而爲上用也。天下豪傑賢良從之如流水。是故兵無敵而令行於天下。萬乘之國。不敢蘇其兵中原。千乘之國。不敢捍城。萬乘之國。若有蘇其兵中原者。戰將覆其軍。千乘之國。若有捍城者。攻將凌其城。戰必覆人之軍。攻必凌人之城。盡城而有之。盡賓而致。雖厚慶賞。何費匱之有矣。昔湯封於贊茅。文王封於岐周。方百里。湯與桀戰於鳴條之野。武王與紂戰於牧野之中。大破九軍。卒裂土封諸侯。士卒坐陳者。里有書社。車休息不乘。從馬華山之陽。從牛於農澤。從之老而不收。此湯武之賞也。故曰贊茅岐周之粟。以賞天下之人。不人得一升。以其錢賞天下之人。不人得一錢。故曰百里之君而封侯。其臣大其舊。（范本君作居秦本其臣作功臣）自士卒坐陳者。里有書社。賞之所加。寬於牛馬者何也。善因天下之貨。以賞天下之人。故曰明賞不費。湯武既破桀紂。海內無害。天下大定。築五庫。藏五兵。偃武事。行文教。倒載干戈。（秦本范本作戟戈）搢笏作爲樂以申其德。當此時也。賞祿不行。而民整齊。故曰明賞之猶至於無賞也。所謂壹刑者。刑無等級。自卿相將軍以至大夫庶人。有不從王令。犯國禁。亂上制者。罪死不赦。有功於前。有敗於後。不爲損刑。有善於前。有過於後。不爲虧法。忠臣孝子有過。必以其數斷。守法守職之吏有不行王法者。罪死不赦。刑及三族。周官之人。知而訐之上者。自免於罪。無貴賤。尸襲其官長之官爵田祿。故曰重刑連其罪。則民不敢試。民不敢試。故無刑也。夫先王之禁。刺殺。斷人之足。黥人之面。非求傷民也。以禁姦止過也。故禁姦止過。莫若重刑。刑重而必得。則民不敢試。故國無刑民。國無刑民。故曰明刑不戮。晉文公將欲明刑以親百姓。於是合諸侯大夫於侍千宮。顛頡後至。請其罪。君曰。用事焉。吏（案文倒當作焉用事吏或云吏字當屬下句）遂斷顛頡之脊以殉。晉國之士。稽焉皆懼曰。顛頡之有寵也。斷以殉。況於我乎。舉兵伐曹五鹿。及反鄭之埤。東衛之畝。（案舉兵以下文多脫誤五鹿衛地不應屬之伐曹圍鄭事在戰城濮後二年不應越次先敍葉校本作舉兵伐衛取五鹿伐曹救宋下接勝荊人句蓋據左傳任意刪改非有原書引證姑存之）勝荊人於城濮。三軍之士。止之如斬足。行之如流水。三軍之士。無敢犯禁者。故一假道重輕於顛頡之脊而晉國治。（案重輕卽本書所謂行刑重其輕者秦本作重刑誤又而晉國治秦本作而曰吾國治亦誤）昔者周公旦殺管叔。流霍叔。曰犯禁者也。天下衆皆曰。親昆弟有過不違。而況疏遠乎。故天下知用刀鋸於周庭而海內治。（舊本作而況疏遠天下內不用云云脫誤不成文此依秦本）故曰明刑之猶至於無刑也。所謂壹教者。博聞。辯慧。信廉。禮樂。修行。羣黨。任譽。清濁。不可以富貴。不可以評刑。不可獨立私議以陳其上。堅者被。銳者挫。雖曰聖知巧佞厚樸。則不能以非功罔上利。然富貴之門。要存戰而已矣。（富貴秦本范本作貴富下同存亦作在存在形近譌亦通）彼能戰者踐富貴之門。彊梗焉有常刑而不赦。（舊本作有常道而不禁誤彊梗不禁是縱戰士之殘暴而召亂矣今依秦本改正繹其文誼言人敢有相犯者罪不赦也）是父兄昆弟知識婚姻合同者。皆曰務之所加。存戰而已矣。（存秦本作有）夫故當壯者務於戰。老弱者務於守。死者不悔。生者務勸。此臣之所謂壹教也。民之欲富貴也。共闔棺而後止。而富貴之門。必出於兵。是故民聞戰而相賀也。起居飲食所歌謠者。戰也。此臣之所謂明教之猶至於無教也。此臣所謂參教也。聖人非能通知萬物之要也。故其治國。舉要以致萬物。故寡教而多功。聖人治國也。易知而難行也。是故聖人不必加。（加范本作王誤）凡主不必廢。殺人不爲暴。賞人不爲仁者。國法明也。聖人以功授官予爵。故賢者不憂。聖人不宥過。不赦刑。故姦無起。聖人治國也。審壹而已矣。

畫策第十八

昔者。昊英之世。以伐木殺獸。人民少而木獸多。黃帝之世。不麛不卵。官無供備之民。死不得用槨。事不同。皆王者。時異也。神農之世。男耕而食。婦織而衣。刑政不用而治。甲兵不起而王。神農既沒。以彊勝弱。以衆暴寡。故黃帝作爲君臣上下之義。（義秦本作儀案威儀字古作義說文義己之威義也从我从羊周禮肆師職鄭註漢書鄒陽傳顏註並云義讀爲儀今依元本范本蓋猶古書之未經改竄者也又仁義字當作誼說文誼人所宜也徐云史記仁義字作此漢書董仲舒傳摩民以誼古文尚書遵王之義本作誼唐明皇詔改義據此類推則古書之傳于今者半失其舊矣）父子兄弟之禮。夫婦妃匹之合。內行刀鋸。外用甲兵。故時變也。由此觀之。神農非高於黃帝也。然其名尊者。以適於時也。故以戰去戰。雖戰可也。以殺去殺。雖殺可也。以刑去刑。雖重刑可也。昔之能制天下者。必先制其民者也。能勝彊敵者。必先勝其民者也。故勝民之本在制民。若冶於金。陶於土也。本不堅則民如飛鳥禽獸。其孰能制之。（案禽字譌）民本法也。故善治者。塞民以法而名地作矣。名尊地廣以至王者何故。名卑地削。以至於亡者何故。戰罷者也。不勝而王。不敗而亡者。自古及今。未嘗有也。民勇者戰勝。民不勇者戰敗。能壹民於戰者民勇。不能壹民於戰者民不勇。聖王見王之致於兵也。故舉國而責之於兵。入其國。觀其治。兵用者彊。奚以知民之見用者也。民之見戰也。如餓狼之見肉。則民用矣。凡戰者。民之所惡也。能使民樂戰者王。彊國之民。父遺其子。兄遺其弟。妻遺其夫。皆曰。不得無返。又曰失法離令。若死我死。鄉治之。行間無所逃。遷徙無所入。入行間之治。連以五。辨之以章。束之以令。拙無所處。罷無所生。是以三軍之衆。從令如流。死而不旋踵。國之亂也。非其法亂也。非法不用也。國皆有法。而無使法必行之法。國皆有禁姦邪刑盜賊之法。而無使姦邪盜賊必得之法。爲姦邪盜賊者死刑。而姦邪盜賊不止者不必得。必得而尙有姦邪盜賊者。刑輕也。刑輕者。不得誅也。必得者。刑者衆也。故善治者。刑不善而不賞善。故不刑而民善。不刑而民善。刑重也。刑重者。民不敢犯。故無刑也。而民莫敢爲非。是一國皆善也。故不賞善而民善。賞善之不可也。猶賞不盜。故善治者。使跖可信。而況伯夷乎。不能治者。使伯夷可疑。而況跖乎。勢不能爲姦。雖跖可信也。勢得爲姦。雖伯夷可疑也。國或重治。或重亂。明主在上。所擧必賢。則法可在賢。法可在賢。則法在下。不肖不敢爲非。是謂重治。不明主在上。所擧必不肖。國無明法。不肖者敢爲非。是謂重亂。兵或重彊。或重弱。民固欲戰。又不得不戰。是謂重彊。民固不欲戰。又得無戰。是謂重弱。明主不濫富貴其臣。所謂富者。非粟米珠玉也。所謂貴者。非爵位官職也。廢法作私爵祿之富貴。凡人主悳行。非出人也。知非出人也。勇力非過人也。然民雖有聖知。弗敢我謀。勇力弗敢我殺。雖衆不敢勝其主。雖民至億萬之數。縣重賞而民不敢爭。行罰而民不敢怨者。法也。國亂者。民多私義。兵弱者。民多私勇。則削國之所以取爵祿者多塗亡。（秦本塗下有人字） 國之欲賤爵輕祿。不作而食。不戰而榮。無爵而尊。無祿而富。無官而長。此之謂姦民。所謂治主無忠臣。慈父無孝子。欲無善言。皆以法相司也。命相正也。不能獨爲非。而莫與人爲非。所謂富者。入多而出寡。衣服有制。飲食有節。則出寡矣。女事盡於內。男事盡於外。則入多矣。

所謂明者。無所不見。則羣臣不敢爲姦。百姓不敢爲非。是以人主處匡牀之上。聽絲竹之聲。而天下治。所謂明者。使衆不得不爲。所謂彊者。天下勝。天下勝。是故合力。是以勇彊不敢爲暴。聖知不敢爲詐。而虛用。兼天下之衆。莫敢不爲其所好。而避其所惡。所謂彊者。使勇力不得不爲己用。其志足。天下益之。不足。天下說之。恃天下者。天下去之。自恃者。得天下。得天下者。先自得者也。能勝彊敵者。先自勝者也。聖人知必然之理。必爲之時勢。故爲必治之政。戰必勇之民。行必聽之令。是以兵出而無敵。令行而天下服從。（范本無服從字有朝字朝下闕一字）黃鵠之飛。一舉千里。（秦本范本一舉作日行）有必飛之備也。麗麗巨巨。（秦本作麒麟騄駬范本巨作臣）日走千里。（秦本范本日上有每一字）有必走之勢也。虎豹熊羆。鷙而無敵。有必勝之理也。聖人見本然之政。知必然之理。故其制民也。如以高下制水。如以燥溼制火。故曰。仁者能仁於人。而不能使人仁。義者能愛於人。而不能使人愛。（秦本范本作相愛）是以知仁義之不足以治天下也。聖人有必信之性。又有使天下不得不信之法。所謂義者。爲人臣忠。爲人子孝。少長有禮。男女有別。非其義也。餓不苟食。死不苟生。此乃有法之常也。聖王者。不貴義而貴法。法必明。令必行。則已矣。

境內第十九

四境之內。丈夫女子。皆有名於上者著。死者削。其有爵者乞。無爵者以爲庶子。級乞一人。其無役事也。其庶子役其大夫。月六日。（元本范本月字作缺文）

其役事也。隨而養之軍。爵自一級已下至小夫。命曰校徒操。出公爵自二級已上至不更。命曰卒。其戰也。五人來簿爲伍。一人羽而輕其四人。能人得一首則復。夫勞爵。其縣過三日。有不致士大夫勞爵能。五人一屯長。百人一將。其戰。百將屯長不得斬首。得三十三首以上。盈論。百將屯長賜爵一級。五百主。短兵五十人。二五百主。將之主。短兵百。千石之令。短兵百人。八百之令。短兵八十人。七百之令。短兵七十人。六百之令。短兵六十人。國封尉。短兵千人。將短兵四千人。戰及死吏。而口短兵。能一首則優。能攻城圍邑。斬首八千已上。則盈論。野戰斬首二千。則盈論。吏自操及校以上大將盡賞行閒之吏也。（元本范本無也字作缺文）故爵公士也。就爲上造也。故爵上造。就爲簪褭。就爲不更。故爵爲大夫。爵吏而爲縣尉。則賜虜六。加五千六百。爵大夫而爲國治。就爲大夫。故爵大夫。就爲公大夫。就爲公乘。就爲五大夫。則稅邑三百家。故爵五大夫。皆有賜邑三百家。有賜稅三百家。爵五大夫。有稅邑六百家者受客。大將御參。皆賜爵三級。故客卿相論盈。就正卿。就爲大庶長。故大庶長就爲左更。故四更也。就爲大良造。以戰故暴首三。乃校三日。將軍以不疑致士大夫勞爵。其縣四尉。訾由丞尉。能得爵首一者。賞爵一級。益田一頃。益宅九畝。一除庶子一人。乃得人兵官之吏。其獄法。高爵訾下爵級。高爵能無給有爵人隸僕。爵自二級以上有刑罪。則貶。爵自一級以下。有刑罪。則已。小失死以上至大夫。其官級一等。其墓樹級一樹。其攻城圍邑也。國司空訾莫城之廣厚之數。國尉分地。以徒校分積尺而攻之。爲期曰。先已者。當爲最啓。後已者。訾爲最殿。（范本啓後作國家秦本啓下有國字並誤）再訾則廢。內通則積薪。積薪則燔柱。陷隊之士面十八人。陷隊之士。（舊本人下有之字陷隊字倒今依文誼刪乙）知疾鬭。不得斬首。隊五人。則陷隊之士。人賜爵一級。死則一人後。不能死之千人環。規諫黥劓於城下。國尉分地。以中卒隨之。將軍爲木壹。與國正監與正御史參望之。（范本下正字作王）其先入者。舉爲最啓。其後入者。舉爲最殿。其陷隊也。盡其幾者。幾者不足。乃以欲級益之。

弱民第二十

民弱國彊。國彊民弱。故有道之國。務在弱民。樸則彊。淫則弱。弱則軌。淫則越志。弱則有用。越志則彊。故曰。以彊去彊者弱。以弱去彊者彊。民善之則親。利之用則和。用則有任。和則匱。有任乃富於政。上舍法。任民之所善。故姦多。民貧則力富。力富則淫。淫則有蝨。故民富而不用。則使民以食出。各必有力。則農不偷。農不偷。六蝨無萌。故國富而民治。重彊。兵易弱難彊。民樂生安佚。死難難正。（案此句有誤字）易之則彊。事有羞。多姦寡賞無失。多姦疑。敵失必利。兵至彊威。事無羞。利用兵。久處利勢必王。故兵行敵之所不敢行。彊。事興敵之所羞爲。利。法有民安其次。主變事能得齊。國守安。主操權利。故主貴多變。國貴少變。利出一孔。則國多物。出十孔。則國少物。守一者治。守十者亂。治則彊。亂則弱。彊則物來。弱則物去。故國致物者彊。去物者弱。民辱則貴爵。弱則尊官。貧則重賞。以刑治民則樂用。以賞戰民則輕死。故戰事兵用曰彊。民有私榮。則賤列卑官。富則輕賞。治民羞辱以刑。戰則戰。民畏死。事亂而戰。故兵農怠而國弱。（范本怠作息誤）農商官三者。國之常食官也。農闢地。商物。官法民。三官生蝨六。曰歲。曰食。曰美。曰好。曰志。曰行。六者有樸必削。（秦本必作則）農有餘食。則薄燕於歲。商有淫利。有美好傷器。官設而不用。志行爲卒。六蝨成俗。兵必大敗。法枉治亂。任善言多。治衆國亂。言多兵弱。法明治省。任力言息。治省國治。言息兵彊。故治大國小。治小國大。政作民之所惡。民弱。政作民之所樂。民彊。民弱國彊。民彊國弱。（舊本無民弱國彊四字從秦本增又國弱范本作國贏誤秦本作國贏亦非今依上下文改正）故民之所樂民彊。民彊而彊之。兵重弱。民之所樂民彊。民彊而弱之。兵重彊。故以彊重弱。弱重彊。王。以彊政彊弱。弱存。以弱政弱彊。彊去。彊存則弱。彊去則王。故以彊政弱。削。以弱政彊。王也。明主之使其臣也。用必加於功。賞必盡其勞。人主使其民信此如日月。則無敵矣。今離婁見秋豪之末。不能明目易人。烏獲舉千鈞之重。不能以多力易人。聖賢在體性也。不能以相易也。今當世之用事者。皆欲爲上聖。舉法之謂也。背法而治。此任重道遠而無馬牛。（秦本馬牛字倒）濟大川而無舡楫也。今夫人衆兵彊。此帝王之大資也。苟非明法以守之也。與危亡爲鄰。故明主察法。境內之民。無辟淫之心。（秦本辟淫字倒）游處之壬。迫於戰陣。萬民疾於耕戰。有以知其然也。楚國之民。齊疾而均速。若飄風。宛鉅鐵鉇。（范本鉇作拖）利若蜂蠆。脅蛟犀兕。堅若金石。江漢以爲池。汝潁以爲限。隱以鄧林。緣以方城。秦師至鄢郢。舉若振槁。唐蔑死於垂涉。莊蹻發於內。楚分爲五。地非不大也。民非不衆也。甲兵財用。非不多也。戰不勝。守不固。此無法之所生也。釋權衡而操輕重者。（案此下有佚脫）

口口第二十一　篇亡

外內第二十二

民之外事。莫難於戰。故輕法不可以使之。奚謂輕法。其賞少而威薄。淫道不塞之謂也。奚謂淫道。爲辯知者貴。游宦者任。文學私名顯之謂也。三者不塞。則民不戰而事失矣。故其賞少。則聽者無利也。威薄。則犯者無害也。故開淫道以誘之。而以輕法戰之。是謂設鼠而餌以狸也。亦不幾乎。故欲戰其民者。必以重法。賞則必多。威則必嚴。淫道必塞。爲辯知者不貴。游宦者不任。文學私名不顯。賞多威嚴。民見戰賞之多則忘死。見不戰之辱則苦生。賞使之忘死。而威使之苦生。而淫道又塞。以此遇敵。是以百石之弩射飄葉也。何不陷之有哉。民之內事。莫苦於農。故輕治不可以使之。奚謂輕治。其農貧而商富。故其食賤者錢重。食賤則農貧。錢重則商富。末事不禁。則技巧之人利。而游食者衆之謂也。（元本秦本無故其食賤者云云二十二字范本附注篇末）故農之用力最苦。而贏利少。不如商賈技巧之人。苟能令商賈技巧之人無繁。則欲國之無富。不可得也。故曰欲農富其國者。境內之食必貴。而不農之徵必多。市利之租必重。則民不得無田。無田不得不易其食。食貴則田者利。田者利則事者衆。食貴糴食不利。而又加重徵。則民不得無去其商賈技巧而事地利矣。故民之力盡在於地利矣。故為國者。邊利盡歸於兵。市利盡歸於農。邊利歸於兵者彊。市利歸於農者富。故出戰而彊。入休而富者王也。

君臣第二十三

古者。未有君臣上下之時。民亂而不治。是以聖人列貴賤。制爵位。（范本制下有節字秦本位作秩）立名號。以別君臣上下之義。地廣民衆萬物多。故分五官而守之。民衆而姦邪生。故立法制。為度量以禁之。是故有君臣之義。五官之分。法制之禁。不可不慎也。處君位而令不行則危。五官分而無常則亂。法制設而私善行。則民不畏刑。君尊則令行。官修則有常事。法制明則民畏刑。法制不明。而求民之行令也。不可得也。民不從令。而求君之尊也。雖堯舜之知。不能以治。明王之治天下也。緣法而治。按功而賞。凡民之所疾戰不避死者。以求爵祿也。明君之治國也。士有斬首捕虜之功。必其爵足榮也。祿足食也。農不離廛者。（秦本廛作里）足以養二親。治軍事。故軍士死節。而農民不偷也。今世君不然。釋法而以知。背功而以譽。故軍士不戰。而農民流徙。臣聞道民之門。在上所先。故民可令農戰。可令游宦。可令學問。在上所與。上以功勞與則民戰。上以詩書與則民學問。民之於利也。若水於下也。四旁無擇也。民徒可以得利而為之者。上與之也。瞋目扼腕而語勇者得。垂衣裳而談說者得。遲日曠久積勞私門者得。尊向三者。無功而皆可以得。民去農戰而為之。或談議而索之。或事便辟而請之。或以勇爭之。

故農戰之民日寡。而游食者愈衆。則國亂而地削。兵弱而主卑。此其所以然者。釋法制而任名譽也。故明主愼法制。言不中法者不聽也。行不中法者不高也。事不中法者不爲也。言中法則辯之。行中法則高之。事中法則爲之。故國治而地廣。兵彊而主尊。此治之至也。人君者。不可不察也。

禁使第二十四

人主之所以禁使者。賞罰也。賞隨功。罰隨罪。故論功察罪。不可不審也。夫賞高罰下。而上無必知其道也。與無道同也。凡知道者勢數也。故先王不恃其彊而恃其勢。不恃其信而恃其數。今夫飛蓬遇飄風而行千里。乘風之勢也。探淵者。知千仞之深。縣繩之數也。故託其勢者。雖遠必至。守其數者。雖深必得。今夫幽夜。山陵之大。而離婁不見。淸朝日[illegible]。則上別飛鳥。下察秋豪。故目之見也。託日之勢也。得勢之至。不參官而潔。陳數而物當。今恃多官衆吏。官立丞監。夫置丞立監者。且以禁人之爲利也。而丞監亦欲爲利。則何以相禁。故恃丞監而治者。僅存之治也。通數者不然也。別其勢。難其道。故曰其勢難匿者。雖跖不爲非焉。或先王貴勢。或曰。人主執虛後以應。則物應稽驗。稽驗則姦得。臣以爲不然。夫吏專制。決事於千里之外。十二月而計書以定。事以一歲別計。而主以一聽。見所疑焉。不可蔽。員不足。（案此句有闕誤）夫物至則目不得不見。言薄則耳不得不聞。故物至則變。言至則論。故治國之制。民不得避罪。如目不能以所見遁心。今亂國不然。恃多官衆吏。吏雖衆。同體一也。夫同體一者。相不可。且夫利異而害不同者。先王所以爲條也。故至治。夫妻交友。不能相爲棄惡蓋非。而不害於親。民人不能相爲隱。上與吏也。事合而利異者也。今夫騶虞以相監不可。事合而利異者也。□□□□□□□□□□□□□若使馬。馬能焉。則騶虞無所逃其惡矣。利異也。利合而惡同者。父不能以問子。君不能以問臣。吏之與吏。利合而惡同也。夫事合而利異者。先王之所以爲端也。民之蔽主而不害於蓋。賢者不能益。不肖者不能損。故遺賢去知。（秦本去作棄）治之數也。

愼法第二十五

凡世。莫不以其所以亂者治。故小治而小亂。大治而大亂。人主莫能世治其民。世無不亂之國。奚謂以其所以亂者治。夫舉賢能。世之所治也。而治之所以亂。世之所謂賢者。言正也。所以爲善正也。黨也。聽其言也。則以爲能。問其黨以爲然。故貴之。不待其有功。誅之。不待其有罪也。此其勢。正使污吏有資而成其姦險。小人有資而施其巧詐。初假吏民姦詐之本。而求端慤其末。禹不能以使十人之衆。庸主安能以御一國之民。彼而黨與人者。不待我而有成事者也。上舉一與民。民倍主位而嚮私交。民倍主位而嚮私交。則君弱而臣彊。君人者不察也。非侵於諸侯。必刼於百姓。（范本刼作却）彼言說之勢。愚智同學之。士學於言說之人。則民釋實事而誦虛詞。民釋實事而誦虛詞。則力少而非多。君人者不察也。以戰必損其將。以守必賣其城。故有明主忠臣。產於今世。而散領其國者。（案散字譌秦本作能亦非）不可以須臾忘於法。破勝黨任。節去言談。任法而治矣。使吏非法無以守。則雖巧不得爲姦。使民非戰無以効其能。則雖險不得爲詐。夫以法相治。以數相舉者。不能相益。訾言者不能相損。民見相譽無益。相管附惡。見訾言無損。習相憎。不相害也。夫愛人者不阿。憎人者不害。愛惡各以其正。治之至也。臣故曰。法任而國治矣。千乘能以守者。自存也。萬乘能以戰者。自完也。雖桀爲主。不肯詘半辭以下其敵。外不能戰。內不能守。雖堯爲主。不能以不臣諧所謂不若之國。自此觀之。國之所以重。主之所以尊者。力也。於此二者力本。而世主莫能致力者。何也。使民之所苦者無耕。危者無戰。二者孝子難以爲其親。忠臣難以爲其君。今欲敺其衆民。與之孝子忠臣之所難。臣以爲非劫以刑。而敺以賞莫可。而今夫世俗治者。莫不釋法度而任辯慧。後功力而進仁義。民故不務耕戰。彼民不歸其力於耕。即食屈於內。不歸其節於戰。則兵弱於外。入而食屈於內。出而兵弱於外。雖有地萬里。帶甲百萬。與獨立平原一貫也。（元本范本無貫字）且先王能令其民。蹈白刃被矢石。其民之欲爲之。非如學之所以避害。故吾教令民之欲利者。非耕不得。避害者非戰不免。境內之民。莫不先務耕戰。而後得其所樂。故地少粟多。民少兵彊。能行二者於境內。則霸王之道畢矣。

定分第二十六

公問於公孫鞅曰。法令以當時立之者。明旦欲使天下之吏民。皆明知而用之。如一而無私。奈何。公孫鞅曰。爲法令置官吏。樸足以知法令之謂者。

以爲天下正。則奏天子。天子則各主法令之皆降。受命發官。各主法令之民。敢忘行主法令之所謂之名。各以其所忘之法令名罪之。主法令之吏。有遷徙物故。輒使學讀法令所謂。爲之程式使日數而知法令之所謂。不中程。爲法令以罪之。有敢剟定法令損益一字以上罪死不赦。諸官吏及民有問法令之所謂也。於主法令之吏皆各以其故所欲問之法令明告之。各爲尺六寸之符。明書年月日時所問法令之名。以告吏民。主法令之吏不告及之罪。而法令之所謂也。皆以吏民之所問法令之罪。各罪主法令之吏。即以左券予吏之問法令者。主法令之吏謹藏其右券木押以室藏之。封以法令之長印。即後有物故。以券書從事。法令皆副置。一副天子之殿中。爲法令爲禁室。有鋌鑰爲禁而以封之。內藏法令。一副禁室中。封以禁印。有擅發禁室印及入禁室視禁法令。及禁剟一字以上。罪皆死不赦。一歲受法令以禁令。（諸本以禁令三字並作闕文此據秦本增）天子置三法官。殿中置一法官。御史置一法官及吏。丞相置一法官。諸侯郡縣皆各爲置一法官及吏。皆此秦一法官。郡縣諸侯。一受寶來之法令。學問并所謂。吏民知法令者。皆問法官。故天下之吏民。無不知法者。吏明知民知法令也。故吏不敢以非法遇民。民不敢犯法以干法官也。遇民不修法。則問法官。法官即以法之罪告之民。即以法官之言。正告之吏。吏知其如此。故吏不敢以非法遇民。民又不敢犯法。如此。天下之吏民。雖有賢良辯慧。不能開一言以枉法。雖有千金。不能以用一銖。故知詐賢能者。皆作而爲善。皆務自治奉公。民愚則易治也。此所生於法。明白易知而必行。法令者。民之命也。爲治之本也。所以備民也。爲治而去法令。猶欲無饑而去食也。欲無寒而去衣也。欲東西行也。其不幾亦明矣。一兔走。百人逐之。非以兔也。夫賣者滿市。而盜不敢取。由名分已定也。故名分未定。堯舜禹湯且皆如鶩焉而逐之。名分已定。貧盜不取。今法令不明。其名不定。天下之人得議之。其議人異而無定。人主爲法於上。下民議之於下。是法令不定。以下爲上也。此所謂名分之不定也。夫名分不定。堯舜猶將皆折而姦之。而況衆人乎。此令姦惡大起。人主奪威勢。亡國滅社稷之道也。今先聖人爲書。而傳之後世。必師受之。乃知所謂之名。不師受之。而人以其心意議之。至死不能知其名。與其意。故聖人必爲法令。置官也。置吏也。爲天下師。所以定名分也。名分定。則大詐貞信。民皆愿慤而各自治也。故夫名分定。勢治之道也。名分不定。勢亂之道也。故勢治者不可亂。世亂者不可治。夫世亂而治之愈亂。勢治而治之則治。故聖王治治不治亂。夫微妙意志之言。上知之所難也。夫不待法令繩墨而無不正者。千萬之一也。故聖人以千萬治天下。故夫知者而後能知之。不可以爲法。民不盡知。賢者而後知之。不可以爲法。民不盡賢。故聖人爲法。必使之明白易知。名正。愚知徧能知之。爲置法官。置主法之吏。以爲天下師。令萬民無陷於險危。故聖人立天下而無刑死者。非不刑殺也。行法令明白易知。爲置法官。吏爲之師。以道之知。萬民皆知所避就。避禍就福。而皆以自治也。故明主因治而終治之。故天下大治

也

商君書附攷

史記商君列傳。太史公曰。余嘗讀商君開塞耕戰書。與其人行事相類。卒受惡名於秦。有以也夫。

漢書藝文志法家商君二十九篇。（本註曰名鞅姬姓衞後也相秦孝公有列傳）

諸葛亮集。先主遺詔敕後主曰。讀漢書禮記。閑暇歷觀諸子。及六韜商君書。益人意知。

隋書經籍志法部。商君書五卷。秦相衞鞅撰。

舊唐書經籍志法家。商君書五卷。

新唐書藝文志法家。商君書五卷。商鞅撰。或作商子。

司馬貞史記索隱曰。案商君書。開謂刑嚴峻則政化開。塞謂布恩賞則政化塞。其意本於嚴刑少恩。又爲田開阡陌。及言斬敵首賜爵。是耕戰書也。

通志藝文略法家。商君書五卷。秦相衞鞅撰。漢有二十九篇。今亡三篇。

郡齋讀書志法家類。商子五卷。右秦公孫鞅撰。鞅衞之庶孽。好刑名之學。秦孝公委以政。遂致富彊。後以反誅。鞅封於商。故以名其書。本二十九篇。今亡者三篇。太史公既論鞅刻薄少恩。又讀鞅開塞書。謂與其行事相類。卒受惡名有以也。索隱曰。開謂刑嚴峻則政化開。塞謂布恩惠則政化塞。今考其書。司馬貞蓋未嘗見之。妄爲之說耳。開塞乃其第七篇。謂道塞久矣。今欲開之。必刑九而賞一。刑用於將過。則大邪不生。賞施於告姦。則細過不失。大邪不生。細過不失。則國治矣。由此觀之。鞅之術無他。特特告訐而止耳。故其治。不告姦者。與降敵同罰。告姦者。與殺敵同賞。此秦俗所以日壞。至於父子相夷。而鞅不能自脫也。太史公之言。信不誣也。

周氏涉筆曰。商鞅書亦多附會後事。擬取他辭。非本所論著也。其精確切要處。史記列傳包括已盡。今所存。大抵汎濫淫辭。無足觀者。蓋有地不憂貧。有民不憂弱。凡此等語。殆無幾也。此書專以誘耕督戰爲本根。今云使商無得糴。農無得糶。農無糶則窳惰之農勉。商無糴則多歲不加樂。夫積而不糶。不耕者誠困矣。力田者何利哉。暴□如丘山。不時焚燒無所用之。管子謂積多而食寡。則民不力。不知當時何以爲餘粟地也。貴酒肉之價。重其租。令十倍其樸。則商估少而農不酣。然則酒肉之用廢矣。凡史記所不載。往往爲書者所附合。而未嘗通行者也。秦方與時。朝廷官爵豈有以貨財取者。而賣權者以求貨。下官者以冀遷。豈孝公前事邪。

直齋書錄解題雜家類。商子五卷。秦相衞鞅撰。漢志二十九篇。今二十八篇。又亡其一。

文獻通考經籍雜家。商子五卷。

宋史藝文志雜家類。商子五卷。

慎　　子

錢熙祚校

欽定四庫全書提要

愼子一卷。周愼到撰。到趙人。中興書目作瀏陽人。陳振孫書錄解題。曰愼到趙人。見於史記。瀏陽在今潭州。吳時始置縣。與趙南北了不相涉。則稱瀏陽者非矣。明人刻本又云。到一名廣。案陸德明莊子釋文。田駢下注曰。愼子云名廣。然則駢一名廣。非到一名廣。尤舛誤也。愼子之學。觀莊周天下篇所稱。近乎釋氏。然漢志列之於法家。今考其書。大旨欲因物理之當然。各定一法而守之。不求於法之外。亦不寬於法之中。則上下相安。可以淸淨而治。然法所不行。勢必刑以齊之。道德之爲刑名。此其轉關。所以申韓多稱之也。（語見漢書藝文志）其書漢志作四十二篇。唐志作十卷。崇文總目作三十七篇。書錄解題則稱麻沙刻本凡五篇。已非全書。此本雖亦分五篇。而文多刪削。又非陳振孫之所見。蓋明人捃拾殘剩。重爲編次。如云孝子不生慈父之家。忠臣不生聖君之下二句。前後兩見。知爲雜錄而成。失除重複矣。

愼子目次

愼子

周愼到撰　金山錢熙祚錫之校

威德

天有明。不憂人之暗也。（原刻脫也字依治要補下句同）地有財。不憂人之貧也。聖人有德。不憂人之危也。（原刻危作厄依治要改）天雖不憂人之暗。（原刻脫之字依治要補）闢戶牖必取己明焉。則天無事也。地雖不憂人之貧。（原刻脫之字依治要補）伐木刈草必取己富焉。則地無事也。聖人雖不憂人之危。（原刻危作厄依治要改）百姓準上而比於下。其必取己安焉。則聖人無事也。故聖人處上。能無害人。不能使人無己害也。則百姓除其害矣。聖人之有天下也。受之也。（原刻受作愛依治要改）非取之也。（原刻取上有敢字依治要刪）百姓之於聖人也。養之也。非使聖人養己也。則聖人無事矣。（原刻脫矣字依治要補）毛嬙西施。（文選神女賦注四子講德論注引此文西並作先按二字古通）天下之至姣也。衣之以皮倛。（御覽三百八十一引作禓又類聚十八倛上多禓字）則見者皆走。易之以元緆。則行者皆止。由是觀之。則元緆色之助也。姣者辭之。則色厭矣。走背跋踚窮谷野走十里。藥也。走背辭藥則足廢。故騰蛇遊霧。飛龍乘雲。雲罷霧霽。（御覽九百三十三又九百四十七引作散後漢書隗囂傳注引作除）與蚯蚓同。則失其所乘也。故賢而屈於不肖者。權輕也。不肖而服於賢者。位尊也。堯爲匹夫。不能使其鄰家。（御覽六百三十八引此句作不能使家化）至南面而王。則令行禁止。由此觀之。賢不足以服不肖。而勢位足以屈賢矣。故無名而斷者，權重也。弩弱而矰高者，乘於風也。二句又見書鈔百二十五御覽三百四十八身不肖而令行者，得助於衆也。自騰蛇遊霧至此又見韓非子難勢篇文多異古人引書每不屑屑字句既於大義無關可置不論故舉重越高者，不慢於藥。愛赤子者，不慢於保。絕險歷遠者，不慢於御。二句又見意林兩於字並作其此得助則成，釋助則廢矣。夫三王五伯之德，參於天地，通於鬼神，周於生物者，其得助博也。按自毛嬙西施至此凡二百四十五字原刻並脫依治要補古者，工不兼事，士不兼官。工不兼事則事省，事省則易勝。原刻脫此句事字依治要補士不兼官則職寡，職寡則易守。原刻脫此句職字依治要補故士位可世，工事可常。百工之子，不學而能者，非生巧也。御覽七百五十二引此文生下多而字言有常事也。今也國無常道，官無常法，是以國家日繆。教雖成，官不足。官不足則道理匱，道理匱則慕賢智，慕賢智則國家之政要在一人之心矣。自道理匱則慕賢智至此句心字止凡二十一字原刻並脫依治要補古者，立天子而貴之者，原刻脫之字依治要補與御覽七十六引此文合非以利一人也。曰：天下無一貴，則理無由通，通理以爲天下也。故立天子以爲天下，非立天下以爲天子也。立國君以爲國，非立國以爲君也。立官長以爲官，非立官以爲長也。原刻長上有官字依治要删與御覽六百六十六引此文合法雖不善，猶愈於無法，所以一人心也。治要以此句爲注文夫投鉤以分財，投策以分馬，非鉤策爲均也。御覽四百二十九引此文非下有已字古已與以通使得美者，不知所以德；使得惡者，不知所以怨，此所以塞願望也。治要願作怨與御覽六百二十八引此文合故著龜，所以立公識也；權衡，所以立公正也；書契，所以立公信也；度量。所以立公審也。法制禮籍。所以立公義也。凡立公。所以棄私也。自故著龜至此凡五十一字原刻並脫依類聚二十二御覽四百二十九引此文補 明君動事分功必由慧。原刻脫必字依治要補下二句同又治要慧作惠 定賞分財必由法。行德制中必由禮。故欲不得干時。愛不得犯法。貴不得踰親。治要作規 祿不得踰位。士不得兼官。工不得兼事。以能受事。以事受利。若是者。上無羡賞。下無羡財。

因循

天道因則大。化則細。因也者。因人之情也。人莫不自爲也。化而使之爲我。則莫可得而用矣。矣字依治要補 是故先王見不受祿者不臣。原脫見字據長短經是非篇補 祿不厚者。不與入難。難字依治要補 人不得其所以自爲也。則上不取用焉。故用人之自爲。不用人之爲我。則莫不可得而用矣。此之謂因。之謂二字原倒依治要乙轉

民雜

民雜處而各有所能。所能者不同。原刻所能二字不重依治要補 此民之情也。大君者。太上也。兼畜下者也。下之所能不同。而皆上之用也。是以大君因民之能爲資。盡包而畜之。無能去取焉。原刻去取二字倒依治要乙轉 是故不設一方以求於人。故所求者無不足也。原刻必執於方以求於人故所求者無一足也依治要改 大君不擇其下。故足。不擇其下。則易爲下矣。原刻易字在矣上依治要改 易爲下則莫不容。莫不容故多下。原刻脫此句莫不二字依治要補 多下之謂太上。君

臣之道。臣事事。原刻作有事依治要改治要又有注云言事其所事而君無事。原刻此下有也字依治要刪君逸樂而臣任勞。臣盡智力以善其事。而君無與焉。仰成而已。故事無不治。原刻脫故字依治要補治之正道然也。人君自任。而務爲善以先下。原刻務作獨依治要改則是代下負任蒙勞也。臣反逸矣。故曰。君人者。好爲善以先下。則下不敢與君爭爲善以先君矣。原刻脫爲字依治要補皆私其所知以自覆掩。原刻私作稱又脫其字並依治要補正有過。則臣反責君。逆亂之道也。君之智。未必最賢於衆也。以未最賢而欲以善盡被下。原刻欲下脫以字依治要補則不贍矣。原刻則下有下字依治要刪若使君之智最賢。原刻脫使字依治要補以一君而盡贍下則勞。勞則有倦。倦則衰。衰則復反於不贍之道也。原刻於下有人字依治要刪此十字作一句讀是以人君自任而躬事。則臣不事事。是君臣易位也。謂之倒逆。倒逆則亂矣。人君苟任臣而勿自躬。則臣皆事事矣。是君臣之順。治亂之分。不可不察也。

知忠此篇原刻全脫依治要補

亂世之中。亡國之臣。非獨無忠臣也。治國之中。顯君之臣。非獨能盡忠也。治國之人。忠不偏於其君。亂世之人。道不偏於其臣。然而治亂之世。同世有忠道之人。臣之欲忠者不絕世。而君未得寧其上。無遇比干子胥之忠。而毀瘁主君於闇墨之中。遂染溺滅名而死。由是觀之。忠未足以救亂世。而適足以重非。何以識其然也。曰。父有良子而舜放瞽叟。桀有忠臣而過盈天下。然則孝子不生慈父之家。原作義依意林引此文改而忠臣不生聖君之下。故明主之使其臣也。忠不得過職。而職不得過官。是以過修於身。而下不敢以善驕矜守職之吏。人務其治。而莫敢淫偸其事。官正以敬其業。和順以事其上。吏原作史又於和下複衍吏人至正以凡十五字今依文義刪正如此。則至治已。亡國之君。非一人之罪也。治國之君。非一人之力也。將治亂。在乎賢使任職而不在於忠也。故智盈天下。澤及其君。忠盈天下。害及其國。故桀之所以亡。堯不能以為存。然而堯有不勝之善。而桀有運非之名。則得人與失人也。故廊廟之材。蓋非一木之枝也。粹白之裘。粹原作狐依意林引此文改蓋非一狐之皮也。意林皮作皷按御覽七百六十六又九百九並作皮與治要合治亂安危。存亡榮辱之施。非一人之力也。按此六句又見文選盧子諒答魏子悌詩注四子講德論注

德立

立天子者。不使諸侯疑焉。原刻脫者字焉字依治要補下三句並同立諸侯者。不使大夫疑焉。立正妻者。不使嬖妾疑焉。原刻嬖妾作孽妻依治要改立嫡子者。不使庶孼疑焉。疑則動。原刻此下有兩動二字依治要刪兩則爭。雜則相傷。害在有與。不在獨也。故臣有兩位者國必亂。臣兩位而國不亂者。君在也。恃君而不亂矣。失君必亂。原刻必作則又脫而字並依治要補正子有兩位者家必亂。子兩位而家不亂者。父在也。恃父而不亂矣。失父必亂。原刻必作則又脫而字並依治要補正又治要三父字並作親臣疑其君。無不危之國。原刻脫其字之字又君下有而字並依治要刪補下二句倣此孽疑其宗。無不危

之家。

君人

君人者。舍法而以身治。則誅賞予奪。從君心出矣。原刻脫矣字依治要補然則受賞者雖當。望多無窮。受罰者雖當。望輕無已。君舍法。而以心裁輕重。原刻脫而字依治要補則同功殊賞。同罪殊罰矣。怨之所由生也。是以分馬者之用策。分田者之用鉤。原刻脫兩者字依治要補非以鉤策爲過於人智也。原刻鉤策二字倒又脫也字並依治要補正長短經適變篇引作非以鉤策爲過人之智也所以去私塞怨也。故曰。大君任法而弗躬。則事斷於法矣。原刻脫矣字依治要補法之所加。各以其分。蒙其賞罰而無望於君也。原刻脫兩其字及也字並依治要補是以怨不生而上下和矣。長短經適變篇引作則怨不生而上下和也

君臣此篇原刻全脫依治要補

爲人君者不多聽。據法倚數以觀得失。無法之言。不聽於耳。無法之勞。不圖於功。二句又見文選長楊賦注無勞之親。不任於官。官不私親。法不遺愛。上下無事。唯法所在。

愼子逸文

行海者。坐而至越。有舟也。六帖十一舟下有故字 行陸者。立而至秦。有車也。句亦見六帖十一 秦越遠途也。安坐而至者。械也。御覽七百六十八

厝鈞石。使禹察錙銖之重。則不識也。懸於權衡。則氂髮之不可差。則不待禹之智。中人之知。莫不足以識之矣。御覽八百三十又意林節引

諺云。不聰不明。不能爲王。不瞽不聾。不能爲公。海與山爭水。海必得之。意林御覽四百九十六

禮從俗。政從上。使從君。國有貴賤之禮。無賢不肖之禮。有長幼之禮。無勇怯之禮。有親疏之禮。無愛憎之禮也。類聚三十八御覽五百二十三

法之功。莫大使私不行。君之功。莫大使民不爭。今立法而行私。是私與法爭。其亂甚於無法。立君而尊賢。是賢與君爭。其亂甚於無君。故有道之國。法立則私議書鈔四十三引作私善不行。君立則賢者不尊。民一於君。事斷於法。是國之大道也。類聚五十四御覽六百三十八

河之下龍門。寰宇記四十六河下有水字 其流駛如竹箭。駟馬追。弗能及。六帖六作追之不及寰宇記亦有之字 御覽四十

有權衡者。不可欺以輕重。有尺寸者。不可差以長短。有法度者。不可巧以

詐僞。意林御覽四百二十九

有虞之誅。以幪巾當墨。書鈔四十四引作畫跪當黥 以草纓當劓。以菲履當刖。以艾韠當宮。布衣無領當大辟。此有虞之誅也。斬人肢體。鑿其肌膚。謂之刑。畫衣冠異章服。謂之戮。上世用戮而民不犯也。當世用刑而民不從。御覽六百四十五

昔者。天子手能衣而宰夫設服。足能行而相者導進。口能言而行人稱辭。故無失言失禮也。御覽七十六

離朱之明。察秋毫之末於百步之外。下於水尺而不能見淺深。非目不明也。其勢難覩也。文選演連珠注楊荆州誄注類聚十七御覽三百六十六

堯讓許由。舜讓善卷。皆辭爲天子而退爲匹夫。類聚二十一御覽四百二十四

折券契。屬符節。賢不肖用之。御覽四百三十 抄本書鈔百四云折券契節賢不肖日之物以此得而不記于信也按文有脫誤不可讀

魯莊公鑄大鐘。曹劌入見曰。今國褊小而鐘大。君何不圖之。初學記十六御覽五百七十五

公輸子。巧用材也。不能以檀爲瑟。御覽五百七十六

孔子曰。邱少而好學。晚而聞道。以此博矣。御覽六百七

孔子云。有虞氏不賞不罰。夏后氏賞而不罰。殷人罰而不賞。周人賞且罰。罰。禁也。賞。使也。御覽六百三十三

燕鼎之重乎千鈞。乘於吳舟。則可以濟。所託者。浮道也。御覽七百六十八

君臣之間。猶權衡也。權左輕則右重。右重則左輕。輕重迭相撅。天地之理也。御覽八百三十

飲過度者生水。食過度者生貪。御覽八百四十九

故治國無其法則亂。守法而不變則衰。有法而行私。謂之不法。以力役法者百姓也。以死守法者有司也。以道變法者君長也。類聚五十四

一兔走街。百人追之。貪人具存。人莫之非者。以兔爲未定分也。積兔滿市。過而不顧。非不欲兔也。分定之後。雖鄙不爭。後漢書袁紹傳注又意林及御覽九百七並節引　按呂氏春秋愼勢篇引愼子云今一兔走百人逐之非一兔足爲百人分也由未定由未定堯且屈力而況衆人乎積兔滿市行者不顧非不欲兔也分已定矣分已定人雖鄙不爭故治天下及國在乎定分而已矣

匠人知爲門。能以門。所以不知門也。故必杜。然後能門。淮南道應訓

勁而害能則亂也。云能而害無能則亂也。荀子非十二子篇注

弃道術。舍度量。以求一人之識識天下。誰子之識能足焉。荀子王霸篇注

多賢不可以多君。無賢不可以無君。荀子解蔽篇注

匠人成棺。不憎人死。利之所在。忘其醜也。意林又御覽五百五十一引作匠人成棺而無憎於人利在人死也

獸伏就穢。文選西都賦注

夫德精微而不見。聰明而不發。是故外物不累其內。文選沈休文遊沈道士館詩注養生論注

夫道。所以使賢無奈不肖何也。所以使智無奈愚何也。若此。則謂之道勝

矣。文選張景陽雜詩注

道勝則名不彰。文選張景陽雜詩注

趨事之有司賤也。文選謝元暉始出尚書省詩注

臣下閉口。左右結舌。文選謝平原內史表注

久處無過之地。則世俗聽矣。文選吳季重答魏太子牋注

昔周室之衰也。厲王擾亂天下。諸侯力政。人欲獨行以相兼。文選東方朔答客難注

衆之勝寡。必也。文選夏侯常侍誄注

詩。往志也。書。往誥也。春秋。往事也。意林又經義考引此文下云至於易則吾心陰陽消息之理備焉未見所出當考

兩貴不相事。兩賤不相使。意林

家富則疏族聚。家貧則兄弟離。非不相愛。利不足相容也。意林

藏甲之國。必有兵道。市人可驅而戰。安國之兵。不由忿起。意林

蒼頡在庖犧之前。尚書序疏

爲毳者。患塗之泥也。書益稷疏

晝無事者夜不夢。雲笈七籤三十二

田駢名廣。莊子天下篇釋文

桀紂之有天下也。四海之內皆亂。關龍逢王子比干不與焉。而謂之皆亂

其亂者衆也。堯舜之有天下也。四海之內皆治。而丹朱商均不與焉。而謂之皆治。其治者衆也。長短經勢運篇注

君明臣直。國之福也。父慈子孝。夫信妻貞。家之福也。故比干忠而不能存殷。申生孝而不能安晉。是皆有忠臣孝子而國家滅亂者。何也。無明君賢父以聽之。據戰國策有此文　故孝子不生慈父之家。忠臣不生聖君之下。二句又見意林據治要在知忠篇其上文與此大異當考　此下逸文並依原刻附入原刻云載文獻通考今檢通考並無其文存之以質知者

王者有易政而無易國。有易君而無易民。湯武非得伯夷之民以治。桀紂非得蹠蹻之民以亂也。民之治亂在於上。國之安危在於政。

夏箴曰。小人無兼年之食。遇天饑。妻子非其有也。大夫無兼年之食。遇天饑。臣妾輿馬。非其有也。戒之哉。據逸周書有此文

與天下於人。大事也。煦煦者以爲惠。而堯舜無德色。取天下於人。大嫌也。潔潔者以爲汚。而湯武無愧容。惟其義也。

日月爲天下眼目。人不知德。山川爲天下衣食。人不能感。御覽三以此四句爲任子文感作謝　有勇不以怒。反與怯均也。二句又見御覽四百三十七及四百九十九

小人食於力。君子食於道。二句又見意林及御覽八百四十九　先王之訓也。故常欲耕而食天下之人矣。然一身之耕。分諸天下。不能人得一升粟。其不能飽可知也。欲織

而衣天下之人矣。然一身之織。分諸天下。不能人得尺布。其不能煖可知也。故以爲不若誦先王之道而求其說。通聖人之言而究其旨。上說王公大人。次匹夫徒步之士。王公大人用吾言。國必治。匹夫徒步之士用吾言。行必修。雖不耕而食饑。不織而衣寒。功賢於耕而食之織而衣之者也。按墨子有此文

法非從天下。非從地出。發於人閒。合乎人心而已。治水者。茨防決塞。九州四海。按繹史引此四字作雖在夷狄相似如一。學之於水。不學之於禹也。自治水者以下又見列子湯問篇注九州四海作雖在夷貊與繹史合

古之全大體者。望天地。觀江海。因山谷。日月所照。四時所行。雲布風動。不以智累心。不以私累己。寄治亂於法術。託是非於賞罰。屬輕重於權衡。不逆天理。不傷情性。不吹毛而求小疵。不洗垢而察難知。不引繩之外。不推繩之內。不急法之外。不緩法之內。守成理。因自然。禍福生乎道法。而不出乎愛惡。榮辱之責在乎己。而不在乎人。故至安之世。法如朝露。純樸不散。心無結怨。口無煩言。故車馬不弊於遠路。旌旗不亂於大澤。萬民不失命於寇戎。豪傑不著名於圖書。不錄功於盤盂。記年之牒空虛。故曰利莫長於簡。福莫久於安。按韓非子有此文

鷹。善擊也。然日擊之。則疲而無全翼矣。驥。善馳也。然日馳之。則蹶而無全蹄矣。

能辭萬鍾之祿於朝陛。不能不拾一金於無人之地。能謹百節之禮於廟宇。不能不弛一容於獨居之餘。蓋人情每狎於所私故也。

不肖者。不自謂不肖也。而不肖見於行。雖自謂賢。人猶謂之不肖也。愚者不自謂愚也。而愚見於言。雖自謂智。人猶謂之愚。（按鬻子有此文）

法者。所以齊天下之動。至公大定之制也。故智者不得越法而肆謀。辯者不得越法而肆議。士不得背法而有名。臣不得背法而有功。我喜可抑。我忿可窒。我法不可離也。骨肉可刑。親戚可滅。至法不可闕也。

善爲國者。移謀身之心而謀國。移富國之術而富民。移保子孫之志而保治。移求爵祿之意而求義。則不勞而化理成矣。

始吾未生之時。焉知生之爲樂也。今吾未死。又焉知死之爲不樂也。故生不足以使之。利何足以動之。死不足以禁之。害何足以恐之。明於死生之分。達於利害之變。是以目觀玉輅琬象之狀。耳聽白雪清角之聲。不能以亂其神。登千仞之谿。臨蝯眩之岸。不足以淆其知。夫如是。身可以殺。生可以無。仁可以成。

鳥飛於空。魚游於淵。非術也。故爲鳥爲魚者。亦不自知其能飛能游。苟知之。立心以爲之。則必墮必溺。猶人之足馳手捉。耳聽目視。當其馳捉聽視之際。應機自至。又不待思而施之也。苟須思之而後可施之。則疲矣。是以任自然者久。得其常者濟。

周成王問鬻子曰。寡人聞聖人在上位。使民富且壽。若夫富。則可爲也。若夫壽。則在天乎。鬻子對曰。夫聖王在上位。天下無軍兵之事。故諸侯不私相攻。而民不私相鬭也。則民得盡一生矣。聖王在上。則君積於德化。而民積於用力。故婦人爲其所衣。丈夫爲其所食。則民無凍餓。民得二生矣。聖人在上。則君積於仁。吏積於愛。民積於順。則刑罰廢而無夭遏之誅。民則得三生矣。聖王在上。則使人有時。而用之有節。則民無癘疾。民得四生矣。

按賈誼新書有此文

慎子跋

史記稱愼到著十二論。徐廣註云。今愼子劉向所定。有四十一篇。按漢志本四十二篇。徐註一字誤也。通志藝文略。愼子舊有十卷。四十二篇。今亡九卷三十七篇。是宋本已與今同。羣書治要有愼子七篇。今所存五篇具在。用以相校。知今本又經後人删節。非其原書。今以治要爲主。更據唐宋類書所引。隨文補正。其無篇名者。别附於後。雖不能復還舊觀。而古人所引。搜羅略備矣。舊本後有逸文。不知何人所輯。內有數條。云出文獻通考。今檢之不可得。且鄭漁仲所見。已止五篇。安得通考中尙有逸文。尋其文句。蓋雜取鬻子。墨子。韓非子。戰國策諸書。以流傳旣久。姑過而存之。己亥七月錫之錢熙祚識。

韓 非 子 集 解

王先愼著

序

韓非處弱韓危極之時，以宗屬疏遠，不得進用，目擊游說縱橫之徒顛倒人主以取利，而姦猾賊民恣為暴亂莫可救止，因痛嫉夫操國柄者不能伸其自有之權力，斬割禁斷，肅朝野而謀治安，其身與國為體，又燭弊深切，無繇見之行事，為書以著明之，故其情迫，其言覈，不與戰國文學諸子等。迄今覽其遺文，推跡當日國勢，苟不先以非之言，殆亦無可為治者。仁惠者，臨民之要道，然非以待姦暴也。孟子導時王以仁義而惡言利，今非之言曰世之學術者說人主，不曰乘威嚴以困姦衺，而皆曰仁義惠愛，世主亦美仁義之名而不察其實。蓋世主所美，非孟子所謂仁義；說士所言，非仁義，即利耳。至勸人主用威，唯非宗屬乃敢言之。非論說固有偏激，然其云明法嚴刑，救羣生之亂，去天下之禍，使彊不陵弱，衆不暴寡，耆老得遂，幼孤得長，此則重典之用，而張弛之宜，與孟子所稱「及閒暇明政刑」，用意豈異也？既不能行之於韓，而秦法闇與之同，遂以鉏羣雄有天下。而董子迺曰秦行韓非之說，攷非奉使時，秦政立勢成，非往即見殺，何謂行其說哉？書都二十卷，舊注罕所揮發，從弟先愼為之集解，訂補闕譌，推究義蘊，然後是書釐然可誦。主道以下，蓋非平日所為書；初見秦諸篇，則後來附入者。非勸秦不舉韓，為宗社圖存，蓋至無俚，君子於此尤悲其志焉。光緒二十二年冬十二月葵園老人王先謙序

韓非子序（先愼曰此全鈔史記列傳不得爲序）

韓非者韓之諸公子也喜刑名法術之學而歸其本於黃老（先愼曰史記作而其歸本於黃老）其爲人吃口（先愼曰史記作非爲人口吃）不能道說（先愼曰史記有而字）善著書與李斯俱事荀卿李斯自以爲不如非見韓之削弱數以書干韓王（先愼曰史記干作諫索隱韓王安也）韓王不能用於是韓非病治國不務（先愼曰史記不務下有脩明其法制執勢以御其臣下富國彊兵而以十九字）求人任賢反舉浮淫之蠹而加之功實之上以爲儒者用文亂法而俠者以武犯禁寬則寵名譽之人急則用介冑之士所用非所養所養非所用（先愼曰史記二句互易上有今者二字）廉直不容於邪枉臣（先愼曰史記臣上有之字）觀往者得失之變故作孤憤五蠹內外儲（先愼曰史記有說林二字）說難五十五篇十餘萬言（先愼曰史記無五十五篇四字按初見秦存韓二篇係後人裒集飾令一篇全載商君書姦劫弒臣厲憐王國策以爲荀子書韓詩外傳同以五十五篇爲非自作誤史記此下全載說難篇）人或傳其書至秦秦王見孤憤五蠹之書曰嗟乎寡人得見此人與遊死不恨矣李斯曰此韓非之所著書（先愼曰史記有也字）秦因急攻韓韓始不用（先愼曰史記下韓字下有王字用下有非字）及急乃遣韓非使秦（先愼曰史記無韓字）秦王悅之未任用（先愼曰史記任作信）李斯害之（先愼曰史記李斯下有姚賈二字）秦王曰（先愼曰史記秦王作毀之曰下有韓字）非韓之諸公子也今欲并諸侯非終爲韓不爲秦此人情也（先愼曰史記人下有之字）今王不用久留而歸之此自遺患也不如過法誅之（先愼曰史記如下有以字）秦王以爲然下吏治非李斯使人遺藥令早自殺（先愼曰史記遺下有非字令作使無早字）韓非欲自陳不見（先愼曰史記見上有得字）秦王後悔使人赦之非已死矣

乾道改元中元日黃三八郎印

攷證

漢書藝文志法家韓子五十五篇名非韓諸公子使秦李斯害而殺之

隋書經籍志子部法家韓子二十卷目一卷韓非撰

舊唐書經籍志丙部子錄法家韓子二十卷韓非撰

唐書藝文志丙部子錄法家韓子二十卷韓非尹知章注韓子卷亡

宋史藝文志子類法家類韓子二十卷韓非撰

晁公武郡齋讀書志子類法家類韓非子二十卷　右韓非撰非韓之諸公子也喜刑名法術之學作孤憤五蠹說林說難十餘萬言秦王見其書歎曰得此人與之遊死不慽矣急攻韓得非後用李斯之毀下吏使自殺書凡五十五篇其極刻覈無誠悃謂夫婦父子擧不足相信而有解老喻老篇故太史公以爲大要皆原於道德之意夫老子之言高矣世皆怪其流裔何至於是殊不知老子之書有將欲歙之必固張之將欲弱之必固强之將欲廢之必固與之將欲奪之必固與之及欲上人者必以其言下之欲先人者必以其身後之之言乃詐也此所以一傳而爲非歟

陳振孫直齋書錄解題法家類韓子二十卷　韓諸公子韓非撰漢志五十五篇今同所謂孤憤說難之屬皆在焉

王應麟漢藝文志攷證韓子五十五篇　史記韓非傳喜刑名法術之學而其歸本於黃老作孤憤五蠹內外儲說林說難十餘萬言注新序曰申子書號曰術商鞅書號曰法皆曰刑名東萊呂氏曰太史公謂非喜刑名法

術之學則兼治之也索隱按韓子書有解老喻老二篇是亦崇黃老之學也今本二十卷五十六篇辨見後沙隨程氏曰非書有存韓篇故李斯言非終爲韓不爲秦也後人誤以范雎書厠于其書之閒乃有舉韓之論通鑑謂非欲覆宗國則非也

困學紀聞十　韓子曰殷之法刑棄灰於街者子貢以爲重問之仲尼仲尼曰知治之道也以商鞅之法爲殷法又託於仲尼法家侮聖言至此　又吏者民之本綱也聖人治吏不治民內儲說右下斯言不可以韓非廢

國朝四庫全書總目子部法家類韓子二十卷內府藏本　周韓非撰漢書藝文志載韓子五十五篇張守節史記正義引阮孝緒七錄載韓子二十卷篇數卷數皆與今本相符惟王應麟漢藝文志考證作五十六篇殆傳寫字誤也其注不知何人作考元至元三年何犿本稱舊有李瓚注鄙陋無取盡爲削去云云則注者當爲李瓚然瓚爲何代人犿未之言王應麟玉海已稱韓子注不知誰作諸書亦別無李瓚注韓子之文不知犿何所據也犿本僅五十三篇其序稱內佚姦刼一篇說林下六微內似類以下數章明萬歷十年趙用賢購得宋槧與犿本相校始知舊本六微篇之末尚有二十八條不止犿所云數章說林下篇之首尚有伯樂敎二人相踶馬等十六章諸本佚脫其文以說林上篇田伯鼎好士章逕接此篇盡有蚘章和氏篇之末自和雖獻璞而未美未爲王之害也以下脫三百九十六字姦刼篇之首自我以清廉事上以上脫四百六十字其脫葉適在兩篇之閒故其次篇標題與文俱佚傳寫者各誤以下篇之半連於上篇遂求其下篇而不得其實未嘗全佚也今世所傳又有明周孔敎所刊大字本極爲精楷其序不著年月未知在用賢本前後考孔敎舉進士在用賢後十年疑所見亦宋槧本故其文均與用賢本同無所佚闕今卽據以繕錄而校以用賢之本考史記非本傳稱非見韓削弱數以書諫韓

王韓王不能用悲廉直不容於邪枉之臣觀往者得失之變故作孤憤五蠹內外儲說說林說難十餘萬言又云人或傳其書至秦秦王見其孤憤五蠹之書則非之著書當在未入秦前史記自敍所謂韓非囚秦說難孤憤者乃史家駁文不足爲據今書冠以初見秦次以存韓皆入秦後事雖似與史記自序相符然傳稱韓王遣非使秦秦王說之未信用李斯姚賈害之下吏治非李斯使人遺之藥使自殺計其間未必有暇著書且存韓一篇終以李斯駮非之議及斯上韓王書其事與文皆爲未畢疑非所著書本各自爲篇非殁之後其徒收拾編次以成一帙故在韓在秦之作均爲收錄併其私記未完之稾亦收入書中名爲非撰實非非所手定也以其本出於非故仍題非名以著於錄焉

四庫全書子部法家類存目韓子迂評二十卷內府藏本　舊本題明門無子評前列元何犿校上原序署至元三年秋七月庚午結銜題奎章閣侍書學士考元世祖順帝俱以至元紀年而三年七月以紀志干支排比之皆無庚午日疑子字之誤奎章閣學士院設於文宗天歷二年止有大學士尋陞爲學士院始有侍書學士則犿進是書在後至元時矣觀其序中稱今天下所急者法度之廢所少者韓子之臣正順帝時事勢也門無子自序稱坊本至不可句讀最後得何犿本字字而讐之皆不失其舊乃句爲之讀字爲之品間取何氏注而折衷之以授之梓人云云蓋趙用賢翻刻宋本在萬曆十年此本刻於萬曆六年故未見完帙仍用何氏之本然犿序稱李瓚注鄙陋無取盡爲削去而此本仍間存瓚注已非何本之舊且門無子序又稱取何注折衷之則併犿所加旁注亦有增損非盡其原文蓋明人好竄改古書以就己意動輒失其本來萬曆以後刻版皆然是書亦其一也門無子不知爲誰陳深序稱門無子俞姓吳郡人篤行君子然新舊志乘皆不載其姓名所綴評語大抵皆學究八比之

門徑又出犿注之下所見如是宜其敢亂舊文矣

四庫全書簡明目錄韓子二十卷　周韓非撰凡五十五篇舊本多所佚脫明趙用賢始得宋槧校補又周孔教家大字刻本與趙本亦同今用以互校視他刻本爲完善其注不知何人作元何犿稱爲李瓚未知何據也

孫氏祠堂書目諸子法家韓非子二十卷一明趙用賢刊本一明吳勉學刊本一明葛鼎刊本一明十行本缺二卷一依宋刻校本

盧文弨羣書拾補韓非子　是書有明馮舒己蒼據宋本道藏本以校張鼎文本外又有明凌瀛初本黃策大字本今并以校明神廟十年趙用賢二十卷全本而以是者大書其異同作小字注於下此書注乃元人何犿刪舊李瓚注而爲之者亦甚略且鄙謬者亦未刊去明孫月峯評點本并無注茲不取在所校本中

吳山尊重刻韓非子序　翰林前輩夏邑李書年先生好藏古書精槧而宋乾道刻本韓非子尤其善者嘉慶辛未先生方爲吾省布政使察賑鳳潁鼒以後進禮謁於途次求借是書先生辭以在里中又六年丙子六月余在揚州先生督漕淮上專使送是冊來迺屬好手影鈔一本以原本還先生明年丁丑五月攜至江寧孫淵如前輩慫恿付梓又明年戊寅五月刻成而淵如已歸道山可痛也是本爲明趙文毅刻本所自出卻有以他本改易處元和顧君千里實爲余校刊千里十四年前已見此冊抉摘標舉具道此槧之所以善宋槧誠至寶得千里而益顯矣千里別有識誤三卷出以贈余坿刻書後仍歸之千里昔鼒爲朱文正師恭跋御製文及代擬進御文屢邀兩朝褒賞文正曾以奏聞今上退謂其子錫經必以槀還鼒聽入私集且與鼒書曰一不可掠人之美一不欲亂我之真也鼒老且病然尙思假年居業以期有以自立不敢竊拔隼翼鹿蒙虎皮也是年月陽在己己巳朏舊史氏吳鼒序

顧千里韓非子識誤序　予之爲韓子識誤也歲在乙丑客於揚州太守陽城張古餘先生許宋槧本太守所借也與予向所得述古堂影鈔正同第十四卷失第二葉以影鈔者補之前人多稱道藏本其實差有長於趙用賢刻本者耳固遠不如宋槧也宋槧首題乾道改元中元日黃三八郎印亦頗有誤通而論之宋槧之誤由乎未嘗校改故誤之迹往往可尋也而趙刻之誤則由乎凡遇其不解者必校改之於是而并宋槧之所不誤者方且因此以至於誤其宋槧之所誤又僅苟且遷就仍歸於誤而徒使可尋之迹泯焉豈不惜哉予雖勘數過推求彌年旣窺得失乃條列而識之不可解者未敢妄說庚午在里中友人王子涓爲之寫錄間有所論厥後播諸行篋隨加增定甲戌以來再客揚州值全椒吳山尊學士知宋槧之善重刊以行復舉識誤附於末竊惟智荼學短曾何足云庶後有能讀此書者將尋其迹輒以不敏爲之先道也嘉慶廿一年歲在丙子秋八月元和顧廣圻序

先慎按藏本有南北之分故顧氏與盧氏所校多不合

孫詒讓札迻卷七　韓非子某氏注　吳鼒景宋乾道刻本　盧文弨羣書拾補校　顧廣圻識誤校　王念孫讀書雜志餘編校　日本蒲阪圓增讀韓非子校　俞樾諸子平議校

佚文

先慎案史志載韓子五十五篇與今本合似無殘脫而其佚文不下百餘條今推究其義凡可補者悉注本文之下其不能坿麗者都爲一類俾後之讀者有可考焉

明主之治國也適其時事以致財物論其稅賦以均貧富厚其爵祿以盡賢能重其刑罰以禁姦邪使民以力得富以事致貴以過受罪以功置賞而不望慈惠之賜此帝王之政也羣書治要卷四十引

解狐與邢伯柳爲怨趙簡主問於解狐曰孰可爲上黨守對曰邢伯柳可簡主曰非子之讎乎對曰臣聞忠臣

之舉賢也不避仇讎以上又見藝文類聚卷二十二邢並作荆其廢不肖也不阿親近簡主曰善遂以爲守邢伯柳聞之乃見解狐謝

解狐曰舉子公也怨子私也往矣怨子如異日羣書治要卷四十引

師曠鼓琴有玄鶴銜明月珠在庭中舞以上又見初學記卷十六注引失珠曠掩口而笑北堂書鈔卷一百九引

孫叔敖冬日黑裘夏日葛衣北堂書鈔卷一百二十九引

孫叔敖相楚糲飯菜羹以上又見初學記卷二十六注引相楚作爲令尹　枯魚之膳北堂書鈔卷一百四十三引

昔齊桓公入山問父老此爲何谷答曰臣舊畜牛生犢以子買駒少年謂牛不生駒遂持而去傍鄰謂臣愚遂名愚公谷藝文類聚卷九引事又見劉向說苑

勢者君之馬也威者君之輪也勢固則輿安威定則策勁臣從則馬良民和則輪利爲國有失於此覆輿奔馬折策敗輪矣輿覆馬奔策折輪敗載者安得不危藝文類聚卷五十二引

聖人立法賞足以勸善威足以勝暴備足以必完藝文類聚卷五十四引　水激則悍矢激則遠太平御覽卷三百五十引

楚王有白猿王自射之則搏矢而熙也熙戲　使養由基射之始調弓矯矢未發而猿擁樹號矣由基楚共王之臣養叔也調調張也矯直也擁抱也　案此見太平御覽卷三百五十引事類賦卷十三注引同熙字作嬉戲二字無始字

天下有至貴而非勢位也有至富而非金玉也有至壽而非千歲也願怨反性則貴矣適情知足則富矣明生死之分則壽矣太平御覽卷四百五十九引

木鐸以聲自毀膏燭以明自鑠太平御覽卷四百五十九引

魏武侯浮西河而下中流謂吳起曰美哉山河之固魏國之寶也對曰在德不在險昔三苗氏左洞庭而右彭

蠡德義不修而禹滅之夏桀之居左河濟而右太華伊闕在其南羊腸在其北修政不仁湯放之商紂之國左孟門右太行常山在其北大河經其南修行不德而武王滅之王特險而不修德舟中之人盡敵國也武侯曰善太平御覽卷四百五十九引

與人成與則願人富貴也非與人仁不富不貴則與不集也太平御覽卷四百七十二引

加脂粉則嫫母進御蒙不潔則西施棄野學之爲脂粉亦厚矣太平御覽卷六百七引

勢者君之輿也威者君之策也臣者君之馬也民者君之輪也勢固則輿安威定則策勁臣順則馬良人和則輪利而爲國皆失此有覆輿走馬折策敗輪矣太平御覽卷六百二十引與藝文類聚引文不合

爲人君者猶壺也民亦水也壺方水方壺圜水圜外儲說壺作孟太平御覽卷六百二十引

孫叔敖相楚衣羖羊裘太平御覽卷六百九十四引

公儀休相魯其妻織布休曰汝豈與世人爭利哉遂燔其機太平御覽卷八百二十引

舜耕於歷山農者讓畔漁於河濱漁者讓澤太平御覽卷四百二十四又八百二十二引歷山農侵畔舜往耕其年讓畔

物有所宜才有所施各處其宜故上下無爲意林卷一引

愛人不得獨利待譽而後利之憎人不得獨害待非而後害之意林卷一引

不蔽人之美不言人之惡意林卷一引

弁言

韓非子舊有尹知章注見唐書藝文志不載卷數蓋其亡久矣元何犿稱舊有李瓚注李瓚無考宋乾道本不題姓名未知孰是太平御覽事類賦初學記注所引注文與乾道注本合則其人當在宋前顧其注不全備且有舛誤近儒多所匡益因旁采諸說間坿己見爲韓非子集解一書其文以宋乾道本爲主閒有譌脫據它本訂正焉光緒二十一年孟冬月長沙王先慎

韓非子集解目錄

韓非子集解卷一

長沙王先慎

初見秦第一

顧廣圻曰戰國策作張儀說高誘注秦惠王也吳師道補注云張儀說當作韓非非以韓王安五年使秦始皇十三年也今案吳依此是也先慎曰史記秦本紀六國表並以韓非使秦在始皇十四年韓世家屬之王安五年案秦攻韓紀表未書始皇十三年用兵於趙十四年定平陽武城宜安而後從事於韓則非之使秦當在韓王安六年紀表爲是吳師道以非爲韓王安五年使秦據世家言之不知作五年者史駁文也又案趙本篇目頂格下同不復出

臣聞不知而言不智。知而不言不忠。先慎曰秦策言下並有爲字爲人臣不忠當死。言而不當亦當死。盧文弨曰言而不當策作言不審雖然臣願悉言所聞。唯大王裁其罪。先慎曰爾雅裁度也罪即指上言而不當亦當死而言國策高誘注訓裁爲制失其義臣聞天下陰燕陽魏。燕北故曰陰魏南故曰陽○先慎曰高注陰小陽大案舊注是高注非也此不過舉關東地形而言燕在陰魏在陽耳周禮柞氏疏引爾雅山南曰陽山北曰陰陰陽隨山水所指無庸取大小爲說連荊固齊收韓而成從。盧文弨曰策作收餘韓成從將西面以與秦強爲難。盧文弨曰策無強字此倒當作強秦先慎曰盧說非強音其兩切臣竊笑之。世有三亡而天下得之。知三亡者得天下○盧文弨曰天下得亡之形也舊注謬甚宋本三亡作二亡注同吳師道國策補注亦云韓子作二顧廣圻曰策作三末多以逆攻順者亡一句或此脫張文虎曰三亡即下所云以亂攻治者亡以邪攻正者亡以逆攻順者亡（今本脫依秦策）三端也天下二字承上臣聞天下來謂天下之攻秦者犯此三亡也先愼曰與據議本引作二盧說宋本即指與所引而言乾道本作三張榜本趙本並同不當作二顧張說是其此之謂乎。臣聞之曰。以亂攻治者亡。以邪攻正者亡。以逆攻順者亡。先慎曰乾道本無以逆攻順者亡句張榜本有與策合是也上言三亡此不當少一句御覽三百十八引有以逆攻順者亡六字是宋人所見本不脫今據補今天下之府庫不盈。囷倉空虛。悉其士民。張軍數十百萬。先慎曰策作張軍數千百萬姚本云曾作張軍聲案有聲字者是也此奪十字當從策作千虛張其軍號稱數千百萬耳下云秦師數十百萬則天下之士民應不止此死自張其聲乎十字涉下而誤其頓首戴羽。爲將軍。斷死於前。不至千人。皆以言死。

盧文弨曰策無此下二十字頓國策補注引作頓說文頓直項也頓字無理孫詒讓曰頓首疑作頓足下文頓足徒裼犯白刃蹈鑪炭斷死於前者皆是也正與此文相應是其證王先謙曰文選羽獵賦賁育之倫蒙盾負羽後漢賈復傳被羽先登謂繫鳥羽爲標識也戴與負被其義一耳千當爲干形近致誤干犯也不至干人皆以言死謂未至犯敵人時皆言必死先愼曰頓首當依策注作頓首猶言抗首也頓足亦通然與戴羽文義不貫白刃在前。斧鑕在後。而卻走不能死也。先愼曰也與者同義說見王氏經傳釋詞策無也字及下非字有罪字是合也非二字而誤當依此訂正非其士民不能死也。上不能故也。言賞則不與。言罰則不行。賞罰不信。故士民不死也。先愼曰不能故策作不能殺案殺乃故字形近而誤士民之不死其故由上之不能賞罰無信正不能之實也若作殺則文氣不屬　今秦出號令而行賞罰。有功無功相事也。俞樾曰事者治也高注呂氏春秋淮南內篇屢見詩卷耳毛傳采采事采之也正義引鄭志荅張逸云事謂事事一一用意之事蓋事訓治故一一用意謂之事也此言有功無功相事正一一用意之義謂分別其有功無功不混淆也秦策作不攻耳無相攻事也與上下文義不屬蓋後人不達事字之義而臆改其功與攻則古字通用　出其父母懷衽之中。生未嘗見寇耳。盧文弨曰當句策作也　聞戰頓足徒裼。先愼曰裼趙本及策均作裼誤爾雅釋訓禮裼肉袒也郭注脫衣而見體史記張儀傳秦人捐甲徒裼以趨敵索隱裼袒也謂袒而見肉也　犯白刃。蹈鑪炭。斷死於前者。皆是也。夫斷死與斷生者不同。先愼曰拾補者作也盧文弨云今從藏本張本策同　而民爲之者。是貴奮死也。先愼曰策無死字高注奮勇也　夫一人奮死。可以對十。十可以對百。百可以對千。千可以對萬。萬可以剋天下矣。先愼曰四對字策作勝　今秦地折長補短。方數千里。名師數十百萬。秦之號令賞罰。地形利害。天下莫若也。以此與天下。天下不足兼而有也。是故秦戰未嘗不剋。攻未嘗不取。所當未嘗不破。開地數千里。此其大功也。先愼曰策其作甚是也先言秦之功極大爲下霸王之名不成作反勢若作其則文氣平實其當爲甚之殘字　然而兵甲頓。士民病。蓄積索。田疇荒。囷倉虛。四鄰諸侯不服。霸王之名不成。此無異故。先愼曰異故猶它故　其謀臣皆不盡其忠也。盧文弨曰譏上其字可省策無先愼曰不當亦可盧說非臣敢言之。往者齊南破荊。東破宋。先愼曰東策作中誤當依此訂下云中使韓魏五戰之事備矣西服秦。北破燕。中使韓魏。土地廣而兵強。先愼曰策無土字戰剋攻取。詔令天下。齊之淸濟濁河。足以爲限。先愼曰策作濟淸河濁誤史記蘇秦傳與此同長城巨防。足以爲塞。王先謙曰水經濟水注平陰城南有長城東至海西至濟河道所由名防門去平陰三里齊侯壍防門卽此也其水引濟故瀆尙存續漢郡國志濟北國盧縣下劉昭注引史記蘇代說燕王曰齊有長城巨防巨防卽防門先愼曰策作鉅坊案鉅巨字通坊誤當作防史記亦作防齊。五戰之國也。謂五破國也一戰不剋而無齊。爲樂毅破齊於濟西○先愼曰見齊世家無字張榜本趙本作不盧文弨云藏本張本作無策同由此觀之。夫戰者。萬乘之存亡也。且聞之曰。先愼曰且下脫臣字策有削迹無遺根。無與禍鄰。禍乃不存。言禍敗之迹削去本根則無禍敗言秦宜以齊爲戒○盧文弨曰策作削株掘根顧廣圻曰當從策秦與荊人戰。大破荊。襲郢。取洞庭五湖江南。盧文弨曰湖策作都一作渚顧廣圻曰吳師道云都當從韓作湖今按吳說非也燕策云四日而至五渚蘇秦列傳同集解引戰國策取洞庭五渚渚都同字湖是渚之譌王先謙曰史記秦紀昭王三十年取江南爲黔中郡正義引括地志云黔中故城在辰州沅陵縣西二十里又三十一年楚人反我江南六國表云秦所拔我江旁反秦楚世家所謂江旁十五邑也先愼曰蘇秦傳集解引戰國策云秦與荊人戰大破荊襲郢取洞庭五渚然則五渚在洞庭案裴說譌讀策文耳高注郢楚都也洞庭五渚江南皆楚邑也索隱五渚五處洲也劉氏以爲五渚宛鄧之間臨漢水不得在洞庭湖乃渚之譌顧說是荊王君臣亡走。東服於陳。張文虎曰服當依策作伏史記楚世家頃襄王二十一年秦將白起遂拔我郢燒先王墓夷陵楚襄王兵散遂不復戰東北保於陳城（六國表作王亡走陳白起列傳作東走徙陳）故云伏謂竄伏也又曰此秦昭襄王二十九年事秦策以此篇爲張儀說秦王文案儀以秦武王元年去秦入梁在前三十三年矣又下文稱秦攻魏軍大梁白起擊魏華陽軍及長平之事更在其後足以明國策之謬矣當此時也。隨荊以兵。則荊可舉。荊可舉則民足貪也。地足利也。東以弱齊燕。顧廣圻曰弱策作強高注言以強於燕齊也下文同先愼曰弱齊燕與淩三晉對文齊燕遠於秦非兵力所能驟及我誠敵勢強則齊燕自畏而親附故但言弱也下文兩言弱齊燕尤其明證策誤高順文爲說亦未合中以淩三晉。盧文弨曰張本淩作陵下同策同然則是一舉而霸王之名可成也。四鄰諸侯可朝也。而謀臣不爲。引軍而退。復與荊人爲和。王先謙曰史記秦紀昭王二十九年取郢爲南郡王與楚王會襄陵此所謂軍退復和也楚世家襄王二十三年（大國表昭王二十一年）襄王收東地兵得十餘萬復西取秦所拔江旁十五邑以爲郡距秦下文所謂與秦爲難也

令荆人得收亡國。聚散民。立社稷主。置宗廟。令。率天下西面以與秦爲難。顧廣圻曰策無稷字以廟字句絕令字屬下兪樾曰策是也收亡國聚散民立社主置宗廟皆三字爲句後人誤以令字上屬成四字句遂於上句加稷字配之耳置宗廟令義不可通此言荆人置宗廟非言其置令也古宗廟亦未聞有令足知其非矣下文云令魏氏反收亡國聚散民立社稷主置宗廟令此固以失霸王之道二矣稷字亦衍文令下亦當有率天下西面以與秦爲難十字秦策闕此句後人據以删韓子而令字誤屬上讀故得僅存耳夫率天下以與秦爲難故失霸王之道若惟是收亡國聚散民立社主置宗廟則是魏之得猶未足以見秦之失也然則此句不可闕因一字之幸存而全句轉可據補先慎曰令字下屬是也立社稷主四字不誤白虎通社稷篇云土地廣博不可徧敬五穀衆多不可一一祭立社稷而祭之故謂之社稷主策無稷字自是脫文必欲以四句爲對文亦太泥矣 此固以失霸王之道一矣。先慎曰以失策無下同 天下又比周而軍華下。顧廣圻曰周當作意下文云天下皆比意甚固策兩意字皆作志王先謙曰高注華下華山之下也案據史記紀表世家參之秦昭王九年魏齊韓共敗秦軍函谷十一年齊韓魏趙宋中山共攻秦文蓋指此天官書中國山川東北流首在隴蜀尾沒勃碣張守節所謂自南山華山渡河東北盡碣石者是函崤諸山皆華嶽支麓故函谷亦得稱爲華下戰國之兵始終未踰秦關一步華山之下固非天下所能軍也比意猶言合謀 大王以詔破之。兵至梁郭下。先慎曰策無下字 圍梁數旬。則梁可拔。拔梁則魏可舉。舉魏則荆趙之意絕。荆趙之意絕則趙危。趙危而荆狐疑。盧文弨曰策作荆孤是顧廣圻曰狐當從策作孤衍疑字策無兪樾曰存韓篇云趙氏破膽荆人狐疑則狐疑字不誤盧顧說非先慎曰彼趙云破膽則楚云狐疑既趙云危則楚不得僅云狐疑也孤危之與破膽狐疑語言輕重大相逕庭從策作孤爲是 東以弱齊燕。中以淩三晉。然則是一舉而霸王之名可成也。四鄰諸侯可朝也。而謀臣不爲。引軍而退。復與魏氏爲和。王先謙曰據史記六國表魏世家秦昭王三十二年魏安釐王二年也秦軍大梁下韓來救予秦溫以和又穰侯傳穰侯圍大梁納梁大夫須賈之說而罷梁圍明年魏背秦與齊從親即其事也 令魏氏反收亡國。聚散民。立社稷主。置宗廟。令。先慎曰令下脫率天下西面以與秦爲難句說詳上 此固以失霸王之道二矣。前者穰侯之治秦也。用一國之兵。而欲以成兩國之功。穰侯營私邑謀秦故非諷云兩國○王先謙曰高注穰侯魏人治猶相也穰侯相秦欲與秦而安魏故曰欲成兩國之功案舊注非高注尤謬穰侯得罪憂死下文明斥其非不須諷也史傳云宣太后異父弟姓魏氏其先楚人則非魏人明矣又屢用兵於魏何云安魏乎蓋穰侯志在併國拓地故云欲成兩國之功耳

是故兵終身暴露於外。士民疲病於內。

先慎曰策露作靈疲作潞黃丕烈札記云此當各依本書策文下句言潞病潞露同字此句不得更言暴露靈者零之假借暴謂日靈謂雨也其策文作潞病不與作疲病同高注可證先慎案此及策並當作暴靈於外潞病於內靈乃霝之借字說文霝雨零也詩定之方中傳零落也零當作霝亦假靈爲之鄭風零露傳令正義本作靈箋云靈落也是靈落即霝落矣暴靈二字之義當如黃說潞病高注云潞羸呂覽不屈篇士民罷潞罷潞與潞病義同淺人多見暴露疲病少見暴靈潞病故改靈爲露改潞爲疲而古義俱湮矣

霸王之名不成。此固以失霸王之道二矣。趙氏。中央之國也。雜民所居也。

趙居邯鄲燕之南齊之西魏之北韓之東故曰中央兼四國之人故曰雜。先慎曰乾道本注中上衍東字依趙本刪

其民輕而難用也。號令不治。賞罰不信。地形不便。

先慎曰高注趙王都邯鄲無險固故曰不便

下不能盡其民力。

俞樾曰下當從秦策作上惟以上言故曰其民若以下言則但曰不能盡其力足矣上文曰號令不治賞罰不信此正上之所以不能盡民力民力之不盡其故在上不在下當言上不能不當言下不能也

彼固亡國之形也。而不憂民萌。

顧廣圻曰萌策作氓本書例用萌字先慎曰說文民衆萌也後人於經傳中萌字皆改作氓如周禮遂人以與鋤利萌說文引作萌而今本皆作氓又說文衆萌字毛本作氓之類是也幸本書尚存其眞

悉其士民。軍於長平之下。以爭韓上黨。大王以詔破之。拔武安。

先慎曰高注趙括封於武安武安君將趙四十萬距秦秦將白起抗括四十萬衆於長平下故曰拔武安

當是時也。趙氏上下不相親也。貴賤不相信也。然則邯鄲不守。

先慎曰則下當有是字此與下文然則是趙舉文法一律策有是字

拔邯鄲。筦山東河閒。

顧廣圻曰乾道本河閒作可閒藏本亦作可皆譌盧文弨曰策作完河閒無山東二字先慎曰完即筦字殘闕當依此訂正樂記鄭注筦猶包也謂秦軍包舉其地可閒乃河閒之譌改從張榜本趙本

引軍而去。西攻修武。踰華。

顧廣圻曰當從策作踰羊腸高注羊腸塞名也

絳上黨。

顧廣圻曰當從策作絳代上黨

代四十六縣。

盧文弨曰四策作三疑是

上黨七十縣。

顧廣圻曰七十策作十七王渭云即趙策今有城市之邑七十今按史記趙世家彼亦作十七

不用一領甲。不苦一士民。此皆秦有也。代上黨不戰而畢爲秦矣。

先慎曰乾道本代上有以字盧文弨云淩本無以字策同張文虎云以字疑即上句也字譌衍先慎案張榜本亦無今據刪

東陽河外。不戰而畢

反爲齊矣。中山呼沲以北。不戰而畢爲燕矣。先愼曰秦兵力所不及則齊燕將分取之此皆趙地故下云趙舉　然則
是趙舉。趙舉則韓亡。先愼曰策作然則是舉趙則韓必亡　韓亡則荆魏不能獨立。荆魏不能獨立。
則是一舉而壞韓蠹魏拔荆。東以弱齊燕。先愼曰乾道本燕上有強字盧文弨云衍強字淩本無先愼案策無強字今據删上兩言弱齊
燕即其證　決白馬之口以沃魏氏。盧文弨曰沃策作流王先謙曰水經河水注黎陽縣東岸有故城險帶長河謂之鹿鳴城濟取名鹿鳴津亦曰白馬濟津之東南有白馬城河
水舊於白馬縣南決通濮濟黄溝故蘇代說燕曰決白馬之口魏無黄濟陽魏世家無忌說魏王曰決熒澤水灌大梁大梁必亡後王賁攻魏卒引河溝灌大梁而取之先愼曰沃流二字義同說文沃作𣵀溉灌也高注流灌也
是一舉而三晉亡。從者敗也。先愼曰高注從者山東六國敗從不成也　大王垂拱以須之。俞樾曰策作大王拱手以須與師道
補云韓作須之然則韓非異於國策者但句末多之字其拱手字必與策同若作垂拱以須之則與師道何以不及乎此必後人所改當依國策訂正　天下編隨而服矣。先愼曰拾補編
作徧服作伏盧文弨云徧字高誘注國策本同與師道補注作編云以繩次物曰編張本淩本此亦作編字顧廣圻云藏本同今本編作徧誤先愼案與說是　霸王之名可成。而謀
臣不爲。引軍而退。復與趙氏爲和。夫以大王之明。秦兵之強。棄霸王之業。
地曾不可得。盧文弨曰曾策作會先愼曰會字誤當依此訂正　乃取欺於亡國。是謀臣之拙也。且夫趙當
亡而不亡。秦當霸而不霸。天下固以量秦之謀臣一矣。乃復悉士卒以攻
邯鄲。不能拔也。棄甲兵弩。戰竦而卻。天下固已量秦力二矣。先愼曰乾道本無卻字顧廣圻云今本兵
作負誤而下有卻字策有高注卻退也吳師道引此無弩策作怒吳引作拏不合先愼案而下當有卻字依今本增棄甲兵弩四字不成文兵當作與說文與古文作舁兵作𠬞二字篆形相近而誤　軍乃引
而退幷於李下。先愼曰乾道本退作復李作孪盧文弨云復乃復之譌李吳注引韓作孪先愼案孪乃李之誤策作李高注李下邑名在河內張榜本趙本復作退孪作李是今據改　大
王又幷軍而至。盧文弨曰至策作致先愼曰張榜本作致誤　與戰不能剋之也。顧廣圻曰七字爲一句　又不能反運。罷
而去。盧文弨云運或改作軍顧廣圻曰又不能反運句絕反當作及運讀爲餫罷而去爲一句罷讀爲疲策作又交罷卻按無不能運而四字不同也俞樾曰運乃軍之誤上云大王又幷軍而至此云軍罷而去文義

正相應蓋不能勝則宜退既不能剋又不能反故其軍至於罷病而後去也先愼曰顧說較長不能及運言饋運不繼也文義甚順當從之張榜本運作交依策改非 天下固量秦力三矣。先愼曰固下當有以字與上文一律此脫 內者量吾謀臣。外者極吾兵力。由是觀之。先愼曰張榜本觀作覬誤 臣以爲天下之從。幾不難矣。言諸侯知秦兵頓民疲則從益堅固曰不難矣○先愼曰乾道本難作能盧文弨云案注是難字策作豈其難注曰上當有故字王渭云能當作難先愼按張榜本作難今據改幾猶殆也 內者吾甲兵頓。士民病。蓄積索。田疇荒。囷倉虛。外者天下皆比意甚固。俞樾曰皆字衍文蓋卽比字之誤而複者秦策無皆字 願大王有以慮之也。先愼曰高注慮謀也 且臣聞之曰。戰戰栗栗。日愼一日。苟愼其道。天下可有。何以知其然也。昔者紂爲天子。將率天下甲兵百萬。左飮於淇溪。先愼曰趙本溪作谿盧文弨云谿策作谷先愼按御覽六十四八百九十六事類賦二十一引飮下並有馬字無谿字下同 右飮於洹谿。盧文弨曰策作水 淇水竭而洹水不流。先愼曰御覽事類賦並引作洹水竭淇水不流 以與周武王爲難。武王將素甲三千。戰　日。先愼曰策千下有領字張榜本趙本日作夜非高注一日甲子之日也太公望爲號到牧野便剋紂故日一日 而破紂之國。禽其身。據其地。而有其民。天下莫傷。先愼曰高注傷愍也策傷上有不字誤 知伯率三國之衆。以攻趙襄主於晉陽。決水而灌之三月。盧文弨曰秦策趙策俱作二年先愼曰此謂下十過篇正作三年 城且拔矣。襄主鑽龜筮占兆。以視利害。盧文弨曰策作錯龜數筴此筮上疑脫一字顧廣圻曰筮當從策作數筴二字案飾邪篇鑿龜數筴兆曰大吉凡三見可證此爲脫誤先愼曰吳師道補云錯韓作鑽是韓之異於國策止一鑽字其數筴必與策同當依以訂正 何國可降。乃使其臣張孟談。於是乃潛行而出。先愼曰乾道本潛下有於字張文虎云秦策呂氏春秋淮南子皆無於字案於疑游字之譌蓋韓子作游他本作行讀者旁注異文轉寫並存又以形近譌爲於耳游者泅水也此時城爲水灌不沒者三版故泅水而出孫詒讓云十過篇云趙孟談曰臣請試潛行而出見韓魏之君潛下亦無於字先愼案趙本正無於字今據刪 反知伯之約。先愼曰乾道本無反字顧廣圻云今本知上有反字策同先愼案有反字是今據補高注知伯與韓魏攻襄子張孟談辭於韓魏韓魏與趙同故曰反知伯之約也 得兩國之衆。以攻知伯。禽其身。以復襄主之初。盧文弨曰策作以成襄子之功先愼曰張榜本初作功 今秦地折長補短方數千里名師數十百萬。秦國之號令賞罰。地形利害。天下莫如也。以此與天下。天下可兼而有也。先愼曰乾道本無以字天下二字不重可作何無而字盧文弨云一本此上有以字藏本兼下有而字何作可策同顧廣圻云今本重天下策有今據補改 臣昧死願望見大王。先愼曰策無願字姚校劉作願望 言所以破天下之從。舉趙亡韓。臣荆魏。親齊燕。以成霸王之名。朝四鄰諸侯之道。大王誠聽其說。盧文弨曰誠策作試 一舉而天下之從不破。趙不舉。韓不亡。荆魏不臣。齊燕不親。張文虎曰依上文親當作弱先愼曰此即承上舉趙亡韓臣荆魏親齊燕而言不當作弱張說誤 霸王之名不成。四鄰諸侯不朝。大王斬臣以徇國。以爲王謀不忠者也。先愼曰拾補重爲字盧文弨云舊少一爲字今據吳注引增上爲如字下去聲者下張本有戒字策作以主不忠於國者顧廣圻云當從策作以主爲謀不忠者主謂爲主首也爲謀造謀也此文例言大王不言王王字必誤與師道引此無也字是重爲字非先愼案姚本國策與盧引同鮑本與顧同故所引各異又策國上有於字今案王當作主顧說是也爲上以字當衍以徇國爲主謀不忠者也作一句讀文氣自順

存韓第二

韓事秦三十餘年。出則爲扞蔽。入則爲蓆薦。出貢以供若蓆薦居人下。先愼曰乾道本注人下二字作久字今從趙本 秦特出銳師。取韓地而隨之。先愼曰韓字當在而下取地略地也下文韓與秦兄弟共苦天下 怨懸於天下。功歸於強秦。王渭曰秦當作趙先愼曰秦字不誤謂韓則受其怨秦則得其功也 且夫韓入貢職。與郡縣無異也。今臣竊聞貴臣之計。先愼曰乾道今本下有日字盧文弨云日字衍張本無今據刪 舉兵將伐韓。夫趙氏聚士卒。養從徒。先愼曰乾道本無徒字顧廣圻云藏本今本從下有徒字今據補 欲贅天下之兵。贅綴連也 明秦不弱。則諸侯必滅宗廟。先愼曰諸侯宗廟必爲秦滅 欲西面行其意。非一日之計也。今釋趙之患。而攘內臣之韓。則天下明趙

氏之計矣。韓爲內臣秦猶戀之則天下從趙攻秦計爲得矣 夫韓，小國也，而以應天下四擊，主辱臣苦，上下相與同憂久矣。修守備，戒強敵，有蓄積，築城池以守固。今伐韓未可一年而滅，拔一城而退，則權輕於天下，天下摧我兵矣。先愼曰說文摧折也 韓叛，則魏應之，趙據齊以爲原，若山原然○顧廣圻曰原當作厚舊注誤 如此，則以韓魏資趙假齊以固其從，而以與爭強，先愼曰與秦爭強也 趙之福而秦之禍也。夫進而擊趙不能取，退而攻韓弗能拔，則陷銳之卒懃於野戰，盧文弨曰懃張本作勤 負任之旅罷於內攻，勞餉者 則合羣苦弱以敵而共二萬乘，王渭曰當衍而共二字 非所以亡趙之心也。顧廣圻曰趙當作韓亡韓貴人之計也 均如貴人之計，均同也謂同其計而用之○盧文弨曰張本人作臣 則秦必爲天下兵質矣。旣進退不能則同於爲質者○顧廣圻曰質如字射的也舊注誤 陛下雖以金石相弊，弊盡也盡以召士○盧文弨曰馮氏云言其時之久也注解謬石何可以召士王渭曰文選二十九卷注引以作與以即與也顧廣圻曰七發注亦引作與王先謙曰與金石相弊謂與金石齊壽也雖永壽而無兼天下之日極言其非計 則兼天下之日未也。今賤臣之愚計，先愼曰乾道本愚上有遇字顧廣圻云藏本無遇字是也今本遇作進誤先愼案遇即愚之誤而衍者今從藏本 使人使荊，重幣用事之臣，先愼曰重幣猶言厚賂 明趙之所以欺秦者，與魏質以安其心，從韓而伐趙，趙雖與齊爲一，不足患也。二國事畢，齊趙 則韓可以移書定也。先愼曰韓乾道本作轉盧文弨云藏本亦作轉是上已云從韓而伐趙則不待再收韓明矣顧廣圻云今本轉作韓誤此言定荊魏俞樾云轉字無義趙本作韓是也此篇名存韓本因秦貴臣之計舉兵將伐韓故爲是說勸之釋韓而伐趙趙齊事畢而韓可移書定正見韓之不必伐也乃乾道本道藏本皆作轉則字之誤久矣趙本改轉爲韓是也盧顧以上文已云從韓伐趙此不必更言定韓今案韓未聞其將伐趙秦何得從韓以伐趙且秦之伐趙亦何必從韓疑韓字是衍文蓋旣使人使荊又與魏質則荊魏不與我爲難矣於是從而伐趙從而者繼事之詞明其事次第當如此非從他國之謂也後人不達其義妄補韓字以實之盧顧不知上韓字之衍而疑下韓字之非誤矣先愼案俞說是張榜本轉亦作韓今據改 是我一舉二國有亡形，先愼曰二國指齊趙則荆魏又必自服矣。故曰。兵者凶器也。不可不審用也。以秦與趙敵。衡加以齊。今又背韓而未有以堅荆魏之心。夫一戰而不勝。則禍搆矣。計者所以定事也。不可不察也。韓秦強弱。顧廣圻曰韓當作轉俞樾曰韓秦強弱各本皆同顧氏謂當作轉誤先愼曰顧說是如貴臣之計秦爲天下兵質則秦必弱如非之計齊趙可亡荆魏必服則秦弱矣秦計一定強弱隨之若韓之強弱豈非所敢言乎在今年耳。且趙與諸侯陰謀久矣。夫一動而弱於諸侯。危事也。爲計而使諸侯有意伐之心。盧文弨曰伐張本淩本作我趙敬夫云意秦之伐之也不必作我至殆也。見二疏。先愼曰乾道本疏作踈盧文弨云從藏本作疏今依改非所以強於諸侯也。臣竊願陛下之幸熟圖之。夫攻伐而使從者閒焉。不可悔也。先愼曰乾道本攻上無夫字閒作聞盧文弨云夫字脫張淩本有夫字聞一作閒顧廣圻云閒當作閒閒反閒也先愼案盧校是今據改存韓文止此下乃將見其事詔以韓客之所上書。書言韓之未可舉。下臣斯。先愼曰乾道本言韓下有子字俞樾云子字衍文韓非因聞貴臣之計舉兵將伐韓故上此書言韓之未可舉誤衍子字義不可通趙本無子字亦當從之先愼案張榜本亦無子字今據刪甚以爲不然。先愼曰拾補甚上有臣斯二字盧文弨云舊本不重一本有先愼案臣斯二字誤複以下皆李斯言秦之有韓。若人之有腹心之病也。盧文弨曰腹心舊本倒今從藏本張本與下同虛處則㤄然。㤄妨心腹虛也而病爲妨喻秦虛心待韓韓終爲妨㤄音艾○盧文弨曰注㤄音艾淩本音改案說文苦也胡概切玉篇恨苦也若居濕地。著而不去。以極走則發矣。謂疾得冷卒然而走必發矣喻秦雖加恩於韓有急韓之不臣之心必見矣。顧廣圻曰虛處逗平居也與極對文則㤄然若居溼地著而不去十一字爲一句㤄說文苦也廣韻云患苦胡概切舊注皆誤以極逗走字衍俞樾曰顧氏視舊讀爲長然平居不得謂之虛處且走與處對文則走字非衍也按此當以虛處則㤄然若居濕地爲句虛乃衍字也蓋卽處字之誤而複者著而不去爲句以極走則發矣爲句極猶亟也古字通用荀子賦篇出入甚極又曰反覆甚極楊注並云極讀爲亟是其證此言腹心之病附著不去平居猶可亟走則發矣亟走喻急也舊注卒然而走是正讀極爲亟也下文今若有卒報之事韓不可信也若有卒報之事與亟走之喻相應顧訓極爲困而刪走字未得其旨先愼曰俞說是乾道本注冷作令今依趙本夫韓雖臣於秦。未嘗不爲秦病。今若有卒報之事。韓不可信也。俞樾曰報讀爲赴疾之赴禮記少儀篇毋報往喪服小記篇報葬者報虞鄭注並云報讀

爲趙疾之趙是也 秦與趙爲難。荆蘇使齊。未知何如。以臣觀之。則齊趙之交。未必以荆蘇絕也。若不絕。是悉趙而應二萬乘也。王渭曰趙當作秦 夫韓不服秦之義。而服於強也。今專於齊趙。則韓必爲腹心之病而發矣。韓與荆有謀。諸侯應之。則秦必復見崤塞之患。先慎曰謂諸國兵將復至函谷 非之來也。未必不以其能存韓也。爲重於韓也。先慎曰非之來秦爲存韓也則說雖爲秦心必爲韓故云爲重於韓也 辯說屬辭。飾非詐謀。以釣利於秦。而以韓利闚陛下。闚陛下之意因隙而入說以求韓利 夫秦韓之交親。則非重矣。見重於二國 此自便之計也。臣視非之言文。其淫說靡辯。才甚。臣恐陛下淫非之辯而聽其盜心。王先謙曰復淫而聽納之 因不詳察事情。今以臣愚議。秦發兵而未名所伐。則韓之用事者。以事秦爲計矣。疑伐己也 臣斯請往見韓王。使來入見大王。見。因內其身而勿遣。盧文弨曰凌本大王二字重疊本不重是 稍召其社稷之臣。以與韓人爲市。則韓可深割也。王先謙曰韓遣非入秦在王安六年其時滎陽上黨悉已入秦存者獨潁川一郡地耳非存韓之說不得已而爲宗社計李斯所云深割者即盡入其地之謂也 因令象武。王渭曰象當作蒙蒙武見始皇本紀蒙恬列傳 發東郡之卒。闚兵於境上。而未名所之。則齊人懼而從蘇之計。先慎曰蘇即荆蘇秦使之齊絕趙交也 是我兵未出。而勁韓以威擒。強齊以義從矣。聞於諸侯也。趙氏破膽。荆人狐疑。必有忠計。先慎曰荆疑四國必不欺秦 荆人不動。魏不足患也。則諸侯可蠶食而盡。趙氏可得與敵矣。願陛下幸察愚臣之計。無忽。秦遂遣斯使韓也。李斯往詔韓王。未得見。因上書曰。昔秦韓戮力一意。以不相侵。天下莫敢犯。如此者數世矣。

前時五諸侯嘗相與共伐韓。秦發兵以救之。先愼曰韓世家釐王二十三年趙魏共伐韓韓使陳筮告急於秦秦昭王遣白起救韓八日而至大破趙魏之師據六國表事在昭王三十一年韓居中國。地不能滿千里。而所以得與諸侯班位於天下。君臣相保者。以世世相教事秦之力也。王先謙曰韓自懿侯後事見世家者如昭侯十一年如秦宣惠王十九年以太子倉質秦襄王十年太子嬰朝秦釐王時兩會秦王非不世世事秦而無世不被秦兵常出兵佐秦伐諸侯其得秦救惟釐王二十三年一役而已所謂戮力一意以不相侵特策士之遊談初無關於事實也先時五諸侯共伐秦。韓反與諸侯先爲鴈行。以嚮秦軍於關下矣。王先謙曰秦昭王九年齊魏韓共擊秦於函谷十一年齊韓趙魏宋中山五國共攻秦韓襄王十四十六年事也先愼曰乾道本關作闕盧文弨云藏本作關下云先爲鴈行以攻關先愼案闕乃關字形近而譌卽函谷關今據藏本改諸侯兵困力極。無奈何。諸侯兵罷。王先謙曰秦割地以和見表及秦紀此飾言之杜倉相秦。起兵發將。以報天下之怨。而先攻荆。王先謙曰據表記世家秦昭王二十七年楚頃襄王十九年韓釐王十六年也自是連三年秦擊楚破之遂拔郢先愼曰乾道本先作失非也顧廣圻云今本失作先今據改荆令尹患之。曰。夫韓以秦爲不義。而與秦兄弟共苦天下。先愼曰謂與秦爲兄弟也已又背秦。先爲鴈行以攻關。韓則居中國。展轉不可知。先愼曰展轉猶反覆也天下共割韓上地十城以謝秦。解其兵。王先謙曰據秦紀及表昭王四十五年攻韓取十城未知卽此事否四十七年秦卽攻上黨亦未嘗解兵夫韓嘗一背秦。而國迫地侵。兵弱至今。所以然者。聽姦臣之浮說。先愼曰乾道本臣作人盧文弨云張本人作臣先愼案下文亦作臣作臣者是今據改不權事實。故雖殺戮姦臣。不能使韓復強。今趙欲聚兵士卒。以秦爲事。先愼曰兵字疑衍上文夫趙氏聚士卒無兵字卽其證使人來借道。言欲伐秦。欲伐秦。其勢必先韓而後秦。先愼曰乾道本不重欲伐秦三字盧文弨云舊不重今依張淩本補顧廣圻云藏本重欲伐秦三字非也先愼案重三字文義較足未必乾道本獨是而衆本皆非也顧說太泥今據補且臣聞之。脣亡則齒寒。夫秦韓不得無同憂。其形可見。魏欲發兵以攻韓。秦使人將使者於韓。王先謙曰此言魏遣使於秦約共攻韓秦欲送其使於韓所以誑恐之 今秦王使臣斯來而不得見。恐左右襲曩姦臣之計。使韓復有亡地之患。臣斯不得見。先愼曰乾道本無得字顧廣圻云藏本今本不下有得字今據補 請歸報。秦韓之交必絕矣。斯之來使。以奉秦王之歡心。願效便計。豈陛下所以逆賤臣者邪。臣斯願得一見。前進道愚計。退就葅戮。願陛下有意焉。今殺臣於韓。則大王不足以強。若不聽臣之計。則禍必搆矣。秦發兵不留行。而韓之社稷憂矣。臣斯暴身於韓之市。則雖欲察賤臣愚忠之計。不可得已。邊鄙殘。國固守。鼓鐸之聲於耳。先愼曰邊鄙殘句國固守句於上脫盈字 而乃用臣斯之計。晚矣。且夫韓之兵於天下可知也。今又背強秦。夫棄城而敗軍。顧廣圻曰敗軍當作軍敗軍句絕敗下屬王先謙曰言割城而又敗其軍於義自順無庸倒文 則反掖之寇。反掖者謂麾下反以禽君掖也。盧文弨曰反於掖下言內變將作也注迂晦王先謙曰謂韓本國之寇與下秦與兵對文 必襲城矣。城盡則聚散。聚散則無軍矣。先愼曰乾道本不重聚散二字顧廣圻云藏本今本重聚散先愼案城盡則聚者散聚者散則國無軍重聚散二字語乃明顯今據補 城固守。顧廣圻曰藏本今本城上有使字先愼曰城固守與上城盡對文無使字是 則秦必與兵而圍王一都。王先謙曰或云一字當在道字下非也古城邑大者皆謂之都不必王所居方爲都孟子云王之爲都者臣知五人是也韓世家公仲請王賂秦以一名都楚陳軫言秦得韓之名都一正與此文一都相類 道不通。則難必謀。王先謙曰說文慮難曰謀 其勢不救。左右計之者不用。顧廣圻曰用當作周周密也 願陛下熟圖之。若臣斯之所言。有不應事實者。願大王幸使得畢辭於前。乃就吏誅。不晚也。秦王飲食不甘。遊觀不樂。意專在圖趙。使臣斯來言。願得身見。因急與陛下有計也。先愼曰乾道本無見字顧廣圻云藏本今本有見字今據補 今使臣不通。則韓之信未可知也。夫秦必釋趙之患而

移兵於韓。顧陛下幸復察圖之。而賜臣報決。趙用賢曰此當時記載之文故幷敍李斯語

難言第三

臣非非難言也。所以難言者。言順比滑澤。洋洋纚纚然。則見以爲華而不實。言順於愼比於班弁弁美纚纚有編次也○盧文弨曰順比不拂逆也注言順於愼比於班轉難解凌本澤作瀉誤先愼曰意林引見下有者字爲作謂下同 敦厚恭祗。先愼曰乾道本作敦祗恭厚意林引作敦厚恭祗是也今據改 鯁固愼完。則見以爲拙而不倫。先愼曰乾道本拙作掘顧廣圻云藏本今本掘作拙先愼案意林亦作拙今據改 多言繁稱。連類比物。則見以爲虛而無用。揔微說約。徑省而不飾。則見以爲劌而不辯。先愼曰意林劌作訥 激急親近。探知人情。則見以爲僭而不讓。先愼曰乾道本僭作譖拾補急下旁注意字盧文弨云張本意作急探一作深凌本譖作僭顧廣圻云今本急作意誤先愼案譖凌本作僭是今據改意林急亦誤作意釋名急及也操切之使相逮及也說文探遠取之也疏遠之臣慮事廣肆並及人主之親近以刺取其向背卽說難所謂非聞已卽賣重也故見者以爲僭而不讓 閎大廣博。妙遠不測。先愼曰意林妙遠作深而則見以爲夸而無用。家計小談。以具數言。則見以爲陋。顧廣圻曰藏本同今本家作纖誤盧文弨曰張本作家先愼曰此卽說難篇所謂米鹽博辯也作家字是 言而近世。辭不悖逆。則見以爲貪生而諛上。顧廣圻曰逆當作遻詩巧言如流箋云故不悖逆釋文云遻五故反本亦作逆說難篇云大意無所拂悟拂悖同字遻悟同字作逆者形近之誤也又鄭檀弓注噫弗寤之聲弗寤卽拂悟正義讀弗如字者非今本因之改弗作不尤誤列女傳不拂不寤亦用寤字 言而遠俗。詭躁人間。則見以爲誕，先愼曰釋名躁燥也物燥乃動而飛揚也則躁有華而不實之意易繫辭躁人之辭多 捷敏辯給。繁於文采。則見以爲史。先愼曰儀禮聘記云辭多則史鄭注史謂策祝亦言史官辭多文也 殊釋文學。王先謙曰殊釋猶言絕棄 以質性言。則見以爲鄙。先愼曰乾道本性作信盧文弨云信張凌本皆作性顧廣圻云藏本信作性是也今據改 時稱詩書。道法往古。則見以爲誦。誦說舊事 此臣非之所以難言而重患也。故度量雖正。未必聽也。義理雖全。未必用也。大王若

以此不信。則小者以爲毀訾誹謗。大者患禍災害。死亡及其身。故子胥善謀。而吳戮之。仲尼善說。而匡圍之。管夷吾實賢。而魯囚之。故此三大夫。豈不賢哉。而三君不明也。上古有湯。至聖也。伊尹。至智也。夫至智說至聖。然且七十說而不受。身執鼎俎。爲庖宰。昵近習親。而湯乃僅知其賢而用之。故曰。以至智說至聖。未必至而見受。伊尹說湯是也。以智說愚必不聽。文王說紂是也。故文王說紂。而紂囚之。先愼曰乾道本無而紂二字顧廣圻云藏本今本紂下有而紂二字今據補 翼侯炙。顧廣圻曰戰國策史記皆作鄂侯先愼曰左隱五年翼人伐翼翼侯奔隨六年納諸鄂謂之鄂侯翼鄂地近故相通稱史記楚世家熊渠中子紅爲鄂王吳越春秋句踐陰謀外傳號翼侯可借證翼鄂通稱 鬼侯腊。先愼曰史記作九侯徐廣注九侯一作鬼侯鄴縣有九侯城九鬼聲近通用 比干剖心。梅伯醢。先愼曰見晏子楚辭云數諫至醢 夷吾束縛。而曹羈奔陳。伯里子道乞。盧文弨曰卽百里奚亡秦走宛事顧廣圻曰伯讀爲百 傅說轉鬻。轉次而傭故曰鬻 孫子臏腳於魏。吳起收泣於岸門。盧文弨曰收疑是抆字見呂氏春秋長見篇顧廣圻曰仲冬紀云抿泣恃君覽云雪泣先愼曰收當作抆形近而誤 痛西河之爲秦。卒枝解於楚。先愼曰說詳姦劫弑臣篇 公叔痤言國器反爲悖。公孫鞅奔秦。關龍逢斬。萇宏分胣。磔裂也敕氏反○先愼曰趙本無注六字莊子胠篋篇釋文引司馬云萇弘周靈王賢臣也案周景王敬王之大夫魯哀公三年六月周人殺萇弘一云刳腸曰胣六微篇以爲叔向之讒 尹子穽於棘。投之於穽棘中○顧廣圻曰未詳先愼曰趙本無注盧文弨云張本有注 司馬子期死而浮於江。田明辜射。非罪爲辜射而殺之○顧廣圻曰未詳俞樾曰舊注曲說辜射卽辜磔磔從石聲與射聲相近故得通用辜磔本疊韻字荀子正論篇斬斷枯磔以枯爲辜此云辜射又以射爲磔古書每無定字學者當以聲求之周禮掌戮殺王之親者辜之注曰謂磔之田明辜射卽此刑也字又作矺史記李斯傳十公主矺死於杜索隱曰矺與磔同古今字異耳 宓子賤西門豹不鬭而死人手。董安于死而陳於市。先愼曰安于十過七術篇作閼于觀行篇作安與此同案安閼古通左定十三年傳作安淮南道應訓作閼是也惟趙策安閼兩有爲誤 宰予不免於田常。

范睢折脅於魏。此十數人者，皆世之仁賢忠良有道術之士也。不幸而遇悖亂闇惑之主而死。然則雖賢聖不能逃死亡避戮辱者，何也？則愚者難說也。故君子難言也。（先愼曰：乾道本難言作不少。顧廣圻云：今本不少作難言，誤。案此句下有脫文。先愼案：君子難言文甚明白易曉，今從之。）且至言忤於耳而倒於心，非賢聖莫能聽，願大王熟察之也。

愛臣第四

愛臣太親，必危其身；（威權上逼，故危其身。）人臣太貴，必易主位；（盧文弨曰：一作人臣太貴，必易主命，與韻不叶，非也。）主妾無等，必危嫡子；（主謂室主。）兄弟不服，必危社稷。（君之兄弟不相從服。）臣聞千乘之君無備，必有百乘之臣在其側，以徙其民而傾其國；（王先愼曰：民當作威。）萬乘之君無備，必有千乘之家在其側，以徙其威而傾其國。是以姦臣蕃息，主道衰亡。是故諸侯之博大，天子之害也；羣臣之太富，君主之敗也。將相之管主而隆國家，（孫詒讓曰：日本藩阪圖本作後主而隆家，云物茂卿本後作管，隆下有國字，淩本同，非。八經篇家隆劫殺之難。詒讓案：管主、後主並無義，管當作營，形近而誤。營主謂營惑其主也。淮南子原道訓高注：營，惑也。隆國家，當依藩阪圖本刪國字。隆家言擅諸大家，使爭聞辭後八經篇。）此君人者所外也。（君當疏外斥遠之。）萬物莫如身之至貴也，位之至尊也，主威之重，主勢之隆也。（先愼曰：乾道本無位之至尊也下三句。顧廣圻云：今本也下衍十四字。先愼案：下四美即指此身位威勢而言，少三句則下四美無著，今據補。）此四美者，不求諸外，不請於人，識之而得之矣。（先愼曰：識當作義。義者，事之宜也。人君合其宜則得之矣。）故曰：人主不能用其富，則終於外也。（既不能用富，臣則竊之。○先愼曰：富之言備也。四美不備，則國非其有矣。）此君人者之所識也。昔者紂之亡，周之卑，皆從諸侯之博大也。（殷諸侯文王，周諸侯秦襄王。○先愼曰：從當作以，以與古文从相似，因誤為从，校者不審，又改為從。下文皆以羣臣之太富也與此文正一律明此從爲以之誤晉之分也。趙魏韓也齊之奪也。陳恆弑簡公也皆以羣臣之太富也。夫燕宋之所以弑其君者。先愼曰子罕劫宋子之奪燕皆以類也孫詒讓曰以類當作此類故上比之殷周。中比之燕宋。莫不從此術也。是故明君之蓄其臣也。盡之以法。臣雖有貴賤同以法也質之以備。謂薄其賞賜也臣貧則易制○王先謙曰廣雅釋詁質正也備者未至而設之所以逆杜其邪心也舊注誤故不赦死。不宥刑。赦死宥刑。是謂威淫。淫散也社稷將危。國家偏威。君威散臣威成故曰偏威○先愼曰乾道本注無成字今從趙本是故大臣之祿雖大。不得藉威城市。市衆所聚恐其乘衆而生心也○俞樾曰威字衍文藉當讀爲籍詩韓奕篇實畝實籍唐石經作實畝實藉是其例矣漢武帝紀籍吏民馬師古注籍者總入籍錄而取之卽此籍字之義管子輕重甲篇桓公欲藉於室屋欲藉於萬民欲藉於六蓄欲藉於樹木與此正同言大臣之祿雖大而城市之地不得藉而取之也下云黨與雖衆不得臣士卒臣士卒與藉城市相對成文今涉上文是謂威淫及國家偏威而誤衍威字舊注不解威字是舊本猶未衍也黨與雖衆。不得臣士卒。故人臣處國無私朝。謂臣自私朝居軍無私交。其府庫不得私貸於家。不欲令其樹福也此明君之所以禁其邪。是故不得四從。四鄰之國爲私交○孫詒讓曰注說非也此四從四與騶乘也（左文十一年傳注騶乘四人共車）從謂從車皆論貴臣隨從車乘之事下云不載奇兵卽蒙上四從而言史記商君傳趙良曰五羖大夫之相秦也行於國中不從車乘不操干戈又曰君之出也後車十數從車載甲多力而騈脅者爲驂乘（參乘爲驂乘四乘爲駟乘二者略同）商君正以從車載兵甲故爲趙良所責可證此文之義先愼曰四從孫說是舊注當在居軍無私交下傳寫誤置於此耳不載奇兵。王先謙曰淮南墬形訓高注奇隻也奇兵佩刀劍之屬與上四從對文不載謂不載以從戰國策秦羣臣侍殿上者不得持尺寸之兵卽此義也惟傳遽以備非常乃得載兵甲故下又申言之秦御臣民至嚴峻此法制已然者非之言此特以中其意非傳非遽。載奇兵革。罪死不赦。此明君之所以備不虞者也。

主道第五

道者萬物之始。物從道生故曰始是非之紀也。是非因道彰故曰紀是以明君守始以知萬物之源。得其始其源可知也○先愼曰乾道本注可作亦今據張榜本趙本改 治紀以知善敗之端。得其紀其端可知也 故虛靜以待令。令名自命也。令事自定也。虛則知實之情。靜則知動者正。俞樾曰下知字當作爲靜則爲動者正猶下文云不智而爲智者正也涉上句而誤作知於義不可通先愼曰俞說是下者字張榜本作之 有言者自爲名。有事者自爲形。形名參同。君乃無事焉。歸之其情。故曰。君無見其所欲。君見其所欲。臣自將雕琢。臣因欲雕琢以稱之○盧文弨曰自將二字疑倒當與下文一例 君無見其意。君見其意。臣將自表異。君見其意臣因其意以稱之 故曰。去好去惡。臣乃見素。去舊去智。臣乃自備。好惡不形臣無所效則戒而自備○王念孫曰去舊去智本作去智去舊惡素爲韻舊備爲韻舊古讀若忌大雅蕩篇殷不用舊與時爲韻召旻篇不尙有舊與里爲韻管子牧民篇不恭祖舊與備爲韻皆其證也後人讀舊爲巨救反則與備字不協故改爲去舊去智不知古音智屬支部備屬之部兩部絕不相通自唐以後始溷爲一類此非精於三代兩漢之音者不能辨也 故有智而不以慮。使萬物知其處。有行而不以賢。觀臣下之所因。先愼曰當作有賢而不以行與有智而不以慮有勇而不以怒文法一律下文去智去賢去勇不作去行是其證 有勇而不以怒。使羣臣盡其武。是故去智而有明。去君智則臣智自明也 去賢而有功。去君賢則臣事自功 去勇而有強。去君勇則臣武自強 羣臣守職。百官有常。因能而使之。是謂習常。故曰。寂乎其無位而處。漻乎莫得其所。顧廣圻曰漻讀爲寥正字作廫說文云空虛也 明君無爲於上。羣臣竦懼乎下。盧文弨曰乎藏本作於 明君之道。使智者盡其慮。而君因以斷事。故君不窮於智。用臣智故智不窮 賢者敕其材。盧文弨曰敕一作效 君因而任之。故君不窮於能。有功則君有其賢。有過則臣任其罪。故君不窮於名。先愼曰乾道本君下有子字盧文弨云子字衍顧廣圻云藏本無子字是也先愼案張榜本亦無今據刪 是故不賢而爲賢者師。君雖不賢爲賢臣之師 不智而爲智者正。爲臣之正○先愼曰乾道本爲下有上字盧文弨云爲下衍上字張凌本俱無顧廣圻云藏本無上字是也先愼案張榜本亦無今據刪 臣有其勞。君有其成功。君取臣勞以爲已功○王先謙曰依文義文勢讀之無功字爲是正成經又相均也據舊注則所見本已衍功字 此之謂賢主之經也。經常法也

道在不可見。君道必使臣不可見也○盧文弨曰張本不提行 用在不可知。虛靜無事。以闇見疵。先愼曰人不知虛靜之道反以其闇而疵之 見而不見。聞而不聞。知而不知。知其言以往。勿變勿更。以參合閱焉。官有一人。顧廣圻曰揚搉篇有作置 勿令通言。則萬物皆盡。各令守職勿使相通情旣相猜則自盡矣○先愼曰乾道本注盡作靜據趙本改 函掩其跡。匿其端。盧文弨曰掩字疑是注淩本無顧廣圻曰則萬物皆盡函句絕舊注讀函屬下誤孫詒讓曰函當爲亟函俗作㔿形近而誤爾雅釋詁云亟疾也此當以亟掩其跡爲句顧讀非盧校尤誤 下不能原。先愼曰原當作緣緣因也掩跡匿端則下無所因以侵其主不能緣與下不能意同義原緣聲近而誤二柄篇云人主不掩其情不匿其端而使人臣有緣以侵其主作緣字是其證 去其智。絕其能。下不能意。保吾所以往而稽同之。謹執其柄而固握之。絕其望。破其意。毋使人欲之。執柄固則人意望絕也○先愼曰各本望上有能字拾補删盧文弨云注則人意望絕張本作絕其能望亦衍能字顧廣圻云藏本同今本無望字誤此當衍能字先愼案無望字者因上有絕其能而妄删之不知此能字正涉上文而誤衍注則人意望絕不釋能字明舊本亦無能字依盧校删 不謹其閉。不固其門。虎乃將存。權柄不固則篡國之虎因而存矣 不愼其事。不掩其情。賊乃將生。弒其主。代其所。人莫不與。故謂之虎。處其主之側。顧廣圻曰句絕與下文惑賊爲韻 爲姦臣。王念孫曰臣當爲匿字之誤匿讀爲慝謂居君側而爲姦慝也逸周書大戒篇克禁淫謀衆匿乃雍衆匿卽衆慝管子七法篇百匿傷上威百匿卽百慝明法篇比周以相爲匿明法解匿作慝漢書五行志朔而月克東方謂之仄慝書大傳作側匿是匿與慝古字通主所與虎爲韻側匿惑賊爲韻若作臣則失其韻矣顧廣圻曰臣當作以以正字作巨形相近先愼曰王說是 聞其主之忒。王念孫曰聞蓋閒之譌閒伺也 故謂之賊。散其黨。收其餘。顧廣圻曰餘當作與下文輔虎其韻也 閉其門。奪其輔。國乃無虎。大不可量。深不可測。同合刑名。顧廣圻曰刑讀爲形揚搉篇同 審驗法式。擅爲者誅。國乃無賊。是故人主有五壅。臣閉其主

曰壅。臣制財利曰壅。臣擅行令曰壅。臣得行義曰壅。臣得樹人曰壅。臣閉其主則主失位。臣制財利則主失德。王先謙曰德當作得與上財利相應此緣聲同而誤 臣擅行令則主失制。臣得行義則主失名。先愼曰乾道本名作明顧廣圻云藏本今本明作名今據改 臣得樹人則主失黨。此人主之所以獨擅也。非人臣之所以得操也。人主之道。靜退以爲寶。先愼曰靜退當作虛靜此承上虛靜以待令而言下不操事不計慮而知巧拙福咎即申虛則知實之情靜則爲動之正之義今譌作靜退則文之前後不相照應矣 不自操事而知拙與巧。不自計慮而知福與咎。是以不言而善應。先愼曰乾道本無而字顧廣圻云藏本今本言下有而字今據補 不約而善增。俞樾曰增字義不可通兩增字疑皆會字之誤不言而善應語本老子不約而善會亦即老子所謂善結無繩約而不可解也善會猶善結也會誤作曾又誤爲增耳先愼曰約當作事言已應事已增正承上言之增讀如譽與上應爲韻俞改增爲會迂曲不可從 言已應則執其契。事已增則操其符。符契之所合。賞罰之所生也。故羣臣陳其言。君以其言授其事。事以責其功。顧廣圻曰藏本今本事以作以事按當作以其事先愼曰二柄篇作事以其事責其功 功當其事。事當其言。則賞。功不當其事。事不當其言。則誅。明君之道。臣不得陳言而不當。先愼曰乾道本無得字盧文弨云得字脫藏本有先愼案二柄篇亦有得字今據補顧廣圻云此句下有脫文 是故明君之行賞也。暖乎如時雨。顧廣圻曰暖讀爲愛 百姓利其澤。其行罰也。畏乎如雷霆。神聖不能解也。故明君無偷賞。無赦罰。賞偷則功臣墮其業。赦罰則姦臣易爲非。盧文弨曰臣張本作人 是故誠有功。則雖疏賤必賞。誠有過。則雖近愛必誅。顧廣圻曰此句下有脫文先愼曰此下當有疏賤必賞四字 近愛必誅。則疏賤者不怠。而近愛者不驕也。

韓非子集解卷二

有度第六 先愼曰乾道本六作七據趙本改

國無常強無常弱。奉法者強則國強。強爲不曲法從私〇盧文弨曰注爲字當作謂先愼曰爲謂字同 奉法者弱則國弱。荆莊王幷國二十六開地三千里。莊王之氓社稷也而荆以亡。荆全之時與荆亡之時民及社稷未改易而全亡遂殊者則由奉法有強弱故也〇顧廣圻曰氓當作民下二句同舊注未識 齊桓公幷國三十啓地三千里。桓公之氓社稷也而齊以亡。燕襄王顧廣圻曰襄當作昭下同史記年表世家燕無襄王下文云殘齊在昭王二十八年或一諡襄也 以河爲境以薊爲國。襲涿方城。方城涿之邑也〇顧廣圻曰句有譌王先謙曰襲謂重襲在外謂燕都在薊涿方城在外猶左傳言表裏也涿與方城二地注譌方城見燕世家漢志涿屬涿郡薊方城屬廣陽國方城詳見水經聖水巨馬水注中今直隸固安縣西南有方城村即其地也 殘齊平中山。中山國名 有燕者重無燕者輕。謂鄰國得燕爲黨者則重反是者則輕也 襄王之氓社稷也而燕以亡。魏安釐王攻趙救燕。顧廣圻曰當云攻燕救趙年表五年韓燕二十年救邯鄲二十一年救趙又世家二十年云趙得全也 取地河東。河東故南燕國所在時韓救燕燕人得之故以河東故國與魏也〇盧文弨曰注河東故南燕國所在淩張本作故南燕之地無下河東二字德之譌作得之先愼曰此蓋五年韓燕所得注謂燕人與魏非也 攻盡陶魏之地。陶定陶也〇顧廣圻曰魏當作衞見本書飾邪篇 加兵於齊。私平陸之都。言魏加兵於齊平陸以爲私都也 攻韓拔管。管故管叔所都 勝於淇下。睢陽之事。荆軍老而走。魏與楚相持於睢陽而楚師遁師久爲老〇先愼曰注趙本爲老作而老誤 蔡召陵之事。荆軍破。兵四布於天下。兵魏之兵也 威行於冠帶之國。安釐王死而魏以亡。先愼曰乾道本無王字盧文弨云脫藏本有今據補 故有荆莊齊桓。則荆齊可以霸。先愼曰乾道本桓下有公字盧文弨云公字衍顧廣圻云藏本無是也今據刪 有燕襄魏安釐。則燕魏可以強。今皆亡國者。其羣臣官吏皆務所以亂。而不務所以治也。其國亂弱矣。又皆釋國法而私其外。外謂臣之事也 則是負薪而救火也。亂弱甚矣。故當今之時。能去私曲。就公法者。民安而國治。能去私行。行公法者。則兵強而敵弱。故審得失有法度之制者。加以羣臣之上。則主不可欺以詐僞。謂得守法度之臣授之以政位加羣臣之上故不可欺以詐僞○顧廣圻曰失當作夫下文審得失有權衡之稱者失亦當作夫加以當作以加舊注未譌先愼曰顧說是拾補加以作加於是注趙本授誤作受 審得失有權衡之稱者。以聽遠事。則主不可欺以天下之輕重。權衡所以稱輕重也臣既妙於輕重使之聽遠故不可欺以輕重也 今若以譽進能。則臣離上而下比周。能由譽進所以比周於下求其虛譽 若以黨舉官。則民務交而不求用於法。官由黨舉所以務交求其親援 故官之失能者其國亂。以譽爲賞。以毀爲罰也。則好賞惡罰之人。釋公行。行私術。比周以相爲也。先愼曰上行字當作法好賞惡罰之人釋公法行私術與上去私曲就公法去私行行公法下行私重輕公法奉公法廢私術相應四處皆作法字此行字涉下文而誤 忘主外交。以進其與。與謂黨與也 則其下所以爲上者薄矣。交衆與多。外內朋黨。雖有大過。其蔽多矣。朋黨既多遞相隱蔽雖有大過無從而知也 故忠臣危死於非罪。姦邪之臣安利於無功。邪臣朋黨則忠臣橫以非罪而見陷邪臣輒以無功而獲利也 忠臣危死而不以其罪。則良臣伏矣。臣傷其類故良臣伏也○先愼曰乾道本危上有之所以三字良下無臣字盧文弨云之所以三字衍一本無顧廣圻云藏本今本良下有臣字先愼案注云則良臣伏是注所見本亦有臣字之所以三字不當有此與下句文法一律今從盧顧校改伏謂隱也 姦邪之臣安利不以功。則姦臣進矣。同氣相求故姦臣進也 此亡之本也。若是則羣臣廢法而行私重。王渭曰句絕 輕公法矣。私重謂朋黨私相重也 數至能人之門。此其所以私重也○顧廣圻曰能當作態態人卽荀子之態臣見臣道篇先愼曰能人卽私人也見管子明法篇本書作能字不誤三守篇不敢不下適近習能人之心卽其證乾道本注此作比依張榜本趙本改不壹至主之廷。先慎曰趙本壹作一下同百慮私家之便。不壹圖主之國。屬數雖多。非所以尊君也。君之徒屬之數雖多皆行私重故非尊君○先慎曰乾道本無以字顧廣圻云今本所下有以字先慎案依下文當有今據補百官雖具。非所以任國也。百官雖備皆慮私家之便故非任國任謂當其事也然則主有人主之名。而實託於羣臣之家也。威權不移故也○盧文弨曰注下移誤不移故臣曰。亡國之廷無人焉。無憂國之人也臣韓非自謂也。先慎曰此篇多本管子明法篇廷無人者。非朝廷之衰也。家務相益。不務厚國。大臣務相尊。而不務尊君。先慎曰張榜本相益作之益案家務相益謂務相益其家與大臣務相尊同相益相尊對厚國尊君而言張榜本相作之誤小臣奉祿養交。不以官爲事。顧廣圻曰奉當作持見本書三守篇晏子春秋問下云士者持祿游者養交荀子臣道篇云以之持祿養交而已耳國賊也又見韓詩外傳此其所以然者。由主之不上斷於法。而信下爲之也。故明主使法擇人。不自舉也。使法量功。不自度也。擇人量功之法布在方冊謂成國之舊制能者不可弊。敗者不可飾。譽者不能進。非者弗能退。以法量功故能不可弊敗不可飾也以法飾人故譽不能進非不能退也○先慎曰張榜本作蔽管子亦作蔽非作誹字竝通用則君臣之閒。明辯而易治。明辯謂善惡不相掩故主讎法則可也。讎謂校定可否賢者之爲人臣。北面委質。無有二心。朝廷不敢辭賤。軍旅不敢辭難。朝廷辭賤則下有缺上之心軍旅辭難則士有偸存之志○先慎曰乾道本注士作事今依張榜本趙本改盧文弨云注鈌譌作缺士藏本作事順上之爲。從主之法。虛心以待令。而無是非也。故有口不以私言。爲君言也有目不以私視。爲君視也而上盡制之。爲人臣者。譬之若手。上以脩頭。下以脩足。清暖寒熱。不得不救入。寒則救之以暖熱則救之以凊凡此皆用手入故曰不得不救入也○先慎曰入字衍文下不敢弗搏與不得不救相對成文明此不當有入字舊注不審而曲爲之說非張榜本刪入字是也又案凊暖寒熱據注文當作寒暖熱凊鏌鋣傅體。不敢弗搏。利刃近體手必搏之○盧文弨曰弗藏本作不無私賢哲之臣。無私事能之士。賢哲之臣專能之士皆以公用之故民不越鄉而交。無百里之慼。既任臣以公則政平國理人無異望無外心故不越鄉而交所以無百里之慼○顧廣圻曰慼讀爲戚貴賤不相踰。愚智提衡而立。愚智各得其所故提衡而立治之至也。今夫輕爵祿。易去亡。以擇其主。臣不謂廉。易亡擇主心貪者耳如此之臣不可謂廉也詐說逆法。倍主強諫。臣不謂忠。逆法強諫陵主者耳如此之臣不可謂忠行惠施利。收下爲名。臣不謂仁。行惠收下作福者耳如此之臣不可謂仁離俗隱居。而以非上。臣不謂義。隱居非上揚主之惡如此之臣不可謂義○先慎曰乾道本以下有作字顧廣圻云藏本今本無作字今據刪外使諸侯。內耗其國。伺其危險之陂。以恐其主。先慎曰陂字無義當作際篆文際上形與𠅃相近轉寫殘缺以爲陂耳曰交非我不親。怨非我不解。而主乃信之。以國聽之。卑主之名。以顯其身。毀國之厚。以利其家。臣不謂智。伺危以怨主毀國以利家姦雄者耳如此之臣不可謂智也○盧文弨曰注伺危以恐主恐誤作怨此數物者。險世之說也。而先王之法所簡也。險世所說邀取一時之利先王所簡必令百代常行○盧文弨曰簡弃也注非俞樾曰險世之說本作險世所說說讀爲悅注所據本未誤先王之法曰。顧廣圻曰此下五句文與洪範有異或別有所出非引彼也臣毋或作威。先慎曰張榜本更有毋或作福句毋或作利。從王之指。毋或作惡。先慎曰乾道本下毋字作無顧廣圻云今本無作毋先慎案作毋字是今據改洪範正作毋或作有呂氏春秋貴公篇引亦作或與此同注或有也從王之路。古者世治之民。奉公法。廢私術。專意一行。具以待任。治世之人所具意行不用之於私惟以待君之任耳夫爲人主而身察百官。則日不足。力不給。言當用法而察之○先慎曰乾道本爲下有之字據張榜本刪且上用目。則下飾觀。飾觀則目視不得其眞也上用耳。則下飾聲。飾聲則耳聽不知其僞也上用慮。則下繁辭。繁辭則慮惑於說也先王以三者爲不足。故舍己能。而因法數。審賞罰。先王之所守要。因法數審賞罰用此察之則百官不得混其眞僞斯術也先王所守之要○先慎曰先王之所守要即揚權篇聖人執要之義注說非故法省而不侵。獨制四海之內。聰智不得用其詐。險躁不得關其佞。顧廣圻曰藏本同今本險作險譟姦邪無所依。遠在千里外。不敢易其辭。勢在郎中。不敢蔽善飾非。郎近侍之官也○俞樾曰勢當作暬國語楚語曰居寢有暬御之箴注曰暬近也暬在郎中與遠在千里外正相對成義暬勢形近而誤或古字通也朝廷羣下。直湊單微。不敢相踰越。雖單微直湊亦令得其職分而豪強不敢踰○先愼曰注說非說文湊水上人所會也故湊有會合之義此言親近重臣合之疏遠卑賤之人皆用法數以審賞罰毋有相違下文刑過不避大臣賞善不遺匹夫是也故治不足而日有餘。上之任勢使然也。立治之功日倚有餘而功敎既已平羣臣既已穆則上之任用之勢不違法敎使之然也夫人臣之侵其主也。先愼曰御覽六百三十八引人臣作大臣如地形焉。卽漸以往。如地形之見耕漸就削滅也○先愼曰卽當作積聲之誤也此謂人之行路積漸不覺而已易其方在始未必不知移步換形遂不能見故必立司南以定其方喻人主爲臣侵其權勢使人主不自知者非一朝一夕之故在人主時以法度自持也喻意言行路非言耕者注非御覽引作既亦誤使人主失端。東西易面而不自知。既以漸來故雖至於失端易面而主尙不能自知故先王立司南以端朝夕。司南卽指南車也以喻國之正法○先愼曰御覽引立下有敎字故明主使其羣臣。不遊意於法之外。不爲惠於法之內。不令遊意法外爲惠法內皆所以防其侵也○先愼曰御覽引惠作慧誤動無非法。法所以淩過遊外私也。既使羣臣動皆以法其或淩過遊外卽皆私也○盧文弨曰遊外二字一本作滅顧廣圻曰淩字未詳過當作遏術遊字舊注誤先愼曰過爲遏之誤顧說是也一本脫外字遊作滅是淩爲峻字形近而譌當在法上傳寫誤倒耳峻法所以遏滅外私也與下嚴刑所以遂令懲下也句正相對今本譌誤遂不可讀嚴刑。所以遂令懲下也。所以嚴刑者欲以遂令且懲下也遂通也○王先謙曰遂竟也刑以輔令而行使必下竟威不貸錯。制不共門。威當主錯故不貸臣令錯制當主裁故不共臣同門錯置也威制共則衆邪彰矣。威制共臣則制邪顯用矣○先愼曰注制邪當作衆邪法不信。則君行危矣。法不信則後不可行故君危也○俞樾曰危讀爲詭呂氏春秋淫辭篇所言非所行也所行非所言也言行相詭不祥莫大焉與此意相近蓋法不信則君之所行前後違反故曰詭也作危者古字通耳漢書天文志司詭星出正西史記天官書詭作危淮南子說林篇尺寸雖齊必有詭文子上德篇詭作危並其證也舊注未達叚借之旨危當以君位言不當以君行言足知舊說之非矣刑不斷。則邪不勝矣。故曰。巧匠目意中繩。然必先以規矩爲度。匠之目意雖復中繩而不可用當其規矩爲其度○先愼曰注上其字當爲以字之譌。上智捷舉中事，必以先王之法為比。君知雖敏而中事不可用，當以先王之法為其比制也。○盧文弨曰：注「君知」，藏本作「君智」。先慎曰：上智謂極智之人，與巧匠同意，非謂君也。捷，疾也。中事，合於事也。中音竹仲反。舊注誤。故繩直而枉木斵，準夷而高科削，科，等也。削高等，令就下也。權衡縣而重益輕，減重益輕，權衡乃平。斗石設而多益少。減多益少，斗石乃滿。故以法治國，舉措而已矣。舉法而措之，治自平。○先慎曰：措當為錯，論語「錯諸枉」之錯。以法數治國家，不外舉錯二者。上文因法數審賞罰，先王之所守要，即其義。注說非。法不阿貴，繩不撓曲。法之所加，智者弗能辭，勇者弗敢爭。刑過不避大臣，賞善不遺匹夫。故矯上之失，詰下之邪，治亂決繆，絀羨齊非，絀其健羨，齊其為非。絀音黜。○王先謙曰：羨，有餘也，即上削高輕重之意。一民之軌，莫如法。屬官威民，屬官，欲令官之屬己。○王念孫曰：舊注甚謬。屬當為厲，字之誤也。厲官威民，義正相近。詭使篇「上之所以立廉恥者，所以屬下也」，屬亦厲字之誤。俗書屬字作属，形與厲相近，故厲誤作屬。（荀子富國篇「誅而不賞，則勤厲之民不勸」，今本厲誤作屬。）退淫殆，止詐偽，莫如刑。刑重，則不敢以貴易賤。不敢以貴勢慢易於賤也。法審，則上尊而不侵。上尊而不侵，則主強而守要，故先王貴之而傳之。傳之於後。人主釋法用私，則上下不別矣。

二柄第七

明主之所導制其臣者，二柄而已矣。導，引也。言道所以引喻其臣而制斷之也。○俞樾曰：注訓導為引，此未達古語也。導當為道，道者由也。明主所道制其臣者，猶言明主所由制其臣者。古語每以道為由，本書孤憤篇「法術之士奚道得進」，猶言奚由得進也。呂氏春秋貴因篇「孔子道彌子瑕見釐夫人」，猶言由彌子瑕見釐夫人也。晏子春秋諫上篇曰「楚巫微導裔款以見景公」，亦言由裔款以見景公，而其字作導，可證此文所導之即所由矣。八姦篇云「凡人臣之所道成姦者有八術」，義與此同。先慎曰：張榜本導作道，云「由也」。俞說與之合。藝文類聚十一引主作王，無「之所導」三字，臣下有「下」字。二柄者，刑德也。何謂刑德？曰：殺戮之謂刑，慶賞之謂德。為人臣者畏誅罰而利慶賞，故人主自用其刑德，則羣臣畏其威而歸其利矣。故世之姦臣則不然。所惡則能得之其主而罪之。姦臣所惡則巧詐媚惑其主得其威而罪也○盧文弨曰注罪之誤罪也 所愛則能得之其主而賞之。姦臣所愛亦以巧詐媚惑其主得之恩而賞之○盧文弨曰注其恩誤之恩 今人主非使賞罰之威利出於已也。聽其臣而行其賞罰。則一國之人皆畏其臣而易其君。臣用罰則民畏臣而輕君 歸其臣而去其君矣。臣用賞則民歸臣而去其君○盧文弨曰注去其君各本俱無其字 此人主失刑德之患也。夫虎之所以能服狗者。爪牙也。使虎釋其爪牙而使狗用之。則虎反服於狗矣。先愼曰乾道本無於字案以下文例之當有於字據意林御覽六百三十八八百九十一事類賦二十引補 人主者。以刑德制臣者也。今君人者釋其刑德。而使臣用之。則君反制於臣矣。反爲臣所制也 故田常上請爵祿而行之羣臣。請君爵祿而與羣臣所以樹私德於衆官○先愼曰外儲說右上篇作行諸大臣 下大斗斛而施於百姓。於下而用大斗斛以施百姓所以樹私恩於衆庶也 此簡公失德而田常用之也。故簡公見弒。子罕謂宋君盧文弨曰此別一人非春秋之樂喜 曰。夫慶賞賜予者。民之所喜也。君自行之。殺戮刑罰者。民之所惡也。臣請當之。於是宋君失刑而子罕用之。故宋君見劫。田常徒用德謂不兼刑也 而簡公弒。子罕徒用刑謂不兼德也 而宋君劫。故今世爲人臣者。兼刑德而用之。則是世主之危。甚於簡公宋君也。故劫殺擁蔽之主。顧廣圻曰擁當作壅 非失刑德而使臣用之。而不危亡者。則未嘗有也。兪樾曰失刑德而使臣用之不當有非字非字衍文

人主將欲禁姦。則審合刑名者。言與事也。言名也事則也言事則相考則合不可知也○先愼曰乾道本與作異拾補作與盧文弨云言下衍不字藏本無異字譌顧廣圻云今本言下有不字誤異當作與先愼案張榜云刑當作形案刑形二字本書通用與字依盧顧校改 爲人臣者陳而言。顧廣圻曰藏本同今本陳

下有事字譲寀而當作其見本書主道篇君以其言授之事。專以其事責其功。顧廣圻曰當衍事字先愼曰顯說非謂因其所言之事以求其效不外使也功當其事。事當其言。則賞。功不當其事。事不當其言。則罰。故羣臣其言大而功小者。則罰。非罰小功也。罰功不當名也。羣臣其言小而功大者。亦罰。非不說於大功也。以爲不當名也。害甚於有大功。故罰。不當名之害甚於大功功大震主亦所以爲罰○先愼曰不當名也害當作不當名之害下以爲侵官之害甚於寒句法正同注所見本尙不誤此言因功失法則國無所守故不當名之害甚於有大功注謂功大震主非也

昔者韓昭侯醉而寢。先愼曰意林醉下有甚字典冠者見君之寒也。故加衣於君之上。覺寢而說。寢寤而覺問左右曰。誰加衣者。左右答曰。典冠。君因兼罪典衣。殺典冠。先愼曰乾道本殺作與意林與作殺是也今據改下文越官則死不當則罪是其證其罪典衣。以爲失其事也。其罪典冠。以爲越其職也。非不惡寒也。以爲侵官之害甚於寒。故明主之畜臣。臣不得越官而有功。不得陳言而不當。越官則死。不當則罪。守業其官。所言者貞也。守業以當官守官以當言如此者貞也則羣臣不得朋黨相爲矣。

人主有二患。任賢則臣將乘於賢以劫其君。賢者必多才術故能乘賢以劫君也妄舉。則事沮不勝。妄舉謂不擇賢則其事必沮而不勝沮毀敗也故人主好賢。則羣臣飾行以要君欲。則是羣臣之情不效。飾行則僞外故其內情不效效顯也羣臣之情不效。則人主無以異其臣矣。莫不飾行故眞僞不分也故越王好勇。而民多輕死。楚靈王好細腰。而國中多餓人。齊桓公妒而好內。先愼曰乾道本妒下有外字顧廣圻云藏本無外字是也本書十過篇難一篇並無今據刪故豎刁自宮以治內。先愼曰刁當作刀左傳寺人貂管子大戴禮公羊墨子作刁刀有貂音故通用

桓公好味。顧廣圻曰當衍桓公二字此與上相承易牙蒸其子首而進之。顧廣圻曰藏本今本子首作首子案作首子爲是漢書元后傳有首子可證十過篇及難一篇同先愼曰本書作子首無作首子者十過篇及難一篇兩見可證彼惟趙用賢本作首子明首子爲後人所改古本自作子首也燕子噲好賢。故子之明不受國。子之燕之臣也以噲好賢故陳禪讓之事令噲不受國以讓已因以篡之○先愼曰卽外儲說右下篇播書謂燕王事注非故君見惡則羣臣匿端。匿其端避所惡也○先愼曰乾道本君下有子字顧廣圻云藏本今本無先愼案此不當有今據刪君見好則羣臣誣能。誣其能欲見用人主欲見。則羣臣之情態得其資矣。羣臣之情態皆欲求利君見其好惡則知利其所存故得以爲資○俞樾曰欲見當作見欲與上文見好見惡一例見好見惡卽自見其所欲矣下文云豎刁易牙因君之欲以侵其君者也正承此而言主道篇云君無見其所欲可證此文見欲之義先愼曰注利其所存其當作之故子之託於賢以奪其君者也。豎刁易牙因君之欲以侵其君者也。其卒子噲以亂死。子噲燕王名也桓公蟲流出戶而不葬。先愼曰乾道本戶作尸盧文弨云藏本尸作戶先愼案作戶是今據改十過篇正作戶此其故何也。人君以情借臣之患也。謂見好惡之情則臣得以爲利此以情借臣求利者也患所以生人臣之情。非必能愛其君也。爲重利之故也。今人主不掩其情。不匿其端。而使人臣有緣以侵其主。緣其好惡之情得以侵主則羣臣爲子之田常不難矣。故曰。去好去惡。羣臣見素。君無好惡則臣無因爲僞其誠素自見○先愼曰乾道本惡上無去字顧廣圻云藏本今本有先愼案當有去字主道篇云去好去惡臣乃見素可證今據補羣臣見素。則大君不蔽矣。

揚權第八

揚謂舉之使明也權謂量事設謀也○先愼曰乾道本注揚下有權字據趙本刪孫詒讓云文選蜀都賦劉逵注韓非有揚搉篇今搉作權誤注說非顧廣圻云廣韻揚搉都凡也

天有大命。人有大命。晝夜四時之候天之大命君臣上下之節人之大命也夫香美脆味。厚酒肥肉。甘口而病形。曼理皓齒。說情而損精。香肥所以甘口也用之失中則病形皓曼所以說情也耽之過度則損精賢才所以助理也用之失宜則危君也○先愼曰乾道本病作疾損作捐注亦作捐拾補疾作病盧文弨云說注中作悅捐孫詒讓云意林及文選七發注皆作損注同顧廣圻云藏本疾作病是也李善七發注引此作病捐亦當從七發注引作損先愼案注作病未誤意林正作病今據改說讀爲悅非舊本作悅也

故去甚去泰。先愼曰乾道本甚上有泰字顧廣圻云藏本今本無上泰字先愼案甚上不當有泰字意林無今據刪 身乃無害。權不欲見。素無爲也。顧廣圻曰句有誤未詳先愼曰用人之權不使人見處以應物不必自爲執要以觀其效虛心而用其長卽權不見素無爲之理廣雅釋詁素空也 事在四方。要在中央。四方謂臣民中央謂主君○先愼曰乾道本注君作居改從今本 聖人執要。四方來效。虛而待之。彼自以之。以用也君但虛心以待之彼則各自用其能也 四海既藏。道陰見陽。四海則四方也藏謂不見也其能如此則君當尊臣之陰以見君之陽陰陽接則君臣通也○王先謙曰道由也（詳見前）由陰見陽謂由一已之虛靜以見四海之動注非先愼曰乾道本注作以見君子之陽今從趙本 左右既立。開門而當。左右謂左輔右弼也君臣既通輔弼之臣斯立如此則同類相從同聲相應四方賢才畢來矣君但開門而當之無所遮擁也當受也○先愼曰乾道本注類上無同字從作後據趙本增改 勿變勿易。與二俱行。賢才既來莫敢變易但令輔弼二臣俱行職事 行之不已。既行職事有功而可此皆俱賢臣之助不須有所除去無不隨化而成○盧文弨曰注俱字衍 是謂履理也。君能履理故有成功

夫物者有所宜。材者有所施。各處其宜。故上下無爲。使雞司夜。令狸執鼠。皆用其能。上乃無事。先愼曰御覽九百一十八引用作因事類賦十八引仍作用 上有所長。事乃不方。所長謂在材用物皆得其宜故事不一方而成○俞樾曰注失其旨上文云使雞司夜令狸執鼠皆用其能上乃無事然則上固不必有所長矣上有所長是失其爲上之道事乃不方猶言無方也謂不得其方也下文云矜而好能下之所欺辯惠好生下因其材上下易用國故不治皆承此而言 矜而好能。下之所欺。居上者矜好其能則下各飾其能以欺之 辯惠好生。下因其材。居上好生辯惠則下因其材以入其諛佞材則辯惠也 上下易用。國故不治。上代下任下操上權則國不治 用一之道。以名爲首。一謂道可以常行古今莫二者唯其正名乎故曰以名爲首○先愼曰乾道本無之字顧廣圻云藏本今本一下有之字今據補盧文弨云注其唯誤倒 名正物定。名倚物徙。故聖人執一以靜。使名自命。令事自定。既使名命事故事自定也○先愼曰羣書治要引尸子分事篇執一以靜令名自正令事自定卽韓非所本使字作令疑此使字涉注文而誤注以使釋上令字以命釋下令字非上令字本作使字也 不見其采。下故素正。采故皆事也上不見事則下事既素且正○盧文弨曰注訓采故皆

爲事非也趙氏云不見其采是聖人韜以自居韜匿光采臣下以故守素而趨於正此說是也 因而任之。使自事之。因其事而任之彼則自舉其事○顧廣圻曰句失韻有誤先愼曰事當作定下文使皆自定之承此而言若作事之則使皆自定句爲無著矣 因而予之。彼將自舉之。因其事以與之彼則自舉之 正與處之。使皆自定之。上以名舉之。凡事皆使彼自定在上者從而以名舉之則刑名審矣○先愼曰乾道本注在上誤作任上改從趙本 不知其名。復脩其形。形事也循事以求名則其名可知也○顧廣圻曰脩當作循注未譌 形名參同。用其所生。所生爲形名所從而出者形名既以參同故有此人而用之 二者誠信。下乃貢情。二者謂形名也參同則用其人是謂誠信也貢謂陳見也 謹脩所事。待命於天。君人者能謹修其事天必有符應之命以命之 毋失其要。乃爲聖人。聖人之道。去智與巧。智巧不去。難以爲常。夫智巧在必背道而行詐故須去之 民人用之。其身多殃。主上用之。其國危亡。因天之道。反形之理。督參鞠之。終則有始。既去智巧上因天之道下則反形之理二者督考參驗鞠盡之其事既終還從其始也○先愼曰乾道本注督下有巧字據趙本刪顧廣圻疑督參鞠之句有誤未審注本之誤耳 虛以靜後。未嘗用己。常當虛靜以後人未嘗用己而先唱 凡上之患。必同其端。端謂所陳事之首也臣之陳事不擇可否每皆同之則是偏聽而致患也○先愼曰趙本上作人盧文弨云人張本作上 信而勿同。萬民一從。其陳事者且當信之無遂與同然後擇其善者以之施教則萬民齊一而隨從 夫道者弘大而無形。德者覈理而普至。至於羣生。斟酌用之。萬物皆盛。而不與其寧。道德不與物寧而物自寧 道者下周於事。因稽而命。與時生死。言當因道以考彼報而彼也死生猶廢與也謂其教命時可廢則廢時可與則與也○顧廣圻曰生死當作死生生與下文情韻舊注未譌先愼曰注趙本報下有命字 參名異事。通一同情。參考異事之名必令通一而又同情 故曰。道不同於萬物。故能生於萬物 德不同於陰陽。故能成於陰陽○先愼曰乾道本無於字顧廣圻云藏本今本有先愼案依上下文當有今據補 衡不同於輕重。故能知其輕重 繩不同於出入。故能正於出入 和不同於燥溼。故能均於燥溼 君不同於羣臣。故能制於羣臣○先愼曰乾道本君下有子字於羣作羣於顧廣圻云君下藏本今本無子字羣於今本作於羣先愼案子字衍羣於二字倒注不誤今據刪改 凡此六者。道之出也。此六者皆自道生故曰道之出也 道無雙。故曰一。是故明君貴獨道之容。道以獨爲容 君臣不同道。下以名禱。下當陳其名言以禱於君 君操其名。臣效其形。形名參同。上下和調也。盧文弨曰一無也字是顧廣圻曰同調韻與詩車攻五章合

凡聽之道。以其所出。反以爲之入。凡聽言之道或有未審必出言以難之彼必反求其理以入於此也 故審名以定位。明分以辯類。審察其名則事位自定明識其分則物類自辯 聽言之道。溶若甚醉。溶閑漫之貌凡聽言者欲闇以招明愚以求智故閑然若甚醉者則言者自盡而數泰也○顧廣圻曰溶字未詳下同舊注皆訓爲間不見所出俞樾曰溶若甚醉此溶字當爲容言其容有似乎醉也下文動之溶之此溶字當爲搈說文手部搈動也動之溶之卽動之搈之也動搈亦作動容孟子盡心篇動容周旋中禮者是也疑古本兩溶字皆止作容一爲容貌之容一爲動容之容傳寫增水旁因失其義矣先愼曰俞說是注泰趙本作奉 脣乎齒乎。吾不爲始乎。齒乎脣乎。愈惛惛乎。脣齒可以發言語也吾不爲始則彼自爲始吾愈惛惛彼愈昭昭 彼自離之。吾因以知之。是非輻湊。上不與構。離謂分析其所言彼既分析吾遂知之所陳之言或是或非如輻之湊皆發自下情上不與之爲構也構結也。先愼曰構講古通謂解釋也臣下是非君並聽之不爲調解注訓構爲結似非 虛靜無爲。道之情也。參伍比物。事之形也。參之以比物。伍之以合虛。根幹不革。則動泄不失矣。參三也伍五也謂所陳之事或三之以比物之情或五之以合虛之數當令根幹堅植不有移革如此則動之散皆無所失泄也○先愼曰動泄不失當作動不失泄泄有世音與革字古合韻注云無所失泄是注所見本尚不誤 動之溶之。無爲而改之。凡所舉動溶然閑暇雖有所改無爲而爲也○先愼曰溶當作搈說見上 喜之則多事。惡之則生怨。謂臣所陳言君若喜之彼必自媚益爲其事若乃惡之彼必生怨而遂止○顧廣圻曰以上皆失韻未詳何句有誤先愼曰喜之惡之並句喜與事惡與怨爲韻外儲說右上篇譆乎其已乎苞乎其往歸田成子乎譆苞爲韻並句首字雖用韻不同而以句首字爲韻則可借證顧說非是 故去喜去惡。虛心以爲道舍。去喜惡以虛其心則道來止故爲道舍 上不與共之。民乃寵之。謂下之爲事上不與共得則臣得自專其事必成故得受其榮寵也 上不與義之。使獨爲之。先愼曰義讀爲議 上固閉內扃。從室視庭。參咫尺已具。皆之其

處。以賞者賞。以刑者刑。閉內扃謂閉心以察臣也由內以觀外若從室而視庭也八尺曰咫尺寸者所以度長短既閉心以參驗之咫尺以度量之二者以具則大小長短皆之其所不相犯錯如此則可賞則賞可刑則刑無乖謬矣○顧廣圻曰上固閉內扃上字下當有脫文尺字當衍舊注以尺寸釋咫因誤入正文也先愼曰案固疑因字之誤上不與共不與識因閉心以察之如從室視庭尺寸不失也因與固形近而誤似無脫文注讀字乾道本作講誤據拾補改以具當作已具 因其所爲。各以自成。善惡必及。孰敢不信。所爲善惡既各自成善必及賞惡必及刑刑賞不差誰敢不信 規矩既設。三隅乃列。賞罰規矩既已說於一事二事則人知他事皆然故曰三隅乃列也 主上不神。下將有因。神者隱而莫測其所由者也既不神故可測則可因故曰下將有因也 其事不當。下考其常。主事不當則下以常理考之所以較其非 若天若地。是謂累解。天地高厚不可測者也君用意如天地則上因下考之累可解也○俞樾曰累解乃疊韻字古人常語也荀子富國篇則和調累解累解與和調並言可知其義楊注以爲嬰累解釋非也儒效篇解果其冠楊注引說苑蟹螺者宜禾爲證然則累解猶蟹螺矣古語雖不盡可逼而累解二字平列則塙然無疑舊注之失與楊注同 若地若天。孰疏孰親。天無私覆地無私載故無疏無親也 能象天地。是謂聖人。象天地之高厚而無私也 欲治其內。置而勿親。內謂君之機密也欲令機事不失所置之臣勿私親之○先愼曰乾道本注欲作故今從趙本 欲治其外。官置一人。不使自恣。安得移并。外謂百官之政也欲令官政不失則每官置一人焉夫兩雄必爭官有二人適足以增其猜競故一人則專而不恣豈有移易并兼之事 大臣之門。唯恐多人。臣門多人威權在之故也 凡治之極。下不能得。神隱不惻故下不能得之治道無踰此者故曰治之極也○先愼曰注惻當作測 周合刑名。民乃守職。去此更求。是謂大惑。刑名不差則民守職此治之至要者也去至要而不用非惑而何也○顧廣圻曰周當依本書主道篇作同先愼曰乾道本注民作其今從趙本 猾民愈衆。姦邪滿側。亦既大惑故姦衆而邪滿○先愼曰姦邪指臣言謂狡猾之民則益多而姦邪之臣盈於左右矣注說非 故曰。毋富人而貸焉。毋貴人而逼焉。君之富臣更從臣貸君之貴臣更令臣逼此倒置之徒不識理道者也 毋專信一人。而失其都國焉。專信一人則形勢聚焉故失其都○先愼曰乾道本注勢上脫形字盧文弨云張本有今據補又云都下當有國字 腓大於股。難以趣走。臣重於君難以爲理○盧文弨曰趣疑趨 主失其神。虎隨其後。失神謂君可測知如臣能爲虎隨後以伺其隙○先愼曰注如字當作則 主上不知。虎將爲狗。主既不知臣之爲虎則臣匿威藏用外若狗然所以陰謀其事 主不蚤止。狗益無已。臣既以虎爲狗，君不知而止之，如此則同事相求，皆爲狗，益其朋黨，無有已時也。虎成其羣。以弑其母。母則君也。既朋黨相益，卽是虎成羣也。虎既成羣，母必見弑。爲主而無臣。奚國之有。臣皆爲虎，故曰無臣也。臣無則國亡，故曰奚國之有。○先愼曰：此謂有國必有臣，不能畏臣爲虎而不用，惟在主施其刑法以制之，故下云主施其法大虎將怯，主施其刑大虎自寧是也。舊注誤。趙本無注末十一字，因其不合而删之也。盧文弨云：張本注末有此二句。主施其法。大虎將怯。主施其刑。大虎自寧。主既施刑，虎則懼而履道，故得安寧也。法刑苟信。虎化爲人。復反其眞。謂君君臣臣也。○先愼曰：乾道本苟作狗，據拾補改。盧文弨云：苟誤作狗。顧廣圻云：信讀爲申，申與下文人眞韻，言申法刑於狗也。上文云虎將爲狗，又云狗益無已，與此相承。先愼案：顧讀信爲申是也。狗當從拾補改作苟，狗字涉上文而誤，不得反以爲證。此謂君苟申其刑法，則臣昔之爲虎者，皆反其眞而爲人矣。反其眞指臣而言，舊注謂君君臣臣亦誤。欲爲其國。必伐其聚。聚謂朋黨交結。伐之者，所以離散其朋黨也。○顧廣圻曰：聚讀爲藂，下句同。藂與下文衆韻。不伐其聚。彼將聚衆。欲爲其地。必適其賜。地亦國也。欲治其國，必令賜與適宜。○兪樾曰：呂氏春秋重己篇故聖人必先適欲，高注：適猶節也。管子禁藏篇故聖人之制事也能節宮室、適車輿以實藏，是適與節同義。必適其賜者，必節其賜也。舊注失其義。不適其賜。亂人求益。彼求我予。假仇人斧。亂人求益而與之，則是以斧假仇人也。○盧文弨曰：仇一本作讎。假之不可。彼將用之以伐我。以斧與仇，則是假與不可仇，既得斧，我之見伐，不亦宜哉。黃帝有言曰。上下一日百戰。夫上位可寶，上利可貪，居下者常有羡欲之心，欲靜則不能，欲取則不得，二者交戰，一日有百也。下匿其私。用試其上。上操度量。以割其下。下既有羡之心，常匿私以試上，故上必當操度量以割斷其下也。○先愼曰：乾道本上操作下操。兪樾云：此當作上操，舊注未誤。先愼案：張榜本、趙本均作上操，今據改。故度量之立。主之寶也。度量可以割斷下，故爲主之寶也。黨與之具。臣之寶也。黨與具可以奪君位，故爲臣寶。臣之所不弑其君者。黨與不具也。故上失扶寸。下得尋常。四指爲扶。上於度量少有所失，下之得利已數倍多矣。○盧文弨曰：扶字誤從牛旁，注同。得，意林作失，下有君不可不愼句，不可從。先愼曰：趙本扶誤作⿰牛夫，意林作膚。有國之君。不大其都。大其都，臣將據以叛國。有道之君。不貴其家。大夫稱家，貴其家，臣將淩己。有道之君。不貴其臣。貴其臣，臣將貴勢逼己。貴之富之。備將代之。臣既貴富，備必將代君也。○顧廣圻曰：備當作彼，舊注誤。備危恐殆。急置太子。禍乃無從起。太子者君之副貳國之重鎭今欲備其危殆必速置之則禍端自息矣內索出圉。必身自執其度量。臣人四面謀君常在圉今自內欲求出圉但身執度量則可矣厚者虧之。薄者靡之。厚謂臣黨與衆勢位高也位知此必虧之使薄也○盧文弨曰靡之當與易我有好爵吾與爾靡之之靡同義虧靡有量。毋使民比周同欺其上。虧之若月。若明之漸虧也亦取其旣盛必衰天之道也○先愼曰虧之若月謂漸移其權勢不使臣自知猶有度篇云人臣之侵其主如地形焉積漸以往之義舊注失其旨矣靡之若熱。若鑽火之取熱不得中息○先愼曰靡與糜通取糜爛之義物之糜爛於熱不見其消有時而盡故云靡之若熱此與上虧之若月同意注息乾道本作急今從趙本簡令謹誅。必盡其罰。盡刑罰之理也毋弛而弓。一棲兩雄。弓以射不當棲之雄喩刑法罰不當立人官也○先愼曰注立趙本作位二字古通人當作之言刑法所以罰不當位之官也一棲兩雄。其鬭𪋈𪋈。爭鬭貌豺狼在牢。其羊不繁。豺狼喩吏之貪殘者一家二貴。事乃無功。二貴爭出命服役者不知誰從故事無功也夫妻持政。子無適從。夫唱婦隨者禮之正也今夫妻爭持其政故子不知所從也爲人君者。數披其木。毋使木枝扶疏。木喩臣也披爲落其枝也數落木枝者喩數削黜臣之威勢也木枝扶疏。將塞公閭。謂臣威權覆主充塞公閭○先愼曰乾道本主作士今從趙本私門將實。公庭將虛。主將壅圍。圍圍也○顧廣圻曰圍當作圉圉與下文拒虛韻王先謙曰詳文義上屬顧說非數披其木。無使木枝外拒。拒謂枝之旁生者也木枝外拒。將逼主處。數披其木。毋使枝大本小。枝大本小。將不勝春風。不勝春風。枝將害心。春風所以發生萬物者也喩君恩賞所以榮益於下者也枝本大矣春風又發其榮以增其重則披枝而害心喩臣本實矣君又加之恩賞以增其威重則臣將二而危君矣○先愼曰注趙本威下無重字盧文弨云張本有公子旣衆。宗室憂吟。宗室謂太宗適子家也庶子旣衆勢陵適子故憂吟也○盧文弨曰注大宗大誤太先愼曰吟趙本作唫下同止之之道。數披其木。毋使枝茂。木數披。黨與乃離。顧廣圻曰藏本同今本木下衍枝字案三字句上文數披其木凡四見披離韻掘其根本。木乃不神。盧文弨曰或云根本二字當倒與韻合顧廣圻曰掘其根三字句與上文同本字衍根神韻塡其洶淵。毋使水清。淵者水之停積水清鑒之者必衆喩雖族和附之者必多也○顧廣圻曰淵清失韻有誤不卽有缺文也兪樾曰顧氏以上句非字爲衍文是也此句洶字蓋亦衍文舊注不釋洶字是舊本未衍也上云木數披黨與乃離此云掘其根本乃不神愼其淵毋使水淸皆上句三字下句四字今衍本字洶字非其舊也至趙本作木枝數披則更失之矣先愼曰俞說衍洶字是也定之方中淵與人協楚詞淸與人協風賦淸亦與人協詩燕燕淵與身人協楚詞卜居淸與身人協詩猗嗟淸與成正協易訟淵與成正協則淵淸古自爲韻顧疑有誤非也盧文弨云注雖字非誤卽衍 探其懷。奪之威。探其懷謂淵其心知其所欲爲○先愼曰注淵字當作測 主上用之。若電若雷。威不下分則君命神而可畏故若雷電也

八姦第九

凡人臣之所道成姦者。有八術。道引也言姦臣或誘引君之左右或誘引君之百姓以成其姦邪其術有八也○先愼曰道由也注誤說詳上 一曰在同牀。何謂同牀。曰。貴夫人。愛孺子。便僻好色。便僻得嬖美好之色 此人主之所惑也。託於燕處之虞。乘醉飽之時。而求其所欲。此必聽之術也。乘因也夫人孺子等由因君醉飽之時進以燕娛之具以求其所欲事無不聽○盧文弨曰注由字衍 爲人臣者。內事之以金玉。使惑其主。此之謂同牀。以金玉之寶內事貴夫人愛孺子等使之惑主主惑則姦謀可成也 二曰在旁。何謂在旁。曰。優笑侏儒。左右近習。優笑者謂俳優能啁笑者侏儒短人也 此人主未命而唯唯。未使而諾諾。先意承旨。觀貌察色。以先主心者也。此皆俱進俱退。皆應皆對。謂君所欲進則左右近習俱共進之所欲退則俱共退之命之則皆應問之則皆對○先愼曰乾道本注無應字今從趙本 一辭同軌。以移主心者也。爲人臣者。內事之以金玉玩好。先愼曰乾道本之作比顧廣圻云今本比作之今據改 外爲之行不法。使之化其主。此之謂在旁。姦臣既以金玉內事近習之臣外又爲行非法漸化其主主既習非則其位可得而奪也○先愼曰乾道本注姦上有主字今從趙本 三曰父兄。何謂父兄。曰。側室公子。人主之所親愛也。大臣廷吏。人主之所與度計也。此皆盡力畢議。人主之所必聽也。爲人臣者。事公子側室以音聲子女。先愼曰乾道本事下有畢字顧廣圻云藏本今本無畢字今據刪 收大臣廷吏以辭言。處約言事。

事成則進爵益祿，以勸其心。使犯其主。此之謂父兄。收謂收攝其心也，謂臣欲收大臣之心，辭言爲作聲譽，又更處置徵共言事於君，其事既成，大臣必益爵祿。用此以勸其心，使之犯忤其主，主犯則君臣有隙，姦臣可以施謀也。○先愼曰：乾道本注必作心，依趙本改。處約言事，謂平居約之言事也。注謂又更處置，非也。四曰養殃。何謂養殃？曰：人主樂美宮室臺池，好飾子女狗馬，以娛其心，此人主之殃也。爲人臣者盡民力以美宮室臺池，重賦斂以飾子女狗馬，以娛其主而亂其心，從其所欲，而樹私利其間，此謂養殃。五曰民萌。何謂民萌？曰：爲人臣者散公財以說民人，行小惠以取百姓，使朝廷市井皆勸譽己，以塞其主。臣行其惠，則主澤不下流，故曰塞其主。而成其所欲，此之謂民萌。六曰流行。何謂流行？曰：人主者固壅其言談，希於聽論議，易移以辯說。君門隔於九重，賢俊希得與振，故言談論議希也。○先愼曰：平日未聞言談論議，偶有所說，自然易動。注振字誤，趙作攝，亦非。爲人臣者，求諸侯之辯士，養國中之能說者，使之以語其私。爲巧文之言，流行之辭，謂其言巧便，聽者似若流通而可行。示之以利勢，懼之以患害，施屬虛辭，以壞其主。設施綴屬浮虛之辭。此之謂流行。七曰威強。何謂威強？曰：君人者，以羣臣百姓爲威強者也。羣臣百姓之所善，則君善之；非羣臣百姓之所善，則君不善之。爲人臣者，聚帶劍之客，養必死之士，以彰其威，明爲已者必利，不爲已者必死，以恐其羣臣百姓，而行其私，此之謂威強。八曰四方。何謂四方？曰：君人者，先愼曰：乾道本人作臣，顧廣圻云：藏本、今本臣作人，今據改。國小則事大國，兵弱則畏強兵，大國之所索，小國必聽；強兵之所加，弱兵必服。爲人臣者，重賦斂，盡府庫，虛其國以事大國。而用其威。求誘其君。甚者舉兵以聚邊境。而制斂於內。顧廣圻曰斂字未詳先愼曰詩桑扈孔疏斂者收攝之名爲臣者當强兵壓境則在內制攝其君以便己私下文使之恐懼正承上震攝而言 薄者數內大使。以震其君。使之恐懼。先愼曰六微篇公叔因內齊軍於鄭以劫其君以固其位卽此義 此之謂四方。凡此八者。人臣之所以道成姦。世主所以壅劫。失其所有也。俞樾曰道字衍文也所以成姦所以壅劫兩文相對讀者見篇首云凡人臣之所道成姦者有八術誤以道成姦三字連讀故妄增入之不知所道成姦卽所由成姦也義與所以同此旣云所以卽不得復有道字矣 不可不察焉。明君之於內也。娛其色而不行其謁。不使私請。所以防初姦之同牀也 其於左右也。使其身必責其言。不使益辭。所以防二姦之在旁也 其於父兄大臣也。聽其言也。必使以罰任於後。當則任之不當則罰之○盧文弨曰任謂保任舊注非先愼曰盧說亦非使字衍文廣雅釋詁任使也聽父兄大臣之言恐其妄舉故以罰使於後也此多一使字 不令妄舉。防三姦之父兄 其於觀樂玩好也。必令之有所出。謂知其所從來○先愼日之當作知注不誤 不使擅進。不使擅退。羣臣虞其意。防四姦之養殃也虞度也必不令度君意擅有所進退也○王渭曰擅退二字當衍七字爲一句舊注誤先愼曰案當作不使擅進擅退羣臣虞其意今重不使二字注所據本不重不使二字故云不令度君意擅有所進退明以不使貫下三項也張榜本無擅進不使擅退六字是求其說而不得從而删之不可從 其於德施也。縱禁財。發墳倉。積粟於倉若墳然 利於民者必出於君。不使人臣私其德。防五姦之民萌也 其於說議也。稱譽者所善。毀疵者所惡。必實其能。察其過。考實其能察詳其過 不使羣臣相爲語。防六姦之流行 其於勇力之士也。先愼曰乾道本無於字顧廣圻云藏本今本有於字先愼案有於字是也此與上下文法一律皆有於字明此脫今據補 軍旅之功無踰賞。邑鬭之勇無赦罪。邑鬭勇者謂恃力與邑人私鬭 不使羣臣行私財。防七姦之威强也不使行私財於勇士○先愼曰財字衍文不使羣臣行私卽上文人臣彰威以恐其羣臣百姓而行其私也注依誤文釋之亦非 其於諸侯之求索也。法則聽之。不法則距之。防八姦之四方 所謂亡君者。先愼曰乾道本提行顧廣圻云當連前誤提行自此至卷末同先愼案張榜本不提行今從之非莫有其國也。而有之者。皆非已有也。亡君雖有國非已有之令臣執制而有之令臣以外爲制於內。則是君人者亡也。臣自外制內而君不擅舉手如此者君必亡也○盧文弨曰爲張本作而聽大國。爲救亡也。而亡亟於不聽。聽大國則誅求無厭每事皆聽其傾國猶不足有所不從則有辭而見伐故聽從之亡急於不聽也○盧文弨曰注傾國猶不足上張本有其字案其當作則故不聽。顧廣圻曰句絕羣臣知不聽。顧廣圻曰藏本今本重羣臣誤凡此言不聽皆是不聽大國與上文云大國之所索小國必聽相對舊注全誤則不外諸侯。臣之外交以君之聽已欲有所構結今君既不聽則交之外心息矣○先愼曰拾補外下有市字盧文弨云脫一本有先愼案外下脫交字注云臣不外交是注所據本有交字諸侯之不聽。則不受臣之誣其君矣。諸侯知我不聽用其臣不受彼臣之浮言以罔誣其君也○王渭曰之不聽當作知不聽先愼曰王說是注末謟臣之乾道本作之臣顧廣圻云今本之臣作臣之今據乙明主之爲官職爵祿也。先愼曰舊提行今連上所以進賢材勸有功也。故曰。賢材者處厚祿。任大官。功大者有尊爵受重賞。官賢者量其能。賦祿者稱其功。是以賢者不誣能以事其主。有功者樂進其業。故事成功立。今則不然。不課賢不肖。論有功勞。先愼曰論上當有不字用諸侯之重。諸侯以勢位之重也有所委屬而君用之○先愼曰諸侯所重君遂用之舊注非聽左右之謁。顧廣圻曰乾道本誤提行先愼曰趙本不提行是也今從之父兄大臣上請爵祿於上。而下賣之以收財利。及以樹私黨。故財利多者。買官以爲貴。有左右之交者。請謁以成重。功勞之臣不論。先愼曰謂不考其功勞也官職之遷失謬。是以吏偷官而外交。棄事而財親。是以賢者懈怠而不勸。有功者隳而簡其業。此亡國之風也。隳毀也或本爲墮也○先愼曰注末也字趙本無

韓非子集解卷三

十過第十

十過。一曰行小忠。則大忠之賊也。二曰顧小利。則大利之殘也。三曰行僻自用。無禮諸侯。則亡身之至也。四曰不務聽治。而好五音。則窮身之事也。先慎曰音下下文有不已二字 五曰貪愎喜利。則滅國殺身之本也。先慎曰喜下文作好 六曰耽於女樂。不顧國政。則亡國之禍也。七曰離內遠遊。而忽於諫士。則危身之道也。先慎曰羣書治要引無而字 八曰過而不聽於忠臣。而獨行其意。則滅高名為人笑之始也。九曰內不量力。外恃諸侯。則削國之患也。先慎曰削國下文作國削 十曰國小無禮。不用諫臣。則絕世之勢也。

奚謂小忠。昔者楚共王與晉厲公戰於鄢陵。楚師敗。而共王傷其目。酣戰之時。司馬子反渴而求飲。豎穀陽操觴酒而進之。盧文弨曰穀陽呂氏權勳篇淮南人閒訓俱作陽穀顧廣圻曰左傳作穀陽先慎曰北堂書鈔一百四十四御覽三百八十九四百九十七引作穀陽豎 子反曰。嘻。退。酒也。穀陽曰。非酒也。子反受而飲之。先慎曰乾道本無穀陽曰非酒也六字顧廣圻云藏本有今本穀上又有豎字按本書飾邪篇有此句而無酒字先慎案呂氏春秋有豎穀陽曰非酒也七字此脫今據藏本增御覽三百八十九引作豎曰非也四字說苑敬慎篇子反曰退酒也穀陽曰非酒也下有子反又曰退酒也穀陽又曰非酒也二句 子反之為人也。嗜酒而甘之。弗能絕於口而醉。戰既罷。共王欲復戰。先慎曰飾邪篇有而謀事三字此脫 令人召司馬子反。司馬子反辭以心疾。共王駕而自往。入其幄中。聞酒臭而還。曰。今日之戰。不穀親傷。所恃者司馬也。而司馬又醉如此。是亡楚國之社稷。而不恤吾衆也。（先愼曰乾道本恤作言顧廣圻云亡當作忘飾邪篇同藏本無言字今本作恤先愼案作恤是今據改說苑作是亡吾國而不恤吾衆也）不穀無與復戰矣。（先愼曰乾道本無與字盧文弨云脫藏本有呂氏淮南皆有後飾邪篇亦有先愼案上文共王欲復戰召子反而謀是欲與子反謀復戰也不當少與字今據藏本補說苑與作以義同）於是還師而去。斬司馬子反以爲大戮。故豎穀陽之進酒。不以讎子反也。其心忠愛之。而適足以殺之。故曰。行小忠。則大忠之賊也。

奚謂顧小利。昔者晉獻公欲假道於虞以伐虢。荀息曰。君其以垂棘之璧。與屈產之乘。賂虞公求假道焉。必假我道。君曰。垂棘之璧。吾先君之寶也。屈產之乘。寡人之駿馬也。若受吾幣。不假之道。將奈何。荀息曰。彼不假我道。必不敢受我幣。若受我幣而假我道。則是寶猶取之內府而藏之外府也。馬猶取之內廄而著之外廄也。君勿憂。君曰。諾。乃使荀息以垂棘之璧。與屈產之乘。賂虞公而求假道焉。虞公貪利其璧與馬。而欲許之。宮之奇諫曰。不可許。夫虞之有虢也。如車之有輔。輔依車。車亦依輔。虞虢之勢正是也。若假之道。則虢朝亡而虞夕從之矣。不可。願勿許。虞公弗聽。遂假之道。荀息伐虢之還。反處三年。與兵伐虞。又剋之。（顧廣圻曰藏本同今本之還作而還誤反字當在與字上讀下屬公羊傳云還四年反取虞何休注還復往故言反此出於彼也四年者并伐虢之年數之穀梁傳云五年不合本書喻老篇云還反滅虞亦可證俞樾曰伐虢下脫克字下云又克之正承此而言呂氏春秋權勳篇荀息伐虢克之還反伐虞又克之是其證先愼曰淮南人閒訓與呂同此之上脫克字趙用賢本改之爲而屬下爲句非是反字當依顧移與字上與呂覽淮南合 荀息牽馬操璧而報獻公。獻公說曰。璧則猶是也。雖然。馬齒亦益長矣。王先謙曰穀梁傳作荀息語 故虞公之兵殆而地削者。何也。愛小利而不慮其害。盧文弨曰慮藏本作虞 故曰。顧小利。則大利之殘也。

奚謂行僻。昔者楚靈王爲申之會。先愼曰乾道本會作命拾補命作會盧文弨云命字譌今依拾補 宋太子後至。執而囚之。狎徐君。輕侮之也 拘齊慶封。中射士中射士官有上中下○顧廣圻曰本書說林上下篇皆有中射之士射他書又作謝呂氏春秋去宥篇云中謝細人也史記張儀列傳索隱云蓋侍御之官此與左昭四年傳言椒舉不同孫詒讓曰呂覽高注云中謝官名也謝與射通字當以射爲正蓋即周禮夏官之射人也（楚策亦有中射之士鮑彪注云射人之在中者鮑不引周禮則似謂能射之人在中者與余說不同）中射者射人之給事宮內者猶涓人之在內者謂之中涓庶子之在內者謂之中庶子矣周禮射人與大僕並掌朝位又大喪與僕人遷尸禮記檀弓云扶君卜人師扶右射人師扶左鄭注云卜當爲僕聲之誤也僕人射人皆平生時贊正君服位者是射人與僕人爲官聯故後世合二官以爲侍御近臣之名曰僕射史記韓信傳連敖集解如淳云楚有連尹莫敖其後合爲一官亦合二官爲名之證漢書百官公卿表云僕射秦官古者重武官有主射以督課之此義尚與古合李倍刊誤引孔衍則云僕射小官扶掖左右者也此因後世僕射字音夜而爲之說不足據也先愼曰孫說是舊注謂官有上中下誤 諫曰。合諸侯。不可無禮。此存亡之機也。昔者桀爲有戎之會。而有緡叛之。紂爲黎丘之蒐。而戎狄叛之。有戎有緡皆國名○盧文弨曰戎左昭四年傳作仍黎丘史記楚世家作黎山左但云黎戎狄左傳史記俱作東夷顧廣圻曰蒐下當依左傳史記補而東夷叛之幽王爲太室之盟二句此上下兩事各脫其半也 由無禮也。君其圖之。君不聽。先愼曰下君字涉上文而誤衍 遂行其意。居未期年。盧文弨曰靈王死乾谿在昭十三年顧廣圻曰句有誤左傳云不過十年 靈王南遊。羣臣從而劫之。靈王餓而死乾溪之上。故曰。行僻自用。無禮諸侯。則亡身之至也。

奚謂好音。昔者衞靈公將之晉。至濮水之上。稅車而放馬。設舍以宿。夜分而聞鼓新聲者而說之。使人問左右。盡報弗聞。乃召師涓而告之曰。有鼓新聲者。使人問左右。盡報弗聞。其狀似鬼神。子爲我聽而寫之。先愼曰各本無我字史記樂書論衡紀妖篇御覽五百七十九引有我字今據補 師涓曰。諾。因靜坐撫琴而寫之。先愼曰初學記十五引琴作瑟 師涓明日報曰。臣得之矣。而未習也。請復一宿習之。靈公曰。諾。因復留宿。明日而習之。遂去之晉。晉平公觴之於施夷之臺。盧文弨曰似卽左傳所云虒祁之宮顧廣圻曰史記爽作惠正義曰一本虒祁之堂先愼曰御覽引此作虒祁之臺事類賦十一引虒祈二字倒 酒酣。靈公起曰 王念孫曰舊本曰上衍公字今據論衡刪顧廣圻曰起下有脫字先愼曰史記無起公二字彼刪起字此衍公字惟論衡不誤顧氏不知公字衍文故疑有脫字今依王刪 有新聲。願請以示。平公曰。善。乃召師涓。令坐師曠之旁。援琴鼓之。先愼曰拾補鼓下旁注撫字盧文弨云撫藏本作鼓先愼案趙本鼓作撫案撫字涉下而誤史記論衡均作鼓御覽藝文類聚四十一引此亦作鼓 未終。師曠撫止之。先愼曰史記論衡止上有而字 曰。此亡國之聲。不可遂也。王先謙曰遂竟也謂終曲 平公曰。此道奚出。王念孫曰此道奚出本作此奚道出道者由也言此聲何由出也史記作是何道出（舊本脫是字今據御覽地部所引補）論衡作此何道出皆其明證矣孤憤篇法術之士奚道得進晏子春秋雜篇景公問魯昭公曰君何年之少而棄國之蚤奚道至於此乎呂氏春秋有度篇客問季子曰若雖知之奚道知其不爲私史記趙世家簡子曰此其母賤翟婢也奚道貴哉義竝與此同今作此道奚出者後人不知道字之義而妄改之耳 師曠曰。此師延之所作。與紂爲靡靡之樂也。及武王伐紂。師延東走。至於濮水而自投。故聞此聲者。必於濮水之上。先聞此聲者。其國必削。不可遂。平公曰。寡人所好者音也。盧文弨曰也字藏本無 子其使遂之。師涓鼓究之。平公問師曠曰。先愼曰乾道本曠作涓顧廣圻云今本涓作曠先愼案上下文均作曠藝文類聚九十引正作曠今據改 此所謂何聲也。師曠曰。此所謂清商也。公曰。清商固最悲乎。師曠曰。不如清徵。公曰。清徵可得而聞乎。師曠曰。不可。古之聽清徵者。皆有德義之君也。先愼曰藝文類聚引聽上有得字 今吾君德薄。不足以聽。平公曰。寡人之所好者音也。願試聽之。盧文弨曰試黃本作示先愼曰藝文類聚御覽引並同黃本試作示誤又藝文類聚九十御覽九百一十六引作得試之乎亦非元文師曠不得已。援琴而鼓。一奏之。有玄鶴二八。先愼曰事類賦十一引脫八字藝文類聚與此同道道從也南方來集於郎門之垝。棟端也○盧文弨曰郎廊同垝與禮記喪大記中屋履危之危同顧廣圻曰垝他書又作危先愼曰藝文類聚九十作道南方來集於郭門之扂事類賦引道作自郎作郭垝作邑御覽五百七十九引垝作邑又九百一十六引作廟門之扂論衡作郭門之上危案郭爲郎之誤廟爲廊之誤邑扂並危之誤本書作垝疑本是上危二字校者誤改併爲一字史記魏世家痤因上屋騎危危在上故曰上危卽後世所謂屋山俗稱屋脊再奏之。而列。盧文弨曰而下風俗通聲音篇有成字先愼曰御覽九百十六引作再奏成行而列五百七十九引作成列無而字藝文類聚引作再奏而列三奏之。延頸而鳴。舒翼而舞。音中宮商之聲。聲聞于天。平公大說。坐者皆喜。平公提觴而起。爲師曠壽。反坐而問曰。先愼曰乾道本無坐字盧文弨云坐字脫藏本淩本皆有顧廣圻云有坐字是也史記有先愼案論衡亦有今從藏淩本增音莫悲於清徵乎。師曠曰。不如清角。平公曰。清角可得而聞乎。師曠曰。不可。昔者黃帝合鬼神於西泰山之上。盧文弨曰黃藏本張本作皇文選赭白馬賦注引亦作皇古通用先愼曰舊本無西字論衡藝文類聚御覽七十九又九百一十五九九百三十三引泰山上有西字今據補又御覽五百七十九及事類賦引作西山無泰字脫也有小泰山稱東泰山故泰山爲西泰山淺人妄刪西字耳駕象車而六蛟龍。先愼曰論衡事類賦並無而字畢方神名也並鎋。蒲末切○先愼曰論衡鎋作轄蚩尤居前。風伯進掃。顧廣圻曰進當作迅先愼曰論衡御覽引並作進無作迅者顧說非事類賦引作淸塗疑後人改之非韓子元文也雨師灑道。虎狼在前。鬼神在後。騰蛇伏地。盧文弨曰騰藏本作螣先愼曰事類賦騰作蟲鳳皇覆上。先愼曰論衡鳳皇作白雲大合鬼神。作爲清角。今主君德薄。顧廣圻曰主當作吾先愼曰論衡御覽五百七十九引作主不足聽之。先愼曰藝文類聚一百事類賦引足下並有以字聽之將恐有敗。平公曰。寡人老矣。所好者音也。願遂聽之。師曠不得已而鼓之。一奏。而有玄雲從西北方起。盧文弨曰而藏本作之先愼曰玄雲樂書作白雲論衡藝文類聚四十一又一百事類賦御覽一百八十五又五百七十九八百七十九引無玄字北堂書鈔一百九引有再奏之大風至，大雨隨之，裂帷幕，破俎豆，隳廊瓦。（先慎曰：隳，樂書作飛。）坐者散走，平公恐懼，伏于廊室之間。（先慎曰：室，樂書作屋。）晉國大旱，赤地三年。（先慎曰：事類賦三年作千里。）平公之身遂癃病。（先慎曰：乾道本癃作蹇。盧文弨云：癃、蹇字之譌，宋本作癃。顧廣圻曰：蹇，正字作罷。說文：罷，病也。先慎案：論衡、藝文類聚一百引作癃，今據改。）故曰：不務聽治，而好五音不已，則窮身之事也。

奚謂貪愎？昔者智伯瑤（知伯名。）率趙、韓、魏而伐范、中行，滅之。反歸，休兵數年，因令人請地於韓。韓康子欲勿與，段規諫曰：「不可不與也。夫知伯之為人也，好利而驁愎。（顧廣圻曰：藏本同，今本驁作鷙，誤。戰國策作鷙。吳師道引此亦作鷙。）彼來請地而弗與，則移兵於韓必矣。君其與之。與之，彼狃，（狃，習也。得地於韓，將生心他求也。）又將請地他國。他國且有不聽，不聽，則知伯必加之兵。如是，韓可以免於患而待其事之變。」康子曰：「諾。」因令使者致萬家之縣一於知伯。知伯說，又令人請地於魏。宣子欲勿與。（顧廣圻曰：宣上當從策更有魏字。）趙葭諫曰：「彼請地於韓，韓與之。今請地於魏，魏弗與，則是魏內自強而外怒知伯也。如弗予，其措兵於魏必矣。」（先慎曰：必矣下，趙本有不如予之四字，是也。策有。）宣子：「諾。」（先慎曰：宣子下當有曰字。上康子曰諾，文法正同，此脫。策有曰字。）因令人致萬家之縣一於知伯。知伯又令人之趙，請蔡、皋狼之地。（邑名。）趙襄子弗與。知伯因陰約韓、魏，將以伐趙。襄子召張孟談而告之曰：「夫知伯之為人也，陽規而陰疏。（顧廣圻曰：規當從策作親。）三使韓、魏，而寡人不與焉。（三使陰以相約，知有異志也。）其措兵於寡人必矣。今吾安居而可？」張孟談曰：「夫董閼于，（先慎曰：難言篇閼作安，說詳彼。）

簡主之才臣也其治晉陽而尹鐸循之。尹鐸安于之屬大夫○先愼曰循遵也謂尹鐸治晉陽仍遵董安于之治也國語趙簡子使尹鐸爲晉陽則安于死尹鐸繼之非尹鐸爲安于屬大夫也策鐸作澤誤國語作鐸　其餘教猶存君其定居晉陽而已矣君曰諾乃召延陵生。顧廣圻曰生策誤作王　令將軍車騎先至晉陽。盧文弨曰軍字衍顧廣圻曰策無　君因從之君至。先愼曰至上疑衍君字策無　而行其城郭及五官之藏。城郭不治。倉無積粟。府無儲錢。庫無甲兵。邑無守具。襄子懼。乃召張孟談曰。寡人行城郭及五官之藏。皆不備具。吾將何以應敵。張孟談曰。臣聞聖人之治。藏於臣。顧廣圻曰臣當作民　不藏於府庫。務修其教。不治城郭。君其出令。令民自遺三年之食。有餘粟者入之倉。遺三年之用。有餘錢者入之府。遺有奇人者。使治城郭之繕。奇餘也謂閒人奇音羈○盧文弨曰有上藏本無遺字顧廣圻曰遺下有脫文藏本刪遺字非也　君夕出令。明日倉不容粟。府無積錢。先愼曰無積當作不容　庫不受甲兵。居五日而城郭已治。守備已具。君召張孟談而問之曰。吾城郭已治。守備已具。錢粟已足。甲兵有餘。吾奈無箭何。張孟談曰。臣聞董子之治晉陽也。公宮之垣。皆以荻蒿楛楚牆之。顧廣圻曰句絕蒿讀爲槀荻策作狄楛策作苦皆同字先愼曰牆事類賦十三御覽三百五十引並作廧並注云音牆　其高至于丈。先愼曰各本其作有楛二一字屬顧廣圻云有楛二一字當衍策無今俗本策反依此增入誤甚先愼案顧說是御覽引有楛二一字作其今據改　君發而用之。有餘箭矣。先愼曰乾道本無此四字策同案下文有餘金矣文法正同疑此後人據策文刪之事類賦御覽引有有餘箭矣四字今據補　於是發而試之。其堅則雖菌幹之勁。弗能過也。先愼曰各本幹作餘拾補菌作箘餘作幹旁注簵字盧文弨云菌字誤簵藏本凌本俱作簵顧廣圻云餘作幹是也今本作簵者誤以策作簵而改耳菌策作箘同字先愼案藝文類聚六十御覽引並作幹今據改　君曰。吾箭已足矣。奈無金何。張孟談曰。臣聞董子之治晉陽也。先愼曰乾道本脫之字依上文當有據藝文類聚御覽引增 公宮公舍之堂。先愼曰乾道本公舍作令舍案令當爲公之誤御覽引正作公今據改 皆以鍊銅爲柱質。君發而用之。於是發而用之。有餘金矣。號令已定。守備已具。三國之兵果至。至則乘晉陽之城。遂戰。三月弗能拔。因舒軍而圍之。先愼曰乾道本無舒字顧廣圻云藏本今本有策有今據補 決晉陽之水以灌之。圍晉陽三年。城中巢居而處。先愼曰御覽三百二十又七百五十七引無居而二字 懸釜而炊。先愼曰御覽三百二十有易子食析骨炊是也此脫史記趙世家趙襄子保晉陽三國攻晉陽歲餘引汾水灌其城不沒者三板城中懸釜而炊易子而食是趙襄子守晉陽固有其事 財食將盡。士大夫羸病。襄子謂張孟談曰。糧食匱。財力盡。士大夫羸病。吾恐不能守矣。欲以城下。何國之可下。張孟談曰。臣聞之。亡弗能存。危弗能安。則無爲貴智矣。君失此計者。盧文弨曰失策作釋先愼曰失當爲釋之誤者字衍策作君釋此計勿復言也 臣請試潛行而出見韓魏之君。張孟談見韓魏之君曰。臣聞脣亡齒寒。今知伯率二君而伐趙。趙將亡矣。趙亡則二君爲之次。二君曰。我知其然也。雖然。知伯之爲人也。麤中而少親。顧廣圻曰麤策作麄按當讀爲怚史記王翦傳夫秦王怚而不信人徐廣曰怚一作粗卽此字 我謀而覺。則其禍必至矣。爲之奈何。張孟談曰。謀出二君之口。而入臣之耳。人莫之知也。盧文弨曰臣下藏本張本皆無之字顧廣圻曰莫之知藏本作莫知之策同 二君因與張孟談約二軍之反。與之期日。先愼曰三當作二軍指韓魏之軍趙旣被圍不待約也 夜遣孟談入晉陽。以報二君之反。盧文弨曰二君三本俱作三軍先愼曰趙本此下有於襄子三字 襄子迎孟談而再拜之。且恐且喜。二君以約遣張孟談。顧廣圻曰以讀爲已策脫去二君以約遣五字遂誤屬張孟談於下句當依此訂 因朝知伯而出。遇智過於轅門之外。先愼曰說苑貴德篇作智果古今人表作智過顏注卽智果 智過怪其色。

因入見知伯曰。二君貌將有變。君曰何如。曰其行矜而意高。非他時之節也。先慎曰意行二字互誤策作其志矜其行高是也本書志多作意張榜本趙本其上無曰字 君不如先之。君曰。吾與二主約謹矣。破趙而三分其地。寡人所以親之、必不侵欺。盧文弨曰侵當作我先慎曰策作必不欺也 兵之著於晉陽三年。今旦暮將拔之。而嚮其利。盧文弨曰嚮饗通 何乃將有他心。必不然。子釋勿憂。勿出於口。明旦。二主又朝而出。復見智過於轅門。智過入見曰。君以臣之言告二主乎。君曰何以知之。曰今日二主朝而出。見臣。而其色動。而視屬臣。此必有變。君不如殺之。君曰。子置勿復言。智過曰。不可。必殺之。若不能殺。遂親之。君曰。親之奈何。智過曰。魏宣子之謀臣曰趙葭。韓康子之謀臣曰段規。此皆能移其君之計。先慎曰宣字康字皆後人所加智過言時不應有也 君與其二君約。先慎曰與其二字誤倒策作君其與二子約是也 破趙國。因封二子者各萬家之縣一。如是則二主之心可以無變矣。知伯曰。破趙而三分其地。又封二子者各萬家之縣一。則吾所得者少。不可。智過見其言之不聽也。出。因更其族爲輔氏。至於期日之夜。趙氏殺其守隄之吏而決其水灌知伯軍。知伯軍救水而亂。韓魏翼而擊之。襄子將卒犯其前。大敗知伯之軍而擒知伯。盧文弨曰知伯之軍藏本作知氏之軍 知伯身死軍破。國分爲三。爲天下笑。故曰。貪愎好利。則滅國殺身之本也。

奚謂耽於女樂。昔者戎王使由余聘於秦。盧文弨曰王宋本作主下同先慎曰秦本紀作王 穆公問之曰。寡人嘗聞道而未得目見之也。願聞古之明主得國失國何常以。顧廣圻曰說苑反質篇作當何以也下文常以儉得之常亦作當由余對曰。臣嘗得聞之矣。常以儉得之。以奢失之。穆公曰。寡人不辱而門道於子。子以儉對寡人何也。由余對曰。臣聞昔者堯有天下。飯於土簋。飲於土鉶。其地南至交趾。北至幽都。東西至日月之所出入者。莫不賓服。堯禪天下。顧廣圻曰說苑禪作釋下文亦云舜釋天下虞舜受之。作爲食器。斬山木而財之。顧廣圻曰說苑財作裁同字先愼曰御覽七百五十六引作材財裁材三字並同削鋸脩其迹。磨其斧迹〇顧廣圻曰說苑作銷銅鐵脩其刃猶漆墨之按此文削鋸是也淮南子本經訓云無所錯其剞劂削鋸高注削兩刃句刀也讀綃頭之綃其下未詳說苑即出於此而傳寫互有誤仍各依本書先愼曰各本其作之案之當作其注云磨其斧迹是注所據本尙未誤御覽七百五十六引正作其今據改流漆墨其上。流布也輸之於宮。以爲食器。諸侯以爲益侈。國之不服者十三。舜禪天下而傳之於禹。禹作爲祭器。墨漆其外。先愼曰各本漆作染王念孫云染當爲漆謂黑漆其外也俗書漆字作柒因誤而爲染御覽四百九十三引此正作漆說苑亦作漆先愼按王說是御覽又七百五十六引同今據改而朱畫其內。縵帛爲茵。顧廣圻曰說苑縵作縟蔣席蔣草名頗緣。顧廣圻曰藏本同今本頗作額誤頗緣謂其緣邪裂之說苑無此一句有褥字連茵字讀當有誤仍各依本書觴酌有采。而樽俎有飾。此彌侈矣。而國之不服者三十三。顧廣圻曰說苑作三十有二下文亦作五十有二先愼曰御覽四百九十三引作三十二與說苑合夏后氏沒。殷人受之。作爲大路。而建九旒。先愼曰御覽引路作輅字通食器雕琢。觴酌刻鏤。四壁堊墀。顧廣圻曰四當作白白壁與堊墀對文也說苑作四壁四帷茵席雕文。此彌侈矣。而國之不服者五十二。先愼曰趙本服作亡誤君子皆知文章矣。而欲服者彌少。臣故曰。儉其道也。由余出。公乃召內史廖而告之。顧廣圻曰他書皆同韓詩外傳作內史王繆繆廖同字王蓋姓也先愼曰顧說是說苑尊賢篇作王子廖曰。寡人聞鄰國有聖人。敵國之憂也。今由余。聖人也。寡人患之。吾將奈何。內史廖曰。臣聞戎王之居。僻陋而道遠。顧廣圻曰道當依說苑作遼 未聞中國之聲。君其遺之女樂。以亂其政。而後爲由余請期。先愼曰乾道本期作其顧廣圻云後當依說苑作厚乾道本藏本期作其譌說苑作期先愼案趙本作期不誤今據改 以疏其諫。顧廣圻曰諫說苑作閒史記秦本紀亦作閒皆當讀閒爲諫 彼君臣有閒。而後可圖也。君曰。諾。乃使史廖以女樂二八遺戎王。顧廣圻曰史上當有內字二八說苑作三九韓詩外傳作二列史記與此同先愼曰藝文類聚五十九引作三人誤 因爲由余請期。先愼曰請告也期歸期也旣告之期又留由余不遣以失其期使君臣有閒此秦先告以歸期之計也 戎王許諾。見其女樂而說之。設酒張飲。日以聽樂。終歲不遷。牛馬半死。由余歸。因諫戎王。戎王弗聽。由余遂去之秦。秦穆公迎而拜之上卿。問其兵勢與其地形。旣以得之。舉兵而伐之。兼國十二。開地千里。故曰。耽於女樂。不顧國政。亡國之禍也。先愼曰亡上當有則字上文有

奚謂離內遠遊。昔者田成子遊於海而樂之。先愼曰說苑正諫篇作齊景公案說林上篇有鴟夷子皮事田成子田成子去齊走而之燕事當即此 號令諸大夫曰。言歸者死。顏涿聚曰。先愼曰涿聚說苑作燭趨晏子春秋外篇作燭鄒古今人表作燭雛（本或作燭鄒）集韻類篇雛音聚案涿與燭濁聚與鄒趨雛形聲相近古本通用左哀二十三年傳又作顏庚 君游海而樂之。奈臣有圖國者何。盧文弨曰藏本臣作人 君雖樂之。將安得。田成子曰。寡人布令曰。言歸者死。今子犯寡人之令。援戈將擊之。顏涿聚曰。昔桀殺關龍逢。而紂殺王子比干。今君雖殺臣之身以三之。可也。臣言爲國。非爲身也。延頸而前曰。君擊之矣。君乃釋戈趣駕而歸。至三日。而聞國人有謀不內田成子者矣。先愼曰趙本成子作子成下同皆誤 田成子所

以遂有齊國者，顏涿聚之力也。故曰：離內遠遊，則危身之道也。先愼曰上文則上有而忽於諫士句此脫

奚謂過而不聽於忠臣。昔者齊桓公九合諸侯，一匡天下，爲五伯長，管仲佐之。管仲老，不能用事，休居於家。桓公從而問之曰：仲父家居有病，卽不幸而不起，先愼曰乾道本起下有此病二字盧文弨云淩本無今據刪政安遷之？管仲曰：臣老矣，不可問也。雖然，臣聞之，知臣莫若君，知子莫若父，君其試以心決之。君曰：鮑叔牙何如？管仲曰：不可。鮑叔牙爲人剛愎而上悍。盧文弨曰鮑上脫夫字各本皆有悍藏本作捍下同先愼曰蒼頡篇悍桀也荀子大略篇注悍兇戾也捍爲捍禦之字非此義藏本誤剛則犯民以暴，愎則不得民心，悍則下不爲用。其心不懼，盧文弨曰懼藏本張本作具先愼曰懼字是言下不爲用而不畏也非霸者之佐也。公曰：然則豎刁何如？管仲曰：不可。夫人之情，莫不愛其身。公妬而好內，豎刁自獖齧勢也以爲治內。先愼曰爲字衍二柄篇難一篇並無其身不愛，又安能愛君？曰：然則衞公子開方何如？先愼曰乾道本則下無衞字如下有曰字盧文弨云衞字脫各本有顧廣圻云藏本有衞字是也乾道本如下衍曰字先愼案盧顧說是今據補衞字刪曰字管仲曰：不可。齊衞之閒，不過十日之行，開方爲事君，欲適君之故，十五年不歸見其父母。先愼曰故字疑衍欲字當在之字下難一篇作適君之欲是其證此因欲字誤倒在上後人遂於之下加故字耳此非人情也。其父母之不親也，又能親君乎？先愼曰以上下文例之又字下當有安字公曰：然則易牙何如？管仲曰：不可。夫易牙爲君主味，君之所未嘗食，唯人肉耳，易牙蒸其子首而進之，先愼曰子首趙本作首子誤說見前二柄篇君所知也。人之情莫不愛其子，今蒸其

子以爲脂於君。其子弗愛。又安能愛君乎。公曰。然則孰可。管仲曰。隰朋可。其爲人也。堅中而廉外。少欲而多信。夫堅中則足以爲表。廉外則可以大任。少欲則能臨其衆。多信則能親鄰國。此霸者之佐也。君其用之。君曰。諾。居一年餘。管仲死。君遂不用隰朋。而與豎刁。刁涖事三年。桓公南遊堂阜。豎刁率易牙衛公子開方及大臣爲亂。桓公渴餒而死南門之寢公守之室。身死三月不收。蟲出于戶。先愼曰二柄篇難一篇戶作尸誤　故桓公之兵。橫行天下。爲五伯長。卒見弒於其臣。而滅高名。爲天下笑者。何也。不用管仲之過也。故曰。過而不聽於忠臣。獨行其意。則滅其高名爲人笑之始也。

奚謂內不量力。昔者秦之攻宜陽。顧廣圻曰國策作秦韓戰於濁澤史記韓世家同在宣惠王十六年　韓氏急。公仲朋謂韓君曰。顧廣圻曰朋策誤作明當依此訂他書又作馮　與國不可恃也。豈如因張儀爲和於秦哉。因賂以名都。而南與伐楚。是患解於秦。而害交於楚也。秦害交於楚也　公曰。善。乃警警飭戒也○先愼曰警策作儆字同　公仲之行。先愼曰連上爲一句　將西和秦。楚王聞之懼。召陳軫而告之曰。韓朋將西和秦。今將奈何。陳軫曰。秦得韓之都一。顧廣圻曰藏本同今本一作而屬下誤當句絕策作今又得韓之名都一史記同上文皆作以一名都　驅其練甲。先愼曰史記國策作而具甲　秦韓爲一。以南鄉楚。此秦王之所以廟祠而求也。其爲楚害必矣。王其趣發信臣。多其車。重其幣。以奉韓曰。不穀之國雖小。卒已悉起。願大國之信意於秦也。信申也　因願大國令使者入境。視楚之起卒也。韓使人之楚。楚王因發車騎陳之下路。謂韓使者曰。報韓君。言弊邑之兵。今將入境矣。使者還報韓君。韓君大悅。止公仲。公仲曰。不可。夫以實告我者秦也。顧廣圻曰策同姚校云告一作因今案告當作苦形近之誤史記作伐 以名救我者楚也。聽楚之虛言。而輕誣強秦之實禍。則危國之本也。王引之曰此言韓王聽虛言而輕實禍則輕下不得有誣字誣即輕之譌韓策及史記韓世家俱無誣字是其證也今作輕誣強秦之實禍者一本作輕一本作誣而後人誤合之耳凡從巠從巫之字傳寫往往譌溷說見經義述聞大戴禮喜之而觀其不誣下 韓君弗聽。公仲怒而歸。十日不朝。宜陽益急。韓君令使者趣卒於楚。冠蓋相望。而卒無至者。宜陽果拔。顧廣圻曰策作秦果大怒興師與韓氏戰於岸門在十九年其拔宜陽在襄王之五年後此凡七年也不同 為諸侯笑。故曰。內不量力。外恃諸侯者。則國削之患也。

奚謂國小無禮。昔者晉公子重耳出亡。過於曹。曹君袒裼而觀之。釐負羈與叔瞻侍於前。顧廣圻曰叔瞻與左傳及本書喻老篇皆不合 叔瞻謂曹君曰。臣觀晉公子。非常人也。君遇之無禮。彼若有時反國而起兵。即恐為曹傷。君不如殺之。曹君弗聽。釐負羈歸而不樂。其妻問之曰。公從外來而有不樂之色。何也。負羈曰。吾聞之。有福不及。禍來連我。君有福未必及己其禍之至當連我也 今日吾君召晉公子。其遇之無禮。我與在前。吾是以不樂。其妻曰。吾觀晉公子。萬乘之主也。其左右從者。萬乘之相也。今窮而出亡。過於曹。曹遇之無禮。此若反國。必誅無禮。則曹其首也。子奚不先自貳焉。負羈曰。諾。乃盛黃金於壺。充之以餐。先慎曰乾道本無乃字拾補有盧文弨云乃字脫餐當作飧下同今依拾補增 加璧其上。夜令人遺公子。公子見使者。再拜受其餐。而辭其璧。公子自曹入楚。自楚入秦。入秦三年。秦穆公召羣臣而謀曰。昔者晉獻公與寡人交。諸侯莫弗聞。獻公不幸離羣臣。出入十年矣。嗣子不善。顧廣圻曰藏本今本闕上有其字 吾恐此將令其宗廟不拔除。而社稷不血食也。如是弗定。則非與人交之道。吾欲輔重耳而入之晉。何如。羣臣皆曰。善。公因起卒。革車五百乘。疇騎二千。疇等也言馬齊等皆精妙也 步卒五萬。輔重耳入之于晉。立爲晉君。重耳卽位三年。舉兵而伐曹矣。因令人告曹君曰。懸叔瞻而出之。我且殺而以爲大戮。又令人告釐負羈曰。軍旅薄城。先愼曰薄迫也 吾知子不違也。知不敢違君言非本心也○先愼曰謂知不背吾也注說非 其表子之閭。寡人將以爲令。令軍勿敢犯。曹人聞之。率其親戚而保釐負羈之閭者。七百餘家。此禮之所用也。故曹。小國也。而迫於晉楚之閒。其君之危。猶累卵也。而以無禮涖之。此所以絕世也。故曰。國小無禮。不用諫臣。則絕世之勢也。

韓非子集解卷四

孤憤第十一 言法術之士既無黨與，孤獨而已，故其材用終不見明。卞生既以抱玉而長號，韓公由之寢謀而內憤。

智術之士，必遠見而明察，不明察，不能燭私；能法之士，必強毅而勁直，不勁直，不能矯姦。先慎曰：廣雅釋詁「矯，直也」。莊子天下篇以繩墨自矯，荀子性惡篇以矯飾人之性情而正之，其義並同。人臣循令而從事，案法而治官，非謂重人也。先慎曰：重人，非此之謂。重人也者，無令而擅為，虧法以利私，耗國以便家，力能得其君，此所為重人也。擅為虧法，逆理而動，其力尚能得君從已，況其餘乎？此為重人也。言其貴賤國人所共重之也。○王渭云：為當作謂，舊注未誤。先慎曰：為謂古通，不必改作。智術之士，明察聽用，且燭重人之陰情；智術之士既明且察，今見聽用，能燭見重人之陰情。能法之士，勁直聽用，且矯重人之姦行。故智術能法之士用，則貴重之臣必在繩之外矣。言必見刜除也。是智法之士與當塗之人，不可兩存之仇也。旣不可兩存，所存以相仇也。○盧文弨曰：注所下衍存字。當塗之人擅事要，則外內為之用矣。外謂百官也，內謂君之左右也，皆與當塗之人為用也。○先慎曰：外指敵國，下文諸侯不因是也；百官、左右、學士皆屬內，注誤。是以諸侯不因，則事不應，故敵國為之訟；鄰國諸侯或來求事，不因當塗者，其求必不見應，故重人有事，敵國為之訟冤。○先慎曰：訟，說也，說見下。此謂敵國之人稱譽其重人，如燕噲為秦使燕而為子之之類。注謂重人有事敵國為訟冤，非。百官不因，則業不進，故羣臣為之用；郎中不因，則不得近主，故左右為之匿；郎中為郎居中，則君之左右之人也。既因重人而得近主，故為之匿非也。學士不因，則養祿薄禮卑，故學士為之談也。談者謂為重人延譽。○先慎曰：養祿二字當衍其一。此四助者，邪臣之所以自飾也。重人不能忠主而進其仇，重人所仇者，法術之士也。人主不能越四助而獨察其臣。臣亦謂法術之臣也 故人主愈弊，而大臣愈重。顧廣圻曰弊讀爲蔽下文比周以弊主又是以弊主上皆同先愼曰本書蔽多作弊姦劫弑臣篇云爲姦利之弊主又云非不弊之術也難一篇云賞罰不弊於後是也 凡當塗者之於人主也，希不信愛也，又且習故。重人得主信愛者多又用事既久乃慣習故舊也 若夫卽主心同乎好惡，固其所自進也。顧廣圻曰藏本同今本無乎字誤先愼曰卽就也就主心之好惡者而好惡之也自進謂己之進身也其所以自進則與主信愛習故同好惡三者而已注訓自進爲己自進擧之人誤 官爵貴重，朋黨又衆，而一國爲之訟。訟卽說也重人擧措當就主心而同其好惡已自進擧之人官爵重之朋黨衆及其有事一國爲之訟寃則君無德而談之○先愼曰注訟卽說是也又以訟寃釋之非衆上脫又字無德當作無得 則法術之士欲干上者，非有所信愛之親、習故之澤也，又將以法術之言，矯人主阿辟之心，是與人主相反也。處勢卑賤，先愼曰乾道本勢作世顧廣圻云藏本今本世作勢先愼案作勢是此對官爵貴重言不當作世今據改 無黨孤特。夫以疏遠與近愛信爭，近愛信謂重人是也○先愼曰近字衍文愛信當作信愛疏遠信愛相對成文不當有近字上文希不信愛非有所信愛之親皆作信愛此承上言明愛信二字誤倒注亦作近愛信則其誤舊矣 其數不勝也。數理也 以新旅與習故爭，其數不勝也。以反主意與同好爭，重人與君同好○王渭曰好下當有惡字 其數不勝也。以輕賤與貴重爭，其數不勝也。以一口與一國爭，重人與一國爲朋黨 其數不勝也。法術之士，操五不勝之勢，以歲數而又不得見。所經時歲已至於數猶不得見君○顧廣圻曰又當作猶舊注未譌 當塗之人，乘五勝之資，而旦暮獨說於前。法術之士既不得見故當塗之人獨訟而稱寃○先愼曰案依注所據本說作訟故云獨訟而稱寃此解非也訟古通誦誦猶說也史記呂后紀未敢訟言攻之漢書作誦言索隱云誦說也此謂當塗之人獨常常與君言說而法術之士見且猶不得亟況得與言乎此旦暮獨訟於前反對法術之士言舊注誤 故法術之士奚道得進，而人主奚時得悟乎。法術之士既不得進則人主何從而悟乎○先愼曰王氏念孫兪氏樾並訓此道字爲由案奚道得進猶言何時得進也士無時得進則人主無時得悟語正相當奚道得進卽蒙上以歲數而又不得見言則道爲時字變文尤其明證不得以他處道有由義以例此也人主篇正作奚時得進 故資必不勝，而勢不兩存。

法術之士焉得不危。法術之士既資必不可勝之數而又與重人勢不兩存則法術之士必危而見陷○先愼曰乾道本注又下無與字今據趙本增其可以罪過誣者，以公法而誅之。法術之士有過失可誣罔者重人則舉以爲罪而誅之○先愼曰乾道本公上無以字依下文當有今據張榜本增其不可被以罪過者，以私劍而窮之。若無過失可誣者則使俠客以劍刺之以窮其命也是明法術而逆主上者，不僇於吏誅，必死於私劍矣。先愼曰乾道本僇作㣻顧廣圻云今本㣻作僇先愼案僇與戮通㣻字誤改從今本朋黨比周以弊主，言曲以便私者，必信於重人矣。故其可以功伐借者，以官爵貴之。彼有功伐重人借爲已用者則官爵貴其人也其可借以美名者，以外權重之。彼雖無功伐可使近權令者威重之○先愼曰顧廣圻於其下添不字云藏本同今本無不字誤乾道本名作明譌先愼案名字是今據改借字當在名字下其可以美名借者與其可以功伐借者句法一律上不當有不字借藉古通莊子應帝王篇釋文引崔注藉繫也其人可以功伐維繫者則貴以官爵可以美名維繫者則重以外權二事平說舊注誤是以弊主上而趨於私門者，不顯於官爵，必重於外權矣。趨向也今人主不合參驗而行誅。謂於法術之士不參驗以知其眞僞卽行誅罰不待見功而爵祿。重人所進雖未見功先與之爵祿也故法術之士安能蒙死亡而進其說，姦邪之臣安肯乘利而退其身。故主上愈卑，私門益尊，夫越雖富兵彊，中國之主皆知無益於己也，曰，非吾所得制也。越國爲異國卽敵國也○顧廣圻曰藏本今本雖下有國字先愼曰注以越國連文是所見本雖字卽國之誤夫越徼遐國富兵彊句絕中國視越國最遠故取以爲況外儲說上篇越人雖善游亦借越爲喻是其證注訓異國非今有國者雖地廣人衆，然而人主壅蔽，大臣專權，是國爲越也。大臣專國常有謀君之心卽己國還爲越國故曰是國爲越也智不類越，而不智不類其國，不察其類者也。縱臣專權國變成越是不自知己國卽與越國不異所以然者良以不察知己國類於越國故也○先愼曰拾補不智作不知盧文弨云知各本俱作智案智與知通此上智字義亦當爲知顧廣圻云兩類字當作頛頛利也涉下不察其類者也句而誤今本智作知誤二智字皆讀爲知本書屢見先愼案既讀爲知則今本之作知不得爲誤類似也知己之國不似越之不得制究不能自制其國是不知國之不似己之國也顧改類爲頛非人主所以謂齊亡者。非地與城亡也。孫詒讓曰主字衍 呂氏弗制。而田氏用之。所以謂晉亡者。亦非地與城亡也。姬氏不制。而六卿專之也。今大臣執柄獨斷。而上弗知收。是人主不明也。不知收取其柄而自執之令臣於上獨斷此主之不明也今謂秦也○先慎曰此書作於韓秦王見之始伐韓得非非在秦時作也今字泛言當時諸侯注誤 與死人同病者。不可生也。與亡國同事者。不可存也。今襲迹於齊晉。欲國安存。不可得也。襲重也 凡法術之難行也。不獨萬乘。千乘亦然。人主之左右。不必智也。人主於人有所智而聽之。因與左右論其言。是與愚人論智也。先慎曰人主篇因上有入字下同 人主之左右。不必賢也。人主於人有所賢而禮之。因與左右論其行。是與不肖論賢也。智者決策於愚人。賢士程行於不肖。先慎曰智者之策決於愚人賢士之行程於不肖 則賢智之士羞。而人主之論悖矣。人臣之欲得官者。其修士且以精絜固身。修士謂修身之士但精潔自固其身○先慎曰拾補絜下旁注潔字盧文弨云潔藏本張本俱作絜下同先慎案乾道本此作絜下二絜字皆作潔潔絜字通用 其智士且以治辯進業。智者謂智謀之士也 其修士不能以貨賂事人。既修身故不以貨事人也 特其精潔。而更不能以枉法為治。既精潔故不能枉法為治智士不重說似闕文也○顧廣圻曰其修士修下當脫智之二字精潔當作精辯下文云則修智之士不事左右即謂貨賂不聽請謁即謂枉法文相承也下文又云則精辯之功息弁言精辯與弁言修潔同例舊注智士不重說似有脫文誤兪樾曰其修士三字衍文也上文云其修士且以精絜固身其智士且以治辯進業此云不能以貨賂事人則總承修士智士為文言其皆不能也特其精潔當作特其精潔治辯因衍其修士三字則此文專屬修士遂刪去治辯二字耳舊注謂不重知士似有闕文是其所據本已誤先慎曰兪說是 則修智之士。不事左右。不聽請謁矣。左右謂財貨修智之士不肯聽從也○先慎曰謂不以財貨賂左右不能枉法從請謁注說非 人主之左右。行非伯夷也。求索不得。貨賂不至。則精辯之功息。而毀誣之言起矣。精謂修士精潔也辯謂智士辭辯也 治亂之功。

制於近習。治亂謂智士材辯能治於亂也○顧廣圻曰亂當作辯舊注誤先愼曰張榜本亂作辨 精潔之行。決於毀譽。則修智之吏廢。而人主之明塞矣。修智之士能發人主之聰明今既廢而不用則主明自塞矣○先愼曰乾道本而作則顧廣圻云今本則作而今據改 不以功伐決智行。決智行當以功伐積功曰伐也 不以參伍審罪過。審罪過當參伍之參比驗也伍偶會也 而聽左右近習之言。則無能之士在廷。而愚污之吏處官矣。近習之人既皆小人同氣相求同聲相應故所親者無能之人所愛者愚污之人亦既親愛必用之在廷舉之處官矣

萬乘之患。大臣太重。千乘之患。左右太信。此人主之所公患也。公正也正當以此當患也○先愼曰注說非公訓爲共荀子解蔽篇此心術之公患也語句正同楊注公共也是其證又案注當患應作爲患 且人臣有大罪。人主有大失。臣主之利。與相異者也。顧廣圻曰與當在相字下 何以明之哉。曰。主利在有能而任官。臣利在無能而得事。主利在有勞而爵祿。臣利在無功而富貴。主利在豪傑使能。豪傑之人有材能然後使之矣 臣利在朋黨用私。是以國地削而私家富。主上卑而大臣重。故主失勢而臣得國。主更稱蕃臣。君臣易位故主稱蕃臣於其臣 而相室剖符。相室家臣也剖符言得專授人官與之剖符也○先愼曰趙本注授誤投 此人臣之所以譎主便私也。譎詐也設詐謀以詐誤於主也○先愼曰乾道本注詐作誰誤改從趙本 故當世之重臣。主變勢而得固寵者。十無一二三。變謂行譎詐以移主意十中但有二三故曰十無一二三也○王先謙曰主勢變謂國君相擅之時也注誤先愼曰注有二三當作有一二涉正文而誤 是其故何也。人臣之罪大也。臣有大罪者。其行欺主也。其罪當死亡也。智士者遠見而畏於死亡。必不從重人矣。先愼曰拾補人下旁注臣字盧文弨云臣藏本張本俱作人 賢士者修廉而羞與姦臣欺其主。必不從重臣矣。是當塗者之徒屬。非愚而不知患者。必污而不避姦者也。重人所爲必不軌故智士恐與同之廉士羞與之欺主莫有從之遊者同惡相濟故與之爲徒屬者必污愚之人也○先愼曰乾道本注與字上有上字

污愚作惡愚并誤改從趙本大臣挾愚污之人。上與之欺主。下與之收利。侵漁朋黨。言侵奪百姓若漁者之取魚也○先愼曰侵漁朋黨當作朋黨侵漁與下比周相與對文比周相與。阿黨爲比忠信爲周也比周者言以阿黨之人爲忠信與親也○先愼曰注乾道本忠作心改從趙本一口惑主敗法。以亂士民。雷同是非故曰一口使國家危削。主上勞辱。此大罪也。臣有大罪。而主弗禁。此大失也。使其主有大失於上。臣有大罪於下。索國之不亡者。不可得也。

說難第十二

夫說者有逆順之機順以招福逆而制禍失之毫釐差之千里以此說之所以難也○顧廣圻曰史記列傳有索隱云然此篇亦與韓子微異頗省小不同今按各依本書者不悉著

凡說之難。非吾知之有以說之之難也。不知而說雖忠見疑故曰非吾知之說之難也○顧廣圻曰當依史記不重之字按此文首三句三吾字皆吾說者也與下文所說相對言在吾者之非難所以起下文在所說者之難也在吾者必先知之有以說然後辯之能明吾意又然後敢橫佚而能盡三者相承舊注全誤史記正義所解亦未諦今正之此句之義與下文云則非知之難也同先愼曰舊注固失顧說亦未爲得也凡說之難四字總挈一篇非吾三句又別說難本意再以凡說之難引起正文此言知其事理則能說其是非此非吾所難也又案注吾知之之當作其

又非吾辯之能明吾意之難也。吾雖不自辯數則能明吾所說之意如此者萬不失一有所以則爲難也○盧文弨曰辯之下史記韓非傳有難字衍注所以則爲難也則當作明先愼曰此言辯論能令吾意明晰又非所難也書舊注非趙本注脫失字

又非吾敢橫失而能盡之難也。吾之所說其不可循理非敢橫失能盡此意亦復難有○盧文弨曰史記索隱云韓子橫失作橫佚此作橫失疑後人依史記改之顧廣圻曰失當依索隱引此作佚史記作失案佚失同字故史記以失爲佚劉伯莊說及正義讀失如字又於橫失斷句者非當十二字爲一句下文云然後極騁智辯焉即此句之義也舊注亦誤先愼曰張榜本橫失作橫佚據索隱改也橫失二字顧謂極騁智辯是索隱云陳辭發策能盡說情此雖是難尙非難也

凡說之難。在知所說之心。可以吾說當之。旣知所說之心則能隨心而發唱故所說能當○盧文弨曰注唱字誤從口旁先愼曰張榜本知誤之所說出於爲名高者也。而說之以厚利。則見下節而遇卑賤。必棄遠矣。所說之人意在名高今以厚利

說之彼則爲已志節凡下而以卑賤相遇亦旣賤之必棄遺而疏遠矣○盧文弨曰注爲已當作謂已先愼曰爲謂字同此如李克治中山苦陘令上計而入多之類所說出於厚利者也。而說之以名高。則見無心而遠事情。必不收矣。所說之人意在厚利今以名高說之此則爲已無相時之心而闊遠事情矣如此則必見棄而不收矣○盧文弨曰注爲已當作謂已先愼曰此商鞅說秦孝公以帝王故怒而不用是也所說陰爲厚利而顯爲名高者也。而說之以名高。則陽收其身。而實疏之。說之以厚利。則陰用其言。顯棄其身矣。所說之人內陰爲厚利外陽爲名高今見其外說以名高彼雖陽收其身內實疏遠若察知其內說以厚利私用其言外明棄其身以飾其名高也○盧文弨曰注私用其言上有則字脫先愼曰陽收其身而實疏之如齊宣王欲中國而授孟子室之類陰用其言顯棄其身如晉文公行爵先雍季而後舅犯之類此不可不察也。夫事以密成。語以泄敗。盧文弨曰語史作而先愼曰御覽四百六十二引語作亦敗作禍未必其身泄之也。而語及所匿之事。如此者身危。所說之人其所謀事身雖不泄謀說者泛語言及所匿似若說者先知其事今以發動之旣懷此疑其身必危矣○先愼曰注誤此謂有其心而未發說者及之故其身危卽下鄭大夫關其思對武公言胡可伐之類彼顯有所出事。而乃以成他故。說者不徒知所出而已矣。又知其所以爲。如此者身危。所說之人顯出其事有所避諱乃託以他故而說者傑知其事旣所出入知所爲所說旣知情露必有危已之心○盧文弨曰彼顯有所出事下史作迺自以爲也故說者與知焉則身危此注旣所出入知所爲當作旣知所出又知所爲先愼曰盧說是隱斯彌使人伐樹數創而止之曰知人之所不言其罪大矣卽其意規異事而當知者揣之外而得之。事泄於外。必以爲已也。如此者身危。說者爲君規謀異事而智謀之士當知此者自外揣之遂得其謀因泄於外君則疑已漏之便以爲不密而加誅也○先愼曰規異事而當句知者揣之外而得之句當謂當其主之心也知讀爲智當音丹浪反注以當知連文誤此如漢夏侯勝傳云霍光與張安世謀廢昌邑王夏侯勝諫王謂有臣下謀上者吏白光光讓安世以爲泄語安世實不泄之類周澤未渥也。而語極知。先愼曰語極知謂說已盡其智能也史記正義謂說事當理非說行而有功。則德忘。盧文弨曰忘史作亡索隱引此作見忘幷云勝於德亡先愼曰據索隱云云則唐人所見之本作見忘不作德忘此作德忘者後人依史記而改也（注云猶忘其德則宋時已改矣）亡忘古字通說不行而有敗。則見疑。如此者身危。君之於已周給之澤未有渥厚遂以知之極妙而以語之行說有功猶忘其德若不行有敗則羞始生焉此正危身之道也○盧文弨曰注蓋始生蓋疑妒之誤若袁紹之於田豐是也先愼曰盧說非此卽下鄰父以牆壞有盜因疑鄰父之類注蓋字卽疑字之誤又案注行說當作說行 貴人有過端。而說者明言禮義以挑其惡。如此者身危。挑謂發揚也○先愼曰乾道本此下脫者字盧文弨云淩本有先愼按依上下文當有史記亦有者字今據補 貴人或得計而欲自以爲功。說者與知焉。如此者身危。彊以其所不能爲。止以其所不能已。如此者身危。不能而強不已而止必以不許而與怒故危也○先愼曰乾道本已作以據趙本改強其所不能爲若項羽欲東歸而說者言關中之類止其所不能已若景帝決廢栗太子而周亞夫彊欲止之之類注不許一本作不討盧文弨云不討或是不忖之誤有謂當是不許猶言失許也此皆未見作不許之本耳 故與之論大人。則以爲閒已矣。閒代也論大人必談以道德宏曠彼則以爲薦大人以代之也○先愼曰此篇皆對人君而言斷無薦大人代君之理蓋人君行事大臣與爲論其臣而卽疑其論已史記正義云說彼大人之短以爲竊已之事情乃爲刺譏閒之是也此大人指位言注以閒已爲代已誤閒讀爲諫 與之論細人。則以爲賣重。論細人必談以器斗筲彼則以爲短人而賣重也○先愼曰賣重史記作鬻權案賣鬻義同和氏篇大臣貪重又云近習不敢賣重重卽權也索隱云薦彼細微之人言堪大用則疑其挾詐如賣我之權是也注謂斗筲之人誤 論其所愛。則以爲藉資。謂爲藉君之所愛以爲已資 論其所憎。則以爲嘗已也。嘗試也論君所憎則謂爲試已也含怒之深淺○先愼曰乾道本憎作增注同顧廣圻云今本增作憎史記作憎今據改盧文弨云注試已下衍也字 徑省其說。則以爲不智而拙之。徑直○盧文弨曰史作則不知而屈之智本與知通此加以爲二字疑非 米鹽博辯。則以爲多而交之。米鹽之爲物積羣萃以成斗斛謂博明細雜之物則謂已多合而猥交之也○盧文弨曰史作汎濫博文則多而久之顧廣圻曰正義云時乃永久人主疲倦今按交久二文皆誤當作史本書難言篇捷敏辯給繁於文采則見以爲史先愼曰顧說是張榜本交作久依史記改也 略事陳意。則曰怯懦而不盡。略言其事粗陳其意則謂已怯懦而有所畏懼不敢具言○盧文弨曰略史作順先愼曰注所字趙本脫 慮事廣肆。則曰草野而倨侮。肆陳也所說之事廣有陳說不爲忌諱則謂草野凡鄙俗直而侮慢也 此說之難不可不知也。凡說之務。在知飾所說之所矜。而滅其所恥。凡欲說彼要在知其所矜則隨而光飾之知其所恥則隨而掩滅之如此則順旨而不忤○盧文弨曰注順旨張本作順指 彼有私急也。必以公義示而強之。其意有下也。然而不能已。說者因爲之飾其美而少其不爲也。所說而成者或有私事將欲急爲則示以公義而勉強之彼雖下意從已而不能止其私此則爲之飾其背私之義而以不能順公爲少有以激彼存公也　其心有高也。而實不能及。說者爲之舉其過而見其惡。而多其不行也。若所說心以公義高而其材實不能及如此者則舉儒私之過見背公之惡以不行私急爲多所以成其高○兪樾曰此兩文相對言其意雖甚卑下而有所不能已則說者必爲之飾其美反若以其不行而少之如此乃見不能已之不足爲病矣其意雖甚高而有所不能及則說者必爲之舉其過而見其惡反若以其不行而多之如此乃見不能及之不足爲恥矣不能已者若犬馬聲色之好是也爲之飾其美若曾子以是數者爲不害霸是也不能及者若堯舜之道仁義之說是也爲之舉其過而見其惡若陳賈謂仁知周公未能盡是也舊注所說皆未了且此與上文彼有私急也必以公義示而強之本不相蒙舊注必牽合爲說宜其不可通矣　有欲矜以智能。則爲之舉異事之同類者。多爲之地。使之資說於我。而佯不知也。以資其智。所說或矜以廣智則多與舉彼同類之異事以寬所取之地令其取說於我而我佯若不知如此者所以助其智也○顧廣圻曰藏本同今本有欲作有所誤　欲內相存之言。則必以美名明之。而微見其合於私利也。欲彼內有存恤之言則爲陳顯義之名明其人能爲此又微言成此美名於私有則利其人必得而相存者也○顧廣圻曰內讀爲納舊注誤　欲陳危害之事。則顯其毀誹。而微見其合於私患也。欲爲陳危之事其有毀誹之者則爲之顯言又微毀誹當爲私患其人必以誡而可試之　譽異人與同行者。規異事與同計者。有與同汙者。則必以大飾其無傷也。有與同敗者。則必以明飾其無失也。說者或延譽異人與彼同行或規謀異事與彼同計其異人之行若與彼同汙則大文飾之言此汙何所傷其異事之計若與彼同敗者則明爲文飾言此敗何所失如此必以已爲審補過而崇重之也○先愼曰史記脫有與同汙者則必以大九字乾道本注其異人之行行上有計字據趙本刪　彼自多其力。則毋以其難概之也。彼或自多矜其力當就譽之無得以其所難滯礙之概礙也　自勇其斷。則無以其謫怒之。彼或自以斷爲勇則無得以其先所罪謫而動怒之也○先愼曰乾道本其斷作之斷拾補作其斷盧文弨云無藏本作毋謫史作敵顧廣圻云之斷當依史記作其斷先愼案張榜本作其斷與上下文合今據改謫敵古通注云罪謫非　自智其計。則毋以其敗窮之。彼或自以計謀爲智則無得以其先所因敗而窮屈之凡此皆所以護其短而養其銳者說可以無傷也○先愼曰趙本注因作困誤　大意無所拂悟。辭言無所繫縻。然後極騁智辯焉。意無拂忤辭無繫縻，其智辯得以極騁○盧文弨曰意史作忠史拂辭互易案悟與忤通索隱正義所見史記尙不倒繫縻各本作擊摩注同史作擊排顧廣圻曰忠字非悟藏本今本作忤正義云拂悟當作咈忤古字假借耳繫縻藏本作擊摩是也索隱引正作擊摩先愼曰御覽四百六十二引意作怒悟作忤繫縻作擊排案大怒謂威怒也意忠并誤說文啎屰也啎爲正字悟忤並通叚字大怒之時說尤爲難無所怫悟者若觸讋之諫齊太后是也繫縻擊摩古字相通說文繫繵也縻牛轡也引申爲羈束字易蒙釋文擊本作繫中孚釋文靡本又作縻陸作縻京作劘禮記學記釋文摩又作靡一切經音義十摩古文劘攠二形同本書作繫縻者謂無縛束也史記作擊排索隱謂說諫之詞本無別有所擊射排擯也案辭言恐有所擊排卽多瞻顧縛束而不敢言則必如梁子之告季子語必可與商太宰三坐是也

此道所得親近不疑。而得盡辭也。說者因道此術則得親近於君終不見疑其辭又得自盡也○顧廣圻曰此道所得親近不疑句有誤盡下當依索隱引此有之字史記作知盡之難也徐廣曰知一作得難一作辭俞樾曰上得字衍文也道所當作所道此所道親近不疑猶曰此所由親近不疑古書每以道爲由說已見前矣史記作此所以親近不疑所道卽所以也讀者不解道字而誤倒之又妄增入得字遂至不可通矣

伊尹爲宰。百里奚爲虜。皆所以干其上也。二人自託於宰虜者所以干其上也

此二人者。皆聖人也。然猶不能無役身以進。如此其汙也。先愼曰乾道本如上有加字盧文弨云加字各本無顧廣圻云藏本無加字以進加史記作而涉世先愼按加卽如字誤而複衍今據刪

今以吾言爲宰虜。而可以聽用而振世。先愼曰說文振舉救也

此非能仕之所恥也。盧文弨曰仕與士通索隱云韓子作士先愼曰今作仕者後人依史記改之也

夫曠日彌久。而周澤既渥。彌猶經也謂所經久遠也○先愼曰乾道本彌作離注同既作未據張榜本改史記同索隱謂君臣道合曠日已久誠著於君也君之渥澤周浹於臣魚水相須梅鹽相和也

深計而不疑。引爭而不罪。則明割利害。以致其功。斷割○顧廣圻曰割史記作計

直指是非。以飾其身。直指言無所迴避也飾身謂以寵榮光飾相持其身也

以此相持。此說之成也。君則以不疑不罪以固臣臣則以致功飾身以輸忠故曰相持如此者說之成也

昔者鄭武公欲伐胡。先愼曰正義引世本云胡歸姓也括地志胡城在豫州郾城縣界

故先以其女妻胡君。以娛其意。因問於羣臣。吾欲用兵。誰可伐者。大夫關其思對曰。胡可伐。武公怒而戮之。曰。胡。兄弟之國也。子言伐之。何也。胡君聞之。以鄭爲親己。遂不備鄭。鄭人襲胡。取之。宋有富人。先愼曰外儲說下篇宋作鄭

天雨

牆壞。其子曰。不築。必將有盜。其鄰人之父亦云。暮而果大亡其財。此夕盜至故大亡也其家甚智其子。而疑鄰人之父。此二人說者皆當矣。先愼曰當音當須反下同厚者爲戮。薄者見疑。二人謂關其思鄰人之父鄭武公所以戮其所厚欲令胡不疑也富人所以疑其薄者不當爲已同憂也則非知之難也。處之則難也。其思鄰父非不知也但處用其知不得其宜故或見疑或見戮故曰處之難也○先愼曰乾道本處之作處知據張榜本改注二云處之難也亦作之未誤其作知者依史記改也故繞朝之言當矣。其爲聖人於晉。而爲戮於秦也。此不可不察。晉人譎取士會於秦繞朝贈之以策曰吾謀適不用其言非不當也晉人雖以爲聖後秦竟以言戮之是亦處知失宜也○盧文弨曰繞朝贈士會以策曰子無謂秦無人吾謀適不用也則朝當已言於秦君留士會不遣而秦君不用其謀故云然注乃云後秦竟以言戮之此不知出何書殆因非之言傳會耳

昔者彌子瑕有寵於衛君。衛國之法。竊駕君車者罪刖。先愼曰治要刖作跀下同彌子瑕母病。人聞有夜告彌子。先愼曰乾道本聞有作聞往盧文弨云李善注文選陸韓卿中山王孺子妾歌引作人聞無往字史作人聞往先愼按往治要作有是唐人所見本自作有李注無有字脫也此謂人聞其母病有夜來告者形彌子得傳聞之言而歸已顯衛君之稱爲孝文相照應今據二唐本改藝文類聚三十三引人聞有作其人有彌子矯駕君車以出。先愼曰治要出作歸藝文類聚亦作出君聞而賢之曰。孝哉。爲母之故。忘其犯刖罪。先愼曰各本無犯字盧文弨云選注引作犯跀罪跀古刖字案此書外儲說左下跀危生子臯作跀字此與上文罪刖亦當本作跀後人改之史作而犯刖罪先愼按治要藝文類聚引作犯刖罪是唐人所見皆有犯字今據補異日與君遊於果園。食桃而甘。不盡。以其半啗君。先愼曰張榜本不盡作而盡屬下爲句治要藝文類聚八十六白孔六帖九十九御覽八百二十四九百六十七事類賦二十六意林引啗並作啖下同按說文啖、焦啖也啗食也讀與含同自食爲啖食人爲啗二字義別此作啗是也君曰。愛我哉。忘其口味。以啗寡人。先愼曰治要藝文類聚白孔六帖引以作而及彌子色衰愛弛。得罪於君。君曰。是固嘗矯駕吾車。又嘗啗我以餘桃。先愼曰史記啗我作食我故彌子之行。未變於初也。先愼曰治要變作移而以前之所以見賢。而後獲罪者。盧文弨曰史作前見賢而後獲罪者此多賸字先愼曰治要無上以字之字及下而字愛憎之變也。先愼曰治要愛上有人主二字

故有愛於主。則智當而加親。有憎於主。則智不當見罪而加疏。先愼曰治要無見罪二字故諫說談論之士。不可不察愛憎之主。而後說焉。夫龍之爲虫也。柔可狎而騎也。然其喉下有逆鱗徑尺。盧文弨曰文選袁彥伯三國名臣序贊注引柔上有擾字史無柔字有擾字在下句可字之下徑尺選注作徑寸之處非顧廣圻曰柔擾同字先愼曰史記虫作蟲正義龍蟲類也故言龍之爲蟲御覽九百二十九引虫作蟲無柔字其字事類賦二十八引亦無柔字其字若人有嬰之者、則必殺人。嬰攖人主亦有逆鱗。說者能無嬰人主之逆鱗。則幾矣、先愼曰索隱幾庶也謂庶幾於善諫說也

和氏第十三

楚人和氏得玉璞楚山中。先愼曰藝文類聚七白孔六帖五事類賦九引和氏作卞和楚上有於字藝文類聚白孔六帖無璞字奉而獻之厲王。盧文弨曰孫詒穀云楚世家無厲王後漢書孔融傳注引作武王文王成王是也疑今本誤顧廣圻曰新序云荆厲王武王共王亦不同先愼曰後漢書注引是御覽三百七十二六百四十八引作武王文王成王是其證厲王使玉人相之。玉人曰石也。王以和爲誑。而刖其左足。盧文弨曰後漢注引誑而作謾己先愼曰御覽六百四十八八百五事類賦引並作謾無而字及厲王薨。武王卽位。和又奉其璞而獻之武王。武王使玉人相之。又曰石也。王又以和爲誑。而刖其右足。武王薨。文王卽位。和乃抱其璞。而哭於楚山之下。先愼曰楚山當作荆山涉上文得玉於楚山而誤藝文類聚荆山下引正作荆山白孔六帖同三日三夜。泣盡而繼之以血。先愼曰乾道本泣作汨今本作淚盧文弨云淚藏本作泣後漢注引同先愼案藝文類聚事類賦注御覽並引作泣今據改王聞之。使人問其故。曰。天下之刖者多矣。子奚哭之悲也。和曰。吾非悲刖也。悲夫寶玉而題之以石。貞士而名之以誑。此吾所以悲也。王乃使玉人理其璞。而得寶焉。先愼曰事類賦寶下有玉字遂命曰和氏之璧。夫珠玉人主之所急也。和雖獻璞而未美。未

爲王之害也。所獻之寶設令未美亦無害於王也○先愼曰乾道本王作主盧文弨云藏本主作王王先謙云依注當作王今據改顧廣圻云害字起藏本脫 然猶兩足斬而寶乃論。論寶若此其難也。今人主之於法術也。未必和璧之急也。而禁羣臣士民之私邪。人主之於法術未必如和璧之急乃更禁其臣人爲卞和之忠苟無卞和之忠誰肯犯禁而論其法術亂也○先愼曰此下當有脫文注急忠二字乾道本互譌今據趙本改亂字亦誤未詳所當作 然則有道者之不僇也。特帝王之璞未獻耳。帝王之璞卽法術也有道之士所以不見僇者則以未獻法術也○先愼曰乾道本特作持顧廣圻云今本持作特新序云直白玉之璞未獻耳先愼案特卽直也持當爲特殘缺字改從今本 主用術。則大臣不得擅斷。近習不敢賣重。官行法。則浮萌趨於耕農。先愼曰無執業者有禁故流民急於耕農 而游士危於戰陳。先愼曰故游說之士以其言責其功不敢言戰陳 則法術者。乃羣臣士民之所禍也。人主非能倍大臣之議。越民萌之誹。獨周乎道言也。先愼曰周當爲用之誤道言謂法術之言也下同 則法術之士雖至死亡。道必不論矣。先愼曰珠玉人主之所急然兩足刖而始論法術不如和璧之急故至死亡而不論 昔者吳起教楚悼王以楚國之俗曰。大臣太重。封君太衆。若此則上偪主而下虐民。此貧國弱兵之道也。先愼曰乾道本貧作貪按貪卽貧字形近而誤拾補改作貧今從之 不如使封君之子孫三世而收爵祿。先愼曰喩老篇楚邦之法祿臣再世而收地則三世而收爵祿不起於吳起蓋楚法廢弛故吳起云然 絕滅百吏之祿秩。盧文弨曰絕滅二字疑當作減顧廣圻曰絕滅當作纔滅纔裁同字先愼曰顧說是纔絕偏旁同故誤 損不急之枝官。枝官謂非要急者若樹之枝也然養樹者必拔落其枝爲政者亦損其閑冗 以奉選練之士。悼王行之期年而薨矣。先愼曰矣字依下文不當有 吳起枝解於楚。商君教秦孝公以連什伍。設告坐之過。使什家伍家相拘連中有犯罪或有告者則幷坐其什伍故曰告坐 燔詩書而明法令。先愼曰困學紀聞云史記商君傳不言燔詩書蓋詩書之道廢與李斯之焚無異也 塞私門之請。而遂公家之勞。於公有勞者不擁其功賞 禁游宦之民。不守本業游散求官者設法以禁之也 而顯耕戰之士。孝公行之。主以尊安。國以富強。八年而薨。先愼曰國策孝公行商君法十八年而死史記商君相秦十年索隱云國策蓋據其未作相之年說也案此作八年與史記國策皆不合疑八上奪十字商君車裂於秦。楚不用吳起而削亂。秦行商君法而富強。二子之言也已當矣。然而枝解吳起而車裂商君者。何也。大臣苦法而細民惡治也。當今之世。大臣貪重。大臣廢公法而行私惠所以成其重也細民安亂。先愼曰游宦之民因請謁而得祿甚於秦楚之俗。此篇非未入秦時爲韓著之故得引秦以爲喻而人主無悼王孝公之聽。則法術之士。安能蒙二子之危也而明己之法術哉。先愼曰也字衍文此世所亂無霸王也。顧廣圻曰今本所下有以字

姦劫弑臣第十四

凡姦臣。皆欲順人主之心。以取信幸之勢者也。先愼曰各本信作親今據治要改下正作信是以主有所善。臣從而譽之。主有所憎。臣因而毀之。凡人之大體。取舍同者則相是也。取舍異者則相非也。今人臣之所譽者。人主之所是也。此之謂同取。人臣之所毀者。人主之所非也。此之謂同舍。夫取舍合先愼曰治要合下有同字疑合卽舍字之誤而衍者合當作同而相與逆者。未嘗聞也。此人臣之所以取信幸之道也。先愼曰各本無取字蒙上此之謂同取此之謂同舍而言依下文當有據治要增夫姦臣得乘信幸之勢。以毀譽進退羣臣者。人主非有術數以御之也。先愼曰各本非作所今據治要改下文正作非非參驗以審之也。先愼曰依上文非下脫有字必將以曩之合己。信今之言。此幸臣之所以得欺主成私者也。故主必蔽於上。先愼曰各本蔽作欺孤憤篇云故人主愈蔽而大臣

愈重語意正同是敝當爲蔽之誤今據治要改而臣必重於下矣。此之謂擅主之臣。國有擅主之臣。則羣下不得盡其智力以陳其忠。百官之吏。不得奉法以致其功矣。先愼曰治要法作令功作力何以明之。夫安利者就之。危害者去之。此人之情也。今爲臣盡力以致功。竭智以陳忠者。其身困而家貧。父子罹其害。爲姦利以弊人主。先愼曰弊讀爲蔽行財貨以事貴重之臣者。身尊家富。父子被其澤。人焉能去安利之道。而就危害之處哉。治國若此其過也。而上欲下之無姦。吏之奉法。其不可得亦明矣。故左右知貞信之不可以得安利也。先愼曰利字涉上文而衍下知方正之不可以得安也知詐僞之不可以得安也並無利字卽其證必曰我以忠信事上。積功勞而求安。是猶盲而欲知黑白之情。必不幾矣。先愼曰解老篇目不能決黑白之色則謂之盲此情字當作色若以道化行正理。不趨富貴。事上而求安。先愼曰化疑術之誤事上二字當在行正理上若以道術事上與上我以忠信事上相對是猶聾而欲審清濁之聲也。愈不幾矣。二者不可以得安。王渭曰句絕我安能無相比周。蔽主上。爲姦私。以適重人哉。此必不顧人主之義矣。其百官之吏。亦知方正之不可以得安也。顧廣圻曰道藏本脫止不字按此乃乾道本之第七八兩葉也藏本出於乾道本可知矣必曰我以清廉事上而求安。若無規矩而欲爲方圓也。必不幾矣。若以守法不朋黨治官而求安。是猶以足搔頂也。愈不幾也。先愼曰也當作矣二者不可以得安。能無廢法行私以適重人哉。顧廣圻曰人上當有我字此必不顧君上之法矣。故以私爲重人者衆。盧文弨曰人藏本作臣而以法事君者少矣。是以主孤於上。而臣成黨於下。此田成之所以弑簡公者也。夫有術者之爲人臣也。得效度數之言。上明主法。下困姦臣。以尊主安國者也。兪樾曰得字衍文此論有術者之爲人臣其道如此非論得不得也蓋涉下文度數之言得效於前而衍是以度數之言。得效于前。則賞罰必用于後矣。人主誠明於聖人之術。而不苟於世俗之言。先愼曰苟當作徇形近而誤循名實而定是非。因參驗而審言辭。是以左右近習之臣。知僞詐之不可以得安也。必曰我不去姦私之行。盡力竭智以事主。而乃以相與比周。先愼曰依下文而字當衍妄毀譽以求安。是猶負千鈞之重。陷於不測之淵。而求生也。必不幾矣。百官之吏。亦知爲姦利之不可以得安也。必曰我不以清廉方正奉法。乃以貪污之心。枉法以取私利。是猶上高陵之巔。墮峻谿之下。而求生。先愼曰依上文當有也字必不幾矣。安危之道。若此其明也。左右安能以虛言惑主。而百官安敢以貪漁下。是以臣得陳其忠而不弊。顧廣圻曰藏本今本弊作蔽下得守其職而不怨。此管仲之所以治齊。而商君之所以強秦也。從是觀之。則聖人之治國也。固有使人不得不愛我之道。而不恃人之以愛爲我也。兪樾曰不得不愛我當作不得不爲我涉下句而誤耳下文云恃吾不可不爲者安矣不可不爲卽不得不爲也又曰明主者使天下不得不爲己視天下不得不爲己聽此使人不得不爲我之義也可據以訂正先愼曰兪說是恃人之以愛爲我者危矣。先愼曰乾道本無爲字盧文弨云淩本有藏本張本倒作爲愛譌今據淩本增恃吾不可不爲者安矣。夫君臣非有骨肉之親。正直之道。可以得利。先愼曰利當作安下云不可以得安正反對得安而言卽其證則臣盡力以事主。正直之道。不可以得安。則臣行私以干上。明主知之。故設利害之道。以示天下而已矣。夫是以人主雖不口教百官。不目索姦衺。而國已治矣。人主者。非目若離婁。乃爲明也。非耳若師曠。乃爲聰也。不任其數。（先愼曰各本不上有目必二字盧文弨云目必二字疑衍先愼案治要無今據删）而待目以爲明。所見者少矣。非不弊之術也。（先愼曰治要弊作蔽二字本書通用）不因其勢。（先愼曰各道本不上有耳必二字因作固盧文弨云藏本張本皆無耳必二字顧廣圻云藏本今本固作因先愼案政要亦無耳必二字固作因今據删改）而待耳以爲聽。所聞者寡矣。非不欺之道也。明主者。使天下不得不爲已視。使天下不得不爲已聽。（先愼曰各本無下使字據治要增）故身在深宮之中。而明照四海之內。（先愼曰治要無而字）而天下弗能蔽弗能欺者。何也。闇亂之道廢。而聰明之勢興也。故善任勢者國安。不知因其勢者國危。古秦之俗。君臣廢法而服私。是以國亂兵弱而主卑。商君說秦孝公以變法易俗。而明公道。賞告姦。（先愼曰史記衞鞅傳告姦者與斬敵首同賞）困末作而利本事。（先愼曰末作工商也本事耕織也衞鞅傳事末利及怠而貧者舉以爲收孥大小僇力本業耕織致粟帛多者復其身故末作因而本事利）當此之時。秦民習故俗之有罪可以得免。無功可以得尊顯也。故輕犯新法。於是犯之者其誅重而必。告之者其賞厚而信。故姦莫不得。而被刑者衆。民疾怨而衆過日聞。（顧廣圻曰衆字衍先愼曰衆當作罪涉上文而誤）孝公不聽。遂行商君之法。民後知有罪之必誅。而私姦者衆也。（顧廣圻曰私下當有告字先愼曰商君之法賞告姦則告姦非私也私即告之誤）故民莫犯。其刑無所加。是以國治而兵強。地廣而主尊。此其所以然者。匿罪之罰重。而告姦之賞厚也。此亦使天下必爲已視聽之道也。至治之法術已明矣。而世學者弗知也。且夫世之愚學。皆不知治亂之情。（先愼曰情實也）讘䛟多誦先古之書。以亂當世之治。（先愼曰說文讘多言也唊妄語也此䛟字當作唊言愚學溺於所聞妄談治亂誦說先古之書使人主聞之不敢變法而理）智慮不足以避穽井之陷。（顧廣圻曰句有誤先愼曰穽井當作井穽韓詩外傳五云兩瞽相扶不陷井穽則其幸也作井穽是其證禮記人皆曰予知驅而納諸罟擭陷阱之中而莫知避也即智慮不足以避陷穽義）又妄非有術之士。（先愼曰乾道本無非字顧廣圻云藏本今本有非字今據補）聽其言者危。（先愼曰狃於故習輕犯新法）用其計者亂。（先愼曰法古循禮不敢變更）此亦愚之至大。而患之至甚者也。俱與有術之士。（先愼曰與讀若爲禮記內則小切之與稻末周禮醢人注作小切之爲稻米是其證此言世之愚學與法術之士皆名爲有術之士而其實不同也）有談說之名。而實相去千萬也。（先愼曰乾道本相作於顧廣圻云藏本今本於作相今據改）此夫名同而實有異者也。夫世愚學之人。比有術之士也。猶螘垤之比大陵也。其相去遠矣。而聖人者。審於是非之實。察於治亂之情也。故其治國也。正明法。陳嚴刑。將以救羣生之亂。去天下之禍。使強不陵弱。衆不暴寡。耆老得遂。幼孤得長。邊境不侵。君臣相親。父子相保。而無死亡係虜之患。（先愼曰趙本係作繫盧文弨云藏本張本繫作係案二字古通）此亦功之至厚者也。愚人不知。顧以爲暴。愚者固欲治而惡其所以治。（先愼曰依下文治下當有者字）皆惡危而喜其所以危者。何以知之。夫嚴刑重罰者。民之所惡也。而國之所以治也。哀憐百姓。輕刑罰者。民之所喜。而國之所以危也。聖人爲法國者。必逆於世。（顧廣圻曰國者當作者固者句絕固下屬藏本聖上有故字非也）而順於道德。知之者同於義而異於俗。弗知之者異於義而同於俗。天下知之者少。則義非矣。處非道之位。被衆口之譖。

滯於當世之言。而欲當嚴天子而求安。幾不亦難哉。顧廣圻曰幾當在難字下此夫智士所以至死而不顯於世者也。盧文弨曰藏本無而字楚莊王之弟春申君。顧廣圻曰與楚世家春申君列傳皆不合有愛妾曰余。春申君之正妻子曰甲。余欲君之棄其妻也。因自傷其身以視君。而泣先愼曰視當作示以示君謂以身受傷之處示君也與下自裂其親身之裏以示君同義下正作示明此視爲示之譌曰得爲君之妾甚幸。雖然。適夫人非所以事君也。適君非所以事夫人也。身故不肖。力不足以適二主。其勢不俱適。與其死夫人所者。不若賜死君前。妾以賜死。先愼曰以當作不謂不賜妾死也若復幸於左右。願君必察之。無爲人笑。君因信妾余之詐。爲棄正妻。余又欲殺甲。而以其子爲後。因自裂其親身衣之裏以示君。而泣曰。余之得幸君之日久矣。甲非弗知也。今乃欲強戲余。余與爭之。至裂余之衣。而此子之不孝。莫大於此矣。君怒而殺甲也。故妻以妾余之詐棄。而子以之死。從是觀之。父之愛子也。猶可以毀而害也。先愼曰乾道本以下無毀字藏本父上有夫字盧文弨云毀字脫淩本有俞樾云以字衍文可而即可以也此文本云父之愛子也猶可而害也後人不達古語於而上又增入以字則不可通矣先愼按淩本作猶可以毀而害也是也下文羣臣之毀言非特一妾之口也即蒙此句明各本脫毀字俞氏據誤本勢不得不刪字以就已說今據淩本補

君臣之相與也。非有父子之親也。而羣臣之毀言。非特一妾之口也。何怪夫賢聖之戮死哉。此商君之所以車裂於秦。而吳起之所以枝解於楚者也。先愼曰釋名車裂曰轘轘散也肢體分散也是二子皆受轘死各國名刑不同韓非亦因而稱之耳枝當作支

凡人臣者。有罪固不欲誅。無功者皆欲尊顯。而聖人之治國也。賞不加於無功。而誅必行於有罪者

也。然則有術數者之爲人也。顧廣圻曰藏本今本人下有臣字先愼曰人下當有主字爲音于僞反固左右姦臣之所害。非明主弗能聽也。世之學術者說人主。不曰乘威嚴之勢。以困姦衺之臣。而皆曰仁義惠愛而已矣。世主美仁義之名。而不察其實。是以大者國亡身死。小者地削主卑。何以明之。夫施與貧困者。先愼曰乾道本無與字盧文弨云與字脫一本有先愼按有與字是也下有與字即其證今依拾補增此世之所謂仁義。哀憐百姓。不忍誅罰者。此世之所謂惠愛也。夫有施與貧困。顧廣圻曰當衍有字則無功者得賞。不忍誅罰。則暴亂者不止。國有無功得賞者。則民不外務當敵斬首。顧廣圻曰不外當作外不內不急力田疾作。皆欲行貨財。事富貴。爲私善。立名譽。以取尊官厚俸。故姦私之臣愈衆。而暴亂之徒愈勝。不亡何待。夫嚴刑者。民之所畏也。先愼曰乾道本無刑字顧廣圻云藏本今本嚴下有刑字先愼按嚴刑重罰相對明此脫今據補重罰者。民之所惡也。故聖人陳其所畏。以禁其衺。設其所惡。以防其姦。是以國安而暴亂不起。吾以是明仁義愛惠之不足用。而嚴刑重罰之可以治國也。無捶策之威。銜橛之備。雖造父不能以服馬。無規矩之法。繩墨之端。雖王爾不能以成方圓。無威嚴之勢。賞罰之法。雖堯舜不能以爲治。今世主皆輕釋重罰嚴誅。行愛惠。而欲霸王之功。亦不可幾也。盧文弨曰藏本無欲字故善爲主者。明賞設利以勸之。使民以功賞而不以仁義賜。嚴刑重罰以禁之。使民以罪誅而不以愛惠免。是以無功者不望。而有罪者不幸矣。託於犀車良馬之上。（顧廣圻曰犀字未詳俞樾曰顧氏偶失考耳漢書馮奉世傳注引晉灼云犀堅也然則犀車良馬即堅車良馬矣吳子應變篇云車堅馬良是其義也）則可以陸犯阪阻之患。乘舟之安。持檝之利。則可以水絕江河之難。（先慎曰趙本水誤永）操法術之數。行重罰嚴誅。則可以致霸王之功。治國之有法術賞罰。猶若陸行之有犀車良馬也。水行之有輕舟便檝也。乘之者遂得其成。伊尹得之湯以王。管仲得之齊以霸。商君得之秦以彊。此三人者。皆明於霸王之術。察於治彊之數。而不以牽於世俗之言。適當世明主之意。則有直任布衣之士。立爲卿相之處。（盧文弨曰處凌本作功）處位治國。則有尊主廣地之實。此之謂足貴之臣。湯得伊尹。以百里之地。立爲天子。桓公得管仲。立爲五霸主。九合諸侯。一匡天下。孝公得商君。地以廣。兵以彊。故有忠臣者。（先慎曰乾道本無臣字盧文弨云臣字脫凌本有先慎按有臣字是下所謂忠臣也即承此今據補）外無敵國之患。內無亂臣之憂。長安於天下。而名垂後世。所謂忠臣也。若夫豫讓爲智伯臣也。上不能說人主。使之明法術度數之理。以避禍難之患。（先慎曰乾道本人字在使字下顧廣圻云藏本今本人字在主字上今據改）下不能領御其衆。以安其國。及襄子之殺智伯也。豫讓乃自黔劓。（盧文弨曰黔藏本張本作黚本當作鉗顧廣圻曰當作黥先慎曰顧說是書呂刑爰始淫爲劓刵椓黥黥劓刑在面趙策所謂自刑以變其容也）敗其形容。以爲智伯報襄子之仇。是雖有殘刑殺身以爲人主之名。（先慎曰刑當作形）而實無益於智伯。若秋毫之末。此吾之所下也。而世主以爲忠而高之。古有伯夷叔齊者。武王讓以天下而弗受。二人餓死首陽之陵。若此臣者。

先愼曰乾道本無者字盧文弨云淩本有者字今據補 不畏重誅。不利重賞。不可以罰禁也。不可以賞使也。此之謂無益之臣也。吾所少而去也。而世主之所多而求也。

諺曰厲憐王。顧廣圻曰乾道本藏本提行今本連前誤戰國策以此至末可也皆作孫子爲書謝春申君韓詩外傳同 此不恭之言也。雖然。古無虛諺。不可不察也。此謂劫殺死亡之主言也。先愼曰謂讀爲爲殺策作弒 人主無法術以御其臣。先愼曰乾道本無主字盧文弨云主字脫淩本有先愼按楚策韓詩外傳皆有今據補 雖長年而美材。盧文弨曰美材藏本張本作材美 大臣猶將得勢擅事主斷。而各爲其私急。而恐父兄豪傑之士借人主之力。以禁誅於已也。先愼曰父兄謂側室公子人主之所親愛也見八姦篇豪傑之士即上所云有術之士 故弒賢長而立幼弱。廢正的而立不義。盧文弨曰弒外傳作捨顧廣圻曰藏本的作適是也策外傳皆作適 故春秋記之曰。楚王子圍將聘於鄭。未出境。聞王病而反。因入問病。以其冠纓絞王而殺之。遂自立也。先愼曰事見左昭元年傳 齊崔杼。其妻美。而莊公通之。數如崔氏之室。及公往。崔子之徒賈舉。率崔子之徒而攻公。公入室。先愼曰左襄二十五年傳作臺 請與之分國。崔子不許。公請自刃於廟。崔子又不聽。公乃走。踰於北牆。先愼曰北策外傳作外 賈舉射公。中其股。公墜。崔子之徒以戈斫公而死之。而立其弟景公。近之所見。盧文弨曰之外傳作世 李兌之用趙也。餓主父百日而死。先愼曰事互見喻老篇 卓齒之用齊也。顧廣圻曰藏本今本卓作淖策外傳皆作淖今按卓淖同字乾道本未嘗誤改者非也古今人表淖齒師古曰淖或作卓先愼曰御覽三百七十五引作淖 擢湣王之筋。懸之廟梁。先愼曰湣策外傳作閔御覽引亦作閔 宿昔而死。先愼曰宿昔策作宿夕 故厲雖癕腫疕瘍。上比於春秋。未至於絞頸射股也。先愼曰乾道本無射字顧廣圻云藏本今本股上有射字策外傳有今據增 下比於近世。顧廣圻曰藏本同今本近世作近臣誤 未至餓死擢筋也。顧廣圻曰藏本同今本至下有於字饑作餓策作未至擢筋而餓死也外傳無而字餘同

故劫殺死亡之君。此其心之憂懼。形之苦痛也。必甚於厲矣。先愼曰乾道本無於字盧文弨云於字脫藏本張本有外傳同先愼據策有於字今據補 由此觀之。雖厲憐王可也。

韓非子集解卷五

亡徵第十五

凡人主之國小而家大。權輕而臣重者。可亡也。簡法禁而務謀慮。荒封內而恃交援者。可亡也。羣臣爲學。門子好辯。商賈外積。小民內困者。可亡也。先愼曰乾道本內困作右仗盧文弨云右仗淩本作內困今據改 好宮室臺榭陂池。事車服器玩好。顧廣圻曰句絕器下當有脫字 罷露百姓。煎靡貨財者。可亡也。先愼曰露當作路羸也呂氏春秋不屈篇士民罷路 用時日。事鬼神。信卜筮。而好祭祀者。可亡也。聽以爵。不以衆言參驗。先愼曰乾道本不以衆言四字作以待二字盧文弨云一本作不以衆言顧廣圻云今本下以字作不先愼案謂聽以爵之尊卑不參驗衆言得失今據盧校改 用一人爲門戶者。可亡也。官職可以重求。爵祿可以貨得者。可亡也。先愼曰八姦篇財利多者買官以爲貴有左右之交者請謁以成重此亡國之風也卽此意 緩心而無成。先愼曰乾道本而無作無而顧廣圻云藏本今本無而作而無今據乙 柔茹而寡斷。好惡無決。而無所定立者。可亡也。饕貪而無饜。近利而好得者。可亡也。喜淫刑而不周於法。先愼曰乾道本無刑字盧文弨云淩本淫下有刑字顧廣圻云淫淫辭也見本書存韓篇又呂氏春秋審應覽有淫辭義同皆可證也別本於此淫下妄加刑字乃誤之甚者凡別本異同大率類此故略不復載先愼案訓淫爲淫辭已嫌添設且與下言辯說無別顧說非也喜淫刑與下好辯說對文不當少一字今依淩本增 好辯說而不求其用。濫於文麗而不顧其功者。可亡也。淺薄而易見。漏泄而無藏。不能周密而通羣臣之語者。可亡也。很剛而不和。盧文弨曰很藏本作佷 愎諫而好勝。不顧社稷而輕爲自信者。可亡也。恃交援而簡近鄰。怙強大之救而侮所迫之國者。可亡也。羈旅僑士重帑在外。上閒謀計。下與民事者。可亡也。民信其相。下不能其上。主顧廣圻曰句有誤俞樾曰民下脫不字民不信其相下不能其上兩文相對民所不信下所不能而人主弗能廢故曰可亡也愛信之而弗能廢者。可亡也。境內之傑不事。而求封外之士。不以功伐課試。而好以名問舉錯。羈旅起貴以陵故常者。可亡也。輕其適正。庶子稱衡。太子未定。而主即世者。可亡也。大心而無悔。國亂而自多。不料境內之資。而易其鄰敵者。可亡也。國小而不處卑。力少而不畏強。無禮而侮大鄰。貪愎而拙交者。可亡也。太子已置。而娶於強敵以爲后妻。則太子危。如是則羣臣易慮者。可亡也。顧廣圻曰藏本今本重羣臣易慮怯懾而弱守。蚤見而心柔懦。知有謂可。斷而弗敢行者。可亡也。盧文弨曰謂字衍淩本無顧廣圻曰知有謂可四字爲一句出君在外。而國更置。先慎曰乾道本無更字顧廣圻云藏本今本國下有更字今據補質太子未反。而君易子。如是則國攜。國攜者。可亡也。挫辱大臣。而狎其身。刑戮小民。而逆其使。顧廣圻曰民當作人逆當作近按此言近刑人也懷怒思恥而專習。則賊生。先慎曰習字疑誤未詳所當作賊生者。可亡也。大臣兩重。父兄衆強。內黨外援。以爭事勢者。可亡也。婢妾之言聽。愛玩之智用。外內悲惋。而數行不法者。可亡也。簡侮大臣。無禮父兄。勞苦百姓。殺戮不辜者。可亡也。好以智矯法。時以行襍公。顧廣圻曰藏本同今本行作私誤按簡行而貴公者韓子之家法也法禁變易。號令數下者。可亡也。無地固。盧文弨曰無地一本倒城郭惡。無畜積。財物寡。無守戰之備。而輕攻伐者。可亡也。種類不壽。先慎曰楚語臣能自壽也注壽保也主數卽世。先愼曰數音色各反嬰兒爲君。大臣專制。樹羈旅以爲黨。數割地以待交者。可亡也。太子尊顯。徒屬衆強。多大國之交。而威勢蚤具者。可亡也。變褊而心急。先愼曰拾補變作偏盧文弨云一作彎顧廣圻云藏本同今本變作偏誤按當作彎形相近俞樾云變當讀爲辯說文心部辯一曰急也是與褊同義作變者聲近段借也易文言傳由辯之不早辯也釋文辯荀作變孟子告子篇萬鍾則不辨禮義而受之音義引丁音云辨本作變皆其例矣輕疾而易動發。顧廣圻曰六字爲一句心悁忿而不訾前後者。可亡也。顧廣圻曰心當作必先愼曰訾量也主多怒而好用兵。簡本教而輕戰攻者。可亡也。先愼曰乾道本教上有欲字顧廣圻云藏本今本無欲字今據刪貴臣相妬。盧文弨曰臣各本皆作人大臣隆盛。外藉敵國。內困百姓。以攻怨讎。而人主弗誅者。可亡也。君不肖而側室賢。先愼曰八姦篇云何謂父兄曰側室公子是側室卽君之父兄行也太子輕而庶子伉。官吏弱而人民桀。如此則國躁。國躁者。可亡也。藏怒而弗發。先愼曰乾道本怒作怨顧廣圻云藏本今本怨作怒今據改懸罪而弗誅。使羣臣陰憎而愈憂懼。而久未可知者。可亡也。出軍命將太重。邊地任守太尊。專制擅命。徑爲而無所請者。可亡也。后妻淫亂。主母畜穢。外內混通。男女無別。是謂兩主。兩主者。可亡也。后妻賤而婢妾貴。太子卑而庶子尊。相室輕而典謁重。如此則內外乖。內外乖者。可亡也。大臣甚貴。偏黨衆強。壅塞主斷。而重擅國者。可亡也。私門之官用。馬府之世。軍馬之府立功者也○顧廣圻曰藏本同今本世下有絀字按世下脫字未詳其所當作鄉曲之善舉。官職之勞廢。貴私行而賤公功者。可亡也。公家虛而大臣實。正戶貧而寄寓富。耕戰之士困。末作之民利者。可亡也。見大利而不趨。聞禍端而不備。淺薄於爭守之事。而務以仁義自飾者。可亡也。不爲人主之孝。而慕匹夫之孝。不顧社稷之利。而聽主母之令。女子用國。刑餘用事者。可亡也。辭辯而不法。心智而無術。主多能而不以法度從事者。可亡也。親臣進而故人退。（先愼曰親讀爲新）不肖用事而賢良伏。無功貴而勞苦賤。如是則下怨。下怨者。可亡也。父兄大臣。祿秩過功。章服侵等。宮室供養太侈。（先愼曰張榜本趙本太作大字同）而人主弗禁。則臣心無窮。臣心無窮者。可亡也。公壻公孫與民同門。暴慠其鄰者。可亡也。（先愼曰趙本慠作傲說文傲倨也从人敖聲古本作敖通作慠釋文禮記樂記傲僻字又作敖左襄二十年傳大夫敖本又作慠是其證盧文弨拾補慠下旁注傲字云藏本作慠下張本多同）亡徵者。非曰必亡。（盧文弨曰一本有也字）言其可亡也。夫兩堯不能相王。兩桀不能相亡。亡王之機。必其治亂其強弱相踦者也。（先愼曰下其字疑衍）木之折也必通蠹。牆之壞也必通隙。然木雖蠹。無疾風不折。牆雖隙。無大雨不壞。萬乘之主。有能服術行法。以爲亡徵之君風雨者。其兼天下不難矣。

三守第十六

人主有三守。三守完。則國安身榮。三守不完。則國危身殆。何謂三守。人臣有議當途之失。用事之過。舉臣之情。（王先謙曰舉臣猶言衆臣若後世言舉朝之比）人主不心藏而漏之近習能人。（先愼曰能人解見有度篇）使人臣之欲有言者。不敢不下適近習能人之心。而乃上以聞人主。然則端言直道之人不得見。而忠直日疏。（先愼曰是守之不完者一也）愛人不獨利也。待譽而後利之。憎人不獨害也。待非而後害之。然則人主無威。而重在左右矣。先慎曰是守之不完者又其一也 惡自治之勞。憚使羣臣輻湊用事。先慎曰乾道本用事作之變顧廣圻云今本之變作用事今據改 因傳柄移藉。使殺生之機奪予之要在大臣。如是者侵。先慎曰是又其守之不完也 此謂三守不完。三守不完則劫殺之徵也。凡劫有三。有明劫。有事劫。有刑劫。人臣有大臣之尊。外操國要以資羣臣。使外內之事非已不得行。雖有賢良。逆者必有禍。而順者必有福。然則羣臣莫敢忠主憂國以爭社稷之利害。先慎曰乾道本羣臣下有直字顧廣圻云藏本今本無直字按直當作且先慎案無直字是今據刪 人主雖賢。不能獨計。而人臣有不敢忠主。則國爲亡國矣。此謂國無臣。國無臣者。豈郎中虛而朝臣少哉。羣臣持祿養交。行私道而不效公忠。此謂明劫。鬻寵擅權。矯外以勝內。險言禍福得失之形。以阿主之好惡。人主聽之。卑身輕國以資之。事敗與主分其禍。而功成則臣獨專之。諸用事之人。壹心同辭以語其美。先慎曰壹趙本作一 則主言惡者。必不信矣。顧廣圻曰主謂爲主首也與初見秦篇主謀義同 此謂事劫。至於守司囹圄。禁制刑罰。人臣擅之。此謂刑劫。三守不完。則三劫者起。三守完。則三劫者止。三劫止塞。則王矣。先慎曰拾補止塞下旁注者止二字盧文弨云張本止塞別本多同顧廣圻云藏本同今本止塞作者止

備內第十七

人主之患在於信人。信人則制於人。人臣之於其君。非有骨肉之親也。

縛於勢而不得不事也。故爲人臣者。窺覘其君心也無須臾之休。而人主怠慠處其上。此世所以有劫君弒主也。爲人主而大信其子。則姦臣得乘於子以成其私。故李兌傅趙王而餓主父。爲人主而大信其妻。則姦臣得乘於妻以成其私。故優施傅麗姬殺申生而立奚齊。夫以妻之近與子之親而猶不可信。則其餘無可信者矣。且萬乘之主。千乘之君。后妃夫人適子爲太子者。或有欲其君之蚤死者。何以知其然。夫妻者非有骨肉之恩也。先慎曰恩疑親之誤上下文並作骨肉之親卽其證 愛則親。不愛則疏。語曰。其母好者其子抱。然則其爲之反也。其母惡者其子釋。丈夫年五十而好色未解也。婦人年三十而美色衰矣。以衰美之婦人事好色之丈夫。則身死見疏賤。顧廣圻曰藏本今本無死字按以下句例之此字當作疑下又云而擅萬乘不疑相承也先慎曰顧說是也 而子疑不爲後。此后妃夫人之所以冀其君之死者也。唯母爲后而子爲主。則令無不行。禁無不止。男女之樂不減於先君。而擅萬乘不疑。此鴆毒扼昧之所以用也。扼昧謂暗中絞縊也 故桃左春秋曰。顧廣圻曰藏本桃作挑案皆未詳俞樾曰左疑兀字之誤桃兀蓋卽檮兀之異文楚之檮兀亦有春秋之名楚語申叔時所謂教之春秋是也故謂之檮兀春秋矣 人主之疾死者不能處半。人主弗知。則亂多資。故曰。利君死者衆則人主危。故王良愛馬。越王勾踐愛人。爲戰與馳。醫善吮人之傷。先慎曰御覽七百二十四初學記二十引傷作腸 含人之血。非骨肉之親也。利所加也。先慎曰御覽初學記引利下有之字 故輿人成輿。則欲人之富貴。匠人成棺。則欲人之夭死也。非輿人仁而匠人賊也。人不貴則輿不售。人不死則棺不買。情非憎人也。利在人之死也。故后妃夫人太子之黨成。而欲君之死也。君不死則勢不重。情非憎君也。利在君之死也。故人主不可以不加心於利己死者。故日月暈圍於外。顧廣圻曰國策趙四有此下四句暈圍作暉謀當依此訂 其賊在內。備其所憎。禍在所愛。是故明王不舉不參之事。盧文弨曰王藏本作主 不食非常之食。遠聽而近視。以審內外之失。先愼曰拾補內外作外內盧文弨云倒今從張本淩本先愼案乾道本未誤 省同異之言以知朋黨之分。偶參伍之驗。先愼曰拾補參下旁注三字盧文弨云三淩本作參顧廣圻云今本作三 以責陳言之實。執後以應前。按法以治衆。衆端以參觀。衆事之端皆相參而觀之○盧文弨曰注張本作皆相觀而參之舊脫皆字之字先愼曰趙本無皆之二字 士無幸賞。顧廣圻曰句絕 無踰行。顧廣圻曰藏本同今本重賞字誤按本書南面篇云雖有賢行不得踰功而先勞即此無踰行之意 殺必當罪不赦。盧文弨曰當字下淩本有罪有二字 則姦邪無所容其私矣。先愼曰乾道本無矣字顧廣圻云藏本今本私下有矣字今按此與徭役多不相接私字下當有脫文先愼案矣字當有今據補 徭役多則民苦。民苦則權勢起。權勢起則復除重。趙用賢曰謂權勢之人得爲民復除重役也先愼曰趙說非也重字承權勢而言下云下無重權即其證復除徭役則苦民歸心故其權勢重也 復除重則貴人富。苦民以富貴人。起勢以藉藉假借也人臣。先愼曰下云偏借其權勢即此義 非天下長利也。故曰。徭役少則民安。民安則下無重權。下無重權則權勢滅。權勢滅則德在上矣。今夫水之勝火亦明矣。然而釜鬵閒之。盧文弨曰鬵張本作鬲下同 水煎沸竭盡其上。而火得熾盛焚其下。水失其所以勝者矣。今夫治之禁姦。又明於此。先愼曰乾道本無於字顧廣圻云藏本今本明下有於字今據補 然守法之臣。爲釜鬵之行。則法獨明於胸中。而已失其所以禁姦者矣。上古之傳言。春秋所記。犯法爲逆以成大姦者。未嘗不從尊貴之臣也。而法令之所以備。先愼曰乾道本而上有然字盧文弨云然字衍張凌本無今據刪 刑罰之所以誅。常於卑賤。是以其民絕望。無所告愬。大臣比周。蔽上爲一。陰相善而陽相惡。以示無私。相爲耳目。以候主隙。人主掩蔽。無道得聞。有主名而無實。臣專法而行之。周天子是也。偏借其權勢。則上下易位矣。此言人臣之不可借權勢也。也○顧廣圻曰此十一字乃舊注誤入正文乾道本以末也字作旁注是其迹之未盡泯者先愼曰疑權勢下有脫文校者因旁注也字以完此句

南面第十八

人主之過。在已任在臣矣。顧廣圻曰當衍任下在字 又必反與其所不任者備之。先愼曰衛嗣君貴薄疑以敵如耳是也見七術篇 此其說必與其所任者爲讎。而主反制於其所不任者。先愼曰是恐爲任者所制而反制於不任者故聽不任者之言以絀前之所任者 今所與備人者。且曩之所備也。人主不能明法而以制大臣之威。顧廣圻曰當衍而字以十二字爲一句 無道得小人之信矣。顧廣圻曰藏本今本人作臣 人主釋法而以臣備臣。則相愛者比周而相譽。相憎者朋黨而相非。先愼曰意林非作誹下同 非譽交爭。則主惑亂矣。先愼曰意林無亂字 人臣者。非名譽請謁無以進取。非背法專制無以爲威。非假於忠信無以不禁。僞爲忠信然後不禁 三者。惛主壞法之資也。人主使人臣。雖有智能不得背法而專制。雖有賢行不得踰功而先勞。雖有忠信不得釋法而不禁。王先謙曰不以無心之過爲解而不加罪 此之謂明法。

人主有誘於事者。先愼曰舊連上顧廣圻云當以此句提行今從之有壅於言者。二者不可不察也。人臣易言事者。顧廣圻曰句絕少索資。以事誣主。顧廣圻曰少索資疑以事誣主句藏本同今本少作必誤俞樾曰誣字無義疑誘字之誤下云主誘而不察因而多之卽承此而言蓋先少索資而以事誘其主主既爲其所誘乃因而多之也王先謙曰少索資矯爲廉讓廣雅釋詁誣欺也俞說非下乃言誘也主誘而不察。因而多之。王先謙曰多猶言賢之則是臣反以事制主也。如是者謂之誘。顧廣圻曰誘下當有於事二字誘於事者困於患。王先謙曰言如此者必爲憂患所困其進言少。其退費多。雖有功。其進言不信。王先謙曰下云出大費而成小功也如此者謂之進言不信不信者有罪。事有功者必賞。盧文弨曰不上脫夫字淩本有有上事字衍淩本無顧廣圻曰事有功者必賞當作事雖有功不賞先愼曰顧說是下云事雖有功必伏其罪卽其證淩本不審而妄改不可從則羣臣莫敢飾言以惛主。主道者。先愼曰謂爲主之道使人臣前言不復於後。後言不復於前。事雖有功。必伏其罪。謂之任下。先愼曰人主之患在於任臣然以言責事以事責功不專任一臣凡下之人皆得而任之故謂之任下人臣爲主設事而恐其非也。則先出說設言曰。議是事者。妬事者也。人主藏是言。不更聽羣臣。羣臣畏是言。不敢議事。二勢者用。王先謙曰二勢者主拒諫臣緘默兩有必然之勢則忠臣不聽而譽臣獨任。如是者謂之壅於言。壅於言者制於臣矣。主道者。使人臣有必言之責。先愼曰乾道本有必作必有盧文弨云必有倒張本作有必淩本作知有先愼案張本是今據改又有不言之責。言無端末。辯無所驗者。此言之責也。以不言避責持重位者。此不言之責也。人主使人臣言者必知其端以責其實。先愼曰依上下文端下當有末字不言者必問其取舍以爲之責。顧廣圻曰藏本同今本責作資誤則人臣莫敢妄言矣。又不敢默然矣。言默則皆有責也。人主欲爲事。不通其端末。而以明其欲。王先謙曰明其欲者羣下之意同曉然於主心有爲之者。顧廣圻曰藏本同今本之下有意字誤 其爲不得利。必以害反。知此者任理去欲。舉事有道。計其入多其出少者。可爲也。惑主不然。計其入。不計其出。出雖倍其入。不知其害。則是名得而實亡。如是者功小而害大矣。凡功者。其入多。其出少。乃可謂功。今大費無罪。而少得爲功。則人臣出大費而成小功。小功成而主亦有害。

不知治者。先愼曰舊連上顧廣圻云當以此句提行今從之 必曰無變古。毋易常。變與不變。聖人不聽。正治而已。然則古之無變。常之毋易。在常古之可與不可。伊尹毋變殷。太公毋變周。則湯武不王矣。管仲毋易齊。郭偃毋更晉。先愼曰郭偃墨子所染篇作高偃高與郭一聲之轉左傳作卜偃韋杜注晉掌卜大夫 則桓文不霸矣。凡人難變古者。憚易民之安也。夫不變古者。襲亂之迹。適民心者。恣姦之行也。民愚而不知亂。上懦而不能更。是治之失也。人主者。明能知治。嚴必行之。故雖拂於民心。顧廣圻曰逗 立其治。顧廣圻曰藏本今本心作必按拂於民心與上適民心相對唯乾道本爲未誤先愼曰乾道本脫必字藏本趙本脫心字耳當作拂於民心必立其治顧氏知拂民心與適民心相對而不知必立其治與嚴必行之又相承也 說在商君之內外。而鐵殳重盾而豫戒也。故郭偃之始治也。文公有官卒。管仲始治也。桓公有武車。戒民之備也。先愼曰管仲下當有之字與上句相對 是以愚贛窳墯之民。盧文弨曰以下多不可曉疑有脫誤先愼曰乾道本愚作遇顧廣圻云藏本同今本贛作戇墯作惰按贛或省字也乾道本愚作遇譌今據改 苦小費而忘大利也。顧廣圻曰逗 故夤虎受阿謗。顧廣圻曰句 而輾小變而失長便。顧廣圻曰逗按輾字有誤未詳所當作 故鄒賈非載旅。顧廣圻曰句 狎習於亂而容於治。顧廣圻曰逗 故鄭人不能歸。顧廣圻曰句絕按此皆未詳自上文說在商君云云以下句例全與本書內儲說七術六微外儲說左右四篇之經相同必韓子此下尙有其說亦如四篇之說者而今佚之耳先愼曰顧說是外儲說左下鄭縣人賣豚人問其價曰道遠日暮安暇語汝當卽鄭人不能歸佚文

飾邪第十九

鑿龜數筴。兆曰大吉。而以攻燕者。趙也。鑿龜數筴。兆曰大吉。而以攻趙者。燕也。劇辛之事燕。無功而社稷危。顧廣圻曰史記趙世家悼襄王三年龐煖將攻燕禽其將劇辛卽其事詳見燕世家 鄒衍之事燕。無功而國道絕。顧廣圻曰未詳 趙代先得意於燕。後得意於齊。先愼曰乾道本後下無得字王渭云當衍代字顧廣圻云藏本今本後下有得字今據補按趙世家四年移攻齊取饒安卽其事也 國亂節高。顧廣圻曰藏本同今本節作飾誤十過篇其行矜而意高非他時之節也卽此節高之義 自以爲與秦提衡。先愼曰世家悼襄王四年龐煖將趙楚魏燕之銳師攻秦蕞不拔 非趙龜神而燕龜欺也。趙又嘗鑿龜數筴而北伐燕。將劫燕以逆秦。兆曰大吉。始攻大梁。而秦出上黨矣。先愼曰攻出二字互譌 兵至釐。而六城拔矣。至陽城。秦拔鄴矣。顧廣圻曰世家九年攻燕取貍陽城兵未罷秦攻鄴拔之又年表云秦拔我閼與鄴取九城卽其事也 龐援揄兵而南。則鄣盡矣。盧文弨曰龐援卽龐煖亦作龐涓顧廣圻曰援讀爲煖史記燕趙世家漢書人表藝文志皆作煖援煖同字耳南者兵自燕返也 臣故曰。趙龜雖無遠見於燕。且宜近見於秦。秦以其大吉。辟地有實。救燕有有名。顧廣圻曰藏本今本不重有字王渭曰上有字讀爲又 趙以其大吉。地削兵辱。先愼曰乾道本地作利盧文弨云淩本利作地今據改 主不得意而死。先愼曰趙世家悼襄王九年卒 又非秦龜神而趙龜欺也。初時者。魏數年東鄉攻盡陶衞。先愼曰魏安釐王事見有度篇 數年西鄉以失其國。先愼曰魏景湣王事見史表世家 此非豐隆五行太一先愼曰張趙本一作乙字同漢書天文志作泰一 王相攝提六神五括天河殷搶歲星。非數年在西也。先愼曰天

文志歲星所在國不可伐可以伐人數上不當有非字承上此非言下非數年在東也非字亦衍又非天缺弧逆刑星熒惑奎台。非數年在東也。先愼曰天文志熒惑出則有大兵入則兵散周還止息迺爲其死喪寇亂在其野者亡地以戰不勝故曰。龜筴鬼神。不足舉勝。左右背鄉。不足以專戰。然而恃之。愚莫大焉。古者先王盡力於親民。加事於明法。彼法明則忠臣勸。罰必則邪臣止。忠勸邪止。而地廣主尊者。秦是也。羣臣朋黨比周。以隱正道。行私曲。而地削主卑者。山東是也。亂弱者亡。顧廣圻曰四字爲一句下治強者王句同人之性也。治強者王。古之道也。越王勾踐恃大朋之龜。與吳戰而不勝。先愼曰乾道本吳作吾顧廣圻云今本吾作吳按吾吳二字他書亦有相亂者先愼案下均作吳似應一律今據改身臣入宦於吳。顧廣圻曰臣字當衍先愼曰趙本宦作官案作官者蓋以越語與范蠡入宦於吳越絕書請糴內傳外傳記地傳吳越春秋句踐入臣傳改也本書自作宦喻老篇句踐入宦於吳又云越王之霸也不病宦是其證反國棄龜。明法親民以報吳。則夫差爲擒。故恃鬼神者慢於法。恃諸侯者危其國。曹恃齊而不聽宋。齊攻荊而宋滅曹。荊恃吳而不聽齊。越伐吳而齊滅荊。顧廣圻曰二荊字皆當作邪許恃荊而不聽魏。荊攻宋而魏滅許。鄭恃魏而不聽韓。魏攻荊而韓滅鄭。先愼曰乾道本魏攻作攻魏今據藏本今本改王渭云戰國策二作魏攻蔡而鄭亡蔡荊異同未詳孰是顧廣圻云今按魏策四又云伐楡關而韓氏亡鄭皆即其事蔡入楚者也楡關詳見吳師道補正今者韓國小而恃大國。主慢而聽秦。顧廣圻曰當補不字於聽秦上此與上諸不聽相承爲文也先愼曰顧說非也此正言韓聽秦之弊玩下文自知不當以上文爲說魏恃齊荊爲用。而小國愈亡。顧廣圻曰魏上當有脫文此複說上文邪鄭曹許之恃吳魏恃齊荊爲用也故曰而小國愈亡故恃人不足以廣壤。而韓不見也。荊爲攻魏而加兵許鄢。齊攻任扈而削魏。不足目存鄭。顧廣圻曰以上皆有脫誤此荊攻魏削魏當爲不足目存許言之齊攻任扈當爲不足目存曹言之其不足以存鄭當言魏攻也而韓弗知也。此皆不明其法禁以治其國恃外以滅其社稷者也。臣故曰。明於治之數。則國雖小。富。顧廣圻曰則國雖小逗富句絕下文民雖寡逗強句絕國雖大逗兵句絕其句例同先愼曰國雖大兵句讀誤 賞罰敬信。民雖寡。強。賞罰無度。國雖大。兵弱者。地非其地。民非其民也。顧廣圻曰弱者二字逗地非其地民非其民也九字爲一句與上文民雖寡強相對自則國雖小至此今皆失其讀也俞樾曰此言賞罰無紀則國雖大而兵必弱所以然者由地非其地民非其民也文義本甚分明顧氏讀國雖大逗兵句謂與上文國雖小富民雖寡強一律則兵之一字殊不成義而弱者二字屬下讀於義亦未安矣先愼曰俞說是也 無地無民。堯舜不能以王。三代不能以強。人主又以過予。人臣又以徒取。舍法律而言先王以明古之功者。先愼曰乾道本明上無以字古作君盧文弨云淩本有以字君作古今據改 上任之以國。臣故曰。是願古之功。以古之賞。賞今之人也。主以是過予。先愼曰乾道本主以作以主顧廣圻云藏本今本以王作主以先愼案主以是過予臣以此徒取相對成文乾道本誤倒耳今據改 而臣以此徒取矣。主過予。則臣偸幸。先愼曰乾道本臣作人盧文弨云人張本作臣今據改 臣徒取。則功不尊。無功者受賞。則財匱而民望。先愼曰望怨也 財匱而民望。則民不盡力矣。故用賞過者失民。用刑過者民不畏。有賞不足以勸。有刑不足以禁。則國雖大必危。故曰。小知不可使謀事。小忠不可使主法。荆恭王與晉厲公戰鄢陵。荆師敗。恭王傷。酣戰。而司馬子反渴而求飲。其友豎穀陽顧廣圻曰十過篇無其友二字先愼曰他書無以穀陽豎爲子反友者呂覽權勳篇淮南人間訓高誘注豎小使也左傳成十六年杜注穀陽反內豎正義云鄭元云豎未冠之名故杜以爲內豎也友字當爲衍文 奉卮酒而進之。子反曰。去之。此酒也。豎穀陽曰。非也。子反受而飲之。子反爲人嗜酒。甘之。不能絕之於口。醉而臥。恭王欲復戰而謀事。使人召子反。子反辭以心疾。恭王駕而往視之。入幄中。聞酒臭而還。曰。

今日之戰，寡人目親傷，所恃者司馬，司馬又如此，是亡荆國之社稷，而不恤吾衆也，寡人無與復戰矣。顧廣圻曰：十過篇無與字。先愼曰：與字當有，說見十過篇。罷師而去之，斬子反以爲大戮。故曰：豎穀陽之進酒也，非以端惡子反也，端故惡也。實心以忠愛之，而適足以殺之而已矣。此行小忠而賊大忠者也。故曰：小忠，大忠之賊也。若使小忠主法，則必將赦罪，赦罪以相愛，先愼曰：乾道本不重赦罪二字，顧廣圻云：藏本今本重赦罪，今據補。是與下安矣，然而妨害於治民者也。當魏之方明立辟，顧廣圻曰：逗。從憲令行之時，顧廣圻曰：當衍行字。按下文當趙之方明國律，逗。從大軍之時，句。當燕之方明奉法，逗。審官斷之時，句。其句例同。又下文云故曰明法者強，承此三句之三明字也。有功者必賞，有罪者必誅，強匡天下，威行四鄰；及法慢妄予，顧廣圻曰：及法慢三字爲一句，妄予二字爲一句。而國日削矣。當趙之方明國律，從大軍之時，人衆兵強，辟地齊燕；及國律慢，用者弱，顧廣圻曰：三字爲一句。而國日削矣。當燕之方明奉法，審官斷之時，東縣齊國，南盡中山之地；及奉法已亡，官斷不用，左右交爭，論從其下，則兵弱而地削，國制於鄰敵矣。故曰：明法者強，慢法者弱。強弱如是其明矣，而世主弗爲，國亡宜矣。語曰：家有常業，雖飢不餓；國有常法，雖危不亡。夫舍常法而從私意，則臣下飾於智能，先愼曰：乾道本無下字，盧文弨云：張凌本皆有下字，顧廣圻云：藏本臣下有下字，是也。先愼案：意林臣下有下字，今據補。臣下飾於智能，則法禁不立矣。是妄意之道行，治國之道廢也。治國之道，去害法者，則不惑於智能，不矯於名譽矣。昔者舜使吏決鴻水，先令有功而舜殺之；禹朝諸侯之君會稽之上，盧文弨曰之君二字淩本無 防風之君後至而禹斬之。以此觀之。先令者殺。後令者斬。則古者先貴如令矣。顧廣圻曰藏本同今本先作必按此字有譌未詳王先謙曰首以遵令爲貴故曰先貴如令說亦可通 故鏡執清而無事。美惡從而比焉。衡執正而無事。輕重從而載焉。夫搖鏡則不得爲明。搖衡則不得爲正。法之謂也。故先王以道爲常。以法爲本。本治者名尊。本亂者名絕。凡智能明通。有以則行。無以則止。故智能單。道不可傳於人。王先謙曰單盡也言雖智能竭盡而無徵不能爲後人法守故云道不可傳於人 而道法萬全。智能多失。夫懸衡而知平。設規而知圓。萬全之道也。明主使民飾於道之故。王渭曰於下當有法知二字顧廣圻曰按法句絕知下屬 故佚而有功。先愼曰乾道本無故字有作則顧廣圻云今本佚上更有故字則作有藏本有故字是也先愼案下故勞而無功與此句相承今本是今據改 釋規而任巧。釋法而任智。惑亂之道也。亂主使民飾於智。先愼曰乾道本於作將顧廣圻云今本將作於今據改 不知道之故。故勞而無功。釋法禁而聽請謁。羣臣賣官於上。取賞於下。先愼曰賞讀爲償 是以利在私家。而威在羣臣。故民無盡力事主之心。而務爲交於上。民好上交。則貨財上流。先愼曰流行也 而巧說者用。先愼曰謂請謁也 若是則有功者愈少。姦臣愈進。而材臣退。則主惑而不知所行。民聚而不知所道。道從也 此廢法禁後功勞舉名譽聽請謁之失也。凡敗法之人。必設詐託物以來親。顧廣圻曰藏本同今本來作求 又好言天下之所希有。此暴君亂主之所以惑也。人臣賢佐之所以侵也。故人臣稱伊尹管仲之功。先愼曰此下疑脫而見用三字與下而見殺對文 則背法飾智有資。稱比干子胥之忠而見殺。則疾強諫有辭。顧廣圻曰疾下當有

字脫

夫上稱賢明。下稱暴亂。不可以取類。王先謙曰能用伊尹管仲是賢明之主殺子胥比干是暴亂之主凡此稱說古人皆以劫制其君使下易於干進上難於行罰煞伊尹管仲不世出進諫者非必比干子胥故曰不可以取類 若是者禁。先愼曰乾道本無者字顧廣圻云藏本今本是下有者字按有者字是也四字爲句屬上今據補 君之立法。顧廣圻曰句絕 以爲是也。顧廣圻曰四字爲一句 今人臣多立其私智。顧廣圻曰逗此與上君之立法句相對 以法爲非者是邪。盧文弨曰者字衍顧廣圻曰以法爲非者五字句與上以爲是也句對先愼曰顧讀誤當於下是耶句此立私智之臣數與法違故以法爲非是也上言是此言非是語意相承者字不當有 以智 以此思之則知凡臣下之情皆欲過公法立私智也○先愼曰乾道本注臣下二字作官公作功盧文弨云皆從淩本改 過法立智。俞樾曰上邪字衍文是以智過法立智七字爲句言自以其智過公法立私智也舊注不說邪字疑其所據本作是以智過法立智今衍邪字於義難通顧氏於前後文句讀一一訂正而此句未了由不知邪字之衍耳淩本作以邪爲智與舊注不合非是先愼曰俞說非邪語辭屬上爲句以智過法立智當作以知過法立智古文知智同用知字後人於知之讀爲智者並加日字於下此涉上下文而誤舊注云以此思之則知凡臣下之情皆欲過公法立私智是其所見本尚作知字不誤 如是者禁。顧廣圻曰句絕 主之道也。顧廣圻曰四字爲句 禁主之道。盧文弨曰禁淩本作明顧廣圻曰禁字衍主之道三字逗屬下自若是者禁至此今皆失其讀 必明於公私之分。明法制。去私恩。夫令必行。禁必止。人主之公義也。必行其私。信於朋友。不可爲賞勸。不可爲罰沮。人臣之私義也。私義行則亂。公義行則治。故公私有分。人臣有私心。有公義。修身潔白。而行公行正。居官無私。先愼曰正字衍文 人臣之公義也。汙行從欲。安身利家。人臣之私心也。明主在上。則人臣去私心。行公義。亂主在上。則人臣去公義。行私心。故君臣異心。君以計畜臣。臣以計事君。君臣之交計也。害身而利國。臣弗爲也。害國而利臣。君不爲也。先愼曰乾道本害作富爲作行案意林富作害行作爲今據改 臣之情害身無利。君之情害國無親。君臣也者。以計合者也。至夫臨難必死。盡智竭力。爲法爲之。顧廣圻曰藏本今本之下有也字王先謙曰上爲字于僞反　故先王明賞以勸之。嚴刑以威之。賞刑明則民盡死。民盡死則兵強主尊。刑賞不察。則民無功而求得。有罪而幸免。則兵弱主卑。故先王賢佐。盡力竭智。故曰。公私不可不明。法禁不可不審。先王知之矣。

韓非子集解卷六

解老第二十 盧文弨曰此及下篇當依老子各章分段

德者內也。得者外也。上德不德。言其神不淫於外也。神不淫於外則身全。身全之謂得。得者得身也。先慎曰謂得得者兩得字各本作德案身全之謂得得者得身也正承上得者言之御覽七百二十引正作得明作德誤今據正 凡德者。以無爲集。以無欲成。以不思安。以不用固。爲之欲之。則德無舍。王先謙曰舍止也無舍言不能安其止 德無舍則不全。用之思之。則不固。不固則無功。無功則生有德。先慎曰生有德承上不全無功兩者言疑無功上脫不全二字乾道本有作於盧文弨云藏本張凌本有作於凌本無則字顧廣圻云今本於作有譌先慎案作生有德者是也本無而致有之之謂生老子云下德爲之而有以爲也有以爲卽所謂生有德也改從今本 德則無德。王先謙曰德非病也德則無德文不成義德上當有生有二字 不德則有德。先慎曰乾道本作不得則在有德盧文弨云在字疑衍顧廣圻云藏本今本得作德先慎案作德是今據改在字衍張榜本無今據刪 故曰。上德不德。是以有德。

所以貴無爲無思爲虛者。先慎曰舊連上今提行 謂其意無所制也。夫無術者。故以無爲無思爲虛也。先慎曰說文故使爲之也靈臺清靜自然而虛若無道術之人有意爲虛所謂故也 夫故以無爲無思爲虛者。其意常不忘虛。是制於爲虛也。虛者謂其意所無制也。盧文弨曰所無疑倒 今制於爲虛。是不虛也。虛者之無爲也。不以無爲爲有常。不以無爲爲有常。則虛。虛則德盛。德盛之謂上德。故曰。上德無爲而無不爲也。先慎曰德經河上公王弼本不作以葉夢得不作非傅奕本無無字各本無末也字按此篇及喻老每條末也字矣字多非老子文仁者謂其中心欣然愛人也。其喜人之有福。而惡人之有禍也。生心之所不能已也。非求其報也。故曰。上仁爲之而無以爲也。先愼曰今德經無也字

義者。君臣上下之事。盧文弨曰淩本事作禮先愼曰御覽四百二十一引亦作禮父子貴賤之差也。知交朋友之接也。親疏內外之分也。臣事君宜。下懷上宜。先愼曰乾道本脫下宜字顧廣圻云此下當有宜字先愼按拾補有宜字今依增子事父宜。賤敬貴宜。先愼曰乾道本賤作衆顧廣圻云藏本今本衆作賤今本無宜字誤藏本有先愼按衆字亦誤此承上父子貴賤言明字當作賤依藏本今本改知交友朋之相助也宜。先愼曰九字爲句謂知交朋友宜相助也今本宜字屬下爲句非友朋依上當作朋友親者內而疏者外宜。顧廣圻曰今本無宜字藏本有義者謂其宜也。宜而爲之。故曰。上義爲之而有以爲也。

禮者。所以貌情也。先愼曰乾道本貌情作情貌下同盧文弨云情貌倒從張本作貌情先愼案說是作情貌者涉下條禮爲情貌也而誤貌與飾同義荀子大略篇文貌情用相爲表裏文貌即文飾也禮記月令疏引定本飾謂容飾也容飾即容貌也下文禮者外飾之所以諭內也內指情言飾即貌也御覽五百四十二引作禮者所以飾貌情也貌上更有飾字蓋校者旁注飾字以釋貌義刊書者失刪亦見飾貌二字古通而作情貌者誤今據乙羣義之文章也。君臣父子之交也。貴賤賢不肖之所以別也。中心懷而不諭。故疾趨卑拜以明之。先愼曰乾道本故作其以作而誤下文故好言繁辭以信之與此正相對顧廣圻云今本其作故先愼案御覽引其作故而作以今據改實心愛而不知。故好言繁辭以信之。禮者。外飾之所以諭內也。先愼曰乾道本飾誤作節盧文弨云淩本節作飾今據改故曰。禮以貌情也。顧廣圻曰當衍曰字案此及喻老凡故曰之下例必引老子文其不然者即有誤也今皆正之凡人之爲外物動也。不知其爲身之禮也。衆人之爲禮也。以尊他人也。故時勸時衰。君子之爲禮。以爲其身。先愼曰乾道本下之字作以顧廣圻云今本上以字作之先愼案作之者是也以字涉下文而誤上文衆之爲禮與此君子之爲禮相對明此不當作以改從今本以爲其身。故神之爲上禮。上禮神而衆人貳。故不能相應。不

能相應。故曰。上禮爲之而莫之應。衆人雖貳。聖人之復恭敬盡手足之禮也不衰。顧廣圻曰藏本同今本無上之字誤案此以十四字爲一句 故曰。攘臂而仍之。顧廣圻曰經典釋文仍作扔傳本及今德經皆作仍先愼曰仍王弼作扔說文仍因也扔亦因也仍扔字異義同 道有積而德有功。顧廣圻曰德當作積 德者道之功。功有實而實有光。仁者德之光。光有澤而澤有事。義者仁之事也。事有禮而禮有文。禮者義之文也。故曰。失道而後失德。失德而後失仁。失仁而後失義。失義而後失禮。盧文弨曰凡而後下俱不當有失字顧廣圻曰傳本及德經無下失字

禮爲情貌者也。先愼曰乾道本連上盧文弨云當提行此爲情貌與前文自別先愼案盧說是今從拾補提行 文爲質飾者也。夫君子取情而去貌。好質而惡飾。夫恃貌而論情者。其情惡也。須飾而論質者。其質衰也。何以論之。和氏之璧。不飾以五采。隋侯之珠。不飾以銀黃。先愼曰御覽八百三八百六引隋並作隨八百六引銀黃作黃金 其質至美。物不足以飾之。夫物之待飾而後行者。其質不美。也。是以父子之間。其禮樸而不明。先愼曰乾道本無樸字顧廣圻云今本禮下有樸字按句有誤未詳先愼案樸而不明即下文實厚者貌薄之意無樸字則文不成義改從今本 故曰。禮薄也。顧廣圻曰句有誤先愼曰顧氏謂曰下必引老子文故疑誤不知此即本老子夫禮者忠信之薄也所以亦用故曰以明之非必盡引老子成文而不節也下文是謂深其根固其柢本書無是謂二字善建者不拔本書僅云故曰拔之類是也又有增多其字以足義者是謂道紀本書作道理之者也喻老篇子孫以其祭祀世世不輟而老子元文作子孫祭祀不輟是也此既云禮薄也下又申明故曰夫禮者忠信之薄也正與下文故曰道之華也又申之以故曰前識者道之華也故曰愚又申之以故曰人之迷其日故以久矣故曰重積德又申之以故曰蚤服是謂重積德故曰無不克又申之以故曰無不克則莫知其極之類同例 凡物不並盛。陰陽是也。理相奪予。威德是也。實厚者貌薄。父子之禮是也。由是觀之。禮繁者實心衰也。王先謙曰禮繁者實衰與實衰者貌薄對文心字不當有此緣下文樸心而衍 然則爲

禮者。事通人之樸心者也。王先謙曰通人謂衆人緣衆人之實心而形之於事則爲禮之貌故曰爲禮者事通人之樸心者也衆人之爲禮也。人應則輕歡。顧廣圻曰歡當作勸上文云時勸時衰不應則責怨。今爲禮者事通人之樸心。而資之以相責之分。能毋爭乎。有爭則亂。先愼曰依下文是以曰愚之首也文例此當脫是以曰亂之首也一句故曰。夫禮者忠信之薄也。顧廣圻曰傳本及今德經皆無也字下道之華也同而亂之首乎。顧廣圻曰今德經無乎字傳本作也

先物行先理動之謂前識。王先謙曰與物來順應異前識者無緣而忘意度也。先愼曰忘與妄通左傳哀二十七年注言公之多忘釋文忘本又作妄莊子盜跖篇故推正不忘耶釋文忘或作妄此忘妄古通之證無緣而忘意度謂無所因而妄以意忖度之也用人篇去規矩而妄意度是其證何以論之。詹何坐。弟子侍。有牛鳴於門外。先愼曰乾道本無有字顧廣圻云藏本今本有有字先愼案御覽八百九十九事類賦二十二引並有今據補弟子曰。是黑牛也。而白在其題。先愼曰乾道本無在其二字案下文而白在其角文法一律明乾道本脫在其二字今據御覽事類賦引補題御覽事類賦作蹏詹何曰然。是黑牛也。而白在其角。先愼曰御覽引無是字角作頸誤下仍作角可證使人視之。果黑牛而以布裹其角。以詹子之術。嬰衆人之心。華焉殆矣。先愼曰竭其聰明役其智力使衆人之心爲之營惑如華之末庶幾近之故曰。道之華也。嘗試釋詹子之察。而使五尺之愚童子視之。亦知其黑牛而以布裹其角也。故以詹子之察。苦心傷神。而後與五尺之愚童子同功。是以曰愚之首也。顧廣圻曰句有誤當衍以曰二字先愼曰是以二字不誤與故字同用上文故曰道之華也此言是以曰愚之首也語正相同皆本老子文變故言是以者避下故曰以成文也故曰。前識者道之華也。先愼曰也字德經諸本皆無而愚之首也。顧廣圻曰今德經無也字傳本有與此合首皆作始所謂大丈夫者。謂其智之大也。所謂處其厚不處其薄者。顧廣圻曰今德經下處字作居非傳本與此合下不處其華同行情實而去禮貌也。所謂處其實不處其華者。必緣理不徑絕也。先愼曰徑絕即妄意度也徑絕

（與經絕同義解見下文）所謂去彼取此者。去貌徑絕（顧廣圻曰去下當有禮字）而取緣理好情實也。（顧廣圻曰當衍好字）故曰。去彼取此。（先慎曰以上見三十八章）

人有禍則心畏恐。心畏恐則行端直。行端直則思慮熟。思慮熟則得事理。行端直則無禍害。無禍害則盡天年。得事理則必成功。盡天年則全而壽。必成功則富與貴。全壽富貴之謂福。（先慎曰乾道本富下無貴字盧文弨云脫張本有顧廣圻云藏本有貴者是也先慎案依上文應有今據補）而福本於有禍。故曰。禍兮福之所倚。（先慎曰老子明皇睦希聲本無之字倚因也）以成其功也。

人有福則富貴至。富貴至則衣食美。（先慎曰乾道本至下無則字顧廣圻云藏本有則字是也先慎案御覽四百七十二引亦有則字今據補）衣食美則驕心生。驕心生則行邪僻而動棄理。（先慎曰乾道本無行字顧廣圻云今本則下有行字依下文當補先慎案御覽引有行字今據補理下御覽有也字）行邪僻則身死夭。動棄理則無成功。夫內有死夭之難。而外無成功之名者。大禍也。而禍本生於有福。（王先謙曰上福本於有禍與此對文不當更有生字此緣上生字而誤衍）故曰。福兮禍之所伏。（先慎曰明皇睦希聲本無之字伏匿也）

夫緣道理以從事者無不能成。無不能成者。大能成天子之勢尊。而小易得卿相將軍之賞祿。夫棄道理而妄舉動者。雖上有天子諸侯之勢尊。而下有倚頓陶朱卜祝之富。（先慎曰乾道本下上有天字顧廣圻云藏本今本無天字卜祝未詳先慎案天字衍今依顧校刪卜祝疑爲十倍之譌）猶失其民人而亡其財資也。衆人之輕棄道理而易妄舉動者。不知其禍福之深大而道闊遠若是也。故諭人曰。孰知其極。（先慎曰此變文而言與是以曰愚之首也同例）人莫不欲富貴全壽。而未有能免於貧賤死夭之禍也。心欲富貴全壽。而今貧賤死夭。是不能至於其所欲至也。凡失其所欲之路而妄行者之謂迷。迷則不能至於其所欲至矣。今衆人之不能至於其所欲至。故曰迷。先愼曰與失路等下故曰拔與此句例同 衆人之所不能至於其所欲至也。自天地之剖判。以至于今。盧文弨曰于字張本無 故曰。人之迷也。其日故以久矣。盧文弨曰日字凌本無顧廣圻曰今德經人作民無也字矣字傅本與此合故皆作固皆無以字先愼曰王弼作人與此同陸希聲趙孟頫本作民迷其日固以久矣

所謂方者。內外相應也。盧文弨曰內外二字凌本倒 言行相稱也。先愼曰稱副也昌證反 所謂廉者。必生死之命也。先愼曰謂能死節 輕恬資財也。先愼曰恬淡也 所謂直者。義必公正。心不偏黨也。先愼曰乾道本心上有公字顧廣圻云今本公作立當衍此字盧文弨云下立字凌本無此字先愼案顧說是今依凌本刪 所謂光者。官爵尊貴。衣裘壯麗也。今有道之士。雖中外信順。不以誹謗窮墮。盧文弨曰誹張本作非先愼曰論語子貢方人釋文鄭本作謗謂言人之過惡墮當作隋禮記曲禮上言不隋注隋不正之言順從自不言人之過惡忠信則無不正之言然已雖信順自持不以信順責人則世之謗隋者吾不誹之窮之所謂方而不割 雖死節輕財。不以侮罷羞貪。雖義端不黨。顧廣圻曰藏本同今本義作異誤端正也 不以去邪罪私。雖勢尊衣美。不以夸賤欺貧。其故何也。使失路者而肯聽習問知。卽不成迷也。王渭曰習當作能見下文顧廣圻曰案下文二能字或本皆作習而後人改之耳知如字 今衆人之所以欲成功而反爲敗者。生於不知道理。而不肯問知而聽能。衆人不肯問知聽能。而聖人強以其禍敗適之。則怨。王渭曰適讀爲讁 衆人多而聖人寡。寡之不勝衆。數也。先愼曰數音索角反 今舉動而與天下爲讎。先愼曰乾道本下下有之

字顧廣圻云今本無之字今據刪非全身長生之道也。是以行軌節而舉之也。顧廣圻曰句有誤先愼曰行謂已之所行軌節卽方廉直光舉之謂以此正衆人也呂覽自知所以舉過也注舉猶正也是其證故曰。方而不割。廉而不劌。先愼曰乾道本劌作穢顧廣圻云藏本穢作劌今德經作害傅本作劌經典釋文云劌河上作害淮南子道應訓引亦作劌今案藏本乃以他本老子改耳韓子自作穢上文云不以侮罷羞貪卽不穢之義先愼案王弼注劌傷也不以清廉劌傷於物也卽死節輕財不以侮罷羞貪之義劌穢聲近而誤非韓子本作穢也今據藏本改直而不肆。光而不燿。先愼曰說文無燿字河上公作曜傅本作燿李約本作方而不割直而不肆光而不燿廉而不劌與各本全異誤倒以上見五十八章

聰明睿智。天也。動靜思慮。人也。人也者。乘於天明以視。寄於天聰以聽。託於天智以思慮。故視強則目不明。聽甚則耳不聰。思慮過度則智識亂。目不明則不能決黑白之分。先愼曰分當依下文作色耳不聰則不能別清濁之聲。智識亂則不能審得失之地。目不能決黑白之色則謂之盲。耳不能別清濁之聲則謂之聾。心不能審得失之地則謂之狂。盲則不能避晝日之險。王先謙曰言非獨夜迷聾則不能知雷霆之害。狂則不能免人間法令之禍。書之所謂治人者。先愼曰書謂德經適動靜之節。省思慮之費也。所謂事天者。不極聰明之力。不盡智識之任。苟極盡則費神多。費神多則盲聾悖狂之禍至。是以嗇之。嗇之者。愛其精神。嗇其智識也。故曰。治人事天莫如嗇。顧廣圻曰傅本及今德經如皆作若經典釋文作如同此先愼曰趙孟頫本亦作如

衆人之用神也躁。躁則多費。多費之謂侈。聖人之用神也靜。靜則少費。少費之謂嗇。嗇之謂術也。生於道理。盧文弨曰謂張本作爲先愼曰爲謂古通俗人妄改夫能嗇也。是從於

道而服於理者也。衆人離於患。先愼曰離罹也 陷於禍。猶未知退。而不服從道理。聖人雖未見禍患之形。盧文弨曰禍患二字張淩本倒 虛無服從於道理。以稱蚤服。故曰。夫謂嗇是以蚤服。盧文弨曰張本謂作惟以作謂淩本服作復上下句皆同王弼本作復釋文復音服顧廣圻曰傳本及今德經謂皆作惟今德經以作謂傳本與此合先愼曰淩本作復者用老子誤本改也上文從於道而服於理又云不服從道理又云虛無服從道理卽解老子蚤服之義服從之服字當作服更無疑義知韓子所見德經本作服不作復也困學紀聞卷十引老子服作復並引司馬公朱文公說云不遠而復謂王弼本作早服而注云早服常也亦常作復據此則王弼本仍作復與本書合宋儒據釋文爲訓未檢韓子也淩氏依誤本老子改本書非是

知治人者其思慮靜。知事天者其孔竅虛。思慮靜故德不去。先愼曰故上當有則字故舊也 孔竅虛則和氣日入。故曰重積德。夫能令故德不去。新和氣日至者。蚤服者也。故曰。蚤服是謂重積德。顧廣圻曰今德經及傳本是謂皆作謂之先愼曰河上公作是謂與此合 積德而後神靜。神靜而後和多。和多而後計得。計得而後能御萬物。能御萬物則戰易勝敵。戰易勝敵而論必蓋世。論必蓋世。故曰無不克。先愼曰河上公作剋下同 無不克。本於重積德。故曰。重積德則無不克。戰易勝敵則兼有天下。論必蓋世則民人從。進兼天下而退從民人。其術遠。則衆人莫見其端末。莫見其端末。先愼曰下末字乾道本無顧廣圻云藏本今本端下有末字今據增 是以莫知其極。故曰。無不克則莫知其極。

凡有國而後亡之。有身而後殃之。不可謂能有其國。能保其身。夫能有其國。必能安其社稷。能保其身。必能終其天年。而後可謂能有其國能保其身矣。夫能有其國保其身者。必且體道。體道則其智深。其智深則其會

遠。其會遠。衆人莫能見其所極。唯夫能令人不見其事極。盧文弨曰夫張本作天顧廣圻曰能上當有體體二字先愼曰顧說是 不見其事極者。爲能保其身有其國。先愼曰乾道本見下脫其字爲下脫能字盧文弨云張本有今據增 故曰。莫知其極。莫知其極則可以有國。盧文弨曰複莫知其極四字疑衍顧廣圻曰今德經及傅本皆無則字

所謂有國之母。母者道也。道也者。生於所以有國之術。所以有國之術。故謂之有國之母。夫道以與世周旋者。其建生也長。持祿也久。故曰。有國之母。可以長久。樹木有曼根。有直根。根者。書之所謂柢也。顧廣圻曰今德經柢作蔕傅本作柢與此合經典釋文云柢亦作蔕今案蔕字非此之用兪樾曰根上當有直字上云有曼根有直根此云直根者下云曼根者蓋承上而分釋之韓子之意以老子所謂深根固柢者根卽曼根柢是直根也今奪直字失其旨矣 柢也者。木之所以建生也。曼根者。木之所以持生也。先愼曰乾道本持上脫以字顧廣圻云今本所下有以字依下文當補先愼案上文亦有以字明乾道本脫改從今本 德也者。人之所以建生也。祿也者。人之所以持生也。今建於理者。其持祿也久。故曰。深其根。體其道者。其生日長。故曰。固其柢。柢固則生長。根深則視久。故曰。深其根。固其柢。長生久視之道也。顧廣圻曰傅本及今德經皆無兩其字深上有是謂二字先愼曰是謂二字本韓子節去彼以是謂承上文此以故曰二字代之顧說非以上見五十九章

工人數變業則失其功。作者數搖徙則亡其功。一人之作。日亡半日。十日則亡五人之功矣。先愼曰治要無矣字 萬人之作。日亡半日。十日則亡五萬人之功矣。先愼曰治要無矣字 然則數變業者。其人彌衆。其虧彌大矣。凡法令更則利害易。先愼曰乾道本提行顧廣圻云藏本連上自工人數變業至若烹小鮮止通爲一條是也先愼案治要亦連上爲一條今據改易音夷益切 利害易則民務變。民務變謂

之變業。先愼曰各本無下民字謂之作之謂據治要改 故以理觀之。事大衆而數搖之。則少成功。藏大器而數徙之。則多敗傷。烹小鮮而數撓之。則賊其宰。先愼曰各本宰作澤案澤字誤當作宰割烹宰夫之職當烹時而頻數撓亂則宰夫不能盡其烹飪之功是謂賊害其宰宰與睪隸形相似因譌爲睪後人不審妄加水旁作澤耳治要引作宰明唐本韓子不誤今據改 治大國而數變法。則民苦之。是以有道之君。貴虛靜而重變法。先愼曰各本無虛字而作不案不字誤重猶難也貴虛靜而難變法文曲而有致作不則率然矣治要藝文類聚五十四御覽六百三十八引靜上並有虛字據補治要藝文類聚不作而據改 故曰。治大國者若烹小鮮。顧廣圻曰傳本及今德經皆無者字先愼曰治要有者字

人處疾則貴醫先愼曰舊連上今提行 有禍則畏鬼。聖人在上。則民少欲。民少欲。則血氣治而舉動理。舉動理。則少禍害。先愼曰乾道本不重舉動理三字顧廣圻云藏本今本重舉動理按當重血氣治而舉動理七字先愼案顧說是今據藏本今本增三字 夫內無痤疽癉痔之害。顧廣圻曰痔當作疛說文疛小腹病也小徐本云讀若紂詩小弁釋文云擣韓詩作疛集韻四十九宥疛𤺄云或從壽先愼曰痔字不誤此皆指身可見之病而言說文痤小腫也疽癰也癉勞病也謂勞倦疾後病也急就篇癉熱瘻痔眵䁾眼癉痔古本連文無庸改疛 而外無刑罰法誅之禍者。其輕恬鬼也甚。先愼曰恬安也相安不以爲怪也荀子富國篇輕非譽而恬失民輕恬對文是輕恬義近 故曰。以道蒞天下。顧廣圻曰傳本此下有者字與各本全異先愼曰治要引老子亦有者字蓋唐人所見老子本有者字 其鬼不神。治世之民。不與鬼神相害也。故曰。非其鬼不神也。其神不傷人也。先愼曰乾道本無人字盧文弨云傷下脫人字張凌本皆有顧廣圻云藏本傷下有人字是也傳本及今德經皆有今據補 鬼祟也疾人王渭曰也字衍鬼祟疾人四字作一句讀與下文民犯法令同又按人逐除之上刑戮民句例皆同 之謂鬼傷人。人逐除之之謂人傷鬼也。民犯法令之謂民傷上。上刑戮民之謂上傷民。民不犯法則上亦不行刑。上不行刑之謂上不傷人。故曰。聖人亦不傷民。顧廣圻曰傳本及今德經

民皆作人按韓子自作民先愼曰上當有非其神不傷人句惟趙孟頫本無疑刊本書者從誤本老子刪之也河上公王弼傳本並有 上不與民相害。而人不與鬼相傷。故曰。兩不相傷。民不敢犯法。則上內不用刑罰。而外不事利其產業。上內不用刑罰。而外不事利其產業。則民蕃息。民蕃息而蓄積盛。民蕃息而蓄積盛之謂有德。凡所謂祟者。魂魄去而精神亂。精神亂則無德。鬼不祟人則魂魄不去。魂魄不去則精神不亂。先愼曰乾道本下則字作而盧文弨云淩本而作則今據改 精神不亂之謂有德。上盛蓄積而鬼不亂其精神。則德盡在於民矣。故曰。兩不相傷則德交歸焉。顧廣圻曰傳本及今德經則皆作故先愼曰兩上並有夫字 言其德上下交盛而俱歸於民也。先愼曰以上見六十章

有道之君。外無怨讎於鄰敵。而內有德澤於人民。夫外無怨讎於鄰敵者。其遇諸侯也外有禮義。顧廣圻曰外字當衍八字爲一句 內有德澤於人民者。其治人事也務本。先愼曰人當作民下文治民事務本卽承此而言 遇諸侯有禮義則役希起。治民事務本則淫奢止。凡馬之所以大用者。外供甲兵而內給淫奢也。今有道之君。外希用甲兵而內禁淫奢。上不事馬於戰鬭逐北。而民不以馬遠通淫物。先愼曰乾道本通淫作淫通顧廣圻云今本作通淫誤先愼案顧說非禮王制疏淫謂過奢侈是淫物奢侈之物謂不以馬遠致奢侈之物也若作遠淫通物則不辭矣下文得於好惡怵於淫物淫物連文是其證改從今本 所積力唯田疇。積力於田疇。先愼曰乾道本無積力於田疇五字顧廣圻云藏本有今本於仍作唯今據藏本補 必且糞灌。故曰。天下有道。卻走馬以糞也。顧廣圻曰傳本糞作播與各本全異又傳本及今德經皆無也字按喻老無先愼曰糞播古通

人君者無道。 先愼曰乾道本無者字道下更有道字盧文弨云張淩本君下有者字顧廣圻云藏本君下有者字乾道本重道字譌先愼按乾道本脫者字空格於下後人妄增道字以補之今據盧顧校改 則內暴虐其民。而外侵欺其鄰國。內暴虐則民產絕。外侵欺則兵數起。民產絕則畜生少。兵數起則士卒盡。畜生少則戎馬乏。士卒盡則軍危殆。戎馬乏則將馬出。 顧廣圻曰將當作牸形近之誤鹽鐵論未通云當此之時卻走馬以糞其後師旅數發戎馬不足牸牝入陣故駒犢生於戰地卽本於此也他書又作字史記平準書云而乘字牝者擯而不得聚會下文於將馬近臣誤同 軍危殆則近臣役。馬者軍之大用。郊者言其近也。今所以給軍之具於將馬近臣。 先愼曰牸馬近臣非軍中之用今因乏殆故並及之 故曰。天下無道。戎馬生於郊矣。 顧廣圻曰傳本及今德經皆無矣字喻老無

人有欲則計會亂。計會亂而有欲甚。 先愼曰而字依上下文當作則 有欲甚則邪心勝。邪心勝則事經絕。事經絕則禍難生。 盧文弨曰二經字張本作輕顧廣圻曰藏本二經字皆作輕按經當作徑上文必緣理不徑絕也陸行不緣理爲徑周禮云禁徑踰者是也水行不緣理爲絕爾雅云正絕流曰亂是也藏本所改失之先愼曰經徑二字義同易上經釋文廣雅釋言經徑也釋名徑經也言人之所經由也二字疊訓左僖二十五年傳趙衰以壺飧從徑釋文徑讀爲經是經徑古通用 由是觀之。禍難生於邪心。邪心誘於可欲。可欲之類。進則教良民爲姦。退則令善人有禍。 王先謙曰可欲之類非善人不能退之旣退之後更思闞伺中傷故令有禍也 姦起則上侵弱君。禍至則民人多傷。 先愼曰依下文民人當作人民 然則可欲之類。上侵弱君而下傷人民。夫上侵弱君而下傷人民者。大罪也。故曰。禍莫大於可欲。 顧廣圻曰禍當作罪與上文大罪也相承喻老不誤傳本及今德經皆作罪據經典釋文王弼老子無此句非是 是以聖人不引五色。不淫於聲樂。明君賤玩好而去淫麗。人無毛羽。 先愼曰舊連上今提行 不衣則不犯寒。 兪樾曰犯寒上當有足以二字下文故聖人衣足以犯寒是其證先愼曰兪說非此與下文不食則不能活句例正同不當有足以二字

犯勝也上不屬天。而下不著地。以腸胃爲根本。不食則不能活。是以不免於欲利之心。欲利之心不除。其身之憂也。故聖人衣足以犯寒。食足以充虛。則不憂矣。衆人則不然。大爲諸侯。小餘千金之資。其欲得之憂不除也。胥靡有免死罪時活。王先謙曰有字當在罪字下罪有時活與終身不解文義相對 今不知足者之憂。終身不解。故曰禍莫大於不知足。

故欲利甚於憂。先慎曰舊連上今提行 憂則疾生。疾生而智慧衰。智慧衰則失度量。失度量則妄舉動。妄舉動則禍害至。禍害至而疾嬰內。疾嬰內則痛。禍薄外則苦。先慎曰乾道本重痛禍薄外四字苦下有痛雜於腸胃之間七字盧文弨云張本不複痛禍薄外四字苦下痛雜於腸胃之間七字衍顧廣圻云痛禍薄外四字藏本不重按此疾嬰內則痛爲一句禍薄外則苦爲一句下多複衍先慎按盧顧說是據藏本張本刪四字依拾補刪七字 苦痛雜於腸胃之間。顧廣圻曰八字爲句腸胃當作外內 則傷人也憯。憯則退而自咎。退而自咎也。生於欲利。故曰咎莫憯於欲利。顧廣圻曰今德經憯作大非傳本與此合傳本及德經利皆作得按當作得上文云欲利猶欲得也又云其欲得之憂不除也仍作得可證喻老不誤先慎曰李約本憯作甚說文憯痛也古音甚憯同利當作得顧說是以上見四十六章

道者。萬物之所然也。先慎曰然可也 萬理之所稽也。理者成物之文也。道者萬物之所以成也。故曰道。理之者也。顧廣圻曰句有誤按自上文道者萬物之所然也以下不見所解何文詳老子第十四章有云是謂道紀此當解彼也紀理也先慎曰顧說是也道字逗紀理義同故道經作紀韓子改爲理 物有理不可以相薄。王先謙曰薄迫也 物有理不可以相薄。故理之爲物。「之」制萬物各異理。王先謙曰制上之字衍 萬物各異理而道盡。先慎曰乾道本萬下五字不重顧廣圻云藏本今本重今據補 稽萬物之理。故不得不化。王先謙曰稽合萬物之理不變則不遍 不得不化。故無常操。王先

謙曰言不執一 無常操。是以死生氣稟焉。萬智斟酌焉。萬事廢興焉。天得之以高。地得之以藏。維斗得之以成其威。 先愼曰乾道本無之字顧廣圻云今本得下有之字據依上下文當補先愼案顧說是依今本補莊子大宗師篇維斗得之終古不忒日月得之終古不息並有之字是其證 日月得之以恆其光。 先愼曰乾道本無之字顧廣圻云今本得下有之字今據補 五常得之以常其位。列星得之以端其行。四時得之以御其變氣。軒轅得之以擅四方。赤松得之與天地統。 孫詒讓曰統疑當作緫言壽與天地同長也緫統二字篆文形相近而誤 聖人得之以成文章。道與堯舜俱智。與接輿俱狂。與桀紂俱滅。與湯武俱昌。以爲近乎。遊於四極。以爲遠乎。常在吾側。以爲暗乎。其光昭昭。 先愼曰乾道本無其字顧廣圻云藏本今本光上有其字今據補 以爲明乎。其物冥冥。而功成天地。和化雷霆。宇內之物。恃之以成。凡道之情。不制不形。柔弱隨時。與理相應。萬物得之以死。得之以生。萬事得之以敗。得之以成。 先愼曰乾道本事作物案物字緣上文而誤依拾補改 道譬諸若水。 先愼曰意林諸作之 溺者多飲之卽死。渴者適飲之卽生。譬之若劍戟。愚人以行忿則禍生。聖人以誅暴則福成。故得之以死。得之以生。得之以敗。得之以成。 先愼曰故下當有曰字得之以死四句老子各本無蓋佚文也

人希見生象也。而得死象之骨。案其圖以想其生也。故諸人之所以意想者。皆謂之象也。今道雖不可得聞見。聖人執其見功以處見其形。 先愼曰今人不聞道見一聖人則執其顯見之功以處見其形也 故曰。無狀之狀。無物之象。 先愼曰趙孟頫本物作象以上見十四章

凡理者。方圓短長麤靡堅脆之分也。故理定而後物可得道也。 先愼曰乾道本無物字盧

文弨云張淩本有今據補故定理有存亡。有死生。有盛衰。夫物之一存一亡。乍死乍生。初盛而後衰者。不可謂常。唯夫與天地之剖判也俱生。先愼曰乾道本地上有與字俱作具顧廣圻云藏本今本無下與字今本具作俱誤先愼案與字衍今據刪俱字是今據改至天地之消散也不死不衰者謂常。而常者無攸易。無定理。先愼曰乾道本下者字在謂常下盧文弨云謂常下者字衍張淩本俱無顧廣圻云藏本者字在而常下是也謂常二字句絕屬上而常者三字逗屬下今本兩常下各有者字誤先愼案顧盧說是據改無攸易謂無所變易也無定理非在於常。是以不可道也。先愼曰乾道本常下有所字盧文弨云所字衍張淩本俱無顧廣圻云藏本無所字王渭云常字句絕先愼案盧顧說是今據刪聖人觀其玄虛。用其周行。強字之曰道。顧廣圻曰傳本第二十五章云故強字之曰道與此合今道經無故強二字非也然而可論。王先謙曰惟有名故可言故曰。道之可道。非常道也。盧文弨曰道下之字淩本無顧廣圻曰傳本及今道經無之字也字先愼曰見第一章

人始於生而卒於死。始之謂出。卒之謂入。故曰。出生入死。人之身三百六十節。四肢九竅。其大具也。四肢與九竅十有三者。先愼曰者字緣下而衍十有三者之動靜。盡屬於生焉。屬之謂徒也。故曰生之徒也十有三者。盧文弨曰徒下也字一本無三下者字衍顧廣圻曰德經無也字者字按本書之例當作故曰生之徒十有三也先愼曰也者二字皆衍至其死也。先愼曰乾道本至下無其字顧廣圻云藏本今本有其字今據補十有三具者。皆還而屬之於死。死之徒亦有十三。先愼曰有十三字誤倒故曰。生之徒十有三。死之徒十有三。先愼曰據此明上有也字者字皆非元文凡民之生生而生者固動。動盡則損也。而動不止。是損而不止也。損而不止則生盡。生盡之謂死。則十有三具者皆爲死死地也。盧文弨曰下死字衍淩本不重先愼曰盧說誤見下故曰。民之生生而動。顧廣圻曰當於此句動皆之死地。顧廣圻曰當於此句亦

十有三。先愼曰乾道本亦作之拾補作亦顧廣圻云傳本之作亦餘盡與此合今德經作人之生動之死地十有三非也按上文云凡民之生生而生者固動又云皆爲死死地也生生與死死相對所以解此文之生生也可見韓子自知此先愼案王弼本之作亦今據拾補改　是以聖人愛精神而貴處靜。此甚大於兕虎之害。夫兕虎有域。動靜有時。避其域。省其時。則免其兕虎之害矣。民獨知兕虎之有爪角也。而莫知萬物之盡有爪角也。不免於萬物之害。何以論之。時雨降集。曠野閒靜。而以昏晨犯山川。則風露之爪角害之。先愼曰乾道本風露作虎兕誤顧廣圻云今本兕虎作風露今據改　事上不忠。輕犯禁令。則刑法之爪角害之。處鄉不節。憎愛無度。則爭鬭之爪角害之。嗜慾無限。動靜不節。則痤疽之爪角害之。先愼曰乾道本痤上衍虛字顧廣圻云藏本今本無虛字今據刪　好用其私智而棄道理。則網羅之爪角害之。兕虎有域。而萬害有原。避其域。塞其原。則免於諸害矣。凡兵革者所以備害也。顧廣圻曰乾道本藏本皆提行今本誤連先愼曰上卽解陸行不遇兕虎三句不當提行改從今本　重生者。雖入軍無忿爭之心。無忿爭之心。則無所用救害之備。此非獨謂野處之軍也。聖人之遊世也。無害人之心。無害人之心。先愼曰乾道本不重無害人之心句顧廣圻云藏本重是也今據補　則必無人害。無人害則不備人。故曰。陸行不遇兕虎。先愼曰河上王弼本兕虎作虎兕傳本趙本與此合入山不恃備以救害。顧廣圻曰山當作世故曰。入軍不備甲兵。盧文弨曰張湊本備作被顧廣圻曰藏本作被德經作避傳本作被經典釋文云被皮彼反案藏本以他本老子改耳韓子自作備先愼曰備被義同廣雅釋詁備具也史記絳侯世家集解引張揖注被具也故本書作備王弼本作被甲兵以在已者言明作備作被二字並通河上本作避擊之誤也注謂不好戰以殺人則依文立訓非是　遠諸害。故曰。兕無所投其角。虎無所錯其爪。兵無所容其刄。先愼曰乾道本容作害顧廣圻云今本作容德經亦作容先愼案釋名容用也合事宜之用也害乃容字形近之誤改從今本　不設備而必無害。天地之道理也。體天地之道。故曰。無死地焉。顧廣圻曰今德經無焉字傳本有與此合動無死地。而謂之善攝生矣。先愼曰德經無矣字以上見五十章

愛子者慈於子。重生者慈於身。貴功者慈於事。慈母之於弱子也。務致其福。務致其福先愼曰乾道本四字不重盧文弨云張淩本皆重顧廣圻云藏本重務致其禍是也今據補則事除其禍。事除其禍則思慮熟。思慮熟則得事理。得事理則必成功。必成功則其行之也不疑。不疑之謂勇。聖人之於萬事也。盡如慈母之爲弱子慮也。故見必行之道。見必行之道。先愼曰乾道本不重見必行之道五字顧廣圻云藏本今本重今據補則其從事亦不疑。先愼曰乾道本其上有明字今據張榜本删不疑之謂勇。不疑生於慈。故曰。慈故能勇。先愼曰傳本慈上有夫字

周公曰。先愼曰舊連上今提行冬日之閉凍也不固。則春夏之長草木也不茂。天地不能常侈常費。而況於人乎。故萬物必有盛衰。萬事必有弛張。國家必有文武。官治必有賞罰。是以智士儉用其財則家富。聖人愛寶其神則精盛。人君重戰其卒則民衆。民衆則國廣。是以舉之曰。儉故能廣。顧廣圻曰之下當有脫文先愼曰此與上故謂之善攝生矣句同一律皆變文也顧說非

凡物之有形者。易裁也。易割也。何以論之。有形則有短長。有短長則有小大。有小大則有方圓。有方圓則有堅脆。有堅脆則有輕重。有輕重則有白黑。短長大小方圓堅脆輕重白黑之謂理。先愼曰大小當依上文作小大理定而物易割也。

故議於大庭而後言。王先謙曰後言者集議而後斷之則立權議之士知之矣。先愼曰有權謀者能決議於大庭故欲成方圓而隨其規矩。則萬事之功形矣。而萬物莫不有規矩。議言之士計會規矩也。聖人盡隨於萬物之規矩。故曰。不敢爲天下先。不敢爲天下先。則事無不事。功無不功。而議必蓋世。欲無處大官。其可得乎。處大官之謂爲成事長。王先謙曰爲字衍謂爲一也謂下不當更有爲字是以故曰。顧廣圻曰以下當有脫文先愼曰顧說非也此當衍故字或衍是以字上文或作是以曰或作故曰是其證不敢爲天下先。故能爲成事長。顧廣圻曰傳本及今德經皆無爲字事皆作器經典釋文作器韓子自作事

慈於子者不敢絕衣食。慈於身者不敢離法度。慈於方圓者不敢舍規矩。故臨兵而慈於士吏則戰勝敵。慈於器械則城堅固。故曰。慈於戰則勝。以守則固。顧廣圻曰傳本及今德經於皆作以傳本戰作陣與各本全異先愼曰傳本勝作正案王注相愍而不避於難故勝也是晉時本作勝傳本誤於當作以慈字疑老子慈上有夫字夫能自全也。而盡隨於萬物之理者。必且有天生。天生也者。顧廣圻曰德經六十七章云天將救之此解彼也當是韓子所引有不同今未詳生心也。王先謙曰有善心故天救而生之故天下之道。盡之生也。若以慈衛之也。王先謙曰盡下之字訓爲往天下之道皆往生於其心是以慈衛之也事必萬全而舉無不當。則謂之寶矣。故曰。吾有三寶。持而寶之。先愼曰河上王弼本吾作我寶之作保之陸希聲趙孟頫作保而持之傳本與此合以上見六十七章

書之所謂大道也者。端道也。顧廣圻曰解第五十三章行於大道也先愼曰各本連上今依拾補分段所謂貌施也者。顧廣圻曰德經作惟施是畏此未詳先愼曰貌飾也下文所謂飾巧詐也施讀爲迆迆邪也（說詳老子集解）邪道也。所謂徑大也者。先愼曰德經大道甚夷而民好徑河上公云徑邪不平正也此大字衍佳麗也。先愼曰謂服文采佳麗也者。邪道之分也。朝甚除也者。獄訟繁也。

獄訟繁則田荒。顧廣圻曰德經作田甚蕪經典釋文蕪音無田荒則府倉虛。顧廣圻曰德經作倉甚虛府倉虛則國貧。國貧而民俗淫侈。民俗淫侈則衣食之業絕。衣食之業絕則民不得無飾巧詐。飾巧詐則知采文。知采文之謂服文采。先愼曰王弼河上公本采作綵傳本與此合獄訟繁倉廩虛而有以淫侈爲俗。則國之傷也。若以利劍刺之。先愼曰國之受傷猶身受利劍之刺故曰帶利劍。先愼曰此下未解厭飲食疑有脫文諸夫飾智故以至於傷國者。顧廣圻曰十一字爲一句其私家必富。私家必富。故曰。資貨有餘。盧文弨曰資老子作財顧廣圻曰資貨下文作貨資傳本作貨財今德經作財貨非國有若是者。則愚民不得無術而效之。效之則小盜生。由是觀之。大姦作則小盜隨。先愼曰乾道本作下無則字顧廣圻云今本有改從今本大姦唱則小盜和。竽也者五聲之長者也。故竽先則鐘瑟皆隨。先愼曰鐘古通用鍾竽唱則諸樂皆和。今大姦作則俗之民唱。俗之民唱則小盜必和。故服文采。帶利劍。厭飲食。而資貨有餘者。是之謂盜竽矣。顧廣圻曰故下當有曰字德經無而者之矣四字竽作夸今按韓子自作竽先愼曰乾道本資貨作貨資據道藏本拾補校張凌本乙上文正作資貨不誤夸字無義當依此訂正以上見五十三章

人無愚智。莫不有趨舍。恬淡平安。莫不知禍福之所由來。得於好惡怵於淫物。而後變亂。所以然者。引於外物。亂於玩好也。恬淡有趨舍之義。平安知禍福之計。而今也玩好變之。外物引之。引之而往。故曰拔。先愼曰此與上故曰迷同例至聖人不然。一建其趨舍。雖見所好之物不能引。不能引之謂不拔。先愼曰德經善建者不拔一於其情。雖有可欲之類。神不爲動。神不爲動之謂不脫。先愼曰德經善襃者不脫爲

人子孫者。體此道以守宗廟。不滅之謂祭祀不絕。顧廣圻曰藏本今本重宗廟按此不當重傳本及德經絕皆作輟經典釋文不輟張劣反喻老篇作輟先愼曰此亦當作輟　身以積精爲德。家以資財爲德。鄉國天下皆以民爲德。今治身而外物不能亂其精神。故曰。修之身。其德乃眞。顧廣圻曰今德經之下有於字非傳本無與此合下四句同按淮南子道應訓引此句亦無於字先愼曰趙寫本無於字　眞者。愼之固也。治家者。先愼曰者字依拾補引馮校增　無用之物不能動其計。則資有餘。故曰。修之家。其德有餘。盧文弨曰有老子作乃當據改與上下一例顧廣圻曰有當作乃涉上下文而誤　治鄉者行此節。則家之有餘者益衆。故曰。修之鄉。其德乃長。治邦者行此節。則鄉之有德者益衆。故曰。修之邦。其德乃豐。顧廣圻曰今德經邦作國非傳本作邦與此合先愼曰作國者漢人避諱改也邦與豐均　莅天下者行此節。則民之生莫不受其澤。故曰。修之天下。其德乃普。顧廣圻曰傳本普作溥按普溥同字也　修身者以此別君子小人。治鄉治邦莅天下者。各以此科適觀息耗。則萬不失一。先愼曰用此程法靜觀動止自無不知者　故曰。以身觀身。以家觀家。以鄉觀鄉。顧廣圻曰藏本有此句德經亦有先愼曰乾道本脫以鄉觀鄉四字據藏本補　以邦觀邦。先愼曰王弼河上本邦作國　以天下觀天下。吾奚以知天下之然也以此。顧廣圻曰今德經奚作何非傳本作奚與此合也皆作哉先愼曰王弼本無知字以上見五十三章

韓非子集解卷七

喻老第二十一 盧文弨曰藏本連六卷中

天下有道。無急患。則曰靜。顧廣圻曰日當作曰 遽傳不用。故曰。卻走馬以糞。先慎曰解老有也字說詳上

天下無道。攻擊不休。相守數年不已。甲冑生蟣蝨。燕雀處帷幄。而兵不歸。故曰。戎馬生於郊。先慎曰解老有矣字 翟人有獻豐狐玄豹之皮於晉文公。文公受客皮而歎曰。此以皮之美自爲罪。夫治國者以名號爲罪。徐偃王是也。以城與地爲罪。虞虢是也。先慎曰乾道本以城上有則字盧文弨云淩張本者下有則字顧廣圻云今本以城上無則字誤按則讀爲卽藏本並上句亦添則字非也先慎案藏本張淩本卽沿乾道本下則字而誤增以城與地爲罪承夫治國者言之亦不當有則字顧說非今並依今本刪 故曰。罪莫大於可欲。智伯兼范中行。而攻趙不已。韓魏反之。軍敗晉陽。身死高梁之東。盧文弨曰淩本梁作良 遂卒被分。先慎曰十過篇云國分爲三 漆其首以爲溲器。先慎曰說苑建本篇作酒器說文溲浸沃也浸沃若今人之溲麪士虞禮明齊溲酒鄭注明齊新水也言以新水溲釀此酒也溲器卽釀酒之器淮南道應訓作飲器飲器亦酒器也左傳行人執榼承飲造於子重褚少孫補大宛傳飲器韋注椑榼也皆是酒器後人不識溲字本義遂以晉語少溲於豕牢而得文王（韋注少溲小便言其易也）之溲釋之 故曰。禍莫大於不知足。虞君欲屈產之乘與垂棘之璧。不聽宮之奇。故邦亡身死。故曰。咎莫憯於欲得。邦以存爲常。霸王其可也。先慎曰乾道本無王字顧廣圻云藏本今本霸下有王字先慎案此與富貴其可也相對成文不當少一字今據補有國者不務廣土先圖自立邦基既定故可霸王 身以生爲常。富貴其可也。先慎曰不求於外先修其內身體無恙故可富貴 不欲自害。則邦不亡。身不死。故曰。知足之爲足矣。顧廣圻曰今德經無矣字傅本有與此合皆作知足之足常足先慎

曰德經句上有故字本書當依德經於之下補足字爲當作常人無欲心則能常守其眞根故曰知足之足常足以上見四十六章

楚莊王既勝。狩于河雍。先愼曰乾道本連上盧文弨云淩本提行今據改 歸而賞孫叔敖。孫叔敖請漢閒之地。沙石之處。楚邦之法。祿臣再世而收地。唯孫叔敖獨在。先愼曰呂氏春秋孟冬紀楚孫叔敖有功於國疾將死戒其子曰王數欲封我我辭不受我死必封汝汝無受利地荆楚閒有寢邱者其爲地不利而前有妬谷後有戾邱其名惡可長有也其子從之楚功臣封二世而收唯寢邱不奪也獨在藝文類聚五十一引作獨存存在義同言惟孫叔敖所請之地不收也 此不以其邦爲收者。瘠也。顧廣圻曰邦讀爲封 故九世而祀不絕。先愼曰史記優孟傳九世作十世 故曰。善建不拔。善抱不脫。顧廣圻曰德經兩不上皆有者字 子孫以其祭祀。世世不輟。顧廣圻曰德經無以其世世四字先愼曰王弼有以字 孫叔敖之謂也。先愼曰見五十三章

制在己曰重。先愼曰乾道本連上今依趙本提行 不離位曰靜。重則能使輕。靜則能使躁。王先謙曰重可御輕靜可鎭躁使之謂也 故曰。重爲輕根。靜爲躁君。故曰。君子終日行不離輜重也。顧廣圻曰今道經君子作聖人非傳本作君子與此合下也字皆無先愼曰此與上二句道經連文不應有故曰二字故曰當爲是以之譌道經作是以卽其證傳趙本離下有其字 邦者。人君之輜重也。主父生傳其邦。先愼曰史記趙世家武靈王二十七年傳國立王子何以爲王自稱爲主父 此離其輜重者也。故雖有代雲中之樂。超然已無趙矣。主父萬乘之主。而以身輕於天下。無勢之謂輕。離位之謂躁。是以生幽而死。先愼曰惠文王四年公子成李兌圍主父宮三月餘而餓死沙邱宮 故曰。輕則失臣。躁則失君。顧廣圻曰臣當作本傳本作本經典釋文云本河上作臣按上文云重爲輕根本根也河上非是 主父之謂也。先愼曰以上見二十六章

勢重者。人君之淵也。君人者勢重於人臣之閒。先愼曰君於臣不當以閒言閒疑上之誤 失則不可復得也。先愼曰失其勢重則不得爲君 簡公失之於田成。晉公失之於六卿。而邦亡身死。故曰。

魚不可脫於深淵。顧廣圻曰道經無深字先愼曰深字衍唐諱淵改深後人回改兼存深字耳上人君之淵亦無深字卽其證 賞罰者。邦之利器也。在君則制臣。在臣則勝君。君見賞。臣則損之以爲德。君見罰。臣則益之以爲威。人君見賞。而人臣用其勢。人君見罰。而人臣乘其威。先愼曰乾道本無而字顧廣圻云今本有依上句當有今據補 故曰。邦之利器。不可以示人。先愼曰六微篇邦作國河上王弼並作國莊子引作國後漢翟酺傳亦作國說苑作國之利器不可以借人唯傳本作邦案國爲邦字避改說見上

越王入宦於吳。而觀之伐齊以弊吳。顧廣圻曰藏本今本觀作勸按觀示也勸字非 吳兵既勝齊人於艾陵。張之於江濟。強之於黃池。故可制於五湖。先愼曰越語吳越戰於五湖韋注五湖今太湖初學記七引揚州記曰太湖一名笠澤左哀十七年傳越子伐吳吳子禦之笠澤是也 故曰。將欲翕之。顧廣圻曰傳本作翕與此合經典釋文翕河上本作噏先愼曰古無翕噏二字梁簡文作歙說文歙縮鼻也歙有縮義故與張爲對翕乃歙之省文 必固張之。將欲弱之。先愼曰河上本欲或作使非 必固強之。晉獻公將欲襲虞。遺之以璧馬。知伯將襲仇由。先愼曰將下當有欲字 遺之以廣車。先愼曰西周策昔智伯欲伐厹由遺之大鐘載以廣車因隨入以兵高注廣大車也 故曰。將欲取之。必固與之。顧廣圻曰道經取作奪 起事於無形。盧文弨曰當分段先愼曰盧說誤至弱勝強也合上爲一章 而要大功於天下。是謂微明。顧廣圻曰是上當有故曰二字 處小弱而重自卑。謂損弱勝強也。顧廣圻曰當作而重自卑損之謂弱勝強也損句絕傳本云柔之勝剛弱之勝強今道經云柔弱勝剛強傳本與此爲近之先愼曰顧說是以上見三十六章

有形之類。先愼曰舊連上今提行 大必起於小。行久之物。族必起於少。先愼曰族衆也 故曰。天下之難事。必作於易。天下之大事。必作於細。先愼曰河上王弼本均無兩之字傳本有 是以欲制物者。於其細也。先愼曰是以下有脫文此當承上兩句言乃與下引老子合 故曰。圖難於其易也。爲大於其細也。盧文弨曰張本難下大下

並有乎字顧廣圻曰藏本有乎字傳本有無也字今德經乎字也字皆無千丈之隄。以螻蟻之穴潰。百尺之室。以突隙之烟焚。王引之曰突隙之烟不能焚室烟當爲熛熛誤爲煙又轉寫爲烟耳舊本北堂書鈔地部十三引此正作熛（陳禹謨本刪去）說文熛火飛也讀若標一切經音義十四引三倉云熛迸火也呂氏春秋愼小篇云巨防容螻而漂邑殺人突泄一熛而焚宮燒積（今本熛字亦誤作煙一切經音義十三引此正作熛）淮南人閒訓曰千里之隄以螻螘之穴漏百尋之屋以突隙之熛焚（今本亦誤作煙御覽蟲豸部四引此正作熛）語意並與此同世人多見煙少見熛故諸書中熛字多誤作煙（說見呂氏春秋煙火下）故曰。白圭之行隄也。塞其穴。顧廣圻曰曰字當衍先愼曰曰卽白字之誤而復者丈人之愼火也。塗其隙。先愼曰易師丈人吉鄭注丈之言長能以法度長於人是以丈人爲位尊者之稱襄九年宋災樂喜爲司城以爲政使伯氏司里積土塗以備火之乘隙而入也是以白圭無水難。丈人無火患。先愼曰初學記二十五引難患互易此皆愼易以避難。敬細以遠大者也。扁鵲見蔡桓公。顧廣圻曰史記列傳新序作齊桓公立有閒。扁鵲曰。君有疾在腠理。不治將恐深。桓侯曰。寡人無疾。先愼曰各本無疾字盧文弨云無下脫疾字新序史記扁鵲傳皆有疾字今依拾補增扁鵲出。桓侯曰。醫之好治不病以爲功。居十日。扁鵲復見曰。君之病在肌膚。不治將益深。桓侯不應。扁鵲出。桓侯又不悅。居十日。扁鵲復見曰。君之病在腸胃。不治將益深。桓侯又不應。扁鵲出。先愼曰乾道本無出字顧廣圻云藏本今本有出字先愼案史記亦有今據補桓侯又不悅。居十日。扁鵲望桓侯而還走。先愼曰還走反走也桓侯故使人問之。先愼曰張榜本無故字扁鵲曰。疾在腠理。湯熨之所及也。先愼曰乾道本無也字顧廣圻云今本有也字依下二句當有先愼案史記亦有今據補在肌膚。鍼石之所及也。在腸胃。火齊之所及也。盧文弨曰火齊新序作大劑先愼曰火齊湯治腸胃病倉公傳齊郎中令循不得前後溲三日飲以火齊湯而疾愈又齊王太后病難於大小溲溺飲火齊湯而病已新序作大劑者齊劑古通大乃火字之誤當依此訂正在骨髓。司命之所屬。無奈何也。盧文弨曰屬字新序無今在骨髓。臣是以無請也。居五日。桓侯體痛。使人索扁鵲。已逃秦矣。桓侯遂死。故良醫之治病也。攻之於腠理。此皆爭之於小者也。夫事之禍福。亦有腠理之地。故曰。聖人蚤從事焉。顧廣圻曰曰字當衍新序云故聖人早從事矣其明證也先愼曰以上見德經六十三章

昔晉公子重耳出亡。先愼曰各本連上盧文弨曰當分段今從之過鄭。鄭君不禮。叔瞻諫曰。此賢公子也。君厚待之。可以積德。鄭君不聽。叔瞻又諫曰。不厚待之。不若殺之。盧文弨曰張淩本無待之二字無令有後患。鄭公又不聽。先愼曰公當作君及公子返晉邦。舉兵伐鄭。大破之。取八城焉。晉獻公以垂棘之璧。假道於虞而伐虢。大夫宮之奇諫曰。不可。脣亡而齒寒。虞虢相救。非相德也。先愼曰虞虢之所以相救者非彼此見德緣滅亡隨之耳今日晉滅虢。明日虞必隨之亡。虞君不聽。受其璧而假之道。晉已取虢。還反滅虞。先愼曰張榜本已作以此二臣者。皆爭於腠理者也。而二君不用也。然則叔瞻宮之奇。亦虞鄭之扁鵲也。而二君不聽。故鄭以破。虞以亡。故曰。其安易持也。其未兆易謀也。顧廣圻曰德經皆無兩也字先愼曰見六十四章

昔者紂爲象箸。先愼曰乾道本連上盧文弨云當分段今從之而箕子怖。盧文弨曰怖史記淮南作唏淩本同此自作怖後同顧廣圻曰怖當作唏下文及說林上同先愼曰顧說非說文怖惶也怖或从布聲唏笑也一曰哀痛不泣曰唏按下文吾懼其卒故怖其始卒言懼則始當言惶不得於始卽哀痛也史記淮南作唏誤當依此訂正藝文類聚七十三御覽七百五十九引作怖以爲象箸必不加於土鉶。必將犀玉之杯。象箸玉杯。必不羹菽藿。則必旄象豹胎。先愼曰乾道本無則字盧文弨云必上脫則字張淩本有今據補顧廣圻云旄讀爲芼先愼按顧讀誤呂氏春秋本味篇肉之美者旄象之約高注旄旄牛也旄象二字藝文類聚御覽均作薦字誤說林上篇亦作旄象旄象豹胎。必不衣短褐而食於茅屋之下。顧廣圻曰藏本同今本短作裋誤按本書說林上亦作短王命論思有短

褐之襲文選注云韋昭以短爲裋裋襦也短丁管切依此短褐自有所出不必改爲裋矣 則錦衣九重。廣室高臺。先愼曰則下當有必字說林上有是其證 吾畏其卒。故怖其始。居五年。紂爲肉圃。設炮烙。俞樾曰段氏玉裁謂炮烙本作炮格史記索隱引鄒誕云烙一音閣楊倞注荀子議兵篇云烙音古責反觀鄒楊所音皆是格字無疑鄭康成注周禮牛人云互若今屠家縣肉格意紂所爲亦相似段氏此說洵是訂正向來傳寫之誤惟炮格似有二義荀子議兵篇紂刳比干囚箕子爲炮格刑楊注引列女傳曰炮格爲膏銅柱加之炭上令有罪者行焉輒墜火中紂與妲己大笑此則炮格爲淫刑以逞之事是一義也若此文云紂爲肉圃設炮格登糟邱臨酒池則似爲飲食奢侈之事別爲一義蓋爲銅格布火其下欲飲者於肉圃取肉置格上炮而食之也如此說方與肉圃糟邱酒池一類且因爲象箸而至此正見其由小而大箕子所以畏其卒而怖其始也若是炮格之刑則不特與肉圃諸事不類且與上文爲象箸事亦絕不相干矣呂氏春秋過理篇云糟邱酒池肉圃爲格格卽炮格不言炮格而直曰爲格卽承肉圃之下是於肉圃中爲格也其爲炮肉之格明矣高注格以銅爲之布火其下以人置上人爛墮火而死夫糟邱酒池肉圃皆是飲食之地何故卽於其地炮炙人乎蓋古書說炮格者本有二義當各依本書說之學者但知有前一義不知有後一義古事之失傳久矣先愼曰本書亦有二義如難一篇炮烙連斬涉者之脛言難二篇兩言請解炮烙之刑難勢篇桀紂爲高臺深池以盡民力爲炮烙以傷民性是皆以炮烙爲淫刑此炮烙與肉圃糟邱酒池並言則指飲食奢侈之事俞氏知古義之有二而不知本書之義亦有二故詳說之 登糟邱。先愼曰張榜本糟作曹 臨酒池。紂遂以亡。故箕子見象箸以知天下之禍。故曰。見小曰明。顧廣圻曰今德經曰作日傳本與此合先愼曰王弼作曰淮南同下同見五十二章

句踐入宦於吳。先愼曰舊連上今提行 身執干戈。爲吳王洗馬。顧廣圻曰洗他書又作先先愼曰洗先古通謂前馬而走越語其身親爲夫差前馬是也古本賤役至漢始以此名官百官公卿表太子太傅屬官有先馬如淳云前驅也先或作洗汲黯傳作洗馬是其證 故能殺夫差於姑蘇。先愼曰北堂書鈔一百二十三引於作破 文王見詈於王門。盧文弨曰王卽古玉字顧廣圻曰戰國策云而武王羈於王門又呂氏春秋云武王事之夙夜不懈亦不忘王門之辱高注文王得歸乃築靈臺作玉門相女童武王以此爲恥而不忘也王卽玉字高所說見淮南道應訓彼注玉門以玉飾門可證也武王不當有羈事策羈當卽詈之譌 顏色不變。而武王擒紂於牧野。故曰。守柔曰強。越王之霸也不病宦。先愼曰宦當本作官譌 武王之王也不病詈。故曰。聖人之不病也。以其不病。是以無病也。顧廣圻曰今德經無之字傳本有與此合皆無也字以其不病傳本及德經皆作以其病病按

韓子自作不病是以無病也傳本作是以不吾病今德經作是以不病皆無也字先愼曰此謂不以爲病故能除病以上見七十一章

宋之鄙人。盧文弨曰下二條皆當連得璞玉而獻之子罕。先愼曰見左襄十五年傳二柄篇有子罕當別一人子罕不受。鄙人曰。此寶也。宜爲君子器。不宜爲細人用。子罕曰。爾以玉爲寶。我以不受子玉爲寶。是鄙人欲玉。而子罕不欲玉。故曰。欲不欲。而不貴難得之貨。顧廣圻曰藏本同今本無而字傳本及今德經皆無而字

王壽負書而行。見徐馮於周塗。馮曰。顧廣圻曰周字句絕讀依淮南道應訓塗字淮南作徐此文上徐下塗未詳孰是先愼曰依淮南作徐是也徐爲徐字形近之誤後人又加土於其下耳事者爲也。爲生於時。知者無常事。王渭曰知當作時先愼曰王說是道應訓時上有知字乃誤衍當依此訂正書者言也。言生於知。知者不藏書。顧廣圻曰淮南子無不字先愼曰淮南脫不字知讀曰智今子何獨負之而行。於是王壽因焚其書而儛之。先愼曰高誘注自喜焚其書故舞之也故知者不以言談教。而慧者不以藏書篋。王先謙曰書字當在藏字上此世之所過也。而王壽復之。先愼曰河上公注復之者使反本也是學不學也。故曰。學不學。復歸衆人之所過也。顧廣圻曰傳本及德經無歸字也字又傳本復上有以字與各本全異先愼曰王弼注學不學以復衆人之過歸字疑衍

夫物有常容。因乘以導之。因隨物之容。顧廣圻曰有誤未詳先愼曰顧說非也下因字微逗其義甚明物有定形乘其機以引導之不待雕琢而聽其自然以成形故靜則建乎德。動則順乎道。王先謙曰靜則心有常主動則物來順應宋人有爲其君以象爲楮葉者。顧廣圻曰象列子說符篇作玉三年而成。豐殺莖柯。顧廣圻曰豐列子作鋒先愼曰作豐是豐殺謂肥瘦也殺音所拜反毫芒繁澤。亂之楮葉之中。而不可別也。先愼曰列子同白孔六帖八十三引亂作雜別作辨此人遂以功食祿於宋

邦。顧廣圻曰功列子作巧先愼曰功當作巧列子下文云聖人恃道化而不恃智巧張湛注此明用巧能不足以贍物因道而化則無不周即承此巧字言之功巧形近而誤 列子聞之曰。使天地三年而成一葉。則物之有葉者寡矣。先愼曰白孔六帖引天地作造化寡作鮮 故不乘天地之資。而載一人之身。不隨道理之數。而學一人之智。先愼曰乾道本智上無之字趙本有依上文當有改從趙本 此皆一葉之行也。故冬耕之稼。后稷不能羨也。俞樾曰羨當作美字之誤也下文云豐年大禾臧獲不能惡也美與惡相對 豐年大禾。臧獲不能惡也。以一人力則后稷不足。隨自然則臧獲有餘。故曰。恃萬物之自然而不敢爲也。顧廣圻曰恃字傳本及今德經皆作以輔下也字今德經無傳本有與此合先愼曰治要引老子也作焉以上見六十四章

空竅者。神明之戶牖也。先愼曰乾道本連上盧文弨云當分段今從拾補 耳目竭於聲色。精神竭於外貌。故中無主。中無主則禍福雖如丘山。無從識之。故曰。不出於戶。可以知天下。不闚於牖。可以知天道。顧廣圻曰兩可以二字今德經無傳本有與此合皆無於字下知字今德經作見傳本作知與此合淮南道應訓引有以字無於字下知字亦作見先愼曰闚河上公及傳本作窺畢沅考異云說文窺小視也闚閃也閃闚頭門中也方言凡相竊視南楚謂之闚蓋穴中竊視曰窺門中竊視曰闚老子楚人用楚語作窺韓子自作闚 此言神明之不離其實也。

趙襄主學御於王子期。顧廣圻曰期上當有於字下文及本書外儲說右下皆同先愼曰顧說是古於字作于與子形近後人以爲複衍而妄刪之下已改于爲於故得存其眞耳盧本反據此以改下文於字爲子誤 俄而與於期逐。三易馬而三後。襄主曰。先愼曰趙本主作王誤 子之教我御。術未盡也。對曰。術已盡。用之則過也。凡御之所貴。馬體安於車。人心調於馬。而後可以進速致遠。今君後則欲逮臣。先則恐逮於臣。夫誘道爭遠。非先則後也。先愼曰誘道誘馬於道也 而先後心在於臣。上何以調於馬。顧廣圻曰今本上作尙先愼曰上尙古通張榜

本何作可誤 此君之所以後也。先愼曰此當連下爲一條

白公勝慮亂。先愼曰秦策高注慮謀也 罷朝倒杖而策。銳貫頰。顧廣圻曰淮南子道應訓列子說符篇作罷朝而立倒杖策錣上貫頤按頰卽頤字之別體也玉藻鄭注頤或爲霤可借證矣先愼曰御覽三百六十八引無而字頰作頤 血流至於地而不知。鄭人聞之曰。頰之忘。將何爲忘哉。顧廣圻曰爲淮南子列子作不先愼曰作不是爲字誤 故曰。其出彌遠者。其智彌少。顧廣圻曰傳本及今德經皆無者字少傳本作尠與各本異 此言智周乎遠。則所遺在近也。王先謙曰思遠則忽近 是以聖人無常行也。能並智。故曰。不行而知。能並視。故曰。不見而明。顧廣圻曰傳本及今德經明皆作名 隨時以舉事。因資而立功。用萬物之能而獲利其上。故曰。不爲而成。先愼曰趙孟頫本不作無以上見四十七章

楚莊王莅政三年。先愼曰乾道本連上盧文弨云當分段淩本提行今據改 無令發。無政爲也。右司馬御座。盧文弨曰張淩本座作坐 而與王隱曰。有鳥止南方之阜。三年不翅。不飛不鳴。顧廣圻曰史記楚世家新序無不翅餘亦各不同呂氏春秋重言篇不翅作不動 嘿然無聲。此爲何名。王曰。三年不翅。將以長羽翼。先愼曰乾道本長上有觀字顧廣圻云藏本今本無觀字今據刪 不飛不鳴。將以觀民則。先愼曰則法也 雖無飛。飛必冲天。雖無鳴。鳴必驚人。子釋之。不穀知之矣。處半年。乃自聽政。所廢者十。所起者九。誅大臣五。舉處士六。而邦大治。舉兵誅齊。敗之徐州。顧廣圻曰史記年表威王七年圍齊於徐州楚世家同或此莊王謂威王也 勝晉於河雍。合諸侯於宋。遂霸天下。莊王不爲小害善。故有大名。王先謙曰害字不當有蓋與善形近誤衍 不蚤見示。故有大功。故曰。大器晚成。大音希聲。顧廣圻曰傳本希作稀按希稀同字也先愼曰傳本音作言與各本全異見四十一章

楚莊王欲伐越。盧文弨曰連下爲一條顧廣圻曰荀子楊倞注引無莊字按莊王與莊蹻不同時或此莊王亦謂威王也古今人表下有嚴蹻與威王相接 莊子諫曰。先愼曰乾道本莊作杜顧廣圻云楊注引此杜作莊先愼案杜乃莊之誤御覽三百六十六引作莊下同今據改 王之伐越何也。曰。政亂兵弱。莊子曰。臣患智之如目也。先愼曰乾道本臣下有愚字智之作之智盧文弨云愚字衍張凌本無之智當作智之舊倒譌王渭云患下有脫字先愼案盧說是下此智之如目也卽承此句王渭不知之智二字之倒故疑有脫文御覽引正作臣患知之如目也今據刪 能見百步之外。而不能自見其睫。先愼曰御覽引無自字睫作眥 王之兵自敗於秦晉。喪地數百里。此兵之弱也。莊蹻爲盜於境內。先愼曰乾道本蹻上有蹊字顧廣圻云藏本今本無蹊字按蹊字當衍荀子議兵篇莊蹻起楚分爲三四楊倞注引此無蹊字史記西南夷列傳始楚威王時使將軍莊蹻將兵又云莊蹻者故楚莊王苗裔也索隱楚莊王弟爲盜者當是據此耳呂氏春秋介立篇云莊蹻之暴郢高誘注莊蹻楚成王之大盜成當作威又異用篇云跖與企足高誘注企足莊蹻也皆大盜人名蹻誤作蹊校者旁改遂致兩有先愼按顧說是今據刪 而吏不能禁。此政之亂也。王之弱亂。非越之下也。而欲伐越。先愼曰乾道本欲上脫而字盧文弨云張凌本有先愼案御覽引亦有今據補 此智之如目也。王乃止。故知之難。不在見人。在自見。故曰。自見之謂明。顧廣圻曰傳本及今道經之謂二字作者傳本末有也字下句同先愼曰自見老子作自知此文上言臣患智之如目也又言此智之如目也卽以莊王事喩老子自知之謂明句道經自知卽承知人者智也而言無作見之本此見字卽緣上兩見字而誤非韓子所見本有不同也當依老子作知

子夏見曾子。曾子曰。何肥也。對曰。戰勝故肥也。先愼曰御覽三百七十八引無也字 曾子曰。何謂也。子夏曰。吾入見先王之義則榮之。出見富貴之樂又榮之。兩者戰於胷中。未知勝負。故臞。今先王之義勝。故肥。是以志之難也。不在勝人。在自勝也。故曰。自勝之謂強。先愼曰以上見三十三章

周有玉版。紂令膠鬲索之。文王不予。費仲來求。因予之。是膠鬲賢而費

仲無道也。先慎曰事類賦九引無而字 周惡賢者之得志也。故予費仲。文王舉太公於渭濱者，貴之也。而資費仲玉版者，是愛之也。故曰：不貴其師，不愛其資，雖知大迷。先慎曰知讀爲智趙本大作太誤 是謂要妙。顧廣圻曰傳本是作此與各本全異先慎曰河上公注能通此意是謂知微妙要道也見二十七章

說林上第二十二 盧文弨曰藏本卷七起先慎曰索隱云說林者廣說諸事其多若林故曰說林也

湯以伐桀，先慎曰以已同 而恐天下言己爲貪也，因乃讓天下於務光。而恐務光之受之也，乃使人說務光曰：湯殺君而欲傳惡聲于子，故讓天下於子。先慎曰言湯欲嫁名於務光故讓務光以天下受湯之天下是並弒君之名而受之 務光因自投於河。

秦武王令甘茂擇所欲爲於僕與行事。俞樾曰事字衍文下文曰公佩僕璽而爲行事是僕與行爲官名言佩僕之璽而爲行之事也讀者誤以行事連讀遂於此文亦增事字矣 孟卯曰：公不如爲僕。公所長者使也。先慎曰長音直良切 公雖爲僕，王猶使之於公也。先慎曰言雖受僕之職而行之事猶使公 公佩僕璽而爲行事，是兼官也。

子圉見孔子於商太宰。孔子出，子圉入，請問客。太宰曰：吾已見孔子，則視子猶蚤蝨之細者也。吾今見之於君。子圉恐孔子貴於君也，因謂太宰曰：先慎曰各本謂作請緣上文請字而誤御覽九百五十一引作謂今據正 君已見孔子，亦將視子猶蚤蝨也。先慎曰乾道本重孔子二字趙本視子作視之盧文弨云已張凌本作君凌本不重孔子藏本凌本之作子顧廣圻云今本下子字作之誤按孔子二字不當更有先慎案趙本君亦作已誤御覽不重孔子二字今據刪 太宰因弗復見也。

魏惠王爲臼里之盟，顧廣圻曰臼戰國韓策作九 將復立於天子。先慎曰立於二字當衍策無 彭喜謂鄭君

曰。顧廣圻曰彭策作房鄭君策作韓王按房當是旁之誤彭旁同字也鄭卽韓也韓策有謂鄭王曰章本書七術篇魏王謂鄭王曰又因梁鄭六微篇公叔因內齊軍於鄭皆可證也 君勿聽。大國惡有天子。小國利之。先愼曰惡烏路反 若君與大不聽。魏焉能與小立之。先愼曰策大小下並有國字

晉人伐邢。顧廣圻曰與左傳不同先愼曰乾道本連上今從趙本提行 齊桓公將救之。鮑叔曰。太蚤。邢不亡。晉不敝。晉不敝。齊不重。且夫持危之功。不如存亡之德大。君不如晚救之。以敝晉。齊實利。先愼曰齊當爲其之誤下其名實美此言其實利明不當作齊 待邢亡而復存之。其名實美。王渭曰實字衍 桓公乃弗救。

子胥出走。顧廣圻曰燕策云張丑先愼曰吳越春秋作伍子胥與此同 邊候得之。先愼曰候吏也吳越春秋作關吏欲執之 子胥曰。上索我者。以我有美珠也。今我已亡之矣。我且曰子取吞之。候因釋之。先愼曰藝文類聚八十四引候上有邊字因字作憂而二字誤吳越春秋作關吏因舍焉正作因字

慶封爲亂於齊。而欲走越。顧廣圻曰左傳云奔吳先愼曰舊連上今提行 其族人曰。晉近。奚不之晉。慶封曰。越遠。利以避難。族人曰。變是心也。居晉而可。不變是心也。雖遠越其可以安乎。

智伯索地於魏宣子。顧廣圻曰宣策作桓說苑權謀篇作宣先愼曰十過篇作宣與此同 魏宣子弗予。任章曰。顧廣圻曰說苑權謀篇作任增按魏策與此同古今人表中中有任章先愼曰淮南人間訓作任登登增聲近本書外儲說左上篇作王登王卽壬之誤任壬古通章登蓋一人而二名耳 何故不予。宣子曰。無故請地。故弗予。先愼曰請當爲索上下文並作索策亦作索 任章曰。無故索地。鄰國必恐。彼重欲無

厭天下必懼。君予之地。智伯必驕而輕敵。鄰邦必懼而相親。以相親之兵。待輕敵之國。則智伯之命不長矣。（盧文弨曰伯張凌本作氏先愼曰策亦作氏）周書曰。將欲敗之。必姑輔之。將欲取之。必姑予之。（先愼曰王應麟疑此爲蘇秦所讀周書陰符之類）君不如予之以驕智伯。且君何釋以天下圖智氏。而獨以吾國爲智氏質乎。（先愼曰質的也存韓篇則秦必爲天下兵質矣義正同）君曰。善。乃與之萬戶之邑。智伯大悅。因索地於趙。弗與。因圍晉陽。韓魏反之外。趙氏應之內。智氏自亡。（先愼曰策自作遂說苑亦作遂）

秦康公築臺三年。荆人起兵。將欲以兵攻齊。任妄曰。饑召兵。疾召兵。勞召兵。亂召兵。君築臺三年。今荆人起兵將攻齊。臣恐其攻齊爲聲。而以襲秦爲實也。不如備之。戍東邊。荆人輟行。（先愼曰輟一本作輒非）

齊攻宋。宋使臧孫子南求救於荆。（顧廣圻曰宋衞策無孫字）荆大說。許救之。甚歡。（顧廣圻曰歡當從策作勸高注勸力也）臧孫子憂而反。其御曰。索救而得。今子有憂色何也。臧孫子曰。宋小而齊大。夫救小宋而惡於大齊。此人之所以憂也。而荆王說。（先愼曰策說下有甚字）必以堅我也。我堅而齊敝。荆之所利也。臧孫子乃歸。齊人拔五城於宋。而荆救不至。

魏文侯借道於趙而攻中山。趙肅侯將不許。趙刻曰。（顧廣圻曰刻趙策作利）君過矣。魏攻中山而弗能取。則魏必罷。罷則魏輕。魏輕則趙重。魏拔中山。必不能越趙而有中山也。是用兵者魏也。而得地者趙也。君必許之而大歡。顧廣圻曰藏本今本重許之策有歡當從策作勸 彼將知君利之也。必將輟行。君不如借之道。示以不得已也。

鴟夷子皮事田成子。顧廣圻曰墨子非儒篇乃樹鴟夷子安於田常之門即其事也說苑臣術篇陳成子謂鴟夷子皮 田成子去齊。走而之燕。鴟夷子皮負傳而從。至望邑。子皮曰。子獨不聞涸澤之蛇乎。澤涸。先愼曰各本作涸澤誤倒藝文類聚九十六御覽九百三十三事類賦二十八引作澤涸今據乙 蛇將徙。有小蛇謂大蛇曰。子行而我隨之。人以爲蛇之行者耳。必有殺子者。子不如相銜負我以行。先愼曰各本脫子者二字文不成句藝文類聚御覽引有子字無者字亦誤今依事類賦引補子者二字 人必以我爲神君也。先愼曰乾道本無必字盧文弨云人下脫必字先愼案藝文類聚御覽事類賦引有必字今據補 乃相銜負以越公道而行。先愼曰乾道本無而行二字顧廣圻云藏本今本道下有而行二字搉不當有先愼案而行二字不當省藝文類聚御覽事類賦引亦有今據補 人皆避之曰。神君也。今子美而我惡。以子爲我上客。千乘之君也。以子爲我使者。萬乘之卿也。子不如爲我舍人。田成子因負傳而隨之。至逆旅。逆旅之君待之甚敬。因獻酒肉。

溫人之周。周不納客。顧廣圻曰句絕 問之曰。客耶。對曰。主人。顧廣圻曰周策無問之曰客四字耶作即非姚校一本同此者是 問其巷而不知也。先愼曰各本巷下衍人字周策作問其巷而不知也無人字此涉上文而誤御覽六百四十二引此無人字今據刪 吏因囚之。君使人問之曰。子非周人也。而自謂非客何也。對曰。臣少也誦詩曰。普天之下。莫非王土。率土之濱。莫非王臣。先愼曰詩小雅北山之篇 今君天子。則我天子之臣也。豈有爲人之臣。而又爲之客哉。故曰。主人也。君使出之。

韓宣王謂樛留曰。顧廣圻曰樛韓策作摎案樛摎同字本書難一篇作樛先愼曰乾道本連上今從趙本提行吾欲兩用公仲公叔、其可乎。對曰。不可。晉用六卿而國分。簡公兩用田成闞止而簡公殺。魏兩用犀首張儀而西河之外亡。先愼曰難一篇犀首張儀作樓翟餘亦不同今王兩用之。其多力者樹其黨。顧廣圻曰此樹上脫內字策有寡力者借外權。羣臣有內樹黨。顧廣圻曰有策作或按或有同字以驕主內。顧廣圻曰此衍內字策無先愼曰此內字卽上文樹下內字錯移在此有外爲交以削地。王念孫曰削地當爲列地列古裂字（艮九三曰艮其限列其夤大戴禮曾子天圓篇曰割列禳瘞管子五輔篇曰博帶棃大袂列荀子哀公篇曰兩驂列兩服入廐）裂分也言借外權以分地也韓策作戎外爲交以裂其地是其明證列字本作𠛱形與削相似因誤爲削說文𠛱分解也從刀𡿪聲𡿪繒餘也從衣𠛱聲今九經中分列之字多作裂未必非後人所改此列字若不誤爲削則後人亦必改爲裂矣則王之國危矣。

紹績昧醉寐而亡其裘。先愼曰御覽四百九十七引績作緇無寐字宋君曰。先愼曰御覽引宋作梁醉足以亡裘乎。對曰。桀以醉亡天下。而康誥曰毋彝酒。盧文弨曰而字孫云衍先愼曰今在酒誥中揚子法言問神篇云昔之說書者序以百而酒誥之篇俄空焉今亡夫是漢時已無酒誥而康誥亦有佚文後人纂輯酒誥並康誥佚句亦併錯入當據此訂正彝酒者。常酒也。盧文弨曰者字舊誤在上彝酒下孫移正先愼曰孫移是今從之常酒謂常飲酒也常酒者。天子失天下。匹夫失其身。

管仲隰朋從桓公伐孤竹。先愼曰各本桓上有於字伐上有而字意林及御覽四百九十事類賦三十引並無於字而字今據刪春往冬反。迷惑失道。管仲曰。老馬之智可用也。乃放老馬而隨之。遂得道。行山中。無水。隰朋曰。蟻冬居山之陽。夏居山之陰。蟻壤寸而有水。先愼曰各本寸上有一字而下有仞字意林及御覽卷三十七又九百四十七事類賦引無一字仞字今據刪乃掘地。遂得水。以管仲之聖而隰朋之智。至其所不知。不難師於老馬與蟻。今人不知以其愚心而師聖人之智。不亦過乎。先愼曰乾道本

（聖人上無師字顧廣圻云藏本今本有先愼案此謂管仲隰朋之聖智舍師老馬與蟻之所知而今人不知已之愚以師聖人之智是謂過矣師老馬與蟻與師聖人之智相比成文聖人上不當無師字今據藏本今本補）

有獻不死之藥於荆王者。謁者操之以入。中射之士問曰。可食乎。曰可。因奪而食之。王大怒。使人殺中射之士。中射之士使人說王曰。臣問謁者。（先愼曰楚策三重謁者二字是也此脫）曰可食。臣故食之。是臣無罪。而罪在謁者也。（先愼曰謁者漫云可食故食者不任罪）且客獻不死之藥。臣食之而王殺臣。是死藥也。是客欺王也。夫殺無罪之臣。而明人之欺王也。不如釋臣。王乃不殺。

田駟欺鄒君。鄒君將使人殺之。田駟恐。告惠子。惠子見鄒君曰。今有人見君。則眣其一目。奚如。（先愼曰眣御覽三百六十六引作睞下同注云大叶切閉目也蓋卽韓子舊注玉篇睞閉一目也本此爲訓眣爲目旁毛義稍隔）君曰。我必殺之。惠子曰。瞽兩目眣。君奚爲不殺。（先愼曰藝文類聚十七引作瞽眣兩目君奚弗殺）君曰。不能勿眣。惠子曰。田駟東欺齊侯。（先愼曰各本欺作慢顧廣圻云慢讀爲謾先愼案藝文類聚御覽引慢並作欺是也下駟之欺人正承此欺字言明不當作慢今據改）南欺荆王。駟之於欺人。瞽也。君奚怨焉。（先愼曰瞽以閉目爲常駟以欺人爲常習與性成又何尤焉）鄒君乃不殺。

魯穆公使衆公子或宦於晉。或宦於荆。（先愼曰欲結援晉楚故使公子宦焉乾道本上宦字作宧據趙本改）犂鉏曰。假人於越而救溺子。越人雖善遊。子必不生矣。失火而取水於海。海水雖多。火必不滅矣。遠水不救近火也。今晉與荆雖強。而齊近。魯患其不救乎。

嚴遂不善周君。（盧文弨曰周君二字當重）患之。馮沮曰。（顧廣圻曰卽周策之馮且也沮且同字）嚴遂相而韓傀貴於君。（顧廣圻曰與本書六微篇及韓策不同）不如行賊於韓傀。則君必以爲嚴氏也。

張譴相韓。病將死。公乘無正懷三十金而問其疾。居一月。公自問張譴曰。先愼曰各本無公字拾補自改君顧廣圻云居當作君月當作日先愼案居一月與下孟孫條及六微篇居三月文法正同盧顧二家不知自上脫公字故改上下文以就其義皆非也御覽八百十引有公字今據補若子死。將誰使代子。答曰。無正重法而畏上。先愼曰御覽引無重字雖然。不如公子食我之得民也。張譴死。因相公乘無正。

樂羊爲魏將而攻中山。先愼曰治要御覽六百四十五初學記十七引無而字中山策亦無說苑貴德篇而作以其子在中山。中山之君。烹其子而遺之羹。樂羊坐於幕下而啜之。盡一杯。先愼曰藝文類聚七十三御覽初學記引啜並作饗淮南人間訓作啜三杯文侯謂堵師贊曰。顧廣圻曰堵魏策作覩姚校云後語作堵樂羊以我故而食其子之肉。答曰。其子而食之。且誰不食。樂羊罷中山。先愼曰吳語韋注罷歸也謂樂羊歸自中山也文侯賞其功而疑其心。孟孫獵得麑。先愼曰各本孟下提行治要連上自樂羊爲將至秦西巴以有罪益信爲一條是也今據改使秦西巴持之歸。先愼曰各本持之歸作載之持歸案載之持歸語重複蓋一本作載之歸一本作持之歸校者誤合爲一又誤乙持字於之字下耳治要藝文類聚六十六御覽八百二十二引無載字說苑亦無今據改淮南子作持歸烹之其母隨之而啼。秦西巴弗忍而與之。先愼曰藝文類聚御覽引之字作其母二字孟孫適至而求麑。先愼曰各本適作歸案歸至二字複今據藝文類聚御覽引改淮南子作孟孫歸求麑安在答曰。余弗忍而與其母。孟孫大怒。逐之。居三月。復召以爲其子傅。先愼曰淮南子說苑居三月作居一年其御曰。曩將罪之。今召以爲子傅何也。孟孫曰。夫不忍麑。又且忍吾子乎。故曰。巧詐不如拙誠。樂羊以有功見疑。秦西巴以有罪益信。先愼曰各本西巴作巴西案上兩云西巴此誤治要正作西巴今據改藝文類聚引並上亦誤作巴西

曾從子。善相劍者也。衞君怨吳王。曾從子曰。吳王好劍。臣相劍者也。臣

請爲吳王相劍。拔而示之。因爲君刺之。衞君曰。子爲之是也。非緣義也。爲利也。吳彊而富。衞弱而貧。子必往。吾恐子爲吳王用之於我也。乃逐之。先愼曰乾道本無之字顧廣圻云藏本今本逐下有之字今據補

紂爲象箸而箕子怖。先愼曰乾道本無而字盧文弨云脫凌本有先愼案御覽七百六十引有而字喻老亦有今據補　以爲象箸必不盛羹於土鉶。先愼曰乾道本不上無必字鉶作簋盧文弨云凌本有必字先愼案喻老亦有必字簋作鉶御覽七百五十九引同今據改　則必犀玉之杯。玉杯象箸。必不盛菽藿。則必旄象豹胎。旄象豹胎。必不衣短褐。而舍茅茨之下。先愼曰喻老篇作而食於茅屋之下　則必錦衣九重。高臺廣室也。稱此以求。則天下不足矣。聖人見微以知萌。顧廣圻曰萌當作明　見端以知末。故見象箸而怖。知天下不足也。先愼曰知不滿其欲也

周公旦已勝殷。將攻商蓋。江聲曰商蓋商奄也　辛公甲曰。先愼曰卽辛甲乃太史見左襄四年傳一曰辛尹晉語所謂文王訪於辛尹者也　大難攻。小易服。不如服衆小以劫大。乃攻九夷而商蓋服矣。

紂爲長夜之飲。懼以失日。顧廣圻曰懼當作懽　問其左右。盡不知也。乃使人問箕子。箕子謂其徒曰。先愼曰御覽四百九十七引徒作從　爲天下主。而一國皆失日。天下其危矣。一國皆不知。而我獨知之。吾其危矣。辭以醉而不知。

魯人身善織屨。妻善織縞。先愼曰禮王制正義云生絲曰縞　而欲徙於越。或謂之曰。子必窮矣。魯人曰。何也。曰。屨爲履之也。先愼曰說文屨履也履足所依也是履爲足踐之通稱　而越人跣行。縞爲冠之

也。先愼曰禮玉制鄭注殷尙白而縞衣裳是周以前衣裳皆用縞玉藻縞冠素紕既祥之冠也則周人惟冠用縞耳　而越人被髮。以子之所長。游於不用之國。欲使無窮。其可得乎。

陳軫貴於魏王。顧廣圻曰魏策云田需按田陳同字軫當依策所需　惠子曰。必善事左右。夫楊。橫樹之卽生。倒樹之卽生。先愼曰策卽作則二字通　折而樹之又生。然使十人樹之而一人拔之。則毋生楊矣。先愼曰乾道本無矣字盧文弨云淩本則作即，楊下有矣字先愼案策亦有今據補　至以十人之衆。盧文弨曰淩本至作夫先愼曰策作故　樹易生之物。而不勝一人者何也。樹之難而去之易也。子雖工自樹於王。而欲去子者衆。子必危矣。

魯季孫新弒其君。吳起仕焉。或謂起曰。夫死者始死而血。已血而衄。先愼曰乾道本衄上無而字顧廣圻云藏本今本有先愼案上下文當有而字今據補衄乃衂之俗字廣雅釋言衄縮也又肭之假借說文肭下云朔而月見東方謂之縮肭衄肭並音女六反義相近故通用此言人血盡則皮肉皆縮　已衄而灰。已灰而土。及其土也。無可爲者矣。先愼曰言不能爲祟也趙本及作反誤　今季孫乃始血。其毋乃未可知也。吳起因去之晉。

隰斯彌　先愼曰見人表第五　見田成子。田成子與登臺四望。三面皆暢。南望。隰子家之樹蔽之。王先謙曰家之二字誤倒　田成子亦不言。隰子歸。使人伐之。斧離數創。先愼曰離割也見儀禮士冠禮注數音所矩反言斧割其樹創未多也　隰子止之。其相室曰。何變之數也。先愼曰數急也　隰子曰。古者有諺曰。知淵中之魚者不祥。夫田子將有大事。盧文弨曰大事二字張作事事大三字　而我示之知微。我必危矣。不伐樹。未有罪也。知人之所不言。其罪大矣。乃不伐也。

楊子過於宋。東之逆旅。先愼曰莊子山木篇楊作陽釋文司馬云陽朱也案楊陽二字古通本書自作楊下楊朱之弟及此皆作楊東之當依莊子作宿於下重逆旅字有妾二人。其惡者貴。美者賤。楊子問其故。逆旅之父答曰。先愼曰莊子作逆旅小子對曰美者自美。吾不知其美也。惡者自惡。吾不知其惡也。楊子謂弟子曰。行賢而去自賢之心。爲往而不美。先愼曰行音下孟反去音起呂反

衞人嫁其子而敎之曰。必私積聚。爲人婦而出。常也。其成居。幸也。先愼曰書益稷鄭注成猶終也國語周語成德之終也終與同室未可必也其子因私積聚。其姑以爲多私而出之。其子所以反者。倍其所以嫁。盧文弨曰反上脫自字張凌本有先愼曰御覽五百四十一引此正同張凌本涉下文而衍自字耳其父不自罪於敎子非也。而自知其益富。顧廣圻曰知讀爲智令人臣之處官者。皆是類也。先愼曰人主令臣聚斂附益傷損國體與敎其嫁子無異也

魯丹三說中山之君而不受也。因散五十金事其左右。復見。未語而君與之食。魯丹出不反舍。先愼曰各本不上有而字御覽八百十引無今據刪遂去中山。其御曰。及見乃始善我。先愼曰乾道本及作反顧廣圻云藏本今本反作及先愼案及反形相近又涉上文而誤今據改御覽引及見二字作交何故去之。魯丹曰。夫以人言善我。先愼曰意林有者字必以人言罪我。先愼曰意林有也字未出境。而公子惡之曰。爲趙來間。中山君因索而罪之。

田伯鼎好士而存其君。白公好士而亂荊。其好士則同。其所以爲則異。先愼曰以下當有好士之三字此謂其好士則同其所以好士之爲則異下文其自刑則同其所以自刑之爲則異其東走則同其所以東走之爲則異與此語句一律明此脫好士之三字淮南時則訓注爲故也公

孫友自刖而尊百里。（盧文弨曰友當作支先愼曰盧說是左傳作枝枝支同字）豎刁自宮而諂桓公。其自刑則同。其所以自刑之爲則異。（先愼曰乾道本無以字盧文弨云所下脫以字張凌本有先愼案此與上下文法一律今據補）慧子曰。（盧文弨曰慧惠同）狂者東走。（先愼曰趙本狂作往）逐者亦東走。其東走則同。其所以東走之爲則異。故曰。同事之人。不可不審察也。

韓非子集解卷八

說林下第二十三（顧廣圻曰藏本連前爲卷非）

伯樂教二人相踶馬。相與之簡子廄觀馬。一人舉踶馬。其一人舉踶馬。其一人（顧廣圻曰今本無此六字按有者衍也先愼曰此六字當在下文自以爲失相上上衍此字其僞之也古人其之通用呂氏春秋音初篇注云之其也之可訓爲其其亦可訓爲之舉踶馬其一人卽謂舉踶馬之一人因傳寫誤衍此字又不知其之同義故移於上以爲疊句趙本知其誤而不知其所以誤遂刪此六字耳蓋一人舉踶馬一人自後循撫而馬不踶故舉踶馬之一人自以爲失相而自後循撫之一人解之曰子非失相也文字極爲從順一經譌誤遂不可讀）從後而循之。三撫其尻。而馬不踶。此自以爲失相。其一人曰。子非失相也。（先愼曰乾道本無日字顧廣圻云今本人下有日字今據補）此其爲馬也。踒肩而腫膝。夫踶馬也者。舉後而任前。腫膝不可任也。故後不舉。子巧於相踶馬。而拙於任腫膝。（顧廣圻曰乾道本任下有在腫膝而不任拙於八字按有者衍也俞樾曰乾道本錯誤不可讀各本皆作子巧於相踶馬而拙於任腫膝顧氏識誤從之然上文云夫踶馬也者舉後而任前腫膝不可任也是任膝者馬也非相馬者也安得云巧於相踶馬拙於任腫膝乎疑韓子原文本作子巧於相踶馬而拙於在腫膝也乾道本在腫膝在者察也蓋徒知其爲踶馬而不能察知其腫膝之不可任是巧於相踶馬而拙於在腫膝也乾道本在腫膝三字不誤但在上又有任字則是因任與在形似又涉上下文諸任字而誤衍耳其下又有而不任拙於腫膝七字全無意義則卽上句之複文傳寫又錯誤當刪去無疑乃各本皆作而拙於任腫膝則徒知乾道本之誤而以意刪改之仍無當也先愼曰趙本任下無在字是誤以在字爲衍文而不知衍任字也又無而不任拙於腫膝七字與俞說合今據刪）夫事有所必歸。而以有所（先愼曰語意不完疑有脫文）腫膝而不任。智者之所獨知也。惠子曰。置猿於柙中。則與豚同。（先愼曰意林柙中二字作檻）故勢不便。非所以逞能也。

衞將軍文子見曾子。曾子不起。而延於坐席。正身見於奧。（先愼曰各本無見字御覽一百八十八引身下有見字今據補說文奧宛也室之西南隅謂藏室之尊處也已處於尊客坐於旁故文子以爲侮而不敬也 文子謂其御曰。曾子愚人也哉。以我爲君子也。君子安可毋敬也。以我爲暴人也。暴人安可侮也。曾子不僇命也。

爲有翢翢者。盧文弨曰文選阮嗣宗詠懷詩周周尙銜羽李善注引此亦作周周顧廣圻曰翢周同字集韻又云翢弱羽者卽此 垂首而屈尾。將欲飲於河。則必顚。乃銜其羽而飲之。人之所有飲不足者。不可不索其羽也。

諸用賢曰疑有脫文 鱣似蛇。先愼曰鱣卽鱔俗字 蠶似蠋。人見蛇則驚駭。見蠋則毛起。漁者持鱣。先愼曰事類賦二十九引持作取下七術篇作提 婦人拾蠶。利之所在。皆爲賁諸。先愼曰事類賦賁諸作賁育

伯樂教其所憎者相千里之馬。教其所愛者相駑馬。以千里之馬時一有。先愼曰各本無以字有字藝文類聚九十三御覽八百九十六引並有以字有字今據增 其利緩。駑馬日售。其利急。此周書所謂下言而上用者。惑也。孫詒讓曰此所引蓋逸周書佚文淮南子氾論訓云昔者周書有言曰上言者下用也下言者上用也上言者常也下言者權也高注用可否相濟也常謂君常也權謀也謀度事宜不失其道兩文同出一原而意恉皆不甚明晰以高說推之似謂上言而下用之者爲事之常下言而上用之者則爲權時暫用權與常相對爲文故文子道德篇亦云上言者常用也下言者權用也卽隱襲淮南書語蓋尙得其恉此云下言而上用者惑也惑古字與或通用或亦不常用之言與淮南子文子言權略同韓子引之者以況千里馬時一其利緩猶下言上用之不可爲常耳

桓赫曰。顧廣圻曰桓赫未詳或桓當是杜也 刻削之道。鼻莫如大。目莫如小。鼻大可小。小不可大也。目小可大。大不可小也。舉事亦然。爲其後可復者也。則事寡敗矣。先愼曰乾道本後作不盧文弨云不字衍先愼案張榜本不作後今從之 崇侯惡來。知不適紂之誅也。先愼曰書大傳注適得也 而不見武王

之滅之也。比干子胥。知其君之必亡也。而不知身之死也。故曰。崇侯惡來。知心而不知事。先愼曰二人窺見紂心之喜怒而不明國事廢與比干子胥。知事而不知心。先愼曰二人能料國事之成敗而不知己之生死聖人其備矣。

宋太宰貴而主斷。季子將見宋君。梁子聞之曰。語必可與太宰三坐乎。顧廣圻曰三讀爲參高誘注戰國策云參三人竝也不然。將不免。季子因說以貴主而輕國。顧廣圻曰主當作生呂氏春秋有貴生即其義宋君貴重其生輕賤其國則太宰長擅宋故參坐而無惡於太宰矣

楊朱之弟楊布。衣素衣而出。天雨。解素衣。衣緇衣而反。其狗不知而吠之。楊布怒。將擊之。楊朱曰。子毋擊也。子亦猶是。曩者使女狗白而往。黑而來。子豈能毋怪哉。

惠子曰。羿執鞅持扞。王引之曰鞅爲馬頸靼非射所用鞅當爲決決譌爲泱後人因改爲鞅耳決謂韘也箸於右手大指所以鉤弦也扞謂韝也或謂之拾或謂之遂箸於左臂所以扞弦也故曰執決持扞操弓關機衞風芄蘭篇童子佩韘毛傳曰決鉤弦也拾遂也周官繕人掌王之用弓弩矢箙矰戈抉拾鄭注引鄭司農云抉謂引弦彄也拾謂韝扞也鄉射禮袒決遂鄭注曰決猶闓也以象骨爲之箸右大擘指以鉤弦闓體也遂射韝也以韋爲之箸左臂所以遂弦也內則曰右佩玦捍賈子春秋篇曰丈夫釋玦靬抉玦竝與決同捍靬竝與扞同操弓關機。越人爭爲持的。弱子扞弓。慈母入室閉戶。王引之曰扞弓當作扜弓扜字從于不從干扜弓引弓也說文弙滿弓有所鄉也字或作扜大荒南經有人方扜弓射黃蛇郭注曰扜挽也音紆呂氏春秋壅塞篇扜弓而射之高注曰扜引也淮南原道篇射者扜烏號之弓高注曰扜張也弱子扜弓則矢必妄發故慈母入室閉戶若作扞禦之扞則義不可通（今本呂覽淮南扜字皆譌扞惟山海經不譌則賴有郭音也）故曰。可必。則越人不疑羿。不可必。則慈母逃弱子。

桓公問管仲。富有涯乎。先愼曰說文厓下云山邊也又崖高邊也皆有邊義新附云涯水邊也水至於邊則無水矣是涯爲水之止境許書收韓子而無涯字疑脫文

答曰。水之以涯。其無水者也。富之以涯。先愼曰乾道本富上有以字顧廣圻云今本無上以字今據删 其富已足者也。人不能自止於足。而亡其富之涯乎。先愼曰亡讀爲忘謂欲富無厭故忘其涯也

宋之富賈有監止子者。與人爭買百金之璞玉。先愼曰御覽八百二十八引無玉字 因佯失而毁之。負其百金。孫詒讓曰負其百金者謂償其値百金負猶後世言陪也（韓詩外傳子產之治鄭一年而負罰之過省）魏書刑法志云盜官物一備五私物一備十通鑑宋紀胡三省注云備陪償今人多云陪備負陪聲近字通陪俗作賠古無此字 而理其毁瑕。得千溢焉。顧廣圻曰今本溢作鎰誤先愼曰御覽引作得十鎰焉 事有舉之而有敗。而賢其毋舉之者。負之時也。

有欲以御見荊王者。衆騶妒之。因曰。臣能撽鹿。盧文弨曰撽音竅旁擊也 見王。王爲御不及鹿。自御及之。王善其御也。乃言衆騶妒之。

荊令公子將伐陳。先愼曰左哀十六年傳楚公孫朝帥師伐陳杜注子西子此言公子當卽公孫朝 丈人送之曰。晉強。不可不愼也。公子曰。丈人奚憂。吾爲丈人破晉。丈人曰。可。吾方廬陳南門之外。先愼曰公子方伐陳丈人卽爲廬於南門之外較公子所說爲更易矣 公子曰。是何也。曰。我笑句踐也。爲人之如是其易也。己獨何爲密密十年難乎。

堯以天下讓許由。許由逃之。舍於家人。家人藏其皮冠。夫棄天下而家人藏其皮冠。是不知許由者也。

三蝨食彘。相與訟。先愼曰各本無食彘二字御覽九百五十一引有今據補 一蝨過之。先愼曰御覽引過作遇 曰。訟者奚說。三蝨曰。爭肥饒之地。一蝨曰。若亦不患臘之至而茅之燥耳。先愼曰說文臘冬至後三戌臘祭百神詩

汝壤釋文楚人名火曰燥耳讀爲耶言若不患臘祭之日至而人之燥以茅耶 若又奚患。於是乃相與聚嘬其身而食之。先愼曰各本身作母御覽引作身是今據改 彘臞。人乃弗殺。顧廣圻曰卷首至此藏本脫

蟲有螝者。或作蚘 一身兩口。爭食相齕。遂相殺也。先愼曰乾道本螝作蚘爭下無食字齕下有也字遂相殺下無也字有因自殺三字張遺本螝作蚘遂相殺下有食自殺三字盧文弨云蚘虮皆非據顏氏家訓勉學篇改正作螝爭下脫食字顏有張本同齕下也字衍遂相下食因自三字衍俱依顏改下蚘字當倂改顧廣圻云古今字詁螝亦古之虺字舊注當云或作虺藏本今本皆作蚘王渭云洪興祖楚辭注引及柳子厚天對亦作螝也藏本爭下有食字先愼案御覽九百五十一引正作螝字爭下有也字是也今據改 人臣之爭事而亡其國者。皆螝類也。先愼曰乾道本螝作蚘說見上

宮有堊器。有滌則潔矣。行身亦然。無滌堊之地。則寡非矣。

公子糾將爲亂。先愼曰乾道本連上依趙本提行 桓公使使者視之。使者報曰。笑不樂。視不見。必爲亂。乃使魯人殺之。

公孫弘斷髮而爲越王騎。公孫喜使人絕之曰。吾不與子爲昆弟矣。公孫弘曰。我斷髮。子斷頸而爲人用兵。我將謂子何。周南之戰。公孫喜死焉。

有與悍者鄰。欲賣宅而避之。人曰。是其貫將滿矣。先愼曰乾道本滿下有也遂去之故曰勿之八字盧文弨云下遂去之或曰勿之矣八字從淩本刪先愼案八字涉下文而複衍顧廣圻謂也當作矣是也御覽一百八十引無也遂去之故曰勿之八字今據刪 子姑待之。答曰。吾恐其以我滿貫也。遂去之。先愼曰乾道本脫之字盧文弨云之字張淩本有先愼案御覽引有之字今據補 故曰。物之幾者。非所靡也。

孔子謂弟子曰。孰能導子西之釣名也。子貢曰。賜也能。乃導之不復疑

也。孔子曰。寬哉不被於利。絜哉民性有恆。曲爲曲。直爲直。先愼曰數句當是子西對子貢言孔子二字疑子西之誤子貢尊其鈞名子西曰寬哉不被於利何必鈞名絜哉民性有恆謂我有恆性無庸尊也恆性若何曲者則爲曲直者則爲直此其恆性也皆子西對子貢之言下直於行者曲於欲卽指子西曲爲曲直爲直之語此孔子聞之而知其不免也今誤子西爲孔子義不可通 孔子曰。先愼曰各本同孫星衍孔子集語引此云宋本提行誤 子西不免。白公之難。子西死焉。故曰。直於行者曲於欲。

晉中行文子出亡。過於縣邑。從者曰。此嗇夫公之故人。公奚不休舍。且待後車。文子曰。吾嘗好音。此人遺我鳴琴。吾好珮。此人遺我玉環。是振我過者也。先愼曰孟子趙注振揚也 以求容於我者。吾恐其以我求容於人也。乃去之。果收文子後車二乘。而獻之其君矣。

周趮顧廣圻曰趮魏策作肖按又作胥皆同字 謂宮他曰。爲我謂齊王曰。以齊資我於魏。請以魏事王。宮他曰。不可。是示之無魏也。齊王必不資於無魏者。而以怨有魏者。公不如曰。以王之所欲。臣請以魏聽王。齊王必以公爲有魏也。必因公。先愼曰策作必資公矣 是公有齊也。因以有齊魏矣。顧廣圻曰有齊當作齊有策云以齊有魏也可證

白圭謂宋令尹曰。君長自知政。公無事矣。今君少主也。而務名。不如令荊賀君之孝也。則君不奪公位。而大敬重公。則公常用宋矣。

管仲鮑叔相謂曰。君亂甚矣。必失國。齊國之諸公子。其可輔者。非公子糾。則小白也。與子人事一人。爲先達者相收。先愼曰乾道本先作相顧廣圻云藏本今本上相字作先先愼案作先者是今據改

管仲乃從公子糾。鮑叔從小白。國人果弑君。小白先入爲君。魯人拘管仲而效之。鮑叔言而相之。故諺曰。巫咸雖善祝。不能自祓也。秦醫雖善除。先愼曰乾道本秦上有養字顧廣圻云藏本今本無養字按未詳先愼案養字涉上下文善字而誤衍此與上巫咸雖善祝對文不當有養字今據各本刪　不能自彈也。以管仲之聖。而待鮑叔之助。此鄙諺所謂虜自賣裘而不售。士自譽辯而不信者也。先愼曰御覽八百二十八引虜作傭裘作衣

荊王伐吳。吳使沮衞蹷融犒於荊師。顧廣圻曰未詳左傳云蹷山餘多不同先愼曰御覽三百三十八引作吳使沮衞獻蟲蠹於荊師　荊將軍曰。先愼曰乾道本荊作而顧廣圻云今本而作荊今據改　縛之。殺以釁鼓。問之曰。汝來卜乎。答曰。卜。卜吉乎。曰吉。先愼曰乾道本無乎曰吉三字顧廣圻云藏本今本有乎曰吉三字今據補　荊人曰。今荊將以女釁鼓。其何也。先愼曰乾道本以作欲盧文弨云欲張淩本作以今據改　答曰。是故其所以吉也。吳使人來也。固視將軍怒。盧文弨曰人淩本作臣怒字衍　將軍怒。將深溝高壘。將軍不怒。將懈怠。今也將軍殺臣。則吳必警守矣。且國之卜。非爲一臣卜。夫殺一臣而存一國。其不言吉何也。且死者無知。則以臣釁鼓無益也。死者有知也。臣將當戰之時。臣使鼓不鳴。荊人因不殺也。

知伯將伐仇由。顧廣圻曰戰國策作厹由注或作仇首史記樗里子傳作仇猶首者酋之誤本書說林上篇作仇由同此吳師道引此由作繇呂氏春秋權勳篇作夙繇高誘注或作仇酋夙厹之誤也當互正說文云臨淮有厹猶縣漢書地理志同　而道難不通。先愼曰呂氏春秋作而無道也此難不二字疑衍其一　乃鑄大鐘遺仇由之君。仇由之君大說。除道將內之。赤章曼枝曰。顧廣圻曰曼呂氏春秋作蔓先愼曰枝御覽五百七十五引作之下同　不可。

此小之所以事大也。而今也大以來。卒必隨之。先愼曰乾道本必作以顧廣圻云藏本今本以作必呂氏春秋作必先愼案御覽引正作必今據改 不可內也。仇由之君不聽。遂內之。赤章曼枝因斷轂而驅至於齊。七月而仇由亡矣。顧廣圻曰月當作日呂氏春秋云至衞七日先愼曰御覽引作十月

越已勝吳。又索卒於荆而攻晉。左史倚相謂荆王曰。夫越破吳。豪士死。銳卒盡。大甲傷。今又索卒以攻晉。示我不病也。不如起師與分吳。顧廣圻曰藏本同今本與作以誤盧文弨曰以張凌本作與 荆王曰善。因起師而從越。越王怒。將擊之。大夫種曰。不可。吾豪士盡。大甲傷。我與戰。必不剋。不如賂之。乃割露山之陰五百里顧廣圻曰說苑權謀篇云遂取東國以賂之。

荆伐陳。先愼曰說苑指武篇云楚莊王案倚相子期與莊王不同時 吳救之。軍閒三十里。雨十日。夜星。顧廣圻曰說苑指武篇云雨十日十夜晴按星正字作姓說文雨而夜除星見也集韻有姓晴暒三文先愼曰姓星疊韻古文本通用星毛詩星言夙駕韓詩云星者精也精今晴字漢書天文志孟康注暒精明也韋昭注精淸明也郭璞爾雅釋天注暒雨止無雲也是暒姓精皆今之晴字而詩作星與本書同明古文通用星字 左史倚相謂子期曰。雨十日。甲輯而兵聚。吳人必至。不如備之。乃爲陳。陳未成也而吳人至。見荆陳而反。先愼曰御覽十引陳作有戒 左史曰。吳反覆六十里。其君子必休。小人必食。我行三十里擊之。必可敗也。乃從之。遂破吳軍。

韓趙相與爲難。韓子索兵於魏。王渭曰子字衍策無孫詒讓曰存韓篇亦云書言韓子之未可舉則子字似非衍先愼曰子字不當有存韓篇亦誤孫說非 曰。願借師以伐趙。魏文侯曰。寡人與趙兄弟。不可以從。趙又索兵攻韓。

文侯曰。寡人與韓兄弟。不敢從。二國不得兵。怒而反。已乃知文侯以搆於己。乃皆朝魏。顧廣圻曰搆策作講按搆講同字

齊伐魯。索讒鼎。顧廣圻曰呂氏春秋審己篇新序節士篇云岑鼎魯以其鴈往。齊人曰。鴈也。魯人曰。眞也。齊曰。使樂正子春來。顧廣圻曰呂氏春秋新序云柳下季吾將聽子。魯君請樂正子春。樂正子春曰。胡不以其眞往也。君曰。我愛之。先愼曰各本之下有信字俞樾云信字衍文君曰我愛之之者指鼎而言君固愛鼎不愛信也涉下句而衍信字則義不可通先愼案俞說是御覽四百三十引正無信字今據刪答曰。臣亦愛臣之信。

韓咎立爲君。未定也。弟在周。周欲重之。而恐韓咎不立也。綦毋恢曰。不若以車百乘送之。得立。因曰爲戒。不立。則曰來效賊也。先愼曰效致也咎爲韓君以兵車爲其弟之戒否則咎爲韓賊則以兵車致賊於韓也

靖郭君將城薛。先愼曰乾道本君下有曰字顧廣圻云今本無曰字齊策無新序雜事同將作欲先愼案無曰字是御覽一百九十二引正無曰字今據刪客多以諫者。靖郭君謂謁者曰。毋爲客通。齊人有請見者。曰。臣請三言而已。過三言。臣請烹。靖郭君因見之。客趨進曰。海大魚。因反走。靖郭君曰。請聞其說。客曰。臣不敢以死爲戲。靖郭君曰。願爲寡人言之。答曰。君聞大魚乎。網不能止。繳不能絓也。蕩而失水。螻蟻得意焉。今夫齊。亦君之海也。君長有齊。奚以薛爲。君失齊。雖隆薛城至於天。猶無益也。靖郭君曰。善。乃輟不城薛。盧文弨曰城上不字衍齊策無顧廣圻曰新序作罷民弗城薛也先愼曰此當各依本書輟乃輒之譌本書輟輒多互亂御覽一百九十二引乃不城薛蓋不審輟爲輒之誤而誤刪之也

荊王弟在秦。先愼曰說苑權謀篇云楚公子午 秦不出也。中射之士曰。先愼曰御覽八百十引射作尉 資臣百金。臣能出之。因載百金之晉。見叔向曰。荊王弟在秦。秦不出也。請以百金委叔向。叔向受金而以見之晉平公曰。可以城壺丘矣。先愼曰乾道本壺作壼今據趙本改下同說苑正作壺左傳彭城降晉晉人以宋五大夫在彭城者歸寘諸瓠丘注瓠丘晉地河東東垣東南有壺丘 平公曰。何也。對曰。荊王弟在秦。秦不出也。先愼曰御覽無也字 是秦惡荊也。必不敢禁我城壺丘。若禁之。我曰。爲我出荊王之弟。吾不城也。彼如出之。可以得荊。彼不出。是卒惡也。必不敢禁我城壺丘矣。公曰。善。乃城壺丘。謂秦公曰。爲我出荊王之弟。吾不城也。秦因出之。荊王大說。以鍊金百鎰遺晉。顧廣圻曰藏本鍊作諫鎰作溢按作溢是也諫當作練練諫同字也先愼曰御覽同藏本誤不可從淮南子云秦以一鎰爲一金而重一斤漢以一斤爲一金以百鎰鍊金遺晉語自可通毋庸改字

闔廬攻郢。戰三勝。問子胥曰。可以退乎。子胥對曰。溺人者一飲而止。則無逆者。顧廣圻曰藏本今本逆作溺按所改誤也逆當作遂形近之誤十過篇云不可遂又云子其使遂之 以其不休也。不如乘之以沈之。

鄭人有一子將宦。先愼曰說難篇鄭作宋 謂其家曰。必築壞牆。是不善人將竊。其巷人亦云。不時築而人果竊之。以其子爲智。先愼曰以上當有其家二字說難篇作其家甚智其子 以巷人告者爲盜。

觀行第二十四 盧文弨曰藏本卷八起

古之人目短於自見。故以鏡觀面。智短於自知。故以道正已。鏡無見疵

之罪。先愼曰各本鏡上有故字涉上文而衍藝文類聚七十御覽七百十七初學記二十五引並無故字今據刪　道無明過之惡。先愼曰各本惡作怨藝文類聚御覽初學記引作惡今據改　目失鏡則無以正鬚眉。身失道則無以知迷惑。西門豹之性急。故佩韋以自緩。先愼曰各本自緩作緩已藝文類聚二十三御覽三百七十六引緩已作自緩已案自字是佩韋以自緩與佩弦以自急文法正同已字誤衍御覽四百五十九意林引並作自緩無已字今據改　董安于之心緩。故佩弦以自急。先愼曰治要安作閼說見難言篇意林心作性是　故以有餘補不足。先愼曰張榜本無有字盧文弨云脫張淩本有顧廣圻云藏本同今本無有字誤先愼案藝文類聚二十三御覽四百五十九引以上有能字是類聚御覽並有有字　以長續短之謂明主。

天下有信數三。一曰。智有所不能立。二曰。力有所不能舉。三曰。彊有所不能勝。故雖有堯之智。而無衆人之助。大功不立。有烏獲之勁。而不得人助。不能自舉。有賁育之彊。而無法術。不得長生。故勢有不可得。先愼曰乾道本勢作世盧文弨云世淩本作勢先愼案治要正作勢今據改　事有不可成。故烏獲輕千鈞而重其身。非其身重於千鈞也。勢不便也。離朱易百步而難眉睫。先愼曰治要朱作婁下同　非百步近而眉睫遠也。道不可也。故明主不窮烏獲。以其不能自舉。不困離朱。以其不能自見。因可勢。求易道。先愼曰此言因其可得之勢求其易行之道也卽承上勢不便道不可而言　故用力寡而功名立。時有滿虛。事有利害。物有生死。人主爲三者發喜怒之色。則金石之士離心焉。聖賢之撲淺深矣。盧文弨曰賢聖舊倒今從張淩本撲作樸　故明主觀人。不使人觀己。明於堯不能獨成。烏獲之不能自舉。先愼曰乾道本無之字盧文弨云獲下脫之字張淩本有今據補　賁育之不能自勝。以法術。則觀行之道畢矣。

安危第二十五

安術有七。危道有六。安術。一曰。賞罰隨是非。二曰。禍福隨善惡。三曰。死生隨法度。四曰。有賢不肖而無愛惡。五曰。有愚智而無非譽。先慎曰非讀爲誹 六曰。有尺寸而無意度。七曰。有信而無詐。

危道。一曰。斲削於繩之內。二曰。斲割於法之外。顧廣圻曰藏本同今本斲作斷按此有誤未詳先慎曰法疑作繩大體篇不引繩之外不推繩之內孤憤篇必在繩之外矣是其證 三曰。利人之所害。四曰。樂人之所禍。五曰。危人之所安。先慎曰乾道本之作於顧廣圻云藏本今本於作之今據改 六曰。所愛不親。所惡不疏。如此則人失其所以樂生。而忘其所以重死。人不樂生。則人主不尊。不重死。則令不行也。盧文弨曰淩本無不重死則令不行也八字

使天下皆極智能於儀表。盡力於權衡。以動則勝。以靜則安。治世使人樂生於爲是。愛身於爲非。小人少而君子多。故社稷常立。盧文弨曰常張淩本作長國家久安。奔車之上無仲尼。覆舟之下無伯夷。故號令者國之舟車也。安則智廉生。危則爭鄙起。故安國之法。若饑而食。盧文弨曰饑當作飢下同 寒而衣。不令而自然也。先王寄理於竹帛。盧文弨曰淩本寄下有治字先慎曰治字衍文理治也 其道順。故後世服。先慎曰句絕 今使人饑寒去衣食。先慎曰乾道本作令使人去饑寒盧文弨云從淩本增改作今使人饑寒去衣食先慎案盧校是今依改顧廣圻謂作今者誤以令字屬上讀非 雖賁育不能行。廢自然。雖順道而不立。強勇之所不能行。則上不能安。顧廣圻曰藏本同今本則作雖誤先慎曰盧文

弨云張凌本亦作則上以無厭責已盡。則下對無有。先愼曰既盡而猶索之故下以實對無有則輕法。先愼曰乾道本無無有二字顧廣圻云藏本今本有按當重下對無有四字先愼案顧說是也今據藏本今本補二字法所以爲國也。而輕之。則功不立。名不成。聞古扁鵲之治其病也。以刀刺骨。先愼曰其字當爲甚之殘闕字甚病與危國相對爲文明其爲甚之誤下云甚病之人利在忍痛作甚字卽其證聖人之救危國也。以忠拂耳。先愼曰忠言也刺骨故小痛在體。而長利在身。拂耳故小逆在心。而久福在國。故甚病之人。利在忍痛。猛毅之君。以福拂耳。先愼曰謂以拂耳之言爲福也忍痛故扁鵲盡巧。拂耳則子胥不失。顧廣圻曰七字爲一句壽安之術也。病而不忍痛。則失扁鵲之巧。危而不拂耳。則失聖人之意。如此。長利不遠垂。功名不久立。

人主不自刻以堯。而責人臣以子胥。是幸殷人之盡如比干。盡如比干。則上不失。下不亡。不權其力。而有田成。而幸其身盡如比干。先愼曰盧文弨拾補改身爲臣顧廣圻云此二句以其力與其身相對言人主當權其臣之力使不得爲田成不當責其臣之身使爲比干也或謂此有誤字非先愼案顧說是故國不得一安。廢堯舜而立桀紂。則人不得樂所長。而憂所短。失所長。則國家無功。守所短。則民不樂生。以無功御不樂生。顧廣圻曰乾道本此下重以無功御不樂生七字藏本今本無先愼曰道藏本今本是今據刪不可行於齊民。如此則上無以使下。下無以事上。

安危在是非。不在於強弱。存亡在虛實。不在於衆寡。故齊。萬乘也。盧文弨曰齊下脫故字張凌本有先愼曰齊下不當有故字張凌本誤而名實不稱。上空虛於國。內不充滿於名實。故臣得奪主。先愼曰此指田成而言殺天子也。盧文弨曰淩本作以成其簒弑也顧廣圻曰故臣得奪主句絕殺當作桀形近之誤桀字逗天子也句與上文故齊萬乘也句例同戰國策新序皆言宋康王剖傴之背史記云於是諸侯皆曰桀宋下文使傴以天性剖背是其證矣先愼曰顧說是淩本不得其義而改之耳而無是非。賞於無功。使讒諛以詐僞爲貴。誅於無罪。使傴以天性剖背。以詐僞爲是。先愼曰乾道本無爲字顧廣圻云藏本今本僞下有爲字先愼案詐僞爲是天性爲非相對成文有爲字者是今據補天性爲非。小得勝大。顧廣圻曰藏本同今本大下有矣字誤

明主堅內故不外失。失之近而不亡於遠者無有。先愼曰乾道本而作正盧文弨云淩本正作而顧廣圻云正字當衍先愼案顧說是今依淩本改増用賢云近失正國之理也是據誤本而爲之辭不可從故周之奪殷也。拾遺於庭。使殷不遺於朝。則周不敢望秋毫於境。而況敢易位乎。

明主之道忠法。其法忠心。故臨之而法。去之而思。堯無膠漆之約於當世而道行。先愼曰乾道本作遺顧廣圻云藏本今本遺作道先愼案下能立道於往古卽指道行而言明遺字形近而誤今據改舜無置錐之地於後世而德結。先愼曰御覽七百六十四引有民心二字能立道於往古。先愼曰乾道本往下有名字顧廣圻云今本無名字今據刪而垂德於萬世者之謂明主。

守道第二十六

聖王之立法也。其賞足以勸善。其威足以勝暴。其備足以必完法。盧文弨曰其備足以必完句淩本無必字非法字疑衍治世之臣。功多者位尊。力極者賞厚。情盡者名立。善之生如春。惡之死如秋。故民勸極力而樂盡情。此之謂上下相得。上下相得。故能使用力者自極於權衡。而務至於任鄙。戰士出死先愼曰此當有脫字而願爲賁育。守

道者皆懷金石之心。先愼曰趙本皆作出是 以死子胥之節。用力者爲任鄙。戰如賁育。中爲金石。顧廣圻曰藏本今本中作守先愼曰中字是中爲金石即心懷金石也此指上守道者皆懷金石之心而言 則君人者。高枕而守已完矣。

古之善守者。以其所重禁其所輕。以其所難。止其所易。故君子與小人俱正。盜跖與曾史俱廉。何以知之。夫貪盜不赴谿而掇金。赴谿而掇金。先愼曰乾道本不重赴谿而掇金五字據道藏本趙本補 則身不全。賁育不量敵。則無勇名。盜跖不計可。則利不成。明主之守禁也。賁育見侵於其所不能勝。盜跖見害於其所不能取。先愼曰已不能禁賁育得而勝之已不能守盜跖得而取之 故能禁賁育之所不能犯。守盜跖之所不能取。則暴者守愿。邪者反正。大勇愿。巨盜貞。先愼曰乾道本貞下有平字按平字涉下文而衍今從趙本删 則天下公平。而齊民之情正矣。

人主離法失人。則危於伯夷。不妄取。而不免於田成盜跖之禍。先愼曰乾道本禍作耳顧廣圻云今本耳作禍誤按不字衍耳當作身形相近也與上句對先愼案說文危在高而懼也故危有高義文選七命注引論語鄭注莊子盜跖篇釋文引李注並云危高也此言人主雖於伯夷不妄取之高離法失人不能禁止臣下終有田常盜跖之禍顧說謬甚趙本耳作禍是也今依改 何也。先愼曰乾道本何作可今據趙本改 今天下無一伯夷。而姦人不絕世。故立法度量。度量信則伯夷不失是。而盜跖不得非。法分明。則賢不得奪不肖。強不得侵弱。衆不得暴寡。託天下於堯之法。則貞士不失分。姦人不徼幸。寄千金於羿之矢。則伯夷不得亡。而盜跖不敢取。堯明於不失姦。故天下無邪。羿巧於不失發。先愼曰不失發乾道本作失廢顧廣圻云藏本今本於下有不字乾道本發作廢譌今據改 故千金不亡。邪人不壽（顧廣圻曰藏本同今本壽作售誤按上文云惡之死如秋此其義也）而盜跖止。（王先謙曰句絕）如此。故圖不載宰予。不舉六卿。書不著子胥。不明夫差。（王先謙曰此宰予謂齊簡公臣與田成爭權而死者蓋周世有二說或云闞止或卽以爲孔子弟子宰我也六卿晉臣言無爭奪亡滅之禍故圖書不得而載著）孫吳之略廢。盜跖之心伏。人主甘服於玉堂之中。而無瞋目切齒傾取之患。（先愼曰拾補瞋作瞑盧文弨云瞑張淩本作瞋先愼案作瞋者是莊子說劍篇瞋目而語難）人臣垂拱於金城之內。（先愼曰乾道本無於字顧廣圻云今本拱下有於字按依上文當有今據補）而無扼腕聚脣嗟唶之禍。（盧文弨曰搤腕同）服虎而不以柙。禁姦而不以法。塞僞而不以符。此賁育之所患。堯舜之所難也。故設柙。非所以備鼠也。所以使怯弱能服虎也。立法。非所以避曾史也。（顧廣圻曰藏本今本避作備按備字涉上句誤）所以使庸主能止盜跖也。（先愼曰乾道本無使字顧廣圻云藏本今本以下有使字先愼案依上下文當有今據補）爲符。非所以豫尾生也。所以使衆人不相謾也。不特比干之死節。（先愼曰乾道本不下有獨字盧文弨云淩本無獨字今據刪）不幸亂臣之無詐也。恃怯之所能服。（盧文弨曰恃淩本作持顧廣圻曰藏本同今本怯下有士字誤按依上文當有弱字）握庸主之所易守。當今之世。爲人主忠計。爲天下結德者。利莫長於如此。（先愼曰如字衍）故君人者無亡國之圖。而忠臣無失身之畫。明於尊位必賞。（盧文弨曰賞淩本作法）故能使人盡力於權衡。死節於官職。通賁育之情。（顧廣圻曰藏本同今本通下有於字誤）不以死易生。惑於盜跖之貪。（王渭曰惑字有誤）不以財易身。則守國之道畢備矣。

用人第二十七

聞古之善用人者。必循天順人而明賞罰。循天則用力寡而功立。順人則刑罰省而令行。明賞罰則伯夷盜跖不亂。如此則白黑分矣。治國之臣。效功於國以履位。見能於官以受職。盡力於權衡以任事。人臣皆宜其能。勝其官。輕其任。先愼曰不兼官也 而莫懷餘力於心。莫負兼官之責於君。故內無伏怨之亂。外無馬服之患。盧文弨曰馬㑅本作矯王先謙曰㑅本非也馬服謂趙括 明君使事不相干。故莫訟。使士不兼官。故技長。使人不同功。故莫爭。先愼曰乾道本爭下有訟字盧文弨云訟字秦本無顧廣圻云訟字衍此涉下句而誤先愼案飾令篇亦無訟字今據秦本刪 爭訟止。技長立。則彊弱不觳力。冰炭不合形。天下莫得相傷。治之至也。

釋法術而任心治。先愼曰各本無任字御覽八百三十引心上有任字是下去規矩而妄意度妄意度與任心治相對爲文明此脫任字今據補 堯不能正一國。去規矩而妄意度。先愼曰御覽引妄作委治要無度字均誤解老篇妄作忘說詳彼 奚仲不能成一輪。廢尺寸而差短長。王爾不能半中。王先謙曰王爾巧工淮南子王爾無所錯其剞劂先愼曰中音丁仲反 使中主守法術。拙匠執規矩尺寸。先愼曰各本執作守治要藝文類聚五十四御覽引並作執 則萬不失矣。先愼曰藝文類聚引矣作一 君人者。能去賢巧之所不能。守中拙之所萬不失。先愼曰治要守上有而字 則人力盡而功名立。

明主立可爲之賞。設可避之罰。故賢者勸賞。而不見子胥之禍。不肖者少罪。而不見傴剖背。先愼曰此宋康王事安危篇云誅於無罪使傴以天性剖背是也 盲者處平而不遇深谿。愚者守靜而不陷險危。如此則上下之恩結矣。古之人曰。其心難知。喜怒難中也。故以表示目。以鼓語耳。顧廣圻曰鼓當作教下文其教易知故言用承此 以法教心。顧廣圻曰此教字誤未詳所當作 君人者。

釋三易之數。而行一難知之心。先愼曰乾道本行下有之字知之下無心字顧廣圻云今本無上之字下之字下有心字按依上文當刪補今據改如此則怒積於上。而怨積於下。以積怒而御積怨。則兩危矣。

明主之表易見。故約立。其敎易知。故言用。其法易爲。故令行。三者立而上無私心。則下得循法而治。望表而動。隨繩而斲。先愼曰安危篇云一曰斲削於繩之內二曰斲割於繩之外是也因攢而縫。俞樾曰攢字無義當作簮荀子賦篇簮以爲父楊倞注簮形似箴而大是簮亦箴類故曰因簮而縫也說文金部鐕可以綴著物者簮卽鐕之叚字亦或作撍周易豫九四朋盍簪京作撍是也古本韓子當亦作撍傳寫因誤爲攢矣如此則上無私威之毒。而下無愚拙之誅。故上君明而少怒。顧廣圻曰藏本同今本君作居按君字誤下盡忠而少罪。

聞之曰。舉事無患者。堯不得也。而世未嘗無事也。君人者。不輕爵祿。不易富貴。不可與救危國。故明主厲廉恥。招仁義。昔者介子推無爵祿而義隨文公。不忍口腹而仁割其肌。故人主結其德。書圖著其名。人主樂乎使人以公盡力。而苦乎以私奪威。人臣安乎以能受職。而苦乎以一負二。謂一身兩役也

故明主除人臣之所苦。而立人主之所樂。上下之利。莫長於此。不察私門之內。輕慮重事。厚誅薄罪。久怨細過。長侮偸快。長輕侮人偸取一時之快也數以德追禍。禍賊當誅而反以德報之也是斷手而續以玉也。故世有易身之患。

人主立難爲而罪不及。則私怨生。先愼曰乾道本生作立顧廣圻云今本立作生按立字譌今據改人臣失所長而奉難給。則伏怨結。勞苦不撫循。憂悲不哀憐。喜則譽小人。賢不肖俱賞。

怒則毀君子。使伯夷與盜跖俱辱。故臣有叛主。

使燕王內憎其民。而外愛魯人。先慎曰乾道本不提行今依趙本則燕不用而魯不附。見憎。不能盡力而務功。顧廣圻曰藏本同今本見上有民字按當脫燕字魯見說。而不能離死命而親他主。如此則人臣為隙穴。而人主獨立。以隙穴之臣。而事獨立之主。此之謂危殆。

釋儀的而妄發。雖中小不巧。顧廣圻曰藏本同今本小作而誤釋法制而妄怒。雖殺戮而姦人不恐。罪生甲。禍歸乙。伏怨乃結。故至治之國。有賞罰而無喜怒。故聖人極有刑法。而死無螫毒。故姦人服。發矢中的。賞罰當符。故堯復生。羿復立。如此則上無殷夏之患。下無比干之禍。君高枕而臣樂業。道蔽天地。先慎曰蔽當作被德極萬世矣。

夫人主先慎曰乾道本連上今依趙本提行不塞隙穴。而勞力於赭堊。暴雨疾風必壞。不去眉睫之禍。而慕賁育之死。不謹蕭牆之患。而固金城於遠境。不用近賢之謀。而外結萬乘之交於千里。飄風一旦起。則賁育不及救。而外交不及至。禍莫大於此。當今之世。為人主忠計者。必無使燕王說魯人。無使近世慕賢於古。無思越人以救中國溺者。先慎曰見說林上魯穆公條如此則上下親。內功立。外名成。

功名第二十八

明君之所以立功成名者四。一曰天時。二曰人心。三曰技能。四曰勢位。

非天時。雖十堯不能冬生一穗。逆人心。雖賁育不能盡人力。故得天時則不務而自生。先愼曰乾道本無不字盧文弨云則下脫不字淩本有先愼案治要有不字今據補得人心則不趣而自勸。因技能則不急而自疾。得勢位則不進而名成。先愼曰各本進上有推字案推卽進字誤而衍者治要無今據刪若水之流。若船之浮。守自然之道。行毋窮之令。故曰明主。

夫有材而無勢。雖賢不能制不肖。故立尺材於高山之上。下臨千仞之谿。先愼曰乾道本下作則千作十盧文弨云則字淩本作而下二字十張淩本作千先愼案意林則作下十作千今據改材非長也。位高也。桀爲天子。能制天下。非賢也。勢重也。堯爲匹夫。不能正三家。非不肖也。位卑也。千鈞得船則浮。錙銖失船則沈。先愼曰白孔六帖十一引兩船字並作舟非千鈞輕而錙銖重也。先愼曰乾道本鈞作金無而字盧文弨云金藏本作鈞先愼案上文作鈞明鈞者是而字脫據藝文類聚七十一白孔六帖御覽七百六十八引改補有勢之與無勢也。故短之臨高也以位。不肖之制賢也以勢。人主者。天下一力以共載之。故安。衆同心以共立之。故尊。人臣守所長。盡所能。故忠。以尊主主御忠臣。則長樂生而功名成。名實相持而成。盧文弨曰尊主下鴻校添以尊二字持張本作待王渭曰當衍一主字先愼曰王說是持字御覽三百七十引作須形影相應而立。故臣主同欲而異使。人主之患。在莫之應。故曰。一手獨拍。雖疾無聲。人臣之憂。在不得一。故曰。右手畫圓。左手畫方。不能兩成。先愼曰御覽三百七十引右左互易故曰。至治之國。君若桴。臣若鼓。技若車。事若馬。故人有餘力易於應。而技有餘巧。便於事。先愼曰乾道本無便字顧廣圻云易字當衍今本巧下有便字誤藏本無先愼案有便字是此二文相對顧氏以上易字爲衍故下不應有便字改從今本立功者不足於力。親近者不足於信。成名者不足於勢。近者已親。而遠者不結。則名不稱實者也。盧文弨曰張凌本無者字聖人德若堯舜。行若伯夷。而位不載於世。則功不立。名不遂。故古之能致功名者。衆人助之以力。近者結之以成。遠者譽之以名。尊者載之以勢。如此。故太山之功長立於國家。而日月之名久著於天地。先愼曰乾道本名作明顧廣圻云藏本明作名王渭云文選解嘲注引此作名名字是此皆以功名對言今據改此堯之所以南面而守名。顧廣圻曰藏本同今本名作功誤舜之所以北面而效功也。

大體第二十九

古之全大體者。盧文弨曰孫詒穀云文選四子講德論注引作古之人君大體者先愼曰治要御覽四百二十九引與本書同選注誤不可從望天地。觀江海。因山谷。日月所照。四時所行。雲布風動。不以智累心。先愼曰御覽引智作欲不以私累己。先愼曰治要私作心寄治亂於法術。託是非於賞罰。屬輕重於權衡。不逆天理。不傷情性。不吹毛而求小疵。不洗垢而察難知。不引繩之外。不推繩之內。先愼曰用人篇云隨繩而斵是也不急法之外。不緩法之內。守成理。因自然。禍福生乎道法。而不出乎愛惡。榮辱之責在乎已。而不在乎人。故至安之世。先愼曰乾道本至上有致字顧廣圻云今本無致字先愼案致即至字誤而複者改從今本法如朝露。純樸不散。先愼曰乾道本樸作撲今從趙本改心無結怨。口無煩言。故車馬不疲弊於遠路。旌旗不亂於大澤。萬民不失命於寇戎。雄駿不創壽於旗幢。豪傑不著名於圖書。不錄功於盤盂。記年之牒空虛。故曰。利莫長於簡。

禍莫久於安。使匠石以千歲之壽操鉤。顧廣圻曰藏本同今本鉤作鈎誤 視規矩。舉繩墨。而正太山。使賁育帶干將而齊萬民。雖盡力於巧。極盛於壽。太山不正。民不能齊。故曰。古之牧天下者。不使匠石極巧以敗太山之體。不使賁育盡威以傷萬民之性。因道全法。君子樂而大姦止。澹然閒靜。因天命。持大體。故使人無離法之罪。魚無失水之禍。如此。故天下少不可。盧文弨曰少淩本作無顧廣圻曰藏本同今本可作治誤

上不天。則下不徧覆。心不地。則物不畢載。先愼曰乾道本畢作必今據治要改作畢 太山不立好惡。故能成其高。江海不擇小助。故能成其富。故大人寄形於天地而萬物備。歷心於山海而國家富。先愼曰治要歷作措 上無忿怒之毒。先愼曰治要毒作忐注云忐作毒 下無伏怨之患。先愼曰治要注怨舊作㤪改之 上下交順。先愼曰乾道本順作撲盧文弨云撲淩本作順今據改 以道爲舍。故長利積。大功立。名成於前。德垂於後。治之至也。

韓非子集解卷九

內儲說上七術第三十（儲聚也謂聚其所說皆君之內謀故曰內儲說）

主之所用也七術。所察也六微。（先愼曰即內儲說下）七術。一曰。衆端參觀。（端直也欲求衆直必參驗而聽觀也○先愼曰注誤方言十緤末紀緒也南楚或曰端引申之則凡未紀緒皆謂之端禮記中庸執其兩端詩載驅序箋故猶端也疏竝云端謂頭緒也此謂頭緒衆多則必參觀否則誠不得聞而爲臣壅塞矣若訓爲直則與下文不合）二曰。必罰明威。三曰。信賞盡能。四曰。一聽責下。（專聽一理必有失責下不一能則不明○先愼曰責下謂責臣下寡司之事下云責下則人臣不參是也注未明晰）五曰。疑詔詭使。（疑危而制之譎詭而使之則下不敢隱情○先愼曰乾道本注詭而下衍同字今從趙本刪）六曰。挾知而問。（先愼曰下文知作智字同）七曰。倒言反事。（或倒其言或反其事則姦情可得而盡）此七者。主之所用也。

觀聽不參則誠不聞。（不參謂偏聽一人則誠者莫告○先愼曰乾道本連上盧文弨云本提行今據改）聽有門戶則臣壅塞。（其聽有所從若門戶然則爲臣所塞○先愼曰拾補壅改擁盧文弨云後凡擁字皆本作壅先愼按趙本注其作各）其說在侏儒之夢見竈。（侏儒夢竈言竈有一人煬則後人不見此譏靈公偏聽子瑕○先愼曰乾道本無在字顧廣圻云今本說下有在字按依句例當補改從今本）哀公之稱莫衆而迷。（公言謀事無衆故迷孔子對舉國盡黨季孫與之同亂是一國爲一人公之迷宜矣）故齊人見河伯。（齊王專信一人故被誑以大魚爲河伯）與惠子之言亡其半也。（惠子言君之謀事有半疑有半今皆稱不疑則雷同朋黨故曰亡其半此上五說皆不參門戶之聽○盧文弨注半疑下衍有半二字）其患在豎牛之餓叔孫。（叔孫專聽豎牛故身餓死而二子戮亡也）而江乙之說荆俗也。（荆俗不言人惡故白公得以爲亂○先愼曰乾道本乙作乞下同顧廣圻云藏本乞作乙是也先愼案策正作乙今據改）嗣公欲治不知。（謂不知治之術也）故使有敵。（恐其所貴臣妾擁已故更貴臣妾以敵之彼得敵適足以成其朋黨爲擁更甚也）是以明主推積鐵之類。（積鐵爲室盡以備矢則體不傷積疑爲心盡以備臣則姦不生）而察一市之患。（雖一市之人言市有虎猶未可信況三人乎○先愼曰乾道本注虎上衍之字今從趙本刪）

參觀一

愛多者則法不立。威寡者則下侵上。是以刑罰不必則禁令不行。其說在董子之行石邑。董子至石邑象深澗以立法故趙國治也 與子產之教游吉也。子產教游吉令法火以嚴斷○先愼曰趙本注火誤作吏 故仲尼說隕霜。仲尼對哀公言隕霜不殺草則以宜殺而不殺故也 而殷法刑棄灰。將行去樂池。將行以樂池不專任以刑賞之柄故去之○盧文弨曰注將行一本有官名二字 而公孫鞅重輕罪。公孫鞅以謂輕罪尙不能犯則無由犯重罪故先重輕罪 是以麗水之金不守。竊麗水之金其罪辜磔猶竊而不止則有竊而獲免者故雖重罪不止也○先愼曰守當作止注不誤 而積澤之火不救。魯之積澤火發而人不救則以不行法故也 成歡以太仁弱齊國。成歡以齊王太仁知其必弱齊國○盧文弨曰成歡後作讙荀子解蔽篇作戴讙顧廣圻曰說歡作驩驩歡同字先愼曰歡驩讙三字古通用禮記樂記鼓鼙之聲讙注或爲歡驩爲馬名本字孟子驩如荀子大略篇夫婦不得不驩皆以驩爲歡樂字驩歡讙音義並同故通用春秋文公六年晉侯驩公羊作讙史記作歡是其證荀子楊注引成作戴誤說見下 卜皮以慈惠亡魏王。卜皮以魏王慈惠知其必亡其身也○盧文弨曰注上其字一本無先愼曰乾道本注脫知字今從趙本 管仲知之。故斷死人。知治國當嚴禁人之厚葬不用命者戮其尸 嗣公知之。故買胥靡。嗣公亦知國當必罰有胥靡逃之以一都買而誅之

必罰二

賞譽薄而謾者。下不用。謾欺也○先愼曰乾道本用下有也字顧廣圻云藏本今本無也字先愼案無也字是也下不用與下輕死句法一律不當有也字今據刪 賞譽厚而信者。下輕死。其說在文子稱若獸鹿。獸鹿唯就薦草猶人臣之歸恩厚也 故越王焚宮室。焚其室者欲行賞罰於救火以驗人之用命 而吳起倚車轅。賞移轅者欲示其信而不欺也 李悝斷訟以射。欲人之善射故其斷訟與善射者理也 宋崇門以毀死。崇門之人居喪而瘠君與之官故多毀死者也 句踐知之。故式怒鼃。句踐知勸賞可以詔人故式怒鼃以求勇○先愼曰乾道本無之字顧廣圻云藏本今本知下有之字先愼案有者是也今據補注趙本詔作招 昭侯知之。故藏弊袴。先愼曰弊今本作蔽誤 厚賞之使人爲

賁諸也。婦人之拾蠶，漁者之握鱣，是以效之。拾蠶握鱣而不惱者利在故也此得利忘難之效也○俞樾曰是以效之當作以是效之效者明也是卽指婦人漁者而言謂厚賞之下可使人人爲賁諸以婦人之拾蠶漁者之握鱣明之也下文云鱣似蛇蠶似蠋人見蛇則驚駭見蠋則毛起然而婦人拾蠶漁者握鱣利之所在則忘其所惡皆爲孟賁是其義也荀子正論篇故桀紂無天下而湯武不弒君由此效之也楊注曰效明也與此文句法正同今誤作是以效之舊注謂此得利忘難之效也失其解矣

賞譽三

一聽則愚智不分。直聽一理不反覆參之則愚智不分責下則人臣不參。下之材能一一責之則人臣不得參雜其說在索鄭魏王以鄭本梁地故索鄭而合之不思梁本鄭地鄭人亦索梁而合之此一聽之過也與吹竽。混商吹竽是不責下也故令得參雜○盧文弨曰注混商當是混同其患在申子之以趙紹韓沓爲嘗試。申子爲請兵先令趙紹韓沓嘗韓君知其意然後說終成其私也○盧文弨曰注申子爲下脫趙字先愼曰趙紹韓沓國策作趙卓韓量故公子氾議割河東。韓王欲河東以搆三國此非計也公子氾微君行令○盧文弨曰注韓王欲下脫割字而應侯謀弛上黨。應侯謀上黨亦非計也秦王從之此上二事皆一聽之患也○先愼曰注謀下脫弛字

一聽四

數見久待而不任。姦則鹿散。謂人數見於君或復久待雖不任用外人則謂此得主之意終不敢爲姦如鹿之散○顧廣圻曰姦則鹿散四字爲一句使人問他則不鬻私。謂使此雖知其所爲陽若不知更試以他事或問之他人不敢鬻其私矣鬻猶售是以龐敬還公大夫。龐敬使市者不爲姦故還大夫而瞽之而戴讙詔視轀車。戴讙欲知奉筲者更使視轀車周主亡玉簪。周主故亡玉簪以求神明之譽也商太宰論牛矢。太宰詭論牛矢以求聰察之名也

詭使五

挾智而問。則不智者至。挾已所智而有所問則雖不智者莫不皆智也○趙用賢曰言挾已之智而問則自多其智故不智者反得以用其欺是不若深知一物則智

有所積而衆隱皆變爲顯也乃與下事相合注非顧廣圻曰智讀爲知下同㴱智一物。衆隱皆變。於一物智之能㴱則衆隱伏之物莫不變而露見○先愼曰乾道本注於下有伏字今從趙本刪其說在昭侯之握一爪也。握爪佯亡以驗左右之誠故必南門而三鄉得。必審南門之牛犯苗而三鄉之犯者皆得其情實○顧廣圻曰藏本同今本必下有審字誤周主索曲杖而羣臣懼。私得曲杖羣臣聳懼卜皮事庶子。使庶子愛御史便得彼陰懼也○盧文弨曰注陰情譌陰懼先愼曰事當作使下文卜皮爲縣令其御史汙穢而有愛妾卜皮乃使少庶子佯愛之以知御史陰情正作使字注作使庶子是也謂愛御史亦誤卜皮使庶子佯愛御史之愛妾非愛御史也下說注同誤西門豹詳遺轄。謀遺其轄欲取淸明之稱也○盧文弨曰注詳譌作謀顧廣圻曰說詳作佯詳佯同字

挾智六

倒言反事以嘗所疑。則姦情得。倒錯其言反爲其事以試其所疑也故陽山謾樛豎。僞謾樛豎知君疑也○先愼曰乾道本樛作摎顧廣圻云陽山當倒詳後藏本今本摎作樛先愼案樛字是下文亦作樛此誤今據改淖齒爲秦使。詐爲秦使知君惡己齊人欲爲亂。佯逐所愛令君知而不疑子之以白馬。謬言白馬以驗左右之誠子產離訟者。分離訟者使得兩訟之情嗣公過關市。知過者之輸金便得聽察之稱○先愼曰注聽字當作明下文而以嗣公爲明察是其證

倒言七右經

一盧文弨曰淩本作傳一下倣此衞靈公之時。彌子瑕有寵專於衞國。先愼曰難四篇無專字侏儒有見公者。曰。臣之夢踐矣。先愼曰乾道本踐作賤盧文弨云賤淩本作踐先愼案作踐是今據改難四篇作淺亦誤公曰。何夢。對曰。夢見竈。爲見公也。公怒曰。吾聞見人主者夢見日。奚爲見寡人而夢見竈。對曰。夫日兼燭天下。一物不能當也。言一物不能蔽日之光也人君兼燭一國。先愼曰乾道本國下有人字盧文弨云淩本無下人字先愼案人字涉下文而衍難四篇無人字是其證今據刪一人不能擁也。一人不能擁君之明○顧廣圻曰擁當作壅故將見人者夢見日。夫竈。

一人煬焉。則後人無從見矣。 一人煬則蔽竈之光故後人不見之煬然也○先愼曰注之煬當作煬之 今或者一人有煬君者乎。 此讒彌子瑕專擁蔽君之明也○先愼曰乾道本注也作乎盧文弨云一本無上者字注乎字譌本作也今據改 則臣雖夢見竈。不亦可乎。

魯哀公問於孔子曰。鄙諺曰。莫衆而迷。 舉事不與衆謀者必迷惑 今寡人舉事與羣臣慮之。而國愈亂。其故何也。 先愼曰乾道本無何字顧廣圻云藏本今本故下有何字今據補 孔子對曰。明主之問臣。一人知之。一人不知也。 一人知之一人不知則得再三辭議 如是者明主在上。羣臣直議於下。今羣臣無不一辭同軌乎季孫者。舉魯國盡化爲一。 舉國既化爲一則不得論其是非也○先愼曰趙本注不作安 君雖問境內之人。猶不免於亂也。 境內之人亦與季孫爲一故問之無益○先愼曰乾道本猶下有之人二字顧廣圻云藏本無人字今本無之人二字先愼案之人二字涉上文而衍今據刪 一曰。 顧廣圻曰按一日者劉向敘錄時所下校語也謂一見於晏子春秋其所曰者如此凡本書一日皆同例 晏嬰子聘魯。 盧文弨曰淩本無嬰字 哀公問曰。 王渭曰晏子春秋哀作昭 語曰。莫三人而迷。 舉事不與三人謀必知迷惑也○先愼曰注知字衍 今寡人與一國慮之。魯不免於亂。何也。晏子曰。古之所謂莫三人而迷者。一人失之。二人得之。三人足以爲衆矣。故曰。莫三人而迷。今魯國之羣臣以千百數。一言於季氏之私。 先愼曰謂衆口同聲也 人數非不衆。所言者一人也。安得三哉。

齊人有謂齊王曰。河伯。大神也。 先愼曰御覽八百八十二引大作水 王何不試與之遇乎。臣請使王遇之。乃爲壇場大水之上。 先愼曰乾道本乃作遇拾補作乃盧文弨云乃字脫張本有顧廣圻云藏本遇作乃今本無俞樾云上遇字當作與上文云王何不試與之遇乎故此云臣請使王與之遇乾道本作遇之遇傳寫誤耳道藏本改下遇字爲乃字屬下讀趙本並刪乃字均非其舊先愼案下遇字爲乃字之譌乃與迺同爾雅迺乃也俗作迺與遇字形相近乾道本因譌作遇趙本從而刪之惟道藏本張本不誤讀當於之字絕句迺字屬下讀請使王遇之使字即有與之意既言使不得復言與且下文爲壇場大水之上上無迺字則文氣不接俞說非也御覽引正作乃今據改 而與

王立之焉。有間。大魚動。因曰。此河伯。直信一人言故有斯弊

張儀欲以秦韓與魏之勢伐齊荆。而惠施欲以齊荆偃兵。以齊荆爲援則秦韓不敢加兵故兵可偃也

二人爭之。羣臣左右皆爲張子言。而以攻齊荆爲利。而莫爲惠子言。王果聽張子。而以惠子言爲不可。攻齊荆事已定。惠子入見王言曰。先愼曰言字不當有涉下文而衍先生毋言矣。攻齊荆之事果利矣。一國盡以爲然。惠子因說不可不察也。夫齊荆之事也誠利。一國盡以爲利。是何智者之衆也。攻齊荆之事誠不利。先愼曰乾道本不下有可字顧廣圻云藏本今本無可字今據刪一國盡以爲利。何愚者之衆也。凡謀者疑也。有疑然後謀疑也者。誠疑以爲可者半。以爲不可者半。若誠有疑則半可半不可今一國盡以爲可。是王亡半也。無致疑之人故亡其半劫主者固亡其半者也。無人致疑則大盜得恣其謀田成趙高成其篡殺者無人疑故也○先愼曰乾道本纂上有言字今依趙本刪

叔孫相魯。貴而主斷。其所愛者曰豎牛。亦擅用叔孫之令。叔孫有子曰壬。豎牛妬而欲殺之。因與壬游於魯君所。魯君賜之玉環。壬拜受之而不敢佩。使豎牛請之叔孫。豎牛欺之曰。吾已爲爾請之矣。使爾佩之。壬因佩之。豎牛因謂叔孫。何不見壬於君乎。叔孫曰。孺子何足見也。豎牛曰。壬固已數見於君矣。先愼曰乾道本壬上無豎牛曰三字顧廣圻云今本有豎牛曰三字今依補君賜之玉環。壬已佩之矣。叔孫召壬見之。而果佩之。叔孫怒而殺壬。壬兄曰丙。豎牛又妒而欲殺之。叔孫

爲丙鑄鐘。鐘成。丙不敢擊。使豎牛請之叔孫。豎牛不爲請。又欺之曰。吾已爲爾請之矣。先愼曰乾道本已爲二字作以字顧廣圻云藏本以上有爲字今本作已爲先愼案此與上文吾已爲爾請之矣句法一律作已爲者是也御覽五百七十五引正作已爲今據改使爾擊之。丙因擊之。叔孫聞之曰。丙不請而擅擊鐘。怒而逐之。丙出走齊。居一年。豎牛爲謝叔孫。叔孫使豎牛召之。又不召而報之曰。吾已召之矣。丙怒甚。不肯來。叔孫大怒。使人殺之。二子已死。叔孫有病。豎牛因獨養之。而去左右。不內人。曰。叔孫不欲聞人聲。因不食而餓死。先愼曰乾道本無因字死作殺盧文弨云殺一本作死顧廣圻云藏本今本不上有因字今據增改叔孫已死。豎牛因不發喪也。徙其府庫重寶空之而奔齊。先愼曰事見左昭四年傳彼言仲壬奔齊此謂孟丙左氏記當時事韓子傳聞故不相符夫聽所信之言。而子父爲人僇。此不參之患也。

江乙爲魏王使荊。先愼曰乾道本連上今從趙本提行謂荊王曰。臣入王之境內。聞王之國俗曰。君子不蔽人之美。不言人之惡。誠有之乎。王曰。有之。然則若白公之亂。得庶無危乎。不言人惡則白公得成其姦謀故危也○顧廣圻曰藏本今本無庶字楚策云得無遂乎誠得如此。臣免死罪矣。有惡不言何罪之有衞嗣君先愼曰君當作公嗣公衞平侯之子秦貶其號爲君非此書未入秦作必不從秦所貶爲稱且上經嗣公欲治不知不作君是君當爲公之誤荀子王道篇注引此正作公重如耳。愛世姬。顧廣圻曰荀子注引世作泄按世泄同字而恐其皆因其愛重以壅已也。先愼曰荀子注引壅作雍古字通乃貴薄疑以敵如耳。先愼曰乾道本敵下有之字盧文弨云之字衍淩本無先愼案張榜本無荀子注引亦無之字今據刪尊魏姬以耦世姬。先愼曰荀子注魏姬作魏妃曰。以是相參也。嗣君知欲無壅。而未得其術也。夫不使賤議貴。賤不得與貴議也〇先愼曰此謂賤不得嘗議貴者也舊注誤下必坐上。下得罪必坐於與上議也〇盧文弨曰淩本作下偪上但注不如此先愼曰必字衍文賤議貴下坐上均承上夫不使來坐卽商君告坐之法不使下坐上者不使下與上告坐也八說篇明君之道賤得議貴下必坐上不待勢重之鈞也此與八說相反故云不使賤議貴下坐上淩本不知必字之誤而改必坐爲偪得其意而失其眞矣注不可讀盧氏據之亦非而必待勢重之鈞也而後敢相議。今兩受勢重旣鈞正可相與議則是益樹壅塞之臣也。兩受共諱爲壅更甚此嗣君不得術〇盧文弨曰注兩愛共謀愛譌受嗣君之壅乃始。先愼曰言乃自此始

夫矢來有鄉。鄉方也有來從之方則積鐵以備一鄉。謂聚鐵於身以備一處卽甲之不全者也矢來無鄉。則爲鐵室以盡備之。謂甲之全者自首至足無不有鐵故曰鐵室備之則體不傷。故彼以盡備之不傷。此以盡敵之無姦也。言君亦當盡敵於臣皆所防疑則姦絕也〇先愼曰趙本注所下有以字盧文弨云注以字衍

龐恭與太子質於邯鄲。顧廣圻曰魏策恭作葱姚校云孫作恭按恭字是新序亦作恭下文有龐敬縣令也當是一人先愼曰事類賦二十引恭作共古字通用謂魏王曰。今一人言市有虎。王信之乎。曰。不信。先愼曰御覽一百九十一又八百二十七八百九十一事類賦二十引不信二字並作不下同二人言市有虎。王信之乎。曰。不信。三人言市有虎。王信之乎。王曰。寡人信之。龐恭曰。夫市之無虎也明矣。然而三人言而成虎。今邯鄲之去魏也遠於市。議臣者過於三人。願王察之。龐恭從邯鄲反。竟不得見。先愼曰事類賦引見作入

三董閼于爲趙上地守。先愼曰藝文類聚九又五十四御覽卷六十九又六百三十八引閼作安案二字古通說見難言篇行石邑山中。見深澗。峭如牆。先愼曰各本見深澗作澗深今據藝文類聚御覽引改深百仞。因問其旁鄉左右先愼曰藝文類聚御覽引無旁字曰。人嘗有入此者乎。對曰。無有。曰。嬰兒盲聾狂悖之人嘗有入此者乎。先愼曰各本盲作癡今據文選永明九年策秀才文注引改藝文類聚御覽引盲作狂亦誤對曰。無有。牛馬犬彘。嘗有入此者乎。先愼曰藝文類聚引牛上

重有字案有當爲曰之譌此脫上文正有日字卽其證藝文類聚上曰字亦作有 對曰。無有。董閼于喟然太息曰。先愼曰拾補太作大 吾能治矣。使吾法之無赦。先愼曰乾道本法作治盧文弨云治張凌本作法顧廣圻云藏本治作法王渭云文選注引作吾法無赦也先愼案藝文類聚御覽引並作法今據改 猶入澗之必死也。則人莫之敢犯也。何爲不治。先愼曰各本句末有之字盧文弨云文選注引句上有又字無之字先愼案藝文類聚引亦無之字今據刪

子產相鄭。先愼曰乾道本連上今從趙本提行 病將死。謂游吉曰。我死後。子必用鄭。必以嚴莅人。夫火形嚴。故人鮮灼。水形懦。故人多溺。先愼曰乾道本無故字盧文弨云故字脫藏本有先愼案此與上文句法一例有故字是今據增 子必嚴子之刑。先愼曰乾道本刑作形顧廣圻云今本形作刑案當作刑下同今據改 無令溺子之懦。故子產死。盧文弨曰故字衍 游吉不忍行嚴刑。先愼曰乾道本作游吉不肯嚴形盧文弨云張凌本作游吉不忍行嚴刑今據改 鄭少年相率爲盜。處於雚澤。盧文弨曰今左傳作萑苻之澤唐石經初刻萑作雚李義山詩直是滅雚蒲萑乃雚之省文先愼曰詩小弁萑葦淠淠韓詩外傳作雚是雚爲今文萑爲古文也 將遂以爲鄭禍。游吉率車騎與戰。一日一夜。僅能剋之。游吉喟然歎曰。吾蚤行夫子之教。必不悔至於此矣。

魯哀公問於仲尼曰。春秋之記曰。王先謙曰此所謂不修春秋也 冬十二月。霣霜。不殺菽。顧廣圻曰春秋經僖公三十三年菽作草先愼曰菽當作草下云草木猶犯干之承此而言明菽爲草之譌周之十二月卽今之十月不應有菽且菽亦不得言可以殺也前經注引正作草明注所據之本尙未誤 何爲記此。仲尼對曰。此言可以殺而不殺也。夫宜殺而不殺。桃李冬實。顧廣圻曰藏本桃作梅按春秋經云李梅實 天失道。草木猶犯干之。而況於人君乎。人君失道人臣凌之者宜〇盧文弨曰藏本人君作君人倒 殷之法。刑棄灰於街者。先愼曰初學記二十引刑字在者字下 子貢以爲重。問之仲尼。仲尼曰。知

治之道也。夫棄灰於街必掩人。灰塵播揚善掩翳人也○先慎曰初學記引掩作播 掩人。人必怒。怒則鬭。鬭必三族相殘也。因鬭相殘傷 此殘三族之道也。雖刑之可也。且夫重罰者。人之所惡也。而無棄灰。人之所易也。使人行之所易。而無離所惡。此治之道。先慎曰行之所易即去其所易也行猶去也之猶其也下公孫鞅章正作去其所易離讀爲罹 一曰。殷之法。棄灰于公道者。斷其手。子貢曰。棄灰之罪輕。斷手之罰重。古人何太毅也。毅酷也 曰。無棄灰。所易也。斷手。所惡也。行所易。不關所惡。古人以爲易。故行之。先慎曰不關所惡謂不入斷手之法也書大傳雖禽獸之聲猶悉關於律注關猶入也

中山之相樂池以車百乘使趙。選其客之有智能者以爲將行。將主行道之人以爲行位 中道而亂。樂池曰。吾以公爲有智。而使公爲將行。○先慎曰乾道本能下有有字顧廣圻云藏本今本無下有字今據刪 今中道而亂。何也。客因辭而去曰。公不知治。有威足以服之人。先慎曰依上文智下脫能字 而利足以勸之。顧廣圻曰藏本同今本無之字誤依下句此當衍人字 故能治之。今臣。君之少客也。顧廣圻曰藏本同今本之誤人 夫從少正長。從賤治貴。而不得操其利害之柄以制之。此所以亂也。言在客之少也 嘗試使臣。彼之善者。我能以爲卿相。彼不善者。我得以斬其首。顧廣圻曰藏本同今本得作能誤 何故而不治。

公孫鞅之法也重輕罪。重罪者。人之所難犯也。先慎曰乾道本無重罪二字顧廣圻云今本者上有重罪二字先慎案重罪二字與下小過相對今本有是也今依增 而小過者。人之所易去也。使人去其所易。無離其所難。此治之道。夫小過不生。大罪不至。是人無罪而亂不生也。今重罪輕輕罪避故能無罪而不生亂也 一曰。

公孫鞅曰。行刑重其輕者。輕者不至。重者不來。不犯輕自然無重罪也○俞樾曰不至當作不生言犯輕罪者不得生也商子說民篇曰輕者不生是其證是謂以刑去刑。以輕刑去重刑

荆南之地。麗水之中生金。人多竊采金。采金之禁。得而輒辜磔於市。甚衆。壅離其水也。又設防禁遮擁令人離其水也○顧廣圻曰離讀爲籬俞樾曰此言辜磔其人而棄尸於水之中流爲積尸壅遏遂至分流是謂壅離其水極言辜磔者之多也據下文云夫罪莫重辜磔於市猶不止者不必得也又曰故不必得也則雖辜磔竊金不止知必死則天下不爲也竝無設禁遮擁令人離水之義且設禁遮擁令人離水而猶竊金不止則是設禁之未善與下文不必得人知必死之意不相應矣顧氏讀離爲籬此亦不得其解而強爲之辭先愼曰俞說是采金之禁句得謂獲其人也而輒辜磔於市而猶則也而人竊金不止。夫罪莫重辜磔於市。猶不止者。不必得也。言犯罪者不必一一皆得而有免脫者則人幸其免脫而輕犯重罪故今有於此曰。予汝天下而殺汝身。庸人不爲也。夫有天下。大利也。猶不爲者。知必死。故不必得也。則雖辜磔。竊金不止。知必死。則天下不爲也。盧文弨曰淩本則字作雖予之三字疑以意改王先謙曰不必得三字當在也字下文誤倒耳天下上奪有字以文義繹之如此

魯人燒積澤。天北風。火南倚。火勢南靡故曰倚也恐燒國。哀公懼。自將衆趣救火。先愼曰乾道本趣作輒火下有者字俞樾云輒當作趣者字衍文上文云魯人燒積澤所謂火田也哀公實親在其間及火南倚將燒國故哀公懼自將衆趣救火也趣誤作輒蓋以形似之故又因下文三言救火者而亦衍者字於是其義愈晦並輒字之誤莫之能正矣先愼案趙本輒作趣藝文類聚八十御覽八百六十九初學記二十引並作趣無者字今據改左右無人。盡逐獸而火不救。乃召問仲尼。仲尼曰。夫逐獸者樂而無罰。救火者苦而無賞。此火之所以無救也。哀公曰。善。仲尼曰。事急不及以賞。先愼曰事急不及以賞謂事急不及與賞也詩江有汜擊鼓桑柔儀禮鄉射禮大射儀箋注並云以猶與也藝文類聚御覽引賞作罰是不知以有與義而妄改下云請徒行罰則此何得謂事急不及以罰乎救火者盡賞之。則國不足以賞於

人請徒行罰。先慎曰乾道本罰作賞顧廣圻云賞當依馮氏舒校改作罰先慎案藝文類聚御覽引並作請徒行罰今據改 哀公曰善。於是仲尼乃下令曰。不救火者比降北之罪。逐獸者比入禁之罪。令下未遍。而火已救矣。先慎曰趙本令下未遍作令未下遍藝文類聚初學記引正作令下未遍

成驩謂齊王曰。顧廣圻曰荀子解蔽篇楊注引此成作戴云蓋爲唐鞅所逐奔之齊也今按此非一人楊說附會失之也 王太仁。太不忍人。王曰。太仁太不忍人。非善名邪。對曰。此人臣之善也。非人主之所行也。夫人臣必仁而後可與謀。不忍人而後可近也。不仁則不可與謀。忍人則不可近也。王曰。然則寡人安所太仁。安不忍人。王渭曰安下當有所字 對曰。王太仁於薛公。而太不忍於諸田。太仁薛公。則大臣無重。太仁則縱之驕奢不修德義衆必輕之故威不得重也○先慎曰此謂齊王不裁抑薛公則大臣得無重乎無猶得無也古書多如是士喪禮筮宅辭曰無有後艱鄭注得無後將有艱難乎又卜葬日辭曰無有近悔鄭注得無近於咎悔乎是其證韓子一書皆不欲大臣重於君故孤憤一篇則曰人主愈弊大臣愈重再則曰人主壅蔽子臣專權權卽重也（說見說難篇）又曰萬乘之患大臣太重此卽其義注謂威不得重失其旨矣下文云大臣無重則兵弱於外者卽八姦篇所謂爲人臣者虛其國以事大國而用其威求誘其君甚則舉兵以聚邊境而制斂於內薄者數內大使以震其君使之恐懼之意 太不忍諸田。則父兄犯法。大臣無重。則兵弱於外。父兄犯法。則政亂於內。兵弱於外。政亂於內。先慎曰趙本內作外誤 此亡國之本也。

魏惠王謂卜皮曰。子聞寡人之聲聞。亦何如焉。盧文弨曰藏本作問 對曰。臣聞王之慈惠也。王欣然喜曰。然則功且安至。對曰。王之功至於亡。王曰。慈惠。行善也。行之而亡。何也。卜皮對曰。夫慈者不忍。而惠者好與也。不忍則不誅有過。好予則不待有功而賞。有過不罪。無功受賞。雖亡不亦可乎。先慎曰上兩卜字今局本均作

謨十

齊國好厚葬。布帛盡於衣衾。材木盡於棺槨。桓公患之。以告管仲曰。布帛盡則無以爲幣。先愼曰各本幣作蔽御覽五百五十五又六百四十一八百二十引並作幣今據改 材木盡則無以爲守備。而人厚葬之不休。禁之奈何。管仲對曰。凡人之有爲也。非名之則利之也。於是乃下令曰。棺槨過度者。戮其尸。罪夫當喪者。夫戮死無名。罪當喪者無利。人何故爲之也。

衞嗣君之時。先愼曰君當從經作公說見上 有胥靡逃之魏。因爲襄王之后治病。魏襄王之后也○顧廣圻曰未詳宋衞策無此句餘亦多不同 衞嗣君聞之。使人請以五十金買之。五反而魏王不予。乃以左氏易之。左氏都邑名也 羣臣左右諫曰。夫以一都買一胥靡。可乎。先愼曰乾道本胥靡上無一字盧文弨云藏本有先愼案策作贖一胥靡是有一字是今據增 王曰。顧廣圻曰王當從宋衞策作君 非子之所知也。夫治無小而亂無大。若不治小者則大亂起也 法不立而誅不必。當誅而不誅故曰不必也 雖有十左氏無益也。法立而誅必。雖失十左氏。無害也。魏王聞之曰。主欲治而不聽之。不祥。因載而往。徒獻之。徒獻胥靡不取都金○先愼曰乾道本注獻下有雖字今據趙本刪

三齊王問於文子曰。治國何如。對曰。夫賞罰之爲道。利器也。君固握之。不可以示人。若如臣者。先愼曰若如同義如字涉上文而衍 猶獸鹿也。唯薦草而就。獸鹿就薦草人臣歸厚賞故賞罰之利器不可示於人也

越王問於大夫種曰。先愼曰乾道本種上有文字盧文弨云淩本無文字先愼案藝文類聚五十四又八十御覽六百三十八引無文字今據刪 吾欲伐吳。可乎。對曰。可矣。吾賞厚而信罰嚴而必。君欲知之。先愼曰乾道本無知字顧廣圻云藏本今本欲下有知字先愼案藝文類聚御覽引有知字今據補 何不試焚宮室。於是遂焚宮室。人莫救之。先愼曰藝文類聚御覽引人作民下同之作火 乃下令曰。人之救火者。死比死敵之賞。先愼曰者死當作死者 救火而不死者。比勝敵之賞。不救火者。比降北之罪。先愼曰趙本降北作北降誤倒 人之塗其體被濡衣而走火者。先愼曰各本無之字據藝文類聚引增盧文弨云走張淩本作赴先愼案御覽引亦作赴藝文類聚仍作走 左三千人。右三千人。此知必勝之勢也。

吳起爲魏武侯西河之守。秦有小亭臨境。吳起欲攻之。不去。則甚害田者。言小亭能爲田者害政當去之○盧文弨曰注政或是故 去之。則不足以徵甲兵。亭小故也○盧文弨曰甲兵藏本倒 於是乃倚一車轅於北門之外。先愼曰事類賦十六引倚作徙 而令之曰。有能徙此南門之外者。賜之上田上宅。人莫之徙也。及有徙之者。遂賜之如令。先愼曰各本遂作還御覽二百九十六六百三十八引還作遂今據改 俄又置一石赤菽於東門之外。先愼曰各本無於字案與上文倚一車轅於北門之外文法一律此脫於字御覽引有今據補 而令之曰。有能徙此於西門之外者。賜之如初。人爭徙之。乃下令曰。先愼曰各本令下有大夫二字案此涉下文而衍御覽二百九十六及七百七十五八百四十二初學記二十七引並無此二字今據刪 明日且攻亭。有能先登者。仕之國大夫。賜之上田上宅。先愼曰各本宅上無上字案上文有能徙此南門之外者賜之上田上宅句法一律此不當省御覽事類賦引並有上字今據補 人爭趨之。於是攻亭。一朝而拔之。

李悝爲魏文侯上地之守。而欲人之善射也。先愼曰藝文類聚五十引人作民下同 乃下令曰。人之有狐疑之訟者。令之射的。的所射質○先愼曰藝文類聚引的作狗 中之者勝。不中者負。令下而人皆疾習射。先愼曰疾讀爲亟 日夜不休。及與秦人戰。大敗之。以人之善射也。先愼曰各本射上有戰字顧廣圻云戰射當作射戰先愼案戰字涉上文而誤衍藝文類聚引無戰字今據刪

宋崇門之巷人服喪而毀甚瘠。上以爲慈愛於親。舉以爲官師。明年。人之所以毀死者。歲十餘人。子之服親喪者。爲愛之也。而尙可以賞勸也。況君上之於民乎。君而無賞則功不立

越王慮伐吳。慮謀也○先愼曰乾道本連上今依趙本提行 欲人之輕死也。出見怒鼃。乃爲之式。從者曰。奚敬於此。王曰。爲其有氣故也。先愼曰御覽九百四十九引氣作勇誤下文正作氣 明年之請以頭獻王者。歲十餘人。先愼曰趙本明年下無之字 由此觀之。譽之足以殺人矣。譽於勇則人以頭獻○先愼曰乾道本譽作毀顧廣圻云藏本今本毀作譽按當作敬形近之誤上文云奚敬於此先愼案顧說非也毀乃譽字之譌注不誤御覽四百三十七引正作譽今據改 一曰。先愼曰乾道本提行今依趙本 越王句踐見怒鼃而式之。御者曰。何爲式。王曰。鼃有氣如此。可無爲式乎。士人聞之曰。鼃有氣。王猶爲式。況士人之有勇者乎。先愼曰乾道本無之字盧文弨云脫藏本有今據補 是歲人有自剄死。以其頭獻者。剄割也○先愼曰此謂人有以自剄之頭獻者 故越王將復吳而試其教。先愼曰乾道本越作曰吳作吾今依張榜本趙本改 燔臺而鼓之。使民赴火者。賞在火也。火雖殺人赴之必得賞故赴之不懼也○先愼曰民當作人注不誤 臨江而鼓之。使人赴水者。賞在水也。臨戰而使人絕頭刳腹而無顧心者。賞在兵也。盧文弨曰頭一本作頸 又況據法而進賢。其助甚此矣。進賢可以得賞又無水火之難則人豈不爲哉其所不進賢者但不賞故也○顧廣圻曰助當作勸盧文弨曰

注但下脫君字先慎曰注所下脫以字

韓昭侯使人藏弊袴。侍者曰。君亦不仁矣。弊袴不以賜左右而藏之。昭侯曰。非子之所知也。吾聞明主之愛。一嚬一笑。（必憂其不善勸其能善不妄爲也）嚬有爲嚬。而笑有爲笑。今夫袴。豈特嚬笑哉。（嚬笑尙不妄爲況弊袴豈可以無功而與也）袴之與嚬笑相去遠矣。（先慎曰各本無相去二字今據御覽三百九十二六百三十三引補）吾必待有功者。故藏之未有予也。（先慎曰各本故下有收字御覽無今據刪）

鱣似蛇。（盧文弨曰已見前說林下篇此重出先慎曰此條見之於經說林誤重）蠶似蠋。人見蛇則驚駭。見蠋則毛起。然而婦人拾蠶。漁者握鱣。（先慎曰說林握作持）利之所在。則忘其所惡。皆爲賁諸。（鱣蠶有利故人握拾皆有賁諸之勇○先慎曰乾道本賁諸作孟賁注同案經及說林下篇並作賁諸明孟賁爲賁諸之誤今依張榜本改御覽八百二十五九百三十三引正作賁諸又案張榜本依說林刪則忘其所惡五字不可從）

四魏王謂鄭王曰。（先慎曰鄭卽韓也說見說林上）始鄭梁一國也。已而別。今願復得鄭而合之梁。鄭君患之。召羣臣而與之謀所以對魏。鄭公子謂鄭君曰。（先慎曰乾道本公上無鄭字顧廣圻云藏本今本公上有鄭字今據補）此甚易應也。君對魏曰。以鄭爲故魏。（先慎曰張榜本魏作梁）而可合也。則弊邑亦願得梁而合之鄭。魏王乃止。

齊宣王使人吹竽。必三百人。南郭處士請爲王吹竽。宣王說之。廩食以數百人。（廩給○先慎曰御覽五百八十一引粟食與三百人等北堂書鈔一百十引與此同）宣王死。湣王立。（先慎曰御覽引湣作文誤北堂書鈔引與此同）好一一聽之。處士逃。一曰。韓昭侯曰。吹竽者衆。吾無以知其善者。田嚴對曰。（先慎曰御覽引嚴作巖）一一而聽之。

趙令人因申子於韓。請兵將以攻魏。申子欲言之君。而恐君之疑己外市也。爲外請兵取其貨利故曰市○先愼曰乾道本疑上有欲字盧文弨云下欲字張本淩本皆無今據刪 不則恐惡於趙。乃令趙紹韓沓嘗試君之動貌。而後言之。許不之貌必有變動可得而知故曰動貌 內則知昭侯之意。外則有得趙之功。既爲之請若許其恩因固以成不許終以爲之請矣亦不敢許其恩固趙之功也

三國至韓。王謂樓緩曰。盧文弨曰此見秦策三國攻秦入函谷秦王謂樓緩曰云云下公子氾作公子池顧廣圻曰藏本今本國下有兵字此韓卽函之譌又脫谷字耳下文亦當云三國入函谷王上當依策有秦字先愼曰顧說是張本自三國以下均脫 三國之兵深矣。寡人欲割河東而講。何如。講謂有急且與之後寧將復取事疑存終反復若講論故曰講○先愼曰策高注講成也案春秋時人謂之成戰國時人謂之講其義一也春秋時多背成與戰國時多反復皆專後變計不可謂講字本有是義說文講和解也注說非

對曰。夫割河東。大費也。免國於患。大功也。此父兄之任也。王何不召公子氾而問焉。王召公子氾而告之。對曰。講亦悔。不講亦悔。王今割河東而講。三國歸。王必曰。三國固且去矣。吾特以三城送之。三國自去又與之城是徒以三城爲送此悔之辭 不講。三國也入韓。則國必大舉矣。顧廣圻曰策云三國入函谷咸陽必危 王必大悔。王曰不獻三城也。若不講之三國入而韓必大舉王必悔曰不獻三城之故也○盧文弨曰下王字衍注三國下脫人字悔曰下脫吾字淩本皆有顧廣圻曰王當作之先愼曰盧說是玩注說則所見之本尙無王字注入字趙本亦脫 臣故曰。王講亦悔。不講亦悔。王曰。爲我悔也。盧文弨曰策作鈞吾悔也 寧亡三城而悔。無危乃悔。寡人斷講矣。言講事斷定○盧文弨曰無危舊倒譌先愼曰策作無爲成陽而悔也

應侯謂秦王曰。王得宛葉藍田陽夏。斷河內。因梁鄭。先愼曰梁鄭卽魏韓 所以未王者。趙未服也。弛上黨。在一而已。廢上黨棄一郡而已 以臨東陽。則邯鄲口中虱也。以守上黨之兵臨東

陽則邯鄲危如口中虱也○先愼曰口卽圍之古文王拱而朝天下。先愼曰拱拱手後者以兵中之。中傷也然上黨之安樂。其處甚劇。臣恐弛之而不聽。奈何。今上黨既安樂而其處又煩劇雖欲弛之恐王不聽王曰。必弛易之矣。謂移易其兵以臨東陽吾斷定矣○顧廣圻曰易字當衍弛卽易也不容複出謂以地易上黨舊注全誤

五龐敬。縣令也。遣市者行。而召公大夫而還之。公大夫亦遣爲市立有閒。先愼曰乾道本有作以顧廣圻云今本以作有先愼案御覽八百二十七引亦作有今據改無以詔之。卒遣行。不命卒遣去俱不與其由也市者以爲令與公大夫有言。不相信。以至無姦。大夫雖告以不命復亦不信故不敢爲姦○盧文弨曰注復字藏本作反凌本作返先愼曰御覽引注復作彼是也

戴驩宋太宰。夜使人曰。吾聞數夜有乘轀車至李史門者。謹爲我伺之。盧文弨曰荀子解蔽篇注引轀作輼下同伺作司古字使人報曰。盧文弨曰荀注人作者不見轀車。見有奉笥而與李史語者。有閒。李史受笥。遺伺轀車故實奉笥本令伺奉笥彼當易其辭

周主亡玉簪。令吏求之。三日不能得也。周主令人求而得之家人之屋閒。周主曰。吾知吏之不事事也。不事於臣之事也○先愼曰乾道本知作之顧廣圻曰今本上之字作知按依下文當作知先愼案北堂書鈔一百二十七引正作知今據改求簪三日不得之。吾令人求之。不移日而得之。於是吏皆聳懼。以爲君神明也。

商太宰顧廣圻曰上文云戴驩宋太宰六微篇同說林下篇宋太宰貴而主斷與此皆一人商宋也使少庶子之市。顧反而問之曰。何見於市。對曰。無見也。太宰曰。雖然。何見也。對曰。市南門之外。甚衆牛車。僅可以行耳。太宰因誡使者。無敢告人吾所問於女。因召市吏而誚之曰。

市門之外。何多牛屎。先慎曰屎經作矢是也御覽八百二十七引正作矢 市吏甚怪太宰知之疾也。乃悚懼其所也。先慎曰悚懼其所卽悚懼其知也下文吏以昭侯爲明察皆悚懼其所卽悚懼其明察也所字卽承上爲義禮記哀公問今之君子午其衆以伐有道求得當欲不以其所鄭注所猶道也孔疏言不以道而侵民求其所得必須稱已所欲不用其養民之道是句末所字承上文爲義之證

六韓昭侯握爪而佯亡一爪。先慎曰御覽三百七十引握作除佯作陽 求之甚急。左右因割其爪而效之。先慎曰意林作左右而取備之元注與此同是馬氏所見本已有異者 昭侯以此察左右之不誠。割爪不誠〇先慎曰乾道本以下無此字之下有臣字誠作割盧文弨云以下脫此字張本有臣藏本作誠不下誠字衍顧廣圻云藏本臣作誠是也今本割作誠按誠不句絕不否同字也割字當衍今本所改誤甚俞樾云割字涉注文而衍顧氏已訂正矣顧以誠不句絕非也誠不當作不誠注云割爪不誠則所見本未倒也下文云子之以此知左右之不誠信注云僞報有白馬者是不誠信正與此一律先慎案割字張榜本作誠是也上臣字藏本誤作誠耳臣字當衍盧顧誤從藏本故於下不誠二字未誤之張本而反嘗之俞氏知止顧氏讀誠不之非而不審張本作不誠之是亦未見其能擇善而從也御覽引作以此察左右之不誠是其證今據刪改意林作以此察左右之虛實亦有此字虛實卽不誠也明爲馬氏所改

韓昭侯使騎於縣。先慎曰乾道本連上趙本提行昭下無侯字顧廣圻云藏本今本昭下有侯字今據改 使者報。昭侯問盧文弨曰藏本有之字曰。何見也。對曰。無所見也。昭侯曰。雖然。何見。曰。南門之外。有黃犢食苗道左者。昭侯謂使者。毋敢洩吾所問於女。乃下令曰。當苗時。禁牛馬入人田中。固有令。先慎曰乾道本令下有入字顧廣圻云今本無入字先慎案入字涉上文而衍今據刪固字藏本作同趙本作國並誤 而吏不以爲事。牛馬甚多入人田中。亟舉其數上之。不得。將重其罪。於是三鄉舉而上之。昭侯曰。未盡也。復往審之。乃得南門之外黃犢。吏以昭侯爲明察。皆悚懼其所。而不敢爲非。

周主下令索曲杖。先愼曰白孔六帖十四引主作王 吏求之數日不能得。周主私使人求之。不移日而得之。乃謂吏曰。吾知吏不事事也。曲杖甚易也。而吏不能得。我令人求之。不移日而得之。豈可謂忠哉。吏乃皆悚懼其所。以君爲神明。先愼曰此當作吏乃以君爲神明皆悚懼其所文義乃順後人不明所字之義因移以君爲神明於所字下失之上文吏甚怪太宰知之疾也乃悚懼其所又以韓昭侯爲明察皆悚懼其所句法一例是其證

卜皮爲縣令。其御史汙穢而有愛妾。顧廣圻曰藏本今本史作吏下文同按吏字誤也韓獶云安邑之御史死 卜皮乃使少庶子佯愛之。佯愛御史○盧文弨曰注下似當有之妾二字先愼曰上經注云使庶子愛御史亦無之妾二字是注本作愛御史也其誤已詳上經注下 以知御史陰情。

西門豹爲鄴令。佯亡其車轄。令吏求之。不能得。使人求之。而得之家人屋間。先愼曰此下疑有脫文上經注云欲取淸明之稱也當本此下說

七陽山君相謂聞王之疑己也。乃僞謗樛豎以知之。樛豎王之所愛令僞謗之必憤而言王之疑巳也○盧文弨曰注令當作今顧廣圻曰藏本同今本謂作衞按謂當作韓陽山當作山陽戰國韓策有或謂山陽君曰秦封君以山陽云云可爲證樛豎亦韓人本書說林上及難一篇皆云韓宣王謂樛留也今本輒改爲衞謬甚

淖齒聞齊王之惡己也。乃矯爲秦使以知之。王既不疑秦使必以情告○盧文弨曰藏本齊下有文字或濬作攸而脫其旁先愼曰乾道本重也字顧廣圻云藏本今本不重也字先愼案也字不當重今據刪張榜本此接前下不提行誤

齊人有欲爲亂者。恐王知之。因詐逐所愛者令走。王知之。王知逐所愛則不疑其爲亂也○兪樾曰此本作令王知之走字衍文也舊注於上經云佯逐所愛令君知而不疑令君知卽令王知也可證舊本之無走字先愼曰乾道本連上今從趙本提行

子之相燕。坐而佯言曰。走出門者。何白馬也。左右皆言不見。有一人走

追之。報曰有。子之以此知左右之不誠信。（僞報有白馬者是不誠信○顧廣圻曰藏本作誠信不按此當作誠不舊注誤先愼曰以此知左右之不誠信語極明顯不當倒不字顧說非）

有相與訟者。子產離之。而無使得通辭。倒其言以告而知之。（謂得以此言以告彼彼言以告此則知訟者之情實○盧文弨曰倒字後十一卷中作到乃古字此亦當同）

衞嗣公使人爲客過關市。關市苛難之。（先愼曰意林作關吏乃呵之）因事關市。以金與關吏。乃舍之。（盧文弨曰與字衍意林作因以金與關吏乃剪截成文吏荀子王制注引作市後亦同顧廣圻曰因事關市以金與句絕關吏乃舍之五字爲一句王先謙曰因事關市句以金與關吏句關市蓋關吏之從者與吏有別以情事論苛難之事吏不便自爲之故知有別也此人僞事關市因緣得通關吏而與以金文自明顯後人失其讀耳先愼曰荀子注作賂之以金亦非元文）嗣公爲關吏曰。（先愼曰拾補爲改爲謂顧廣圻云荀子注引爲作召先愼案爲謂古通作爲不誤御覽八百二十七引爲作謂吏作市）某時有客過而所。（王渭曰句絕）與汝金。而汝因遣之。（盧文弨曰荀注因作回）關市乃大恐。（顧廣圻曰藏本同今本市作吏誤楊注引作市）而以嗣公爲明察。（顧廣圻曰此下今本有右傳二字誤乾道本藏本皆無後各卷同此說也非傳）

韓非子集解卷十

內儲說下六微第三十一

六微。一曰。權借在下。二曰。利異外借。三曰。託於似類。四曰。利害有反。五曰。參疑內爭。六曰。敵國廢置。此六者。主之所察也。

權勢不可以借人。上失其一。臣以爲百。故臣得借則力多。力多則內外爲用。內外爲用則人主壅。先愼曰乾道本不重內外爲用四字顧廣圻云藏本今本重今據增　其說在老聃之言失魚也。是以人主久語。而左右鬻懷刷。先愼曰張榜本趙本刷作尉盧文弨云藏本作刷凌本同北齊書顔之推傳觀我生賦云祗夜語之見疑學懷敓之足恃夜語當亦本此今此作久語未定孰是刷本作㕞則尉字爲誤明矣顧廣圻云以下當有故字主當作富見下文刷今本作尉誤說文刷本作㕞云拭也蓋巾帨之屬可用以拭者俞樾云按顔賦疑古本韓子久語作夕語古人朝見謂之朝夕見謂之夕　其患在胥僮之諫厲公。先愼曰乾道本諫作權顧廣圻云今本權作諫按此有誤未詳先愼按下文胥僮長魚矯諫曰又諫曰諫字兩見作諫者是改從今本　與州侯之一言而燕人浴矢也。

權借一

君臣之利異。故人臣莫忠。故臣利立而主利滅。先愼曰臣上故字衍　是以姦臣者。召敵兵以內除。舉外事以眩主。苟成其私利。不顧國患。其說在衞人之夫妻禱祝也。先愼曰乾道本夫妻作妻夫盧文弨云夫妻舊倒今從張本與後文同先愼按張榜本亦作夫妻今據改　故戴歇議子弟。而三桓攻昭公。先愼曰攻張榜本誤作公　公叔內齊軍。而翟黃召韓兵。顧廣圻曰說黃作璜按黃璜同字　太宰嚭說大夫種。大成牛敎申不害。盧文弨曰韓策史記趙世家漢書古今人表俱作大成午此牛字譌後同先愼曰成史作戊通志氏族略四謂大戊氏晉公子大戊之後或謂殷大戊後案徐廣史注云戊一作成與韓策及本書合則作戊者形近而誤也路史後紀十注又作郕古字通司馬喜告趙王。先愼曰策喜作憙呂倉規秦楚。先愼曰下作秦荊本書荊楚並用宋石遺衞君書。白圭敎暴譴。

利異二

似類之事。人主之所以失誅。而大臣之所以成私也。是以門人捐水而夷射誅。先愼曰門人當作門者濟陽自矯而二人罪。司馬喜殺爰騫而季辛誅。先愼曰乾道本無誅字顧廣圻云藏本同今本此下有誅字按脫一字未詳爰袁同字也先愼按下文司馬喜與季辛惡因令人殺爰騫中山之君以爲季辛也因誅之明此脫誅字今依補鄭袖言惡臭而新人劓。費無忌敎郄宛而令尹誅。先愼曰忌下說作極左昭十五年傳作極史記侯表楚世家子胥傳呂覽愼行篇淮南人閒訓吳越春秋作忌極忌聲近通用陳需殺張壽而犀首走。故燒芻廥而中山罪。先愼曰下廥作廄殺老儒而濟陽賞也。

似類三

事起而有所利。其尸主之。先愼曰乾道本尸作市顧廣圻云藏本今本市作尸按句有誤先愼案尸字不誤尸主也其尸主之謂其君主之也下云國害則省其利者卽指君言今從藏本今本改有所害。必反察之。是以明主之論也。國害則省其利者。臣害則察其反者。其說在楚兵至而陳需相。黍種貴而廩吏覆。是以昭奚恤執販茅。而僖侯譙其次。顧廣圻曰藏本今本無不字按依說當作昭文公髮繞炙而穰侯請立帝。

有反四

參疑之勢。亂之所由生也。故明主愼之。是以晉驪姬殺太子申生。而鄭夫人用毒藥。衞州吁殺其君完。公子根取東周。王子職甚有寵。而商臣果作亂。嚴遂韓廆爭。而哀公果遇賊。田常闞止戴驩皇喜敵。而宋君簡公殺。先愼曰田常下說作田恆後人避諱改也其說在狐突之稱二好。與鄭昭之對未生也。

參疑五

敵之所務。在淫察而就靡。先愼曰淫亂也靡非也人主之察旣亂則擧事皆非人主不察。則敵廢置矣。先愼曰此言人主不明敵之所務則敵得以廢置我之人才矣故文王資費仲。而秦王患楚使。黎且去仲尼。而干象沮甘茂。是以子胥宣言而子常用。內美人而虞虢亡。先愼曰乾道本宜下有王字無人字顧廣圻云藏本今本無王字美下有人字今據删補佯遺書而萇宏死。先愼曰趙本無宏字盧文弨云宏字脫張本有用雞猳而鄶桀盡。先愼曰桀一本作傑盧文弨云傑張本作桀後同

廢置六

參疑廢置之事。明主絕之於內。而施之於外。資其輕者。輔其弱者。此謂廟攻。參伍旣用於內。觀聽又行於外。則敵僞得。其說在秦侏儒之告惠文君也。故襄疵言襲鄴。而嗣公賜令蓆。先愼曰說作席

廟攻。先愼曰趙本作廟攻七盧文弨云此承上參疑廢置爲言故不在六微中顧廣圻云藏本同今本此下有七字誤先愼案經旣明言六微則不應有七字此接上文而來並不應另標廟攻二字

右經。

一

勢重者。人主之淵也。臣者。勢重之魚也。魚失於淵。而不可復得也。人

主失其勢重於臣。而不可復收也。古之人難正言。故託之於魚。先愼曰老子云魚不可脫於淵賞罰者。先愼曰乾道本賞下提行盧文弨云淩本連上是今據改利器也。君操之以制臣。臣得之以擁主。故君先見所賞則臣鬻之以爲德。君先見所罰則臣鬻之以爲威。故曰國之利器。不可以示人。先愼曰喻老篇國作邦此作國漢人改也

靖郭君相齊。與故人久語。則故人富。顧廣圻曰藏本同今本與故作故與誤先愼曰久當作夕下同說見上懷左右刷。則左右重。先愼曰張榜本趙本刷作尉誤下同說見上久語懷刷。小資也。猶以成富。顧廣圻曰此下當有取重二字況於吏勢乎。

晉厲公之時。六卿貴。先愼曰一本不提行盧文弨云本提行胥僮長魚矯諫曰。大臣貴重。敵主爭事。外市樹黨。下亂國法。上以劫主。而國不危者。未嘗有也。公曰善。乃誅三卿。胥僮長魚矯又諫曰。夫同罪之人偏誅而不盡。是懷怨而借之間也。公曰。吾一朝而夷三卿。予不忍盡也。長魚矯對曰。公不忍之。彼將忍公。公不聽。居三月。諸卿作難。遂殺厲公而分其地。先愼曰事見左成十八年傳

州侯相荊。貴而主斷。荊王疑之。因問左右。左右對曰無有。如出一口也。

燕人惑易。故浴狗矢。先愼曰乾道本惑易作無惑案無惑則不浴矣下文公惑易也明無惑乃惑易之譌今據張榜本改此條舊連上今提行燕人其妻有私通於士。其夫早自外而來。士適出。夫曰。何客也。其妻曰無客。問左右。左右言無有。如出一口。其妻曰。公惑易也。顧廣圻曰四字爲一句因浴之以狗矢。一曰。燕

人李季好遠出。先愼曰乾道本重好字顧廣圻云藏本今本不重好字先愼案藝文類聚十七御覽三百九十五及四百九十九引不重好字今據刪其妻私有通於士。季突至。先愼曰乾道本至作之顧廣圻云今本之作至按句有誤先愼按季好遠遊今不期而返出家室意計之外也作至字是改從今御覽四百九十九引作李季至三百九十五引作季忽歸藝文類聚作季至皆非元文不足據士在內中。妻患之。其室婦曰。先愼曰藝文類聚引無中字其室婦曰作妾曰令公子裸而解髮直出門。吾屬佯不見也。先愼曰御覽引公子作士下同佯作陽於是公子從其計。疾走出門。季曰。是何人也。家室皆曰無有。先愼曰乾道本無曰字趙本皆下有曰字藝文類聚御覽引並有曰字今據補季曰。吾見鬼乎。婦人曰然。爲之奈何。曰。取五牲之矢一云屎○先愼曰乾道本牲作姓盧文弨云姓一作牲藏本作牲似牲之譌先愼案御覽引正作牲今據改左昭十一年傳杜注五牲牛羊豕犬雞也浴之。季曰諾。乃浴以矢。一曰浴以蘭湯。顧廣圻曰此亦劉向校語本卷上文云矢一云屎下文共立一云公子赫皆同例與舊注相混而實非舊注也今山海經晏子春秋皆多如此云者韓子當不止三條殆經後人刪去之耳

二衞人有夫妻禱者而祝曰。使我無故。顧廣圻曰句絕故與下文布韻得百束布。先愼曰乾道本束上有來字顧廣圻云藏本今本無此不當有先愼案來卽束字形近誤衍藝文類聚八十五御覽五百二十九八百二十引並無來字今據刪其夫曰。何少也。對曰。益是。子將以買妾。先愼曰藝文類聚引句末有矣字

荆王欲宦諸公子於四鄰。戴歇曰。不可。宦公子於四鄰。四鄰必重之。顧廣圻曰二句荆王之言也上無曰字古書多此例曰。子出者重。重則必爲所重之國黨。則是敎子於外市也。不便。

魯孟孫叔孫季孫相戮力劫昭公。遂奪其國而擅其制。顧廣圻曰此下當有一曰二字魯三桓公偪。顧廣圻曰藏本同今本無公字按此不當有先愼曰魯三桓偪四字不成句公偪當作偪公公謂公室也乾道本藏本誤倒今本不審而刪之不可從昭公攻季孫氏。

而孟孫氏叔孫氏相與謀曰。救之乎。叔孫氏之御者 盧文弨曰張淩本皆無者字先愼曰御者左昭二十五年傳作司馬鬷戾 曰。我家臣也。安知公家。凡有季孫與無季孫。於我孰利。先愼曰乾道本脫上季字趙本移季字於與下誤顧廣圻云藏本今本有下有季字今據補 皆曰。無季孫必無叔孫。然則救之。於是撞西北隅而入。先愼曰撞公圍也 孟孫見叔孫之旗入。亦救之。三桓爲一。昭公不勝。逐之。死於乾侯。先愼曰逐當爲遂之誤之下當有齊字事見左傳

公叔相韓而有攻齊。顧廣圻曰藏本今本攻作功按攻功皆當衍讀以有齊句絕俞樾曰爾雅釋詁攻善也有讀爲又相韓而有攻齊謂相韓而又善齊也下文云翟璜魏王之臣也而善於韓其義相同藏本趙本改攻爲功失之 公仲甚重於王。公叔恐王之相公仲也。使齊韓約而攻魏。顧廣圻曰藏本同今本魏作衞誤 公叔因內齊軍於鄭。先愼曰鄭卽韓也說見說林上 以劫其君。以固其位。而信兩國之約。

翟璜。盧文弨曰璜藏本作黃與前同先愼曰乾道本連上今從趙本提行 魏王之臣也。而善於韓。乃召韓兵。令之攻魏。因請爲魏王構之。以自重也。先愼曰構講也

越王攻吳王。吳王謝而告服。越王欲許之。范蠡大夫種曰。不可。昔天以越與吳。吳不受。今天反夫差。亦天禍也。先愼曰今天當作今若 以吳予越。再拜受之。不可許也。太宰嚭遺大夫種書曰。狡兔盡則良犬烹。敵國滅則謀臣亡。大夫何不釋吳而患越乎。大夫種受書讀之。太息而歎曰。殺之。越與吳同命。先愼曰殺謂殺其使也吳當作吾文種自謂故後嚭之譖種種之見殺實基如此

大成牛。先愼曰牛乃午之誤說見前 從趙謂申不害於韓曰以韓重我於趙。先愼曰以上當有子字下白圭相魏王爲子以韓輔我於魏語意正同此脫子字 請以趙重子於韓。是子有兩韓。我有兩趙。

司馬喜。中山君之臣也。而善於趙。嘗以中山之謀。微告趙王。先愼曰拾補嘗改常是也 呂倉。先愼曰乾道本連上盧文弨云淩本別爲條今據改 魏王之臣也。而善於秦荆。微諷秦荆。令之攻魏。因請行和以自重也。

宋石。魏將也。顧廣圻曰藏本同今本魏作衞誤 衞君。荆將也。兩國構難。二子皆將。宋石遺衞君書曰。二軍相當。先愼曰乾道本軍作君顧廣圻云今本君作軍誤按依此上文宋石當作軍也先愼案顧說謬君與軍音近又涉上文而譌當作軍今據改 兩旗相望。唯毋一戰。戰必不兩存。此乃兩主之事也。與子無有私怨。善者相避也。

白圭相魏。先愼曰乾道本魏下有王字顧廣圻云藏本今本無王字今據删 暴譴相韓。白圭謂暴譴曰。子以韓輔我於魏。我以魏待子於韓。臣長用魏。子長用韓。

三齊中大夫有夷射者。盧文弨曰此卽左定二年邾莊公夷射姑事而傳譌耳 御飲於王。醉甚而出。倚於郎門。門者刖跪請曰。先愼曰跪與危通足也說詳外儲說左下篇 足下無意賜之餘隸乎。顧廣圻曰藏本同今本隸作瀝 夷射叱曰。去。先愼曰乾道本叱曰二字誤倒從張榜本改 刑餘之人。何事乃敢乞飲長者。刖跪走退。及夷射去。刖跪因捐水郎門霤下。類溺者之狀。明日。王出而訶之曰。誰溺於是。刖跪對曰。臣不見也。雖然。昨日中大夫夷射立於此。王因誅夷射而殺之。王先謙曰誅責也與下乃誅蒉弘而殺之文句一例魏王臣二人。不善濟陽君。濟陽君因僞令人矯王命而謀攻已。王使人問濟陽君曰。先愼曰乾道本重濟陽君三字顧廣圻云今本不重濟陽君按此當衍今據刪 誰與恨。對曰。無敢與恨。雖然。嘗與二人不善。不足以至於此。王先謙曰言不足至此故設爲疑詞 王問左右。左右曰。固然。王因誅二人者。

季辛與爰騫相怨。司馬喜新與季辛惡。因微令人殺爰騫。中山之君以爲季辛也。因誅之。

荆王先愼曰張榜本荆王以下至一日並脫趙用賢云此以下近本俱脫失今從宋板校定 所愛妾有鄭袖者。荆王新得美女。鄭袖因教之曰。王顧廣圻曰王字下至乃誅蕢弘而殺之藏本脫 甚喜人之掩口也。爲近王。必掩口。先愼曰爲當作若 美女入見。近王。因掩口。王問其故。鄭袖曰。此固言惡王之臭。及王與鄭袖美女三人坐。袖因先誡御者曰。王適有言。必亟聽從。先愼曰亟急同字 王言美女前。王先謙曰此當再有美女二字 近王甚。數掩口。王悖然怒曰。顧廣圻曰今本悖作勃誤按悖怫同字後又多作怫 劓之。御因揄刀而劓美人。先愼曰御下當有者字 一曰。魏王遺荆王美人。荆王甚悅之。先愼曰藝文類聚十八引荆作楚美人作美女 夫人鄭袖。知王悅愛之也。亦悅愛之。甚於王。衣服玩好。擇其所欲爲之。王曰。夫人知我愛新人也。其悅愛之甚於寡人。此孝子所以養親。先愼曰子下當有之字此與下句文法一例戰國楚策正有之字明此脫 忠臣之所以事君也。夫人知王之不以已爲妒也。因爲新人曰。先愼曰爲與謂古本通趙本及御覽三百六十七引作謂後人所改 王甚悅愛子。然惡子之鼻。子見王。常掩鼻。則王長幸子矣。於是新人從之。每見王常掩鼻。王謂夫人曰。新人見寡人常掩鼻。何也。對曰。不已知也。盧文弨曰已字疑衍顧廣圻曰戰國策云妾知也先愼曰已卽人已之已不已知也言我不知也故王強問之正女子進讒常態無不字則與下文王強問之句不合策下作王曰雖惡必言之與此不同兩書不能強合當各依本書爲是王強問之。對曰。頃嘗言惡聞王臭。先愼曰張榜本惡聞王臭下用上及王與鄭袖美女三人坐坐但掩口作掩鼻悖然作勃然末句御作御者王怒曰。劓之。夫人先誡御者曰。王適有言。必可從命。先愼曰可當作亟御者因揄刀而劓美人。

費無極。荆令尹之近者也。先愼曰左傳邇無及也（及卽極之誤）注杜邇近也陸氏釋文云近附近之近郄宛新事令尹。令尹甚愛之。無極因謂令尹曰。君愛宛甚。何不一爲酒其家。令尹曰。善。因令之爲具於郄宛之家。無極敎宛曰。令尹甚傲而好兵。子必謹敬先亟陳兵堂下及門庭。宛因爲之。令尹往而大驚曰。此何也。無極曰。君殆去之。盧文弨曰殆當作急吳越春秋作王急去之王謂平王先愼曰事見左昭二十七年傳時平王已死吳越春秋誤作王殆猶必也君殆去之謂君必去之也呂覽自知云座殆尙在於門注殆猶必也盧說非事未可知也。令尹大怒。舉兵而誅郄宛。遂殺之。

犀首與張壽爲怨。先愼曰爲猶相也上文季辛與爰騫相怨句法正同陳需新入。不善犀首。俞樾曰入字衍文上文云司馬喜新與季辛惡與此條情事相同文法亦一律此云陳需新不善犀首猶彼云司馬喜新與季辛惡也因使人微殺張壽。魏王以爲犀首也。乃誅之。顧廣圻曰張壽張旄也陳需田需也大致與戰國楚策所云張旄果令人要靳尙刺之爲一事傳之不同也王先謙曰上言犀首走此誅之疑逐之之誤

中山有賤公子。馬甚瘦。車甚弊。左右有私不善者。乃爲之請王曰。先愼曰請下當有於字公子甚貧。馬甚瘦。王何不益之馬食。王不許。左右因微令夜燒芻廐。顧廣

圻曰膾當依上文作膾　王以爲賤公子也。乃誅之。

魏有老儒而不善濟陽君。顧廣圻曰今本無而字誤也　客有與老儒私怨者。因攻老儒殺之以德於濟陽君曰。臣爲其不善君也。故爲君殺之。濟陽君因不察而賞之。先愼曰謂不察客固有私怨也　一曰。濟陽君有少庶子者。先愼曰乾道本者作有今據趙本改顧廣圻云少上有字當作之非　不見知欲入愛於君者。齊使老儒掘藥於馬梨之山。濟陽少庶子欲以爲功。入見於君曰。齊使老儒掘藥於馬梨之山。名掘藥也。實閒君之國。君殺之。王先謙曰殺之上當有不字無則義不可通　是將以濟陽君抵罪於齊矣。臣請刺之。君曰可。於是明日得之城陰而刺之。濟陽君還益親之。先愼曰益字疑衍上文少庶子不見知欲入愛於君是濟陽君初不親少庶子也刺老儒君還親之則親上不當有益字還音旋

四陳需魏王之臣也。善於荆王。而令王攻魏。荆攻魏。陳需因請爲魏王行解之因以荆勢相魏。先愼曰解和也本書多用搆字

韓昭侯之時。黍種常貴尠有。先愼曰各本尠有二字作甚據藝文類聚八十五引改謂民閒尠有黍種也　昭侯令人覆廩。廩吏果竊黍種而糶之甚多。先愼曰各本不重廩字據藝文類聚引補

昭奚恤之用荆也。有燒倉廥窯者。顧廣圻曰窯當作窌　而不知其人。昭奚恤令吏執販茅者而問之。果燒也。王先謙曰果燒下疑有者字

昭僖侯之時。宰人上食。而羹中有生肝焉。昭侯召宰人之次而誚之曰。若何爲置生肝寡人羹中。宰人頓首服死罪曰。竊欲去尙宰人也。一曰。僖

侯浴。湯中有礫。僖侯曰。尙浴免。則有當代者乎。左右對曰。有。僖侯曰。召而來譙之曰。何爲置礫湯中。對曰。尙浴免。則臣得代之。是以置礫湯中。

文公之時。宰臣上炙。而髮繞之。 先愼曰意林而下有有字 文公召宰人而譙之。 先愼曰藝文類聚十七引譙作誚下同 曰。女欲寡人之哽邪。奚爲以髮繞炙。宰人頓首再拜請曰。臣有死罪三。 先愼曰各本無臣字今據藝文類聚意林補 援礪砥刀。利猶干將也。切肉肉斷。而髮不斷。臣之罪一也。援錐貫臠。 先愼曰各本錐字作木而二字今據藝文類聚意林改刪 而不見髮。臣之罪二也。奉熾爐炭。肉盡赤紅。 先愼曰各本肉作火今據藝文類聚意林引改 炙熟而髮不焦。 先愼曰各本炙上有而字焦作燒今據藝文類聚刪改 臣之罪三也。堂下得微有疾臣者乎。 先愼曰乾道本得下有財無兩字顧廣圻云今本無財字按句有誤王引之云無字後人所加得微即得無也邶風式微傳云微無也晏子春秋雜篇云諸侯得微有故乎國家得微有事乎莊子盜跖篇得微往見跖耶皆其證也後人加無字於微字之上而其義遂不可通矣先愼案王說是藝文類聚引作堂下得微有嫉臣者乎今據刪疾嫉古通 公曰。善。乃召其下而譙之。 先愼曰各本下上有堂字按堂字衍召其下謂召其次也藝文類聚引正無堂字今據刪 果然。乃誅之。一曰。晉平公觴客。少庶子進炙而髮繞之。平公趣殺炮人。毋有反令。炮人呼天曰。嗟乎。臣有三罪。死而不自知乎。 先愼曰御覽八百六十三引死而作而死 平公曰。何謂也。對曰。臣刀之利。風靡骨斷。而髮不斷。是臣之一死也。桑炭炙之。肉紅白而髮不焦。是臣之二死也。炙熟。又重睫而視之。髮繞炙而目不見。是臣之三死也。意者堂下其有翳憎臣者乎。殺臣不亦蚤乎。 先愼曰御覽引無翳字蚤作枉

穰侯相秦而齊強。穰侯欲立秦爲帝。而齊不聽。因請立齊爲東帝。而不

能成也。顧廣圻曰不當作乃

五晉獻公之時。驪姬貴擬於后妻。而欲以其子奚齊代太子申生。因患申生於君而殺之。先愼曰患當作惡 遂立奚齊爲太子。

鄭君已立太子矣。而有所愛美女欲以其子爲後。先愼曰句絕 夫人恐。因用毒藥賊君殺之。

衞州吁重於衞。擬於君。羣臣百姓盡畏其勢重。州吁果殺其君而奪之政。

公子朝。周太子也。弟公子根甚有寵於君。君死。遂以東周叛。分爲兩國。顧廣圻云本書難三篇朝作宰史記周本紀云威公卒子惠公代立乃封其少子於鞏以奉王號東周惠公即其事索隱云名班與此不同

楚成王以商臣爲太子。既而又欲置公子職。商臣作亂。遂攻殺成王。一曰。楚成王。先愼曰此下當有以字 商臣爲太子。既欲置公子職。商臣聞之。先愼曰乾道本臣作人今據趙本改 未察也。乃爲其傅潘崇曰。先愼曰爲謂字譌 奈何察之也。潘崇曰。饗江芈而勿敬也。太子聽之。江芈曰。呼。役夫。宜君王之欲廢女而立職也。商臣曰。信矣。潘崇曰。能事之乎。曰。不能。能爲之諸侯乎。俞樾曰爲字衍文能之諸侯乎言能適諸侯乎左傳作能行乎是其證也 曰。不能。能舉大事乎。曰。能。於是乃起宿營之甲。顧廣圻曰左傳云宮甲 而攻成王。成王請食熊膰而死。不許。遂自殺。

韓廆相韓哀侯。嚴遂重於君。二人甚相害也。嚴遂乃令人刺韓廆於朝。韓廆走君而抱之。遂刺韓廆而兼哀侯。顧廣圻曰說林上篇及韓策廆作傀同字哀公先愼曰卽聶政見韓策 先愼曰策作韓傀走而抱哀公卽世家之列侯世本謂之武侯戰國策及此謂之哀侯各不同事在三年與世家之哀侯非一人也

田恆相齊。闞止重於簡公。二人相憎而欲相賊也。田恆因行私惠以取其國。遂殺簡公而奪之政。

戴驩爲宋太宰。皇喜重於君。二人爭事而相害也。皇喜遂殺宋君而奪其政。

狐突曰。國君好內。則太子危。好外。則相室危。

鄭君問鄭昭曰。太子亦何如。對曰。太子未生也。君曰。太子已置。而曰未生何也。對曰。太子雖置。然而君之好色不已。所愛有子。君必愛之。愛之則必欲以爲後。臣故曰。太子未生也。

六文王資費仲。而游於紂之旁。先愼曰喩老篇資費仲以玉版令之諫紂而亂其心。盧文弨曰諫淩本作閒案顏氏家訓音辭篇穆天子傳音諫爲閒蓋穆天子傳道里悠遠山川諫之下郭璞注也今本乃改正文作閒注作閒音諫殊謬此書亦是以諫爲閒淩本遽改作閒其謬亦同

荆王使人之秦。秦王甚禮之。王曰。敵國有賢者。國之憂也。今荆王之使者甚賢。寡人患之。羣臣諫曰。以王之賢聖。與國之資厚。願荆王之賢人。王何不深知之而陰有之。王先謙曰深知之猶言深結之先愼曰陰當作陽字之誤也陽與佯通 荆以爲外用也。則必誅之。

仲尼爲政於魯。道不拾遺。齊景公患之。梨且謂景公曰。盧文弨曰孫云後漢書馮衍傳注引作犂鉏顧廣圻曰上文作黎下文作犂犂是也今本皆作黎非史記孔子世家作犂鉏先愼曰御覽四百七十八引作黎鉏意林作黎且 去仲尼。猶吹毛耳。君何不迎之以重祿高位。遺哀公女樂。以驕榮其意。盧文弨曰哀字譌後漢書注引君何不遺魯君以女樂此在定公時云哀公皆誤王渭曰榮當作熒下文以榮其意同先愼曰哀公後漢注引同明此韓非子傳聞偶誤非字譌也後漢注上作定下作哀不足爲據 哀公新樂之。必怠於政。仲尼必諫。諫盧文弨曰後漢書注引有而不聽三字 必輕絕於魯。景公曰。善。乃令犂且以女樂二八遺哀公。先愼曰各本二八字作六字盧文弨云意林亦作六疑皆二八兩字之譌太平御覽五百七十一引家語作好女子二八今家語作八十疑後人以史記之文改之八十人太多六人太少即非二八亦是八人方成舞列下晉遺虞亦同先愼案六字乃二八二字之誤御覽四百七十八引正作二八今據改 哀公樂之。果怠於政。仲尼諫不聽。去而之楚。先愼曰後漢注作迯去之三字御覽引作去而之齊

楚王謂干象曰。顧廣圻曰史記甘茂傳作范蝫徐廣云一作蠉索隱云戰國策一作蝝字今楚策作環先愼曰汲古閣文選過秦論李注引干象作于象干于字形相近而誤吳鼒云宋槧一卷中前作于後作干查姓氏急就篇注楚有干象不誤 吾欲以楚扶甘茂而相之秦。可乎。干象對曰。不可也。王曰。何也。曰。甘茂少而事史舉先生。史舉。上蔡之監門也。大不事君。小不事家。以苛刻聞天下。茂事之順焉。惠王之明。張儀之辨也。茂事之。取十官而免於罪。是茂賢也。王曰。相人敵國而相賢。其不可何也。先愼曰賢上相字衍 干象曰。前時王使邵滑之越。顧廣圻曰徐廣云滑一作涓策無邵字先愼曰史記甘茂傳作召賈誼新書亦作召秦本紀作昭楚策作卓趙策作淖召昭卓淖皆一聲之轉李善文選過秦論注引此亦作召召卲古通 五年而能亡越。先愼曰文選注引亡越作臧之 所以然者。越亂而楚治也。日者知用之越。王先謙曰日字疑昔脫其半 今忘之秦。不亦太亟忘乎。先愼曰乾道本兩忘字作亡顧廣圻曰當依策作忘先愼按張榜本作忘今據改 王

曰。然則爲之奈何。干象對曰。不如相共立。王曰。共立可相何也。對曰。共立少見愛幸。長爲貴卿。被王衣。俞樾曰王當作玉三國志魏文帝紀注云舜承堯禪被珍裘玉衣猶云珍裘矣古人於美好之物皆曰玉食言玉食衣言玉衣其義同也此與下文之握玉環本同作王後人不解而臆改耳 含杜若。握玉環。以聽於朝。且利以亂秦矣。共立一云公子赫〇顧廣圻曰策作公孫赫史記云向壽不同也

吳攻荆。先愼曰乾道本攻作政今從趙本改 子胥使人宣言於荆曰。子期用。將擊之。子常用。將去之。荆人聞之。因用子常而退子期也。吳人擊之。遂勝之。

晉獻公 先愼曰乾道本連上今從趙本提行 欲伐虞虢。先愼曰乾道本無欲字盧文弨云一本作欲伐虞案經是虞虢先愼案乾道本脫欲字一本脫虢字耳御覽三百五又四百七十八五百六十八引作欲伐虞虢今據補 乃遺之屈產之乘。垂棘之璧。女樂二八。以榮其意而亂其政。先愼曰各本二八字作六字今據御覽引改榮當作熒

叔向之讒萇弘也。王渭曰困學紀聞謂此時叔向死已久先愼曰說苑權謀篇記誅萇宏事與本書略同蓋古人相傳偶異也 爲萇弘書。先愼曰乾道本作爲書曰萇弘拾補作爲萇弘書盧文弨云爲書曰萇弘誤今從淩本刪乙 謂叔向曰。子爲我謂晉君。所與君期者時可矣。何不亟以兵來。因佯遺其書周君之庭。而急去行。先愼曰行字當衍 周以萇弘爲賣周也。乃誅萇弘而殺之。盧文弨曰淩本無此三字王先謙曰而殺之三字句例見前淩本妄刪先愼曰難言篇云萇宏分胣

鄭桓公將欲襲鄶。顧廣圻曰他書鄶又作檜會 先問鄶之豪傑良臣辯智果敢之士。盡與姓名。盧文弨曰張本無與字淩本作盡與其名姓顧廣圻曰盡與說苑權謀篇作書其俞樾曰與當作舉周官師氏王舉則從注曰故書舉爲與是其例也襄二十七年左傳仲尼使舉是禮也釋文引沈云舉謂紀錄之也然則盡舉姓名爲悉記錄其姓名矣 擇鄶之良田賂之。爲官爵之名而書之。因爲設壇場郭門之

外而埋之。先愼曰乾道本埋作理顧廣圻云理當作埋先愼案張榜本作埋今據改釁之以雞豭。若盟狀。鄶君以爲內難也。而盡殺其良臣。桓公襲鄶。遂取之。

七王先謙曰七字不當有 秦侏儒善於荊王。而陰有善荊王左右。而內重於惠文君。先愼曰有讀爲又 荊適有謀。侏儒常先聞之。以告惠文君。

鄴令襄疵顧廣圻曰乾道本藏本此條在秦侏儒後當誤倒也先愼曰依經次不誤顧說非 陰善趙王左右。趙王謀襲鄴。襄疵常輒聞而先言之魏王。魏王備之。先愼曰乾道本不重魏王二字盧文弨云舊不重張淩本皆重今據補 趙乃輒還。王念孫曰輒還當作輟行言趙王知魏之有備而止其行也輟字既譌作輒後人不得其解故改輒行爲輒還不知上言趙謀襲鄴則兵尚未出不得言還也

衛嗣君之時。有人於縣令之左右。先愼曰各本脫縣字據御覽七百九引補 縣令發蓐而席弊甚。先愼曰各本令下衍有字據御覽引删 嗣公還令人遺之席曰。吾聞汝今者發蓐而席弊甚。賜汝席。縣令大驚。以君爲神也。

韓非子集解卷十一

外儲說左上第三十二

先愼曰宋隱云外儲言明君觀聽臣下之言行以斷其賞罰賞罰在彼故曰外也

一明主之道。如有若之應密子也。顧廣圻曰藏本同今本密作宓案說作宓宓密同字 明主之聽言也。美其辯。其觀行也。賢其遠。故羣臣士民之道言者迂弘。其行身也離世。王先謙曰弘與閎同迂弘與下迂深閎大同義離世謂遠於事情 其說在田鳩對荆王也。故墨子爲木鳶。謳癸築武宮。夫藥酒用。言明君聖主之以獨知也。顧廣圻曰藏本同今本君作在誤先愼曰用張榜本作無案用當作忠明君聖主當作知者明主謂藥酒忠言知者明主之所以獨知也下說良藥苦於口知者勸而飮之忠言拂於耳而明主聽之是其證 二人主之聽言也。不以功用爲的。先愼曰用爲張榜本作爲用誤此與下不以儀的爲關相對爲文 則說者多棘刺白馬之說。不以儀的爲關。則射者皆如羿也。先愼曰儀準也見國語周語注 人主於說也。皆如燕王學道也。而長說者。皆如鄭人爭年也。是以言有纖察微難。而非務也。王先謙曰以下文例之而字當衍 故李惠宋墨。皆畫策也。顧廣圻曰李當作季季良惠施宋鈃墨翟也 論有迂深閎大。非用也。先愼曰乾道本無迂字顧廣圻云今本有今據補 故畏震瞻車狀皆鬼魅也。顧廣圻曰畏當作魏魏牟也聲近誤震當作虞瞻何莊子讓王篇釋文云瞻子賢人也淮南作詹車當作陳陳駢也形近誤狀皆當作皆狀 言而拂難堅确。非功也。顧廣圻曰言而當作行有 故務卞鮑介墨翟。皆堅瓠也。顧廣圻曰務光卞隨鮑焦介之推也墨翟二字有誤或當作申徒狄先愼曰墨翟卽田仲之譌下說屈穀獻堅瓠於田仲卽此 且虞慶詘匠也而屋壞。先愼曰也字衍文此與下句相對成文不當有也字 范且窮工而弓折。是故求其誠者。非歸餉也不可。先愼曰餉下說作饟字同三挾夫相爲則責望。顧廣圻曰藏本同今挾夫作夫挾誤 自爲則事行。故父子或怨譟。顧廣圻曰譟當依說作譙 取庸作者進美羹。說在文公之先宣言。與句踐之稱如皇也。趙用賢曰如皇臺名 故桓公藏蔡怒而攻楚。吳起懷瘳實而吮傷。先愼曰張榜本挾夫至此脫下且字作夫案實疑士之聲近而誤懷瘳士謂欲士之病愈也 且先王之賦頌。鍾鼎之銘。皆播吾之迹。顧廣圻曰播藏本今本作潘他書又作番先愼曰張榜本作潘云當作番案播潘番古字通用 華山之博也。王先謙曰下然字當在也上誤倒 然先王所期者利也。先愼曰張本無然下二十二字 所用者力也。築社之諺。目辭說也。王先謙曰目乃自之誤言晉文自辭說先愼曰趙本社作杜譌下說正作社 請許學者而行宛曼於先王。或者不宜今乎。如是不能更也。先愼曰如是以下三十字張榜本無 鄭縣人得車厄也。顧廣圻曰藏本同今本厄作軛案說作軛先愼曰厄卽軛之通借字 衞人佐弋也。先愼曰乾道本無也字顧廣圻云藏本今本弋下有也字今據補 卜子妻𢑀弊袴也。先愼曰乾道本𢑀作寫趙本作爲盧文弨云爲淩本作寫俱譌後作象今定爲𢑀爲卽象字謂仿象也顧廣圻云卜當依說作乙先愼案盧說是今從拾補本改卜字不誤說見下 而其少者也。王先謙曰語意不完依說者下奪侍長者飲四字 先王之言。有其所爲小。而世意之大者。有其所爲大。而世意之小者。未可必知也。先愼曰乾道本小上無之字顧廣圻云藏本今本有先愼案依上文當有今據補張榜本無下說至記也十四字 說在宋人之解書。與梁人之讀記也。故先王有郢書。而後世多燕說。夫不適國事而謀先王。皆歸取度者也。

四利之所在民歸之。名之所彰士死之。是以功外於法。而賞加焉。則上不信得所利於下。先愼曰信趙本作能 名外於法。而譽加焉。則士勸名而下畜之於君。顧廣圻曰藏本同今本下作不 故中章胥已仕。而中牟之民。弃田圃而隨文學者邑之半。平公腓痛足痺而不敢壞坐。晉國之辭仕託者國之錘。先愼曰乾道本託作記顧廣圻云藏本記作託今本作托慕案說作託慕俞樾云乾道本託誤作記當從道藏本訂正趙用賢本託下有慕字則由誤讀下文而衍也下文曰晉國之辭仕託慕叔向者國之錘矣此於託字絕句仕謂仕者託謂託者襄二十七年左傳衛子鮮出奔晉託於木門終身不仕然則古人自有仕與託之兩途凡託於諸侯者君必有以養之觀孟子可見故曰辭仕託蓋仕可辭託亦可辭也慕叔向者自爲句後人不達託字之義誤以託慕連讀遂於此文亦增入慕字耳又錘字無義疑古本止作垂莊子逍遙遊篇其翼若垂天之雲崔譔曰垂猶邊也其大如天一面雲也然則國之垂猶云國之一面與上文中牟之民棄田圃而隨文學者邑之半文義一律國之垂猶邑之半垂亦半也今加金作錘則不可通矣先愼案俞說是今從藏本此三士者。先愼曰三士中章胥已叔向言襲法則官府之籍也。行中事則如令之民也。先愼曰中音竹仲反二君之禮太甚。若言離法而行遠功。則繩外民也。王先謙曰繩外繩墨之外二君又何禮之。禮之當亡。先愼曰乾道本不重禮之二字顧廣圻云藏本今本重今據補且居學之士。國無事不用力。有難不被甲。禮之則惰修耕戰之功。不禮則周主上之法。盧文弨曰周當是害之譌國安則尊顯。危則爲屈公之威。王先謙曰威卽畏威畏同字人主奚得於居學之士哉。王先謙曰緘儒之端已兆於此故明王論李疵視中山也。盧文弨曰王當作主

五詩曰。不躬不親。庶民不信。傅說之以無衣紫。緩之以鄭簡宋襄。顧廣圻曰藏本緩作緩今本緩之作子產皆誤宋襄二字連上讀先愼曰此言鄭簡謂子產宋襄與楚人戰二條緩字未詳所當作責之以尊厚耕戰。先愼曰疑當作責尊厚以耕戰之字衍尊厚猶貴富謂人君夫不明分。不責誠。而以躬親位下。顧廣圻曰親字句絕今本位作涖誤未詳所當作先愼曰顧讀非位下連上爲句位涖古字通周禮注故書位爲涖涖亦爲位以躬親涖下與下說鄭君先戮以涖民句例相同夫字當衍且爲下走睡臥。先愼曰乾道本無且爲下三字顧廣圻曰藏本今本走上有且爲下三字先愼案張榜本而以躬親涖下下有且爲下走是則將令人主耕以爲食服戰雁行也民乃肯耕戰則人主不泰危乎而人臣不泰安乎三十八字合下說而成非定本也走上當有且爲下三字今據補下走卽下說景公釋車下走事睡臥卽昭侯讀法睡臥事與去捽弊微服。顧廣圻曰藏本同今本去作夫捽說不見此事孔丘不知。故稱猶孟鄒君不知。故先

自脩。明主之道。如叔向賦獵。與昭侯之奚聽也。

六小信成則大信立。故明主積於信。賞罰不信。則禁令不行。說在文公之攻原。與箕鄭救餓也。是以吳起須故人而食。文侯會虞人而獵。故明主信如曾子殺彘也。顧廣圻曰藏本今本主下有表字按非也此當有尊字 患在尊厲王擊警鼓。與李悝謾兩和也。顧廣圻曰尊字當衍上文所錯入也

右經先愼曰乾道本無此二字顧廣圻云今本此下有右經二字乾道本藏本無下卷同按此當有今據補

一宓子賤治單父。有若見之曰。子何臞也。宓子曰。君不知不齊不肖。先愼曰乾道本不齊二字作賤誤今據張榜本改 使治單父。官事急。心憂之。故臞也。有若曰。昔者舜鼓五絃。歌南風之詩而天下治。今以單父之細也。治之而憂。治天下將奈何乎。故有術而御之。身坐於廟堂之上。有處女子之色。無害於治。無術而御之。身雖瘁臞。猶未有益。

楚王謂田鳩曰。墨子者。顯學也。其身體則可。王先謙曰身體當作體身誤倒 其言多不辯。何也。先愼曰各本多下有而字顧廣圻云而字當衍先愼案御覽五百四十一引無今據刪 曰。昔秦伯嫁其女於晉公子。令晉爲之飾裝。先愼曰御覽引無令晉二字 從文衣之媵七十人。先愼曰各本文衣作衣文據御覽乙 至晉。晉人愛其妾而賤公女。此可謂善嫁妾。而未可謂善嫁女也。楚人有賣其珠於鄭者。爲木蘭之櫃。薰以桂椒。先愼曰各本作薰桂椒之櫝今據藝文類聚八十四御覽七百十三又八百三八百二十八初學記二十七引改 綴以珠玉。飾以玫瑰。

輯以羽翠。先愼曰藝文類聚御覽引均作緝以翡翠鄭人買其櫝而還其珠。此可謂善賣櫝矣。未可謂善鬻珠也。今世之談也。皆道辯說文辭之言。人主覽其文而忘有用。墨子之說。傳先王之道。論聖人之言。以宣告人。若辯其辭。則恐人懷其文忘其直。顧廣圻曰此當有用字以文害用也。此與楚人鬻珠。秦伯嫁女同類。故其言多不辯。

墨子爲木鳶。三年而成。顧廣圻曰句絕蜚一日而敗。顧廣圻曰五字爲一句下同弟子曰。先生之巧。至能使木鳶飛。墨子曰。盧文弨曰張本有吾字不如爲車輗者巧也。用咫尺之木。不費一朝之事。而引三十石之任。致遠力多。久於歲數。今我爲鳶。三年成。蜚一日而敗。惠子聞之曰。墨子大巧。巧爲輗。拙爲鳶。

宋王與齊仇也。築武宮。張榜曰蓋王偃時築以備齊謳癸倡。行者止觀。築者不倦。王聞召而賜之。對曰。臣師射稽之謳又賢於癸。先愼曰稽御覽五百七十二引作督下同王召射稽使之謳。行者不止。築者知倦。王曰。行者不止。築者知倦。其謳不勝如癸美。何也。先愼曰張榜本無勝字對曰。王試度其功。癸四板。射稽八板。擿其堅。癸五寸。射稽二寸。

夫良藥苦於口。而智者勸而飲之。知其入而已已疾也。盧文弨曰下當作巳忠言拂於耳。而明主聽之。知其可以致功也。

二宋人有請爲燕王以棘刺之端爲母猴者。必三月齋。然後能觀之。燕王因以三乘養之。先愼曰乘下當有之奉二字右御冶工。先愼曰乾道本冶作治趙本作冶工與下文合是也今據改言王曰。先愼曰言當作謂臣聞人主無十日不燕之齋。今知王不能久齋以觀無用之器也。先愼曰乾道本以上有今字顧廣圻云藏本今本以上無今字今據删故以三月爲期。凡刻削者。以其所以削必小。今臣冶人也。無以爲之削。此不然物也。王必察之。王因囚而問之。果妄。乃殺之。冶又謂王曰。先愼曰各本又作人據御覽九百五十七引改計無度量。言談之士。多棘刺之說也。一曰。燕王徵巧術人。先愼曰乾道本作一日好徵巧王渭云曰下當脫燕王二字選注有先愼案張榜本一曰作燕王無一曰二字亦非徵即徵字形近而誤藝文類聚九十五御覽九百十引正作燕王徵巧術人是其證今據改御覽五百三十引作燕王欲攻衞白孔六帖八十三引作燕王好徵巧九十六引作燕王好徵巧並誤然皆有燕王二字衞人請以棘刺之端爲母猴。先愼曰乾道本請以作曰能以三字藝文類聚御覽引並作請以二字今據改張榜本請以二字作有請爲以四字亦誤燕王說之。養之以五乘之奉。王曰。吾試觀客爲棘刺之母猴。客曰。人主欲觀之。先愼曰乾道本無客曰二字顧廣圻云今本句上有客曰二字先愼案有者是也據今本增藝文類聚引有曰字必半歲不入宮。不飲酒食肉。雨霽日出。視之晏陰之間。而棘刺之母猴。乃可見也。燕王因養衞人。不能觀其母猴。鄭有臺下之冶者。謂燕王曰。臣爲削者也。先愼曰乾道本無爲字盧文弨云臣下張本有爲字顧廣圻云藏本有今據補諸微物必以削削之。先愼曰乾道本不重削字顧廣圻云藏本趙本重削字今據補而所削必大於削。今棘刺之端。不容削鋒。難以治棘刺之端。盧文弨曰淩本無此句王試觀客之削。能與不能可知也。王曰善。謂衞人曰。客爲棘削之。盧文弨曰此下多脫文孫云文選魏都賦注引王曰客爲棘刺之端何以理之理必本是治字今此接削之二字誤當删顧廣圻曰削當作刺之下當有母猴何以四字曰以削。先愼曰以讀爲已王曰。先愼曰各本無王曰二字盧文弨云文選注有王曰二字今據補吾欲觀見之。盧文弨曰選注引吾欲觀客之削也顧廣圻云見字衍客曰。臣請之舍取之。因逃。

皃說。（先愼曰：乾道本皃作見，顧廣圻云今本見作皃，案皃是也，皃說見呂氏春秋君守篇、淮南人閒訓。先愼案：顧說是，今據改。乾道本連上，今依張榜本、趙本提行。）宋人善辯者也。持白馬非馬也。服齊稷下之辯者。（先愼曰：藝文類聚九十三引白馬下有之字。）乘白馬而過關。則顧白馬之賦。（先愼曰：顧，視也。古人馬稅當別毛色，故過關視馬而賦，不能辯也。）故籍之虛辭。（先愼曰：之字衍，藝文類聚引無之字，虛字作空。）則能勝一國。考實按形。不能謾於一人。

夫新砥礪殺矢。彀弩而射。雖冥而妄發。其端未嘗不中秋毫也。然而莫能復其處。不可謂善射。無常儀的也。（先愼曰：張榜本常作當，下仍作常。）設五寸之的。引十步之遠。（先愼曰：十步當作百步。）非羿逢蒙不能必全者。（先愼曰：問辯篇全作中。）有常儀的也。有度難而無度易也。有常儀的。則羿逢蒙以五寸爲巧。（先愼曰：乾道本無逢字，顧廣圻云今本羿下有逢字，案依上文當補，問辯篇有逢字，今據增。）無常儀的。則以妄發而中秋毫爲拙。故無度而應之。則辯士繁說。設度而持之。雖知者猶畏失也。不敢妄言。（王先謙曰：也字當在言下。）今人主聽說。不應之以度。（顧廣圻曰：句絕。）而說其辯。（顧廣圻曰：逗。說讀如悅。）不度以功。（顧廣圻曰：句絕。）譽其行。（顧廣圻曰：句絕。）而不入關。（顧廣圻曰：句絕。藏本同。今本不度下有之字，譽上有而字，無而不入關四字，皆誤。上文云不以儀的爲關，此其說也。）此人主所以長欺。而說者所以長養也。

客有教燕王爲不死之道者。王使人學之。所使學者未及學。而客死。王大怒誅之。王不知客之欺己。而誅學者之晚也。夫信不然之物。而誅無罪之臣。不察之患也。且人所急。無如其身。不能自使其無死。安能使王長生哉。

鄭人有相與爭年者。一人曰。吾與堯同年。先愼曰乾道本無一人曰吾與堯同年八字今據御覽四百九十六意林引增其一人曰。我與黃帝之兄同年。先愼曰意林兄下有弟字御覽引無我並作吾訟此而不決。盧文弨曰藏本作訣先愼曰趙本作訣誤御覽作決以後息者爲勝耳。先愼曰意林息作罷案此謂皆無情理故以辭長者爲勝

客有爲周君畫莢者。盧文弨曰莢譌下同前作策策莢同三年而成。君觀之。與髹莢者同狀。先愼曰髹本作髼玉篇髼同髹史記貨殖傳木器髹者千枚注徐廣云髹漆也漢書皇后傳殿上髹漆師古云以漆漆物謂之髹今關東俗器物一再著漆者謂之捎漆捎卽髹聲之轉此謂所畫不辨黑白與漆莢同也周君大怒。畫莢者曰。築十版之牆。鑿八尺之牖。而以日始出時。加之其上而觀。先愼曰加莢於牆牖之上以觀其畫也案此卽西人光學之權輿周君爲之。望見其狀。盡成龍蛇禽獸車馬。萬物之狀備具。周君大悅。此莢之功非不微難也。然其用與素髹莢同。先愼曰素未畫也此言畫莢之用何異素髹

客有爲齊王畫者。齊王問曰。畫孰最難者。曰。犬馬最難。先愼曰各本無下最字據藝文類聚七十四御覽七百五十意林引補犬作狗下同孰易者。曰。鬼魅最易。夫犬馬。人所知也。旦暮罄於前。盧文弨曰詩大明俔天之妹韓詩作磬是磬俔同義說文俔一訓聞見蓋俔從見是有見義磬本同以俔爲義當爲朝夕見於前也先愼曰御覽引磬作覩下同不可類之。故難。鬼魅無形者。先愼曰各本魅作神案神當依上文作魅藝文類聚意林御覽引正作魅今據改意林形下有像字不罄於前。故易之也。先愼曰藝文類聚御覽不上有無形者三字

齊有居士田仲者。盧文弨曰卽陳仲子宋人屈穀見之。盧文弨曰文選七命注引穀作轂下有往字見之下有謂之二字曰。穀聞先生之義。不恃人而食。先愼曰各本恃下有仰字盧文弨云仰字疑衍下選注引無今據刪今穀有樹瓠之道。先愼曰選注引作穀有巨瓠案樹巨聲近而誤當作巨之道二字衍堅如石。厚而無竅。盧文弨曰選注此下不同云而致之先生田仲曰堅如石不可剖而斟厚而無竅不可以受水漿吾無用此瓠以爲也屈穀曰

然其棄物乎曰然今先生雖不恃人之食亦無益人之國矣猶可棄之瓠也田仲若有所失勳而不對 獻之。仲曰。夫瓠所貴者。謂其可以盛也。今厚而無竅。則不可剖以盛物。顧廣圻曰剖字當衍 而任重如堅石。顧廣圻曰任重二字涉下節而衍如堅當作堅如 則不可以剖而以斟。顧廣圻曰下以字當衍 吾無以瓠爲也。曰。然。穀將弃之。先愼曰乾道本棄上有以欲二字今據張榜本刪 今田仲不恃人而食。先愼曰各本恃下有仰字說見上張榜本無田字 亦無益人之國。亦堅瓠之類也。

虞慶爲屋。盧文弨曰下三條宜連顧廣圻曰虞卿也慶卿同字呂氏春秋別類篇云高陽應高誘注或作魋 謂匠人曰。屋太尊。盧文弨曰嫌其太崇也藏本太作大 匠人對曰。此新屋也。塗濡而椽生。夫濡塗重而生椽撓。以撓椽任重塗。此宜卑。虞慶曰。不然。先愼曰乾道本此五字在夫濡塗重上顧廣圻云藏本同今本虞慶曰不然五字在此宜卑下誤先愼案今本是也夫濡塗重而生椽撓正申塗濡椽生之義以撓椽任重此宜卑辨虞慶屋太尊之說皆匠人之詞宋本誤以虞慶曰不然五字於夫濡塗重上文義不可通藏本沿其誤耳今改從今本 更日久則塗乾而椽燥。塗乾則輕。椽燥則直。以直椽任輕塗。先愼曰乾道本無以直二字顧廣圻云藏本直下有以直二字今據補今本無以字 此益尊。匠人詘爲之。而屋壞。一曰。虞慶將爲屋。匠人曰。材生而塗濡。夫材生則撓。塗濡則重。以撓任重。今雖成。久必壞。虞慶曰。材乾則直。塗乾則輕。今誠得乾。日以輕直。雖久。必不壞。匠人詘作之。成有閒。屋果壞。

范且曰。顧廣圻曰范雎也且雎同字 弓之折。必於其盡也。不於其始也。夫工人張弓也。伏檠三旬而蹈弦。一日犯機。是節之其始。而暴之其盡也。焉得無折。且張弓不然。先愼曰張榜本趙本作范且曰不然誤此皆范且自謂不應有曰字 伏檠一日而蹈弦。三旬而犯機。是暴之其始。而節之其盡也。工人窮也。爲之先愼曰工窮於詞依且爲之 弓折。

范且虞慶之言。皆文辯辭勝。而反事之情。人主說而不禁。此所以敗也。夫不謀治強之功。而豔乎辯說文麗之聲。是卻有術之士。而任壞屋折弓也。故人主之於國事也。皆不達乎工匠之搆屋張弓也。王先謙曰從之不能遠過然而士窮乎范且虞慶者。顧廣圻曰連上十一字爲一句乾道本以下皆誤以范且提行爲虛辭。其無用而勝。實事。其無易而窮也。顧廣圻曰爲虛辭逗其無用而勝句絕實事逗其無易而窮也句以上今失其讀先愼曰無易者其道不可易人主多無用之辯。而少無易之言。此所以亂也。今世之爲范且虞慶者不輟。而人主說之不止。是貴敗折之類。而以知術之人爲工匠也。不得施其技巧。顧廣圻曰不上當有工匠二字故屋壞弓折。知治之人不得行其方術。故國亂而主危。

夫嬰兒相與戲也。以塵爲飯。以塗爲羹。以木爲胾。然至日晚必歸饟者。塵飯塗羹。可以戲而不可食也。夫稱上古之傳頌。辯而不愨。道先王仁義。而不能正國者。此亦可以戲而不可以爲治也。夫慕仁義而弱亂者。三晉也。不慕而治強者。秦也。然而未帝者。治未畢也。先愼曰趙本然而下有秦強而三字張本從夫慕至此均無

三人爲嬰兒也。父母養之簡。先愼曰句子長而怨。先愼曰句子盛壯成人。先愼曰句其供養薄。先愼曰句父母怒而誚之。先愼曰以上今皆失讀子父至親也。而或譙或怨者。皆挾相爲而不周於爲己也。夫賣庸而播耕者。主人費家而美食。調布而求易錢者。顧廣圻曰調當作請易錢當作錢易易去聲下同非愛庸客也。曰。如是。耕者且深。耨者熟耘也。顧廣圻曰熟上當有且字耘當作云此與下文

錢布且易云也句對不知者改作耘字誤甚庸客致力而疾耘耕者。顧廣圻曰者字衍耕句絕盡巧而正畦陌畦時者。顧廣圻曰藏本同今本下畦作疇案時非此之用句當衍二字未詳孫詒讓曰時當作埒一切經音義引倉頡篇云畦埒也是其證此畦埒二字蓋注文傳寫誤混入正文遂複舛不可通耳非愛主人也。曰如是。羹且美。錢布且易云也。此其養功力有父子之澤矣。而心調於用者。盧文弨曰調疑周先愼曰盧說是調卽周之誤上文不周於爲己卽其證皆挾自爲心也。故人行事施予。以利之爲心，則越人易和。以害之爲心。則父子離且怨。

文公伐宋。乃先宣言曰。吾聞宋君無道。蔑侮長老。分財不中。敎令不信。余來爲民誅之。顧廣圻曰公當作王宋當作崇見說苑指武篇先愼曰經亦作文公疑非文王伐崇事

越伐吳。乃先宣言曰。我聞吳王築如皇之臺。掘淵泉之池。先愼曰各本淵作傑無泉之二字據御覽一百七十七引改增掘淵泉之池與築如皇之臺二文相對明傑乃淵之誤又脫泉之二字耳罷苦百姓。煎靡財貨。以盡民力。余來爲民誅之。先愼曰乾道本無來字盧文弨云張本有先愼案依上文當有今據補

蔡女爲桓公妻。桓公與之乘舟。夫人蕩舟。桓公大懼。禁之。不止。怒而出之。乃且復召之。因復更嫁之。先愼曰左傳作蔡人嫁之桓公大怒。將伐蔡。仲父諫曰。夫以寢席之戲。不足以伐人之國。功業不可冀也。請無以此爲稽也。顧廣圻曰藏本今本稽作規誤俞樾曰稽字無義疑當作指漢書河間獻王德傳文約指明注云指謂意之所趨若人以手指物也字亦作旨孟子告子篇願聞其旨是也齊桓公伐蔡意在蔡姬故管仲請無以此爲指也稽從旨聲故得通借禮記王制篇有旨無簡不聽卽尚書呂刑篇有稽無簡不聽之異文然則稽旨通用古有徵矣道藏本改稽爲規非是先愼曰稽字不誤史記樗里子甘茂傳正義漢書賈誼傳應劭注司馬遷傳顏注荀子王制楊注並云稽計也桓公之計在伐蔡故管仲請無以此爲計也語極明顯俞氏謂稽字無義失之考耳桓公不聽。仲父曰。必不得已。楚之菁茅不貢於天子

三年矣。君不如舉兵爲天子伐楚。楚服。因還襲蔡。曰。余爲天子伐楚。而蔡不以兵聽從。因遂滅之。先愼曰乾道本無因字盧文弨云張本有今據補 此義於名而利於實。故必有爲天子誅之名。先愼曰乾道本無爲字盧文弨云有下脫爲字張倰本有今據補 而有報讎之實。

吳起爲魏將而攻中山。先愼曰乾道本連上今據趙本提行 軍人有病疽者。吳起跪而自吮其膿。傷者母立而泣。先愼曰各本作傷者之母立泣盧文弨云立疑衍俞樾云立字不當有蓋卽泣字之誤而衍者先愼案上之字衍盧俞說並誤立下脫而字今據藝文類聚五十九御覽四百七十七引改 人問曰。將軍於若子如是。尙何爲而泣。對曰。吳起吮其父之創。而父死。今是子又將死也。今吾是以泣。先愼曰下今字當衍藝文類聚引作吳子吮其父之傷而殺之逕水之上今安知不殺是子乎御覽引與藝文類聚略同蓋所見本與今異說苑復恩篇作吳子吮此子父之創而殺之於逕水之戰戰不旋踵而死今又吮之安知是子何戰而死是以哭之矣

趙主父令工施鉤梯而緣播吾。王先謙曰播吾卽番吾見史記趙世家六國表又作鄱吾漢常山郡有蒲吾縣蒲番雙聲字變在今正定府平山縣東南漢地理志云縣有鐵山一統志以爲卽房山當卽主父令工施鉤梯者也先愼曰播張榜本趙本作播說見上 刻疎人迹其上。盧文弨曰疎卽疋之異文疋足也下人迹二字當本是注誤入正文俞樾曰疎當作疎卽迹字也迹籀文作速此變作疎亦猶迹之變作跡矣古本韓子當作刻人疎其上寫者依今字作迹而疎字失不刪去遂誤倒在人字之上又誤其字作疎也 廣三尺。長五尺。而勒之曰。主父常遊於此。

秦昭王令工施鉤梯而上華山。以松柏之心爲博。箭長八尺。棊長八寸。顧廣圻曰爲博句絕箭長八尺句 而勒之曰。昭王嘗與天神博於此矣。先愼曰張榜本無矣字御覽三十九卷引亦無矣字

文公反國至河。令籩豆捐之。盧文弨曰孫云文選鮑明遠東武吟注引令下有曰字可省豆藏本作笾同下先愼曰治要御覽七百九又七百五十九引均無曰字 席蓐捐之。手足胼胝。面目黧黑者。後之。先愼曰乾道本面作回黧下無黑字顧廣圻云藏本今本黧下有黑字先愼案張榜本趙本回

作面手足胼胝面目黧黑相對成文乾道本誤下文作面目黧黑是其證今據改治要引正作面目黧黑咎犯聞之而夜哭。公曰。寡人出亡二十年。乃今得反國。咎犯聞之。不喜而哭。意不欲寡人反國邪。盧文弨曰選注引意下有者字犯對曰。籩豆所以食也。而君捐之。先愼曰乾道本無而君捐之四字盧文弨云選注有先愼案治要御覽引亦有而君捐之四字今據補席蓐所以臥也。而君棄之。先愼曰乾道本棄作捐今據選注治要改手足胼胝。面目黧黑。勞有功者也。盧文弨曰有功選注倒而君後之。今臣與在後中。不勝其哀。故哭。先愼曰乾道本臣下有有字盧文弨云選注無先愼案治要及御覽引並無今據刪且臣爲君行詐僞以反國者衆矣。臣尚自惡也。而況於君。先愼曰治要有乎字再拜而辭。文公止之曰。諺曰。築社者攐撅而置之。顧廣圻曰藏本同今本攐作攓王渭曰魏書古弼傳引此作蹇蹷今案此同字耳字書無攓字端冕而祀之。今子與我取之。而不與我治之。與我置之。而不與我祀之焉。乃解左驂而盟于河。先愼曰乾道本乃作可誤治要作乃今據改

鄭縣人卜子。王先謙曰此條依經當在衞人佐弋後先愼曰乾道本卜作乙顧廣圻云今本乙作卜誤此猶言某乙也姦劫弑臣云春申君之正妻子曰甲亦猶言某甲用人云罪生某禍生乙亦可證先愼案顧說非北堂書鈔一百二十九御覽六百九十五引乙作卜今據改使其妻爲袴。其妻問曰。今袴何如。夫曰。象吾故袴。先愼曰乾道本無故字顧廣圻云藏本今本吾下有故字案此不當有先愼案御覽引作似吾故袴明乾道本脫故字顧說非北堂書鈔引作象吾故袴今據補妻因毀新令如故袴。先愼曰各字妻下有子字北堂書鈔今據刪御覽引作妻因鑿新袴爲孔

鄭縣人有得車軛者。而不知其名。問人曰。此何種也。對曰。此車軛也。俄又復得一。先愼曰謂又得一車軛也問人曰。此是何種也。對曰。此車軛也。問者大怒曰。曩者曰車軛。今又曰車軛。是何衆也。此女欺我也。遂與之鬬。

衛人有佐弋者。鳥至。因先以其裷麾之。鳥驚而不射也。先愼曰方言襎裷謂之幞郭注卽帊幞也鄭縣人卜子。先愼曰各本卜作乙御覽六十三又九百三十二引乙作卜是以卜爲姓今據改又九百三十二引子下有妻字妻之市。買鼈以歸。過潁水。以爲渴也。因縱而飲之。遂亡其鼈。顧廣圻曰此條不見於上先愼曰御覽引亡其二字作失字

夫少者侍長者飲。長者飲。亦自飲也。一曰。魯人有自喜者。先愼曰自喜二字疑效善之譌見長年飲酒。不能釂則唾之。亦效唾之。一曰。宋人有少者欲效善。先愼曰各本欲上有亦字御覽八百四十五引無今據删見長者飲無餘。非斟酒飲也。而欲盡之。先愼曰非下九字御覽引作亦自飲而盡之六字

書曰。紳之束之。宋人有治者。因重帶自紳束也。人曰。是何也。對曰。先愼曰乾道本對上有書字顧廣圻云藏本今本無書字今據删書言之固然。

書曰。既雕既琢。還歸其樸。先愼曰乾道本以下並連上趙本於梁下提行並誤今依盧校改上書字當作記涉上文而誤下書言之固然亦當作記言之固然經言宋人之讀書與梁人之解記若下不作記字則經不分別言矣梁人有治者。動作言學。舉事於文。曰難之。顧廣圻曰曰當作目人質切顧失其實。人曰。是何也。對曰。書言之固然。

郢人有遺燕相國書者。先愼曰藝文類聚八十白孔六帖十四御覽五百九十五引郢作鄭夜書。火不明。因謂持燭者曰。舉燭。而誤書舉燭。先愼曰各本而上有云字誤作過今據藝文類聚御覽八百七十引删改御覽五百九十五引作而誤於書中云白孔六帖引作而設書舉燭字並非舉燭非書意也。燕相國受書而說之。先愼曰各本無國字據白孔六帖御覽引增說讀爲悅曰。舉燭者。尚明也。先愼曰藝文類聚御覽引尚作高尚明也者。舉賢而任之。燕相白王。王大悅。先愼曰乾道本不重王字盧文弨云舊脫其一今據拾補增國以治。治則治矣。非書意也。今世學者。多似此類。先愼曰乾道本世下有舉字顧廣圻云藏本今本無今據删

鄭人有欲買履者。先愼曰各本欲買作且置御覽四百九十九六百九十七八百二十七引置均作買今據改欲御覽一作身先自度其足而置之其坐。至之市先愼曰御覽八百二十七引之作入而忘操之。已得履。乃曰吾忘持度。反歸取之。及反市罷。遂不得履。人曰何不試之以足。曰寧信度。無自信也。先愼曰御覽引度下有數字

四先愼曰乾道本無四字顧廣圻云今本有今據補王登爲中牟令。顧廣圻曰王當作壬呂氏春秋知度篇作任壬任同字上言於襄主曰。中牟有士曰中章胥已者。盧文弨曰中章二字呂作瞻先愼曰中章胥已二人名下文一日而見二中大夫是其證呂作瞻則爲一人誤其身甚修。其學甚博。君何不擧之。主曰。子見之。我將爲中大夫。王先謙曰爲上疑奪以字相室諫曰。中大夫。晉重列也。今無功而受。非晉臣之意。盧文弨曰呂作非晉國之故顧廣圻曰臣當作國意當作章君其耳而未之目邪。襄主曰。我取登。既耳而目之矣。登之所取。又耳而目之。是耳目人絕無已也。盧文弨曰絕呂作終王登一日而見二中大夫。予之田宅。中牟之人。弃其田耘。賣宅圃而隨文學者。邑之半。先愼曰乾道本無邑字顧廣圻云今本有邑字案依上文當有據今本增

叔向御坐。平公請事。公腓痛足痺。轉筋而不敢壞坐。晉國聞之。皆曰。叔向賢者。平公禮之。轉筋而不敢壞坐。晉國之辭仕託慕叔向者。國之錘矣。

先愼曰一本錘作鍾盧文弨云錘張本作錘與前同語難解顧廣圻云藏本同今本錘作鍾誤案上文亦云錘皆未詳案八說篇云死傷者軍之乘或此與彼同先愼案錘鍾皆垂之誤國之錘猶國之半也說詳前八說篇作乘亦誤又案御覽三百七十二引韓子曰晉平公與唐彥坐而出叔向入公曳一足叔向問之公曰吾侍唐子腓痛足痺而不敢伸叔向不悅公曰子欲貴吾爵子欲富吾祿子夫唐先生無欲也非正坐吾無以養之（腓賬下唐彥一作唐亥案即亥唐倒文）當爲此條一日佚文

鄭縣人有屈公者。聞敵恐因死。恐已因生。先愼曰上恐字下當有已字恐已因死恐已因生二句文當一律

趙主父使李疵視中山可攻不也。還報曰。中山可伐也。君不亟伐。將後齊燕。主父曰。何故可攻。李疵對曰。其君見好巖穴之士。顧廣圻曰見好當依下文作好顯 所傾蓋與車以見窮閭隘巷之士。顧廣圻曰中山策以見作而朝 以十數。伉禮下布衣之士以百數矣。先慎曰御覽二百九十一引伉作亢 君曰。以子言論。是賢君也。安可攻。疵曰。不然。夫好顯巖穴之士而朝之。則戰士怠於行陳。上尊學者。下士居朝。先慎曰下士居朝御覽引作下居士而朝之 則農夫惰於田。戰士怠於行陳者。先慎曰乾道本無陳字顧廣圻云今本行下有陳字先慎案依上文當有御覽引作陣陣卽陳字今據補 則兵弱也。農夫惰於田者。則國貧也。兵弱於敵。國貧於內。而不亡者。未之有也。伐之不亦可乎。主父曰。善。舉兵而伐中山。遂滅也。

五齊桓公好服紫。一國盡服紫。當是時也。五素不得一紫。先慎曰乾道本無得字顧廣圻云藏本今本不下有得字先慎案御覽三百八十九八百十四兩引有得字今據補 桓公患之。謂管仲曰。寡人好服紫。紫貴甚。先慎曰乾道本不重紫字顧廣圻云藏本今本重紫字今據補 一國百姓好服紫不已。寡人奈何。管仲曰。君欲止之。何不試勿衣紫也。先慎曰乾道本無止之二字顧廣圻云藏本同今本無欲字案欲下有脫文先慎案御覽三百八十九引欲下有止之二字是也今據補八百十四引無欲何不試四字節文也今本不審並刪欲字不可從 謂左右曰。吾甚惡紫之臭。於是左右適有衣紫而進者。公必曰。少卻。吾惡紫臭。公曰。諾。於是日。郎中莫衣紫。其明日。國中莫衣紫。三日。境內莫衣紫也。一曰。齊王好衣紫。齊人皆好也。齊國五素不得一紫。齊王患紫貴。傅說王曰。詩云。不躬不親。庶民不信。今王欲民無衣紫者。先慎曰乾道本王字作欲顧廣圻云藏本今本上欲字作王今據改王請自解紫衣而朝。先愼曰乾道本請作以顧廣圻云藏本同今本以作請案以上有脫文先愼案以乃請之誤依今本改王請自解紫衣而朝謂王朝時請先解已之紫衣也此句並無脫文羣臣有紫衣進者。曰益遠。寡人惡臭。是日也。郎中莫衣紫。是月也。國中莫衣紫。是歲也。境內莫衣紫。

鄭簡公謂子產曰。國小。迫於荊晉之閒。今城郭不完。兵甲不備。不可以待不虞。子產曰。臣閉其外也已遠矣。而守其內也已固矣。雖國小。先愼曰趙本國小二字誤倒猶不危之也。君其勿憂。是以沒簡公身無患。先愼曰患下當有一日二字子產相鄭。簡公謂子產曰。飲酒不樂也。先愼曰也字衍文俎豆不大。鍾鼓竽瑟不鳴。寡人之顧廣圻曰之下當有罪字事上當有脫字未詳先愼曰治要引尸子治天下篇作寡人之任也下子之罪亦作子之任事不一。國家不定。百姓不治。耕戰不輯睦。亦子之罪。子有職。寡人亦有職。各守其職。子產退而爲政。五年。國無盜賊。道不拾遺。桃棗之蔭於街者。莫援也。先愼曰舊本無之字莫下有有字今據御覽九百六十五事類賦二十六引刪錐刀遺道。三日可反。三年不變。民無飢也。先愼曰變字疑誤

宋襄公與楚人戰於涿谷上。顧廣圻曰與三傳不合宋人既成列矣。楚人未及濟。右司馬購強顧廣圻曰未詳趨而諫曰。楚人衆而宋人寡。請使楚人半涉未成列而擊之。必敗。襄公曰。寡人聞君子曰。不重傷。盧文弨曰下日字藏本無不擒二毛。不推人於險。不迫人於阨。不鼓不成列。今楚未濟而擊之。害義。請使楚人畢涉成陳。而後鼓士進之。右司馬曰。君不愛宋民。腹心不完。特爲義耳。公曰。不反列。且行法。

右司馬反列。楚人已成列撰陳矣。公乃鼓之。宋人大敗。公傷股。三日而死。盧文弨曰春秋襄公之卒在次年五月此乃慕自親仁義之禍。先愼曰自親二字涉下文而衍夫必恃人主之自躬親而後民聽從。是則將令人主耕以爲上。先愼曰上當作食上經下張本有此數句蓋誤以說入經然作耕以爲食則張氏所見之本不作上正可以訂正上爲食之誤服戰鴈行也。民乃肯耕戰。則人主不泰危乎。而人臣不泰安乎。

齊景公游少海。先愼曰少海卽勃海傳騎從中來謁曰。嬰疾甚且死。恐公後之。景公遽起。傳騎又至。景公曰。趨駕煩且之乘。王渭曰晏子春秋煩且作繁駔案此同字也使騶子韓樞御之。行數百步。以騶爲不疾。奪轡代之御。可數百步。先愼曰晏子春秋內篇諫上第一云公使韓子休追之此韓樞疑卽彼韓子休以馬爲不進。盡兪樾曰韓子古本當作以馬爲不盡不盡卽不進也列子天瑞篇終進乎不知也張湛注進當爲盡是進與盡古通用詩文王篇毛傳訓盡爲進師古注漢書高帝紀曰進字本作賮又作贐皆其例也寫者依本字作進而失删盡字遂並失其讀矣釋車而走。以煩且之良而騶子韓樞之巧。先愼曰乾道本無樞字顧廣圻云藏本今本有今據補而以爲不如下走也。

魏昭王欲與官事。王先謙曰與去聲謂孟嘗君曰。寡人欲與官事。君曰。王欲與官事。則何不試習讀法。昭王讀法十餘簡而睡臥矣。王曰。寡人不能讀此法。夫不躬親其勢柄。而欲爲人臣所宜爲者也。先愼曰官字涉下文衍睡不亦宜乎。

孔子曰。先愼曰乾道本連上今從趙本提行爲人君者。猶盂也。民猶水也。盂方水方。盂圜水圜。先愼曰治要引尸子處道篇圜作圓案說文圜天體也全也周也是圜爲正字御覽七百六十引二句互易

鄒君好服長纓。左右皆服長纓。纓甚貴。先愼曰乾道本不重纓字御覽三百八十九六百八十六事類賦十二引並重今據增鄒

君患之。問左右。左右曰。君好服。百姓亦多服。是以貴。君因先自斷其纓而出。國中皆不服長纓。君不能下令爲百姓服度以禁之。乃斷纓出以示民。先愼曰乾道本乃斷二字作長字民上有先字顧廣圻云今本作乃斷纓出以示民案句有誤先愼案今本語極明顯今據改是先戮以莅民也。

叔向賦獵。功多者受多。功少者受少。

韓昭侯謂申子曰。法度甚不易行也。先愼曰乾道本無不字今依拾補增申子曰。法者見功而與賞。因能而受官。今君設法度。而聽左右之請。此所以難行也。昭侯曰。吾自今以來知行法矣。寡人奚聽矣。一日。先愼曰趙本日作曰誤申子請仕其從兄官。昭侯曰。非所學於子也。聽子之謁。敗子之道乎。亡其用子之謁。顧廣圻曰韓策云又亡其行子之術而廢子之謁其行乎云云此有脫文申子辟舍請罪。

六晉文公攻原。裹十日糧。先愼曰僖二十五年左傳晉侯圍原命三日之糧國語亦作三日遂與大夫期十日。至原十日而原不下。擊金而退。罷兵而去。士有從原中出者曰。原三日即下矣。羣臣左右諫曰。夫原之食竭力盡矣。君姑待之。公曰。吾與士期十日。不去。是亡吾信也。得原失信。吾不爲也。遂罷兵而去。原人聞曰。有君如彼其信也。可無歸乎。乃降公。衞人聞曰。有君如彼其信也。可無從乎。乃降公。孔子聞而記之曰。攻原得衞者。信也。

文公問箕鄭曰。救餓奈何。對曰。信。公曰。安信。曰。信名。俞樾曰信名之下當有信義信事四字蓋文公曰安信箕鄭告以信名信義信事下乃一一申之也今奪之則文不備信名則羣臣守職。善惡不踰。百事不怠。信事則不失天時。百姓不踰信義。則近親勸勉。而遠者歸之矣。

吳起出遇故人而止之食。故人曰諾。期返而食。先愼曰乾道本期返而食作今返而御覽顧廣圻云藏本同今本今作令誤先愼案御覽八百四十九引作期反而食今據改之。吳子曰。待公而食。故人至暮不來。吳起至暮不食而待之。先愼曰各本作起不食待之御覽四百七十五八百四十九引並作吳起至暮不食而待之今據改明日早令人求故人。故人來。方與之食。先愼曰御覽引方作乃

魏文侯與虞人期獵。明日會天疾風。顧廣圻曰魏策云天雨餘多不同先愼曰治要無天字左右止文侯。不聽。曰。不可以風疾之故而失信。吾不爲也。先愼曰治要可上無不字風疾作疾風遂自驅車往。犯風而罷虞人。

曾子之妻之市。顧廣圻曰之妻二字當衍先愼曰妻上治要無之字其子隨之而泣。先愼曰治要無之字其母曰。女還顧反爲女殺彘。妻適市來。先愼曰乾道本無妻字治要有今據補適作道誤曾子欲捕彘殺之。妻止之曰。特與嬰兒戲耳。曾子曰。嬰兒非與戲也。王先謙曰非下疑有可字嬰兒非有知也。待父母而學者也。聽父母之教。今子欺之。先愼曰乾道本今作令顧廣圻云藏本同今本令作今先愼案治要作今今據改是教子欺也。母欺子。子而不信其母。先愼曰各本上母字作父不重子字今據治要增改非以成教也。遂烹彘也。

楚厲王有警鼓。與百姓爲戒。先愼曰各本警下有爲字與上有以字戒作戍今據御覽五百八十二事類賦十一引刪改飲酒醉過而擊。先愼曰各本擊下有之也二字據御覽事類賦刪民大驚。使人止之。先愼曰各本無之字拾補增盧文弨云脫先愼案御覽事類賦引有之字今據補曰。吾

醉而與左右戲而擊之也。先愼曰各本下而字作過御覽事類賦引作而是過字涉上文而誤今據改 民皆罷。居數月。有警。擊鼓而民不赴。先愼曰御覽事類賦引赴下有也字 乃更令明號而民信之。

李悝警其兩和曰。謹警敵人旦暮且至擊汝。如是者再三而敵不至。兩和懈怠不信李悝。居數月。秦人來襲之。至幾奪其軍。此不信患也。一曰。李悝與秦人戰。謂左和曰。速上。右和已上矣。又馳而至右和曰。左和已上矣。左右和曰上矣。先愼曰曰上矣三字涉上而衍此言左右和聞李悝之言於是皆爭上明不應有曰上矣三字 於是皆爭上。其明年與秦人戰。秦人襲之。至幾奪其軍。此不信之患。

有相與訟者。顧廣圻曰藏本同今本無自此至末案皆複出七衍不當有也 子產離之。而毋使通辭。到至其言。以告而知也。先愼曰至字衍文到卽倒字 惠嗣公使人僞關市。先愼曰惠當作衞僞當作過 關市呵難之。因事關市以金。關市乃舍之。嗣公謂關市曰。某時有客過而予汝金。因請之。關市大恐。以嗣公爲明察。

韓非子集解卷十二

外儲說左下第三十三

先愼曰乾道本無下字顧廣圻云藏本同今本有先愼案治要引有下字今據補

一以罪受誅。人不怨上。罪當故不怨也 跀危坐子皋。皋雖刑之有不忍之心跀者褒恩報德○顧廣圻曰藏本同今本坐作生按依說當作逃王先謙曰作生是也與坐形近而譌先愼曰危讀爲跪跪足也詳下說 以功受賞。臣不德君。功當故不以爲德 翟璜操右契而乘軒。功當受寵故乘軒而無慚○先愼曰璜下作黃古今字通 襄王不知。不知功當厚賞也 故昭卯五乘而履屩。卯西卻秦東止齊大矣而王唯養之五乘功大賞薄猶富人而履屩也○先愼曰張榜本趙本屩作蹻注同說文屩從履省喬聲是屩爲正字屩蹻均別字說作蹻古通 上不過任。臣不誣能。即臣將爲失少室周。周以勇力事襄主貞信不誣人有勇力多已者即進之以自代○顧廣圻曰失當作夫在爲字上如字讀之先愼曰失字衍顧讀即臣將夫爲少室周亦不成文

二恃勢而不恃信。恃勢則信者不生心恃信則有時不信 故東郭牙議管仲。公欲專仲國柄牙以仲雖忠矣儻不忠必危矣公因命仲理外隔朋治內矣○先愼曰乾道本注危必互倒今從趙本 恃術而不恃信。故渾軒非文公。晉文公以眞鄭信誠以爲原令日必不叛我軒日人主不以術御臣而恃其不叛其若之何也○梁玉繩曰渾軒即渾罕非子產者古軒罕通左傳罕虎罕達公羊並作軒 故有術之主。信賞以盡能。必罰以禁邪。雖有駁行。必得所利。駁行不貞白而駁雜者 簡主之相陽虎。虎逐魯奔齊是行駁也趙主以術御之盡其用而趙幾霸 哀公問一足。問孔子曰夔一足若何曰夔反戾惡心然所以免禍者也公曰其信一足故曰一足○盧文弨曰注然所以免禍者下當有信字先愼曰反戾下說作忿戾

三失臣主之理。則文王自履而矜。君雖有師臣當亦謹小臣當即充指顧之役文王理解左右無可使者是亦失士也託言君所與者皆其師是矜過而飾非也○盧文弨曰注文王理解當作繫解王先謙曰自履文不成義履上當有繫字 不易朝燕之處。則季孫終身莊而遇賊。朝當莊燕當試今季孫一之故終身莊而遇害也○先愼曰趙本注朝下有堂字燕下無當試今三字張本試作舒

四利所禁。禁所利。雖神不行。當禁而利當利而禁如此雖神不行況不神乎譽所罪。毀所賞。雖堯不治。當罪而譽當賞而毀如此雖堯不治況非堯乎夫爲門而不使入。門不入不如無門也委利而不使進。與利不進不如止也亂之所以產也。門不使入利不使進亂所由生也齊侯不聽左右。魏主不聽譽者。而明察照羣臣。則鉅不費金錢。鉅費金以齊王用左右故也○顧廣圻曰說無錢字此當衍舊注未譌孱不用璧。孱用玉以魏主用毀故○顧廣圻曰藏本今本璧上有玉字按說無舊注亦未譌此所添誤先愼曰注乾道本玉作王改從趙本西門豹請復治鄴。足以知之。初治鄴不事左右故君奪之後治事之君乃迎而拜據此是知左右能爲國之害

猶盜嬰兒之矜裘。與跀危子榮衣。盜者子不恥其父盜以父所盜衣矜人跀者兒不恥其父跀以跀所著衣榮人人所諂媚爲非猶是○先愼曰乾道本注跀以下衍不也二字改從趙本子綽左右畫。左畫圓右畫方必不得俱成喻用左右言亦不能得賢也○先愼曰乾道本注俱下有能字趙本無今據刪去蟻驅蠅。以骨去蟻以魚去蠅則蠅蟻愈至喻溫言訓左右愈諂安得無桓公之憂索官。公聽左右索官無以與之故憂也與宣王之患臞馬也。王不察掌馬者竊芻豆但患馬臞也先愼曰宣張榜本作先按下說作韓宣子則作宣字是王當作主注亦誤

五臣以卑儉爲行。則爵不足以勸賞。先愼曰乾道本勸作觀盧文弨曰觀張本作勸今據改寵光無節。則臣下侵偪。說在苗賁皇非獻伯。孔子議晏嬰。獻伯爲相妻不衣帛晏嬰亦然故非其太偪下○先愼曰孔子議晏嬰條今奪北堂書鈔一百二十九御覽六百八十九事類賦十二引韓子曰晏嬰相齊妾不衣帛馬不食粟（御覽妾作妻）當卽此條佚文故仲尼論管仲與叔孫敖。仲有三歸以其太奢敖有糲餠以其太儉○先愼曰餠當作飯說見下而出入之容變。陽虎之言見其臣也。先愼曰乾道本變作變顧廣圻云今本變作變句有誤未詳先愼案變字是陽虎入齊其臣因之見於君及其出也皆不爲虎是入則因之見出則背之一出一入之閒其容遂變陽虎之言見其臣也此倒句而成文順之爲陽虎之言見其臣而出入之容變也顧氏不知古書倒文成義之法而讀變字句絕所以疑句有誤也改從今本而簡主之應人臣也失主術。虎言居齊已有三人及其得罪而三人爲君執逐虎言明已無私簡主應以私臣之事言其舉非之譬樹枳棘者反得其刺也○先愼曰此言簡子應虎樹枳棘則刺樹柤棃橘柚則甘之言爲失術也下云非以敎國也卽承此失術言注說非又案乾道本注及作反改從趙本非之疑之非倒文朋黨

相和。臣下得欲。則人主孤。羣臣公舉。下不相和。則人主明。陽虎將爲趙武之賢。解狐之公。此三人皆以公舉人內不避親外不避讎虎言已舉亦同之也○盧文弨曰注二人譌三人　而簡主以爲枳棘。非所以教國也。主云所舉害已與枳棘者同此反教人爲私也○先愼曰乾道本脫主字顧廣圻云藏本今本簡下有主字今據補

大公室卑則忌直言。私行勝則少公功。說在文子之直言。武子之用杖。武子文子之子好直言武子曰夫直言者必危身而禍及父也　子產忠諫。子國譙怒。夫忠諫者必離羣臣而又危難於父也○先愼曰乾道本自子產至父也二十三字均脫張榜本有八大字趙本大小字並有盧文弨出子國譙怒云注必離羣臣離字脫是盧所見本亦有此二十二字惟注脫離字耳顧廣圻云藏本今本有子產忠諫子國譙怒並注云云此藏本所添未必是也先愼案下說有此事經必應有張榜本趙本及盧所見本不盡出於藏本顧氏謂藏本所添非也今據補　梁車用法而成侯收璽。車爲鄴令其姊犯法明之趙侯以爲不慈免其官也矣○先愼曰趙本注姊譌妹下無矣字　管仲以公而國人謗怨。仲不報封人之恩唯賢是用人怨謗也

右經先愼曰各本脫今依例補

一　孔子相衞。弟子子皋爲獄吏。刖人足。所跀者守門。人有惡孔子於衞君者曰。尼欲作亂。先愼曰張榜本無尼字　衞君欲執孔子。孔子走。弟子皆逃。子皋從出門。顧廣圻曰從當作後說苑至公篇子皋走郭門郭門閉先愼曰從字不誤出門當作後門呂氏春秋云戎夷違齊如魯天大寒而後門後門與說苑門閉合明出爲後之誤　跀危引之而逃之門下室中。吏追不得。夜半。子皋問跀危曰。吾不能虧主之法令。而親跀子之足。是子報仇之時也。盧文弨曰藏本仇下有怨字　而子何故乃肯逃我。我何以得此於子。跀危曰。吾斷足也。固吾罪當之。不可奈何。然方公之欲治臣也。先愼曰乾道本欲作獄誤今依張榜本趙本改　公傾側法令。先後臣以言。欲臣之免也甚。而臣知之。及獄決罪定。

公懺然不悅。形於顏色。臣見又知之。非私臣而然也。夫天性仁心固然也。此臣之所以悅而德公也。跀者行步危故曰跀危也○俞樾曰注說非危乃跪之省文古謂刖足者爲跀跪內儲說下篇門者跀跪請曰是其證也晏子春秋雜上篇刖跪擊其馬而反之孫星衍云跪足也此說得之先愼曰荀子勸學篇蟹六跪而二螯楊倞注跪足也韓子以刖足爲跀跪據此是楊所見韓子作跪也跪訓爲足又其一證悅而德公也張榜本重而字案此下當接孔子曰善爲吏者樹德不能爲吏者樹怨槩者平量者也吏者平法者也治國者不可失平也今錯簡在後另爲一條說苑此下接孔子聞之曰善爲吏者樹德不善爲吏者樹怨云云是也

田子方從齊之魏。望翟黃乘軒騎駕出。既乘軒車又有輕騎○先愼曰說苑臣術篇云翟黃乘軒車載華蓋黃金之勒約鎮簟席如此者其駟八十乘方以爲文侯也。移車異路而避之。則徒翟黃也。徒獨○先愼曰乾道本無徒字顧廣圻云藏本今本有徒字據依注當有今據補方問曰。子奚乘是車也。曰。君謀欲伐中山。臣薦翟角而謀得。果且伐之。先愼曰乾道本無且字盧文弨云張本有先愼案且將也此字當有今據補臣薦樂羊。而中山拔。得中山。憂欲治之。臣薦李克。而中山治。是以君賜此車。方曰。寵之稱功尙薄。稱服也○先愼曰乾道本無注三字今據張榜本補

秦韓攻魏。昭卯西說而秦韓罷。顧廣圻曰昭卯卽孟卯也顯學篇魏任孟卯之辨難三篇孰與纍之孟嘗芒卯俞樾曰昭當作明明卯卽孟卯也又作芒卯明孟芒古音俱同孟卯之爲明卯猶孟津之爲盟津芒卯之爲明卯猶民甿之爲民萌今作昭者蓋與明形似義同因而致誤齊荊攻魏。卯東說而齊荊罷。魏襄王養之以五乘將軍。養之以五乘使爲將軍也○顧廣圻曰五乘句絕將軍二字當衍涉下文而誤耳舊注全譌先愼曰將軍疑爲之奉二字之譌養之以五乘文義未備乘下脫之奉二字寫者妄以將軍補之注遂因譌字作解也外儲說左上燕王悅之養之以五乘之奉文法正同是其證御覽八百二十九引乘作車卯曰。伯夷以將軍葬於首陽山之下。而天下曰。夫以伯夷之賢。與其稱仁。而以將軍葬。是手足不掩也。今臣罷四國之兵。而王乃與臣五乘。此其稱功。猶嬴勝而履蹻。嬴利也謂賈者嬴利倍勝今以薄賞報大功猶嬴勝之人履草屩也○顧廣圻曰嬴勝當作嬴縢形相近也舊注全譌先愼曰御覽八百二十九引嬴作贏注同蹻作屩案蹻屩二字古今文通用說文屨從尸古文作䩱云從足莊子天下

篇以跂蹻爲服譯文李云麻曰屩本曰屐屐與跂同屩與蹻同是也

孔子曰。善爲吏者樹德。不能爲吏者樹怨。概者。平量者也。吏者。平法者也。治國者。不可失平也。先愼曰此乃錯簡當在孔子相衞後

少室周者。古之貞廉潔愨者也。爲趙襄主力士。與中牟徐子角力。不若也。入言之襄主以自代也。襄主曰。子之處。人之所欲也。何爲言徐子以自代。先愼曰張榜本代誤伐　曰。臣以力事君者也。今徐子力多臣。臣不以自代。恐他人言之而爲罪也。有蔽賢之罪也　一曰。少室周爲襄主驂乘。至晉陽。有力士牛子耕與角力。而不勝。周言於主曰。主之所以使臣騎乘者。顧廣圻曰騎當作驂　以臣多力也。今有多力於臣者。願進之。

二齊桓公將立管仲。令羣臣曰。寡人將立管仲爲仲父。善者入門而左。不善者入門而右。東郭牙中門而立。公曰。寡人立管仲爲仲父。令曰。善者左。不善者右。今子何爲中門而立。牙曰。以管仲之智爲能謀天下乎。公曰。能。以斷爲敢行大事乎。公曰。敢。牙曰。君知能謀天下。顧廣圻曰君當作若知卽智字　斷敢行大事。君因專屬之國柄焉。盧文弨曰張本之下有以字　以管仲之能。先愼曰乾道本無之字盧文弨云張凌本有之字顧廣圻云藏本亦有今據補　乘公之勢。以治齊國。得無危乎。公曰。善。乃令隰朋治內。管仲治外。以相參。

晉文公出亡。箕鄭挈壺餐而從。先愼曰餐御覽八百五十引作飧四百二十六二百六十六引作飱箕鄭作趙衰　迷而失道。

與公相失。飢而道泣。寢餓而不敢食。及文公反國。舉兵攻原克而拔之。先慎曰乾道本原克作用兌顧廣圻云今本用兌二字作原拔句有誤孫詒讓云用當爲周之誤兌讀爲隧謂六遂也隧兌字通（詳老子）周語云晉文公既定襄王於郟王勞之以地辭請隧焉韋注云隧六隧也（事亦見僖二十五年左傳杜預注以隧爲王之葬禮與韋說異）此文公攻原即周襄王所賜之地於王國爲都鄙不在六遂而云攻周遂者戰國時已有文公請六遂之說展轉傳譌遂以文公伐原爲攻周之遂地先秦諸子解經已不免沿譌悉心推校可略得其蹤迹今本作原則明人不知而妄改不足據也先慎按孫說非用乃原之誤兌乃克之誤御覽二百六十六引作舉兵攻原克而拔之是其證今據改 文公曰。夫輕忍飢餒之患而必全壺餐。是將不以原叛。乃舉以爲原令。大夫渾軒聞而非之曰。以不動壺餐之故。怙其不以原叛也。不亦無術乎。故明主者。不恃其不我叛也。恃吾不可叛也。先慎曰乾道本吾上無恃字顧廣圻云藏本今本有今據補 不恃其不我欺也。恃吾不可欺也。

陽虎議曰。主賢明。則悉心以事之。不肖。則飾姦而試之。逐於魯。疑於齊。走而之趙。趙簡主迎而相之。左右曰。虎善竊人國政。何故相也。簡主曰。陽虎務取之。我務守之。我既守則彼不能得利 遂執術而御之。陽虎不敢爲非。以善事簡主。興主之強。幾至於霸也。

魯哀公問於孔子曰。吾聞古者有夔一足。其果信有一足乎。孔子對曰。不也。夔非一足也。夔者忿戾惡心。人多不說喜也。雖然。其所以得免於人害者。以其信也。人皆曰。獨此一足矣。夔非一足也。一而足也。哀公曰。審而是。固足矣。先慎曰而讀若如 一曰。先慎曰乾道本提行今從趙本 哀公問於孔子曰。吾聞夔一足。信乎。曰。

先愼曰御覽三百七十二引曰上有對字夔。人也。何故一足。彼其無他異。而獨通於聲。堯曰。夔一而足矣。使爲樂正。故君子曰。夔有一足。先愼曰乾道本足作之顧廣圻云今本之作足按之當作而足二字呂氏春秋察傳篇作故曰夔一足王先謙云之作足是也而字不可有有則不待釋而明矣改從今本非一足也。

三文王伐崇。顧廣圻曰呂氏春秋不苟篇云武王至殷郊先愼曰帝王世紀亦云武王之事至鳳黃虛。韈繫解。因自結。太公望曰。何爲也。王曰。君與處皆其師。顧廣圻曰君上當有上字中皆其友。下盡其使也。今皆先王之臣。故無可使也。先愼曰乾道本皆作王顧廣圻曰今本王作皆今據改一曰。晉文公與楚人戰。先愼曰乾道本無一曰二字在魯哀公問後另爲一條楚下無人字顧廣圻云今本與下條文王伐崇倒上有一日二字先愼案以此條列文王伐崇後方與經次相合據今本乙人字據初學記二十六引增至黃鳳之陵。先愼曰初學記引黃鳳作鳳皇履繫解。顧廣圻曰今本係作繫誤先愼曰乾道本亦作繫係繫古通用初學記引作係履墮因自結之。左右曰。不可以使人乎。公曰。吾聞上君所與居。皆其所畏也。言有德也○先愼曰以下文例之所上當有之字中君之所與居。皆其所愛也。能徹順君故可愛也下君之所與居。皆其所侮也。材輕且侮○盧文弨曰注且疑見之誤寡人雖不肖。先君之人皆在。是以難之也。先愼曰治要引韓子文王伐崇至黃鳳墟而韈繫解左右顧無可令結係文王自結之（以上初學記卷九引同）太公曰君何爲自結係文王曰吾聞上君之所與處者盡其師也中君之所與處者盡其友也下君之所與處者盡其使也今寡人雖不肖所與處者皆先君之人也故無可令結之也（御覽四百七十四引韓子曰文王伐崇與大夫謀襪係解視左右而自結之六百九十七引襪作履無伐崇與大夫謀六字左右下作盡賢無可使係者因俛而係之）當卽文王伐崇條異文

季孫好士。終身莊。居處衣服。常如朝廷。而季孫適懈。有過失。礨廢其矜莊也而不能長爲也。故客以爲厭易已。先愼曰易輕易也相與怨之。遂殺季孫。故君子去泰去甚。南宮敬子問顏涿聚曰。盧文弨曰此條當連上先愼曰盧說是也上當有一曰二字趙用賢謂此不著經文中不知此卽上之異文脫一曰二字耳季孫

養孔子之徒。所朝服與坐者以十數。而遇賊何也。曰。昔周成王近優侏儒以逞其意。而與君子斷事。是能成其欲於天下。今季孫養孔子之徒。所朝服而與坐者以十數。而與優侏儒斷事。是以遇賊。故曰。不在所與居。在所與謀也。

孔子侍坐於魯哀公。（顧廣圻曰自此至寧使民諂上不見於上文先愼曰各本侍作御藝文類聚八十五又八十六御覽九百六十七引御作侍今據改）哀公賜之桃與黍。哀公曰。（先愼曰各本無曰字盧文弨云家語子路初見篇有曰字先愼案藝文類聚八十五引亦有今據補）請用。仲尼先飯黍而後啗桃。（先愼曰御覽事類賦二十六引啗作食藝文類聚八十五又八十六引啗作噉）左右皆揜口而笑。（先愼曰藝文類聚八十五引而作失）哀公曰。黍者。非飯之也。以雪桃也。（先愼曰雪洗也）仲尼對曰。丘知之矣。夫黍者。五穀之長也。祭先王爲上盛。（先愼曰藝文類聚八十五白孔六帖八十一引爲上有以字）果蓏有六。而桃爲下。祭先王不得入廟。丘之聞也。君子以賤雪貴。不聞以貴雪賤。今以五穀之長雪菓蓏之下。是從上雪下也。（先愼曰藝文類聚八十五引作是侵上忽下也）丘以爲妨義。故不敢以先於宗廟之盛也。（先愼曰先上當有桃字）

趙簡子謂左右曰。（先愼曰各本無趙字曰字子作主今據藝文類聚六十九御覽七百九引補）車席泰美。夫冠雖賤。頭必戴之。屨雖貴。足必履之。（先愼曰趙本屨履作屨履下注同藝文類聚引賤作惡貴作美）今車席如此大美。（先愼曰藝文類聚大美作其大美也）吾將何屩以履之。（屩所履席大美則更無美屩以履之也○先愼曰依注屩當作屨）夫美下而耗上。（言席美則履又當美衣又當美累美不已則居上彌有所費也○先愼曰藝文類聚引夫上有且字注累字張趙本作求）妨義之本也。（先愼曰藝文類聚引本作道）

費仲說紂曰。西伯昌賢。百姓悅之。諸侯附焉。不可不誅。不誅必爲殷禍。先愼曰乾道本無禍字拾補作患盧文弨云張本作禍顧廣圻云藏本有禍字今本有患字今據藏本補 紂曰。子言義主。何可誅。費仲曰。冠雖穿弊。必戴於頭。履雖五采。必踐之於地。今西伯昌。先愼曰乾道本伯作我今據趙本改盧文弨云張本作我亦誤 人臣也。修義而人向之。卒爲天下患。其必昌乎。人人不以其賢爲其主。盧文弨曰上人字或改夫顧廣圻曰藏本同按下人字當作臣今本不作欲誤 非可不誅也。且主而誅臣。焉有過。紂曰。夫仁義者。上所以勸下也。今昌好仁義。誅之不可。三說不用。故亡。

齊宣王問匡倩曰。儒者博乎。曰。不也。王曰。何也。匡倩對曰。博者貴梟。先愼曰乾道本無者字盧文弨云張本有今據補 勝者必殺梟。殺梟者。是殺所貴也。儒者以爲害義。故不博也。又問曰。儒者弋乎。曰。不也。弋者從下害於上者也。是從下傷君也。儒者以爲害義。故不弋。先愼曰乾道本無義字顧廣圻云今本害下有義字先愼案依上下文當有御覽八百三十二引有義字今據補 又問儒者鼓瑟乎。曰。不也。夫瑟以小絃爲大聲。以大絃爲小聲。是大小易序。貴賤易位。先愼曰意林序位二字互易 儒者以爲害義。故不鼓也。宣王曰。善。仲尼曰。與其使民諂下也。寧使民諂上。諂下則朋黨諂上則尊敬○盧文弨曰注尊敬張本作卑敬

四鉅者齊之居士。先愼曰乾道本鉅作詎盧文弨云詎張本作鉅顧廣圻云藏本作鉅王渭云困學紀聞引作鉅先愼案距詎並鉅字之誤呂氏春秋去私篇有鉅子高注鉅姓是也今從藏本上文正作鉅 孱者魏之居士。齊魏之君不明。不能親照境內。而聽左右之言。故二子費金璧而求入仕也。

西門豹爲鄴令。清剋潔慤。秋毫之端。無私利也。而甚簡左右。不事君左右也左右因相與比周而惡之。居期年。上計。君收其璽。豹自請曰。先愼曰乾道本無請字顧廣圻云藏本今本有今據補臣昔者不知所以治鄴。今臣得矣。願請璽復以治鄴。不當。請伏斧鑕之罪。文侯不忍而復與之。豹因重斂百姓。急事左右。期年。上計。文侯迎而拜之。豹對曰。往年臣爲君治鄴。而君奪臣璽。今臣爲左右治鄴。而君拜臣。臣不能治矣。遂納璽而去。文侯不受。曰。寡人曩不知子。今知矣。願子勉爲寡人治之。遂不受。不受豹所納之璽也○先愼曰張榜本無遂不受及注十一字

齊有狗盜之子。與刖危子戲而相誇。先愼曰刖經作朗案說文朗斷足之刑也經典通作刖盜子曰。吾父之裘獨有尾。言裘尙有所盜之狗尾○盧文弨曰狗盜象狗以入人家故從有尾舊注非危子曰。顧廣圻曰危上當有刖字吾父獨冬不失袴。刖足者不衣袴雖終其冬夏無所損失也○盧文弨曰廢疾之人上給其袴故云然注亦非俞樾曰疑注所據本作終不失袴故云雖終其冬夏無所損失今涉注文有冬字而誤終爲冬則不可通矣刖者既不衣袴何有冬夏之別安得獨於冬言不失歟當據注訂正先愼曰御覽六百九十四引作吾父冬夏獨有一足袴與注所據之本不同蓋相傳本異也

子綽曰。人莫能左畫方而右畫圓也。先愼曰經注作左畫圓右畫方

以肉去蟻。蟻愈多。以魚驅蠅。蠅愈至。先愼曰舊連上今提行御覽九百四十四引作以火去蛾蛾愈多以魚敺蠅蠅愈至又九百四十七引作以骨去蟻蟻愈多以肉驅蠅蠅愈至意林肉作骨藝文類聚九十七引亦作骨

桓公謂管仲曰。官少而索者衆。寡人憂之。先愼曰御覽六百二十四引注云索求也當卽本書舊注管仲曰。君無聽左右之請。先愼曰乾道本請上有謂字顧廣圻云藏本今本無謂字按謂當作謁先愼案謂字衍文御覽引無謂字意林作君無聽人有請經注作君勿聽左右之請並無謂字今據刪

因能而受祿。先愼曰意林受作授錄功而與官。則莫敢索官。君何患焉。先愼曰乾道本無君字趙本下官字作君按君字脫趙本改官爲君非也今據御覽引增

韓宣子王渭曰子字誤曰。吾馬菽粟多矣。甚臞。何也。寡人患之。周市對曰。使騶盡粟以食。雖無肥。不可得也。名爲多與之。先愼曰爲字一本作與盧文弨云與張本作爲其實少。雖無臞。亦不可得也。主不審其情實。坐而患之。馬猶不肥也。

桓公問置吏於管仲。顧廣圻曰此條上文未見管仲曰。先愼曰乾道本無管仲二字盧文弨云淩本有今據補辯察於辭。清潔於貨。習人情。夷吾不如弦商。盧文弨曰新序雜事四作寧呂氏春秋勿躬篇誤作章顧廣圻曰管子云賓須無請立以爲大理。登降肅讓。以明禮待賓。臣不如隰朋。請立以爲大行。墾草仞邑。仞入也所食之邑能入其租稅也○俞樾曰仞當作刱刱謂刱造其邑也作仞者字之誤舊注訓仞爲入未詳其義新序載此事正作刱邑當據以訂正先愼曰管子小匡篇仞作入即舊注所本俞氏失考耳廣雅釋詁三入得也辟地生粟。臣不如甯武。盧文弨曰武戚字之譌新序作戚顧廣圻云呂氏春秋作遬先愼曰盧說是管子亦作戚戚有宿音故通作遬請以爲大田。三軍既成陳。使士視死如歸。臣不如公子成父。顧廣圻曰呂氏春秋作王子城父先愼曰管子亦作王子城父晏子春秋問上篇新序四又作成甫城成父甫古字並通魏王基碑以爲王子比干之後（見錢大昕金石文跋尾一）明公爲王之誤請以爲大司馬。犯顏極諫。臣不如東郭牙。請立以爲諫臣。治齊此五子足矣。將欲霸王。夷吾在此。

五先愼曰乾道本無五字顧廣圻云今本有今據補孟獻伯相魯。顧廣圻曰孟當作盂盂者晉邑杜預注太原盂縣是也獻伯晉卿盂其食邑以配謚而稱之猶言隨武子之比矣魯當作晉先愼曰藝文類聚六十九引獻作懿堂下生藿藜。門外長荊棘。食不二味。坐不重席。無衣帛之妾。先愼曰乾道本無上有晉字盧文弨云淩本無晉字顧廣圻云晉字上文所錯入也今據淩本刪居不粟馬。出不從車。叔向聞之。以告

苗賁皇。賁皇非之曰。是出主之爵祿以附下也。一曰。晉孟獻伯拜上卿。先愼曰各本無晉字王渭云晉卿無孟氏此或即晉語叔向賀韓宣子憂貧事而致誤先愼案王說非是顧氏已辨於上御覽五百四十三引上有晉字今據補叔向往賀。門有御。顧廣圻曰此下當有車字馬不食禾。向曰。子無二馬二輿何也。顧廣圻曰上二字當作秣先愼曰御覽引作子無二輿馬不食禾何也與此異獻伯曰。吾觀國人尙有飢色。是以不秣馬。班白者多徒行。故不二輿。先愼曰乾道本多作不趙本作多今據改御覽引多字作多以二字亦非向曰。吾始賀子之拜卿。今賀子之儉也。向出語苗賁皇曰。助吾賀獻伯之儉也。苗子曰。何賀焉。夫爵祿旂章。盧文弨曰旂藏本作旗所以異功伐。別賢不肖也。故晉國之法。上大夫二輿二乘。中大夫二輿一乘。下大夫專乘。此明等級也。且夫卿必有軍事。是故循車馬。王渭曰循當作脩比卒乘。以備戎事。有難則以備不虞。平夷則以給朝事。今亂晉國之政。乏之不虞之備。以成節。顧廣圻曰藏本今本節下有儉字誤按節上當有私字以絜私名。獻伯之儉也可與。言辭制當誅之故可與也〇盧文弨曰注亂譌辭故可與也文有脫誤當云可與言不可也又何賀。先愼曰此下當有孔子譏晏嬰一事說見上

管仲相齊。曰。臣貴矣。然而臣貧。桓公曰。使子有三歸之家。先愼曰三歸臺名古藏貨財之所故能富他書以三歸爲取三姓女非曰。臣富矣。然而臣卑。桓公使立於高國之上。曰。臣尊矣。然而臣疏。乃立爲仲父。孔子聞而非之曰。泰侈偪上。一曰。管仲父出。朱蓋青衣。置鼓而歸。自朝歸設鼓吹之樂庭有陳鼎。家有三歸。孔子曰。良大夫也。其侈偪上。

孫叔敖相楚。王先謙曰上文言仲尼論管仲與孫叔敖則孫叔敖以下皆孔子之言偪上偪下文又相對當連上爲一條不提行棧車柴車也牝馬。糲飯

菜羹。先愼曰各本飯作餅王念孫云餅當爲餠餅與飯同見玉篇廣韻餠飯菜羹猶言疏食菜羹耳餠與餅字形相似傳寫往往譌溷（廣雅云餠食也方言注云簸戱餠筥也爾雅釋言釋文曰餠字又作餅今本餠字並譌作餅）初學記器物部引此正作糲飯先愼案御覽八百四十九又八百五十北堂書鈔一百四十四引均作糲飯今據改 枯魚之膳。冬羔裘。夏葛衣。面有飢色。則良大夫也。其儉偪下。

陽虎去齊走趙。簡主問曰。吾聞子善樹人。虎曰。臣居魯。樹三人。皆爲令尹。先愼曰令尹二字誤 及虎抵罪於魯。皆搜索於虎也。臣居齊。薦三人。一人得近王。一人爲縣令。一人爲候吏。及臣得罪。近王者不見臣。縣令者迎臣執縛。候吏者追臣至境上。不及而止。虎不善樹人。主俛而笑曰。夫樹柤梨橘柚者。食之則甘。先愼曰乾道本無夫字各本無柤梨二字盧文弨云張本有夫字先愼案藝文類聚八十六初學記二十八引有夫字及柤梨二字御覽九百六十九引亦有柤梨二字今據增 樹枳棘者。成而刺人。故君子愼所樹。

中牟無令。魯平公問趙武曰。中牟。三國之股肱。趙齊燕也 邯鄲之肩髀。寡人欲得其良令也。誰使而可。武曰。邢伯子可。先愼曰各本邢作刑據御覽二百六十六引改 公曰。非子之讎也。曰。私讎不入公門。王先謙曰也猶邪古通 公又問曰。中府之令。誰使而可。曰。臣子可。故曰。外舉不避讎。內舉不避子。趙武所薦四十六人於其君。先愼曰乾道本趙下另爲一條盧文弨云張凌本俱連上先愼案當連今從張凌本於其君三字各本無據御覽六百三十二初學記二十引補 及武死。各就賓位。先愼曰御覽初學記引作及武之死也四十六人皆就賓位 其無私德若此也。先愼曰御覽引此下更有武薦白屋之士十餘家九字初學記引有又曰趙武以薦白屋之士管庫者六十家十四字與御覽略有增省皆此佚文

平公問叔向曰。羣臣孰賢。曰。趙武。公曰。子黨於師人。向武之屬大夫 向曰。武立如

不勝衣。先愼曰乾道本無向曰二字今依拾補補盧文弨云二字脫當有顧廣圻云新序雜事四云子黨於子之師也對曰臣敢言趙武之爲人也立若不勝衣云云 言如不出口然其所舉士也數十人。先愼曰各本無其字據御覽四百二引增 皆令得其意。稱叔向故得意○盧文弨曰令士得其意皆可以盡其材也注謬難曉先愼曰乾道本無令字御覽引有盧文弨云藏本有令字今據補 而公家甚賴之。況武子之生也。不利於家。先愼曰各本保作及今據御覽改 死不託於孤。臣敢以爲賢也。

解狐薦其讎於簡主以爲相。盧文弨曰韓詩外傳九又云魏文侯竝誤先愼曰說苑作晉文侯問咎犯蓋往事傳聞不同要以韓非爲近古 其讎以爲且幸釋己也。乃因往拜謝。狐乃引弓迎而射之。先愼曰各本迎作送藝文類聚二十二御覽四百二十九引竝作迎今據改 曰。夫薦汝。公也。以汝能當之也。夫讎汝。吾私怨也。不以私怨汝之故。擁汝於吾君。盧文弨曰擁當作壅 故私怨不入公門。一曰。解狐舉邢伯柳爲上黨守。先愼曰乾道本無一曰二字解下提行顧廣圻云今本上有一曰二字不提行今據增改 柳往謝之曰。子釋罪。敢不再拜。曰。舉子。公也。怨子。私也。子往矣。怨子如初也。先愼曰白孔六帖四十四引韓子曰趙簡王問解狐孰可爲上黨守曰荊伯柳王曰非子之讎乎曰舉賢不避仇讎也

鄭縣人賣豚。人問其價。曰。道遠日暮。安暇語汝。先愼曰乾道本無遠字顧廣圻云今本道下有遠字先愼案今本有遠字是今據補此條不見上經疑南面篇文錯簡在此

六范文子喜直言。武子擊之以杖。夫直議者。先愼曰夫當作曰 不爲人所容。無所容則危身。非徒危身。又將危父。

子產者。子國之子也。子產忠於鄭君。子國譙怒之曰。夫介異於人臣。趙用賢曰介異言介然異於人臣也 而獨忠於主。先愼曰乾道本無忠字顧廣圻云藏本今本獨下有忠字今據增 主賢明。能聽汝。不明。將不汝

聽。聽與不聽。未可必知。而汝已離於羣臣。離於羣臣。則必危汝身矣。非徒危己也。又且危父矣。盧文弨曰下矣字張本無

梁車爲鄴令。先愼曰各本爲上有新字據白孔六帖十九引删盧文弨云前後俱無新字是也 其姊往看之。暮而後至。閉門。先愼曰各本無至字閉門作門閉據白孔六帖增改御覽四百九十二五百一十七引作暮而門閉 因踰郭而入。車遂刖其足。趙成侯以爲不慈。奪之璽而免之令。先愼曰白孔六帖引免之令作逐之

管仲束縛。自魯之齊。道而飢渴。過綺烏封人而乞食。烏封人跪而食之。顧廣圻曰上文云綺烏皆未詳先愼曰御覽八百四十九引作綺邑 甚敬。封人因竊謂仲曰。適幸及齊。不死而用齊。將何報我。曰。如子之言。我且賢之用。能之使。先愼曰乾道本能下無之字顧廣圻云今本有之字先愼案御覽引有今據補 勞之論。我何以報子。封人怨之。

韓非子集解卷十三

外儲說右上第三十四

君所以治臣者有三。一勢不足以化則除之。師曠之對。晏子之說。皆合勢之易也。而道行之難。顧廣圻曰合當作舍形近誤此舍與道勢與行皆相對行去聲讀之難一篇釋庸主之所易道堯舜之所難又難二篇不出乎莫不然之數而道乎百無一之行句例同又用人篇釋三易之數而行一難知之心五蠹篇舍必不亡之術而道必滅之事句例皆同王先謙曰道由也行如字義順不必讀去聲 是與獸逐走也。未知除患。患之可除。在子夏之說春秋也。善持勢者蚤絕其姦萌。故季孫讓仲尼以遇勢。顧廣圻曰遇當作遌 而況錯之於君乎。是以太公望殺狂矞。而臧獲不乘驥。嗣公知之。故不駕鹿。先慎曰乾道本不作而顧廣圻云而當作不先慎案張榜本作不今據改 辥公知之。故與二欒博。盧文弨曰疑欒作孿下同俞樾曰欒子即蘭子也欒與蘭音近說文門部闌妄入宮掖也讀若闌即其例也列子說符篇宋有蘭子者釋文云凡人物不知生出者謂之蘭也是蘭子之蘭即闌之引申義故此書以欒爲之矣先慎曰說文欒從䜌聲孿從䜌聲二字聲同釋名釋宮室欒孿也其體上曲孿拳然也易中孚有孚孿如一本作攣是欒孿二字義通故本書叚欒爲孿蒼頡篇孿一生兩子也說文孿一乳兩子也其言二欒者謂昆弟皆來博也則欒爲孿叚借仍當以雙生訓之俞以欒爲蘭失其旨矣 此皆知同異之反也。故明主之牧臣也。說在畜烏。先慎曰乾道本烏作焉拾補作馬案焉馬二字皆烏字形近而譌說作烏不誤今從張榜本作烏

二人主者。利害之軺轂也。先慎曰乾道本連上今從張榜本趙本提行 射者衆。故人主共矣。是以好惡見。則下有因。而人主惑矣。辭言通。則臣難言而主不神矣。說在申子之言六慎。與唐易之言弋也。顧廣圻曰易下說有鞠字 患在國羊之請變。先慎曰乾道本羊作年顧廣圻云今本年作羊說作羊先慎案

作牟是改從今本與宣王之太息也。明之以靖郭氏之獻十珥也。先慎曰氏當作君與犀首甘茂之道穴聞也。先慎曰乾道本茂作戊顧廣圻云藏本今本作茂按戊當作戊戊茂同字也古今人表作戊先慎案漢表用古文作戊本書例用今文作茂今從藏本說正作茂堂谿公知術。故問玉巵。昭侯能術。故以聽獨寢。先慎曰以字當在能字下以用也言昭侯能用術故每聽必獨寢明主之道。在申子之勸獨斷也。

三術之不行有故。不殺其狗。則酒酸。夫國亦有狗。且左右皆社鼠也。人主無堯之再誅。與莊王之應太子。而皆有薄媼之決蔡嫗也。知貴不能。先慎曰知貴疑欲知之誤以教歌之法先揆之。吳起之出愛妻。文公之斬顛頡。皆違其情者也。故能使人彈疽者。必其忍痛者也。

右經

一賞之譽之不勸。罰之毀之不畏。四者加焉不變。則除之。先慎曰乾道本則下有其字盧文弨云一本無則字王渭云其字衍先慎案張榜本無其字今據刪

齊景公之晉。從平公飲。師曠侍坐。始坐。先慎曰乾道本無始坐二字盧文弨云張本有顧廣圻云藏本有今據補景公問政於師曠曰。太師將奚以教寡人。師曠曰。君必惠民而已。王先謙曰以下文例之句末當有矣字中坐酒酣。將出。又復問政於師曠曰。太師奚以教寡人。曰。君必惠民而已矣。景公出之舍。師曠送之。又問政於師曠。師曠曰。君必惠民而已矣。景公歸。思。未醒。而得師曠之所謂。先慎曰歸謂歸其舍未醒承上酒酣言寤寐思之恍然有得不待酒醒也公子尾公子夏者。景公

之二弟也。甚得齊民。家富貴而民說之。擬於公室。此危吾位者也。今謂我惠民者。使我與二弟爭民邪。於是反國。發廩粟以賦衆貧。先愼曰乾道本粟作散粟誤今據趙本改散府餘財以賜孤寡。俞樾曰餘字衍文散府財與發廩粟相對爲文不當有餘字涉下文府無餘財而衍倉無陳粟。府無餘財。宮婦不御者出嫁之。七十受祿米。鬻德惠施於民也。先愼曰惠施當作施惠已與二弟爭民。先愼曰乾道本無民字顧廣圻云今本爭下有民字已讀爲以盧文弨云已字張本作不先愼案已以古通顧讀是爭下無民字則句義不完今據今本補居二年。二弟出走。公子夏逃楚。公子尾走晉。盧文弨曰子尾無出亡事其子高彊昭十年奔魯後奔晉先愼曰左傳子夏作子雅古雅夏通用

景公與晏子游於少海。登柏寢之臺。而還望其國曰。美哉。泱泱乎。堂堂乎。後世將孰有此。晏子對曰。其田成氏乎。景公曰。寡人有此國也。而曰田成氏有之。何也。晏子對曰。夫田成氏甚得齊民。其於民也。上之請爵祿行諸大臣。先愼曰二柄篇作行之羣臣下之私大斗斛區釜以出貸。小斗斛區釜以收之。先愼曰左昭三年傳齊舊四量豆區釜鍾四升爲豆各自其四以登於釜釜十則鍾陳氏三量皆登一焉鍾乃大矣以家量貸而以公量收之殺一牛。取一豆肉。餘以食士。終歲布帛取二制焉。餘以衣士。故市木之價。不加貴於山。澤之魚鹽龜鼈蠃蚌。不加貴於海。先愼曰乾道本蚌作蚌無加字今依拾補改增君重斂。而田成氏厚施。齊嘗大飢。道旁餓死者。不可勝數也。父子相牽而趨田成氏者。不聞不生。故周秦之民。顧廣圻曰秦當作齊周遏也謂遏齊國之人相與歌之曰。謳乎其已乎。苞乎其往歸田成子乎。盧文弨曰孫詒穀云史記田敬仲世家齊人歌之曰嫗乎采芑歸乎田成子此疑有誤俞樾曰已當作芑昭十二年左傳我有圃生之杞乎從我者子乎與此文義相似史記載此歌正作芑惟此本以謳苞爲韻芑子爲韻史記作歸乎田成子歸與謳則非韻矣當以此

爲正詩曰。䠞無德與女。式歌且舞。先愼曰晏子春秋外篇女作汝同字今田成氏之德。而民之歌舞。民德歸之矣。先愼曰之歌舞當作歌舞之故曰。其田成氏乎。公泫然出涕曰不亦悲乎。寡人有國。而田成氏有之。今爲之奈何。晏子對曰。君何患焉。若君欲奪之。則近賢而遠不肖。治其煩亂。緩其刑罰。振貧窮而恤孤寡。行恩惠而給不足。民將歸君。則雖有十田成氏。其如君何。先愼曰田成氏御覽一百六十及一百七十七引無成字

或曰。景公不知用勢。而師曠晏子不知除患。夫獵者託車輿之安。用六馬之足。使王良佐轡。則身不勞而易及輕獸矣。今釋車輿之利。捐六馬之足。與王良之御。而下走逐獸。則雖樓季之足。無時及獸矣。託良馬固車。則臧獲有餘。國者。君之車也。勢者。君之馬也。夫不處勢以禁誅擅愛之臣。先愼曰誅字衍擅愛卽上請爵祿行之大臣也禁擅愛之臣與下文禁侵陵之臣句例正同而必德厚以與天下齊行以爭民。先愼曰乾道本民作名顧廣圻云天字衍藏本名作民是也見本書難三篇先愼案顧說是拾補亦作民今據改是皆不乘君之車。不因馬之利。先愼曰君之車當作車之安車之安與馬之利相對爲文上云託車輿之安卽其證釋車而下走者也。先愼曰乾道本無釋字顧廣圻云車字當衍今本車上有舍字者非是先愼案顧說非御覽六百二十四引車上有釋字是此與外儲說左上釋車而走句例正合今據增故曰。景公不知用勢之主也。而師曠晏子。不知除患之臣也。先愼曰乾道本師曠下有不知二字顧廣圻云藏本今本無不知二字先愼案御覽引亦無不知二字今據删

子夏曰。春秋之記。臣殺君子殺父者。以十數矣。皆非一日之積也。有漸而以至矣。先愼曰拾補無以字盧文弨云張本有以字顧廣圻云藏本同今本無以字誤凡姦者。行久而成積。積成而力多。力

多而能殺。故明主蚤絕之。今田常之爲亂有漸見矣而君不誅晏子不使其君禁侵陵之臣。而使其主行惠。故簡公受其禍。故子夏曰。善持勢者。蚤絕姦之萌。

季孫相魯。子路爲郈令。盧文弨曰家語致思篇作蒲宰先愼曰說苑臣術篇作蒲令家語即本說苑 魯以五月起衆爲長溝。當此之時。先愼曰各本時作爲據御覽八百四十九引改 子路以其私秩粟爲漿飯。先愼曰漿飯粥也 要作溝者於五父之衢而飡之。先愼曰御覽二十二及一百九十五八百四十九引飯竝作飲下覆其飯並作覆其飲 孔子聞之。使子貢往覆其飯。擊毀其器曰。魯君有民。子奚爲乃飡之。子路怫然怒。攘肱而入請曰。夫子疾由之爲仁義乎。所學於夫子者。仁義也。仁義者。與天下共其所有。而同其利者也。今以由之秩粟而飡民。其不可。何也。先愼曰各本無其字據御覽引補 孔子曰。由之野也。吾以女知之。女徒未及也。女故如是之不知禮也。女之飡之。爲愛之也。夫禮。天子愛天下。諸侯愛境內。大夫愛官職。士愛其家。過其所愛曰侵。今魯君有民。而子擅愛之。是子侵也。不亦誣乎。言未卒。而季孫使者至。讓曰。肥也起民而使之。先生使弟子止徒役而飡之。先愼曰各本止作令據御覽引改 將奪肥之民耶。孔子駕而去魯。以孔子之賢。而季孫非魯君也。以人臣之資。假人主之術。蚤禁於未形。而子路不得行其私惠。而害不得生。況人主乎。以景公之勢。而禁田常之侵也。則必無劫弑之患矣。

太公望東封於齊。齊東海上有居士曰狂矞。華士。昆弟二人者。顧廣圻曰論衡非韓篇矞作譎荀子宥坐篇楊倞注引此士作仕先愼曰御覽六百四十五引矞作獝無者字立議曰。吾不臣天子。不友諸侯。耕作而食之。掘井而飲之。吾無求於人也。無上之名。無君之祿。不事仕而事力。太公望至於營丘。使執而殺之。先愼曰乾道本作使吏執殺之盧文弨云執下脫而字荀子注引有先愼案荀子注引無吏字御覽引作使執而殺之今據改以爲首誅。周公旦從魯聞之。發急傳而問之曰。夫二子賢者也。今日饗國而殺賢者。何也。太公望曰。是昆弟二人立議曰。吾不臣天子。不友諸侯。耕作而食之。掘井而飲之。吾無求於人也。無上之名。無君之祿。不事仕而事力。彼不臣天子者。是望不得而臣也。不友諸侯者。是望不得而使也。耕作而食之。掘井而飲之。無求於人者。是望不得以賞罰勸禁也。且無上名。雖知不爲望用。不仰君祿。雖賢不爲望功。不仕則不治。不任則不忠。且先王之所以使其臣民者。非爵祿則刑罰也。今四者不足以使之。則望當誰爲君乎。不服兵革而顯。不親耕耨而名。又所以教於國也。顧廣圻曰藏本今本又下有非字誤今有馬於此。如驥之狀者。天下之至良也。然而驅之不前。卻之不止。先愼曰御覽引卻作引止作至左之不左。右之不右。則臧獲雖賤。不託其足。臧獲之所願託其足於驥者。以驥之可以追利辟害也。今不爲人用。臧獲雖賤。不託其足焉。已自謂以爲世之賢士。而不爲主用。行極賢而不用於君。此非明主之所臣也。亦驥之不可左右矣。是以誅之。一曰。太公望東封於齊。海上有賢者狂矞。〔先愼曰北堂書鈔四十五引者下有名字〕太公望聞之往請焉。三卻馬於門。而狂矞不報見也。太公望誅之。當是時也。周公旦在魯。馳往止之。比至。已誅之矣。周公旦曰。狂矞。天下賢者也。夫子何爲誅之。〔先愼曰北堂書鈔引無夫子二字〕太公望曰。狂矞也。〔先愼曰也字衍文〕議不臣天子。不友諸侯。〔先愼曰北堂書鈔引議作義二字古通〕吾恐其亂法易教也。故以爲首誅。今有馬於此。形容似驥也。然驅之不往。引之不前。雖臧獲不託足以旋其軫也。〔先愼曰乾道本託上有許字以旋二字作於字顧廣圻云藏本今本無許字於作以旋今據改〕

如耳說衞嗣公。衞嗣公說而太息。左右曰。公何爲不相也。公曰。夫馬似鹿者。而題之千金。〔先愼曰事類賦二十三引無之字〕然而有百金之馬。而無千金之鹿者。何也。〔先愼曰各本千字作一無何也二字據論衡藝文類聚九十三御覽八百九十三引補〕馬爲人用。而鹿不爲人用也。今如耳萬乘之相也。外有大國之意。其心不在衞。雖辯智亦不爲寡人用。吾是以不相也。

辥公之相魏昭侯也。左右有欒子者。曰陽胡潘。其於王甚重。〔先愼曰御覽七百五十四引潘其作潘者〕而不爲辥公。辥公患之。於是乃召與之博。予之人百金。令之昆弟博。〔先愼曰令之當作令其〕俄又益之人二百金。方博有閒。謁者言客張季之子在門。〔先愼曰張榜本無之子二字〕公怫然怒。撫兵而授謁者曰。殺之。吾聞季之不爲文也。立有閒。時季羽在側。〔顧廣圻曰季羽未詳 先愼曰時字疑衍〕曰。不然。竊聞季爲公甚。顧其人陰未聞耳。乃輟不殺客而大禮之。先慎曰：乾道本無而字，盧文弨云張本有，今據補。曰。曩者聞季之不爲文也。故欲殺之。今誠爲文也。豈忘季哉。告廩獻千石之粟。告府獻五百金。告騶私廄獻良馬固車二乘。因令奄將宮人之美妾二十人并遺季也。欒子因相謂曰。爲公者必利。不爲公者必害。吾曹何愛不爲公。因私競勸而遂爲之。先慎曰：乾道本私作斯。案私斯二字聲近而誤，張榜本趙本作私，是。欒子兄弟見辟公遺季，因私相勸勉爲辟公，斯字誤，今據改。辟公以人臣之勢。假人主之術也。而害不得生。況錯之人主乎。夫鶡鳥者斷其下翎。先慎曰：乾道本無者字，翎作領，下有焉斷其下領五字，今據御覽九百二十、事類賦十九引增刪。則必恃人而食。先慎曰：事類賦恃作待。焉得不鶡乎。夫明主畜臣亦然。令臣不得不利君之祿。不得無服上之名。夫利君之祿。服上之名。焉得不服。

二申子曰。上明見。人備之。其不明見。人惑之。先慎曰：惑字失韻，疑誤。其知見。人惑之。不知見。人匿之。其無欲見。人司之。其有欲見。人餌之。故曰。吾無從知之。惟無爲可以規之。一曰。申子曰。愼而言也。人且知女。俞樾曰：知當作和，字之誤也。和與下隨字相爲韻，下文匿與意、臧與行皆相爲韻，若作知則首句失其韻矣。愼而行也。人且隨女。而有知見也。人且匿女。而無知見也。人且意女。女有知也。人且臧女。女無知也。人且行女。故曰。惟無爲可以規之。

田子方問唐易鞠曰。弋者何愼。先慎曰：乾道本田上有問，今從趙本。對曰。鳥以數百目視子。子以二目御之。子謹周子廩。田子方曰。善。子加之弋。我加之國。鄭長者聞之先慎曰：漢藝文志道家有鄭長者一篇，云六國時，先韓子，韓子稱之。師古注：別錄云鄭人，不知其名。袁淑眞隱傳：鄭長者隱德無名，著書一篇，言道家事，韓非稱之，世傳是長者之辭，因以爲名。曰。田子方先愼曰乾道本無曰字顧廣圻云今本有曰字今據補知欲爲虜而未得所以爲虜。夫虛無無見者虜也。一曰。

齊宣王問弋於唐易子顧廣圻曰漢書古今人表中上有唐易子卽此上文云鞠或其名曰弋者奚貴唐易子曰在於謹虜。王曰。何謂謹虜。對曰鳥以數十目視人人以二目視鳥。奈何其不謹虜也。先愼曰乾道本無其字盧文弨云二字脫張本有今據補故曰在於謹虜也。王曰。然則爲天下何以異此虜。先愼曰乾道本王作故異作爲拾補爲作異顧廣圻云今本故作王下爲字作異今據改今人主以二目視一國。一國以萬目視人主。將何以自爲虜乎。對曰。鄭長者有言曰。夫虛靜無爲而無見也。其可以爲此虜乎。

國羊重於鄭君。先愼曰乾道本連上今從趙本提行聞君之惡己也。侍飮。因先謂君曰。臣適不幸而有過。願君幸而告之。臣請變更。則臣免死罪矣。

客有說韓宣王。宣王說而太息。左右引王之說之曰。先告客以爲德。盧文弨曰秦本作以顧廣圻曰句有誤俞樾曰引當作以曰當作日皆字之誤也隸書以字或作㠯因誤爲引矣蓋因客說宣王宣王說而太息故左右以王之說之日先告客之爲德也

靖郭君之相齊也。王后死。未知所置。乃獻玉珥以知之。一曰。薛公相齊。齊威王夫人死。顧廣圻曰齊策無威字楚策云楚王后死未立后也謂昭魚曰云云不同有十孺子皆貴於王。先愼曰各本有上有中字據御覽六百二十六七百一十八引刪又御覽注云所竊者凡十人當亦本書舊注薛公欲知王所欲立。而請置一人以爲夫人。王聽之。則是說行於王。而重於置夫人也。王不聽。是說不行。而輕於置夫人也。欲先知王之所欲置。以勸王置之。先愼曰乾道本勸下有之字顧廣圻云藏本今本無之字先愼案北堂書鈔三十一引亦無之字今據刪於是

爲十玉珥而美其一。先愼曰張榜本玉誤王而獻之王。以賦十孺子。明日坐視美珥之所在。而勸王以爲夫人。

甘茂相秦惠王。惠王愛公孫衍。與之閒有所言。顧廣圻曰六字爲一句言秦策作立曰。寡人將相子。甘茂之吏道穴聞之。顧廣圻曰藏本同今本道作遁誤策穴誤作而當依此訂先愼曰吳師道策補云韓非子道而作道穴以告甘茂。先愼曰乾道本以上有曰字顧廣圻云今本無曰字策無今據刪甘茂入見王曰。王得賢相。臣敢再拜賀。王曰。寡人託國於子。安更得賢相。對曰。將相犀首。王曰。子安聞之。對曰。犀首告臣。王怒犀首之泄。乃逐之。一曰。犀首。天下之善將也。梁王之臣也。秦王欲得之與治天下。犀首曰。衍。人臣也。先愼曰乾道本衍下有其字臣下有者字盧文弨云其字者字一本無今據刪不敢離主之國。居期年。犀首抵罪於梁王。逃而入秦。秦王甚善之。樗里疾。秦之將也。恐犀首之代之將也。鑿穴於王之所常隱語者。俄而王果與犀首計。曰。吾欲攻韓奚如。犀首曰。秋可矣。王曰。吾欲以國累子。子必勿泄也。犀首反走。再拜曰。受命。於是樗里疾已道穴聽之矣。先愼曰乾道本已作也據張榜本趙本改見郎中皆曰。兵秋起攻韓。先愼曰乾道本無見字盧文弨云一本有見字今據補犀首爲將。於是日也。郎中盡知之。於是月也。境內盡知之。先愼曰乾道本月作日拾補作月盧文弨云曰字譌顧廣圻云日當作月今依拾補改王召樗里疾曰。是何匈匈也。何道出。先愼曰道由也言人匈匈謂兵秋起攻韓何由出此言也樗里疾曰。似犀首也。王曰。吾無與犀首言也。其犀首何哉。樗里疾曰。犀首也羈旅。新抵罪。其心孤。是言自嫁於衆。王曰。然。使人召犀首。

已逃諸侯矣。先慎曰：張榜本由本逃下有入字。

堂谿公謂昭侯曰。今有千金之玉巵而無當。先慎曰：乾道本而上有逼字。盧文弨云：逼字衍。先慎案：御覽八百五引無逼字，今據刪。張榜本而誤有。可以盛水乎。昭侯曰。不可。有瓦器而不漏。可以盛酒乎。昭侯曰。可。對曰。夫瓦器至賤也。不漏可以盛酒。雖有千金之玉巵。至貴而無當。漏不可盛水。先慎曰：乾道本有下有乎字，盛水作乘水。盧文弨云：乎字淩本無，乘藏本作盛，今據刪改。則人孰注漿哉。今爲人主而漏其羣臣之語。先慎曰：乾道本主上有之字。盧文弨云：之字衍，張本無，今據刪。是猶無當之玉巵也。雖有聖智。莫盡其術。爲其漏也。昭侯曰。然。昭侯聞堂谿公之言。自此之後。欲發天下之大事。未嘗不獨寢。恐夢言而使人知其謀也。一曰。堂谿公見昭侯曰。先慎曰：藝文類聚七十三、御覽三百九十三、七百六十一引公作空，下同。今有白玉之巵而無當。有瓦巵而有當。君渴將何以飲。君曰。以瓦巵。堂谿公曰。白玉之巵美。而君不以飲者。以其無當耶。君曰。然。堂谿公曰。爲人主而漏泄其羣臣之語。譬猶玉巵之無當也。先慎曰：各本無也字，據藝文類聚、御覽引補。堂谿公每見而出。昭侯必獨臥。惟恐夢言泄於妻妾。

申子曰。先慎曰：舊連上，今提行。獨視者謂明。獨聽者謂聰。能獨斷者。故可以爲天下主。顧廣圻曰：主當作王，與上文明聰韻。

三宋人有酤酒者。升概甚平。遇客甚謹。爲酒甚美。縣幟甚高。然而不售。酒酸。先慎曰：各本然而作著然。盧文弨云：著然孫云文選與滿公琰書注引作然而。先慎案：藝文類聚九十四、御覽八百二十八引並作然而，今據改。怪其故。問其所知閭長者楊倩。先愼曰乾道本閭作問趙本脫拾補作閭盧文弨云閭字脫選注有意林同顧廣圻云當作閭韓詩外傳云閭里人說苑晏子春秋同先愼案盧顧說是藝文類聚御覽引並作閭今據補藝文類聚引倩作靑下同 倩曰。汝狗猛耶。曰。盧文弨曰下曰字藏本張本皆無先愼曰藝文類聚御覽引並有 狗猛則酒何故而不售。曰。人畏焉。或令孺子懷錢挈壺罋而往酤。而狗迓而齕之。先愼曰拾補齕下旁注齕字案說文無齕字齕齧也齧噬也明此作齕是下文趙本亦誤作齕藝文類聚引迓作迎 此酒所以酸而不售也。夫國亦有狗。先愼曰藝文類聚引狗上有猛字 有道之士。懷其術而欲以明萬乘之主。先愼曰拾補明作輔盧文弨云文選注引作輔顧廣圻云明字是韓詩外傳七云欲白萬乘之士白明也荀子外傳多言白其義皆同先愼案顧說是藝文類聚御覽引正作明御覽引而下有往字 大臣爲猛狗迎而齕之。此人主之所以蔽脅。而有道之士所以不用也。故桓公問管仲曰。先愼曰乾道本無曰字顧廣圻云藏本今本有曰字今據補 治國最奚患。對曰。最患社鼠矣。公曰。何患社鼠哉。對曰。君亦見夫爲社者乎。樹木而塗之。鼠穿其閒。掘穴託其中。燻之則恐焚木。灌之則恐塗阤。此社鼠之所以不得也。今人君之左右。出則爲勢重而收利於民。入則比周而蔽惡於君。內間主之情以告外。外內爲重。諸臣百吏以爲富。先愼曰富當作輻聲之誤 吏不誅則亂法。誅之則君不安。據而有之。顧廣圻曰不當作所晏子春秋云則爲人生所案據腹而有之說苑云則爲人主所察據腹而有之案安同字察卽案形近譌又按依二書此而上當脫腹字 此亦國之社鼠也。故人臣執柄而擅禁。先愼曰乾道本禁下有禦字顧廣圻云藏本今本無禦字先愼按禦字不當有下文無卽其證今據顧校刪 明爲己者必利而不爲己者必害。此亦猛狗也。夫大臣爲猛狗而齕有道之士矣。左右又爲社鼠而間主之情。顧廣圻曰藏本今本情下有矣字誤 人主不覺。如此主焉得無壅。國焉得無亡乎。一曰。宋之酤酒者有莊氏者。其酒常美或使僕往酤莊氏之酒。其狗齕人。使者不敢往。乃酤佗家之酒。問曰。何爲不酤莊氏之酒。對曰。今日莊氏之酒酸。故曰。不殺其狗則酒酸。一曰。桓公問管仲曰。先愼曰乾道本無一日二字桓下提行顧廣圻云藏本今本桓上有一日二字按有者是也先愼案今依趙本連上補一日二字治國何患。對曰。最苦社鼠。夫社木而塗之。鼠因自託也。燻之則木焚。灌之則塗阤。此所以苦於社鼠也。今人君左右。出則爲勢重以收利於民。入則比周謾侮蔽惡以欺於君。不誅則亂法。誅之則人主危。據而有之。顧廣圻曰危當作安說見上安據連文失其讀者改之耳此亦社鼠也。故人臣執柄擅禁。明爲已者必利。不爲已者必害。亦猛狗也。故左右爲社鼠。用事者爲猛狗。則術不行矣。先愼曰說本晏子春秋內篇問上桓公管仲作景公晏子

堯欲傳天下於舜。鯀諫曰。不祥哉。孰以天下而傳之於匹夫乎。堯不聽。舉兵而誅殺鯀於羽山之郊。顧廣圻曰依下句當衍殺字先愼曰下句誅字乃流字之誤不得據以爲例誅殺謂罪而殺之也殺字非衍文共工又諫曰。孰以天下而傳之於匹夫乎。堯不聽。又舉兵而流共工於幽州之都。先愼曰各本流作誅據御覽六百四十五引改尙書孟子並作流於是天下莫敢言無傳天下於舜。仲尼聞之曰。堯之知舜之賢。非其難者也。夫至乎誅諫者。必傳之舜。乃其難也。一曰。不以其所疑敗其所察。則難也。

荆莊王有茅門之法。孫詒讓曰茅門下作茆門說苑至公篇與此略同亦作茅案茅門即雉門也說文隹部雉古文作鴙或省爲弟與茅形近而譌史記魯世家煬茅闕門即春秋定二年經之雉門兩觀也諸侯三門庫雉路外朝在雉門外茅門之法廷理掌之即周禮秋官朝士掌建邦外朝之法也天子諸侯三朝皆有廷士理字通先愼曰孫說茅即弟之誤也御覽六百三十八引正作弟可證

曰。羣臣大夫諸公子入朝。馬蹏踐霤者。廷理斬其輈。戮其御。於是太子入朝。馬蹏踐霤。廷理斬其輈。戮其御。太子怒。先愼曰怒廷理之執法也入爲王泣曰。爲我誅戮廷理。王曰。法者。所以敬宗廟。尊社稷。故能立法從令。尊敬社稷者。社稷之臣也。焉可誅也。夫犯法廢令。不尊敬社稷者。是臣乘君而下尚校也。盧文弨曰尚上同校疑當作陵說苑至公篇作下陵上先愼曰此當作下校尚傳寫誤倒耳下校尚謂下亢上也國策秦策足以校於秦矣高誘注校猶亢也校尚誤倒說苑乘作棄校作陵皆劉向所易未可據臣乘君則主失威。下尚校則上位危。威失位危。社稷不守。吾將何以遺子孫。於是太子乃還走避舍。露宿三日。北面再拜。請死罪。一曰。楚王急召太子。楚國之法。車不得至於茆門。天雨。廷中有潦。太子遂驅車至於茆門。孫詒讓曰說苑楚莊王之時太子車立於茅門之外廷理曰。顧廣圻曰說苑云少師慶車不得至茆門。非法也。先愼曰至茆門三字當重太子曰。王召急。不得須無潦。遂驅之。廷理舉殳而擊其馬。敗其駕。太子入爲王泣曰。廷中多潦。驅車至茆門。廷理曰。非法也。舉殳擊臣馬。敗臣駕。王必誅之。王曰。前有老主而不踰。先愼曰北堂書鈔三十六引老主作先王說苑作老君後有儲主而不屬。矜矣。盧文弨曰說苑作少君在後而不豫下矜矣二字衍淩本無先愼曰北堂書鈔引有矜矣二字矜與賢聲相近古通假文子上仁篇矜與賢韻矜矣猶賢矣此楚王贊美廷理也書大禹謨傳自賢曰矜朱駿聲說文通訓定聲矜下云矜借爲賢亦通是眞吾守法之臣也。乃益爵二級。先愼曰御覽六百三十六引二作三而開後門出太子。勿復過。

衞嗣君謂薄疑曰。子小寡人之國。以爲不足仕。則寡人力能仕子。請進爵以子爲上卿。乃進田萬頃。薄子曰。疑之母親疑。以疑爲能相萬乘。所不䆗也。先愼曰䆗與篠同荀子賦論充盈太宇而不䆗楊注䆗音篠 然疑家巫有蔡嫗者。疑母甚愛信之屬之家事焉。疑智足以信言家事。顧廣圻曰信字當衍 疑母盡以聽疑也。然巳與疑言者。亦必復決之於蔡嫗也。故論疑之智能。以疑爲能相萬乘而不䆗也。論其親。則子母之間也。然猶不免議之於蔡嫗也。今疑之於人主也。非子母之親也。而人主皆有蔡嫗。人主之蔡嫗。必其重人也。重人者。能行私者也。夫行私者。繩之外也。先愼曰繩謂繩墨 而疑之所言法之內也。先愼曰乾道本無所字顧廣圻云藏本今本有所字今據補 繩之外與法之內讎也。不相受也。先愼曰張榜本此下有如是則疑不得長臣矣九字 一曰。衞君之晉。謂薄疑曰。吾欲與子皆行。薄疑曰。媼也在中。請歸與媼計之。衞君自請薄媼曰。顧廣圻曰藏本重薄媼二字 疑。君之臣也。君有意從之甚善。衞君曰。吾以請之媼。先愼曰以當作巳 媼許我矣。薄疑歸言之媼也。曰。衞君之愛疑奚與媼。先愼曰乾道本無愛字顧廣圻云藏本無愛字今本有依下文當補今據增 媼曰。不如吾愛子也。衞君之賢疑奚與媼也。曰。不如吾賢子也。媼與疑計家事。已決矣。乃更請決之於卜者蔡嫗。先愼曰乾道本無更字盧文弨云張本有今據補 今衞君從疑而行。雖與疑決計。必與他蔡嫗敗之。如是則疑不得長爲臣矣。

夫教歌者。使先呼而詘之。其聲反清徵者。乃教之。顧廣圻曰反當作及 一曰。教歌者先揆以法。疾呼中宮。徐呼中徵。疾不中宮。徐不中徵。不可謂教。顧廣圻曰謂當作爲先愼曰爲謂古通用不必改作吳起衞左氏中人也。使其妻織組而幅狹於度。吳子使更之。其妻曰諾。及成。復度之。果不中度。吳子大怒。其妻對曰。吾始經之而不可更也。（先慎曰。乾道本吾作五。據趙本改。北堂書鈔三十六引正作吾。）吳子出之。其妻請其兄而索入。（先慎曰。乾道本無入字。顧廣圻云。藏本今本索下有入字。先慎案。北堂書鈔引亦有。今據補。）其兄曰。吳子。爲法者也。其爲法也。且欲以與萬乘致功。必先踐之妻妾。然後行之。子毋幾索入矣。（先慎曰。毋幾索入。謂毋望索入也。史記晉世家毋幾爲君。呂不韋傳則子無幾得與長子爭。索隱云。幾猶望也。此文語意正與相同。）其妻之弟又重於衞君。（先慎曰。又讀爲有。）乃因以衞君之重請吳子。吳子不聽。遂去衞而入荊也。一曰。吳起示其妻以組。曰。子爲我織組。令之如是。組已就而效之。（先慎曰。效當作較。）其組異善。起曰。使子爲組。令之如是。而今也異善。何也。其妻曰。用財若一也。加務善之。吳起曰。非語也。使之衣而歸。（先慎曰。乾道本無而字。顧廣圻云。衣當作夜。先慎案。顧說非。御覽四百二十又八百十九八百二十六引並有而字。今據補。北堂書鈔三十六引無而字。陳禹謨據誤本改之也。）其父往請之。吳起曰。起家無虛言。

晉文公問於狐偃曰。寡人甘肥周於堂。卮酒豆肉集於宮。壺酒不清。（先慎曰。壺當作壺。形近而誤。酒飲也。）生肉不布。（先慎曰。左昭十六年傳注。布。陳也。）殺一牛徧於國中。（先慎曰。言不獨食。）一歲之功盡以衣士卒。（先慎曰。功謂女功。）其足以戰民乎。狐子曰。不足。文公曰。吾弛關市之征而緩刑罰。其足以戰民乎。狐子曰。不足。文公曰。吾民之有喪資者。寡人親使郎中視事。有罪者赦之。貧窮不足者與之。其足以戰民乎。狐子對曰。不足。此皆所以愼産也。而戰之者。殺之也。民之從公也。爲愼産也。公因而迎殺之。

失所以爲從公矣。孫詒讓曰愼讀爲順産與生義同字當迎殺迎當爲逆愼産者言文公所言皆是順其生之事迎殺者言戰爲逆而殺之之事順逆生殺文正相對也 曰。然則何如足以戰民乎。狐子對曰。令無得不戰。公曰。無得不戰奈何。狐子對曰。信賞必罰。其足以戰。公曰。刑罰之極安至。對曰。不辟親貴。法行所愛。文公曰。善。明日令田於圃陸。期以日中爲期。後期者行軍法焉。於是公有所愛者曰顚頡。後期。吏請其罪。文公隕涕而憂。先愼曰不行法則失信行法則失貴重之臣故憂而不決 吏曰。請用事焉。遂斬顚頡之脊。以徇百姓。以明法之信也。而後百姓皆懼曰。君於顚頡之貴重如彼甚也。而君猶行法焉。況於我則何有矣。文公見民之可戰也。於是遂興兵伐原。克之。盧文弨曰張本兵下有東字 伐衞。東其畝。顧廣圻曰與左傳不同呂氏春秋簡選篇亦云東衞之畝先愼曰商君書賞刑篇反鄭之埤東衞之畝（衞譌作徵說詳商子集校）與呂覽合蓋相傳有此事耳 取五鹿。攻陽。勝虢。顧廣圻曰陽當即陽樊勝虢未詳 伐曹。南圍鄭。反之陴。王渭曰呂氏春秋反鄭之埤高注反覆覆鄭之埤先愼曰晉語伐鄭反其陴高注反撥也陴城上女垣與呂覽注異國語此注上引賈侍中唐尙書說蓋此注亦本前儒雖未明其人致反覆之義爲長本書之字亦疑其之誤商君書與呂氏春秋同 罷宋圍。還與荆人戰城濮。大敗荆人。返爲踐土之盟。遂成衡雍之義。先愼曰乾道本成作城盧文弨云城字譌今據拾補改 一舉而八有功。所以然者。無他故異物。從狐偃之謀。假顚頡之脊也。

夫痤疽之痛也。非刺骨髓。則煩心不可支也。非如是。顧廣圻曰如當作知下同 不能使人以半寸砥石彈之。今人主之於治亦然。非不知有苦。則安欲治其國。先愼曰乾道本無國字顧廣圻云今本其下有國字今據補 非如是。不能聽聖知而誅亂臣。亂臣者。先愼曰乾道本不重亂臣二字顧廣圻云今本重亂臣案當重下屬今據補必重人。重人者。必人主所甚親愛也。人主所甚親愛也者。是同堅白也。夫以布衣之資。欲以離人主之堅白所愛。是以解左髀說右髀者。顧廣圻曰藏本同今本以作猶誤按此當重以解左髀說右髀七字先愼曰趙本作以不誤是身必死。而說不行者也。

韓非子集解卷十四

外儲說右下第三十五先慎曰乾道本無下字顧廣圻云今本有下字今據補

一賞罰共。則禁令不行。令臣操之故曰共也何以明之。以造父於期。既善馭馬又能忍渴及至彘趨飲遂不能制○盧文弨曰注渴誤得先慎曰趙本渴作竭亦誤子罕爲出彘。罕行罰一國畏之因簒君亦威分出彘之類也田恆爲圃池。擅行賞人歸之因弑簡公亦分圃池之比也故宋君簡公弑。患在王良造父之共車。田連成竅之共琴也。王造誠能御車使其轡則不進田成信善琴令共操彈則曲不成君臣共賞亦由是也

二治強生於法。弱亂生於阿。法曲則亂君明於此。則正賞罰。而非仁下也。先慎曰乾道本無而字顧廣圻云藏本今本非上有而字今據增今本仁下作不仁誤爵祿生於功。功立則爵生誅罰生於罪。罪著則罰生臣明於此。則盡死力。而非忠君也。先慎曰乾道本無非字顧廣圻云今本而下有非字按依上文而當作非先慎按上脫而字此脫非字並改從今本君逼於不仁。臣逼於不忠。則可以王矣。先慎曰上欲治強則必正法故不仁下欲爵祿乃盡死力故非忠君昭襄知主情。但當自求理以當責也百姓但當仰君亦不須曲爲愛故君族而禱者責之以二甲而不發五苑。應侯欲發蔬果以救飢人昭王以爲無功受賞因止之也田鮪知臣情。但當立功蓋因不須私忠於上也故教田章。鮪教子章曰富國家自富利君身自利也而公儀辭魚。以爲違法受魚則失魚故不受○盧文弨曰注一本爲誤作違脫故字

三明主者鑒於外也。而外事不得不成。故蘇代非齊王。以令燕王專任子之故不專任終不成霸人主鑒於上也。盧文弨曰上張本作士顧廣圻曰藏本上作士按此當作下先慎曰上字不誤上謂上古也蘇代非齊潘壽言禹是一橫說一豎說兩事比勘語極明顯張榜本亦誤作士而居者不適不顯。故潘壽言禹情。欲媚子之故謂燕王言禹傳位於益終令啓取之王遂崇子之人主無所覺悟。先慎曰拾補悟

作瘧

方吾知之。故恐同衣於族。而況借於權乎。方吾知人皆知已不與同服者共章同族者共家恐其因同而擅已況君權可借臣乎○顧廣圻曰衣於當作於衣舊注未譌　吳章知之。故說以佯。而況借於誠乎。趙王惡虎目。而壅明主之道。王圖中虎目而惡之左右或言平陽君之目甚於虎目遂殺言者○王先謙曰注王下奪觀字先慎曰趙本注平陽君之目目譌自　如周行人之卻衛侯也。衛侯君名辟疆行人以辟疆天子同號故不令朝改名然後納之○先慎曰注衛侯張榜本趙本並作君

四人主者。守法責成以立功者也。聞有吏雖亂而有獨善之民。吏雖亂賢人不改操殷之三仁夏之龍逢是也○先慎曰乾道本注仁作人誤今據張榜本趙本改　不聞有亂民而有獨治之吏。子率以正孰敢不正　故明主治吏不治民。吏治則民治矣　說在搖木之本。與引網之綱。搖木本則萬本動引網綱則萬目張吏正則國治也○先慎曰注萬本當作萬葉　故失火之嗇夫。不可不論也。救火者吏操壺走火。則一人之用也。操鞭使人。則役萬夫。明主執契亦然○顧廣圻曰此二十二字舊注誤入正文　故所遇術者。如造父之遇驚馬。先慎曰張榜本趙本驚作駕　牽馬推車。則不能進。代御執轡持筴。則馬咸騖矣。顧廣圻曰此十九字舊注誤入正文　是以說在顧廣圻曰是以說在例不複出此當衍其一也　椎鍛平夷。榜檠矯直。不然。敗在淖齒用齊戮閔王。李兌用趙餓主父也。先慎曰敗當作則

五因事之理。則不勞而成。故茲鄭之踞轅而歌以上高梁也。其患在趙簡主稅吏請輕重。主欲稅吏問輕重主不自定其輕重之節曰勿輕重而已吏因擅意因以富　薄疑之言國中飽。簡主喜而府庫虛。百姓餓而姦吏富也。故桓公巡民。而管仲省腐財怨女。公巡人見有飢人及老而無妻者以告仲曰國有腐財則人飢宮有怨女則人老而無妻也　不然。則在延陵乘馬不得進。造父過之而爲之泣也。

前瘀飾後瘀錯既不得前卻逡旁而佚造父見之泣猶賞罰失必致散也○先慎曰注乾道本得上有後字今從趙本刪

右經

一 造父御四馬。馳驟周旋。而恣欲於馬。意所欲馬必隨之也 恣欲於馬者。擅轡筴之制也。以轡筴專制之故馬不違也 然馬驚於出彘。而造父不能禁制者。非轡筴之嚴不足也。威分於出彘也。彘亦令馬可畏故曰威分 王子於期爲駙駕。轡筴不用。而擇欲於馬。先慎曰此下當更有擅欲於馬者五字 擅芻水之利也。然馬過於圃池。而駙馬敗者。顧廣圻曰馬當作駕 非芻水之利不足也。德分於圃池也。故王良造父。天下之善御者也。然而使王良操左革而叱咤之。使造父操右革而鞭笞之。馬不能行十里。共故也。孫詒讓曰革勒古字通說文勒馬頭絡銜也詩小雅蓼蕭鞗革沖沖傳革轡首也革即鞗革亦即勒也 田連成竅。天下善鼓琴者也。先慎曰依上文善上有之字 然而田連鼓上。成竅擫下。先慎曰各本擫作檅拾補引孫貽穀云文選琴賦注引作擫顧廣圻云當依選注引作擫先慎按說文擫一指按也今據改 而不能成曲。亦共故也。先慎曰乾道本無共字顧廣圻云藏本今本亦下有共字今據增 夫以王良造父之巧。共轡而御。不能使馬。人主安能與其臣共權以爲治。以田連成竅之巧。共琴而不能成曲。先慎曰依上文琴上當脫鼓字 人主又安能與其臣共勢以成功乎。先慎曰乾道本無其字拾補有盧文弨云脫今依補 一曰。造父爲齊王駙駕。渴馬服成。令馬忍渴百日服習之故成也 效駕圃中。渴馬見圃池。去車走池。駕敗。王子於期爲趙簡主取道。爭千里之表。其始發也。彘伏溝中。先慎曰乾道本無彘字顧廣圻云藏本今本有今據補 王子於期齊轡筴而進之。彘突出於溝中。馬驚駕敗。

司城子罕謂宋君曰。慶賞賜與。先愼曰與當作予說文與黨與也予推予也義別下文作予二柄篇亦作予不誤 民之所喜也。君自行之。殺戮誅罰。民之所惡也。臣請當之。宋君曰。諾。於是出威令。誅大臣。君曰。問子罕也。於是大臣畏之。細民歸之。處期年。子罕殺宋君而奪政。故子罕爲出彘以奪其君國。罕用刑服國是由出彘用威懼焉○盧文弨曰注用威懼馬馬驚焉

簡公在上位。罰重而誅嚴。厚賦斂而殺戮民。田成恒設慈愛。明寬厚。先愼曰經無成字成乃其謚此作成恒複呂氏春秋愼勢篇淮南子人閒訓同並誤 簡公以齊民爲渴馬。不以恩加民。而田成恒以仁厚爲圃池也。以仁濟物猶圃池也○盧文弨曰注猶張本作由與上注同 一曰。造父爲齊王駙駕。以渴服馬。百日而服成。服成請效駕齊王。王先謙曰下服成二字當衍 王曰。效駕於圃中。造父驅車入圃。馬見圃池而走。造父不能禁。造父以渴服馬久矣。今馬見池。駻而走。先愼曰說文駻馬突也字亦作馯 雖造父不能治。今簡公之法禁其衆久矣。而田成恒利之。是田成恒傾圃池而示渴民也。一曰。王子於期爲宋君爲千里之逐。已駕。察手吻文。顧廣圻曰未詳先愼曰手當爲毛之誤馬欲馳其毛先豎至今猶然察毛吻文謂察馬之毛與吻文也漢書王褒傳傷吻敝筴而不進於行說文吻口邊也此言毛色動則吻不至於傷是其所駕之馬本欲馳也故下云且發矣於期因拊而發之 且發矣。驅而前之。輪中繩。引而卻之。馬掩迹。拊而發之。彘逸出於竇中。先愼曰逸當作突竇溝竇也 馬退而卻。筴不能進前也。馬駻而走。轡不能止也。先愼曰乾道本止作正盧文弨云正秦本作止今據改 一曰。司城子罕謂宋君曰。慶賞賜予者。民之所好也。先愼曰乾道本賞作貧張榜本作賞御覽四百九十四六百三十三引並作賞今據改 君自行之。誅罰殺戮者。民之所惡也。臣請當之。於是戮細民

而誅大臣。君曰。與子罕議之。居期年。民知殺生之命。制於子罕也。先愼曰御覽引殺作死故一國歸焉。故子罕劫宋君而奪其政。法不能禁也。故曰。子罕爲出彘。而田成常爲圃池也。先愼曰常拾補作恆按常字漢人避諱改趙本池作地誤令王良造父共車。先愼曰趙本令上衍今字人操一邊轡而入門閭。駕必敗而道不至也。先愼曰入當作出令田連成竅共琴。人撫一絃而揮。則音必敗。曲不遂矣。

二 秦昭王有病。百姓里買牛而家爲王禱。先愼曰下文無家字公孫述出見之。入賀王曰。百姓乃皆里買牛爲王禱。王使人問之。果有之。王曰。訾之人二甲。訾毀也罰之也○先愼曰注意謂毀其人而罰以甲也是一訾字而用兩義以申其說矣案訾之人二甲者謂量其人二甲也國語齊語訾相其質高注列子說符財貨無訾張湛注並云訾量也量財貨曰訾量民之貧富亦曰訾之猶其也人謂里人計里買牛之力量之可以出二甲非里中人人二甲也下文屯二甲卽其義夫非令而擅禱者。先愼曰乾道本無者字盧文弨云張本有今據補是愛寡人也。夫愛寡人。寡人亦且改法而心與之相循者。是法不立。法不立。亂亡之道也。不如人罰二甲而復與爲治。一曰。秦襄王病。百姓爲之禱。病愈。殺牛塞禱。先愼曰塞賽義同史記封禪書冬賽索隱賽謂報神福也漢書賽並作塞郎中閻遏公孫衍出見之。曰。非社臘之時也。奚自殺牛而祠社。怪而問之。百姓曰。人主病。爲之禱。今病愈。殺牛塞禱。閻遏公孫衍說。見王拜賀曰。過堯舜矣。王驚曰。何謂也。對曰。堯舜。其民未至爲之禱也。今王病而民以牛禱。病愈。殺牛塞禱。故臣竊以王爲過堯舜也。王因使人問之何里爲之。訾其里正與伍老屯二甲。屯亦罰也○先愼曰屯無罰義一切經音義一引字書云屯亦邨也一邨之中或里正或伍老量出二甲閻遏公孫衍媿不敢言。居數月。王飲酒酣樂。閻遏公孫衍謂王曰。前時臣竊以王爲過堯舜。非直敢諛也。堯舜病。且其民未至爲之禱也。今王病而民以牛禱。病愈。殺牛塞禱。今乃訾其里正與伍老屯二甲。臣竊怪之。王曰。子何故不知於此。彼民之所以爲我用者。非以吾愛之爲我用者也。以吾勢之爲我用者也。吾釋勢與民相收。若是。吾適不愛而民因不爲我用也。故遂絕愛道也。先愼曰乾道本釋勢作適勢顧廣圻云吾適勢句絕與民相收若是句絕吾適不愛不字當衍而民因不爲我用也因當作固此以適勢適愛相對藏本今本勢上適字作釋非俞樾云藏本作吾釋勢與民相收當從之上文云彼民所以爲我用者非以吾愛之爲我用者也以吾勢之爲我用者也是言君民之間本是以勢相制若釋勢而用愛則吾適有不愛民遂不爲我用矣故不如絕愛道爲得也文義本甚分明因釋適聲近又涉下句有適字故乾道本誤爲適勢顧氏謂適勢適愛相對非是先愼按俞說是改從藏本

秦大饑。應侯請曰。五苑之草著。謂草本著地而生也○俞樾曰著字衍文蓋涉下文今發五苑之蔬草者而於草下衍者字又因草字及下蔬菜字皆從草遂又誤者爲著耳注謂草木著地而生殊爲曲說先愼曰俞說是藝文類聚八十七御覽四百八十六九百六十四九百六十五事類賦二十六初學記二十八並引無著字草作果無下果字因誤衍已久姑存之蔬菜橡果棗栗。足以活民。請發之。昭襄王曰。吾秦法。使民有功而受賞。有罪而受誅。今發五苑之蔬果者。先愼曰乾道本果作草拾補作果盧文弨云張本作草顧廣圻云今本草作果按下文云不如棄棗蔬而治互異未詳先愼按作果者是也下文蓏蔬棗栗蓏蔬草屬棗栗果屬故此蝟文云蔬果若作草字則偏而不備下云棄棗蔬而治卽其例經注云應侯欲發蔬果以救人蔬果二字本此是注所見之本尙不誤顧氏未之審耳改從今本御覽引作果蔬使民有功與無功俱賞也。夫使民有功與無功俱賞者。此亂之道也。夫發五苑而亂。不如棄棗蔬而治。一曰。令發五苑之蓏蔬棗栗。足以活民。是使民有功與無功互爭取也。先愼曰各本使作用功下無互字據藝文類聚改夫生而亂。不如死而治。大夫

其釋之。先愼曰白孔六帖卷九十九引韓子秦飢應侯曰秦王五苑之棗栗足以活人請主發與之惠王依之疑一曰以下脫文惠當爲昭之誤

田鮪教其子田章曰。先愼曰乾道本連上今從張榜本趙本提行 欲利而身。先利而君。欲富而家。先富而國。

一曰。田鮪 先愼曰御覽八百二十八引鮪作修 教其子田章曰。主賣官爵。臣賣智力。故曰。自恃。無恃人。先愼曰各本無曰字據御覽引補

公儀休相魯 顧廣圻曰藏本同今本儀休作孫儀誤韓詩外傳三有先愼曰白孔六帖九十八御覽三百八十九九百三十五事類賦二十九引並作公儀休淮南子道應訓作公儀子高注公儀休故魯博士也 而嗜魚。一國盡爭買魚而獻之。先愼曰御覽事類賦引國作邦 公儀子不受。其弟諫 先愼曰韓詩外傳與此同淮南子作弟子諫 曰。夫子嗜魚而不受者。何也。對曰。夫唯嗜魚。故不受也。夫即受魚。必有下人之色。有下人之色。將枉於法。枉於法。則免於相。雖嗜魚。此不必能自給致我魚。盧文弨曰自給二字張本無顧廣圻曰自當作日先愼曰韓詩外傳淮南子無致我二字蓋本書一本作自給一本作致我校者識於其下刊時失刪遂致兩有顧氏不考而改自爲日慾不可讀張榜本無能自給三字亦非 我又不能自給魚。即無受魚而不免於相。雖嗜魚。我能長自給魚。此明夫恃人不如自恃也。明於人之爲己者。不如己之自爲也。

三 先愼曰乾道本連上今從趙本提行 子之相燕。貴而主斷。蘇代爲齊使燕。王問之曰。齊王亦何如主也。對曰。必不霸矣。燕王曰。何也。對曰。昔桓公之霸也。內事屬鮑叔。外事屬管仲。先愼曰乾道本無管字顧廣圻云藏本今本有管字今據補 桓公被髮而御婦人。日遊於市。今齊王不信其大臣。於是燕王因益大信子之。子之聞之。使人遺蘇代金百鎰。而

聽其所使之。王渭曰之字衍戰國策無　一曰。蘇代爲秦使燕。見無益子之。則必不得事而還。貢賜又不出。於是見燕王。乃譽齊王。燕王曰。齊王何若是之賢也。則將必王乎。蘇代曰。救亡不暇。安得王哉。燕王曰。何也。曰。其任所愛不均。燕王曰。其亡何也。顧廣圻曰藏本同今本亡作任誤　曰。昔者齊桓公愛管仲。置以爲仲父。內事理焉。外事斷焉。舉國而歸之。故一匡天下。九合諸侯。今齊任所愛不均。是以知其亡也。燕王曰。今吾任子之。天下未之聞也。於是明日張朝而聽子之。潘壽謂燕王曰。顧廣圻曰燕策作鹿毛壽燕世家同正義云一作厝毛甘陵縣本名厝索隱云春秋後語亦作厝毛壽又引此　王不如以國讓子之。人所以謂堯賢者。以其讓天下於許由。許由必不受也。則是堯有讓許由之名。而實不失天下也。今王以國讓子之。子之必不受也。則是王有讓子之之名。而與堯同行也。於是燕王因舉國而屬之。先愼曰乾道本無是字顧廣圻云今本於下有是字誤按此當依策衍於字屬下補子字　先愼按乾道本脫是字此當各依本書今據今本增　子之大重。一曰。潘壽闞者。先愼曰拾補闞作隱盧文弨云藏本張本作闞顧廣圻云今本闞作隱　燕使人聘之。潘壽見燕王曰。臣恐子之之如益也。王曰。何益哉。先愼曰問何以如益　對曰。古者禹死。將傳天下於益。啓之人因相與攻益而立啓。今王信愛子之。將傳國子之。太子之人盡懷印。爲子之之人。無一人在朝廷者。顧廣圻曰藏本同今本爲作璽誤按爲下當有吏字先愼曰顧說非爲字下屬讀于嬀反　王不幸棄羣臣。則子之亦益也。王因收吏璽。自三百石以上。皆效之子之。子之大重。夫人主之所以鏡照者。諸侯之士徒也。今諸侯之士徒皆私門之黨也。人主之所以自羽翼者。巖穴之士徒也。先愼曰乾道本羽翼作俴蛸拾補作羽翼盧文弨云張本作俴蛸顧廣圻云今本作羽翼先愼按漢書張良傳太子相四皓高帝曰羽翼已成則巖穴之士眞人主之羽翼俴蛸二字不辭改從今本 今巖穴之士徒皆私門之舍人也。是何也。奪褫之資在子之也。先愼曰乾道本褫作虓顧廣圻云虓藏本作號今本作褫按此未詳先愼按作褫是也說文褫奪衣也易訟卦或錫之鞶帶終朝三褫之侯果云褫解也褫字從衣旁乾道本譌作号旁藏本又譌爲足旁因去虎上厂以成字耳改從今本 故吳章曰。人主不佯憎愛人。佯愛人。不得復憎也。佯憎人。不得復愛也。一曰。燕王欲傳國於子之也。問之潘壽。對曰。禹愛益而任天下於益。已而以啓人爲吏。及老。而以啓爲不足任天下。故傳天下於益。而勢重盡在啓也。已而啓與友黨攻益而奪之天下。是禹名傳天下於益。而實令啓自取之也。此禹之不及堯舜明矣。今王欲傳之子之。而吏無非太子之人者也。是名傳之。而實令太子自取之也。燕王乃收璽。自三百石以上。皆效之子之。子之遂重。先愼曰乾道本不重子之二字盧文弨云舊不重張本有顧廣圻云藏本重子之是也案有今據補

方吾子曰。吾聞之古禮。行不與同服者同車。先愼曰據經服衣也 不與同族者共家。而況君人者。乃借其權而外其勢乎。顧廣圻曰不上當有居字先愼曰張榜本脫不字

吳章謂韓宣王曰。先愼曰乾道本連上今依張榜本趙本提行 人主不可佯愛人。一日不可復憎。不可以佯憎人。一日不可復愛也。先愼曰佯愛人佯憎人皆當重 故佯憎佯愛之徵見。則諛者因資而毀譽之。雖有明主。不能復收。而況於以誠借人也。

趙王遊於圃中。左右以菟與虎而輟之。輟而觀之虎 先愼曰乾道本無之虎二字張榜本趙本之虎二字作觀之趙無注文顧廣圻云觀之二字此舊注誤入正文先愼按御覽九百七事類賦二十三引輟下有之虎二字虎字屬下讀今據增 盻然環其眼。環轉其眼以作怒也○王渭曰盻當作盼先愼曰事類賦二十三引盻作眄亦非說文盻恨視貌盼眄二字形與盻近而誤 王曰。可惡哉。虎目也。左右曰。平陽君之目可惡過此。先愼曰事類賦注引本書注云平陽君王弟也今本脫 見此未有害也。見平陽君之目如此者。則必死矣。其明日。平陽君聞之。使人殺言者。而王不誅也。

衞君入朝於周。周行人問其號。對曰。諸侯辟疆。周行人卻之曰。諸侯不得與天子同號。開辟疆土者天子之號 衞君乃自更曰諸侯燬。而後內之。仲尼聞之曰。遠哉禁偪。虛名不以借人。況實事乎。名辟疆未必能辟疆故曰虛也○先愼曰諸侯辟疆諸侯燬兩諸字皆涉諸侯不得與天子同號句而誤諸當作衞

四搖木者一一攝其葉。則勞而不徧。左右拊其本。而葉徧搖矣。拊擊動也 臨淵而搖木。鳥驚而高。魚恐而下。善張網者。引其綱。不一一攝萬目而後得。一一攝萬目而後得。先愼曰乾道本不重一一攝萬目而後得八字據御覽八百三十四引增張榜本上句不字作若據誤本而改也 則是勞而難。引其綱而魚已囊矣。故吏者。民之本綱者也。故聖人治吏不治民。治吏猶引綱理人猶張目

救火者。先愼曰乾道本連上今從趙本提行 令吏挈壺甕而走火。則一人之用也。操鞭箠指麾而趣使人。則制萬夫。是以聖人不親細民。明主不躬小事。

造父方耨。先愼曰舊連上今提行 得有子父乘車過者。顧廣圻曰藏本同今本得作時誤按得上有脫文俞樾曰得當作見因古得字作㝵故得與見二字往往相混史記趙世家踰年歷歲未得一城趙策得作見留侯世家果見穀城山下黃石漢書見作得竝其證也趙本改得爲時非是顧氏疑得上有脫文亦失之 馬驚而不行。其子

下車牽馬。父子推車。先慎曰父下衍子字 請造父助我推車。顧廣圻曰推車二字當衍 造父因收器。輟而寄載之。先慎曰輟而二字倒 援其子之乘。乃始檢轡持筴。未之用也。而馬轡騖矣。顧廣圻曰藏本同今本騖作鶩先慎曰騖字不誤轡當作又 使造父而不能御。雖盡力勞身助之推車。馬猶不肯行也。今使身佚。先慎曰乾道本使身二字倒顧廣圻云藏本今本身使作使身今據乙 且寄載。有德於人者。有術而御之也。故國者君之車也。勢者君之馬也。無術以御之。身雖勞。猶不免亂。術則國之轡策也○先慎曰拾補雖下有使字盧文弨云張本有 有術以御之。身處佚樂之地。又致帝王之功也。盧文弨曰致藏本作制

椎鍛者。所以平不夷也。榜檠者。所以矯不直也。聖人之爲法也。所以平不夷矯不直也。

淖齒之用齊也。擢閔王之筋。李兌之用趙也。餓殺主父。此二君者。皆不能用其椎鍛榜檠。故身死爲僇而爲天下笑。一曰。入齊則獨聞淖齒。而不聞齊王。入趙則獨聞李兌而不聞趙王。故曰。人主者不操術。則威勢輕而臣擅名。一曰。田嬰相齊。人有說王者曰。終歲之計。王不一以數日之閒自聽之。則無以知吏之姦邪得失也。王曰。善。田嬰聞之。即遽請於王而聽其計。王將聽之矣。田嬰令官具押券斗石參升之計。顧廣圻曰下文無斗參作升石按此未詳孫詒讓曰商子定分篇主法令之吏謹其右券木押以室藏之封以法令之長印此押券即右券木押押與柙通說文木部檢柙也參升二字疑衍 王自聽計。計不勝聽。罷食。後復坐。顧廣圻曰罷食句絕後字當衍 不復暮食矣。田嬰復謂曰。羣臣所終歲日夜不敢偷怠之事也。

王以一夕聽之。則羣臣有爲勸勉矣。王曰。諾。俄而已睡矣。吏盡揄刀削其押劵升石之計。孫詒讓曰升石當依上作斗石斗升隸書形近而譌 王自聽之。亂乃始生。一曰。武靈王使惠文王莅政。李兌爲相。武靈王不以身躬親殺生之柄。故劫於李兌。

五茲鄭子引輦上高梁而不能支。茲鄭踞轅而歌。前者止。後者趨。輦乃上。使茲鄭無術以致人。則身雖絕力至死。先愼曰拾補至作致盧文弨云張本作至顧廣圻云藏本致今本至作致誤 輦猶不上也。今身不至勞苦而輦以上者。有術以致人之故也。

趙簡主出稅。先愼曰乾道本稅下有者字今據御覽六百二十七引刪 吏請輕重。簡主曰。勿輕勿重。重則利入於上。若輕則利歸於民。吏無私利而正矣。先愼曰辭意未完當有脫文

薄疑謂趙簡主曰。先愼曰乾道本連上今從趙本提行 君之國中飽。簡主欣然而喜曰。何如焉。對曰。府庫空虛於上。百姓貧餓於下。然而姦吏富矣。

齊桓公微服以巡民家。人有年老而自養者。桓公問其故。對曰。臣有子三人。家貧無以妻之。傭未及反。先愼曰乾道本無及字趙本有御覽五百四十一引亦有今據補 桓公歸以告管仲。管仲曰。先愼曰乾道本不重管仲二字顧廣圻云今本重先愼按御覽引亦重管仲二字今據補 畜積有腐棄之財。則人飢餓。宮中有怨女。則民無妻。桓公曰。善。乃論宮中有婦人而嫁之。先愼曰乾道本論作諭據御覽引改 下令於民曰。盧文弨曰曰張本作也顧廣圻曰藏本同今本曰作也誤先愼曰御覽引亦作曰 丈夫二十而室。先愼曰御覽引二十作三十 婦人十五而嫁。一曰。桓公微服而行於民閒。有鹿門稷者。行年七十而無妻。桓公問管

仲曰。有民老而無妻乎。管仲曰。有鹿門稷者行年七十矣而無妻。桓公曰。何以令之有妻。管仲曰。臣聞之上有積財。則民臣必匱乏於下。宮中有怨女。則有老而無妻者。桓公曰。善。令於宮中女子未嘗御出嫁之。乃令男子年二十而室。女年十五而嫁。則內無怨女。外無曠夫。

延陵卓子乘蒼龍挑文之乘。言雕飾之○俞樾曰挑當讀爲翟下文一曰延陵卓子乘蒼龍與翟文之乘注云馬有翟之文是也挑從兆聲與翟聲相近故翟通作挑尙書顧命篇王乃洮頮水鄭讀洮爲濯詩大東篇佻佻公子韓詩佻作嬥爾雅釋魚蜃小者珧衆家本珧作濯並其例也舊注不知挑卽翟之假字而訓爲雕飾誤矣先愼曰俞說是御覽七百四十六八百九十六引挑作桃拾補作桃盧文弨以挑字爲譌非也挑桃並翟之假借 鉤飾在前。約鉤使也 錯錣在後。錣錣也以金飾之○先愼曰事類賦二十一引錣作綴 馬欲進。則鉤飾禁之。欲退。則錯錣貫之。馬因旁出。造父過而爲之泣涕曰。古之治人亦然矣。夫賞所以勸之。而毀存焉。罰所以禁之。而譽加焉。民中立而不知所由。言賞則有毀罰卽有譽故不知其所由○先愼曰事類賦引民中立作猶人處急世注卽字趙本作則 此亦聖人之所爲泣也。一曰。延陵卓子乘蒼龍與翟文之乘。馬有翟之文 前則有錯飾。後則有利錣。先愼曰乾道本脫下有字顧廣圻云藏本今本則下有有字依上文當補今據增 進則引之。先愼曰乾道本進上有筴字顧廣圻曰筴字衍藏本今本無進字此誤刪先愼按顧說是筴字不當有今據張榜本趙本刪（又按顧云今本多與張趙本合惟此條不同故出之） 退則筴之。馬前不得進。後不得退。遂避而逸。因下抽刀而刎其腳。造父見之而泣。先愼曰乾道本無而字拾補有盧文弨云脫張本有今據補 終日不食。因仰天而歎曰。筴所以進之也。錯飾在前。引所以退之也。利錣在後。今人主以其清潔也進之。以其不適左右也退之。以其公正也譽之。以其不聽從也廢之。民懼中立而不知所由。此聖人之所爲泣也。

韓非子集解卷十五

難一第三十六 古人行事或有不合理韓子立義以難之

晉文公將與楚人戰。召舅犯問之曰。吾將與楚人戰。彼衆我寡。爲之奈何。舅犯曰。臣聞之。繁禮君子。不厭忠信。禮繁縟故曰繁禮唯忠信可以舉禮故曰不厭忠信 戰陣之閒。不厭詐僞。非譎詐不能制勝故曰不厭詐僞也 君其詐之而已矣。文公辭舅犯。因召雍季而問之曰。我將與楚人戰。彼衆我寡。爲之奈何。雍季對曰。焚林而田。偷取多獸。偷苟且也 後必無獸。先愼曰乾道本無取字必上有不字顧廣圻云今本偷下有取字無不字先愼按此皆四字句有取字無不字是也改從今本呂氏春秋孝行覽義賞作焚藪而田豈不獲得而明年無獸 以詐遇民。偷取一時。後必無復。因詐得利必以詐爲俗故無復有忠信○先愼曰乾道本注爲作僞無作言據趙本改 文公曰。善。辭雍季。以舅犯之謀與楚人戰以敗之。先愼曰呂氏春秋云文公用咎犯之言而敗楚人於城濮 歸而行爵。先雍季而後舅犯。羣臣曰。城濮之事。舅犯謀也。夫用其言而後其身。可乎。文公曰。此非君所知也。顧廣圻曰君當作若 夫舅犯言一時之權也。雍季言萬世之利也。仲尼聞之曰。文公之霸也宜哉。既知一時之權。又知萬世之利。

或曰。雍季之對。不當文公之問。凡對問者有因。因小大緩急而對也。先愼曰乾道本下因字作問顧廣圻云藏本同今本問作因誤按有當作在十字爲一句先愼按顧說非問字涉上文而誤因大小緩急而對謂因其問之大小緩急而對也正承上凡對問者有因而言若作問字則文氣不屬改從今本 所問高大而對以卑狹。則明主弗受也。今文公問以少遇衆。而對曰後必無復。此非所以應也。且文公不知一時之權。又不知萬世之利。戰而勝。則國安而身定。兵強而威立。雖有後復。莫大於此。萬世之利奚患不至。戰而不勝。則國亡兵弱。身死名息。拔拂今日之死不及。顧廣圻曰拔拂同字或當衍其一也先愼曰拔今日之死不及與孟子救死猶恐不暇語意正同拂卽拔之複字或一本作拔一本作拂校者旁注於下而失删耳安暇待萬世之利。待萬世之利。在今日之勝。今日之勝。在詐於敵。先愼曰詐當作於詐字張本作也今據删改詐敵。萬世之利也。先愼曰乾道本也字作而已二字拾補無而字盧文弨云而字藏本張本無已故曰。雍季之對。不當文公之問。且文公又不知舅犯之言。舅犯所謂不厭詐僞者。不謂詐其民。謂詐其敵也。先愼曰乾道本下謂字作請顧廣圻云今本請作謂先愼按作謂是言舅犯謂詐其敵非謂詐其民也請乃謂字形近而譌改從今本敵者。所伐之國也。後雖無復。何傷哉。文公之所以先雍季者。以其功耶。則所以勝楚破軍者。舅犯之謀也。以其善言耶。則雍季乃道其後之無復也。此未有善言也。舅犯則以兼之矣。舅犯曰。繁禮君子。不厭忠信者。忠所以愛其下也。信所以不欺其民也。夫既以愛而不欺矣。言孰善於此。然必曰出於詐僞者。軍旅之計也。舅犯前有善言。後有戰勝。故舅犯有二功而後論。雍季無一焉而先賞。文公之霸也。不亦宜乎。先愼曰乾道本無也字盧文弨云此二句乃述仲尼之語也字脫藏本有今據補仲尼不知善賞也。仲尼不知善賞安歎宜哉乎

歷山之農者侵畔。舜往耕焉。朞年甽畝正。相謙故正也○先愼曰藝文類聚十一引作朞年而耕者讓畔河濱之漁者爭坻。坻水中高地釣者依之舜往漁焉。朞年而讓長。先愼曰藝文類聚引而下有漁者二字東夷之陶者器

苦窳。苦窳惡也舜往陶焉。朞年而器牢。先愼曰藝文類聚引器下有以字仲尼歎曰。耕漁與陶。非舜官也。非大人之事○先愼曰趙本無注盧文弨曰張本有而舜往爲之者。所以救敗也。舜其信仁乎。乃躬藉處苦而民從之。顧廣圻曰藏本今本藉作耕按藉借同字先愼曰顧說是上文耕漁陶三項此不當僅言耕也躬藉處苦卽下文以身爲苦而後化民之義故曰。聖人之德化乎。

或問儒者曰。方此時也。堯安在。其人曰。堯爲天子。然則仲尼之聖堯奈何。堯在上容人爲惡仲尼謂堯爲聖者奈何○先愼曰乾道本容作三改從趙本聖人明察在上位。將使天下無姦也。今耕漁不爭。陶器不窳。王渭曰今當作令舜又何德而化。若堯以舜在上則自有禮讓何須舜以化之○盧文弨曰而張本作之舜之救敗也。則是堯有失也。賢舜則去堯之明察。聖堯則去舜之德化。不可兩得也。楚人有鬻楯與矛者。譽之曰。吾楯之堅。物莫能陷也。先愼曰乾道本無吾字物字顧廣圻云藏本今本曰下有吾字按依難勢篇此無吾字先愼按下文吾矛之利與此吾楯之堅語正相對下以子之矛陷子之楯兩子字與兩吾字文又相照乾道本脫吾字耳難勢篇作譽其楯之堅文法不同不得緣以爲比北堂書鈔一百二十三御覽三百五十三引並有吾字物字今據補難勢篇亦有物字又譽其矛曰。吾矛之利。於物無不陷也。或曰。以子之矛陷子之楯。何如。其人弗能應也。夫不可陷之楯與無不陷之矛。不可同世而立。今堯舜之不可兩譽。矛楯之說也。且舜救敗。朞年已一過。三年已三過。舜有盡。壽有盡。顧廣圻曰上有盡二字當衍四字爲一句天下過無已者。以有盡逐無已。所止者寡矣。先愼曰乾道本以字在已者上拾補無足字盧文弨云已者張本作有已藏本作以已顧廣圻云以已當作已以已字句絕以下屬者字當衍先愼按張榜本趙本以字在有字上是也謂天下之過不止耕漁陶三者以舜壽之有盡而治無已之過則所止者寡矣因以字誤移於上而盧顧並去者字非也今依張趙本改賞罰使天下必行之。令曰。中程者賞。弗中程者誅。令朝至暮變。暮至朝變。十日而海內畢矣。奚待朞年。舜猶不以此說堯令從已。先愼曰言使民從已之令也 乃躬親。不亦無術乎。且夫以身爲苦。而後化民者。堯舜之所難也。處勢而驕下者。庸主之所易也。顧廣圻曰藏本同今本驕作令按此當作矯外儲說右篇云榜檠矯直 將治天下。釋庸主之所易。道堯舜之所難。未可與爲政也。

管仲有病。先愼曰乾道本連上今依趙本提行 桓公往問之曰。仲父病不幸卒於大命。將奚以告寡人。管仲曰。微君言。臣故將謁之。願君去豎刁。除易牙。遠衞公子開方。易牙爲君主味。君惟人肉未嘗。先愼曰乾道本無味君二字顧廣圻云藏本主下有味君主三字今本有味君二字先愼按藏本衍主字乾道本脫味君二字今依今本增十過篇作爲君主味君之所未嘗食唯人肉耳 易牙烝其子首而進之。先愼曰子首趙本作首子說見十過及二柄兩篇 夫人情莫不愛其子。先愼曰乾道本情上有惟字顧廣圻云藏本今本無惟字今據刪 今弗愛其子。安能愛君。君妒而好內。豎刁自宮以治內。人情莫不愛其身。身且不愛。安能愛君。開方事君十五年。先愼曰乾道本開上有聞字顧廣圻云藏本今本無聞字先愼按聞卽開字之誤而衍今據刪 齊衞之閒。不容數日行。棄其母久宦不歸。先愼曰趙本宦作官 其母不愛。安能愛君。臣聞之。矜僞不長。蓋虛不久。言蓋藏詐事不可久也○俞樾曰矜字無義乃務字之誤言務爲詐僞不可以長也管子小稱篇作務僞不久蓋虛不長是其證 願君去此三子者也。管仲卒死。先愼曰卒字衍 而桓公弗行。先愼曰乾道本無而字盧文弨云張本有今據補 及桓公死。蟲出尸不葬。顧廣圻曰尸當作戶下同

或曰。管仲所以見告桓公者。非有度者之言也。先愼曰度謂法度也 所以去豎刁易牙者。先愼曰乾道本無去字顧廣圻云藏本今本有去字先愼按有者是也下管仲非明此於桓公也使去三子卽承此而言明此脫去字今據補 以不愛其身。適君之

欲也。曰不愛其身，安能愛君。然則臣有盡死力以爲其主者。盡死力亦不愛身也管仲將弗用也。盧文弨曰弗張本作不曰不愛其死力，安能愛君。是欲君去忠臣也。先慎曰乾道本無欲字拾補有盧文弨云欲字脫今據補且以不愛其身度其不愛其君。是將以管仲之不能死公子糾度其不死桓公也。是管仲亦在所去之域矣。明主之道不然。設民所欲以求其功。故爲爵祿以勸之。設民所惡以禁其姦。故爲刑罰以威之。慶賞信而刑罰必。故君舉功於臣而姦不用於上。臣有功者舉用之自然姦不見用也雖有豎刁，其奈君何。且臣盡死力以與君市。先慎曰乾道本脫君市二字顧廣圻云今本與下有君市二字依下文當補今據增君垂爵祿以與臣市。君臣之際，非父子之親也，計數之所出也。君計臣力臣計君祿君有道，則臣盡力而姦不生。無道，則臣上塞主明而下成私。管仲非明此度數於桓公也。王先謙曰數字疑衍上云非有度者之言下云管仲無度即謂此度也數字淺人所增使去豎刁，先慎曰句一豎刁又至。先慎曰句非絕姦之道也。且桓公所以身死蟲流出尸不葬者，是臣重也。臣重之實，擅主也。有擅主之臣，則君令不下究，臣情不上通。一人之力能隔君臣之閒，使善敗不聞，禍福不通，故有不葬之患也。明主之道，一人不兼官，一官不兼事。卑賤不待尊貴而進論。顧廣圻曰藏本同今本無論字按進字當衍上文云舅犯有二功而後論和氏云然猶兩足斬而寶乃論此論字之義大臣不因左右而見。百官修通，羣臣輻湊。有賞者君見其功，有罰者君知其罪。見知不悖於前，賞罰不弊於後，可賞賞可罰罰無所蔽塞也○顧廣圻曰弊讀爲蔽安有不葬之患。管仲非明此言於桓公也。

使去三子。故曰。管仲無度矣。

襄子圍於晉陽中。出圍。賞有功者五人。先愼曰御覽六百三十三引五人作四人 高赫為賞首。顧廣圻曰赫他書作赦先愼曰淮南氾論人間訓說苑復恩篇漢書古今人表並作赫惟呂氏春秋孝行覽作赦案赦即赫聲近而譌當依此訂正史記趙世家作高共徐廣云一作赫 張孟談曰。晉陽之事。赫無大功。今為賞首。何也。襄子曰。晉陽之事。寡人國家危。社稷殆矣。顧廣圻曰藏本同今本無家字誤先愼曰御覽引無家字呂氏春秋亦無不必有家字者是無家字者非也顧說泥 吾羣臣無有不驕侮之意者。惟赫不失君臣之禮。是以先之。先愼曰各本赫下有子字按子字有御覽引無今據刪呂覽作而不失君臣之禮者惟赫亦無子字是其證 仲尼聞之曰。善賞哉。襄子賞一人。而天下為人臣者。莫敢失禮矣。王渭曰此困學紀聞所謂事在孔子後孔鮒已辨其妄者也

或曰。仲尼不知善賞矣。夫善賞罰者。百官不敢侵職。羣臣不敢失禮。上設其法。而下無姦詐之心。如此。則可謂善賞罰矣。使襄子於晉陽也。令不行。禁不止。是襄子無國。晉陽無君也。尚誰與守哉。今襄子於晉陽也。知氏灌之。臼竈生鼃。先愼曰乾道本作曰竈生鼃拾補曰作穴盧文弨云穴藏本作臼鼃藏本作鼃顧廣圻云今本曰作穴鼃作鼃按此當依趙策作臼竈生鼃說苑權謀篇同太元經窮上九亦云臼竈生鼃蓋本於彼也先愼按鼃與鼃曰與臼並形近而誤據盧顧校改 而民無反心。是君臣親也。襄子有君臣親之澤。操令行禁止之法。而猶有驕侮之臣。是襄子失罰也。先愼曰乾道本無失字顧廣圻云藏本今本子下有失字今據補 為人臣者。乘事而有功則賞。今赫僅不驕侮。而襄子賞之。是失賞也。臣有不驕僅合臣禮非有善可賞也○先愼曰乾道本注可作不據趙本改 明主賞不加於無功。罰不加於無罪。今襄子不誅驕侮之臣。而賞無功之赫。安在襄子之善賞也。故曰。仲尼不知善賞。

晉平公與羣臣飲，飲酣，乃喟然歎曰：「莫樂爲人君，惟其言而莫之違。」師曠侍坐於前，援琴撞之。公披衽而避，琴壞於壁。公曰：「太師誰撞？」師曠曰：「今者有小人言於側者，故撞之。」公曰：「寡人也。」師曠曰：「啞！（歎息之聲）是非君人者之言也。」左右請除之。（盧文弨曰：除當作涂，淮南齊俗訓作欲塗。）公曰：「釋之，以爲寡人戒。」（先愼曰：淮南子此下有「孔子聞之曰：平公非不痛其體也，欲來諫者也。韓子聞之曰：羣臣失禮而弗誅，是縱過也。有以夫平公之不霸也」，疑此下脫文。）

或曰：平公失君道，師曠失臣禮。夫非其行而誅其身，君之於臣也；非其行而陳其言，善諫不聽則遠其身者，臣之於君也。今師曠非平公之行，不陳人臣之諫，而行人主之誅，舉琴而親其體，是逆上下之位，而失人臣之禮也。夫爲人臣者，君有過則諫，諫不聽則輕爵祿以待之。（先愼曰：待當作去。）此人臣之禮義也。（先愼曰：義字衍。）今師曠非平公之過，舉琴而親其體，雖嚴父不加於子，而師曠行之於君，此大逆之術也。（顧廣圻曰：夫爲人臣者至此六十一字當衍，乃舊注之錯入者耳。先愼曰：顧說非，此六十一字專指臣下言。夫爲人臣者至此人臣之禮也，申上人臣之禮；師曠非平公之過至此大逆之術也，申上逆上下之位；又以嚴父不加於子反譬而喻之，尤足見周秦閒之文法，非舊注所能及。且注家亦無此例也。）臣行大逆，平公喜而聽之，是失君道也。故平公之迹不可明也。（先愼曰：趙本此及下不可明也兩明字並作行，盧文弨云藏本張本作明，下同。馮云行宜作明。）使人主過於聽而不悟其失，師曠之行亦不可明也，使姦臣襲極諫而飾弒君之道，不可謂兩明。（顧廣圻曰：謂字當衍。）此爲兩過。（顧廣圻曰：藏本同，今本爲作謂。先愼曰：顧說非，爲讀爲謂，同字。）故曰：平公失君道，師曠亦失臣禮矣。

齊桓公時。有處士曰小臣稷。桓公三往而弗得見。桓公曰。吾聞布衣之士。不輕爵祿。無以易萬乘之主。萬乘之主。不好仁義。亦無以下布衣之士。於是五往。乃得見之。

或曰。桓公不知仁義。夫仁義者。憂天下之害。趨一國之患。不避卑辱。謂之仁義。故伊尹以中國爲亂。道爲宰于湯。百里奚以秦爲亂。道爲虜于穆公。先愼曰乾道本虜上無爲字顧廣圻云以中國爲亂句絕下句同兩于字當作干藏本今本虜上有爲字先愼按有爲字是今據補道由也道爲虜于穆公由爲虜干穆公難二篇伊尹自爲宰干湯百里奚自爲虜干穆公（自亦由也）是其證于卽干之誤 皆憂天下之害。趨一國之患。不辭卑辱。故謂之仁義。今桓公以萬乘之勢。下匹夫之士。將欲憂齊國。顧廣圻曰藏本欲作與今本欲與兩有皆誤 而小臣不行見。先愼曰行當作得 小臣之忘民也。先愼曰小上當脫是字 忘民不可謂仁義。仁義者。不失人臣之禮。不敗君臣之位者也。是故四封之內。執會而朝。名曰臣。臣吏分職受事。名曰萌。今小臣在民萌之衆。而逆君上之欲。故不可謂仁義。仁義不在焉。桓公又從而禮之。使小臣有智能而遁桓公。是隱也。宜刑。德修而隱不爲臣用故宜刑也○先愼曰乾道本脫宜刑二字顧廣圻云今本有宜刑二字依下文當補舊注未譌今據增 若無智能而虛驕矜桓公。是誣也。宜戮。小臣之行。非刑則戮。桓公不能領臣主之理。而禮刑戮之人。是桓公以輕上侮君之俗。教於齊國也。非所以爲治也。故曰。桓公不知仁義。

靡笄之役。晉代齊也靡笄山名○先愼曰注代當作伐 韓獻子將斬人。郤獻子聞之。駕往救之。比至則已斬之矣。郤子因曰。胡不以徇其僕。曰。曩不將救之乎。郤子曰。吾敢不分謗乎。

或曰。郤子言不可不察也。非分謗也。韓子之所斬也。若罪人。則不可救。先慎曰乾道本無則字顧廣圻云藏本今本有則字今據補 救罪人。法之所以敗也。法敗則國亂。若非罪人。則勸之以徇。顧廣圻曰藏本同今本則作而按當作不可二字與上文不可救句相對先慎曰則下脫不可二字耳顧刪則字亦非乾道本徇作殉據張榜本改（注及下同） 勸之以徇。是重不辜也。斬既不辜徇又不辜是重不辜也 重不辜。民所以起怨者也。民怨則國危。郤子之言。非危則亂。不可不察也。且韓子之所斬若罪人。郤子奚分焉。斬若非罪人。則已斬之矣。而郤子乃至。是韓子之謗已成。而郤子且後至也。顧廣圻曰藏本同今本無子字誤 夫郤子曰以徇。不足以分斬人之謗。而又生徇之謗。徇既不辜益得一謗 是子言分謗也。顧廣圻曰藏本同今本子作何按句有誤俞樾曰此當作是郤子之言非分謗也益謗也今脫六字則文義不明下文云故曰郤子之言非分謗也益謗也正與此應可以據補先慎曰俞說是 昔者紂爲炮烙。崇侯惡來又曰。斬涉者之脛也。奚分於紂之謗。此助爲虐更益謗也 且民之望於上也甚矣。韓子弗得。不得斬謂不辜也 且望郤子之得之也。望郤子正韓子之過 今郤子俱弗得。則民絕望於上矣。君上同惡更何所望也○先慎曰一本無注盧文弨云張本有 故曰。郤子之言。非分謗也。益謗也。且郤子之往救罪也。以韓子爲非也。不道其所以爲非。而勸之以徇。是使韓子不知其過也。夫下使民望絕於上。先慎曰望絕當依上文作絕望 又使韓子不知其失。吾未得郤子之所以分謗者也。

桓公解管仲之束縛而相之。管仲曰。臣有寵矣。然而臣卑。公曰。使子立高國之上。管仲曰。臣貴矣。先愼曰外儲說左下貴作尊 然而臣貧。公曰。使子有三歸之家。管仲曰。臣富矣。然而臣疏。於是立以爲仲父。霄略曰。顧廣圻曰未詳 管仲以賤爲不可以治國。王渭曰國當作貴 故請高國之上。以貧爲不可以治富。故請三歸。以疏爲不可以治親。故處仲父。管仲非貪。以便治也。

或曰。先愼曰乾道本連上今從趙本提行 今使臧獲奉君令詔卿相。莫敢不聽。非卿相卑而臧獲尊也。主令所加。莫敢不從也。今使管仲之治。不緣桓公。是無君也。謂擅出其令故曰不緣也 國無君。不可以爲治。若負桓公之威。下桓公之令。是臧獲之所以信也。奚待高國仲父之尊。而後行哉。當世之行事。都丞 都丞宦官之卑者也○先愼曰注宦字趙本無盧文弨云脫 之下徵令者。不辟尊貴。不就卑賤。二官雖卑奉命徵令亦不以尊卽避卑卽就也 故行之而法者。雖巷伯信乎卿相。行之而非法者。雖大吏詘乎民萌。今管仲不務尊主明法。而事增寵益爵。是非管仲貪欲富貴。必闇而不知術也。故曰。管仲有失行。霄略有過譽。

韓宣王問於樛留。吾欲兩用公仲公叔。其可乎。樛留對曰。昔魏兩用樓翟而亡西河。樓緩翟璜也○顧廣圻曰樓翟樓鼻翟強也事見魏策舊注誤甚先愼曰說林上樓翟作犀首張儀 楚兩用昭景而亡鄢郢。昭景楚之二姓 今君兩用公仲公叔。此必將爭事而外市。與鄰國交私以示已利故曰外市也 則國必憂矣。

或曰。昔者齊桓公兩用管仲鮑叔。成湯兩用伊尹仲虺。夫兩用臣者。國之憂。則是桓公不霸。成湯不王也。湣王一用淖齒。而身死乎東廟。先愼曰乾道本身作手盧文弨云手字譌先愼按盧說是下則必有身死滅食之患身死卽指湣王而言明手爲身之誤拾補作身今從之 主父一用李兌。減食而死。主有術。兩用不爲患。顧廣圻曰藏本同今本主下有誠字誤 無術。兩用則爭事而外市。先愼曰乾道本重爭字盧文弨云筱本不重今據刪 一則專制而劫弑。顧廣圻曰一下當有用字 今留無術以規上。使其主去兩用一。是不有西河郢郢之憂。則必有身死減食之患。是繆留未有善以知言也。先愼曰有當作爲

難二第三十七

景公過晏子曰。子宮小近市。請徙子家豫章之圃。顧廣圻曰與左傳不合 晏子再拜而辭曰。且嬰家貧。先愼曰且當作臣 待市食。而朝暮趨之。不可以遠。景公笑曰。子家習市。識貴賤乎。是時景公繁於刑。晏子對曰。踊貴而屨賤。先愼曰踊卽踊之俗字 景公曰。何故。對曰。刑多也。景公造亡老反〇顧廣圻曰造讀爲蹙然變色曰。寡人其暴乎。於是損刑五。

或曰。晏子之貴踊。非其誠也。欲便辭以止多刑也。卒問而對非傑思也亂國重典豈惡刑多在當與不當耳不在多少此不察治之患也。夫刑當無多。不當無少。苟不當雖少猶以爲多也 無以不當聞。而以太多說。無術之患也。敗軍之誅。以千百數。猶且不止。顧廣圻曰藏本且作北今本且北兩有皆誤 卽治亂之刑。如恐不勝。而姦尚不盡。今晏子不察其當否。而以太多爲說。不亦妄乎。夫惜草茅者耗禾穗。惠盜賊者傷良民。今緩刑罰。行寬惠。是利姦邪而

害善人也。此非所以為治也。

齊桓公飲酒。醉遺其冠。恥之。三日不朝。管仲曰。此非有國之恥也。盧文弨曰非字意林無先愼曰意林脫非字御覽四百九十七六百八十四八百四十五事類賦十七引並有非字公胡不雪之以政。先愼曰乾道本胡下有其字據御覽事類賦引刪意林亦無其字公曰。善。先愼曰乾道本善上有胡其二字張榜本無藝文類聚十九御覽事類賦引並無胡其二字今據刪因發倉囷賜貧窮。論囹圄。出薄罪。處三日而民歌之曰。公乎公乎。胡不復遺其冠乎。先愼曰各本無其字及上乎公乎三字據藝文類聚御覽引補意林冠上亦有其字

或曰。先愼曰乾道本連上今據張趙本提行管仲雪桓公之恥於小人。而生桓公之恥於君子矣。先愼曰小人以遺冠為恥君子以遺義為恥使桓公發倉囷而賜貧窮。論囹圄而出薄罪。非義也。不可以雪恥。使之而義也。桓公宿義。須遺冠而後行之。則是桓公行義。非為遺冠也。盧文弨曰非字衍顧廣圻曰行當作遺先愼曰顧說是張榜本無非也二字不知上文行為遺之誤而刪之也是雖雪遺冠之恥於小人。而亦遺義之恥於君子矣。顧廣圻曰藏本同今本遺下有宿字誤亦下當有生字且夫發囷倉而賜貧窮者。是賞無功也。論囹圄而出薄罪者。是不誅過也。夫賞無功。則民偷幸而望於上。遺冠得賜常望遺冠不誅過。則民不懲而易為非。此亂之本也。安可以雪恥哉。

昔者文王侵盂克莒舉豐。先愼曰各本盂作孟豐作酆王引之云孟為盂字之誤也竹書紀年帝辛三十四年周師取耆及邗書大傳文王受命二年伐邗史記周本紀文王敗耆國明年伐邘作盂者借字顧廣圻云克今本作堯誤酆他書又作豐先愼按孟為盂之誤堯為克之誤御覽八十四引正作侵盂克莒舉豐今據改三舉事而紂惡之。文王乃懼。請入洛西之地。赤壤之國方千里。以解炮烙之刑。先愼曰各本以下有請字案此承上請入

洛西之地而言不當有請字淺人以下文請解烙炮之刑遂於此誤加請字今據藝文類聚十二引刪天下皆說。仲尼聞之曰。仁哉文王。輕千里之國而請解炮烙之刑。智哉文王。出千里之地而得天下之心。

或曰。仲尼以文王爲智也。不亦過乎。夫智者。知禍難之地而辟之者也。是以身不及於患也。使文王所以見惡於紂者。以其不得人心耶。則雖索人心以解惡可也。紂以其大得人心而惡之。已又輕地以收人心。是重見疑也。固其所以桎梏囚於羑里也。鄭長者有言。體道無爲無見也。此最宜於文王矣。不使人疑之也。仲尼以文王爲智。未及此論也。

晉平公問叔向曰。昔者齊桓公九合諸侯。一匡天下。不識臣之力也。君之力也。先愼曰乾道本無君之力也四字盧文弨云孫詒穀云文選四子講德論注引作臣之力邪君之力邪此脫四字顧廣圻云識下當有君之力也四字也讀爲邪新序四作乎先愼按張榜本有君之力也四字今據補御覽六百二十引作君之力臣之力叔向對曰。管仲善制割。賓胥無善削縫。言損益君若女工翦削彌縫隰朋善純緣。言增飾若女工之純緣也○顧廣圻曰新序二人事互易衣成。君舉而服之。亦臣之力也。君何力之有。師曠伏琴而笑之。公曰。太師奚笑也。師曠對曰。臣笑叔向之對君也。凡爲人臣者。猶炮宰和五味而進之君。君弗食。孰敢強之也。臣請譬之。君者壤地也。臣者草木也。必壤地美。然後草木碩大。亦君之力也。先愼曰乾道本無也字盧文弨云也字脫張本有今據補臣何力之有。

或曰。叔向師曠之對。皆偏辭也。夫一匡天下。九合諸侯。美之大者也。非專君之力也。又非專臣之力也。昔者宮之奇在虞。僖負羈在曹。二臣之智。言中事。發中功。虞曹俱亡者。何也。此有其臣而無其君者也。且蹇叔處干而干亡。先愼曰拾補干作盂盧文弨云藏本張本同或改作虞顧廣圻云今本干作于下同按此未詳俞樾云干卽虞也莊子刻意篇夫有干越之劍釋文引司馬云干吳也荀子勸學篇干越夷貉之子楊倞注干越猶言吳越淮南子原道篇干越生葛絺高誘注亦云干吳也是吳有干名而虞與吳古同聲而通用桓十年左傳正義云譜云虞姬姓也武王克商封虞仲之庶孫以爲虞仲之後處中國爲西吳後世謂之虞公然則虞之始封本爲西吳蓋以別於荊蠻之吳因春秋經傳皆作虞而西吳之名廢矣漢書地理志河東郡大陽吳山在西上有吳城周武王封太伯後於此是爲虞公夫虞之故城謂之吳城是虞卽吳也吳得稱干則虞亦得稱干也蹇叔處干卽處虞也先愼按俞說是今本作于形近而譌或作虞者不知干卽虞而改爲虞也 處秦而秦霸。先愼曰乾道本脫處字顧廣圻云今本有處字依上文當有今據補 非蹇叔愚於干而智於秦也。此有君與無臣也。盧文弨曰與或改而顧廣圻曰臣當作君 向曰臣之力也。不然矣。昔者桓公宮中二市。婦閭二百。里門也 先愼曰周策作宮中七市女閭七百 被髮而御婦人。得管仲。爲五百長。失管仲。得豎刁。而身死。蟲流出尸不葬。先愼曰尸當作戶 以爲非臣之力也。且不以管仲爲霸。以爲君之力也。且不以豎刁爲亂。昔者晉文公慕於齊女而忘歸。先愼曰乾道本忘作亡盧文弨云亡張本作忘顧廣圻云藏本作忘是也今據改 咎犯極諫。故使得反晉國。先愼曰乾道本無得字盧文弨云得字脫一本有今據補 故桓公以管仲合。文公以舅犯霸。先愼曰乾道本文公下無以字顧廣圻云今本公下有以字按依上文當有今據補 而師曠曰君之力也。又不然矣。凡五霸所以能成功名於天下者。必君臣俱有力焉。故曰。叔向師曠之對。皆偏辭也。

齊桓公之時。晉客至。有司請禮。桓公曰告仲父者三。有司三請皆曰告仲父 而優笑曰。易哉爲君。一曰仲父。二曰仲父。優俳優樂者名 桓公曰吾聞君人者。勞於索人。佚於使人。吾得仲父已難矣。得仲父之後。何爲不易乎哉。

或曰。桓公之所應優。非君人者之言也。桓公以君人爲勞於索人。何索人爲勞哉。伊尹自以爲宰干湯。百里奚自以爲虜干穆公。俞樾曰兩以字皆衍文自由也言由爲宰以干湯由爲虜以干穆公也難一篇故伊尹以中國爲亂道爲宰干湯百里奚以秦爲亂道爲虜干穆公道亦由也與此一律虜所辱也。宰所羞也。蒙羞辱而接君上。賢者之憂世急也。然則君人者。無逆賢而已矣。先愼曰乾道本逆作道顧廣圻云藏本今本道作逆誤先愼按作逆是顧說非改從藏本今本索賢不爲人主難。且官職所以任賢也。爵祿所以賞功也。設官職。陳爵祿。而士自至。君人者奚其勞哉。使人又非所佚也。人主雖使人。必以度量準之。先愼曰乾道本脫以字顧廣圻云藏本今本有以字今據補以刑名參之。以事遇於法則行。顧廣圻曰下以字當衍不遇於法則止。功當其言則賞。不當則誅。以刑名收臣。以度量準下。此不可釋也。君人者焉佚哉。索人不勞。使人不佚。而桓公曰勞於索人佚於使人者。不然。且桓公得管仲又不難。先愼曰乾道本無得字顧廣圻云今本有得字依下文當有今據補管仲不死其君。而歸桓公。鮑叔輕官讓能而任之。桓公得管仲又不難明矣。已得管仲之後。奚遽易哉。管仲非周公旦。周公旦假爲天子七年。成王壯。授之以政。非爲天下計也。爲其職也。夫不奪子而行天下者。顧廣圻曰藏本同今本不下有難字誤先愼曰張榜本有難字旁注云難作背必不背死君而事其讎。背死君而事其讎者。必不難奪子而行天下。不難奪子而行天下者。必不難奪其君國矣。管仲。公子糾之臣也。謀殺桓公而不能。其君死而臣桓公。管仲之取舍。非周公旦。未可知也。張榜曰當云非周公旦亦以明矣然其賢與不賢未可知也盧文弨曰未字衍先愼曰張說是未上當有脫文 若使管仲大賢也。且爲湯武。湯武。桀紂之臣也。先愼曰乾道本不重湯武二字顧廣圻云今本重按依下文當重今據補 桀紂作亂。湯武奪之。今桓公以易居其上。是以桀紂之行。居湯武之上。桓公危矣。若使管仲不肖人也。且爲田常。田常。簡公之臣也。而弑其君。今桓公以易居其上。是以簡公之易。居田常之上也。桓公又危矣。管仲非周公旦以明矣。顧廣圻曰藏本同今本且下有亦字誤先愼曰以當作已 然爲湯武與田常。未可知也。爲湯武有桀紂之危。爲田常有簡公之亂也。先愼曰下之字張榜本無 已得仲父之後。桓公奚遽易哉。先愼曰趙本遽作處誤 若使桓公之任管仲。必知不欺已也。是知不欺主之臣也。然雖知不欺主之臣。先愼曰雖當爲唯之誤惟唯古通此承上起下之詞謂桓公任仲知不欺已則桓公能皆知不欺已之臣乃惟管仲之不欺已因謂豎刁易牙亦不欺已遂以任管仲者任二人則桓公不知欺與不欺亦明矣唯誤作雖遂不可讀 今桓公以任管仲之專。借豎刁易牙。王先謙曰今字無義疑令之譌 蟲流出尸而不葬。先愼曰尸當作戶乾道本不作作盧文弨云而字衍顧廣圻云今本作作不誤按當作後先愼按作不字是上文蟲流出尸不葬卽其證今據改 桓公不知臣欺主與不欺主已明矣。而任臣如彼其專也。故曰。桓公闇主。

李兌治中山。苦陘令上計而入多。李兌曰。語言辨。聽之說。不度於義。謂之窕言。苟且也○顧廣圻曰語言辨句絕說讀爲悅孫詒讓曰蒲阪云李兌合作李克其治中山已見外儲說左下語言下文作言語辨辯通聽合作聽魏都賦注引李克書曰言語辯聽之說而不度於義者謂之膠言（文選注）案蒲阪圓據劉逵引李克書校正此文郅塙（御覽一百六十一引史記亦以此爲李克事今史記無此文又案此難諸篇皆雜舉古書之文而難之李克書卽漢書藝文志儒家李克七篇之佚文劉逵所引未全此可以補之）惟窕言膠言義兩通（廣雅釋詁云膠欺也方言云膠詐也此李克書膠字之義）當各從本書昭二十一年左傳云小者不窕杜注云窕細不滿（呂氏春秋適音篇高注義同）蓋窕本爲空虛不充滿之言引申之凡虛假不實者通謂之窕窕言者虛言不可信以爲實下文窕貨者虛貨不可恃以爲富也舊注釋爲苟且蓋讀爲佻愉字於義未切先愼曰聽字不誤選注作聰形近而誤玩下文自知 無山林澤谷之利而入多者謂之窕貨君子不聽窕言不受窕貨子姑免矣 先愼曰乾道本子作之今據張榜本趙本改

或曰李子設辭曰夫言語辨聽之說不度於義者謂之窕言辯在言者說在聽者言非聽者也所謂不度於義 顧廣圻曰藏本今本也下有則辨非說者也六字按此不當有 非謂聽者必謂所聽也聽者非小人則君子也小人無義必不能度之義也君子度之義必不肯說也夫曰言語辨聽之說不度於義者必不誠之言也入多之爲窕貨也未可遠行也李子之姦弗蚤禁使至於計是遂過也無術以知而入多入多者穰也 穰豐多也 雖倍入將奈何舉事愼陰陽之和種樹節四時之適無早晚之失寒溫之災則入多不以小功妨大務不以私欲害人事 先愼曰乾道本私上有和字顧廣圻云藏本今本無和字先愼按私和二字形近而誤衍此與上不以小功妨大務句相對成文不應此多一字據藏本刪 丈夫盡於耕農婦人力於織紝則入多務於畜養之理察於土地之宜六畜遂五穀殖則入多明於權計審於地形舟車機械之利用力少致功大則入多利商市關梁之行能以所有致所無客商歸之外貨留之儉於財用節於衣食宮室器械周於資用不事玩好則入多入多皆人爲也若天事風雨時寒溫適土地不加大而有豐年之功則入多人事天功 盧文弨曰張本功作工 二物者皆入多非山林

澤谷之利也。夫無山林澤谷之利，入多因謂之窕貨者。無術之言也。先慎曰乾道本言作害顧廣圻曰藏本今本害作言今據改

趙簡子圍衛之郛郭。先慎曰郛郭同義郛當作附呂氏春秋貴直篇作附郭高注附郭近郭也郛附聲近而誤　犀楯犀櫓立於矢石之所不及。簡子以犀爲脅櫓而自臥之櫓楯類也○先慎曰乾道本無不字盧文弨云犀楯犀櫓呂氏春秋貴直篇作犀蔽屏櫓所下脫不字注脅字疑作楯又臥字譌先慎按盧說是今依拾補增不字犀堅也說見姦劫弒臣篇　鼓之而士不起。簡子投枹曰。烏乎。先慎曰張榜本烏作嗚　吾之士數弊也。行人燭過。先慎曰僑子華子去趙篇趙簡子有燭過小人之語　免冑而對曰。臣聞之。亦有君之不能耳。士無弊者。但者不能用之耳○先慎曰乾道本脫士字顧廣圻云藏本今本無上有士字先慎按有士字是今據補御覽三百五十一引呂氏春秋士何弊之有今呂書亦脫士字　昔者吾先君獻公。幷國十七。先慎曰呂氏春秋作兼國十九　服國三十八。戰十有二勝。是民之用也。獻公沒。惠公卽位。淫衍暴亂。身好玉女。先慎曰張榜本玉誤王　秦人恣侵。去絳十七里。先慎曰呂氏春秋作秦人襲我遜去絳七十　亦是人之用也。惠公沒。文公受之。先慎曰乾道本受作授顧廣圻云授當作受先慎按張榜本作受今據改　圍衛取鄴。顧廣圻曰呂氏春秋鄴作曹　城濮之戰。五敗荊人。取尊名於天下。亦此人之用也。亦有君不能耳。先慎曰乾道本能下有士字顧廣圻云藏本今本無士字先慎按呂氏春秋亦無士字此涉下文而衍今據刪　士無弊也。簡子乃去楯櫓。立矢石之所及。鼓之而士乘之。戰大勝。簡子曰。與吾得革車千乘。不如聞行人燭過之一言也。

或曰。行人未有以說也。乃道惠公以此人是敗。文公以此人是霸。未見所以用人也。文能以賞信必罰未必去櫓親立於矢石間　簡子未可以速去楯櫓也。先慎曰乾道本楯作脅顧廣圻云藏本今本脅作楯先慎

按上云簡子乃去楯櫓立矢石之所及此卽承上而云作楯字是今據改嚴親在圍。輕犯矢石。孝子之所愛親也。孝子所以輕犯矢石而救者謂親愛〇王渭曰所下當有以字孝子愛親。百數之一也。犯難救親百人無一人言孝稀也今以爲身處危。而人尙可戰。是以百族之子於上。皆若孝子之愛親也。是行人之誣也。能孝於親者尙百無一況於君百族而行孝哉是誣也〇顧廣圻曰藏本同今本百族之子下有愛字誤先愼曰張榜本若作有乾道本注一作益據趙本改好利惡害。夫人之所有也。賞厚而信。人輕敵矣。顧廣圻曰人上當有夫字刑重而必。失人不比矣。顧廣圻曰藏本同今本無失字按失當作夫先愼曰比趙本作北長行徇上。數百不一失。顧廣圻曰藏本同今本失作人按此當衍喜利畏罪。人莫不然。將衆者。不出乎莫不然之數。而道乎百無一人之行。先愼曰乾道本一作失拾補作一盧文弨云失字譌今依改行人未知用衆之道也。先愼曰乾道本無行字用字顧廣圻云今本有行字藏本今本有用字今據補

韓非子集解卷十六

難三第三十八

魯穆公問於子思曰。吾聞龐⿰米閒氏之子不孝。其行奚如。（顧廣圻曰⿰米閒氏論衡非韓篇作撊是按氏是同字⿰米閒當依論衡作撊字書無⿰米閒字史記酷吏傳云濟南瞯氏漢書音義云音小兒癇病也即此姓龐當是其里也）子思對曰。君子尊賢以崇德。舉善以觀民。（顧廣圻曰藏本今本觀作勸論衡作勸按此以觀爲是觀示也）若夫過行。是細人之所識也。臣不知也。子思出。子服厲伯入見。問龐⿰米閒氏子。（先愼曰乾道本無問字顧廣圻云藏本今本有問字先愼按論衡亦有問字今據補）子服厲伯對曰。其過三。皆君之所未嘗聞。（顧廣圻曰之當依論衡作子先愼曰論衡嘗作曾）自是之後。君貴子思而賤子服厲伯也。或曰。魯之公室。三世劫於季氏。不亦宜乎。明君求善而賞之。求姦而誅之。其得之一也。故以善聞之者。以說善同於上者也。以姦聞之者。以惡姦同於上者也。此宜賞譽之所及也。（聞善聞姦俱當賞也○先愼曰乾道本及作力顧廣圻云藏本今本力作及先愼按作及是今據改下此宜毀罰之所及也正作及）不以姦聞。是異於上而下比周於姦者也。此宜毀罰之所及也。今子思不以過聞。而穆公貴之。厲伯以姦聞。而穆公賤之。人情皆喜貴而惡賤。故季氏之亂成而不上聞。此魯君之所以劫也。且此亡王之俗。（顧廣圻曰王當作主）取魯之民所以自美。而穆公獨貴之。不亦倒乎。

文公出亡。獻公使寺人披攻之蒲城。（先愼曰獻公一本作獻子誤）披斬其袪。文公奔翟。惠公卽位。又使攻之惠竇。不得也。顧廣圻曰惠竇當依左傳作渭濱 及文公反國。披求見。公曰。蒲城之役。君令一宿。而汝卽至。惠竇之難。君令三宿。而汝一宿。何其速也。披對曰。君令不二。除君之惡。惟恐不堪。先愼曰乾道本無惟字顧廣圻云藏本今本有惟字先愼按左傳亦有今據補 蒲人翟人。余何有焉。當時君爲蒲翟之人無臣之分則何有焉○盧文弨曰注無臣之分之溈改主 今公卽位。其無蒲翟乎。且桓公置射鉤而相管仲。君乃見之。

或曰。齊晉絶祀。不亦宜乎。桓公能用管仲之功。而忘射鉤之怨。文公能聽寺人之言。而棄斬祛之罪。桓公文公能容二子者也。後世之君。明不及二公。後世之臣。賢不如二子。以不忠之臣。事不明之君。先愼曰乾道本以字在臣字下顧廣圻云今本以字在不字上先愼按此當乙今據改 君不知。則有燕操子之子罕田常之賊。知之。則以管仲寺人自解。君必不誅。而自以爲有桓文之德。是臣讎而明不能燭。顧廣圻曰藏本同今本讎下有君字 多假之資。自以爲賢而不戒。則雖無後嗣。不亦可乎。王先謙曰韓子此言殆爲楚魏相張儀之類而發 且寺人之言也直飾。非誠言也○先愼曰趙本注誠作識誤 君令而不貳者。則是貞於君也。死君後生。臣不愧而後爲貞。不皆死而後爲貞○先愼曰乾道本下後字作復拾補上後字亦作復盧文弨云復作後譌注不字疑必顧廣圻云今本復作後按復後互誤生下當更有生字先愼按今本復作後是也此言君死後臣生不愧如荀息立奚齊立卓子之類而後爲貞若君朝卒而讎立逡臣事之非貞也此與下文語意相承極爲明顯乾道道藏本誤後爲復其義遂晦耳上後字不譌盧顧說並非改從今本 今惠公朝卒而暮事文公。寺人之不貳何如。

人有設桓公隱者。先愼曰乾道本連上今從趙本提行 曰。一難。二難。三難。何也。桓公不能射。先愼曰乾道本躳作對盧文弨云對藏本作躳今據改以告管仲。管仲對曰。一難也。近優而遠士。二難也。去其國而數之海。三難也。君老而晚置太子。桓公曰。善。不擇日而廟禮太子。

或曰。管仲之射隱不得也。士之用不在近遠。而俳優侏儒。固人主之所與燕也。則近優而遠士。而以爲治。非其難者也。夫處勢而不能用其有。先愼曰乾道本勢作世盧文弨云世張本作勢顧廣圻云藏本世作勢是也今據改而悖不去國。顧廣圻云藏本同今本悖作徒按悖當作恃是以一人之力禁一國。以一人之力禁一國者。少能勝之。明能照遠姦而見隱微。必行之令。雖遠於海。內必無變。然則去國之海而不劫殺。非其難者也。楚成王置商臣以爲太子。又欲置公子職。商臣作難。遂弑成王。公子宰周太子也。先愼曰六微篇宰作朝說見上公子根有寵。遂以東州反。顧廣圻曰州讀爲周見六微篇分而爲兩國。此皆非晚置太子之患也。夫分勢不二。庶孼卑。寵無藉。雖處耄老。先愼曰乾道本耄老作大臣誤改從趙本庶孼卑句寵無藉謂所寵之人無借以權勢也晚置太子可也。然則晚置太子。庶孼不亂。又非其難也。物之所謂難者。必借人成勢而勿使侵害己。先愼曰乾道本無使字盧文弨云使字脫張本有今據補可謂一難也。貴妾不使二后。二難也。先愼曰二后猶並后也二難上依上下文當有可謂二字愛孼不使危正適。專聽一臣而不敢隅君。顧廣圻曰藏本同今本隅作偶按隅當作愚先愼曰隅偶形近易譌詩抑維德之隅劉熊碑作偶是二字古人已有誤者此隅當作偶顧說非此則可謂三難也。

葉公子高問政於仲尼。先愼曰乾道本連上今從趙本提行仲尼曰。政在悅近而來遠。哀公問政於仲尼。仲尼曰。政在選賢。齊景公問政於仲尼。仲尼曰。政在節財。三公出。子貢問曰。三公問夫子政一也。夫子對之不同。何也。仲尼曰。葉都大而國小。民有背心。故曰。政在悅近而來遠。魯哀公有大臣三人。外障距諸侯四鄰之士。內比周而以愚其君。先愼曰趙本其作於 使宗廟不掃除。社稷不血食者。必是三臣也。故曰。政在選賢。齊景公築雍門爲路寢。一朝而以三百乘之家賜者三。謂以大夫之業世賜與爲寢也○先愼曰注世趙本作也盧文弨云業也當作菜地又寢也當作寢者 故曰。政在節財。

或曰。仲尼之對。亡國之言也。葉民有倍心。先愼曰乾道本葉作恐盧文弨云恐張本作葉今據改 而說之悅近而來遠。先愼曰乾道本說上有誠字顧廣圻云藏本今本無誠字今據删 則是教民懷惠。惠之爲政。無功者受賞。則有罪者免。此法之所以敗也。法敗而政亂。先愼曰乾道本無政字顧廣圻云藏本今本有今據增 以亂政治敗民。未見其可也。且民有倍心者。君上之明。有所不及也。不紹葉公之明。盧文弨曰紹淩本作咎顧廣圻曰句有誤孫詒讓曰紹當作詔謂誥告之以侚明之義紹詔形聲並相近 而使之悅近而來遠。是舍吾勢之所能禁。而使與不行惠以爭民。顧廣圻曰藏本同今本不作天下二字按不字當作下形近誤今本添天字誤甚 非能持勢者也。夫堯之賢。六王之冠也。舜一從而咸包。而堯無天下矣。有人無術以禁下。恃爲舜而不失其民。不亦無術乎。明君見小姦於微。故民無大謀。行小誅於細。故民無大亂。此謂圖難於其所易也。顧廣圻曰藏本今本難下有者字 爲大者於其所細也。今有功者必賞。賞者不得君。顧廣圻曰得當作德 力之所致也。有罪者必誅。誅者不怨上。罪之所生也。民知誅罰之皆起於身也。顧廣圻曰罰當作賞 故疾功利於業。先愼曰拾補疾作習盧文弨云張本作疾顧廣圻云藏本同今本疾作習誤 而不受賜於君。太上下智有之。顧廣圻曰智讀爲知按此老子第十七章文 此言太上之下。民無說也。盧文弨曰張本無民字 安取懷惠之民。上君之民無利害。說以悅近來遠。亦可舍已。哀公有臣外障距內比周以愚其君而說之以選賢。此非功伐之論也。選其心之所謂賢者也。使哀公知三子外障距內比周也。則三子不一日立矣。哀公不知選賢。選其心之所謂賢。故三子得任事。燕子噲賢子之而非孫卿。顧廣圻曰孫卿荀卿也其事未詳 故身死爲僇。夫差智太宰嚭而愚子胥。故滅於越。魯君不必知賢。而說以選賢。是使哀公有夫差燕噲之患也。明君不自舉臣。臣相進也。顧廣圻曰臣當作功 不自賢。顧廣圻曰賢上當脫選字 功自徇也。顧廣圻曰藏本同今本重功字誤自作相 論之於任。試之於事。課之於功。故羣臣公正而無私。先愼曰乾道本正不作政今據趙本改 不隱賢。不進不肖。然則人主奚勞於選賢。景公以百乘之家賜。而說以節財。是使景公無術以享厚樂。先愼曰以享厚樂乾道本作使智（空一字）之侈藏本作使智之侈改從今本 而獨儉於上。未免於貧也。有君以千里養其口腹。則雖桀紂不侈焉。齊國方三千里。而桓公以其半自養。是侈於桀紂也。然而能爲五霸冠者。知侈儉之地也。爲君不能禁下而自禁者。謂之劫。不能飾下而自飾者。謂之亂。不節下而自節者。謂之貧。先愼曰依上文不下當有能字 明君使人無私。以詐而食者禁。力盡於事歸利於上者必聞。聞者必賞。汙穢爲私者必知。知者必誅。然故忠臣盡忠於公。先愼曰乾道本公上有方字顧廣圻云藏本今本無方字按句有誤先愼按方字衍然故卽然則也王引之經傳釋詞云故猶則也忠臣盡忠於上與民士竭力於家百官精尅於上一律公上不當有方字今據刪 民士竭力於家。百官精尅於上。精廉尅己 侈倍景公。非國之患也。但知上雖侈非國之患也○先愼曰乾道本注但作伊據趙本改 然則說之以節財。非其急者也。夫對三公一言。而三公可以無患。知下之謂也。知下明顧廣圻曰也下當有脫文此知下明則云云哀公之無患也下文知下明則云云景公之無患也所脫爲葉公之無患也因知下明則複出而誤漏之耳 則禁於微。禁於微則姦無積。先愼曰乾道本不重禁於微三字顧廣圻云今本重禁於微按此當更有今據補 姦無積則無比周。無比周則公私分。公私分則朋黨散。朋黨散則無外障距內比周之患。知下明則見精沐。王渭曰精沐二字疑孫詒讓曰精沐疑當爲精悉說文悉詳盡也悉或變作探又譌作沭與沐形近因而致誤 見精沐則誅賞明。誅賞明則國不貧。故曰。一對而三公無患。知下之謂也。韓子以齊桓侈於桀紂猶未虧德形於翰墨著以爲教一何逆理之甚其不得死秦獄未必不由此也○先愼曰趙本無此注文盧文弨云張本有

鄭子產晨出。過東匠之閭。先愼曰乾道本東作柬顧廣圻云論衡東作東閭作宮先愼按張榜本趙本並作東今據改 聞婦人之哭。撫其御之手而聽之。有閒。遣吏執而問之。則手絞其夫者也。顧廣圻曰論衡絞作殺下異日作翼日 異日。其御問曰。夫子何以知之。子產曰。其聲懼。凡人於其親愛也。始病而憂。臨死而懼。已死而哀。今哭已死不哀而懼。是以知其有姦也。

或曰。子產之治。不亦多事乎。不以法度而用智故曰多事也 姦必待耳目之所及而後知之。先愼曰乾道本姦必作必姦據趙本改論衡非韓篇正作姦必 則鄭國之得姦者寡矣。不任典成之吏。典主也謂因事而責成之○先愼曰論衡成作城乾道本注因作其據趙本改 不察參伍之政。先愼曰論衡政作正二字古通 不明度量。恃盡聰明。勞智慮。先愼曰乾道本盡作

毒顧廣圻云藏本今本毒作盡按此以毒與勞對文先愼案顧說非論衡亦作盡今據改論衡特作待誤當依此訂正 而以知姦。不亦無術乎。且夫物衆而智寡。寡不勝衆。智不足以徧知物。故因物以治物。謂若因龍以治鱗蟲因鳳以治羽鳥也○先愼曰乾道本故下有則字顧廣圻云今本無則字俞樾云故則二字無義趙本刪則字當從之惟此文有從舊注羼入者韓子原文當云且夫物衆而智寡寡不勝衆故因物以治物下衆而上寡寡不勝衆故因人以知人舊注於上句寡不勝衆云言智不足以徧知物也於下句寡不勝衆云言君不足以徧知臣也傳寫誤入正文而又有錯誤遂參差而不可讀矣先愼案俞說是則字依趙本刪 下衆而上寡。寡不勝衆者。言君不足以徧知臣也。故因人以知人。是以形體不勞而事治。智慮不用而姦得。故宋人語曰。一雀過羿。羿必得之。則羿誣矣。羿雖善射見雀未必一一得之故曰誣也○先愼曰乾道本不重羿字盧文弨云淩本重羿字今據刪 以天下爲之羅。則雀不失矣。夫知姦亦有大羅。不失其一而已矣。不修其理。而以己之胷察爲之弓矢。則子產誣矣。老子曰。以智治國。國之賊也。其子產之謂矣。

秦昭王問於左右曰。今時韓魏孰與始強。左右對曰。弱於始也。今之如耳魏齊。孰與曩之孟常芒卯。盧文弨曰常張本作嘗下同 對曰。不及也。王曰。孟常芒卯。率強韓魏。猶無奈寡人何也。顧廣圻曰策下有今以無能之如耳魏齊帥弱韓魏以攻秦其無奈寡人何亦明矣先愼曰說苑敬愼篇亦有疑此脫 左右對曰。甚然。中期伏瑟而對先愼曰各本伏瑟作推琴顧廣圻云史記魏世家云中旗馮琴索隱云按戰國策作推琴春秋後語中旗伏琴而韓子作推瑟說苑作伏瑟文各不同按索隱引此作瑟是也推當作馮馮伏同字難二篇云師曠伏琴而笑之先愼按御覽四百五十九引作中旗伏瑟今據改 曰。王之料天下過矣。夫六晉之時。知氏最強。滅范中行。又率韓魏之兵以伐趙。先愼曰各本又率作而從今據御覽改說苑亦作又率 灌以晉水。城之未沈者三板。知伯出。魏宣子御。韓康子爲驂乘。知伯曰。始吾不知水可以滅人之國。吾乃今知之。汾水可以灌安邑。絳水可以灌平陽。魏宣子肘韓康子。康子踐宣子之足。肘足接乎車上。而知氏分於晉陽之下。今足下雖強。未若知氏。韓魏雖弱。未至如其晉陽之下也。（先愼曰其字疑衍）此天下方用肘足之時。願王勿易之也。

或曰。（先愼曰乾道本連上今從趙本提行）昭王之問也有失。左右中期之對也有過。凡明主之治國也。任其勢。勢不可害。則雖強天下。無奈何也。而況孟常芒卯韓魏。能奈我何。其勢可害也。則不肖如如耳魏齊（先愼曰乾道本不重如字盧文弨云脫凌本重今據補）及韓魏猶能害之。然則害與不侵。在自恃而已矣。奚問乎。自恃其不可侵。（先愼曰下自字趙本作日盧文弨云日字譌）則強與弱奚其擇焉。（先愼曰乾道本無則字顧廣圻云藏本今本有則字今據補）夫不能自恃。（先愼曰乾道本夫不能作失在不今據趙本改）而問其奈何也。其不侵也幸矣。申子曰。失之數而求之信。則疑矣。其昭王之謂也。知伯無度。從韓康魏宣。而圖以水灌滅其國。（先愼曰其拾補作人盧文弨云其字譌先愼案盧說非其指韓魏言卽上汾水灌安邑絳水灌平陽也）此知伯之所以國亡而身死。頭爲飲杯之故也。今昭王乃問孰與始強。其未有水人之患也。（先愼曰乾道本未作畏也作乎盧文弨云淩本秦本畏作未乎作也顧廣圻云畏字當有誤未詳先愼按畏未聲近而譌未有水人之患與安有肘足之事文法一律今據改）雖有左右。非韓魏之二子也。安有肘足之事。而中期曰勿易。此虛言也。且中期之所官。琴瑟也。絃不調。弄不明。中期之任也。此中期所以事昭王者也。中期善承其任。未慊昭王也。而爲所不知。豈不妄哉。左右對之曰。弱於始與不及。則可矣。其曰甚然。盧文弨曰四字句則諛也。申子曰。治不踰官。雖知不言。今中期不知而尙言之。故曰。昭王之問有失。左右中期之對皆有過也。

管子曰。見其可。說之有證。見其不可。惡之有形。賞罰信於所見。雖所不見。其敢爲之乎。見其可。說之無證。先愼曰乾道本證上有說字顧廣圻云藏本今本無下說字先愼按說字涉上文而衍今據刪見其不可。惡之無形。賞罰不信於所見。而求所不見之外。不可得也。

或曰。廣廷嚴居。衆人之所肅也。晏室獨處。曾史之所僈也。先愼曰僈趙本作慢古字通用觀人之所肅。非行情也。顧廣圻曰藏本同今本行作得誤且君上者。臣下之所爲飾也。好惡在所見。臣下之飾姦物以愚其君必也。明不能燭遠姦。見隱微。而待之以觀飾行。定賞罰。不亦弊乎。

管子曰。言於室。滿於室。言於堂。滿於堂。是謂天下王。

或曰。管仲之所謂言室滿室。言堂滿堂者。非特謂遊戲飲食之言也。必謂大物也。人主之大物。非法則術也。法者編著之圖籍。設之於官府。而布之於百姓者也。術者藏之於胸中。以偶衆端。而潛御羣臣者也。先愼曰張榜本衆作重故法莫如顯。而術不欲見。是以明主言法。則境內卑賤。莫不聞知也。不獨滿於堂。用術則親愛近習。莫之得聞也。不得滿室。而管子猶曰。言於室滿室。

言於堂滿堂。非法術之言也。

難四第三十九

衞孫文子聘於魯。公登亦登。叔孫穆子趨進曰。諸侯之會。寡君未嘗後衞君也。今子不後寡君一等。寡君未知所過也。子其少安。孫子無辭。亦無悛容。穆子退而告人曰。孫子必亡。亡臣而不後君。顧廣圻曰藏本今本不重亡字按當依左傳云孫子必亡爲臣而君衍不後二字先愼曰按此相傳當日之語不同應各依本書爲是亡臣即下其所以亡其失所以得君也亡臣之亡讀若忘孫子自忘已命爲臣故與魯君並行而不違下文孫子君於衞而後不臣於魯正申亡臣而不後君之說顧氏依左傳改本書失本書指矣過而不悛。亡之本也。

或曰。天子失道。諸侯伐之。顧廣圻曰伐當作代代之代爲君也下文盡同故有湯武。諸侯失道。大夫伐之。故有齊晉。臣而伐君者必亡。則是湯武不王。晉齊不立也。先愼曰依上文晉齊當作齊晉孫子君於衞。顧廣圻曰句絕而後不臣於魯。臣之君也。王先謙曰臣之君謂臣變而爲君也君有失也。故臣有得也。不命亡於有失之君。而命亡於有得之臣。不察。顧廣圻曰二字句絕先愼曰命與言通書大禹謨咸聽朕命墨子兼愛篇下作咸聽朕言禹謨即本墨子改言爲命可見古人命言二字相通此謂穆子不言衞君有失之當亡而言衞臣有得之必亡是謂不明君之明。不知不悛之臣。孫子雖有是二也。臣以亡。顧廣圻曰藏本同今本無臣字誤按臣當爲巨詎巨同字其所以亡。其失所以得君也。顧廣圻曰藏本同今本無亡其二字誤亡句絕下七字爲一句先愼曰其所以亡謂亡其爲臣也其失所以得君謂失其爲臣之禮故得爲其君也

或曰。先愼曰前三篇皆一難此篇先立一義以難古人又立一義以自難前說其文皆出於韓子臣主之施分也。臣能奪君者。以得相踦也。故非其分而取者。衆之所奪也。辭其分而取者。民之所予也。是以

桀索崏山之女。紂求比干之心而天下離。先愼曰乾道本離作謂顧廣圻云今本謂作離今據改 湯身易名。顧廣圻曰未詳先愼曰路史桀殺關龍逢湯聞而歎使人哭之桀怒囚湯於夏臺已而得釋以下文受詈例之當卽此事 武身受詈。顧廣圻曰見喻老篇 而海內服。趙咺走山。顧廣圻曰咺當作宣左傳宣子未出山而復是其事也 田成外僕。顧廣圻曰藏本同今本田下有氏字誤此當有成字卽田成子去齊走而之燕負傳隨鴟夷子皮事也見說林上篇 而齊晉從。則湯武之所以王。齊晉之所以立。非必以其君也。彼得之而後以君處之也。趙用賢曰非必奪君之位分所當得也以分所當得而後自處於君位也 今未有其所以得。而行其所以處。是倒義而逆德也。倒義。則事之所以敗也。逆德。則怨之所以聚也。敗亡之不察何也。

魯陽虎欲攻三桓。不尅而奔齊。景公禮之。顧廣圻曰藏本今本重齊字誤 鮑文子諫曰。不可。陽虎有寵於季氏。而欲伐於季孫。先愼曰伐下衍於字 貪其富也。今君富於季孫。而齊大於魯。陽虎所以盡詐也。景公乃囚陽虎。

或曰。先愼曰乾道本連上今從趙本提行 千金之家。其子不仁。人之急利甚也。桓公。五伯之上也。爭國而殺其兄。其利大也。臣主之閒。非兄弟之親也。劫殺之功。制萬乘而享大利。則羣臣孰非陽虎也。事以微巧成。以疏拙敗。羣臣之未起難也。其備未具也。羣臣皆有陽虎之心。而君上不知。是微而巧也。陽虎貪於天下。以欲攻上。是疏而拙也。不使景公加誅於拙虎。顧廣圻曰誅下當有脫文本云不使景公加誅於齊之巧臣而使加誅於拙虎下文云不知齊之巧臣其證也 是鮑文子之說反也。臣之忠詐。在君所行也。君明而嚴。則羣臣忠。君懦而闇則羣臣詐。知微之謂明無赦之謂嚴。先愼曰乾道本赦上有救字拾補無盧文弨云救字衍今據删不知齊之巧臣。而誅魯之成亂。不亦妄乎。

或曰。仁貪不同心。故公子目夷辭宋。而楚商臣弑父。鄭去疾予弟。顧廣圻曰與左傳不同鄭世家亦云堅者靈公庶弟而去疾之兄也而魯桓弑兄。五伯兼幷。而以桓律人。先愼曰桓上當有三字則是皆無貞廉也。且君明而嚴。則羣臣忠。陽虎爲亂於魯。不成而走入齊。而不誅。是承爲亂也。君明則誅。知陽虎之可以濟亂也。先愼曰誅知趙本作知誅誤誅字句知下屬此見微之情也。語曰。諸侯以國爲親。君嚴。則陽虎之罪不可失。此無赦之實也。先愼曰乾道本赦上有救字據拾補删則誅陽虎所以使羣臣忠也。未知齊之巧臣。而廢明亂之罰。責於未然。而不誅昭昭之罪。此則妄矣。今誅魯之罪亂。以威羣臣之有姦心者。而可以得季孟叔孫之親。鮑文之說。何以爲反。

鄭伯將以高渠彌爲卿。昭公惡之。固諫不聽。及昭公卽位。懼其殺己也。辛卯。弑昭公而立子亶也。盧文弨曰亶左傳桓十七年傳作亹疑此因形近而譌下公子圉傳作達亦然君子曰。昭公知所惡矣。公子圉曰。高伯其爲戮乎。報惡已甚矣。

或曰。公子圉之言也。不亦反乎。昭公之及於難者。報惡晚也。然則高伯之晚於死者。報惡甚也。明君不懸怒。有怒不行且舉之故曰懸怒懸怒則臣罪輕舉以行計。顧廣圻曰藏本同今本臣下有懼字按臣罪當作罪臣此下當重有罪臣輕舉以行計七字則人主危。故靈臺之飲。顧廣圻曰與左傳不同衞侯怒而不誅。故褚師作難。先愼曰乾道本褚作楮據趙本改 食黿之羹。鄭君怒而不誅。故子公殺君。君子之舉知所惡。非甚之也。曰。知之若是其明也。而不行誅焉。以及於死。故曰。知所惡。先愼曰乾道本無曰字拾補有盧文弨云張本無顧廣圻云藏本同今本故下有曰字按當有舉字先愼按有曰字是今據補 以見其無權也。人君非獨不足於見難而已。或不足於斷制。今昭公見惡。稽罪而不誅。使渠彌含憎懼死以徼幸。故不免於殺。是昭公之報惡不甚也。先愼曰昭公當作高伯昭公含怒未發不得言昭公之報惡此卽難公子圉高伯其爲戮乎報惡已甚矣之語今本皆誤高伯爲昭公文義不可通矣

或曰。報惡甚者。大誅報小罪。大誅報小罪也者。獄之至也。先愼曰乾道本無下報字顧廣圻云藏本今本有報字今據補 獄之患。故非在所以誅也。顧廣圻曰獄之患句絕以當作已 以讎之衆也。是以晉厲公滅三郤。而欒中行作難。鄭子都殺伯咺。而食鼎起禍。顧廣圻曰未詳 吳王誅子胥。而越句踐成霸。則衞侯之逐。鄭靈之弒。不以褚師之不死。而子公之不誅也。先愼曰乾道本子公作公父顧廣圻云今本公父作子公誤先愼按作子公是上子公弒君與褚師作難對言是其證改從今本事見左傳 以未可以怒而有怒之色。未可誅而有誅之心。怒之當罪。先愼曰乾道本之作其盧文弨云其秦本作之今據改 而誅不逆人心。雖懸奚害。夫未立有罪。卽位之後。宿罪而誅。齊胡之所以滅也。先愼曰乾道本齊下有故字顧廣圻云藏本今本無故字國語昔齊騶馬繻以胡公入於貝水卽其事今據刪 君行之臣。顧廣圻曰四字爲一句 猶有後患。況爲臣而行之君乎。誅旣不當。而以盡爲心。是與天下爲讎也。則雖爲戮。不亦可乎。先愼曰拾補乎下有哉字盧文弨云脫張本有

衞靈公之時。先愼曰乾道本無公字盧文弨云脫張本有顧廣圻云藏本有公字是也七術篇有今據補 彌子瑕有寵於衞國。侏儒

有見公者曰。臣之夢踐矣。（先慎曰乾道本踐作淺拾補作踐今據改七術篇作戕亦誤）公曰。奚夢。（先慎曰此下當依七術篇有對曰二字）夢見竈者。為見公也。公怒曰。吾聞見人主者夢見日。（先慎曰乾道本聞下無見字拾補有七術篇有今據補拾補夢下刪見字非）奚為見寡人而夢見竈乎。侏儒曰。夫日兼照天下。一物不能當也。人君兼照一國。一人不能壅也。故將見人主而夢日也。夫竈一人煬焉。則後人無從見矣。或者一人煬君邪。則臣雖夢竈。不亦可乎。公曰。善。遂去雍鉏。退彌子瑕。而用司空狗。（顧廣圻曰雍鉏趙策作雍疽先慎曰孟子衛策作癰疽說苑至公篇作雍睢皆音近通借）

或曰。侏儒善假於夢。以見主道矣。然靈公不知侏儒之言也。去雍鉏。退彌子瑕。而用司空狗者。是去所愛而用所賢也。鄭子都賢慶建而壅焉。（顧廣圻曰未詳）燕子噲賢子之而壅焉。夫去所愛而用所賢。未免使一人煬已也。不肖者煬主。不足以害明。今不加誅。而使賢者煬已。（先慎曰乾道本已上有主字顧廣圻云今本無已字誤按依下文當衍主字先慎按拾補有已字無主字盧文弨云主字非今據刪）則必危矣。（先慎曰乾道本必危二字作賢誤顧廣圻云藏本今本賢作必危二字按依下文是也今據改）

或曰。屈到嗜芰。文王嗜菖蒲葅。非正味也。而二賢尚之。所味不必美。晉靈侯說參無恤。（顧廣圻曰未詳）燕噲賢子之。非正士也。（先慎曰乾道本重之字顧廣圻云藏本不更有之字是也今據刪）而二君尊之。所賢不必賢也。非賢而賢用之。（顧廣圻曰藏本同今本無下賢字誤）與愛而用之同。（顧廣圻曰句絕）賢誠賢而舉之。（顧廣圻曰六字為一句）與用所愛異狀。（顧廣圻曰狀字衍）故楚莊舉叔孫而霸。（王渭曰叔孫當作孫叔）商辛用費仲而滅。此皆用所賢而事相反也。燕噲雖舉所賢。而同於用所愛。儒奚距然哉。先愼曰拾補奚下有獨字距作詎盧文弨云距字非顧廣圻云距讀爲遽先愼按顧說是 則侏儒之未見也。先愼曰乾道本見上有可字盧文弨云可字淩秦本無今據删 君壅而不知其壅也。已見之後。而知其壅也。故退壅臣。是加知之也。顧廣圻曰之字當衍 日不加知。顧廣圻藏本同今本日作曰誤 而使賢者煬已。則必危。而今以加知矣。則雖煬已。必不危矣。

韓非子集解卷十七

難勢第四十

愼子曰。飛龍乘雲。騰蛇遊霧。雲罷霧霽。先愼曰初學記二御覽十五事類賦三引霽作散而龍蛇與螾螘同矣。則失其所乘也。賢人而詘於不肖者。則權輕位卑也。盧文弨曰張本賢上有故字不肖而能服於賢者。則權重位尊也。堯爲匹夫。不能治三人。而桀爲天子。能亂天下。吾以此知勢位之足恃。而賢智之不足慕也。夫弩弱而矢高者。激於風也。身不肖而令行者。得助於衆也。堯教於隸屬。而民不聽。至於南面而王天下。令則行。禁則止。由此觀之。賢智未足以服衆。而勢位足以缶賢者也。盧文弨曰缶疑𤴓之譌𤴓古正字墨子往往用此顧廣圻曰句有誤俞樾曰缶乃詘字之誤詘闕壞而爲出字又因誤爲缶也上文云賢人乃詘於不肖者則權輕位卑也此卽勢位足以詘賢者之義趙本作任賢者乃不得其字而臆改不可從也先愼曰俞說是張榜本亦改作任

應愼子曰。飛龍乘雲。騰蛇遊霧。吾不以龍蛇爲不託於雲霧之勢也。雖然。夫釋賢而專任勢。足以爲治乎。先愼曰乾道本釋作擇拾補擇作釋顧廣圻云當作釋今據改則吾未得見也。夫有雲霧之勢而能乘遊之者。龍蛇之材美之也。盧文弨曰下之字淩本無先謙曰此與下螾螘之材薄也對文明下之字衍今雲盛而螾弗能乘也。霧醲而螘不能遊也。夫有盛雲醲霧之勢而不能乘遊者。螾螘之材薄也。今桀紂南面而王天下。以天子之威爲之雲霧。而

天下不免乎大亂者。桀紂之材薄也。且其人以堯之勢以治天下也。其勢顧廣圻曰藏本同今本無以也其勢四字先愼曰張榜本無以也二字按其勢二字屬下讀何以異桀之勢也。亂天下者也。盧文弨曰一本無者字顧廣圻曰藏本今本無上也字按也當作以夫勢者。非能必使賢者用已。而不肖者不用已也。顧廣圻曰兩已字當有誤未詳俞樾曰兩已字當作人已之已卽以勢而言勢者人人得而用之不能使賢者用我而不肖者不用我也顧氏由不達古人語意耳賢者用之則天下治。不肖者用之則天下亂。人之情性。賢者寡而不肖者衆。而以威勢之利濟亂世之不肖人。則是以勢亂天下者多矣。盧文弨曰一本無矣字以勢治天下者寡矣。夫勢者。便治而利亂者也。故周書曰。毋爲虎傅翼。將飛入邑。擇人而食之。先愼曰乾道本無將字顧廣圻云藏本今本飛上有將字按之字當衍先愼按逸周書寤儆篇正有將字今據補彼脫爲字當依此訂夫乘不肖人於勢。是爲虎傅翼也。桀紂爲高臺深池以盡民力。爲炮烙以傷民性。顧廣圻曰句當有脫字高臺一也深池二也炮烙三也下文云四行其一未見先愼曰此隨舉二人暴虐之事非必有四行也炮烙卽非桀所爲顧說太泥桀紂得乘四行者。顧廣圻藏本乘作成今本四作肆皆誤乘當作兼下文云未始行一其證也先愼曰乘下脫勢字四當作肆肆行卽指盡民力傷民性言顧說非南面之威爲之翼也。使桀紂爲匹夫。未始行一而身在刑戮矣。先愼曰言匹夫未一行桀紂之暴亂刑戮隨之也顧氏以一對四言非勢者。養虎狼之心。而成暴亂之事者也。先愼曰乾道本暴下有風字顧廣圻云今本無風字按句有誤先愼按無風字是改從今本此謂桀紂得有天下之勢以爲之傳翼所以暴亂之事成也此天下之大患也。勢之於治亂本未有位也。顧廣圻曰未當作末而語專言勢之足以治天下者。則其智之所至者淺矣。夫良馬固車。使臧獲御之則爲人笑。王良御之而日取千里。車馬非異也。或至乎千里。或爲人笑。則巧拙相去遠矣。先愼曰乾道本無巧字顧廣圻云藏本今本有巧字先愼案治要亦有今據補今以國位爲車。先愼曰治要無位字以勢爲馬。以號令爲轡。先愼曰治要轡下有銜字以刑罰爲鞭筴。使堯舜御之。則天下治。桀紂御之。則天下亂。則賢不肖相去遠矣。夫欲追速致遠。不知任王良。欲進利除害。不知任賢能。此則不知類之患也。夫堯舜亦治民之王良也。復應之曰。其人以勢爲足恃以治官。客曰。必待賢乃治。則不然矣。夫勢者名一而變無數者也。先愼曰有自然之勢有人設之勢勢必於自然。則無爲言於勢矣。吾所爲言勢者。言人之所設也。今曰堯舜得勢而治。桀紂得勢而亂。吾非以堯舜爲不然也。雖然。非一人之所得設也。先愼曰乾道本無今日至設也據藏本張榜本趙本補三十二字夫堯舜生而在上位。先愼曰乾道字堯作聖顧廣圻云藏本今本聖作堯非也舜上當有脫文先愼按顧氏不審上文有三十二字之本故疑此下脫文堯舜承上言堯不當作聖御覽六百二十四初學記九引並作堯與藏本今本合是其證今據改初學記引夫上有今字藝文類聚五十二引無舜字有堯字蓋堯下脫舜字然亦足見聖爲堯之誤雖有十桀紂不能亂者。則勢治也。桀紂亦生而在上位。雖有十堯舜而亦不能治者。則勢亂也。故曰。勢治者則不可亂。而勢亂者則不可治也。此自然之勢也。非人之所得設也。若吾所言。謂人之所得設也。若吾所言。謂人之所得勢也而巳矣。先愼曰乾道本無設也若吾所言謂人之所得十一字顧廣圻云謂人之所得下有脫文俞樾云勢當作設上文云此自然之勢也非人之得設也故此曰若吾所言謂人之所得設也而巳矣設誤作勢文不可通顧氏因疑有脫文非是先愼案張榜本得下有設也若吾所言謂人之所得十一字是今據增上吾字乃客之誤當作若客所言謂人之所得設也若吾所言謂人之所得勢也而巳矣若客所言謂人之得設正承上非人之所得設也而來語極明晰客誤爲吾遂不可讀乾道本因刪去若吾所言謂人之所得設也十一字耳顧氏知有缺文而失於考校俞氏又強爲之說而不加參訂均非賢何事焉。何以明其然也。客曰。人有鬻矛與楯者。先愼曰難一篇矛楯互易白孔六帖五十八引無與字譽其楯之堅。物莫能陷也。俄而又譽其矛曰：吾矛之利，物無不陷也。人應之曰：以子之矛陷子之楯何如。其人弗能應也。先愼曰：白孔六帖引陷子之楯何如作擧子之楯如之何。以爲不可陷之楯與無不陷之矛，爲名不可兩立也。夫賢之爲勢不可禁，而勢之爲道也無不禁，以不可禁之勢，顧廣圻曰：藏本同，今本勢下有與無不禁之道，誤。按當云以不可禁之賢與無不禁之勢。此矛楯之說也。夫賢勢之不相容亦明矣。且夫堯舜桀紂千世而一出，是比肩隨踵而生也。先愼曰：是上當有反字。世之治者不絕於中，吾所以爲言勢者，中也。中者，上不及堯舜，而下亦不爲桀紂。抱法處勢則治，背法去勢則亂。今廢勢背法而待堯舜，堯舜至乃治，是千世亂而一治也。抱法處勢而待桀紂，桀紂至乃亂，是千世治而一亂也。且夫治千而亂一，與治一而亂千也，是猶乘驥駬而分馳也，相去亦遠矣。先愼曰：驥駬並千里馬，乘而分馳，違背必速。夫棄隱栝之法，先愼曰：張榜本趙本栝作括。公羊何休序云：隱括使就繩墨。是也。字當作桰。說文：桰，櫽也，從木𠯑聲。今通用炊竈木之栝，又或從括。書太甲：往省括于度。是也。去度量之數，使奚仲爲車，不能成一輪。無慶賞之勸，刑罰之威，釋勢委法，堯舜戶說而人辯之，不能治三家。夫勢之足用亦明矣，而曰必待賢，則亦不然矣。先愼曰：乾道本無不字，顧廣圻云藏本今本有不字，今據增。且夫百日不食以待粱肉，餓者不活。先愼曰：御覽八百六十三引活作育。今待堯舜之賢乃治當世之民，是猶待粱肉而救餓之說也。夫曰良馬固車，臧獲御之則爲人笑，王良御之則日取乎千里，吾不以爲然。夫待越人之善海游者，盧文弨曰：海字疑衍。先愼曰：海卽游字誤而複者。以救中國之溺人，越人善游矣，而溺者不濟矣。先慎曰：上矣字當衍，溺上當有難字。說林上篇「越人雖善游，子必不生矣」，語句正同。夫待古之王良以馭今之馬，亦猶越人救溺之說也，不可亦明矣。夫良馬固車，先慎曰：張榜本脫馬字。五十里而一置，使中手御之，追速致遠，可以及也，而千里可日致也，何必待古之王良乎？且御非使王良也，則必使臧獲敗之；治非使堯舜也，則必使桀紂亂之。此味非飴蜜也，必苦菜亭歷也。先慎曰：乾道本菜作萊。顧廣圻云：今本萊作菜。今據改。此則積辯累辭、離理失術、兩未之議也，盧文弨曰：未，張凌本作末。顧廣圻云：句有誤。顧廣圻曰：句有誤。先慎曰：語意明顯，顧說謬。奚可以難夫道理之言乎哉？客議未及此論也。

問辯第四十一

或問曰：辯安生乎？對曰：生於上之不明也。問者曰：上之不明，因生辯也，何哉？對曰：明主之國，令者，言最貴者也；法者，事最適者也。言無二貴，法不兩適，故言行而不軌於法令者必禁。若其無法令而可以接詐、應變、生利、揣事者，上必采其言而責其實。言當則有大利，不當則有重罪，是以愚者畏罪而不敢言，智者無以訟。先慎曰：訟讀爲誦。此所以無辯之故也。亂世則不然。主上有令，先慎曰：乾道本無上字。顧廣圻云：藏本、今本有。今據補。而民以文學非之；官府有法，民以私行矯之。先慎曰：依上文，民上當有而字。人主顧漸其法令，而尊學者之智行，趙用賢曰：漸，沒也，音尖。此世之所以多文學也。先慎曰：張榜本所下脫以字。夫言行者，以功用爲之的彀者也。夫砥礪殺矢，而以妄發，其端未嘗不中秋毫也。先愼曰殺矢用諸田獵之矢見周禮考工記治氏注 然而不可謂善射者。無常儀的也。設五寸之的。引十步之遠。先愼曰外儲說左上篇同按十步當作百步 非羿逢蒙不能必中者。有常也。先愼曰常下脫儀的二字外儲說有 故有常則羿逢蒙以五寸的爲巧。先愼曰張榜本趙本巧作功誤巧與下文拙正相對待外儲說作巧是其證 無常則以妄發之中秋毫爲拙。今聽言觀行。不以功用爲之的彀。先愼曰張榜本趙本功作公誤 言雖至察。行雖至堅。則妄發之說也。是以亂世之聽言也。以難知爲察。以博文爲辯。其觀行也。以離羣爲賢。以犯上爲抗。人主者。說辯察之言。尊賢抗之行。故夫作法術之人。立取舍之行。別辭爭之論。先愼曰張榜本無故夫至此十七字 而莫爲之正。是以儒服帶劍者衆。而耕戰之士寡。堅白無厚之詞章。先愼曰史記荀卿傳趙有公孫龍爲堅白異同之辨鄧析子無厚篇天不能屏勃厲之氣全夭折之人使爲善之民必壽此於民無厚也凡民有穿窬爲盜者有詐僞相迷者此皆生於不足起於貧窮而君必執法誅之此於民無厚也堯舜位爲天子而丹朱商均爲布衣此於子無厚也周公誅管蔡此於弟無厚也 而憲令之法息。故曰。上不明則辯生焉。

問田第四十二

徐渠問田鳩曰。臣聞智士不襲下而遇君。聖人不見功而接上。今陽成義渠。明將也。先愼曰乾道本今作令拾補作今盧文弨云令字非今據改 而措於毛伯。顧廣圻曰毛當作屯外儲說右篇云屯二甲義同先愼曰顧說毛當作屯是其引屯二甲爲證非屯伯卽屯長見商君書境內篇措當依下文作試 公孫亶回。聖相也。顧廣圻曰文心雕龍書記引此云孫亶回無公字省耳 而關於州部。何哉。田鳩曰。此無他故異物。主有度。上有術之故也。且足下獨不聞楚將宋觚而失其政。魏相馮離而亡其國。二君者。驅於聲詞。眩乎辯說。不試於毛伯。不關乎州部。故有失政亡國之患。由是觀之。夫無毛伯之試。州部之關。豈明主之備哉。

堂谿公謂韓子曰。臣聞服禮辭讓。全之術也。修行退智。遂之道也。今先生立法術。設度數。先愼曰乾道本生作王今據拾補改臣竊以爲危於身而殆於軀。何以効之。先愼曰乾道本効作效盧文弨云效藏本作効今據改所聞先生術曰。楚不用吳起而削亂。秦行商君而富彊。先愼曰乾道本彊作疆今據張榜本趙本改二子之言已當矣。然而吳起支解。而商君車裂者。不逢世遇主之患也。逢遇不可必也。患禍不可斥也。夫舍乎全遂之道。而肆乎危殆之行。竊爲先生無取焉。韓子曰。臣明先生之言矣。先愼曰乾道本無臣字顧廣圻云藏本今本有今據補夫治天下之柄。齊民萌之度。甚未易處也。然所以廢先王之教。王渭曰王當作生下同而行賤臣之所取者。竊以爲立法術。設度數。所以利民萌便衆庶之道也。故不憚亂主闇上之患禍。而必思以齊民萌之資利者。仁智之行也。憚亂主闇上之患禍。而避乎死亡之害。知明夫身。而不見民萌之資利者。貪鄙之爲也。先愼曰乾道本知明夫身而不見民萌之資利者作知明而不見民萌之資夫科身者盧文弨云夫字身字淩本無顧廣圻云此當作知明夫身而不見民萌之資利者乾道本利作科譌今據改臣不忍嚮貪鄙之爲。不敢傷仁智之行。先王有幸臣之意。然有大傷臣之實。俞樾曰先王當作先生卽謂堂谿公也非謂韓子舍全遂之道而肆危殆之行故曰先生有幸臣之意幸臣猶愛臣也呂氏春秋至忠篇王必幸臣與臣之母是也韓子自謂不忍嚮貪鄙之爲不敢傷仁智之行若從堂谿公言則仁智之行傷矣故曰然有大傷臣之實此有字當讀爲又

定法第四十三

問者曰。申不害公孫鞅。此二家之言孰急於國。應之曰。是不可程也。人不食。十日則死。大寒之隆。不衣亦死。謂之衣食孰急於人。則是不可一無也。皆養生之具也。今申不害言術。而公孫鞅爲法。術者因任而授官。循名而責實。先愼曰乾道本實作賁誤據張榜本趙本改　操殺生之柄。課羣臣之能者也。此人主之所執也。法者。憲令著於官府。刑罰必於民心。賞存乎愼法。而罰加乎姦令者也。盧文弨曰姦溈改作奸　此臣之所師也。君無術則弊於上。臣無法則亂於下。此不可一無。皆帝王之具也。

問者曰。先愼曰問張榜本作或　徒術而無法。徒法而無術。其不可何哉。對曰。申不害。韓昭侯之佐也。韓者。晉之別國也。晉之故法未息。而韓之新法又生。先君之令未收。而後君之令又下。申不害不擅其法。不一其憲令。則姦多。先愼曰不一其憲令句則姦多句　故利在故法前令。則道之。利在新法後令。則道之。先愼曰道讀爲導與下使昭侯用術同意利在故法前令申不害則使昭侯用故法前令其利在新法後令則使昭侯用新法後令前令後令即上先君之令後君之令今人以前後兩字逗非也　利在故新相反。盧文弨曰利在二字衍　前後相悖。先愼曰乾道本悖作勃顧廣圻云今本勃作悖誤先愼案說文誖下云亂也或從心作悖勃下云排也明乖亂之字應作悖而勃爲叚借字顧氏以正字爲誤蓋未之審耳今據改　則申不害雖十使昭侯用術。而姦臣猶有所譎其辭矣。先愼曰張榜本用譌利　故託万乘之勁韓。先愼曰万張榜本趙本作萬　七十年而不至於霸王者。顧廣圻曰七十有誤或當作十七　雖用術於上。法不勤飾於官之患也。公孫鞅之治秦也。設告相坐而責其實。先愼曰相字後人所加此與下連什伍而同其罪對文連什伍而同其罪。賞厚而信。刑重而必。是以其民用力勞而不休。逐敵危而不卻。故其國富而兵強。然而無術以知姦。則以其富強也資人臣而已矣。及孝公商君死。惠王卽位。秦法未敗也。而張儀以秦殉韓魏。顧廣圻曰句絕惠王死。武王卽位。甘茂以秦殉周。先愼曰依上文甘上當有而字武王死。昭襄王卽位。穰侯越韓魏而東攻齊。先愼曰御覽一百九十八引無韓字五年而秦不益一尺之地。先愼曰各本一尺作尺土據御覽引改乃成其陶邑之封。先愼曰各本成作城據御覽引改應侯攻韓八年。成其汝南之封。顧廣圻曰藏本同今本成作城誤上文乃城其陶邑之封亦當作成先愼曰御覽此亦作成不誤自是以來。諸用秦者皆應穰之類也。故戰勝則大臣尊。益地則私封立。主無術以知姦也。先愼曰張榜本主作其誤主謂秦王也商君雖十飾其法。人臣反用其資。故乘強秦之資數十年而不至於帝王者。法不勤飾於官。盧文弨曰不或改雖顧廣圻曰不當作雖主無術於上之患也。

問者曰。主用申子之術。而官行商君之法。可乎。對曰。申子未盡於法也。顧廣圻曰當云申子未盡於術商君未盡於法也脫去六字申子言治不踰官。雖知弗言。先愼曰乾道本無治字弗字顧廣圻云藏本今本知下有弗字今本不上有治字按依下文當有又見難三篇弗亦作不今據補治不踰官。謂之守職也可。顧廣圻曰藏本今本也可作可也先愼曰張榜無可字知而弗言。是謂過也。先愼曰乾道本是下有不字盧文弨云不字脫藏本張本有也耶同顧廣圻云今本無不字按句有誤先愼按不字衍文下知而弗言則人主尙安假借矣卽是謂過也意今據改人主以一國目視。故視莫明焉。以一國耳聽。故聽莫聰焉。今知而弗言。則人主尙安假借矣。（先愼曰矣當作乎）商君之法曰。（先愼曰乾道本曰作日據張榜本趙本改）斬一首者爵一級。欲爲官者爲五十石之官。斬二首者爵二級。（先愼曰乾道本爵二級作爵一級據張榜本趙本改）欲爲官者爲百石之官。官爵之遷與斬首之功相稱也。今有法曰。斬首者令爲醫匠。則屋不成而病不巳。（先愼曰乾道本無病不至者齊十三字空十八字顧廣圻云藏本今本有病不巳夫匠者手巧也而醫者齊十三字今依藏本今本補說詳下）夫匠者手巧也。而醫者齊藥也。（先愼曰乾道本無能也二字顧廣圻云空四字藏本今本有能也二字今據補）而以斬首之功爲之。則不當其能。今治官者。智能也。今斬首者勇力之所加也。以勇力之所加。（先愼曰乾道本無勇力之所加也以七字不空合計屋不成下缺五字智下缺二字正符七字之數足見今本之字非肊撰也今據今本補勇力之所以加也以七字）而治智能之官。（先愼曰乾道本治下有者字顧廣圻云藏本今本無者字此未詳先愼按者字衍今據刪此謂以勇力所得之官而理智能之事不當其能無異令斬首之人爲醫匠也）是以斬首之功爲醫匠也。故曰。二子之於法術皆未盡善也。

說疑第四十四（顧廣圻曰疑讀爲擬）

凡治之大者。非謂其賞罰之當也。賞無功之人。罰不辜之民。（先愼曰乾道本辜下無之字顧廣圻云藏本今本有今據補）非所謂明也。（顧廣圻曰明字當衍）賞有功。罰有罪。而不失其人。方在於人者也。（顧廣圻曰藏本同今本人方作當乃誤按在當作任形近誤先愼曰顧說是讀當以而不失其人句方任於人者也句）非能生功止過者也。是故禁姦之法。太上禁其心。其次禁其言。其次禁其事。今世皆曰尊主安國者。必以仁義智能。而不知卑主危國者之必以仁義智能也。故有道之主。遠仁義。去智能。服之以法。是以譽廣而名威。民治而國安。知用民之法也。凡術也者。主之所以執也。法也者。官之所以師也。然使郎中日聞道於郎門之外。以至於境內日見法。又非其難者也。昔者有扈氏有失度。讙兜氏有孤男。三苗有成駒。桀有侯侈。顧廣圻曰墨子所染篇云夏桀染於干辛推哆又明鬼篇云推哆大戲主別兕虎古今人表下中有推侈卽此侯侈又呂氏春秋簡選篇云移大犧淮南子主術訓云推移大犧侈哆移皆同字耳王念孫曰侯當作隹形相似而誤（魏書從隹從侯之字往往譌溷說見墨子非命篇爲舌下）墨子所染篇明鬼篇竝作推哆晏子諫篇漢書古今人表竝作推侈隹與推聲相近故通作推也其爲隹字無疑紂有崇侯虎。晉有優施。此六人者。亡國之臣也。言是如非。言非如是。內險以賊。其外小謹。以徵其善。稱道往古。使良事沮。善禪其主。以集精微。顧廣圻曰句有誤先愼曰禪與擅通莊子人間世釋文禪本作擅是也說文擅專也精微猶精細也言平日擅專其主無毫髮之可間也亂之以其所好、先愼曰投其所欲引爲不善也此夫郎中左右之類者也。往世之主。有得人而身安國存者。有得人而身危國亡者。得人之名一也。而利害相千万也。先愼曰趙本万作萬故人主左右不可不愼也。爲人主者。誠明於臣之所言。則別賢不肖如黑白矣。若夫許由。續牙。顧廣圻曰此七友在第三晉伯陽。顧廣圻曰晉字當衍此七友在第四秦顛頡。僑僑如。顧廣圻曰未詳俞樾曰顛頡晉人而係之秦僑如魯人而係之衞不可曉且其人亦非如下文所云伏死窟穴者也據下文云若夫齊田桓宋子罕魯季孫意如晉僑如衞子南勁鄭太宰欣楚白公周單荼燕子之此九人者之爲其臣也皆朋黨比周以事其君云云疑魯季孫意如晉僑如當作晉顛頡魯僑如而傳寫誤入上文又移晉字於伯陽之上遂妄竄入秦字耳狐不稽。顧廣圻曰莊子大宗師狐不偕釋文司馬云云古賢人也重明。顧廣圻曰未詳董不識。顧廣圻曰此七友在第五按齊策云舜有七友姚校云雄陶方回續牙伯陽東不訾秦不虛靈甫古今人表上上有雒陶續身柏陽東不訾秦不虛顏師古曰雒陶以下皆舜之友也身或作耳虛或作宇並見尸子上中有方回其靈甫人表未見也此續牙卽續身伯陽卽柏陽董不識卽東不訾其餘或皆彼之歐異耳卞隨。務光。伯夷。叔齊。此十二人者。皆上見利不喜。下臨難不恐。或與之天下而不取。有萃辱之名。顧廣圻曰藏本同今本萃作卑先愼曰萃字不誤說文萃讀若瘁瘁卽顇字顇顩頸也荀子富國篇勞苦頓萃而愈無功正作萃是其證今本改萃爲卑失其義矣 則不樂食穀之利。夫見利不喜。上雖厚賞無以勸之。臨難不恐。上雖嚴刑無以威之。此之謂不令之民也。此十二人者。先愼曰乾道本無人字盧文弨云淩本有今據補 或伏死於窟穴。或槁死於草木。或飢餓於山谷。或沈溺於水泉。有民如此。先愼曰乾道本無民字顧廣圻云藏本今本有今據補 先古聖王皆不能臣。當今之世將安用之。若夫關龍逢。王子比干。隨季梁。陳泄冶。楚申胥。顧廣圻曰申胥當作葆申葆申者楚文王之臣極言文王茹黃狗宛路矰丹姬事而變更之下文所謂疾爭強諫以勝其君者也見呂氏春秋高誘注云葆太葆官名申又載說苑葆作保古今人表同葆保同字也 吳子胥。此六人者。皆疾爭強諫以勝其君。言聽事行。則如師徒之勢。盧文弨曰勢秦本作合 一言而不聽。一事而不行。則陵其主以語。從之以威。雖身死家破。先愼曰乾道本從作待威雖身作其身雖顧廣圻云今本待作從其身雖作威雖身按句有誤先愼按今本是從之以威句此如鬻拳諫君以兵之類改從今本 要領不屬。手足異處。不難爲也。如此臣者。先古聖王皆不能忍也。當今之時。將安用之。若夫齊田恆。先愼曰乾道本齊田作田齊盧文弨云田齊倒張本作齊田今據改 宋子罕。魯季孫意如。晉僑如。顧廣圻曰未詳先愼曰晉字衍此卽魯叔孫宣伯 衛子南勁。顧廣圻曰未詳 鄭太宰欣。顧廣圻曰未詳下文云太宰欣取鄭 楚白公。周單荼。顧廣圻曰未詳下文單氏之取周 燕子之。此九人者之爲其臣也。皆朋黨比周以事其君。隱正道而行私曲。上逼君。下亂治。援外以撓內。親下以謀上。顧廣圻曰藏本同今本親作侵誤 不難爲也。如此臣者。唯聖王智主能禁之。若夫昏亂之君。能見之乎。先愼曰若夫二字不當有 若夫后稷。皐陶。伊尹。周公旦。太公望。管仲。隰朋。百里奚。蹇叔。舅犯。趙衰。先愼曰乾道本下作裹拾補作衰顧廣圻云裹當作衰今依拾補改 范蠡。大夫種。逢同。華登。此十五人者。爲其臣也。（盧文弨曰爲其疑倒下同先愼曰者下脫之字上文此九人者之爲其臣也下文此十二人者之爲其臣也句法一律明此脫之字讀當以十字爲句盧氏疑爲其倒非也）皆夙興夜寐。卑身賤體。竦心白意。明刑辟。治官職。以事其君。進善言。通道法。而不敢矜其善。有成功立事。而不敢伐其勞。（先愼曰立事上當有脫字）不難破家以便國。殺身以安主。以其主爲高天泰山之尊。而以其身爲壑谷鬴洧之卑。（顧廣圻曰鬴洧未詳王先謙曰爾雅釋文鬴古釜字釜洧卽釜鍑也洧古讀與复聲之字近水經洧水注甲庚溝水枝分東逕洧陽故城南俗謂之復陽城非也蓋洧復字類音讀變是其證也洧可讀爲復則亦可讀爲鍑方言釜自關而西或謂之釜或謂之鍑明釜鍑連文此鬴洧卽釜鍑之通叚字矣鬴洧四旁高而中央卑與壑谷地形之卑相類故並以爲身卑之喩）主有明名廣譽於國。而身不難受壑谷鬴洧之卑。（顧廣圻曰句有誤先愼曰主得美名而身受卑名也上文指位言此指名言文複而義不同）如此臣者。雖當昏亂之主。尙可致功。況於顯明之主乎。此謂霸王之佐也。若夫周滑之。（顧廣圻曰藏本同今本之作伯按依下文此周威王所用也今無可考）鄭王孫申。（顧廣圻曰依下文此鄭子陽所用也先愼曰鄭無王孫王當爲公之誤）陳公孫寧。儀行父。荆芋尹申亥。（先愼曰趙本芋作芊盧文弨云芊誤）隨少師。越種干。（顧廣圻曰種干下文未見）吳王孫額。（顧廣圻曰額國語作雒額雒同字也他書額作駱）晉陽成泄。（顧廣圻曰依下文智伯所用也）齊豎刁。易牙。此十二人者之爲其臣也。（顧廣圻曰按上文但有十一人當有脫文）皆思小利而忘法義。進則揜蔽賢良。以陰闇其主。退則撓亂百官。而爲禍難。皆輔其君。共其欲。苟得一說於主。（先愼曰說卽悅字）雖破國殺衆。不難爲也。有臣如此。雖當聖王。尙恐奪之。而況昏亂之君。其能無失乎。有臣如此者。皆身死國亡。爲天下笑。故周威公身殺。國分爲二。（先愼曰周威公河南桓公揭之子桓公自封少子班於鞏以奉王號東周而河南遂號西周不詳身殺之事）鄭子陽身殺。國分爲三。（先愼曰其事未詳）陳靈公身死於夏徵舒氏。（先愼曰乾道本無公字顧廣圻云藏本今本有今據補 荆靈王死於乾谿之上。隨亡於荆。吳并於越。智伯滅於晉陽之下。桓公身死。七日不收。故曰。諂諛之臣。唯聖王知之。而亂主近之。故至身死國亡。聖王明君則不然。內舉不避親。外舉不避讎。是在焉從而舉之。非在焉從而罰之。是以賢良遂進。而姦邪并退。故一舉而能服諸侯。其在記曰。堯有丹朱。而舜有商均。啓有五觀。商有太甲。武王有管蔡。五王之所誅者。皆父兄子弟之親也。而所殺亡其身殘破其家者何也。王先謙曰而下所字當衍 以其害國傷民敗法類也。顧廣圻曰藏本同今本法下有圯字誤 觀其所舉。或在山林藪澤巖穴之間。或在囹圄緤紲纏索之中。盧文弨曰纏當作纆顧廣圻曰藏本今本緤作纆 或在割烹芻牧飯牛之事。然明主不羞其卑賤也。顧廣圻曰藏本然下有後字今本有而字皆誤 以其能爲可以明法。顧廣圻曰藏本今本無爲字按能字衍 便國利民。從而舉之。身安名尊。亂主則不然。不知其臣之意行。而任之以國。故小之名卑地削。大之國亡身死。不明於用臣也。無數以度其臣者。顧廣圻曰藏本同今本無上有夫字誤先慎曰數謂術數 必以其衆人之口斷之。衆之所譽。從而說之。衆之所非。從而憎之。故爲人臣者。破家殘賥。趙用賢曰賥音粹貨也 內構黨與。外接巷族。以爲譽。先慎曰相爲名譽 從陰約結以相固也。虛相與爵祿。顧廣圻曰相字當衍 以相勸也。曰。與我者將利之。顧廣圻曰藏本今本曰作且按曰字是 不與我者將害之。衆貪其利。劫其威。彼誠喜。則能利己。忌怒。則能害己。先慎曰忌當作誠 衆歸而民留之。以譽盈於國。發聞於主。主不能理其情。因以爲賢。彼又使譎詐之士。外假爲諸侯之寵使。顧廣圻曰句絕 假之以輿馬。信之以瑞節。鎭之以辭令。資之以幣帛。使諸侯淫說其主。顧廣圻曰藏本同今本侯下有而字誤按句有誤先愼曰侯字衍使諸淫說其主謂使譎詐之士譎說於主前也 微挾私而公議。所爲使者。異國之主也。所爲談者。左右之人也。先愼曰如蘇代爲齊使燕而使子之重權也 主說其言而辯其辭。以此人者天下之賢士也。內外之於左右。盧文弨曰之於二字或刪去 其諷一而語同。大者不難卑身尊位以下之。小者高爵重祿以利之。夫姦人之爵祿重而黨與彌衆。又有姦邪之意。則姦臣愈反而說之曰。古之所謂聖君明王者。先愼曰乾道本者上有君字顧廣圻云聖君明王句絕君者上當有脫文藏本同今本無下君字先愼按無下君字是今據刪曰字上亦當有者字各本奪曰上者字連寫於王下增君字以補其缺耳而說之者卽謂姦臣之黨與故下文姦臣聞此蹶然舉耳以爲是也顧氏不知君字爲曰字上者字之誤因讀聖君明王句絕則疑君者上有脫文宜矣 非長幼弱也。及以次序也。顧廣圻曰幼弱二字當衍其一上也字當作世九字爲一句 以其搆黨與。聚巷族。偪上弒君而求其利也。彼曰。何知其然也。因曰。舜偪堯。禹偪舜。湯放桀。武王伐紂。此四王者。人臣弒其君者也。而天下譽之。察四王之情。貪得人之意也。顧廣圻曰人字衍 度其行。顧廣圻曰三字爲一句 暴亂之兵也。然四王自廣措也。而天下稱大焉。自顯名也。而天下稱明焉。則威足以臨天下。利足以蓋世。天下從之。又曰。以今時之所聞。田成子取齊。司城子罕取宋。太宰欣取鄭。單氏取周。易牙之取衛。顧廣圻曰未詳先愼曰呂氏春秋先識覽衛公子啓方以書社四十下衛此易牙疑開方之誤取當作下或因易牙倡亂而開方始降衛歸罪於易牙故云然 韓魏趙三子分晉。此六人。臣之弒其君者也。俞樾曰上文自田成子以下凡八人不得言六六疑亦字之誤承上文舜偪堯禹偪舜湯放桀武王伐紂而言故云亦也先愼曰此與上不相承六當作八人下當有者字與上此四王者文法一例俞說非姦臣聞此。蹷然舉耳。以爲是也。故內搆黨與。外攄巷族。盧文弨曰攄張本作攎先愼曰攄攎並誤當依上文作接觀時發事。一舉而取國家。且夫內以黨與劫弒其君。外以諸侯之權矯易其國。先愼曰乾道本權矯作權驕顧廣圻云今本權驕作權矯按今本是也改從今本隱正道。先愼曰乾道本正道作敦適顧廣圻云今本敦適作正道未詳先愼按作正道是也正道謂法度與下私曲對文上云皆朋黨比周以事其君隱正道而行私曲飾邪篇羣臣朋黨比周以隱正道行私曲並作正道卽其證改從今本持私曲。上禁君。下撓治者。不可勝數也。是何也。則不明於擇臣也。記曰。周宣王以來。亡國數十。其臣弒君而取國者衆矣。先愼曰乾道本君上有其字取上無而字盧文弨云而字脫張本有顧廣圻云今本無下其字今據改然則難之從內起與從外作者相半也。能一盡其民力。破國殺身者。尙皆賢主也。若夫轉身易位。全衆傳國。顧廣圻曰今本無身字傳作傳按句當有誤未詳俞樾曰法字衍文傳當作傳上所謂破國殺身者以國君死社稷而言也故曰尙皆賢主也此所謂轉身易位全衆傳國者則晉靜公齊康公之類是以其不能死而反見屈於臣故曰最其病也趙本改傳爲傳正得其字惟不知法字之衍而刪去身字失之最其病也。爲人臣者。先愼曰乾道本臣作主顧廣圻曰今本主作臣按依上下文當作臣今據改誠明於臣之所言。則雖畢弋馳騁。盧文弨曰畢張本作舉撞鐘舞女。國猶且存也。不明臣之所言。雖節儉勤勞。布衣惡食。國猶自亡也。趙之先君敬侯。不修德行。而好縱慾。適身體之所安。耳目之所樂。冬日畢弋。夏浮淫。爲長夜。數日不廢御觴。不能飲者。以筩灌其口。進退不肅。應對不恭者。斬於前。故居處飲食。如此其不節也。制刑殺戮。如此其無度也。然敬侯享國數十年。先愼曰史世家敬侯卽位十二年卒兵不頓於敵國。地不虧於四鄰。內無君臣百官之亂。外無諸侯鄰國之患。明於所以任臣也。燕君子噲。邵公奭之後也。先愼曰：趙本邵作召，古字通。地方數千里，持戟數十萬，不安子女之樂，不聽鍾石之聲，內不湮汙池臺榭，先愼曰：此句衍一字。外不畢弋田獵，又親操耒耨以修畎畝。子噲之苦身以憂民如此其甚也，雖古之所謂聖王明君者，其勤身而憂世不甚於此矣。然而子噲身死國亡，奪於子之，而天下笑之，此其何故也？先愼曰：何故二字倒。不明乎所以任臣也。故曰：人臣有五姦，而主不知也。為人臣者，先愼曰：乾道本臣作二，據趙本改。有侈用財貨賂以取譽者，有務慶賞賜予以移衆者，有務朋黨狥智尊士以擅逞者，有務解免赦罪獄以事威者，有務奉下直曲、怪言、偉服、瑰稱以眩民耳目者。此五者，明君之所疑也，顧廣圻曰：疑讀為擬，下文同，又本篇二字互見。而聖主之所禁也。去此五者，則譟詐之人不敢北面談立。顧廣圻曰：句有誤。王先謙曰：談立二字疑倒。先愼曰：譟當作詭。人君南面，故臣言北面。文言多，實行寡，而不當法者，不敢誣情以談說。先愼曰：乾道本敢誣作誣敢，顧廣圻云今本作敢誣，今據改。是以羣臣居則修身，動則任力，非上之令不敢擅作疾言誣事，此聖王之所以牧臣下也。彼聖主明君，不適疑物以闚其臣也，先愼曰：適疑作道。見疑物而無反者，天下鮮矣。故曰：孽有擬適之子，配有擬妻之妾，廷有擬相之臣，臣有擬主之寵，此四者，國之所危也。故曰：內寵並后，外寵貳政，枝子配適，大臣擬主，亂之道也。故周記曰：無尊妾而卑妻，無孽適子而尊小枝，先愼曰：無孽適子，謂無以適子為孽也。無尊嬖臣而匹上卿，無尊大臣以擬其主也。四擬者破，則上無意，下無怪也。先愼曰：君不道疑物以闚其臣臣不誣情以談說是謂上無意下無怪四擬不破。則隕身滅國矣。

詭使第四十五

聖人之所以爲治道者三。一曰利。二曰威。三曰名。夫利者所以得民也。威者所以行令也。名者上下之所同道也。非此三者。雖有不急矣。今利非無有也。而民不化上。威非不存也。而下不聽從。官非無法也。而治不當名。三者非不存也。而世一治一亂者何也。夫上之所貴。與其所以爲治相反也。先愼曰拾補與上有嘗字盧文弨云脫秦本有疑當作常夫立名號。所以爲尊也。今有賤名輕實者。世謂之高。設爵位。所以爲賤貴基也。而簡上不求見者。世謂之賢。威利所以行令也。而無利輕威者。世謂之重。先愼曰乾道本無世字顧廣圻云藏本今本有先愼按依上下文當有今據補法令所以爲治也。而不從法令爲私善者。世謂之忠。官爵所以勸民也。而好名義不進仕者。世謂之烈士。顧廣圻曰句絕刑罰所以擅威也。而輕法不避刑戮死亡之罪者。世謂之勇夫。顧廣圻曰句絕民之急名也。甚其求利也。如此。則士之飢餓乏絕者。焉得無巖居苦身以爭名於天下哉。故世之所以不治者。非下之罪。上失其道也。常貴其所以亂。而賤其所以治。是故下之所欲。常與上之所以爲治相詭也。今下而聽其上。上之所急也。而惇愨純信。用心怯言。則謂之窶。先愼曰乾道本則作時據藏本今本改怯言二字當爲少欲之誤因少欲二字錯簡在寬惠行德句上乾道本遂涉下文之字而誤增藏本以意改爲壹者張趙本改爲

（一者並非）守法固。聽令審。則謂之愚。敬上畏罪。則謂之怯。言時節。行中適。則謂之不肖。無二心私學。聽吏從教者。則謂之陋。（先愼曰乾道本聽上有吏字顧廣圻云今本無吏字今據刪）難致謂之正難予謂之廉。難禁謂之齊。有令不聽從謂之勇。無利於上謂之愿。寬惠行德謂之仁。（先愼曰乾道本寬上有少欲二字顧廣圻云今本無少欲二字先愼按少欲二字當在上用心下誤衍於此據今本刪上下文皆四字句無脫文）重厚自尊。謂之長者。私學成羣。謂之師徒。閒靜安居。謂之有思。（先愼曰乾道本閒作閑據趙本改）損仁逐利謂之疾。（顧廣圻曰句絕）險躁佻反覆謂之智。（顧廣圻曰當脫一字險躁連讀下文云而險躁讒諛者任先愼曰佻字衍文險躁反覆四字爲句）先爲人而後自爲。類名號。言汎愛天下。謂之聖。言大本稱（顧廣圻曰藏本同今本本作不按句有誤）而不可用。行而乖於世者。謂之大人。賤爵祿。不撓上者謂之傑。下漸行如此。入則亂民。出則不便也。（盧文弨曰便一作使）上宜禁其欲。滅其迹。而不止也。（先愼曰乾道本迹作近顧廣圻云藏本今本近作迹今據改）又從而尊之。是教下亂上以爲治也。凡上所治者。刑罰也。（先愼曰乾道本無上字盧文弨云一本有今據補）今有私行義者尊。（顧廣圻曰私下行字當衍）社稷之所以立者。安靜也。而譟險讒諛者任。四封之內。所以聽從者。信與德也。而陂知傾覆者使。令之所以行。威之所以立者。恭儉聽上。（顧廣圻曰藏本同今本儉下有也不二字誤按上字下當有也字）而巖居非世者顯。倉廩之所以實者。耕農之本務也。而綦組錦繡。刻畫爲末作者富。名之所以成。城池之所以廣者。戰士也。（顧廣圻曰池當作地俞樾曰顧說是也惟城地連文近於不辭城疑衍文名之所以成地之所以廣兩文相對不當有城字蓋卽成字之誤而衍者）今死之孤飢餓乞於道。（顧廣圻曰藏本同今本死下有士字誤）而優笑酒徒之屬。乘車衣絲。賞祿所以盡民力易下死也。今戰勝攻取之士勞而賞不霑。而卜筮視手理狐蟲爲順辭於前者日賜。俞樾曰蟲乃蠱之誤春秋蟲牢春秋繁露竹林篇作蠱牢即其例矣狐蠱二字連文見僖十五年左傳 上握度量。所以擅生殺之柄也。今守度奉量之士。欲以忠嬰上而不得見。巧言利辭。行姦軌以倖偸世者數御。先愼曰廣雅釋詁御進也數音色角反此言巧言利辭之人得常常進見也 據法直言。名刑相當。循繩墨誅姦人。所以爲上治也。而愈疏遠。諂施順意從欲以危世者。近習。悉租稅。專民力。所以備難充倉府也。而士卒之逃事狀匿。附託有威之門以避徭賦而上不得者。萬數。俞樾曰狀匿即藏匿也狀與壯通考工記㮚氏凡鑄金之狀故書狀作壯是也壯與莊通漢書古今人表柳壯檀弓作柳莊是也而藏字說文所無古書多以臧爲之臧莊聲近狀通作壯壯又通作莊則亦可通作臧矣王先謙曰狀即伏字形近而誤伏匿二字見史記范雎傳俞說迂曲 夫陳善田利宅。所以厲戰士也。先愼曰乾道本厲戰士作戰士卒盧文弨云脫厲字衍卒字據拾補補 而斷頭裂腹播骨乎平原野者。顧廣圻曰藏本同今本原下有曠字誤按平字當衍涉乎字形近耳 無宅容身。死田畝。顧廣圻曰今本重身字藏本畝作畞今本作奪按句有誤先愼曰乾道本不誤今本作身死田奪非無宅容身則其田不待身死而奪也藏本畝作畞形近而誤死田畝卽孟子死壟壟之意生既無宅故死於外也 而女妹有色。大臣左右無功者。擇宅而受。擇田而食。賞利一從上出。所以善制下也。先愼曰乾道本無以字拾補善制作擅制盧文弨云以字脫張本有制藏本作剬顧廣圻云剬制字同所下當有以字今據張本補 而戰介之士不得職。顧廣圻曰戰當作耿 而閒居之士尊顯。先愼曰乾道本居作官顧廣圻云今本官作居今據改 上以此爲教。名安得無卑。位安得無危。夫卑名危位者。先愼曰乾道本無危字盧文弨云危字脫秦本有今據補 必下之不從法令。有二心無私學。反逆世者也。盧文弨曰無字衍顧廣圻曰二心私學上下文凡五見 而不禁其行。不破其羣。以散其黨。又從而尊之。用事者過矣。上之所以立廉恥者。先愼曰乾道本上下有世字顧廣圻云今本無世字今據刪所以屬下也。王念孫曰屬乃厲之誤說詳上有度篇今士大夫不羞汙泥醜辱而宦，女妹私義之門不待次而宦。先愼曰句絕賞賜所以爲重也。先愼曰乾道本所上有之字顧廣圻云今本無之字誤先愼按顧氏句讀誤耳此與下誠信所以逼威也句法一律不當有之字從今本刪而戰鬬有功之士貧賤而便辟優徒超級名號。先愼曰便上而字衍誠信所以逼威也。而主揜障近習女謁並行。百官主爵遷人。用事者過矣。大臣官人。與下先謀比周。雖不法行。威利在下。顧廣圻曰藏本同今本無與下先謀雖五字按句有誤未詳則主卑而大臣重矣。夫立法令者以廢私也。法令行而私道廢矣。私者所以亂法也。而士有二心私學。巖居窞路。顧廣圻曰藏本同今本路作處誤託伏深慮。大者非世。細者惑下。上不禁。又從而尊之以名。顧廣圻曰又從而尊之五字爲一句上下文及此凡四見以名上有脫文當本重尊之二字而脫耳化之以實。是無功而顯。無勞而富也。如此則士之有二心私學者。焉得無深慮勉知。詐與誹謗法令。盧文弨曰淩本無與字以求索與世相反者也。凡亂上反世者常士有二心私學者也。故本言曰。所以治者法也。所以亂者私也。法立則莫得爲私矣。故曰道私者亂。道法者治。上無其道。則智者有私詞。賢者有私意。上有私惠。下有私欲。聖智成羣。造言作辭。以非法措於上。顧廣圻曰藏本同今本措作錯按句有誤上不禁塞。又從而尊之。是敎下不聽上不從法也。是以賢者顯名而居。姦人賴賞而富。賢者顯名而居。姦人賴賞而富。是以上不勝下也。

韓非子集解卷十八

六反第四十六

畏死遠難。先愼曰乾道本無遠字顧廣圻云今本有遠字按句有誤未詳所當作先愼按有遠字是難讀爲患難之難與下離犯軍旅之難同禮記曲禮臨難無苟免遠難卽免難之義畏死遠難有偷生之心用以當敵必不恥降北之辱此遠字不可少據今本增 降北之民也。而世尊之曰貴生之士。學道立方。離法之民也。而世尊之曰文學之士。遊居厚養。牟食之民也。而世尊之曰有能之士。語曲牟知。顧廣圻曰牟字有誤未詳所當作先愼曰淮南時則訓高注牟多也知讀曰智 僞詐之民也。而世尊之曰辯智之士。行劍攻殺。暴憿之民也。顧廣圻曰本書亡徵篇有暴憿卽此未知孰是先愼曰作憿是說詳亡徵篇 而世尊之曰磏勇之士。先愼曰說文磏厲石也凡棱利之義卽此字之轉注經傳皆以廉爲之 活賊匿姦。當死之民也。而世尊之曰任譽之士。盧文弨曰譽疑是俠 此六民者。世之所譽也。赴險殉誠。死節之民。先愼曰依上下文民下當有也字 而世少之曰失計之民也。寡聞從令。全法之民也。而世少之曰樸陋之民也。力作而食。生利之民也。而世少之曰寡能之民也。嘉厚純粹。整穀之民也。王先謙曰整正穀善也 而世少之曰愚戇之民也。重命畏事。尊上之民也。而世少之曰怯懾之民也。挫賊遏姦。明上之民也。先愼曰明上謂奉揚法令 而世少之曰讇讒之民也。此六者世之所毀也。姦僞無益之民六。而世譽之如彼。耕戰有益之民六。而世毀之如此。此之謂六反。布衣循私利而譽之。世主聽虛聲而禮之。禮之所在。

利必加焉。百姓循私害而訾之。世主壅於俗而賤之。所在。害必加焉。故名賞在乎私惡當罪之民。而毀害在乎公善宜賞之士。索國之富強。不可得也。

古者有諺曰。爲政猶沐也。雖有棄髮。必爲之。愛棄髮之費。（先愼曰趙本重髮字盧文弨云下愛字藏本不重顧廣圻云必爲之句絕今本重愛字誤先愼按必爲之謂不以損髮而不計八說篇沐者有棄髮云云與此意同）而忘長髮之利。不知權者也。

夫彈痤者痛。飲藥者苦。爲苦憊之故。不彈痤飲藥。則身不活。病不已矣。

（顧廣圻曰自此至末皆當連名本多提行皆非是）

今上下之接。無子父之澤。（先愼曰依下文子父當作父子）而欲以行義禁下。則交必有郄矣。且父母之於子也。產男則相賀。產女則殺之。此俱出父母之懷衽。然男子受賀。女子殺之者。慮其後便。（王渭曰句絕）計之長利也。故父母之於子也。猶用計算之心以相待也。而況無父子之澤乎。

今學者之說人主也。皆去求利之心。出相愛之道。（王先謙曰如孟子說世主不言利而以仁爲先）是求人主之過於父母之親也。（先愼曰乾道本無於字今從拾補增盧文弨云於字馮校增）此不熟於論恩詐而誣也。（顧廣圻曰藏本同今本恩作思誤盧文弨曰思張本作恩）故明主不受也。（先愼曰乾道本無主字顧廣圻云今本明下有主字按此當有今據補）聖人之治也。審於法禁。法禁明著。則官法。（顧廣圻曰句絕法依下文當作治）必於賞罰。賞罰不阿。則民用。（顧廣圻曰句絕）官官治。（顧廣圻曰當作民用官治四字）則國富。國富則兵強。（盧文弨曰下國字張本無）而霸王之業成矣。霸王者。人主之大利也。人主挾大利以聽治。故其任官者當能。其賞罰無私。使士民明焉。盡力致死。則功伐可立而爵祿可致。爵祿致而富貴之業成矣。盧文弨曰致張本作至富貴者。人臣之大利也。人臣挾大利以從事。故其行危至死。其力盡而不望。先愼曰大臣盡力從事雖行危至死無怨此謂君不仁臣不忠則不可以霸王矣。顧廣圻曰不字當衍外儲說右篇云君通於不仁臣通於不忠則可以王矣此其證也

夫姦必知則備。必誅則止。不知則肆。不誅則行。夫陳輕貨於幽隱。雖曾史可疑也。懸百金於市。雖大盜不取也。不知則曾史可疑於幽隱。必知則大盜不取懸金於市。故明主之治國也。衆其守而重其罪。先愼曰張榜本而作其誤守者衆以防於未發罪者重以杜其姦尤使民以法禁而不以廉止。母之愛子也倍父。父令之行於子者十母。盧文弨曰者一作也吏之於民無愛。令之行於民也萬父母。父母積愛而令窮。先愼曰乾道本不重父母二字顧廣圻云今本積上有父母二字誤先愼按上十母萬父母並句絕父母積愛與吏用威嚴相對成文不當省父母二字顧說非改從今本吏用威嚴而民聽從。先愼曰乾道本無用字盧文弨云用字脫張本有今據補嚴愛之筴亦可決矣。且父母之所以求於子也。動作則欲其安利也。行身則欲其遠罪也。君上之於民也。有難則用其死。安平則盡其力。親以厚愛關子於安利而不聽。盧文弨曰關或作開君以無愛利求民之死力而令行。明主知之。故不養恩愛之心。而增威嚴之勢。故母厚愛處。顧廣圻曰句有誤當脫一字子多敗。推愛也。推行也父薄愛教笞。顧廣圻曰五字爲一句子多善。用嚴也。先愼曰張榜本無故母至用嚴大小二十四字

今家人之治產也。顧廣圻曰藏本同今本今作令誤相忍以飢寒。先愼曰盧文弨拾補出飢字云饑張本作飢按下饑饉天饑作飢非先愼按下二飢字張榜本作饑不誤相強以勞苦。雖犯軍旅之難。饑饉之患。先愼曰饑字從張榜本改下同溫衣美食者必是家也。相憐以衣食。相惠以佚樂。天饑歲荒。嫁妻賣子者必是家也。故法之爲道。前苦而長利。仁之爲道。偷樂而後窮。聖人權其輕重。出其大利。故用法之相忍。而棄仁人之相憐也。顧廣圻曰人字當衍此仁與法相對也學者之言。皆曰輕刑。此亂亡之術也。先愼曰乾道本無刑字顧廣圻云今本有刑字按依下文當有今據補凡賞罰之必者。勸禁也。先愼曰乾道本必作心顧廣圻云今本心作必誤王先謙云必字是上言必於賞罰即其證若作心則不當有者字改從今本賞厚則所欲之得也疾。罰重則所惡之禁也急。先愼曰乾道本惡作惠拾補作惡盧文弨云惠字非今據改夫欲利者必惡害。害者利之反也。反於所欲。焉得無惡。欲治者必惡亂。亂者治之反也。是故欲治甚者。其賞必厚矣。其惡亂甚者。其罰必重矣。今取於輕刑者。其惡亂不甚也。其欲治又不甚也。顧廣圻曰藏本也下更有其欲治又不甚也七字今本有其欲治又不甚也者八字皆誤此非特無術也。又乃無行。是故決賢不肖愚知之美。顧廣圻曰藏本同今本知作智美作分按句有誤俞樾曰美乃筴字之誤上文云嚴愛之筴亦可決矣此云決賢不肖愚知之筴其文義正相似作美者形近而誤今本改美爲分未得其字在賞罰之輕重。且夫重刑者。非爲罪人也。明主之法揆也。治賊非治所揆也。所揆也者。是治死人也。俞樾曰此當作明主之法也揆賊非治所揆也治所揆也者是治死人也方與下文刑盜非治所刑也治所刑也者是治胥靡也文法一律揆賊之揆誤移在上句因移下句治字以補之義不可通矣道藏本趙本但於所揆也者上加一治字猶未盡得也又按揆字未詳何義據與刑盜對文疑揆當作殺古字或以蔡爲之禹書禹貢二百里蔡鄭注云蔡之言殺是蔡殺聲近義通說文米部臣鍇引左傳𥻆蔡叔今作蔡蔡叔亦其例也蔡誤作𥻆傳寫者又以意改爲揆耳刑盜。非治所刑也。治所刑也者。是治胥靡也。故曰。

重一姦之罪而止境內之邪。此所以爲治也。重罰者盜賊也。而悼懼者良民也。欲治者奚疑於重刑。先愼曰乾道本刑下有名字顧廣圻云藏本同今本無名字按依下文不當有今據刪 若夫厚賞者。非獨賞功也。又勸一國。顧廣圻曰四字爲一句 受賞者甘利。未賞者慕業。是報一人之功而勸境內之衆也。欲治者何疑於厚賞。今不知治者。皆曰重刑傷民。輕刑可以止姦。何必於重哉。此不察於治者也。夫以重止者未必以輕止也。以輕止者必以重止矣。是以上設重刑者而姦盡止。先愼曰者字涉上下文而衍 姦盡止則此奚傷於民也。先愼曰能止姦則重刑無傷 所謂重刑者。姦之所利者細。而上之所加焉者大也。民不以小利蒙大罪。先愼曰乾道本蒙作加盧文弨云加張本作蒙今據改 故姦必止者也。先愼曰下文無者字 所謂輕刑者。姦之所利者大。上之所加焉者小也。先愼曰依上文上下當有而字 民慕其利而傲其罪。先愼曰傲其罪謂輕易其刑 故姦不止也。故先聖有諺曰。不躓於山而躓於垤。先愼曰淮南子人閒訓堯戒躓作蹪垤作蛭高注蹪躓也蛭螘也按依義當作垤 山者大。故人順之。顧廣圻曰順讀爲愼 垤微小。故人易之也。今輕刑罰。民必易之。犯而不誅。是驅國而棄之也。犯而誅之。是爲民設陷也。是故輕罪者。民之垤也。是以輕罪之爲民道也。先愼曰民字不當有此言輕罪之道非欲亂國卽爲民設陷也民字涉上下文而衍 非亂國也。則設民陷也。此則可謂傷民矣。

今學者皆道書筴之頌語。先愼曰頌語猶美語也 不察當世之實事。曰。上不愛民。賦斂常重。則用不足。而下恐上。盧文弨曰恐疑是怨先愼曰盧說是下不足於用則怨上故下云此以爲足其財用以加愛愛與怨文正相對 故天下大亂。此以爲足其財用以加愛焉。雖輕刑罰可以治也。此言不然矣。凡人之取重賞罰。固已足之之後也。王渭曰賞當作刑雖財用足而厚愛之。然而輕刑猶之亂也。先愼曰乾道本厚上有後字據趙本删言上雖足民於財用而厚愛之若不重罰民猶趨亂下云則雖足民何可以爲治是也夫富家之愛子。先愼曰乾道本富作當拾補當作富盧文弨云當字譌今據改財貨足用。盧文弨曰財貨張本倒下同財貨足用則輕用。先愼曰此財貨二字乾道本作貨財據趙本乙輕用則侈泰。親愛之則不忍。不忍則驕恣。侈泰則家貧。驕恣則行暴。此雖財用足而愛厚。輕利之患也。顧廣圻曰藏本同今本雖作則誤按雖當作唯凡人之生也。財用足則隳於用力。上治懦則肆於爲非。先愼曰乾道本無治字拾補有盧文弨云舊倒依下文改先愼按趙本不誤今據改財用足而力作者。神農也。上治懦而行修者。曾史也。夫民之不及神農曾史亦已明矣。先愼曰乾道本無已字盧文弨云已字脫張本有今據補

老聃有言曰。知足不辱。知止不殆。夫以殆辱之故而不求於足之外者。老聃也。今以爲足民而可以治。先愼曰民而當作而民是以民爲皆如老聃也。故桀貴在天子而不足於尊。先愼曰此與下相對子下疑脫之位二字富有四海之內而不足於寶。君人者雖足民。不能足使爲天子。先愼曰乾道本爲下有君字顧廣圻云藏本今本無君字今據删而桀未必以天子爲足也。先愼曰乾道本以作爲拾補爲作以盧文弨云爲字張本無顧廣圻云今本必下有以字誤先愼按今本以爲兩有非也張本爲作以是今據改則雖足民。何可以爲治也。故明主之治國也。適其時事以致財物。論其稅賦以均貧富。厚其爵祿以盡賢能。重其刑罰以禁姦邪。使民以力得富。以事致貴。以過受罪。以功致賞。

而不念慈惠之賜。此帝王之政也。（先愼曰：張榜本帝誤作常。）人皆寐。則盲者不知。皆嘿。則喑者不知。（先愼曰：盲喑混於寐嘿之中，人莫能辨。）覺而使之視。問而使之對。則喑盲者窮矣。不聽其言也。則無術者不知。不任其身也。則不肖者不知。聽其言而求其當。任其身而責其功。則無術不肖者窮矣。夫欲得力士而聽其自言。雖庸人與烏獲不可別也。授之以鼎俎。則罷健效矣。（顧廣圻曰：俎字當衍，下句同。）故官職者。能士之鼎俎也。任之以事而愚智分矣。故無術者得於不用。不肖者得於不任。言不用而自文以爲辯。身不任而自飾以爲高。（先愼曰：乾道本任下有者字。顧廣圻云今本無者字。按依上句不當有，今據刪。）世主眩其辯。濫其高。而尊貴之。是不須視而定明也。不待對而定辯也。喑盲者不得矣。明主聽其言。必責其用。觀其行。必求其功。然則虛舊之學不談。矜誣之行不飾矣。

八說第四十七

爲故人行私。謂之不棄。（先愼曰：謂不遺故舊。）以公財分施。謂之仁人。輕祿重身。謂之君子。枉法曲親。謂之有行。棄官寵交。謂之有俠。離世遁上。謂之高傲。交爭逆令。謂之剛材。（先愼曰：剛材者在下而與上爭，故不行其令。）行惠取衆。謂之得民。不棄者吏有姦也。仁人者公財損也。君子者民難使也。有行者法制毀也。有俠者官職曠也。高傲者民不事也。剛材者令不行也。得民者君上孤也。此八者。匹夫之私譽。

人主之大敗也。反此八者，匹夫之私毀，人主之公利也。人主不察社稷之利害，而用匹夫之私譽，索國之無危亂，不可得矣。

任人以事，存亡治亂之機也。無術以任人，無所任而不敗。人君之所任，非辯智則修潔也。任人者，使有勢也。先愼曰任人則必使其人有勢可憑藉 智士者未必信也，爲多其智，因惑其信也。以智士之計，處乘勢之資而爲其私急，則君必欺焉。爲智者之不可信也，先愼曰爲當作惟 故任修士者，使斷事也。修士者未必智，爲潔其身，因惑其智。以愚人之所惛，王先謙曰所字當衍 處治事之官而爲其所然，先愼曰乾道本無其字顧廣圻云藏本今本爲下有其字先愼按此與上而爲其私急對文明有其字是今據補 則事必亂矣。故無術以用人，任智則君欺，任修則君事亂。王先謙曰承上文言不當有君字此君字緣上下文而誤衍 此無術之患也。明君之道，賤德義貴，下必坐上，決誠以參，聽無門戶。人莫能㵎也○顧廣圻曰藏本同下必坐上決誠以今本作法術倒言而詭使按德義當作得議形近之誤七術篇云夫不使賤議貴下必坐上云云又經二云觀聽不參則誠不聞聽有門戶則主壅塞即此文之證下必坐上者兩君之告坐也今本不能讀輒加改易謬甚先愼曰顧說是張榜本無下必坐上決誠以七字亦非（七術篇不當有必字說見彼） 故智者不得詐欺，計功而行賞，程能而授事，察端而觀失，有過者罪，有能者得。故愚者不任事。先愼曰不下當有得字與上故智者不得詐欺文一律 智者不敢欺，愚者不得斷，先愼曰不任修士使斷事 則事無失矣。

察士然後能知之，不可以爲令，先愼曰令即法也 夫民不盡察。賢者然後能行之，先愼曰乾道本無能字顧廣圻云今本有能字先愼按依上文當有今據補 不可以爲法，顧廣圻曰句絕 夫民不盡賢。楊朱、墨翟，天下之所察也。干世亂而卒不決。雖察而不可以爲官職之令。鮑焦華角。天下之所賢也。鮑焦木枯。立死若木之枯也華角赴河。顧廣圻曰未詳雖賢不可以爲耕戰之士。先愼曰乾道本無賢字顧廣圻云今本有賢字捝依上文當有今據增故人主之所察。先愼曰乾道本無所字拾補有盧文弨云所字脫依下文當有今據補智士盡其辯焉。顧廣圻曰藏本同今本士下有能字誤盧文弨曰張本無能字人主之所尊。能士盡其行焉。先愼曰乾道本士下有能字盧文弨云張本又有能字焉去之顧廣圻云今本無下能字按此衍今據刪今世主察無用之辯尊遠功之行。索國之富強。不可得也。博習辯智如孔墨。先愼曰趙本博下提行孔墨不耕耨。則國何得焉。修孝寡欲如曾史。曾史不戰攻。則國何利焉。匹夫有私便。人主有公利。不作而養足。不仕而名顯此私便也。息文學而明法度。塞私便而一功勞。此公利也。錯法以道民也。而又貴文學。則民之所師法也疑。王先謙曰所字衍先愼曰錯施行也賞功以勸民也。而又尊行修。則民之產利也惰。大貴文學以疑法。尊行修以貳功。索國之富強。不可得也。

搢笏干戚。不適有方鐵銛。言國軍異器方楯也言搢笏之譏干戚之舞與夫方楯鐵銛不相稱適也○顧廣圻曰適讀爲敵有方未詳舊注全譌孫詒讓曰有方當爲酋矛（酋有音近矛方形近因而致誤）墨子備水篇云亓二十人人擅酋矛今本亦譌作有方與此正同（詳墨子閒詁）登降周旋。不逮日中奏百。盧文弨曰荀子議兵篇魏之武卒日中而趨百里顧廣圻曰奏讀爲湊狸首射侯。不當強弩趨發。王先謙曰趨與趨同干城距衝。先愼曰乾道本衝上有衝字顧廣圻云今本無衝字按衝卽衝字複衍耳齊策云百尺之衝折之衽席之上卽其義先愼按荀子彊國篇楊注引無衝字今據刪干荀子注引作平不若堙穴伏櫜。王渭曰強國篇楊注引櫜作橐按櫜字是見墨子先愼曰楊注引穴作內盧文弨荀子拾補云內穴古多通用櫜橐互異疑此櫜字是與韻協古人亟於德。中世逐於智。當今爭於力。古者寡事而備簡。樸陋而不盡。故有珧銚而推車者。珧蜃以蜃爲銚也即推輪也上古摩蜃而耨也○盧文弨曰推當作椎下同注即椎輪也四字不應閒在中當云椎車即椎輪也移置於末始得今本注字譌且衍不可從顧廣圻曰推當作椎淮南子云古之所爲不可更則推車至今無蟬匷鹽鐵論非鞅云推車之蟬攫負子之教也亦當作椎又鹽鐵論遵道散不足世務皆言椎車則作椎字不誤可證先愼曰推字不誤管子禁藏篇云推引銚耨以當劍戟即此所本推車謂推引其車盧顧說非 古者人寡而相親。物多而輕利易讓。故有揖讓而傳天下者。然則行揖讓。高慈惠而道仁厚。先愼曰乾道本道下有推字顧廣圻云今本無按此不當有今據刪 皆推政也。盧文弨曰推當作椎下同先愼曰盧說非推政與六反篇推愛句法正同義見上 處多事之時。用寡事之器。非智者之備也。當大爭之世。而循揖讓之軌。非聖人之治也。顧廣圻曰藏本同今本非下有也字誤 故智者不乘推車。聖人不行推政也。先愼曰趙本也作難盧文弨云難字衍張本作也亦可省 法所以制事。盧文弨曰當分段 事所以名功也。法立而有難。先愼曰乾道本法下有有字顧廣圻云今本無有字按此不當有今據刪 權其難而事成。則立之。先愼曰乾道本無則立之三字顧廣圻云藏本今本有今據補 事成而有害。權其害而功多。則爲之。顧廣圻曰藏本同今本無則字誤 無難之法。無害之功。天下無有也。先愼曰天下無不難之法無不害之功但權事之成否功之多寡耳乾道本有上無無字則文不成義顧廣圻云今本有按此當有今據補 是以拔千丈之都。敗十萬之衆。死傷者軍之乘。乘謂其半也○先愼曰乘無半義乘當作垂形近之誤說見內儲說篇 甲兵折挫。士卒死傷。而賀戰勝得地者。出其小害計其大利也。夫沐者有棄髮。除者傷血肉。先愼曰見六反篇廣雅釋詁一除瘉也欲病瘉者攻以藥石藥石所達血肉必傷 爲人見其難。因釋其業。是無術之事也。先愼曰事當作士 先聖有言曰。規有摩而水有波。我欲更之。無奈之何。此通權之言也。是以說有必立而曠於實者。言有辭拙而急於用者。故聖人不求無害之言。而務無易之事。顧廣圻曰藏本同今本易作益誤人之不事衡石者。盧文弨曰當提行非貞廉而遠利也。石不能爲人多少。衡不能爲人輕重。求索不能得。故人不事也。明主之國。官不敢枉法。吏不敢爲私。先愼曰乾道本私下有利字案利即私之誤而複者官不敢枉法吏不敢爲私二文相對不當多一字御覽八百三十引正無利字今據删貨賂不行顧廣圻曰藏本同今本行下有者字誤先愼曰御覽引亦有是境內之事盡如衡石也。此其臣有姦者必知。知者必誅。是以有道之主。不求清潔之吏。而務必知之術也。

慈母之於弱子也。愛不可爲前。不可先以愛養之也○兪樾曰愛不可爲前猶言無前於此者正見其愛之至也舊注非是然而弱子有僻行。使之隨師。有惡病。使之事醫。不隨師則陷於刑。不事醫則疑於死。慈母雖愛。無益於振刑救死。則存子者非愛也。子母之性愛也。臣主之權筴也。母不能以愛存家。君安能以愛持國。明主者通於富強。則可以得欲矣。故謹於聽治。富強之法也。明其法禁。察其謀計。法明則內無變亂之患。計得則外無死虜之禍。先愼曰乾道本則作於顧廣圻云今本於作則今據改故存國者非仁義也。仁者慈惠而輕財者也。暴者心毅而易誅者也。顧廣圻曰暴當作義先愼曰顧說非此以仁暴對言心毅則憎心見於下易誅則妄殺加於人即暴之實迹若義則無憎心妄殺之事下暴人在位與仁人在位比勘尤其證此意謂仁人之亡人國無異於暴者之亡人國也慈惠則不忍。輕財則好與。心毅則憎心見於下。易誅則妄殺加於人。不忍則罰多宥赦。好與則賞多無功。憎心見則下怨其上。妄誅則民將背叛。故仁人在位。下肆而輕犯禁法。偷幸而望於上。暴人在位。則法令妄而臣主乖。民怨而亂心生。故曰。仁暴者皆亡國者也。

不能具美食而勸餓人飯。不爲能活餓者也。盧文弨曰爲能二字舊倒今從藏本下亦當同先愼曰乾道本作爲能不誤 不能辟草生粟。而勸貸施賞賜。先愼曰勸字淺人依上文誤加 不爲能富民者也。先愼曰乾道本爲能作能爲 今學者之言也。不務本作而好末事。知道虛聖以說民。顧廣圻曰藏本同今本無知字聖作惠皆誤 此勸飯之說。勸飯之說。明主不受也。

書約而弟子辯。法省而民訟簡。顧廣圻曰簡當作萌在訟字上萌氓也民萌訟與弟子辯相對訟猶辯也 是以聖人之書必著論。明主之法必詳事。先愼曰乾道本詳下有盡字顧廣圻云今本無盡字按此不當有今據刪 盡思慮。揣得失。智者之所難也。無思無慮。挈前言而責後功。愚者之所易也。明主慮愚者之所易。顧廣圻曰藏本同今本慮作操誤 以責智者之所難。顧廣圻曰以當作不 故智慮不用而國治也。先愼曰乾道本慮下有力勞二字盧文弨云力勞二字淩本無今據刪顧廣圻云當作故智不勞力不用與元本不合非是

酸甘鹹淡。不以口斷。而決於宰尹。則廚人輕君而重於宰尹矣。盧文弨曰張本下兩句皆無於字此亦當衍先愼曰乾道本下兩句亦有於字盧說非 上下清濁。不以耳斷。而決於樂正。則瞽工輕君而重於樂正矣。治國是非。不以術斷而決於寵人。則臣下輕君而重於寵人矣。人主不親觀聽而制斷在下。託食於國者也。先愼曰張榜本此下接今生殺之柄云云不提行

使人不衣不食而不飢不寒。又不惡死。則無事上之意。意欲不宰於君。則不可使也。今生殺之柄在大臣。先愼曰乾道本之作人今據張榜本趙本改 而主令得行者未嘗有

也。虎豹必不用其爪牙。而與鼷鼠同威。萬金之家必不用其富厚。而與監門同資。先愼曰而猶則也而則古通用見經傳釋詞有士之君。先愼曰趙本士誤作上盧文弨云上張凌本作士是也說人不能利。惡人不能害。索人欲畏重已。不可得也。

人臣肆意陳欲曰俠。人主肆意陳欲曰亂。人臣輕上曰驕。人主輕下曰暴。孫詒讓曰驕當作撟謂撟君也荀子臣道篇云有能比知同力率羣臣百吏而相與彊君撟君君雖不安不能不聽遂以解國之大患除國之大害成於尊君安國謂之輔即此所謂人臣輕上曰撟此俠與撟皆美名亂與暴皆惡名故云下以受譽上以得非若作驕則不得爲譽矣撟字又作矯（荀子楊注撟與矯同屈也）後忠孝篇云故烈士內不爲家亂世絕嗣而外矯於君義亦同先愼曰五蠹篇專詆俠驕之無益人主而爲邦之蠹則韓非不以俠驕爲美名可知此下以受譽指時人而言孫說失本書之指行理同實。下以受譽。上以得非。人臣大得。人主大亡。先愼曰張榜本自有士之君至此皆刪去明主之國。有貴臣。無重臣。貴臣者。爵尊而官大也。先愼曰乾道本者上無臣字顧廣圻云藏本今本有臣字先愼按有臣字是今據補依下文也上當有者字重臣者。言聽而力多者也。明主之國。遷官襲級。官爵受功。顧廣圻曰句有誤先愼曰此言凡遷官襲級必因其功而官爵之官爵受功與八經篇云爵祿循功語意正同故有貴臣。言不度行。先愼曰不當作必而有僞必誅。故無重臣也。

八經第四十八先愼曰趙本無下八字盧文弨云十下脫八字顧廣圻云此篇多不可通

〔一〕凡治天下。必因人情。人情者有好惡。故賞罰可用。賞罰可用則禁令可立。而治道具矣。君執柄以處勢。故令行禁止。柄者。殺生之制也。勢者。勝衆之資也。廢置無度則權瀆。賞罰下共則威分。是以明主不懷愛而聽。不留說而計。故聽言不參則權分乎姦。智力不用則君窮乎臣。顧廣圻曰藏本同今本力作術誤主之道。臣不得兩諫。必任其一。語不得擅行。必合其參。故姦無道進矣。

聽法

〔七〕官之重也毋法也。法之息也上闇也。上闇無度則官擅爲。官擅爲故奉重無前。奉重無前則徵多。（先愼曰乾道本不重奉重無前四字顧廣圻云今本重今據增）徵多故富。官之富重也。亂功之所生也。（王先謙曰亂功無義功字當衍）明主之道。取於任。（能任事則取之）賢於官。（能守官則贊揚之）賞於功。言程主喜俱必利。不當主怒俱必害。則人不私父兄而進其仇讎。勢足以行法。奉足以給事。而私無所生。故民勞苦而輕官。（王先謙曰民皆力耕故勞苦不爲官擾故輕官）任事者毋重。（先愼曰乾道本者作也顧廣圻曰今本也作者按依下文當作者今據改）使其寵必在爵。處官者毋私。使其利必在祿。故民尊爵而重祿。爵祿所以賞也。民重所以賞也則國治。（先愼曰官輕則民重）刑之煩也。名之繆也。賞譽不當則民疑。民之重名與其重賞也均。賞者有誹焉。不足以勸。罰者有譽焉。不足以禁。明主之道。賞必出乎公利。名必在乎爲上。賞譽同軌。非誅俱行。（先愼曰非誹字同此即蒙上賞者有誹焉不足以勸句）然則民無榮於賞之內。（王渭曰句有誤脫）有重罰者必有惡名。故民畏罰。所以禁也。民畏所以禁。則國治矣。

類柄

〔八〕行義示則主威分。慈仁聽則法制毀。民以制畏上。而上以勢卑下。故下肆很觸。（盧文弨曰很凌本作狠）而榮於輕君之俗。則主威分。民以法難犯上。而上以法撓慈仁。故下明愛施而務賕紋之政。務爲貨賕○顧廣圻曰紋字有誤未詳所當作下同孫詒讓曰紋當作納篆文納作紺紋作紋二形相近而誤納謂納貨財子女也國語鄭語說褒似云褒人有獄而以爲入入納義同是以法令隳。尊私行以貳主威。行賕紋以疑法。先愼曰法下當有令字聽之則亂治。不聽則謗主。顧廣圻曰主當作生王先謙曰謗主與亂治對文句義本通不煩改字故君輕乎位而法亂乎官。此之謂無常之國。明主之道。臣不得以行義成榮。不得以家利爲功。功名所生。必出於官法。法之所外。雖有難行。不以顯焉。故民無以私名。設法度以齊民。信賞罰以盡能。先愼曰乾道本盡下有民字顧廣圻云今本無民字按不當有今據刪明誹譽以勸沮。名號賞罰法令三隅。先愼曰此下當有脫文故大臣有行則尊君。百姓有功則利上。此之謂有道之國也。

主威先愼曰乾道本脫此二字今依拾補增盧文弨云末一行脫主威二字

韓非子集解卷十九

五蠹第四十九

上古之世。人民少而禽獸衆。人民不勝禽獸蟲蛇。（先愼曰御覽七十八引衆作多蟲蛇作蛇虺）有聖人作。搆木爲巢。以避羣害。而民悅之。使王天下。號之曰有巢氏。（先愼曰各本號下無之字御覽有依下文當有今據補）民食果蓏蜯蛤。腥臊惡臭。而傷害腹胃。民多疾病。有聖人作。鑽燧取火。以化腥臊。而民說之。使王天下。號之曰燧人氏。中古之世。天下大水。而鯀禹決瀆。近古之世。桀紂暴亂。而湯武征伐。今有搆木鑽燧於夏后氏之世者。必爲鯀禹笑矣。有決瀆於殷周之世者。必爲湯武笑矣。然則今有美堯舜湯武禹之道於當今之世者。必爲新聖笑矣。（先愼曰舜下脫鯀字湯武禹當作禹湯武）是以聖人不期脩古。（在扶世急也）不法常可。（顧廣圻曰藏本同今本可作行誤）論世之事。因爲之備。宋人有耕者。（先愼曰舊本耕下有田字藝文類聚九十五御覽四百九十九及八百二十二九百七事類賦二十三引耕下無田字今據刪）田中有株。兔走觸株。折頸而死。因釋其耒而守株。冀復得兔。兔不可復得。而身爲宋國笑。（先愼曰藝文類聚引笑上有所字）今欲以先王之政。治當世之民。皆守株之類也。古者（盧文弨曰古下似當分段）丈夫不耕。草木之實足食也。婦人不織。禽獸之皮足衣也。（先愼曰張榜本趙本婦人作婦女）不事力而養足。人民少而財有餘。故民不爭。是以厚賞不行。重罰不用。而民自治。今人有五子不爲多。子又有五子。大父未死而有二十五孫。是以人民衆而貨財寡。事力勞而供養薄。故民爭。雖倍賞累罰而不免於亂。堯之王天下也。盧文弨曰堯下亦當分段先愼曰乾道本也下有有字顧廣圻云今本無有字按當云堯之有天下也李斯列傳可證先愼案有字係後人用史記校記于王下失刪耳北堂書鈔一百四十三御覽八十初學記九引並無有字今據刪茅茨不翦。采椽不斲。先愼曰御覽一百八十八引斲作刮案李斯傳淮南主術訓亦作斲此下李斯傳有雖逆旅之宿不勤於此矣似非韓子元文此下云古之讓天下者是去監門之養而離臣虜之勞不言逆旅之宿明韓子無此十字餘亦頗省不同當各依本書糲粢之食。藜藿之羹。冬日麑裘。先愼曰御覽二十七又八十又六百九十四引並作麑裘李斯傳亦作麑夏日葛衣。雖監門之服養。不虧於此矣。先愼曰御覽八十引虧作敲八百四十九及北堂書鈔一百四十三引作厭並誤虧損也禹之王天下也。身執耒臿以爲民先。先愼曰御覽八十二引耒臿作木畚股無胈。先愼曰乾道本胈作股據張榜本改李斯傳亦作股御覽引作股無完胈脛不生毛。雖臣虜之勞。不苦於此矣。以是言之。先愼曰以張榜本作又誤夫古之讓天子者。是去監門之養而離臣虜之勞也。古傳天下而不足多也。先愼曰古張榜本趙本作故古故字通今之縣令。一日身死。子孫累世絜駕。故人重之。是以人之於讓也。輕辭古之天子。難去今之縣令者。薄厚之實異也。夫山居而谷汲者。膢臘而相遺以水。谷水難得故節以水相遺也○先愼曰說文膢楚俗以二月祭飲食也臘冬至後三戌臘祭百神風俗通引相遺以水作買水澤居苦水者。買庸而決竇。澤者苦水故買人功使決竇也○先愼曰庸張榜本作傭故饑歲之春。幼弟不饟。幼弟可惜猶不饟之也○先愼曰意林御覽八百四十九引幼作從意林饟作讓穰歲之秋。疏客必食。先愼曰乾道本穰作饟涉上文而誤據拾補改盧文弨云饟張本作穰疏意林作過非疏骨肉愛過客也。先愼曰乾道本無客字顧廣圻云今本過下有客字按疏下當有客字先愼按顧說非非疏骨肉逗御覽意林引同無下愛過客也四字改從今本愛過客蒙上疏客必食言過客卽疏客多少之心異也。先愼曰乾道本心作實盧文弨云意林實作心先愼按御覽亦引作心今據改是以古之易財。非仁也。財多也。盧文弨曰

張本之作人　今之爭奪。非鄙也。財寡也。輕辭天子。非高也。勢薄也。重爭士槖。先愼曰乾道本無重字顧廣圻云今本爭上有重字按未詳先愼按爭上有重字是輕辭天子重爭士槖相對爲文士當作土形近而誤士與仕同槖與託通淮南修務說林項託漢書董仲舒傳孟康注作項槖是槖託通用之證士槖卽仕託古今字外儲說左上篇晉國之辭仕託者國之錘又云晉國之辭仕託慕叔向者國之錘彼云辭仕託此云爭仕託可見仕託之義　非下也。權重也。故聖人議多少。論薄厚。爲之政。故罰薄不爲慈。誅嚴不爲戾。稱俗而行也。故事因於世而備適於事。古者文王處豐鎬之閒。先愼曰乾道本文作大據拾補改盧文弨云古下似當分段　地方百里。行仁義而懷西戎。遂王天下。徐偃王處漢東。地方五百里。行仁義。割地而朝者三十有六國。先愼曰論衡非韓篇作三十二國　荆文王恐其害己也。舉兵伐徐。遂滅之。盧文弨曰徐偃王當周穆王時與楚文王相去遠譏周據此以駁史失之不考　故文王行仁義而王天下。偃王行仁義而喪其國。是仁義用於古而不用於今也。故曰。世異則事異。當舜之時。有苗不服。禹將伐之。舜曰。不可。上德不厚而行武。非道也。乃修教三年。執干戚舞。有苗乃服。共工之戰。鐵銛短者及乎敵。先愼曰乾道本短作矩盧文弨云矩張本作短顧廣圻云今本矩作距誤案當作短今據改　鎧甲不堅者傷乎體。是干戚用於古不用於今也。故曰。事異則備變。上古競於道德。中世逐於智謀。當今爭於氣力。齊將攻魯。魯使子貢說之。齊人曰。子言非不辯也。吾所欲者土地也。非斯言所謂也。遂舉兵伐魯。去門十里以爲界。故偃王仁義而徐亡。子貢辯智而魯削。以是言之。夫仁義辯智非所以持國也。去偃王之仁。息子貢之智。循徐魯之力。使敵萬乘。則齊荆之欲不得行於二國矣。

夫古今異俗，新故異備。如欲以寬緩之政，治急世之民，猶無轡策而御馯馬。先愼曰：淮南氾論訓高注：馯馬，突馬也。此不知之患也。今儒墨皆稱先王兼愛天下，先愼曰：乾道本無稱字，顧廣圻云：今本皆下有稱字，按句有誤。先謙按：有稱字，其義已明，乾道本脫稱字。顯學篇云：孔子墨子俱道堯舜，此卽儒墨皆稱先王兼愛之證。則視民如父母。先愼曰：拾補視民作民視，君三字盧文弨云：民視二字舊倒，君字脫，俱依張本補正。顧廣圻云：句有誤。先愼按：視民當作民視，盧說舊倒是也，君字不當有。先王兼愛天下，則民視之如父母，此卽指先王之民而言，張本增君字，非也。何以明其然也？曰：司寇行刑，君爲之不舉樂；聞死刑之報，君爲流涕。此所舉先王也。夫以君臣爲如父子則必治，推是言之，是無亂父子也。人之情性莫先於父母，父母皆見愛而未必治也，君雖厚愛，奚遽不亂？先愼曰：乾道本不重父母二字，無君字，愛下有矣字，據拾補改增。盧文弨云：父母君三字脫。今先王之愛民，不過父母之愛子，子未必不亂也，先愼曰：乾道本子下無未字，顧廣圻云：今本子下有未字，王渭云：當有，今據補。則民奚遽治哉？且夫以法行刑，而君爲之流涕，此以效仁，非以爲治也。夫垂泣不欲刑者，仁也；然而不可不刑者，法也。先王勝其法，不聽其泣，則仁之不可以爲治亦明矣。且民者固服於勢，寡能懷於義。仲尼天下聖人也，修行明道以遊海內，海內說其仁，美其義，而爲服役者七十人。蓋貴仁者寡，能義者難也。故以天下之大，而爲服役者七十人，而仁義者一人。先愼曰：拾補而下有爲字，盧文弨云：張本無。顧廣圻云：藏本同，今本而下有爲字，誤。按一人，仲尼也。魯哀公下主也，南面君國，境內之民莫敢不臣。民者固服於勢，勢誠易以服人。先愼曰：乾道本不重勢字，顧廣圻云：藏本、今本誠上有勢字，按句有誤。先愼按：

有勢字是也今據補固服於勢句文義屬上勢誠易以服人句文義屬下故仲尼反爲臣。而哀公顧爲君。仲尼非懷其義服其勢也。故以義則仲尼不服於哀公。乘勢則哀公臣仲尼。今學者之說人主也。不乘必勝之勢。而務行仁義，先愼曰乾道本務上有勝字顧廣圻云藏本今本無勝字按句有誤先愼按勝字衍今據刪務行仁義四字當重則可以王。是求人主之必及仲尼。而以世之凡民皆如列徒。則七十子也○先愼曰乾道本並作勢顧廣圻云藏本今本勢作世誤按勝上當脫服字王先謙云作世文義自明無庸增服字今據藏本今本改此必不得之數也。

今有不才之子。父母怒之弗爲改。鄉人譙之弗爲動。師長教之弗爲變。夫以父母之愛。鄉人之行。師長之智。三美加焉。而終不動。其脛毛不改。顧廣圻曰下有脫文州部之吏。操官兵。推公法。而求索姦人。然後恐懼。變其節。易其行矣。故父母之愛不足以教子。必待州部之嚴刑者。民固驕於愛。聽於威矣。故十仞之城。樓季弗能踰者。峭也。千仞之山。跛牂易牧者。夷也。故明王峭其法而嚴其刑也。布帛尋常。庸人不釋。先愼曰八尺曰尋倍尋曰常論衡非韓篇釋誤擇鑠金百溢。盜跖不掇。金鑽爛雖多跖棄而不掇○先愼曰論衡溢作鎰掇作搏李斯列傳引與論衡同案此當各依本書不必害則不釋尋常。必害手則不掇百溢。顧廣圻曰藏本同今本手則作則手誤故明主必其誅也。是以賞莫如厚而信。使民利之。罰莫如重而必。使民畏之。法莫如一而固。先愼曰乾道本固作故盧文弨云故張本作固二字古通顧廣圻云今本故作固誤王先謙云下文云明主之道一法而不求智固術而不慕信即此所謂一而固也作固是改從今本使民知之。故主施賞不遷。行誅無赦。譽輔其賞。毀隨其罰。則賢不肖俱盡其力矣。今則不然。其有功也爵之。盧文弨曰然下當有以字與下同而卑其士官也。以其耕作也賞之。而少其家業也。以其不收也外之。而高其輕世也。以其犯禁也罪之。先愼曰乾道本禁下無也字盧文弨云也字脫張凌本有與上二句同今據補 而多其有勇也。毀譽賞罰之所加者。相與悖繆也。故法禁壞而民愈亂。今兄弟被侵必攻者。廉也。世謂之有廉隅之人 知友被辱隨仇者。貞也。先愼曰乾道本無被字顧廣圻云今本友下有被字誤先愼按知友被辱句與上兄弟被侵相對爲文不當少一字改從今本 廉貞之行成。而君上之法犯矣。人主尊貞廉之行。而忘犯禁之罪。故民程於勇而吏不能勝也。先愼曰禮記儒行不程勇注程猶量也 不事力而衣食。則謂之能。不戰功而尊。則謂之賢。先愼曰乾道本無下則字顧廣圻云藏本今本有則字誤先愼案上則謂之能與此句法一律有則字爲是今據補 賢能之行成。而兵弱而地荒矣。人主說賢能之行。先愼曰乾道本無成而兵弱而地荒矣人主說賢能之行十五字顧廣圻云藏本今本有今據補 而忘兵弱地荒之禍。先愼曰乾道本荒作弱顧廣圻云藏本今本下弱字作荒今據改 則私行立而公利滅矣。先愼曰乾道本公上有功字顧廣圻云藏本今本無功字今據刪 儒以文亂法。盧文弨曰儒下似當分段 俠以武犯禁。而人主兼禮之。此所以亂也。夫離法者罪。而諸先生以文學取。先愼曰乾道本生作王無取字拾補王作生有取字盧文弨云王張本作生顧廣圻云王當作生今本學下有取字依下文當有先愼按盧顧說是今據改張榜本諸誤誅 犯禁者誅。而羣俠以私劍養。故法之所非。君之所取。吏之所誅。上之所養也。法趣上下。四相反也。而無所定。雖有十黃帝不能治也。故行仁義者非所譽。王渭曰句絕 譽之則害功。王渭曰爲一句下文非所用句絕用之屬下同此例 工文學者非所用。先愼曰乾道本文上無工字顧廣圻云今本文上有工字按句有誤未詳先愼按有工字是上文行仁義者非所譽與工文學者非所用句法一律明此不當少一字改從今本 用之則亂法。楚之有直躬。其父竊羊。而謁之吏。令尹曰。殺之。以爲直於君而曲於父。報而罪之。以是觀之。夫君之直臣。父之暴子也。魯人從君戰。三戰三北。仲尼問其故。對曰。吾有老父。身死莫之養也。仲尼以爲孝。舉而上之。以是觀之。夫父之孝子。君之背臣也。（先愼曰兩父字皆當作母涉上文而誤御覽四百九十六引尸子魯人有孝者三爲母北魯人稱之汪繼培云此卽卞莊子事韓詩外傳十及新序義勇篇並云養母與尸子同韓子以爲養父非也）故令尹誅而楚姦不上聞。仲尼賞而魯民易降北。上下之利。若是其異也。而人主兼舉匹夫之行。（先愼曰乾道本兼下有也字顧廣圻云藏本今本無也字先愼按此不當有也字今據刪）而求致社稷之福。必不幾矣。古者蒼頡之作書也。自環者謂之私。背私謂之公。（盧文弨曰說文引作自營爲厶營環本通用私當作厶下同顧廣圻曰說文又云公从八从厶八猶背也引此曰背厶爲公先愼曰據說文所引則本書本多古字今盡改之不一存爲惜哉）公私之相背也。乃蒼頡固以知之矣。今以爲同利者。不察之患也。然則爲匹夫計者。莫如脩行義而習文學。（先愼曰行當作仁上文云行仁義工文學此云修仁義習文學仁義文學篇內對舉明行爲仁之誤下同）行義脩則見信。見信則受事。文學習則爲明師。爲明師則顯榮。此匹夫之美也。然則無功而受事。無爵而顯榮。有政如此。（先愼曰乾道本有上有爲字盧文弨云爲字淩本無顧廣圻謂有字衍非先愼按爲字衍今依淩本刪）則國必亂。主必危矣。故不相容之事。不兩立也。斬敵者受賞。而高慈惠之行。拔城者受爵祿。而信廉愛之說。堅甲厲兵以備難。而美薦紳之飾。富國以農。距敵恃卒。而貴文學之士。廢敬上畏法之民。而養遊俠私劍之屬。舉行如此。治強不可得也。國平養儒俠。難至用介士。所利非所用。所用非所利。是故服事者簡其業。而游學者日衆。（先愼曰乾道本游上有於字顧廣圻云藏本今本無於字今據刪）是世之所以亂也。且世之所謂賢者。（盧文弨曰且下似當分段）貞信之行也。所謂智者。微妙之言也。微妙之言。上智之所難知也。今爲衆人法。而以上智之所難知。則民無從識之矣。故糟糠不飽者不務粱肉。（先愼曰粱當作粱）短褐不完者不待文繡。（先愼曰御覽八百五十四引飽作厭務作待肉下有而飽二字待作須繻下有而好二字）

夫治世之事。急者不得。則緩者非所務也。今所治之政。民間之事。夫婦所明知者不用。而慕上知之論。則其於治反矣。故微妙之言。非民務也。若夫賢良貞信之行者。（顧廣圻曰良字當衍上文云且世之所謂賢者貞信之行也）必將貴不欺之士。（先愼曰張榜本將作待）貴不欺之士者。（先愼曰乾道本無貴字顧廣圻云今本不上有貴字今據補）亦無不欺之術也。（顧廣圻曰不下當有可字）布衣相與交。無富厚以相利。無威勢以相懼也。故求不欺之士。今人主處制人之勢。有一國之厚。重賞嚴誅。得操其柄。以修明術之所燭。（先愼曰張榜本無所字）雖有田常子罕之臣。不敢欺也。奚待於不欺之士。今貞信之士。不盈於十。而境內之官以百數。必任貞信之士。則人不足官。人不足官。則治者寡而亂者衆矣。故明主之道。一法而不求智。固術而不慕信。故法不敗而羣官無姦詐矣。今人主之於言也。說其辯而不求其當焉。其用於行也。美其聲而不責其功焉。（先愼曰乾道本無焉字顧廣圻云今本功下有焉字今據補）是以天下之衆。其談言者務爲辯。而不周於用。故舉先王言仁義者盈廷。而政不免於亂。行身者競於爲高。而不合於功。故智士退處巖穴。歸祿不受。而兵不免於弱。政不免於亂。此其故何也。民之所譽。上之所禮。亂國之術也。今境內之民皆言治。藏商管之法者家有之。而國愈貧。 先愼曰乾道本無愈字顧廣圻云藏本今本國下有愈字先愼按依下文當有今據補 言耕者衆。 先愼曰乾道本言作民顧廣圻云今本民作言按依下文當作言今據改 執耒者寡也。境內皆言兵。藏孫吳之書者家有之。而兵愈弱。言戰者多。被甲者少也。故明主用其力不聽其言。賞其功必禁無用。 先愼曰乾道本必作伐顧廣圻云今本伐作必按句有誤先愼按無用卽上不周於用故明主必禁之乾道本作伐誤改從今本 故民盡死力以從其上。夫耕之用力也勞。而民爲之者。曰可得以富也。戰之爲事也危。 先愼曰舊本無爲字藝文類聚五十五御覽六百七引並有爲字是也戰之爲事也危與耕之用力也勞相對不應少一字今據補 而民爲之者。曰可得以貴也。今修文學習言談。 先愼曰藝文類聚御覽引言談並作談論 則無耕之勞而有富之實。無戰之危而有貴之尊。則人孰不爲也。是以百人事智而一人用力。事智者衆則法敗。用力者寡則國貧。此世之所以亂也。故明主之國無書簡之文。以法爲敎。無先王之語。 顧廣圻曰王當作生此與下文吏對 以吏爲師。無私劍之捍。以斬首爲勇。是境內之民其言談者必軌於法。動作者歸之於功。爲勇者盡之於軍。是故無事則國富。有事則兵強。此之謂王資。既畜王資。而承敵國之豐。超五帝。侔三王者。必此法也。今則不然。士民縱恣於內。言談者爲勢於外。外內稱惡以待強敵。不亦殆乎。故羣臣之言外事者。非有分於從衡之黨。則有仇讎之忠。 顧廣圻曰藏本同今本忠作患誤 而借力於國也。從者合衆弱以攻一強也。 先愼曰乾道本強弱互易今據拾補改 而衡者事一強以攻衆弱也。

皆非所以持國也。今人臣之言衡者。皆曰不事大。則遇敵受禍矣。事大未必有實。則舉圖而委效璽而請兵矣。（先慎曰乾道本則舉作舉則顧廣圻云藏本舉則作則舉今本委下有地字按句有誤俞樾云舉則二字誤倒當從道藏本韓子原文本作事大必有實則舉圖而委效璽而請矣未字兵字皆衍文也言事大必有事大之實非空言事大而已舉圖而委效璽而請皆其實也所謂舉圖而委者謂舉地圖而委之大國故下文云獻圖則地削也所謂效璽而請者謂收百官之璽效之大國而請大國發之也故下文云效璽則名卑也外儲說右云王因收吏璽自三百石以上皆效之子之子之大重此雖非以小事大然效璽之事則同效璽非請兵淺人不得其解於請下增入兵字殊失本旨趙用賢本乃於上句委字之下增地字以配之謬矣下文救小未必有實則起兵而敵大矣未字亦衍文謂救小必有救小之實起兵敵大是其實也與此文正相對因涉下文救小未必能存句而衍未字遂於事大必有實句亦增未字淺人不詳文義率意增益往往如此）獻圖則地削。效璽則名卑。地削則國削。名卑則政亂矣。事大爲衡。未見其利也。而亡地亂政矣。人臣之言從者。皆曰不救小而伐大。則失天下。失天下則國危。國危而主卑。救小未必有實。則起兵而敵大矣。（俞樾曰未字衍文）救小未必能存。而交大未必不有疏。（顧廣圻曰藏本同今本無有字誤盧文弨曰有字似不必增王渭曰交當作敵先愼曰顧王說是）有疏則爲強國制矣。出兵則軍敗。退守則城拔。救小爲從。未見其利。而亡地敗軍矣。是故事強則以外權士官於內。（顧廣圻曰藏本同今本士作市誤上文云而卑其士官也）救小則以內重求利於外。國利未立。（顧廣圻曰四字爲一句）封土厚祿至矣。主上雖卑。人臣尊矣。國地雖削。私家富矣。事成則以權長重。事敗則以富退處。人主之聽說於其臣。（先慎曰乾道本作人主之於其聽說也於其臣盧文弨云之下於其二字說下也字皆衍淩本無今據刪）事未成則爵祿已尊矣。事敗而弗誅。則游說之士。孰不爲用矰繳之說。而徼倖其後。故破國亡主以聽言談者之浮說。此其故何也。是人君不明乎公私之利。（盧文弨曰乎張本作於）不察當否之言。而誅罰不必其後也。皆曰外事大可以王。小可以安。夫王者能攻人者也。而安則不可攻也。強則能攻人者也。治則不可攻也。治強不可責於外。先愼曰句 內政之有也。顧廣圻曰藏本同今本有作脩誤 今不行法術於內。而事智於外。則不至於治強矣。鄙諺曰長袖善舞。多錢善賈。此言多資之易爲工也。故治強易爲謀。弱亂難爲計。故用於秦者。十變而謀希失。用於燕者。一變而計希得。非用於秦者必智。用於燕者必愚也。蓋治亂之資異也。故周去秦爲從。期年而舉。顧廣圻曰句絕 衞離魏爲衡。顧廣圻曰五字爲一句 半歲而亡。先愼曰全祖望云六國盡亡而衞尚存韓子之言謬矣案六國表秦莊襄王六年五國共擊秦拔魏朝歌衞從濮陽徙野王衞故屬魏或因衡而不救此韓子當時事聞見有眞當不謬也 是周滅於從。衞亡於衡也。使周衞緩其從衡之計。而嚴其境內之治。先愼曰乾道本無嚴字顧廣圻云今本而下有嚴字按句有誤先愼按有嚴字是今據增 明其法禁。必其賞罰。盡其地力。以多其積。致其民死。以堅其城守。天下得其地則其利少。攻其國則其傷大。萬乘之國。莫敢自頓於堅城之下。而使強敵裁其弊也。此必不亡之術也。舍必不亡之術。而道必滅之事。治國者之過也。智困於內而政亂於外。顧廣圻曰內外當互易上文云而事智於外 則亡不可振也。民之政計。皆就安利如辟危窮。先愼曰拾補政作故如下旁注皆字盧文弨云故張本作政皆張本作如與而同當分段顧廣圻云今本政作故按句有誤先愼按趙本改如爲皆非也政當作自 今爲之攻戰。進則死於敵。退則死於誅。則危矣。棄私家之事。而必汗馬之勞。家困而上弗論。則窮矣。窮危之所在也。民安得勿避。故事私門而完解舍。解舍完則遠戰。遠戰則安。行貨賂而襲當塗者則求得。求得則私安。私安則利之所在。安得勿就。 顧廣圻曰解廨同字也俞樾曰解舍完三字衍文也事私門而完解舍則遠戰與行貨賂而襲當塗者則求得兩文相對不當衍此三字也求得則私私乃利字之誤遠戰則安求得則利與上文窮危相對安對危言利對窮言也安私安則利之所在當作安利之所在上文窮危之所在也民安得勿避此云安利之所在安得勿就兩文亦相對先愼曰解舍完三字不當有應增一者字下行貨賂而襲當塗者則求得正有者字此不當少一字 是以公民少而私人衆矣。夫明王治國之政。使其商工游食之民少。而名卑以寡。趣本務而趨末作。 先愼曰拾補趨作外盧文弨云趨譌舊人改先愼按張榜本作減較舊義爲近 今世近習之請行。則官爵可買。官爵可買。則商工不卑也矣。 先愼曰張榜本無也字 姦財貨賈得用於市。則商人不少矣。聚斂倍農。而致尊過耕戰之士。 盧文弨曰致尊過三字舊作不貴今從張本顧廣圻曰藏本同今本作不貴誤 則耿介之士寡而高價之民多矣。是故亂國之俗。其學者則稱先王之道。以籍仁義。盛容服。而飾辯說。以疑當世之法。而貳人主之心。其言古者。 顧廣圻曰古當作談上文云言談者爲勢於外 爲設詐稱借於外力。以成其私。而遺社稷之利。其帶劍者。聚徒屬。立節操。以顯其名。而犯五官之禁。 先愼曰五官謂司徒司馬司空司士司寇典司五衆者 其患御者。 盧文弨曰患疑是串字爾雅串習也此猶言近習俞樾曰患讀爲串詩皇矣篇串夷載路毛傳串習也釋文云串本作患是其證也先愼曰盧俞說是張榜本趙本改作近非 積於私門。盡貨賂。而用重人之謁。退汗馬之勞。其商工之民。修治苦窳之器。聚弗靡之財。 顧廣圻曰藏本同今本弗作沸誤 蓄積待時。而侔農夫之利。 顧廣圻曰牟侔同字也 此五者邦之蠹也。人主不除此五蠹之民。不養耿介之士。則海內雖有破亡之國。削滅之朝。亦勿怪矣。

顯學第五十

世之顯學。儒墨也。儒之所至。孔丘也。墨之所至。墨翟也。自孔子之死也。有子張之儒。有子思之儒。有顏氏之儒。有孟氏之儒。有漆雕氏之儒。有仲良氏之儒。盧文弨曰良張本作梁顧廣圻曰藏本良作梁按梁良同字也有孫氏之儒。顧廣圻曰孫孫卿也難三篇云燕子噲賢子之而非孫卿有樂正氏之儒。自墨子之死也。有相里氏之墨。有相夫氏之墨。先慎曰意林夫作芬孫詒讓云蒲阪圓引山仲質云相夫一本作祖夫案廣韻二十陌伯字注云韓子有伯夫氏墨家流則古本相或作伯山氏所見本作祖夫疑即伯夫之誤（相或當爲柏之誤古柏伯聲同字通）有鄧陵氏之墨。故孔墨之後。儒分爲八。墨離爲三。取舍相反不同。先慎曰相反不同語意重複蓋一本作相反一本作不同校者旁注於下刊時失删耳而皆自謂眞孔墨。孔墨不可復生。先慎曰乾道本不重孔墨二字顧廣圻云今本不上更有孔墨二字按當有先慎按北堂書鈔九十六引重孔墨二字今據增將誰使定後世之學乎。先慎曰乾道本無後字據張榜本趙本補孔子墨子俱道堯舜。而取舍不同。皆自謂眞堯舜。堯舜不復生。將誰使定儒墨之誠乎。殷周七百餘歲。虞夏二千餘歲。而不能定儒墨之眞。今乃欲審堯舜之道於三千歲之前。意者其不可必乎。無參驗而必之者。愚也。弗能必而據之者。誣也。故明據先王。必定堯舜者。非愚則誣也。愚誣之學。雜反之行。先慎曰乾道本反下無之字顧廣圻云今本有之字按當有今據增明主弗受也。墨者之葬也。冬日冬服。夏日夏服。桐棺三寸。服喪三月。盧文弨曰墨子公孟篇作三日淮南齊俗篇與此同先慎曰北堂書鈔九十二御覽五百五十五引此作三日服作執世主以爲儉而禮之。先慎曰乾道本世下無主字盧文弨云主字脫據下文補先慎按北堂書鈔御覽引有主字今據補儒者破家而葬。先慎曰北堂書鈔御覽引有賃子而償四字服喪三年。先慎曰北堂書鈔御覽引服均作執大毀扶之聽。眩乎仲尼。爲悅其言。因任其身。則焉得無失乎。是以魏任孟卯之辯。而有華下之患。先愼曰華下卽華陽事在秦武王三十四年魏安釐王四年 趙任馬服之辯。而有長平之禍。先愼曰一本平誤年 此二者任辯之失也。夫視鍛錫而察青黃。區冶不能以必劍。顧廣圻曰區他書又作歐先愼曰區歐古通周禮司桓氏職文云凡金多錫則刃白考工記六齊視錫之品數以爲上下故冶劍必鍛以錫然色之青黃仍不能決其劍之利鈍 水擊鵠雁。陸斷駒馬。則臧獲不疑鈍利。發齒吻形容。王先謙曰按五字不成句形容在外不待發也吻下當有一二字與視鍛錫句相配而今奪之 伯樂不能以必馬。授車就駕。而觀其末塗。則臧獲不疑駑良。觀容服。聽辭言。仲尼不能以必士。試之官職。課其功伐。則庸人不疑於愚智。故明主之吏。宰相必起於州部。猛將必發於卒伍。夫有功者必賞。則爵祿厚而愈勸。遷官襲級。則官職大而愈治。夫爵祿大而官職治。王之道也。磐石千里。盧文弨曰磐下當分段 不可謂富。象人百萬。盧文弨曰象人或作偶言韓詩外傳四作愚民先愼曰象人卽偶人也孟子曰始作偶者其無後乎謂其象人而用之也作象人是 不可謂強。石非不大。數非不衆也。先愼曰數當作象人二字上下文可證 而不可謂富強者。磐不生粟。顧廣圻曰磐下當有石字 象人不可使距敵也。今商官技藝之士。亦不墾而食。是地不墾。與磐石一貫也。儒俠毋軍勞。顯而榮者。則民不使。王先謙曰顯而當作而顯 與象人同事也。夫禍知磐石象人。顧廣圻曰禍知當作知禍此以知禍與下句不知禍相對也 而不知禍商官儒俠爲不墾之地。不使之民。不知事類者也。故敵國之君王。盧文弨曰故下似當分段 雖說吾義。吾弗入貢而臣。關內之侯。雖非吾行。吾必使執禽而朝。是故力多則人朝。力寡則朝於人。故明君務力。

夫嚴家無悍虜。顧廣圻曰李斯列傳引悍作格而慈母有敗子。吾以此知威勢之可以禁暴。而德厚之不足以止亂也。夫聖人之治國。盧文弨曰夫下當分段不恃人之爲吾善也。而用其不得爲非也。恃人之爲吾善也。境內不什數。用人不得爲非。先愼曰乾道本無爲字顧廣圻云今本得下有爲字今據補一國可使齊。顧廣圻曰五字爲一句爲治者用衆而舍寡。顧廣圻曰藏本同今本者作也誤故不務德而務法。夫必恃自直之箭。百世無矢。先愼曰意林御覽九百五十二引恃作待下同矢下有矣字案困學紀聞卷十引作恃與此合恃自圜之木。千世無輪矣。盧文弨曰世張本作歲先愼曰意林御覽引亦作歲困學紀聞引仍作世與此合自直之箭。自圜之木。百世無有一。然而世皆乘車射禽者何也。隱栝之道用也。先愼曰栝張榜本趙本作括說見前難勢篇下雖有不恃隱栝。先愼曰雖有二字衍而有自直之箭。自圜之木。先愼曰有當作恃良工弗貴也。何則。乘者非一人。射者非一發也。不恃賞罰而恃自善之民。明主弗貴也。何則。國法不可失。而所治非一人也。故有術之君。不隨適然之善。適然謂偶然也而行必然之道。今或謂人曰。盧文弨曰今下當分段使子必智而壽。則世必以爲狂。張榜曰狂與誑同夫智性也。壽命也。性命者非所學於人也。而以人之所不能爲說人。此世之所以謂之爲狂也。謂之不能。然則是諭也。夫諭性也。王渭曰句有誤先愼曰張榜本趙本諭皆作喩以仁義教人。先愼曰乾道本無義字顧廣圻云今本仁下有義字按依下文當有今據補是以智與壽說人也。先愼曰乾道本無人字盧文弨云人字脫一本有今據補有度之主弗受也。故善毛嗇西施之美。先愼曰拾補嗇作嬙盧文弨云藏本作廧顧廣圻云藏本作廧是也今本作嬙誤按左昭三年傳釋文嬪廧本又作嬙哀元年妃嬙本又作廧嬙在說文新附先愼按藝文類聚五十二御覽六百二十四七百一十九引並作嬙無益吾面。用脂澤粉黛。則倍其初。

言先王之仁義。無益於治明吾法度。必吾賞罰者。亦國之脂澤粉黛也。故明主急其助而緩其頌。故不道仁義。今巫祝之祝人曰。使若千秋萬歲。千秋萬歲之聲聒耳。先愼曰乾道本上歲字與下秋字互易聒作括盧文弨云千歲譌下同括藏本作聒顧廣圻云藏本下秋字與上歲字互易是也今本二秋字皆作歲誤戰國策云犀首跪行爲儀千秋之祝藏本括作栝案當作聒先愼按此當讀使若千秋萬歲句千秋萬歲之聲栝耳句聒張榜本作聒是今據改　而一日之壽無徵於人。此人所以簡巫祝也。今世儒者之說人主。不言今之所以爲治。先愼曰乾道本言作會今據張榜本趙本改　而語已治之功。不審官法之事。不察姦邪之情。而皆道上古之傳。譽先王之成功。儒者飾辭曰。先愼曰乾道本無者字飾作釋顧廣圻云藏本今本釋作飾今本儒下有者字按句有誤先愼按有者字是釋當作飾今據增改　聽吾言則可以霸王。此說者之巫祝。有度之主不受也。故明主舉實事。去無用。不道仁義。故盧文弨曰者字舊人刪顧廣圻曰者字當衍俞樾曰者字與古諸通禮記郊特牲云或諸遠人乎儀禮士虞禮注引作或者遠人乎是其證廣雅釋言諸之也不道仁義諸故即不道仁義之故與不聽學者之言兩句相對諸之互用古書多有禮記少儀篇申之面拖諸幣孟子滕文公篇注諸海注之江皆是也大戴記將軍文子篇道者孝弟說之以義而觀諸禮者與諸並猶之也顧氏以者爲衍而以故字屬下讀失其義矣　不聽學者之言。今不知治者。盧文弨曰今下當分段　必曰得民之心。欲得民之心。而可以爲治。則是伊尹管仲無所用也。將聽民而已矣。民智之不可用。猶嬰兒之心也。夫嬰兒不剔首則腹痛。首病不治則加痛也○先愼曰腹乃復字之譌素問瘧論病極則復復與復通說文復重也今皆以複爲之注訓爲加是所見本作復不誤　不擱痤則寖益。謂癰也疈感而潰之披疈也○先愼曰擱字不見於字書下作揊亦後起之字注作疈是也說文副判也周禮曰副辜祭籀文作疈今周禮副亦作疈副疈同古本韓子作疈或改作副寫者又誤加手旁校者又於下文去刀旁展轉譌誤遂不成字幸注文猶存眞又案注感字當爲痤之譌披疈二字亦倒下揊張榜本趙本作擱非　剔首揊痤。必一人抱之。慈母治之。然猶啼呼不止。嬰兒子不知犯其所小苦。致其所大利也。今上急耕田墾草，以厚民產也，而以上爲酷。修刑重罰，以爲禁邪也，而以上爲嚴。徵賦錢粟，以實倉庫，且以救饑饉備軍旅也，而以上爲貪。先愼曰乾道本無上字，顧廣圻云今本以下有上字。先愼按有上字是，上下文皆有，乾道本脫，從今本增。境內必知介而無私解，顧廣圻曰藏本同，今本作境內敎戰陣閱士卒，誤。按境內必知者，八說篇云此其臣有姦者必知，又云而務必知之術也，是其義。介當作分，分而無私者，制分篇云宜務分刑賞爲急，又云亡者其制刑賞不分也云云，是其義。解字上下當有脫文。幷力疾鬬，所以禽虜也，而以上爲暴。此四者所以治安也，而民不知悅也。盧文弨曰淩本作知之而不悅也，幷注云謂民不悅也。

夫求聖通之士者，爲民知之不足師用。昔禹決江濬河，而民聚瓦石；子產開畝樹桑，鄭人謗訾。禹利天下，子產存鄭，皆以受謗。夫民智之不足用亦明矣。故舉士而求賢智，爲政而期適民，皆亂之端，未可與爲治也。先愼曰乾道本無士者至治也七十六字，顧廣圻云藏本今本有，未詳所出。先愼按御覽九百五十五、事類賦二十五引並有子產開畝樹桑鄭人謗訾二句，是宋本不盡脫也。今據藏本補趙本。而民聚瓦石下幷有注云有以擊禹也五字。張榜本末句可與作可以。

韓非子集解卷二十

忠孝第五十一

天下皆以孝悌忠順之道爲是也。而莫知察孝悌忠順之道而審行之。是以天下亂。皆以堯舜之道爲是而法之。是以有弒君。先愼曰一本弒作亂盧文弨云亂藏本作弒有曲父。先愼曰乾道本父上有於字顧廣圻云今本無於字譔先愼案弒君曲父相對於字不當有據今本刪下舜見瞽瞍其容造焉卽承曲父言堯舜湯武。或反君臣之義。亂後世之教者也。堯爲人君而君其臣。舜爲人臣而臣其君。王先謙曰此爲燕子之事而發湯武爲人臣而弒其主。刑其尸。先愼曰乾道本無爲字盧文弨云爲字脫藏本有今據補而天下譽之。此天下所以至今不治者也。夫所謂明君者。能畜其臣者也。所謂賢臣者。能明法辟。治官職。以戴其君者也。今堯自以爲明而不能以畜舜。舜自以爲賢而不能以戴堯。湯武自以爲義而弒其君長。此明君且常與而賢臣且常取也。故至今爲人子者。有取其父之家。爲人臣者。有取其君之國者矣。父而讓子。君而讓臣。此非所以定位一教之道也。臣之所聞曰。臣事君。子事父。妻事夫。三者順則天下治。三者逆則天下亂。此天下之常道也。明王賢臣而弗易也。則人主雖不肖。臣不敢侵也。今夫上賢任智無常。王先謙曰常上文所謂常道也逆道也。而天下常以爲治。是故田氏奪呂氏於齊。戴氏奪子氏於宋。此皆賢且智也。豈愚且不肖乎。是廢常上賢則亂。舍法任智則危。故曰。上法而不上賢。記曰。舜見瞽瞍。其容造焉。造愁貌也○先愼曰造與蹙通見孟子萬章篇 孔子曰。當是時也。危哉天下岌岌。有道者父固不得而子。君固不得而臣也。臣曰。先愼曰臣韓非自謂 孔子本未知孝悌忠順之道也。先愼曰拾補未下旁注末字盧文弨云末張凌本作未 然則有道者進不得爲臣主。退不得爲父子耶。先愼曰乾道本兩不字下皆無得字盧文弨云得字脫張凌本有先愼按有得字是今據補臣主當作主臣言進不得爲主之臣退不得爲父之子也 父之所以欲有賢子者。家貧則富之。父苦則樂之。君之所以欲有賢臣者。國亂則治之。主卑則尊之。今有賢子而不爲父。則父之處家也苦。有賢臣而不爲君。則君之處位也危。然則父有賢子。君有賢臣。適足以爲害耳。豈得利焉哉。盧文弨曰焉哉二字舊倒張本作焉哉顧廣圻曰藏本同今本焉哉作哉焉誤先愼曰趙本無焉字據誤本而刪之也焉哉當作哉焉哉字句絕焉字屬下讀盧顧說非 所謂忠臣不危其君。孝子不非其親。今舜以賢取君之國。而湯武以義放弑其君。此皆以賢而危主者也。而天下賢之。古之烈士。進不臣君。退不爲家。是進則非其君。退則非其親者也。且夫進不臣君。退不爲家。亂世絕嗣之道也。是故賢堯舜湯武而是烈士。天下之亂術也。瞽瞍爲舜父而舜放之。象爲舜弟而殺之。先愼曰依上文殺上當有舜字 放父殺弟。不可謂仁。妻帝二女而取天下。不可謂義。仁義無有。不可謂明。詩云。普天之下。莫非王土。率土之濱。莫非王臣。信若詩之言也。是舜出則臣其君。入則臣其父。妾其母。妻其主女也。故烈士內不爲家。

亂世絕嗣。而外矯於君。朽骨爛肉。施於土地。先愼曰施陳也 流於川谷。不避蹈水火。使天下從而效之。是天下徧死而願夭也。此皆釋世而不治是也。世之所爲烈士者。雖衆獨行。王渭曰雖當作離四字爲一句 取異於人。爲恬淡之學。而理恍惚之言。臣以爲恬淡無用之教也。恍惚無法之言也。言出於無法。教出於無用者。先愼曰乾道本教作數盧文弨云數張本作教顧廣圻云藏本數作教案依上文是也今據改 天下謂之察。臣以爲人生必事君養親。事君養親。不可以恬淡之人。顧廣圻曰藏本同今本無之人二字按此不當有先愼曰之人當作人生屬下讀上文人生必事君養親此作人生必言論忠信法術人生誤作之人遂本不思其誤從而刪之非也 必以言論忠信法術。先愼曰依上文不當有以字 言論忠信法術。不可以恍惚。恍惚之言。恬淡之學。天下之惑術也。孝子之事父也。非競取父之家也。忠臣之事君也。非競取君之國也。夫爲人子而常譽他人之親。曰某子之親。夜寢早起。強力生財。以養子孫臣妾。是誹謗其親者也。爲人臣常譽先王之德厚而願之。是誹謗其君者也。先愼曰乾道本無是字顧廣圻云今本誹上有是字按依上文當有今據補 非其親者。知謂之不孝。先愼曰乾道本無之字顧廣圻云藏本有之字是今本謂作其誤今據補 而非其君者。天下賢之。先愼曰乾道本天下下有此字顧廣圻云藏本今本無此字今據刪 此所以亂也。故人臣毋稱堯舜之賢。毋譽湯武之伐。毋言烈士之高。盡力守法。專心於事主者爲忠臣。古者黔首悗密蠢愚。悗忘情貌○盧文弨曰古下當分段孫詒讓曰爾雅釋詁密靜也悗密謂忘情而靜謐也莊子大宗師篇云悗乎忘其言也 故可以虛名取也。今民儇詗智慧。先愼曰詗音朽政反反閒也見漢書淮南王安傳注近人謂詗當作譎非 欲自用。不聽上。上必且勸之以賞。然後可進。又且畏之以罰。然後不敢退。而世皆曰。許由讓天下。賞不足以勸。盜跖犯刑赴難。罰不足以禁。（先愼曰乾道本無罰字顧廣圻云今本不上有罰字按依上文當補今據增）臣曰。未有天下而無以天下爲者。許由是也。已有天下而無以天下爲者。堯舜是也。毁廉求財。犯刑趨利。忘身之死者。盜跖是也。此二者殆物也。（先愼曰拾補二字下旁注三字盧文弨云三藏本作二蓋唯指許由盜跖言先愼按二趙本譌作三下仍作二不誤）治國用民之道也。不以此二者爲量。治也者。治常者也。道也者。道常者也。殆物妙言。治之害也。天下太平之士。（先愼曰乾道本士上無之字依下文當有據藏本今本增顧廣圻云平當作上見下文）不可以賞勸也。天下太平之士。（顧廣圻曰平當作下見下文）不可以刑禁也。（先愼曰乾道本以下有爲字盧文弨云以下爲字張本無顧廣圻云爲字當衍今據刪）然爲太上士不設賞。爲太下士不設刑。則治國用民之道失矣。故世人多不言國法而言從横。諸侯言從者曰。（顧廣圻曰侯字當衍）從成必霸。而言横者曰。横成必王。山東之言從横。未嘗一日而止也。然而功名不成。霸王不立者。虛言非所以成治也。王者獨行謂之王。是以三王不務離合。（顧廣圻曰句絕）而止。五霸不待從横。（顧廣圻曰句絕止字當衍卽王之形近而複誤耳先愼曰趙本止作正横下有而字句讀亦異蓋趙用賢改增以成其義也）察治內以裁外而已矣。（顧廣圻曰九字爲一句）

人主第五十二

人主之所以身危國亡者。大臣太貴。左右太威也。（先愼曰拾補威下旁注戚字盧文弨云戚張本作威顧廣圻云藏本同今本威作戚誤）所謂貴者。無法而擅行。操國柄而便私者也。所謂威者。擅權勢而輕重者也。此二者不可不察也。夫馬之所以能任重引車致遠道者。以筋力也。萬乘之主千乘之君。所以制天下而征諸侯者。以其威勢也。威勢者。人主之筋力也。今大臣得威。左右擅勢。是人主失力。人主失力而能有國者。千無一人。虎豹之所以能勝人執百獸者。以其爪牙也。當使虎豹失其爪牙。則人必制之矣。先愼曰趙本當作而盧文弨云而張本作當顧廣圻云藏本同今本當作而誤 今勢重者。人主之爪牙也。君人而失其爪牙。虎豹之類也。宋君失其爪牙於子罕。簡公失其爪牙於田常。而不蚤奪之。故身死國亡。今無術之主。皆明知宋簡之過也。而不悟其失。不察其事類者也。且法術之士。與當塗之臣。不相容也。何以明之。主有術士。則大臣不得制斷。近習不敢賣重。大臣左右權勢息。則人主之道明矣。今則不然。其當塗之臣。得勢擅事以環其私。先愼曰環讀爲營說文引本書自營爲私五蠹篇作自環爲私與此同卽其證 左右近習朋黨比周以制疏遠。則法術之士奚時得進用。人主奚時得論裁。故有術不必用。而勢不兩立。法術之士焉得無危。故君人者。非能退大臣之議。而背左右之訟。獨合乎道言也。則法術之士。安能蒙死亡之危而進說乎。此世之所以不治也。明主者先愼曰趙本主作王 推功而爵祿。稱能而官事。所舉者必有賢。所用者必有能。賢能之士進。先愼曰乾道本賢下有用字顧廣圻云藏本今本無用字今據刪 則私門之請止矣。夫有功者受重祿。有能者處大官。則私劍之士。安得無離於私勇而疾距敵。先愼曰疾下當有於字此與下務於淸潔文正相對 游宦之士焉得無撓於私門而務於淸潔矣。此所以聚賢能之士而散私門之屬也。今近習者不必智。人主之於人也或有所知而聽之。先愼曰知讀爲智與下或有所賢句相對孤憤篇正作智 入因與近習論其言。聽近習而不計其智。是與愚論智也。其當途者不必賢。人主之於人。或有所賢而禮之。入因與當途者論其行。聽其言而不用賢。是與不肖論賢也。故智者決策於愚人。賢士程行於不肖。先愼曰程量也 則賢智之士羞。時得用。而人主之明塞矣。先愼曰乾道本而作以改從趙本 昔關龍逢說桀。而傷其四肢。盧文弨曰肢張本作支 王子比干諫紂。而剖其心。子胥忠直夫差。而誅於屬鏤。此三子者爲人臣非不忠。而說非不當也。然不免於死亡之患者。主不察賢智之言。而蔽於愚不肖之患也。先愼曰乾道本無於字顧廣圻云今本蔽下有於字今據補 今人主非肯用法術之士。聽愚不肖之臣。則賢智之士孰敢當三子之危。而進其智能者乎。此世之所以亂也。

飭令第五十三

盧文弨曰飭張本作飾古通用顧廣圻曰此篇皆商子靳令篇文先愼曰秦本商子作飭與此同

飭令則法不遷。先愼曰商子法不遷作治不畱 法平則吏無姦。法已定矣。不以善言售法。先愼曰售當作害形近而誤商子作害是其證 任功則民少言。任善則民多言。行法曲斷。顧廣圻曰曲當作由先愼曰商子亦誤作曲 以五里斷者王。能參驗五里然後斷定其罪如此者王也○先愼曰此謂行法之速也五里斷九里斷皆對宿治言舊注非 以九里斷者強。旣王且張○先愼曰行九里而斷較五里爲遲矣然亦能斷則其國必強舊注幷王而言誤商子九作十 宿治者削。宿畱也若委畱其法則必削 以刑治。以賞戰。顧廣圻曰三字爲一句見商子厚祿以周術。顧廣圻曰藏本今本周作用按句有誤先愼曰周術商子作自伐 國無姦民。先愼曰乾道本作行都之過顧廣圻云今本作國無姦民先愼按商子正作國無姦民今據改 則都無姦市。先愼曰市商子作示 物多末衆。先愼曰乾道本末作者顧廣圻云今本者作末案依商子是也今據改 農弛姦勝。則國必削。民有餘食。使以粟出爵。必以其力。則震不怠。顧廣圻曰震當作農見商子先愼曰上爵字當重商子作官爵亦重是其證 三寸之管毋當。不可滿也。雖受不多然當無則不可滿也○先愼曰意林毋作無商子三寸作四寸毋亦作無注當無二字誤 授官爵出利祿。不以功。是無當也。國以功授官與爵。此謂以成智謀。以威勇戰。顧廣圻曰成讀爲盛威當作成亦讀爲盛商子靳令篇作盛去強篇作成 其國無敵。國以功授官與爵。則治見者省言有塞。顧廣圻曰見字當衍有當作者商子作則治省言寡 此謂以治去治。以言去言。以功與爵者也。故國多力而天下莫之能侵也。兵出必取。取必能有之。案兵不攻必當。顧廣圻曰當當作富見商子 朝廷之事。小者不毀。先愼曰商子小作少下有多者不損句疑此脫 效功取官爵。廷雖有辟言。不得以相干也。先愼曰辟言卽上辭言也商子辟作辯 是謂以數治。以力攻者。出一取十。以言攻者。出十喪百。國好力。此謂以難攻。國好言。此謂以易攻。其能勝其害。王渭曰此以下皆當依本書用人篇改正顧廣圻曰用人篇云人臣皆宜其能勝其官 輕其任。而道壞餘力於心。顧廣圻曰道壞用人云莫懷 莫負乘宮之責於君。顧廣圻曰乘宮用人云兼官 內無伏怨。使明者不相干。顧廣圻曰用人云明君使事不相干 故莫訟。使士不兼官。故技長。使人不同功。故莫爭。顧廣圻曰句絕 言此謂易攻。顧廣圻曰此五字涉上文而衍 重刑少賞。上愛民。民死賞。先愼曰上愛民卽下以刑去刑義 多賞輕刑。上不愛民。民不死賞。先愼曰乾道本民下無不字顧廣圻云今本民下有不字按此當有改從今本 利出一空者。顧廣圻曰空讀爲孔 其國無敵。利出二空者。其兵半用。利出十空者。民不守。重刑明民。大制使人。則上利。（王先謙曰平日重刑俾民知上皆臨事又大爲禁制以使之）行刑重其輕者。輕者不至。（先愼曰乾道本至下重至字顧廣圻云今本不重至字按此不當有先愼案商子亦不重今據删）重者不來此謂以刑去刑。（先愼曰此下當有其國必強四字與下其國必削對文）罪重而刑輕。（盧文弨曰刑輕二字張本倒下同）刑輕則事生。此謂以刑致刑。其國必削。

心度第五十四

聖人之治民。度於本。不從其欲。期於利民而已。故其與之刑。非所以惡民。愛之之本也。刑勝而民靜。賞繁而姦生。故治民者。刑勝。治之首也。賞繁。亂之本也。夫民之性。喜其亂而不親其法。（顧廣圻曰喜其亂藏本同今本無其字誤）故明主之治國也。明賞則民勸功。嚴刑則民親法。勸功則公事不犯。親法則姦無所萌。故治民者禁姦於未萌。而用兵者服戰於民心。禁先其本者治。兵戰其心者勝。聖人之治民也。先治者強。先戰者勝。夫國事務先而一民心。專擧公而私不從。賞告而姦不生。明法而治不煩。能用四者強。不能用四者弱。夫國之所以強者政也。主之所以尊者權也。故明君有權有政。亂君亦有權有政。積而不同。其所以立異也。故明君操權而上重。一政而國治。故法者王之者也。（顧廣圻曰藏本今本者作本按當作自）刑者愛之自也。夫民之性。惡勞而樂佚。佚則荒。荒則不治。不治則亂。而賞刑不行於天下者必塞。（王渭曰亂字當更有賞字衍顧廣圻曰天字當衍塞字有誤未詳）故欲擧大功而難致。而力者。大功不可幾而擧也。（顧廣圻曰藏本今本致下無而字按當作其）欲治其法而難變其故者。民亂不可幾而治也。（先愼曰欲治其法當作欲治民亂上言欲舉大功而難致其力者大功不可幾而舉也此言欲治民亂而難變其故者民亂不可幾而治也舉大功治民亂相對爲文）故治民無常。唯治爲法。（王先謙曰當作唯法爲治文誤倒）法與時轉則治。治與世宜則有功。（先愼曰乾道本治與作與世顧廣圻云藏本今本與世作治與今據改）故民樸而禁之以名。則治。世知維之以刑。（盧文弨曰世知二字舊無張本有顧廣圻曰藏本同今本無世知二字誤按知讀爲智下當有而字先愼曰趙本有世字無知字亦非）則從。（王先謙曰二字上屬顧讀誤）時移而治不易者亂。能治衆而禁不變者削。（顧廣圻曰治衆二字誤未詳所當作王先謙曰治不易當作法不易能治衆治字當衍能衆即下能耕能戰是也）故聖人之治民治。（顧廣圻曰藏本同今本下治字作也按此字衍）法與時移而禁與能變。（顧廣圻曰藏本同今本能作治誤）能越力於地者富。（顧廣圻曰越當作趨下句能起力起亦當作趨）能起力於敵者強。強不塞者王。故王道在所聞。（顧廣圻曰藏本同今本聞作開按當作閉下文云能閉外塞私）在所塞。塞其姦者必王。故王術不恃外之不亂也。恃其不可亂也。恃外不亂而治立者削。（顧廣圻曰治當作始）恃其不可亂而行法者興。故賢君之治國也。適於不亂之術。（先愼曰乾道本適上有敵字顧廣圻云藏本今本無敵字按當云適於不可亂之術先愼按敵即適之誤而衍者據藏本今本刪）貴爵則上重。故賞功爵任而邪無所關。（先愼曰飭令篇辟言不得以相干即其義）好力者其爵貴。爵貴則上尊。上尊則必王。國不事力而恃私學者其爵賤。爵賤則上卑。上卑者必削。故立國用民之道也。（先愼曰也字衍）能閉外塞私。而上自恃者。王可致也。

制分第五十五

夫凡國博君尊者。（顧廣圻曰夫當作大）未嘗非法重而可以至乎令行禁止於天下者也。（顧廣圻曰天字當衍）是以君人者。分爵制祿。則法必嚴以重之。（顧廣圻曰藏本今本制祿作祿制）夫國治則民安。事亂則邦危。法重者得人情。禁輕者失事實。且夫死力者民之所有者也。情莫不出其死力以致其所欲。顧廣圻曰藏本同今本情上有人字誤 而好惡者上之所制也。民者好利祿而惡刑罰。上掌好惡以御民力。先愼曰乾道本掌作賞顧廣圻云藏本今本賞作掌今據改 事實不宜失矣。王先謙曰不宜乃宜不倒文 然而禁輕事失者。刑賞失也。其治民不秉法爲善也。如是則是無法也。故治亂之理。宜務分刑賞爲急。治國者莫不有法。然而有存有亡。亡者其制刑賞不分也。治國者。其刑賞莫不有分。有持異以爲分。先愼曰乾道本異以作以異盧文弨云異以二字舊倒今從張本 不可謂分。至於察君之分。獨分也。是以其民重法而畏禁。願毋抵罪而不敢胥賞。先愼曰胥與須古今字須俟也 故曰不待刑賞而民從事矣。是故夫至治之國。善以止姦爲務。是何也。先愼曰乾道本無也字顧廣圻云今本何下有也字今據補 其法通乎人情。關乎治理也。然則去微姦之奈何。顧廣圻曰藏本今本之下有道字按非也此當衍之字孫詒讓曰此當云然則微姦之法奈何此篇首以法重發端以下至篇末法字凡十五見此去亦卽法之壞字校者不知其誤因移著微姦之上遂不可通矣微者覹之借字說文見部云覹司也墨子迎敵祠篇云謹微察之亦以微爲覹與此正同微姦之法謂司察姦人之法也之非衍字藏本今本道字固後人肊增顧校亦未允 其務令之相規其情者也。盧文弨曰規張本作闚顧廣圻曰規讀爲闚與下文互易其情者也句有誤先愼曰微姦之法務令人彼此闚察其隱情也其務令之相規其情者也十字爲一句顧氏句讀未明故疑誤 則使相闚奈何。先愼曰則上當有然字此與上然則微姦之法奈何句法一律 曰蓋里相坐而已。同里有罪罪必相坐 禁尙有連於己者。理不得相闚。顧廣圻曰理當作里 惟恐不得免。有姦心者不令得忘。闚者多也。如此則愼己而闚彼。發姦之密。告過者免罪受賞。失姦者必誅連刑。王先謙曰誅則必刑則連 如此則姦類發矣。姦不容細。顧廣圻曰句絕 私告任坐使然也。任保也同里相保之人則坐之故曰任坐○顧廣圻曰七字爲一句先愼曰乾道本注故曰作人則改從趙本 夫治法之至明者，任數不任人。是以有術之國，不用譽，則毋過。先愼曰乾道本過作適盧文弨云張本作過先愼按張本作過是也謂有術之國不用人之譽則毋過過卽下過形之於言者難見之過過與適形相近乾道本因誤爲適趙用賢改則毋過三字爲得人之情誤顧廣圻謂適敵同字亦未見作過之本從而爲之辭也 境內必治，任數也。亡國使兵公行乎其地，而弗能圉禁者，任人而無數也。自攻者人也，攻人者數也。故有術之國，去言而任法。凡畸功之循約者難知，王先謙曰畸功謂偏畸不當理者如攘奪增級之類循約謂與立功之約相依循故曰姦功虛功也先愼曰乾道本難作雖顧廣圻云藏本今本雖作難先愼按難字是下文所謂循約難知卽承此而言今據改 過刑之於言者難見也。盧文弨曰刑舊校改形本通用 是以刑賞惑乎貳。所謂循約難知者，姦功也。臣過之難見者，失根也。王先謙曰之字當衍 循理不見虛功，度情詭乎姦根，則二者安得無兩失也。是以虛士立名於內，而談者爲略於外，故愚怯勇慧相連，而以虛道屬俗而容乎世。故其法不用，而刑罰不加乎僇人。如此，則刑賞安得不容其二。實故有所至。盧文弨曰實故舊倒藏本作實故顧廣圻曰藏本二作貳是也上文云刑賞惑乎貳今本實故作故實按句有誤王先謙曰容其二二字當衍故實是也至字誤 而理失其量，量之失，非法使然也。法定而任慧也。先愼曰法定當作釋法 釋法而任慧者，則受事者安得其務。務不與事相得，則法安得無失，而刑安得無煩。是以賞罰擾亂，邦道差誤，刑賞之不分白也。顧廣圻曰不分當作分不先愼曰顧說非白下脫黑字用人篇如此則白黑分矣說疑篇爲人主者誠明於臣之所言則別賢不肖於黑白矣皆有黑字是其證